올쏘
고등 한국지리

BOOK① 개념편

Structure

울쏘 한국지리의 단계별 활용법

BOOK ❶ 개념편

1단계

개념 확 뜯어보기
자세하고 친절한 개념 정리를 통해
내신과 수능 핵심 개념 학습!

2단계

개념 쏙 정리하기
꼭 알아야 하는 내신과 수능 핵심 개념을
간략하게 복습!

3단계

개념 팍팍 트레이닝
내신과 수능 핵심 개념을 확실하게 이해하였는지
문제로 점검!

BOOK ❶ 개념편의 특별 코너

자료 분석 특강
등급을 가르는 고난도 자료 분석 문제의
심층 분석!

BOOK ❷ 실전편

1단계

기출 자료 & 선지 분석
수능 출제 자료와 선지로 수능 출제 패턴 파악!

2단계

실전 기출 문제
기출 문제로 수능 출제 경향과 난이도를 파악하여
실력 향상!

3단계

킬러 예상 문제
킬러 예상 문제로 수능 문제 풀이의 노하우 향상

BOOK ❷ 실전편의 특별 부록

실전 모의고사
수능 최종 점검을 위한 필수 아이템!

BOOK❶ 개념편의 구성과 활용법

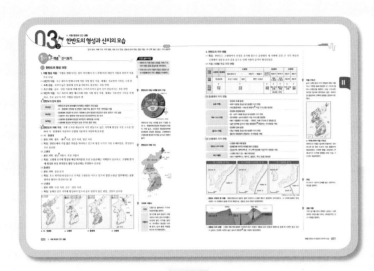

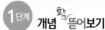

1단계 개념 확 뜯어보기

한국지리 3종 교과서에서 다루고 있는 주요 개념과 내용을 학생들의 눈높이에 맞추어 줄글 형태로 자세하게 정리하였습니다. 특히 내신과 수능에 자주 나오는 빈출 개념과 중요 내용에는 별표와 밑줄로 표시하였습니다.

또한, 빈출 개념을 이해하는 데 도움이 되는 자료와 보충 설명을 본문 날개에 정리하였습니다.

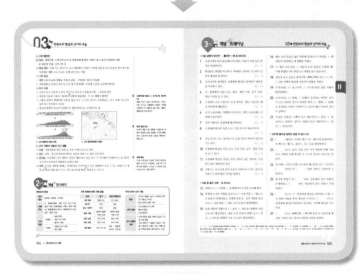

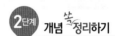

2단계 개념 쏙 정리하기

❶단계 개념 확 뜯어보기를 학습한 후 꼭 알아야 하는 중요한 핵심 개념만 추려서 간략하게 정리하였습니다. 자신이 학습한 내용을 머릿속에 떠올려 보면서 복습한다는 마음으로 정리해 보세요!

3단계 개념 팍팍 트레이닝

학습한 내용을 ○× 문제, 괄호 넣기 문제, 선택형 문제 등의 다양한 형태로 테스트해 볼 수 있도록 구성하였습니다. 강별로 중요한 핵심 개념을 다시 한 번 트레이닝하면서 완벽하게 자신의 것으로 소화하도록 하세요!

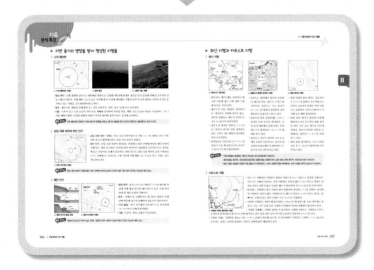

자료 분석 특강

최근 수능에서 계속 난이도가 높아지고 있는 고난도 자료 분석 문제 때문에 고민이 많지요? 수능에 빠지지 않고 출제되는 고난도 자료 분석 문제에 대한 접근 방법과 자료 분석 방법 등을 학생들이 이해하기 쉽게 풀어서 설명하였습니다. **자료 분석 특강**을 통해 자료의 분석 및 해석 능력을 높이도록 하세요!

Contents

BOOK❶ 개념편의 차례

✏️ Comparison Table

올쏘 한국지리와 내 교과서 단원 찾기

Advice

수험생을 위한 **선배의 조언**(개념편)

진시형
서울대 독어교육과 입학
서울 덕성여고 졸업

수능을 준비하면서 교과서와 문제집을 통해 기초 개념을 튼튼하게 다졌습니다. 중요한 용어를 중심으로 개념을 학습하고 외워야 할 개념들은 암기하면서 전 범위를 공부했습니다. 어느 정도 **개념 학습을 한 이후에는 개념을 이용한 용어 퀴즈나 개념 확인 문제를 통해 개념을 복습**했는데, 쉬운 개념 확인 문제에서 여러 가지 개념의 활용과 적용을 요하는 난이도 높은 유형의 문제를 풀기 시작했습니다. 이렇게 기초를 탄탄히 다지기 시작하여 점차 난이도를 높였을 때 훨씬 안정감을 가지고 공부를 할 수 있었습니다.

전우석
서울대 지리교육과 입학
강릉고 졸업

사회탐구 공부는 '개념 정리'와 '실전 기출 문제 풀이'의 싸움입니다. 수능날이 가까워질수록 자습 시간이 많아지면서 문제 풀이의 양이 늘어나는데, 올바른 복습과 오답 체크를 위해서 '개념 정리'와 '실전 기출 문제 풀이'는 필수입니다. 저는 **먼저 개념 정리 노트를 만들어 교과서와 참고서의 개념 설명에 나온 텍스트를 모두 옮겨 적었고, 문제를 풀다가 발견한 새로운 정보를 추가**하면서 노트 분량을 늘려 갔습니다. 그리고 문제 풀이에 지쳤을 때나 자투리 시간에 노트를 보며 기초를 다지는 학습을 꾸준히 했습니다. 덕분에 개념을 헷갈려서 오답을 체크하는 비중이 현저하게 줄어들었습니다.

김지후
서울대 사회교육과 입학
경기 고양외고 졸업

사회탐구 과목의 수능 공부는 크게 '개념 학습'과 기출 문제를 이용한 '실전 문제 풀이'로 나눌 수 있습니다. 먼저 **개념 학습은 처음부터 모든 것을 다 외우려고 하지 말고 일단 전체적인 흐름을 보는 게 중요**합니다. 그런 다음 다시 처음으로 돌아와서 세부적인 내용을 학습하는 게 좋습니다. 공부를 하면서 **정리 노트에는 내용을 꼼꼼하게 필기**하고 공부한 뒤, 필기한 표나 내용의 가장 커다란 표지나 뼈대만 작성해 놓고, 나머지 내용을 채워 가면서 자신이 제대로 알고 있는지를 확인해 보는 것이 좋습니다.

최지혜
서울대 지리교육과 입학
서산 서일고 졸업

수능 공부를 시작하며 어떻게 공부를 시작해야 할지 고민을 하는 분이 많을 것이라고 생각합니다. 저는 **개념 정리에 있어서 가장 중요한 점은 기출 문제를 풀어 보고 그동안 학습한 개념이 문제에서 어떻게 적용되는지 익히는 것**이라고 생각했습니다. 아무리 개념 공부가 완벽하더라도 문제에 어떻게 적용되는지를 모르면 그동안 학습한 개념들이 무용지물이기 때문입니다. 그래서 문제를 풀고 채점하고 끝내는 것이 아니라 **문제에 나오는 비슷한 선지들을 모아서 정리한 '선지 노트'**를 만들었고, **틀린 문제를 모아 노트에 정리하면서 옆 여백에 해당 문제에 적용된 개념을 적은 '오답 노트'**도 만들었습니다. '선지 노트'는 수능에서 매번 나오는 같은 개념이 어떻게 다른 말로 변형되는지를 확인하는 데 큰 도움이 되었습니다. '오답 노트'는 저에게 부족한 부분이 무엇인지 한눈에 볼 수 있었습니다. 이렇게 만든 노트를 틈날 때마다 보고 시험 볼 때에도 다시 한 번 훑어보면서 내용들을 상기시켰습니다. 이러한 노력 끝에 1등급을 받을 수 있었습니다.

I

국토 인식과 지리 정보

01강 국토의 위치와 영토 문제

02강 국토 인식의 변화~지리 정보와 지역 조사

이 단원의
수능 출제
분석

국토 인식과 지리 정보 단원에서는 조선 전기와 후기의 지리지 특징을 비교하는 문항과 대동여지도를 제시하고 특징을 묻는 문항의 출제 빈도수가 상당히 높다. 또한 영해 및 배타적 경제 수역의 설정 기준과 범위를 지도로 제시한 문항과 우리나라 섬 중 독도, 마라도 등을 수리적 위치와 섬의 형태로 파악하는 문항이 자주 출제된다.

이 단원의 **수능 빈출 주제**

1순위 대동여지도의 특징
출제 빈도 ★★★★　　　　난이도 중

2순위 신증동국여지승람과 택리지의 특징 비교
출제 빈도 ★★★★　　　　난이도 중

3순위 영해 및 배타적 경제 수역의 범위 및 특징
출제 빈도 ★★★　　　　난이도 중

4순위 지리 정보 체계를 이용한 최적 입지 선정
출제 빈도 ★★★　　　　난이도 상

5순위 독도와 마라도의 특징 비교
출제 빈도 ★★　　　　난이도 중

6순위 울릉도, 백령도, 이어도의 위치와 특징
출제 빈도 ★★　　　　난이도 하

01강 국토의 위치와 영토 문제

키워드
수리적 위치, 지리적 위치, 관계적 위치, 영역, 영토, 영해, 영공, 배타적 경제 수역, 독도, 동해, 이어도

1단계 개념 쏙쏙 뜯어보기

01 우리나라의 위치와 위상

1. 위치의 특징과 종류

(1) 위치는 국가의 기후, 지형 등의 자연환경과 역사, 문화, 산업 등의 인문 환경에 영향을 주는 중요한 요소임

(2) 위치를 통해 해당 국가의 과거와 현재를 이해하고, 미래를 예측할 수 있음

(3) 위치는 수리적 위치, 지리적 위치, 관계적 위치로 나타낼 수 있음

(4) 수리적 위치와 지리적 위치는 절대적 위치이며, 관계적 위치는 상대적 위치임

2. 우리나라의 위치

(1) 수리적 위치: 위도와 경도로 표현되는 위치

① 위도: 북위 33°~43°(북반구 중위도)에 위치

• 사계절의 변화가 뚜렷함

• 냉·온대 기후가 나타남

② 경도: 동경 124°~132°에 위치

• 동경 135°를 표준 경선으로 사용함

• 본초 자오선이 지나는 영국의 표준시보다 9시간 빠름

◀ 우리나라의 표준 경선

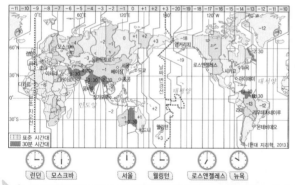

⇦ **세계의 시간대** 지구는 하루에 360° 회전하므로 1시간마다 15°(360°÷24시간)씩 회전한다. 따라서 경도 15°마다 1시간의 시차가 발생하는데, 우리나라의 표준 경선은 동경 135°이므로 영국의 표준시보다 9시간이 빠르다.

(2) 지리적 위치: 대륙, 해양, 반도 등의 지형지물을 기준으로 표현되는 위치

① 유라시아 대륙 동안에 위치

• 대륙성 기후가 나타남

• 계절풍의 영향을 받음

② 삼면이 바다로 둘러싸인 반도에 위치

• 대륙과 해양 양방향으로 진출하기에 유리함

• 임해 공업이 발달하기에 유리함

(3) 관계적 위치: 주변 국가와의 관계, 주변 정세에 따라 달라지는 상대적·가변적 위치

① 근대: 우리나라는 대륙 세력과 해양 세력이 만나는 각축장이었음

② 광복 이후: 냉전 체제에서 우리나라는 민주주의 진영과 사회주의 진영 간 대결의 장이었음

③ 현재: 우리나라는 동북아시아 및 태평양 시대의 새로운 중심 국가로 도약하고 있음

3. 우리나라의 위상

(1) 유럽과 아시아, 북아메리카를 잇는 지리적 교차로에 위치 → 동북아시아의 교통 허브 역할을 하는 중심 국가로 발돋움하고 있음

(2) 국제 연합(UN), 경제 협력 개발 기구(OECD), 아시아·태평양 경제 협력체(APEC) 등 각종 국제기구에 가입 → 세계화 시대에 국제 사회에서 중심적인 국가로서의 역할을 인정받음

(3) 원조를 받던 나라에서 원조를 제공하는 나라가 됨, 국제 연합 평화 유지군 파병

만점 공부 비법

• 우리나라의 수리적 위치, 지리적 위치, 관계적 위치를 파악한다.

• 우리나라의 영토, 영해, 영공을 파악한다.

• 독도의 지리적 특징과 중요성을 이해한다.

• 동해 표기의 중요성을 이해한다.

우리나라의 수리적 위치

▲ 우리나라의 4극

우리나라 영토의 극동은 독도, 극서는 마안도(비단섬), 극북은 유원진, 극남은 마라도이다.

표준 경선과 본초 자오선

표준 경선	• 표준시를 정하는 기준이 되는 경선 • 우리나라의 표준 경선은 동경 135°임
본초 자오선	• 경도 측정의 기준이 되는 선 • 영국의 그리니치 천문대를 지나는 경도 0°선을 말함

대척점

지구 중심을 사이에 둔 지구상의 반대편 지점을 말하며, 계절 및 낮과 밤이 서로 반대이다. 우리나라의 대척점은 우루과이 남동 해상이다.

02 우리나라의 영역

1. 영역
(1) 한 국가의 주권이 미치는 공간적 범위
(2) 국민의 생활 터전으로 국가를 구성하는 기본 단위임
(3) 국가의 독립성과 정체성을 형성하는 중요한 요소임
(4) 영토, 영해, 영공으로 구성됨

▲ 영역의 구성

2. 영토
(1) 헌법에 규정된 우리나라의 영토: 한반도와 그 부속 도서
(2) 남북으로 약 1,100km, 동서로 약 300km
(3) 남북한 전체 면적은 약 22.3만 km², 남한은 약 10만 km²
(4) 지속적인 간척 사업으로 우리나라의 영토는 조금씩 넓어졌음
(5) 영해와 영공을 설정하는 기준이 됨

3. 영해
(1) 연안국의 주권이 미치는 해양의 범위로 해수면과 해저를 포함함
(2) 통상적으로 외국 선박의 무해 통항권이 인정됨
(3) 범위
① 기선에서 12해리

통상 기선 12해리	직선 기선 12해리
• 연안의 최저 조위선에서 12해리 • 해안선이 단조롭거나 섬이 해안에서 멀리 떨어져 있는 경우에 적용 • 동해 대부분, 제주도, 울릉도, 독도 등	• 영해 기점(주로 최외곽 도서)을 이은 직선 기선에서 12해리 • 해안선이 복잡하거나 섬이 많은 경우에 적용 • 황해, 남해, 동해 일부(영일만, 울산만)

② 기선에서 3해리: 대한 해협은 일본과의 거리가 가까워 직선 기선에서 3해리가 적용됨

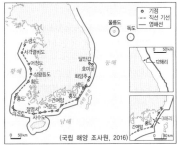

▲ 우리나라의 영해

「영해 및 접속 수역법」
제1조(영해의 범위) 대한민국의 영해는 기선으로부터 측정하여 그 바깥쪽 12해리의 선까지에 이르는 수역으로 한다. 다만, 대통령령으로 정하는 바에 따라 일정 수역의 경우에는 12해리 이내에서 영해의 범위를 따로 정할 수 있다.
제2조(기선) ① 영해의 폭을 측정하기 위한 통상의 기선은 대한민국이 공식적으로 인정한 대축척 해도에 표시된 해안의 저조선으로 한다. ② 지리적 특수 사정이 있는 수역의 경우에는 대통령령으로 정하는 기점을 연결하는 직선을 기선으로 할 수 있다.

▲ 우리나라의 영해와 관련된 법 조항

4. 영공
(1) 범위: 영토와 영해의 수직 상공, 일반적으로 대기권까지이지만 국력과 과학 기술력에 의해 영공의 통제 범위는 변할 수 있음
(2) 당사국의 허가 없이 다른 나라의 비행기가 통과할 수 없으나 국가 간 상호 협의 하에 영공을 평화적으로 이용할 수 있음
(3) 항공 교통이 발달하고, 인공위성 및 우주 개발이 활발해짐에 따라 중요성이 커지고 있음

5. 배타적 경제 수역(EEZ)
(1) 범위: 영해 기선으로부터 그 바깥쪽 200해리까지의 수역 중에서 영해를 제외한 수역
(2) 성격
① 해수면에서 해저까지 연안국의 경제적 권리를 인정하는 수역
② **연안국의 권리**: 자원 탐사 및 개발, 어업 활동, 환경 보호, 인공 섬 설치 등
③ **타국의 행위 보장**: 국제 해양법 관련 규정에 따를 것을 조건으로 외국 선박과 항공기 운항 등의 자유 보장
④ 우리나라는 일본, 중국과 어업 협정을 체결하여 배타적 어업 수역을 설정함

최저 조위선
썰물 시 바닷물이 빠져나가 해수면이 가장 낮았을 때의 해안선을 말하며, 저조선이라고도 한다.

배타적 경제 수역법
제1조 (배타적 경제 수역의 설정) 대한민국은 이 법에 의하여 『해양법에 관한 국제 연합 협약』(이하 "협약"이라 한다.)에 규정된 배타적 경제 수역을 설정한다.
제2조(배타적 경제 수역의 범위) ① 대한민국의 배타적 경제 수역은 협약에 따라 「영해 및 접속 수역법」 제2조에 따른 기선(基線)으로부터 그 바깥쪽 200해리의 선까지에 이르는 수역 중 대한민국의 영해를 제외한 수역으로 한다. ② 대한민국과 마주 보고 있거나 인접하고 있는 국가(이하 "관계국"이라 한다.) 간의 배타적 경제 수역의 경계는 제1항에도 불구하고 국제법을 기초로 관계국과의 합의에 따라 획정한다.

한 · 일 어업 협정과 한 · 중 어업 협정

우리나라와 중국 및 일본이 배타적 경제 수역으로 200해리를 설정하면 서로 중첩되기 때문에 1998년에 일본과 '한 · 일 어업 협정', 2001년에 중국과 '한 · 중 어업 협정'을 체결하였다. 각 어업 협정에서 중첩되는 상당 범위는 한 · 일 중간 수역, 한 · 중 잠정 조치 수역으로 설정하여 양국이 어업 자원에 대하여 공동 보존 · 관리하도록 하였다.

⇦ **이어도의 위치** 이어도는 우리나라의 최남단인 마라도에서 남서쪽으로 약 149km 떨어진 곳에 위치해 있으며, 최고봉을 기준으로 수심 약 4.6m 아래에 잠겨 있는 수중 암초이다. 이어도는 해상 교통로상의 중요 지점에 위치해 있으며, 우리나라는 2003년 이곳에 이어도 종합 해양 과학 기지를 건설하여 이어도 주변의 해양·기상 관련 자료를 수집하고 있다. 이어도의 주변 해역은 국제법상 우리나라의 배타적 경제 수역에 포함되며, 이어도의 관할권은 우리나라에 있다.

독도의 위치

03 우리 땅 독도, 우리 바다 동해

1. 독도

(1) 지리적 특성

① 우리나라의 가장 동쪽에 위치한 섬으로 대한민국의 영토임

② 경상북도 울릉군에 속하며 울릉도에서 동남쪽으로 약 87.4km 떨어져 있음

③ 신생대 제3기 해저 화산 활동으로 형성된 화산섬임

④ 동도와 서도 및 89개의 부속 도서로 이루어져 있음

⑤ 주요 시설: 주민 숙소, 독도 경비대 숙소, 유인 등대 등

(2) 가치

영역적 가치	경제적 가치	생태적 가치
• 독도 인근 연해는 우리나라의 영해 • 배타적 경제 수역 설정의 기준이 됨 • 동해의 교통 요지	• 조경 수역으로 어족 자원이 풍부함 • 메탄하이드레이트, 해양 심층수 등 해양 자원 분포	• 해저 화산의 진화 과정이 잘 나타남 • 중요한 철새 이동 통로로, 천연 보호 구역(천연기념물 제336호)임

우리나라 고지도에 표시된 동해

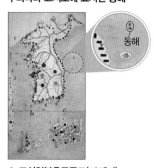

⇧ **조선일본유구국도(18세기)**
지도에 조선, 일본, 유구국(현재 일본 오키나와현)이 등장하는데 조선의 영토는 사실적으로 표현되어 있으며, 동해(東海)라는 명칭과 함께 울릉도(鬱陵島)가 분명하게 제시되어 있다.

2. 동해

(1) 아시아 대륙의 북동부에 위치한 바다로, 한반도와 러시아의 연해주, 일본 열도로 둘러싸여 있음

(2) 평균 수심은 1,684m이며, 가장 깊은 곳은 3,762m에 달함

(3) 우리나라는 2,000년 이상 한반도 동쪽의 바다라는 의미로 동해라 불러 왔음

(4) 동해 표기의 정당성: 1992년 우리나라는 유엔 지명 표준화 회의(UNCSGN)에서 일본해가 아니라 동해라고 표기하는 것이 정당하다고 주장, 정부와 민간 단체의 다양한 노력 등 → 동해를 표기하는 지도 증가

2단계 개념 쏙 정리하기

위치		영역(영토, 영해, 영공)과 배타적 경제 수역		독도와 동해	
수리적 위치	• 북위 33°~43°에 위치 → 사계절의 변화가 뚜렷한 냉·온대 기후가 나타남 • 동경 124°~132°에 위치 → 동경 135°를 표준 경선으로 사용하여 영국의 표준시보다 9시간 빠름	영토	한반도와 그 부속 도서	독도	• 행정 구역상 경상북도에 속함 • 울릉도에서 동남쪽으로 약 87.4km 떨어져 있음 • 해저 화산 활동으로 형성된 화산섬 • 동도, 서도 및 89개의 부속 도서로 이루어짐 • 조경 수역으로 어족 자원이 풍부함 • 천연 보호 구역으로 지정되어 있음
		영해	• 통상 기선 12해리: 동해 대부분, 제주도, 울릉도, 독도 등 • 직선 기선 12해리: 황해, 남해, 동해 일부(영일만, 울산만) • 직선 기선 3해리: 대한 해협		
지리적 위치	• 유라시아 대륙 동안에 위치 → 대륙성 기후, 계절풍 기후가 나타남 • 반도적 위치 → 대륙과 해양 양방향으로 진출하기에 유리함	영공	• 영토와 영해의 수직 상공 • 일반적으로 대기권까지임		
관계적 위치	• 주변 국가와의 관계, 주변 정세에 따라 달라지는 상대적·가변적 위치 • 동북아시아의 중심 국가로 도약 중	배타적 경제 수역	• 영해 기선으로부터 그 바깥쪽 200해리까지의 수역 중에서 영해를 제외한 수역 • 연안국의 권리: 자원 탐사 및 개발, 어업 활동, 인공 섬 설치 등	동해	• 아시아 대륙의 북동부에 위치한 바다 • 2,000년 이상 우리나라는 한반도 동쪽의 바다를 동해라 불러 왔음 • 동해 표기의 정당성과 중요성

● 다음 설명이 맞으면 ○, 틀리면 ✕에 표시하시오.

1 수리적 위치는 위도와 경도로 표현되는 위치이다. (○, ✕)

2 수리적 위치와 지리적 위치는 절대적 위치, 관계적 위치는 상대적 위치이다. (○, ✕)

3 우리나라는 유라시아 대륙 동안에 위치하여 계절풍의 영향을 받는다. (○, ✕)

4 영토에는 무인도가 포함되지 않는다. (○, ✕)

5 배타적 경제 수역에는 영해가 포함된다. (○, ✕)

6 독도에서 영해의 범위는 통상 기선에서 12해리이다. (○, ✕)

7 울릉도에서 영해의 범위는 직선 기선에서 12해리이다. (○, ✕)

8 영공은 영토, 영해, 배타적 경제 수역의 수직 상공이다. (○, ✕)

9 독도는 빙기에 육지와 연결되었으나, 후빙기에 섬이 되었다. (○, ✕)

10 독도는 신생대에 있었던 화산 활동으로 형성된 섬이다. (○, ✕)

11 독도에는 종합 해양 과학 기지가 있다. (○, ✕)

● 다음 내용이 수리적 위치와 관계있으면 '수', 지리적 위치와 관계 있으면 '지'라고 쓰시오.

12 우리나라는 계절풍의 영향을 받는다. ( )

13 우리나라는 냉·온대 기후가 나타난다. ( )

14 우리나라는 유라시아 대륙 동안에 위치한다. ( )

15 우리나라는 임해 공업 발달에 유리하다. ( )

16 우리나라는 영국보다 9시간 빠르다. ( )

17 우리나라는 북위 33°~43°에 위치한다. ( )

18 우리나라는 중국에서 한자를 받아들여 일본으로 전파시켰다. ( )

19 우리나라는 유라시아 대륙의 서안보다 기온의 연교차가 크다. ( )

● 빈칸에 들어갈 알맞은 말을 써 넣으시오.

20 ( )은/는 적도를, ( )은/는 본초 자오선을 기준으로 결정된다.

21 우리나라 ( )의 위치는 우루과이 남동 해상으로, 이곳은 우리나라와 계절 및 낮과 밤이 정반대이다.

22 영역은 영토, ( ), 영공으로 구성된다.

23 대한민국의 ( )은/는 한반도와 그 부속 도서이다.

24 대한 해협에서 영해의 범위는 ( )에서 3해리이다.

25 ( )은/는 우리나라 최동단에 있는 섬이다.

26 우리나라의 극동인 ( )은/는 131° 52′E, 37° 14′N, 극남인 ( )은/는 126° 16′E, 33° 06′N에 위치해 있다.

27 독도의 행정 구역은 ( ) 울릉군에 속한다.

28 그림의 A는 ( ), B는 ( ), C는 ( )이다.

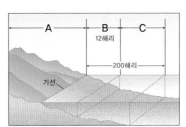

▲ 영역의 구성

● 지도의 A~C에 대한 설명이 맞으면 ○, 틀리면 ✕에 표시하시오.

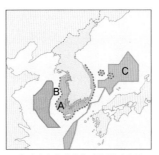

▲ 우리나라의 영해와 어업 협정 수역도

29 A의 수직 상공으로는 우리나라의 허가 없이 다른 나라의 비행기가 통과할 수 없다. (○, ✕)

30 B에서 우리나라는 자원 탐사 및 개발, 인공 섬 설치 등의 권리를 갖는다. (○, ✕)

31 C에서는 우리나라 어선만 조업을 할 수 있다. (○, ✕)

---

1 ○ 2 ○ 3 ○ 4 ✕(대한민국의 영토는 한반도와 그 부속 도서임) 5 ✕(포함되지 않음) 6 ○ 7 ✕(통상 기선에서 12해리) 8 ✕(배타적 경제 수역은 아님) 9 ✕(빙기에도 섬이었음) 10 ○ 11 ✕(이어도에 종합 해양 과학 기지가 있음) 12 지 13 수 14 지 15 지 16 수 17 수 18 지 19 지 20 위도, 경도 21 대척점 22 영해 23 영토 24 직선 기선 25 독도 26 독도, 마라도 27 경상북도 28 영토, 영해, 배타적 경제 수역 29 ○ 30 ○ 31 ✕(C는 한·일 중간 수역)

02강 국토 인식의 변화 ~ 지리 정보와 지역 조사

키워드

풍수지리 사상, 관찬 지리지, 사찬 지리지, 혼일강리역대국도지도, 천하도, 대동여지도, 지리 정보 체계(GIS), 지역 조사 과정

1단계 개념 뜯어보기

01 전통적인 국토 인식

1. 국토와 국토 인식

(1) 국토

① 국가를 구성하는 기본 요소, 우리 민족의 역사 · 가치관 · 생활 양식이 담겨 있는 공간

② 현 세대의 일상생활이 이루어지는 생활 공간이자 미래 세대가 삶을 이어갈 터전

(2) 국토 인식

① 국토를 이용하는 태도나 방식으로, 시대와 환경에 따라 다양함

② 풍수지리 사상, 고문헌, 고지도 등을 통해 우리 조상들의 전통적인 국토 인식을 파악할 수 있음

2. 풍수지리 사상

(1) 산줄기의 흐름, 산의 모양, 바람과 물의 흐름을 파악하여 좋은 터(명당)를 찾으려는 사상

(2) '땅은 만물을 길러 내는 어머니와 같다'는 대지모 사상과 음양오행설이 결합하여 형성됨

(3) 국토를 생명체로 인식하고 자연과 조화를 이루고자 함

(4) 영향: 도읍지, 마을, 집터, 묫자리 등의 입지에 영향을 미침

(5) 배산임수 취락: 뒤에는 산이 있고 앞에는 하천이 흐르는 곳에 입지한 마을

3. 고문헌에 나타난 국토관

(1) 지리지: 지역의 지리적 특성을 체계적으로 기술한 문헌

① 제작 주체에 따른 구분: 국가 주도로 제작된 관찬 지리지, 개인이 제작한 사찬 지리지

② 기술된 지역의 범위에 따른 구분: 전국지, 지방지, 읍지 등

(2) 관찬 지리지와 사찬 지리지

관찬 지리지	사찬 지리지
• 조선 전기 국가 주도로 국가 통치에 필요한 자료를 수집하여 제작 • 연혁, 토지, 호구, 성씨, 인물, 물산 등을 백과사전식으로 기술 • 『세종실록지리지』, 『신증동국여지승람』 등	• 조선 후기에 실학자들이 국토를 객관적 · 실용적으로 파악하기 위해 제작 • 특정 주제를 설명식으로 기술하는 서술 형식을 취함 • 이중환의 『택리지』, 신경준의 『도로고』, 정약용의 『아방강역고』 등

(3) 택리지

① 우리나라 각 지역의 특성을 기술한 종합적인 인문 지리서

② 복거총론에 제시된 가거지(可居地)의 네 가지 조건

지리(地理)	풍수지리상의 명당
생리(生利)	땅이 비옥하고 물자 교류가 편리하여 경제적으로 유리한 곳
인심(人心)	이웃의 인심이 온화하고 순박한 곳
산수(山水)	산과 물이 조화를 이루며 경치가 좋은 곳

[건치 연혁] 본래 맥국인데, 신라의 선덕왕 6년에 우수주로 하여 군주를 두었다.
[속현] 기린현은 부의 동쪽 140리에 있다. 본래 고구려의 기지군이었다.
[풍속] 풍속이 순후하고 아름답다.
[산천] 봉산은 부의 북쪽 1리에 있는 진산(鎭山)이다.
[토산] 옻, 잣, 오미자, 영양, 꿀, 지치, 석이버섯, 인삼, 지황, 복령, 누치…
― 『신증동국여지승람』 제46권 춘천 도호부 ―

춘천은 옛 예맥이 천 년 동안이나 도읍했던 터로 소양강을 임했고, 그 바깥에 우두라는 큰 마을이 있다. 한나라 무제가 팽오를 시켜 우수주와 통하였다는 곳이 바로 이 지역이다.
산속에는 평야가 널따랗게 펼쳐졌고 두 강이 한복판으로 흘러간다. 토질이 단단하고 기후가 고요하며 강과 산이 맑고 훤하며 땅이 기름져서 여러 대를 사는 사대부가 많다.
― 『택리지』, 「팔도총론」 춘천 편 ―

◁ 『신증동국여지승람』과 『택리지』의 일부 『신증동국여지승람』은 춘천의 건치 연혁, 속현, 풍속, 산천, 토산 등을 항목별로 서술하고 있고, 『택리지』는 춘천의 특성을 종합적이고 체계적으로 고찰하고 있다.

만점 공부 비법

• 관찬 지리지와 사찬 지리지의 특성을 비교하여 이해한다.

• 혼일강리역대국도지도, 천하도, 대동여지도의 특징을 파악한다.

• 지리 정보의 유형과 지리 정보 체계(GIS)의 특징을 이해한다.

• 지역 조사의 과정과 방법을 이해한다.

풍수지리 사상

풍수는 장풍득수(藏風得水)의 줄인 말로, 바람을 막고 물을 얻는다는 뜻이다. 풍수지리 사상은 땅속의 기가 산맥을 따라 흐르다가 모이는 곳을 명당으로 본다.

▲ 풍수지리 사상의 명당도

대지모(大地母) 사상

'땅이 곧 어머니'라는 사상이다. 농경 사회에서 땅은 마치 어머니와 같이 인간에게 필요한 것을 제공하는 곳이었다.

『택리지』에 기술되어 있는 내용

目錄(목록)	
四民總論(사민총론)	忠淸道(충청도)
八道總論(팔도총론)	京畿(경기)
平安道(평안도)	卜居總論(복거총론)
咸鏡道(함경도)	地理(지리)
黃海道(황해도)	生利(생리)
江原道(강원도)	人心(인심)
慶尙道(경상도)	山水(산수)
全羅道(전라도)	總論(총론)

• 구성: 사민총론, 팔도총론, 복거총론, 총론

• 팔도총론: 조선 팔도의 역사, 지리, 산물 등을 종합적으로 서술

• 복거총론: 사람이 살 만한 곳인 '가거지(可居地)'에 대해 서술

4. 고지도에 나타난 국토관

(1) 조선 전기와 조선 후기의 고지도

조선 전기	조선 후기
• 국가 통치를 위해 행정적·군사적 목적으로 제작됨 • 북부 지방 및 해안 지방의 형태가 부정확함 • 「팔도총도」, 「조선방역지도」, 「혼일강리역대국도지도」, 이회의 「팔도지도」, 정척과 양성지의 「동국지도」 등	• 실학의 영향으로 과학적이고 정교한 지도가 제작됨 • 조선 전도, 도별도, 군현도 등 다양한 범위의 지도가 제작됨 • 정상기의 「동국지도」, 김정호의 「대동여지도」, 최한기의 「지구전후도」 등

(2) 혼일강리역대국도지도

① 현존하는 우리나라의 가장 오래된 세계 지도

② 조선 전기(1402년) 국가 주도로 제작됨

③ 중화사상(지도의 중심부에 중국을 표현)과 주체적 국토 인식(우리나라가 다른 지역보다 상대적으로 크게 표현)이 나타남

④ 아시아, 유럽, 아프리카가 표현되어 있음

(3) 천하도

① 조선 중기 이후 민간에서 제작·유통된 관념적인 세계 지도

② 지도의 중심부에 중국이 있음 → 중화사상이 나타남

③ 천원지방(天圓地方)의 세계관이 나타남

④ 도교의 영향으로 상상의 국가와 지명이 표현되어 있음

▲ 천하도

(4) 대동여지도

① 조선 후기(1861년) 김정호가 각종 전국 지도와 읍 지도 등을 집대성하여 제작함

② 남북을 120리 간격 22층, 동서를 80리 간격 19판으로 나누어 제작함 → 분첩 절첩식으로 제작되어 휴대하거나 열람하기에 편리함

③ 도로에는 10리마다 방점을 찍어 대략적인 거리를 파악할 수 있음

④ 목판본으로 제작되어 지도의 대량 생산이 가능함

⑤ 산줄기는 굵은 선으로 표현하였는데, 모두 연결되어 있음

⑥ 배가 다닐 수 있는 하천은 쌍선, 배가 다닐 수 없는 하천은 단선으로 표현되어 있음

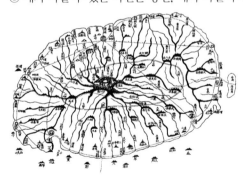

◀ 대동여지도의 제주도와 지도표

5. 국토 인식의 변화

(1) 일제 강점기의 왜곡된 국토관

① 수탈을 위해 소극적이고 부정적인 국토관을 강요

② 우리 국토를 '갯벌이 많아 쓸모없는 땅', '나약한 토끼 형상을 한 땅' 등 부정적으로 해석

(2) 산업화 시대의 국토관

① 산업화를 위해 국토를 적극적으로 개발하려는 국토관 강조

② 환경 오염 문제 심화, 지역 간 불균형 성장 심화 등의 문제점 발생

(3) 생태 지향적 국토관

① 자연과 인간이 조화를 이루고, 개발과 보존이 균형을 이루는 국토관

② 생태 공원 및 생태 하천 조성, 하천·갯벌의 복원, 지속 가능한 발전 추구

조선방역지도

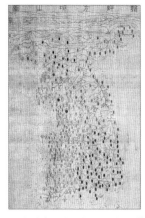

조선 전기에 전국의 공물 진상 내용을 파악하기 위해 제작하였다. 이 지도는 백두산 일대와 만주 지역 등 북부 지방이 부정확하게 표현되어 있다.

혼일강리역대국도지도

지도 가운데에 중국이 크게 그려져 있고, 동쪽에 우리나라와 일본, 서쪽에 인도, 아프리카, 유럽이 그려져 있다.

지구전후도

경위선을 사용하여 제작하였으며, 중국 중심의 세계관을 극복한 사실적이고 과학적인 세계 지도이다.

천원지방(天=하늘 천, 圓=둥글 원, 地 =땅 지, 方=네모 방)

'하늘은 둥글고 땅은 네모나다'라고 보는 세계관이다.

02 지리 정보와 지역 조사

1. 지리 정보

(1) 지리 정보의 의미와 유형

① 지리 정보
- 의미: 지표 위의 수많은 지리적 현상과 관련된 모든 정보
- 종류: 기후, 지형 등의 자연 정보와 경제, 문화, 관광 등의 인문 정보가 있음
- 특징: 공간을 이해하는 기초 자료이며, 다양한 의사 결정과 국토 관리 계획을 수립할 때 활용됨

② 지리 정보의 유형

공간 정보	속성 정보	관계 정보
어떤 장소나 현상의 위치 및 형태를 나타내는 정보	장소나 현상의 인문적·자연적 특성을 나타내는 정보	다른 장소나 지역과의 상호 작용 및 관계를 나타내는 정보

(2) 지리 정보의 수집

① 문헌 조사: 지형도, 지리지, 통계 자료 등을 활용하여 다양한 지리 정보 수집

② 야외 조사: 설문 조사, 면담, 실측 등을 통한 지리 정보 수집

③ 원격 탐사: 항공기나 인공위성을 통해 인간의 접근이 어려운 지역이나 넓은 지역의 지리 정보를 주기적으로 수집함

(3) 지리 정보의 표현

① 지형도: 방위, 축척, 기호 등을 통해 지표의 기복, 토지 이용 등을 표현

② 위성사진: 지리 정보를 사실적이고 입체적으로 표현

▲ 지형도

▲ 위성 사진

⇦ **지형도와 위성 사진** 지형도에서는 문자와 기호를 통해 도로, 토지 이용, 지형 기복 등의 지리 정보를 얻을 수 있다. 위성 사진은 지표 위의 지리 정보를 그대로 보여 주며, 위성 사진을 통해 사람이 접근하기 어려운 지역이나 넓은 지역의 지리 정보를 주기적으로 얻을 수 있다.

③ 통계 지도: 특정 지리 현상에 관한 통계 정보를 표현한 주제도

  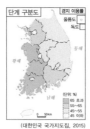  

⇧ **통계 지도** 점묘도는 통계 값을 일정한 크기의 점으로 표현하고, 등치선도는 같은 값을 가진 지점을 선으로 연결하여 표현하며, 단계 구분도는 통계 값을 몇 단계로 구분하고 음영 및 패턴 등을 달리하여 표현한다. 도형 표현도는 통계 값을 막대, 원 등 다양한 도형을 이용하여 표현하고, 유선도는 지역 간 이동을 화살표의 방향과 굵기를 이용하여 표현한다.

(4) 지리 정보 체계(GIS, Geographic Information System)

① 의미: 지표 공간의 다양한 지리 정보를 수치화하여 컴퓨터에 입력·저장하고, 사용자의 요구에 따라 가공·분석·처리하여 다양하게 표현해 주는 종합 정보 시스템

② 장점
- 복잡한 지리 정보를 빠르고 정확하게 처리할 수 있음
- 지리 정보의 가공 및 분석이 용이하고, 신속하고 합리적인 의사 결정에 도움을 줌
- 중첩 분석을 통하여 최적의 입지를 선정할 수 있음

③ 이용: 시설의 최적 입지 선정, 상권 분석, 도시 계획 및 관리, 홍수나 산사태 예측 등

지리 정보의 유형

공간 정보	점	선	면
	·	•—•	◾

속성 정보	인구	990만 명
	면적	605km²
	연평균 기온	12℃

관계 정보	인접성	계층

원격 탐사
관측해야 할 대상과 직접적인 접촉 없이 원거리에서 대상의 정보를 얻어 내는 기술로, 항공기나 인공위성을 통해 지리 정보를 얻는 것이 대표적이다.

수치 지도
종이 지도와 달리 지리 정보를 수치화된 데이터로 입력하여 전산 처리가 가능하도록 만든 디지털 지도이다.

중첩 분석

서로 다른 정보를 담고 있는 데이터 층을 출력하고, 이를 결합하여 분석하는 지리 정보 체계의 작업 과정이다.

2. 지역 조사

(1) 지역 조사의 의미와 필요성
① 의미: 지역에 대한 자료를 수집하고 분석·종합하여 지역성을 파악하는 활동
② 필요성: 지역의 특성과 문제점을 파악하여 합리적인 의사 결정을 가능하도록 함

(2) 지역 조사 과정

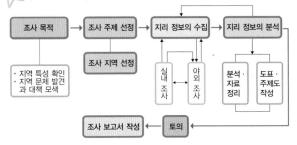

① 조사 주제 및 조사 지역 선정
• 조사 목적을 분명히 하고 목적에 맞는 조사 주제를 선정해야 함
• 조사 주제를 구체적으로 조사할 수 있는 지역을 선정해야 함

② 지리 정보의 수집
• 실내 조사: 지도·문헌·통계 자료 등을 통해 지리 정보를 수집하는 활동, 야외 조사 경로와 일정 등의 계획을 잘 수립해야 함
• 야외 조사(현지 조사): 조사 지역에서 관찰·면담·설문·촬영·측정 등을 통해 지리 정보를 수집하는 활동, 답사 윤리를 지켜야 함

③ 지리 정보의 분석과 보고서 작성
• 수집한 지리 정보를 분석하여 지도나 통계, 그래프 등으로 표현
• 조사 목적이 명확하게 드러나도록 보고서를 작성해야 하며, 직접 제작한 자료가 아닌 경우에는 해당 자료의 출처를 밝혀야 함

〈현장 체험 학습을 위한 지역 조사〉

▲ 조사 계획 수립　　▲ 실내 조사　　▲ 야외 조사　　▲ 자료 분석 및 보고서 작성

지역 조사 과정

주제 및 지역 선정	'무엇'을 '어디'에서 조사할 것인지 선정
실내 조사	• 문헌 조사 • 야외 조사 준비
야외 조사	• 관찰, 면담, 촬영 등 • 1차 자료 제공 → 지역의 사실적 이해
자료 분석	• 수집한 지리 정보 정리 • 필요한 정보 선별 및 분석
보고서 작성	분석을 통해 얻은 새로운 지리 정보 → 지도, 그래프 등으로 표현

답사 윤리
효율적이면서 지속 가능한 답사를 하기 위해서는 다음과 같은 사항을 고려해야 한다.
• 답사 행위가 이기적이지 않은가?
• 답사 동료와 원만한 관계를 유지하고 있는가?
• 답사 과정과 결과가 주민들에게 이익이 되는가?
• 답사가 현지 주민이나 공동체를 해롭게 할 위험이 있지는 않은가?
• 다른 연구자들의 지적 재산권을 존중하고 공정하게 다루고 있는가?
• 연구 대상자가 제공한 정보의 기밀성과 응답자의 익명성이 보장되었는가?

— 리처드 필립스 외,
『지리 답사란 무엇인가』 —

2단계 개념 쏙 정리하기

고문헌과 고지도

고문헌	관찬 지리지	조선 전기 국가 주도로 제작(백과사전식으로 서술)
	사찬 지리지	조선 후기 실학자들에 의해 제작(설명식으로 서술)
고지도	혼일강리역대 국도지도	• 현존하는 우리나라의 가장 오래된 세계 지도 • 중화사상이 나타남
	천하도	• 중화사상이 나타나며, 천원지방 세계관 반영 • 상상의 국가와 지명이 표현되어 있음
	대동여지도	• 조선 후기 김정호가 제작함 • 분첩 절첩식으로 제작됨 • 목판본으로 제작되어 대량 인쇄가 가능함 • 지도표를 활용하여 좁은 지면에 많은 지리 정보를 수록

지리 정보

지리 정보의 유형	공간 정보, 속성 정보, 관계 정보
지리 정보의 수집	원격 탐사: 관측해야 할 대상과 직접적인 접촉 없이 원거리에서 대상의 정보를 얻어 내는 항공 및 위성사진
지리 정보의 표현	통계 지도: 점묘도, 등치선도, 단계 구분도, 도형 표현도, 유선도
지리 정보 체계(GIS)	지리 정보를 수치화하여 컴퓨터에 입력·저장한 후, 사용자의 요구에 따라 분석·처리하는 종합 정보 시스템

지역 조사 과정

조사 주제 및 지역 선정
↓
지리 정보의 수집
• 실내 조사
• 야외 조사
↓
지리 정보의 분석
↓
조사 보고서 작성

● 다음 설명이 맞으면 ○, 틀리면 ×에 표시하시오.

1 풍수지리 사상은 국토를 살아있는 생명체로 간주한다.
(○, ×)

2 택리지는 세금을 징수할 목적으로 저술되었다. (○, ×)

3 대동여지도를 보면 산의 정확한 해발 고도를 알 수 있다.
(○, ×)

4 대동여지도는 목판본이다. (○, ×)

5 혼일강리역대국도지도가 보급된 이후 중국 중심의 세계관에서 벗어났다. (○, ×)

6 혼일강리역대국지도의 중앙에는 중국이 그려져 있다.
(○, ×)

7 천하도에는 상상 속의 지명과 국가가 표현되어 있다.
(○, ×)

8 지구전후도에는 천원지방의 세계관이 잘 나타나 있다.
(○, ×)

9 택리지는 사람이 살 만한 곳에 대해 설명하고 있다.
(○, ×)

10 지리 정보는 실내 조사와 야외 조사를 통해 수집된다.
(○, ×)

11 지형도에서는 문자와 기호를 통해 도로, 토지 이용, 지형 기복 등의 지리 정보를 얻을 수 있다. (○, ×)

12 관찰, 면담은 실내 조사에서 지리 정보를 수집하는 활동이다. (○, ×)

13 설문지를 제작하는 것은 야외 조사에 해당한다. (○, ×)

14 지리 정보 체계를 이용하면 지리 정보를 중첩하여 최적 입지를 선정할 수 있다. (○, ×)

15 속성 정보는 어떤 장소의 위치나 형태를 나타내는 정보이다. (○, ×)

● 다음 중 옳은 것에 ○표 하시오.

16 (㉠ 실내, ㉡ 야외) 조사에서는 지도, 문헌, 통계 자료 등을 활용하여 지리 정보를 수집한다.

17 (㉠ 실내, ㉡ 야외) 조사에서는 관찰, 측량, 면담, 설문 등을 통하여 지리 정보를 수집한다.

18 (㉠ 공간, ㉡ 속성) 정보는 어떤 장소의 위치를 나타내는 정보이다.

19 (㉠ 공간, ㉡ 관계) 정보는 다른 지역이나 장소와의 상호 관계를 나타내는 정보이다.

● 빈칸에 들어갈 알맞은 말을 써 넣으시오.

20 풍수지리 사상의 사상적 토대는 (   ) 사상과 음양오행설이다.

21 (   ) 사상은 땅의 모양, 바람과 물의 흐름 등을 파악하여 명당을 찾으려는 사상이다.

22 (   )은/는 1402년에 제작된 현존하는 우리나라의 가장 오래된 세계 지도이다.

23 조선 중기 이후에 제작된 (   )은/는 관념적인 세계 지도로 상상의 국가와 지명이 표현되어 있다.

24 김정호가 제작한 (   )에는 지도표가 있으며, 도로에는 (   )리마다 방점이 찍혀 있다.

25 대동여지도는 (   )(으)로 제작되어 휴대하기 편리하다.

26 세종실록지리지, (   )은/는 대표적인 관찬 지리지이다.

27 택리지는 사민총론, 팔도총론, (   ), 총론(으)로 구성되어 있다.

28 택리지에 제시된 가거지의 조건은 지리, (   ), 인심, 산수이다.

29 가거지 중 (   )은/는 경제적 기반이 유리한 곳, (   )은/는 풍수지리상의 명당이다.

30 (   )은/는 도서관이나 인터넷 등으로 지리 정보를 수집하는 활동이다.

31 (   )은/는 조사 지역에서 관찰, 면담, 설문 등으로 지리 정보를 수집하는 활동이다.

---

1 ○ 2 ×(택리지는 사찬 지리지) 3 ×(정확한 해발 고도는 알 수 없음) 4 ○ 5 ×(혼일강리역대국도지도에는 중화사상이 나타남) 6 ○ 7 ○ 8 ×(천하도) 9 ○ 10 ○ 11 ○ 12 ×(야외 조사) 13 ×(설문지를 제작하는 것은 실내 조사에 해당) 14 ○ 15 ×(공간 정보) 16 ㉠ 17 ㉡ 18 ㉠ 19 ㉡ 20 대모지 21 풍수지리 22 혼일강리역대국도지도 23 천하도 24 대동여지도, 10 25 분첩 절첩식 26 신증동국여지승람 27 복거총론 28 생리 29 생리, 지리 30 실내 조사 31 야외 조사

● 영해와 배타적 경제 수역

1 우리나라의 영해

2 우리나라 주변의 어업 협정 수역도

(해양수산부, 「어업 협정 수역도」)

- 영해의 범위는 일반적으로 기선에서 12해리까지의 수역이다. 해안선이 단순한 동해와 울릉도, 독도, 제주도에서는 (통상 기선)에서 12해리까지를 영해로 설정하고, 섬이 많고 해안선이 복잡한 황해와 남해에서는 (직선 기선)에서 12해리까지를 영해로 설정한다. 일본과 거리가 가까운 대한 해협에서는 (직선 기선)에서 3해리까지를 영해로 설정한다.
- 배타적 경제 수역은 영해 기선으로부터 그 바깥쪽 (200)해리까지의 수역 중에서 영해를 제외한 수역이다. 우리나라와 중국, 일본은 배타적 경제 수역이 중첩된다. 그래서 우리나라는 일본, 중국과 중첩되는 수역에서 공동으로 어족 자원을 보존·관리하기 위해 한·일 어업 협정과 한·중 어업 협정을 체결하였다. 한·일 어업 협정의 결과 동해와 제주도 남쪽에 (한·일 중간 수역)이 설정되었고, 한·중 어업 협정의 결과 황해에 (한·중 잠정 조치 수역)이 설정되었다.

출제 포인트 통상 기선과 직선 기선이 적용되는 곳을 지도에서 파악하는 문항이 자주 출제된다.

● 우리나라의 고지도

1 혼일강리역대국도지도

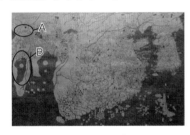

2 천하도

- (혼일강리역대국도지도)는 현존하는 우리나라의 가장 오래된 지도로, 조선 전기 국가 주도로 제작되었다. 지도의 A는 (유럽), B는 (아프리카)이다.
- (천하도)는 조선 중기 이후에 민간에서 제작되었다. 지도의 C는 (중국)이고, 도교의 영향으로 상상의 국가와 지명이 표현되어 있다.

3 대동여지도

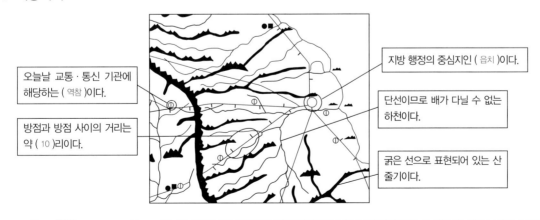

오늘날 교통·통신 기관에 해당하는 (역참)이다.

방점과 방점 사이의 거리는 약 (10)리이다.

지방 행정의 중심지인 (읍치)이다.

단선이므로 배가 다닐 수 없는 하천이다.

굵은 선으로 표현되어 있는 산줄기이다.

출제 포인트 혼일강리역대국도지도, 천하도, 대동여지도의 제작 시기와 특징을 비교하는 문항이 자주 출제된다.

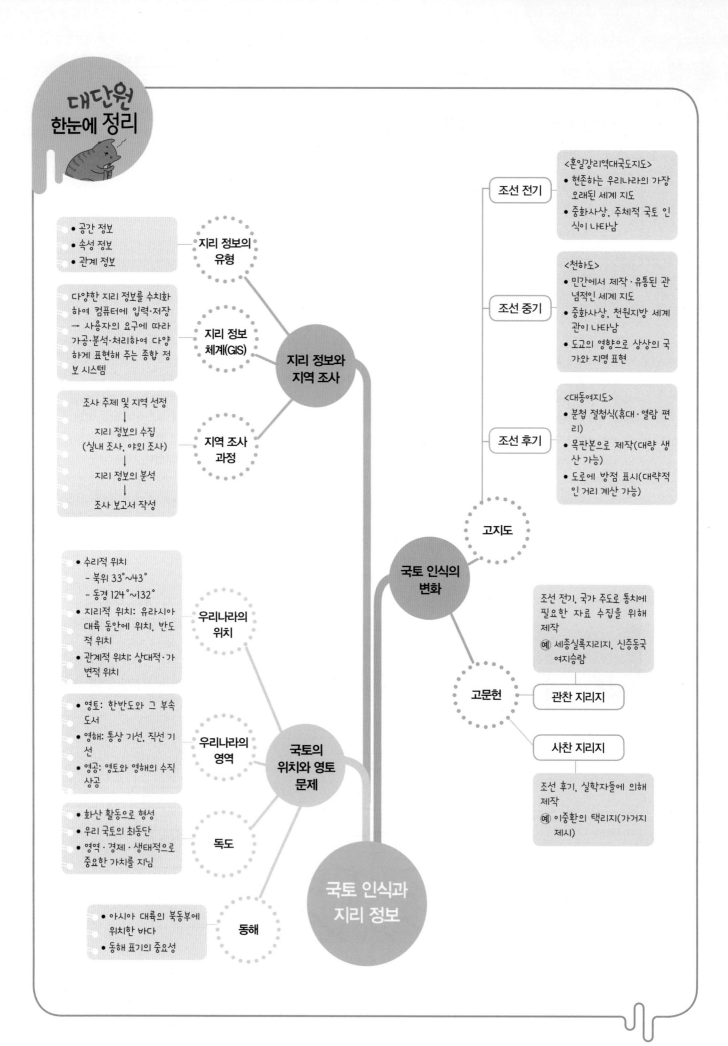

대단원 한눈에 정리

지리 정보와 지역 조사

지리 정보의 유형
- 공간 정보
- 속성 정보
- 관계 정보

지리 정보 체계(GIS)
다양한 지리 정보를 수치화하여 컴퓨터에 입력·저장 → 사용자의 요구에 따라 가공·분석·처리하여 다양하게 표현해 주는 종합 정보 시스템

지역 조사 과정
조사 주제 및 지역 선정
↓
지리 정보의 수집 (실내 조사, 야외 조사)
↓
지리 정보의 분석
↓
조사 보고서 작성

국토의 위치와 영토 문제

우리나라의 위치
- 수리적 위치
  - 북위 33°~43°
  - 동경 124°~132°
- 지리적 위치: 유라시아 대륙 동안에 위치, 반도적 위치
- 관계적 위치: 상대적·가변적 위치

우리나라의 영역
- 영토: 한반도와 그 부속 도서
- 영해: 통상 기선, 직선 기선
- 영공: 영토와 영해의 수직 상공

독도
- 화산 활동으로 형성
- 우리 국토의 최동단
- 영역·경제·생태적으로 중요한 가치를 지님

동해
- 아시아 대륙의 북동부에 위치한 바다
- 동해 표기의 중요성

국토 인식의 변화

고지도

조선 전기

〈혼일강리역대국도지도〉
- 현존하는 우리나라의 가장 오래된 세계 지도
- 중화사상, 주체적 국토 인식이 나타남

조선 중기

〈천하도〉
- 민간에서 제작·유통된 관념적인 세계 지도
- 중화사상, 천원지방 세계관이 나타남
- 도교의 영향으로 상상의 국가와 지명 표현

조선 후기

〈대동여지도〉
- 분첩 절첩식(휴대·열람 편리)
- 목판본으로 제작(대량 생산 가능)
- 도로에 방점 표시(대략적인 거리 계산 가능)

고문헌

관찬 지리지
조선 전기, 국가 주도로 통치에 필요한 자료 수집을 위해 제작
예 세종실록지리지, 신증동국여지승람

사찬 지리지
조선 후기, 실학자들에 의해 제작
예 이중환의 택리지(가거지 제시)

국토 인식과 지리 정보

지형 환경과 인간 생활

이 단원의 수능 출제 분석

지형 환경과 인간 생활 단원은 해마다 수능에서 출제 비중이 가장 높다. 해안 지형, 카르스트 지형, 화산 지형 등의 지형도를 제시하고 지도에 표시된 지형의 특징을 묻는 문항이 자주 출제된다. 감입 곡류 하천과 자유 곡류 하천의 특징을 비교하거나 하천의 상류와 하류의 특징을 비교하는 문항도 출제되고 있다.

이 단원의 수능 빈출 주제

1순위 해안 지형의 특징
출제 빈도 ★★★★★ 난이도 중

2순위 화산 지형의 특징
출제 빈도 ★★★★★ 난이도 중

3순위 하천의 상류와 하류의 특징 비교
출제 빈도 ★★★★ 난이도 상

4순위 카르스트 지형의 특징
출제 빈도 ★★★ 난이도 하

5순위 지체 구조와 지각 변동의 특징
출제 빈도 ★★★ 난이도 중

6순위 감입 곡류 하천과 자유 곡류 하천의 특징 비교
출제 빈도 ★★ 난이도 중

03강 한반도의 형성과 산지의 모습

키워드
암석 분포, 지체 구조, 지각 변동, 대보 조산 운동, 경동성 요곡 운동, 경동 지형, 1차 산맥, 흙산, 돌산, 고위 평탄면

1단계 개념 확 뜯어보기

01 한반도의 형성 과정

1. 지형 형성 작용: '지형을 변화시키는 힘이 어디에서 오느냐'에 따라 내인적 작용과 외인적 작용으로 나뉨

(1) 내인적 작용: 지구 내부의 열에너지에 의한 지형 형성 작용, 대체로 지표면의 기복을 크게 함
① 조륙 운동: 지각이 넓은 범위에 걸쳐 융기하거나 침강하는 것을 말함
② 조산 운동: 습곡·단층 작용에 의해 땅이 구부러지거나 끊겨 산이 만들어지는 것을 말함
(2) 외인적 작용: 지구 외부의 태양 에너지에 의한 지형 형성 작용, 대체로 지표면의 기복을 작게 하고, 주로 규모가 작은 지형을 만들어 냄

2. 한반도의 암석 분포

변성암	• 한반도의 암석 분포에서 차지하는 비중이 가장 높음 • 시·원생대의 편마암 및 편암이 대표적, 흙산의 주된 기반암을 이룸
화성암	• 중생대에 관입한 마그마가 지하에서 굳어 형성된 화강암의 분포 범위가 가장 넓음 • 신생대의 화산 활동에 의해 형성된 화산암(현무암 등) 분포
퇴적암	• 고생대와 중생대에 형성된 퇴적암이 대부분을 차지함 • 신생대에 형성된 퇴적암의 분포 면적은 좁은 편임

3. 한반도의 지체 구조: 지체 구조란 대규모의 지각 변동으로 넓은 지역에 형성된 지질 구조를 말하며 시·원생대의 지층부터 신생대 지층까지 다양하게 분포함

(1) 시·원생대
① 분포 지역: 평북·개마 지괴, 경기 지괴, 영남 지괴
② 특징: 한반도에서 가장 많은 부분을 차지하고 있으며 형성 시기가 가장 오래되었음, 변성암이 주로 분포함
(2) 고생대
① 분포 지역: 평남 지향사, 옥천 지향사
② 특징: 고생대 초기에 형성된 해성 퇴적층인 조선 누층군에는 석회암이 분포하고, 고생대 말기에 형성된 육성 퇴적층인 평안 누층군에는 무연탄이 분포함
(3) 중생대
① 분포 지역: 경상 분지
② 특징: 호소 퇴적층(육성층)으로 두꺼운 수평층을 이루고 있으며 경상 누층군 일부에서는 공룡 발자국 화석이 발견되기도 함
(4) 신생대
① 분포 지역: 두만 지괴, 길주·명천 지괴
② 특징: 동해안 일부 지역에 형성되어 있으며 분포 범위가 좁은 편임, 갈탄이 분포함

▲ 시·원생대

▲ 고생대

▲ 중생대

▲ 신생대

만점 공부 비법
• 한반도의 지형 형성 과정을 지체 구조, 지각 변동 등을 중심으로 파악한다.
• 우리나라 산지 지형의 형성 과정과 산지 지형에서의 주민 생활을 이해한다.

한반도의 지질 시대별 암석 구성

(한국지리지, 2008)

한반도의 지질 시대별 암석 구성을 보면 시·원생대에 형성된 변성암의 비중이 가장 높고, 그다음은 화성암(대부분 중생대에 관입한 화강암), 고생대에서 신생대에 형성된 퇴적암 순으로 비중이 높다.

한반도의 지체 구조

지괴와 지향사

지괴	단층으로 둘러싸인 지각의 땅덩어리를 말한다.
지향사	장기간에 걸쳐 침강이 진행되면서 여러 겹의 퇴적층이 두껍게 쌓인 지역을 말한다. 퇴적층이 형성된 이후에 융기, 습곡 등의 작용을 받으며 육지화되었다.

4. 한반도의 지각 변동

(1) 특징: 한반도는 고생대까지 안정을 유지해 왔으나 중생대의 세 차례에 걸친 큰 지각 변동과 신생대의 경동성 요곡 운동 등으로 인해 지형의 골격이 형성되었음

(2) 지질 시대별 주요 지각 변동

지질 시대	시생대	원생대	고생대				중생대			신생대	
			캄브리아기	⋯	석탄기 – 페름기	트라이아스기	쥐라기	백악기	제3기	제4기
지질 계통	변성암류		조선 누층군	결층	평안 누층군		대동 누층군	경상 누층군	제3계	제4계
주요 지각 변동	↑ 변성 작용		↑ 조륙 운동				↑ 송림 변동	↑ 대보 조산 운동 / 화강암 관입	↑ 불국사 변동	↑ 요곡·단층 운동	↑ 화산 활동

(3) 중생대의 지각 변동

송림 변동	• 중생대 초에 발생 • 북부 지방을 중심으로 발생한 지각 변동 • 랴오둥(동북동~서남서) 방향의 지질 구조선을 형성함
대보 조산 운동	• 중생대 중엽에 발생 • 중·남부 지방을 중심으로 발생한 지각 변동 • 중국(북동~남서) 방향의 지질 구조선을 형성함 • 매우 격렬했던 지각 변동 → 한반도 지체 구조에 큰 영향을 줌 • 넓은 범위에 걸쳐서 대보 화강암이 관입하는 데 영향을 끼침
불국사 변동	• 중생대 말에 발생 • 영남 지방을 중심으로 발생한 지각 변동 • 불국사 화강암이 관입하는 데 영향을 끼침

(4) 신생대의 지각 변동

경동성 요곡 운동	• 신생대 제3기에 발생 • 동해안에 치우친 비대칭 융기 운동임 • 함경산맥, 태백산맥 등 1차 산맥 형성에 직접적인 영향을 끼침
화산 활동	• 신생대 제3기 말~제4기에 발생 • 화산 지형(백두산, 제주도, 울릉도, 독도 등)을 형성함

약 2,300만 년 이전 / 약 2,300만~1,500만 년 전 / 약 1,500만 년 전

(「한반도의 조구조 진화」, 2006)

⇧ **한반도 주변의 판 이동** 원래 한반도와 일본은 붙어 있었으나 신생대 제3기 중엽부터 분리되었고, 그 사이에 동해가 형성되었다. 이 과정에서 동해 지각의 확장으로, 경동성 요곡 운동이 발생하였다.

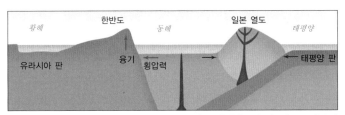

⇧ **경동성 요곡 운동** 신생대 제3기에 발생한 비대칭적 융기 운동인 경동성 요곡 운동의 영향으로 동해 쪽 사면은 좁고 경사가 급하고, 반대쪽 사면은 넓고 경사가 완만한 경동 지형이 형성되었다.

지질 구조선
습곡, 단층 등의 지각 변동에 의해 지층이나 기반암 등에 형성된 선 구조의 절리나 단층선을 말한다. 지질 구조선은 하천의 침식에 취약하여 깊은 계곡이 잘 발달하며 산맥의 방향을 결정하기도 한다.

▲ **우리나라의 지질 구조선**
한반도의 지형은 일시에 만들어진 것이 아니라 몇 개의 지괴가 서로 충돌하여 형성되었다. 이러한 충돌 과정에서 큰 에너지가 지각에 영향을 미쳐 지질 구조선이 형성되었다.

관입
마그마가 기존의 암체를 뚫고 침투하는 현상을 말한다.

경동 지형
지반 융기를 받아 한쪽은 급경사, 다른 한쪽은 완경사를 이루는 비대칭인 산지 지형을 말한다.

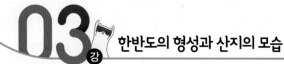

5. 기후 변화에 의한 지형 발달

(1) 기후 변화

① 시기: 신생대 제4기에 빙기와 간빙기(후빙기)가 여러 차례 반복된 시기

② 영향: 기후 변화는 빙하의 범위 변화 및 해수면의 변동을 가져와 지형 형성에 영향을 미침

③ 빙기와 후빙기의 특성 비교

빙기	• 기후가 한랭 건조함 • 해수면이 하강하여 📍침식 기준면도 하강함 • 📍물리적 풍화 작용이 우세하게 나타남
후빙기	• 기후가 온난 습윤함 • 해수면이 상승하여 침식 기준면도 상승함 • 📍화학적 풍화 작용이 우세하게 나타남

(2) 빙기와 후빙기의 하천 상·하류 지형 변화

구분	빙기	후빙기
상류	• 기온이 낮아 비가 적게 내리므로 하천의 유량이 적고 물리적 풍화 작용(얼음의 쐐기 작용 등)이 활발함 • 산 사면에서 암설 공급이 많아지면서 퇴적 우세 → 쌓이는 암설은 많은데 유량이 적어서 퇴적물을 운반하지 못하기 때문임	• 강수량이 많아지면서 하천의 유량이 늘어나 하천의 침식 작용이 활발해짐 • 기후가 온난 습윤해지면서 식생이 풍부해짐, 하천의 유량이 증가하면서 암설이 흘러내려 계곡에 퇴적되었던 물질이 제거됨
하류	침식 기준면인 해수면 하강 → 침식 작용이 활발해지면서 하천의 하방 침식이 강화됨 → 이로 인해 깊은 계곡이 형성됨	침식 기준면인 해수면 상승 → 침식 기준면이 높아지면서 하천의 퇴적 작용이 활발해짐 → 빙기 때 형성된 깊은 계곡이 메워지고 범람원, 삼각주 등과 같은 지형이 형성됨

▲ 빙기와 현재의 해안선

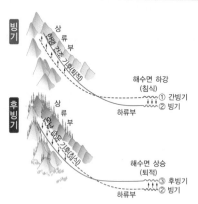

▲ 기후 변화에 따른 지형 형성

02 우리나라의 산지 지형

1. 우리나라 산지의 형성

(1) 산지 분포의 특징

① 국토의 약 70%가 산지로 이루어져 있어 산지의 비율이 높은 편임

② 해발 고도 1,000m 이상의 고지대는 국토 면적의 10%에 불과하며, 해발 고도 200~500m의 저산성 산지가 40% 이상을 차지하고 있음

최종 빙기와 후빙기의 해수면 변동

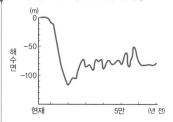

최종 빙기에는 현재보다 해수면이 100m 이상 낮았으며, 이 시기에 황해와 남해는 대부분이 육지로 드러나 있었고 우리나라와 일본도 연결되어 있었다. 단, 동해는 수심이 깊어 최종 빙기에도 울릉도, 독도는 육지와 연결되어 있지 않았다.

침식 기준면

하천의 하방 침식이 이루어질 수 있는 최저 고도를 의미한다. 일반적으로 해수면과 일치한다.

물리적 풍화 작용과 화학적 풍화 작용

물리적 풍화 작용은 암석 구성 물질의 화학적 성질 변화를 수반하지 않고 단순히 작은 입자로 부서지는 현상을 말하며, 얼음의 쐐기 작용이 물리적 풍화 작용의 대표적 사례에 해당한다. 물리적 풍화 작용과 상대되는 용어로 화학적 풍화 작용이 있는데, 화학적 풍화 작용은 암석의 광물이 화학적 성질 변화를 일으키면서 풍화되는 현상을 말한다. 화학적 풍화 작용은 기온이 높고 습도가 높은 환경에서 잘 일어난다.

(2) 동고서저의 경동 지형: 신생대 제3기 경동성 요곡 운동으로 동고서저의 경동 지형이 발달함
① 함경산맥과 태백산맥의 동쪽은 급경사를 이루고 있고, 서쪽은 완경사를 이루고 있음
② 황해로 유입되는 하천은 길이가 길고 하상의 경사가 완만한 반면, 동해로 유입되는 하천은 상대적으로 길이가 짧고 하상의 경사가 급함

2. 우리나라 산맥의 특징

(1) 지질 구조선에 따른 산맥의 방향
① 중생대에 발생한 송림 변동의 영향으로 랴오둥 방향의 지질 구조선이 형성되었고, 대보 조산 운동의 영향으로 중국 방향의 지질 구조선이 형성되었음
② 지질 구조선을 따라 오랫동안 침식이 진행되어 구조선 방향으로 골짜기가 형성되고 산맥이 발달함

(2) 1차 산맥과 2차 산맥

1차 산맥	• 경동성 요곡 운동의 영향으로 융기를 받아 형성됨 • 해발 고도가 높고 산지의 연속성이 강함 • 함경 · 낭림 · 태백 · 소백산맥 등
2차 산맥	• 중생대 지각 변동 이후 차별 침식을 받아 형성됨 • 해발 고도가 낮고 산지의 연속성이 약함 • 차령 · 노령산맥 등

▲ 산맥의 방향에 따른 분류

3. 흙산과 돌산

흙산	• 시 · 원생대에 형성된 편마암이 오랜 기간 풍화 작용을 받아 형성된 산지 • 대부분의 사면에 토양층이 형성되어 있어 식생 밀도가 높음 예 지리산, 덕유산, 소백산 등
돌산	• 중생대에 형성된 화강암이 분포하는 지역에 형성된 산지 • 기반암이 드러나 있는 경우가 많아 식생 밀도가 낮음 예 북한산, 설악산, 금강산, 월출산 등

▲ 흙산(지리산)   ▲ 돌산(북한산)

❶ 중생대의 대규모 지각 변동으로 지질 구조선이 형성되었고, 지질 구조선을 따라 지하 깊숙이 마그마가 관입하였다.

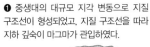

마그마 관입

❷ 중생대 지각 변동 이후 오랜 기간 침식 작용을 받아 한반도가 평탄해졌다.

마그마가 굳어 형성되었다.

❸ 신생대 제3기 경동성 요곡 운동으로 동해 쪽으로 치우친 1차 산맥이 형성되었고, 황해 쪽으로는 하곡이 발달하였다.

지질 구조선을 따라 하천이 흘러 하곡을 형성함

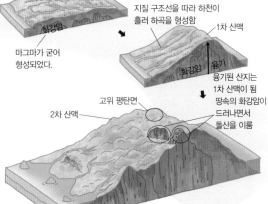

1차 산맥

융기된 산지는 1차 산맥이 됨 땅속의 화강암이 드러나면서 돌산을 이룸

고위 평탄면

2차 산맥

❹ 하곡을 따라 차별 침식이 일어나 2차 산맥을 형성하였고, 지속적인 침식으로 땅속의 화강암이 지표로 드러났다.

▲ 우리나라의 산지 형성 과정

북부, 중부, 남부 지방 산지의 분포 특징
지도의 A~C 선에 해당하는 단면은 아래와 같이 나타난다.

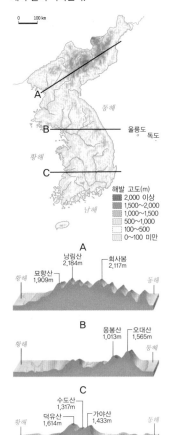

A
낭림산 2,184m   회사봉 2,117m
묘향산 1,909m
황해   동해

B
응봉산 1,013m   오대산 1,565m
황해   동해

C
수도산 1,317m
덕유산 1,614m   가야산 1,433m
황해   동해

돌산의 형성 과정

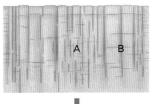

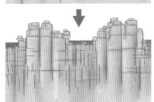

그림의 A는 화강암 절리의 간격이 좁은 편이고, B는 화강암 절리의 간격이 넓은 편이다. A와 같이 화강암 절리의 간격이 좁은 곳은 상대적으로 풍화가 깊게 진행되고, B와 같이 절리의 간격이 넓은 곳은 풍화가 덜 진행되어 정상부의 화강암체가 그대로 드러나 커다란 암봉을 형성하는 경우가 많다.

4. 고위 평탄면

(1) 의미: 태백산맥, 소백산맥 등의 산 정상부에 형성된 기복이 작고 경사가 완만한 지형
   예) 대관령 일대, 진안고원 등

(2) 형성 원인: 오랜 기간 침식으로 낮고 평탄해진 지형이 신생대 경동성 요곡 운동을 받아 융기한 이후에도 해발 고도가 높은 곳에 남아 있는 지형

(3) 기후 환경

① 해발 고도가 높아 연평균 기온이 낮음 → 여름철 기후가 서늘함

② 겨울철에 눈이 많이 내려 눈 녹은 물이 봄철에도 토양에 수분을 공급함(대관령)

(4) 토지 이용

① 기온이 낮고 수분의 손실이 적으므로 목초지 조성에 유리함 → 목축업 발달

② 여름철 서늘한 기후를 이용하여 고랭지 작물(배추, 무 등) 재배가 활발함

③ 고랭지 면적이 확대되면 여름철 집중 호우 시 토양 침식이 가속화되고, 홍수 피해 가능성이 높아지는 부작용이 나타남

④ 풍속과 풍향이 비교적 일정하므로 풍력 발전소를 건설하기도 함

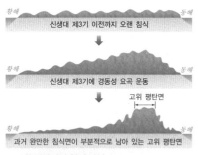

▲ 고위 평탄면의 형성 과정

▲ 고위 평탄면(평창) 지형도

5. 산지 지형의 이용과 인간 생활

(1) 이용: 지하자원과 삼림 자원 등 각종 자원의 공급지 역할

(2) 최근: 교통·통신의 발달과 뛰어난 경관을 바탕으로 관광 산업 발달

(3) 문제점: 무분별한 산지 개발로 산림이 훼손되어 집중 호우 시 산사태가 발생하거나 동식물의 서식지가 파괴되어 생태계의 균형이 깨짐

(4) 대책: 산지를 개발할 때에는 자연환경을 보존하면서 인간 생활에 이로울 수 있는 방향으로 개발 예) 환경 영향 평가 실시, 자연 휴식년제 확대, 생태 통로 건설 등

고랭지(高=높을 고, 冷=찰 랭, 地=땅 지)
해발 고도가 높아 저지대보다 기온이 낮은 곳으로, 여름철의 서늘한 기후를 이용하여 무, 배추와 같은 채소 재배가 활발하게 이루어진다.

환경 영향 평가
대규모 개발 사업 계획을 수립할 때, 개발이 환경에 미칠 영향을 사전에 예측, 평가, 검토하여 환경 오염을 예방하는 제도이다.

생태 통로
도로나 댐 등의 건설로 인하여 야생 동물의 서식지가 단절되는 것을 막기 위해 야생 동물이 지나갈 수 있도록 인공적으로 만든 길을 말한다.

2단계 개념 쏙 정리하기

한반도의 형성

암석 분포	변성암>화성암>퇴적암
지체 구조	시·원생대(평북·개마 지괴, 경기 지괴, 영남 지괴), 고생대(평남 지향사, 옥천 지향사), 중생대(경상 분지), 신생대(두만 지괴, 길주·명천 지괴)

지각 변동	중생대	• 송림 변동 • 대보 조산 운동 • 불국사 변동
	신생대	• 경동성 요곡 운동 • 화산 활동

기후 변화에 따른 지형 발달

구분	빙기	간빙기(후빙기)
기후 변화	한랭 건조	온난 습윤
해수면	하강	상승
침식 기준면	하강	상승
풍화 작용	물리적 풍화 작용 우세	화학적 풍화 작용 우세
하천 상류	퇴적 우세	침식 우세
하천 하류	침식 우세	퇴적 우세
지형 형성	하안 단구 등	하류 → 범람원, 삼각주, 석호 등

우리나라의 산지 지형

특징	• 산지의 비율은 높으나 대부분 완만한 구릉성 산지임 • 동고서저의 경동 지형
산지 지형	• 1차 산맥과 2차 산맥 • 흙산과 돌산 • 고위 평탄면
산지 지형의 이용	• 지하자원과 삼림 자원의 공급지, 관광 산업 발달 • 고위 평탄면: 여름철 서늘한 기후를 이용하여 고랭지 채소 재배 활발, 목축업 발달, 풍력 발전소 건설

● 다음 설명이 맞으면 ○, 틀리면 ×에 표시하시오.

1 우리나라의 암석 분포에서 차지하는 비중이 가장 높은 암석은 변성암이다.   (○, ×)

2 화강암은 관입한 마그마가 지하에서 천천히 식으면서 굳어져 형성된 암석이다.   (○, ×)

3 우리나라의 퇴적암은 신생대에 형성된 퇴적암이 대부분을 차지하고 있다.   (○, ×)

4 시·원생대의 지층으로는 평북·개마 지괴, 경기 지괴, 영남 지괴를 들 수 있다.   (○, ×)

5 고생대의 조선 누층군은 육성 퇴적층, 평안 누층군은 해성 퇴적층에 해당한다.   (○, ×)

6 조선 누층군에는 석회암이 분포하고, 평안 누층군에는 무연탄이 분포한다.   (○, ×)

7 옥천 지향사는 중생대에 형성되었다.   (○, ×)

8 고생대에 형성된 지층으로는 경상 분지가 대표적이다.   (○, ×)

9 경상 분지는 호소 퇴적층으로 공룡 발자국 화석이 발견되기도 한다.   (○, ×)

10 신생대에 형성된 지층으로는 두만 지괴, 길주·명천 지괴를 들 수 있다.   (○, ×)

11 신생대에 형성된 지층은 분포 범위가 넓은 편이며, 무연탄이 많이 매장되어 있다.   (○, ×)

12 지향사는 장기간에 걸쳐 침강이 진행되면서 여러 겹의 퇴적층이 두껍게 쌓인 지역을 말한다.   (○, ×)

● 다음 중 옳은 것에 ○표 하시오.

13 한반도는 (㉠ 고생대, ㉡ 중생대)까지 안정을 유지해 왔다.

14 중생대 초 북부 지방을 중심으로 (㉠ 송림 변동, ㉡ 대보 조산 운동)이 발생하였고, 중생대 중엽 중·남부 지방을 중심으로 (㉢ 송림 변동, ㉣ 대보 조산 운동)이 발생하였다.

15 송림 변동의 영향으로 (㉠ 중국, ㉡ 랴오둥) 방향의 지질 구조선이 형성되었고, 대보 조산 운동의 영향으로 (㉢ 중국, ㉣ 랴오둥) 방향의 지질 구조선이 형성되었다.

16 대보 조산 운동은 넓은 범위에 걸쳐서 (㉠ 변성암, ㉡ 화강암)이 관입하는 데 영향을 끼쳤다.

17 (㉠ 대보 조산 운동, ㉡ 경동성 요곡 운동)은 신생대 제3기에 발생한 지각 변동으로 비대칭 융기 운동이다.

18 경동성 요곡 운동은 함경산맥, 태백산맥과 같은 (㉠ 1차, ㉡ 2차) 산맥의 형성에 직접적인 영향을 끼쳤다.

19 우리나라는 (㉠ 동고서저, ㉡ 서고동저)의 경동 지형이 발달하였다.

20 우리나라는 (㉠ 황해, ㉡ 동해)로 유입되는 하천은 길이가 길고 하상의 경사가 완만한 반면, (㉢ 황해, ㉣ 동해)로 유입되는 하천은 상대적으로 길이가 짧고 하상의 경사가 급하다.

21 지리산, 덕유산, 소백산 등은 대표적인 (㉠ 흙산, ㉡ 돌산)이고, 북한산, 설악산, 월출산 등은 대표적인 (㉢ 흙산, ㉣ 돌산)이다.

● 빈칸에 들어갈 알맞은 말을 써 넣으시오.

22 (   ) 활동은 신생대 제3기 말~제4기에 발생하였으며 백두산, 제주도, 울릉도, 독도 등을 형성하였다.

23 (   )은/는 습곡, 단층 등의 지각 변동에 의해 지층이나 기반암 등에 형성된 선 구조의 절리나 단층선을 말한다.

24 빙기에는 기후가 한랭 건조하여 해수면과 침식 기준면이 (   )하였으며, (   ) 풍화 작용이 우세하게 나타났다.

25 빙기와 후빙기 중 (   )에는 상류에서 침식 작용이 우세하였고, (   )에는 하류에서 침식 작용이 우세하였다.

26 (   )은/는 시·원생대에 형성된 편마암이 오랜 기간 풍화 작용을 받아 형성된 산지이고, (   )은/는 중생대에 형성된 화강암이 분포하는 지역에 형성된 산지이다.

27 (   )은/는 태백산맥, 소백산맥 등의 산 정상부에 형성된 기복이 작고 경사가 완만한 사면을 말한다.

II

---

1 ○   2 ○   3 ×(고생대와 중생대 퇴적암이 대부분)   4 ○   5 ×(조선 누층군은 해성 퇴적층, 평안 누층군은 육성 퇴적층)   6 ○   7 ×(고생대)   8 ×(중생대)   9 ○   10 ○   11 ×(신생대 지층은 분포 범위가 좁고 갈탄이 매장되어 있음)   12 ○   13 ㉠   14 ㉠, ㉣   15 ㉡, ㉢   16 ㉡   17 ㉡   18 ㉡   19 ㉠   20 ㉠, ㉡   21 ㉠, ㉣   22 화산   23 지질 구조선   24 하강, 물리적   25 후빙기, 빙기   26 흙산, 돌산   27 고위 평탄면

04강 하천 지형과 해안 지형

키워드

감조 하천, 감입 곡류 하천, 하안 단구, 침식 분지, 선상지, 자유 곡류 하천, 자연 제방, 배후 습지, 삼각주, 해안 침식 지형, 해안 퇴적 지형

1단계 개념 훑어보기

01 우리나라 하천의 특징

1. 하천의 유로와 특징

(1) 경동 지형과 남서 방향의 지질 구조선이 하계망에 영향을 끼침 → 대부분의 큰 하천(두만강 제외)은 황해와 남해로 흐름

(2) 황·남해로 유입하는 하천과 동해로 유입하는 하천의 특징 비교

구분	유로	경사	유역 면적	유량	하구 퇴적물의 입자 크기
황·남해로 유입하는 하천	긺	완만함	넓음	많음	작음
동해로 유입하는 하천	짧음	급함	좁음	적음	큼

2. 유량의 변화가 큰 하천

(1) 특징: 계절에 따른 강수량의 차이가 크고 유역 면적이 좁은 편임 → 유량의 변동이 매우 큼(하상계수가 큼)

(2) 영향: 여름에는 홍수가 자주 발생하는 반면 겨울에는 하천 유량이 매우 적어 용수가 부족함 → 수력 발전, 하천 교통 발달에 불리함

(3) 대책: 수리 시설(저수지, 댐 등) 건설, 산림 녹화를 통한 녹색 댐 효과 증대가 필요함

3. 바닷물이 역류하는 감조 하천

(1) 특징: 조차가 큰 황해나 남해로 유입하는 하천의 하구 부근에는 밀물과 썰물의 영향으로 수위가 주기적으로 오르내리는 감조 구간이 나타남 → 과거에는 이를 하천 수운에 이용하기도 함

▲ 주요 하천의 감조 구간

(2) 영향: 밀물 때 바닷물의 유입으로 주변 지역에 염해(鹽=소금 염, 害=해할 해)를 일으키고, 여름철 집중 호우와 만조가 겹치면 강물이 잘 빠지지 않아 홍수 피해가 커짐

(3) 대책: 염해 방지, 용수 확보 등을 위해 하굿둑을 건설함 → 금강, 영산강, 낙동강 하구에 하굿둑이 건설되어 있음

02 우리나라의 하천 지형

1. 하천 중·상류에 발달하는 지형

(1) 감입 곡류 하천

① 산지 사이를 굽이쳐 흐르는 하천

② 형성 과정: 지반 융기로 인해 하방 침식이 진행되면서 하천 바닥을 깎아 깊은 골짜기를 이룸

③ 융기량이 많았던 대하천의 중·상류 지역에 주로 발달

④ 하천 주변의 빼어난 경관을 이용한 레포츠 등 관광 자원으로 이용

(2) 하안 단구

① 하천 주변에 분포하는 계단 모양의 지형

② 형성 과정: 과거 하천 바닥이나 범람원이 지반의 융기 또는 해수면 하강에 따른 하천 침식에 의해 형성됨 → 하안 단구면에서는 둥근 자갈이나 모래가 발견됨

③ 하안 단구면은 지면이 비교적 평탄하고 홍수 때에도 침수 위험이 낮음 → 마을이 형성되거나 농경지, 교통로 등으로 이용

▲ 감입 곡류 하천

만점 공부 비법

• 우리나라 하천의 특징을 이해하고, 하천 유역에 발달하는 지형의 형성 과정 및 특징을 이해한다.

• 우리나라 해안 지형의 형성 요인과 다양한 해안 지형의 특징을 이해한다.

• 하천과 해안 지형을 인간이 이용함에 따라 발생하는 문제점을 파악한다.

하상계수

하천의 최소 유량을 1로 했을 때의 최대 유량의 비율을 말한다. 우리나라는 여름에 강수가 집중되므로 우리나라의 하천은 세계의 주요 하천에 비해 하상계수가 큰 편이다.

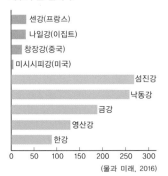

▲ 주요 하천의 하상계수

하굿둑

밀물 때 바닷물이 하천을 따라 역류하는 것을 막기 위해 하구에 건설한 댐을 말한다.

하안 단구의 형성 과정

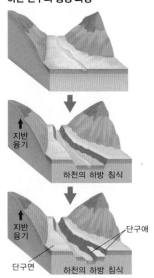

(3) 침식 분지
① 주위가 산으로 둘러싸인 평지로 암석의 차별적 풍화와 침식으로 형성
② 화강암이 관입한 지역(변성암이나 퇴적암이 화강암을 둘러싸고 있는 지역)이나 두 개 이상의 하천이 합류하는 지역에서 잘 형성됨
③ 지형이 평탄하고 용수 확보에 유리함 → 일찍부터 농업 및 생활의 중심지로 이용(한강 유역의 춘천 분지, 양구 해안 분지, 충주 분지와 낙동강 유역의 안동 분지 등이 대표적임)
④ 산지로 둘러싸여 있어 기온 역전 현상에 따른 안개가 잘 발생함

(4) 선상지
① 산지에서 평지로 이어지는 계곡 입구에서 유속이 감소하면서 토사가 퇴적되어 형성된 부채 모양의 지형
② 우리나라는 오랜 침식으로 경사 급변 지형이 많지 않음 → 선상지의 발달이 미약한 편임
③ 지형 특징

선정	선상지의 정상부, 계곡의 물을 얻을 수 있음 → 소규모의 취락이 입지함
선앙	선상지의 중앙부, 하천이 복류하여 지표수가 부족함 → 수리 시설 발달 이전에는 과수원 등으로 이용
선단	선상지의 말단부, 용천이 분포하여 물을 얻기 쉬움 → 취락이 입지하거나 논농사가 이루어짐

▲ 침식 분지(양구 해안 분지) 지형도

▲ 선상지(구례) 지형도

2. 하천 중·하류에 발달하는 지형

(1) 자유 곡류 하천
① 넓은 평야 위를 굽이쳐 흐르는 하천
② 하천의 하방 침식보다 측방 침식이 활발하게 이루어짐 → 유로 변경이 자유로움
③ 유로 변경 과정에서 하중도, 우각호, 구하도 등의 지형이 잘 발달함
④ 최근에는 유로를 직선화하는 사업(직강 공사)이 활발하게 진행되면서 자연적인 곡류 하천이 많이 사라짐

▲ 자유 곡류 하천

(2) 범람원
① 하천의 범람에 의해 운반된 물질이 쌓여 형성된 지형으로 자연 제방과 배후 습지로 구성됨
② 자연 제방과 배후 습지의 상대적 특징

구분	해발 고도	퇴적 물질	퇴적물의 평균 입자 크기	토지 이용
자연 제방	높음	모래(배수 양호)	큼	밭, 과수원, 취락
배후 습지	낮음	점토(배수 불량)	작음	논

(3) 삼각주
① 하천의 하구에서 유속의 감소로 하천의 운반 물질이 퇴적되어 형성된 지형
② 우리나라는 대부분의 큰 하천이 조차가 큰 황해나 남해로 유입됨 → 하천에 의해 운반되는 물질이 쉽게 제거되기 때문에 삼각주의 발달이 미약한 편임
③ 낙동강 하구에 삼각주 발달 → 농경지로 이용하며, 취락은 주로 자연 제방에 입지함

춘천 분지의 지질도와 단면도

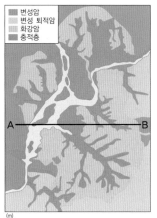

화강암은 변성암이나 변성 퇴적암에 비해 풍화와 침식에 약해 쉽게 제거되고, 변성암과 변성 퇴적암으로 이루어진 부분은 산지로 남으면서 춘천은 현재와 같은 모습의 분지가 되었다.

범람원

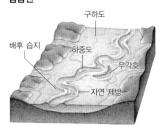

자연 제방은 배수가 양호하여 밭, 과수원 등으로 이용하고 배후 습지에 비해 하천 범람 시 홍수 발생 가능성이 낮아 취락이 입지한다. 배후 습지는 배수가 불량하여 배수 시설을 갖춘 후에 논으로 이용한다.

삼각주(낙동강 하구) 지형도

낙동강 하구는 비교적 조차가 작아 조류의 힘이 약하고 낙동강에 의해 다량의 토사가 운반되어 삼각주가 형성되었다.

03 우리나라의 해안 지형

1. 서·남해안과 동해안

서·남해안	• 산맥이 해안을 향해 뻗어 있어 산맥과 해안선의 방향이 대체로 교차하기 때문에 해안선이 복잡하고 섬이 많음 • 리아스 해안 발달 • 큰 하천으로부터 많은 토사가 유입되고, 조차가 커서 조류의 작용이 활발함 → 갯벌 발달 • 큰 조차를 극복하기 위한 특수 항만 시설(갑문, 뜬다리 부두 등)이 발달함	
동해안	• 산맥과 해안선의 방향이 대체로 평행하기 때문에 해안선이 단조로움 • 지반 융기의 영향을 많이 받음 • 파랑의 침식 작용이 활발하여 암석 해안이 발달함 • 하천으로부터 모래 공급량이 많아 모래 해안이 발달함	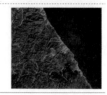

2. 해안 지형의 형성 요인

(1) 만과 곶에서의 지형 형성 작용

만(灣)	• 바다가 육지 쪽으로 들어간 지형 • 파랑 에너지가 분산되어 퇴적 작용이 활발함 • 모래 해안이나 갯벌이 발달함
곶(串)	• 육지가 바다 쪽으로 돌출한 지형 • 파랑 에너지가 집중되어 침식 작용이 활발함 • 암석 해안이 발달함

(2) 해안 지형은 파랑, 연안류, 조류, 바람 등의 침식과 퇴적 작용으로 형성됨

(3) 해안 지형은 지반의 융기, 기후 변화에 따른 해수면 변동의 영향을 받음

3. 해안 침식 지형

(1) 형성: 파랑 에너지가 집중되어 파랑의 침식 작용이 활발한 곶(串)에서 잘 형성됨

(2) 암석 해안

해식애	파랑의 침식 작용을 받아 형성된 급경사의 해안 절벽
파식대	• 파랑의 침식 작용으로 형성된 평탄면의 지형 • 해식애가 육지 쪽으로 후퇴하면 전면부에 파식대가 점차 넓어짐
해식동굴	해식애의 약한 부분이 집중적으로 침식되어 형성된 동굴
시 아치	해식동굴이 파랑의 침식 작용으로 뚫려 형성된 아치 모양의 지형
시 스택	파랑의 침식 작용을 받아 주변부가 제거되고 남은 돌기둥이나 작은 바위섬
해안 단구	• 파식대가 지반의 융기나 해수면 하강으로 형성 당시의 해수면보다 높은 곳에 위치하게 된 계단 모양의 지형 • 지반 융기량이 많았던 동해안에서 잘 나타남 • 비교적 평탄하므로 농경지, 취락, 교통로 등으로 이용됨 • 하안 단구면은 과거 바닷물의 영향을 받은 곳이기 때문에 둥근 자갈 등이 발견되기도 함

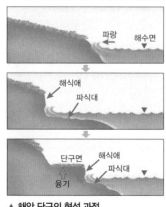

▲ 해안 단구의 형성 과정

▲ 해안 단구(정동진) 지형도

리아스 해안

하천의 침식 작용을 받아 형성된 골짜기가 후빙기 해수면 상승으로 침수된 해안으로 해안선의 드나듦이 복잡하다. 우리나라의 서·남해안에서 리아스 해안의 모습이 잘 나타난다.

만과 곶에서의 파랑의 작용

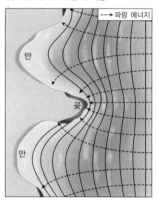

연안류

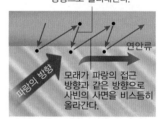

해안을 따라 평행하게 이동하는 바닷물의 흐름으로, 곶에서 침식된 물질이나 하천에서 공급된 모래와 자갈 등을 운반하여 퇴적 지형을 형성하는 역할을 한다.

시 스택

스택(stack)은 '공장의 굴뚝'이라는 뜻이 있는 영어 단어이다. 시 스택은 바다 한가운데에 공장 굴뚝처럼 우뚝 솟아 있는 바위를 의미하며, 이러한 지형은 암석의 강한 부분이 파랑의 침식에도 남아 형성된다.

4. 해안 퇴적 지형

(1) 형성: 파랑 에너지가 분산되어 파랑의 퇴적 작용이 활발한 만(灣)에서 잘 형성됨

(2) 모래 해안

사빈	• 파랑에 의해 침식된 물질이나 하천에 의해 공급된 모래가 파랑과 연안류에 의해 퇴적되어 형성됨 • 주로 여름철 해수욕장으로 이용됨
해안 사구	• 사빈의 모래가 바람에 날려 퇴적되어 형성됨 → 사빈에 비해 퇴적된 모래의 평균 입자 크기가 작은 편임 • 태풍이나 해일 피해를 완화해 주는 자연 방파제 역할을 함 • 방풍림을 조성하여 배후 농경지와 마을을 보호하기도 함 • 사구 밑에는 모래에 의해 정수된 지하수가 저장되어 있는 경우가 많음 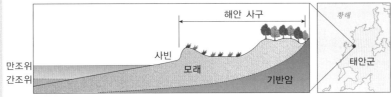 ▲ 해안 사구 모식도
사주	사빈의 모래가 파랑이나 연안류를 따라 이동하여 길게 퇴적된 지형
육계도	사주에 의해 육지와 연결된 섬 → 육계도와 연결된 사주는 육계사주라고 함
석호	• 후빙기 해수면 상승으로 형성된 만의 입구를 사주가 가로막아 형성된 호수 • 하천에 의해 유입되는 물질이 석호 바닥에 퇴적됨 → 석호는 시간이 흐를수록 수심이 얕아지고 면적이 축소됨 • 석호의 물은 염도가 높아 농업용수나 생활용수로 이용하지 않음 〈석호의 형성 과정〉 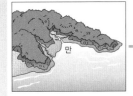   후빙기 해수면 상승으로 골짜기가 침수되어 만 형성　연안류와 파랑의 퇴적 작용에 의해 만의 입구에 사주 발달　사주의 성장으로 바다와 분리된 석호 형성

(3) 갯벌 해안

① 조류에 의해 운반된 모래나 점토가 퇴적되어 형성된 해안

② 수심이 얕고 조차가 큰 해안, 하천에 의한 토사 공급량이 많은 곳에서 잘 발달함 → 우리나라의 서·남해안의 갯벌은 규모가 커 세계적임

③ 다양한 생물 종의 서식처 역할을 함

④ 오염 물질의 정화 능력이 탁월함

⑤ 자연 생태 학습장, 양식장 등으로 이용됨

▲ 해안 지형 모식도

석호의 면적 변화

지도는 동해안에 형성된 여러 석호 중의 하나인 경포호의 면적 변화를 나타낸 것이다. 석호로 유입되는 하천에 의한 토사 유입으로 석호는 시간이 흐를수록 수심이 얕아지고 규모가 축소된다.

주요 갯벌과 간척지 분포

우리나라에서 규모가 큰 하천들은 대부분 황해와 남해로 유입된다. 황해와 남해는 조차가 큰 편이라서 서·남해안에는 갯벌이 넓게 발달해 있다. 이러한 갯벌을 간척하여 농경지, 공장용지 등으로 조성하는 경우가 많은데, 최근에는 갯벌의 생태 환경 보존을 중시하여 갯벌 간척에 대한 부정적인 의견도 많아지고 있다.

04강 하천 지형과 해안 지형

04 하천과 해안 지형의 이용

1. 하천의 이용

(1) 물 자원의 이용: 연 강수량은 많지만 여름에 강수가 집중되어 물 자원의 효율적인 이용이 어려움

하천 중·상류	• 물 자원에 대한 수요가 증가하면서 물 자원 확보, 전력 생산, 홍수 조절 등을 목적으로 하는 댐이 건설됨 • 수몰 지역 발생, 안개 발생 일수 증가 등의 환경 문제가 나타남
하천 중·하류의 범람원	• 농지 확보를 위해 범람원을 개간함 • 습지가 파괴되고 생태계에 변화가 나타남
하천 하구	• 용수 확보와 염해 방지를 위해 하굿둑을 건설함 • 하천의 흐름을 막아 물 오염이 심해짐

(2) 도시 하천

① 도시화 과정에서 대부분 복개되어 교통로로 이용됨

② 콘크리트 제방 공사와 직강 공사가 진행됨 → 홍수 위험이 증가함

③ 하천 주변의 위락 시설, 무분별한 습지 매립, 하천 골재 채취 등으로 지형과 생태계가 파괴됨

(3) 바람직한 하천 이용 방법

① 생태 공간으로서 하천의 역할이 강조됨 → 자연 상태의 생태 하천으로 복원하려는 노력이 진행됨

② 하천 주변의 습지를 보호하기 위한 노력이 진행됨

2. 해안 지형의 이용

(1) 간척 사업: 국토의 면적은 확대되었으나 갯벌이 감소함 → 해양 생태계에 변화가 생겨 어족 자원 감소

(2) 대규모의 시설물 건설: 항구, 방조제, 방파제, 해안 도로 등 → 바닷물의 흐름에 영향을 주어 해안 지형을 크게 변화시킴

(3) 관광지 개발: 사빈, 해안 사구, 석호 등의 해안 지형에 교통로와 관광 시설물을 설치함 → 해안 시설물은 해안 침식을 심화시켜 해안 지형이 파괴됨

(4) 해안 보존을 위한 노력

① 갯벌 복원 사업: 갯벌의 생태 기능 회복과 생태 관광지 조성

② 그로인, 모래 포집기 설치: 사빈의 모래가 침식되는 것을 방지

③ 해안 사구의 침식을 막기 위한 식생 정착

④ 개발 이전에 철저한 환경 영향 평가를 실시한 후 환경 친화적인 개발 진행

도시화에 따른 하천 유출량의 변화

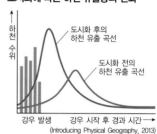

도시화가 진행되어 아스팔트, 콘크리트로 포장된 면적의 비중이 증가하게 되면 강우 시 빗물의 지표 유출량이 증가하고 하천으로 빠르게 빗물이 유입된다. 따라서 도시화 전보다 하천 유출량이 최고점에 이르는 시간이 짧아지고, 하천 수위도 높게 나타난다.

그로인

그로인은 바다 쪽으로 돌출된 인공 구조물을 말하며, 주로 사빈에 설치한다. 그로인을 설치하면 모래 유실을 줄일 수 있다.

모래 포집기

모래 포집기는 모래가 걸려 자연스럽게 모이도록 해안에 설치한 인공 구조물로, 일반적으로 나무 막대를 촘촘하게 엮어 만든다.

---

*숫자는 굴곡도(해안선 길이를 직선 길이로 나눈 뒤 1을 뺀 수치)로, 값이 클수록 해안의 굴곡이 심하다는 것을 의미함.

(국립 환경 과학원, 2010)

▲ 간척 사업으로 인한 해안 굴곡도의 변화

2단계 개념 쏙쏙 정리하기

하천 지형

우리나라의 하천	황·남해로 유입하는 하천은 동해로 유입하는 하천보다 유로가 길고 유역 면적이 넓으며 유량이 많음
하천 중·상류에 발달하는 하천 지형	감입 곡류 하천, 하안 단구, 침식 분지, 선상지 등
하천 중·하류에 발달하는 하천 지형	자유 곡류 하천, 범람원(자연 제방, 배후 습지), 삼각주 등

해안 지형

우리나라의 해안	서·남해안은 동해안보다 해안선이 복잡하고 섬이 많으며 조차가 큼
암석 해안	해식애, 파식대, 해식동굴, 시 아치, 시 스택, 해안 단구
모래 해안	사빈, 해안 사구, 사주, 육계도, 석호
갯벌 해안	• 조차가 큰 서·남해안에 갯벌이 넓게 형성되어 있음 • 오염 물질 정화, 다양한 생물 종의 서식처 역할

하천과 해안 지형의 이용

하천의 이용	• 댐 건설 • 범람원 개간 • 하굿둑 건설 • 도시 하천 복개 • 콘크리트 제방 공사 및 직강 공사
해안 지형의 이용	• 간척 사업 • 대규모 항구, 방조제, 방파제, 해안 도로 건설 • 관광지 개발

● 다음 설명이 맞으면 ○, 틀리면 ×에 표시하시오.

1 우리나라에서 대부분의 큰 하천은 동해로 유입한다.
(○, ×)

2 황·남해로 유입하는 하천은 동해로 유입하는 하천보다 유로가 길고 경사가 완만하다.
(○, ×)

3 황·남해로 유입하는 하천은 동해로 유입하는 하천보다 유역 면적이 좁고 유량이 적다.
(○, ×)

4 동해로 유입하는 하천은 황·남해로 유입하는 하천보다 하구 퇴적물의 평균 입자 크기가 크다.
(○, ×)

5 우리나라의 하천은 계절에 따른 유량의 변동이 작아 하상계수가 작은 편이다.
(○, ×)

6 감조 구간은 동해로 유입하는 하천보다 황해로 유입하는 하천에서 길게 나타난다.
(○, ×)

7 한강, 영산강, 낙동강 하구에는 염해 방지, 용수 확보 등을 위해 하굿둑이 건설되어 있다.
(○, ×)

8 감입 곡류 하천은 하방 침식보다 측방 침식이 우세하게 나타난다.
(○, ×)

9 감입 곡류 하천은 자유 곡류 하천보다 지반 융기의 영향을 많이 받았다.
(○, ×)

10 하안 단구면에서는 둥근 자갈이나 모래가 발견되는 경우가 많다.
(○, ×)

11 하안 단구면은 홍수 때에 침수 위험이 높은 편이다.
(○, ×)

● 다음 중 옳은 것에 ○표 하시오.

12 춘천의 침식 분지는 분지를 둘러싸고 있는 산지가 (㉠ 화강암, ㉡ 변성암)으로 이루어져 있고, 분지 바닥면은 (㉢ 화강암, ㉣ 변성암)으로 이루어져 있다.

13 계곡의 입구에서 유속이 감소하면서 토사가 퇴적되어 형성된 부채 모양의 지형을 (㉠ 삼각주, ㉡ 선상지)라고 하고, 하구에서 유속의 감소로 하천의 운반 물질이 퇴적되어 형성된 지형을 (㉢ 삼각주, ㉣ 선상지)라고 한다.

14 침식 분지에서 기온 역전층은 (㉠ 분지 바닥면, ㉡ 분지를 둘러싼 산지)에서 잘 형성된다.

15 선상지의 (㉠ 선앙, ㉡ 선단)에서는 하천이 복류하여 지표수가 부족한 반면 (㉢ 선앙, ㉣ 선단)에서는 용천이 분포하여 물을 얻기 쉽다.

16 (㉠ 자연 제방, ㉡ 배후 습지)은/는 (㉢ 자연 제방, ㉣ 배후 습지)보다 해발 고도가 높고, 퇴적물의 평균 입자 크기가 크다.

17 (㉠ 서·남해안, ㉡ 동해안)은 (㉢ 서·남해안, ㉣ 동해안)보다 해안선이 단조롭고, 지반 융기의 영향을 많이 받았다.

18 (㉠ 만, ㉡ 곶)은 (㉢ 만, ㉣ 곶)보다 파랑의 침식 작용이 활발하여 암석 해안이 발달한다.

19 도시화가 진행되어 아스팔트, 콘크리트로 포장된 면적의 비중이 증가하게 되면 도시화 전보다 하천 유출량이 최고점에 이르는 시간이 (㉠ 짧아지고, ㉡ 길어지고), 하천 수위가 (㉢ 낮게, ㉣ 높게) 나타난다.

● 빈칸에 들어갈 알맞은 말을 써 넣으시오.

20 (　　　)은/는 파랑의 침식 작용을 받아 형성된 급경사의 해안 절벽이다.

21 (　　　)은/는 파랑의 침식 작용을 받아 주변부가 제거되고 남은 돌기둥이나 작은 바위섬이다.

22 (　　　)은/는 파식대가 지반의 융기나 해수면 하강으로 형성 당시의 해수면보다 높은 곳에 위치하게 된 계단 모양의 지형이다.

23 (　　　)은/는 사빈의 모래가 바람에 날려 퇴적된 모래 언덕이다.

24 (　　　)은/는 후빙기 해수면 상승으로 형성된 만의 입구를 사주가 가로막아 형성된 호수이다.

25 (　　　)은/는 조류에 의해 운반된 모래나 점토가 퇴적되어 형성된 지형으로 오염 물질의 정화 능력이 탁월하다.

1 ×(황해와 남해로 유입함)　2 ○　3 ×(동해로 유입하는 하천의 특징임)　4 ○　5 ×(하상계수가 큰 편임)　6 ○　7 ×(한강 하구에는 하굿둑 없음)　8 ×(측방 침식보다 하방 침식이 우세함)　9 ○　10 ○　11 ×(고도가 높아 침수 위험이 낮음)　12 ㉡, ㉢　13 ㉡, ㉢　14 ㉠　15 ㉠, ㉣　16 ㉠, ㉣　17 ㉡, ㉢　18 ㉠, ㉣　19 ㉠, ㉣　20 해식애　21 시 스택　22 해안 단구　23 해안 사구　24 석호　25 갯벌

05강 화산 지형과 카르스트 지형

화산 지형, 백두산, 제주도, 울릉도, 독도, 용암 대지, 카르스트 지형, 돌리네, 석회동굴, 석회암 풍화토

1단계 개념 확 뜯어보기

01 화산 지형

1. 화산 지형의 형성과 종류

(1) 형성: 지하 깊은 곳의 마그마와 가스가 지표로 분출하여 형성

(2) 종류: 화산, 화구호, 칼데라, 칼데라호, 용암 대지, 주상 절리, 용암동굴 등

(3) 우리나라의 화산 활동

① 한반도는 대체로 안정 지괴를 이루고 있음 → 현재 진행 중인 화산 활동은 없음

② 중생대와 신생대의 화산 활동으로 형성된 화산 지형이 분포함(대부분 신생대에 형성됨)

2. 우리나라의 다양한 화산 지형

(1) 백두산

① 산정부는 유동성이 작은 조면암질 용암이 분출하여 경사가 급함

② 산록부는 유동성이 큰 현무암질 용암이 분출하여 경사가 완만함

③ 정상에는 칼데라호인 천지가 있음

▲ 칼데라호(백두산 천지)　　▲ 칼데라호 지형도

(2) 제주도

① 산정부는 유동성이 작은 조면암질 용암이 분출하여 경사가 급함

② 산록부는 유동성이 큰 현무암질 용암이 분출하여 경사가 완만함

③ 정상에는 화구호인 백록담이 있음

④ 화산 중턱에 새로운 용암과 화산 쇄설물이 분출하여 생긴 작은 화산인 기생 화산이 발달함 → 제주도에서는 '오름', '악'이라고 불림

⑤ 유동성이 큰 용암이 흘러내릴 때 표층부와 하층부 간의 냉각 속도 차이에 의해 형성된 용암동굴이 지하에 많음 예 만장굴, 김녕굴, 협재굴 등

⑥ 절리가 발달한 현무암이 주된 기반암을 이루고 있음

- 용암이 냉각 및 수축되는 과정에서 형성된 주상 절리가 발달해 있음
- 지표수가 부족하여 밭농사가 주로 이루어지고 건천이 나타남
- 지하로 스며든 빗물은 해안에서 용천함(전통 취락은 해안의 용천대를 따라 분포함)

▲ 기생 화산(제주도)　　▲ 기생 화산 지형도

만점 공부 비법

- 우리나라 화산 지형의 형성 과정과 특징을 파악한다.
- 우리나라 카르스트 지형의 형성 과정과 특징을 파악한다.

우리나라의 화산 지형 분포

칼데라와 칼데라호

칼데라는 마그마가 분출한 이후 분화구 부근이 함몰되어 형성된 대규모의 분지를 말한다. 일반적으로 칼데라는 분화구에 비해 규모가 큰 편이며, 칼데라에 물이 고여 생긴 호수를 칼데라호라고 한다.

화구호

화구에 물이 고여 생긴 호수를 말한다. 한라산 정상부의 백록담은 화구호의 대표적인 사례이다.

주상 절리

용암이 급격히 냉각되는 과정에서 형성된 다각형 기둥 형태의 절리를 말한다.

▲ 주상 절리(제주도)

(3) 울릉도와 독도

울릉도	• 점성이 큰 조면암과 화산 쇄설물들로 이루어져 있음 → 경사가 급한 종 모양의 화산섬 • 섬의 북쪽 중앙부에 칼데라 분지인 나리 분지가 있음, 칼데라 분지 내부에서 용암이 분출하면서 화산 쇄설물이 쌓여 형성된 중앙 화구구(알봉)가 분포함 → 이중 화산체의 형태를 띠고 있음 • 지하에 절리가 많고 배수가 잘되는 토양이 분포함 → 나리 분지 일대를 중심으로 밭농사가 주로 이루어짐
독도	• 국토 최동단에 위치함 • 동해의 해저에서 용암이 분출하여 형성된 화산섬 • 울릉도와 같이 급경사의 사면을 이루고 있음

▲ 칼데라 분지(나리 분지)

▲ 칼데라 분지 지형도

(4) 용암 대지

① 용암 대지는 유동성이 큰 현무암질 용암이 열하 분출(틈새 분출)하여 기존의 골짜기나 분지를 메우면서 형성됨
② 철원·평강 일대에 용암 대지가 넓게 형성되어 있음
③ 철원·평강 일대의 용암 대지에서 한탄강의 침식 작용을 받은 곳은 깊은 협곡을 이루고 있음 → 협곡이 발달한 한탄강 주변에서는 주상 절리를 관찰할 수 있음
④ 용암 대지 위에서는 수리 시설을 이용하여 논농사가 이루어지고 있음

▲ 용암 대지(철원 일대)

▲ 용암 대지 지형도

02 카르스트 지형

1. 카르스트 지형의 형성

(1) 석회암이 빗물이나 지하수의 용식 작용을 받아 형성된 지형
(2) 석회암은 고생대 전기의 조선 누층군이 분포하는 지역에 주로 매장되어 있음 → 강원도 남부, 충청북도 북동부 지역의 석회암 지대에서 카르스트 지형이 잘 발달함

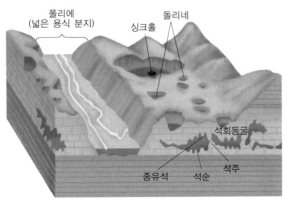

▲ 카르스트 지형 모식도

울릉도의 해안 절벽

울릉도는 점성이 큰 조면암질 용암이 굳어 형성된 화산섬으로 해안은 급경사의 절벽을 이루고 있는 경우가 많다.

용식 작용

물이 암석을 화학적으로 용해하는(녹이는) 작용을 말한다. 석회암이 빗물이나 지하수에 의해 용식되어 형성된 지형을 카르스트 지형이라고 한다. 카르스트(Karst)라는 명칭은 슬로베니아의 크라스(Kras)라는 지명에서 유래한 것이다. 크라스 지역은 석회암이 용식 작용을 받아 형성된 지형이 발달한 곳으로, 석회암 지형 연구가 최초로 시작된 곳이기도 하다.

우리나라의 석회암 분포 지역

석회암은 산호나 조개껍데기 등의 유기물로 이루어진 탄산칼슘 성분이 주를 이루는데, 해성 퇴적층인 조선 누층군에 주로 매장되어 있다. 고생대 전기의 조선 누층군은 강원도 남부, 충청북도 북동부 지역에 주로 분포하며, 이는 석회암 분포 지역과 비슷하다.

2. 주요 지형

돌리네	• 지하의 석회암이 빗물이나 지하수의 용식 작용을 받아 타원형으로 움푹 파인 와지 → 지역에 따라 '움밭', '못밭' 등으로 불림 • 돌리네로 모인 빗물은 땅속으로 스며들며 배수가 잘됨 → 돌리네는 주로 밭으로 이용됨 • 지표수가 모여 지하로 스며드는 배수 구멍(싱크홀)이 나타나기도 함
📍석회동굴	• 형성 과정: 지하로 침투한 빗물과 지하수에 석회암이 용식됨 → 지하수가 빠져나가면서 공간이 드러나게 됨 → 석회동굴 형성 • 내부에 📍종유석, 석순, 석주 등의 지형이 발달함 • 지하에 형성된 자연 경관으로 학술적 가치가 높고 관광 자원으로 이용됨 • 고수 동굴(단양), 백룡 동굴(평창), 성류굴(울진) 등
석회암 풍화토	• 석회암이 용식되고 남은 철분 등이 산화된 토양 • 주로 붉은색을 띠고 있으며 배수가 잘되므로 밭농사에 이용됨

⇦ **돌리네** 돌리네에는 배수가 잘되는 붉은색의 석회암 풍화토가 주로 분포하며 싱크홀과 같이 물 빠지는 구멍이 있는 경우가 많아 주로 밭농사에 이용된다.

3. 이용

(1) 시멘트 공업과 비료 공업의 원료로 석회암이 이용됨 → 시멘트 공업 및 비료 공업 발달

(2) 문제점

① 카르스트 지형 경관이 파괴됨

② 시멘트 제조 과정에서의 분진, 소음 및 수질 오염 문제 발생

⇦ **카르스트 지형도(충청북도 단양군)** 충청북도 단양군 매포리 일대에는 하안 단구 위에 여러 개의 돌리네가 분포해 있으며, 인근에서는 시멘트 공업의 원료로 사용할 석회암을 채굴하는 채석장이 위치해 있다. 석회암 채굴 과정에서 분진, 소음 등의 문제가 발생하고 있으며 지형 경관이 파괴되기도 한다.

➕ 석회동굴

석회동굴은 동굴 내부에 다양한 형태의 종유석, 석순, 석주 등의 지형이 발달하여 관광 자원으로서의 가치가 높다.

➕ 석회동굴과 용암동굴의 분포

석회동굴은 석회암이 주로 분포하는 고생대 조선 누층군 분포 지역에서 잘 형성되고, 용암동굴은 화산섬인 제주도 일대에 주로 분포한다. 석회동굴과 용암동굴 모두 학술 및 관상적 가치가 높아 천연기념물로 지정된 경우가 많다.

2단계 개념 쏙 정리하기

화산 지형

우리나라의 화산 활동	• 중생대와 신생대의 화산 활동으로 형성된 화산 지형이 분포함(대부분 신생대에 형성) • 백두산, 울릉도, 독도, 철원·평강, 제주도 등에 분포함
주요 화산 지형	• 백두산: 칼데라호인 천지가 있음 • 제주도: 화구호인 백록담이 있음, 기생 화산 발달, 용암동굴이 지하에 많음, 현무암이 주된 기반암임, 밭농사, 주상 절리 • 울릉도: 조면암질 용암이 굳어 경사가 급함, 칼데라 분지(나리 분지), 이중 화산체, 밭농사 • 용암 대지: 현무암질 용암이 열하 분출하여 형성, 한탄강 주변에서 주상 절리 관찰 가능, 수리 시설을 갖춘 후 논농사가 이루어짐

카르스트 지형

우리나라의 카르스트 지형	• 석회암이 빗물이나 지하수의 용식 작용을 받아 형성된 지형 • 고생대 조선 누층군 분포 지역에서 카르스트 지형이 잘 발달함
주요 카르스트 지형	• 돌리네: 석회암이 빗물이나 지하수의 용식 작용을 받아 형성된 와지, 주로 밭으로 이용 • 석회동굴: 지하로 침투한 빗물이나 지하수에 의해 석회암이 용식되면서 형성된 동굴, 내부에 종유석, 석순, 석주 등의 지형 발달, 관광 자원으로 가치가 높음 • 석회암 풍화토: 석회암이 용식되고 남은 철분 등이 산화된 붉은색의 토양, 주로 밭농사에 이용됨 • 시멘트 공업, 비료 공업의 원료인 석회암 채굴 과정에서 카르스트 지형 경관이 파괴되는 사례가 많음

● 다음 설명이 맞으면 ○, 틀리면 ×에 표시하시오.

1 한반도는 대체로 안정 지괴를 이루고 있으며 현재 진행 중인 화산 활동은 없다. (○, ×)

2 우리나라에는 중생대와 신생대의 화산 활동으로 형성된 화산 지형이 분포한다. (○, ×)

3 백두산의 산록부는 유동성이 작은 조면암질 용암이 분출하여 경사가 급하다. (○, ×)

4 백두산 정상에 형성된 천지는 화구호에 해당한다. (○, ×)

5 제주도의 산정부는 유동성이 큰 현무암질 용암이 분출하여 경사가 완만하다. (○, ×)

6 한라산 정상의 백록담은 화구호에 해당한다. (○, ×)

7 한라산 중턱에는 '오름', '악'이라고 불리는 기생 화산이 형성되어 있다. (○, ×)

8 한라산의 기생 화산은 한라산 형성 이전에 먼저 형성된 지형이다. (○, ×)

9 제주도의 용암동굴은 유동성이 큰 용암이 흘러내릴 때 표층부와 하층부 간의 냉각 속도 차이에 의해 형성되었다. (○, ×)

10 제주도는 현무암이 주된 기반암을 이루고 있다. (○, ×)

11 제주도에서는 밭농사보다 논농사가 많이 이루어진다. (○, ×)

12 제주도의 전통 취락은 용천대가 분포하는 해안에 주로 입지한다. (○, ×)

13 철원·평강 일대의 용암 대지에서는 용암이 냉각 및 수축되는 과정에서 형성된 주상 절리를 볼 수 있다. (○, ×)

● 다음 중 옳은 것에 ○표 하시오.

14 울릉도는 점성이 큰 (㉠ 현무암질, ㉡ 조면암질) 용암이 굳어 형성되었다.

15 울릉도는 섬의 북쪽 중앙부에 (㉠ 침식, ㉡ 칼데라) 분지인 나리 분지가 위치해 있다.

16 울릉도는 나리 분지 내부에 중앙 화구구가 형성되어 있어 (㉠ 단일, ㉡ 이중) 화산체의 형태를 띠고 있다.

17 울릉도의 나리 분지 일대에서는 (㉠ 논, ㉡ 밭)농사가 주로 이루어지고 있다.

18 독도와 울릉도의 해안은 (㉠ 급경사, ㉡ 완경사)의 사면을 이루고 있다.

19 용암 대지는 유동성이 큰 (㉠ 현무암질, ㉡ 조면암질) 용암이 (㉢ 열하, ㉣ 수중) 분출하여 기존의 골짜기나 분지를 메우면서 형성되었다.

20 철원 용암 대지 일대에서는 수리 시설을 이용하여 (㉠ 논, ㉡ 밭)농사가 주로 이루어지고 있다.

● 빈칸에 들어갈 알맞은 말을 써 넣으시오.

21 ( )은/는 마그마가 분출한 이후 분화구 부근이 함몰되어 형성된 대규모의 분지로, 이곳에 물이 고여 생긴 호수를 ( )(이)라고 한다.

22 한라산 형성 이후에 화산 중턱에 새로운 용암과 화산 쇄설물이 분출하여 생긴 작은 화산을 ( )(이)라고 한다.

23 용암이 급격히 냉각되는 과정에서 형성된 다각형 기둥 형태의 절리를 ( )(이)라고 한다.

24 ( ) 지형은 석회암이 빗물이나 지하수에 용식되어 형성된 지형을 말한다.

25 석회암은 고생대의 해성 퇴적층인 ( ) 누층군에 주로 매장되어 있다.

26 지하의 석회암이 빗물이나 지하수의 용식 작용을 받아 타원형으로 움푹 파인 와지를 ( )(이)라고 하며, 이 지형은 논과 밭 중에서 주로 ( )으로 이용된다.

27 석회동굴 내부에는 ( ), 석순, 석주 등의 지형이 발달한다.

28 석회암 풍화토는 석회암이 용식되고 남은 철분 등이 산화된 토양으로 주로 ( )색을 띤다.

29 석회암은 ( ) 공업과 비료 공업의 원료로 이용되고 있다.

---

1 ○ 2 ○ 3 ×(산록부는 현무암질 용암이 분출하여 경사 완만) 4 ×(칼데라호) 5 ×(산정부는 조면암질 용암이 분출하여 경사가 급함) 6 ○ 7 ○ 8 ×(기생 화산은 한라산이 형성된 이후에 형성됨) 9 ○ 10 ○ 11 ×(주로 밭농사가 이루어짐) 12 ○ 13 ○ 14 ㉡ 15 ㉡ 16 ㉡ 17 ㉡ 18 ㉠ 19 ㉠, ㉢ 20 ㉠ 21 칼데라, 칼데라호 22 기생 화산(오름, 악) 23 주상 절리 24 카르스트 25 조선 26 돌리네, 밭 27 종유석 28 붉은 29 시멘트

지반 융기의 영향을 받아 형성된 지형들

1 고위 평탄면

▲ 고위 평탄면(A 부분)

▲ 풍력 발전

▲ 고랭지 채소 재배

- 형성 원인: 오랜 풍화와 침식으로 평탄해진 한반도는 신생대 제3기에 발생한 경동성 요곡 운동에 의해 동고서저의 경동 지형이 되었다. 이때 해발 고도가 높은 지역에 융기 이전에 평탄했던 지형의 일부가 남아 평탄한 기복의 흔적을 유지하고 있는 지형을 고위 평탄면이라고 한다.
- 분포: 개마고원, 대관령 일대(평창 등), 진안고원(무주, 진안, 장수) 등에 주로 분포한다.
- 이용: 기온이 낮고 수분 손실이 적어 목초 재배에 유리하여 목축업 발달, 해발 고도가 높아 여름이 서늘하여 (고랭지) 작물 재배가 활발, 일정한 방향의 바람이 꾸준히 불어와 풍력 발전소 입지에 유리하다.

출제 포인트 고위 평탄면은 한반도가 지반 융기의 영향을 받았고, 융기의 영향을 받기 이전의 한반도는 평탄했다는 증거가 된다.

2 감입 곡류 하천과 하안 단구

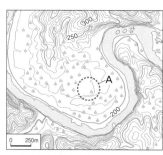

▲ 하안 단구면(A 부분)

- 감입 곡류 하천: 원래는 자유 곡류 하천이었으나 지반 (융기)의 영향을 받은 이후 하방 침식이 활발해지면서 감입 곡류 하천이 되었다.
- 하안 단구: 감입 곡류 하천이 형성되는 과정에서 하천 주변에 발달한 계단 모양의 지형이다. 하안 단구면은 과거에 하천 바닥이나 범람원의 일부였으므로 퇴적층에 둥근 자갈이나 모래가 분포한다. 하안 단구는 감입 곡류 하천의 공격 사면보다 (퇴적) 사면에 잘 나타나며, 주변 지역에 비해 해발 고도가 높아 홍수 시에도 침수 가능성이 낮다.

출제 포인트 감입 곡류 하천의 지형도에서 다른 지역에 비해 등고선의 간격이 넓은 곳은 하안 단구일 가능성이 매우 높다.

3 해안 단구

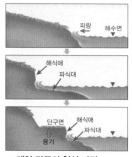

▲ 해안 단구의 형성 과정

▲ 해안 단구면(A 부분)

- 형성 원인: 과거 (파식대)가 지반의 (융기)나 해수면 하강에 의해 형성 당시의 해수면보다 높은 곳에 위치하게 된 계단 모양의 지형이다.
- 분포: 서해안 및 남해안보다 융기량이 많았던 동해안에 발달해 있으며 동해안의 정동진이 대표적이다.
- 구성 물질: 과거 파식대의 일부였으므로 퇴적층에 (둥근 자갈)이나 모래가 발견된다.
- 이용: 농경지, 취락, 교통로가 입지한다.

출제 포인트 지형도의 등고선 간격이 넓고 '동해', '정동진' 등의 지명이 나오면 해안 단구일 가능성이 매우 높다.

● 화산 지형과 카르스트 지형

1 화산 지형

▲ 제주도의 기생 화산

▲ 울릉도의 칼데라 분지(A 부분)

▲ 용암 대지(A 부분)

- 화산섬인 제주도에는 한라산이 형성된 이후에 생긴 수백 개의 기생 화산(오름, 악)이 있다.
- 제주도의 주된 기반암은 현무암이다. 현무암은 지하에 절리가 많고, 현무암 풍화토는 배수가 잘되므로 주로 (밭)농사가 이루어진다.
- 제주도의 하천은 대부분 (건천)이다. 따라서 과거의 전통 취락들은 물을 구하기 쉬운 해안의 용천대를 따라 분포하였다.
- 용암동굴은 유동성이 큰 (현무암)질 용암이 흐를 때 하층부보다 표층부가 먼저 식으면서 형성되었다.

- 울릉도는 해저에서 화산이 분출하여 해수면 위로 일부가 드러난 화산섬이다. 울릉도는 주로 점성이 큰 (조면암)질 용암이 분출하여 섬의 대부분이 급경사를 이루고 있다.
- 울릉도의 북쪽 중앙부에는 (칼데라) 분지인 나리 분지가 위치하며, 나리 분지 내부에서 알봉이라는 중앙 화구구가 형성되어 (이중 화산)의 형태를 띠고 있다.
- 울릉도는 경사가 완만한 나리 분지에서 농업이 이루어지고 있으며 화산섬의 특성상 배수가 양호하여 (밭)농사가 주로 이루어지고 있다.

- 철원 일대의 용암 대지는 유동성이 큰 (현무암)질 용암이 지각 변동으로 갈라진 지표면의 틈새를 따라 다량으로 분출하여 기존의 골짜기나 저지대 등을 메워 형성되었다.
- 철원 용암 대지가 형성된 이후에 한탄강이 다시 흐르면서 하방 침식을 받은 곳은 깊은 협곡을 이루게 되었다. 협곡이 발달한 한탄강 주변에서는 현무암 (주상 절리)를 관찰할 수 있다.
- 철원 용암 대지에서는 수리 시설을 갖춘 후 (논)농사가 활발하게 이루어지고 있다.

> **출제 포인트**
> - 우리나라에서 칼데라는 백두산 천지와 나리 분지에서만 나타난다.
> - 제주도에는 화구호, 기생 화산(오름) 등이, 울릉도에는 칼데라 분지, 종상 화산, 중앙 화구구, 이중 화산 등이 나타난다.
> - 화산 지형이 발달한 지역은 주로 밭농사가 이루어진다. 그러나 철원의 용암 대지에서는 수리 시설을 갖추어 논농사가 가능하다.

2 카르스트 지형

▲ 석회암 지대의 돌리네(A 부분)

- 카르스트 지형이란 석회암이 빗물과 지하수의 (용식) 작용으로 형성된 지형이다. 카르스트 지형이 나타나는 곳의 기반암은 절리가 많은 (석회암)이므로 하천은 건천을 이루는 경우가 많고 토양은 배수가 양호하여 주로 (밭)농사가 이루어진다.
- 돌리네는 석회암이 용식 작용을 받아 함몰되어 형성된 (와지)를 말한다. 돌리네의 기반암은 절리가 많은 석회암이므로 배수가 잘되고 (싱크홀)이라고 불리는 물 빠지는 구멍이 있는 경우가 많아 주로 (밭)으로 이용된다.
- 지하의 석회암이 지하수에 용식되면 (석회동굴)이 형성되는데, 동굴 내부에는 종유석, 석순, 석주 등과 같은 다양한 미지형과 독특한 생태계가 형성되어 있다.
- 석회암 지대에는 석회암 풍화토가 분포한다. 석회암 풍화토는 석회암을 이루는 주성분인 탄산칼슘이 용식으로 인해 제거되고 남은 철과 점토 등의 비가용성 물질이 잔류하여 (붉은색)을 띤다.
- 석회암 지대는 석회암을 원료로 하는 (시멘트) 공업이 발달해 있으며, 우리나라에서 석회암은 고생대 (조선) 누층군이 분포하는 강원도 남부와 충청북도 북동부 일대에 많이 매장되어 있다.

대단원 한눈에 정리

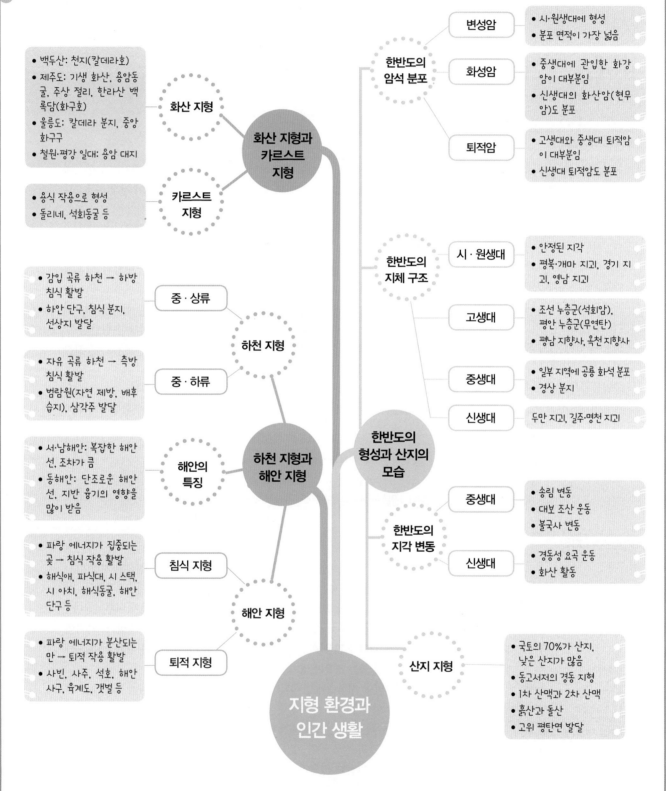

화산 지형
- 백두산: 천지(칼데라호)
- 제주도: 기생 화산, 용암동굴, 주상 절리, 한라산 백록담(화구호)
- 울릉도: 칼데라 분지, 중앙 화구구
- 철원·평강 일대: 용암 대지

카르스트 지형
- 용식 작용으로 형성
- 돌리네, 석회동굴 등

화산 지형과 카르스트 지형

한반도의 암석 분포
- **변성암**
  - 시·원생대에 형성
  - 분포 면적이 가장 넓음
- **화성암**
  - 중생대에 관입한 화강암이 대부분임
  - 신생대의 화산암(현무암)도 분포
- **퇴적암**
  - 고생대와 중생대 퇴적암이 대부분임
  - 신생대 퇴적암도 분포

중·상류
- 감입 곡류 하천 → 하방 침식 활발
- 하안 단구, 침식 분지, 선상지 발달

중·하류
- 자유 곡류 하천 → 측방 침식 활발
- 범람원(자연 제방, 배후 습지), 삼각주 발달

하천 지형

해안의 특징
- 서·남해안: 복잡한 해안선, 조차가 큼
- 동해안: 단조로운 해안선, 지반 융기의 영향을 많이 받음

침식 지형
- 파랑 에너지가 집중되는 곳 → 침식 작용 활발
- 해식애, 파식대, 시 스택, 시 아치, 해식동굴, 해안 단구 등

퇴적 지형
- 파랑 에너지가 분산되는 만 → 퇴적 작용 활발
- 사빈, 사주, 석호, 해안 사구, 육계도, 갯벌 등

하천 지형과 해안 지형

해안 지형

한반도의 지체 구조
- **시·원생대**
  - 안정된 지각
  - 평북·개마 지괴, 경기 지괴, 영남 지괴
- **고생대**
  - 조선 누층군(석회암), 평안 누층군(무연탄)
  - 평남 지향사, 옥천 지향사
- **중생대**
  - 일부 지역에 공룡 화석 분포
  - 경상 분지
- **신생대**
  - 두만 지괴, 길주·명천 지괴

한반도의 형성과 산지의 모습

한반도의 지각 변동
- **중생대**
  - 송림 변동
  - 대보 조산 운동
  - 불국사 변동
- **신생대**
  - 경동성 요곡 운동
  - 화산 활동

산지 지형
- 국토의 70%가 산지, 낮은 산지가 많음
- 동고서저의 경동 지형
- 1차 산맥과 2차 산맥
- 흙산과 돌산
- 고위 평탄면 발달

지형 환경과 인간 생활

Ⅲ 기후 환경과 인간 생활

이 단원의
**수능 출제
분석**

기온과 강수의 지역별 분포 및 차이를 묻는 고난도의 문항이 수능에서 자주 출제되고 있다. 자주 언급되는 지역들의 최한월 평균 기온, 기온의 연교차, 연 강수량, 여름 강수 집중률, 겨울 강수량, 무상기간 등을 비교하여 지역별 차이를 학습해 두어야한다. 자연재해의 특징도 자주 출제되는 주제이므로 태풍, 대설, 호우 등의 자연재해가 주로 발생하는 시기, 주요 피해 지역 등을 파악해야 하며, 기후변화의 영향에 대해서도 정리해 두도록 한다.

이 단원의 **수능 빈출 주제**

순위	주제	출제 빈도	난이도
1순위	지역별 기후 지표 비교	출제 빈도 ★★★★★	난이도 상
2순위	계절별 기후 특색	출제 빈도 ★★★★★	난이도 상
3순위	겨울과 여름의 바람	출제 빈도 ★★★★	난이도 상
4순위	높새바람, 열대야 일수	출제 빈도 ★★★	난이도 중
5순위	자연재해의 발생 시기와 영향	출제 빈도 ★★★	난이도 중
6순위	기후 변화의 영향	출제 빈도 ★★	난이도 중

06강 우리나라의 기후 특성

1단계 개념 뜯어보기

01 기후의 의미와 우리나라의 기후 특징

1. 기후 요소와 기후 요인

(1) 날씨와 기후

① 날씨: 일정한 장소에서 비교적 짧은 기간에 나타나는 대기의 상태

② 기후: 어떤 장소에서 장기간에 걸쳐 나타나는 대기의 평균적이고 종합적인 상태

(2) 기후 요소와 기후 요인

① 기후 요소: 기후를 구성하는 대기 현상 → 기온, 강수, 바람, 습도 등

② 기후 요인: 기후 요소에 영향을 주는 요인으로 지역 간 기후 차이를 유발함 → 위도, 수륙 분포, 해발 고도, 지형, 해류, 기단 등

(3) 기후 요인의 영향

기후 요인	영향
위도	• 저위도 지역은 태양의 고도가 높아서 기온이 높은 반면, 고위도로 갈수록 태양의 고도가 낮아지면서 태양 복사 에너지의 양이 줄어들어 기온이 낮아짐 • 남부 지방은 북부 지방보다 기온이 높음
수륙 분포	• 육지와 바다의 비열 차가 기후에 영향을 줌 • 바다의 영향을 많이 받는 해안 지역이 내륙 지역보다 기온의 연교차가 작음
해발 고도	• 100m 상승할 때마다 0.5~1℃ 정도 기온이 낮아짐 • 해발 고도가 높은 산지 지역은 여름에 서늘함
지형	• 산지 지역은 평야 지역보다 일반적으로 강수량이 많음 • 구름이 상승하는 바람받이(풍상) 사면은 구름이 하강하는 바람그늘(풍하) 사면보다 강수량이 많음

2. 우리나라의 기후 특징

(1) 냉대 및 온대 기후

① 우리나라는 북반구 중위도에 위치하여 계절의 변화가 뚜렷함

② 중위도 지역은 태양의 고도가 높은 시기에 태양 복사 에너지의 양이 늘어나 여름이 되고, 태양의 고도가 낮은 시기는 반대로 겨울이 됨

(2) 계절풍 기후

① 우리나라는 유라시아 대륙 동안에 위치하여 계절풍의 영향을 많이 받음

② 겨울에는 시베리아 고기압의 영향으로 한랭 건조한 북서 계절풍이 불어옴

③ 여름에는 북태평양 고기압의 영향으로 고온 다습한 남서·남동 계절풍이 불어옴

(3) 대륙성 기후

① 겨울에는 냉각된 대륙의 영향으로 비슷한 위도의 대륙 서안보다 기온이 낮음

② 우리나라는 대륙 서안보다 기온의 연교차가 큼

*1월은 최한월 평균 기온, 8월은 최난월 평균 기온임. (기상청 외, 2016)

⬆ **대륙 서안과 대륙 동안의 기온 차이** 대륙 동안에 위치한 서울은 대륙 서안에 위치하고 위도가 비슷한 리스본보다 1월 평균 기온은 낮고, 8월 평균 기온은 높다. 서울은 여름에는 고온 다습한 남서·남동 계절풍의 영향을 받고, 겨울에는 한랭 건조한 북서 계절풍의 영향을 받기 때문에 리스본에 비해 기온의 연교차가 크다.

만점 공부 비법

• 기후 요소와 기후 요인의 의미를 이해한다.

• 우리나라의 계절별 기후 특징을 파악한다.

• 우리나라의 기온, 강수, 바람 특성을 파악한다.

✚ **위도와 태양 복사 에너지**

*각 도시의 기온은 연평균 기온이며, 1961~1990년 평균값임. (기상청, 2016)

저위도에서 고위도로 갈수록 태양 복사 에너지의 양이 감소한다. 따라서 저위도 지역은 덥고 고위도 지역은 춥다.

✚ **비열**

어떤 물질 1g을 1℃ 올리는 데 필요한 열량으로, 육지는 바다에 비해서 비열이 작아 온도가 쉽게 오르거나 쉽게 내린다.

✚ **지형과 바람에 따른 지역 간 강수 차**

✚ **냉대 기후와 온대 기후**

쾨펜의 기후 구분에 의하면 수목이 자랄 수 있으면서 최한월 평균 기온이 -3℃ 미만이면 냉대 기후, -3~18℃이면 온대 기후로 구분된다.

✚ **대륙성 기후와 해양성 기후**

대륙의 영향을 많이 받아 기온의 연교차가 큰 기후를 대륙성 기후라 하며, 해양의 영향을 많이 받아 기온의 연교차가 작은 기후를 해양성 기후라고 한다.

02 계절의 변화

1. 기단과 주요 기후 현상

월	계절	영향을 주는 기단과 성질		주요 현상		
1	겨울	시베리아 기단 (한랭 건조)		폭설·한파		건조
2						
3	봄			황사	온난	건조
4						
5						
6	여름	오호츠크해 기단 (냉량 습윤)	북태평양 기단 (고온 다습)	장마		
7				무더위	태풍	폭우
8						
9	가을	오호츠크해 기단		온난		건조
10						
11		시베리아 기단				
12	겨울			폭설·한파		

우리나라에 영향을 주는 기단

시베리아 기단 (한랭 건조) / 오호츠크해 기단 (냉량 습윤) / 북태평양 기단 (고온 다습) / 적도 기단
(기상청, 2016)

2. 계절별 기후 특징

계절	특징
봄	• 이동성 고기압과 저기압이 교대로 통과하여 맑은 날씨와 흐린 날씨가 반복됨 • 초봄에 시베리아 기단의 일시적인 확장으로 꽃샘추위가 나타남 • 대기가 건조하여 가뭄이 자주 발생하고, 산불 발생 빈도가 높음 • 중국 내륙에서 발생한 흙먼지가 편서풍을 타고 날아오는 황사 현상이 나타남 • 늦봄 ~ 초여름에 영동 지방에서 영서 지방으로 고온 건조한 높새바람이 불어옴
장마철	• 한대 기단과 열대 기단의 경계면을 따라 장마 전선이 형성됨 • 장마는 6월 하순을 전후하여 남부 지방에서부터 시작됨 • 장마 전선이 북상과 남하를 반복하다가 7월 하순을 전후하여 한반도 북쪽으로 올라감 • 장마 전선을 따라 다습한 남서 기류가 유입되면 집중 호우가 발생하기도 함
한여름	• 북태평양 고기압이 발달하면서 남고북저형 기압 배치가 나타남 → 무더위 • 고온 다습한 날씨가 지속되면서 열대야 및 열대일이 나타남 • 국지적인 지표면의 가열에 의해 발생하는 대류성 강수인 소나기가 내림
가을	• 북태평양 고기압이 약화되면서 북쪽으로 올라가 있던 장마 전선이 남하함 → 짧은 기간 비가 내리는 가을장마가 나타남 • 이동성 고기압의 영향으로 맑고 청명한 날이 많아 농작물의 결실과 수확에 유리함
겨울	• 시베리아 고기압이 발달하면서 서고동저형의 기압 배치가 나타남 • 북서풍이 강하게 불어옴 → 한랭 건조 • 시베리아 고기압의 주기적인 강약으로 기온의 하강과 상승이 반복되는 삼한 사온 현상이 나타남 • 북서 계절풍이나 북동 기류의 영향으로 일부 지역에서 폭설이 내리기도 함

황사 발생 지역과 이동 경로

황사 발원 지역 / 황사 이동 경로 / 러시아 / 몽골 / 고비 사막 / 내몽골고원 / 타커라마간 사막 (타클라마칸) / 중국 / 황투(황토)고원 / 일본
(기상청, 2016)

열대야(일 최저 기온 25℃ 이상) 발생 일수

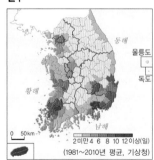

동해 / 울릉도 / 독도 / 황해 / 남해
2미만 4 6 8 10 12이상(일)
(1981~2010년 평균, 기상청)

(가)	(나)	(다)

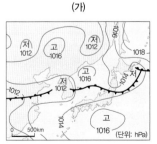

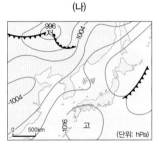

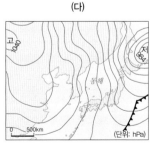

⬆ **계절별 일기도** (가)는 장마철, (나)는 한여름, (다)는 겨울철 일기도이다. 우리나라에 '⟍⟋⟍'가 표시되어 있는 (가)는 장마철 일기도이다. 장마 전선의 영향을 받는 장마철에는 비가 오거나 궂은 날씨가 나타난다. 한여름에는 열대 해양성 기단인 북태평양 고기압이 발달하면서 남고북저형의 기압 배치가 나타나므로 (나)는 한여름 일기도이다. 한여름에는 남서·남동풍이 불어오면서 무더위가 나타난다. 겨울철에는 대륙성 기단인 시베리아 고기압이 발달하면서 서고동저형의 기압 배치가 나타나므로 (다)는 겨울철 일기도이다. 겨울철에는 북서풍이 강하게 불면서 한파가 찾아온다.

03 기온, 강수, 바람의 특성

1. 우리나라의 기온 특성

(1) 연평균 기온

① 남쪽에서 북쪽으로 갈수록, 해안에서 내륙으로 갈수록 대체로 연평균 기온이 낮아짐

② 연평균 기온은 동서 차보다 남북 차가 더 큼

(2) 1월 평균 기온과 8월 평균 기온

① 수륙 분포의 영향으로 해안 지역이 내륙 지역에 비해 1월 평균 기온이 높음

② 지형과 해양의 영향으로 동해안이 비슷한 위도의 서해안보다 1월 평균 기온이 높음

③ 1월 평균 기온의 지역 차가 8월 평균 기온의 지역 차보다 큼

(3) 기온의 연교차

① 남쪽에서 북쪽으로 갈수록 대체로 기온의 연교차가 큼

② 서해안이 비슷한 위도의 동해안보다 기온의 연교차가 큼

③ 내륙 지역이 비슷한 위도의 해안 지역보다 기온의 연교차가 큼

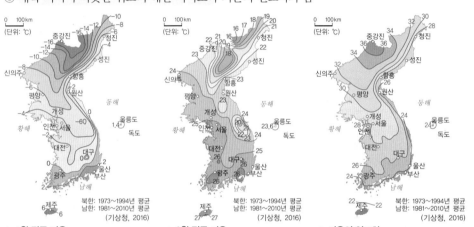

▲ 1월 평균 기온　　▲ 8월 평균 기온　　▲ 기온의 연교차

2. 우리나라의 강수 특성

(1) 강수의 계절 차가 큼: 북태평양 기단, 장마 전선, 태풍의 영향으로 여름철에 강수가 집중됨

(2) 해에 따라 강수량의 연변동이 큼: 홍수와 가뭄이 자주 발생함

(3) 강수 분포의 지역 차 발생: 남쪽에서 북쪽으로 가면서 연 강수량이 대체로 감소함

다우지	• 습윤한 남서 기류의 바람받이(풍상) 사면 지역 • 제주도와 남해안 일대, 한강 중·상류, 청천강 중·상류 등
소우지	• 상승 기류가 발달하기 어려운 바람그늘(풍하) 사면, 높은 산지가 없는 평야 지역 • 개마고원, 관북 해안, 대동강 하류, 영남 내륙 지역 등

(4) 다설지: 북서 계절풍 또는 북동 기류의 바람받이 사면, 울릉도, 영동 지방, 소백산맥 서사면 등

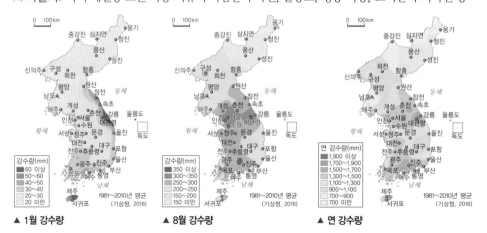

▲ 1월 강수량　　▲ 8월 강수량　　▲ 연 강수량

기온의 남북 차와 동서 차

〈기온의 남북 차〉

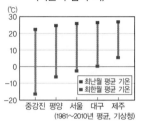

■ 최난월 평균 기온
■ 최한월 평균 기온

중강진 평양 서울 대구 제주
(1981~2010년 평균, 기상청)

〈기온의 동서 차〉

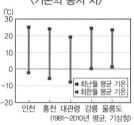

■ 최난월 평균 기온
■ 최한월 평균 기온

인천 홍천 대관령 강릉 울릉도
(1981~2010년 평균, 기상청)

강수의 유형

국지적 가열에 의한 상승

대류성 강수 지면이 가열되면 대류 현상에 의해 강한 상승 기류가 형성되는데 이때 나타나는 강수 현상을 말한다. 주로 여름철 국지적인 소나기의 형태로 나타나는 경우가 많다.

수렴에 의한 상승

저기압성 강수 따뜻한 공기가 지속적으로 상승하면서 그 지역의 기압이 낮아져 수렴 현상이 나타난다. 이때 발생하는 강수 현상을 말하며 태풍에 동반된 강수가 이에 해당한다.

지형에 의한 상승

지형성 강수 습한 공기가 높은 산을 넘어갈 때 기온이 내려가면서 습한 공기가 수증기로 응결되어 바람받이 사면에서 발생하는 강수 현상을 말한다.

전선에서의 상승

전선성 강수 성질이 서로 다른 두 공기 덩어리가 만나 이들 사이에 형성되는 전선을 따라 따뜻한 공기가 상승할 때 나타나는 강수 현상을 말한다. 장마철 강수가 이에 해당한다.

3. 우리나라의 바람 특성

(1) 편서풍: 우리나라는 중위도에 위치 → 연중 편서풍의 영향으로 서풍 계열의 바람이 많이 불어옴

(2) 계절풍: 계절에 따라 풍향과 성질이 달라지는 바람

여름 계절풍	• 북태평양에서 발달한 고기압의 영향으로 고온 다습한 남서·남동풍이 탁월함 • 벼농사, 대청마루 등에 영향
겨울 계절풍	• 시베리아에서 발달한 고기압의 영향으로 한랭 건조한 북서풍이 탁월함 • 남서·남동풍보다 북서풍이 일반적으로 더 강함 ← 여름철보다 겨울철에 대륙과 해양의 평균 기압 차이가 더 크기 때문 • 김장, 온돌 등에 영향

(3) 태풍

① 열대 해상에서 발생하여 중위도 지역으로 이동하는 열대 저기압 → 강한 바람과 많은 비 동반

② 주로 7~9월에 우리나라에 영향을 줌 → 풍수해

(4) 높새바람

① 늦봄 ~ 초여름 사이에 오호츠크해로부터 불어오는 북동풍

② 태백산맥을 넘을 때 푄 현상을 일으켜 고온 건조한 바람으로 성격이 변함

③ 영동과 영서 지방의 기온 차 유발

④ 높새바람이 불 때 영서 지방과 경기 지방에 가뭄 피해가 발생하기도 함

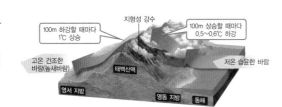

▲ 높새바람 모식도

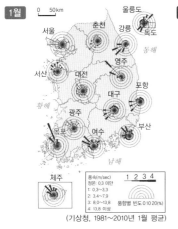 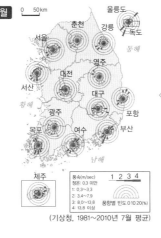

(기상청, 1981~2010년 1월 평균) (기상청, 1981~2010년 7월 평균)

⇦ **바람장미** 바람장미는 관측 지점에서 각 방위별 풍향 출현 빈도와 최대 풍속을 방사 모양의 그래프로 나타낸 것이다. 1월에 서해안 지역에서는 특히 북서풍이 탁월하게 분다. 반면 7월에는 1월보다 풍향이 일정하지 않으며 대체로 풍속이 약한 편이다.

2단계 개념 쏙 정리하기

우리나라에 영향을 주는 기단

기단	시기	성질	영향
시베리아 기단	겨울	한랭 건조	한파, 삼한 사온, 꽃샘추위
오호츠크해 기단	늦봄~ 초여름	냉량 습윤	높새바람, 여름철 냉해
북태평양 기단	여름	고온 다습	무더위, 열대야
적도 기단	여름	고온 다습	태풍

계절별 기후 특징

계절	특징
봄	건조한 날씨, 꽃샘추위, 황사 현상, 높새바람 등
장마철	장마 전선의 형성, 남서 기류가 유입할 때 집중 호우 발생 등
한여름	남고북저형 기압 배치, 소나기, 열대야 등
가을	북상했던 장마 전선의 남하, 맑고 청명한 날씨 등
겨울	서고동저형 기압 배치, 삼한 사온, 한파 등

우리나라의 기온, 강수, 바람 특성

기온	• 8월보다 1월 평균 기온의 지역 차가 큼 • 동해안은 동위도의 서해안보다 기온의 연교차가 작음
강수	• 여름철 강수 집중률이 높음 • 다우지: 남해안 일대, 한강 중·상류 등 • 소우지: 관북 해안, 영남 내륙 지역 등
바람	• 계절풍의 영향을 받음 • 태풍의 영향으로 풍수해 발생 • 영서 지방은 늦봄 ~ 초여름 사이에 높새바람의 영향을 받음

● 다음 설명이 맞으면 ○, 틀리면 ×에 표시하시오.

1 삼한 사온 현상은 시베리아 고기압의 주기적인 성쇠로 인해 나타난다. (○, ×)

2 장마는 북부 지방에서 시작하여 점차 남하한다. (○, ×)

3 꽃샘추위는 봄철에 시베리아 기단이 일시적으로 확장했을 때 나타난다. (○, ×)

4 대구는 원주에 비해 최한월 평균 기온이 높은데, 이 현상에는 위도의 영향이 작용하였다. (○, ×)

5 지형적인 이유로 초여름에 영서 지방으로 부는 북동풍은 고온 습윤하다. (○, ×)

6 비슷한 위도의 서해안보다 동해안이 기온의 연교차가 크다. (○, ×)

7 제주도와 남해안 일대는 다우지이다. (○, ×)

8 울릉도는 인천보다 겨울 강수 집중률이 낮다. (○, ×)

9 대동강 하류, 영남 내륙 지역은 소우지에 속한다. (○, ×)

10 계절풍은 사계절 내내 풍향이 일정한 바람이다. (○, ×)

11 북서 계절풍이 불 때 남고북저형의 기압 배치가 나타난다. (○, ×)

12 높새바람이 불 때 영서 지방에 비가 많이 내린다. (○, ×)

● 다음 중 옳은 것에 ○표 하시오.

13 꽃샘추위는 초봄에 (㉠ 시베리아, ㉡ 오호츠크해) 기단의 일시적인 확장으로 나타난다.

14 겨울에는 (㉠ 서고동저형, ㉡ 남고북저형) 기압 배치가 주로 나타난다.

15 (㉠ 여름, ㉡ 겨울)에는 강한 일사로 인해 소나기가 자주 내린다.

16 같은 위도의 대륙 동안은 대륙 서안에 비해 기온의 연교차가 (㉠ 작다, ㉡ 크다).

17 겨울에는 같은 위도의 동해안이 서해안보다 기온이 (㉠ 낮다, ㉡ 높다).

18 대관령은 같은 위도의 다른 지역에 비해 여름철 기온이 (㉠ 낮다, ㉡ 높다).

19 우리나라는 강수의 지역 차가 (㉠ 작다, ㉡ 크다).

20 우리나라는 강수의 계절 차가 (㉠ 작다, ㉡ 크다).

21 우리나라는 강수의 연변동이 (㉠ 작다, ㉡ 크다).

22 북서 계절풍이 불 때 (㉠ 시베리아, ㉡ 북태평양)에 고기압이 발달해 있다.

23 남동·남서 계절풍이 불 때 (㉠ 서고동저형, ㉡ 남고북저형) 기압 배치가 나타난다.

● 빈칸에 들어갈 알맞은 말을 써 넣으시오.

24 우리나라는 초봄에 시베리아 기단의 일시적인 확장으로 (　　　)이/가 나타난다.

25 (　　　) 현상은 시베리아 고기압의 주기적인 강약으로 기온 하강과 상승이 반복되어 나타난다.

26 (　　　) 기단은 한랭 건조하며, 삼한 사온, 꽃샘추위와 관계있다.

27 (　　　) 기단은 높새바람, 여름철 냉해, 장마 전선의 형성에 영향을 준다.

28 (　　　)은/는 한대 기단과 열대 기단의 경계면을 따라 형성되는 정체 전선이다.

29 기온의 (　　　)은/는 최난월 평균 기온과 최한월 평균 기온 간의 차이를 말한다.

30 우리나라는 (　　　) 강수 집중률이 약 50~60%에 이른다.

31 (　　　), 호남 서해안과 소백산맥 서사면, 영동 지방은 우리나라의 대표적인 다설지이다.

32 겨울에는 한랭 건조한 (　　　) 계절풍이 탁월하다.

33 필리핀 동쪽 해상에서 발생하는 (　　　)은/는 열대 저기압이다.

34 (　　　)은/는 늦봄~초여름에 태백산맥을 넘어 영서 지방에 부는 북동풍이다.

---

1 ○　2 ×(남부 → 북부)　3 ○　4 ○　5 ×(고온 건조)　6 ×(서해안의 연교차가 더 큼)　7 ○　8 ×(겨울 강수 집중률: 울릉도>인천)　9 ○　10 ×(계절에 따라 풍향과 성질이 달라지는 바람)　11 ×(서고동저형)　12 ×(영서 지방은 고온 건조함)　13 ㉠　14 ㉠　15 ㉠　16 ㉡　17 ㉡　18 ㉠　19 ㉡　20 ㉡　21 ㉡　22 ㉠　23 ㉡　24 꽃샘추위　25 삼한 사온　26 시베리아　27 오호츠크해　28 장마 전선　29 연교차　30 여름철(하계)　31 울릉도　32 북서　33 태풍　34 높새바람

키워드

온돌, 정주간, 대청마루, 우데기, 터돋움집, 염장 식품, 열섬 현상, 기온 역전 현상

1단계 개념 콕 뜯어보기

01 기온과 주민 생활

1. 겨울철 기온과 주민 생활

(1) 전통 가옥

① 겨울철 추위를 이겨내기 위해 아궁이에 불을 피워 방바닥을 데우는 온돌을 설치

② 관북 지방은 혹독한 추위를 견디기 위해 방을 두 줄로 배치하여 실내 온기를 유지하고 정주간을 만들어 활용, 상대적으로 겨울이 따뜻한 제주 지역은 온돌(구들)이 없는 방도 있었음

(2) 음식 문화

① 작물을 재배할 수 없는 겨울철 환경을 극복하기 위해 김장 문화가 발달

② 김장 시기는 북쪽이 빠르고, 남쪽으로 갈수록 늦어짐

③ 겨울이 추운 북부 지역의 김치는 싱겁고, 상대적으로 따뜻한 남부 지역은 짜고 매움

(3) 의복: 목화를 활용한 솜옷, 짐승의 털이나 가죽으로 만든 옷을 입음

2. 여름철 기온과 주민 생활

(1) 전통 가옥

① 여름철 무더위에 대비하기 위하여 남부 지방으로 갈수록 가옥 구조가 개방적임

② 중부와 남부 지방의 전통 가옥에 대청마루가 설치되어 있음

(2) 음식 문화: 벼농사와 관련된 음식 문화 발달, 음식이 쉽게 변질되는 것을 막기 위해 염장 식품을 만들어 먹음, 기온이 높은 남부 지방으로 갈수록 음식의 염도가 상대적으로 높음

(3) 의복: 통풍이 잘되는 모시나 삼베로 만든 옷을 입음, 더위를 쫓기 위해 죽부인이나 부채를 사용

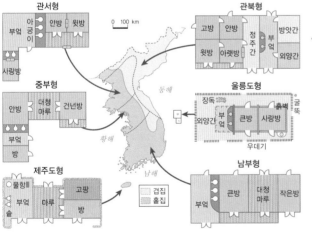

↩ **우리나라의 전통 가옥** 추운 지방에서 발달한 온돌과 더운 지방에서 발달한 대청마루가 함께 나타난다.

각 지역의 전통 가옥은 기후 특성에 따라 그 구조가 조금씩 다르다. 겨울이 춥고 긴 관북 지방은 가옥 구조가 폐쇄적이며, 여름이 무덥고 긴 남부 지방은 가옥 구조가 개방적이다. 특히, 관북 지방의 전통 가옥에는 방과 부엌 사이에 정주간이 있으며, 남부 지방의 전통 가옥에는 대청마루가 넓게 발달하였다. 울릉도의 전통 가옥에는 우데기가 있으며, 제주도의 전통 가옥에는 고팡이 있다.

02 강수와 주민 생활

1. 여름철 강수와 주민 생활

(1) 전통 가옥

① 하천 주변에서는 해발 고도가 다소 높은 자연 제방에 주로 거주함

② 홍수가 빈번한 지역에서는 터돋움집을 짓거나 피수대를 만들어 가옥의 침수에 대비함

(2) 생활 문화

① 저수지나 보를 축조해 효율적인 물 관리를 하며 농사를 지음 → 오늘날에는 다목적 댐을 건설하여 각종 용수를 공급하고 물 자원을 효율적으로 관리함

② 대동강 하구, 서해안 등 강수량이 적고 일조 시간이 긴 지역에서는 천일제염업이 발달함

③ 일교차가 크고 일조량이 풍부한 영남 북부 내륙 지방에서는 사과를 많이 재배함

만점 공부 비법

• 기온, 강수, 바람과 관계 깊은 주민 생활을 이해한다.

• 지역별 전통 가옥의 특징을 이해한다.

• 열섬 현상과 기온 역전 현상의 원인과 영향을 이해한다.

기후와 전통 가옥

▲ 온돌과 아궁이

▲ 대청마루

김장 시기

(월, 일) (기상청, 2015)

터돋움집

홍수가 자주 발생하는 지역에서 집을 땅 위에 바로 짓지 않고, 흙이나 돌로 땅을 돋운 후 지은 집이다.

2. 겨울철 강수와 주민 생활

(1) 전통 가옥

① 눈이 많이 내리는 울릉도의 전통 가옥에는 우데기가 있음

② 눈이 많이 내리는 지역에서는 눈의 무게로 인해 가옥이 붕괴되는 것을 막기 위해 지붕의 경사를 급하게 함

(2) 생활 문화

① 눈이 많이 내리는 강원 산간 지역은 설피나 발구를 활용하여 이동함

② 눈이 많이 내리는 지역에서는 눈을 활용한 관광 산업 발달 → 대관령 일대와 전북 무주 등에서는 스키장 건설, 태백 및 대관령에서는 눈 축제 개최

투막집과 우데기(경상북도 울릉군)

03 바람과 주민 생활

1. 전통 가옥

(1) 겨울의 차가운 북서 계절풍을 막기 위해 배산임수 지역에 집을 짓고 생활하며, 가옥의 방향은 남향으로 함

(2) 제주도에서는 바람의 저항을 줄이기 위해 지붕의 처마를 낮게 하고, 지붕을 줄로 엮어서 강풍에 대비함

(3) 제주도에서는 강한 바람으로 인해 비와 눈이 집안으로 들이치는 것을 막기 위해 풍채를 설치함

(4) 호남 해안 지역에서는 가옥의 처마 끝을 따라 까대기를 설치하여 강풍과 대설에 대비함

2. 생활 문화

(1) 강한 바람이 자주 부는 곳에는 방풍림을 조성함

(2) 대관령이나 바닷가에서는 풍력 발전 단지를 건설하여 전기를 생산함

설피와 발구

설피는 눈에 빠지거나 미끄러지지 않도록 신발에 덧신는 도구이며, 발구는 눈이 올 때 물건을 운반하기 위해 사용하는 도구이다.

제주도의 그물 지붕과 풍채

풍채
그물 지붕

04 기후가 경제생활에 끼치는 영향

1. 날씨와 경제생활

(1) 음료나 냉·난방기 생산 회사에서는 기상 정보를 효율적으로 사용함

(2) 택배 및 운송 서비스업에서는 비가 내릴 때 할증 요금을 받기도 함

(3) 편의점은 날씨에 따라 진열되는 상품을 다르게 함

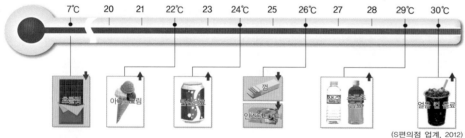

7℃ 20 21 22℃ 23 24℃ 25 26℃ 27 28 29℃ 30℃

(S편의점 업계, 2012)

⇧ **날씨에 따라 편의점에 진열되는 상품** 날씨와 기후는 편의점의 상품 준비 및 배열에 영향을 주며, 편의점에서 판매하는 다양한 식품들은 기온에 따라 많이 팔리는 제품이 달라진다.

까대기

건물이나 담에 임시로 덧붙여서 만든 허술한 건조물로, 주로 볏짚으로 만들었으나 최근에는 유리나 비닐로 만들기도 한다.

2. 기후와 경제생활

(1) 겨울철이 온화한 남부 지방에서는 벼를 수확한 후 보리를 심는 그루갈이를 하기도 함

(2) 해발 고도가 높아 여름이 서늘한 대관령 일대에서는 고랭지 채소를 재배함

(3) 진해의 군항제, 보령의 머드 축제, 김제의 지평선 축제, 화천의 산천어 축제 등 기후를 활용한 지역 축제를 개최함

(4) 강원도 태백, 경상남도 남해에서는 유리한 기후 환경을 활용해 전지훈련 선수단을 유치함

(5) 동남아시아 사람들이 우리나라로 단풍이나 눈과 스키를 즐기기 위해 여행을 옴

05 국지 기후와 생활 문화

1. 도시 열섬 현상

(1) 의미: 도심의 기온이 교외보다 더 높게 나타나는 현상

(2) 원인

① 고층 건물의 냉·난방기 및 자동차에서 나오는 인공 열, 아스팔트 등의 포장 면적 증가

② 온실 기체가 많은 도심의 공기 중 오염 물질이 온실 효과를 일으킴

(3) 특징

① 도시가 클수록 잘 나타남

② 같은 도시에서는 낮보다 밤에, 여름보다 겨울에 잘 나타남

(4) 영향

① 열섬 현상으로 기온이 높은 곳은 상대 습도와 평균 풍속이 낮음

② 열섬 현상으로 기온이 높은 곳은 강수, 운량이 증가하는 경향이 있음

(5) 대책: 바람 통로 확보, 건물 옥상에 공원 조성, 생태 하천으로의 복원 등

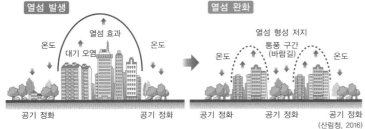

(산림청, 2016)

도시 열섬 현상

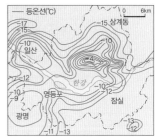

(한국의 기후, 2000)

도시 열섬 현상으로 인해 도심에서 주변부로 갈수록 기온이 낮아진다. 위 지도에서 서울 도심의 기온은 −4℃이며, 상계동의 기온은 −15℃이다.

⇦ **도시숲** 도시숲은 여름 한낮의 평균 기온을 3~7℃ 정도 낮추고, 습도는 9~23% 정도 상승하게 하여 도시민들에게 쾌적한 생활 환경을 제공한다.

2. 기온 역전 현상

(1) 의미: 지면의 냉각으로 지표 부근의 기온이 상공의 기온보다 더 낮은 현상

(2) 원인: 늦가을에서 초봄 사이의 맑은 날 밤에 복사 냉각이 활발하게 일어나면 지표 부근의 기온이 하강하여 산지에서 형성된 찬 공기가 사면을 따라 아래로 흘러 내려오면서 발생

(3) 특징: 산으로 둘러싸인 분지에서 잘 발생함, 낮보다는 밤에 잘 발생함

(4) 영향: 농작물의 냉해, 안개 발생 → 안개가 대기 오염 물질과 결합하여 스모그 현상이 발생할 수 있음

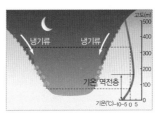

⇧ **기온 역전 현상 모식도** 산지에서 형성된 차가운 공기가 분지 바닥에 쌓이면서 기온 역전 현상이 나타난다.

복사 냉각

대기 복사에 의한 대기의 냉각과 지구 복사에 의한 지표면의 냉각 현상을 말한다.

2단계 개념 쏙 정리하기

기후와 주민 생활

기온	• 여름에는 삼베·모시옷을 입음 • 남부 지방은 북부 지방에 비해 김장을 늦게 함 • 관북 지방의 전통 가옥: 정주간
강수	• 강수의 계절별 편차가 커서 수리 시설 발달 • 하천 주변의 터돋움집 • 울릉도의 전통 가옥: 우데기
바람	제주도의 전통 가옥: 지붕의 경사가 완만하고 지붕에 그물 설치

도시 열섬 현상

의미	도시 내부의 기온이 도시 외곽보다 높게 나타나는 현상
원인	냉·난방기 등의 인공 열 증가, 포장 면적 증가, 온실 효과 등
특징	• 낮보다 밤에, 여름보다 겨울에 잘 나타남 • 열섬 현상이 발생하면 도시 외곽에서 도심으로 바람이 붊
대책	건물 옥상 녹화 사업, 생태 하천 복원, 바람길 조성 등

기온 역전 현상

의미	지면의 냉각으로 지표 부근의 기온이 상공의 기온보다 더 낮은 현상
특징	• 일교차가 크고 바람이 없는 밤에 잘 발생함 • 평야보다는 내륙 분지 또는 골짜기에서 잘 발생함
영향	• 농작물의 냉해 발생 • 안개 발생 • 안개와 오염 물질이 결합하여 스모그 현상이 발생할 수 있음

● 그림의 전통 가옥은 우리나라의 어느 지역에서 볼 수 있는 전통 가옥인지 각각 쓰시오.

1
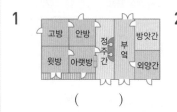
(　　　　　)

2
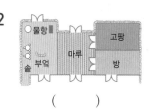
(　　　　　)

3
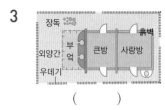
(　　　　　)

4
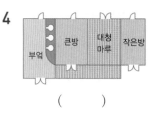
(　　　　　)

● 다음 설명이 맞으면 ○, 틀리면 ×에 표시하시오.

5 온돌과 대청마루는 기온과 관계 깊은 생활 문화이다.
(○, ×)

6 제주도의 전통 가옥 구조에는 정주간이 있다. (○, ×)

7 남부 지방에서 북부 지방으로 갈수록 가옥 구조가 폐쇄적이다.
(○, ×)

8 산지 지역에서 터돋움집이 잘 나타난다. (○, ×)

9 교외보다 도심의 기온이 높은 현상을 도시 열섬 현상이라 한다.
(○, ×)

10 도시 열섬 현상은 밤보다 낮에 잘 나타난다. (○, ×)

11 기온 역전 현상은 낮보다 밤에 잘 나타난다. (○, ×)

12 기온 역전 현상이 발생하면 농작물이 냉해를 입을 수 있다.
(○, ×)

● 다음 중 옳은 것에 ○표 하시오.

13 위도가 높아질수록 김장 시기가 (㉠ 빨라진다, ㉡ 느려진다).

14 위도가 높은 지역일수록 봄꽃 개화 시기가 (㉠ 이르다, ㉡ 늦다).

15 (㉠ 관북, ㉡ 남부) 지방의 전통 가옥에는 정주간이 나타난다.

16 (㉠ 울릉도, ㉡ 제주도)의 전통 가옥에는 우데기가 나타난다.

17 우리나라는 강수의 계절 차 및 연변동이 크기 때문에 물자원 이용률이 (㉠ 낮다, ㉡ 높다).

18 우리나라는 강수의 계절 차 및 연변동이 크기 때문에 하천 교통의 발달에 (㉠ 유리하다, ㉡ 불리하다).

19 도시 열섬 현상으로 인해 기온이 높은 곳은 상대 습도가 (㉠ 낮다, ㉡ 높다).

20 도시 열섬 현상으로 기온이 높은 곳은 평균 풍속이 (㉠ 느리다, ㉡ 빠르다).

● 빈칸에 들어갈 알맞은 말을 써 넣으시오.

21 겨울에 눈이 많이 내리는 울릉도의 전통 가옥에는 방설벽인 (　　　　)이/가 있다.

22 겨울철이 춥고 긴 관북 지방의 전통 가옥에는 보온을 위해 고안된 (　　　　)이/가 있다.

23 지표 부근의 기온이 상공의 기온보다 낮아지는 현상을 (　　　　) 현상이라고 한다.

24 교외보다 도심의 기온이 높게 나타나는 현상을 (　　　　) 현상이라고 한다.

25 기온 역전 현상이 나타나면 (　　　　)이/가 발생하여 가시거리가 짧아진다.

● 그림은 어느 두 지역의 전통 가옥 구조를 나타낸 것이다. 이와 관련하여 설명이 맞으면 ○, 틀리면 ×에 표시하시오.

(가)　　　　　　　　(나)
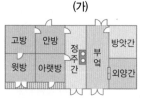　　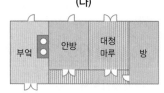

26 (가) 지역은 (나) 지역보다 기온의 연교차가 크다.
(○, ×)

27 (가) 지역은 (나) 지역보다 무상 기간이 길다. (○, ×)

28 (가) 지역은 (나) 지역보다 고위도에 위치해 있다. (○, ×)

---

1 관북 지방　2 제주도　3 울릉도　4 남부 지방　5 ○　6 ×(관북 지방이 정주간)　7 ○　8 ×(홍수가 빈번한 지역)　9 ○　10 ×(낮보다 밤에)　11 ○　12 ○　13 ㉠　14 ㉡　15 ㉠　16 ㉠
17 ㉠　18 ㉡　19 ㉠　20 ㉠　21 우데기　22 정주간　23 기온 역전　24 도시 열섬　25 안개　26 ○　27 ×(무상 기간: 관북 지방<남부 지방)　28 ○

1단계 개념 확 뜯어보기

01 우리나라의 자연재해

1. 자연재해의 의미와 유형

(1) 의미: 인간 생활에 인적·물적 피해를 주는 자연 현상

(2) 유형과 특징

① 유형

요인	자연재해 종류
기후적 요인	홍수, 태풍, 폭설, 가뭄, 폭염 등
지형적 요인	지진, 지진 해일(쓰나미), 화산 활동 등

② 우리나라는 기후적 요인에 의한 자연재해가 잦음

③ 지형적 요인에 의한 자연재해가 발생할 가능성도 있음

2. 기후적 요인의 자연재해

(1) 홍수

① 의미: 집중 호우 등으로 인해 하천이 범람하여 그 주변 지역이 침수되는 현상

② 발생 시기: 장마 전선이 정체할 때, 온대 저기압 및 태풍이 통과할 때 주로 발생함

③ 대책: 홍수로 인한 산사태가 발생할 수 있는 지역에서는 사방 공사를 해야 함

(2) 태풍

① 의미: 중심 부근의 최대 풍속이 17m/s 이상으로 폭풍우를 동반하는 열대 저기압

② 주로 북위 20° 부근 태평양 해상에서 발생하며, 북태평양 고기압의 가장자리를 따라 북서진하다가 북위 30° 부근에서 편서풍의 영향으로 북동진함

③ 우리나라에 영향을 주는 시기: 주로 7~9월

④ 피해: 강한 바람과 많은 비를 동반하여 풍수해를 일으키며, 해안에서는 해일에 의한 피해 발생

(3) 폭설

① 의미: 짧은 시간 동안 많은 눈이 내리는 현상 → 대설이라고도 함

② 피해: 산간 마을의 고립, 비닐하우스·축사·건물 등의 붕괴, 교통마비로 인한 도로 혼잡 등의 피해가 발생함

③ 대책: 기상 예보를 통한 사전 대비, 신속한 제설 작업 등의 대책 필요

(4) 가뭄

① 의미: 오랜 기간 비가 내리지 않거나 강수량이 적어 물 부족을 겪는 현상

② 다른 자연재해보다 진행 속도는 느리지만 피해 범위는 넓음

③ 대책: 가뭄과 홍수에 대비하기 위해 보, 저수지, 댐을 건설함

(5) 황사

① 의미: 중국 황허강 중류의 황토 지대, 중국 서부의 타커라마간(타클라마칸) 사막, 몽골의 고비 사막 등에서 발생한 미세한 먼지가 편서풍을 타고 날아오는 현상

② 피해: 호흡기 및 안과 질환의 발병률 증가, 항공 교통의 장애, 정밀 기기의 오작동 등

③ 주로 봄철에 발생하며, 중국 내 사막화로 발생 빈도가 증가하고 있음

⇧ **태풍의 위험 반원과 가항 반원** 태풍이 통과하는 지역의 오른쪽을 위험 반원, 왼쪽을 가항 반원이라 한다. 가항 반원보다 위험 반원 지역에 큰 피해가 발생하기 때문에 위험 반원에 자주 놓이는 남동 해안 지역의 피해가 큰 편이다. 태풍은 저위도의 열을 고위도로 수송하여 지구의 열적 평행을 유지해 주고, 많은 비를 동반하여 가뭄 피해를 막아 주며, 바다의 적조 현상을 완화해 주는 등의 긍정적 측면도 있다.

만점 공부 비법

• 자연재해의 원인별, 지역별 특성을 파악한다.

• 온난화가 미치는 영향과 대책을 이해한다.

• 식생과 토양의 분포 특징과 지속 가능한 이용 방안을 이해한다.

폭염과 한파

▲ 폭염

▲ 한파

집중 호우의 원인

북쪽의 찬 공기와 남쪽의 더운 공기가 만나면 대기가 불안정해져 집중 호우가 발생한다.

태풍의 월별 내습 횟수

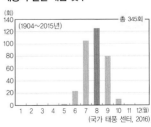

3. 지형적 요인의 자연재해

(1) 지진, 지진 해일(쓰나미), 화산 활동: 지각판이 충돌하거나 분리되면서 발생하며, 특히 '불의 고리'라고 불리는 환태평양 조산대에서 자주 발생함

(2) 발생: 우리나라는 지각판의 경계에서 다소 떨어져 있지만, 지진과 지진 해일의 발생 가능성이 있음

(3) 대책: 내진 설계 강화, 지진 발생 시 행동 요령에 대한 교육 확대 등으로 지진에 대비해야 함

〈지진 발생 시 행동 요령〉

책상 밑에서 몸 보호

무작정 밖으로 나가면 위험

문 열어 출구 확보

집 밖에선 가방으로 머리 보호

기둥, 담 밑으로 피신 금물

불이 나면 신속히 끔

안내자의 지시에 따라 신속히 대피

엘리베이터에서 신속히 나옴

02 우리나라의 기후 변화

1. 기후 변화의 원인

(1) 산업화 이전

① 주로 자연적 요인으로 기후 변화 발생

② 화산 폭발로 대기 중의 먼지 농도가 높아져 지구의 온도가 낮아짐

③ 지구 공전 궤도의 변화로 지구와 태양 간의 거리가 달라지면서 기온이 오르내림

(2) 산업화 이후

① 인구 증가 및 산업화로 인한 석탄, 석유 등 화석 연료 사용량 증가 → 온실 기체의 농도 상승 → 온실 효과 발생 → 지구 온난화 현상 심화

② 온실 기체의 농도를 낮추는 기능을 하는 열대림이 파괴되면서 기후 변화가 가속화됨

2. 우리나라의 기후 변화

(1) 1912~2011년에 연평균 기온이 1.7℃ 상승함 ← 세계 기온의 상승 평균치인 0.74℃보다 높음

(2) 서울, 부산, 대구 등 대도시 지역이 촌락보다 기온이 더 많이 상승함

(3) 지난 100년간 연 강수량이 약 220mm 증가 → 집중 호우의 발생 빈도는 높아졌으나, 연 강수 일수는 대부분의 지역에서 감소함

(4) 열대야·열대일 등의 발생 빈도는 증가, 한파일·서리일 등의 발생 빈도는 감소 추세임

3. 기후 변화의 영향

구분	영향
식생	• 난대림의 분포 지역이 북쪽으로 확대됨 • 고산 식물의 분포 고도 하한선이 높아짐 • 봄꽃의 개화 시기가 빨라지고, 단풍이 드는 시기가 늦어짐
농업	• 노지 작물의 생육 기간이 길어짐 • 농작물 재배 북한계선이 북상함 • 주요 과일의 재배 적지가 북상함
기타	• 해수 온도 상승으로 한류성 어족(명태)의 어획량 감소, 난류성 어족(오징어, 멸치)의 어획량 증가 • 병충해 및 열대성 질병의 발병률 증가

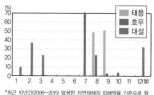

자연재해의 원인별 피해 발생률

*최근 10년간(2006~2015) 발생한 자연재해의 피해액을 기준으로 함.
(국민 안전처, 2016)

자연재해 피해액은 시기별, 원인별로 달라지며, 해에 따라 발생 정도가 달라진다. 12~3월은 대설, 7~8월은 호우, 8~9월은 태풍이 주로 발생한다.

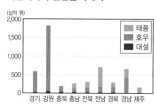

자연재해의 원인별 피해액

*2006~2015년의 누적치이며, 2015년의 환산 가격 기준임.
(국민 안전처, 2016)

호우는 전국적으로 발생하지만 경기, 강원의 피해액이 특히 많다. 태풍은 남부 지방인 전남, 경남, 제주의 피해액이 많으며, 대설은 전체 피해액은 작지만 강원, 충북 등의 피해액이 많다.

온실 효과

태양 복사 에너지 / 지구 복사 에너지 방출 / 지구 대기 / 갇힌 지구 복사 에너지 / 지표면

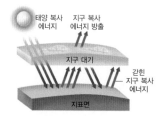

우리나라의 연평균 기온 변화

연평균 기온 / 10년 평균
(한국 기후 변화 백서, 2011)

기온 상승의 영향

최고 기온 상승 / 최저 기온 상승 / 열대야 증가 / 서리 일수 감소 / 여름 길어짐 / 겨울 짧아짐 / 봄꽃 개화 빨라짐 / 단풍 늦어짐 / 냉방 수요 증가 / 난방 수요 감소

4. 기후 변화의 대책

(1) **개인적 차원의 노력**: 친환경 및 에너지 고효율 제품 사용, 대중교통 이용 등

(2) **지역적 차원의 노력**: 소규모 친환경 발전 시설 보급, 로컬 푸드 소비 확산 등

(3) **국가적 차원의 노력**: 온실가스 감축을 위한 국가 전략 수립 및 친환경 정책 도입, 신·재생 에너지 개발 및 보급 등

(4) **지구적 차원의 노력**: 기후 변화 협약(1992년), 교토 의정서(1997년), 파리 협정(2015년)

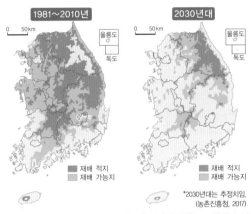

⬆ **변화하는 사과 재배 지역** 지구 온난화의 영향으로 한라봉, 사과 등의 재배 지역이 북상하고 있으며, 난대성 작물인 녹차 재배 지역도 북상하고 있다.

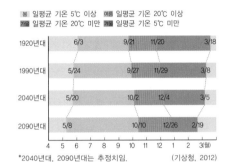

⬆ **서울의 계절 길이 변화** 지구 온난화가 진행되면서 우리나라의 연평균 기온이 높아지고 있다. 서울의 계절 길이 변화를 보면 여름은 길어지지만 겨울은 짧아지고, 봄과 여름의 시작일은 빨라지지만 가을과 겨울의 시작일은 늦어지고 있다.

03 식생과 토양

1. 우리나라의 식생 분포

(1) **식생의 수평적 분포**

① **원인**: 위도에 따른 기온 차이가 반영됨

② 남부 지방에서 북부 지방으로 가면서 난대림 → 온대림 → 냉대림이 나타남

③ **난대림**: 남해안, 제주도, 울릉도의 해안 저지대에 동백나무, 후박나무 등의 난대림(상록 활엽수)이 자람

④ **혼합림**: 냉대림과 난대림 분포 지역의 사이에는 혼합림(낙엽 활엽수+침엽수)이 자람

⑤ **냉대림**: 개마고원과 고산 지역에는 전나무, 가문비나무 등의 냉대림(침엽수)이 자람

(2) **식생의 수직적 분포**

① **원인**: 해발 고도에 따른 기온 차이가 반영됨

② 제주도의 한라산에서 잘 나타남 → 제주도 중산간 지역의 초지대는 목축을 위해 조성된 인공 식생임

③ 저지대에서 고지대로 가면서 난대림 → 온대림 → 냉대림 → 고산 식물대가 나타남

④ 남부 지방에서 북부 지방으로 가면서 냉대림이 나타나는 해발 고도가 낮아짐

2. 우리나라의 토양 분포

(1) **토양의 형성**

① 암석이 물리적·화학적 풍화와 함께 생물의 작용을 받아 입자가 작은 흙으로 변한 것

② 기후, 식생, 기반암, 지형 등에 따라 토양의 성질이 달라짐

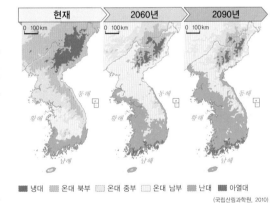

▲ **기후 변화에 따른 한반도 식생 기후대의 변화**

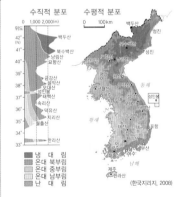

우리나라의 식생 분포

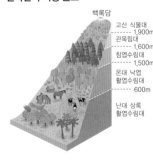

한라산의 식생 분포

(2) 토양의 종류

① 성숙토: 토양 생성 기간이 길어 토양층의 발달이 뚜렷함

구분	특징	종류
성대 토양	기후와 식생의 성질이 많이 반영됨	• 회백색토: 냉대림 분포 지역 • 갈색 삼림토: 온대림 분포 지역 • 적색토: 남해안 일대
간대 토양	모암(기반암)의 성질이 많이 반영됨	• 석회암 풍화토: 강원도 남부, 충청북도 북동부 등 • 현무암 풍화토: 제주도, 한탄강 유역

② 미성숙토: 토양 생성 기간이 짧거나 운반 및 퇴적 작용으로 형성되어 토양층의 발달이 미약함

구분	주요 분포 지역	활용
충적토	하천 주변의 충적지	비옥하여 농경지로 활발하게 이용됨
염류토	서·남해안의 간척지, 하구 부근의 토양	염분을 제거한 후 농경지로 이용됨

▲ 성대 토양의 분포

▲ 우리나라의 토양 분포

⇦ **우리나라의 토양 특성** 토양은 성숙토와 미성숙토로 구분된다. 성숙토는 갈색 삼림토, 회백색토 등의 성대 토양과 석회암 풍화토, 현무암 풍화토(화산회토) 등의 간대 토양으로 분류할 수 있다. 반면 미성숙토는 충적토와 염류토로 분류할 수 있다. 갈색 삼림토는 온대림 지역, 회백색토는 냉대림 지역에 주로 분포하며, 석회암 풍화토는 강원도 남부와 충청북도 북동부 일대에 분포한다. 현무암 풍화토(화산회토)는 제주도와 한탄강 일대에 분포하며, 충적토는 하천 주변에 주로 분포한다.

3. 인간과 자연의 지속 가능성

(1) 지속 가능한 식생 및 토양 관리

구분	파괴 원인	보전 노력
식생	• 농경지 개간, 주택 단지·공장 대지 확대 • 벌목·산불에 의한 삼림 파괴	• 국립 공원으로 지정하여 초목 채집 제한 • 나무 심기와 숲 가꾸기 사업 전개
토양	• 인간 활동에 의한 토양 침식 • 농약, 화학 비료 사용으로 인한 토양의 산성화	• 계단식 경작과 등고선식 경작 • 퇴비 및 유기질 비료 사용, 객토 사업

(2) 인간과 자연의 공존 노력: 자연 휴식년제 도입, 환경 영향 평가 제도 시행 등

산림 면적과 임목 축적량 변화

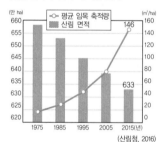

우리나라의 산림 면적은 감소하고 있지만, 임목 축적량은 증가하고 있다.

2단계 개념 쏙 정리하기

자연재해의 유형

기후적 요인	홍수	장마 전선이 정체할 때, 온대 저기압 및 태풍이 통과할 때 주로 발생함
	태풍	• 우리나라에 영향을 주는 시기는 주로 7~9월 • 풍수해, 해일 피해를 일으킴
	폭설 (대설)	강원, 충북 등에서 피해액이 많음
	황사	주로 봄철에 발생하며, 중국 내 사막화로 발생 빈도가 증가하고 있음
지형적 요인	지진, 지진 해일(쓰나미), 화산 활동	

기후 변화

원인	• 자연적 요인: 태양의 활동, 지구와 태양 간 거리의 주기적인 변화 등 • 인위적 요인: 화석 연료 사용, 열대림 파괴 등
영향	• 여름은 길어지고 겨울은 짧아짐 • 농작물의 재배 북한계선이 북상함 • 냉대림의 분포 면적이 축소됨 • 고산 식물의 분포 고도 하한선이 높아짐 • 열대야 발생 일수가 증가함
대책	• 신·재생 에너지 사용, 삼림 보호 • 기후 변화 협약, 교토 의정서, 파리 협정

식생과 토양

식생	수평적 분포	위도에 따른 기온 차이 반영
	수직적 분포	해발 고도에 따른 기온 차이 반영
토양	성숙토	성대 토양: 회백색토, 갈색 삼림토, 적색토 등
		간대 토양: 석회암 풍화토(강원 남부, 충북 북동부 등), 현무암 풍화토(제주도 등)
	미성숙토	충적토, 염류토 등

● 다음 설명이 맞으면 ○, 틀리면 ×에 표시하시오.

1 태풍은 주로 겨울에 우리나라에 영향을 미친다. (○, ×)

2 경기도는 태풍보다 호우에 의한 피해액이 많다. (○, ×)

3 황사는 여름보다 봄에 자주 발생한다. (○, ×)

4 온난화 현상으로 냉대림의 분포 지역이 확대되고 있다. (○, ×)

5 제주도는 식생의 수직적 분포가 뚜렷하다. (○, ×)

6 석회암 풍화토는 염류토보다 토양 단면이 잘 발달해 있다. (○, ×)

7 남부 지방의 구릉 지대에는 회백색토가 분포한다. (○, ×)

8 석회암 풍화토는 흑갈색, 현무암 풍화토는 적색이다. (○, ×)

9 제주도, 철원 용암 대지에는 석회암 풍화토가 분포한다. (○, ×)

● 한반도의 평균 기온이 상승하면 어떤 변화가 나타날지 옳은 것에 ○표 하시오.

10 여름은 (㉠ 짧아질, ㉡ 길어질) 것이다.

11 무상 기간이 (㉠ 짧아질, ㉡ 길어질) 것이다.

12 열대야가 (㉠ 감소할, ㉡ 증가할) 것이다.

13 결빙일이 (㉠ 감소할, ㉡ 증가할) 것이다.

14 벚꽃 개화 시기가 (㉠ 늦어질, ㉡ 빨라질) 것이다.

15 작물 재배 가능 기간이 (㉠ 짧아질, ㉡ 길어질) 것이다.

16 단풍 절정 시기가 (㉠ 늦어질, ㉡ 빨라질) 것이다.

17 사과 재배 적지가 (㉠ 남하할, ㉡ 북상할) 것이다.

18 명태, 대구 등 한류성 어족의 어획량이 (㉠ 감소할, ㉡ 증가할) 것이다.

19 고산 식물의 분포 범위가 (㉠ 축소, ㉡ 확대)될 것이다.

20 냉대림이 분포하는 해발 고도 하한선이 (㉠ 낮아질, ㉡ 높아질) 것이다.

● 빈칸에 들어갈 알맞은 말을 써 넣으시오.

21 봄철에 (   )이/가 발생하면 가시거리가 짧아지고, 호흡기 질환자가 증가한다.

22 위도에 따른 식생 분포의 차이를 식생의 (   ) 분포라고 한다.

23 남해안 일대, 제주도, 울릉도의 해안 저지대에는 동백나무, 후박나무 등의 (   )이/가 분포한다.

24 (   )은/는 기후와 식생의 특징이 잘 반영된 토양이다.

25 (   )은/는 모암의 성질이 많이 반영된 토양이다.

● (가)~(다)에 해당하는 자연재해와 토양의 종류를 써 넣으시오.

26 (가)~(다)는 각각 어떤 자연재해의 피해액을 나타낸 것인지 〈보기〉에서 골라 쓰시오.

┌ 보기 ┐
• 호우   • 태풍   • 대설
└────────────────────┘

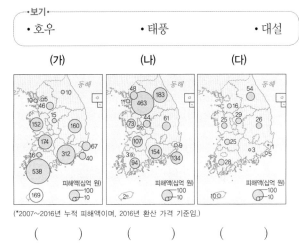

(*2007~2016년 누적 피해액이며, 2016년 환산 가격 기준임.)

(   )   (   )   (   )

27 (가)~(다)는 어떤 토양의 분포를 나타낸 것인지 〈보기〉에서 골라 쓰시오.

┌ 보기 ┐
• 충적토   • 석회암 풍화토   • 현무암 풍화토
└────────────────────┘

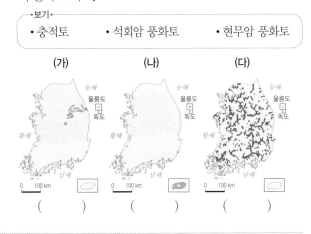

(   )   (   )   (   )

1 ×(주로 7~9월) 2 ○ 3 ○ 4 ×(냉대림 분포 지역 축소) 5 ○ 6 ○ 7 ×(냉대림 분포 지역에 분포) 8 ×(석회암 풍화토는 적색, 현무암 풍화토는 흑갈색) 9 ×(현무암 풍화토) 10 ㉡ 11 ㉡ 12 ㉡ 13 ㉠ 14 ㉡ 15 ㉡ 16 ㉠ 17 ㉡ 18 ㉠ 19 ㉠ 20 ㉡ 21 황사 22 수평적 23 난대림 24 성대 토양 25 간대 토양 26 (가) 태풍 (나) 호우 (다) 대설 27 (가) 석회암 풍화토 (나) 현무암 풍화토 (다) 충적토

자료 분석특강

● 우리나라의 기후 특징

1 한여름과 겨울의 일기도

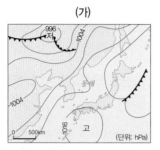
(가)

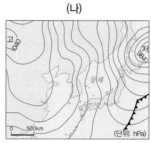
(나)

- (가)는 (한여름), (나)는 (겨울) 일기도이다. 여름에는 북태평양 고기압이 발달하여 (남고북저)형 기압 배치가 잘 나타나며, 겨울에는 시베리아 고기압이 발달하여 (서고동저)형 기압 배치가 잘 나타난다.
- (열대야)와 소나기 등은 한여름의 대표적인 기후 현상이며, (삼한 사온)과 폭설은 겨울의 대표적인 기후 현상이다.

 여름에는 남고북저형, 겨울에는 서고동저형 기압 배치의 비교 문제가 자주 출제된다.

2 기온의 연교차와 연 강수량

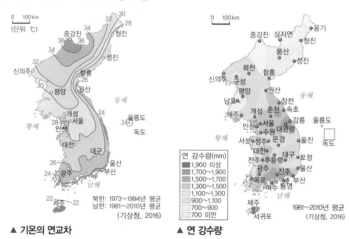

▲ 기온의 연교차   ▲ 연 강수량

- 동해안이 비슷한 위도의 서해안보다 기온의 연교차가 (작은) 편이다.
- 습윤한 남서 기류의 바람받이 사면 지역은 강수량이 많은데 제주도와 남해안 일대, 한강 중·상류 지역이 대표적이다. 그러나 상승 기류가 발달하기 어려운 (영남 내륙 지역)과 높은 산지가 없고 평야가 발달한 (대동강 하류)는 강수량이 적은 대표적인 소우지이다.
- 북서 계절풍의 영향으로 소백산맥 서사면과 (울릉도)는 눈이 많이 내리며, 북동 기류의 바람받이 사면인 (영동 지방)도 대표적인 다설지이다.

- 동해안은 동위도의 서해안보다 기온의 연교차가 작다.
- 남해안 일대, 한강 중·상류는 대표적인 다우지이고, 관북 해안, 대동강 하류, 영남 내륙 지역은 대표적인 소우지이다.

3 높새바람

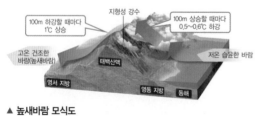

▲ 높새바람 모식도

- 푄이란 습윤한 공기가 산지를 타고 넘어갈 때 바람받이 사면에 강수를 발생시키고, 바람그늘 사면에서는 (고온 건조)한 공기로 변하는 현상을 말한다.
- 높새바람은 늦봄~초여름 사이에 부는 (북동풍)으로, 태백산맥을 넘을 때 푄 현상에 의해 (고온 건조)한 성질로 변질된 바람이다.
- 높새바람이 불 때 영동 지방은 오호츠크해 기단의 영향으로 저온 현상이 나타나지만, 영서 지방에서는 이상 고온 현상이나 (가뭄)이 발생하기도 한다.

 늦봄~초여름 사이에는 오호츠크해 기단이 세력을 확장하여 북동풍이 부는데, 이 바람이 태백산맥을 넘을 때 푄 현상에 의해 고온 건조해진다.

기후와 전통 가옥

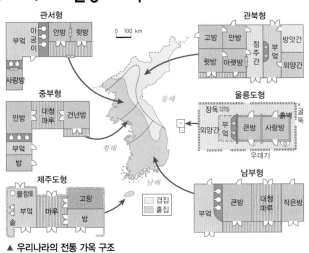

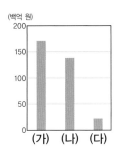

▲ 우리나라의 전통 가옥 구조

- 남부 지방에서 북부 지방으로 갈수록 춥기 때문에 (폐쇄적인) 가옥 구조가 나타난다. 특히 관북 지방의 전통 가옥에는 방과 부엌 사이에 (정주간)이 나타나며, 남부 지방의 전통 가옥에는 (대청마루)가 넓게 나타난다.
- 겨울철에 눈이 많이 내리는 울릉도의 전통 가옥에는 (우데기)가 있으며, 제주도의 전통 가옥에는 (고팡)이 있다.

 출제 포인트 정주간은 관북 지방, 우데기는 울릉도, 고팡은 제주도의 전통 가옥에서 볼 수 있다.

자연재해와 기후 변화

1 자연재해 피해액

(백억 원)

▲ 자연재해 피해액

▲ 자연재해의 지역별 피해액

(*2007~2016년 누적 피해액이며, 2016년 환산 가격 기준임.)

- (가)는 (나)와 (다)에 비해 피해액이 많으며, 전남·경남·전북 등 남해안 지역의 피해 비중이 높으므로 (태풍)이다.
- (나)는 피해액이 (가)보다 적으나 (다)보다는 많다. 그리고 경기, 강원 등의 피해 비중이 높으므로 (호우)이다.
- (다)는 (가), (나)보다 피해액이 적으며, 강원·충북·전남 등의 피해 비중이 높으므로 (대설)이다.

출제 포인트 태풍은 폭풍우를 동반하는 열대 저기압으로, 주로 7~9월에 우리나라에 영향을 준다. 호우는 주로 장마 전선과 태풍의 영향으로 많은 비가 내리는 여름철에 자주 발생한다.

2 온난화

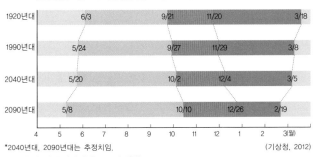

*2040년대, 2090년대는 추정치임.   (기상청, 2012)
▲ 서울의 계절 시작일과 종료일 변화

온난화로 우리나라의 연평균 기온이 상승하고 있으며, 여름이 (길어지고) 겨울은 (짧아지고) 있다. 난대림 분포 지역은 (확대되고), 봄꽃 개화 시기는 (빨라지고), 단풍 절정 시기는 (늦어지고), 고산 식물 분포의 고도 하한선은 (높아지는) 등의 변화가 나타나고 있다.

출제 포인트
- 온난화로 냉대림 분포 면적은 축소되고, 난대림 분포 면적은 확대된다.
- 온난화로 고산 식물의 분포 고도 하한선은 높아진다.

기후 환경과 인간 생활

우리나라의 기후 특성

기온
- 남북 간의 큰 기온 차 → 겨울철에 뚜렷

강수
- 다우지: 제주도, 남해안 일대, 한강 중·상류, 청천강 중·상류 등
- 소우지: 개마고원 일대, 영남 내륙 지역, 대동강 하류 일대 등
- 다설지: 울릉도, 소백산 맥 서사면, 영동 지방

바람
- 겨울: 시베리아 고기압의 영향 → 북서풍
- 여름: 북태평양 고기압의 영향 → 남서·남동풍
- 높새바람: 푄 현상, 늦봄~초여름, 고온 건조한 바람

계절별 기후 특징
- 봄: 건조한 날씨, 꽃샘추위, 황사 현상, 높새바람 등
- 장마철: 장마 전선의 형성, 남서 기류가 유입할 때 집중 호우 발생 등
- 한여름: 남고북저형 기압 배치, 소나기, 열대야 등
- 가을: 북상했던 장마 전선의 남하, 맑고 청명한 날씨 등
- 겨울: 서고동저형 기압 배치, 삼한 사온, 한파 등

기후와 주민 생활

기온과 주민 생활
- 의생활: 여름 - 모시, 삼베, 겨울 - 동물의 털, 솜옷
- 식생활: 남부 지방 - 짜고 매운 김장 김치, 북부 지방 - 싱겁고 담백한 김장 김치
- 주생활: 추운 지방 - 온돌, 폐쇄적인 가옥 구조, 더운 지방 - 대청마루, 개방적인 가옥 구조

강수와 주민 생활
- 터돋움집, 저수지, 보, 다목적 댐, 우데기

바람과 주민 생활
- 방풍림, 지붕에 그물망(제주도), 까대기(호남 지방)

국지 기후
- 도시 열섬 현상: 도시 내부의 기온이 도시 외곽보다 높게 나타나는 현상
- 기온 역전 현상: 지면의 냉각으로 지표 부근의 기온이 상공의 기온보다 더 낮은 현상

기후 변화와 자연재해

자연재해
- 호우(홍수), 태풍, 폭설(대설), 가뭄
- 지진, 지진 해일(쓰나미), 화산 활동

식생
- 난대림, 온대림, 냉대림

토양
- 성대 토양: 갈색 삼림토, 회백색토, 적색토 등
- 간대 토양: 석회암 풍화토, 현무암 풍화토
- 미성숙토: 충적토, 염류토

기후 변화
- 화석 연료의 사용량 증가 → 지구 온난화 현상 심화
- 연평균 기온 상승
- 연 강수량의 변동 폭 증가, 집중 호우 발생 빈도 증가

IV

거주 공간의 변화와 지역 개발

이 단원의 수능 출제 분석

거주 공간의 변화와 지역 개발 단원에서는 도심과 주변 지역의 특성을 비교하는 문항의 출제 비중이 상당히 높다. 대도시의 구별 지도를 제시하거나 상주인구, 주간 인구, 주간 인구 지수 등을 나타낸 자료를 통해 도심과 주변 지역을 파악하고 각 지역의 특성을 분석하는 문항이 자주 출제된다.

이 단원의 수능 빈출 주제

1순위 도심과 주변 지역의 특성 비교
출제 빈도 ★★★★★　　　난이도 중

2순위 도시 재개발의 특징
출제 빈도 ★★★★　　　난이도 하

3순위 도시 내부 구조의 특징
출제 빈도 ★★★　　　난이도 중

4순위 집촌과 산촌의 특징 비교
출제 빈도 ★★★　　　난이도 중

5순위 도시 수와 도시 인구의 변화
출제 빈도 ★★　　　난이도 상

6순위 제1∼4차 국토 종합 (개발) 계획의 특징
출제 빈도 ★★　　　난이도 중

09강 촌락의 변화와 도시 발달 ~ 도시 구조와 대도시권

키워드
배산임수, 집촌과 산촌, 도시 체계, 종주 도시화, 도시 내부 구조, 도심, 부도심, 주변 지역, 인구 공동화 현상, 대도시권

1단계 개념 뜯어보기

01 전통 촌락의 특징과 입지

1. 전통 촌락의 특징
(1) 도시보다 인구 규모가 작고, 인구 밀도가 낮음
(2) 농업, 어업 등 1차 산업 종사자 비중이 높으며, 제조업 발달이 미약함
(3) 전통적인 생활 양식과 가치관을 담고 있으며, 도시민들에게 여가 공간을 제공함

2. 전통 촌락의 입지
(1) 입지 조건
① 자연적 조건(물, 지형, 기후 등), 사회·경제적 조건(산업, 교통, 방어 등)
② 근래에는 상업적 농업이 발달하면서 사회·경제적 조건의 중요성이 커지고 있음
(2) 입지 특징
① 풍수적 길지에 입지하는 것을 선호함
② 배산임수(背=등 배, 山=메(산) 산, 臨=임할 임, 水=물 수)
• 북쪽에 산을 등지고 있어 겨울철 차가운 북서풍을 막아 주고 일사량이 많음
• 산지로부터 땔감을 확보할 수 있고, 농경지와 농업용수가 있어 농업에 유리함
(3) 입지 요인

입지 요인		입지 장소
자연적 조건	침수 피해 최소화	자연 제방(범람원에서 배수가 양호하고 홍수의 위험이 낮은 지역), 산록 완사면
	물을 얻기 쉬움	▼용천대 📖 제주도의 해안 취락, 선상지의 선단 취락
사회·경제적 조건	육상 교통	▼역원(驛院) 취락: 관리들에게 숙식을 제공함 📖 조치원, 역삼동, 장호원 등
	하천 교통	나루터 취락: 부두와 창고 등이 있으며, 여행객 및 상인 등에게 숙식을 제공함 📖 노량진, 마포, 삼랑진, 영산포 등
	방어	군사가 주둔했던 지역에 발달함 📖 중강진, 통영 등

3. 집촌과 산촌

구분	특성
집촌 (集=모일 집, 村=마을 촌)	• 특정 장소에 가옥이 밀집하여 분포하는 촌락 • 협동 노동의 필요성이 큰 벼농사 지역, 생활용수를 구할 수 있는 곳이 한정된 지역, ▼동족촌 등에서 나타남 • 가옥과 경지의 거리가 멀어 경지 관리가 어렵지만, 주민들의 공동체 의식이 강해 협동 노동에 유리함
산촌 (散=흩어질 산, 村=마을 촌)	• 가옥이 흩어져 분포하여 가옥의 밀집도가 낮은 촌락 • 협동 노동의 필요성이 작은 밭농사나 과수원 지역, 경지 규모가 협소하고 불연속적으로 흩어져 있는 산간 지역이나 구릉 지역, 경지를 새롭게 개간한 지역에 분포함 • 경지 가까이에 가옥이 위치하여 경지 관리에 용이하나, 협동 노동에 불리하고 집촌에 비해 공동체 의식이 약함

▲ 하회 마을의 지형도

← 하회 마을 경상북도 안동의 하회 마을은 풍산 류(柳)씨의 동족촌으로, 낙동강이 'S'자 모양으로 마을을 감싸고 있어 마을 이름이 하회(河=물 하, 回=돌아올 회)이다. 하회 마을은 자연 제방에 위치하며, 가옥의 밀집도가 높은 집촌에 해당한다. 하회 마을의 북서쪽 제방에는 '만송림'이라는 소나무 숲이 조성되어 있는데, 이 숲은 강물로부터 제방을 보호하는 기능을 한다.
하회 마을은 자연환경과 전통 마을의 경관이 잘 보존되어 있어 역사적·문화적 가치가 크며, 이를 인정받아 2010년 유네스코 지정 ▼세계 문화유산으로 등재되었다. 최근에는 안동 국제 탈춤 페스티벌 등 다양한 공연과 전통문화 체험 활동을 즐기기 위해 많은 관광객이 하회 마을을 찾는다.

만점 공부 비법
• 전통 촌락의 입지 요인을 파악하고, 최근 촌락의 변화 모습과 특징을 다양한 지표에서 파악한다.
• 우리나라의 도시 발달 과정과 도시 체계 특성을 이해한다.
• 도시 내부 구조에서 도심과 주변 지역의 특성을 비교하여 분석한다.
• 대도시권의 공간 구조를 이해하고, 대도시 주변의 주요 신도시 지역의 변화를 파악한다.

제주도의 용천 분포

■ 용천

용천은 지하로 스며든 물이 해안 지역에서 솟아나는 샘이다.

역원 취락
역(驛)은 말을 갈아타던 장소이고, 원(院)은 공적인 임무를 띠고 지방에 파견되는 공무 여행자에게 숙식과 편의를 제공하던 곳이다.

동족촌
동성동본의 씨족이 한 지역에 모여 생활하는 촌락이다.

세계 문화유산 역사 마을
2010년 세계 문화유산으로 등재된 역사 마을은 안동의 하회 마을과 경주의 양동 마을로, 대표적인 동족 촌락이다. 유교적 전통과 관련된 경관이 마을 곳곳에 나타난다.

02 촌락의 기능과 변화

1. 전통 촌락의 기능과 경관

(1) 농촌
① 농업을 주요 생업으로 하는 촌락
② 협동 노동의 필요성으로 집촌이 형성되는 경우가 많음

(2) 어촌
① 어업, 양식업, 수산 가공업이 이루어지는 촌락
② 반농반어촌(半農半漁村): 주변에 경지가 있는 곳에서는 영농을 겸함

(3) 산지촌
① 산간 지역에 위치하여 밭농사, 목축업, 임업 등이 이루어지는 촌락
② 경지 규모가 협소하여 촌락의 규모가 작고 산촌(散村)이 형성되는 경우가 많음

(4) 광산촌
① 지하자원 개발이 이루어지는 곳에서 발달한 촌락
② 자원 생산량이 촌락의 성쇠에 큰 영향을 줌

▲ 농촌　　　　▲ 어촌　　　　▲ 산지촌

⬆ **촌락 경관** 농촌은 우리나라의 대표적인 촌락으로 배후 산지와 농경지가 만나는 산록면에 주로 입지한다. 농업 활동 중 벼농사는 협동 노동의 필요성이 커서 집촌을 이루는 경우가 많다. 어촌은 주로 해안 지역에서 경제 활동을 영위하는 촌락으로, 항구를 중심으로 밀집되어 있다. 항구 뒤쪽의 산지에 마을이 위치하는 경우가 많고 대부분 가옥 주변에 경지가 있어 농업을 함께 하는 반농반어촌을 이룬다. 산지촌은 경지가 좁으며 주민의 대부분이 밭농사, 임산물 채취, 목축업 등에 종사한다. 산지촌은 가옥이 드문드문 흩어져 분포하는 산촌인 경우가 많다.

2. 촌락의 변화

(1) 원인: 1960년대 이후 산업화와 도시화에 따른 이촌 향도(移=옮길 이, 村=마을(시골) 촌, 向=향할 향, 都=도읍 도 또는 서울 도) 현상 발생

(2) 대도시와의 접근성이 낮은 촌락
① 인구가 감소함, 청장년층 중심의 인구 유출로 노년층 인구 비중 증가 및 노동력 고령화, 총인구의 감소로 폐교가 증가하는 등 생활 기반 시설의 유지가 어려워지면서 정주 기반이 약화됨
② 경지 면적보다 가구 수가 빠르게 감소하여 가구당 경지 면적은 증가함
③ 결혼 적령기 청장년층의 남초 현상으로 국제결혼 증가 → 다문화 가정 증가

(3) 대도시와의 접근성이 높은 촌락
① 인구가 증가함, 청장년층 중심의 인구 유입이 활발하고 도시로 통근하는 주민의 비중이 높음
② 공장, 창고, 아파트 등이 늘어 도시적 경관이 증가하고 겸업농가 비중이 높아짐

(4) 최근 변화: 농공 단지·농촌 체험 마을 등으로 2·3차 산업 증가, 원예 농업 등 상업적 농업 및 친환경 농업 발달, 전통 경관을 활용한 관광객 유치, 슬로 시티 운동, 도농 통합시 확대

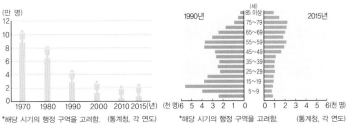
*해당 시기의 행정 구역을 고려함. (통계청, 각 연도)
▲ 임실군의 인구 변화　　　*해당 시기의 행정 구역을 고려함. (통계청, 각 연도)
▲ 임실군의 연령별 인구 변화

⬅ **전라북도 임실군의 인구 변화** 이촌 향도 현상의 영향으로 1970년에 비해 2015년 인구가 약 1/4 이상 감소했다. 연령별 인구 변화를 살펴보면 1990년에 비해 2015년은 유소년층 및 청장년층의 인구 비중은 낮고 노년층의 인구 비중은 높다.

농가 인구 및 농가 수 변화

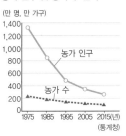

농가 인구와 농가 수는 계속 감소 추세이다.

농촌의 연령층별 인구 구조 변화

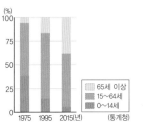

농촌에서는 청장년층 중심의 인구 유출로 유소년층 인구는 감소하고, 노년층 인구 비중은 증가했다.

강원도 내 폐교 현황

(한국 지리지 강원권, 2015)

촌락에서는 이촌 향도 현상에 따른 청장년층 중심의 인구 유출로 합계 출산율이 감소하였다. 이로 인해 학생 수가 감소하면서 폐교되는 학교가 증가하였다.

도농 통합시

도농 통합시는 생활권이 같은 도시와 농어촌이 하나로 합쳐져 광역 생활권을 갖춘 도시를 말한다. 하나의 생활권이 시와 군으로 구분되면 주민 생활권과 행정 구역의 불일치로 문제가 나타나기도 한다. 도농 통합시는 이러한 문제점을 해소하고 도시와 촌락의 기능을 상호 보완할 수 있다.

03 도시 발달

1. 우리나라 도시 발달의 특징

(1) 많은 도시들이 하천 유역을 중심으로 발달

(2) 초기에는 정치·행정 기능이 중심이었으나 점차 상업, 공업 등 다양한 기능을 중심으로 발달

2. 도시 발달 과정

(1) 근대 이전: 왕이 있는 수도와 지방 행정 중심지가 도시로 성장함

(2) 일제 강점기: 초기에는 식량 기지화 정책으로 쌀의 수출항인 군산, 목포 등이 도시로 성장함, 후기에는 중화학 공업과 광업이 발달한 흥남, 청진, 원산 등이 도시로 성장함

(3) 광복 이후: 도시의 성장이 뚜렷하게 나타남

① 1960년대: 서울, 부산, 대구 등 대도시가 빠르게 성장

② 1970년대: 도시 인구가 촌락 인구보다 많아지기 시작(도시화율 급증), 남동 연안의 포항·울산·창원 등이 공업 도시로 성장

③ 1980년대 이후: 대도시 주변 지역에 대도시의 기능을 분담하는 도시들이 빠르게 성장함
　예 서울 주변의 성남·안산·고양 등, 부산 주변의 김해·양산, 대구 주변의 경산 등

3. 도시 발달 과정의 특징

(1) 특징: 1960년대 이후 급속한 도시화, 대도시를 중심으로 성장, 최근 신도시의 성장이 두드러짐, 지방 중소 도시의 상대적 정체 → 국토의 불균형 성장

(2) 도시 분포: 수도권, 남동 임해 지역 등에 인구 규모가 큰 대도시 분포

(3) 도농 통합시 출범: 도시와 농촌 간의 상호 보완적인 관계를 통해 지역 격차를 줄이기 위함

▲ 1960년의 도시 분포　　▲ 2015년의 도시 분포

← **우리나라의 도시 분포 변화** 1960년과 비교한 2015년의 우리나라 도시를 보면 도시 수가 증가하였고, 100만 명 이상의 대도시가 크게 증가하였다. 지역 간에 도시 발달의 격차가 큰데, 수도권과 남동 임해 지역의 도시 수 증가와 도시 인구 성장이 두드러진다. 반면 강원, 충북, 경북 내륙 등지는 상대적으로 정체되었다.

04 도시 체계

1. 도시 체계와 도시 계층 구조의 형성

(1) 도시 체계: 도시 간 상호 작용에 의해 나타나는 도시 간의 계층 질서

(2) 도시 간 상호 작용의 지표: 도시 간 물자 이동, 도시 간 정보 이동, 도시 간 교통량 등

(3) 도시 계층 구조의 형성: 도시(중심지)가 보유한 기능에 따라 계층 구조가 형성됨

중심지 계층	최소 요구치	재화의 도달 범위	중심지 기능	중심지 수	중심지 간의 거리	사례
저차 중심지	작다	좁다	적다	많다	가깝다	소도시
고차 중심지	크다	넓다	많다	적다	멀다	대도시

2. 우리나라 도시 체계의 특징

(1) 종주(宗=우두머리 종, 主=주인 주) 도시화 현상: 인구가 가장 많은 도시 즉 수위(首=머리 수, 位=자리 위) 도시의 인구가 2위 도시의 인구보다 두 배 이상 많은 현상 → 서울을 중심으로 계층 체계 형성

(2) 도시 체계 개선을 위한 노력: 수직적 도시 체계 완화, 균형 있는 도시 체계 조성

우리나라의 도시화율

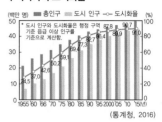

(통계청, 2016)

도시화율은 전체 인구 대비 도시 거주 인구 비율로 표현한다. 우리나라는 도시화가 빠르게 진행되어 현재 도시화율이 90%를 넘어섰다.

도시 체계

도시는 고차 중심 도시에서 저차 중심 도시까지 여러 계층으로 구분되어 계층성이 나타난다. 우리나라 도시 체계에서 최고차 중심지는 서울이다. 서울 다음으로 부산, 인천, 대구, 대전, 광주, 울산 등 6대 광역시, 그다음으로 지방 중심지 등의 여러 도시가 계층을 이루고 있다.

중심지와 계층

▲ **중심지 이론으로 살펴본 정주 체계**

중심지에는 계층이 존재하는데 도시의 경우 인구 규모를 중심으로 도시 간의 계층 질서를 파악할 수 있다. 정주 체계(인구와 경제 활동이 지표 공간에서 규칙성을 가지고 상호 작용하는 분포 체계)에서 중소 도시나 읍·면 중심지는 대도시에 비해 저차 중심지에 해당한다. 중소 도시나 읍·면 중심지는 대도시보다 보유 기능이 적고 배후지가 좁은 반면 대도시는 다양한 기능을 보유하며 넓은 배후지를 갖는다.

05 도시 내부의 지역 분화

1. 도시 내부의 지역 분화
(1) 의미: 도시가 성장하고 기능이 다양해지면서 도시 내부가 기능에 따라 여러 지역으로 나뉘는 현상
(2) 지역 분화의 결과 상업 지역, 주거 지역, 공업 지역 등이 형성됨
(3) 소도시보다 대도시에서 지역 분화 현상이 뚜렷하게 나타남

2. 지역 분화의 요인: 도시 내 지역별 접근성, 지대, 지가의 차이
(1) 접근성
① 통행이 발생한 지역으로부터 특정 지역이나 시설로 접근할 수 있는 가능성
② 위치, 거리, 교통의 편리성, 통행 시간 등의 영향을 받음
③ 도시 중심부가 주변 지역에 비해 접근성이 높음
(2) 지대
① 토지 이용을 통해 얻을 수 있는 수익 또는 타인의 토지를 이용하고 지불해야 하는 비용
② 접근성이 높을수록 지대가 높아지는 경향이 나타남
(3) 지가: 토지의 가격으로, 접근성과 지대가 높은 도심과 교통 결절 지역에서 높게 나타남

3. 지역 분화의 과정

집심(執=잡을 집, 心=마음 심) 현상	상업, 업무 기능 등이 도심으로 집중하는 현상
이심(離=떠날 이, 心=마음 심) 현상	주거, 공업 기능 등이 도심에서 주변 지역으로 이동하는 현상

06 도시 내부 구조

1. 도심
(1) 도시 중심부에 위치: 접근성, 지대 및 지가 최고
(2) 높은 지대를 지불할 수 있는 중추 관리 기능, 고급 상가, 전문 서비스업 등 고차 중심지 기능 입지
(3) 토지 이용의 집약도를 높이기 위해 고층 건물 밀집
(4) 인구 공동화 현상: 주거 기능의 이심 현상으로 나타남, 출퇴근 시간대의 교통 혼잡 발생, 주간 인구 지수 높음

2. 부도심
(1) 도심의 기능을 일부 분담하여 도심의 교통 혼잡과 과밀화를 완화함
(2) 도심과 주변 지역을 연결하는 교통의 결절점에 형성: 접근성이 양호하여 지대 및 지가가 대체로 높으며, 일부 부도심에서는 인구 공동화 현상이 나타나기도 함

3. 중간 지역
(1) 도심과 주변 지역 사이에 위치
(2) 주거·상업·공업 기능 등이 혼재하여 점이 지대를 이룸

4. 주변 지역
(1) 도시의 변두리에 위치, 상대적으로 지대가 낮아 주택, 학교, 공장 등이 입지
(2) 일부 지역은 농촌과 도시의 경관이 혼재되어 나타남
(3) 상주인구가 많고 도심보다 주간 인구 지수가 낮음

5. 개발 제한 구역: 녹지를 보존하고 도시의 무질서한 팽창(스프롤 현상)을 방지하기 위해 설정함, 개인의 사유 재산권 행사가 제한됨

⬆ **서울의 토지 이용** 도심에는 높은 지대를 지불할 수 있는 중추 관리 기능 등이 입지하면서 상업 지역을 형성하고, 주거 지역은 중간 지역이나 주변 지역에 분포해 있다.

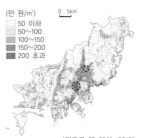

⬆ **부산의 지역별 평균 지가** 접근성이 가장 높은 도심을 중심으로 지가가 높게 나타나고, 외곽으로 갈수록 지가가 낮아진다.

도시 내 기능에 따른 지대 변화

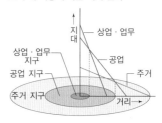

접근성이 영향을 미치는 정도는 기능에 따라 다르다. 상업·업무 기능은 접근성이 높은 곳에 입지해야 많은 소비자를 확보할 수 있으므로 접근성이 낮아질수록 지대가 급격하게 감소한다. 공업 기능과 주거 기능도 접근성이 높은 곳에 입지하면 시간과 비용이 적게 들기 때문에 도심에 입지하는 것이 유리하지만 도심에서의 지대 지불 능력이 상업·업무 기능보다 낮고 접근성이 낮아질수록 감소하는 지대의 폭이 상업·업무 기능보다 적기 때문에 도심에서 더 멀리까지도 입지할 수 있다.

인구 공동화 현상

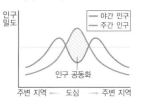

도심에서 주거 기능의 이심 현상으로 직장과 주거지가 분리되어 주간의 유동 인구는 많지만 야간의 상주인구가 적어서 나타나는 현상이다.

서울의 구별 주간 인구 지수

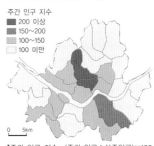

*주간 인구 지수＝(주간 인구÷상주인구)×100
(통계청)

주간 인구 지수는 대체로 도심이 가장 높고, 주변 지역으로 갈수록 낮아진다.

도시 스프롤(urban sprawl) 현상
도시의 급격한 팽창에 따라 도시의 주거나 공업 지역이 도시 외곽으로 무질서하게 확대되면서 농경지나 산림 지역을 잠식하는 현상이다.

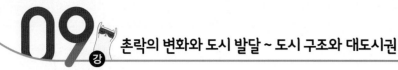

6. 도시의 확장과 다핵 도시로의 변화

(1) 도시의 확장

① 인구 성장에 따라 소도시가 중도시 규모로 성장 → 도심 형성, 중심지와 배후지 간의 기능적 관계에 의해 배후지 확장

② 주변 지역의 개발 제한 구역 해제, 녹지 지역이 택지로 개발

③ 새로운 교통수단의 등장과 교통로 형성 등으로 시가지 확장

(2) 다핵(多核) 도시로의 변화

① 중도시가 대도시로 성장하면서 도시 과밀화 문제 발생 → 도심 기능을 분담하는 부도심이 형성되면서 도시 내부 구조가 다핵화됨

② 인구와 기능의 이동으로 신도심의 성장, 구도심의 쇠퇴가 나타나기도 함

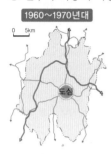 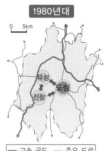 

— 고속 국도 — 주요 도로 (한국 지리지 대전광역시, 2014)

⇦ **대전의 도시 공간 구조 변화**
대전광역시의 도시 내부 구조는 1980년대 둔산 시가지 개발 이후 1도심 체계에서 도심과 부도심 체계로 바뀌었고, 1990년대 이후에 2도심, 3부도심으로 바뀌었다.

07 대도시권의 형성

1. 대도시권의 의미와 범위

(1) **의미**: 기능적으로 상호 밀접한 관계를 갖는 대도시와 그 주변 지역

(2) **범위**: 대도시를 중심으로 일상적인 생활이 이루어지는 범위, 일반적으로 대도시로 통근 및 통학이 가능한 범위를 의미함

2. 대도시권의 형성

(1) 형성 배경

① 대도시의 과밀화: 지가 상승, 교통 체증, 환경 문제 등 → 인구 및 기능의 교외화(郊=성밖 교, 外=바깥 외, 化=될 화) 현상 발생

② 교통의 발달: 대도시와 주변 지역 간에 광역 교통 체계 마련

③ 정부의 인구 분산 정책 및 쾌적한 환경에 대한 욕구 증가

(2) 형성 과정

급속한 산업화와 도시화로 도시 인구와 기능의 과밀화 발생	⇒	대도시와 주변 지역 간의 교통망 확충으로 거주지와 산업 시설 분산	⇒	대도시와 주변 위성 도시 및 근교 농촌이 하나의 일일 생활권 형성

3. 대도시권의 공간 구조

(1) **중심 도시**: 대도시권의 중심 지역으로 도심과 부도심이 발달한 다핵 구조를 형성함

(2) 통근 가능권

① 교외 지역: 중심 도시와 연속된 지역으로 주거·공업 기능 등이 확대됨

② 대도시 영향권: 도시 경관은 미약하지만 통근 형태 및 토지 이용이 중심 도시의 영향을 받음

③ 배후 농촌 지역: 중심 도시로의 최대 통근 가능 지역으로 상업적 원예 농업이 발달함

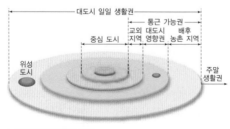

▲ **대도시권의 공간 구조**

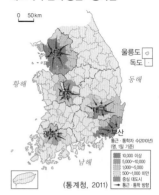

🔸 **대도시 주변의 통근·통학권**

(통계청, 2011)

교통의 발달에 따라 대도시로의 통근·통학권이 확대되고 있는데, 대도시와 인접한 지역일수록 통근·통학자가 많다.

🔸 **교외화 현상**
도시화의 진전에 따라 기존의 도시 지역에 인구와 기능이 과다하게 집중되면서 발생하는 여러 가지 문제 때문에 주거지와 공장 등이 교외 지역으로 확산되는 현상이다.

🔸 **다핵 구조**
중심이 여러 개인 구조로, 중심이 하나인 것은 단핵 구조, 여러 개인 것은 다핵 구조라고 한다.

4. 대도시권의 확대

(1) **원인**: 전철 연장 등 교통 노선 연장 및 교통로 신설, 대규모 주택 단지가 대도시 외곽에 건설되면서 대도시 주변 지역으로 거주지 확대

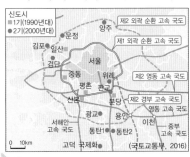

⇦ **수도권 교통망과 신도시** 광역 교통 체계가 확립되고 도시 내 신시가지 또는 도시 주변 등에 대도시 문제 해결을 목적으로 신도시가 개발되면서 대도시권이 확대되고 있다.

(2) **대도시권에서 중심 도시의 기능을 분담하는 도시들**

① 대도시 주변에 위치하여 대도시의 기능 분담 → 대도시의 과밀화 문제 완화

② 우리나라의 경우 침상 도시(寢=잠잘 침, 牀=평상 상, bed town)화된 경우가 많음 → 대도시와 연결된 간선 도로의 교통 체증 심화

③ 서울의 기능을 분담하는 도시들
- 안산, 부천: 서울의 공업 기능 분산으로 빠르게 성장
- 성남, 고양, 남양주: 서울의 주택 부족 문제 해결에 기여

(3) **대도시 근교 지역의 변화**

① 원인: 대도시와의 접근성 향상 → 대도시의 영향력 증가

② 도시적 경관 증가: 농경지 감소, 도시적 토지 이용 증가

③ 시설 재배 확대로 토지 이용의 집약도 상승: 원예 작물과 특용 작물 등 고소득 상품 작물의 재배가 확대됨

④ 겸업농가 증가: 농업 외 소득 비중이 증가함, 주민 구성이 다양해지면서 전통적 생활 공동체 의식이 약화됨

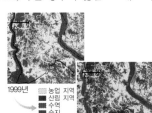

↑ **경기도 김포시의 토지 이용 변화** 김포시는 2000년대 제2기 신도시가 건설됨에 따라 산림 지역은 감소하고 시가지가 확대되었다.

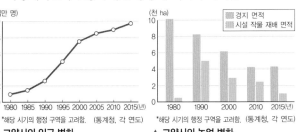

▲ 고양시의 인구 변화 　 ▲ 고양시의 농업 변화

⇦ **경기도 고양시의 변화** 경기도 고양시는 과거에는 서울로 채소와 농산물을 공급했고, 쌀 생산 지역으로 유명했다. 1989년에 신도시 개발 계획이 발표되면서 변화가 나타났다. 대규모 아파트 단지가 들어서고 각종 시설물이 자리 잡으면서, 경지 면적이 감소하고 도시적 경관이 확대되고 있다.

✛ **대도시권의 확대(경상남도의 지역 변화)**
부산 대도시권의 확대로 김해, 양산 등 인접한 지역의 인구 증가가 나타나 이 지역의 신축 주택 비율이 상대적으로 높았다. 또한 부산과 가까운 지역은 지가상승으로 시설 재배 농가 비율이 다른 지역에 비해 대체로 높게 나타난다.

▲ 부산·울산·경남의 지역별 신축 주택 비율

▲ 경남의 지역별 시설 재배 농가 비율

2단계 개념 쏙 정리하기

촌락의 특성과 변화

전통 촌락	・입지 요인: 배산임수, 물(득수 및 피수), 교통(육상 및 하천 교통) ・기능: 농촌, 어촌, 산지촌, 광산촌
촌락의 변화	**전통 촌락**	・인구 유출로 생활 기반 약화 ・노동력 부족 및 고령화 현상 ・다문화 가정 증가
	근교 촌락	・인구 유입으로 인구 증가 ・도시적 경관 및 겸업농가 증가

도시 발달 과정과 도시 체계

도시 발달 과정	・일제 시대: 항구 도시 및 철도 중심지 발달 ・1960~1970년대: 서울, 부산, 대구 등의 대도시와 남동 연안의 포항, 울산, 창원 등의 공업 도시 발달 ・1980년대 이후: 대도시 주변의 도시 발달
도시 체계	・서울로 기능 집중, 종주 도시화 현상 ・도시 계층 구조의 형성: 고차 중심지와 저차 중심지 발달

도시 내부 구조

도심	접근성, 지대 및 지가 최고, 중추 관리 기능 집중, 인구 공동화 현상, 주간 인구 지수 높음
부도심	교통 결절점에 형성, 도심의 기능을 일부 분담
중간 지역	주거, 상업, 공업 기능의 혼재
주변 지역	상대적으로 지대가 낮아 주택, 학교, 공장 등이 입지

● 다음 설명이 맞으면 ○, 틀리면 ×에 표시하시오.

1 배산임수의 조건을 갖춘 촌락은 대개 북쪽으로 등진 산이 겨울철 차가운 북서풍을 막아 준다. (○, ×)

2 촌락은 가옥의 분포 상태에 따라 특정 장소에 가옥이 밀집하여 분포하는 산촌과 가옥이 흩어져 분포하는 집촌으로 구분할 수 있다. (○, ×)

3 집촌은 협동 노동의 필요성이 큰 벼농사 지역, 동족촌 등에서 나타나며, 산지촌은 경지가 협소해 산촌을 형성하는 경우가 많다. (○, ×)

4 한강의 마포, 낙동강의 삼랑진, 영산강의 영산포 등은 관리들에게 숙식을 제공하던 역원 취락이었다. (○, ×)

5 일제 강점기 초기에는 한반도를 식량 기지화하려는 일제의 정책에 따라 쌀의 수출항인 군산, 목포 등이 도시로 성장하였다. (○, ×)

6 1990년대 이후 서울의 인구는 지속적으로 증가하고 있다. (○, ×)

7 대도시처럼 다양한 기능을 보유하고 넓은 배후지를 가지는 중심지를 고차 중심지라고 하고, 대도시보다 상대적으로 보유 기능이 적고 배후지가 좁은 소도시나 읍·면 중심지를 저차 중심지라고 한다. (○, ×)

8 도시 내부 지역의 경우 접근성이 높은 지역일수록 지대가 낮으며, 주간 인구 지수도 낮다. (○, ×)

9 도심은 대기업 본사, 언론사, 주요 관청 등과 같은 중추 관리 기능과 고급 상점, 백화점, 전문 서비스업과 중심 업무 기능이 집중한 중심 업무 지구이다. (○, ×)

10 1980년대 이후에는 대도시 주변 지역에 대도시의 일부 기능을 분담하는 도시들이 성장하여 교외화 현상이 나타난다. (○, ×)

● 다음 중 옳은 것에 ○표 하시오.

11 집촌은 산촌보다 경지와 가옥과의 거리가 (㉠ 가까워, ㉡ 멀어) 경지 관리의 효율성이 (㉢ 낮다, ㉣ 높다).

12 대도시와 접근성이 높은 근교 촌락은 (㉠ 전업농가, ㉡ 겸업농가) 비중이 대체로 증가하고 있다.

13 촌락에서 청장년층은 (㉠ 남초, ㉡ 여초) 현상이, 노년층은 (㉢ 남초, ㉣ 여초) 현상이 나타나며, 결혼 적령기 청장년층의 (㉤ 남초, ㉥ 여초) 현상은 국제결혼으로 이어져 다문화 가정이 증가하게 되었다.

14 촌락은 도시에 비해 인구 밀도가 낮고 (㉠ 조방적, ㉡ 집약적) 토지 이용이 나타나지만, 도시는 인구 밀도가 높고 (㉢ 조방적, ㉣ 집약적) 토지 이용이 나타난다.

15 지대 지불 능력이 높은 상업·업무 기능이 도심으로 집중하는 현상을 (㉠ 이심, ㉡ 집심) 현상이라고 한다.

16 도심은 출근 시간대 유입 인구보다 유출 인구가 (㉠ 많고, ㉡ 적고), 주변 지역은 도심보다 초등학교 학생 수가 (㉢ 많다, ㉣ 적다).

17 도시 규모가 더욱 커져 중도시에서 대도시로 성장하면 도심의 기능을 일부 분담하는 부도심이 형성되면서 도시 내부 구조가 (㉠ 다핵화, ㉡ 단핵화)된다.

18 대도시권의 공간 구조에서 (㉠ 교외 지역, ㉡ 주말 생활권)은 중심 도시와 연속된 지역으로 주거·공업 기능 등이 확대된다.

● 빈칸에 들어갈 알맞은 말을 써 넣으시오.

19 도시와 농촌 간의 상호 보완적인 관계를 통해 도농 간 지역 격차를 줄이기 위해 만들어진 도시는 ( )이다.

20 ( )은/는 인구 규모 1위 도시의 인구가 2위 도시의 인구보다 2배 이상이 되는 도시 간 불균형 상태를 말한다.

21 도시 간 상호 작용에 의해 나타나는 도시 간의 계층 질서를 ( )(이)라고 한다.

22 도시가 성장함에 따라 도심과 주변 지역을 연결하는 교통의 결절점에 ( )의 기능을 일부 나누어 맡는 ( )이/가 형성된다.

23 녹지를 보존하고 도시의 무질서한 팽창을 방지하기 위해 설정한 지역을 ( )(이)라고 한다.

24 대도시권의 공간 구조에서 중심 도시로의 최대 통근 가능 지역으로 상업적 원예 농업이 발달한 지역을 ( )(이)라고 한다.

---

1 ○ 2 ×(집촌 – 가옥이 밀집되어 분포, 산촌 – 가옥이 흩어져 분포) 3 ○ 4 ×(나루터 취락) 5 ○ 6 ×(교외화로 서울 인구 정체 또는 감소) 7 ○ 8 ×(지대가 높고 주간 인구 지수도 높음) 9 ○ 10 ○ 11 ㉡, ㉣ 12 ㉡ 13 ㉠, ㉣, ㉥ 14 ㉠, ㉣ 15 ㉡ 16 ㉡, ㉢ 17 ㉠ 18 ㉠ 19 도농 통합시 20 종주 도시화 21 도시 체계 22 도심, 부도심 23 개발 제한 구역 24 배후 농촌 지역

10강 도시 계획과 재개발 ~ 지역 개발과 공간 불평등

키워드

도시 계획, 철거 재개발, 보존 재개발, 수복 재개발, 지역 개발, 불균형(성장 거점) 개발 방식, 균형 개발 방식, 공간 불평등

1단계 개념 확 뜯어보기

01 도시 계획

1. 도시 계획의 의미와 과정

(1) 의미: 도시 주민의 주거와 다양한 활동을 합리적으로 배치하기 위해 계획을 수립하고 실천에 옮기는 것

(2) 과정: 관련 자료 수집 및 분석 → 장기 · 중기 · 단기적 발전 수준 예측 → 목표 설정 → 도시 관리

(3) 도시마다 지리적 위치, 경제적 상황, 산업 구조 등이 다양함 → 도시 계획은 도시마다, 시기마다 달라짐

2. 도시 계획의 필요성

(1) 급속한 산업화 · 도시화로 발생한 도시 문제를 완화하거나 해소하고, 미래에 일어날 수 있는 문제들을 예방하기 위해 필요함

(2) 도시 계획을 통해 난개발을 방지하고 도시 경관을 정비할 필요가 있음

3. 우리나라의 도시 계획

(1) 도입 배경: 산업화와 도시화를 추진하기 위해 도시 계획 제도 도입

(2) 시기별 도시 계획

① 1970년대

• 도시 계획법에서 용도 지역의 종류를 세분화함

• 도시의 무질서한 확산을 방지하기 위한 개발 제한 구역을 설정

• 급속한 인구 증가에 대응하여 기존의 주거지를 철거하고 신규 주택을 공급하는 개발 진행

② 1980년대

• 도시를 종합적으로 개발하기 위해 20년 단위의 도시 기본 계획을 제도화(1981년)

• 도시 문제에 장기적으로 대처하고자 함

③ 1990년대 이후

• 지역 간 균형, 삶의 질, 환경 등에 대한 관심이 높아지면서 도시 계획도 이러한 변화에 맞게 전개됨 → 유비쿼터스 도시(U-city) 등

• 획일화된 도시 계획에서 벗어나 지역 주민이 참여하는 지속 가능한 도시 계획으로 변화하는 추세

〈서울의 도시 계획과 도시 공간의 변화〉

시기	제1기 기반 시설 확충기 (1960~1979년)	제2기 도시 성장기 (1980~2000년)	제3기 지속 가능한 발전기 (2001년~현재)
도시 계획 내용	인구 급증에 따른 도시 기반을 조성하는 가장 중요한 시기였다. 상하수도를 확충하고, 도로 및 하천 정비 사업을 진행하였다.	도심 환경 개선 사업과 서울 인구 및 기반 시설의 포화에 대비한 시기였다. 부도심 지역을 개발하고, 교통 시설을 정비하였다.	도시의 양적 성장 대신 질적 변화를 추구하는 시기이다. 청계천을 복원하였고, 대중교통 시스템을 개선하였다.
주요 계획	• 청계천 복개 및 고가 도로 건설 • 여의도 종합 개발 계획 • 난지도 쓰레기 매립지 지정	• 잠실 지구 개발 계획 • 올림픽 대로, 남산 1호 터널 개통 • 난지도 생태 공원 조성	• 청계천 복원 • 서울 도심 역사 문화 보존 • 상암 디지털 미디어 시티 조성

※ 서울의 인구가 성장함에 따라 서울의 도시 계획에 변화가 나타났으며, 시가지가 확대되었다.

(서울정책아카이브, 2016)

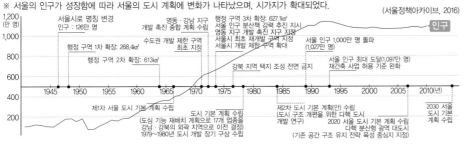

• 도시 계획의 의미를 이해하고, 도시 계획의 필요성과 배경을 파악한다.

• 불균형(성장 거점) 개발 방식과 균형 개발 방식의 특징을 비교하여 이해한다.

• 우리나라 국토 종합 (개발) 계획의 시기별 주요 특징, 주요 사업 등을 파악하고, 국토 개발이 지역에 미친 영향을 이해한다.

도시 계획의 수립 과정

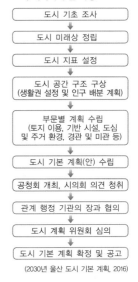

도시 기초 조사

도시 미래상 정립

도시 지표 설정

도시 공간 구조 구상 (생활권 설정 및 인구 배분 계획)

부문별 계획 수립 (토지 이용, 기반 시설, 도심 및 주거 환경, 경관 및 미관 등)

도시 기본 계획(안) 수립

공청회 개최, 시의회 의견 청취

관계 행정 기관의 장과 협의

도시 계획 위원회 심의

도시 기본 계획 확정 및 공고

(2030년 울산 도시 기본 계획, 2016)

우리나라 도시 계획 체계

국토 종합 계획

광역 도시 계획

도시 기본 계획

도시 관리 계획

지구 단위 계획   도시 개발 사업

용도 지역

토지의 경제적이고 효율적인 이용과 공공복지의 증진을 위해 정부에서 미리 정한 토지의 용도를 말한다.

유비쿼터스 도시(U-city)

첨단 정보 기술을 활용하여 언제, 어디서나 필요한 서비스를 제공하는 도시이다.

02 도시 재개발

1. 도시 재개발의 목적과 필요성

(1) 도시 재개발의 의미와 목적

① 의미: 환경이 열악한 지역의 건물을 철거·수리·개조 등의 과정을 거쳐 도시 환경을 개선하는 사업

② 목적: 토지 이용의 효율성 증대, 도시 미관 개선, 생활 기반 시설 확충을 통한 쾌적한 주거 환경 마련, 낙후 지역의 기능 재생, 새로운 기능으로의 전환

(2) 도시 재개발의 필요성: 빠른 도시화로 기반 시설 부족 및 불량 주택 문제 발생, 소득 수준 향상으로 쾌적한 주거 환경 및 생활 환경에 대한 요구 증가, 자동차 보급의 증가로 넓은 도로와 주차장의 필요성 증대, 업무용 빌딩의 업무 환경 변화로 인한 첨단 시설의 필요성 증가 등

2. 도시 재개발의 유형과 방법

(1) 도시 재개발의 유형

도심 재개발	• 도심의 노후화된 건물 및 시설 등이 입지한 지역을 상업 및 업무 지역 등으로 개발 • 고층 건물의 입지로 효율적인 토지 이용 가능, 공공 주차장 개발 및 주차 공간 확보로 교통 문제 완화, 보행자 공간 또는 공원 확보 등
주거지 재개발	불량 주거 지역의 환경 개선 및 생활 기반 시설 확충 → 불량 주거 지역 감소
산업 지역 재개발	• 도시 내의 노후 산업 단지 및 전통 시장 등의 개발 • 안정적 일자리를 창출하고, 양질의 지식 기반 산업의 발전 촉진

(2) 도시 재개발의 방법

철거 재개발 (전면 재개발)	기존의 시설을 완전히 철거하고 새로운 시설물로 대체하는 방법 → 원거주민의 재정착률이 낮고, 자원 낭비 등의 문제점이 있음
보존 재개발	역사·문화적으로 보존할 가치가 있는 지역의 환경 악화를 예방하고 유지·관리하는 방법
수복 재개발	기존의 건물들을 최대한 유지하는 수준에서 필요한 부분만 수리·개조하여 부족한 점을 보완하는 방법

▲ 재개발 전의 난곡동(1996년)

▲ 재개발 후의 난곡동(2010년)

⇦ **철거 재개발 사례** 서울의 대표적인 달동네였던 관악구 신림동 난곡 지역은 1968년에 이촌동과 청계천, 왕십리 일대의 철거민들이 집단으로 이주하면서 형성된 마을이었다. 2001년부터 재개발 사업이 진행되어 낡은 집을 철거하고 대규모 고층 아파트 지구가 조성되었다.

3. 도시 재개발의 영향과 바람직한 방향

(1) 도시 재개발의 영향: 노후화된 기반 시설 및 주거지 개선 → 도시 경관 변화, 주택 재개발로 낡은 주택들이 고층 아파트로 바뀌면서 스카이라인 변화, 지역의 경제적 가치 상승 및 주민 생활 수준 향상

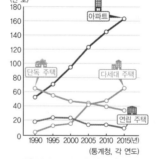
▲ 서울시 주택 종류별 변화 추세

(2) 도시 재개발의 문제점과 대책

① 문제점

• 주택 철거 재개발의 경우 주거 비용 증가 등으로 원거주민의 이주율이 높아 공동체의 해체 문제 발생

• 젠트리피케이션(Gentrification) 발생: 낙후되었던 구도심이 활성화되어 중산층 이상의 계층이 유입되면서 기존에 그곳에 살고 있던 저소득층 원주민이 다른 지역으로 빠져나가는 현상

• 개발업자와 원거주민 또는 재개발 지역 내 원거주민 간의 이권을 둘러싼 갈등 발생

• 최근 도시 재생 사업에 대한 요구가 높아지고 있음

② 대책: 지역 주민, 지역 단체, 행정 기관 등이 참여하는 민주적인 절차를 거쳐 재개발 진행, 재개발에 공공적인 목적 도입 및 원거주민의 재정착률을 높이기 위한 노력 등

원거주민의 재정착률
개발 지역의 원거주민이 개발 후에 해당 지역으로 다시 돌아와서 거주하는 비율을 말한다.

주택 재개발 후 재정착 과정 흐름도

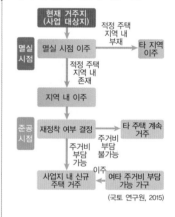
(국토 연구원, 2015)

도시 재생 사업
산업 구조의 변화, 신도시 및 신시가지 위주의 도시 확장 등의 영향으로 낙후된 기존 도시에 새로운 기능을 부여함으로써 사회·경제·환경적으로 부흥시키는 것을 의미한다.

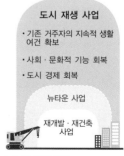

도시 재생 사업
• 기존 거주자의 지속적 생활 여건 확보
• 사회·문화적 기능 회복
• 도시 경제 회복

뉴타운 사업

재개발·재건축 사업

▲ 도시 재생 사업

03 지역 개발의 의미와 방식

1. 지역 개발의 의미와 목적
(1) 의미: 지역의 잠재력을 살려 지역 주민의 삶의 질을 높이기 위한 다양한 활동
(2) 목적: 지역 발전 극대화, 지역 격차 완화 → 주민 복지의 향상, 국토의 균형 발전

2. 지역 개발 방식

구분	불균형(성장 거점) 개발 방식	균형 개발 방식
추진 방식	주로 하향식 개발	주로 상향식 개발
주요 정책	성장 거점 개발	균형 개발, 도농 통합
채택 국가	주로 개발 도상국	주로 선진국
개발 방법	투자 효과가 큰 지역을 선정하여 집중 투자	낙후 지역에 우선적으로 투자
개발 목표	• 경제 성장의 극대화 • 경제적 효율성 추구	• 지역 간 균형 발전 • 경제적 형평성 추구
장점	자원의 효율적 투자 가능	지역 주민의 의사 결정 존중, 지역 간 균형 성장
단점	• 파급 효과보다 역류 효과가 클 경우 지역 격차가 심화됨 • 지역 주민의 참여도가 낮음	• 투자의 효율성이 낮음 • 지역 이기주의가 초래될 수 있음

04 우리나라의 국토 개발(제1차~제4차 국토 종합 (개발) 계획)

구분	제1차 국토 종합 개발 계획 (1972~1981년)	제2차 국토 종합 개발 계획 (1982~1991년)	제3차 국토 종합 개발 계획 (1992~1999년)	제4차 국토 종합 계획 (2000~2020년)	제4차 국토 종합 수정 계획 (2011~2020년)
개발 방식	거점 개발	광역 개발	균형 개발		
기본 목표	• 사회 간접 자본의 확충 • 국민 생활 환경의 개선 • 국토 이용 관리의 효율화	• 인구의 지방 분산 유도 • 개발 가능성의 전국적 확대 • 국토 자연환경의 보존	• 지방 분산형 국토 골격 형성 • 국민 복지 향상 • 통일 대비 기반 조성	• 21세기 통합 국토의 실현 • 균형 국토, 녹색 국토, 개방 국토, 통일 국토	경쟁력 있는 통합 국토, 지속 가능한 친환경 국토, 세계로 향한 열린 국토, 품격 있는 매력 국토
주요 개발 전략	• 대규모 공업 기반 구축 • 교통, 통신, 수자원 및 에너지 공급망 정비	• 국토의 다핵 구조 형성과 지역 생활권 조성 • 지역 기능 강화를 위한 사회 간접 자본 확충 • 후진 지역의 개발 추진	• 수도권 집중 억제 • 국민 생활과 환경 부문의 투자 증대 • 교류 지역의 개발 관리 • 통합적 고속 교류망 구축	• 개방형 통합 국토 축 형성 • 지역별 경쟁력 고도화 • 건강하고 쾌적한 국토 환경 조성	• 광역적 협력 강화 • 자연 친화적이고 안전한 국토 공간 조성 • 신성장 해양 국토 기반 구축

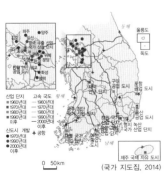

▲ 주요 국토 개발 사업

(국가 지도집, 2014)

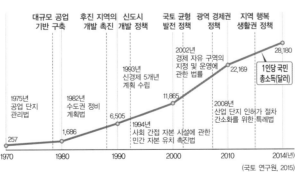

⇧ 국토 개발과 1인당 국민 총소득의 변화 우리나라는 국토 개발을 통해 도로, 항만 등의 사회 간접 자본과 산업 단지 등을 확충하였다. '한강의 기적'이라 불릴 정도의 높은 경제 성장을 이루어 1인당 국민 총소득 또한 크게 증가하였다.

(국토 연구원, 2015)

IV

불균형(성장 거점) 개발 방식

균형 개발 방식

파급 효과
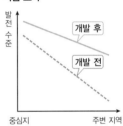

파급 효과는 중심지의 집중적 개발로 중심지가 성장함에 따라 그 효과가 주변부로 확산되어 동반 성장을 가져오는 효과이다.

역류 효과
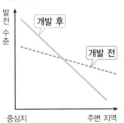

역류 효과는 주변 지역에서 인구와 각종 시설 등이 성장 거점인 중심지로 집중되어 주변 지역의 발전을 저해하는 효과이다.

광역 개발
1980년대에는 인구의 지방 분산을 유도하기 위해 광역 개발 정책을 추진하였다. 광역 개발은 대도시와 배후 지역을 하나의 광역권으로 설정하여, 권역 내의 기능 분담과 연계 개발을 도모하는 종합 개발 방식이다.

05 공간 및 환경 불평등과 바람직한 지역 개발

1. 지역 격차와 공간 불평등

(1) 수도권과 비수도권 간 격차

① 원인: 수도권을 중심으로 한 성장 위주의 하향식 개발의 결과

② 현황: 수도권은 인구, 산업, 핵심 기능 등의 집중도가 매우 높음

• 수도권: 집값 상승, 교통 정체, 삶의 질 하락 등의 문제 발생

• 비수도권: 경제 침체, 인구와 자본 유출 현상 심화 등의 문제 발생

(2) 도시와 농촌 간 격차

① 원인: 1960년대 이후 산업화와 도시화 과정에서 이촌 향도 현상 발생

② 현황: 도시에 인구와 산업이 집중되면서 농촌에서는 고령화, 생활 기반 시설 부족, 교육 여건 불리 등의 문제 발생

강원권 2.5 ┐ ┌ 제주권 1.0

대경권 9.2
호남권 9.2
충청권 12.6
수도권 49.4(%)
동남권 16.1

(통계청, 2015)

▲ 광역 경제권별 격차

2. 환경 불평등

(1) 발생: 오염 물질의 지역 간 이동 → 개발 사업의 경제적 수혜(受=받을 수, 惠=은혜 혜) 지역과 환경 오염의 부담 지역이 일치하지 않을 때 발생함

(2) 영향: 환경 오염에 대한 대처 능력도 지역 간, 계층 간 차이가 있음 → 환경 불평등 문제 심화

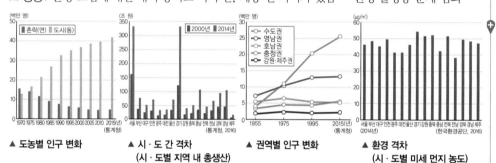

▲ 도농별 인구 변화

▲ 시·도 간 격차 (시·도별 지역 내 총생산)

▲ 권역별 인구 변화

▲ 환경 격차 (시·도별 미세 먼지 농도)

★ 3. 지역 개발과 지역 갈등: 님비 현상, 핌피 현상 등의 지역 이기주의 발생

4. 바람직한 지역 개발

(1) 지역 격차 완화 정책: 균형 발전 전략을 지속적으로 추진

① 수도권의 기능 중 일부를 지방으로 이전, 수도권에서 지방으로 이전하는 기업에 세금 감면 및 규제 완화의 혜택을 줌 → 혁신 도시와 기업 도시 추진

② 상호 보완적인 지역 개발: 지역 간 협력을 통해 조화로운 지역 개발 추구

(2) 지속 가능한 국토 공간의 조성: 국토 공간에 관한 사회적·경제적 요구와 환경 및 생태적 기능이 조화를 이룰 수 있는 지속 가능한 발전 중시

님비 현상(NIMBY)

하수 처리장, 쓰레기 소각장 등과 같은 혐오 시설이 꼭 필요하다고 여기지만 자기 지역으로 들어오는 것을 반대하는 현상을 말한다.

핌피 현상(PIMFY)

공원, 지하철역, 행정 기관과 같이 지역 발전에 도움이 된다고 판단되는 시설에 대해서는 서로 자기 지역에 유치하려고 하는 현상을 말한다.

혁신 도시

수도권에 소재하는 공공 기관 청사 및 이와 관련된 시설을 지방의 성장 거점 지역에 조성하기 위한 미래형 도시를 말한다.

기업 도시

〈기업 도시의 유형〉
• 지식 기반형 기업 도시: 연구 개발 위주의 기업 도시
• 관광 레저형 기업 도시: 관광·레저·문화 위주의 기업 도시

◆ 지식 기반형 기업 도시
□ 관광 레저형 기업 도시

(국토교통부)

2단계 개념 쏙 정리하기

도시 재개발

도시 재개발의 유형	도심 재개발	상업·업무 지역 개발
	산업 지역 재개발	노후 산업 단지 및 전통 시장 개발
	주거지 재개발	불량 주거 시설의 환경 개선
도시 재개발의 방법	철거 재개발	기존 시설 완전히 철거
	보존 재개발	역사·문화적으로 보존 가치가 있는 지역을 유지·관리
	수복 재개발	필요한 부분만 수리, 개조

지역 개발 방식

불균형 (성장 거점) 개발 방식	• 주로 하향식 개발 • 주로 개발 도상국에서 채택 • 경제적 효율성 추구 • 투자 효과가 큰 지역을 선정하여 집중 투자
균형 개발 방식	• 주로 상향식 개발 • 주로 선진국에서 채택 • 경제적 형평성 추구 • 낙후 지역에 우선적으로 투자

우리나라의 국토 개발

제1차 국토 종합 개발 계획	• 성장 거점 개발 • 사회 간접 자본의 확충
제2차 국토 종합 개발 계획	• 광역 개발 • 인구의 지방 분산 유도
제3차 국토 종합 개발 계획	• 균형 개발 • 지방 육성과 수도권 집중 억제
제4차 국토 종합 계획	• 균형 개발 • 21세기 통합 국토의 실현

● 다음 설명이 맞으면 ○, 틀리면 ×에 표시하시오.

1 도시 계획은 도시 주민의 주거와 다양한 활동을 합리적으로 배치하기 위해 계획을 수립하고 실천에 옮기는 것을 말한다. (○, ×)

2 도시 계획을 수립하기 위해서는 관련 자료를 수집하고 이에 대한 분석을 통해 장기 · 중기 · 단기간에 걸쳐 발전 수준을 예측해야 한다. (○, ×)

3 우리나라는 1981년 도시를 종합적으로 개발하기 위해 20년 단위의 도시 계획을 제도화하였다. (○, ×)

4 도시 계획은 지역 주민이 주도하는 형태에서 중앙 정부가 참여하는 방식으로 변화하고 있다. (○, ×)

5 2000년대 이후 도시의 무질서한 확산을 방지하기 위해 개발 제한 구역을 처음으로 설정하였다. (○, ×)

6 도시마다 지리적 위치, 역사적 환경, 경제적 상황, 인구 및 산업 구조 등이 다양하므로 도시 계획은 도시마다, 시기마다 달라진다. (○, ×)

7 보존 재개발 방식은 기존 건물을 최대한 유지하는 수준에서 필요한 부분만 수리 · 개조하여 부족한 점을 보완하는 방식이다. (○, ×)

8 철거 재개발 방식은 기존의 시설을 완전히 철거하고 새로운 시설물로 대체하는 방법으로 원거주민의 재정착률이 낮다. (○, ×)

9 종합적인 도시 계획을 통해 난개발을 방지할 수 있다. (○, ×)

10 도시 재개발 중 철거 재개발의 경우에는 원거주민의 재정착률이 낮아 공동체의 해체 문제가 발생할 수 있다. (○, ×)

11 성장 거점 개발 방식은 주로 선진국, 균형 개발 방식은 주로 개발 도상국에서 채택한다. (○, ×)

12 1970년대에는 수도권 집중 억제 및 지방 육성을 위한 지역 개발이 추진되었다. (○, ×)

13 제4차 국토 종합 계획은 '21 세기 통합 국토의 실현, 균형 국토, 녹색 국토, 개방 국토, 통일 국토'가 기본 목표이다. (○, ×)

● 다음 중 옳은 것에 ○표 하시오.

14 서울의 증가하는 인구를 수용하고, (㉠ 강남, ㉡ 강북) 도심의 인구 과밀화 현상을 해소하기 위해 1970년대부터 (㉢ 강남, ㉣ 강북) 지역의 개발이 진행되었다.

15 수복 재개발은 철거 재개발보다 원거주민의 이주율이 (㉠ 높게, ㉡ 낮게) 나타난다.

16 (㉠ 역류, ㉡ 파급) 효과보다 (㉢ 역류, ㉣ 파급) 효과가 클 때 지역 격차가 심화된다.

17 성장 거점 개발 방식은 균형 개발 방식보다 지역 주민의 참여도가 (㉠ 낮다. ㉡ 높다).

18 우리나라의 제1차 국토 종합 개발 계획(1972~1981년)에서는 산업 기반을 조성하는 데 초점을 맞추면서 수도권과 남동 임해 지역을 중심으로 (㉠ 균형, ㉡ 성장 거점) 개발을 추진하였다.

19 1990년대 이후에는 지방을 육성하고 수도권 집중을 (㉠ 억제, ㉡ 강화)하는 국토 개발을 추진하였다.

20 하수 처리장, 쓰레기 소각장 등과 같은 혐오 시설이 꼭 필요하다고 여기지만 자기 지역으로 들어오는 것을 반대하는 지역 이기주의를 (㉠ 님비, ㉡ 핌피) 현상이라고 한다.

● 빈칸에 들어갈 알맞은 말을 써 넣으시오.

21 (   )은/는 토지의 경제적이고 효율적인 이용과 공공복지의 증진을 위해 정부에서 미리 정한 토지의 용도를 말한다.

22 낙후되었던 구도심이 활성화되어 중산층 이상의 계층이 유입되면서 기존에 그곳에 살고 있던 저소득층 원주민이 다른 지역으로 빠져나가는 현상을 (   )(이)라고 한다.

23 주변 지역에서 인구, 시설 등이 성장 거점 지역으로 집중되어 주변 지역의 발전을 저해하는 효과를 (   )(이)라고 한다.

24 (   )은/는 수도권에 소재하는 공공 기관 청사 및 이와 관련된 시설을 지방의 성장 거점 지역에 조성하기 위한 미래형 도시를 말한다.

1 ○ 2 ○ 3 ○ 4 ×(중앙 정부 → 지역 주민 주도) 5 ×(1971년 처음 설정) 6 ○ 7 ×(수복 재개발) 8 ○ 9 ○ 10 ○ 11 ×(성장 거점 개발 방식은 주로 개발 도상국, 균형 개발 방식은 주로 선진국에서 채택) 12 ×(1990년대) 13 ○ 14 ㉡, ㉢ 15 ㉡ 16 ㉡, ㉢ 17 ㉠ 18 ㉡ 19 ㉠ 20 ㉠ 21 용도 지역 22 젠트리피케이션 23 역류 효과 24 혁신 도시

● 촌락과 도시, 도시 내부 구조

1 촌락의 변화

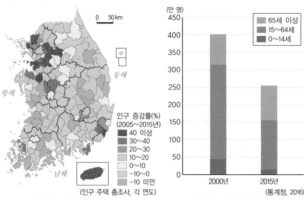

▲ 시·군별 인구 증감률

▲ 농가 인구 및 인구 구조

대부분의 촌락 지역에서는 인구가 감소하고 있는데, 연령층별 인구 구조에서 유소년층과 청장년층 인구 비중은 감소하고 노년층 인구 비중은 크게 증가한 것을 볼 수 있다. 이에 따라 촌락 지역에서는 유소년층과 관련된 학교 등의 각종 시설들이 감소하고, 정주 기반이 약화되고 있다.

출제 포인트 촌락의 인구 변화 그래프, 변화를 다룬 지문 등의 자료를 제시하고, 경지 면적, 전업농가와 겸업농가, 농가당 경지 면적, 연령층별 변화, 초등학교 학급 수의 변화 등을 묻는 문항이 자주 출제된다.

2 우리나라 도시의 인구 규모 순위 변화

우리나라 도시의 인구 규모 순위는 산업화, 교통 발달, 국토 개발 등의 영향으로 많은 변화를 겪어 왔는데, 특히 수도권과 남동 임해 지역에 속하는 도시들의 성장이 두드러졌다. 서울특별시는 최상위 계층인 (수위 도시)이며, 그다음으로 부산, 인천, 대구, 대전이 고차 계층을 형성하고 있다. 1970~2015년의 변화를 보면 20위권에 속하는 수도권의 도시 수는 (증가)했고, 인천은 대구보다 인구의 증가 폭이 크며, 도시 중 (서울)의 인구가 가장 많이 증가했다.

출제 포인트 인구 규모에 따른 도시 순위 변화 그래프를 제시하고 시기별 변화, 각 권역에 포함된 도시의 수를 파악하는 문제가 자주 출제된다.

3 대구의 도시 내부 구조

▲ 대구광역시의 토지 이용

▲ 중구 동성로

▲ 수성구 신매동

대구의 중구는 도심으로 접근성이 가장 높아 지대와 지가가 높다. 따라서 지대 지불 능력이 높은 (상업·업무 기능)이 주로 입지하고, 상주인구에 비해 주간 인구가 (많아) 주간 인구 지수가 (높다). 수성구는 아파트 단지가 밀집된 주거 기능이 발달한 지역으로 상주인구가 많지만 상주인구에 비해 주간 인구가 (적어) 주간 인구 지수는 100보다 (낮다).

출제 포인트 도심과 주변 지역의 특성을 지대, 지가, 주요 입지 기능, 주간 인구 지수 등의 지표를 이용하여 비교하는 문제가 자주 출제된다.

4 서울과 부산의 도시 내부 구조 비교

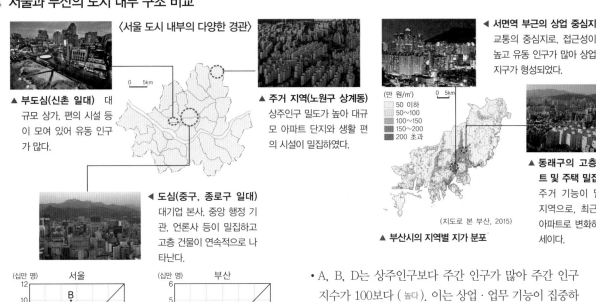

〈서울 도시 내부의 다양한 경관〉

0 5km

▲ 부도심(신촌 일대) 대규모 상가, 편의 시설 등이 모여 있어 유동 인구가 많다.

▲ 주거 지역(노원구 상계동) 상주인구 밀도가 높아 대규모 아파트 단지와 생활 편의 시설이 밀집하였다.

◀ 도심(중구, 종로구 일대) 대기업 본사, 중앙 행정 기관, 언론사 등이 밀집하고 고층 건물이 연속적으로 나타난다.

◀ 서면역 부근의 상업 중심지 교통의 중심지로, 접근성이 높고 유동 인구가 많아 상업 지구가 형성되었다.

(만 원/㎡)
■ 50 이하
■ 50~100
■ 100~150
■ 150~200
■ 200 초과

0 5km

(지도로 본 부산, 2015)

▲ 부산시의 지역별 지가 분포

▲ 동래구의 고층 아파트 및 주택 밀집 지역 주거 기능이 밀집한 지역으로, 최근 고층 아파트로 변화하는 추세이다.

(십만 명) 서울 / 주간 인구 / 상주인구 / (2015년) / A, B, C

(십만 명) 부산 / 주간 인구 / 상주인구 / *기장군은 제외함. / (통계청) / D, E

◀ 서울과 부산의 구(區)별 상주인구와 주간 인구

- A, B, D는 상주인구보다 주간 인구가 많아 주간 인구 지수가 100보다 (높다). 이는 상업·업무 기능이 집중하여 주간에 유입 인구가 유출 인구보다 (많기) 때문이다.
- C와 E는 주간 인구보다 상주인구가 많아 주간 인구 지수가 100 미만인데, 이는 (주거) 기능이 주로 입지해 있어 주간에 유출 인구가 유입 인구보다 (많기) 때문이다.

출제 포인트 주간 인구 지수가 100 이상이면 상업·업무 기능이 발달한 지역, 100 미만이면 주거 기능이 발달한 지역일 가능성이 매우 높다.

5 대도시권의 인구 변화와 통근 특성

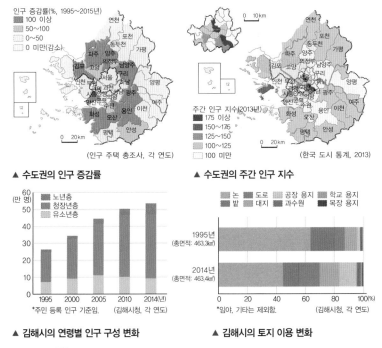

인구 증감률(%, 1995~2015년)
■ 100 이상
■ 50~100
□ 0~50
□ 0 미만(감소)

0 10km

0 20km

(인구 주택 총조사, 각 연도)

▲ 수도권의 인구 증감률

주간 인구 지수(2013년)
■ 175 이상
■ 150~175
■ 125~150
■ 100~125
□ 100 미만

0 20km

(한국 도시 통계, 2013)

▲ 수도권의 주간 인구 지수

(만 명)
■ 노년층
■ 청장년층
■ 유소년층

*주민 등록 인구 기준임. (김해시청, 각 연도)

▲ 김해시의 연령별 인구 구성 변화

■ 논 ■ 도로 ■ 공장 용지 ■ 학교 용지
■ 밭 ■ 대지 ■ 과수원 ■ 목장 용지

1995년 (총면적: 463.3㎢)
2014년 (총면적: 463.4㎢)

0 20 40 60 80 100(%)

*임야, 기타는 제외함. (김해시청, 각 연도)

▲ 김해시의 토지 이용 변화

- 서울은 1995~2015년에는 인구가 (감소했고), 서울과 인접한 지역은 인구 증가율이 (높아졌다). 이는 교통 발달에 따라 서울의 주거 기능이 이전되고 서울로의 통근권이 확대된 것으로, 거주지 (교외화) 현상의 영향 때문이다.
- 서울로의 통근·통학 인구 비율이 (높은) 지역은 주간 인구 지수가 100 미만이다.
- 김해시는 부산을 중심 도시로 하는 대도시권에 속하며, 1995~2014년 부산의 거주지 (교외화) 현상에 따른 (청장년층) 인구 전입이 활발하여 총인구가 증가하였다. 이에 따라 토지 이용에서 논, 밭 등 경지 면적이 차지하는 비중은 (감소)하고, 도로, 대지 등 도시적 토지 이용이 차지하는 비중은 (증가)하였다.

출제 포인트 1990년대 이후 서울 대도시권과 부산 대도시권에 속하는 신도시의 인구 성장이 두드러지게 나타났다.

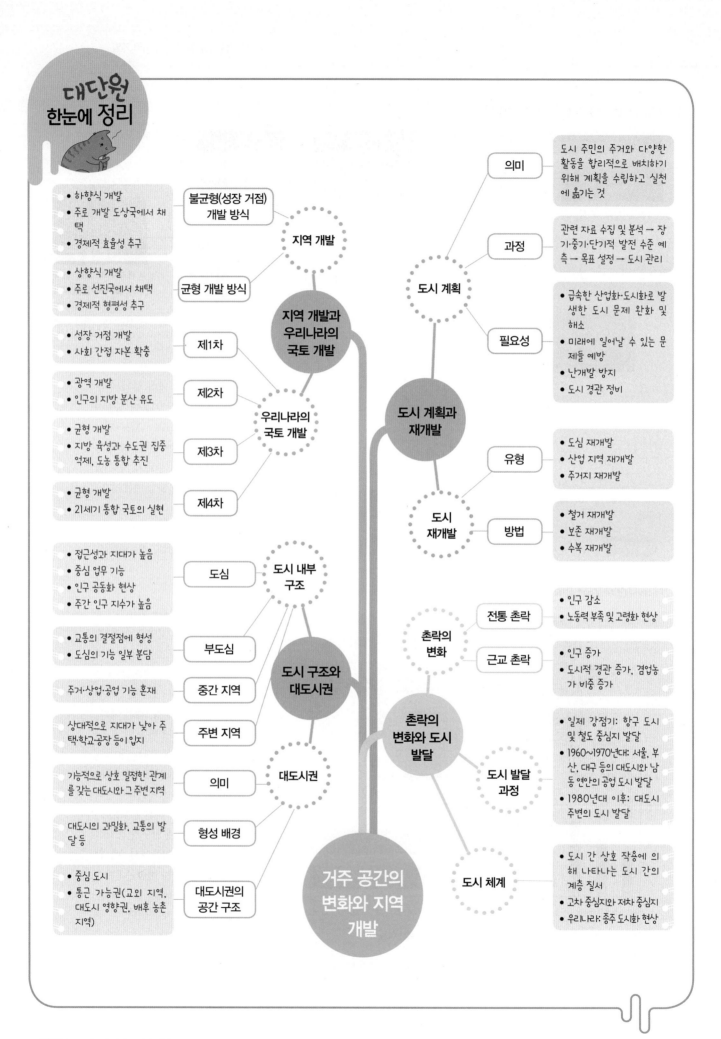

대단원 한눈에 정리

지역 개발

불균형(성장 거점) 개발 방식
- 하향식 개발
- 주로 개발 도상국에서 채택
- 경제적 효율성 추구

균형 개발 방식
- 상향식 개발
- 주로 선진국에서 채택
- 경제적 형평성 추구

지역 개발과 우리나라의 국토 개발

우리나라의 국토 개발

제1차
- 성장 거점 개발
- 사회 간접 자본 확충

제2차
- 광역 개발
- 인구의 지방 분산 유도

제3차
- 균형 개발
- 지방 육성과 수도권 집중 억제, 도농 통합 추진

제4차
- 균형 개발
- 21세기 통합 국토의 실현

도시 내부 구조

도심
- 접근성과 지대가 높음
- 중심 업무 기능
- 인구 공동화 현상
- 주간 인구 지수가 높음

부도심
- 교통의 결절점에 형성
- 도심의 기능 일부 분담

중간 지역
- 주거·상업·공업 기능 혼재

주변 지역
- 상대적으로 지대가 낮아 주택·학교·공장 등이 입지

도시 구조와 대도시권

대도시권

의미
- 기능적으로 상호 밀접한 관계를 갖는 대도시와 그 주변 지역

형성 배경
- 대도시의 과밀화, 교통의 발달 등

대도시권의 공간 구조
- 중심 도시
- 통근 가능권(교외 지역, 대도시 영향권, 배후 농촌 지역)

거주 공간의 변화와 지역 개발

도시 계획

의미
- 도시 주민의 주거와 다양한 활동을 합리적으로 배치하기 위해 계획을 수립하고 실천에 옮기는 것

과정
- 관련 자료 수집 및 분석 → 장기·중기·단기적 발전 수준 예측 → 목표 설정 → 도시 관리

필요성
- 급속한 산업화·도시화로 발생한 도시 문제 완화 및 해소
- 미래에 일어날 수 있는 문제들 예방
- 난개발 방지
- 도시 경관 정비

도시 계획과 재개발

도시 재개발

유형
- 도심 재개발
- 산업 지역 재개발
- 주거지 재개발

방법
- 철거 재개발
- 보존 재개발
- 수복 재개발

촌락의 변화

전통 촌락
- 인구 감소
- 노동력 부족 및 고령화 현상

근교 촌락
- 인구 증가
- 도시적 경관 증가, 겸업농가 비중 증가

촌락의 변화와 도시 발달

도시 발달 과정
- 일제 강점기: 항구 도시 및 철도 중심지 발달
- 1960~1970년대: 서울, 부산, 대구 등의 대도시와 남동 연안의 공업 도시 발달
- 1980년대 이후: 대도시 주변의 도시 발달

도시 체계
- 도시 간 상호 작용에 의해 나타나는 도시 간의 계층 질서
- 고차 중심지와 저차 중심지
- 우리나라: 종주 도시화 현상

V 생산과 소비의 공간

이 단원의 수능 출제 분석

이 단원은 출제 빈도가 매우 높은데 특히 고난도 문항이 많이 출제되고 있다. 지역별 1차 에너지 공급 특성, 1차 에너지원별 공급 및 발전량 순서, 지역별 신·재생 에너지의 생산 특성, 지역별 농업 및 공업 특성을 묻는 문항 등의 출제 가능성이 높다. 교통수단별 수송 분담률을 알아두고, 교통수단별 특징에 대해 학습해 두는 것이 중요하다. 그리고 3차 산업의 지역별 특징도 함께 공부하도록 한다.

이 단원의 수능 빈출 주제

1순위 발전 양식별 발전량
출제 빈도 ★★★★★　　　　난이도 중

2순위 1차 에너지원별 생산 및 소비량, 지역별 1차 에너지 공급 비중
출제 빈도 ★★★★　　　　난이도 상

3순위 공업별 특징 및 시 · 도별 주요 공업
출제 빈도 ★★★★　　　　난이도 상

4순위 시 · 도별 3차 산업 종사자 및 소매 업태별 특징
출제 빈도 ★★★　　　　난이도 상

5순위 지역별 농업 특징
출제 빈도 ★★　　　　난이도 중

6순위 교통수단별 운송비 구조, 수송 분담률
출제 빈도 ★★　　　　난이도 중

11강

V. 생산과 소비의 공간

자원의 의미와 자원 문제

키워드
자원의 유한성, 자원의 가변성, 자원의 편재성, 광물 자원, 화석 연료, 화력, 원자력, 신·재생 에너지

1단계 개념 뜯어보기

01 자원의 특성과 분류

1. 자원의 의미: 자연물 중에서 일상생활과 경제 활동에 쓸모가 있고, 기술적·경제적으로 이용 가능한 것을 말함

2. 자원의 특성

가변성	자원을 이용하는 기술 수준, 경제적 조건, 문화적 배경 등에 따라 자원의 가치가 달라짐 → 검은 액체에 불과했던 석유는 내연 기관이 발명되면서 자원으로서의 가치가 상승하였음
유한성	자원은 대부분 매장량이 한정되어 있어 언젠가는 고갈됨 → 가채 연수를 통해 자원의 채굴 가능 기간을 나타내기도 함
편재성	일부 자원은 특정 지역에 편중되어 분포함 → 자원 민족주의 등장 배경

3. 자원의 분류

(1) 의미에 따른 분류

① 좁은 의미의 자원: 주로 철광석, 석탄, 석유 등의 천연자원을 말함

② 넓은 의미의 자원: 천연자원뿐만 아니라 사회 제도, 조직, 전통 등의 문화적 자원과 노동력, 기술, 창의력 등의 인적 자원을 포함함

(2) 재생 가능성에 따른 분류

① 재생 불가능한 자원

- 인간의 이용 정도에 따라 점차 고갈되며 재생이 거의 불가능하거나 생성 속도가 매우 느린 자원

▲ 재생 가능성에 따른 자원의 분포

	사용함에 따라 고갈되는 재생 불가능한 자원		사용량과 투자 정도에 따라 재생 수준이 달라지는 자원		사용량과는 무관하게 재생 가능한 자원	
고갈됨	화석 연료	식물 동물 삼림 토양	비금속 광물	금속 광물	대기 물	태양광(열) 조력 풍력 수력

무한대로 재생 가능함

- 비재생 자원, 고갈 자원 등으로 불림 ᅠ예ᅠ 석유, 석탄, 천연가스 등

② 재생 가능한 자원

- 인간의 사용량과 상관없이 지속해서 공급되거나 순환되는 자원을 말함

- 재생 자원, 순환 자원 등으로 불림 ᅠ예ᅠ 태양광(열), 조력, 풍력, 수력 등

02 자원의 분포와 이용

1. 광물 자원의 분포와 이용

(1) 우리나라 광물 자원의 특징: 지각이 형성된 시기가 오래되고 지질 구조가 복잡하기 때문에 다양한 종류의 광물 자원이 분포하지만 매장량은 적은 편임

(2) 주요 광물 자원의 분포와 이용

철광석	• 강원도(홍천, 양양) 등에 분포 • 제철 공업의 원료로 이용(남한은 대부분 오스트레일리아·브라질 등에서 수입)
텅스텐	• 강원도(영월군 상동) 등에 분포 • 특수강 및 합금용 원료 • 과거에는 생산량이 많았으나 값싼 중국산의 수입으로 폐광됨
석회석	• 강원도(삼척), 충청북도(단양) 등에 분포 • 시멘트 공업의 원료 • 고생대 조선 누층군에 분포
고령토	• 경상남도(하동, 산청) 등에 분포 • 도자기 및 내화 벽돌, 화장품의 원료

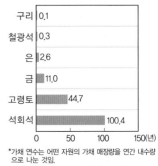

⇧ **주요 광물 자원의 분포** 석회석은 강원도 남부에서 충청북도 북동부에 이르는 고생대 조선 누층군에 주로 분포하고, 고령토는 주로 하동, 산청 등의 섬진강 유역에 분포한다.

(한국광물자원공사, 2015)

만점 공부 비법

- 자원의 의미와 특성 및 분류 방법을 파악한다.

- 광물 자원과 에너지 자원의 생산과 소비 특성을 파악한다.

- 신·재생 에너지의 특징과 이용 현황을 파악한다.

자원의 의미

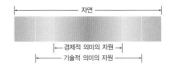

우리나라 주요 광물 자원의 가채 연수

구리	0.1
철광석	0.3
은	2.6
금	11.0
고령토	44.7
석회석	100.4

*가채 연수는 어떤 자원의 가채 매장량을 연간 내수량으로 나눈 것임.

(한국광물자원공사, 2016)

석회석의 생산

기타 2.8
충북 26.6
강원 70.6(%)
총 생산량 95,891(천 톤)

(한국지질자원연구원, 2016)

석회석의 약 90%는 시멘트 공업의 원료와 제철·제강 시 첨가물로 사용되며, 강원도 남부와 충청북도 북동부 등에서 주로 생산된다.

2. 에너지 자원의 분포와 이용

(1) 에너지 자원의 소비 구조 변화
① 산업 발달 이전: 신탄(숯과 땔나무) 중심
② 산업 발달 시기: 화석 연료인 석탄과 석유 중심

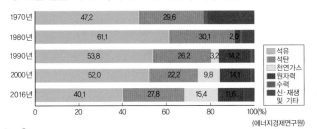

1970년	47.2	29.6		
1980년	61.1	30.1	2.0	
1990년	53.8	26.2	3.2	14.2
2000년	52.0	22.2	9.8	14.1
2016년	40.1	27.8	15.4	11.6

범례: 석유 / 석탄 / 천연가스 / 원자력 / 수력 / 신·재생 및 기타
(에너지경제연구원)

⇦ **1차 에너지 소비 구조의 변화** 2016년 기준 석유 > 석탄 > 천연가스 > 원자력의 순으로 비중이 높다.

(2) 주요 에너지 자원의 분포와 수급

① 석탄
- 무연탄: 고생대 평안 누층군에 분포함, 과거 태백 산지에서 생산 활발 → 가정용 연료의 소비 구조 변화로 소비량 급감 → 석탄 산업 합리화 정책(1989년) 실시 → 많은 탄광 폐쇄
- 역청탄: 제철 공업 및 발전용으로 이용하며, 오스트레일리아, 인도네시아 등에서 수입

② 석유
- 2016년 현재 우리나라에서 가장 많이 소비되는 에너지 자원
- 주로 화학 공업의 원료 및 수송용 연료로 이용함
- 신생대 지층에 주로 매장 → 우리나라는 수입에 의존하고 있음

③ 천연가스
- 석탄, 석유보다 연소 시 대기 오염 물질 배출량이 적음 → 최근 소비량이 빠르게 증가
- 대부분을 수입에 의존함 → 2004년부터 울산 앞바다에서 소량 생산

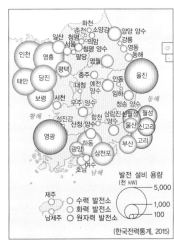
*수력은 신·재생 및 기타 에너지에 포함됨.
(에너지경제연구원, 2016)

⇧ **지역별 1차 에너지 공급 구조** 석유는 울산과 제주 등에서 공급 비중이 높고, 석탄은 경남과 충남에서 공급 비중이 높다. 한편, 천연가스는 서울, 경기 등에서 공급 비중이 높고, 원자력은 부산, 경북, 전남에서 공급되고 있다.

3. 전력의 분포와 생산

(1) 화력
① 입지: 연료 수입에 유리하고 대소비지와 가까운 지역에 주로 입지하며, 수도권, 충남 서해안, 남동 임해 공업 지역에 주로 분포
② 장점: 발전소 건설비가 적게 들고 입지가 비교적 자유로움
③ 단점: 연료비가 많이 들고 대기 오염 물질 배출량이 많음

(2) 수력
① 입지: 유량이 풍부하고 낙차가 큰 하천의 중·상류에 주로 입지함
② 장점: 대기 오염 물질의 배출량이 적고 연료비가 거의 들지 않음
③ 단점: 주요 소비지와 떨어져 있어 송전 비용이 많이 들고, 기후적 제약으로 인해 안정적인 전력 생산이 어려움

주요 1차 에너지의 지역별 생산 비중

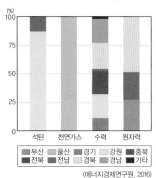
범례: 부산 / 울산 / 경기 / 강원 / 충북 / 전북 / 전남 / 경북 / 경남 / 기타
(에너지경제연구원, 2016)

석탄은 강원과 전남, 천연가스는 울산에서 주로 생산되고 있다.

화석 에너지원의 부문별 소비

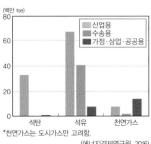
범례: 산업용 / 수송용 / 가정·상업·공공용
*천연가스는 도시가스만 고려함.
(에너지경제연구원, 2016)

석탄은 산업용, 석유는 산업용과 수송용, 천연가스는 가정·상업·공공용으로 많이 이용된다.

국내 무연탄 생산량과 역청탄 수입량

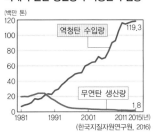
(한국지질자원연구원, 2016)

1차 에너지원별 발전량 비중

*수력은 양수식만 포함하며, 연료 사용량 기준임.
(통계청)

1차 에너지원별 발전량 비중은 석탄 > 원자력 > 천연가스 > 석유 순으로 높다.

▲ **주요 발전 설비 분포**

발전 설비 용량 (천 kW): 5,000 / 1,000 / 100
○ 수력 발전소
○ 화력 발전소
○ 원자력 발전소
(한국전력통계, 2015)

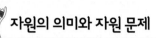

(3) 원자력
① 입지: 지반이 견고하고 다량의 냉각수 공급이 편리한 해안에 주로 입지
② 장점: 소량의 연료(우라늄)로 대용량 발전 가능, 발전 시 온실가스 배출량이 적음
③ 단점: 발전소의 건설 비용이 많이 들고 방사성 폐기물의 처리 문제, 방사능 유출 사고의 위험이 있음

03 자원 문제와 신·재생 에너지

1. 자원 문제와 대책
(1) 자원 문제
① 자원 소비 증가: 재생 불가능한 자원의 고갈 문제 발생, 대기 오염 및 수질 오염 증가
② 자원의 높은 수입 의존도: 자원 소비량보다 부존량이 부족하여 대부분의 광물·에너지 자원을 수입에 의존하고 있음
(2) 주요 대책
① 자원 이용의 효율성 증대: 자원의 절약과 재활용, 자원 절약형 산업 육성 등
② 자원 확보: 해외 자원 개발 및 수입국 다변화 등을 통한 안정적 자원 공급처 확보
③ 신·재생 에너지의 개발: 화석 에너지 고갈에 대비하여 다양한 신·재생 에너지의 개발을 확대함

2. 신·재생 에너지
(1) 구분
① 신 에너지: 석탄 액화·가스화, 수소 에너지, 연료 전지 등
② 재생 에너지: 수력, 태양광, 풍력, 조력 등
(2) 발전소 분포

태양광		일조량이 풍부한 지역이 유리 → 호남 서해안과 영남 내륙 지방
풍력		바람이 많은 해안이나 산지 지역이 유리 → 제주, 대관령, 영덕, 새만금 등
해양 에너지	조력	조수 간만의 차를 이용 → 시화호 조력 발전소
	조류	바닷물의 빠른 흐름을 이용
	파력	파랑의 운동 에너지 이용 → 제주도 시험 파력 발전소

▲ 신·재생 에너지 발전소 분포

화석 에너지원별 수입량 변화

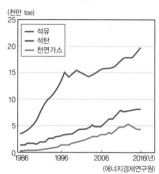

우리나라는 에너지 자원의 많은 양을 수입에 의존하고 있는데, 특히 석유의 수입량이 가장 많다.

신·재생 에너지의 지역별 생산 비중

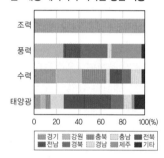

조력은 안산 시화호 발전소가 있는 경기에서 100% 생산되고 있다. 수력은 큰 하천의 중·상류에 속하는 강원, 경기, 충북에서 생산 비중이 높으며, 풍력은 강원, 제주, 경북의 생산 비중이 높다. 태양광은 일조량이 풍부한 전북, 전남 등에서 생산 비중이 높게 나타난다.

2단계 개념 쏙 정리하기

광물 자원의 분포와 이용

철광석	• 제철 공업의 주요 원료 • 주로 강원도에서 생산 • 필요량의 대부분은 수입에 의존
석회석	• 시멘트 공업의 원료 및 제철 공업의 첨가물 • 주로 고생대 조선 누층군에 분포 → 강원도와 충북에서 주로 생산
고령토	• 도자기 및 내화 벽돌, 화장품의 원료 • 강원도와 경남에서 주로 생산

에너지 자원의 이용

석유	• 주로 화학 공업의 원료 및 수송용 연료로 이용 • 수입 의존도가 매우 높음
석탄	• 무연탄: 주로 고생대 평안 누층군에 분포, 에너지 소비 구조의 변화로 소비량 급감 • 역청탄: 제철용과 발전용으로 이용
천연가스	• 냉동 액화 기술의 발달로 소비량 급증 • 주로 가정용으로 이용

전력 생산 방식별 특징

수력	장점	연료비가 거의 들지 않음
	단점	강수량에 따라 안정적인 전력 생산이 어려움, 자연적 제약이 큼
화력	장점	발전소 건설비가 저렴
	단점	발전 시 연료비가 비쌈, 대기 오염 물질 배출량이 많음
원자력	장점	발전소 가동률이 높음
	단점	방사능 유출 및 폐기물 처리 문제가 발생할 수 있음

● 다음 설명이 맞으면 ○, 틀리면 ×에 표시하시오.

1 기술 수준, 경제적 조건, 문화적 배경에 따라 자원의 가치가 달라지는 자원의 특성을 자원의 가변성이라고 한다.
(○, ×)

2 도자기, 화장품의 원료인 텅스텐은 강원도와 하동을 비롯한 경상남도 서부 지역에서 많이 생산된다.　(○, ×)

3 남한은 금속 광물의 매장량은 적고 비금속 광물의 매장량은 상대적으로 풍부하다.　(○, ×)

4 2016년 현재 우리나라에서 가장 많이 소비되는 에너지 자원은 석탄이다.　(○, ×)

5 주로 제철 공업 및 화력 발전의 연료로 이용되며 전량 수입에 의존하는 자원은 무연탄이다.　(○, ×)

6 주로 화학 공업의 원료 및 수송용 연료로 이용되는 자원은 석유이다.　(○, ×)

7 천연가스는 전량 해외에서 수입하고 있다.　(○, ×)

8 수력 발전은 연료비가 거의 들지 않고, 대기 오염 물질의 배출량이 적다.　(○, ×)

9 2016년 현재 전력 생산에 가장 많이 사용되는 1차 에너지는 석유이다.　(○, ×)

10 원자력 발전은 발전소 건설 비용이 저렴하고, 소비지 근처에 입지할 수 있는 장점이 있다.　(○, ×)

11 우리나라는 자원 소비량에 비해 부존량이 부족하여 많은 양의 광물·에너지 자원을 수입에 의존하고 있다.
(○, ×)

12 신·재생 에너지는 공급이 무한하거나 재생이 가능하며, 현재 사용되고 있는 화석 에너지보다 경제적 효율성이 높다.　(○, ×)

● 다음 중 옳은 것에 ○표 하시오.

13 석유는 (㉠ 재생 불가능한, ㉡ 재생 가능한) 자원이고, 태양광은 (㉢ 재생 불가능한, ㉣ 재생 가능한) 자원이다.

14 매장량이 한정되어 있기 때문에 언젠가는 고갈되는 자원의 특성은 (㉠ 가변성, ㉡ 유한성)이다.

15 제철 공업의 주원료로 이용되며 남한에서는 소량 생산되어 필요량의 대부분을 오스트레일리아 등에서 수입하는 자원은 (㉠ 철광석, ㉡ 텅스텐)이다.

16 울산에서 생산되는 에너지 자원 중 (㉠ 천연가스, ㉡ 석탄)이/가 차지하는 비중이 가장 높으며, 부산, 경북, 전남에서 공통적으로 공급되는 에너지 자원은 (㉢ 수력, ㉣ 원자력)이다.

17 (㉠ 화력, ㉡ 원자력) 발전은 지반이 견고하고 냉각수가 풍부한 해안에 발전소가 입지하고, 소량의 연료로 대용량 발전이 가능하다.

18 신·재생 에너지 중 일사량이 풍부한 지역이 유리한 것은 (㉠ 조력, ㉡ 태양광)이고, 바람이 많은 해안이나 산지 지역이 유리한 것은 (㉢ 수력, ㉣ 풍력)이다.

19 신·재생 에너지 중 경기에서 100% 생산되고 있는 것은 (㉠ 조력, ㉡ 풍력)이다.

● 빈칸에 들어갈 알맞은 말을 써 넣으시오.

20 대부분의 자원은 매장량이 한정되어 있어 언젠가는 고갈되는데, 이를 자원의 (　　　)(이)라고 한다.

21 고생대 조선 누층군에 주로 분포하는 (　　　)은/는 시멘트 공업의 원료로 주로 이용된다.

22 1980년대 후반 무연탄 수요가 감소함에 따라 정부는 채산성이 없는 탄광을 정리하는 (　　　)을/를 시행하였다.

23 우리나라에서 발전 설비 용량과 발전량이 가장 많은 발전 양식은 (　　　) 발전이다.

24 화석 에너지 중 수입량이 가장 많은 에너지 자원은 (　　　)이다.

25 제주도나 강원도 대관령 같이 바람이 많은 해안이나 산지 지역에 입지하기 유리한 신·재생 에너지는 (　　　) 발전이다.

26 신·재생 에너지 중 (　　　) 발전은 조수 간만의 차이를 이용하는 방식으로, 우리나라에는 경기도에 발전소가 있다.

---

1 ○　2 ×(고령토에 대한 설명임)　3 ○　4 ×(석유)　5 ×(역청탄)　6 ○　7 ×(울산 앞바다에서 소량 생산)　8 ○　9 ×(석탄)　10 ×(화력 발전)　11 ○　12 ×(경제적 효율성이 낮음)　13 ㉠, ㉣　14 ㉡　15 ㉠　16 ㉠, ㉣　17 ㉡　18 ㉡, ㉣　19 ㉠　20 유한성　21 석회석　22 석탄 산업 합리화 정책　23 화력　24 석유　25 풍력　26 조력

12강 농업의 변화와 농촌 문제

1단계 개념 뜯어보기

01 농업의 입지와 변화

1. 농업의 입지 요인

(1) 자연적 요인

① 기온, 강수량, 무상 일수, 일조 시간, 지형, 토양 등

② 전통적인 농업 입지에 영향을 줌

(2) 사회적 요인

① 소비 시장의 규모, 접근성, 소비자의 기호, 농업 정책, 영농 기술, 교통, 통신 등

• 영농 기술의 발달: 농산물의 수확량 증가, 재배 품종의 다양화, 과학적 영농의 확대

• 교통의 발달: 시간 거리가 단축되어 원예 농업과 낙농업이 대도시 주변에서 전국으로 확대됨

• 시장: 도시 인구의 증가 및 소득 증가, 소비자의 기호 변화 등으로 인해 과일·채소·화훼 등의 수요 증대, 시장 개방과 같은 국가 농업 정책의 영향 증가

② 최근 농업에 미치는 영향이 증가함

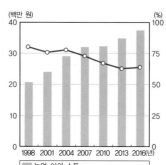

⇧ **농가 소득 구조의 변화** 농업 이외 소득과 농업 소득을 합한 농가 소득은 증가하고 있는데, 이는 주로 농업 이외 소득의 증가로 인해 나타났다. 도시 근로자 가구 소득 대비 농가 소득 비율은 점차 감소하고 있다.

2. 농업의 변화

(1) 농촌 인구의 변화

① 이촌 향도에 따른 청장년층의 유출로 인구의 사회적 감소가 나타남

② 노년층 인구 비중 증가 → 노동력 부족, 농업 인구 고령화 등의 문제가 나타남

(2) 경지의 변화

① 농경지가 공장, 주택, 도로 등으로 이용되면서 경지 면적이 감소함

② 경지 면적보다 농업 인구가 더 빠르게 감소하면서 농가당 경지 면적은 증가함

③ 휴경지 증가 및 그루갈이 감소로 경지 이용률이 낮아짐

(3) 영농 방식의 변화

① 농업의 노동 생산성 향상: 노동력 부족 문제를 해결하기 위해 영농의 기계화가 추진됨

② 전문적 농업 경영 방식의 증가: 영농 조합, 농업 회사 법인, 위탁 영농 회사 등이 증가함

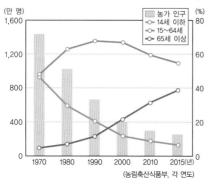

⇧ **농촌의 인구 구조 변화** 산업화·도시화에 따른 이촌 향도 현상으로 농가 인구는 지속적으로 감소하고 있다. 0~14세의 유소년층 인구 비중은 감소한 반면, 65세 이상의 노년층 인구 비중은 증가하여 농촌 인구의 고령화가 진행되었다.

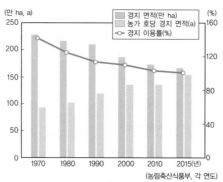

⇧ **경지 면적과 경지 이용률의 변화** 도시화로 인해 농경지가 주택, 도로, 공장 등으로 전환되면서 경지 면적이 감소하였다. 또한, 휴경지 증가, 그루갈이 감소 등으로 인해 경지 이용률도 낮아졌다.

만점 공부 비법

• 우리나라 농업 구조의 변화 원인과 특성을 파악한다.

• 농업 구조 변화로 인하여 발생하는 다양한 문제를 파악한다.

• 농업과 농촌 문제의 해결 방안을 제시한다.

그루갈이
같은 경지에서 종류가 다른 작물을 1년 중 다른 시기에 재배하여 수확하는 농법으로, 주로 남부 지방에서 행해진다.

경지 이용률
전체 경지 면적에 대해 1년 동안 실제로 농작물을 재배한 면적의 비율을 말한다.

위탁 영농 회사
일손이 부족한 농가를 대신하여 농사일을 해 주는 농업 회사이다.

(4) 영농의 다각화와 상업화

① 국민 소득 증가, 생활 수준 향상 → 곡물 소비는 감소하였고, 채소, 과일, 축산물의 수요는 증가함

② 농업 구조: 자급적 농업 → 상업적 농업 중심으로 변화

(5) 시설 농업의 증가: 대도시에 인접한 근교 농촌 지역을 중심으로 다양한 상품 작물 재배

3. 농산물 시장 개방과 농업의 변화

(1) 배경: 세계 무역 기구(WTO) 및 자유 무역 협정(FTA)의 영향으로 농축산물 시장의 개방이 가속화됨

(2) 변화

① 값싼 해외 농산물, 다양한 과일류 등의 수입이 증가함

② 우리 농산물의 가격 경쟁력이 약화되고, 식량 자급률이 하락함

★ 4. 주요 작물의 생산과 소비

(1) 쌀

① 중부 지방과 남부 지방의 평야 지역에서 주로 재배함

② 다수확 품종 개발, 수리 시설 확충, 농약 및 비료 사용 등의 영농 기술 발달로 수확량 증대

③ 식생활 변화로 소비 감소, 시장 개방으로 재배 면적이 감소 추세임

(2) 보리

① 주로 벼의 그루갈이 작물로 남부 지방에서 재배함

② 식생활 변화로 소비 감소 및 수익성 악화로 재배 면적과 생산량이 감소함

(3) 원예 작물

① 식생활 변화, 소득 증대, 교통의 발달로 재배 면적의 비중이 증가함

② 근교 지역: 대도시(소비지)와 가까운 지역으로 시설 재배 비중이 높음

③ 원교 지역: 대도시에서 멀지만 유리한 기후 조건, 교통의 발달 등을 바탕으로 원예 작물 재배

(4) 낙농업

① 우유·유제품 등의 소비가 늘어나면서 경기도 일대를 중심으로 발달

② 제주도와 대관령 등지에는 대규모 육우 단지가 조성되어 있음

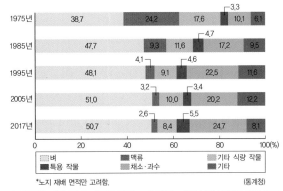

⇧ **작물별 재배 면적 비중의 변화** 벼, 맥류, 기타 식량 작물의 재배 면적은 1975년 대비 2017년에 그 비중이 감소하였다. 반면, 채소·과수의 재배 면적 비중은 1975년 대비 2017년에 크게 증가하였다.

*노지 재배 면적만 고려함. (통계청)

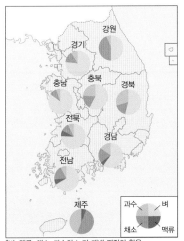

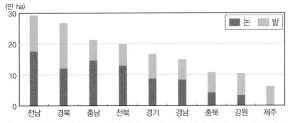

⇧ **도(道)별 논·밭 경지 면적** 산지가 많은 강원, 충북, 경북 등은 밭의 비중이 높고, 평야가 발달한 전남, 충남, 전북 등은 논의 비중이 높다.

⇦ **도(道)별 작물 재배 면적** 지역 내 벼의 재배 면적 비중은 전남, 충남, 전북 등 평야가 발달한 지역에서 높게 나타난다. 맥류의 주요 재배 지역은 전북, 전남으로, 이곳은 겨울 기온이 온화하여 논에서 벼의 그루갈이 작물로 맥류를 재배한다. 과수는 연 강수량이 적어 일사량이 풍부한 경북과 기반암(주로 현무암)의 영향으로 벼농사가 거의 이루어지지 않는 제주에서 재배 면적 비중이 높게 나타난다.

*벼, 맥류, 채소, 과수의 노지 재배 면적의 합을 100%로 한 작물별 재배 면적 비중임.
(2017년) (통계청)

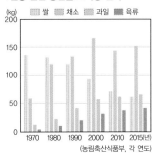

1인당 연간 농산물 소비량 변화

쌀은 1인당 연간 소비량이 감소하였고, 채소, 과일, 육류는 1970년 이후 1인당 연간 소비량이 대체로 증가하였다.

시설 농업

유리온실, 비닐하우스 등과 같은 시설에서 각종 작물을 집약적으로 재배하는 농업이다.

세계 무역 기구(WTO)

1995년 세계 76개국이 참여하여 결성된 경제 기구이다. 세계 무역 분쟁 조정, 관세 인하 요구 등의 법적인 권한과 구속력을 행사한다. 2016년 10월 현재 164개 회원국이 참여하고 있다.

주요 곡물의 자급률 추이

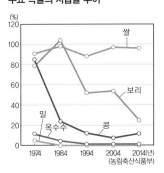

식량 자급률은 쌀이 가장 높고, 밀, 옥수수 등은 매우 낮다.

V

02 농촌 문제와 극복 방안

1. 우리나라 농촌의 문제

(1) **농업 생산 기반의 약화**

① 원인: 산업화와 도시화 → 농업 인구, 특히 청장년층 인구 감소, 경지 면적 감소 → 농업의 생산 기반이 크게 약화됨

② 결과: 농업 노동력의 부족 및 고령화 → 국내 농산물 생산량 감소 → 농업의 경쟁력을 약화하는 결과를 초래함

(2) **복잡한 유통 구조 및 불안정한 가격**: 산지 가격과 소비자 가격의 차이가 커져 농부의 근로 의욕이 저하되는 등의 문제 발생

(3) **환경 오염 유발**

① 농약과 화학 비료의 사용으로 인한 수질 및 토양 오염 발생

② 비닐 등을 농업용 자재로 사용 → 폐기물 문제 발생

(4) **농산물 시장의 개방 확대**

① 세계 무역 기구(WTO) 체제 및 자유 무역 협정(FTA)의 확대 → 수입 농산물의 수입 급증 → 주요 식량 작물의 자급률이 빠르게 낮아짐

② 식량의 해외 의존도가 높아져 식량 안보마저 위협받고 있음

2. 농업 경쟁력 강화를 위한 노력

(1) **소비자의 요구**: 안전한 먹거리에 대한 수요 증가 → 안전한 먹거리를 공급하는 체제 구축 필요

(2) **농가 소득 증대 방안**

① 장소 마케팅, 지리적 표시제, 농산물 브랜드화, 지역 축제 및 체험 관광 추진, 경관 농업, 농공 단지 조성 등

② 농산물 유통 구조 정비, 전자 상거래 등을 통한 직거래 확대, 로컬 푸드 운동, 도농 협력 방안 강화

(3) **친환경 농산물 재배 확대**: 농업 기술의 혁신과 농산물의 고급화 전략이 필요함

(4) **수입 농산물과의 차별화**: 유기 농업을 비롯한 친환경 농산물 재배 확대가 필요함

(5) **농업과 농촌의 역할 확대**

① 최근 단순히 먹거리를 생산하는 기능을 넘어 새로운 역할과 기능을 요구하고 있음

② 자연환경 보전, 전원생활 공간이나 관광 및 휴식 장소의 제공, 전통문화의 계승 등

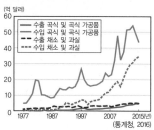

주요 농산물의 수출입 변화

(통계청, 2016)

식량 안보
인간의 생존을 보장하고 건강하게 일상 생활을 영위하는 데 필요한 안전하고 영양가 있는 식량에 언제든지 접근할 수 있는 상태를 말한다.

지리적 표시제
농산물 및 그 가공품의 특징이 지리적 특성에 기인하는 경우 그 지역의 특산 품임을 인증하는 제도이다.

경관 농업
농업 경관 자체가 관광 자원으로 활용되어 소득을 창출하는 농업이다. 유채꽃밭(제주), 청보리밭(고창), 메밀꽃밭(평창) 등이 대표적인 사례이다.

로컬 푸드 운동
특정 지역에서 생산한 먹거리를 가능한 그 지역 안에서 소비하는 것을 촉진하는 활동이다.

▲ 지리적 표시제

2단계 개념 쏙 정리하기

농업과 농업 구조의 변화

농업의 변화	농업 구조의 변화
• 농촌 인구 감소: 노동력 부족 및 농업 인구 고령화 • 경지 변화: 경지 면적 및 경지 이용률 감소, 농가당 경지 면적 증가 • 영농 방식의 변화: 영농의 기계화 추진, 영농 조합, 위탁 영농 회사 등 전문적 농업 경영 방식의 증가	• 농산물 소비 시장의 확대 • 영농의 다각화와 상업화: 식생활 구조 변화로 상업적 작물 재배 면적 증가 • 시설 농업의 증가: 대도시 근교 지역을 중심으로 확대 • 친환경 농산물 생산 확대

농촌의 문제와 극복 방안

문제점	• 농촌 인구의 유출 및 고령화로 인한 노동력 부족 • 도시와 농촌 간 소득 격차 확대 • 농산물 수입 개방으로 인한 국내 농산물의 가격 경쟁력 약화
극복 방안	낙후된 농촌의 생활 환경 개선, 영농의 기계화, 농산물 유통 구조 개선, 농산물의 고급화, 친환경 유기 농법 보급 등

● 다음 설명이 맞으면 ○, 틀리면 ×에 표시하시오.

1 교통의 발달로 시간 거리가 단축되어 원예 농업과 낙농업 지역이 대도시 주변에서 전국으로 확대되고 있다.
(○, ×)

2 농업 기술의 발달로 시설 재배가 증가하면서 토지 이용의 집약도가 감소하고 있다. (○, ×)

3 농촌은 이촌 향도에 따른 청장년층의 유출로 인구의 사회적 감소가 나타나고 있다. (○, ×)

4 경지 면적의 감소보다 농가 수의 감소가 더 커서 농가당 경지 면적은 증가하는 추세이다. (○, ×)

5 농촌의 노동력 부족 문제를 해결하기 위해 영농의 기계화가 추진되면서 농업의 노동 생산성은 향상되고 있다.
(○, ×)

6 식생활 변화로 상업적 작물의 재배 면적 비중이 감소하고 주곡 작물의 재배 면적 비중은 늘어나고 있다. (○, ×)

7 벼의 재배 면적 비중은 제주, 강원, 충북이 전남, 전북, 충남보다 높다. (○, ×)

8 겸업농가의 비중이 점차 증가하고 있으며, 농가 소득 중 농업 이외 소득이 차지하는 비중도 늘어나고 있다.
(○, ×)

9 강원은 경지 면적에서 과수보다 채소가 차지하는 비중이 높다. (○, ×)

10 농가 소득의 증대로 도시와 농촌 간의 소득 격차는 점차 축소되고 있다. (○, ×)

11 농산물의 복잡한 유통 구조로 인해 나타나는 문제를 해결하기 위해서는 전자 상거래 등을 통한 직거래 확대 등의 노력이 필요하다. (○, ×)

● 다음 중 옳은 것에 ○표 하시오.

12 이촌 향도에 따른 농촌의 (㉠ 청장년층, ㉡ 노년층) 인구의 유출로 노동력 부족, 농업 인구 고령화 등의 문제가 나타났다.

13 우리나라 농촌은 산업화 · 도시화의 영향으로 경지 면적이 (㉠ 증가, ㉡ 감소)하고 있다.

14 유리온실, 비닐하우스 등에서 각종 작물을 재배하는 농업을 (㉠ 노지 재배, ㉡ 시설 재배)라고 한다.

15 우리나라 농촌은 노동력 부족 등으로 휴경지가 (㉠ 증가, ㉡ 감소)하고 그루갈이가 (㉢ 증가, ㉣ 감소)하면서 경지 이용률이 (㉤ 증가, ㉥ 감소)하는 추세이다.

16 벼의 그루갈이 작물로 남부 지방에서 주로 재배되고 있는 것은 (㉠ 보리, ㉡ 채소)이다.

17 제주도는 수직 절리가 발달한 기반암의 영향을 받아 경지 면적 중 (㉠ 논, ㉡ 밭)이 차지하는 비중이 높다.

18 농산물 및 그 가공품의 특징이 지리적 특성에 기인하는 경우 그 지역의 특산품임을 인증하는 제도는 (㉠ 장소 마케팅, ㉡ 지리적 표시제)이다.

● 빈칸에 들어갈 알맞은 말을 써 넣으시오.

19 ( )와/과 자유 무역 협정(FTA)의 영향으로 농축산물 시장 개방이 가속화되고 있다.

20 식량 작물 중에서 자급률이 가장 높은 작물은 ( )이다.

21 맥류에 속하는 ( )은/는 주로 벼의 그루갈이 작물로 남부 지방에서 재배되며, 최근 식생활 변화로 소비량이 감소하면서 생산량이 줄어들고 있다.

22 최근 우유, 유제품의 소비가 늘어나면서 ( ) 일대를 중심으로 낙농업이 발달하고 있으며, 제주도와 ( ) 등지에는 대규모 육우 단지가 조성되어 있다.

23 특정 지역에서 생산한 먹을거리를 그 지역 안에서 소비하는 것을 촉진하는 활동을 ( ) 운동이라고 한다.

24 농촌 지역의 경제 발전을 꾀하고 도시와 농촌 간의 경제적 격차를 줄이는 것을 목적으로 설치한 공업 단지를 ( )(이)라고 한다.

25 제주의 유채꽃밭, 고창의 청보리밭, 평창의 메밀꽃밭 등은 농촌의 경관을 관광 자원으로 활용하는 ( )의 대표적인 사례이다.

---

1 ○ 2 ×(증가) 3 ○ 4 ○ 5 ○ 6 ×(상업적 작물의 재배 면적 비중 ↑, 주곡 작물의 재배 면적 비중 ↓) 7 ×(전남, 전북, 충남이 높음) 8 ○ 9 ○ 10 ×(확대) 11 ○ 12 ㉠ 13 ㉡
14 ㉡ 15 ㉠, ㉣, ㉥ 16 ㉠ 17 ㉡ 18 ㉡ 19 세계 무역 기구(WTO) 20 쌀 21 보리 22 경기도, 대관령 23 로컬 푸드 24 농공 단지 25 경관 농업

13강 공업의 발달과 지역 변화

탈공업화, 공업 구조의 고도화, 공업의 이중 구조, 집적 이익과 불이익, 공업의 분산, 공업의 입지 유형

1단계 개념 뜯어보기

01 공업의 발달 과정과 특징

1. 공업의 발달 과정

(1) **근대 이전**: 원료 산지를 중심으로 가내 수공업 형태의 전통 공업 발달

(2) **일제 강점기**: 경인 지역을 중심으로 소비재 경공업 발달, 관북 지방을 중심으로 군수 산업 중심의 중화학 공업 발달

(3) **1960년대**: 풍부한 저임금 노동력을 바탕으로 섬유, 의복, 신발 등의 노동 집약적 경공업을 육성 → 공업 국가로 성장할 수 있는 발판 마련

(4) **1970~1980년대**

① 제철, 석유 화학, 조선 등 자본·기술 집약적 중화학 공업 발달

② 원료의 수입과 제품의 수출에 유리한 남동 임해 지역을 중심으로 발달

(5) **1990년대 이후**

① 부가 가치가 높은 반도체, 컴퓨터, 신소재 등 기술·지식 집약적 첨단 산업이 빠르게 성장

② 신기술 융합 산업 분야의 성장이 두드러지는 등 고부가 가치 산업의 비중 증가

③ 제조업 비중이 점차 감소하는 탈공업화가 진행

구분	1960년대	1970년대	1980년대	1990년대	2000년대
수출품 비중 변화 (단위: %) ■ 1차 상품 ■ 제조품	45.4 1964년 54.6	17.5 1970년 82.5	11.7 1980년 88.3	4.9 1990년 95.1	2.8 2000년 97.2
수출 대상국 수(개)	59(1965년)	163(1975년)	185(1985년)	213(1995년)	227(2005년)

▲ 시대별 주요 수출 품목의 변화 (한국무역협회, 2016)

2. 공업의 특징

(1) **공업 구조의 고도화**

① 정부 주도의 수출 지향 정책을 추진

② 경공업 → 중화학 공업 → 첨단 산업으로 공업 구조가 고도화됨

(2) **원료의 높은 해외 의존도**

① 원료를 수입·가공하여 제품을 수출하는 가공 무역 발달

② 원료 수입과 제품 수출에 유리한 임해 지역에 공업 발달

③ 국제 시장의 원자재 가격의 상승과 해외 경기 변동에 따라 수출이 크게 좌우됨

(3) **공업의 이중 구조**

① 대기업의 사업체 수 비중은 낮으나 종사자 수 비중과 출하액 비중은 높음

② 대기업과 중소기업 간의 사업체당 종사자 수 및 노동 생산성 격차가 매우 큼

(4) **공업의 지역적 편재**

① 공업 발달 초기: 수도권과 영남권을 중심으로 공업 집중

② 국토의 불균형 성장 초래

1975년	13.6	31.1	11.0	11.8	9.5	17.4	5.6
1980년	9.0	30.9	7.8	13.2	9.2	26.5	3.4
1990년	7.1	22.1	7.4	14.4	8.3	37.7	3.0
2000년	6.8	16.5	6.4	11.6	7.1	48.2	3.4
2016년	7.1	5.8	3.7	13.9	7.7	59.2	2.6

■ 식품 ■ 섬유 ■ 목재·종이 ■ 화학 ■ 비금속·1차 금속 ■ 기계·조립 금속 ■ 기타

*종사자 수 기준임. (통계청)

▲ 공업 구조의 변화

신기술 융합 산업
기술 간의 창의적인 결합과 복합화를 통하여 기존 산업을 혁신하는 산업이다.

탈공업화
생산과 고용에서 제조업의 비중이 감소하고, 서비스업의 비중이 증가하는 현상을 말한다.

공업의 이중 구조

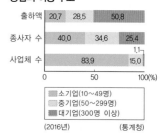

	소기업(10~49명)	중기업(50~299명)	대기업(300명 이상)
출하액	20.7	28.5	50.8
종사자 수	40.0	34.6	25.4
사업체 수	83.9	15.0	1.1

(2016년) (통계청)

대기업은 사업체 수 비중이 약 1%에 불과하지만, 종사자 수 비중은 약 25%, 출하액 비중은 약 50%로, 중소기업과 대기업 간의 격차가 크다.

공업의 지역적 편재

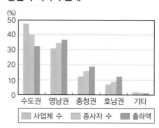

■ 사업체 수 ■ 종사자 수 ■ 출하액

수도권과 영남권이 제조업 사업체 수, 종사자 수, 출하액 비중이 매우 높은 것을 볼 때 수도권과 영남권에 공업이 집중되어 공업의 지역적 편재가 심하다는 것을 알 수 있다.

02 공업의 입지

1. 공업의 입지 요인

(1) 입지 요인

① 자연적 요인: 지형, 원료 등

② 사회적 요인: 시장, 노동력, 교통 등

(2) 공업의 입지

① 공업 입지: 공업이 일정한 장소에 자리 잡는 것

② 공업의 특성에 따라 입지에 유리한 장소가 다름

③ 일반적으로 생산비를 최소화할 수 있는 지점에 입지

④ 생산비에 영향을 주는 요소: 원료비, 운송비, 노동비 등이 있음 → 공업에 어느 요소의 비중이 더 높은가에 따라 입지가 달라짐

⑤ 최근의 변화: 소비자 정보 및 생산 관련 지식·기술과의 접근성, 정부 정책, 환경 문제 등의 사회적 요인이 공업 입지 요인으로 중시되고 있음

2. 공업의 입지 유형

유형	특색	해당 공업
노동 지향형	생산비에서 노동비가 차지하는 비중이 큰 공업	섬유, 전자 조립
원료 지향형	제조 과정에서 원료의 무게나 부피가 감소하는 공업	시멘트
	원료가 쉽게 부패 또는 변질되는 공업	통조림
시장 지향형	제조 과정에서 제품의 무게나 부피가 증가하는 공업	가구
	제품이 변질 및 파손되기 쉬운 공업	제빙, 제과
	소비자와의 잦은 접촉을 필요로 하는 공업	인쇄
적환지 지향형	부피가 크거나 무거운 원료를 해외로부터 수입하는 공업	제철, 정유
집적 지향형	한 가지 원료로 여러 제품을 생산하는 계열화된 공업	석유 화학
	제품 생산에 많은 부품이 필요한 조립형 공업	자동차, 조선
입지 자유형	운송비에 비해 부가 가치가 큰 공업	반도체

03 주요 공업 지역의 특징과 변화

1. 주요 공업 지역의 특징

(1) 수도권 공업 지역

① 풍부한 자본과 노동력, 넓은 소비 시장, 편리한 교통, 오랜 공업의 전통

② 우리나라 최대의 종합 공업 지역

③ 최근 첨단 산업이 빠르게 발달

④ 집적 불이익 발생 → 수도권 남서부, 충청권으로 공업 분산 추진

(2) 태백산 공업 지역

① 풍부한 지하자원을 바탕으로 시멘트 공업 등 원료 지향형 공업 발달

② 교통 불편, 소비 시장과 먼 거리 등으로 공업의 집적도가 낮음

(3) 충청 공업 지역

① 편리한 교통, 수도권에 인접한 지리적 위치 → 수도권에서 분산되는 공업 입지

② 내륙 지역: 대전의 대덕 연구 단지, 청주 → 첨단 산업

③ 해안 지역: 서산(석유 화학), 당진(제철), 아산(자동차) 등 → 중화학 공업 발달

▲ 우리나라의 주요 공업 지역

적환지

운송 수단이 바뀌는 지점을 말한다. 자동차·철도에서 배, 또는 배에서 자동차·철도로 운송 수단이 바뀌는 항구가 대표적인 적환지에 해당한다.

첨단 산업의 입지 조건

첨단 산업은 고급 기술 인력을 구하기 쉽고, 연구 개발 시설에 접근하기 좋으며, 지식 및 정보 관련 기반 시설이 잘 갖추어진 곳을 선호한다.

집적 이익과 집적 불이익

• 집적 이익: 한 지역에 여러 공장이 모여 원료의 공동 구매, 기술 및 정보 교환, 시설의 공동 이용 등이 이루어지면서 발생하는 이익을 말한다.

• 집적 불이익: 공업이 특정 장소에 과도하게 집적하여 지가 상승, 교통 체증, 환경 오염 등 집적에 따라 발생하는 불이익을 말한다.

대덕 연구 단지

1970년대에 계획되어 대전시 유성구에 조성된 과학 연구 단지이다. 정부 출연 연구 기관 및 민간 연구 기관이 밀집해 있고 한국과학기술원(KAIST)을 비롯한 고등 교육 기관도 입지해 있으며, 주택·교육·문화 및 복지 시설 등도 잘 갖추어져 있다.

(4) **호남 공업 지역**: 중국과의 접근성이 뛰어나 대중국 교역의 거점 지역, 제2의 임해 공업 지역으로의 성장 가능성이 큼

(5) **영남 내륙 공업 지역**

① 풍부한 노동력, 경부 축에 속하여 도로·철도 교통이 발달함

② 과거 노동 집약적 공업(섬유, 전자 조립) 발달 → 산업 클러스터를 통한 공업의 첨단화 추진

(6) **남동 임해 공업 지역**

① 우리나라 최대의 중화학 공업 지역 → 원료 수입과 제품 수출에 유리, 정부의 정책적 지원

② 포항·광양(제철), 울산(자동차, 석유 화학, 조선), 거제(조선), 창원(기계), 여수(석유 화학) 등

〈주요 공업의 시·도별 출하액 비중〉

순위	섬유 제품 (의복 제외)		1차 금속		화학 물질 및 화학 제품 (의약품 제외)		자동차 및 트레일러		전자 부품· 컴퓨터·영상· 음향 및 통신 장비	
	시·도	비중(%)	시·도	비중(%)	시·도	비중(%)	시·도	비중(%)	시·도	비중(%)
1	경기	26.5	경북	22.8	울산	24.3	경기	23.2	경기	49.0
2	경북	18.1	전남	13.7	전남	24.0	울산	20.1	경북	21.3
3	대구	15.1	충남	13.2	충남	16.0	충남	11.6	충남	15.2
4	부산	7.4	울산	13.0	경기	12.6	경남	8.1	충북	6.2
5	서울	6.2	경기	10.1	충북	5.8	광주	7.2	인천	2.6

(통계청, 2016)

2. 공업 지역의 변화

(1) **공업 지역의 집중과 분산**

① 집적 불이익과 분산: 수도권 및 남동 임해 공업 지역(집적 불이익) → 공업 분산 정책 추진 → 충청 공업 지역과 호남 공업 지역의 성장

② 수도권의 변화: 연구 시설 집중, 고급 연구 인력 확보에 유리, 도시 기반 시설이 잘 갖추어진 지역 → 정보 통신 제조업 등의 첨단 산업 중심으로 공업 구조의 전환이 이루어지고 있음

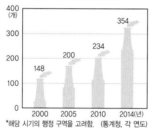

〈등록 공장 수 변화〉
- 2000: 148
- 2005: 200
- 2010: 234
- 2014: 354 (개)

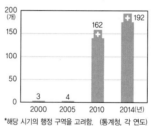

〈병원 수 변화〉
- 2000: 3
- 2005: 4
- 2010: 162
- 2014: 192 (개)

*해당 시기의 행정 구역을 고려함. (통계청, 각 연도)

⬆ **충남 당진의 공장 수와 병원 수 변화** 당진군은 2004년 제철소가 입지하면서 인구가 증가하였다. 이에 따라 병원, 음식점 등 편의 시설도 함께 증가하였다.

(2) **기업 규모의 성장에 따른 공간적 분업**: 교통·통신의 발달, 기업 규모의 성장 → 본사, 연구소, 생산 공장 등이 지리적으로 분리되어 입지

섬유·의류 공업의 분포

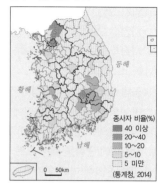

종사자 비율(%)
- 40 이상
- 20~40
- 10~20
- 5~10
- 5 미만

0 50km
(통계청, 2014)

노동력이 풍부한 서울, 경기, 대구, 경북, 부산 등을 중심으로 발달하였다.

정보 통신 제조업의 분포

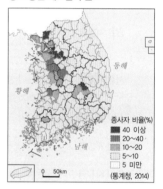

종사자 비율(%)
- 40 이상
- 20~40
- 10~20
- 5~10
- 5 미만

0 50km
(통계청, 2014)

수도권을 비롯한 대도시 지역을 중심으로 발달하였다.

공간적 분업

기업의 규모가 커지면서 본사, 연구소, 생산 공장 등의 기업 기능이 지리적으로 분리되어 입지하는 현상이다.

2단계 개념 쏙쏙 정리하기

공업의 발달 과정과 특징

공업 발달 과정	• 1960년대: 노동 집약적 경공업 발달 • 1970~1980년대: 제철, 석유 화학, 조선 등 자본·기술 집약적 중화학 공업 발달 → 원료의 수입과 제품의 수출에 유리한 남동 임해 지역을 중심으로 발달 • 1990년대 이후: 기술·지식 집약적인 첨단 산업 발달
공업의 특징	• 원료를 수입·가공하여 제품을 수출하는 가공 무역 발달 • 대기업 중심의 투자로 인한 공업의 이중 구조가 나타남 • 수도권과 영남권 중심의 투자로 인한 공업의 지역적 편재가 심한 편임

주요 공업 지역의 특징

수도권 공업 지역	우리나라 최대의 종합 공업 지역 → 수도권 남서부, 충청권으로 공업 분산, 최근 첨단 산업이 빠르게 발달
태백산 공업 지역	원료 지향형 공업인 시멘트 공업 발달
충청 공업 지역	수도권에서 분산되는 공업 입지
호남 공업 지역	대중국 교역의 거점 지역으로 발달
영남 내륙 공업 지역	과거 노동 집약적 공업 발달 → 최근 산업 클러스터를 통한 공업의 첨단화 추진
남동 임해 공업 지역	우리나라 최대의 중화학 공업 지역

● 다음 설명이 맞으면 ○, 틀리면 ×에 표시하시오.

1 일제 강점기에는 관북 지방에서 군수 산업 중심의 중화학 공업이 발달하였다. (○, ×)

2 1960년대에는 기술·지식 집약적인 첨단 산업이 발달하였다. (○, ×)

3 우리나라는 수도권과 영남권을 중심으로 공업이 집중되어 지역적 편재가 심하다. (○, ×)

4 부피가 크거나 무거운 원료를 해외로부터 수입하는 공업은 노동 지향형 공업에 속한다. (○, ×)

5 한 가지 원료로 여러 제품을 생산하는 석유 화학 공업은 집적 지향형 공업에 속한다. (○, ×)

6 기업 규모의 성장에 따라 본사는 주로 지방이나 개발 도상국에 입지하고, 생산 공장은 주로 대도시에 입지한다. (○, ×)

7 수도권 공업 지역은 집적 불이익으로 인해 최근 충청권 등으로 공업 분산이 추진되고 있다. (○, ×)

8 태백산 공업 지역은 풍부한 지하자원을 바탕으로 원료 지향형 공업이 발달하였다. (○, ×)

9 영남 내륙 공업 지역은 섬유, 전자 조립 등의 노동 집약적 공업이 발달하였던 곳으로, 최근 산업 클러스터를 통한 공업의 첨단화가 추진되고 있다. (○, ×)

10 전남 여수와 울산에서는 자동차 공업이 발달하였다. (○, ×)

11 공업 지역이 형성되면 인구가 유출되어 지역 경제가 위축된다. (○, ×)

● 다음 중 옳은 것에 ○표 하시오.

12 제조 과정에서 원료의 무게나 부피가 감소하는 시멘트 공업은 (㉠ 원료, ㉡ 시장) 지향형 공업에 속한다.

13 자동차 공업과 같이 제품 생산에 많은 부품이 필요한 조립형 공업은 (㉠ 집적, ㉡ 적환지) 지향형 공업에 속한다.

14 우리나라는 1990년대 이후 반도체, 컴퓨터, 신소재 등의 (㉠ 노동 집약적 경공업, ㉡ 기술·지식 집약적 첨단 산업)이 발달하고 있다.

15 포항, 광양, 당진에는 공통적으로 (㉠ 제철, ㉡ 석유 화학) 공업이 발달하였다.

16 우리나라 최대의 중화학 공업 지역은 (㉠ 영남 내륙, ㉡ 남동 임해) 공업 지역이다.

● 빈칸에 들어갈 알맞은 말을 써 넣으시오.

17 우리나라는 원료를 수입해 제품을 수출하는 (　　　) 무역이 발달하였다.

18 노동 집약적 경공업에서 자본 집약적 중화학 공업으로, 그리고 최근에는 기술·지식 집약적 첨단 산업 중심으로 공업이 변화하는 것을 공업 구조의 (　　　)(이)라고 한다.

19 공업이 일정한 장소에 자리 잡는 것을 (　　　)(이)라고 하며, 공업의 특성에 따라 유리한 장소가 다르다.

20 한 지역에 여러 공장이 모여 원료의 공동 구입, 기술 및 정보 교환, 시설의 공동 이용 등이 이루어지면서 발생하는 이익을 (　　　)(이)라고 한다.

21 (　　　) 공업 지역은 우리나라 최대의 종합 공업 지역으로, 최근 첨단 산업이 빠르게 발달하고 있다.

22 남동 임해 공업 지역에서 (　　　) 공업은 포항, 광양에서 발달하였고, 자동차 공업, 석유 화학 공업, 조선 공업은 (　　　)에서 발달하였으며, 기계 공업은 창원, 조선 공업은 거제, 석유 화학 공업은 (　　　)에서 발달하였다.

23 편리한 교통, 수도권에 인접한 지리적 위치를 바탕으로 수도권에서 분산되는 공업이 이전하는 곳은 (　　　) 공업 지역이다.

24 교통·통신의 발달, 기업 규모의 성장 등으로 본사, 연구소, 생산 공장 등의 기업 기능이 지리적으로 분리되는 현상을 (　　　)(이)라고 한다.

1 ○　2 ×(노동 집약적 경공업 발달)　3 ○　4 ×(적환지 지향형 공업)　5 ○　6 ×(본사 → 대도시, 생산 공장 → 지방이나 개발 도상국)　7 ○　8 ○　9 ○　10 ×(석유 화학 공업)　11 ×(인구 유입, 지역 경제 활성화)　12 ㉠　13 ㉠　14 ㉡　15 ㉠　16 ㉡　17 가공　18 고도화　19 입지　20 집적 이익　21 수도권　22 제철, 울산, 여수　23 충청　24 공간적 분업

서비스업의 변화와 교통·통신의 발달

키워드
최소 요구치, 재화의 도달 범위, 생산자·소비자 서비스업, 운송비, 교통수단별 수송 분담률

1단계 개념 뜯어보기

01 상업 및 소비 공간의 변화

1. 상업의 의미와 입지

(1) 상업의 의미: 생산과 소비를 연결하는 여러 가지 유통 활동을 담당하는 것

(2) 상업의 입지와 소비자 구매 형태

① 상점의 입지 조건

최소 요구치	중심지나 상점의 기능을 유지하기 위한 최소한의 수요
재화의 도달 범위	• 중심지 기능이 영향을 미치는 최대한의 공간 범위 • 교통이 발달할수록 확대됨

⬆ **중심지(상점)의 유지 조건** 중심지(상점)가 유지되기 위해서는 재화의 도달 범위가 최소 요구치의 범위와 같거나 넓어야 한다.

② 상품에 따른 소비자 구매 형태

일상용품	• 쉽게 구매할 수 있는 주변에 입지한 소규모 상점에서 주로 구매함 • 상대적으로 상점의 수가 많고, 소비자의 분포에 따라 분산되어 있음
전문 상품	• 거리가 멀리 떨어져 있더라도 백화점이나 전문 상가에서 구매하게 됨 • 상대적으로 상점의 수가 적고, 특정 지역에 집중되어 입지하려는 경향이 있음

2. 소비 공간의 변화

(1) 정기 시장의 변화

① 변화: 정기 시장이 상설 시장으로 바뀌거나 사라짐

② 원인: 인구 증가와 교통 발달로 인해 정기 시장이 감소함

(2) 유통 단계의 감소

① 정보 통신망 확충에 따른 전자 상거래의 활성화

② 중간 도매업과 영세 소매업의 약화

③ 택배업의 발달

(3) 상권의 확대: 교통 발달에 따라 상품 구매 가능 거리 증가 → 대형 상업 시설의 성장, 교외 지역에 전문 쇼핑 상점 등장

(4) 다양한 쇼핑 공간의 등장: 백화점, 대형 마트, 편의점, 대형 복합 쇼핑몰 등으로 다양해짐

편의점	일상생활에 필요한 상품 취급, 24시간 판매
백화점	고급 상품 취급, 접근성이 높은 도심이나 부도심에 입지
대형 마트	주로 일상용품 취급, 도시 내 주거 지역을 중심으로 입지
무점포 소매업	TV 홈쇼핑, 인터넷 쇼핑, 소셜 커머스 등의 발달로 매출액 증가 → 택배업 성장

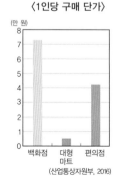 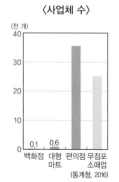 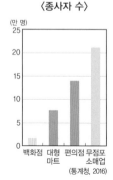 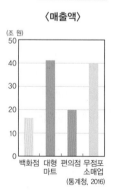

▲ **주요 소매 업태별 특징**

만점 공부 비법

• 상업 및 소비 공간의 변화 과정을 파악한다.
• 서비스 산업의 고도화가 생산 및 소비 공간에 미친 영향을 파악한다.
• 교통·통신의 발달이 생산 및 소비 공간에 미친 영향을 파악한다.

정기 시장
일정한 주기로 열리는 시장으로, 최근에 운영되는 정기 시장은 대부분 5일장의 형태로 운영된다.

상설 시장
일정 지역 내에서 매일 물품의 매매, 교환이나 이를 지원하는 서비스를 제공하는 곳이다.

전자 상거래의 장점
전자 상거래는 정보 통신 네트워크를 이용한 상품 거래를 말하는데, 전통적인 상거래 방식과 달리 시간에 구애받지 않고 고객이 직접 매장을 방문할 필요 없이 상품을 주문할 수 있다는 장점이 있다.

온라인 쇼핑몰 거래액의 변화

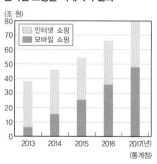

온라인 쇼핑몰 거래액이 지속적으로 증가하였는데, 최근에는 특히 모바일 쇼핑이 차지하는 비중이 크게 증가하였다.

02 서비스 산업의 고도화와 공간의 변화

1. 산업 구조의 변화

(1) 산업 구조의 변화

구분	산업 구조	특징
전 공업화 사회	• 농업 중심의 사회 • 1차 산업의 비중이 높음	• 산업화 이전 사회 • 주요 생산 요소: 토지, 노동력
공업화 사회	2차 산업의 비중이 크게 증가	• 소품종 대량 생산 체제 • 급속한 도시화와 산업화 진행 • 주요 생산 요소: 자본
탈공업화 사회	• 2차 산업의 비중 감소 • 3차 산업의 비중이 크게 증가	• 서비스업의 다변화, 전문화 • 주요 생산 요소: 지식, 정보

(2) 우리나라 산업 구조의 변화

1960년대 이전	농업 중심의 1차 산업 비중이 높았음
1960년대 이후	급속한 공업화가 진행되면서 2차 산업의 비중 증가
최근	2차 산업의 비중이 낮아지면서 3차 산업의 비중이 높아짐 → 탈공업화 진행

(3) **탈공업 사회의 특징**: 서비스업 중심의 경제 활동, 지식 기반 서비스업의 비중 증가, 전문직·연구직 등의 종사자 비율 증가, 지역 및 계층 간의 정보 격차 발생

2. 서비스 산업의 유형과 발달

(1) 서비스 산업의 유형

① 공급 주체에 따른 분류

• 공공 서비스업: 국가나 공공 단체가 공공의 복리를 위해 제공하는 서비스업
• 민간 서비스업: 개인이나 민간단체가 제공하는 서비스업

② 수요자의 유형에 따른 분류

• 소비자 서비스업
 - 개인 소비자가 이용하는 서비스업임
 - 소비자의 이동 거리를 최소화하기 위해 분산 입지하려는 경향이 큼
 - 도매 및 소매업, 숙박 및 음식업 등

• 생산자 서비스업
 - 기업의 생산 활동을 지원하는 서비스업임
 - 주로 대도시의 도심 또는 부도심에 입지함
 - 금융업, 보험업, 부동산업, 전문 서비스업 등

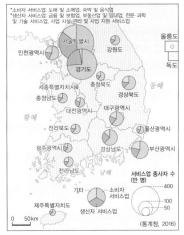

⬆ **서비스 산업의 분포** 생산자 서비스업은 관련 정보 획득에 유리한 수도권에 상대적으로 집중해 있다.

(2) 서비스 산업의 발달

① 서비스업의 외부화 경향이 강화되면서 업종 및 규모가 다양해지고 기능이 전문화됨

② **서비스 산업의 고도화**: 탈공업화의 영향으로 다른 산업으로 파급 효과가 큰 생산자 서비스업의 비중이 증가하는 서비스 산업의 고도화가 나타남

⬆ **서비스업 및 제조업 종사자 수 변화(2005~2015년)**
서울, 대구 등은 제조업 종사자 수는 감소하고 서비스업 종사자 수는 많이 증가하였다.

(3) 지식 기반 산업의 입지 특색

① 기술 혁신의 속도가 빠르고 고급 인력의 확보가 용이한 곳이 유리함

② 대학교와 연구소 등 연구·개발 시설이 인접해 있으며 교통이 편리한 곳을 선호 → 관련 기업들이 집적

③ 우리나라에서는 수도권에 집중적으로 분포 → 지역 간 격차 발생 우려

우리나라의 산업별 취업자 수 비중 변화

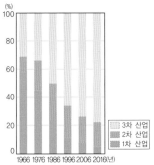

1966년에는 농업 중심의 1차 산업 비중이 가장 높았으나, 이후 공업이 빠르게 성장하면서 제조업 중심의 2차 산업 비중이 증가하였다. 1990년대 이후부터는 제조업 취업자 비중이 감소하고 서비스업 중심의 3차 산업 취업자 비중이 증가하면서 탈공업화 현상이 나타나고 있다.

서비스업의 외부화
기업이 비용 절감과 조직의 간소화 등을 위해 특정 업무를 외부 기업에 맡기는 현상으로, '아웃 소싱'이라고도 한다.

서비스업의 업종별 종사자 수 비중 변화

도매 및 소매업, 숙박 및 음식업과 같은 소비자 서비스업은 종사자 수 비중이 낮아진 반면 전문, 과학 및 기술 서비스업, 사업 서비스업과 같은 생산자 서비스업의 비중은 높아졌다.

서비스 산업의 고도화
지식과 정보를 기반으로 하여 부가 가치를 창출하는 지식 기반 서비스업이 경제 활동의 중심을 이루게 된 것을 말한다.

V

03 교통·통신의 발달과 공간의 변화

1. 운송비 구조와 교통수단별 특성

(1) 운송비 구조: 총운송비＝기종점 비용 ＋ 주행 비용

① 기종점 비용: 보험료·터미널 유지비·하역비 등의 고정 비용, 주행 거리와 관계없이 일정함, 운송 규모나 터미널 여건 등 교통수단마다 차이가 있음

② 주행 비용: 주행 거리에 따라 증가함, 주행 거리가 늘어날수록 단위 거리당 운송비는 감소함

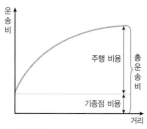

▲ 운송비 구조

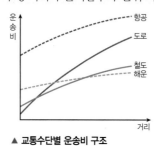

▲ 교통수단별 운송비 구조

(2) 교통수단별 특성

구분	특징
도로	• 기종점 비용이 가장 저렴하고, 주행 비용이 철도와 해운보다 비쌈 • 기동성과 문전 연결성이 우수하고, 운행 시 지형적 제약이 작음
철도	• 기종점 비용과 주행 비용이 도로와 해운의 중간임, 중대형 화물의 중·장거리 수송에 유리함 • 정시성과 안전성이 우수하고, 운행 시 지형적 제약이 큼
해운	• 기종점 비용이 비싸나 주행 비용이 저렴함 → 대량 화물의 장거리 수송에 적합 • 기상 조건의 제약이 큼, 화물 수송 분담률이 여객 수송 분담률보다 높음
항공	• 기종점 비용과 주행 비용이 비쌈, 장거리 여객 수송과 고부가 가치 화물 수송에 적합 • 기상 조건의 제약이 큼, 신속한 수송에 유리

2. 교통·통신의 발달과 공간 및 생활의 변화

(1) 교통·통신의 발달에 따른 공간 변화: 상업 입지 변화(도시 외곽 지역에 물류 단지·복합 화물 터미널 등 입지), 전자 상거래의 증가(→ 택배 산업의 성장), 기업 조직의 공간적 분업 심화

(2) 교통·통신의 발달에 따른 생활의 변화

① 시공간적 제약의 완화: 지역 간 인적·물적 교류 증가, 재화와 서비스의 제공 범위 확대, 소비자의 이동 거리 증가, 재택근무와 화상 회의의 확대

② 지능형 교통 시스템 등장과 유비쿼터스 시대의 도래

단위 거리당 운송비

총운송비를 이동 거리로 나눈 값으로, 일반적으로 1km당 운송비를 말한다. 단위 거리당 운송비는 교통수단과 이동 거리에 따라 다르게 나타난다. 기종점 비용은 거리가 멀어지더라도 일정하며, 주행 비용은 장거리 할인이 적용된다. 따라서 일반적으로 거리가 멀어질수록 단위 거리당 운송비가 감소하는 운송비 체감 현상이 나타난다.

교통수단별 수송 분담률

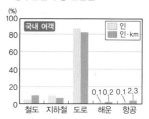

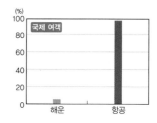

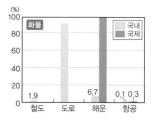

2단계 개념 쏙 정리하기

주요 소매 업태별 특징	
편의점	일상생활에 필요한 상품 취급, 24시간 판매
백화점	주로 고급 상품 취급, 접근성이 높은 도심이나 부도심에 입지
대형 마트	도시 내 주거 지역을 중심으로 입지
무점포 소매업	TV 홈쇼핑, 인터넷 쇼핑, 소셜 커머스의 발달로 매출액 증가 → 택배업 성장

수요자 유형에 따른 서비스업의 분류	
생산자 서비스업	• 기업의 생산 활동을 지원하는 서비스업 • 기업과의 접근성이 높고 관련 정보 획득에 유리한 지역에 집중하려는 경향이 큼 → 주로 대도시의 도심 또는 부도심에 입지
소비자 서비스업	• 개인 소비자가 이용하는 서비스업 • 소비자의 이동 거리를 최소화하기 위해 분산하여 입지하려는 경향이 큼

교통수단별 특성	
도로	단거리 수송에 유리, 기동성과 문전 연결성이 우수, 지형적 제약이 작음
철도	정시성과 안전성이 우수, 지형적 제약이 큼
해운	대량 화물의 장거리 수송에 유리, 기상 조건의 제약이 큼
항공	장거리 여객 및 고부가 가치 화물 수송에 주로 이용, 기상 조건의 영향이 큼

● 다음 설명이 맞으면 ○, 틀리면 ×에 표시하시오.

1 중심지(상점)가 유지되기 위해서는 최소 요구치의 범위가 재화의 도달 범위보다 같거나 넓어야 한다.　(○, ×)

2 백화점은 대형 마트보다 대도시 도심에 입지하려는 경향이 강하다.　(○, ×)

3 편의점은 대형 마트보다 점포당 매출액 규모가 크다.　(○, ×)

4 서비스 산업은 수요자의 유형에 따라서 생산자 서비스업과 소비자 서비스업으로 구분된다.　(○, ×)

5 소비자 서비스업은 생산자 서비스업보다 대도시의 도심에 집중해 입지하려는 경향이 강하다.　(○, ×)

6 우리나라의 지식 기반 서비스업은 수도권에 집중적으로 분포하는 경향을 보이며, 상대적으로 지방 중소 도시에는 고도화된 서비스 산업의 발달이 미약하여 지역 간 격차가 발생한다.　(○, ×)

7 국제 여객 수송 분담률이 가장 높은 교통수단은 항공이다.　(○, ×)

8 국내 및 국제 화물 수송 분담률이 가장 높은 교통수단은 해운이다.　(○, ×)

9 철도는 해운보다 기상 조건의 영향을 크게 받는다.　(○, ×)

10 도로는 해운보다 주행 비용 증가율이 높고, 기종점 비용이 저렴하다.　(○, ×)

11 교통·통신의 발달로 시공간적 제약이 완화되면서 지역 간 인적·물적 교류가 늘어나고 있다.　(○, ×)

● 다음 중 옳은 것에 ○표 하시오.

12 편의점은 백화점보다 상점 수가 (㉠ 많고, ㉡ 적고), 상점 간의 거리가 (㉢ 가깝다, ㉣ 멀다).

13 (㉠ 공업화, ㉡ 탈공업화) 사회에서는 서비스업 중심의 경제 활동이 이루어지며, 지식과 정보가 주요 생산 요소이다.

14 서비스 산업은 (㉠ 공급, ㉡ 수요) 주체에 따라 공공 서비스업과 민간 서비스업으로 구분된다.

15 금융업, 보험업, 전문 서비스업은 모두 기업의 생산 활동을 지원하는 (㉠ 생산자, ㉡ 소비자) 서비스업이다.

16 기상 조건의 제약이 큰 교통수단은 (㉠ 도로, ㉡ 항공) 교통이다.

17 문전 연결성이 가장 우수한 교통수단은 (㉠ 도로, ㉡ 철도)이고, 정시성과 안전성이 가장 우수한 교통수단은 (㉢ 도로, ㉣ 철도)이다.

18 주행 비용은 주행 거리에 따라 증가하는데, 주행 거리가 늘어날수록 단위 거리당 주행 비용은 (㉠ 증가, ㉡ 감소)한다.

● 빈칸에 들어갈 알맞은 말을 써 넣으시오.

19 중심지나 상점의 기능을 유지하기 위한 최소한의 수요를 (　　　)(이)라고 하고, 중심지 기능이 영향을 미치는 최대한의 공간 범위를 (　　　)(이)라고 한다.

20 최근 정보 통신 매체의 발달로 인터넷, TV 홈쇼핑 등을 활용한 (　　　) 상거래가 증가하고 있다.

21 총운송비 중 (　　　)은/는 보험료, 터미널 유지비, 하역비 등과 같이 주행 거리와 관계없이 일정하게 부과되는 비용을 말한다.

22 우리나라는 탈공업화의 진행으로 다른 산업으로 파급 효과가 큰 생산자 서비스업의 비중이 증가하는 (　　　)이/가 나타나고 있다.

23 서비스업 중 소매업, 숙박 및 음식업 등은 개인 소비자가 이용하는 (　　　)에 해당한다.

24 대량 화물의 장거리 수송에 적합한 교통수단은 (　　　)이다.

25 장거리 여객 수송과 고부가 가치 화물 수송에 적합한 교통수단은 (　　　)이다.

---

1 ×(최소 요구치 ≤ 재화의 도달 범위)　2 ○　3 ×(작다)　4 ○　5 ×(생산자 서비스업)　6 ○　7 ○　8 ×(국내는 도로가 가장 높음)　9 ×(지형적 제약이 큼)　10 ○　11 ○　12 ㉠, ㉢
13 ㉡　14 ㉠　15 ㉠　16 ㉡　17 ㉠, ㉣　18 ㉡　19 최소 요구치, 재화의 도달 범위　20 전자　21 기종점 비용　22 서비스 산업의 고도화　23 소비자 서비스업　24 해운　25 항공

자료 분석특강

지역별 에너지 공급 및 발전 설비 현황

1 석유, 석탄, 천연가스 공급 현황

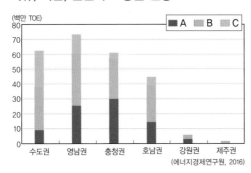

(에너지경제연구원, 2016)

- 지역별 석유, 석탄, 천연가스의 공급량을 모두 더했을 때 가장 많은 B는 (석유), 그다음으로 많은 A는 (석탄), 세 번째로 많은 C는 천연가스이다.
- 석유는 정유 및 석유 화학 공업이 발달했거나 인구가 많은 영남권과 수도권에서 공급량이 많다. 석탄은 제철 공업이 발달했거나 대규모 화력 발전소가 입지한 충청권과 영남권에서 공급량이 많다.

 출제 포인트
- 1차 에너지원별 소비량은 석유 > 석탄 > 천연가스 > 원자력 순으로 많다.
- 천연가스의 공급량이 가장 많은 곳은 수도권, 석탄의 공급량이 가장 많은 곳은 충청권이다.

2 석유, 석탄, 천연가스를 이용한 발전 설비 현황

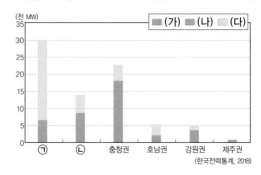

(한국전력통계, 2018)

- 충청권에서 (가)를 이용한 발전 설비가 가장 많으므로 (가)는 석탄이다. 제주권은 (나)를 이용한 발전 설비가 많으므로 (나)는 (석유)이다.
- 석탄을 이용한 발전 설비가 많은 ㉤은 영남권이고, 전력 수요가 많아 발전 설비가 많은 ㉠은 수도권이다.
- 수도권에서 전력 생산에 가장 많이 이용되는 (다)는 (천연가스)이다.

 출제 포인트
- 1차 에너지원별 발전량은 석탄 > 원자력 > 천연가스 > 석유 순으로 많다.
- 수도권은 천연가스를 이용한 발전 설비가 많고, 충청권은 석탄을 이용한 발전 설비가 많다.

도(道)별 농업 특성

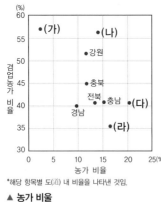

*해당 항목별 도(道) 내 비율을 나타낸 것임.

▲ 농가 비율　　　　▲ 논 면적 비율

(통계청, 2016)

- 겸업농가 비율이 높은 (가), (나)는 경기와 제주 중 하나인데, (가)는 농가 비율이 낮고, (나)는 논 면적 비율이 매우 낮다. 따라서 (가)는 (경기), (나)는 (제주)이다.
- (다)와 (라)는 농가 비율이 높은데, (다)는 (라)보다 농가당 경지 면적과 논 면적 비율이 높으므로 평야가 발달한 (전남)이다. (라)는 (다)보다 논 면적 비율과 겸업농가 비율이 낮으므로 (경북)이다.

 출제 포인트
- 도(道) 지역 중 논 면적 비율이 가장 낮은 곳은 제주인데, 이는 절리가 많은 기반암(현무암)의 영향 때문이다.
- 논 면적 비율이 높은 곳은 평야가 발달한 전북, 전남, 충남이고, 경북은 도(道) 지역 중 농가 수가 가장 많고 전업농가 비율이 가장 높다.

섬유 제품(의복 제외), 1차 금속, 전자 부품·컴퓨터·영상·음향 및 통신 장비 제조업의 분포 현황

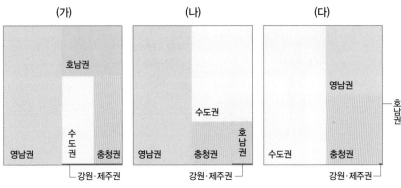

*(가)~(다)는 제조업의 총 출하액에서 권역별 출하액 비중을 면적 크기로 나타낸 것이며, 종사자 수 10인 이상 사업체만 대상으로 함.
(통계청, 2016)

• (가)는 (나), (다)보다 호남권에서 상대적으로 출하액 비중이 높게 나타나므로 (1차 금속 제조업)이다. (1차 금속 제조업)은 영남권(포항), 호남권(광양), 충청권(당진)에서 상대적으로 출하액 비중이 높다.

• (나)는 (다)에 비해 영남권에서 상대적으로 출하액 비중이 높으므로 (섬유 제품(의복 제외) 제조업)이다. (섬유 제품(의복 제외) 제조업)은 경북과 대구를 중심으로 영남권에서 출하액 비중이 높다.

• (다)는 수도권에서 출하액 비중이 높으므로 지식 기반 제조업에 속하는 (전자 부품·컴퓨터·영상·음향 및 통신 장비 제조업)이다.

출제 포인트 포항, 광양, 당진에서 공통으로 발달한 제조업은 1차 금속 제조업(제철 공업)이다.

시·도별 산업 구조

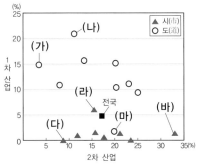

*해당 지역 내 1차, 2차 취업자 수 비중을 나타낸 것임. (통계청, 2017)

• (가)는 2차 산업 취업자 비중이 가장 낮으므로, 상대적으로 제조업의 발달이 미약한 (제주)이다.

• (나)는 1차 산업 취업자 비중이 가장 높으므로, 농업이 발달한 호남 지방에 위치한 (전남)이다.

• (다)는 1차 산업 취업자 비중이 가장 낮고, 100에서 1차 산업 취업자 비중과 2차 산업 취업자 비중을 뺀 3차 산업 취업자 비중이 가장 높으므로 (서울)이다.

• (라)는 시(市) 지역 중 1차 산업 취업자 비중이 가장 높으므로 도시 발달의 역사가 가장 짧은 세종특별자치시이고, (마)는 도(道) 지역 중 1차 산업 취업자 비중이 가장 낮으므로 (경기)이다.

• (바)는 2차 산업 취업자 비중이 가장 높으므로 제조업이 발달한 (울산)이다.

출제 포인트 3차 산업 취업자 비중이 가장 높은 곳은 서울이고, 2차 산업 취업자 비중이 가장 높은 곳은 울산이다.

대단원 한눈에 정리

생산과 소비의 공간

자원의 의미와 자원 문제

자원의 특성과 분류
- 특성: 가변성, 유한성, 편재성(자원 민족주의)
- 분류: 천연자원, 문화적 자원, 인적 자원, 비재생 자원, 재생 자원

에너지 자원의 이용
- 석유: 우리나라에서 가장 많이 소비
- 천연가스: 대기 오염 물질 배출량이 적음

주요 전력의 생산과 분포
- 화력: 발전 설비 및 발전량 비중이 가장 높음
- 원자력: 경북 울진, 경주, 전남 영광, 부산, 울산
- 수력: 큰 하천의 중·상류 지역에 많이 분포

농업의 변화와 농촌 문제

주요 작물의 생산과 소비
- 쌀: 우리나라에서 가장 많이 생산되는 주식 작물
- 보리: 벼의 그루갈이 작물, 소비량 감소
- 채소, 과일: 생산량 증가
- 낙농업: 경기도에서 발달

산업화와 농업 구조의 변화
- 이촌 향도 현상 → 노동력 부족
- 농업 인구 고령화, 경지 이용률 감소, 농가당 경지 면적의 증가

농업의 발전 방안
- 농업 기술 혁신, 농산물의 고급화 전략 등
- 지리적 표시제, 농산물 브랜드화 등

공업의 발달과 지역 변화

공업의 특색
- 노동 집약적 경공업 → 자본 집약적 중화학 공업 → 기술·지식 집약적 첨단 산업 중심
- 공업의 지역적 편재, 지역 불균형 문제
- 대기업과 중소기업 간의 격차 심화

공업 구조의 변화
- 1960년대: 섬유, 신발 등 경공업
- 1970년대: 철강, 석유 화학, 기계 공업
- 1980년대: 자동차, 조선 공업
- 1990년대 이후: 첨단 산업, 탈공업화 진행

공업 입지 유형
- 원료 지향 공업: 시멘트
- 노동력 지향 공업: 섬유, 전자 조립
- 시장 지향 공업: 인쇄, 가구
- 집적 지향 공업: 자동차, 조선
- 적환지 지향 공업: 정유, 제철

서비스업의 변화와 교통·통신의 발달

상점의 유지 조건
- 최소 요구치의 범위 ≤ 재화의 도달 범위

소매 업태별 특징
- 편의점: 일상생활 용품을 24시간 판매
- 대형 마트: 도시 내 주거 지역에 입지
- 백화점: 접근성이 좋은 도심과 부도심에 입지
- 무점포 상점: 입지가 자유로움, 택배 산업 성장

서비스 산업의 고도화
- 탈공업화 현상, 지식 기반 서비스업 중심으로 변화
- 생산자 서비스업의 비중 증가

교통·통신의 발달과 공간 변화
- 시공간적 제약 완화 → 재택근무 확대
- 정보화의 영향 → 개인 정보 유출, 사생활 침해, 지역 및 계층 간 정보 격차 심화

VI

인구 변화와 다문화 공간

이 단원의
**수능 출제
분석**

인구 변화와 다문화 공간 단원에서는 지역별 인구 구조, 성비, 국제결혼율, 인구 부양비의 차이 등이 자주 출제되었다. 특히 지역의 연령별 인구를 나타낸 그래프와 인구 부양비 자료 등을 통해 지역의 특성을 파악하는 문항과 인구 관련 지표의 지역별 분포를 나타낸 지도를 통해 해당 지표가 무엇인지를 찾는 문항이 주로 출제된다.

이 단원의 **수능 빈출 주제**

순위	주제	출제 빈도	난이도
1순위	시·도별 인구 구조 특성	출제 빈도 ★★★★★	난이도 중
2순위	연령별 인구 자료 분석	출제 빈도 ★★★★	난이도 중
3순위	국제결혼율의 지역별 분포	출제 빈도 ★★★	난이도 중
4순위	저출산, 고령화 현상	출제 빈도 ★★	난이도 중
5순위	연령별 인구 비중의 변화	출제 빈도 ★★	난이도 하
6순위	인구 부양비	출제 빈도 ★★	난이도 상

15강 인구 분포와 인구 구조의 변화

키워드

인구 분포, 이촌 향도, 자연적 증감, 사회적 증감, 출산 붐, 산아 제한 정책, 출산 장려 정책, 인구 구조, 성비

1단계 개념 톺아보기

01 인구 분포

1. **인구 분포**: 특정 시점 인구의 지역별 규모

2. **인구 분포에 영향을 미치는 요인**

(1) **자연적 요인**: 기후, 지형, 토양 등 → 전통적 인구 분포에 크게 영향을 미침

(2) **사회·경제적 요인**: 문화, 교육, 직업, 산업, 교통 등 → 과학 기술이 발달하고 경제가 성장하면서 인구 분포에 미치는 영향력이 커짐

3. **우리나라의 인구 분포**

(1) **1960년대 이전**: 의주에서 영일만을 직선으로 연결한 선의 남서부 평야 지대는 기후가 온화하고 경지 비율이 높아 인구 밀도가 높고, 산지가 많은 북동부 지역은 인구 밀도가 낮음

(2) **현재**: 도시가 밀집하고 2·3차 산업이 발달한 수도권, 대도시, 남동 임해 지역의 인구 밀도가 높음, 태백산맥·소백산맥의 산간 지역과 농어촌 지역은 인구 밀도가 낮음

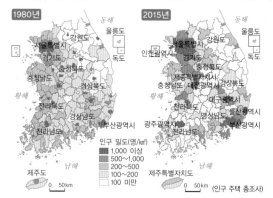

⇦ **인구 분포의 지역적 차이와 변화** 우리나라 최대의 인구 밀집 지역은 수도권이다. 이 밖에 부산, 대구, 대전, 광주 등과 같은 대도시와 주변 위성 도시에 인구가 밀집되어 있고, 공업이 발달한 포항~울산~광양 등을 잇는 남동 임해 지역도 인구 밀집 지역이다. 이와 달리 산간 지역과 농어촌 지역은 인구 희박 지역이다.

인구 집중으로 대도시가 과밀화되면서 1990년대 이후 대도시 주변에 도시가 건설되고 인구와 산업 시설이 분산되었다. 그 결과 경기도와 경상남도에서는 대도시와 인접한 지역의 인구가 증가하였다.

02 우리나라의 인구 이동

1. **일제 강점기**: 광공업이 발달한 북부 지방으로 인구 이동, 일본·중국·러시아 등 해외로 이주

2. **광복 이후**: 해외 동포들이 귀국하여 고향이나 도시로 이동

3. **1960~1980년대**: 산업화·도시화가 진행되면서 농촌에서 대도시 및 공업 도시로 인구가 이동하는 이촌 향도 현상이 나타남

4. **1990년대 이후**: 수도권과 대도시로 인구가 집중하고 대도시의 교외화 현상도 함께 나타남 → 도시 간 이동과 대도시에서 주변 도시로의 인구 이동이 많아짐

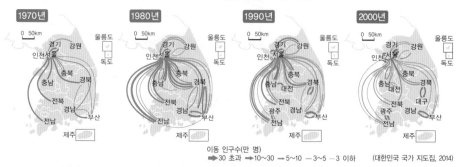

⇧ **1970~2000년의 인구 이동** 1970년대와 1980년대에는 당시 급격하게 진행된 도시화의 영향으로 서울, 부산과 같은 대도시로의 인구 이동이 뚜렷하게 나타났다. 1990년대부터는 도시와 도시 간의 인구 이동이 크게 나타났으며, 2000년대 이후에는 교외화 현상이 지역적으로 나타나게 되었다. 2015년 현재 우리나라는 세종과 제주로 인구가 많이 유입되고 있으며, 서울과 대전에서는 인구가 많이 유출되고 있다.

1940년의 인구 분포

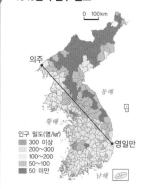

북한의 의주와 남한의 영일만을 직선으로 연결할 경우, 그 선을 기준으로 남서쪽은 인구가 밀집한 지역, 북동쪽은 인구가 희박한 지역으로 구분할 수 있다.

인구 중심점의 이동

인구 중심은 지도에 인구 분포를 한 개의 점으로 나타낸 다음 모든 사람의 몸무게가 같다고 가정할 때, 무게의 중심에 해당하는 곳이다. 광복 이후 우리나라의 인구 중심점은 북서쪽으로 이동했는데, 이는 전체 인구 분포에서 수도권의 인구 비중이 높아지고 있기 때문이다.

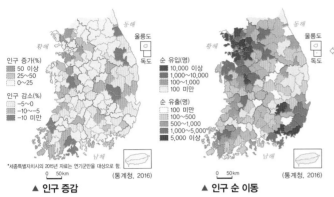

인구 증가(%)
- 50 이상
- 25~50
- 0~25

인구 감소(%)
- -5~0
- -10~-5
- -10 미만

*세종특별자치시의 2015년 자료는 연기군만을 대상으로 함.

0 50km

(통계청, 2016)

▲ 인구 증감

순 유입(명)
- 10,000 이상
- 1,000~10,000
- 100~1,000
- 100 미만

순 유출(명)
- 100 미만
- 100~500
- 500~1,000
- 1,000~5,000
- 5,000 이상

0 50km

(통계청, 2016)

▲ 인구 순 이동

⇦ **인구 증감과 인구 순 이동** 수도권의 위성 도시, 수도권과 인접한 충남, 경남 일부 지역은 인구가 증가하였지만, 일부 촌락 지역과 지방 중소 도시는 인구가 감소하였다. 서울, 부산 등의 대도시는 교외화로 인해 최근 인구 유입보다 유출이 많았고, 대도시에 인접한 지역에서는 인구 순 유입이 많았다.

인구 순 이동과 인구 순 이동률
전입 인구와 전출 인구의 차이를 인구 순 이동이라고 하고, 해당 지역의 주민 등록 인구 100명당 이동자 수를 인구 순 이동률이라고 한다.

03 인구 성장

1. 인구 성장

(1) 의미: 한 지역이나 국가에서 일정 기간 발생한 인구의 양적인 변화

(2) 인구 성장은 자연적 증감(출생자 수 − 사망자 수)+사회적 증감(전입자 수 −전출자 수)으로 알 수 있음

(3) 의학 기술의 발달, 경제 발전 수준, 사회적 관습, 인구 정책 등의 영향을 받음

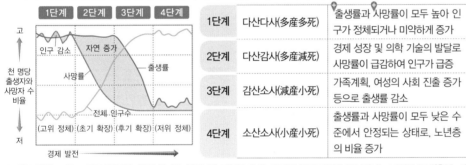

1단계	다산다사(多産多死)	출생률과 사망률이 모두 높아 인구가 정체되거나 미약하게 증가
2단계	다산감사(多産減死)	경제 성장 및 의학 기술의 발달로 사망률이 급감하여 인구가 급증
3단계	감산소사(減産小死)	가족계획, 여성의 사회 진출 증가 등으로 출생률 감소
4단계	소산소사(小産小死)	출생률과 사망률이 모두 낮은 수준에서 안정되는 상태로, 노년층의 비율 증가

⇧ **인구 변천 모형** 인구 변천(變=변할 변, 遷=옮길 천) 모형은 사회·경제의 발전 과정에서 나타나는 자연적 증감(출생, 사망)에 의한 인구 변화를 나타낸 것이다. 인구 변천 모형은 인구 성장 과정을 크게 네 단계로 구분한다.

2. 우리나라의 인구 성장

(1) 특징

① 우리나라 인구는 경제 발전, 인구 정책 등의 영향으로 짧은 기간 동안 빠르게 성장하였음

② 2012년 이후 우리나라의 인구는 5,000만 명을 넘었음

(2) 우리나라의 시대별 인구 성장

① 조선 시대 이전: 출생률이 높았으나 질병·기근·자연재해 등으로 사망률도 높아 인구 성장률이 낮음

② 1920년대 이후: 근대 의료 기술의 도입과 위생 시설의 확충 등으로 사망률이 빠르게 감소, 식량 생산 증가로 인구 증가

③ 광복~1950년대

• 해외 동포의 귀국과 북한 주민의 월남으로 인한 인구 증가(사회적 증가)

• 6·25 전쟁 기간 중 일시적으로 사망률이 높았음

• 전쟁 후 출산 붐(Baby Boom) 현상으로 인구 증가율이 매우 높았음

④ 1960~1990년대

• 인구의 급격한 증가를 억제하기 위해 정부 주도의 적극적인 산아(産=낳을 산, 兒=아이 아) 제한 정책이 추진됨

• 출산율이 빠르게 낮아짐

⑤ 2000년대 이후: 저출산 문제가 발생하자 정부는 다시 출산 장려 정책으로 전환함

출생률
일정한 기간에 태어난 사람의 수가 전체 인구에 대하여 차지하는 비율로, 보통 인구 천 명에 대한 출생아 수로 나타낸다.

사망률
어느 특정 인구에 대한 일정 기간의 사망자 수의 비율로, 보통 인구 천 명에 대한 연간 사망자 수로 나타낸다.

VI

우리나라의 인구 성장

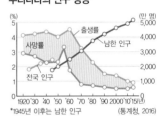

*1945년 이후는 남한 인구 (통계청, 2016)

모든 시기에서 출생률이 사망률보다 높았으므로 인구의 자연 증가가 나타났다.

출산 붐(Baby Boom)
불안정한 사회가 안정되면서 출생률이 급격히 증가하는 사회적 현상이다. 우리나라에서는 6·25 전쟁 후 1955년에서 1963년 사이에 태어난 세대를 출산 붐 세대라고 한다.

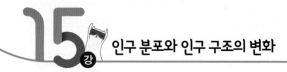

04 인구 구조

1. 연령별 인구 구조

(1) 연령별 구분: 유소년층(0~14세), 청장년층
  (15~64세), 노년층(65세 이상)

(2) 출생률이 낮아지면서 유소년층 인구 비율 감소

(3) 평균 수명의 증가로 사망률이 낮아지면서 노년
  층 인구 비율 증가

2. 인구 구조의 시기별 변화

(1) 1960년대 이전: 유소년층 인구 비율이 높고 노
  년층 인구 비율이 낮음 → 피라미드형 인구 구조

(2) 1990년대 후반 이후: 출생률과 사망률이 낮아지면서 종형으로 변화하였으며, 점차 방추형(양
  끝이 뾰족한 원기둥꼴의 모양)으로 변화하고 있음

(3) 2060년: 현재(2015년)보다 유소년층 인구 비율이 낮고 기대 수명이 증가함에 따라 노년층 인
  구 비율이 매우 높을 것으로 예상됨 → 역피라미드형 인구 구조

3. 성별 인구 구조

(1) 출생 시에는 성비(性比)가 100 이상이나 노년층으로 갈수록 성비가 낮아짐

(2) 성비 불균형이 완화되고 있음 ← 남아 선호 사상의 약화, 태아 성 감별 금지 등

(3) 지역의 특성에 따라 다르게 나타남

① 여초(女=여자 여, 超=뛰어넘을 초) 현상: 대도시, 관광 도시 등

② 남초(男=남자 남, 超=뛰어넘을 초) 현상: 중화학 공업 도시, 휴전선 부근의 군사 도시 등

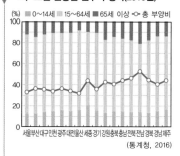

시·도별 연령별 인구 구성비(2015년)
(통계청, 2016)

▲ 연령별 인구 구조의 변화
(통계청, 2016)

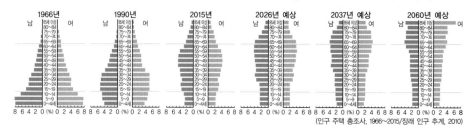
(인구 주택 총조사, 1966~2015/장래 인구 추계, 2010)

⇑ **우리나라 인구 피라미드의 변화** 1966년에는 높은 출생률과 높은 사망률로 유소년층의 비중이 크고, 노년층의 비중이
작은 피라미드형 인구 구조가 나타났다. 1990년 이후에는 낮아진 출생률로 유소년층의 비중이 작아지고, 평균 수명의 연
장으로 노년층의 비중이 커지면서 인구 피라미드가 종형으로 변화하였고, 점차 방추형으로 변화하고 있다. 2060년에는
낮은 출생률과 의학 기술의 발달에 따른 낮은 사망률로 인해 유소년층과 청장년층의 비중은 감소하고 노년층의 비중은
증가하여 역피라미드형 인구 구조가 나타날 것으로 예상된다.

인구 구조
인구 집단의 성별·연령별 구성을 보여
주는 것으로 해당 지역의 시간적·공간
적 특징이 잘 나타난다.

기대 수명
연령별·성별 사망률이 현재 수준으로
유지된다고 가정했을 때 올해 태어날
아기가 향후 몇 년을 더 생존할 것인가
를 통계적으로 추정한 기대치이다.

성비
여성 인구 100명당 남성 인구의 수를
말하며, 성비가 100보다 높으면 남초
현상, 100보다 낮으면 여초 현상이라고
한다.

2단계 개념 쏙 정리하기

인구 분포와 인구 이동

인구 분포	• 자연적 요인(기후, 지형, 토양 등) • 사회·경제적 요인(교통, 산업, 문화 등)
인구 분포 특징	• 1960년대 이전: 자연적 요인이 큼—남서부 지역(인구 밀집), 북동부 지역(인구 희박) • 현재: 수도권, 대도시, 남동 임해 지역에 인구 밀집
인구 이동	1960~ 1980년대 • 이촌 향도 현상 • 대도시와 신흥 공업 도시 성장
	1990년대 이후 • 수도권과 대도시로 인구 집중 • 대도시의 교외화 현상

인구 성장

인구 증감	• 자연적 증감(출생자 수 − 사망자 수) • 사회적 증감(전입자 수 − 전출자 수)
우리 나라 인구 성장	• 조선 시대: 다산다사 • 1920년대 이후: 사망률이 빠르게 감소 • 광복~1950년대: 해외 동포 귀국, 북한 주민의 월남, 6·25 전쟁 후 출산 붐 → 인구 증가 • 1960~1990년대: 산아 제한 정책 실시, 여성의 사회 진출로 출생률 낮아짐 • 2000년대 이후: 출산 장려 정책 실시

인구 구조

연령별 인구 구조	• 출생률 감소: 유소년층 인구 비율 감소 • 사망률 감소: 노년층 인구 비율 증가 • 청장년층 인구 비율 감소 예상
성별 인구 구조	• 성비: 여성 100명당 남성의 수 • 여초 현상: 대도시, 관광 도시 등 • 남초 현상: 중화학 공업 도시, 군사 도시 등
인구 피라미드의 변화	• 유소년층 감소, 노년층 증가 • 피라미드형 → 종형 → 방추형 → 역피라미드형으로 변화

● 다음 설명이 맞으면 ○, 틀리면 ×에 표시하시오.

1 근대 이전 사회에서는 인구 분포에 있어서 사회·경제적 요인이 절대적으로 중요하였으나, 과학 기술이 점차 발달하면서 자연적 요인이 더 중요시되고 있다. (○, ×)

2 우리나라의 경우 과거에는 기후가 온화하고 평야가 발달한 남서부 지역에 많은 인구가 분포하였으나 산업화와 대도시의 성장으로 인구 분포가 변화함에 따라 인구 중심점이 점차 북서쪽으로 이동하고 있다. (○, ×)

3 우리나라 최대의 인구 밀집 지역은 수도권으로 전체 인구의 약 50%가 거주한다. (○, ×)

4 성비란 여성 100명당 남성의 수로, 100을 초과하면 여초 현상, 100 미만이면 남초 현상이 나타난다. (○, ×)

5 1950년대에는 6·25 전쟁으로 사망률이 일시적으로 높아졌으나 전쟁 후 출산 붐으로 인구 증가율이 급격히 높아졌다. (○, ×)

6 인구 변천 모델은 사회·경제의 발전 과정에서 나타나는 자연적 증감(출생과 사망)에 의한 인구 변화를 나타낸 것이다. (○, ×)

7 인구 변천 모델 1단계는 출생률과 사망률이 모두 높은 고위 정체기로 인구 성장률이 낮은 다산다사(多産多死)의 단계이다. (○, ×)

8 인구 변천 모델에서 3단계는 출생률은 여전히 높으나 의학 발달, 경제 발전 등으로 사망률이 급감하여 인구가 급증하는 다산감사(多産減死)의 단계이다. (○, ×)

9 2000년대 이후 지나친 출산율의 감소로 저출산 문제가 발생하자 정부는 다시 출산 장려 정책으로 전환하게 되었다. (○, ×)

10 인구 전입이 활발한 지역에서는 노년층 인구 비율이 높은 경향이 나타나며, 인구 전출이 활발한 지역에서는 청장년층 인구 비율이 상대적으로 높게 나타난다. (○, ×)

11 우리나라의 인구 피라미드는 피라미드형 → 종형 → 방추형 → 역피라미드형으로 변화할 것이다. (○, ×)

12 대체로 출생 시에는 여초 현상이 나타나지만, 노년에 이를수록 남초 현상이 나타난다. (○, ×)

● 다음 중 옳은 것에 ○표 하시오.

13 인구 성장은 출생자 수와 사망자 수의 차이인 (㉠ 자연적, ㉡ 사회적) 증감과 전입자 수와 전출자 수의 차이인 (㉢ 자연적, ㉣ 사회적) 증감을 통해 파악할 수 있다.

14 저출산 현상이 지속되고 기대 수명이 증가함에 따라 노년층의 비율이 더욱 높아져 (㉠ 방추형, ㉡ 피라미드형) 인구 구조를 보일 것으로 예상된다.

15 인구 집중으로 대도시가 과밀화되면서 1990년대 이후 인구가 대도시에서 중소 도시로 이동하는 도시 간 이동과 대도시의 교외화로 (㉠ 도시, ㉡ 촌락)에서 (㉢ 도시, ㉣ 촌락)(으)로 인구가 이동하는 현상이 나타났다.

16 군부대가 많은 경기도 및 강원도 북부 지역과 중화학 공업이 발달한 거제, 울산, 서산, 당진 등의 도시는 (㉠ 남초, ㉡ 여초) 현상이 나타난다.

17 과거에는 남아 선호 사상으로 인하여 성비 불균형이 나타났으나 점차 남아 선호 사상이 완화되면서 출생 시 성비가 (㉠ 낮아지는, ㉡ 높아지는) 추세를 보이고 있다.

● 빈칸에 들어갈 알맞은 말을 써 넣으시오.

18 우리나라의 인구 피라미드는 1960년대까지는 높은 출생률과 사망률로 ( )형이었지만, 경제 발전과 근대화가 진행되어 출생률과 사망률이 모두 낮아진 1990년대 후반부터는 종형과 ( )형으로 변화하였다.

19 전입 인구와 전출 인구의 차이를 ( )(이)라고 한다.

20 1960년대 이후에는 인구의 급격한 증가를 억제하기 위해 정부 주도의 적극적인 ( ) 정책이 추진되면서 출산율이 빠르게 낮아졌다.

21 광복 이후에는 해외 동포가 귀국하고 북한 주민이 월남하면서 인구의 ( )적 증가 현상이 나타났다.

22 ( )은/는 인구 집단의 성별·연령별 구성을 보여 주는 것으로 해당 지역의 시간적·공간적 특징이 잘 나타난다.

23 ( )은/는 해당 지역의 주민 등록 인구 100명당 이동자 수를 말한다.

---

1 ×(사회·경제적 요인이 더 중요시 됨) 2 ○ 3 ○ 4 ×(100을 초과하면 남초 현상, 100 미만이면 여초 현상) 5 ○ 6 ○ 7 ○ 8 ×(2단계) 9 ○ 10 ×(인구 전입이 활발한 지역은 청장년층, 인구 전출이 활발한 지역은 노년층 인구 비율이 상대적으로 높음) 11 ○ 12 ×(출생 시는 남초 현상, 노년에는 여초 현상) 13 ㉠, ㉣ 14 ㉠ 15 ㉠, ㉣ 16 ㉠ 17 ㉠ 18 피라미드, 방추 19 인구 순 이동 20 산아 제한 21 사회 22 인구 피라미드(인구 구조) 23 인구 순 이동률

16강 인구 문제와 공간 변화 ~ 외국인 이주와 다문화 공간

키워드

저출산, 고령화, 합계 출산율, 중위 연령, 인구 부양비, 외국인 이주자, 다문화 공간

1단계 개념 훑어보기

01 저출산·고령화 현상

1. 저출산 현상

(1) **현황**: 1965년 5.6명이던 합계 출산율이 1983년 이후 인구 대체 수준인 2.1명 이하로 떨어졌으며, 2015년에는 세계 최저 수준인 1.24명으로 낮아짐

★(2) **원인**: 여성의 사회 진출 확대, 교육과 생활 수준 향상, 초혼 연령 상승 및 미혼 인구 증가, 결혼 및 가족에 대한 가치관 변화, 출산과 육아 비용 증대, 자녀 교육비의 과중한 부담 등 → 출산 기피 현상 심화

(3) **영향**

① 총인구와 생산 가능 인구가 감소하여 2020년부터 총인구의 감소가 예상됨

② 단기적으로 유소년 인구 부양비를 낮추어 경제 발전에 도움

③ 장기적으로 경제 활동에 투입되는 노동력 부족, 소비 감소와 투자 위축에 따른 경기 침체가 나타나 국가 경쟁력이 약화됨

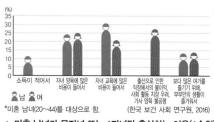

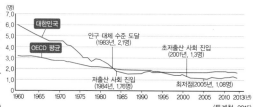

▲ 미혼 남녀가 무자녀 또는 1자녀만 출산하는 이유(1순위)   ▲ 합계 출산율의 변화

⇧ **저출산 원인과 합계 출산율의 변화**   주요 출산 기피 원인으로 자녀 양육 및 교육비에 대한 부담이 높게 나타나고 있다. 우리나라의 합계 출산율은 경제 협력 개발 기구(OECD) 국가 내에서 최저 수준이며, 지속적인 저출산은 산업 활동에 투입되는 노동력의 규모를 감소시킬 뿐만 아니라 소비와 투자의 위축으로 국가 경쟁력이 약해질 수 있다.

2. 고령화 현상

(1) **현황**: 출산율은 낮아지는 반면 노년층 인구는 빠르게 증가(중위 연령 상승), 2000년 노년층 인구 비율이 7%를 넘어 고령화 사회 진입, 2015년 노년층 인구 비율이 13%를 넘어 고령 사회 진입에 가까워짐

(2) **원인**: 의학 기술의 발달로 사망률 감소, 경제 수준의 향상으로 위생 및 영양 상태가 개선되어 기대 수명 연장, 출산율 감소로 유소년층 인구 비율 감소

★(3) **영향**

① 노년 인구 부양비를 증가시켜 청장년층의 사회적 부담 가중

② 연금 및 건강 보험 재정 지출 등 사회 복지 비용 증가 → 국가 재정의 부담

③ 산업 인력의 고령화로 성장 잠재력 저하 → 국가 경제의 활력을 떨어뜨림

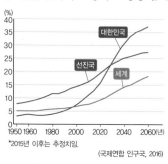

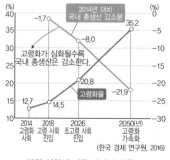

▲ 노년층 인구 비율 변화   ▲ 고령화 심화에 따른 경제적 영향

⇧ **노년층 인구 비율과 경제적 영향**   우리나라의 노년층 인구 비율의 증가 속도는 세계적으로 매우 빠르다. 저출산과 함께 노년층 인구 비율의 증가에 따라 경제 활동 연령대인 청장년층 인구 비율이 감소하면서 경제적 성장이 낮아지고 있다.

만점 공부 비법

- 저출산·고령화 현상에 따른 인구 문제와 그 대책을 파악한다.
- 지역별 연령 구조를 파악하고 인구 부양비가 어떻게 다른지 분석한다.
- 외국인 이주자와 다문화 가정의 증가 원인을 파악한다.
- 다문화 공간의 특징을 이해하고, 외국인 근로자와 결혼 이민자의 지역별 분포가 어떻게 다른지 파악한다.

합계 출산율
여성 1명이 가임 기간(15~49세) 동안 낳을 것으로 예상되는 평균 출생아 수이다.

대체 출산율
현재 인구 규모를 유지하기 위해 여성 1명이 낳아야 하는 평균 아이의 수로, 우리나라는 2.1명 정도이다.

인구 부양비
생산 연령 인구인 청장년층에 대한 비생산 연령 인구인 유소년층과 노년층의 비율을 말한다.
- 유소년 인구 부양비=(0~14세 인구 ÷15~64세 인구)×100
- 노년 인구 부양비=(65세 이상 인구 ÷15~64세 인구)×100
- 총 부양비={(0~14세 인구+65세 이상 인구)÷15~64세 인구}×100

중위 연령(中位年齡)
전체 인구를 연령순으로 일렬로 세웠을 때 정중앙에 있는 사람의 연령을 말한다.

고령 사회 구분
전체 인구에서 노년층 인구가 차지하는 비율이 7~14%이면 고령화 사회, 14~20%이면 고령 사회, 20% 이상이면 초고령 사회로 구분한다.

3. 저출산·고령화에 따른 공간 변화

(1) 공간의 변화
① 저출산·고령화 현상은 인구의 불평등 분포에 영향을 줌 → 공간의 특성을 변화시킴
② 보건·의료 시설, 소비 및 문화 시설 등이 갖추어진 대도시로 인구 유입
③ 농촌과 지방 중소 도시는 유소년층 및 청장년층을 위한 사회 기반 시설을 유지하기가 더욱 어려워지고 노년층을 위한 사회 기반 시설도 쇠퇴하거나 방치되는 등 정주 여건이 악화될 수 있음
④ 활동성이 낮은 노년층이 밀집한 지역에서는 공간적 고립으로 인하여 지역 쇠퇴 현상의 가속화 가능성이 높음
⑤ 유소년층을 위한 문화·교육 시설보다 노인을 위한 시설에 대한 수요가 상대적으로 증가

(2) 대책
① 정주 기반이 취약해지는 지역을 중심으로 교육, 의료 등의 기초적인 정주 기반 개선
② 국토 공간의 효율적 이용 노력
③ ♀ 고령 친화적 환경 조성
④ 노인 밀집 지역의 환경 개선을 위한 도시 재생 사업 실시

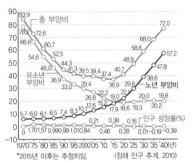
▲ 인구 부양비의 변화

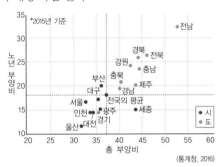
▲ 시·도별 인구 부양비

⇧ **인구 부양비 변화와 시·도별 인구 부양비** 우리나라는 유소년층 인구 비중이 낮아지면서 유소년 부양비가 감소하고 있다. 반면에 노년층 인구 비중이 높아지면서 ♀노년 부양비가 증가하고 있다. 시·도별 인구 부양비를 보면 제조업이 발달하여 청장년 인구 비중이 높은 울산은 ♀총 부양비가 가장 낮고, 청장년 인구 유입으로 청장년층과 유소년층 인구 비중이 높은 세종은 울산에 비해 총 부양비가 높다. 노년 부양비는 촌락이 많은 전남, 전북, 경북 등이 높다.

02 저출산·고령화 현상에 따른 대책

1. 대책 마련이 필요한 이유
(1) 인구는 국가를 구성하는 필수 요소로, 생산과 소비 활동의 주체이므로 적정 규모의 인구를 유지해야 함 → 인구 감소는 경제 활동 전반을 둔화시키고 국가의 위상을 약화시킴
(2) 우리나라의 합계 출산율은 대체 출산율에도 미치지 못함 → 출산 장려 방안 마련이 시급함

2. 저출산 대책
(1) 출산, 양육, 교육에 대한 적극적인 재정 지원
(2) 여성이 가정과 직장 생활을 병행할 수 있도록 제도 강화, 여성의 출산 및 육아 휴직뿐만 아니라 남성의 육아 휴직 보장, 직장 내 보육 시설 활성화 등
(3) 결혼을 장려하는 정책 시행 → 신혼부부의 주택 마련 지원 등
(4) 가족 친화적인 사회 분위기 조성 및 양성평등 사회 지향

3. 고령화 대책
(1) 직업 재교육·노인 일자리 창출을 통한 노년층 고용 확대
(2) 정년 연장을 통한 노년층의 경제 활동 참여 확대 → 임금 피크제 방안 논의
(3) 노후 생활 보장 대책 마련과 고령 친화적인 생활 환경 조성
(4) 노인 전문 병원·요양원 등 노인 복지 시설 확충, 실버산업의 적극적인 육성

▲ 남성 육아 휴직자 변화

고령 친화 산업
고령자를 대상으로 정신적·육체적 건강, 편익, 안전을 도모하기 위한 상품 및 서비스를 제공하는 산업이다.

노년 부양비

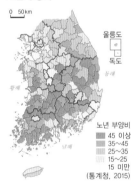

촌락이 많은 전남, 전북, 경북에서 높게 나타난다.

총 부양비

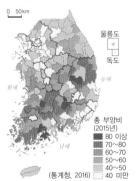

총 부양비는 주로 촌락 지역에서 높게 나타나고, 대도시와 수도권의 위성 도시 등에서 낮게 나타난다.

임금 피크제(salary peak)
근로자를 계속 고용하기 위해 노사 간 합의를 통해 일정 연령을 기준으로 임금을 조정하고, 소정의 기간 동안 고용을 보장하는 제도이다.

03 외국인 이주자의 증가

1. 외국인 증가와 분포

(1) 국내 거주 외국인의 증가

① 교통 · 통신이 발달하면서 세계화가 빠르게 진행

② 우리나라의 국가 위상 상승과 한류 열풍으로 국내 거주 외국인 증가

③ 국내 체류 외국인은 1990년대 이후 급격히 증가하여 2015년에는 약 175만 명에 이름

(2) **국내 체류 외국인의 유형**: 외국인 근로자, 결혼 이민자, 유학생 등

(3) **국적별 분포**: 중국, 미국, 베트남 등의 외국인 비중이 높은 편임

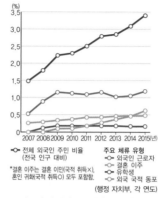

- 전체 외국인 주민 비율 (전국 인구 대비)
- 주요 체류 유형: 외국인 근로자, 결혼 이주, 유학생, 외국 국적 동포

*결혼 이주는 결혼 이민(국적 취득X), 혼인 귀화(국적 취득) 모두 포함함. (행정 자치부, 각 연도)

▲ 외국인 주민의 체류 유형별 비율 변화

2. 외국인 근로자의 유입

(1) **배경**: 저출산 · 고령화에 따른 노동력 부족, 국내 근로자의 고학력화와 생활 수준 향상 및 임금 상승 → 1990년대부터 3D 업종 기피 현상에 따른 노동력 부족 현상 심화

(2) 현황

① 중국을 비롯하여 동남아시아와 남부 아시아 지역에서 저임금 노동력 유입

② 산업 단지와 서비스업이 발달한 수도권에 약 60% 집중 → 제조업에 종사하는 비중이 가장 높음

③ 최근 다국적 기업의 입지로 연구 개발, 국제 금융 등 고임금의 외국인 전문 인력 유입 증가

3. 국제결혼의 증가

(1) **배경**: 세계화에 따라 외국인에 대한 거부감 감소, 촌락 지역의 경우 젊은 여성들이 도시로 진출하여 결혼 적령기의 성비 불균형(남초 현상)이 뚜렷하게 나타남

(2) 현황

① 2000년대부터 국제결혼이 증가하면서 국내에 거주하는 결혼 이민자 급증 → 최근에 다소 감소하는 추세

② 인구 대비 국제결혼 비율은 촌락이 높지만, 총 국제결혼 건수는 도시가 많음

③ 결혼 이민자는 남성보다 여성이 많고, 외국인 아내의 출신국은 베트남, 중국 등이 많음

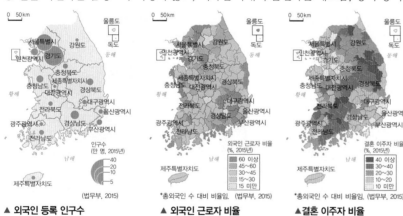

▲ 외국인 등록 인구수   ▲ 외국인 근로자 비율   ▲결혼 이주자 비율

04 다문화 사회

1. 다문화 사회의 형성

(1) 외국인 근로자의 유입 증가, 국제결혼 증가로 다문화 가정의 수가 증가함

(2) 출신 국가별 이주민 공동체가 형성됨에 따라 다문화 공간이 증가함

(3) **대표적인 다문화 공간**: 안산시 원곡동 국경 없는 마을, 서울의 혜화동 필리핀 거리, 이태원 모슬렘 거리, 광희동 중앙아시아촌, 방배동 서래 마을 등

등록 외국인 국적별 비율

총 1,899,519명

한국계 중국인 33.0(%), 중국 17.3, 미국 7.3, 타이 4.9, 베트남 7.2, 필리핀 2.9, 일본 2.5, 우즈베키스탄 2.5, 인도네시아 2.4, 캄보디아 2.3, 기타 17.7

(2015년) (법무부, 2015)

3D 업종
어렵고(Difficult), 더럽고(Dirty), 위험하여(Dangerous) 일반적으로 사람들이 기피하는 업종을 말한다.

외국인 근로자의 취업 직종

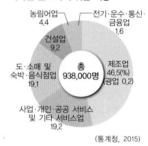

총 938,000명

농림어업 4.4, 전기·운수·통신·금융업 1.6, 건설업 9.2, 제조업 46.5(%), 광업 0.2, 도·소매 및 숙박·음식점업 19.1, 사업·개인·공공 서비스 및 기타 서비스업 19.2

(통계청, 2015)

시 · 도별 국제결혼 건수(2015년)

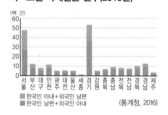

서울 부산 대구 인천 광주 대전 울산 세종 경기 강원 충북 충남 전북 전남 경북 경남 제주

- 한국인 아내+외국인 남편
- 한국인 남편+외국인 아내

(통계청, 2016)

다문화 가정
우리와 다른 민족 또는 다른 문화적 배경을 가진 사람들이 포함된 가정을 의미한다.

경기도 안산시
경기도 안산시는 국내 최초 다문화 마을 특구로 지정되었다.

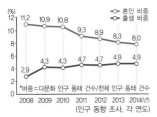

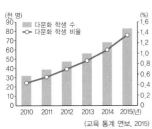

▲ 다문화 혼인 및 출생 비율 변화

▲ 다문화 학생 수와 비율 변화

▲ 안산 다문화 특구

▲ 이태원 이슬람 중앙 성원

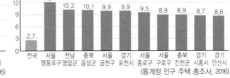

♀ 외국인을 위한 마을 변호사 운영 지역

(법무부, 2015)

▲ 수도권의 외국인 마을

2. 다문화 사회의 영향

(1) 긍정적 영향

① 저렴한 노동력 유입으로 인한 경제 성장 → 저출산·고령화에 대한 대안

② 다양한 문화적 자산 공유 및 초국가적 네트워크 형성

(2) 부정적 영향

① 국내 근로자와의 일자리 경쟁

② 민족주의와 인종주의에 따른 사회적 편견과 차별

③ 다문화 가정 자녀의 정체성 혼란과 문화적 부적응 등의 문제 발생

3. 다문화 사회를 위한 발전 노력

(1) 다문화 수용성을 높이기 위한 적절한 대안 마련과 실천 요구

(2) 다문화 사회의 지속 가능한 발전을 위한 노력 → 다문화주의와 문화 상대주의 관점

▲ 외국인 인구 상위 10개 시·군·구

▲ 총인구 중 외국인 비율 상위 10개 시·군·구

⇧ **외국인 분포 특성** 국내 거주 외국인은 일자리가 풍부하고 제조업체가 많이 분포하는 수도권 지역에 집중되어 있다. 최근에는 충청남도와 경상남도, 경상북도 지역에도 분포 비율이 높아지고 있다.

✦ **결혼 이민자가 겪는 어려움**

(단위: %, 복수 응답 가능)

언어 문제	34.0
외로움	33.6
경제적 어려움	33.3
자녀 양육 및 교육	23.2
생활 방식, 문화 차이	22.2
편견과 차별	16.1
가족 간 갈등	11.2
관공서 이용 어려움	9.4
기타	0.6

(여성 가족부, 2015)

✦ **다문화 수용성**

문화 개방성, 국민 정체성, 고정 관념 및 차별, 세계 시민 행동 등 여덟 가지 지표와 구성 요소별 측정값을 종합하여 산출한 것이다.

✦ **다문화 사회를 위한 정책적 지원의 필요성**

전문 기능 인력의 유입을 추진하여 다문화 사회의 편익을 높이고, 다문화 가정을 지원하는 사회적 통합 시스템을 구축해야 한다.

Ⅵ

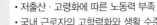

2단계 개념 쏙 정리하기

저출산·고령화 현상

원인	• 여성의 사회 진출 확대, 자녀에 대한 가치관 변화 → 출산율 감소 • 의학 기술의 발달 → 사망률 감소
영향	• 총인구와 생산 가능 인구 감소 예상 • 노동력 부족, 경기 침체 • 사회 복지 비용 증가
대책	• 출산, 양육, 교육에 대한 적극적인 지원 • 노년층 고용 확대, 정년 연장 • 노인 복지 시설 확충

외국인 근로자의 유입

배경	• 저출산·고령화에 따른 노동력 부족 • 국내 근로자의 고학력화와 생활 수준 향상 및 임금 상승 → 3D 업종 기피 현상에 따른 노동력 부족 현상 심화
현황	• 1990년대 이후 국내 체류 외국인 근로자 수 급증 • 저임금 직종에 종사하는 단순 기능직 위주 • 다국적 기업 입지로 고임금의 외국인 전문 인력 유입 증가

결혼 이주자의 유입

배경	• 외국인에 대한 거부감 감소 • 촌락은 결혼 적령기의 남초 현상 심각
현황	인구 대비 국제결혼 비율은 촌락이 높지만, 총 국제결혼 건수는 도시가 많음

다문화 사회

특징	• 외국인 근로자의 유입 증가, 국제결혼 증가로 다문화 가정의 수 증가 • 다문화 공간 증가

● 다음 설명이 맞으면 ○, 틀리면 ×에 표시하시오.

1 우리나라는 출산율이 낮아지는 반면 노년층 인구는 빠르게 증가하여 인구의 고령화 현상이 급격히 진행되고 있다. (○, ×)

2 저출산의 원인으로는 결혼 및 가족에 대한 가치관의 변화와 같은 개인적인 요인과 여성의 사회 진출 확대, 교육과 생활 수준의 향상, 자녀 양육비 부담의 증가 등 사회·경제적 요인이 있다. (○, ×)

3 심화되는 고령화 현상에 대비하기 위해서는 퇴직 이후의 경제적 안정 및 재취업 기회 확대, 정년 연장, 공적 연금 확대, 고령 친화 제품의 개발, 건강과 관련된 정책 확대 등이 필요하다. (○, ×)

4 전체 인구에서 노년층이 차지하는 비중이 7% 이상이면 고령 사회, 14% 이상이면 고령화 사회, 20% 이상이면 초고령 사회라고 한다. (○, ×)

5 고령화 현상의 주된 원인은 의학 기술의 발달과 생활 수준의 향상으로 사망률이 낮아지고 평균 수명이 증가하였기 때문이다. (○, ×)

6 장기적인 관점에서 저출산 현상은 미래 생산 인구의 증가와 더불어 소비 인구의 증가를 초래한다. (○, ×)

7 1960년대 이후 현재까지 우리나라의 고령화 속도는 다른 선진국에 비해 느린 편이다. (○, ×)

8 국내 체류 외국인의 대다수는 서울을 포함한 수도권과 도시 지역에 거주하고 있다. (○, ×)

9 국내 체류 외국인의 증가는 1990년대 초 중국, 동남아시아, 남부 아시아 등의 지역으로부터 제조업 근로자가 유입되면서 시작되었다. (○, ×)

10 경기도 안산시는 국내 최초 다문화 마을 특구로 지정되었다. (○, ×)

11 외국인 근로자의 약 60% 이상은 공업이 발달한 남동 임해 지역에 집중되어 있다. (○, ×)

12 1990년대 이후에는 저임금 노동력이 유입되었으나, 최근에는 연구 개발, 국제 금융 등 고임금의 외국인 전문 인력 유입이 증가하고 있다. (○, ×)

● 다음 중 옳은 것에 ○표 하시오.

13 도시보다 촌락에서 65세 이상의 노년층 인구 비율이 (㉠ 낮게, ㉡ 높게) 나타난다.

14 저출산과 더불어 고령화가 지속되면 우리나라의 연령별 인구 구조에서 유소년층 및 청장년층의 인구 비율은 (㉠ 낮아지고, ㉡ 높아지고), 노년층의 인구 비율은 (㉢ 낮아지는, ㉣ 높아지는) 모습을 나타낼 것이다.

15 지속적인 저출산은 산업 활동에 투입되는 노동력의 규모를 (㉠ 감소, ㉡ 증가)시킬 뿐만 아니라, 소비와 투자의 위축으로 국가 경쟁력이 약해질 수 있다.

16 교통·통신이 발달하면서 자본·노동력 등이 국경을 넘나드는 (㉠ 세계화, ㉡ 지역화)가 빠르게 진행되면서, 우리나라에 체류하는 외국인의 수가 (㉢ 감소, ㉣ 증가)하고 있다.

17 우리나라는 유소년층 인구 비중이 낮아지면서 유소년 부양비가 (㉠ 감소, ㉡ 증가)하고 있다. 반면에 노년층 인구 비중은 높아지면서 노년 부양비가 (㉢ 감소, ㉣ 증가)하고 있다.

18 국내 체류 외국인은 촌락 지역의 경우에는 (㉠ 결혼 이민자, ㉡ 외국인 근로자)의 비중이 높다.

19 촌락 지역은 도시 지역보다 외국인 여성과의 혼인 비율이 (㉠ 낮고, ㉡ 높고), 총 국제결혼 건수는 (㉢ 많게, ㉣ 적게) 나타난다.

● 빈칸에 들어갈 알맞은 말을 써 넣으시오.

20 ( )은/는 여성 1명이 가임 기간(15~49세) 동안 낳을 것으로 예상되는 평균 출생아 수를 의미한다.

21 전체 인구를 연령순으로 일렬로 세웠을 때 정중앙에 있는 사람의 연령을 ( )(이)라고 한다.

22 부양 연령(청장년층)에 대한 피부양 연령(유소년층과 노년층)의 인구 비율을 ( )(이)라고 한다.

23 2015년 현재 국내 체류 외국인의 절반 이상을 차지하는 국가는 ( )이며, 그다음으로 미국, 베트남 순으로 비중이 높다.

---

1 ○ 2 ○ 3 ○ 4 ×(7% 이상이면 고령화 사회, 14% 이상이면 고령 사회) 5 ○ 6 ×(생산 인구와 소비 인구 감소) 7 ×(빠른 편) 8 ○ 9 ○ 10 ○ 11 ×(수도권에 집중) 12 ○ 13 ㉡ 14 ㉠, ㉣ 15 ㉠ 16 ㉠, ㉣ 17 ㉠, ㉣ 18 ㉠ 19 ㉡, ㉢ 20 합계 출산율 21 중위 연령 22 인구 부양비 23 중국

우리나라의 인구 특징

1 우리나라의 인구 정책 변화

1970년대	1980년대	1990년대	2000년대	2010년대
딸·아들 구별 말고 둘만 낳아 잘 기르자	하나씩만 낳아도 삼천리는 초만원	아들 바람 막아 주는 짝궁 없는 우리 세대	아빠! 혼자는 싫어요 엄마! 저도 동생을 갖고 싶어요	가가 호호 아이 둘 셋 하하 호호 희망 한국

◀ 시기별 가족계획 표어

1970~1980년대까지 정부의 주요 인구 정책은 출생률을 낮추기 위한 (산아 제한) 정책이었다. 1990년대에는 출생률은 낮아졌지만 사람들이 자녀를 적게 낳으면서 유교적 전통인 (남아 선호 사상)의 영향으로 출생 시 (성비 불균형) 문제가 나타났다. 2000년대 이후에는 지나치게 낮은 출생률로 인한 총인구 감소 등 여러 가지 인구 문제가 예상되면서 (출산 장려) 정책이 실시되고 있다.

출제 포인트 가족계획 표어에 나온 문구를 이해하고, 시기별 출생률·사망률의 변화와 함께 인구 문제와 인구 정책을 연결하여 파악한다.

2 인구 현상을 나타내는 다양한 지표와 지역 분포

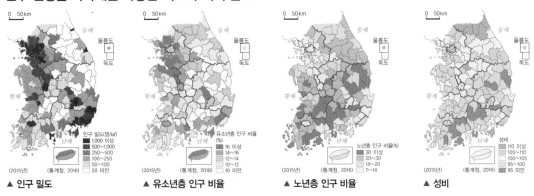

▲ 인구 밀도　　▲ 유소년층 인구 비율　　▲ 노년층 인구 비율　　▲ 성비

인구 밀도는 좁은 면적에 많은 수의 사람들이 살고 있는 (도시 지역)에서 높고, 넓은 면적에 적은 수의 사람들이 살고 있는 (촌락 지역)에서 낮다. 특히 서울을 중심으로 한 (수도권 지역)은 우리나라 최대의 인구 밀집 지역이다. 유소년층 인구 비율은 인구 유입이 많아 인구 밀도가 높은 지역에서 대체로 높지만 서울, 부산은 교외화의 영향으로 (대도시 인근의 도시 지역)이 높다. 노년층 인구 비율은 (촌락 지역)이 많은 전북, 전남, 경북에서 높게 나타난다. 성비는 여성 100명에 대한 남성의 수로 나타내는데, 군인의 비율이 높은 (휴전선 부근) 지역과 중화학 공업이 발달한 지역에서 높은 경향을 보인다.

출제 포인트 인구 밀도는 대도시, 유소년층 인구 비율은 대도시 인근, 노년층 인구 비율은 촌락, 성비는 휴전선 부근과 공업 발달 지역이 높다.

3 여러 지역의 인구 피라미드

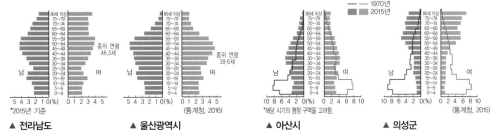

▲ 전라남도　　▲ 울산광역시　　▲ 아산시　　▲ 의성군

전남은 촌락 지역이 많아 (노년층) 인구 비중이 매우 높게 나타나며, 울산은 제조업이 발달하여 (청장년) 인구 비중이 높다. 아산과 의성은 1970년대 인구 피라미드가 피라미드형으로 비슷했지만, 2015년에는 인구 유입과 유출의 영향으로 아산은 (청장년층) 인구 비중이 높고 의성은 (노년층) 인구 비중이 높다.

출제 포인트 같은 시기 두 지역의 인구를 비교하거나, 두 지역의 시기별 인구 변화를 통해 지역성을 파악하는 문항이 출제될 가능성이 높다.

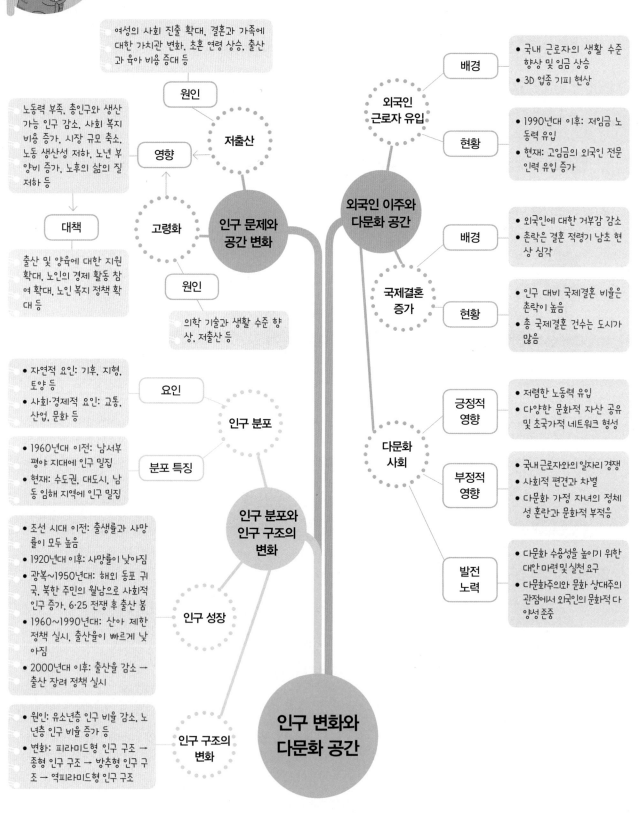

여성의 사회 진출 확대, 결혼과 가족에 대한 가치관 변화, 초혼 연령 상승, 출산과 육아 비용 증대 등

원인

저출산

영향

노동력 부족, 총인구와 생산 가능 인구 감소, 사회 복지 비용 증가, 시장 규모 축소, 노동 생산성 저하, 노년 부양비 증가, 노후의 삶의 질 저하 등

대책

출산 및 양육에 대한 지원 확대, 노인의 경제 활동 참여 확대, 노인 복지 정책 확대 등

고령화

인구 문제와 공간 변화

원인

의학 기술과 생활 수준 향상, 저출산 등

- 자연적 요인: 기후, 지형, 토양 등
- 사회·경제적 요인: 교통, 산업, 문화 등

요인

인구 분포

분포 특징

- 1960년대 이전: 남서부 평야 지대에 인구 밀집
- 현재: 수도권, 대도시, 남동 임해 지역에 인구 밀집

- 조선 시대 이전: 출생률과 사망률이 모두 높음
- 1920년대 이후: 사망률이 낮아짐
- 광복~1950년대: 해외 동포 귀국, 북한 주민의 월남으로 사회적 인구 증가, 6·25 전쟁 후 출산 붐
- 1960~1990년대: 산아 제한 정책 실시, 출산율이 빠르게 낮아짐
- 2000년대 이후: 출산율 감소 → 출산 장려 정책 실시

인구 분포와 인구 구조의 변화

인구 성장

- 원인: 유소년층 인구 비율 감소, 노년층 인구 비율 증가 등
- 변화: 피라미드형 인구 구조 → 종형 인구 구조 → 방추형 인구 구조 → 역피라미드형 인구 구조

인구 구조의 변화

인구 변화와 다문화 공간

배경

- 국내 근로자의 생활 수준 향상 및 임금 상승
- 3D 업종 기피 현상

외국인 근로자 유입

현황

- 1990년대 이후: 저임금 노동력 유입
- 현재: 고임금의 외국인 전문 인력 유입 증가

외국인 이주와 다문화 공간

배경

- 외국인에 대한 거부감 감소
- 촌락은 결혼 적령기 남초 현상 심각

국제결혼 증가

현황

- 인구 대비 국제결혼 비율은 촌락이 높음
- 총 국제결혼 건수는 도시가 많음

긍정적 영향

- 저렴한 노동력 유입
- 다양한 문화적 자산 공유 및 초국가적 네트워크 형성

다문화 사회

부정적 영향

- 국내 근로자와의 일자리 경쟁
- 사회적 편견과 차별
- 다문화 가정 자녀의 정체성 혼란과 문화적 부적응

발전 노력

- 다문화 수용성을 높이기 위한 대안 마련 및 실천 요구
- 다문화주의와 문화 상대주의 관점에서 외국인의 문화적 다양성 존중

VII

우리나라의 지역 이해

이 단원의
수능 출제
분석

북한의 자연환경, 산업 구조 변화, 개방 지역의 특징에 대해 남한과 비교하여 알아두는 것이 중요하다. 교외화에 따른 수도권 내 인구 구조 변화, 충청 지방, 호남 지방, 영남 지방 주요 도시의 산업 구조, 주요 시·군의 자연·인문적 특성과 각 지역의 특성을 반영한 지역 축제 등이 자주 출제된다. 특히 이 단원은 각 지역의 지도와 함께 출제되는 빈도가 높아서 각 지역의 위치를 지도에서 반복적으로 확인하고, 이들 지역의 특색을 정리하는 학습이 필요하다.

이 단원의 **수능 빈출 주제**

1순위 수도권의 인구 분포와 지역 특성
출제 빈도 ★★★★★   난이도 상

2순위 강원도의 자연환경과 지역 특성
출제 빈도 ★★★★   난이도 중

3순위 충청 지방의 인구 증가와 제조업 발달
출제 빈도 ★★★   난이도 중

4순위 북한의 주요 지역과 개방 지역의 특징
출제 빈도 ★★★   난이도 중

5순위 호남 지방과 영남 지방의 지역별 특징
출제 빈도 ★★★   난이도 중

6순위 제주도의 자연환경과 관광 산업의 발달
출제 빈도 ★★   난이도 중

17강 지역의 의미와 지역 구분 ~ 북한 지역의 특성과 통일 국토의 미래

키워드
동질 지역, 기능 지역, 점이 지대, 북한의 자연환경과 인문 환경, 북한의 인구와 도시, 북한의 개방 지역

1단계 개념 뜯어보기

01 지역의 의미와 지역 구분

1. 지역의 의미와 지역 구분

(1) 지역의 의미

① 지리적 특성이 다른 곳과 구별되는 지표상의 일정한 공간적 범위

② 경관적으로 유사하거나 기능적으로 관련된 장소들의 모임

(2) 지역성

① 하나의 지역이 다른 지역과 구별되는 고유한 특성

② 자연환경과 인문 환경의 결합으로 형성됨

③ 시간의 흐름, 교통·통신의 발달, 다른 지역과의 상호 작용을 통해 변화함

2. 지역의 구분과 유형

(1) 지역의 구분

① 지역은 다양한 기준으로 지표를 구분할 수 있음

자연적 요소	기후, 지형, 토양 등
사회·경제적 요소	농업, 공업, 인구, 소득 수준, 평균 수명, 합계 출산율 등
문화적 요소	언어, 민족, 종교 등
규모에 따른 구분	마을, 도시, 국가, 대륙 등

② 지역을 구분하는 기준이 달라지면 지역의 경계도 달라짐

(2) 지역 구분의 유형

① 동질 지역: 특정 지표를 기준으로 공통적인 성격이 나타나는 지역으로 동질성을 갖는 지역을 의미함 예 기후 지역, 농업 지역, 문화권 등

② 기능 지역: 하나의 중심지와 그 영향을 받는 범위로 나타낼 수 있는 지역이며 중심지와 그 기능의 영향을 받는 주변 지역으로 구성 예 상권, 통근권, 통학권, 도시권 등

③ 점이 지대: 인접한 두 지역의 지리적 특성이 혼재되어 나타나는 지역, 문화권, 언어권 등에서 잘 나타나며, 상호 교류가 활발한 평야 지역은 산지 지역보다 점이 지대가 넓게 나타남

02 우리나라의 지역 구분

1. 지역 구분의 필요성

(1) 지역을 비슷한 특성을 가진 여러 지역으로 구분하여 이해하면 보다 쉽게 지역성을 파악할 수 있음

(2) 지역 구분 과정에서 지역성이 드러나고 각 지역 간의 차이점, 문제점을 파악할 수 있음

2. 우리나라의 다양한 지역 구분

(1) 행정적인 지역 구분(광역): 17개 시·도

① 특별·광역·특별자치시: 서울, 부산, 인천, 대구, 광주, 대전, 울산, 세종

② 도(道): 경기, 강원, 충북, 충남, 전북, 전남, 경북, 경남, 제주

(2) 전통적인 지역 구분

① 왕도가 있는 곳에서 각 지역을 바라보는 것을 기준으로 형성된 지명이 많음

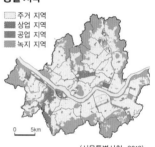

▲ 서울의 토지 이용

▲ 서울로의 통근·통학자 수

점이 지대

▲ 전통적인 지역 구분

▲ 우리나라의 행정 구역

② 해서 지방 → 왕도가 있는 곳에서 볼 때 바다 건너 서쪽 지역이라는 의미, 호남 지방 → 호강(금강)의 남쪽이라는 의미, 영남 지방 → 조령(문경 새재)의 남쪽이라는 의미

구분	경계 및 위치	전통 행정 구역	주요 도시
관북 지방	철령관의 북쪽	함경도	함흥, 경성
관서 지방	철령관의 서쪽	평안도	평양, 안주
관동 지방	철령관의 동쪽(대관령을 경계로 영서 지방과 영동 지방으로 구분됨)	강원도	강릉, 원주
해서 지방	왕도인 서울을 기준으로 바다(경기만) 건너에 위치	황해도	황주, 해주
경기 지방	왕도인 서울을 둘러싸고 있는 지역	경기도	수원
호서 지방	제천 의림지 서쪽 또는 금강(호강) 상류의 서쪽	충청도	충주, 청주
호남 지방	금강(호강)의 남쪽	전라도	전주, 나주
영남 지방	조령(문경 새재)의 남쪽	경상도	경주, 상주

(3) 동질 지역과 기능 지역 측면에서의 지역 구분
① 동질 지역 구분: 하천 유역권, 방언권, 전통 가옥 구조, 농업의 특성 등
② 기능 지역 구분: 대도시권, 상권 등

03 북한의 자연환경

1. 높은 산지가 많은 지형
(1) 지형
① 높고 험한 산지: 북동부 지역을 중심으로 함경산맥, 마천령산맥, 낭림산맥, 개마고원 분포
② 화산 지형: 백두산, 백두산 정상부에는 칼데라호가 있음
(2) 하천
① 황해로 유입되는 하천: 압록강, 청천강, 대동강 → 유로가 길고 유역 면적이 넓음
② 동해로 유입되는 하천: 두만강을 제외하면 대부분 경사가 급하고 유로가 짧음
(3) 평야
① 전체적으로 평야가 좁은 편임
② 황해로 유입되는 하천 하구를 중심으로 평야 분포 → 농업 발달

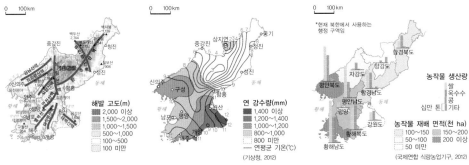
▲ 북한의 지형　　▲ 북한의 기온과 강수량　　▲ 북한의 농작물 생산

⇧ 북한은 동쪽과 북쪽에 높은 산지가 많아 평야는 서쪽을 중심으로 분포한다. 북동부 지역은 연 강수량이 적고 기온도 낮아 농업에 불리하다. 이로 인해 북한의 농작물 생산은 서부 지역을 중심으로 이루어진다.

2. 겨울이 길고 추운 기후
(1) 기온
① 대륙성 기후: 남한에 비해 위도가 높으며 시베리아 기단의 발원지와 가까워 겨울이 매우 춥고 기온의 연교차가 큼
② 산맥과 바다의 영향으로 동해안은 서해안보다 여름에 기온이 낮고 겨울에 기온이 높음
(2) 강수
① 다우지: 강원도 해안 지역(원산 이남), 청천강 중·상류 지역(남서 계절풍의 바람받이 지역)

철령
함경남도 안변군과 강원도 회양군을 연결하는 해발 고도 685m에 이르는 고개이다. 경원선이 건설되기 이전까지 관북 지방과 중부 지방을 잇는 중요한 교통로로 이용되었다.

동질 지역 구분

▲ 하천 유역권

▲ 방언권

대륙성 기후
여름에는 기온이 높고, 겨울에는 기온이 낮아 여름과 겨울의 기온 차이가 큰 기후이다. 해양성 기후에 반대되는 말로, 우리나라는 남쪽에서 북쪽으로 갈수록 기온의 연교차가 커진다.

② 소우지
• 관북 내륙 지역: 낭림산맥 동쪽 내륙 지역으로 남서 계절풍의 바람그늘에 해당됨
• 관북 해안 지역: 여름에도 연안에 한류가 흐름, 남서 계절풍의 바람그늘에 해당됨
• 대동강 하류 지역: 지형적 장애가 적어 주변 지역보다 연 강수량이 적음

3. 북한의 지하자원과 에너지 소비 구조
(1) 지하자원의 분포
① 지하자원의 종류가 다양하며, 마그네사이트, 텅스텐, 흑연 등의 매장량이 풍부함
② 남한보다 철광석과 석탄의 매장량이 많음
(2) 에너지 자원의 소비 구조
① 남한에 비해 석탄과 수력의 비중이 높고, 석유의 비중이 낮음
② 천연가스의 비중은 거의 없고, 원자력은 생산되지 않음
(3) 전력 생산 구조: 수력 발전과 석탄을 이용한 화력 발전에 의존함

▲ 북한의 지하자원

▲ 북한의 발전 설비 용량

04 북한의 인문 환경

1. 북한의 인구와 도시
(1) 북한의 인구: 남한보다 인구수가 적으며, 인구 밀도도 낮음
(2) 인구와 도시 분포
① 상대적으로 평야가 넓고 기후가 온화하며 자원 매장량도 많은 관서 지방, 해서 지방을 중심으로 인구가 밀집하고 도시도 많이 분포함
② 관북 지방은 해안 지역을 중심으로 도시가 분포함

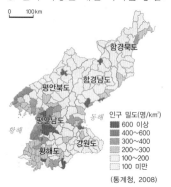

▲ 북한의 인구 분포

▲ 북한의 도시 분포

2. 북한의 산업
(1) 농업: 많은 산지, 길고 추운 날씨가 계속되는 겨울, 짧은 생육 가능 기간(무상 일수), 적은 강수량으로 인해 벼농사에 불리함 → 밭농사 중심의 농업을 하며, 부족한 농경지 확보를 위해 다락밭 조성

남한과 북한의 지하자원 매장량 비교

(단위: 톤)

지하자원	남한	북한
금	42.7	2,000
구리	5.1만	290만
아연	55.8만	2,110만
철광석	0.4억	50억
텅스텐	12.9만	24.6만
흑연	12.2만	200만
마그네사이트	0	60억
무연탄	13.6억	45억

(통일연구원, 2013)

남한과 북한의 총발전량 비교

(통계청, 2017)

남북한의 농업 비교(2015년)
〈남북한의 논·밭 비율〉

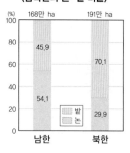

〈남북한의 식량 작물 생산량〉

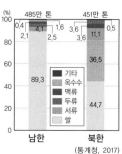

(통계청, 2017)

북한은 남한보다 밭농사 비율이 높고 옥수수 등 밭작물의 생산량이 많다.

(2) 공업: 군수 산업 중심의 중공업 우선 정책 → 농업과 경공업의 발달이 미약함

(3) 서비스업: 계획 경제의 영향으로 남한에 비해 서비스업의 발달이 미약함

3. 교통 체계

(1) 철도의 여객 및 화물 수송 분담률이 높음

(2) 도로 교통: 도로 포장률이 낮고, 도로 폭이 좁은 편임

(3) 해운: 대동강 하구의 서해 갑문 설치로 서해안의 해상 수송 능력이 향상되었음

05 북한의 개방 지역과 남북 교류

1. 개방 지역

나선 경제특구	• 북한 최초의 개방 지역 • 중국, 러시아와 인접 지역 → 태평양과 아시아 대륙을 이어주는 관문
신의주 특별 행정구	• 중국의 특별 행정구인 홍콩을 모델로 함 • 중국과의 접경 지역에 위치, 중국과의 무역 통로 역할
금강산 관광 지구	• 관광객 유치를 목적으로 조성된 관광 특구 • 2018년 현재 중단된 상태임
개성 공업 지구	• 수도권과의 접근성 용이 → 남한 기업의 유치를 목적으로 조성 • 남한의 자본 및 선진 기술 + 북한의 값싼 노동력 • 2018년 현재 중단된 상태임

2. 남북 교류

(1) 남북 교류의 필요성: 상호 간의 신뢰 회복 → 한반도 평화 정착

(2) 남북 교류의 내용: 개성 공단 사업, 이산가족 상봉, 남북 정상 회담, 남북 철도 협력 등

3. 통일의 필요성

(1) 남한의 반도적 특성 회복: 현재는 휴전선으로 인하여 대륙과 육로 연결이 안되고 있음

(2) 경제적 상호 보완성 증대: 남한의 기술과 자본 + 북한의 지하자원과 노동력 → 국제 경쟁력을 높일 수 있음

(3) 정치적 이점: 한반도의 불안 해소 → 세계 평화에 기여

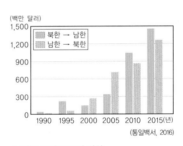

▲ 남북 교역 규모의 변화

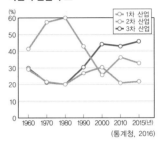

북한의 산업 구조

북한의 교통망

북한의 교통망은 평양을 중심으로 발달하였으며, 철도가 수송의 주축을 이루고 있다.

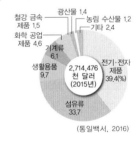

남북 교역 품목

2단계 개념쏙 정리하기

지역의 의미와 유형

지역	지리적 특성이 다른 곳과 구별되는 범위
지역 구분의 유형	• 동질 지역: 특정한 지리적 현상이 동일하게 나타나는 범위 → 기후 지역, 농업 지역, 문화권 등 • 기능 지역: 하나의 중심지와 그 기능이 영향을 미치는 범위를 나타낸 지역 → 상권, 통근권, 통학권, 도시권 등 • 점이 지대: 두 지역의 특성이 함께 나타나는 지역

북한의 자연환경과 산업

지형	• 북동부에 높고 험한 산지가 많음 • 큰 하천은 대부분 황해로 흐름
기후	• 기온의 연교차가 크고 대부분의 지역에서 강수량이 적은 편임 • 다우지: 북한의 강원도 해안 지역, 청천강 중·상류 지역 • 소우지: 관북 내륙 지역, 관북 해안 지역, 대동강 하류 지역
산업	• 논농사보다 밭농사 발달 • 경공업 발달 미약 • 철도 중심의 교통 체계

북한의 에너지 소비 구조와 개방 지역

에너지 자원의 소비 구조	석탄과 수력의 비중이 높음
개방 지역	• 나선 경제특구: 북한 최초의 개방 지역, 중국, 러시아와 인접 • 신의주 특별 행정구: 홍콩을 모델로 함, 중국 접경 지역 • 금강산 관광 지구: 관광객 유치 목적 • 개성 공업 지구: 남한의 자본과 기술 + 북한의 노동력 → 상호 보완적 모델

● 빈칸에 들어갈 알맞은 말을 써 넣으시오.

1 두 지역의 특성이 함께 섞여 나타나는 지역을 (   ) 지대라고 하는데, 주로 지역 간의 경계부에 나타난다.

2 우리나라의 전통적인 지역 구분에서 오늘날의 함경남·북도는 관북 지방, 평안남·북도는 (   ) 지방, 강원도는 (   ) 지방인데, 이들 지역의 경계는 모두 철령관을 기준으로 한다.

3 우리나라의 전통적인 지역 구분에서 전라남·북도와 광주광역시는 왕도에서 보아 금강(호강)의 남쪽에 해당하여 (   ) 지방, 경상남·북도와 부산·대구·울산광역시는 왕도에서 보아 조령(문경 새재)의 남쪽에 해당하여 (   ) 지방이라 하였다.

● 다음 중 옳은 것에 모두 ○표 하시오.

4 교통·통신의 발달 및 지역 간 교류의 증가로 인해 지역성이 (㉠ 강화, ㉡ 약화)되고 있다.

5 하나의 중심지와 그 영향을 받는 범위로 구성되는 지역은 (㉠ 동질, ㉡ 기능) 지역이다.

6 동질 지역의 사례로는 (㉠ 기후 지역, ㉡ 문화권, ㉢ 농업 지역, ㉣ 통근권, ㉤ 통학권, ㉥ 상권, ㉦ 도시권) 등을 들 수 있다.

● 지도를 보고 물음에 답하시오.

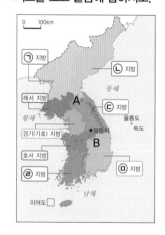

7 A, B 고개의 이름을 쓰시오.

8 전통적인 지역 구분의 명칭인 ㉠~㉤을 쓰시오.

● 빈칸에 들어갈 알맞은 말을 써 넣으시오.

9 북한의 큰 하천은 대부분 황해로 흘러들지만, (   )은/는 동해로 흘러 들어간다.

10 북한에서 여객 및 화물 수송 분담률이 가장 높은 교통수단은 (   )이다.

11 북한은 (   )이/가 에너지 소비에서 가장 큰 비중을 차지하며, 높은 산지가 많고 하천의 폭이 좁아 남한보다 수력 발전의 비중이 높다.

12 북한 최초의 경제특구는 중국 및 러시아와의 접경 지역에 위치한 (   ) 경제특구이다.

13 북한에서는 부족한 농경지를 확보하기 위해 경사가 급한 산비탈에 밭을 조성하였는데, 이러한 밭을 (   )(이)라고 한다.

● 다음 중 옳은 것에 ○표 하시오.

14 북한은 남한보다 (㉠ 수력 발전, ㉡ 원자력 발전)의 비중이 높다.

15 청천강 중·상류 지역은 대동강 하류 지역보다 연 강수량이 (㉠ 많다, ㉡ 적다).

16 북한은 남한보다 경지 면적이 넓고 적은 강수량과 짧은 무상 일수 등의 영향으로 (㉠ 논농사, ㉡ 밭농사)가 발달하였다.

17 북한 최대의 중심 도시는 (㉠ 평양, ㉡ 남포)이다.

● 지도는 북한의 주요 지하자원의 분포를 나타낸 것이다. (가)~(다)에 해당하는 자원을 쓰시오. (단, (가)~(다)는 석탄, 흑연, 석회석 중 하나임.)

18
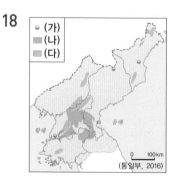

(통일부, 2016)

---

1 점이 2 관서, 관동 3 호남, 영남 4 ㉡ 5 ㉡ 6 ㉠, ㉡, ㉢ 7 A – 철령, B – 조령(문경 새재) 8 ㉠ – 관서, ㉡ – 관북, ㉢ – 관동, ㉣ – 호남, ㉤ – 영남 9 두만강 10 철도 11 석탄 12 나선 13 다락밭 14 ㉠ 15 ㉠ 16 ㉡ 17 ㉠ 18 (가) – 흑연, (나) – 석회석, (다) – 석탄

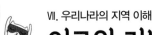

18강 VII. 우리나라의 지역 이해
인구와 기능이 집중된 수도권

키워드

수도권의 산업 및 문화, 수도권의 공간 구조 변화, 수도권의 문제와 대책

1단계 개념 뜯어보기

01 수도권의 경제적 공간 구조 변화

1. 위치와 지역 특색

(1) 위치와 범위

① 위치: 한반도의 중서부에 위치, 북부 지방과 남부 지방을 연결하는 중심부

② 범위: 서울특별시, 인천광역시, 경기도를 포함하는 지역

(2) 지역 특색

① 서울: 우리나라의 수도, 정치와 경제, 문화 등 다양한 분야의 중심지 → 인구와 경제 활동이 집중되어 있음

② 인천: 항만과 공항이 입지하여 국제 물류 기능이 발달함

③ 경기: 서울을 둘러싸고 있으며 서울의 대도시권에 해당됨, 우리나라에서 인구가 가장 많음

2. 집중도가 높은 수도권

(1) **인구의 집중**: 면적은 우리나라 전체의 약 12%이지만 인구는 약 50%가 집중

(2) **기능의 집중**: 입법부, 사법부 등 각종 중앙 정부 기관을 비롯한 대기업 본사, 각종 언론사, 금융 기관의 본점 등이 집중되어 있음

(3) **교통망의 발달**: 전국의 여러 지역을 연결하는 도로, 철도, 항공 노선 발달 → 접근성이 좋음, 도시 고속 국도, 지하철 등의 교통 여건이 잘 갖추어져 있음

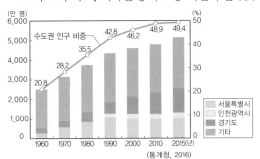

↑ **수도권의 인구 변화** 서울은 1960~1990년에 인구가 빠르게 성장하였고, 근래에는 감소하는 경향이 나타났다. 경기도는 1980년 이후 인구가 빠르게 증가하여 현재는 서울보다 인구가 많아졌다.

↑ **우리나라 100대 기업의 본사 분포** 100대 기업의 본사 중 86개가 수도권에 입지하고 있어 집중도가 매우 높다.

3. 수도권의 산업 공간 구조 변화

(1) 수도권의 제조업 변화

① 1960년대: 구로 공단이 조성되면서 서울을 중심으로 섬유·봉제업 등 경공업 발달

② 1980년대: 안산의 반월 산업 단지, 인천의 남동 산업 단지 등이 조성되면서 수도권 외곽 지역으로 제조업의 이전 현상이 활발하게 나타남

③ 1990년대 이후: 산업 구조가 지식·기술 집약적 산업으로 재편 → 지식 기반 산업의 중심지로 성장

(2) 지식 기반 산업의 발달 배경: 지식과 정보의 집중, 풍부한 고급 연구 인력, 밀집된 관련 업체 → 업체 간의 협력이 용이함

(3) 수도권의 산업 유형에 따른 공간 특징

① 서울: 연구 개발 사업 지원 등 지식 기반 서비스업과 생산자 서비스업이 집중적으로 분포함

② 경기: 넓은 대지를 필요로 하는 정보 통신 기기, 반도체 등의 지식 기반 제조업 집중 분포

③ 인천: 인천항을 중심으로 중화학 공업의 성장이 두드러짐

만점 공부 비법

• 수도권의 집중도 및 수도권 내에서의 서울, 인천, 경기의 산업 구조 특징을 이해한다.

• 서울, 인천, 경기의 인구수 변화와 경기 지역의 문화 공간 증가 관계를 이해한다.

• 수도권에서 발생하고 있는 문제와 해결 방안을 이해한다.

수도권 및 서울의 집중도

—— 수도권 집중도
—— 서울 집중도 (통계청, 2016)

수도권은 좁은 면적에 인구와 기능이 집중되어 있다.

수도권의 산업 구조

〈산업 구조 변화〉

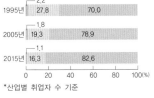

*산업별 취업자 수 기준

1차 산업 2차 산업 3차 산업

〈지역별 산업 구조(2015년)〉

*산업별 취업자 수 기준 (통계청, 2016)

1차 산업 2차 산업 3차 산업

수도권은 1995년 이래 1차 산업과 2차 산업의 비중은 지속적으로 감소한 반면 3차 산업의 비중은 지속적으로 증가하고 있다. 지역별로 2차 산업 비중은 인천·경기, 3차 산업 비중은 서울이 상대적으로 높다.

VII

02 수도권의 문화적 특성

1. 수도권의 문화적 위상과 변화

(1) 수도권의 문화적 위상

① 과거부터 오늘날까지 우리나라 문화의 중심지

② 풍부한 자본과 넓은 소비 시장 등을 바탕으로 오랜 역사와 전통을 지닌 문화 시설이 집중되어 있음

(2) 수도권의 문화적 공간 구조의 변화 배경: 소득 수준 향상, 주5일 근무제 도입, 교통 발달, 여가 시간 증가 등으로 문화 시설에 대한 수요 증가

(3) 문화 시설의 발달

① 공연장, 영화관, 전시관 등의 문화 시설 증가

② 전통문화 공간 복원 및 전통문화 체험 시설 증가

(4) 이국적 문화 경관의 형성

① 외국인 이주 노동자의 증가 → 다문화 공간 형성

② 외국인들이 거주하며 조성된 이국적인 문화 경관 형성

(5) 문화 시설의 공간 구조 변화: 근래에는 문화 시설이 서울뿐만 아니라 경기, 인천에 입지하는 사례 증가

2. 수도권의 문화 공간

(1) 서울

① 경복궁, 창덕궁 등의 궁궐과 한양 도성의 성곽 및 사대문 등 다양한 문화 유적 분포

② 대형 공연장, 전시장, 경기장 등 다양한 문화 시설이 집중되어 있음

③ 대학로, 이태원 거리, 명동 거리 등은 외국 관광객들이 많이 찾는 명소임

(2) 인천

① 일찍부터 개항이 이루어져 근대 문화유산이 많이 분포함

② 경인선, 경인 고속 국도의 개통 → 서울과의 긴밀한 관계 형성

③ 인천 국제공항과 인천항 → 수도권의 관문 역할

(3) 경기

① 예로부터 수도 서울에 경제적·문화적 토대를 제공하는 지역

② 수원: 서울과 남쪽 지방을 연결하는 경기도의 중심 도시

③ 의정부: 경기 북부 지역의 문화, 교육, 교통, 산업의 중심 도시

▲ 종묘

▲ 창덕궁

▲ 수원 화성

▲ 남한산성

🔥 **수도권의 유네스코 세계 문화유산** 수도권은 조선의 도읍지가 한양으로 정해진 이후 오늘날까지 우리나라의 정치·경제·문화의 중심지이다. 그 결과 수도권에는 이와 관련된 문화 유적이 풍부하며, 왕릉, 궁궐 등 역사·문화적 가치가 높은 유산이 많다. 수도권에는 종묘, 창덕궁 등 5개의 유네스코 세계 문화유산이 있다.

📍 **각종 공연 시설의 분포**

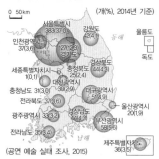

(공연 예술 실태 조사, 2015)

각종 공연 시설은 인구 규모가 큰 곳에 많이 분포하는 것이 일반적인데, 서울에는 인구 규모에 비해 더 많은 공연 시설이 집중되어 있다. 이는 서울이 수도권에서도 중심지 기능을 수행하고 있기 때문이다.

➕ **수도권 광역 급행 철도 노선 계획**

(국토교통부, 2016)

서울과 주변 지역 간의 교통 발달은 대도시권의 확장뿐만 아니라 경기도에 있는 문화 시설을 이용하기 위한 서울 시민의 이동이 활발해질 수 있다는 것을 의미한다.

03 수도권의 문제점과 해결 방안

1. 수도권의 문제점

(1) 인구와 각종 기능의 과도한 집중: 국토 면적의 약 12%에 인구의 약 50%가 집중, 금융 및 산업 집중 → 국내 총생산의 약 절반 정도를 차지

(2) 집적 불이익 발생: 생활 기반 시설의 부족, 교통 체증 및 주차난, 집값 상승과 도심 노후화

(3) 환경 오염의 심화: 각종 인공 시설의 밀집과 자동차 통행량의 증가로 환경 오염 발생

2. 수도권 문제의 해결 방안

(1) 과도한 집중의 억제

① 과밀 부담금 제도: 인구 집중을 유발하는 업무 및 상업 시설에 부담금을 부과하는 제도

② 수도권 공장 총량제: 매년 새로 지을 공장의 건축 면적을 총량으로 설정하여 이를 초과하는 공장의 건축을 규제하는 제도

(2) 지속 가능한 성장 관리 기반 구축: 수도권 정비 계획 추진, 다핵 연계형 공간 구조 조성

(3) 도시 재생, 도시 재개발 → 도시 환경 개선, 숲, 공원 같은 여가와 휴식 공간 확충

(4) 주택 보급 및 광역 교통망 개선 등을 통한 주민의 삶의 질 개선

(5) 신도시 조성을 통한 지역 격차 완화

① 혁신 도시: 수도권에 소재하는 공공 기관의 지방 이전을 계기로 지방의 성장 거점 지역에 조성되는 미래형 도시

② 기업 도시: 민간 기업이 주도하여 개발하는 도시 → 산업·연구·관광 등의 특정 경제 기능 중심의 자족적 복합 기능을 갖춘 도시

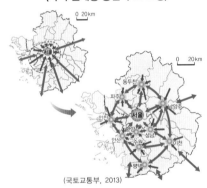

〈다핵 연계형 공간 구조 조성〉

(국토교통부, 2013)

▲ 제3차 수도권 정비 계획(2006~2020)

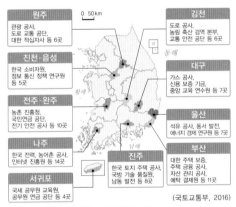

(국토교통부, 2016)

▲ 혁신 도시로 이전하는 주요 공공 기관

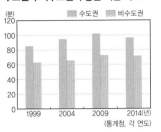

수도권과 비수도권의 통근 시간 비교

수도권의 통근·통학자 수

수도권은 서울에 일자리가 집중되어 있어 경기에서 서울로 통근하는 사람들이 많다.

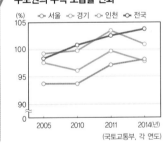

수도권의 주택 보급률 변화

VII

2단계 개념 쏙 정리하기

경제적 측면의 수도권 공간 구조		문화적 측면의 수도권 공간 구조		수도권의 문제점과 해결 방안	
수도권의 제조업	• 1960년대: 서울을 중심으로 섬유·봉제업 등 경공업 발달 • 1980년대: 수도권 외곽 지역으로 서울의 제조업 이전 • 1990년대 이후: 지식 기반 산업의 중심지로 성장	수도권의 위상	• 오랜 역사를 가진 문화 중심지 • 수도권 지역에 문화 시설 집중	문제점	• 인구와 기능의 지나친 집중 • 생활 기반 시설의 부족, 교통 체증 및 주차난 등 • 집값 상승과 도심의 노후화 • 각종 환경 오염의 증가
수도권의 첨단 산업	• 서울: 지식 기반 서비스업 집중 • 경기: 넓은 대지를 필요로 하는 정보 통신 기기, 반도체 등의 지식 기반 제조업 집중	수도권의 문화적 공간 구조	• 서울: 조선 시대 도읍지 → 역사 문화 시설 다수 분포, 대형 공연장, 전시장, 경기장 등 다양한 문화 시설이 집중되어 있음 • 인천: 일찍부터 개항이 이루어져 근대 문화유산이 많이 분포 • 경기: 근래 문화 시설의 입지가 증가하고 있음	해결 방안	• 인구와 기능의 지방 분산 → 혁신 도시, 기업 도시의 조성 • 도시 재생 및 도시 재개발 등을 통한 도시 환경 개선 • 지속 가능한 성장 관리 기반 구축

● 다음 설명이 맞으면 ○, 틀리면 ×에 표시하시오.

1 수도권에서 인구가 가장 많은 지역은 경기이고, 가장 적은 지역은 인천이다. (○ , ×)

2 수도권에서 지식 기반 서비스업과 생산자 서비스업이 집중된 곳은 경기이다. (○ , ×)

3 서울에서 경기로 통근하는 사람보다 경기에서 서울로 통근하는 사람이 더 많다. (○ , ×)

● 그래프는 수도권의 인구 변화를 나타낸 것이다. 이를 보고 내용이 옳으면 ○, 틀리면 ×에 표시하시오.

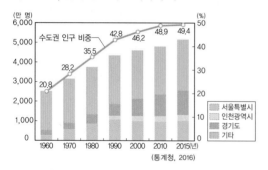

(통계청, 2016)

4 수도권은 1970~1990년보다 2000~2015년에 인구가 더 많이 증가하였다. (○ , ×)

5 수도권에서 차지하는 서울의 인구 비중은 지속적으로 높아졌다. (○ , ×)

6 수도권 이외의 지역에 거주하는 인구 비중은 지속적으로 낮아졌다. (○ , ×)

7 경기는 1960~1980년보다 2000~2015년에 인구가 더 많이 증가하였다. (○ , ×)

● 다음 중 옳은 것에 모두 ○표 하시오.

8 수도권에 속하는 지역은 (㉠ 서울, ㉡ 인천, ㉢ 경기, ㉣ 강원, ㉤ 충남)이다.

9 수도권에서 세계 문화유산인 종묘, 창덕궁이 있는 곳은 (㉠ 서울, ㉡ 인천, ㉢ 경기)이다.

10 수도권에서 세계 문화유산인 남한산성, 수원 화성이 있는 곳은 (㉠ 서울, ㉡ 인천, ㉢ 경기)이다.

11 수도권에서 국제공항, 국제항이 있어 물류의 중심지로서의 역할을 하고 있는 곳은 (㉠ 서울, ㉡ 인천, ㉢ 경기)이다.

● 그래프는 수도권의 지식 기반 산업 종사자 수를 나타낸 것이다. ㉠~㉢에 해당하는 지역을 쓰시오. (단, ㉠~㉢은 서울, 인천, 경기 중 하나임.)

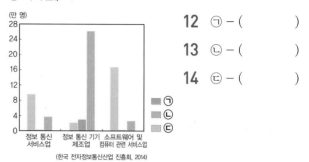

(한국 전자정보통신산업 진흥회, 2014)

12 ㉠ – ( )

13 ㉡ – ( )

14 ㉢ – ( )

● 그래프는 수도권에 속하는 세 지역의 주택 보급률 변화를 나타낸 것이다. ㉠~㉢에 해당하는 지역을 쓰시오. (단, ㉠~㉢은 서울, 인천, 경기 중 하나임.)

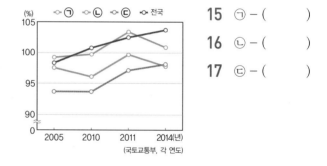

(국토교통부, 각 연도)

15 ㉠ – ( )

16 ㉡ – ( )

17 ㉢ – ( )

● 다음 자료는 제3차 수도권 정비 계획에 의한 권역별 정비 방안이다. ㉠~㉢에 해당하는 지역을 지도의 A~C에서 골라 쓰시오.

구분	㉠ 과밀 억제 권역	㉡ 성장 관리 권역	㉢ 자연 보전 권역
규제 내용	각종 기능의 이전과 정비가 요구되는 지역	과밀 억제 권역으로부터의 기능 이전을 계획하고 있는 지역	자연환경을 보전할 필요가 있는 지역

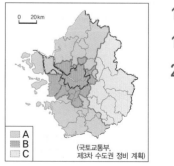

(국토교통부, 제3차 수도권 정비 계획)

18 ㉠ – ( )

19 ㉡ – ( )

20 ㉢ – ( )

1 ○ 2 ×(서울) 3 ○ 4 ×(1970~1990년에 더 많이 증가) 5 ×(최근 감소) 6 ○ 7 ○ 8 ㉠, ㉡, ㉢ 9 ㉠ 10 ㉢ 11 ㉡ 12 인천 13 경기 14 서울 15 인천 16 경기 17 서울
18 B 19 A 20 C

태백산맥으로 나뉘는 강원 지방 ~ 빠르게 성장하는 충청 지방

키워드

영서 지방과 영동 지방의 특색, 강원도의 산업 구조 변화, 충청 지방의 인구 증가와 공업 발달

1단계 개념 뚝딱 뜯어보기

01 영동 지방과 영서 지방

1. 강원 지방의 위치와 지역 구분

(1) 위치: 중부 지방의 동부에 위치함

(2) 지역 구분

① 태백산맥을 경계로 동해안에 위치한 영동 지방과 내륙에 위치한 영서 지방으로 구분됨

② 방언권을 기준으로는 다양하게 구분됨

2. 영동 지방과 영서 지방의 자연환경

(1) 지형

영동 지방	·동서 폭이 좁고 영서 지방에 비해 급경사를 이룸, 하천은 유로가 짧고 경사가 급함 ·해안 지역을 중심으로 소규모의 평야 발달, 경포호, 영랑호 등 석호 발달 ·곳곳에 발달한 사빈과 해안 침식 지형은 관광 자원으로 활용됨
영서 지방	·경사가 완만하고 고위 평탄면과 침식 분지(춘천, 원주, 홍천 등) 발달 ·하천 연안을 중심으로 하안 단구, 감입 곡류 하천 발달

(2) 기후: 태백산맥을 경계로 영서 지방과 영동 지방 간의 기후 차이가 큼

〈1월 평균 기온〉

(단위: ℃)
*등온선은 30년 평년값임.

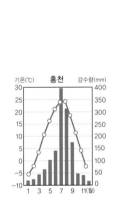

〈8월 평균 기온〉

(단위: ℃)
*등온선은 30년 평년값임.

⇧ **영동 지방과 영서 지방의 기후** 태백산맥은 강원도에서 기후의 지역 차이에 큰 영향을 미친다. 겨울에 영동 지방은 태백산맥과 동해의 영향으로 영서 지방보다 따뜻하다. 해발 고도가 높은 대관령 일대는 저지대보다 여름과 겨울 모두 기온이 낮다. 태백산맥이 남북으로 뻗어 있는 강원도는 지형성 강수가 발달하여 연 강수량이 많은데, 대관령은 특히 지형성 강수가 많다. 늦봄에서 초여름에 오호츠크해 기단으로부터 바람이 불어올 때 영동 지방은 흐리거나 비가 내리지만, 영서 지방은 태백산맥의 영향으로 푄 현상이 나타나 고온 건조한 날씨가 나타난다. 이 바람을 높새바람이라고 한다.

02 강원 지방의 산업 구조 변화와 주민 생활

1. 강원 지방의 산업 구조 변화

(1) 산업 발달 배경: 삼림 자원, 물 자원, 지하자원 등이 풍부

(2) 1차 산업

① 산지가 많아 논농사보다 밭농사가 활발

② 풍부한 임산 자원을 바탕으로 임업 발달

③ 동해안을 중심으로 수산업 발달

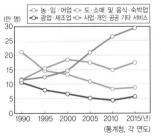

▲ **강원 지방의 산업별 취업자 수 변화**
(통계청, 각 연도)

⊕ 영동 지방과 영서 지방

(한국지리지 강원권, 2015)

⊕ 강원 지방의 산업별 특화도

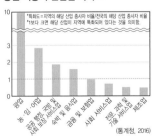

*특화도＝지역의 해당 산업 종사자 비율/전국의 해당 산업 종사자 비율
*1보다 크면 해당 산업이 지역에 특화되어 있다는 것을 의미함.

(통계청, 2016)

강원도의 특화도는 광업에서 특히 높고 농·임·어업의 특화도도 높은 편이다. 반면 제조업의 특화도는 낮다.

(3) 2차 산업
① 산업화 과정에서 석탄, 석회석, 텅스텐 등 지하자원 개발 활발
② 1970년대 이전: 자원 수송을 위한 산업 철도가 건설되었고, 탄광 개발의 영향으로 광업 지역으로 성장하였음
③ 1980년대 이후: 석탄 산업 합리화 정책으로 대다수 탄광 폐광, 1994년 텅스텐 광산 폐광 등으로 광업 비중 감소
④ 최근: 춘천과 강릉 중심의 바이오 산업, 원주 일대의 의료 기기 산업, 철원과 강원 남부 지역을 중심으로 한 신소재 산업을 육성하고 있음

(4) 3차 산업
① 폐광 지역의 산업 유산을 관광 자원으로 활용 → 태백의 석탄 박물관, 정선의 레일 바이크와 석탄 문화 축제 개최 등
② 아름다운 자연환경과 수도권과의 인접성, 평창 동계 올림픽 개최 및 이에 따른 교통 기반 시설의 확대 → 관광 산업이 더욱 발달

2. 강원의 지역별 주요 성장 전략
(1) 각 도시별 특성화 전략을 추진, 도시 간 네트워크를 강화
(2) 춘천 – 바이오 산업, 원주 – 의료 산업 클러스터, 강릉 – 해양·신소재 산업

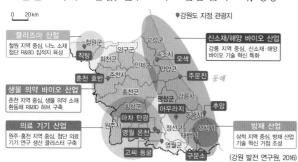
▲ 강원 지방의 주력 첨단 산업과 관광 자원

03 교통의 발달로 성장하는 충청 지방

1. 위치와 지역 특색
(1) 위치와 범위: 수도권과 남부 지방을 잇는 중심부에 위치 → 대전광역시, 세종특별자치시, 충청북도, 충청남도
(2) 교통의 발달과 충청 지방
① 조선 시대: 금강 유역의 강경, 공주 등이 하천 교통의 중심지로 성장
② 1900년대 이후: 경부선, 호남선 개통 → 대전을 중심으로 육상 교통의 중심지로 성장
(3) 최근: 교통 발달로 수도권으로부터 공업, 교육, 행정 등 각종 기능이 이전해 오면서 빠르게 성장하고 있음

▲ 우리나라의 주요 교통망

2. 교통의 발달로 빠르게 성장하는 충청 지방
(1) 교통이 발달하는 충청 지방
① 주요 고속 국도의 통과로 교통 중심지로서의 위상이 높아짐 → 경부 고속 국도, 호남 고속 국도, 서해안 고속 국도 등
② 고속 철도역(대전, 아산, 청주, 공주 등)의 입지와 수도권 전철의 연장으로 수도권과의 상호 작용이 활발해짐
(2) 교통 발달이 충청 지방에 미친 영향
① 중부 지방의 물류 거점으로 성장하면서 물류 센터 증가
② 전철 노선을 따라 대학이 증가

광산 도시의 인구 변화

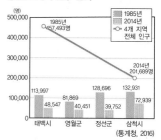

태백시의 산업별 종사자 비율 변화

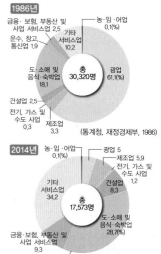

석탄 생산이 활발했던 태백시의 경우 1986년에는 총 종사자의 60% 이상이 광업에 종사하였으나 2014년에는 광업 종사자의 비중이 5% 정도로 낮아졌고 도·소매 및 음식·숙박업과 기타 서비스업의 비중이 큰 폭으로 높아졌다.

04 충청 지방의 산업과 도시

1. 충청 지방의 산업 발달

(1) 발달 배경: 편리한 교통, 수도권으로부터 공장 이전, 중국 경제의 부상 등

(2) 산업 단지 개발

① 서해안 지역: 서산 – 석유 화학 공업, 당진 – 제철 공업, 아산 – IT 업종과 자동차 공업

② 내륙 지역: 청주 – 오송 생명 과학 단지와 오창 과학 산업 단지, 대전 – 대덕 연구 개발 특구, 충주와 청주 – 충북 경제 자유 구역, 첨단 산업

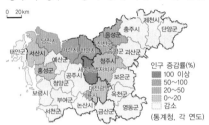

*2000년 청원군 인구는 청주시에 포함하여 계산함.
*세종특별자치시는 2000년 연기군 대비 인구 증감률을 계산함.

⇧ **충청 지방의 인구 증감(2000~2015년)** 충청 지방은 수도권과 인접한 지역을 중심으로 인구가 증가하고 있다.

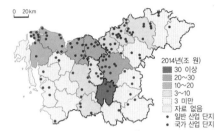

(해당 시도청, 2014 / 한국산업단지공단, 2016)

⇧ **충청 지방의 지역 내 총생산 및 산업 단지 분포** 수도권과 인접한 지역에서 비교적 많은 경향이 나타난다.

2. 충청 지방의 도시 발달

(1) 충청 지방의 기업 도시와 혁신 도시

① 기업 도시: 지식 기반형의 충주, 관광 레저형의 태안

② 혁신 도시: 충청북도 진천·음성

(2) 도시의 성장

① 세종특별자치시: 국토의 균형 발전과 수도권 기능 분산을 위해 조성 → 행정 기능을 담당하는 복합 도시로 빠르게 성장

② 홍성·예산(내포 신도시): 충남도청 소재지

③ 대전: 국제 과학 비즈니스 벨트 조성

④ 당진: 제조업 발달과 함께 항만을 이용한 국제 물류 기능 강화

충청 지방의 산업별 생산액 비중 변화

	대전광역시		충청북도		충청남도	
	2000	2014	2000	2014	2000	2014(년)
사회 간접 자본 및 서비스업	80.2(%)	82.2(%)	50.9(%)	51.6(%)	47.9(%)	42.5(%)
광업·제조업	19.1	17.7	39.9	44.5	40	52.7
농·임·어업	0.7	0.1	9.2	3.9	12.1	4.8
합계(조 원)	13.2	30.6	18.5	45.8	28.6	93.9

*세종특별자치시는 과거 행정 구역을 기준으로 충청북도 및 충청남도에 포함함.
*총 부가 가치 기준임. (통계청, 각 연도)

⇧ **충청 지방의 산업별 생산액 비중 변화** 대전은 제조업 비중이 소폭 감소했지만 충북과 충남은 제조업 비중이 증가하였다.

⊕ **충청 지방의 인구 순 이동 변화**

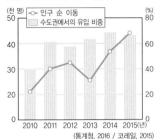

(통계청, 2016 / 코레일, 2015)

충청 지방은 근래 인구 유입이 활발한데, 수도권에서 유입되는 인구가 많다.

⊕ **기업 도시**

산업 입지와 경제 활동을 위하여 민간 기업이 산업·연구·관광·레저·업무 등의 주된 기능과 주거·교육·의료·문화 등의 자족적 복합 기능을 고루 갖추도록 개발하는 도시를 말한다.

⊕ **혁신 도시**

수도권에서 이전되는 공공 기관을 수용하여 기업·대학·연구소·공공 기관 등의 기관이 서로 긴밀하게 협력할 수 있는 혁신 여건과 수준 높은 주거·교육·문화 등의 정주 환경을 갖추도록 개발하는 미래형 도시를 말한다.

VII

2단계 개념 쏙 정리하기

영동 지방과 영서 지방

영동 지방	• 급경사의 지형, 짧은 하천 유로 • 사빈, 석호, 기암괴석의 암석 해안 → 관광 자원으로 활용 • 동해와 태백산맥의 영향 → 영서 지방보다 겨울에 따뜻함, 겨울에 북동풍이 불 때 눈이 많이 내림
영서 지방	• 감입 곡류 하천, 하안 단구 발달 • 겨울에 춥고 기온의 연교차가 큼 • 여름철 강수 집중률이 높음 • 고위 평탄면에서 목축업, 고랭지 배추 재배 활발

충청 지방의 제조업

단양	석회석을 바탕으로 시멘트 공업 발달
청주	오송 생명 과학 단지, 오창 과학 산업 단지 입지
아산	• 수도권과 전철로 연결됨 • 전자 부품, 컴퓨터, 영상, 음향 및 통신 장비 제조업, 자동차 공업 발달
당진	제철소 입지 → 1차 금속 공업 발달
서산	• 석유 화학 산업 단지 입지 • 화학 물질 및 화학 제품 제조업, 코크스, 연탄 및 석유 정제품 제조업 발달

강원 지방과 충청 지방의 주요 도시

원주	• 제조업 생산액이 많음 • 의료 산업 클러스터
춘천	강원도청 소재지, 침식 분지
강릉	• 해양·신소재 산업 • 영동 지방의 중심 도시
세종	중앙 행정 기능을 분담
홍성·예산 (내포 신도시)	충남도청 이전
대전	대덕 연구 개발 특구를 중심으로 첨단 산업 발달

● 다음 중 옳은 것에 ○표 하시오.

1 춘천, 원주는 (㉠ 침식 분지, ㉡ 고위 평탄면)에 입지하고 있다.

2 영서 지방의 하천 중·상류에는 (㉠ 감입 곡류 하천, ㉡ 자유 곡류 하천)이 발달하였다.

3 높새바람이 불 때 영동 지방은 영서 지방보다 기온이 (㉠ 높, ㉡ 낮)고, 상대 습도가 (㉢ 높, ㉣ 낮)다.

4 강원 지방을 영서 지방과 영동 지방으로 나누는 경계가 되는 산맥은 (㉠ 태백산맥, ㉡ 소백산맥)이다.

5 영동 지방은 영서 지방에 비해 여름 강수 집중률이 (㉠ 낮, ㉡ 높)고, 기온의 연교차가 (㉢ 크, ㉣ 작)다.

6 1980년대 후반 석탄 산업 합리화 정책이 실시되면서 강원도의 석탄 생산량은 (㉠ 증가, ㉡ 감소)하였다.

● 다음 설명에 해당하는 지역을 지도의 A~E에서 고르고 시·군의 명칭을 쓰시오.

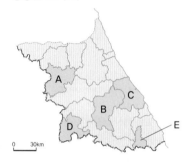

7 의료 산업 클러스터로 성장하기 위한 정책이 추진 중이며, 혁신 도시와 기업 도시가 조성되고 있다. ( )

8 강원도청이 소재한 곳으로 침식 분지에 입지하고 있다. ( )

9 영동 지방에 위치하며 오죽헌, 경포대 등의 관광 자원이 있다. ( )

10 낙동강의 발원지가 위치하고, 과거에는 석탄 생산량이 많았으며 석탄 박물관이 있다. ( )

11 2018년 동계 올림픽 개최지였던 곳으로, 고위 평탄면에서 대규모 목축업 및 고랭지 배추 재배가 활발하다. ( )

● 다음 중 옳은 것에 ○표 하시오.

12 수도권과 남부 지방을 연결하는 중심부에 위치한 지역은 (㉠ 강원, ㉡ 충청) 지방이다.

13 충남도청, 도의회, 교육청, 경찰청 등 충청남도의 행정 기능이 이전한 곳은 (㉠ 내포, ㉡ 진천) 신도시이다.

14 이전한 공공 기관을 수용하여 기업, 대학, 연구소, 공공 기관 등이 서로 긴밀하게 협력할 수 있는 혁신 여건과 수준 높은 주거, 교육, 문화 등의 정주 환경을 갖추도록 개발하는 미래형 도시는 (㉠ 기업, ㉡ 혁신) 도시이다.

● 다음 설명에 해당하는 지역을 지도의 A~F에서 고르고 시·군의 명칭을 쓰시오.

15 오송 생명 과학 단지, 오창 과학 산업 단지가 조성되고 있다. ( )

16 대덕 연구 개발 특구가 입지하여 첨단 산업이 발달하고 있다. ( )

17 제철소가 입지하여 1차 금속 공업과 금속 가공 공업이 발달하였다. ( )

18 석유 화학 단지가 입지하여 화학 물질 및 화학 제품 제조업과 코크스, 연탄 및 석유 정제품 제조업이 발달하였다. ( )

19 수도권과 전철로 연결되며 전자 부품, 컴퓨터, 영상, 음향 및 통신 장비 제조업과 자동차 및 트레일러 제조업이 발달하였다. ( )

20 국토의 균형 발전과 수도권 균형 발전을 위해 조성된 도시로, 우리나라의 주요 행정 기능을 담당하는 복합 도시로 발달하고 있다. ( )

1 ㉠ 2 ㉠ 3 ㉡, ㉢ 4 ㉠ 5 ㉠, ㉣ 6 ㉡ 7 D, 원주 8 A, 춘천 9 C, 강릉 10 E, 태백 11 B, 평창 12 ㉡ 13 ㉠ 14 ㉡ 15 D, 청주 16 F, 대전 17 B, 당진 18 A, 서산 19 C, 아산 20 E, 세종

20강

다양한 산업이 함께 발전하는 호남 지방 ~ 세계적인 관광 중심지 제주특별자치도

키워드
호남 지방의 산업 구조, 호남 지방의 인문적 자원, 영남 지방의 산업 구조, 제주도의 자연·인문 환경

1단계 개념 뜯어보기

01 삶의 터전을 넓혀 온 호남 지방

1. 위치와 지역 특색

(1) 위치: 한반도의 서남쪽에 위치

(2) 범위: 광주광역시, 전라북도, 전라남도

(3) 지역 특색

① 자연환경: 해안선이 길고 갯벌 발달, 중부 지방에 비하여 기후가 온화함

② 인문 환경: 다양한 음식, 예술, 문화가 발달하였음

2. 간척 사업의 과정

(1) 범람원과 갯벌이 넓게 분포하여 오래전부터 농지 개간 및 간척 사업이 이루어졌음

(2) 일제 강점기의 간척 사업: 일본에 쌀을 안정적으로 공급하기 위해 넓은 면적의 저습지와 갯벌을 간척

(3) 1960년대 이후의 간척 사업: 간척 기술의 발달로 정부와 민간이 주도하여 대규모 간척 사업 추진

3. 간척 사업의 영향

(1) 간척지의 용도: 농업 용지, 산업 용지, 관광 단지 및 신도시 건설 등

(2) 간척 사업의 영향

① 논 면적 확대로 쌀 자급률이 높아지고 간척지에 새롭게 마을이 조성됨

② 양식업과 연근해 어업에 종사하던 주민들이 농업으로 전업하거나 어업과 농업을 겸하게 됨

③ 지역 개발로 외부에서 인구가 유입됨

④ 1차 산업에 종사하던 주민들이 제조업, 서비스업에도 종사 → 지역의 산업 구조 변화

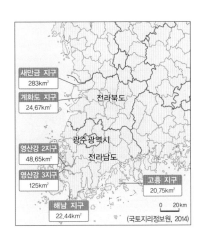

▲ 호남 지방의 주요 간척 사업

02 다양한 산업이 발달하는 호남 지방

1. 호남 지방의 산업 구조

(1) 1970년대: 여수 일대에 석유 화학 산업 단지 조성

(2) 1980년대: 광양만을 중심으로 제철 공업 등 중화학 공업 발달

(3) 1990년대 이후: 대중국 교역의 거점 지역으로 부상 → 대불 국가 산업 단지, 군장 국가 산업 단지 조성

(4) 현재: 첨단 지식 산업을 농업, 공업에 적용 → 고부가 가치 창출을 위해 노력

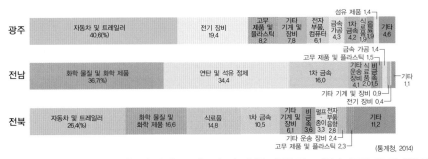

⬆ 호남 지방의 지역별 제조업 출하액 비중(2013년) 광주와 전북은 자동차 및 트레일러 제조업, 전남은 화학 물질 및 화학 제품 제조업의 출하액 비중이 높다.

만점 공부 비법

- 호남 지방의 간척 사업과 주요 공업 도시의 특성을 파악한다.
- 영남 지방의 주요 공업 지역 및 공업 도시의 특징을 파악한다.
- 제주도의 독특한 자연·인문 환경의 특성을 이해한다.

➕ 통계로 보는 호남 지방

농가 인구(2014년)	23.2(%)
농경지 면적(2015년)	30.9(%)
어업 생산량(2015년)	48.9(%)
무형 문화재 보유자 (2014년)	17.2(%)

(전국 대비 비중을 나타냄) (통계청, 2016)

호남 지방은 영남 지방 및 충청 지방에 비해 상대적으로 1차 산업의 비중이 높다.

➕ 광양의 인구 변화

광양은 간척으로 조성된 토지에 대규모 제철 공장(1992년 광양 제철소 완공)이 입지하면서 인구가 증가하였다.

2. 호남 지방의 발전 방향

(1) 광주: 광(光) 산업, 자동차 산업, 가전제품 산업을 중심으로 제조업 발달
(2) 새만금·군산, 광양만권: 경제 자유 구역 → 각각 미래형 신산업 및 관광 레저 허브, 국제 물류 생산 거점으로 개발
(3) 전주: 혁신 도시, 농·생명 클러스터 구축

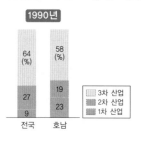

⇧ **호남 지방의 산업별 생산액 비중 변화** 최근 호남 지방의 제조업 생산액 비중이 높아졌다.

⇧ **호남 지방의 제조업** 호남 지방의 주요 공업 도시는 여수, 광주, 광양 등지이다.

3. 관광 산업의 육성

(1) 발달 배경: 잘 보존된 자연환경, 전통문화를 활용한 풍부한 관광 자원
(2) 자연과 전통을 활용한 지역 축제: 전주 세계 소리 축제, 남원 춘향제, 순천만 갈대 축제, 김제 지평선 축제, 보성 다향제, 순창 장류 축제 등
(3) 슬로 시티: 한옥 마을이 있는 전주, 완도군 청산도, 신안군 증도, 담양군 창평

▲ 호남 지방의 관광 자원

03 공업과 함께 발달한 영남 지방

1. 위치와 지역 특색

(1) 위치: 한반도의 남동부에 위치
(2) 범위: 부산광역시, 대구광역시, 울산광역시, 경상북도, 경상남도
(3) 지역 특색
① 자연환경
- 태백산맥과 소백산맥으로 둘러싸여 있음
- 대부분 낙동강 유역에 해당됨
- 내륙 지역은 강수량이 적고, 남해안 지역은 강수량이 많음
- 해안은 조차가 작고 수심이 깊어 항만 발달에 유리함
② 인문 환경: 유라시아 대륙과 태평양을 연결하는 해상 교통로의 요충지, 다양한 음식, 예술, 문화가 발달하였음

📍 **순천만 국가 정원·습지 입장객 수 변화**

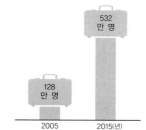

*2005년은 순천만 정원 관광객 수임.
(한국문화관광연구원, 각 연도)

순천만은 2006년 람사르 협약 등록, 2015년 대한민국 국가 정원 제1호로 지정되면서 전라남도의 대표적인 생태 관광지로 발돋움하였다.

📍 **전주 한옥 마을**

전주 한옥 마을에는 해마다 전주시 인구인 65만 명의 10배가 넘는 관광객이 찾아오고 있다.

2. 영남 지방의 공업 발달 과정

(1) 1960년대: 노동력이 풍부하고 산업 시설이 잘 갖추어진 부산과 대구를 중심으로 신발과 섬유 공업과 같은 노동 집약적 경공업 발달

(2) 1970년대 이후: 남동 임해 지역을 중심으로 대규모 산업 단지가 조성되면서 중화학 공업 발달

(3) 주요 공업 지역

① 영남 내륙 공업 지역: 풍부한 노동력과 편리한 육상 교통, 섬유(대구) 및 전자 공업(구미) 발달

② 남동 임해 공업 지역

• 항만 건설에 유리한 입지 조건, 정부의 중화학 공업 육성 정책

• 우리나라 최대의 중화학 공업 지역으로 성장

• 포항 – 제철 공업, 울산 – 조선·자동차·석유 화학 공업, 거제 – 조선 공업, 창원 – 기계 공업

3. 영남 지방의 인구 분포

(1) 전통적 대도시인 부산, 대구 이외에 1970년대 이후 산업 단지가 조성된 구미, 포항, 울산, 창원 등지에 인구가 집중됨

(2) 1990년대 이후: 부산, 대구의 교외화 현상 → 위성 도시인 김해, 양산, 경산이 빠르게 성장

(3) 창원: 마산, 진해와 통합되어 인구 100만 명이 넘는 대도시로 성장

(4) 경북 북부와 경남 북부 및 서부 내륙 지역: 인구 유출 → 인구 감소, 인구 고령화 뚜렷

영남 지방의 산업 단지 분포

(한국산업단지공단, 2016)

영남 지방의 산업 단지는 남동 임해 지역에 집중되어 있다.

04 영남 지방의 주요 도시

1. 주요 대도시

(1) 부산

① 항만 및 도시 기반 시설을 바탕으로 국제 물류 도시로 성장하였음

② 영상 산업, 문화·관광 산업을 중심으로 한 콘텐츠 개발에 집중하고 있음

(2) 대구

① 침체된 섬유 산업의 첨단화를 시도하고 있음

② 의료 기기, 자동차 부품, 정보 통신 융·복합 산업의 발전을 추구

(3) 울산: 자동차·조선·석유 화학 공업을 기반으로 첨단 융합 부품 소재와 신·재생 에너지 관련 첨단 산업 단지를 조성하여 산업 구조의 고도화를 추구

(4) 창원: 첨단 기계 산업 육성, 물류 기능 활성화 및 제2 자유 무역 지구 조성 등

(5) 구미: 전자 공업 발달, 반도체, 전자·통신 기기, 녹색 에너지 산업 분야 육성

2. 문화유산을 간직한 도시

(1) 안동: 조선 시대 고택과 서원이 잘 보존된 지역, 전통 마을인 하회 마을(세계 문화유산)이 위치함

(2) 경주: 세계 문화유산으로 등재(석굴암과 불국사, 경주 역사 지구, 양동 마을 등), 신라 시대 불교 문화유산이 풍부함

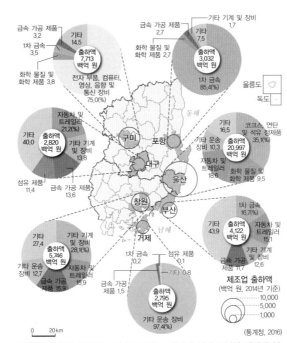

↑ 영남 지방의 제조업 영남 지방에는 대기업 생산 공장이 밀집해 있으며 남동 임해 지역을 중심으로 공업 도시가 발달하였다.

(통계청, 2016)

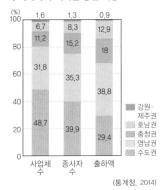

우리나라의 지역별 공업 비중

(통계청, 2014)

▲ 안동 하회 마을

▲ 문화 유산이 풍부한 경주

영남 지방의 인구 분포

(통계청, 2015)

영남 지방에는 부산, 대구, 울산 이외에 창원, 구미, 안동 등의 도시들이 있다.

VII

05 제주특별자치도

1. 위치와 자연환경

(1) 기후와 식생

① 기후: 남해상에 위치하고 연중 난류가 흘러 겨울에 온화하고 기온의 연교차가 작음

② 식생: 저지대 – 난대성 식물 분포, 해발 고도에 따른 식생의 수직적 분포가 나타남

(2) 지형: 신생대 화산 활동 → 곳곳에 다양한 화산 지형 분포

① 기생 화산(오름): 용암의 소규모 분출이나 화산 쇄설물의 퇴적으로 형성

② 용암동굴(만장굴, 협재굴 등)과 주상 절리 등 독특한 화산 지형 분포

③ 기반암인 현무암은 절리가 발달하여 지표수가 지하로 잘 스며듦

④ 하천 발달이 미약하고 용수 공급이 어려워 밭농사 발달

2. 독특한 문화

(1) 취락 입지: 지표수가 부족하여 용천이 있는 해안가를 중심으로 마을 형성

(2) 전통 가옥: 강한 바람으로부터 가옥을 보호하기 위한 그물 지붕과 돌담 발달, 기후가 따뜻하여 난방의 필요성이 적음 → 난방과 취사가 분리된 부엌 구조

(3) 농업: 지표수가 부족하여 대부분의 경지가 밭으로 이용됨, 감귤류를 재배하는 과수 농업 발달

(4) 목축업: 중산간 지역의 초지에서 목축업이 이루어짐

(5) 제주도의 가치: 유네스코 생물권 보전 지역(2002년), 세계 자연 유산(2007년), 세계 지질 공원(2010년)으로 지정되었음

06 세계로 뻗어 나가는 제주도

1. 제주특별자치도

(1) 2002년 국제 자유 도시로 지정

(2) 2006년 제주특별자치도가 되면서 산업, 행정 등의 자치권 획득

2. 제주특별자치도의 발전 전략

(1) 관광 산업, 청정 1차 산업, 교육 산업, 의료 산업, 첨단 산업 분야 육성

(2) 국제적인 관광 휴양 및 첨단 지식 산업 발달 → 동북아시아 교류의 거점 도시로 육성

(3) 생태 관광 육성: 올레길 탐방, 오름 트레킹, 지형 답사 등 생태 관광 상품 개발

(4) 마이스(MICE) 산업, 레저 스포츠 관광 산업 등 고부가 가치 관광 산업 육성

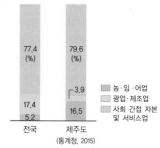

제주도의 산업별 취업자 비중

(통계청, 2015)

제주도는 제조업의 발달이 미약하여 다른 지역에 비해 2차 산업의 비중이 낮다.

제주도를 방문한 관광객 수 변화

*숫자는 외국인 관광객 비율임.
(제주특별자치도 관광협회, 각 연도)

2단계 개념 쏙 정리하기

호남 지방의 특징

지형		• 동쪽 – 소백산맥, 서쪽 – 넓고 평평한 평야 발달 • 갯벌과 리아스 해안 발달
기후		남부 지방에 속하여 기온이 온화하고 강수량이 많은 편임
산업 구조	1차 산업	• 넓은 평야를 바탕으로 농업 발달 • 어업 발달
	2차 산업	• 광주 – 자동차 공업, 광 산업 • 여수 – 석유 화학 공업 • 광양 – 제철 공업
	3차 산업	다양한 생태 및 문화 자원을 활용한 관광 산업 발달

영남 지방의 주요 도시

부산	국제 물류 도시로 성장, 영상 산업과 문화·관광 산업 중심의 콘텐츠 개발
대구	섬유 산업의 첨단화, 의료 기기, 자동차 부품, 정보 통신 융·복합 산업의 발전 추구
울산	자동차·조선·석유 화학 공업을 기반으로 첨단 융합 부품 소재와 신·재생 에너지 관련 첨단 산업 단지 조성 → 산업 구조의 고도화 추구
창원	첨단 기계 산업 육성, 물류 기능 활성화 및 제2 자유 무역 지구 조성 추진
구미	전자 공업 발달, 반도체, 전자·통신 기기, 녹색 에너지 산업 분야 육성

제주도의 자연환경

기후	• 우리나라에서 연평균 기온이 가장 높고, 기온의 연교차가 가장 작음 • 한라산 남쪽의 서귀포는 연 강수량이 매우 많음
식생	• 저지대에는 난대림 분포 • 해발 고도에 따른 식생의 수직적 분포가 잘 나타남
지형	• 기생 화산(오름), 주상 절리, 용암동굴 등 다양한 화산 지형 분포 • 기반암(현무암)에 절리가 발달하여 지표수가 부족 → 밭농사와 과수 농업 발달

● 빈칸에 들어갈 알맞은 말을 써 넣으시오.

1 호남 지방은 북쪽으로는 금강을 경계로 충청 지방과 접하고, 동쪽으로는 (　　　　)산맥을 경계로 영남 지방과 접하고 있다.

2 전라남도에서 유역 면적이 가장 큰 강은 (　　　　)으로 하구에는 하굿둑이 건설되어 있다.

3 호남 지방 동북부 지역의 (　　　　)고원에서는 고랭지 채소 재배가 이루어진다.

4 국내에서 유일하게 지평선이 보이는 곳으로, 지평선 축제가 열리는 지역은 (　　　　)이다.

5 1991년에 공사를 시작한 우리나라 최대의 간척 사업은 (　　　　) 간척 사업이다.

6 (　　　　)평야는 만경강과 동진강 유역에 펼쳐진 평야로, 우리나라 최대의 곡창 지대이다.

● 다음 설명에 해당하는 지역을 지도의 A~F에서 고르고 시·군의 명칭을 쓰시오.

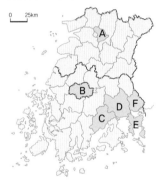

7 전북도청이 위치하며, 이곳의 한옥 마을을 찾는 관광객이 많다. (　　　　)

8 우리나라 최대 규모의 석유 화학 단지가 있는 도시로, 제조업이 발달하였다. (　　　　)

9 간척 사업을 통해 조성한 토지에 대규모 제철소가 건설되었다. (　　　　)

10 호남 지방 제1의 도시로, 자동차 산업이 지역 경제에 미치는 영향이 크다. (　　　　)

11 녹차 생산량이 많으며 녹차 밭을 관광 자원화하고 녹차를 주제로 한 다향제가 열린다. (　　　　)

12 람사르 협약에 등록된 습지인 갯벌이 있으며, 이를 이용한 축제가 유명하다. (　　　　)

● 빈칸에 들어갈 알맞은 말을 써 넣으시오.

13 영남 지방에 조성된 대표적인 공업 지역은 영남 내륙 공업 지역과 (　　　　) 공업 지역이다.

14 제주도는 바다의 영향을 많이 받아 기온의 연교차가 작고 겨울이 온화한 (　　　　) 기후가 나타난다.

15 제주도는 신생대 (　　　　) 활동으로 형성되어 오름, 용암동굴, 주상 절리 등이 발달하였다.

● 다음 설명에 해당하는 지역을 지도의 A~F에서 고르고 시·군의 명칭을 쓰시오.

16 우리나라 최대의 무역항으로, 영남 지방의 대표적인 도시이다. (　　　　)

17 쇠퇴한 섬유 공업의 첨단화를 위해 노력하고 있으며 동시에 패션과 문화 콘텐츠 산업 발전에 주력하고 있다. (　　　　)

18 경북도청이 입지하였으며 조선 시대 고택과 서원이 잘 보존된 전통 마을이 있다. (　　　　)

19 신라 시대의 수도였으며 고분, 사찰, 불탑 등 문화재가 많다. (　　　　)

20 경남도청이 위치하며 기계 공업이 특히 발달하였다. (　　　　)

21 광역시 중에서 제조업 생산액이 가장 많은 도시이다. (　　　　)

---

1 소백　2 영산강　3 진안　4 김제　5 새만금　6 호남　7 A, 전주　8 E, 여수　9 F, 광양　10 B, 광주　11 C, 보성　12 D, 순천　13 남동 임해　14 해양성　15 화산　16 E, 부산　17 B, 대구　18 A, 안동　19 C, 경주　20 D, 창원　21 F, 울산

VII

우리나라 여러 지역의 특색

1 북한 지역

- 북한에서 동해로 흐르는 가장 긴 강은 (두만강)이다. (두만강)의 하구는 러시아와 북한의 경계를 이룬다.
- 우리나라에서 가장 높은 산인 (백두산)은 화산 활동으로 형성되었으며, 정상부에는 화구의 함몰로 형성된 지형인 칼데라에 물이 고인 (천지)가 있다.
- 북한 최대의 도시인 (평양)은 대동강 유역에 위치하며, 북한의 정치ㆍ경제ㆍ사회의 중심지이다.
- 대동강 하구에 위치하는 (남포)는 평양의 외항으로, 서해 갑문이 건설된 이후 그 기능이 강화되었다.
- 압록강 하구에 위치하는 철도 교통의 중심지로, 중국과의 교역 통로 역할을 하고 있는 곳은 (신의주)이다. (신의주)에는 홍콩을 모델로 한 특별 행정구로 설정되었다.
- (나선 경제특구)는 유엔 개발 계획(UNDP)의 지원을 계기로 1991년에 지정된 북한 최초의 개방 지역으로, 중국, 러시아와 인접해 있다.

 포인트
- 북한은 남한보다 산지가 많으며, 기온의 연교차가 큰 대륙성 기후가 나타난다.
- 북한은 논농사보다는 밭농사가 발달하였으며, 다양한 종류의 지하자원이 매장되어 있다.

2 수도권

- 수도권 제2의 도시인 (인천)은 항만과 공항이 위치하여 물류 기능이 발달하였다.
- 경기도 (수원)에 있는 화성은 정조가 주민 거주 공간 마련과 국가 방어 등을 이유로 축성한 계획 도시이다.
- 경기도 (화성)은 제조업 종사자 비율이 높은데, 특히 자동차 공업이 발달하였다.
- (서울)은 지식 기반 서비스업과 생산자 서비스업이 집중적으로 분포한다.
- (경기)는 정보 통신 기기 제조업 종사자 수가 많은 지역이다.
- 1990년대 이후부터 수도권에서는 2차 산업의 비중이 줄어들고 3차 산업의 비중이 증가하는 (탈공업화)가 진행되었으며, 2000년대 이후에는 정보 통신 기술 산업과 (생산자 서비스업)이 빠르게 성장하고 있다.

 포인트
수도권은 우리나라 전체 인구의 절반 가까이가 분포하고 기업체ㆍ정부ㆍ금융ㆍ언론 기관ㆍ문화 시설 등이 집중된 우리나라의 중심지이다.

3 강원 지방

- (평창)은 고랭지 배추가 많이 재배되며 2018년에 동계 올림픽이 개최되었다.
- 석탄 생산량이 많았던 (태백)은 한때 광업 종사자 비중이 60%를 넘었으나, 지금은 약 5% 내외로 감소하였고, 서비스업 종사자 비중이 높아졌다.
- 강원도의 도청 소재지가 있는 (춘천)은 최근 바이오 산업을 육성하고 있다.
- 강원도 서남부의 (원주)는 강원도에서 제조업 출하액이 가장 많으며 의료 클러스터를 통한 산업 구조의 고도화를 꾀하고 있다.
- (강릉)은 정동진과 오죽헌, 경포호 등의 관광 자원이 있는 영동 지방의 중심 도시이며, 북동 기류의 영향을 받는 겨울에는 눈이 많이 내린다.

 포인트
- 강원 지방은 태백산맥이 동쪽으로 치우쳐 있어 동고서저 지형을 이루며, 고위 평탄면에서는 고랭지 작물 재배가 이루어지고 있다.
- 최근 들어 강원 지방의 기반 산업은 농업ㆍ임업ㆍ광업 중심에서 관광 산업 중심으로 바뀌고 있다.

4 충청 지방

- 충청 지방 최대 도시인 (대전)은 경부선, 호남선 철도가 개통되면서 철도 교통의 결절지로 성장하였고, 대덕 연구 개발 특구가 위치한다.
- (세종특별자치시)는 중앙 행정 기능을 분담하기 위해 출범한 도시이다.
- (서산)은 석유 화학 공업, (당진)은 제철 공업, (아산)은 IT 업종과 자동차 공업이 발달하였다.

출제 포인트 충청 지방은 수도권 과밀화에 따른 분산 정책의 시행으로 다양한 기능이 이전하면서 빠르게 성장하는 지역이다.

5 호남 지방

- 광양, 여수, 광주 중에서 석유 화학 공업의 출하액 비중이 가장 높은 도시는 (여수)이고, 1차 금속 공업의 출하액 비중이 가장 높은 도시는 대규모 제철소가 입지한 (광양)이며, 광(光) 산업이 발달한 곳은 (광주)이다.
- 전라북도의 중심 도시인 (전주)는 한옥 마을을 정비하고 전통 문화관, 한옥 생활 체험관 등의 문화 시설을 유치하였다.
- 호남 지방에서는 다양한 지역 축제가 개최되는데, 그중에서 지평선 축제는 (김제)에서, 녹차 축제인 다향제는 (보성)에서 열린다.

출제 포인트 호남 지방은 다른 지역에 비해 1차 산업의 비중이 높다. 그러나 교통 발달과 균형 발전을 위한 정부의 지원을 바탕으로 제조업 및 첨단 산업 분야의 투자가 활발하게 이루어지고 있다.

6 영남 지방

- 전자 공업은 (구미), 섬유 공업은 (대구), 철강 공업은 (포항), 석유 화학·조선·자동차 공업은 (울산), 자동차 공업과 영상 산업은 (부산), 기계 공업은 (창원), 조선 공업은 (거제)에서 발달하였다.
- (부산)은 우리나라 최대의 무역항으로 항만을 중심으로 물류 산업이 발달하였으며, 매년 국제 영화제가 개최된다.
- (대구)는 섬유 공업이 쇠퇴하자 패션과 문화 콘텐츠 산업에 주력하고 있다.

출제 포인트 영남 지방은 수도권 다음으로 인구가 많은 지역이며, 풍부한 노동력을 바탕으로 각종 공업이 발달하였다.

7 제주특별자치도

- 제주도는 남해상에 위치하여 기온의 (연교차)가 작고 겨울이 온화한 (해양성 기후)가 나타난다.
- 제주도는 (화산 활동)으로 형성되었다. 섬 중앙부에는 (한라산)이 자리 잡고 있으며, 산기슭에는 소규모의 화산 폭발로 형성된 (기생 화산(오름))이 있고, (용암동굴)과 (주상 절리) 등 다양한 화산 지형이 발달하였다.
- 기후가 온화한 제주도에는 저지대의 (난대성 식물)부터 한라산 정상부의 고산 식물까지 해발 고도가 높아지면서 다양한 식생이 분포한다.

출제 포인트 화산섬인 제주도에는 한라산을 비롯하여 기생 화산(오름), 용암동굴, 주상 절리 등의 독특한 화산 지형이 분포한다.

우리나라의 지역 이해

지역의 의미와 지역 구분

지역 구분의 유형
- 동질 지역, 기능 지역, 점이 지대

우리나라의 지역 구분
- 북부 지방, 중부 지방, 남부 지방

인구와 기능이 집중된 수도권

특징
- 수도권: 우리나라의 정치, 경제, 문화의 중심지
- 서울을 중심으로 한 대도시권 → 공간 구조의 다핵화

문제점 및 대책
- 수도권의 과도한 인구 및 기능 집중 → 국토 공간의 불균형 → 과밀 부담금 제도, 수도권 공장 총량제, 수도권 정비 계획 추진

빠르게 성장하는 충청 지방

특징
- 수도권과 영·호남 지방을 연결하는 교통의 요충지
- 수도권의 행정, 산업, 교육 등 다양한 기능 이전

주요 도시
- 대전, 세종특별자치시(중앙 행정 기능 분담), 청주, 천안, 아산(IT 업종, 자동차 공업), 당진(제철 공업), 서산(석유 화학 공업)

공업과 함께 발달한 영남 지방

특징
- 수도권과 함께 우리나라의 산업화를 주도한 지역

공업
- 영남 내륙 공업 지역: 노동력 풍부, 구미(전자 공업), 대구(섬유 공업)
- 남동 임해 공업 지역: 원료 및 제품 수출입에 유리, 포항(제철), 울산(석유 화학, 조선, 자동차), 부산(자동차), 창원(기계), 거제(조선)

북한 지역의 특성과 통일 국토의 미래

자연환경
- 북동부 지역: 높고 험준한 산지 → 백두산, 개마고원 등
- 대륙성 기후, 기온의 연교차가 큼

산업
- 농업: 밭농사 중심, 옥수수, 감자, 콩 등
- 남한보다 지하자원의 매장량이 풍부함함

태백산맥으로 나뉘는 강원 지방

특징
- 태백산맥을 경계로 영서 지방과 영동 지방으로 구분
- 풍부한 광물, 임산·수산 자원

변화
- 석탄 산업 쇠퇴 → 관광 산업 중심으로 전환, 동계 스포츠의 중심지

다양한 산업이 함께 발전하는 호남 지방

특징
- 넓은 평야 → 우리나라 최대의 곡창 지대

산업
- 광주(광(光) 산업, 자동차 공업), 광양(제철 공업), 여수(석유 화학 공업)
- 관광 산업: 생태 관광지(갯벌과 습지 – 순천), 전주 한옥 마을, 김제 지평선 축제, 보성 다향제, 남원 춘향제 등

세계적인 관광 중심지 제주특별자치도

자연환경
- 온화한 해양성 기후, 식생의 수직적 분포
- 신생대 화산 활동으로 형성, 현무암, 백록담(화구호), 용암동굴, 주상 절리, 오름(기생 화산) 등

관광 산업
- 세계적인 관광지
- 국제 자유 도시, 제주특별자치도로 지정

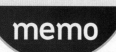

수능과 내신을 한 번에 잡는
프리미엄 고등 영어
수프림 시리즈

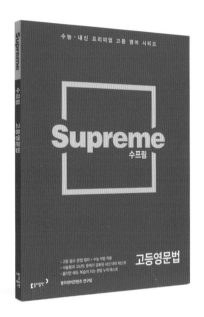
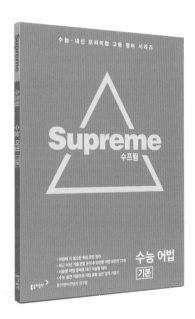
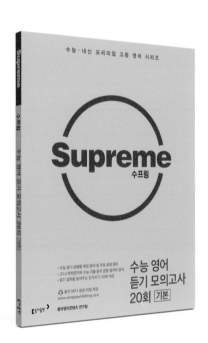

Supreme 고등영문법	**고등 내신과 수능을 미리 준비하는 고등영문법!**
	• 핵심 문법을 마스터하고 수능 어법까지 미리 준비
	• 내신 및 서술형, 수능 어법 유형 문제까지 촘촘한 배치로 내신 완벽 대비
	• 풀기만 해도 복습이 되는 문법 누적 테스트

Supreme 수능 어법 [기본]	**고등 문법 정리, 수능 어법 시작!**
	• 핵심만 뽑은 문법으로 어법 학습 전 문법 정리
	• 최근 수능 기출 어법 문항을 분석하여 정리한 어법 포인트 72개
	• 최근 증가 추세인 서술형 어법 문제로 내신 서술형 대비
	• 수능 실전 어법 지문으로 실전 감각 기르기

Supreme 수능 영어 듣기 모의고사 20회 [기본]	**수능 영어 듣기의 시작!**
	• 수능 듣기 유형별 특징 분석 및 주요 표현 정리
	• 고1-2 학력평가와 수능 기출 듣기 문항을 철저히 분석하여 만든 듣기 모의고사
	• 핵심 단어와 표현, 잘 안 들리는 발음에 빈칸을 넣어 듣기 실력을 높여주는 받아쓰기

올쏘

고등 한국지리

2015 개정 교육과정

내신 & 수능 기본서 올쏘 한국지리

올쏘

고등 한국지리

Book ② 실전편

수능 출제 유형을 익히는
기출 자료 & 선지 분석

수능 실전 감각을 향상시키는
실전 기출 문제

수능 문제 풀이의
노하우를 키우는
킬러 예상 문제

동아출판

올쏘

올쏘

고등 한국지리

BOOK ❷ 실전편

Structure

BOOK❷ 실전편의 구성과 활용법

1단계

기출 자료 & 선지 분석

수능에 자주 출제되는 빈출 주제의 주요 자료 중에서 대표적인 유형을 선별하여 제시하고 그에 대한 **단서 풀이**와 **자료 분석**을 친절하게 정리하였습니다. 그리고 빈출 자료와 연계된 **기출 선지 변형 ○× 문제**를 수록하여 수능에 자주 나오는 빈출 선지를 익히도록 구성하였습니다. **기출 자료 & 선지 분석**을 꾸준히 학습한다면 수능의 출제 패턴을 익히는 데 큰 도움이 될 것입니다.

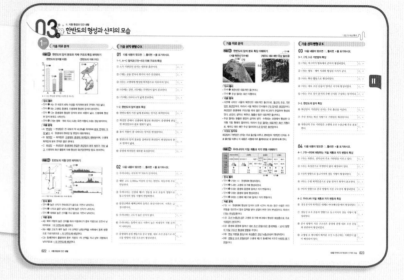

2단계

실전 기출 문제

수능을 준비하는 데 있어 기출 문제만한 것이 없지요? 최근 수능, 평가원, 교육청 기출 문제들을 강별로 수능 빈출 주제의 출제 빈도에 맞게 엄선하여 수록하였습니다. 기출 문제를 집중해서 풀어 본다면 실제 수능에서 어떠한 유형과 난이도로 출제가 이루어지고 있는지 파악하고 대비할 수 있습니다.

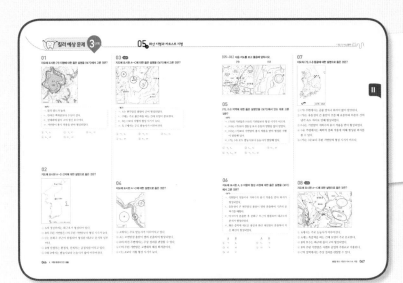

3단계 킬러 예상 문제

수능 빈출 주제 중에서 수능 출제 가능성이 높은 유형을 선별하였습니다. 변별력 높은 고난도 문제도 수록하여 수능 등급 향상에 도움이 되도록 구성하였습니다. 킬러 예상 문제를 통해 수능 문제 풀이의 스킬을 완벽하게 다질 수 있습니다.

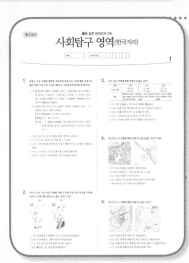

실전 모의고사

개념 학습과 문제 풀이 학습이 모두 끝난 후, 실제 수능 시험의 느낌으로 풀어 볼 수 있는 실전 모의고사를 부록으로 수록하였습니다. 최근 수능 출제 경향을 반영하여 엄선한 문제인 만큼 수능 최종 점검 차원에서 꼭 풀어 보고 수능 준비를 마무리하세요!

정답 및 해설

문항별로 핵심 포인트를 짚어 풀이하였고, **선택지 분석**에서는 각 선택지별로 정답과 오답을 구분하여 친절하게 설명하였습니다.

- **자료 해설** 문제에 제시된 자료를 자세하게 설명하여 까다로운 문제도 확실히 이해할 수 있도록 하였습니다.
- **올쏘 만점 노트** 문제와 관련된 보충 내용이나 문제를 풀 때 꼭 알아야 하는 핵심 개념들을 정리해 놓았습니다.

Contents

BOOK❷ 실전편의 **차례**

개념 학습을 통해 어느 정도 자신감이 생기면서 수능 기출 문제 풀이를 시작했습니다. 하지만 한국지리 기출 문제를 처음 풀면서 느낀 점은 '한국지리가 이렇게 어려운 과목이었나?'하는 것이었습니다. 사실 한국지리는 다른 과목에 비해 쉽다고 생각했고 기출 문제를 풀어 보면 금방 준비할 수 있다고 생각했는데, 기출 문제에서는 응용된 개념들이 많아 쉽게 풀 수 있는 문제들이 많지 않았습니다. 그래서 **기출 문제의 개념들과 선지들을 정리해서 다시 복습**하기 시작했습니다. 그러다 보니 **문제를 풀면서 선지의 맥락을 이해하는 것이 중요**하다는 것을 알게 되었고, 그 이후로는 오답 선지를 비교적 쉽게 골라낼 수가 있었습니다.

진시형
서울대 독어교육과 입학
서울 덕성여고 졸업

전우석
서울대 지리교육과 입학
강릉고 졸업

개념 정리 노트를 완성한 후에는 '실전 기출 문제 풀이'를 시작하면 되는데, 저는 실전 기출 문제집을 이용해 4개년 분량을 3회씩 독파했습니다. 올해 수능의 경향과 수능 문제의 감을 잡기 위해 **기출 문제 풀이는 주기적으로 하는 것이 좋습니다.** 1~2주마다 공휴일을 이용해 실제 수능처럼 시간과 분위기를 맞춰 기출 문제를 풀었습니다. 그리고 다음날 **시험 결과를 오답 노트에 작성**하면서 보완점을 찾았습니다. 이 경험 덕분에 시험 볼 때 긴장을 덜하고 실력을 발휘했다고 생각합니다. 수험생 여러분에게도 이 방법을 적극 추천합니다!

개념 학습을 마치면 기출 문제를 이용해서 실전 문제 풀이를 진행해야 합니다. 사실 개념 학습이 되어 있다고 생각해도 실제 문제를 풀어 보면 틀리거나 개념만 알고 문제에 적용하기 힘든 경우가 사회탐구 과목에는 많습니다. 그래서 **기출 문제를 반드시 풀고 분석해 보아야 합니다.** 개인의 상황에 맞게 하루 분량을 정하되, **문제에 사용된 개념, 자신이 잘못 알고 있던 내용, 문제를 풀 때의 팁과 같은 것을 분석**합니다. 그리고 이것들을 문제 바로 옆 또는 다른 노트에 정리해 놓고 복습하면 기출 문제를 활용하여 효과적으로 공부할 수 있습니다.

김지후
서울대 사회교육과 입학
경기 고양외고 졸업

김재민
서울대 사회교육과 입학
경기 화성고 졸업

개념 공부와 문제 풀이는 엄격하게 분리할 수 없습니다. 기본 개념만으로는 쉽게 도출하기 힘든 내용들이 문제 안에 녹아 있을 수도 있기 때문입니다. 그렇기 때문에 처음 기출 문제를 접했을 때 생각보다 문제가 쉽게 풀리지 않는 경우도 당연히 있을 수 있습니다. 문제를 풀었을 때 틀려도 괜찮습니다. 문제와 함께 **그 문제를 왜 틀렸는지, 그 문제에서 얻어갈 수 있는 교훈은 무엇인지를 노트에 적어 두고 반복하여 본다면 문제 푸는 감각을 유지하는 데 도움**이 될 것입니다.

01강 국토의 위치와 영토 문제

1단계 기출 자료 분석

자료 01 수리적 위치를 통해 지역의 특성 파악하기

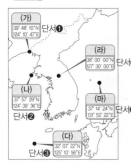

단서 풀이

- 단서 ❶ 우리나라 영토의 최서단인 마안도(비단섬)이다.
- 단서 ❷ 남한의 황해 최북단에 위치한 백령도이다.
- 단서 ❸ 마라도의 남서쪽에 위치한 이어도이다.
- 단서 ❹ 북위 38°(중앙 위선), 동경 127° 30′(중앙 경선)에 위치한 곳이다.
- 단서 ❺ 우리나라 영토의 최동단인 독도이다.

자료 분석

- (가): 마안도(비단섬)는 우리나라 영토의 최서단으로, 일출 및 일몰 시각이 가장 늦는 지역 중 하나이다.
- (나): 백령도는 섬의 대부분이 구릉성 산지이다. 동쪽은 만입 지형이고, 서쪽은 암석 해안으로 'ㄷ'자 모양을 하고 있고, 천연 비행장이 있다.
- (다): 이어도는 마라도에서 남서쪽으로 약 149km 떨어진 곳에 위치해 있다. 이어도는 수중 암초로 평상시에는 해수면 아래에 잠겨있으나, 파도가 심할 때는 수면에 드러나기도 한다. 이어도에는 종합 해양 과학 기지가 건설되어 있다.
- (라): 우리나라의 표준 경선은 동경 135°이므로, (라) 지역에 태양이 남중할 때의 시각은 낮 12시 30분이다.
- (마): 독도는 우리나라 영토의 최동단으로, 일출 및 일몰 시각이 가장 이른 지역 중 하나이다. 독도는 영해 설정 시 통상 기선이 적용된다.

자료 02 독도, 마라도, 울릉도의 특징 이해하기

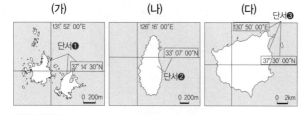

단서 풀이

- 단서 ❶ 우리나라 영토의 최동단에 위치해 있고 동도와 서도 및 여러 개의 부속 도서로 이루어진 것으로 보아 독도이다.
- 단서 ❷ 우리나라 영토의 최남단에 위치해 있고 섬의 형태가 남북으로 긴 타원형인 것으로 보아 마라도이다.
- 단서 ❸ 위치와 섬의 형태로 보아 울릉도이다.

자료 분석

- (가): 독도는 일출 및 일몰 시각이 가장 이른 지역 중 하나이다.
- (나): 마라도는 화산 활동으로 형성되었고, 해안은 기암절벽을 이루고 있다.
- (다): 울릉도는 독도와 가장 가까운 유인도이다.
- 독도, 마라도, 울릉도는 모두 영해 설정 시 통상 기선을 적용한다.
- 독도와 마라도는 천연기념물로 지정되어 있다.
- 독도와 울릉도 주변의 동해는 수심이 깊어 최후 빙기에도 육지와 연결되지 않았다.

기출 선지 변형 O X

01 다음 내용이 맞으면 ○, 틀리면 ×를 표기하시오.

1-1. (가)~(마) 지역의 특징

① (가)는 우리나라에서 일몰 시각이 가장 이르다.   ○, ×

② (나)는 우리나라 영토의 최서단(극서)에 해당한다.   ○, ×

③ (다)는 한·일 중간 수역에 포함되지 않는다.   ○, ×

④ (라)에 태양이 남중하는 시각은 낮 12시 30분이다.   ○, ×

⑤ (마)는 영해 설정 시 직선 기선이 적용된다.   ○, ×

1-2. 우리나라 주요 지역의 특징

⑥ 독도는 우리나라에서 일출 시각이 가장 이른 곳 중의 하나이다.   ○, ×

⑦ 마라도에는 종합 해양 과학 기지가 건설되어 있다.   ○, ×

⑧ 마라도는 우리나라 영토의 최서단이다.   ○, ×

⑨ 우리나라 영토의 최동단은 독도이다.   ○, ×

⑩ 이어도는 영해 설정 시 직선 기선이 적용된다.   ○, ×

02 다음 내용이 맞으면 ○, 틀리면 ×를 표기하시오.

2-1. (가)~(다) 섬의 특징

① (가)는 섬 전체가 세계 자연 유산으로 지정되었다.   ○, ×

② (나)는 우리나라 영토의 최서단(극서)에 위치한다.   ○, ×

③ (다)는 최후 빙기에 육지와 연결되어 있었다.   ○, ×

④ (가)는 (나)보다 일출 시각이 이르다.   ○, ×

⑤ (가)-(나)의 직선거리는 (가)-(다)의 직선거리보다 길다.   ○, ×

2-2. 독도, 마라도의 특징

⑥ 마라도는 동도, 서도, 89개의 부속 도서로 이루어졌다.   ○, ×

⑦ 독도와 마라도는 영해 설정 시 통상 기선이 적용된다.   ○, ×

⑧ 독도는 섬 전체가 남북으로 긴 타원의 형태를 하고 있다.   ○, ×

기출 자료 분석

자료 03 우리나라의 영해 및 배타적 경제 수역 특징 이해하기

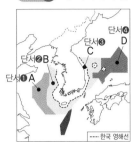

단서 풀이
• 단서 ❶ A → 우리나라와 중국 사이에 위치한 한·중 잠정 조치 수역이다.
• 단서 ❷ B → 우리나라의 배타적 경제 수역이다.
• 단서 ❸ C → 우리나라의 영해이다.
• 단서 ❹ D → 우리나라와 일본 사이에 위치한 한·일 중간 수역이다.

자료 분석
• A, D: 한·중·일이 각각 200해리 배타적 경제 수역을 설정할 경우 중첩되는 부분이 발생한다. 따라서 한·중 간에는 한·중 잠정 조치 수역(A), 한·일 간에는 한·일 중간 수역(D)이라는 어업 수역을 설정하였다.
• B: 배타적 경제 수역은 영해 기선으로부터 200해리까지의 수역 중에서 영해를 제외한 수역으로, 해수면에서 해저까지 연안국의 경제적 권리를 인정하는 수역이다.
• C: 영해는 연안국의 주권이 미치는 바다로, 기선으로부터 12해리까지의 수역을 말한다. 연안국이 주권적 권리를 가지며, 통상적으로 외국 선박의 무해 통항권이 인정된다.

자료 04 마라도와 독도의 특징 비교하기

〈화산 활동으로 형성된 섬〉		
구분	(가)	(나)
위치 정보	126° 16′E, 33° 06′N 단서❶	131° 52′E, 37° 14′N 단서❸
총 면적	0.297km²	0.187km²
형태적 특징	섬 전체가 남북으로 긴 타원의 형태임 단서❷	두 개의 큰 섬과 수십 개의 암초로 이루어짐 단서❹
경제적 가치	해안의 기암절벽과 청정 바다의 해양 생태계를 활용한 해양 관광	주변 지역에 메탄 하이드레이트가 매장되어 있으며, 조경 수역이 형성

단서 풀이
• 단서 ❶ 우리나라 영토의 최남단인 마라도의 위도이다.
• 단서 ❷ 마라도의 형태적 특징이다.
• 단서 ❸ 우리나라 영토의 최동단인 독도의 경도이다.
• 단서 ❹ 독도의 형태적 특징이다.

자료 분석
• (가): 우리나라 영토의 최남단인 마라도는 화산 활동으로 형성되었다. 마라도는 해양 생태계를 이용한 관광 산업이 이루어지고 있다.
• (나): 우리나라 영토의 최동단인 독도는 화산 활동으로 형성되었고, 가장 가까운 유인도는 울릉도이다. 독도 주변은 해양 에너지, 조경 수역으로 인한 풍부한 어족 등 경제적 가치가 높다.

이것도 알아둬
독도는 우리나라 영토의 최동단, 마라도는 우리나라 영토의 최남단이라는 것을 알아두고, 섬의 수리적 위치와 형태에 대해서도 알아두도록 한다.

기출 선지 변형 O X

03 다음 내용이 맞으면 ○, 틀리면 ×를 표기하시오.

① A에서는 우리나라와 중국을 제외한 제3국의 어선은 허가를 받아야만 조업이 가능하다. ○, ×

② B는 영해이다. ○, ×

③ B에서는 우리나라의 사전 허가를 받지 못한 다른 나라의 선박은 통항이 금지된다. ○, ×

④ B의 수직 상공은 영공이다. ○, ×

⑤ C는 우리나라의 배타적 경제 수역에 해당한다. ○, ×

⑥ C의 기선은 통상 기선과 직선 기선으로 구분된다. ○, ×

⑦ C는 기선으로부터 측정하여 그 바깥쪽 12해리에 이르는 수역이다. ○, ×

⑧ D에서는 우리나라의 독점적 권리가 인정된다. ○, ×

⑨ 우리나라는 중국, 일본과 어업 협정을 체결하여 A, B와 같은 배타적 어업 수역을 설정하였다. ○, ×

04 다음 내용이 맞으면 ○, 틀리면 ×를 표기하시오.

① (가)는 우리나라 영토의 최남단이다. ○, ×

② (가) 주변은 조경 수역으로 어족 자원이 풍부하다. ○, ×

③ (나)는 우리나라 영토의 최서단이다. ○, ×

④ (나)는 행정 구역상 강원도에 속한다. ○, ×

⑤ (가)는 (나)보다 일몰 시각이 늦다. ○, ×

⑥ (가)는 (나)보다 일출 시각이 이르다. ○, ×

⑦ (가)는 (나)보다 최한월 평균 기온이 높다. ○, ×

⑧ (가)는 (나)보다 가장 가까운 유인도와의 거리가 가깝다. ○, ×

⑨ (나)는 (가)보다 주변 바다의 연평균 수온이 낮다. ○, ×

⑩ (가), (나)는 화산 활동으로 형성되었다. ○, ×

⑪ (가), (나)는 모두 사람이 살고 있는 유인도이다. ○, ×

⑫ (가), (나)에는 종합 해양 과학 기지가 건설되어 있다. ○, ×

01 교육청
p.006 자료 02

다음 자료의 (가), (나)에 대한 설명으로 옳은 것은?

동해 가운데에 위치한 [(가)]에 와 보세요. 배를 타고 동도와 서도를 둘러보고, □□이사부길을 걸어 보세요.

국토 최남단에 있는 [(나)](으)로 놀러 오세요. ○○ 분교를 둘러보고, 아름다운 해안에서 추억도 쌓으세요.

① (가)는 최후 빙기에 육지와 연결되어 있었다.

② (나)에는 종합 해양 과학 기지가 있다.

③ (가)는 (나)보다 정기 여객선의 일평균 운항 횟수가 많다.

④ (나)는 (가)보다 일출 시각이 이르다.

⑤ (가), (나)는 화산 활동으로 형성되었다.

02 교육청
p.007 자료 04

(가)~(다) 섬에 대한 설명으로 옳은 것은?

(가)	(나)	(다)
• 위치: 126° 16′E, 33° 06′N • 특징: 남북으로 긴 타원형이며 해안은 기암절벽을 이루고 있음	• 위치: 131° 52′E, 37° 14′N • 특징: 두 개의 섬과 수십 개의 부속 도서로 이루어져 있음	• 위치: 124° 53′E, 37° 52′N • 특징: 북한과 가까운 거리에 있는 섬으로 군사상 요충지임

① (가)에는 종합 해양 과학 기지가 건설되어 있다.

② (나)는 영해 설정 시 직선 기선이 적용된다.

③ (나)는 (가)보다 최한월 평균 기온이 높다.

④ (다)의 해안은 (나)의 해안보다 조수 간만의 차가 크다.

⑤ (가)~(다) 모두 신생대 화산 활동에 의해 형성되었다.

03 교육청

다음 글의 ㉠~㉢에 대한 설명으로 옳은 것은?

제주도의 남서쪽에는 ㉠ 마라도가 있다. 이 섬은 전체가 남북으로 긴 타원형이고, 해안은 기암절벽을 이루고 있다. 마라도에서 약 149km 떨어져 있는 곳에는 ㉡ 이어도가 있는데, 이곳 주변 해역에는 조기, 갈치 등 다양한 어종이 서식하고 있다. 울릉도에서 약 87km 떨어진 곳에는 과거 삼봉도, 우산도 등으로 불리던 ㉢ 독도가 있다. 이 섬은 희귀 동식물이 서식하고 있고 천연 보호 구역으로 지정되어 있으며, 전략적 가치도 매우 높다.

① ㉠에는 종합 해양 과학 기지가 설치되어 있다.

② ㉡은 국토의 최남단에 위치한다.

③ ㉢은 영해 설정 시 통상 기선이 적용된다.

④ ㉠은 ㉢보다 일출 시각이 이르다.

⑤ ㉠~㉢은 모두 사람이 살지 않는 무인도이다.

04 교육청
p.006 자료 01

다음 자료의 A~C에 대한 옳은 설명을 〈보기〉에서 고른 것은? (단, A~C는 ㉠~㉢ 중 하나임.)

지점	일출 시각
A	07시 26분
B	07시 36분
C	07시 47분

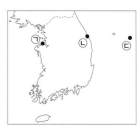

*일출 시각은 2017년 1월 1일의 기록이며, 해발 고도 0m를 기준으로 계산됨.

〈보기〉

ㄱ. A는 ㉢, B는 ㉡, C는 ㉠에 해당한다.

ㄴ. A는 B보다 우리나라의 표준 경선과 가깝다.

ㄷ. A는 C보다 일몰 시각이 늦다.

ㄹ. B는 C보다 기온의 연교차가 크다.

① ㄱ, ㄴ   ② ㄱ, ㄷ   ③ ㄴ, ㄷ

④ ㄴ, ㄹ   ⑤ ㄷ, ㄹ

05 평가원

다음 글의 (가), (나) 지역에 대한 설명으로 옳은 것은?

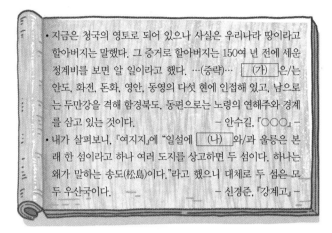

• 지금은 청국의 영토로 되어 있으나 사실은 우리나라 땅이라고 할아버지는 말했다. 그 증거로 할아버지는 150여 년 전에 세운 정계비를 보면 알 일이라고 했다. …(중략)… ◯(가)◯ 은/는 안도, 화전, 돈화, 영안, 동영의 다섯 현에 인접해 있고, 남으로는 두만강을 격해 함경북도, 동편으로는 노령의 연해주와 경계를 삼고 있는 것이다. ― 안수길, 『◯◯◯』 ―

• 내가 살펴보니, 『여지지』에 "일설에 ◯(나)◯ 와/과 울릉은 본래 한 섬이라고 하나 여러 도지를 상고하면 두 섬이다. 하나는 왜가 말하는 송도(松島)이다."라고 했으니 대체로 두 섬은 모두 우산국이다. ― 신경준, 『강계고』 ―

① (가)에서는 기후 조건이 맞지 않아 벼 재배가 불가능하다.
② (나)는 영해 설정에 통상 기선이 적용된다.
③ (나)는 섬 전체가 세계 자연 유산으로 지정되어 있다.
④ (가)는 (나)보다 최한월 평균 기온이 높다.
⑤ (나)는 (가)보다 우리나라 최남단과의 직선거리가 멀다.

06 수능   p.007 자료 03

지도의 A~C 지점에서 이루어질 수 있는 행위로 적절하지 않은 것은? (단, 모든 행위는 국가 간 사전 허가가 없었음을 전제로 함.)

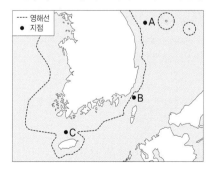

① A − 우리나라 자원 탐사선이 탐사 활동을 함
② B − 외국 화물선이 항해함
③ C − 우리나라 해군 함정이 항해함
④ A, C − 우리나라 어선이 고기잡이를 함
⑤ B, C − 외국이 인공 섬을 설치함

07 수능   p.006 자료 01

다음 자료는 지도에 표시된 네 지역의 지리 정보이다. (가)~(라) 지역에 대한 설명으로 옳은 것은?

지역	지리 정보
(가)	• 천연기념물 제336호로 지정 • 동도, 서도와 89개의 부속 도서로 구성
(나)	• 압록강 하구에 위치한 섬으로 『동국여지승람』에 마도(馬島)로 소개
(다)	• 두만강이 흐르며, 옌볜 조선족 자치주가 있는 북간도(동간도)와의 접경지
(라)	• 면적 약 0.3km², 해안선 길이 약 4.2km • 제주도 모슬포 항에서 남쪽으로 약 11km 떨어져 있는 화산섬

① (라)에는 종합 해양 과학 기지가 건설되어 있다.
② (가)는 (나)보다 태양이 남중하는 시각이 이르다.
③ (나)는 (다)보다 우리나라 표준 경선과의 최단 거리가 가깝다.
④ (라)는 (다)보다 기온의 연교차가 크다.
⑤ 영해 설정에 (가)는 통상 기선, (라)는 직선 기선이 적용된다.

08 평가원

표는 우리나라의 영역 및 배타적 경제 수역에 관한 것이다. 밑줄 친 ㉠~㉣에 대한 옳은 설명을 〈보기〉에서 고른 것은?

	영토	• 한반도와 그 부속 도서
영역	㉠ 영해	• 기선에서 12해리까지의 수역 • 대부분의 동해안, 울릉도, 독도, 제주도는 ㉡ 통상 기선을 적용 • ㉢ 서해안, 남해안과 동해안 일부 지역은 직선 기선을 적용
	영공	• 영토와 영해의 상공
㉣ 배타적 경제 수역		• 기선에서 200해리까지의 범위 중 영해를 제외한 수역

┌─ 보기 ┐

ㄱ. ㉠ − 대한 해협의 경우 통상 기선으로부터 3해리가 적용된다.
ㄴ. ㉡ − 최저 조위선이 기준이 된다.
ㄷ. ㉢ − 간척 사업으로 인해 영해가 확장되고 있다.
ㄹ. ㉣ − 타국 선박의 경우 어로 활동과 해저 자원 탐사 활동이 제한된다.

└────────┘

① ㄱ, ㄴ   ② ㄱ, ㄷ   ③ ㄴ, ㄷ
④ ㄴ, ㄹ   ⑤ ㄷ, ㄹ

09 평가원

p.006 자료 02

(가), (나) 지역에 대한 옳은 설명을 〈보기〉에서 고른 것은?

(가)

(나)

- 위치: 126° 16′E, 33° 06′N
- 면적: 0.3km²
- 둘레: 4.2km
- 남북으로 긴 타원형이고, 해안은 파랑의 영향으로 기암절벽을 이루고 있다.

- 위치: 131° 52′E, 37° 14′N
- 면적: 0.187km²
- 총 둘레: 5.4km
- 두 개의 섬과 수십 개의 부속 도서로 이루어져 있으며 해안은 경사가 급하다.

보기

ㄱ. (가)는 우리나라에서 일출 시각이 가장 빠르다.

ㄴ. (가)는 유인도이고, (나)는 무인도이다.

ㄷ. (가)와 (나)는 화산 활동으로 형성되었다.

ㄹ. (가)와 (나)는 영해 설정에 통상 기선이 적용된다.

① ㄱ, ㄴ　　② ㄱ, ㄷ　　③ ㄴ, ㄷ

④ ㄴ, ㄹ　　⑤ ㄷ, ㄹ

10 교육청

지도는 영해의 범위를 나타낸 것이다. A~C에 대한 설명으로 옳지 않은 것은?

 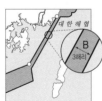

① A에 적용된 기선은 섬의 분포를 반영하였다.

② B의 범위 설정은 일본과의 거리에 영향을 받았다.

③ C의 범위는 최저 조위선을 기준으로 설정하였다.

④ A와 B의 범위 설정은 모두 통상 기선이 적용되었다.

⑤ A~C에서는 원칙적으로 우리나라의 허가 없이 타국의 군함이 운항할 수 없다.

11 교육청

그림은 영해와 관련된 학습 자료이다. (가)에 들어갈 경로를 옳게 연결한 것은?

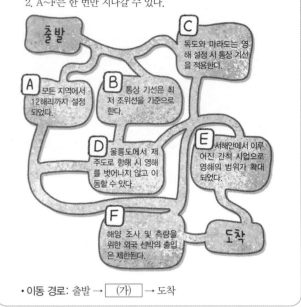

- 게임 방법
  1. 우리나라 영해와 관련된 옳은 진술만을 찾아 이동한다.
  2. A~F는 한 번만 지나갈 수 있다.

출발

C 독도와 마라도는 영해 설정 시 통상 기선을 적용한다.

A 모든 지역에서 12해리까지 설정되었다.

B 통상 기선은 최저 조위선을 기준으로 한다.

D 울릉도에서 제주도로 항해 시 영해를 벗어나지 않고 이동할 수 있다.

E 서해안에서 이루어진 간척 사업으로 영해의 범위가 확대되었다.

F 해양 조사 및 측량을 위한 외국 선박의 출입은 제한된다.

도착

- 이동 경로: 출발 → (가) → 도착

① A → F　　② C → E　　③ C → F

④ B → D → E　　⑤ B → D → F

12 교육청

다음 자료의 ㉠~㉤에 대한 설명으로 옳지 않은 것은?

제2조(배타적 경제 수역의 범위)

① 대한민국의 배타적 경제 수역은 협약에 따라 「영해 및 접속 수역법」 제2조에 따른 ㉠ 기선으로부터 ㉡ 까지에 이르는 수역 중 ㉢ 대한민국의 영해를 제외한 수역으로 한다.

② 대한민국과 마주 보고 있거나 인접하고 있는 국가(이하 "관계국"이라 한다) 간의 배타적 경제 수역의 경계는 제1항에도 불구하고 국제법을 기초로 ㉣ 관계국과의 합의에 따라 획정한다.

제3조(㉤ 배타적 경제 수역에서의 권리) 대한민국은 배타적 경제 수역에서 다음 각 호의 권리를 가진다.

① ㉠-황해의 경우 최외곽 도서를 연결한 선이다.

② ㉡-'그 바깥쪽 200해리의 선'이 들어갈 수 있다.

③ ㉢-대한 해협의 경우 직선 기선으로부터 3해리까지의 수역이다.

④ ㉣-우리나라와 러시아는 동해에 중간 수역을 두고 있다.

⑤ ㉤-인공 구조물의 설치 및 사용에 관한 권리가 포함된다.

01

다음 자료는 우리나라의 위치에 대한 것이다. A~D와 관련된 우리나라의 위치 특성으로 옳은 것을 〈보기〉에서 고른 것은?

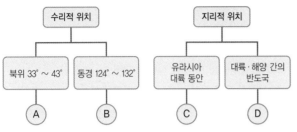

┌─보기────────────────────────────┐
ㄱ. A – 우리나라는 냉대 및 온대 기후가 나타난다.
ㄴ. B – 우리나라는 대륙과 해양으로 진출하기에 유리하다.
ㄷ. C – 우리나라는 기온의 연교차가 큰 대륙성 기후가 나타난다.
ㄹ. D – 우리나라의 표준시는 영국보다 9시간 빠르다.
└──────────────────────────────┘

① ㄱ, ㄴ   ② ㄱ, ㄷ   ③ ㄴ, ㄷ
④ ㄴ, ㄹ   ⑤ ㄷ, ㄹ

02

다음 글의 ㉠~㉤에 대한 설명으로 옳지 <u>않은</u> 것은?

┌────────────────────────────────┐
한 국가의 위치는 해당 국가의 자연환경, 문화, 경제 등에 영향을 미치는데, ㉠ 수리적 위치, 지리적 위치, 관계적 위치로 표현할 수 있다. 우리나라는 삼면이 바다로 둘러싸여 있으며, ㉡ 유라시아 대륙 동안에 위치해 있다. 우리나라는 위도상으로 ㉢ 북위 33°~43°에 위치해 있으며, 경도상으로 ㉣ 동경 124°~132°에 위치해 있다. 한편, ㉤ 중앙 위선(북위 38°)과 중앙 경선(동경 127° 30′)이 교차하는 지점의 대척점은 우루과이 남동 해상이다.
└────────────────────────────────┘

① ㉠은 절대적 위치에 해당한다.
② ㉡은 우리나라의 지리적 위치에 해당한다.
③ ㉢의 수치가 커질수록 대체로 연평균 기온이 낮아진다.
④ ㉣로 인해 우리나라는 영국보다 빠른 표준시를 사용한다.
⑤ ㉤은 남위 38°, 서경 127° 30′이다.

03 고난도

다음 자료의 '한라'가 여행하고 있는 지역을 지도의 A~E에서 고른 것은?

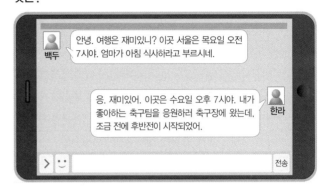

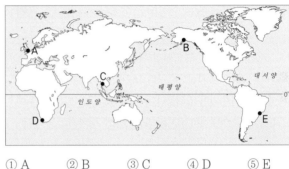

① A   ② B   ③ C   ④ D   ⑤ E

04

지도에 표시된 A~D 지역에 대한 옳은 설명을 〈보기〉에서 고른 것은?

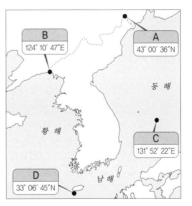

┌─보기────────────────────────────┐
ㄱ. A는 우리나라의 표준 경선이 지나가는 곳이다.
ㄴ. B는 행정 구역상 평안북도에 속한다.
ㄷ. C는 B보다 일출 시각이 이르다.
ㄹ. C, D는 영해 설정 시 직선 기선을 적용한다.
└──────────────────────────────┘

① ㄱ, ㄴ   ② ㄱ, ㄷ   ③ ㄴ, ㄷ
④ ㄴ, ㄹ   ⑤ ㄷ, ㄹ

05 고난도

다음 대화의 ㉠~㉤에 대한 설명으로 옳은 것은?

> 갑: 우리나라는 1998년에 한·일 어업 협정, 2001년에 ㉠ 한·중 어업 협정을 체결했는데, 그 이유가 무엇인가요?
>
> 을: 그 이유 중 하나는 ㉡ 우리나라의 배타적 경제 수역과 일본의 배타적 경제 수역 그리고 우리나라의 배타적 경제 수역과 중국의 배타적 경제 수역이 중첩되기 때문입니다.
>
> 갑: 배타적 경제 수역의 범위는 어떻게 설정하나요?
>
> 을: 우리나라는 「해양법에 관한 국제 연합 협약」에 따라 배타적 경제 수역을 설정하는데, 배타적 경제 수역의 범위는 ㉢ 기선으로부터 그 바깥쪽 200해리에 이르는 수역 중 우리나라의 영해를 제외한 수역입니다.
>
> 갑: 그러면 영해는 어떻게 설정하나요?
>
> 을: 우리나라는 ㉣ 기선으로부터 그 바깥쪽 12해리의 선까지에 이르는 수역이 영해입니다. 다만 ㉤ 일정 수역의 경우에는 12해리 이내에서 영해의 범위를 따로 정하기도 합니다.

① ㉠으로 동해에 한·중 잠정 조치 수역이 설정되었다.
② ㉡에서 일본과 중국은 인공 섬을 설치할 수 있다.
③ ㉢의 수직 상공은 영공에 포함된다.
④ ㉣은 황해에서 만조 시 해안선과 일치한다.
⑤ ㉤의 사례로 대한 해협을 들 수 있다.

06

지도는 우리나라의 어느 섬을 나타낸 것이다. 이 섬에 대한 옳은 설명을 〈보기〉에서 고른 것은?

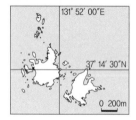

보기
ㄱ. 행정 구역상 강원도에 속한다.
ㄴ. 신생대 화산 활동으로 형성되었다.
ㄷ. 천연 보호 구역으로 지정되어 있다.
ㄹ. 우리나라에서 일몰 시각이 가장 늦다.

① ㄱ, ㄴ ② ㄱ, ㄷ ③ ㄴ, ㄷ
④ ㄴ, ㄹ ⑤ ㄷ, ㄹ

07

(가), (나)에 해당하는 지역을 지도의 ㉠~㉢에서 고른 것은?

> • 1998년 체결된 한·일 어업 협정에서 (가) 은/는 한·일 중간 수역으로 설정되었다. 이곳에서 우리나라와 일본 어선이 평화롭게 조업을 하였으나 최근 어족 자원의 고갈을 둘러싸고 양국의 긴밀한 협력이 …(후략)…
>
> • 2001년에 체결된 한·중 어업 협정에서 (나) 은/는 한·중 잠정 조치 수역으로 설정되었다. 몇 년 전까지만 해도 이곳에서 우리나라와 중국은 어업 자원의 개발에 대한 갈등을 …(후략)…

〈어업 협정 수역도〉

	(가)	(나)
①	㉠	㉡, ㉢
②	㉡	㉠, ㉢
③	㉢	㉠, ㉡
④	㉠, ㉡	㉢
⑤	㉡, ㉢	㉠

08

(가), (나)에 대한 설명으로 옳지 않은 것은?

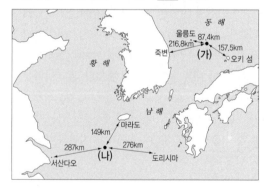

① (가)에서는 영해 설정 시 통상 기선이 적용된다.
② (나)에는 종합 해양 과학 기지가 건설되어 있다.
③ (가)는 (나)보다 일출 시각이 이르다.
④ (나)는 (가)보다 최한월 평균 기온이 높다.
⑤ (가), (나)는 우리나라의 영토이다.

02강 국토 인식의 변화 ~ 지리 정보와 지역 조사

1단계

기출 자료 분석

자료 01 조선 시대 지리지의 특징 파악하기

(가) 【건치 연혁】 본래 백제의 남한산성이다. 성종(成宗) 2년에 처음으로 12목(牧)을 두었는데 광주(廣州)는 그 하나이다.

단서❶
【군명】 남한산·한산주·한주·회안(淮安)·봉국군(奉國軍)
【형승】 한수(漢水)의 남쪽으로 토양이 기름지다. 백제 시조 온조의 말이다. 고적(古跡) 편에 나타나 있다. 면이 모두 높은 산이다.

(나) 여주 서쪽이 광주(廣州)이다. 석성산(石城山)에서 나온 한 가지
단서❷ 가 북쪽으로 한강 남쪽에 가서 된 고을인데 읍은 만 길 산꼭대기에 있다. ㉠ 광주의 서편은 수리산이며 안산(安山) 동쪽에 있다. 여기에서 서북쪽으로 뻗은 산맥이 수리산맥 중에서 가장 긴 맥이다.

단서 풀이
- 단서 ❶ 지역의 여러 지리적 특징을 백과사전식으로 나열하였다.
- 단서 ❷ 지역의 특성을 자연환경과 인문 환경을 종합하여 설명하고 있다.

자료 분석 (조건_(가), (나)는 『신증동국여지승람』, 『택리지』 중 하나임.)
- (가): 건치 연혁, 군명, 형승 등 정해진 항목에 따라 전국의 지역 정보를 백과사전식으로 기술하고 있으므로 조선 전기 국가에서 제작한 관찬 지리지이다. → 신증동국여지승람
- (나): 지역의 특성을 인간과 자연의 상호 연관성을 토대로 고찰하여 서술하였으므로 조선 후기 이중환이 편찬한 사찬 지리지이다. → 택리지

이것도 알아둬
조선 전기에는 국가 주도로 관찬 지리지, 조선 후기에는 개인 주도로 사찬 지리지가 제작되었다.

자료 02 동국지도와 대동여지도의 특징 이해하기

┌단서❶
(가) 정상기가 제작하였고, 8장의 지도를 합치면 전국 지도가 되는 분첩 지도로 전체 크기가 약 1.4m×2.7m이다. 100리를 1척으로 하는 백리척(百里尺)을 사용하였다.
┌단서❷
(나) 남북 22단, 동서 19면으로 구성된 분첩 절첩식 지도로 전체 크기가 약 3.8m×6.6m이다. 10리마다 방점을 찍어 거리를 표현하였으며, 필요한 부분만 찍어 낼 수 있는 방식으로 제작되었다. 단서❹
└단서❺

단서 풀이
- 단서 ❶ 조선 후기 동국지도를 제작하였다.
- 단서 ❷ 정상기의 동국지도에서 최초로 사용되었다.
- 단서 ❸ 병풍처럼 접고 펼 수 있어서 휴대 및 열람하기에 편리하다.
- 단서 ❹ 도로에 10리마다 방점을 찍어 대략적인 거리 파악이 가능하다.
- 단서 ❺ 목판본의 특성으로, 대동여지도는 목판본으로 제작되었다.

자료 분석
- (가): 정상기가 제작하였고, 우리나라 최초로 축척의 개념인 백리척을 사용하였다는 것을 통해 동국지도임을 알 수 있다.
- (나): 분첩 절첩식, 10리마다 방점 표시, 목판본으로 제작되었다는 특징을 통해 김정호의 대동여지도임을 알 수 있다.

이것도 알아둬
정상기는 백리척을 사용하였고, 대동여지도는 10리마다 방점을 찍어 대략적인 거리를 파악할 수 있었다는 것을 알아두자.

기출 선지 변형 O X

01 다음 내용이 맞으면 ○, 틀리면 ×를 표기하시오.

1-1. (가), (나) 지리지의 특징

① (가)는 백과사전식으로 서술되었다. ○, ×

② (가)는 국가 통치 목적으로 편찬되었다. ○, ×

③ (나)는 조선 전기에 제작되었다. ○, ×

④ (나)의 ㉠은 가거지의 조건 중 생리(生利)에 해당된다. ○, ×

1-2. 신증동국여지승람과 택리지의 특징

⑤ 신증동국여지승람은 가거지의 조건을 제시하였다. ○, ×

⑥ 택리지는 실학의 영향으로 제작되었다. ○, ×

⑦ 신증동국여지승람은 국가 통치에 필요한 자료를 수집하여 제작되었다. ○, ×

⑧ 신증동국여지승람은 관찬 지리지, 택리지는 사찬 지리지이다. ○, ×

02 다음 내용이 맞으면 ○, 틀리면 ×를 표기하시오.

2-1. (가), (나) 지도의 특징

① (가)는 목판본으로 제작되었다. ○, ×

② (나)는 지도표를 사용하였다. ○, ×

③ (가)는 (나)보다 제작 시기가 이르다. ○, ×

④ (가)의 제작에는 축척의 개념이 반영되었다. ○, ×

2-2. 동국지도와 대동여지도의 특징

⑤ 대동여지도에는 우리나라 최초로 백리척이 사용되었다. ○, ×

⑥ 대동여지도는 분첩 절첩식으로 지도를 제작하였다. ○, ×

⑦ 동국지도는 현존하는 우리나라의 가장 오래된 세계 지도이다. ○, ×

⑧ 동국지도는 조선 초기, 대동여지도는 조선 후기에 제작되었다. ○, ×

기출 자료 분석

자료 03 대동여지도의 특징 이해하기

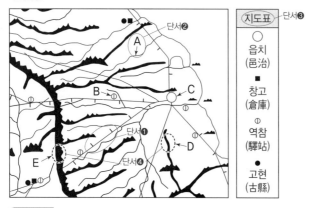

단서 풀이
- 단서 ❶ 대동여지도에는 도로의 10리마다 방점이 찍혀 있다.
- 단서 ❷ 단선으로 표현된 하천이다.
- 단서 ❸ 지도표를 통해 B는 역참, C는 읍치라는 것을 알 수 있다.
- 단서 ❹ D, E는 산줄기를 나타낸 것이다.

자료 분석
- A: 대동여지도에서는 배가 다닐 수 없는 하천은 단선(A)으로, 배가 다닐 수 있는 하천은 쌍선으로 표현하여 수운 체계 이해에 도움을 주었다.
- B: 역참은 공문서를 전달하는 교통·통신 기관이다.
- C: 읍치는 관아가 있는 행정 중심지이다.
- D, E: 산줄기는 선의 굵기를 달리하여 산줄기의 특색을 표현하였다. E가 D보다 굵은 선으로 표현되어 있으므로 산지의 규모가 더 크다.

자료 04 지리 정보와 지역 조사 과정 파악하기

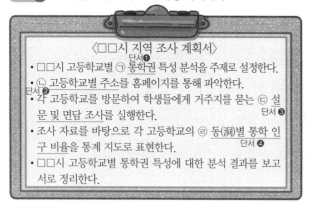

단서 풀이
- 단서 ❶ ㉠은 지역의 유형 중 기능 지역에 해당한다.
- 단서 ❷ ㉡은 지리 정보의 유형 중 공간 정보에 해당한다.
- 단서 ❸ ㉢은 지리 정보의 수집 방법 중 야외 조사에 해당한다.
- 단서 ❹ ㉣은 단계 구분도나 도형 표현도로 표현하는 것이 적절하다.

자료 분석
- 지리 정보의 유형: 공간 정보, 속성 정보, 관계 정보가 있다.
- 지역 조사: 조사 주제 및 지역 선정 → 지리 정보 수집(실내 조사, 야외 조사) → 지리 정보 분석 → 보고서 작성 순으로 이루어진다.
- 통계 지도: 점묘도, 유선도, 등치선도, 단계 구분도, 도형 표현도가 있다.

기출 선지 변형 OX

03 다음 내용이 맞으면 ○, 틀리면 ×를 표기하시오.

3-1. 대동여지도에 표시된 A~E의 지리 정보 파악

① A는 수운 교통로로 이용되는 하천이다. ○, ×

② C는 관아가 있는 행정의 중심지이다. ○, ×

③ B에서 C까지의 거리는 10리 이상이다. ○, ×

④ E는 하천 유역을 나누는 분수계의 일부이다. ○, ×

⑤ E는 D보다 규모가 작은 산지이다. ○, ×

⑥ E를 통해 산지의 정확한 해발 고도 값을 알 수 있다. ○, ×

3-2. 대동여지도의 특징

⑦ 배가 다닐 수 있는 하천은 단선으로 표현하였다. ○, ×

⑧ 지도표(기호)를 사용하여 좁은 지면에 많은 지리 정보를 수록할 수 있도록 효율적으로 제작되었다. ○, ×

⑨ 도로에는 20리마다 방점을 찍어 대략적인 거리 계산이 가능하였다. ○, ×

04 다음 내용이 맞으면 ○, 틀리면 ×를 표기하시오.

4-1. ㉠~㉣의 특징

① ㉠은 지역의 유형 중 기능 지역에 해당한다. ○, ×

② ㉡은 지리 정보의 유형 중 관계 정보에 해당한다. ○, ×

③ ㉢은 지리 정보의 수집 방법 중 야외 조사에 해당한다. ○, ×

④ ㉣은 점묘도로 표현하는 것이 가장 적절하다. ○, ×

4-2. 지역과 지리 정보의 특징

⑤ 지리 정보의 유형 중에서 장소나 현상의 자연적·인문적 특성을 나타내는 정보를 속성 정보라고 한다. ○, ×

⑥ 유선도는 사람이나 물자, 정보의 이동 방향과 양을 화살표나 선의 방향과 굵기로 표현하는 지도이다. ○, ×

⑦ 지리 정보를 수집하는 방법에는 실내 조사와 야외 조사가 있다. ○, ×

기출 자료 분석

자료 05 〈조건〉에 맞는 최적의 입지 선정하기

조건
1. 간선 도로로부터 200m 이내에 입지함
2. 공원 중심으로부터 400m 이내에 입지함
3. 공장 중심으로부터 400m 이상 떨어진 곳에 입지함
4. 주거 용지에 입지함

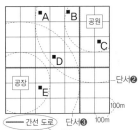
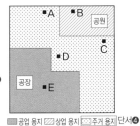

단서 풀이
• 단서 ❶ 〈조건1〉은 간선 도로와 각 지역의 위치로 파악할 수 있다.
• 단서 ❷ 〈조건2〉는 표시된 점선의 안쪽에 있어야 적합한 지역이다.
• 단서 ❸ 〈조건3〉은 표시된 점선의 바깥쪽에 있어야 적합한 지역이다.
• 단서 ❹ 〈조건4〉는 주거 용지에 해당하는 지역을 파악하면 된다.

자료 분석
•〈조건1〉에서는 A가 제외되고, 〈조건2〉에서는 E가 제외된다. 〈조건3〉에서는 D, E가 제외되고, 〈조건4〉에서는 B, E가 제외된다. 따라서 모든 조건을 만족하는 최적 입지 지역은 C이다.

자료 06 지리 정보의 수집 방법 파악하기

(가) 은/는 항공기나 인공위성을 이용한 지리 정보 수집 방법단서❶이다. 인공위성에 장착된 센서는 밤 시간에 건물이나 가로등과 같은 시설에서 방출된 빛 에너지 양을 측정함으로써 지리 정보를 수집할 수 있다. 이와 같은 방법으로 동일한 센서를 이용하여 서로 다른 연도에 수집한 지리 정보의 사례는 A, B와 같다.

〈인공조명의 빛 에너지 양을 기록한 인공위성 영상〉

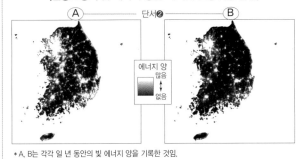

＊A, B는 각각 일 년 동안의 빛 에너지 양을 기록한 것임.

단서 풀이
• 단서 ❶ 항공기나 인공위성을 이용한 지리 정보 수집은 원격 탐사이다.
• 단서 ❷ 인공조명의 빛 에너지 양은 A가 B보다 많다.

자료 분석
•(가)는 항공기 또는 인공위성 등에 탑재된 카메라나 센서를 이용하여 지표에 관한 정보를 수집하는 원격 탐사이다.
•인공조명의 빛 에너지 양은 경제가 발달할수록 증가한다. 따라서 인공조명의 빛 에너지 양이 많은 A가 B보다 지리 정보의 수집 시기가 늦다.

기출 선지 변형 OX

05 다음 내용이 맞으면 ○, 틀리면 ×를 표기하시오.

5-1. 〈조건〉 1~4 분석

① 〈조건1〉 간선 도로로부터 200m 이내에 입지하는 지역은 B, C, D, E이다.　○, ×

② 〈조건2〉 공원 중심으로부터 400m 이내에 입지하는 지역은 A, B, D, E이다.　○, ×

③ 〈조건3〉 공장 중심으로부터 400m 이상 떨어진 곳에 입지하는 지역은 A, B, C이다.　○, ×

④ 〈조건4〉 주거 용지에 입지하는 지역은 C, D, E이다.　○, ×

5-2. 지리 정보 체계(GIS)의 특징

⑤ 지리 정보 체계는 지표 공간의 지리 정보를 수치화하여 컴퓨터에 입력·저장한 후, 사용자의 요구에 따라 분석·처리하는 종합 정보 시스템이다.　○, ×

⑥ 지리 정보 체계는 지리 정보의 수정 및 분석이 용이하다.　○, ×

⑦ 지리 정보 체계는 입지 선정, 상권 분석, 도시 계획 및 관리, 자원 탐사 등에 이용된다.　○, ×

06 다음 내용이 맞으면 ○, 틀리면 ×를 표기하시오.

6-1. (가)를 이용한 지리 정보 수집 방법의 특징

① (가)를 이용하여 속성 정보를 파악할 수 있다.　○, ×

② (가)의 주요 방법으로는 실측, 설문 조사가 있다.　○, ×

③ (가)를 통해 지리 정보를 주기적으로 수집할 수 있다.　○, ×

④ A는 B보다 지리 정보의 수집 시기가 이르다.　○, ×

6-2. 원격 탐사의 특징

⑤ 원격 탐사는 정보 수집 능력의 국가 간 격차가 작다.　○, ×

⑥ 원격 탐사는 직접 접근하기 어려운 지역의 정보를 수집할 수 있다.　○, ×

⑦ 원격 탐사는 특정 지역의 토지 이용 변화를 주기적으로 파악할 수 있다.　○, ×

01 교육청 p.013 자료 01

다음 자료는 조선 시대 지리지의 일부이다. 이에 대한 옳은 설명을 〈보기〉에서 고른 것은? (단, (가), (나)는 택리지, 신증동국여지승람 중 하나임.)

> (가) 영암의 동남쪽 바닷가에 있는 여덟 고을은 풍속이 거의 비슷하다. 그중에도 ㉠ 해남과 강진은 탐라에서 바다를 건너오는 길목이라서, 말·소·귤·유자 등을 통해 소득을 올린다.
>
> (나) 동쪽으로 경상도 풍기군 경계까지 29리이고, 남쪽으로 경상도 예천군 경계까지 36리이고, 북쪽으로 제천현 경계까지 52리이고…
> 【군명】적산(赤山)·적성(赤城)·단산(丹山)
> 【형승】이작(李作)의 기(記)에 "㉡ 단양은 옛 고을이라 산수가 기이하고 빼어났으니…"

─ 보기 ─
ㄱ. (가)는 가거지의 조건을 제시하였다.
ㄴ. (나)는 국가 주도로 제작되었다.
ㄷ. (가)는 (나)보다 제작 시기가 이르다.
ㄹ. ㉠은 ㉡보다 고위도에 위치한다.

① ㄱ, ㄴ   ② ㄱ, ㄷ   ③ ㄴ, ㄷ
④ ㄴ, ㄹ   ⑤ ㄷ, ㄹ

02 교육청 p.013 자료 01

다음 자료에 대한 설명으로 옳지 않은 것은?

(가)	(나)
동쪽으로 비안현 경계까지 67리, 서쪽으로 보은현 경계까지 70리이며… 【연혁】신라 때 사벌국을 취하여 주(州)를 만들었고, 경덕왕이 지금의 　A　(으)로 이름을 고쳤다. 【산천】명산은 백화산, 구봉산 등이며, 큰 강은 　B　이다. 【토산】옥석, 철, 호두, 감, 밤, 은어, 송이 등이 있으며… ─『신증동국여지승람』─	A　의 다른 명칭은 낙양이며, 조령 밑에 있는 하나의 큰 도회지로서 산이 웅장하고 들이 넓다. 북쪽으로 조령과 가까워서 충청도, 경기도와 통하고, 동쪽으로 　B　에 임해서 김해, 동래와 통한다. ㉠ 짐을 운반하는 말과 배가 남쪽과 북쪽에서 육로와 물길로 모여드는데, 이것은 교역하기에 편리한 까닭이다. ─『택리지』─

① A는 영남 지방에 속한다.
② B의 하구에는 삼각주가 형성되어 있다.
③ ㉠은 가거지 조건 중 '생리'에 해당한다.
④ (나)는 (가)보다 제작 시기가 이르다.
⑤ (가)는 국가, (나)는 개인이 제작하였다.

03 교육청 p.013 자료 01

(가), (나)는 조선 시대에 제작된 지리서의 일부이다. 이에 대한 설명으로 옳은 것은?

> (가) 【관원】목사·판관·교수 각 1인
> 【군명】탐라·탁라·탐모라·동영주
> 【풍속】초목과 곤충은 겨울이 지나도 죽지 않으며 폭풍이 자주 인다. 또 ㉠ 초가가 많고 빈천한 백성들은 부엌과 온돌이 없고 땅바닥에서 자고 거처한다. 등에 나무통을 짊어지고 다니고 머리에 이는 자가 없다. 『동문감(東文鑑)』에, "그 땅에 돌이 많고 건조하여 본래 논은 없고 ㉡ 오직 보리·콩·조만 생산된다."고 하였다.
>
> (나) 태백산과 소백산 또한 토산이지만, 흙빛이 모두 수려하다. 태백산에는 황지라는 훌륭한 곳이 있다. ㉢ 산 위에 들판이 펼쳐져 두메 사람들이 제법 마을을 이루었다. 화전을 일구어 살고 있었으나 지세가 높고 서리가 일찍 내린다. 그러므로 주민들은 ㉣ 오직 조와 보리를 심는다.

① (가)는 (나)보다 제작 시기가 늦다.
② (가)는 개인, (나)는 국가 주도로 편찬되었다.
③ ㉠은 田자형 가옥 구조로 정주간이 있다.
④ ㉢에서는 오늘날 고랭지 농업이 이루어지고 있다.
⑤ ㉡, ㉣은 연 강수량이 적기 때문이다.

04 교육청 p.014 자료 03

다음은 대동여지도와 지도표의 일부이다. 이를 보고 알 수 있는 내용으로 옳은 것은?

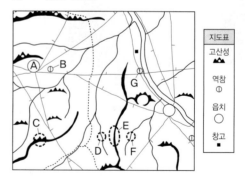

① A에서 G까지의 거리는 60리 이상이다.
② B는 관아가 있는 행정 중심지이다.
③ C의 정확한 해발 고도를 알 수 있다.
④ D는 배가 다닐 수 있는 하천이다.
⑤ E는 D와 F 하천 유역을 나누는 분수계이다.

05 교육청

p.014 자료 03

다음 글의 ㉠~㉣ 중 지도에서 파악할 수 있는 내용을 고른 것은?

택리지에서 ㉠ 나주는 금성산을 등지고, 남쪽에 강이 흘러 도시의 지세가 한양과 비슷하다고 기록되어 있다. ㉡ 해발 453m의 금성산은 왕건이 강을 따라 올라와 견훤과 전투를 치러 승리한 곳이다. 나주에는 예부터 두 가지 배가 있었다. '타는 배'는 예전에 중요한 교통수단으로 ㉢ 강을 따라 물산을 실어 나를 수 있었다. '먹는 배'는 세종실록지리지에 기록될 정도로 나주를 대표하는 과일이며, 일찍부터 이 지역에는 ㉣ 배밭이 넓게 분포하였다.

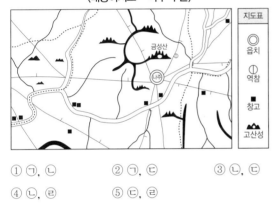

〈대동여지도 – 나주 부근〉

	지도표
◎	읍치
◍	역참
■	창고
⛰	고산성

① ㉠, ㉡   ② ㉠, ㉢   ③ ㉡, ㉢

④ ㉡, ㉣   ⑤ ㉢, ㉣

06 교육청

p.013 자료 02

다음 자료는 대동여지도 제작에 관한 가상 대화 장면이다. ㉠~㉣에 대한 옳은 설명만을 〈보기〉에서 있는 대로 고른 것은?

㉠ 산줄기는 끊어지지 않게 하고, 물줄기는 ㉡ 쌍선과 단선으로 구분해서 새기도록 하여라.

예. 도로에는 ㉢ 방점도 표시하겠습니다. 그런데 ㉣ 목판에 새기자니 시간이 많이 걸리네요.

〈보기〉

ㄱ. ㉠은 하천 유역을 나누는 경계가 된다.

ㄴ. ㉡은 배가 다닐 수 있는 하천을 나타낸 것이다.

ㄷ. ㉢은 교통 및 통신 시설을 표현한 기호이다.

ㄹ. ㉣로 제작되어 지도의 대량 생산이 가능하다.

① ㄱ, ㄴ   ② ㄷ, ㄹ   ③ ㄱ, ㄴ, ㄷ

④ ㄱ, ㄴ, ㄹ   ⑤ ㄴ, ㄷ, ㄹ

07 평가원

p.015 자료 05

다음 〈조건〉만을 고려하여 ○○ 리조트의 입지를 선정하고자 할 때, 가장 적절한 곳을 후보지 A~E에서 고른 것은?

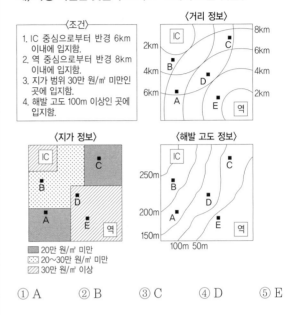

〈조건〉

1. IC 중심으로부터 반경 6km 이내에 입지함.
2. 역 중심으로부터 반경 8km 이내에 입지함.
3. 지가 범위 30만 원/㎡ 미만인 곳에 입지함.
4. 해발 고도 100m 이상인 곳에 입지함.

〈거리 정보〉

〈지가 정보〉

■ 20만 원/㎡ 미만
▨ 20~30만 원/㎡ 미만
▧ 30만 원/㎡ 이상

〈해발 고도 정보〉

① A   ② B   ③ C   ④ D   ⑤ E

08 평가원

p.015 자료 06

다음에 제시된 자료만으로 지리 정보 체계(GIS)를 활용하여 분석할 수 있는 내용으로 적절하지 <u>않은</u> 것은?

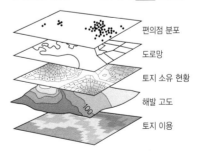

편의점 분포
도로망
토지 소유 현황
해발 고도
토지 이용

① 토지 이용별 면적 비율

② 황사에 따른 호흡기 환자 수

③ 도로에 인접한 편의점의 개수

④ 도로상의 두 지점 간 최단 거리

⑤ 해발 고도 100m 미만 지역의 토지 소유 현황

09 평가원
p.015 자료 05

다음 〈조건〉만을 고려하여 ○○ 시설의 입지를 선정하고자 할 때, 가장 적절한 곳을 후보지 A~E에서 고른 것은?

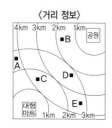

〈조건〉
1. 대형 마트 중심으로부터 반경 3km 이내에 입지함.
2. 공원 중심으로부터 반경 4km 이내에 입지함.
3. 지가 1,500만 원/㎡ 미만인 곳에 입지함.
4. 상업 용지에만 입지함.

〈거리 정보〉

〈지가 정보〉
▱ 1,000~1,200만 원/㎡ 미만
▨ 1,200~1,500만 원/㎡ 미만
▩ 1,500만 원/㎡ 이상

〈토지 용도 정보〉
▥ 주거 용지 ▨ 공업 용지
▩ 상업 용지

① A ② B ③ C ④ D ⑤ E

10 평가원

(가), (나) 자료를 표현하기에 가장 적절한 통계 지도의 유형을 〈보기〉에서 고른 것은?

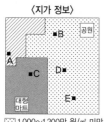

호남 지방의 인구 특성을 파악하기 위한 기초 조사로 두 가지 통계 자료를 수집하였다. 먼저 (가) 광주광역시, 전라남도, 전라북도의 연령층별 인구 비율을 파악하기 위해 유소년층, 청장년층, 노년층 인구수를 조사하였다. 다음으로 (나) 광주광역시, 전라남도, 전라북도 간 인구 이동 규모를 파악하기 위해 세 지역 간 전입 인구와 전출 인구수를 조사하였다.

〈보기〉

ㄱ. ㄴ. ㄷ. ㄹ.

	(가)	(나)
①	ㄱ	ㄴ
②	ㄱ	ㄷ
③	ㄴ	ㄷ
④	ㄴ	ㄹ
⑤	ㄷ	ㄹ

11 수능
p.015 자료 05

다음 〈조건〉을 고려하여 ○○ 시설의 입지를 선정하고자 할 때, 가장 적절한 곳을 후보지 A~E에서 고른 것은?

〈조건〉
1. 평가 항목별 점수는 표와 같으며, 각 평가 항목 점수의 합이 가장 큰 곳에 입지함.

고도(m)	점수	생태 등급	점수
50 미만	1	2등급	1
50 이상~80 미만	2	3등급	2
80 이상	3	4등급	3

2. 후보지에 이웃한 8개 면의 고도가 후보지보다 모두 높으면 입지하지 못함.

〈고도 정보〉

40	45	55	50	40
40	35	60	55	50
55	65	80	75	70
60	50	85	90	85
55	60	85	85	80

〈생태 등급 정보〉

4	4	3	3	3
4	3	3	3	3
4	4	3	3	3
4	4	2	2	2
4	4	2	4	2

〈입지 후보지〉

	A		B	
		C		
D		E		

① A ② B ③ C ④ D ⑤ E

12 수능
p.015 자료 05

다음 〈조건〉만을 고려하여 주택 구매지를 선택할 때 가장 적절한 곳을 후보지 A~E 중에서 고른 것은?

〈조건〉
ㄱ. 방은 3개 이상일 것
ㄴ. 상가 또는 공원 접근성이 양호할 것
ㄷ. 가격은 3 이하일 것
ㄹ. 조건 ㄱ~ㄷ을 만족하는 후보지 중 역에 가까운 곳을 선택함

후보지	방 수	상가 접근성	공원 접근성	가격
A	3	○	×	2.5
B	3	○	×	2.0
C	4	×	×	3.5
D	2	×	○	2.0
E	3	×	○	4.0

*○: 양호, ×: 불량

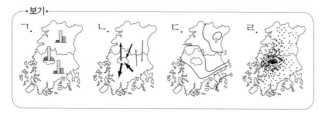

① A ② B ③ C ④ D ⑤ E

01

(가), (나) 지리지에 대한 설명으로 옳은 것은? (단, (가), (나)는 신증동국여지승람, 택리지 중 하나임.)

(가)	(나)
춘천은 옛 예맥이 천 년 동안이나 도읍했던 터로 소양강을 임했고, 그 바깥에 우두라는 큰 마을이 있다. 한나라 무제가 팽오를 시켜 우수주와 통하였다는 곳이 바로 이 지역이다. 산속에는 평야가 널따랗게 펼쳐졌고 두 강이 한복판으로 흘러간다. 토질이 단단하고 기후가 고요하며 강과 산이 맑고 훤하며 땅이 기름져서 여러 대를 사는 사대부가 많다.	【건치 연혁】 본래 맥국인데, 신라의 선덕왕 6년에 우수주로 하여 군주를 두었다. 【속현】 기린현은 부의 동쪽 140리에 있다. 본래 고구려의 기지군이었다. 【풍속】 풍속이 순후하고 아름답다. 【산천】 봉산은 부의 북쪽 1리에 있는 진산(鎭山)이다. 【토산】 옻, 잣, 오미자, 영양, 꿀, 지치, 석이버섯, 인삼, 지황, 복령, 누치, 여항어, 쏘가리, 송이.

① (가)는 조선 전기에 편찬되었다.
② (나)는 가거지의 조건을 제시하였다.
③ (가)는 (나)보다 주관적 견해를 많이 담고 있다.
④ (가)는 (나)보다 국가 통치에 필요한 기초 자료가 많다.
⑤ (나)는 (가)를 요약하여 편찬하였다.

02

다음 자료는 조선 시대에 제작된 택리지의 일부이다. (가)~(다)에 해당하는 가거지의 조건으로 옳은 것은?

(가) 집터를 잡으려면 반드시 물줄기가 모여 흘러가는 곳은 꼭 닫힌 듯하고, 그 안에 들이 있어야 한다.
(나) 사람이 살아갈 터로는 비옥한 땅이 제일이고, 배와 수레와 사람과 물자가 모여 필요한 물건들이 서로 교류되는 곳이 그다음이다.
(다) 살 고장을 찾을 때에 그 착한 풍속을 가리지 않으면 비단 자신에게 뿐만 아니라 자손에게도 좋지 못한 풍속이 스며들 우려가 있다.

	(가)	(나)	(다)
①	생리	인심	지리
②	생리	지리	인심
③	인심	생리	지리
④	지리	생리	인심
⑤	지리	인심	생리

03

교사의 질문에 옳게 대답한 학생만을 있는 대로 고른 것은?

(가), (나)는 조선 시대에 제작된 세계 지도입니다. (가), (나) 지도의 특징에 대해 설명해 볼까요?

(가) (나)

갑: (가)는 (나)보다 제작 시기가 이릅니다.
을: (가)는 (나)보다 도교의 영향을 많이 받았습니다.
병: (가), (나)는 중화사상이 나타납니다.
정: (가)는 국가 주도, (나)는 민간 주도로 제작되었습니다.

① 갑, 을
② 을, 병
③ 병, 정
④ 갑, 병, 정
⑤ 을, 병, 정

04

다음 자료는 어느 지도에 대해 학생과 교사가 스무고개를 하고 있는 장면의 일부이다. (가)에 들어갈 옳은 내용을 〈보기〉에서 고른 것은?

	학생	교사
한 고개	현존하는 우리나라의 가장 오래된 세계 지도입니까?	예
두 고개	상상의 국가와 지명이 다수 표현되어 있습니까?	아니요
세 고개	(가)	예
네 고개	중국에서 들어온 지도에 우리나라와 일본을 추가하여 제작하였나요?	예
⋮	⋮	⋮

보기
ㄱ. 목판본으로 제작되었습니까?
ㄴ. 유럽과 아프리카가 표현되어 있습니까?
ㄷ. 실학의 영향을 받은 개인이 제작을 주도했습니까?
ㄹ. 중앙에 중국이 있고 조선이 크게 표현되어 있습니까?

① ㄱ, ㄴ
② ㄱ, ㄷ
③ ㄴ, ㄷ
④ ㄴ, ㄹ
⑤ ㄷ, ㄹ

05

다음 글의 ⑦~②에 대한 옳은 설명을 〈보기〉에서 고른 것은?

> ⑦ 은/는 조선 전기 우리 조상들의 국토 인식을 파악할 수 있는 대표적인 지리지이다. 이 지리지에는 효율적으로 통치하고 관리하기 위해 각 지방의 기초 정보가 수록되어 있다. 조선 후기에는 ⓒ 국토를 객관적이고 실용적으로 바라본 지리지가 많이 제작되었다. 고지도를 통해서도 우리 조상들의 국토 인식과 세계관을 살펴볼 수 있다. 현존하는 지도 중 우리나라에서 가장 오래된 세계 지도인 ⓒ 은/는 중국에서 들어온 지도에 우리나라와 일본을 덧붙여 만들어졌다. 반면 ② 은/는 상상 속의 지명과 국가가 많이 표현되어 있어 관념적인 지도로 평가받고 있다.

> ┌ 보기 ┐
> ㄱ. ⑦의 대표적인 사례로는 『대동지지』가 있다.
> ㄴ. ⓒ의 원인 중 하나는 실학의 영향이다.
> ㄷ. ⓒ에는 아메리카 대륙이 표현되어 있다.
> ㄹ. ⓒ은 국가, ②은 민간에서 제작되었다.

① ㄱ, ㄴ ② ㄱ, ㄷ ③ ㄴ, ㄷ
④ ㄴ, ㄹ ⑤ ㄷ, ㄹ

06

다음은 대동여지도와 지도표의 일부이다. 이를 보고 알 수 있는 내용으로 옳은 것은?

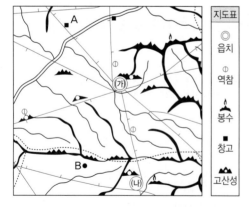

지도표	
◎	읍치
①	역참
🔥	봉수
■	창고
⛰	고산성

① (가)와 가장 가까운 역참은 남쪽에 있다.
② A는 관아가 있는 지방 행정 중심지이다.
③ B에 떨어진 빗물은 (나)쪽으로 흘러간다.
④ A와 (가)의 도로상의 거리는 30리 이상이다.
⑤ (가)와 (나) 사이에는 교통·통신 시설이 있다.

07

다음 자료는 '조상들의 국토 인식'에 관한 역할극의 대본이다. ⑦~② 중 옳은 것은?

> 리포터: 오늘은 김정호 선생님을 모시고 대동여지도에 대하여 알아보겠습니다. 대동여지도를 만든 목적은 무엇입니까?
> 김정호: ⑦ 사람들이 살 만한 땅인 '可居地(가거지)'를 지도에 나타내고 싶었습니다.
> 리포터: 대동여지도가 그 이전의 지도와 다른 점이 있다면 무엇입니까?
> 김정호: ⓒ 여러 가지 기호를 사용하여 좁은 지면에 많은 지리 정보를 수록하였습니다.
> 리포터: 대동여지도를 보고 알 수 있는 내용은 무엇입니까?
> 김정호: ⓒ 선의 굵기로 산의 높낮이를 표현하여 산의 정확한 해발 고도를 알 수 있습니다.
> 리포터: 왜 대동여지도를 분첩 절첩식으로 제작하였습니까?
> 김정호: 그 이유는 ② 휴대와 열람의 편리성을 고려하였기 때문입니다.

① ⑦, ⓒ ② ⑦, ⓒ ③ ⓒ, ⓒ
④ ⓒ, ② ⑤ ⓒ, ②

08

다음 글의 ⑦~②에 대한 옳은 설명만을 〈보기〉에서 있는 대로 고른 것은?

> 우리 조상들은 국토를 생활이 이루어지는 삶의 터전으로 생각하였으며, ⑦ 국토를 살아 있는 생명체인 동시에 만물이 생성되는 근원으로 인식하였다. 일제 강점기에 일제는 ⓒ 식민 지배를 목적으로 왜곡된 국토관을 강요하였으며, 1960년대 이후 경제 발전이 본격적으로 추진되면서 ⓒ 국토를 효율적으로 개발·이용하려는 국토관이 형성되었다. 오늘날에는 국토를 우리가 살아가야 할 그리고 후손들에게 물려주어야 할 삶의 터전으로 바라보고, 국토 이용 시 생태계를 보호하면서 경제 성장을 이루려는 ② 이/가 강조되고 있다.

> ┌ 보기 ┐
> ㄱ. ⑦은 풍수지리 사상에 잘 나타나 있다.
> ㄴ. ⓒ의 사례로 '나약한 토끼 형상을 한 한반도'를 들 수 있다.
> ㄷ. ⓒ은 경제 성장보다 환경 보전을 중시한다.
> ㄹ. ②에는 '지속 가능한 발전'이 들어갈 수 있다.

① ㄱ, ㄷ ② ㄷ, ㄹ ③ ㄱ, ㄴ, ㄷ
④ ㄱ, ㄴ, ㄹ ⑤ ㄴ, ㄷ, ㄹ

09 고난도

다음 자료의 (가)에 들어갈 내용으로 가장 적절한 것은?

〈지리 용어 퍼즐〉

〈가로 열쇠〉

㉠ 이중환, 사람이 살 만한 곳인 가거지에 대해 서술

㉡ 대지모 사상, 산의 모양과 바람·물의 흐름으로 명당을 찾음

㉢ 어떤 장소나 현상의 위치 및 형태에 관한 정보

㉣ 통계 값을 몇 단계로 구분하고 음영 및 패턴을 달리하여 표현한 통계 지도

〈세로 열쇠〉

㉢ _____ (가)

① 지역의 토지, 성씨 등을 백과사전식으로 서술함

② 인공위성을 통해 접근하기 어려운 지역의 정보를 수집

③ 분첩 절첩식, 목판본으로 제작되어 대량 인쇄가 가능함

④ 지역 정보를 수집·분석·종합하여 지역성을 파악하는 활동

⑤ 다양한 지리 정보를 사용자의 요구에 따라 분석·처리하는 종합 정보 시스템

10

다음 글의 (가), (나) 내용을 표현하기에 적합한 통계 지도 유형을 〈보기〉에서 고른 것은?

도시가 성장하고 기능이 다양해지면서 도시 내부가 기능에 따라 여러 지역으로 나뉘어진다. 이러한 도시 내부 지역의 특성을 알아보기 위해 (가) 구(區)별 출퇴근 시간 동안의 인구 이동량과 (나) 구(區)별 상주인구를 조사하기로 하였다.

·보기·

	(가)	(나)		(가)	(나)		(가)	(나)
①	ㄱ	ㄴ	②	ㄱ	ㄷ	③	ㄴ	ㄱ
④	ㄷ	ㄱ	⑤	ㄷ	ㄴ			

11 고난도

다음 〈조건〉을 고려하여 영업 지점의 입지를 선정하려고 한다. 가장 적절한 곳을 입지 후보 지역 A~E에서 고른 것은?

·조건·

1. 평가 항목별 점수는 표와 같으며, 각 평가 항목 점수의 합이 가장 큰 곳에 입지함.

유동 인구 (만 명)	점수
5 이상	4
3~5 미만	3
1~3 미만	2
1 미만	1

지가 (만 원/m²)	점수
100 이상	1
70~100 미만	2
40~70 미만	3
40 미만	4

2. 평가 항목 점수의 합이 동일한 경우 지가가 저렴한 곳에 입지함.

〈유동 인구(만 명)〉

3	4	5	4	3
1	2	4	4	3
1	6	4	2	3
2	4	3	2	2
2	3	4	2	1

〈지가(만 원/m²)〉

90	80	90	10	60
80	30	50	20	30
50	40	40	50	40
60	50	70	50	30
40	30	80	40	70

〈입지 후보 지역〉

		A		
			B	
	C			
				D
		E		

① A ② B ③ C ④ D ⑤ E

12

다음 대화의 ㉠~㉣에 대한 옳은 설명을 〈보기〉에서 고른 것은?

도시 재개발에 따른 ㉠ ○○ 지역의 변화에 대해 지역 조사를 해 보자.

좋은 주제인 것 같아. ㉡ 도시 재개발의 유형과 방법을 인터넷으로 검색해 볼게.

㉢ ○○ 지역 주민의 직업 구성 변화에 대한 설문 조사를 해 보는 것은 어떨까?

㉣ 도시 재개발 전후의 ○○ 지역 토지 이용 변화를 지도로 표현해 보자.

갑   을   병   정

·보기·

ㄱ. ㉠은 공간 정보에 해당한다.

ㄴ. ㉡, ㉢은 지리 정보의 수집 단계에 해당한다.

ㄷ. ㉣은 유선도로 표현하는 것이 가장 적절하다.

ㄹ. 지역 조사를 할 때 일반적으로 ㉡을 ㉢보다 먼저 실시한다.

① ㄱ, ㄴ ② ㄱ, ㄷ ③ ㄴ, ㄷ ④ ㄴ, ㄹ ⑤ ㄷ, ㄹ

03강 II. 지형 환경과 인간 생활

한반도의 형성과 산지의 모습

1단계 기출 자료 분석

자료 01 한반도의 암석 분포와 지체 구조의 특징 파악하기

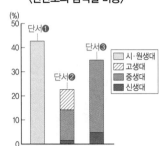

〈한반도의 암석별 비중〉

〈한반도의 지체 구조〉

* A~C는 변성암, 퇴적암, 화성암 중 하나임.

단서 풀이
• 단서 ❶ A는 전 국토의 40% 이상을 차지하며 분포 면적이 가장 넓다.
• 단서 ❷ B는 고생대, 중생대, 신생대에 형성된 암석이 분포한다.
• 단서 ❸ C는 중생대에 형성된 암석의 분포 비중이 넓고, 신생대에 형성된 암석도 나타난다.
• 단서 ❹ (가)는 평북·개마 지괴, (나)는 옥천 지향사, (다)는 경상 분지이다.

자료 분석
• A: 변성암 → 변성암은 전 국토의 약 42.6%를 차지하며 분포 면적이 가장 넓다. 시·원생대의 편마암 및 편암이 대표적이다.
• B: 퇴적암 → 퇴적암은 고생대와 중생대 퇴적암이 대부분이며, 신생대 퇴적암의 분포 면적은 좁은 편이다.
• C: 화성암 → 화성암은 중생대에 관입한 화강암의 분포 범위가 가장 넓고, 신생대의 화산 활동에 의해 형성된 화산암(현무암 등)도 분포한다.

자료 02 한반도의 지형 단면 파악하기

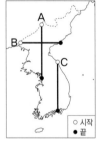

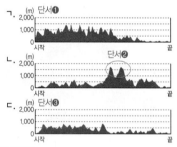

*A~C 직선 거리는 단면도에서 동일 거리로 환산함.

단서 풀이
• 단서 ❶ 높은 산지가 연속되다가 끝으로 가면서 낮아진다.
• 단서 ❷ 시작과 끝은 낮으나 중간에 높은 산지가 나타난다.
• 단서 ❸ 대체로 높은 산지를 지나 끝으로 가면서 낮아진다.

자료 분석
• A는 북부 지방의 높은 산지를 따라 이동하다가 중부 지방으로 오면서 낮아지므로 ㄱ의 단면도에 해당한다.
• B는 해발 고도가 매우 높은 1차 산맥인 낭림산맥을 서쪽에서 동쪽 방향으로 가로지르므로 ㄴ의 단면도에 해당한다.
• C는 동해안에서 출발하여 중부 지방의 1차 산맥을 지나 남부 지방에서 낮아지므로 ㄷ의 단면도에 해당한다.

기출 선지 변형 OX

01 다음 내용이 맞으면 ○, 틀리면 ×를 표기하시오.

1-1. A~C 암석과 (가)~(다) 지체 구조의 특징

① A가 기반암인 산지는 대부분 흙산이다. ○, ×

② C에는 공룡 발자국 화석이 자주 발견된다. ○, ×

③ (다)는 고생대에 형성된 퇴적층으로 이루어져 있다. ○, ×

④ (나)에는 갈탄, (다)에는 무연탄이 많이 분포한다. ○, ×

⑤ (가)에는 B보다 A가 넓게 분포한다. ○, ×

1-2. 한반도의 암석 분포 특징

⑥ 한반도에서 가장 넓게 분포하는 암석은 퇴적암이다. ○, ×

⑦ 화성암 중에서 신생대에 형성된 화산암이 중생대에 관입한 화강암보다 분포 범위가 넓다. ○, ×

⑧ 용식 작용이 잘 나타나는 암석은 변성암이다. ○, ×

⑨ 한반도의 암석 분포를 살펴보면 화성암이 변성암보다 분포 면적이 넓다. ○, ×

⑩ 중생대 퇴적암은 대부분 육성층이다. ○, ×

02 다음 내용이 맞으면 ○, 틀리면 ×를 표기하시오.

① 우리나라는 국토의 약 70%가 산지이다. ○, ×

② 해발 고도 2,000m 이상의 산지는 한반도 북동부에 주로 발달한다. ○, ×

③ 우리나라는 신생대 제3기 경동성 요곡 운동의 영향으로 동고서저의 경동 지형이 발달하였다. ○, ×

④ 함경산맥과 태백산맥의 동쪽은 완경사면이며, 서쪽은 급경사면이다. ○, ×

⑤ 우리나라는 고도가 높은 산지가 많다. ○, ×

⑥ 우리나라는 동쪽이 낮고 서쪽이 높은 비대칭적 지형 골격이 나타난다. ○, ×

⑦ 중생대의 송림 변동으로 중국 방향, 대보 조산 운동으로 랴오둥 방향의 지질 구조선이 형성되었다. ○, ×

기출 자료 분석

자료 03 한반도의 암석 분포 특징 이해하기

〈서울 북한산 인수봉〉　〈제주도 대포 해안 주상 절리대〉

(가)

(나)

단서 풀이
• 단서 ❶ 북한산은 대표적인 돌산이다.
• 단서 ❷ 주상 절리는 화산 지형이다.

자료 분석
• 사진에 나타난 서울의 북한산은 대표적인 돌산으로, 돌산의 주요 기반 암은 화강암이다. 따라서 서울 북한산 인수봉의 (가) 암석은 화강암이다. 화강암은 중생대에 구조선을 따라 많은 양의 마그마가 관입하여 형성되 었다. 금강산, 설악산, 북한산, 월출산 등은 대표적인 돌산이다.
• 주상 절리는 분출된 용암이 급격히 냉각·수축되는 과정에서 형성된 다 각형 기둥 형태의 절리이다. 따라서 주상 절리는 대표적인 화산 지형으 로, 제주도 대포 해안 주상 절리대의 (나) 암석은 화산암이다.

이것도 알아둬
화강암이 기반암인 산지는 주로 돌산을 이루고, 편마암이 기반암인 산지는 주 로 흙산을 이룬다. 이 내용은 시험에 자주 출제되므로 꼭 알아두도록 한다.

자료 04 우리나라의 지질 계통과 지각 변동 이해하기

지질 시대	선캄브리아대		고생대			중생대			신생대	
	시생대	원생대	캄브리아기 ········· 페름기			트라이 아스기	쥐라기	백악기	제3기	제4기
지질 계통	(가) 단서❶		(나) 단서❷	결층	평안 누층군	대동 누층군		(라) 단서❹	제3계	제4계
주요 지각 변동	변성 작용		조륙 운동			송림 변동	(다)	불국사 변동	(마)	화산 활동
							단서❸		단서❺	

단서 풀이
• 단서 ❶ (가)는 시·원생대에 형성되었다.
• 단서 ❷ (나)는 고생대 초기에 형성되었다.
• 단서 ❸ (다)는 중생대 중엽에 일어난 지각 변동이다.
• 단서 ❹ (라)는 중생대 말에 형성되었다.
• 단서 ❺ (마)는 신생대 제3기에 일어난 지각 변동이다.

자료 분석
• (가): 시·원생대에 형성된 암석이 오랜 시간이 지나는 동안 수많은 지각 변동을 겪으면서 열과 압력을 받아 성질이 변한 것이 변성암이다. 따라서 (가)는 변성암류이다.
• (나): 조선 누층군(나)은 고생대 초기에 바다에서 형성된 해성층으로 주로 석회암이 분포한다.
• (다): 중생대 중엽에 일어난 대보 조산 운동(다)은 중국(북동 – 남서) 방향 의 지질 구조선 형성에 영향을 주었다.
• (라): 영남 지방을 중심으로 육성층인 경상 누층군(라)이 형성되었다.
• (마): 경동성 요곡 운동(마)은 신생대 제3기 동해안에 치우친 비대칭 융기 운동이다.

기출 선지 변형 O X

03 다음 내용이 맞으면 ○, 틀리면 ×를 표기하시오.

3-1. (가), (나) 기반암의 특징

① (가)는 마그마가 땅속에서 굳어서 형성되었다. | ○, ×

② (가)는 평북·개마 지괴와 형성된 시기가 같다. | ○, ×

③ (나)는 화산 활동으로 형성되었다. | ○, ×

④ (나)는 대보 조산 운동이 일어난 시기에 형성되었다. | ○, ×

⑤ (나)는 주로 침식 분지의 주변 산지를 구성하는 암석이다. | ○, ×

3-2. 한반도의 암석 특징

⑥ 화강암이 기반암인 산지는 주로 흙산을 이룬다. | ○, ×

⑦ 주상 절리는 화산 지형으로 기반암은 화산암이다. | ○, ×

⑧ 북한산의 주요 기반암은 고생대 조선 누층군에 주로 분포 한다. | ○, ×

04 다음 내용이 맞으면 ○, 틀리면 ×를 표기하시오.

4-1. (가)~(마)에 해당하는 지질 계통과 지각 변동의 특징

① (가)는 북한산, 설악산의 주요 기반암을 이루고 있다. | ○, ×

② (나)는 육성층으로 무연탄이 많이 매장되어 있다. | ○, ×

③ (다)의 영향으로 동고서저의 경동 지형이 형성되었다. | ○, ×

④ (라)는 수평 퇴적암층으로 공룡 발자국 화석이 분포한다. | ○, ×

⑤ (마)의 영향으로 중국 방향의 지질 구조선이 형성되었다. | ○, ×

4-2. 우리나라 지질 계통과 지각 변동의 특징

⑥ 경상 분지의 퇴적암은 대체로 바다(해성층)에서 형성되었다. | ○, ×

⑦ 경동성 요곡 운동의 영향으로 동고서저의 경동 지형이 형 성되었다. | ○, ×

⑧ 중국 방향의 지질 구조선은 중생대 중엽 대보 조산 운동 과 관련하여 형성되었다. | ○, ×

⑨ 고생대 초 바다에서 퇴적된 조선 누층군에는 석회암이 많 이 매장되어 있다. | ○, ×

기출 자료 분석

자료 05 빙기와 후빙기의 특징 이해하기

(가) 약 1만 8천 년 전, 바다가 물러나면서 황해는 육지가 되어 완전히 사라졌으며, 한반도와 제주도는 육지로 연결되었다. 단서❶

(나) 약 6천 년 전, 해수면이 현재와 유사한 높이까지 상승하여 하천 하류부의 골짜기가 바닷물에 침수되면서 리아스 해안이 형성되었다. 단서❷ 단서❸

단서 풀이

• 단서 ❶ 해수면이 낮아지면서 황해가 육지가 되고 한반도와 제주도가 육지로 연결된 시기는 빙기이다.

• 단서 ❷ 해수면이 현재와 유사한 높이까지 상승한 시기는 후빙기이다.

• 단서 ❸ 해수면이 상승하면서 서·남해안에는 해안선이 복잡한 리아스 해안이 형성되었다.

자료 분석

• (가): 빙기 → 최종 빙기 때에는 해수면이 현재보다 약 100m 정도 하강하였다. 따라서 최종 빙기 때 황해와 남해 대부분은 육지였으며, 중국 대륙 및 일본 열도와도 육지로 연결되었다.

• (나): 후빙기 → 후빙기에 들어 해수면이 상승하면서 오늘날과 같이 황해와 남해가 형성되었고, 일본이 섬으로 분리되었다. 또한 서·남해안은 골짜기가 바닷물에 침수되면서 드나듦이 복잡한 리아스 해안이 형성되었고, 각 하천은 유로가 짧아졌다.

자료 06 중생대 지각 운동의 특징 이해하기

한반도는 중생대에 여러 차례 지각 운동을 겪었다. 중생대 초 송림 변동에 이어 중생대 중엽에는 가장 격렬했던 ㉠ 대보 조산 운동이 일어나 구조선이 만들어졌다. 이 과정에서 마그마의 관입이 일어나 한반도의 ㉡ 화강암 분포에 영향을 주었다. ㉢ 관입된 암석과 주변 암석 간의 차별 침식은 특징적인 지형을 만들기도 했다. 중생대 후기에는 ㉣ 불국사 변동으로 ㉤ 경상 분지 곳곳에 마그마가 관입되었다. 단서❶ 단서❸ 단서❷ 단서❹ 단서❺

단서 풀이

• 단서 ❶ 대보 조산 운동으로 중국 방향의 지질 구조선이 형성되었다.

• 단서 ❷ 대보 조산 운동이 일어난 시기에 대보 화강암이 관입하였다.

• 단서 ❸ 관입된 암석은 화강암, 주변 암석은 변성암이나 퇴적암이다.

• 단서 ❹ 영남 지방 중심의 지각 운동이다.

• 단서 ❺ 불국사 변동이 일어난 시기에 불국사 화강암이 관입하였다.

자료 분석

• ㉠: 중생대 중엽의 대보 조산 운동은 가장 격렬했던 지각 운동으로 중·남부 지방을 중심으로 발생하였다. 중국(북동 – 남서) 방향의 지질 구조선이 형성되었고, 넓은 범위에 걸쳐 대보 화강암이 관입하였다.

• ㉡: 중생대 중엽에 발생한 대보 조산 운동으로 인하여 넓은 범위에 걸쳐 대보 화강암이 관입하였다.

• ㉢: 변성암이나 퇴적암이 화강암을 둘러싸고 있는 지역에서는 차별 침식에 의해 침식 분지가 나타난다.

• ㉣: 영남 지방 중심의 지각 운동으로 불국사 화강암이 관입하였다.

• ㉤: 호소 퇴적층으로 두꺼운 수평층을 이루고 있는 경상 분지에는 퇴적암이 넓게 분포해 있다.

기출 선지 변형 O X

05 다음 내용이 맞으면 ○, 틀리면 ×를 표기하시오.

5-1. (가) 시기에 대한 (나) 시기 자연환경의 상대적 특성

① 설악산의 해발 고도가 낮다. ○, ×

② 냉대림의 분포 면적이 넓다. ○, ×

③ 남해로 유입되는 하천의 길이가 짧다. ○, ×

④ 화학적 풍화보다 물리적 풍화가 활발하다. ○, ×

5-2. 빙기와 후빙기의 특징

⑤ 빙기에는 후빙기에 비해 강수량이 적었으므로 하천의 유량도 적었다. ○, ×

⑥ 빙기는 후빙기보다 기온이 낮았다. ○, ×

⑦ 화학적 풍화 작용은 기온이 높은 시기에 더 활발하므로 후빙기에 더 활발하게 나타난다. ○, ×

06 다음 내용이 맞으면 ○, 틀리면 ×를 표기하시오.

6-1. ㉠~㉤의 특징

① ㉠의 영향으로 남북 방향의 1차 산맥이 형성되었다. ○, ×

② ㉡이 산 정상부를 이루는 경우 주로 돌산으로 나타난다. ○, ×

③ ㉢의 결과로 침식 분지가 형성되었다. ○, ×

④ ㉣은 동고서저 지형 형성의 주요 원인이다. ○, ×

⑤ ㉤에는 갈탄이 광범위하게 매장되어 있다. ○, ×

6-2. 중생대 지각 운동의 특징

⑥ 공룡 발자국 화석은 경상 분지에서 발견되며, 이곳은 중생대 후기 불국사 변동으로 곳곳에 마그마가 관입되었다. ○, ×

⑦ 대보 조산 운동으로 랴오둥 방향의 지질 구조선이 형성되었다. ○, ×

⑧ 불국사 변동은 북부 지방 중심의 지각 운동이었다. ○, ×

⑨ 불국사 변동 때 넓은 범위에 걸쳐 대보 화강암이 관입되었다. ○, ×

01 교육청　　　　　　　　p.024 자료 06

다음 자료에 대한 옳은 설명을 〈보기〉에서 고른 것은?

- 　A　은/는 중생대에 일어난 격렬했던 지각 운동으로, 중국 방향의 지질 구조선 형성과 ⊙ 대보 화강암 관입에 영향을 주었다.
- 　B　은/는 신생대에 일어난 비대칭 융기 운동으로, 해발 고도가 높고 연속성이 뚜렷한 ⓒ 태백산맥과 함경산맥 형성에 영향을 주었다.

·보기·

ㄱ. A는 북부 지방을 중심으로 일어났다.
ㄴ. B의 영향으로 동고서저의 경동 지형이 형성되었다.
ㄷ. ⊙이 기반암인 산지는 주로 흙산이다.
ㄹ. ⓒ은 1차 산맥으로 분류된다.

① ㄱ, ㄴ　　　② ㄱ, ㄷ　　　③ ㄴ, ㄷ
④ ㄴ, ㄹ　　　⑤ ㄷ, ㄹ

02 교육청　　　　　　　　p.023 자료 03

(가), (나)를 주로 구성하는 암석을 그림의 A~C에서 고른 것은? (단, A~C는 변성암, 화성암, 퇴적암 중 하나임.)

(가) 설악산 울산바위　　　(나) 고성 공룡 발자국 화석

	(가)	(나)
①	A	B
②	A	C
③	B	A
④	B	C
⑤	C	B

03 교육청　　　　　　　　p.024 자료 06

다음 글은 한반도의 지각 운동에 대한 것이다. ⊙~⑩에 대한 설명으로 옳지 <u>않은</u> 것은?

고생대까지 안정을 유지하던 한반도는 중생대에 이르러 세 차례의 지각 변동이 일어났다. 중생대 초기에 일어난 ⊙ 송림 변동은 한반도 북부 지방을 중심으로 영향을 미쳤다. 중기에 일어난 ⓒ 대보 조산 운동은 한반도 전체에 영향을 주었으며 대규모 마그마의 관입으로 ⓒ 화강암이 형성되었다. 후기에 경상 분지 지역에서는 불국사 변동이 일어났다. 신생대 제3기에는 ② 경동성 요곡 운동이 일어나 ⑩ 동고서저의 지형이 형성되었다.

① ⊙은 낭림산맥과 같은 1차 산맥을 형성시켰다.
② ⓒ은 중국 방향의 지질 구조선을 형성시켰다.
③ ⓒ이 기반암으로 이루어진 산지에서는 돌산이 잘 나타난다.
④ ②은 고위 평탄면과 하안 단구 형성에 영향을 주었다.
⑤ ⑩의 영향으로 중부 지방의 대하천은 대부분 황해로 흐른다.

04 교육청

다음은 한국 지리 수업 장면의 일부이다. ⊙, ⓒ에 대한 설명으로 옳은 것은?

〈놀이 카드 이용 수업〉
- 각각의 카드에는 조선 누층군, 평안 누층군, 경상 누층군 중 하나의 분포를 그린 지도가 있다.
- 카드를 한 장씩 뽑는다.
- 해당 카드에 있는 누층군의 특징을 설명한다.

⊙ ○○ 누층군은 호소에서 형성되었으며 공룡 발자국 화석이 있어요.

ⓒ △△ 누층군은 바다에서 형성되었으며 석회암이 많이 분포해 있어요.

특징을 잘 설명했습니다.

① ⊙에는 무연탄이 많이 매장되어 있다.
② ⊙에는 용식 작용으로 형성된 동굴이 많다.
③ ⓒ은 경상 분지에 주로 분포한다.
④ ⓒ에는 주상 절리가 잘 발달해 있다.
⑤ ⓒ은 ⊙보다 형성 시기가 이르다.

05 교육청
p.022 자료 01

(가)~(라) 암석에 대한 옳은 설명을 A~D에서 고른 것은? (단, 석회암, 편마암, 화강암, 현무암만 고려함.)

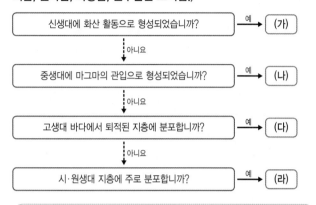

신생대에 화산 활동으로 형성되었습니까? → 예 → (가)

↓ 아니요

중생대에 마그마의 관입으로 형성되었습니까? → 예 → (나)

↓ 아니요

고생대 바다에서 퇴적된 지층에 분포합니까? → 예 → (다)

↓ 아니요

시·원생대 지층에 주로 분포합니까? → 예 → (라)

A: 금강산과 같은 돌산의 기반암으로 불상과 석탑의 재료로 널리 이용된다.

B: 표면에 구멍이 많고 검은색을 띠며 제주도에서는 돌하르방의 재료로 사용된다.

C: 열과 압력을 받아 형성된 줄무늬가 잘 나타나며 화단 장식용으로 많이 사용된다.

D: 흰색 또는 회색을 띠고 생물의 화석이 나타나며 시멘트 공업의 주요 원료로 이용된다.

	(가)	(나)	(다)	(라)		(가)	(나)	(다)	(라)
①	A	B	C	D	②	A	C	B	D
③	B	A	D	C	④	B	C	D	A
⑤	C	A	D	B					

06 평가원
p.023 자료 04

다음 자료의 (가)~(마)에 대한 설명으로 옳지 않은 것은?

지질시대	시생대	원생대	고생대			중생대		신생대	
			캄브리아기…석탄기-페름기		트라이아스기	쥐라기	백악기	제3기	제4기
지질계통	(가)		(나)	결층	(다)	대동누층군	(라)	제3계	제4계
주요지각변동	변성작용		조륙운동		송림변동	대보조산운동	불국사변동	(마)	화산활동

① (가) – 지리산, 덕유산 등의 기반암을 이루고 있다.

② (나) – 바다에서 형성된 지층으로 주로 평남 지향사와 옥천 지향사에 분포한다.

③ (다) – 습지였던 지층에 무연탄이 매장되어 있다.

④ (라) – 수평 퇴적암층으로 경상 분지에 분포한다.

⑤ (마) – 중국(북동–남서) 방향의 지질 구조선이 형성되었다.

07 교육청
p.022 자료 02

그림은 두 지점 간의 지형 단면을 나타낸 것이다. A~D에 대한 옳은 설명을 〈보기〉에서 고른 것은?

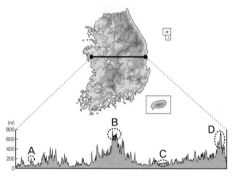

―보기―

ㄱ. A는 침식을 많이 받아 낮아진 구릉성 산지이다.

ㄴ. B가 속한 산맥은 1차 산맥으로 분류된다.

ㄷ. C는 기반암이 용식 작용을 받아 형성된 내륙 분지이다.

ㄹ. D의 서사면은 북서풍의 바람받이로 폭설이 자주 내린다.

① ㄱ, ㄴ   ② ㄱ, ㄷ   ③ ㄴ, ㄷ

④ ㄴ, ㄹ   ⑤ ㄷ, ㄹ

08 교육청
p.024 자료 06

다음 글의 밑줄 친 ㉠~㉤에 대한 설명으로 옳은 것은?

중생대의 지층은 대부분 ㉠ 육성층으로 전기의 대동계층과 후기의 경상계층으로 구성되어 있다. 대동계층은 쥐라기의 퇴적층으로 충남 보령, 경기도 김포 등에 분포하며, ㉡ 경상계층은 백악기의 퇴적층으로 경상남·북도에 주로 분포한다. 중생대 초기 북부 지역을 중심으로 ㉢ 송림 변동이 있었고, 중생대 쥐라기에서 백악기에 걸쳐 일어난 ㉣ 대보 조산 운동은 한반도 전체에 영향을 주었다. 그 과정에서 대규모의 마그마가 관입되어 ㉤ 화강암이 형성되었다.

① ㉠에는 주로 석회석과 무연탄이 매장되어 있다.

② ㉡은 수평 누층으로 공룡 발자국 화석이 분포한다.

③ ㉢의 영향으로 동고서저의 경동 지형이 형성되었다.

④ ㉣의 영향으로 랴오둥(동북동~서남서) 방향의 지질 구조선이 형성되었다.

⑤ ㉤은 지리산, 덕유산과 같은 흙산의 기반암을 이루고 있다.

09 교육청　　　　　　　　　　　p.023 자료 04

한국 지리 수업에서 학생이 작성한 형성 평가지이다. ㉠~㉣ 중 답을 옳게 표시한 것을 고른 것은?

한반도의 지질 구조와 지각 변동

3학년 ○반 이름: □□□

※ 표를 보고 (가)~(라)에 대한 설명이 맞으면 '예', 틀리면 '아니요'에 ∨표 하시오.

지질 시대	선캄브리아대	고생대			중생대		신생대	
지질 계통	(가)	(나)	결층	평안 누층군	대동 누층군	경상 누층군	제3계	제4계
주요 지각 변동	변성 작용 ↑	조륙 운동 ↑			송림 변동	(다) 불국사 변동	(라) ↑	화산 활동 ↑

1. (가)는 오래된 안정 지층으로 한반도에 가장 넓게 분포한다.
　　　　　　　　　　　예 □ 아니요 ∨ ········· ㉠
2. (나)는 바다에서 쌓인 지층으로 석회석이 분포한다.
　　　　　　　　　　　예 ∨ 아니요 □ ········· ㉡
3. (다)의 영향으로 중국 방향의 지질 구조선이 형성되었다.
　　　　　　　　　　　예 ∨ 아니요 □ ········· ㉢
4. (라)의 영향으로 동고서저의 경동 지형이 형성되었다.
　　　　　　　　　　　예 □ 아니요 ∨ ········· ㉣

① ㉠, ㉡　　　② ㉠, ㉢　　　③ ㉡, ㉢
④ ㉡, ㉣　　　⑤ ㉢, ㉣

10 교육청

그래프는 A – B 구간의 고도 변화를 나타낸 것이다. (가)에 대한 옳은 설명을 〈보기〉에서 고른 것은?

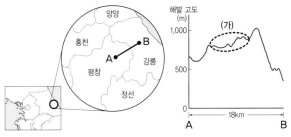

·보기·
ㄱ. 여름철이 서늘하여 고랭지 농업이 이루어진다.
ㄴ. 신생대 제3기에 융기되어 해발 고도가 높아졌다.
ㄷ. 용암의 열하 분출로 인해 전체적으로 평탄해졌다.
ㄹ. 기반암이 차별 침식을 받아 형성된 분지 지형이다.

① ㄱ, ㄴ　　　② ㄱ, ㄷ　　　③ ㄴ, ㄷ
④ ㄴ, ㄹ　　　⑤ ㄷ, ㄹ

11 평가원　　　　　　　　　　　p.023 자료 03

(가), (나) 암석에 대한 설명으로 옳은 것은?

- (가) (으)로 이루어진 산의 정상부는 삼각형 모양으로 뾰족이 솟아 오른 흰색에 가까운 암석이 노출되어 있다. 북한산 인수봉과 설악산 울산바위는 이 암석으로 이루어져 있다.
- (나) (으)로 이루어진 산의 정상부는 (가) (으)로 만들어진 산의 정상부에 비해 암석의 노출이 적고, 상대적으로 두꺼운 토양층을 이루는 경우가 많다. (나) 은/는 지리산, 덕유산의 기반암이다.

① (가)는 시·원생대에 변성 작용을 받은 암석이다.
② (가)에는 마그마의 급속한 냉각으로 주상 절리가 형성된다.
③ (나)는 경상 분지 지역에 널리 분포한다.
④ (가)와 (나)로 이루어진 침식 분지에서 (나)는 주로 배후 산지를 이룬다.
⑤ (나)는 (가)보다 이른 시기에 형성된 암석으로 조선 누층군의 대부분을 차지한다.

12 교육청

(가), (나)에 대한 옳은 설명을 〈보기〉에서 고른 것은?

·보기·
ㄱ. (가)는 고생대 조선 누층군에 주로 분포한다.
ㄴ. (나)가 기반암인 산지는 주로 흙산이다.
ㄷ. (가)는 (나)보다 형성 시기가 이르다.
ㄹ. (가)는 (나)보다 한반도에서의 분포 범위가 넓다.

① ㄱ, ㄴ　　　② ㄱ, ㄷ　　　③ ㄴ, ㄷ
④ ㄴ, ㄹ　　　⑤ ㄷ, ㄹ

13 수능   p.024 자료 06

다음 글은 중생대 지각 운동에 관한 것이다. 밑줄 친 ㄱ~ㅁ에 대한 설명으로 옳은 것은?

> 중생대에 발생한 세 차례의 지각 운동은 한반도 지형 형성에 큰 영향을 주었다. ㉠ 중생대 초기에 한반도 북부를 중심으로 지각 운동이 일어나 지질 구조선이 형성되었다. 이후 ㉡ 쥐라기의 조산 운동으로 또 다른 지질 구조선이 만들어졌고, 그 과정에서 화강암은 대부분 ㉢ 시·원생대에 형성된 암석에 관입되었다. 중생대 후기인 백악기에는 ㉣ 경상 분지의 퇴적암이 형성되었고, 우리나라 일부 지역에 ㉤ 화강암이 관입되었다.

① ㉠ – 랴오둥(동북동 – 서남서) 방향의 지질 구조선을 형성하였다.

② ㉡ – 경동성 요곡 운동으로 동고서저 지형이 형성되었다.

③ ㉢ – 산지를 형성하는 경우 주로 흙산보다 돌산을 이룬다.

④ ㉣ – 용식으로 인한 지형 발달이 활발하게 이루어진다.

⑤ ㉤ – 침식 분지의 배후 산지를 주로 구성한다.

14 평가원   p.024 자료 05

(가), (나) 시기에 대한 설명으로 옳은 것은?

> 신생대 제4기 내에서 상대적으로 기온이 낮은 시기를 빙기라고 한다. 최후 빙기는 약 7만 5천 년 전부터 약 1만 년 전까지였으며, (가) 약 2만 년 전에는 최근보다 8℃ 정도 기온이 낮았다. 최후 빙기가 끝난 약 1만 년 전 이후부터 지구의 기온이 상승하여, (나) 약 6천 년 전에는 약 2만 년 전에 비해 9℃ 정도 기온이 더 높았다.

① (가) 시기에는 울릉도가 한반도와 연결된 육지였다.

② (나) 시기에는 서해안에 리아스 해안이 나타났다.

③ (가) 시기에는 (나) 시기보다 동해의 면적이 넓었다.

④ (가) 시기에는 (나) 시기보다 설악산의 해발 고도가 낮았다.

⑤ (가) 시기에는 (나) 시기보다 한반도에서 화학적 풍화 작용이 우세했다.

15 수능   p.024 자료 05

지도는 최종 빙기와 후빙기의 해안선을 나타낸 것이다. (나) 시기와 비교한 (가) 시기 ㉠ 지점의 상대적 특성에 대한 추론으로 가장 적절한 것은?

동 해

- - - - (가) 시기의 해안선
—— (나) 시기의 해안선
〰 (나) 시기에 바다에 잠긴 하천의 유로

① 해발 고도가 낮았을 것이다.

② 하천의 유량이 많았을 것이다.

③ 연평균 기온이 높았을 것이다.

④ 하천 충적층의 두께가 얇았을 것이다.

⑤ 화학적 풍화 작용이 활발했을 것이다.

16 평가원

다음 글의 밑줄 친 ㉠~㉤에 관한 설명 중 옳지 않은 것은?

> 우리나라의 지형 발달에 영향을 미친 요소로는 암석의 특성과 분포, 지각 운동, 해수면 변동 등을 들 수 있다. 중생대 ㉠ 대보 조산 운동 시기에 화강암이 관입하였으며 이 암석이 ㉡ 침식 분지 평야부의 기반암을 이루고 있다. 침식 분지의 배후 산지 부분은 퇴적암이나 변성암인 ㉢ 편마암으로 되어 있다. 신생대에 ㉣ 경동성 요곡 운동이 일어나 동고서저의 비대칭적인 지형 골격을 형성하였다. 제4기의 마지막 빙기 이후 ㉤ 해수면 상승에 따라 해안선이 변화하였다.

① ㉠에 의해 중국 방향의 지질 구조선이 주로 형성되었다.

② ㉡은 배후 산지에 비해 빠른 풍화·침식을 통해 고도가 낮아진 것이다.

③ ㉢으로 된 산지는 주로 흙산으로 나타난다.

④ ㉣에 의해 융기되어 형성된 산지는 2차 산맥으로 분류된다.

⑤ ㉤에 의해 서해안의 리아스 해안이 형성되었다.

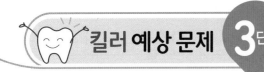
01

지도는 두 암석의 분포를 나타낸 것이다. (가), (나) 암석에 대한 옳은 설명만을 〈보기〉에서 있는 대로 고른 것은? (단, (가), (나)는 시·원생대 변성암, 고생대 퇴적암, 중생대 퇴적암 중 하나임.)

 (가)

 (나)

┌─보기─
ㄱ. (가)에는 돌리네, 석회동굴 등의 지형이 잘 발달한다.
ㄴ. (나)의 육성 퇴적층에는 무연탄이 매장되어 있다.
ㄷ. (가)는 (나)보다 형성된 시기가 이르다.
ㄹ. (나)는 (가)보다 공룡 발자국 화석이 발견될 가능성이 높다.
└─

① ㄱ, ㄴ ② ㄱ, ㄹ ③ ㄴ, ㄷ
④ ㄱ, ㄷ, ㄹ ⑤ ㄴ, ㄷ, ㄹ

02

표의 A~G에 대한 설명으로 옳은 것은?

지질시대	선캄브리아대		고생대			중생대			신생대	
	시생대	원생대	캄브리아기 …	석탄기~페름기		트라이아스기	쥐라기	백악기	제3기	제4기
지질계통	A		B	결층	C	대동누층군		D	제3계	제4계
주요지각변동	변성작용 ↑		조륙운동 ↑		E ↑		F ↑	G ↑	요곡·단층운동	화산활동

① A에는 주로 화강암이 분포한다.
② E는 중국 방향, F는 랴오둥 방향의 지질 구조선 형성에 영향을 끼쳤다.
③ G는 호남 지방을 중심으로 발생한 지각 변동이다.
④ B는 C보다 석회암이 매장되어 있을 가능성이 높다.
⑤ A~D 중에서 한반도의 암석 분포에서 차지하는 비중은 D가 가장 높다.

03 고난도

그래프는 한반도의 암석 분포를 나타낸 것이다. 이에 대한 설명으로 옳은 것은? (단, ㉠~㉢은 변성암, 화성암, 퇴적암 중 하나임.)

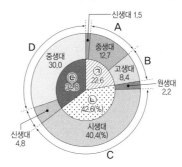

① B는 주로 두만 지괴, 길주·명천 지괴에 분포한다.
② C에는 갈탄이 많이 매장되어 있다.
③ 조선 누층군은 D에 해당한다.
④ A는 돌산, C는 흙산의 주된 기반암을 이룬다.
⑤ ㉠은 퇴적암, ㉡은 변성암, ㉢은 화성암이다.

04

다음 글의 밑줄 친 ㉠~㉤ 중에서 옳지 <u>않은</u> 것은?

한반도는 중생대 초에 일어난 ㉠ <u>송림 변동의 영향</u>으로 랴오둥 방향의 지질 구조선이 형성되었다. 중생대 중엽에는 대보 조산 운동이 일어났는데, ㉡ <u>대보 조산 운동의 영향으로 중국 방향의 지질 구조선이 형성</u>되었으며, ㉢ <u>불국사 화강암이 대규모로 관입</u>하였다. 송림 변동과 대보 조산 운동의 영향으로 형성된 ㉣ <u>구조선을 따라 풍화와 침식이 이루어져 2차 산맥이 형성</u>되었다. 신생대 제3기 이후에는 ㉤ <u>경동성 요곡 운동이 발생하여 동고서저형의 비대칭적인 지형이 형성</u>되었다.

① ㉠ ② ㉡ ③ ㉢ ④ ㉣ ⑤ ㉤

05 고난도

지도는 한반도의 지체 구조를 나타낸 것이다. (가)~(라)에 대한 설명으로 옳은 것은?

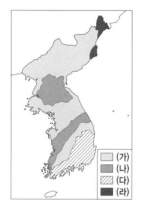

① (가)는 (나)보다 카르스트 지형이 잘 형성된다.
② (나)는 (다)보다 공룡 관련 화석이 많이 발견된다.
③ (라)는 (다)보다 갈탄의 매장 가능성이 높다.
④ (가), (라)에는 주로 변성암이 분포한다.
⑤ (가)~(라) 중에서 형성된 시기는 (나)가 가장 이르다.

06

지도는 최종 빙기와 후빙기의 해안선을 나타낸 것이다. 이에 대한 설명으로 옳은 것은? (단, A, B는 현재의 한강에 위치한 지점 중 하나임.)

① (가) 시기는 (나) 시기보다 강수량이 많았다.
② (나) 시기는 (가) 시기보다 물리적 풍화 작용이 활발했다.
③ (가) 시기는 (나) 시기보다 B 지점의 해발 고도가 낮았다.
④ (가) 시기에 A 지점은 범람원이 넓게 형성되어 있었다.
⑤ (나) 시기에 B 지점은 하천의 퇴적 작용보다 침식 작용이 우세했다.

07 고난도

그림은 (가), (나) 시기 하천 상류부와 하류부의 지형 변화를 나타낸 것이다. 이에 대한 옳은 설명만을 〈보기〉에서 있는 대로 고른 것은? (단, (가), (나) 시기는 빙기, 후빙기 중 하나임.)

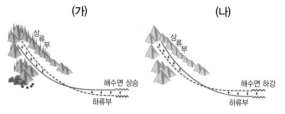

─ 보기 ─
ㄱ. (가) 시기에 현재의 한강 하류에서는 침식 작용보다 퇴적 작용이 활발했다.
ㄴ. (나) 시기에 현재의 낙동강 하구에는 삼각주가 형성되어 있었다.
ㄷ. (가) 시기는 (나) 시기보다 평균 기온이 높다.
ㄹ. (나) 시기는 (가) 시기보다 식생 밀도가 높다.

① ㄱ, ㄴ   ② ㄱ, ㄷ   ③ ㄴ, ㄹ
④ ㄱ, ㄷ, ㄹ   ⑤ ㄴ, ㄷ, ㄹ

08

지도의 (가), (나) 산에 대한 옳은 설명만을 〈보기〉에서 있는 대로 고른 것은? (단, (가), (나)는 돌산, 흙산 중 하나임.)

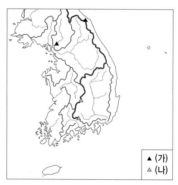

─ 보기 ─
ㄱ. (가)의 주된 기반암이 풍화된 토양은 주로 붉은색을 띤다.
ㄴ. (나)의 기반암은 얕은 바다에서 퇴적된 지층이 굳어 형성되었다.
ㄷ. (가)는 (나)보다 주된 기반암의 형성 시기가 늦다.
ㄹ. (나)는 (가)보다 산정부의 식생 밀도가 높다.

① ㄱ, ㄴ   ② ㄱ, ㄷ   ③ ㄷ, ㄹ
④ ㄱ, ㄴ, ㄹ   ⑤ ㄴ, ㄷ, ㄹ

09 고난도
지도의 (가)∼(마)에 대한 설명으로 옳은 것은?

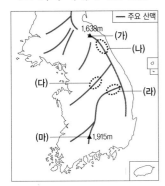

① (가)의 기반암은 편마암, (마)의 기반암은 화강암이다.
② (다)는 1차 산맥, (라)는 2차 산맥에 해당한다.
③ (가)는 (마)보다 산정부의 식생 밀도가 높다.
④ (나)는 (다)보다 해발 고도가 높고 산지의 연속성이 강하다.
⑤ (나), (다), (라)는 모두 백두대간에 속한다.

10
지도에 표시된 (가) 지역에 대한 옳은 설명만을 〈보기〉에서 있는 대로 고른 것은?

- 보기 -
ㄱ. 백두대간의 일부에 해당한다.
ㄴ. 신생대에 지반 융기의 영향을 크게 받았다.
ㄷ. 기반암은 신생대의 화산 활동으로 형성되었다.
ㄹ. 여름에 시설 농업 형태로 채소 재배가 활발하다.

① ㄱ, ㄴ   ② ㄱ, ㄷ   ③ ㄷ, ㄹ
④ ㄱ, ㄴ, ㄹ   ⑤ ㄴ, ㄷ, ㄹ

11
다음 자료는 형성 평가지의 일부이다. ㉠∼㉣ 중에서 학생의 답이 옳게 표시된 것만을 있는 대로 고른 것은?

형성 평가

3학년 ○반 이름: □□□

※ 지도에 표시된 (가) 지역에 대한 설명이 옳으면 '예', 틀리면 '아니요'에 ∨표를 하시오.

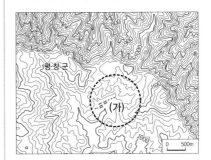

설명 1: 충적층이 두껍게 형성되어 있어 벼농사에 유리하다.
            예 ☑ 아니요 □ ·········· ㉠
설명 2: 풍속과 풍향이 비교적 일정하여 풍력 발전소 건설에 유리하다.   예 □ 아니요 ☑ ·········· ㉡
설명 3: 여름철 서늘한 기후를 이용한 고랭지 작물 재배가 가능하다.   예 ☑ 아니요 □ ·········· ㉢
설명 4: 풍화와 침식으로 평탄해진 지형이 경동성 요곡 운동으로 융기한 이후에도 평탄한 기복의 흔적을 유지하고 있는 지형이다. 예 ☑ 아니요 □ ·· ㉣

① ㉠, ㉡   ② ㉠, ㉣   ③ ㉢, ㉣
④ ㉠, ㉡, ㉢   ⑤ ㉡, ㉢, ㉣

12
표의 (가)와 비교한 (나)의 상대적 특징을 그림의 A∼E에서 고른 것은? (단, (가), (나)는 돌산, 흙산 중 하나임.)

(가)	• 커다란 암봉을 비롯하여 기반암이 드러나 있는 경우가 많음 • 설악산, 북한산, 월출산 등이 이에 해당함
(나)	• 대부분의 사면에 토양층이 형성되어 있음 • 지리산, 덕유산, 소백산 등이 이에 해당함

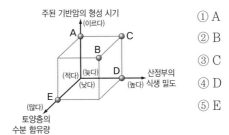

① A
② B
③ C
④ D
⑤ E

04강

II. 지형 환경과 인간 생활

하천 지형과 해안 지형

1단계 기출 자료 분석

자료 01 침식 분지와 고위 평탄면의 특징 비교하기

(가)   (나)

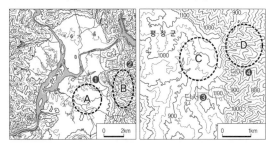

단서 풀이
• 단서 ❶ A는 주변보다 해발 고도가 낮고 평탄한 분지가 나타난다.
• 단서 ❷ B는 분지를 둘러싸고 있는 산지이다.
• 단서 ❸ 해발 고도는 높지만 등고선 간격이 넓은 것으로 보아 평탄한 지형이 나타난다.
• 단서 ❹ 등고선 간격이 좁게 나타나는 것으로 보아 산지의 급경사면이다.

자료 분석
• A, B: 침식 분지 → 침식 분지는 차별 침식에 의해서 침식에 약한 화강암 부분(A)은 빨리 침식되고, 주변 편마암 부분(B)은 산지로 남아 형성되거나, 여러 개의 하천이 만나는 부분이 깎여 나가 형성된다.
• C: 고위 평탄면 → 고위 평탄면은 오랜 침식으로 낮고 평탄해진 지형이 신생대 경동성 요곡 운동으로 융기한 이후에도 해발 고도가 높은 곳에 남아 있는 지형으로 태백산맥과 소백산맥 등에 분포한다.
• D: 태백산지 동쪽의 급경사면이다.

이것도 알아둬
침식 분지는 주변 산지보다 해발 고도가 낮고, 고위 평탄면은 주로 주변 산지보다 해발 고도가 높거나 비슷하다.

자료 02 주요 해안 지형의 특징 이해하기

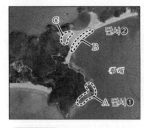

단서 풀이
• 단서 ❶ A는 곶(串)에 발달한 암석 해안이다.
• 단서 ❷ B는 만(灣)에 발달한 사빈, C는 사빈 뒤에 발달한 해안 사구이다.
• 단서 ❸ D는 석호, E는 사주이다.

자료 분석
• A: 암석 해안은 파랑 에너지가 집중되는 곶(串)에 주로 발달한다.
• B: 사빈은 파랑 에너지가 분산되는 만(灣)에 주로 발달한다.
• C: 해안 사구는 사빈에 있던 모래가 바람에 날려 형성되므로, 해안 사구는 사빈보다 퇴적물의 평균 입자 크기가 작다.
• D, E: 석호(D)는 후빙기 해수면 상승으로 형성된 만의 입구에 사주(E)가 발달하여 형성된 호수로 주로 동해안에 발달하였다.

기출 선지 변형 O X

01 다음 내용이 맞으면 ○, 틀리면 ×를 표기하시오.

1-1. A~D 지형의 특징

① A는 지하수의 용식 작용에 의해 형성된 지형이다.   ○, ×

② D는 해발 고도는 높지만 평탄한 지형이 나타난다.   ○, ×

③ A와 B의 기반암은 신생대에 형성되었다.   ○, ×

④ B의 기반암은 A의 기반암보다 풍화와 침식에 강하다.   ○, ×

⑤ C는 A보다 풍력 발전 단지 조성에 유리하다.   ○, ×

1-2. 침식 분지의 특징

⑥ 침식 분지의 중앙부 저지대를 이루고 있는 것은 풍화와 침식에 약한 편마암인 경우가 많다.   ○, ×

⑦ 침식 분지는 변성암과 화강암의 차별 침식에 의해 형성되는 경우가 많다.   ○, ×

⑧ 침식 분지의 중앙부 저지대를 이루는 기반암은 지하에 마그마가 관입하여 형성되었다.   ○, ×

⑨ 침식 분지는 사람이 살기에 부적합한 곳이 대부분이다.   ○, ×

⑩ 침식 분지에서는 기온 역전 현상이 자주 발생한다.   ○, ×

02 다음 내용이 맞으면 ○, 틀리면 ×를 표기하시오.

2-1. A~E 해안 지형의 특징

① D는 바닷물보다 염도가 낮다.   ○, ×

② A에서는 파랑 에너지가 분산되고, B에서는 집중된다.   ○, ×

③ B는 C보다 퇴적물의 평균 입자 크기가 크다.   ○, ×

④ B와 E는 후빙기 해수면 상승 이전에 형성되었다.   ○, ×

⑤ D와 E는 파랑의 작용으로 규모가 확대되고 있다.   ○, ×

2-2. 해안 지형의 특징

⑥ 석호는 수질이 좋아 주로 농업용수로 이용한다.   ○, ×

⑦ 암석 해안에서는 파랑의 퇴적 작용이 활발하고, 모래 해안에서는 파랑의 침식 작용이 활발하다.   ○, ×

기출 자료 분석

자료 03 하천 퇴적 지형의 특징 이해하기

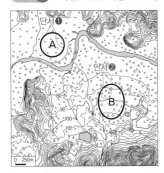

단서 풀이
- 단서 ❶ 하천 주변의 평평한 지형이고, 주로 논농사가 이루어진다.
- 단서 ❷ 등고선의 간격이 넓은 것으로 보아 완경사의 지형이 나타난다. 과수원이나 밭농사가 이루어지고 있다.

자료 분석
- A: 하천의 퇴적 작용으로 형성된 범람원의 배후 습지이다.
- B: 하천의 퇴적 작용으로 형성된 완경사의 지형이다. 등고선의 간격을 통해 경사가 있는 지형임을 알 수 있으며, 등고선의 간격이 넓은 것으로 보아 완경사임을 알 수 있다. B는 산지와 평지가 만나는 계곡의 입구에 형성된 부채 모양의 퇴적 지형인 선상지의 일부인데, 밭과 과수원으로 이용되고 있으므로 선앙에 해당한다.

자료 04 주요 하천 지형의 특징 이해하기

(가)	(나)

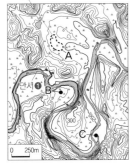 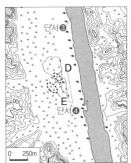

단서 풀이
- 단서 ❶ 하천이 산지 사이를 곡류하고 있다. → 감입 곡류 하천
- 단서 ❷ 구하도가 표시되어 있다.
- 단서 ❸ 하천이 비교적 넓은 평지 위를 흐르고 있다. → 자유 곡류 하천
- 단서 ❹ D는 고도가 높고 밭이 분포하는 지역이고, E는 상대적으로 고도가 낮고 논이 분포하는 지역이다.

자료 분석 (조건_(가), (나)는 동일한 하계망에 속함.)
- A: 구하도 → 과거에 하천이 흘렀다가 하천의 유로 단축 과정에서 더 이상 하천이 흐르지 않게 된 구하도이다.
- B, C: B와 하천 사이에는 등고선이 두 개 있지만, C와 하천 사이에는 등고선이 없으므로, B가 C보다 인근 하상(강바닥)과의 고도 차가 크다.
- D, E: 자연 제방(D)은 모래 등이 퇴적되어 배수가 양호하고 배후 습지(E)는 자연 제방 뒤쪽에 위치하며 주로 점토 등이 퇴적되어 배수가 불량하다.

기출 선지 변형 O X

03 다음 내용이 맞으면 ○, 틀리면 ×를 표기하시오.

3-1. A, B 하천 퇴적 지형의 특징

① A는 B에 비해 경사가 급하다.	○, ×
② A는 B에 비해 배수가 양호하다.	○, ×
③ A는 B에 비해 침수 가능성이 높다.	○, ×
④ A, B는 하천의 퇴적 작용으로 형성된다.	○, ×
⑤ A에서는 논농사가 주로 이루어지고 있다.	○, ×

3-2. 범람원과 선상지의 특징

⑥ 선상지는 범람원에 비해 여름철 홍수 피해의 가능성이 낮으며 퇴적 물질의 평균 입자 크기가 크다.	○, ×
⑦ 배후 습지는 주로 점토로 구성되어 있어 배수가 양호하다.	○, ×
⑧ 선상지의 선앙은 배수가 불량하다.	○, ×

04 다음 내용이 맞으면 ○, 틀리면 ×를 표기하시오.

4-1. (가), (나) 하천과 A~E 지형의 특징

① 하천의 하방 침식은 (나)보다 (가)에서 활발하다.	○, ×
② A는 과거에 하천의 유로였다.	○, ×
③ B는 C보다 인근 하상과의 고도 차가 크다.	○, ×
④ C는 E보다 퇴적물의 평균 입자 크기가 작다.	○, ×
⑤ E의 토양은 D의 토양보다 배수가 양호하다.	○, ×
⑥ D, E는 하천의 침식 작용으로 형성되었다.	○, ×

4-2. 하천 지형의 특징

⑦ 자연 제방은 배후 습지보다 배수가 양호하다.	○, ×
⑧ 자연 제방은 배후 습지보다 고도가 낮다.	○, ×
⑨ 구하도는 하천의 유로 변경 과정에서 형성되었다.	○, ×
⑩ 감입 곡류 하천은 하천의 상류보다 하류에서 주로 나타난다.	○, ×
⑪ 범람원은 감입 곡류 하천에서 주로 나타난다.	○, ×

기출 자료 분석

자료 05 해안 지형의 특성 이해하기

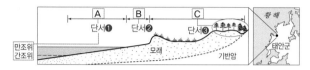

단서 풀이

- 단서 ❶ 밀물 때는 바닷물에 잠기고 썰물 때는 물 위로 드러나는 지형이다.
- 단서 ❷ 사빈이다.
- 단서 ❸ 모래 언덕으로 방풍림이 조성되어 있다.

자료 분석

- A: 밀물 때는 바닷물에 잠기고 썰물 때는 물 위로 드러나는 지형은 갯벌이다. 조차가 큰 해안에서 조류의 퇴적 작용으로 발달한다.
- B: 사빈은 하천 또는 주변 암석 해안으로부터 공급되어 온 모래가 파랑이나 연안류의 작용으로 퇴적되어 형성된다.
- C: 사빈 뒤에 있는 모래 언덕인 해안 사구는 주로 사빈에 있던 모래가 바다로부터 불어오는 바람에 날려 퇴적된 지형이다. 따라서 모래의 평균 입자 크기가 사빈보다 작은 편이다. 정수 기능을 하며, 사구 아래에는 주로 지하수가 고여 있다.

이것도 알아둬

해안 사구는 사빈의 모래 중 주로 가벼운 모래가 이동하여 퇴적된 지형이므로 사빈보다 모래의 평균 입자 크기가 작다는 것을 꼭 알아두도록 한다.

자료 06 우리나라 주요 하천의 특징 파악하기

하천명	하천 길이 (km)	유역 면적 (km²)	유역 내 인구 (만 명)	용도별 이용 비율(%)		
				생활용수	공업용수	농업용수
단서❶ (가)	510	23,384	670	25	18	57
단서❷ (나)	494	35,770	2,089	60	6	34
단서❸ (다)	398	9,912	338	33	7	60
섬진강	224	4,912	28	18	3	79
영산강	130	3,468	187	27	5	68

(2014)

단서 풀이

- 단서 ❶ (가)는 하천 길이가 가장 길고, 공업용수 이용 비율이 높은 편이다.
- 단서 ❷ (나)는 유역 면적이 가장 넓고, 유역 내 인구가 가장 많아 생활용수 이용 비율이 높다.
- 단서 ❸ (다)는 하천 길이가 짧고, 유역 면적이 좁으며, 농업용수 이용 비율이 높다.

자료 분석

- (가): 우리나라에서 길이가 가장 긴 하천은 낙동강이다. 낙동강은 남해로 유입되는 하천이고, 하구에는 삼각주가 발달해 있다. 유역 내에 남동 임해 공업 지역이 위치해 있어서 공업용수 이용 비율이 높다.
- (나): 우리나라에서 유역 면적이 가장 넓은 하천은 한강이다. 한강은 황해로 유입되는 하천이다. 유역 내에 수도권 등 인구 밀집 지역이 많아 생활용수 이용 비율이 높다.
- (다): 금강은 황해로 유입되는 하천이다. 평야가 넓은 금강 유역에서 이용 비율이 높은 것은 농업용수이다.
- 하굿둑은 염해 방지와 홍수 조절, 농업 및 생활용수 확보를 위해 건설된다. 우리나라에서 하굿둑은 금강, 영산강, 낙동강 하구에 건설되어 있다.

기출 선지 변형 O X

05 다음 내용이 맞으면 ○, 틀리면 ×를 표기하시오.

① A의 아래에는 지하수가 고여 있다. ○, ×

② A는 하루 종일 바닷물에 잠기는 곳이다. ○, ×

③ B는 최종 빙기에 해수면 하강으로 형성되었다. ○, ×

④ B는 토양이 비옥하여 주로 농경지로 이용된다. ○, ×

⑤ C는 바람의 퇴적 작용으로 형성된 모래 언덕이다. ○, ×

⑥ C는 배후 농경지와 마을을 보호하기 위해 방풍림이 조성되어 있는 경우가 많다. ○, ×

⑦ A는 B보다 퇴적물 중 점토의 비중이 높다. ○, ×

⑧ 모래의 평균 입자 크기는 B가 C보다 크다. ○, ×

⑨ B, C는 파랑 에너지가 분산되는 해안에 잘 발달한다. ○, ×

06 다음 내용이 맞으면 ○, 틀리면 ×를 표기하시오.

6-1. (가)~(다) 하천의 특징

① (가) 하구에는 삼각주가 발달해 있다. ○, ×

② (나)는 황해로 유입되는 하천이다. ○, ×

③ (다) 유역은 대부분 영남 지방에 위치한다. ○, ×

④ (나), (다)에는 하굿둑이 건설되어 있다. ○, ×

6-2. 우리나라 하천의 특징

⑤ 황·남해로 유입하는 하천은 유역 면적이 좁고 유량이 적은 편이다. ○, ×

⑥ 금강 유역은 낙동강 유역보다 면적이 넓다. ○, ×

⑦ 우리나라에서 하천의 길이가 가장 긴 것은 한강이다. ○, ×

⑧ 낙동강은 공업용수 이용 비율이 높고, 금강은 농업용수 이용 비율이 높은 편이다. ○, ×

⑨ 동해로 유입하는 하천은 황해로 유입하는 하천에 비해 하천 하구의 퇴적물의 평균 입자 크기가 작다. ○, ×

01 평가원

그림은 어느 하천 지형의 형성 과정을 나타낸 것이다. (가), (나)에 대한 설명으로 옳지 않은 것은?

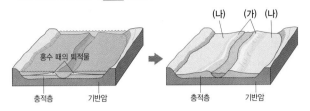

① (가)는 (나)보다 배수가 양호하다.
② (가)는 (나)보다 평균 해발 고도가 높다.
③ (나)는 (가)보다 퇴적 물질 중 점토질 구성 비율이 높다.
④ (가)는 밭과 취락, (나)는 논으로 주로 이용되었다.
⑤ 현재 하천 하류부의 (가), (나)는 최종 빙기 때 형성되었다.

02 평가원

지도는 우리나라 주요 하천 유역에 관한 것이다. 이에 대한 설명으로 옳은 것은?

① 한강은 댐 건설 이후 하상계수가 커졌다.
② 금강 유역은 낙동강 유역보다 면적이 넓다.
③ 낙동강 하구에는 넓은 규모의 삼각주가 발달해 있다.
④ 영산강과 섬진강에는 모두 하굿둑이 건설되어 있다.
⑤ A와 B 지점에 떨어진 빗물은 모두 금강 유역으로 유입된다.

03 평가원　　　　　　　　　　　　p.033 자료 03, 자료 04

다음 글의 ㉠~㉢에 대한 설명으로 옳은 것은?

> 하천의 퇴적 작용으로 형성된 충적 평야에는 ㉠ , ㉡ , ㉢ 이/가 있다. ㉠ 은/는 산지와 평지가 만나는 골짜기 입구에 유속의 감소로 하천이 운반하던 물질이 쌓여 형성된 지형이다. ㉡ 은/는 범람에 의해 하천의 양안에 운반된 물질이 쌓여 형성되며, ㉢ 은/는 바다로 흘러드는 하천의 하구에 토사가 쌓여 형성된 지형이다. ㉡ 와/과 ㉢ 은/는 ㉣ 자연 제방과 ㉤ 배후 습지로 구성된다.

① ㉠의 하단부에는 하굿둑이 건설되어 있다.
② ㉡의 규모는 하류에서 상류로 갈수록 커진다.
③ ㉢은 하천에 의한 토사 공급량보다 조류에 의한 토사 제거량이 많을 때 잘 발달한다.
④ ㉣은 ㉤보다 홍수 피해가 자주 발생하며, 주로 논으로 이용된다.
⑤ ㉤은 ㉣보다 점토질 구성 비율이 높아 배수가 불량하다.

04 수능　　　　　　　　　　　　　　p.033 자료 04

지도의 A~C에 대한 설명으로 옳은 것은?

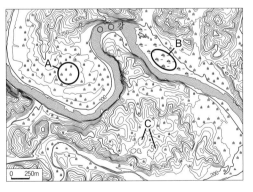

① A에서는 하천의 작용으로 형성된 둥근 자갈이 발견된다.
② B는 지반 융기로 형성된 고위 평탄면이다.
③ C의 기반암은 중생대에 마그마의 관입으로 형성되었다.
④ A는 B보다 ○○강의 범람에 의한 침수 가능성이 높다.
⑤ B, C는 배수가 불량하다.

05 수능

지도의 A~E에 대한 설명으로 옳은 것은?

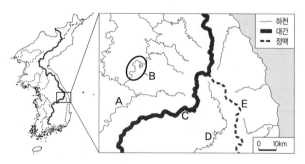

① A 하천의 하구에는 삼각주가 형성되어 있다.

② B 구간에서는 감입 곡류보다 자유 곡류가 우세하게 나타난다.

③ C 대간은 한강 유역과 낙동강 유역 간의 분수계를 이룬다.

④ D 하천은 황해로 유입한다.

⑤ E 정맥은 영남 지방과 호남 지방 간의 경계를 이룬다.

06 평가원   p.033 자료 04

지도에 나타난 지역에 대한 설명으로 옳지 않은 것은?

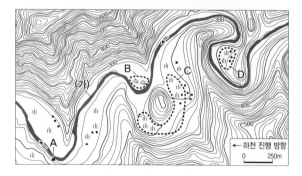

① A는 유로의 공격 사면에 해당한다.

② C는 과거에 하천이 흘렀던 곳이다.

③ D에서는 둥근 자갈과 모래가 나타난다.

④ D는 B보다 범람에 의한 침수 가능성이 높다.

⑤ (가) 하천의 형성에는 지반의 융기가 영향을 미쳤다.

07 평가원

(가), (나) 해안에 대한 설명으로 옳은 것은?

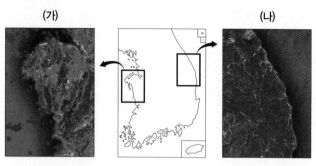

① (가)에는 현재 석호가 많이 분포한다.

② (나)에는 리아스 해안이 발달해 있다.

③ (가)는 (나)보다 조차가 크고 조류의 작용이 활발하다.

④ (가)는 (나)보다 신생대 지반 융기의 영향을 크게 받았다.

⑤ (나)는 (가)보다 해안 퇴적물의 평균 입자 크기가 작다.

08 평가원   p.032 자료 02

다음 글의 ㉠~㉣에 대한 설명으로 옳은 것만을 〈보기〉에서 있는 대로 고른 것은?

> 우리나라의 동해안과 서·남해안은 서로 다른 특징을 보인다. 동해안은 비교적 ㉠ 단조로운 해안선이 나타나는 반면, 서·남해안은 해안선이 복잡하고 섬이 많이 분포한다. 파랑의 작용이 활발한 동해안은 ㉡ 암석 해안과 ㉢ 사빈 해안이 번갈아 나타난다. 서해안은 조수 간만의 차가 크고, 세계적인 규모의 ㉣ 갯벌이 발달해 있다.

· 보기 ·

ㄱ. ㉠이 나타나는 이유는 산맥과 해안선의 방향이 교차하기 때문이다.

ㄴ. ㉡에서는 파랑 에너지가 분산되어 퇴적 작용이 활발히 일어난다.

ㄷ. ㉢은 파랑과 연안류의 퇴적 작용으로 형성된다.

ㄹ. ㉢은 ㉣보다 퇴적물의 평균 입자 크기가 크다.

① ㄱ, ㄴ   ② ㄱ, ㄷ   ③ ㄷ, ㄹ

④ ㄱ, ㄴ, ㄹ   ⑤ ㄴ, ㄷ, ㄹ

09 평가원 p.032 자료 02

사진의 B에 대한 A의 상대적 특성을 그림의 ㄱ~ㅁ에서 고른 것은?

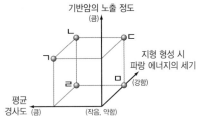

① ㄱ
② ㄴ
③ ㄷ
④ ㄹ
⑤ ㅁ

10 수능 p.032 자료 02

지도의 A~E에 대한 설명으로 옳지 않은 것은?

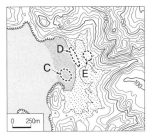

① A는 과거의 파식대가 융기된 지형이다.
② B는 해식애가 후퇴하면서 육지에서 분리된 지형이다.
③ C는 주로 조류에 의해 퇴적되는 지형이다.
④ D는 주로 파랑과 연안류의 퇴적 작용으로 만들어진 지형이다.
⑤ E는 D보다 퇴적물의 평균 입자 크기가 크다.

11 교육청 p.032 자료 02

지도의 A~D 지형에 대한 설명으로 옳지 않은 것은?

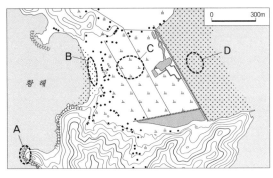

① A에서는 파랑의 침식 작용이 활발하다.
② B는 해수욕장으로 이용된다.
③ C의 평야는 하천의 퇴적 작용으로 형성되었다.
④ D는 오염 물질을 정화하는 기능이 있다.
⑤ B는 D보다 퇴적 물질의 평균 입자 크기가 크다.

12 평가원 p.032 자료 02

다음은 독도 탐방 중 촬영한 지형 사진이다. A~D 지형에 대한 옳은 설명을 〈보기〉에서 고른 것은?

〈A: 서도 자갈 해안〉
〈B: 서도 주상 절리〉
〈C: 서도 파식대〉
〈D: 동도 시 아치〉

＊등고선 간격은 25m임.

보기
ㄱ. A는 조류의 퇴적 작용으로 형성되었다.
ㄴ. B는 용암의 냉각·수축으로 형성되었다.
ㄷ. C는 최종 빙기 해수면 하강 시 형성되었다.
ㄹ. D는 파랑에 의한 차별 침식으로 형성되었다.

① ㄱ, ㄴ　　　　② ㄱ, ㄷ　　　　③ ㄴ, ㄷ
④ ㄴ, ㄹ　　　　⑤ ㄷ, ㄹ

01

지도의 (가) 지점과 비교한 (나) 지점의 상대적 특징으로 옳은 것만을 〈보기〉에서 있는 대로 고른 것은?

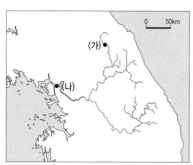

┌─ 보기 ─────────────────────────────┐
ㄱ. 평균 유량이 많다.
ㄴ. 일 수위 변동 폭이 크다.
ㄷ. 퇴적물의 원마도가 높다.
ㄹ. 퇴적물의 평균 입자 크기가 크다.
└──────────────────────────────────┘

① ㄱ, ㄴ   ② ㄱ, ㄹ   ③ ㄷ, ㄹ
④ ㄱ, ㄴ, ㄷ   ⑤ ㄴ, ㄷ, ㄹ

02

지도에 표시된 A~C에 대한 설명으로 옳지 <u>않은</u> 것은?

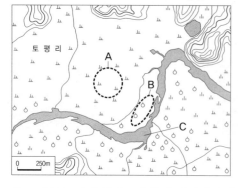

① C 하천은 하방 침식보다 측방 침식이 우세하다.
② A는 B보다 평균 해발 고도가 낮다.
③ B는 A보다 퇴적물의 평균 입자 크기가 크다.
④ A, B의 땅을 파보면 둥근 자갈을 발견할 수 있다.
⑤ A, B는 모두 최종 빙기에 하천의 퇴적 작용으로 형성되었다.

03 고난도

지도에 표시된 A~D에 대한 옳은 설명을 〈보기〉에서 고른 것은?

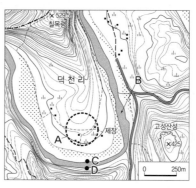

┌─ 보기 ─────────────────────────────┐
ㄱ. A는 홍수 시에 자주 침수된다.
ㄴ. B 하천은 측방 침식보다 하방 침식이 활발하다.
ㄷ. C는 D보다 하천의 수심이 깊다.
ㄹ. A 지형과 B 하천은 지반 융기의 영향을 많이 받았다.
└──────────────────────────────────┘

① ㄱ, ㄴ   ② ㄱ, ㄷ   ③ ㄴ, ㄷ
④ ㄴ, ㄹ   ⑤ ㄷ, ㄹ

04 고난도

지도는 주요 하천의 유역을 나타낸 것이다. 이에 대한 설명으로 옳은 것은?

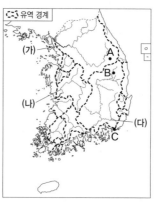

① A에 떨어진 빗물은 (다) 하천으로 유입된다.
② B는 C보다 하상의 경사가 급하다.
③ (가) 하천은 (나) 하천보다 하구의 평균 유량이 적다.
④ (나) 하천은 (다) 하천보다 유역 면적이 넓다.
⑤ (가)~(다) 하천은 모두 하굿둑이 건설되어 있다.

05

지도에 표시된 A, B에 대한 옳은 설명만을 〈보기〉에서 있는 대로 고른 것은?

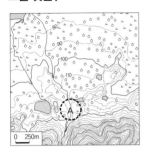 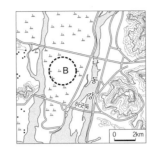

┌─**보기**┐
ㄱ. A에서는 용천이 발달하여 물을 구하기 쉽다.
ㄴ. B와 같은 지형은 조차가 클수록 잘 발달한다.
ㄷ. A는 B보다 퇴적물의 평균 입자 크기가 크다.
ㄹ. A, B는 모두 하천에 의해 운반된 물질이 퇴적되어 형성되었다.
└───────┘

① ㄱ, ㄴ ② ㄱ, ㄷ ③ ㄷ, ㄹ
④ ㄱ, ㄴ, ㄹ ⑤ ㄴ, ㄷ, ㄹ

06 고난도

지도에 표시된 A~E에 대한 설명으로 옳지 <u>않은</u> 것은?

 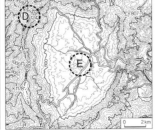

① C는 과거 하천 유로의 일부였다.
② A는 B보다 퇴적물 중 점토의 비중이 높다.
③ D는 E보다 기온 역전 현상의 발생 가능성이 낮다.
④ E는 D보다 풍화와 침식에 강하다.
⑤ E는 D보다 기반암의 형성 시기가 늦다.

07

다음 자료는 대도시 어느 하천의 개발 전과 개발 후의 모습이다. 개발 전과 비교한 개발 후의 상대적 특징을 그림의 A~E에서 고른 것은?

〈개발 전〉

하천이 자연 상태 그대로 보존되어 있었고 주변에 녹지가 형성되어 있었으며 지표면은 흙으로 덮여 있었다.

〈개발 후〉

하천 직강 공사를 실시하였고 하천 주변에 인공 제방을 건설하였으며 둔치를 콘크리트로 포장하였다.

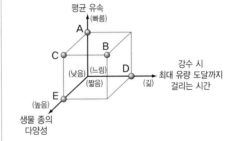

① A
② B
③ C
④ D
⑤ E

08

지도에 표시된 A~D에 대한 설명으로 옳은 것은?

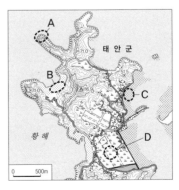

① A에서는 파랑의 침식 작용보다 퇴적 작용이 활발하다.
② C는 주로 파랑과 연안류의 퇴적 작용으로 형성되었다.
③ D는 최종 빙기 이후에 하천의 퇴적 작용으로 형성되었다.
④ B는 C보다 퇴적물의 평균 입자 크기가 작다.
⑤ C는 B보다 오염 물질의 정화 능력이 우수하다.

09

그림은 해안 지형을 모식적으로 나타낸 것이다. A~E 지형에 대한 설명으로 옳지 <u>않은</u> 것은? (단, A~E는 사빈, 시 스택, 육계도, 파식대, 해식애 중 하나임.)

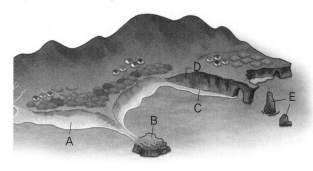

① A – 만(灣)보다 곶(串)에서 잘 형성된다.

② B – 사주의 발달로 육지와 연결된 섬이다.

③ C – D가 육지 쪽으로 후퇴하면서 점점 넓어진다.

④ D – 주로 파랑의 침식 작용을 받아 형성된다.

⑤ E – 파랑의 침식 작용으로 주변부가 제거되고 남은 돌기 둥이다.

10

지도에 표시된 A~C에 대한 옳은 설명만을 〈보기〉에서 있는 대로 고른 것은?

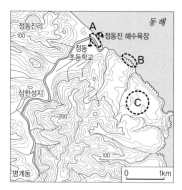

·보기·

ㄱ. C의 땅을 파보면 둥근 자갈이 발견된다.

ㄴ. C는 서해안의 갯벌보다 지반 융기의 영향을 많이 받았다.

ㄷ. A는 B보다 평균 경사도가 높다.

ㄹ. B는 A보다 파랑의 퇴적 작용이 활발하다.

① ㄱ, ㄴ   ② ㄱ, ㄷ   ③ ㄷ, ㄹ

④ ㄱ, ㄴ, ㄹ   ⑤ ㄴ, ㄷ, ㄹ

11

다음 자료는 형성 평가지의 일부이다. ㉠~㉢ 중에서 학생의 답이 옳게 표시된 것만을 있는 대로 고른 것은?

형성 평가

3학년 ○반 이름: □□□

※ 지도에 표시된 (가), (나)에 대한 설명이 옳으면 '예', 틀리면 '아니요'에 ∨표를 하시오.

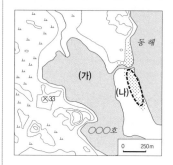

설명 1: (가) 호수의 물은 주변 농경지에 농업용수로 공급된다.
　　　　　　　　　　예□ 아니요 ☑ ·········· ㉠

설명 2: (가) 호수의 면적은 시간이 흐를수록 점차 축소된다.
　　　　　　　　　　예 ☑ 아니요 □ ·········· ㉡

설명 3: (나)에는 주로 점토가 퇴적되어 있다.
　　　　　　　　　　예 ☑ 아니요 □ ·········· ㉢

설명 4: (나)는 최종 빙기에 파랑과 연안류의 퇴적 작용에 의해 형성되었다.
　　　　　　　　　　예 ☑ 아니요 □ ·········· ㉣

① ㉠, ㉡   ② ㉠, ㉢   ③ ㉡, ㉢   ④ ㉡, ㉣   ⑤ ㉢, ㉣

12

다음 자료의 (가) 해안과 비교한 (나) 해안의 상대적 특징으로 옳은 것은?

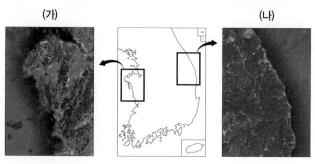

① 조차가 크다.

② 갯벌의 면적이 넓다.

③ 석호의 개수가 적다.

④ 해안선이 복잡하고 섬이 많다.

⑤ 지반 융기의 영향을 많이 받았다.

05강 화산 지형과 카르스트 지형

1단계 기출 자료 분석

자료 01 화산 지형 이해하기

모둠	탐구 주제	조사 지역
(가)	칼데라 분지에서 재배하는 농작물의 특성	A
(나)	하천 주변에 발달한 주상 절리의 형성 과정 [단서❶]	B
(다)	유네스코 세계 자연 유산으로 등재된 배경 [단서❸]	C
(라)	화구호의 계절별 수위 변화 [단서❹]	D

단서 풀이

- 단서 ❶ 칼데라 분지는 마그마가 분출한 이후 분화구 부근이 함몰되어 형성된 커다란 분지로, 규모는 분화구에 비해 크다.
- 단서 ❷ 주상 절리는 분출된 용암이 냉각·수축되는 과정에서 형성된 다각형 기둥 형태의 절리이다.
- 단서 ❸ 제주도의 한라산, 성산 일출봉, 거문 오름 용암동굴계는 우리나라 최초로 세계 자연 유산으로 등재되었다.
- 단서 ❹ 화구호는 분화구에 물이 고여 형성된다.

자료 분석

- A: 칼데라 분지에서 재배하는 농작물의 특성을 탐구하기에 적절한 지역은 칼데라 분지인 나리 분지가 있는 울릉도이다.
- B: 하천 주변에 발달한 주상 절리는 철원 일대에서 볼 수 있다.
- C: 제주도의 일부 지역은 유네스코 세계 자연 유산으로 등재되었다.
- D: 제주도 한라산의 백록담은 분화구에 물이 고여 형성된 화구호이다.

이것도 알아둬

철원에는 용암 대지, 울릉도에는 칼데라 분지가 있고, 제주도 한라산의 백록담은 화구호라는 것을 알아두자. 또한, 제주도에는 2007년에 우리나라 최초로 세계 자연 유산에 등재된 지역이 있다.

자료 02 화산 지형과 카르스트 지형의 특징 이해하기

(가) [단서❶]   (나) [단서❹]

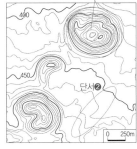 

단서 풀이

- 단서 ❶ 기생 화산인 오름을 나타낸 것이다. 중앙의 와지는 기생 화산의 화구이다.
- 단서 ❷ 경사가 매우 완만한 것으로 보아 이 일대는 유동성이 큰 용암이 굳어 형성된 것이다. → 순상 화산
- 단서 ❸ 지표에 움푹 파인 와지는 돌리네이다.
- 단서 ❹ 감입 곡류 하천이 나타난다.

자료 분석

- (가): 순상 화산과 기생 화산이 발달한 제주도의 화산 지형이다.
- (나): 감입 곡류 하천과 지표에 움푹 파인 와지인 돌리네가 발달하는 카르스트 지형이다.

기출 선지 변형 OX

01 다음 내용이 맞으면 ○, 틀리면 ×를 표기하시오.

1-1. 화산 지형이 나타나는 A∼D 지역 찾기

① A는 백두산 천지에서 조사하기에 유리하다. 　○, ×

② B는 철원에서 조사하기에 유리하다. 　○, ×

③ C는 울릉도에서 조사하기에 유리하다. 　○, ×

④ D는 제주도 한라산의 백록담에서 관찰할 수 있다. 　○, ×

1-2. 화산 지형의 특징

⑤ 울릉도의 나리 분지는 분화구가 함몰되어 형성된 칼데라 분지이다. 　○, ×

⑥ 칼데라는 마그마가 분출한 이후 분화구 부근이 함몰되어 형성된 커다란 분지를 말한다. 　○, ×

⑦ 울릉도는 유네스코에 의해 우리나라 최초로 세계 자연 유산으로 등재되었다. 　○, ×

⑧ 칼데라호는 분화구에 물이 고여 형성된다. 　○, ×

02 다음 내용이 맞으면 ○, 틀리면 ×를 표기하시오.

2-1. (가), (나) 지형의 특징

① (가)는 신생대, (나)는 고생대에 형성된 암석이 기반암을 이룬다. 　○, ×

② (가), (나)에서는 논농사보다 밭농사가 주로 이루어진다. 　○, ×

③ (가), (나)에서는 기후의 영향을 받은 적색 토양이 발달한다. 　○, ×

④ (가)는 카르스트 지형, (나)는 화산 지형이다. 　○, ×

2-2. 화산 지형과 카르스트 지형의 특징

⑤ 화산 지형에서는 흑갈색의 현무암 풍화토가 주로 나타나고, 카르스트 지형에서는 붉은색의 석회암 풍화토가 잘 나타난다. 　○, ×

⑥ 기생 화산은 한라산이 형성된 후 산록부에 소규모로 화산이 분출하여 형성된 것이다. 　○, ×

⑦ 돌리네는 '오름', '악' 등으로 불리며, 한라산 산록부에 분포한다. 　○, ×

기출 자료 분석

자료 03 화산 지형과 카르스트 지형의 형성 과정 이해하기

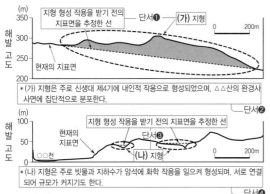

* (가) 지형은 주로 신생대 제4기에 내인적 작용으로 형성되었으며, △△산의 완경사 사면에 집단적으로 분포한다.

* (나) 지형은 주로 빗물과 지하수가 암석에 화학 작용을 일으켜 형성되며, 서로 연결되어 규모가 커지기도 한다.

단서 풀이

• 단서 ❶ 지형 형성 이전보다 해발 고도가 높아졌다.

• 단서 ❷ 기생 화산에 대한 설명으로, △△산은 한라산이다.

• 단서 ❸ 지형 형성 이전보다 해발 고도가 낮아졌다.

• 단서 ❹ 용식 작용으로 형성되는 돌리네에 대한 설명이다.

자료 분석

• (가): 소규모 화산 폭발로 기생 화산이 형성되면서 <u>해발 고도를 높이는 작용</u>이 나타났다.

• (나): 돌리네는 빗물과 지하수에 의해 용식 작용을 받아 형성된 와지로, 땅이 움푹 꺼지므로 <u>해발 고도를 낮추는 작용</u>이 나타났다.

자료 04 울릉도의 자연환경 이해하기

〈여행 경로〉

〈여행 일정〉

지점	활동
A	집합 및 출발
B	㉠ 알봉 조망 단서❶ ㉡ 나리 분지 조망 단서❷
C	㉢ 마을에서 점심 식사
D	㉣ 전통 가옥 및 자생 식물 감상 단서❸
E	최고봉인 ㉤ 성인봉 도착

단서 풀이

• 단서 ❶ 알봉은 칼데라 분지(나리 분지) 내부에서 용암이 분출하여 형성된 중앙 화구구이다.

• 단서 ❷ 나리 분지는 칼데라 분지이다.

• 단서 ❸ 울릉도는 우리나라의 대표적인 다설지로 전통 가옥에는 방설벽인 우데기가 설치되어 있다.

자료 분석

제시된 지형도에 알봉, 나리 분지, 성인봉 등이 나타나 있는 것으로 보아 이 지역은 울릉도의 일부 지역을 나타낸 것임을 알 수 있다. 울릉도는 <u>점성이 큰 용암이 분출하여 전체적으로 종상 화산을 이루고 있으며,</u> 화구의 함몰로 형성된 칼데라 분지인 나리 분지가 형성되었다. 그 이후에 소규모 화산이 형성되었는데, <u>중앙 화구구인 알봉</u>이 이에 해당한다.

기출 선지 변형 O X

03 다음 내용이 맞으면 ○, 틀리면 ×를 표기하시오.

3-1. (가), (나) 지형이 발달한 지역의 공통적인 특징

① 기반암의 특성으로 인해 건천이 나타난다. ○, ×

② 기반암이 용식되어 형성된 동굴이 나타난다. ○, ×

③ 분화구에 물이 고여 형성된 호수가 나타난다. ○, ×

④ 기반암이 풍화되어 주로 검은색의 토양이 나타난다. ○, ×

3-2. 화산 지형과 카르스트 지형의 특징

⑤ 기생 화산의 지형 형성은 해발 고도를 높이는 작용을 했다. ○, ×

⑥ 돌리네의 지형 형성은 해발 고도를 낮추는 작용을 했다. ○, ×

⑦ 화산 지형과 카르스트 지형이 나타나는 지역은 대체로 배수가 불량한 편이다. ○, ×

⑧ 카르스트 지형은 기반암이 석회암인 지역에서 발달한다. ○, ×

04 다음 내용이 맞으면 ○, 틀리면 ×를 표기하시오.

4-1. 자료에 표시된 울릉도 지형의 특징

① A − B 구간의 경사는 점성이 작은 용암의 분출과 관계 깊다. ○, ×

② ㉠은 ㉡보다 형성 시기가 늦다. ○, ×

③ ㉢은 화구의 함몰로 형성된 칼데라 분지 내에 위치한다. ○, ×

④ ㉣에는 추운 겨울을 대비한 정주간이 있다. ○, ×

⑤ ㉤은 오름이라 불리는 기생 화산이다. ○, ×

4-2. 울릉도의 자연환경 특징

⑥ 울릉도는 이중 화산체를 이룬다. ○, ×

⑦ 나리 분지는 칼데라 분지이다. ○, ×

⑧ 울릉도는 점성이 작은 용암이 분출하여 전체적으로 순상 화산을 이루고 있다. ○, ×

⑨ 울릉도에는 많이 비를 대비하기 위해 전통 가옥에 우데기가 설치되어 있다. ○, ×

기출 자료 분석

자료 05 화산 지형의 분포 및 특성 이해하기

(가) 비록 강원도에 딸렸으나 들판에 이루어진 고을로서 서쪽은 경기도 장단과 경계가 맞닿았다. 땅은 메마르나 들이 크고, 산이 낮아 평탄하며 두 강 안쪽에 위치하였으니 또한 두메 속의 도회지이다. 들 복판의 물이 깊고, 벌레 먹은 듯한 검은 돌이 있는데 매우 이상스럽다. **단서❶**
(나) 강원도 삼척부 바다 가운데 있다. 갠 날 높은 데 올라서 바라보면 혹 구름같이 보인다. …(중략)… 장한상이 함경도 안변에서 물의 흐름을 따라 배를 띄워 동해쪽을 향하다가 이틀 만에 비로소 큰 산이 바다 가운데서 솟아 있는 것을 발견하게 되었다. …(중략)… 아마도 이곳이 옛 우산국일 것이다. **단서❸** **단서❷**
(다) 바다 한복판에 있는 산 또한 기이한 곳이 많다. …(중략)… 산 위에 큰 못이 있는데 사람들이 시끄럽게 하면 갑자기 구름과 안개가 크게 일어난다. …(중략)… 옛 탐라국이며 …(중략)… 말을 산에다 놓아 먹여서 목장으로 만들었다. — 이중환, 「택리지」 **단서❹** **단서❺**

단서 풀이
- 단서 ❶ 벌레 먹은 듯한 검은 돌은 현무암이다.
- 단서 ❷, ❸ 함경도 동남쪽 동해에 있고, 옛 우산국이므로 울릉도이다.
- 단서 ❹ 한라산의 백록담이다.
- 단서 ❺ 제주도는 옛날에 탐라국이라 불리기도 했다.

자료 분석
- (가): 강원도에 있으며 벌레 먹은 듯한 검은 돌인 현무암이 분포해 있으므로 철원 일대이다.
- (나): 함경도 동남쪽의 동해에 있으며 바다 가운데에 큰 산이 솟아 있으므로 울릉도이다.
- (다): 산 위에 큰 못이 있으며, 산에는 말을 기르기 위한 목장이 있으므로 제주도이다. 산 위의 큰 못은 화구호인 백록담이다.

자료 06 제주도의 지형적 특징 파악하기

단서 풀이
- 단서 ❶ 위도와 경도를 통해 제시된 지역이 제주도라는 것을 알 수 있다.
- 단서 ❷ 제주도에 분포하는 동굴은 주로 용암동굴이다.
- 단서 ❸ 소규모로 분출한 기생 화산의 화구이다.
- 단서 ❹ 등고선의 간격이 넓은 완경사 지형이 나타난다.

자료 분석
- A: 용암동굴은 점성이 작은 용암이 흘러내릴 때 용암의 표면과 내부 간의 냉각 속도 차이에 의해 형성된다.
- B: 기생 화산은 한라산이 형성된 후 산록부에 소규모로 화산이 분출하여 형성된 것으로, 한라산 산록부에 분포한다.
- C: 제주도는 대체로 유동성이 큰 용암이 분출한 순상 화산이다.

기출 선지 변형 O X

05 다음 내용이 맞으면 ○, 틀리면 ×를 표기하시오.

① (가)에는 유동성이 큰 용암이 하곡을 메워 형성된 지형이 발달해 있다. ○, ×

② (가)의 '벌레 먹은 듯한 검은 돌'은 오름이라 불리는 화산체에서 분출되어 만들어졌다. ○, ×

③ (나)는 주로 화강암으로 이루어져 있다. ○, ×

④ (다)에는 칼데라호가 형성되어 있다. ○, ×

⑤ (다)의 '산 위에 큰 못'은 화구의 함몰에 의해 형성된 칼데라호이다. ○, ×

⑥ (다)에 있는 산의 산록부는 주로 현무암질 용암이 분출하여 형성되었다. ○, ×

⑦ (나)는 (다)보다 용암동굴이 잘 발달해 있다. ○, ×

⑧ (가), (나)에는 기반암의 용식 작용으로 형성된 지형이 잘 발달해 있다. ○, ×

⑨ (가), (다)에서는 주로 논농사가 이루어진다. ○, ×

⑩ (가), (나), (다)는 모두 화산 지형이다. ○, ×

06 다음 내용이 맞으면 ○, 틀리면 ×를 표기하시오.

6-1. A~C 지형의 특징

① A의 동굴은 주로 기반암의 용식 작용으로 형성된다. ○, ×

② B는 화구가 함몰되어 만들어진 칼데라호이다. ○, ×

③ C의 기반암은 유동성이 큰 용암이 굳어 형성되었다. ○, ×

6-2. 제주도의 화산 지형 특징

④ 제주도 지역의 기반암은 투수가 양호한 편이다. ○, ×

⑤ 제주도에는 석회암이 풍화된 붉은색 토양이 나타난다. ○, ×

⑥ 용암동굴은 점성이 작은 용암이 흘러내릴 때 용암의 표면과 내부 간 냉각 속도 차이에 의해 형성된다. ○, ×

⑦ 제주도에서 하천은 기반암의 특성을 고려해 볼 때 건천일 가능성이 높다. ○, ×

01 평가원　　　　　　　　　　　　　　　p.041 **자료 02**

지도의 A~D에 대한 설명으로 옳은 것은?

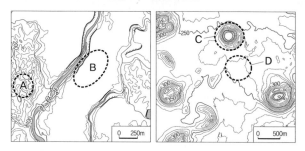

① A는 용암이 분출하여 형성된 종 모양의 화산이다.

② B에는 종유석과 석순이 발달한 동굴이 형성되어 있다.

③ C는 화구의 함몰로 형성된 칼데라이다.

④ D에는 석회암이 풍화된 붉은색의 토양이 널리 분포한다.

⑤ A의 기반암은 B의 기반암보다 형성 시기가 이르다.

02 교육청　　　　　　　　　　　　　　　p.043 **자료 05**

다음 글은 지도에 표시된 세 지역을 각각 설명한 것이다. 밑줄 친 ㉠~㉢에 대한 설명으로 옳은 것은?

• 강원도 삼척부의 바다 가운데 있다. …(중략)… 숙종 때 장한상이 함경도에서 배를 띄우고 동남쪽을 향해 이 섬을 찾았는데, 이틀 만에 ㉠ 큰 돌산이 바다 복판에 솟아 있는 것을 발견하였다.

－『택리지』－

• ㉡ 진산은 한라였다. 주의 남쪽에 있는데, 일명 두무악 또는 원산이라 한다. 그 고을 관원이 제사를 지내는데, 둥그스름하고 높고 크며, 그 ㉢ 꼭대기에는 큰 못이 있다. …(중략)… 이상한 일은 고려 목종 5년 탐라산에 구멍 네 개가 뚫려서 시뻘건 물이 치솟아 올랐다.

－『세종실록지리지』－

• 땅은 메마르나 ㉣ 들이 크고, 산이 낮아 평탄하며 두 강 안쪽에 위치하였으니 또한 두메 속의 도회지이다. 들 복판의 물이 깊고, ㉤ 벌레 먹은 듯한 검은 돌이 있는데 매우 이상스럽다.

－『택리지』－

① ㉠은 화강암으로 이루어져 있다.

② ㉡의 산록부는 주로 현무암질 용암이 분출하여 형성되었다.

③ ㉢은 화구의 함몰에 의해 형성된 칼데라호이다.

④ ㉣ 지형은 하천의 침식 작용으로 형성되었다.

⑤ ㉤은 오름이라 불리는 화산체에서 분출되어 만들어졌다.

03 평가원　　　　　　　　　　　　　　　p.041 **자료 02**

지도의 A~C에 대한 옳은 설명만을 〈보기〉에서 있는 대로 고른 것은?

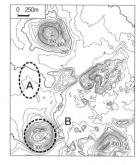

─ 보기 ─

ㄱ. A는 C보다 붉은색의 간대 토양이 널리 분포한다.

ㄴ. A와 B는 용암의 열하 분출에 의해 형성되었다.

ㄷ. A는 신생대 화성암, C는 고생대 퇴적암이 기반암을 이룬다.

ㄹ. A와 C에서는 논농사보다 밭농사가 주로 이루어진다.

① ㄱ, ㄴ　　　② ㄱ, ㄷ　　　③ ㄷ, ㄹ

④ ㄱ, ㄴ, ㄹ　　　⑤ ㄴ, ㄷ, ㄹ

04 수능

다음 글의 ㉠~㉤에 대한 설명으로 옳은 것은?

• ㉠ 침식 분지는 주위가 산지로 둘러싸인 평지를 말하며, 암석의 차별적인 풍화와 침식에 의해 형성된다. 우리나라에서는 주로 변성암이 ㉡ 화강암을 둘러싸고 있는 지역이나 하천의 합류 지점에서 발달한다.

• ㉢ 카르스트 지형은 ㉣ 석회암이 이산화 탄소를 함유한 빗물과 지하수의 용식 작용을 받아 형성된다. 강원도 남부 및 충청북도 북동부 지역 등에 발달하였으며, 대표적인 지형으로 ㉤ 돌리네와 석회동굴 등이 있다.

① ㉠에서는 기온 역전 현상에 따른 안개가 잘 발생한다.

② ㉡은 주로 신생대에 마그마가 관입하여 형성되었다.

③ ㉢을 이루는 암석층에서는 공룡 발자국 화석이 많이 발견된다.

④ ㉣은 오랜 시간 동안 변성 작용을 받아 형성되었다.

⑤ ㉤은 주로 논으로 이용된다.

05 교육청
p.041 자료 01

다음은 학생이 작성한 서술형 평가지의 일부이다. ㉠~㉣에서 옳은 내용을 고른 것은?

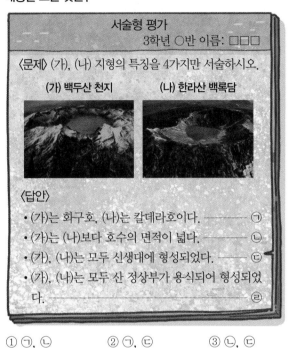

서술형 평가
3학년 ○반 이름: □□□

〈문제〉 (가), (나) 지형의 특징을 4가지만 서술하시오.

(가) 백두산 천지   (나) 한라산 백록담

〈답안〉
• (가)는 화구호, (나)는 칼데라호이다. ──────── ㉠
• (가)는 (나)보다 호수의 면적이 넓다. ──────── ㉡
• (가), (나)는 모두 신생대에 형성되었다. ──────── ㉢
• (가), (나)는 모두 산 정상부가 용식되어 형성되었다. ──────── ㉣

① ㉠, ㉡   ② ㉠, ㉢   ③ ㉡, ㉢
④ ㉡, ㉣   ⑤ ㉢, ㉣

06 교육청
p.043 자료 06

다음 자료는 조선 시대의 산수화에 표현된 경관의 일부를 나타낸 사진이다. ㉠~㉣에 대한 옳은 설명을 〈보기〉에서 고른 것은?

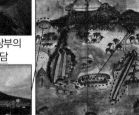

한라산 정상부의 ㉠ 백록담

돌담의 재료로 이용된 ㉡ 현무암

산사면 곳곳에 분포하는 ㉢ 오름

해안의 폭포와 ㉣ 주상 절리

보기
ㄱ. ㉠은 화구가 함몰되어 형성된 칼데라호이다.
ㄴ. ㉡은 마그마가 지하에서 식어서 만들어졌다.
ㄷ. ㉢은 용암이나 화산 쇄설물의 소규모 분출에 의해 형성되었다.
ㄹ. ㉣은 용암이 냉각·수축되면서 형성되었다.

① ㄱ, ㄴ   ② ㄱ, ㄷ   ③ ㄴ, ㄷ
④ ㄴ, ㄹ   ⑤ ㄷ, ㄹ

07 교육청
p.041 자료 02

지도의 A~C에 대한 옳은 설명을 〈보기〉에서 고른 것은?

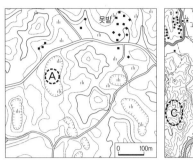

보기
ㄱ. A는 배수가 양호하여 밭농사가 주로 행해진다.
ㄴ. B의 기반암은 용암의 열하 분출로 형성되었다.
ㄷ. A와 B에는 대부분 붉은색의 토양이 분포한다.
ㄹ. C는 B보다 기반암의 형성 시기가 늦다.

① ㄱ, ㄴ   ② ㄱ, ㄷ   ③ ㄴ, ㄷ
④ ㄴ, ㄹ   ⑤ ㄷ, ㄹ

08 평가원
p.041 자료 02

지도의 (가), (나) 지역에 대한 설명으로 옳은 것은?

① (가)의 기반암은 고생대 바다에서 형성되었다.
② (가)에는 회백색의 토양이 널리 분포한다.
③ (나)에는 용암동굴이 많이 분포한다.
④ (나)는 지반 융기로 형성된 고위 평탄면이다.
⑤ (가)는 논으로, (나)는 밭으로 주로 이용된다.

01

지도에 표시된 (가) 지형에 대한 옳은 설명을 〈보기〉에서 고른 것은?

┌─보기─────────────────────────────┐
ㄱ. 물의 염도가 높다.

ㄴ. 한라산 백록담보다 수심이 깊다.

ㄷ. 칼데라에 물이 고여 생긴 호수이다.

ㄹ. 기반암이 용식 작용을 받아 형성되었다.
└──────────────────────────────────┘

① ㄱ, ㄴ   ② ㄱ, ㄷ   ③ ㄴ, ㄷ

④ ㄴ, ㄹ   ⑤ ㄷ, ㄹ

02

지도에 표시된 A∼D 산지에 대한 설명으로 옳은 것은?

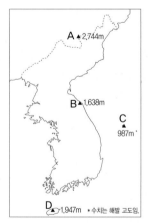

① A의 정상부에는 화구호가 형성되어 있다.

② B의 주된 기반암은 C의 주된 기반암보다 형성 시기가 늦다.

③ C는 분화구 부근이 함몰되어 형성된 대규모 분지의 일부이다.

④ D의 산정부는 완경사, 산록부는 급경사를 이루고 있다.

⑤ C와 D에서는 밭농사보다 논농사가 많이 이루어진다.

03 고난도

지도에 표시된 A∼C에 대한 옳은 설명을 〈보기〉에서 고른 것은?

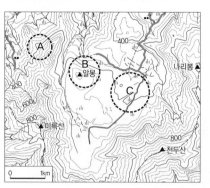

┌─보기─────────────────────────────┐
ㄱ. A는 현무암질 용암이 굳어 형성되었다.

ㄴ. C에는 주로 붉은색을 띠는 간대 토양이 분포한다.

ㄷ. B는 C보다 지형의 형성 시기가 늦다.

ㄹ. B, C에서는 주로 밭농사가 이루어진다.
└──────────────────────────────────┘

① ㄱ, ㄴ   ② ㄱ, ㄷ   ③ ㄴ, ㄷ

④ ㄴ, ㄹ   ⑤ ㄷ, ㄹ

04

지도에 표시된 A∼C에 대한 설명으로 옳은 것은?

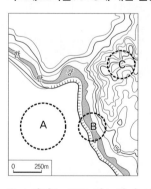

① A에서는 주로 밭농사가 이루어지고 있다.

② A는 조면암질 용암이 열하 분출하여 형성되었다.

③ B의 하천 주변에서는 주상 절리를 관찰할 수 있다.

④ C의 주된 기반암은 고생대의 해성 퇴적층이다.

⑤ C는 A보다 지형 형성 시기가 늦다.

[05~06] 다음 지도를 보고 물음에 답하시오.

(가)   (나)

 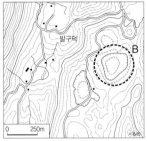

05

(가), (나) 지역에 대한 옳은 설명만을 〈보기〉에서 있는 대로 고른 것은?

┌─보기─
ㄱ. (가)의 기반암은 (나)의 기반암보다 형성 시기가 이르다.
ㄴ. (나)는 (가)보다 경동성 요곡 운동의 영향을 많이 받았다.
ㄷ. (나)는 (가)보다 기반암이 용식 작용을 받아 형성된 지형이 발달해 있다.
ㄹ. (가), (나) 모두 밭농사보다 논농사가 발달해 있다.
└─

① ㄱ, ㄴ   ② ㄴ, ㄷ   ③ ㄷ, ㄹ
④ ㄱ, ㄴ, ㄹ   ⑤ ㄱ, ㄷ, ㄹ

06

지도에 표시된 A, B 지형의 형성 과정에 대한 옳은 설명을 〈보기〉에서 고른 것은?

┌─보기─
ㄱ. 석회암이 빗물이나 지하수의 용식 작용을 받아 와지가 형성되었다.
ㄴ. 유동성이 큰 현무암질 용암이 열하 분출하여 기존의 골짜기를 메웠다.
ㄷ. 마그마가 분출한 후 분화구 부근이 함몰되어 대규모의 분지가 형성되었다.
ㄹ. 화산 중턱에 새로운 용암과 화산 쇄설물이 분출하여 작은 화산이 형성되었다.
└─

	A	B			A	B
①	ㄱ	ㄴ		②	ㄴ	ㄱ
③	ㄷ	ㄹ		④	ㄹ	ㄱ
⑤	ㄹ	ㄷ				

07

지도의 (가), (나) 동굴에 대한 설명으로 옳은 것은?

■(가) ●(나)

① (가) 주변에서는 공룡 발자국 화석이 많이 발견된다.
② (가)는 유동성이 큰 용암이 흐를 때 표층부와 하층부 간의 냉각 속도 차이로 인해 형성되었다.
③ (나)는 기반암이 지하수의 용식 작용을 받아 형성되었다.
④ (나) 주변에서는 화학적 풍화 작용에 의해 형성된 와지를 볼 수 있다.
⑤ (가)는 (나)보다 주된 기반암의 형성 시기가 이르다.

08 ◀과난도▶

지도에 표시된 A~C에 대한 설명으로 옳은 것은?

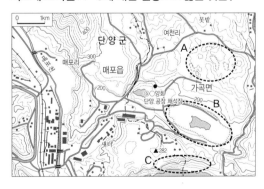

① A에서는 주로 논농사가 이루어진다.
② A에는 흑갈색을 띠는 간대 토양이 주로 분포한다.
③ B의 호수는 화구에 물이 고여 형성되었다.
④ B의 주된 기반암은 시멘트 공업의 주원료로 이용된다.
⑤ C의 절벽에서는 주상 절리를 관찰할 수 있다.

06강 우리나라의 기후 특성

1단계 기출 자료 분석

자료 01 서리 내린 시기를 통해 지역별 기후 특징 파악하기

(가)　　　　　　　　　(나)

 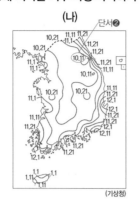

단서❶ • 1981년~2010년의 평년값임.　　　　　　　(기상청)

단서 풀이
• 단서 ❶ (가)에서 가장 빠른 날짜는 제주도의 2.1(2월 1일)이다.
• 단서 ❷ (나)에서 가장 빠른 날짜는 대관령 부근의 10.11(10월 11일)이다.

자료 분석 (조건_단. (가), (나)는 서리 내린 첫날과 서리 내린 마지막 날 중 하나임.)
• (가): 제주도의 2.1(2월 1일)부터 시작해서 고위도로 갈수록 늦어지는 것으로 보아 서리 내린 마지막 날임을 알 수 있다.
• (나): 대관령 부근의 10.11(10월 11일)부터 시작해서 저위도로 갈수록 늦어지는 것으로 보아 서리 내린 첫날이라는 것을 알 수 있다.

자료 02 계절별 누적 강수량을 통해 지역별 기후 특징 파악하기

〈계절별 누적 강수량〉

 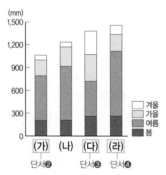

단서 풀이
• 단서 ❶ 지도에 표시된 네 지점은 인천, 울릉도, 장수, 대구이다.
• 단서 ❷ (가)는 (가)~(라) 중 연 강수량이 가장 적다.
• 단서 ❸ (다)는 (가)~(라) 중 겨울 강수량이 가장 많다.
• 단서 ❹ (라)는 (가)~(라) 중 (다) 다음으로 겨울 강수량이 많다.

자료 분석
• 울릉도는 우리나라의 최다설지이며 연중 고른 강수 특색이 나타나므로 그래프의 (다)에 해당한다.
• 장수는 북서 계절풍이 소백산맥 서사면에 부딪치는 지형성 강수에 의해 눈이 많이 내리는 다설지이다. 따라서 (다) 다음으로 겨울철 강수량이 많은 (라)가 장수이다.
• 대구는 영남 내륙 지방에 위치한 소우지이다. 따라서 (가)~(라) 중 연 강수량이 가장 적은 (가)가 대구이며, 다음으로 연 강수량이 적은 (나)는 인천이다.

기출 선지 변형 O X

01 다음 내용이 맞으면 ○, 틀리면 ×를 표기하시오.

① 대관령 부근은 서리 내린 첫날(나)은 빠르고 서리 내린 마지막 날(가)은 늦어 무상 기간이 짧다. 　○, ×

② 제주도는 서리 내린 첫날(나)은 늦고, 서리 내린 마지막 날(가)은 빨라 서리 일수가 적다. 　○, ×

③ 서리 내린 마지막 날(가)은 저위도 지역에서 고위도 지역으로 가면서 빨라진다. 　○, ×

④ 서리 내린 첫날(나)은 고위도 지역에서 저위도 지역으로 가면서 빨라진다. 　○, ×

⑤ 서리 내린 마지막 날(가)에서 서리 내린 첫날(나) 사이의 기간은 서리가 내리지 않는 기간인 무상 기간에 해당한다. 　○, ×

⑥ 고위도로 갈수록 서리 내린 마지막 날(가)은 늦고, 서리 내린 첫날(나)은 빨라지므로 무상 기간은 길어진다. 　○, ×

⑦ 서리 내린 마지막 날(가)에서 서리 내린 첫날(나)까지의 기간은 주로 겨울에 해당한다. 　○, ×

⑧ 서리 내린 첫날(나)에서 서리 내린 마지막 날(가)까지의 기간은 주로 여름에 해당한다. 　○, ×

⑨ 서리 내린 첫날(나)에서 서리 내린 마지막 날(가)까지의 기간은 주로 겨울이며, 동일한 위도에서 동해안이 서해안보다 겨울철 평균 기온이 높다. 　○, ×

02 다음 내용이 맞으면 ○, 틀리면 ×를 표기하시오.

① (나) 인천보다 (다) 울릉도가 동쪽에 위치해 있으므로 (다)는 (나)보다 일출 시각이 이르다. 　○, ×

② (다) 울릉도는 해양의 영향으로 겨울철에 온난한 반면 (라) 장수는 (다) 울릉도보다 저위도에 위치해 있지만 내륙에 위치해 있으며 해발 고도가 높아 (다) 울릉도보다 최한월 평균 기온이 낮다. 　○, ×

③ 최한월 평균 기온이 높을수록 무상 기간은 길어지므로 (다) 울릉도는 (라) 장수보다 무상 기간이 짧다. 　○, ×

④ (라) 장수와 (가) 대구는 위도가 비슷하고 내륙에 위치해 있지만 (라) 장수는 해발 고도가 높아 (가) 대구보다 최한월 평균 기온이 높다. 　○, ×

기출 자료 분석

자료 03 바람장미를 통해 계절별 특징 이해하기

(가) 단서❶   (나) 단서❷

단서 풀이
- 단서 ❶ (가)는 남풍, 남서풍이 우세하다.
- 단서 ❷ (나)는 북풍, 북서풍이 우세하다.

자료 분석 (조건_(단, (가), (나)는 1월, 7월 중 하나임.)
- (가)는 남풍 계열의 바람이 우세하므로 7월이다.
- (나)는 북풍 계열의 바람이 우세하므로 1월이다.

이것도 알아둬
우리나라에 영향을 주는 기단
- 시베리아 기단: 대륙성 기단, 한랭 건조, 북서 계절풍
- 북태평양 기단: 해양성 기단, 고온 다습, 남동 및 남서 계절풍

자료 04 연 강수량과 8월 평균 기온을 통해 기후 특징 비교하기

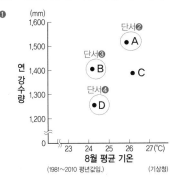

단서 풀이
- 단서 ❶ 지도에 표시된 지역은 홍천, 문경, 광주, 부산이다.
- 단서 ❷ A는 연 강수량이 가장 많고, 8월 평균 기온이 두 번째로 높다.
- 단서 ❸ B는 연 강수량이 두 번째로 많고, 8월 평균 기온이 가장 낮다.
- 단서 ❹ D는 연 강수량이 가장 적다.

자료 분석
- A와 C는 B, D에 비해 8월 평균 기온이 높으므로 상대적으로 저위도에 위치한 지역이다. A는 연 강수량이 네 지역 중 가장 많으므로 부산이라는 것을 알 수 있다. 저위도에 위치해 있으며 대도시인 부산은 열섬 현상이 나타나 8월 평균 기온이 높다. 그리고 제주도와 남해안 일대는 연 강수량이 많다. C는 8월 평균 기온이 가장 높은 것으로 보아 광주임을 알 수 있다.
- B와 D는 A, C에 비해 8월 평균 기온이 낮으므로 상대적으로 고위도에 위치한 지역이다. B는 연 강수량이 비교적 많은 반면, D는 네 지역 중 연 강수량이 가장 적다. 한강 중·상류 지역은 우리나라의 대표적인 다우지이며, 영남 내륙 지방은 소우지이므로 B는 홍천, D는 문경에 해당한다.

기출 선지 변형 O X

03 다음 내용이 맞으면 ○, 틀리면 ×를 표기하시오.

① (가)는 해양성 기단에 해당하는 북태평양 기단의 영향을 강하게 받는 시기이다. ○, ×

② 강한 일사에 의한 대류성 강수인 소나기는 여름에 해당하는 (가) 시기에 주로 나타난다. ○, ×

③ 선풍기, 에어컨과 같은 냉방용 기기의 전력 소비량은 (가)보다 (나) 시기에 더 많다. ○, ×

④ (나) 시기에는 난방용 기기의 전력 소비량이 많다. ○, ×

⑤ (가) 시기에는 시베리아 기단에서 불어오는 북서 계절풍이 우세하다. ○, ×

⑥ (나) 시기에는 북태평양 기단에서 불어오는 남동풍 및 남서풍이 우세하다. ○, ×

⑦ 여름 계절풍이 부는 (가) 시기의 월 강수량이 (나) 시기보다 많다. ○, ×

⑧ 겨울 계절풍이 부는 (나) 시기의 기온의 지역 차가 (가) 시기보다 작게 나타난다. ○, ×

04 다음 내용이 맞으면 ○, 틀리면 ×를 표기하시오.

① A는 다우지인 남해안 지역에 속한다. ○, ×

② B는 네 지역 중 가장 고위도에 위치하며, 한강 중·상류 일대의 다우지에 속한다. ○, ×

③ D는 영남 내륙 지방에 속하며, 소우지이다. ○, ×

④ 한강 중·상류 지역은 다우지로, 우리나라에서 하계 강수 집중률이 가장 높은 곳이다. ○, ×

⑤ 한강 중·상류에 위치한 B가 A보다 연 강수량에 대한 하계 강수량의 비율을 의미하는 하계 강수 집중률이 높다. ○, ×

⑥ A와 C는 위도가 비슷하지만 내륙에 위치한 C의 8월 평균 기온이 A보다 더 높다. ○, ×

⑦ B와 D 중 더 고위도에 위치하는 B가 D보다 최한월 평균 기온이 높고 기온의 연교차가 작다. ○, ×

⑧ C와 D 중 더 저위도에 위치하는 C가 D보다 최한월 평균 기온이 낮고 서리가 내리지 않는 기간인 무상 기간이 짧다. ○, ×

기출 자료 분석

자료 05 기후 지표를 통해 지역별 기후 특징 이해하기

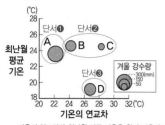

* 기온의 연교차와 최난월 평균 기온은 원의 가운데 값임.

단서 풀이
- 단서 ❶ A는 기온의 연교차가 가장 작다.
- 단서 ❷ C는 B보다 기온의 연교차가 크다.
- 단서 ❸ D는 최난월 평균 기온이 가장 낮다.
- 단서 ❹ 지도에 표시된 지역은 인천, 대관령, 강릉, 울릉도이다.

자료 분석
- A는 기온의 연교차가 가장 작으므로 해양성 기후의 특색이 나타나는 지역이며, 겨울 강수량을 의미하는 원의 크기가 가장 크므로 울릉도이다.
- D는 네 지역 중 최난월 평균 기온이 가장 낮으며, C 다음으로 기온의 연교차가 큰 것으로 보아 해발 고도가 높은 대관령임을 알 수 있다.
- B와 C의 최난월 평균 기온은 큰 차이가 나지 않으나 C가 B보다 기온의 연교차가 더 크므로 최한월 평균 기온이 더 낮다. 인천은 강릉보다 기온의 연교차가 더 크다. 따라서 B가 강릉, C가 인천이다.

자료 06 1월과 8월 기온 편차를 통해 지역별 기후 특징 이해하기

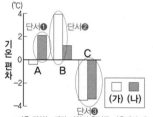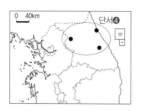

* 기온 편차는 해당 지역의 월평균 기온에서 세 지역 월평균 기온의 평균값을 뺀 것임.

단서 풀이
- 단서 ❶ A는 세 지역 중 (나)가 가장 높다.
- 단서 ❷ B는 세 지역 중 (가)가 가장 높다.
- 단서 ❸ C는 세 지역 중 (가), (나)가 가장 낮다.
- 단서 ❹ 지도에 표시된 지역은 춘천, 속초, 대관령이다.

자료 분석 (조건_단, (가), (나)는 각각 1월과 8월 중 하나임.)
- (가)는 A, B, C 세 지역 간의 기온 차가 크므로 1월이며, (나)는 A, B, C 세 지역 간의 기온 차가 작으므로 8월이다. 기온 편차가 (+)인 경우는 해당 지역의 월평균 기온이 세 지역의 월평균 기온보다 높은 경우이며, 기온 편차가 (−)인 경우는 해당 지역의 월평균 기온이 세 지역의 월평균 기온보다 낮은 경우이다.
- A는 세 지역 중 8월 평균 기온이 가장 높으므로 내륙에 위치한 춘천이다. B는 세 지역 중 1월 평균 기온이 가장 높으므로 동해안에 위치한 속초이다. C는 세 지역 중 8월 평균 기온과 1월 평균 기온이 모두 가장 낮으므로 해발 고도가 높은 곳에 위치한 대관령이다.

기출 선지 변형 O X

05 다음 내용이 맞으면 ○, 틀리면 ×를 표기하시오.

① 기온의 연교차가 클수록 대륙도 또한 크게 나타난다. 따라서 A는 C보다 대륙도가 낮다. ○, ×

② B는 강릉, D는 대관령으로 해발 고도는 B(강릉)보다 D(대관령)가 더 높다. ○, ×

③ B와 C의 최난월 평균 기온은 비슷하지만 C가 B보다 기온의 연교차가 크므로 최한월 평균 기온은 C가 더 낮다. ○, ×

④ D와 A는 비슷한 위도에 위치해 있지만 D의 해발 고도가 더 높으므로 A보다 서리가 내리지 않는 기간인 무상 기간이 짧다. ○, ×

⑤ A~D 중 A의 원의 크기가 가장 크고 다음으로 D의 원의 크기가 크다. 따라서 원의 크기는 여름 강수량을 나타낸 것이다. ○, ×

⑥ A는 겨울에 눈이 많이 오는 다설지이다. ○, ×

⑦ D 일대는 해양성 기후의 특성이 나타나 비슷한 위도의 다른 지역에 비해 겨울철 기온이 높다. ○, ×

06 다음 내용이 맞으면 ○, 틀리면 ×를 표기하시오.

① 우리나라는 여름보다 겨울에 지역 간의 기온 차가 더 크게 나타난다. ○, ×

② 우리나라는 지역별 최한월 평균 기온의 차가 크지 않은 반면 최난월 평균 기온의 지역 차는 크다. ○, ×

③ 우리나라는 대체로 남에서 북으로 갈수록 최한월 평균 기온이 낮아져 기온의 연교차가 커진다. ○, ×

④ 해발 고도가 높은 지역은 대체로 동위도상의 평지에 비해 연평균 기온이 낮다. ○, ×

⑤ (가)는 1월, (나)는 8월이다. ○, ×

⑥ B는 북동 기류가 태백산맥에 부딪치면서 많은 눈이 내리는 다설지로, A보다 하계 강수 집중률이 낮다. ○, ×

⑦ C는 B보다 해발 고도가 낮다. ○, ×

⑧ C는 해발 고도가 높아 A보다 연평균 기온이 낮다. ○, ×

⑨ A~C 중 기온의 연교차는 A가 가장 크다. ○, ×

01 수능
p.050 자료 06

그래프는 (가)~(라) 지역의 기후 특성을 나타낸 것이다. 이에 해당하는 지역을 지도의 A~D에서 고른 것은?

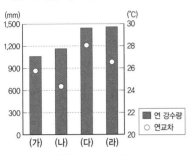
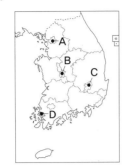

	(가)	(나)	(다)	(라)
①	B	A	C	D
②	B	C	D	A
③	C	B	A	D
④	C	D	A	B
⑤	C	D	B	A

02 평가원
p.049 자료 04

A~E에 대한 옳은 설명을 〈보기〉에서 고른 것은? (단, A~E는 지도에 표시된 관측 지점 중 하나임.)

〈연평균 기온과 연 강수량〉

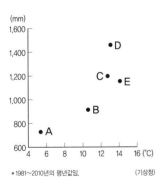
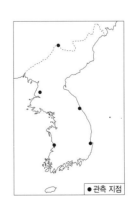

·보기·
ㄱ. A는 B보다 무상 기간이 길다.
ㄴ. B는 D보다 하계 강수 집중률이 낮다.
ㄷ. C는 E보다 최한월 평균 기온이 낮다.
ㄹ. D는 A보다 연교차가 작다.

① ㄱ, ㄴ ② ㄱ, ㄷ ③ ㄴ, ㄷ
④ ㄴ, ㄹ ⑤ ㄷ, ㄹ

03 평가원
p.050 자료 06

A~C 지역의 (가) 평균 기온과 (나) 강수량 비율을 상대적 순위에 따라 배열한 것으로 옳은 것은? (단, (가), (나)는 여름 또는 겨울임.)

〈울릉도의 계절별 강수량 비율〉

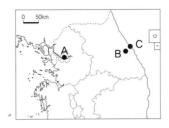
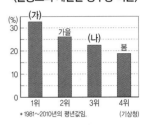

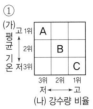

04 수능

그래프는 (가)~(다) 지역의 기후 특성을 나타낸 것이다. 이에 해당하는 지역을 지도의 A~D에서 고른 것은?

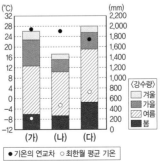
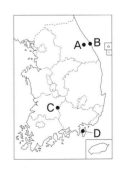

	(가)	(나)	(다)			(가)	(나)	(다)
①	A	B	D		②	A	C	D
③	C	A	B		④	C	B	D
⑤	D	C	B					

05 평가원

그래프는 (가)~(마) 지역의 기후 특성을 나타낸 것이다. 이에 해당하는 지역을 지도의 A~E에서 고른 것은?

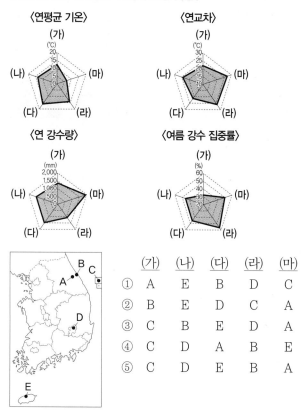

	(가)	(나)	(다)	(라)	(마)
①	A	E	B	D	C
②	B	E	D	C	A
③	C	B	E	D	A
④	C	D	A	B	E
⑤	C	D	E	B	A

07 평가원

다음은 (가), (나) 시기 세 지점의 풍향과 풍속을 나타낸 것이다. 이에 대한 설명으로 옳은 것은? (단, (가), (나)는 1월 또는 7월임.)

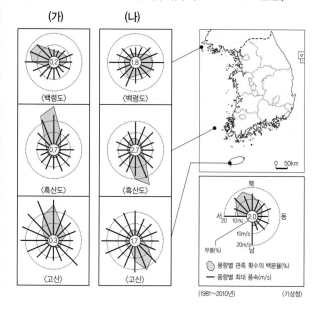

① (가)의 세 지점 풍향은 주로 남풍 또는 남동풍이다.

② (나)의 백령도 서풍 비율은 동풍 비율보다 높다.

③ (가)는 7월이고, (나)는 1월이다.

④ (가)는 (나)에 비해 무풍의 비율이 높다.

⑤ (가), (나) 모두 최대 풍속이 가장 빠른 곳은 고산이다.

06 수능

그림의 A~D에 속하는 지역을 지도의 ㄱ~ㄹ에서 고른 것은? (단, 기후 값의 차이는 울릉도의 값에서 해당 지역의 값을 뺀 것임.)

〈기후 값의 차이〉

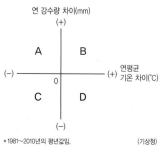

* 1981~2010년의 평년값임.　　　　(기상청)

	A	B	C	D			A	B	C	D
①	ㄱ	ㄴ	ㄹ	ㄷ		②	ㄱ	ㄹ	ㄷ	ㄴ
③	ㄴ	ㄷ	ㄹ	ㄱ		④	ㄷ	ㄴ	ㄹ	ㄱ
⑤	ㄷ	ㄹ	ㄴ	ㄱ						

08 평가원

지도에 표시된 세 지역의 상대적 기후 특성을 그림과 같이 나타낼 때 (가)~(다)에 해당하는 지역을 A~C에서 고른 것은?

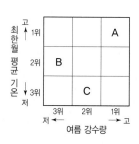

	(가)	(나)	(다)			(가)	(나)	(다)
①	A	B	C		②	A	C	B
③	B	A	C		④	B	C	A
⑤	C	B	A					

09 교육청

그래프는 어느 지역의 (가), (나) 월 기온 분포를 나타낸 것이다. 이에 대한 옳은 설명을 〈보기〉에서 고른 것은?

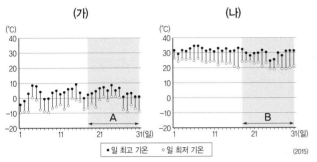

- 일 최고 기온 ○ 일 최저 기온 (2015)

┌─보기─
ㄱ. (가) 월은 (나) 월보다 평균 기온이 높다.
ㄴ. (나) 월은 (가) 월보다 대류성 강수의 발생 빈도가 높다.
ㄷ. A 기간의 기온 변화는 대륙 기단의 세력 변동과 관련이 깊다.
ㄹ. B 기간 동안 열대야 현상이 지속되었다.
└─

① ㄱ, ㄴ   ② ㄱ, ㄷ   ③ ㄴ, ㄷ
④ ㄴ, ㄹ   ⑤ ㄷ, ㄹ

10 평가원

p.048 자료 01

(가), (나)에 대한 옳은 설명을 〈보기〉에서 고른 것은? (단, (가), (나)는 서리 내린 첫날과 서리 내린 마지막 날 중 하나임.)

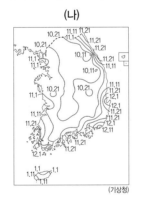

*1981년~2010년의 평년값임.   (기상청)

┌─보기─
ㄱ. (가)에서 (나)까지의 기간은 고위도로 갈수록 길어진다.
ㄴ. (가)에서 (나)까지의 기간에 내린 강수량이 (나)에서 (가)까지의 기간에 내린 강수량보다 많다.
ㄷ. (나)에서 (가)까지의 기간에는 북태평양 기단의 세력이 우세하다.
ㄹ. (나)에서 (가)까지의 기간은 동일한 위도에서 대체로 동해안이 서해안보다 짧다.
└─

① ㄱ, ㄴ   ② ㄱ, ㄷ   ③ ㄴ, ㄷ
④ ㄴ, ㄹ   ⑤ ㄷ, ㄹ

11 평가원

p.049 자료 04

그래프는 지도에 표시된 관측 지점의 연 강수량과 8월 평균 기온을 나타낸 것이다. A~D 지점에 대한 옳은 설명만을 〈보기〉에서 있는 대로 고른 것은?

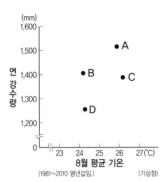

● 관측 지점   (1981~2010 평년값임.)   (기상청)

┌─보기─
ㄱ. A는 B보다 하계 강수 집중률이 높다.
ㄴ. A는 C보다 연평균 기온이 높다.
ㄷ. B는 D보다 기온의 연교차가 크다.
ㄹ. C는 D보다 무상 기간이 길다.
└─

① ㄱ, ㄴ   ② ㄱ, ㄹ   ③ ㄷ, ㄹ
④ ㄱ, ㄴ, ㄷ   ⑤ ㄴ, ㄷ, ㄹ

12 수능

p.048 자료 02

그래프는 지도에 표시된 네 지역의 기후 자료이다. 이에 대한 설명으로 옳은 것은? (단, (가)~(라), A~D는 지도에 표시된 지역 중 하나임.)

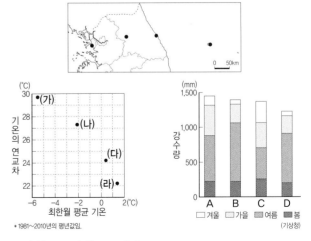

*1981년~2010년의 평년값임.   (기상청)

① (다)는 B, (라)는 A이다.
② (가)는 (라)보다 연 적설량이 많다.
③ (다)는 (나)보다 여름 강수 집중률이 높다.
④ A는 D보다 최한월 평균 기온이 낮다.
⑤ D는 C보다 최난월 평균 기온이 높다.

01

다음 글의 (가)에 들어갈 내용으로 옳은 것은?

교사: ○○의 영향으로 지역별 기후 차이가 나타나는 사례를 발표해 봅시다.

갑: 영남 내륙 지역은 다른 지역에 비해 여름 기온이 높습니다.

을: 대동강 하류는 연 강수량이 적은 소우지입니다.

병: _____(가)_____.

교사: 예, 맞습니다. 이런 현상은 공통적으로 ○○이/가 기후에 영향을 준 것입니다.

① 부산은 강릉보다 연평균 기온이 높습니다.

② 서귀포는 제주보다 연 강수량이 많습니다.

③ 부산은 서울보다 열대야가 많이 발생합니다.

④ 울릉도는 인천보다 겨울철 기온이 높습니다.

⑤ 군산은 포항보다 최한월 평균 기온이 낮습니다.

02

다음은 한국 지리 수업의 한 장면이다. 교사의 질문에 옳게 대답한 학생만을 있는 대로 고른 것은?

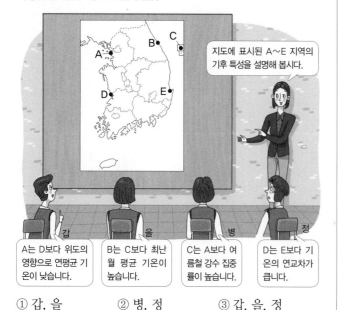

지도에 표시된 A~E 지역의 기후 특성을 설명해 봅시다.

갑: A는 D보다 위도의 영향으로 연평균 기온이 낮습니다.

을: B는 C보다 최난월 평균 기온이 높습니다.

병: C는 A보다 여름철 강수 집중률이 높습니다.

정: D는 E보다 기온의 연교차가 큽니다.

① 갑, 을 ② 병, 정 ③ 갑, 을, 정

④ 갑, 병, 정 ⑤ 을, 병, 정

03

다음 자료의 (가), (나) 계절에 발달하는 기단을 지도의 A~C에서 고른 것은? (단, (가), (나)는 봄, 여름, 가을, 겨울 중 하나임.)

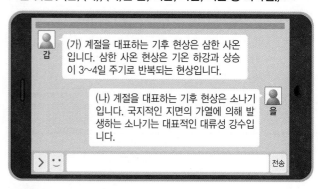

갑: (가) 계절을 대표하는 기후 현상은 삼한 사온입니다. 삼한 사온 현상은 기온 하강과 상승이 3~4일 주기로 반복되는 현상입니다.

을: (나) 계절을 대표하는 기후 현상은 소나기입니다. 국지적인 지면의 가열에 의해 발생하는 소나기는 대표적인 대류성 강수입니다.

전송

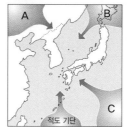

적도 기단

	(가)	(나)
①	A	B
②	A	C
③	B	C
④	C	A
⑤	C	B

04 고난도

지도는 (가), (나)월의 평균 기온을 나타낸 것이다. (가)월에 대한 (나)월의 상대적인 특징을 그림의 A~E에서 고른 것은? (단, (가), (나)는 1월, 8월 중 하나임.)

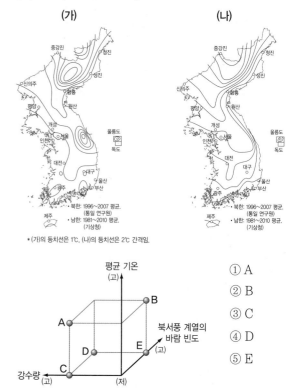

(가)   (나)

• 북한: 1996~2007 평균. (통일 연구원)
• 남한: 1981~2010 평균. (기상청)

* (가)의 등치선은 1℃, (나)의 등치선은 2℃ 간격임.

① A
② B
③ C
④ D
⑤ E

＞정답 및 해설 38쪽

05 고난도

지도는 (가), (나) 시기의 강수 분포를 나타낸 것이다. 이에 대한 옳은 설명을 〈보기〉에서 고른 것은? (단, (가), (나)는 여름, 겨울 중 하나임.)

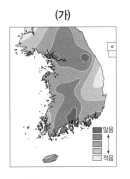
(가)

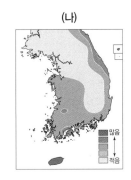
(나)

많음 ↕ 적음

보기
ㄱ. (가) 시기에 시베리아 기단의 영향을 많이 받는다.
ㄴ. (나) 시기에는 남풍 계열보다 북서풍 계열의 바람이 탁월하다.
ㄷ. (가) 시기는 (나) 시기보다 강수량이 적다.
ㄹ. (가) 시기는 (나) 시기보다 태풍의 영향을 많이 받는다.

① ㄱ, ㄴ ② ㄱ, ㄷ ③ ㄴ, ㄷ
④ ㄴ, ㄹ ⑤ ㄷ, ㄹ

06

지도는 두 시기의 풍향을 나타낸 것이다. (가), (나) 시기에 대한 설명으로 옳은 것은? (단, (가), (나)는 1월, 7월 중 하나임.)

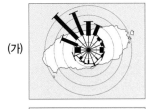
(가)

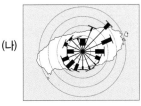
(나)

풍속(m/sec)
정온: 0.3 미만
1: 0.3~3.3
2: 3.4~7.9
3: 8.0~13.8
4: 13.8 이상

풍향별 빈도
0 10 20 (%)

(기상청, 1981~2010년 평균)

① (가) 시기에는 남고북저형 기압 배치가 잘 나타난다.
② (나) 시기에는 해양성 기단보다 대륙성 기단의 영향을 많이 받는다.
③ (가) 시기는 (나) 시기보다 강수량이 많다.
④ (가) 시기는 (나) 시기보다 대류성 강수 발생 빈도가 높다.
⑤ (나) 시기는 (가) 시기보다 평균 기온이 높다.

07 고난도

지도에 표시된 A~C 지역의 상대적인 기후 특징을 옳게 비교한 것은?

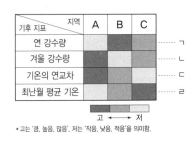

기후 지표＼지역	A	B	C	
연 강수량				ㄱ
겨울 강수량				ㄴ
기온의 연교차				ㄷ
최난월 평균 기온				ㄹ

고 ←→ 저
＊고는 '큼, 높음, 많음', 저는 '작음, 낮음, 적음'을 의미함.

① ㄱ, ㄴ ② ㄱ, ㄷ ③ ㄴ, ㄷ
④ ㄴ, ㄹ ⑤ ㄷ, ㄹ

08

그래프는 지도에 표시된 A~C 지역의 상대적인 기후 특징을 나타낸 것이다. (가)~(다)에 해당하는 지표로 옳은 것은?

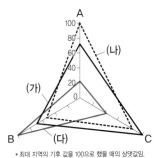

＊최대 지역의 기후 값을 100으로 했을 때의 상댓값임.

	(가)	(나)	(다)
①	연 강수량	겨울 강수량	여름 강수량 비중
②	연 강수량	여름 강수량 비중	겨울 강수량
③	겨울 강수량	여름 강수량 비중	연 강수량
④	여름 강수량 비중	연 강수량	겨울 강수량
⑤	여름 강수량 비중	겨울 강수량	연 강수량

07강

기후와 주민 생활

기출 자료 분석

자료 01 전통 가옥 구조를 통해 지역별 기후 특징 이해하기

우리나라의 전통 가옥은 기후 특성을 잘 반영하고 있다. 북쪽 지방의 가옥 구조는 추위를 피하기 위해 폐쇄적인 반면, 남쪽 지방의 가옥 구조는 여름을 시원하게 지내기 위해 개방적이다.

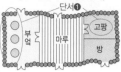
〈A 지역의 전통 가옥〉

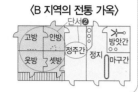
〈B 지역의 전통 가옥〉

단서 풀이

• 단서 ❶ A 지역은 아궁이의 위치가 방을 향하는 게 아니라 바깥쪽을 향하고 있다. 즉 취사와 난방이 분리되어 있다. 그리고 곡식 등을 저장하는 창고인 고팡이 나타난다.
• 단서 ❷ B 지역의 가옥 구조는 田자형이며 정주간이 나타난다.

자료 분석

• A 지역은 취사와 난방이 분리된 것으로 보아 겨울이 온난해서 난방의 필요성이 적은 제주도이다. 고팡은 제주도의 전통 가옥에서 볼 수 있는 창고이다.
• B 지역의 田자형 가옥 구조는 폐쇄적인 구조의 겹집 형태이다. 폐쇄적인 가옥 구조는 겨울철 기온이 낮은 관북 지방에서 나타난다. 정주간은 관북 지방에서 겨울철 보온을 고려한 공간이다.

자료 02 기후와 전통 가옥 구조의 특징 이해하기

• 학생 1: 선생님, (가) 지역의 부뚜막은 왜 이렇게 넓은 가요? 다른 용도로 쓸 수도 있을 것 같은데요.
• 교사: (가) 지역은 부뚜막을 넓혀 방처럼 사용하려고 한 거죠. 그리고 방을 두 줄로 배치하여 실내를 따뜻하게 만들었죠.

• 학생 2: 선생님, (나) 지역의 부엌 아궁이는 방 쪽으로 향해 있지 않네요? 온돌 시설이 없나요?
• 교사: (나) 지역은 온돌 시설을 부분적으로만 하는 경우가 많아요. 반면 여름이 무덥기 때문에 대청마루와 같은 상방을 만들었죠.

단서 풀이

• 단서 ❶ 부뚜막을 넓혀 방처럼 사용하기 위해 만든 공간은 정주간이다. 방을 두 줄로 배치한 가옥 구조는 겹집이다.
• 단서 ❷ 부엌 아궁이가 방 쪽으로 향해 있지 않다는 것은 취사와 난방이 분리되어 있다는 의미이다. 대청마루와 같은 상방은 더위에 대비하는 시설이다.

자료 분석

• (가): '부뚜막을 넓혀 방처럼 사용', '방을 두 줄로 배치' 등의 내용을 통해 겨울철 추위에 대비한 관북 지방의 전통 가옥 구조에 대한 내용임을 알 수 있다.
• (나): '온돌 시설을 부분적으로만', '대청마루와 같은 상방' 등의 내용을 통해 제주도의 전통 가옥 구조임을 알 수 있다.

기출 선지 변형 OX

01 다음 내용이 맞으면 ○, 틀리면 ×를 표기하시오.

① A 지역보다 B 지역의 겨울 기온이 더 높다. | ○, ×

② 1년 동안 서리가 내리지 않는 기간인 무상 일수는 A 지역이 B 지역보다 많다. | ○, ×

③ 결빙 일수는 겨울철이 한랭할수록 많다. 따라서 A 지역보다 B 지역의 결빙 일수가 많다. | ○, ×

④ A 지역보다 B 지역이 저위도에 위치한다. | ○, ×

⑤ 온량 지수는 월평균 기온이 5℃ 이상인 달의 기온에서 식물 생장에 필요한 최저 기온인 5℃를 뺀 값의 합을 말한다. | ○, ×

⑥ 온량 지수는 저위도에서 고위도로 갈수록 낮아지므로 A 지역이 B 지역보다 낮다. | ○, ×

⑦ 일 최저 기온이 25℃ 이상인 날을 의미하는 열대야 일수는 A 지역이 B 지역보다 적다. | ○, ×

⑧ 연평균 기온은 저위도에서 고위도로 갈수록 낮아지므로 저위도에 위치한 A 지역이 고위도에 위치한 B 지역보다 연평균 기온이 높다. | ○, ×

02 다음 내용이 맞으면 ○, 틀리면 ×를 표기하시오.

① (가) 지역에서는 田자형으로 방을 배치하고, 부엌의 열기를 난방에 활용할 수 있도록 한 시설인 정주간을 설치한 것으로 보아 겨울 강수량이 많은 울릉도의 전통 가옥 구조이다. | ○, ×

② 겨울 기온이 낮은 (가) 지역의 전통 가옥에서는 우데기를 볼 수 있다. | ○, ×

③ (가) 지역의 전통 가옥은 난방 시설의 발달이 미약하다. | ○, ×

④ (가) 지역의 전통 가옥에서는 넓은 대청마루를 볼 수 있다. | ○, ×

⑤ (가) 지역에서 볼 수 있는 정주간은 방설벽이다. | ○, ×

⑥ (나) 지역에서는 곡식 등을 저장하기 위한 창고인 고팡을 볼 수 있다. | ○, ×

⑦ (나) 지역은 (가) 지역에 비해 최난월 평균 기온이 높다. | ○, ×

⑧ (나) 지역은 (가) 지역에 비해 기온의 연교차가 크다. | ○, ×

기출 자료 분석

자료 03 지역 축제를 통해 계절과 주민 생활의 특징 이해하기

(가)　　　　　　　　(나)

단서❶
온몸에 머드를 바르고, 바닷가에서 다양한 놀이를 즐기세요.

단서❷
얼음낚시로 물고기도 잡고, 신나는 눈썰매도 즐기세요.

단서 풀이
· 단서 ❶ (가)는 바닷가에서 열리는 보령 머드 축제 홍보물이다.
· 단서 ❷ (나)는 얼음낚시, 눈썰매를 즐기는 화천 산천어 축제 홍보물이다.

자료 분석
· 보령 머드 축제에서는 갯벌에서 열리는 레슬링, 축구 등 다양한 행사가 개최되며, 화천 산천어 축제에서는 강물이 어는 겨울철에 얼음낚시, 눈썰매 등의 행사가 개최된다. 즉, (가) 보령 머드 축제는 여름철에 열리며, (나) 화천 산천어 축제는 겨울철에 열린다.

자료 04 기온 역전 현상과 열섬 현상 이해하기

단서❶
(가) 지표 부근의 기온이 상층부보다 낮아지는 현상은 지표가 복사 냉각되거나 산지에서 형성된 차가운 공기가 사면을 따라 내려와 분지나 계곡에 쌓이면서 나타난다.
단서❷
(나) 도심 기온이 도시 외곽보다 높아지는 현상은 도시에 녹지가 적고, 아스팔트 등으로 포장되어 있을 뿐만 아니라 자동차와 건물로부터 인공 열이 많이 방출되기 때문에 나타난다.

단서 풀이
· 단서 ❶ 기온 역전 현상을 말한다.
· 단서 ❷ 도시 열섬 현상을 말한다.

자료 분석
· (가) 기온 역전 현상이란 하층부에 차가운 공기가 쌓이고 상층부에 따뜻한 공기가 분포하면서 지표 부근의 기온이 상층부보다 낮아지는 현상이다.
· (나) 열섬 현상은 지표면 피복의 차이, 인공 열의 발생, 온실 효과 등으로 도시 내부의 기온이 도시 외곽보다 높아지는 현상이다.

이것도 알아둬
· 기온 역전 현상
－ 지면의 냉각으로 지표 부근의 기온이 상공의 기온보다 더 낮은 현상이다.
－ 일교차가 크고 바람이 없는 맑은 날 밤에 내륙 분지에서 자주 발생하며, 안개·냉해 등이 나타난다.
· 도시 열섬 현상
－ 도심의 기온이 주변의 교외 지역보다 높게 나타나는 현상이다.
－ 건물·공장·자동차 등에서 발생하는 인공 열, 아스팔트 등 포장 면적의 증가 등이 주요 원인이다.
－ 일반적으로 열섬 현상은 여름보다 겨울에, 낮보다 밤에 탁월하게 나타난다.
－ 대책: 바람길 조성, 건물 옥상 녹화 사업, 하천 복원 등이 필요하다.

기출 선지 변형 OX

03 다음 내용이 맞으면 ○, 틀리면 ×를 표기하시오.

① 우리나라는 (가) 축제가 열리는 시기에 대륙성 기단인 시베리아 기단의 영향을 주로 받는다. ○, ×

② 열대 저기압인 태풍은 주로 7~9월에 우리나라에 영향을 준다. 따라서 (나) 축제가 열리는 시기에 열대 저기압의 영향을 받는 경우가 많다. ○, ×

③ 우리나라의 남북 간의 기온 차이는 겨울보다 여름에 더 크다. 따라서 (가) 축제가 열리는 시기가 (나) 축제가 열리는 시기보다 남북 간의 기온 차이가 더 크다. ○, ×

④ (가) 축제가 열리는 시기가 (나) 축제가 열리는 시기보다 평균 강수량이 많다. ○, ×

⑤ (가) 축제가 열리는 시기에는 남동 및 남서 계절풍의 영향을 받아서 고온 다습하고, (나) 축제가 열리는 시기에는 북서 계절풍의 영향을 받아서 한랭 건조하다. ○, ×

⑥ (가) 축제가 열리는 시기에는 맑고 청명한 날이 많아 단풍놀이를 가는 인파가 많다. ○, ×

⑦ (나) 축제가 열리는 시기에는 불쾌지수가 높아지며 자외선이 강해진다. ○, ×

04 다음 내용이 맞으면 ○, 틀리면 ×를 표기하시오.

① (가) 현상이 발생하면 대기의 상태가 안정되면서 대류 현상이 미약해진다. 따라서 지표면 부근의 수증기가 응결하여 안개가 발생하고, 농작물의 냉해 가능성이 커진다. ○, ×

② (가) 현상은 습기를 포함한 바람이 산을 타고 올라갈 때는 강수 현상이 발생하며 산을 타고 내려갈 때에는 고온 건조해지는 현상을 말한다. ○, ×

③ (가) 현상은 새벽에 대기 상층부와 하층부의 기온 차이가 커지기 때문에 발생한다. ○, ×

④ (나) 현상을 완화하기 위해서는 옥상 녹화를 통해 녹지를 조성하고 도시 내부의 열이 쉽게 주변 지역으로 방출되도록 바람길을 조성해야 한다. ○, ×

⑤ (나) 현상은 연중 나타나지만, 인공 열의 발생이 많은 겨울철이 여름철보다 더 뚜렷하게 나타난다. ○, ×

⑥ (나) 현상은 도심의 기온이 주변의 교외 지역보다 높게 나타나는 현상이다. ○, ×

01 교육청

다음 자료는 계절별 기후와 식생활을 주제로 제작한 카드 뉴스의 일부이다. (가), (나)에 대한 옳은 설명을 〈보기〉에서 고른 것은? (단, (가), (나)는 겨울과 여름 중 하나임.)

(가)	(나)
김장 김치	삼계탕
(가)의 추위로 재배가 어려운 채소를 섭취하기 위해 만든 저장 음식	(나)의 더위로 약해진 체력을 회복하기 위해 먹는 보양 음식

─ 보기 ─
ㄱ. (가)는 해양성 기단의 영향을 주로 받는다.
ㄴ. (나)는 남고북저형의 기압 배치가 주로 나타난다.
ㄷ. (가)는 (나)보다 평균 풍속이 빠르다.
ㄹ. (나)는 (가)보다 남북 간의 기온 차이가 크다.

① ㄱ, ㄴ   ② ㄱ, ㄷ   ③ ㄴ, ㄷ
④ ㄴ, ㄹ   ⑤ ㄷ, ㄹ

02 교육청   p.056 자료 01

(가) 지역과 비교한 (나) 지역의 상대적 기후 특성을 그림의 A∼E에서 고른 것은?

〈지역에 따른 전통 가옥의 특징〉

구분	(가)	(나)
전통 가옥 특징	집 안에 눈이 들어오지 못하도록 처마 아래 우데기를 설치하여 축담이라는 생활 공간을 조성하였다.	강풍의 피해를 막기 위해서 지붕을 줄을 엮어 고정하였고 집 둘레에는 현무암으로 담을 쌓았다.

①A
②B
③C
④D
⑤E

03 교육청

다음 글은 전통 가옥에서 볼 수 있는 공간을 설명한 것이다. (가), (나)에 대한 설명으로 옳은 것은?

(가) 부뚜막과 방바닥이 한 평면으로 된 공간으로, 주로 겹집에서 나타난다. 이곳은 부엌과 방 사이에 벽이 없으며 가장 따뜻한 공간이기 때문에 온 가족이 모여 식사도 하고 잠을 자기도 한다.

(나) 대개 한옥에서 안방과 건넛방 사이의 공간으로, 바닥은 지면에서 떨어져 있고 온돌이 없다. 바닥의 재료는 나무이며 외벽의 일부가 개방되어 있다. 마당에서 안이 들여다보이지 않게 발을 늘어뜨리기도 한다.

① (가)는 여름철 무더위에 대비한 공간이다.
② (가)는 제주도의 가옥에서 주로 나타난다.
③ (나)는 눈이 많은 겨울에 우데기를 설치하여 만든 공간이다.
④ (나)는 통풍에 유리한 공간으로 중·남부 가옥에 주로 나타난다.
⑤ (가)를 둔 가옥 구조는 (나)를 둔 가옥 구조보다 개방적이다.

04 평가원   p.056 자료 01

다음은 전통 가옥에 대한 설명이다. A, B 지역 기후의 상대적 특징을 그래프와 같이 표현할 때 (가)에 들어갈 내용으로 적절한 것은?

우리나라 전통 가옥은 기후 특성을 잘 반영하고 있다. 북쪽 지방의 가옥 구조는 추위를 피하기 위해 폐쇄적인 반면, 남쪽 지방의 가옥 구조는 여름을 시원하게 지내기 위해 개방적이다.

〈A 지역의 전통 가옥〉

〈B 지역의 전통 가옥〉

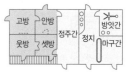

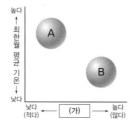

① 무상 일수
② 결빙 일수
③ 온량 지수
④ 열대야 일수
⑤ 연평균 기온

05 평가원
p.056 자료 02

다음은 (가), (나) 지역에서 전형적으로 나타난 전통 가옥에 대한 수업 장면이다. (가)와 비교한 (나)의 상대적 기후 특성으로 옳은 것을 그래프의 A~E에서 고른 것은?

• 학생 1: 선생님, (가) 지역의 부뚜막은 왜 이렇게 넓은 가요? 다른 용도로 쓸 수도 있을 것 같은데요.
• 교사: (가) 지역은 부뚜막을 넓혀 방처럼 사용하려고 한 거죠. 그리고 방을 두 줄로 배치하여 실내를 따뜻하게 만들었죠.

• 학생 2: 선생님, (나) 지역의 부엌 아궁이는 방 쪽으로 향해 있지 않네요? 온돌 시설이 없나요?
• 교사: (나) 지역은 온돌 시설을 부분적으로만 하는 경우가 많아요. 반면 여름이 무덥기 때문에 대청마루와 같은 상방을 만들었죠.

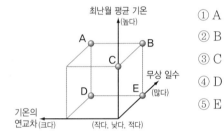

① A
② B
③ C
④ D
⑤ E

06 교육청
p.057 자료 03

다음 자료는 어느 계절에 열리는 축제의 홍보물이다. (가), (나) 계절에 대한 설명으로 옳은 것은?

(가)

온몸에 머드를 바르고, 바닷가에서 다양한 놀이를 즐기세요.

(나)

얼음낚시로 물고기도 잡고, 신나는 눈썰매도 즐기세요.

① (가)는 대륙성 기단의 영향을 주로 받는다.
② (나)는 열대 저기압에 의한 피해가 자주 발생한다.
③ (가)는 (나)보다 남북 간의 기온 차이가 작다.
④ (나)는 (가)보다 평균 강수량이 많다.
⑤ (가)는 북서 계절풍, (나)는 남서 계절풍의 영향을 받는다.

07 교육청

그림은 어느 계절에 기상청이 발표한 생활 기상 지수와 관련된 것이다. (가), (나) 계절에 대한 설명으로 옳은 것은?

(가)

동파 지수가 50 이상이므로 수도 꼭지 및 계량기 보온 조치를 꼭 하시기 바랍니다.

(나)

불쾌지수와 식중독 지수가 높으므로 건강 관리에 유의하시기 바랍니다.

① (가)는 맑고 청명한 날이 많아 농작물의 결실에 유리하다.
② (나)는 서고동저형 기압 배치가 자주 나타난다.
③ (가)는 (나)보다 남북 간의 기온 차이가 크게 나타난다.
④ (나)는 (가)보다 평균 풍속이 빠르다.
⑤ (가)는 해양성, (나)는 대륙성 기단의 영향을 크게 받는다.

08 평가원
p.057 자료 04

(가), (나)에서 설명하고 있는 기후 현상에 대처하기 위한 적절한 방안을 〈보기〉에서 고른 것은?

(가) 지표 부근의 기온이 상층부보다 낮아지는 현상은 지표가 복사 냉각되거나 산지에서 형성된 차가운 공기가 사면을 따라 내려와 분지나 계곡에 쌓이면서 나타난다.
(나) 도심 기온이 도시 외곽보다 높아지는 현상은 도시에 녹지가 적고, 아스팔트 등으로 포장되어 있을 뿐만 아니라 자동차와 건물로부터 인공 열이 많이 방출되기 때문에 나타난다.

- 보기 -
ㄱ. 녹차밭 사이에 바람개비를 설치하여 공기가 잘 순환되도록 한다.
ㄴ. 밭이랑을 지표면의 경사 방향과 직각이 되도록 만들어 작물을 재배한다.
ㄷ. 바람길을 조성하여 건물 사이로 바람이 잘 통하도록 도시 계획을 수립한다.
ㄹ. 주택 밀집 지역의 하천을 복개하여 도로를 만들고 대규모 주차장을 건설한다.

	(가) (나)		(가) (나)		(가) (나)
①	ㄱ ㄴ	②	ㄱ ㄷ	③	ㄴ ㄷ
④	ㄴ ㄹ	⑤	ㄷ ㄹ		

01

지도는 김장 시기를 나타낸 것이다. 이에 대한 설명으로 옳은 것은?

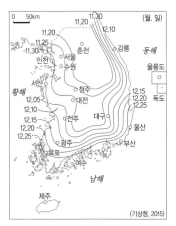

· 보기 ·

ㄱ. 서울은 강릉보다 김장 시기가 이르다.

ㄴ. 수원은 광주보다 김장 시기가 이르다.

ㄷ. 전주는 목포보다 김장 시기가 더 늦다.

ㄹ. 우리나라에서 김장 시기는 남쪽으로 갈수록 빨라진다.

① ㄱ, ㄴ   ② ㄱ, ㄷ   ③ ㄴ, ㄷ
④ ㄴ, ㄹ   ⑤ ㄷ, ㄹ

02

그림은 두 지역의 전통 가옥 구조를 나타낸 것이다. (가) 지역에 대한 (나) 지역의 상대적인 특징을 그림의 A~E에서 고른 것은?

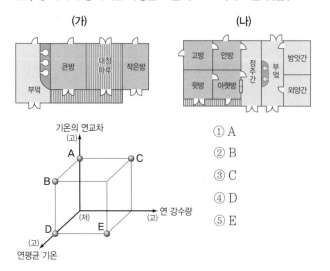

① A
② B
③ C
④ D
⑤ E

03

다음 글의 (가)에 들어갈 내용으로 가장 적절한 것은?

우리나라의 동해상에 위치한 이곳은 화산섬으로 섬 전체가 하나의 큰 산을 이룬다. 나리 분지는 섬 내의 유일한 평지로, 분지의 이름은 옛날 이곳에서 살던 사람들이 백합과 식물인 섬말나리 뿌리를 캐어 먹고 살았다는 이야기에서 유래되었다고 한다. 이곳의 전통 가옥에는 _____ (가) _____.

① 추운 겨울에 거실 역할을 하는 정주간이 있다.
② 작업 공간과 통로를 확보하기 위한 우데기가 있다.
③ 통풍을 위한 공간인 방보다 더 넓은 대청마루가 있다.
④ 방 한쪽에는 곡물을 담은 항아리를 넣어 두는 고팡이 있다.
⑤ 방이 일(一)자형으로 배치되어 있으며 가옥 구조가 매우 개방적이다.

04

다음 글의 (가)에 해당하는 사례를 〈보기〉에서 고른 것은?

○○은/는 주민 생활에 많은 영향을 준다. 예를 들어 주변의 농경지에 물을 공급하기 위해 하천을 막아 물을 저장하는 보를 건설하였으며, 산간 지역에서는 설피나 발구를 활용하여 이동하기도 하였다. 또한 _____ (가) _____도 ○○이/가 영향을 준 주민 생활에 해당한다.

① ㄱ, ㄴ   ② ㄱ, ㄷ   ③ ㄴ, ㄷ
④ ㄴ, ㄹ   ⑤ ㄷ, ㄹ

〉정답 및 해설 **43**쪽

05 [고난도]

지도는 어느 기후 현상의 연간 발생 일수를 나타낸 것이다. 이 기후 현상이 경제생활에 끼치는 영향으로 가장 적절한 것은?

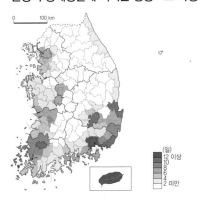

① 대관령에서 눈꽃 축제가 개최된다.

② 편의점에서 스포츠 음료가 잘 팔린다.

③ 난방 수요가 급증하여 전력 소비량이 많다.

④ 선수단이 경상남도 남해로 전지훈련을 간다.

⑤ 동남아시아에서 우리나라로 단풍 관광을 온다.

06

그림은 두 시기 하천과 주변 지역을 나타낸 것이다. (가) 시기와 비교한 (나) 시기의 상대적인 특징을 〈보기〉에서 고른 것은?

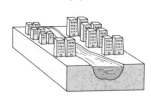

·보기·

ㄱ. 평균 상대 습도가 높다.

ㄴ. 열대야 발생 일수가 많다.

ㄷ. 빗물의 지표 유출량이 많다.

ㄹ. 하천의 평균 유속이 느리다.

① ㄱ, ㄴ   ② ㄱ, ㄷ   ③ ㄴ, ㄷ

④ ㄴ, ㄹ   ⑤ ㄷ, ㄹ

07 [고난도]

다음은 한국 지리 수업의 한 장면이다. 교사의 질문에 옳게 대답한 학생만을 있는 대로 고른 것은?

① 갑, 병   ② 을, 정   ③ 갑, 을, 정

④ 갑, 병, 정   ⑤ 을, 병, 정

08

다음 자료의 (가), (나)에 들어갈 내용으로 옳은 것은?

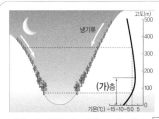

분지나 산골짜기에서는 밤에 산 정상부에서 차가운 공기가 골짜기를 따라 흘러 내려와 모일 수 있기 때문에 지면 부근의 기온이 상공의 기온보다 낮은 ___(가)___ 현상이 나타나기도 한다. 이 현상이 나타날 때 지면 부근에서는 ___(나)___ 이/가 발생하기도 한다.

	(가)	(나)
①	열섬	안개
②	열섬	집중 호우
③	황사	안개
④	기온 역전	안개
⑤	기온 역전	집중 호우

08강 기후 변화와 자연재해

1단계 기출 자료 분석

자료 01 지역별 피해액을 통해 자연재해 종류 구분하기

〈자연재해 피해액〉

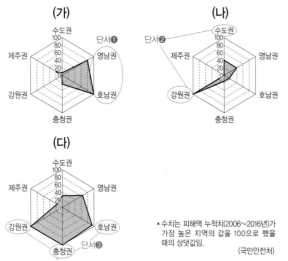

(가) 단서❶

(나) 단서❷

(다) 단서❸

*수치는 피해액 누적치(2006~2016년)가 가장 높은 지역의 값을 100으로 했을 때의 상댓값임.

(국민안전처)

단서 풀이

• 단서 ❶ (가)는 남부 지방의 피해액이 많다.
• 단서 ❷ (나)는 한강 중·상류 지역에 해당하는 수도권과 강원권의 피해액이 많다.
• 단서 ❸ (다)는 강원권, 충청권, 호남권의 피해액이 많다.

자료 분석 (조건_단, (가)~(다)는 대설, 태풍, 호우 중 하나임.)

• (가): 호남권의 피해액이 가장 많고 다음으로 영남권의 피해액이 많다. 태풍은 제주도와 남해안 일대에 가장 먼저 상륙한 다음 북상하면서 세력이 약화된다. 따라서 저위도에 위치한 호남권과 영남권은 태풍 피해액이 많고, 고위도로 가면서 피해액이 감소해 수도권과 강원권은 태풍 피해액이 적다.

• (나): 강원권의 피해액이 가장 많고 다음으로 수도권의 피해액이 많으므로 중부 지방에서 피해액이 많은 호우이다. 한강 중·상류 일대는 다우지이며 하계 강수 집중률이 높아 호우 피해가 크다.

• (다): 북동 기류가 불 때에는 기류가 태백산맥을 타고 올라가는 영동 지방에 많은 눈이 내린다. 그리고 서해안 일대는 북서 계절풍이 황해를 지나면서 수온 차에 의해 많은 눈이 내린다. 북동 기류의 바람받이 사면에 해당하는 영동 지방이 포함된 강원권과 북서 계절풍의 영향을 많이 받는 충청권, 호남권의 피해액이 많으므로 대설이다.

이것도 알아둬

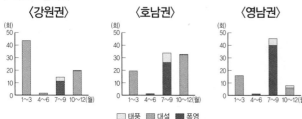

〈강원권〉 〈호남권〉 〈영남권〉

□ 태풍 □ 대설 ■ 폭염

*2007~2014년의 평년값임.
***기상 특보: 기상 현상에 의한 재해 발생이 예상될 때 해당 지역에 대하여 정도에 따라 주의보 및 경보로 구분하여 기상청이 발표함.

(재해연보)

▲ 계절별 기상 특보 발령 횟수

기출 선지 변형 O X

01 다음 내용이 맞으면 ○, 틀리면 ×를 표기하시오.

1-1. 지역별 피해액과 자연재해의 특징

① (가)는 남부 지방의 피해액이 많은 것으로 보아 태풍이다. ○, ×

② (나)는 특히 다습한 남서 기류가 장마 전선에 유입될 때 그 피해가 크다. ○, ×

③ 서해안에 위치한 충남과 호남의 해안 지역에서는 겨울철 한랭한 북서 계절풍이 황해를 지나면서 (다)가 발생한다. ○, ×

④ 우리나라는 계절풍의 영향으로 하계 강수 집중률이 높다. 따라서 우리나라 연 강수량에서 차지하는 비중은 (나)가 (다)보다 높다. ○, ×

1-2. 자연재해별 대비 요령 및 발생 시기

⑤ 호흡기 질환자와 노약자는 야외 활동 및 외출 자제, 외출 시 마스크 착용, 외출 후 손 씻기 등은 태풍에 대비하는 행동이다. ○, ×

⑥ 해안 지대 접근 금지, 선박 대피 및 결박, 간판 등의 부착물 고정, 비닐하우스 등의 시설물 피해 주의 등은 황사에 대비하는 행동이다. ○, ×

⑦ 수도관 및 보일러의 동파 방지, 온실 농작물 동해 방지, 신체 노출 부위 보온 유의 등은 한파에 대비하는 행동이다. ○, ×

1-3. 태풍, 대설, 폭염의 발생과 피해

⑧ 태풍은 여름철에 주로 발생하는 적조 현상을 완화시킨다. ○, ×

⑨ 태풍은 이상 고온 현상으로 인한 기상 현상으로, 강수보다 기온으로 인한 자연재해이다. ○, ×

⑩ 태풍으로 인해 동파 피해, 의료비 증가, 교통 장애의 피해가 나타난다. ○, ×

⑪ 북동 기류가 유입되면 호남권보다 강원권에서 대설이 발생한다. ○, ×

⑫ 태풍은 강한 바람과 많은 강수를 동반하여 가옥이나 각종 시설 붕괴, 농경지 침수 등의 피해를 가져와 폭염보다 평균적으로 더 많은 재산과 인명 피해를 유발한다. ○, ×

⑬ 폭염으로 인해 기온 하강, 일조량 부족이 발생하며 농작물이 냉해에 의한 피해를 입기도 한다. ○, ×

기출 자료 분석

자료 02 여러 도시의 기온 변화를 통해 기후 변화 이해하기

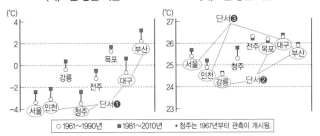

(가) 1월 평균 기온　　　(나) 8월 평균 기온

○ 1961~1990년　■ 1981~2010년　＊청주는 1967년부터 관측이 개시됨.

단서 풀이

• 단서 ❶ 1월 평균 기온의 상승 폭은 서울, 인천, 청주, 대구, 부산이 다른 도시의 평균 상승폭보다 높다.

• 단서 ❷ 인천, 강릉, 목포, 부산은 8월 평균 기온의 상승 폭이 다른 도시보다 작다.

• 단서 ❸ 서울, 인천은 8월 평균 기온의 상승 폭이 대구, 부산보다 크다.

자료 분석

• (가) 1월 평균 기온에서 특별시인 서울과 광역시인 인천, 대구, 부산의 평균 상승 폭이 그 외 도시의 평균 상승 폭보다 큰 것은 이들 도시에서 인공 열 발생으로 인한 열섬 현상이 더 뚜렷하게 나타나기 때문이다.

• (나) 8월 평균 기온의 경우 해안 도시에 해당하는 인천, 강릉, 목포, 부산의 상승 폭이 내륙 도시에 해당하는 서울, 청주의 평균 상승폭보다 작다.

• (나) 8월 평균 기온의 경우 수도권에 해당하는 서울, 인천의 평균 상승 폭이 영남권에 해당하는 대구, 부산의 평균 상승 폭보다 크다.

• 우리나라 도시 중 8개 도시의 1월 평균 기온, 8월 평균 기온 변화를 나타낸 위 자료를 보면 1961년~1990년보다 1981년~2010년 8개 도시의 1월 평균 기온과 8월 평균 기온이 대부분 상승하였음을 알 수 있다.

이것도 알아둬

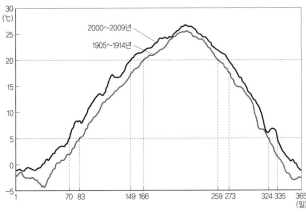

＊일평균 기온 5℃ 미만은 겨울, 5℃ 이상~20℃ 미만은 봄·가을, 20℃ 이상은 여름으로 계절을 구분함.
▲ ○○ 지역의 일평균 기온 변화

○○ 지역의 일평균 기온이 1905~1914년에 비해 2000~2009년에 상승하였다. 여름의 시작일은 과거에는 166일이었으나 현재는 149일로 17일이 빨라졌다. 가을의 시작일은 과거 259일에서 현재 273일로 14일이 늦어졌으며, 겨울의 시작일은 324일에서 335일로 11일이 늦어졌다. 이러한 현상은 지구 온난화에 따른 것으로, 우리나라 역시 지구 온난화로 인해 연평균 기온이 상승하고 있다.

기출 선지 변형 ○X

02 다음 내용이 맞으면 ○, 틀리면 ×를 표기하시오.

2-1. 우리나라 8개 도시의 기온 변화

① (가)는 특별시, 광역시보다 중소 도시의 평균 상승 폭이 더 크다. ○, ×

② (가)는 인공 열 발생으로 인한 열섬 현상이 더 뚜렷한 대도시의 평균 상승 폭이 중소 도시보다 더 크다. ○, ×

③ (나)의 경우 해안 도시의 상승 폭이 내륙 도시인 서울, 청주의 평균 상승 폭보다 크다. ○, ×

④ (나)의 경우 영남권에 해당하는 도시의 평균 상승 폭이 수도권의 평균 상승 폭보다 크다. ○, ×

⑤ (나)는 8개 도시가 대체로 기온의 상승 폭이 작은 반면, (가)는 8개 도시가 대체로 기온의 상승 폭이 크다. ○, ×

2-2. 우리나라의 기후 변화

⑥ 과거와 현재를 비교했을 때 우리나라의 평균 기온은 전반적으로 하강하였다. ○, ×

⑦ 과거에 비해 현재는 봄꽃의 개화 시기가 늦어졌을 것이다. ○, ×

⑧ 과거에 비해 현재는 하천의 결빙 일수가 늘어났을 것이다. ○, ×

⑨ 기후 변화로 인해 우리나라의 여름은 길어지고 겨울은 짧아지고 있다. ○, ×

⑩ 기후 변화로 인해 우리나라는 과거에 비해 0℃ 이하로 내려가는 일수가 줄어들었다. ○, ×

2-3. 지구 온난화

⑪ 지구 온난화의 주요 원인은 대기 중 이산화탄소의 농도 증가이다. ○, ×

⑫ 지구 온난화가 심화되면 고산 식물의 분포 고도 하한선은 낮아지게 되며, 분포 면적은 확대된다. ○, ×

⑬ 대기 중의 온실가스가 지구 복사 에너지를 흡수하여 지구의 평균 기온이 높게 유지되는 것을 온실 효과라고 한다. ○, ×

⑭ 산업화 이전에는 주로 태양의 활동 변화, 화산 활동 등 자연적 요인에 의해 기후 변화가 발생하였으나, 산업화 이후에는 경제 성장 및 인구 증가로 자원의 소비가 늘어나면서 인위적 요인이 기후 변화에 많은 영향을 주었다. ○, ×

1단계 기출 자료 분석 & 기출 선지 변형 O X

정답 및 해설 45쪽

기출 자료 분석

자료 03 동백나무 서식 가능 지역과 기후 변화 이해하기

단서① 〈동백나무 서식 가능 지역의 예상 변화〉

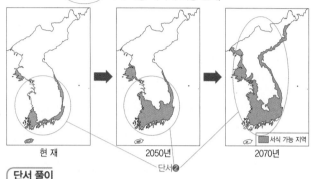

현재 / 2050년 / 2070년

단서②

■ 서식 가능 지역

단서 풀이
- 단서 ❶ 동백나무는 상록 활엽수이다. 동백나무는 귤, 차와 함께 대표적인 난대성 식물이다.
- 단서 ❷ 동백나무 서식 가능 지역이 확대되고 있다.

자료 분석
- 대표적인 상록 활엽수에 해당하는 동백나무가 현재 지도를 보면 최한월 평균 기온이 0℃ 이상인 제주도와 남해안 일대, 그리고 동해안 일대에 서식하고 있는데, 2050년, 2070년에는 동백나무 서식 가능 지역이 점차 확대될 것으로 나타났다. 이러한 현상이 나타나는 이유는 온난화로 인해 우리나라의 연평균 기온이 상승하기 때문이다.

자료 04 지역별 겨울의 기간 변화 예측을 통해 기후 변화 이해하기

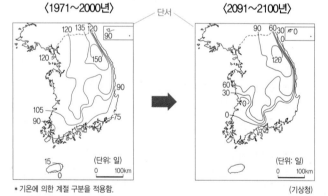

〈1971~2000년〉 단서 〈2091~2100년〉

(단위: 일) / (단위: 일)

*기온에 의한 계절 구분을 적용함. (기상청)

단서 풀이
- 단서 〈1971~2000년〉에 비해 〈2091~2100년〉의 겨울 기간이 감소하였다.

자료 분석
- 〈1971~2000년〉에 비해 〈2091~2100년〉의 겨울 기간이 모든 지역에서 감소한 것으로 보아 지구 온난화로 인해 우리나라의 평균 기온이 상승하게 됨을 추론할 수 있다.
- 지도와 같이 겨울 기간이 감소하게 되는 것은 우리나라의 평균 기온이 전반적으로 상승하는 것을 의미하며, 이로 인해 작물의 재배 북한계선은 북상할 것으로 예측된다.
- 지구 온난화가 지속되면 겨울 기간은 감소하고, 여름 기간은 늘어날 것이며, 이에 따라 여러 기후 지표의 변화가 나타난다.

기출 선지 변형 O X

03 다음 내용이 맞으면 ○, 틀리면 ×를 표기하시오.

① 한반도의 온난화로 인해 연평균 기온이 상승하게 되면 봄꽃의 개화 시기는 늦어지고, 단풍이 시작되는 시기는 빨라진다. ○, ×

② 연평균 기온 상승으로 서리 일수가 감소하면서 서리가 내리지 않는 날인 무상 일수는 적어진다. ○, ×

③ 한반도의 온난화로 평균 기온이 상승하면 결빙 일수는 감소한다. ○, ×

④ 지구 온난화가 진행되면 여름이 길어지고 겨울이 짧아지므로 봄에 피는 벚꽃, 개나리, 진달래, 철쭉 등의 개화일은 빨라진다. ○, ×

⑤ 지구 온난화가 진행되면 가을에 피는 국화, 코스모스 등은 개화 시기가 빨라진다. ○, ×

⑥ 지구 온난화의 주요 원인으로는 화석 연료 소비에 따른 온실가스의 배출량 증가를 들 수 있다. ○, ×

04 다음 내용이 맞으면 ○, 틀리면 ×를 표기하시오.

① 지구 온난화가 계속되면 여름이 길어지고 겨울이 짧아질 것이기 때문에 첫 서리의 관측일은 늦어질 것이다. ○, ×

② 기온이 전반적으로 상승함에 따라 기온이 낮은 조건에서 자생하는 고산 식물은 그 분포의 고도 하한선이 더 높아질 것이다. ○, ×

③ 평균 기온이 상승하게 되면 농작물 재배 북한계선이 남쪽으로 이동하게 된다. ○, ×

④ 평균 기온이 상승하게 되면 제주도를 중심으로 재배되는 감귤 재배의 북한계선은 지금보다 더 북쪽으로 이동할 것이다. ○, ×

⑤ 지구 온난화로 우리나라의 겨울 기간이 감소하고 우리나라 주변의 해수온도가 높아질 것이다. ○, ×

⑥ 여름이 길어지고 겨울이 짧아지면 총어획량 중에서 난류성 어족의 어획량이 차지하는 비중이 낮아질 것이다. ○, ×

⑦ 기온이 상승하면 따뜻한 곳에서 자라는 상록 활엽수림의 분포 범위는 남부 지방에서 더 넓어질 것이며, 침엽수림의 분포 면적은 축소될 것이다. ○, ×

01 수능

p.062 자료 01

(가)~(다) 자연재해에 대한 옳은 설명만을 〈보기〉에서 있는 대로 고른 것은? (단, (가)~(다)는 대설, 태풍, 호우 중 하나임.)

〈자연재해 피해액〉

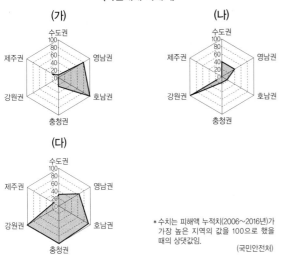

* 수치는 피해액 누적치(2006~2016년)가 가장 높은 지역의 값을 100으로 했을 때의 상댓값임.
(국민안전처)

보기

ㄱ. (가)는 강풍과 많은 비를 동반하여 풍수해를 유발한다.
ㄴ. (나)는 장마 전선이 정체되었을 때 주로 발생한다.
ㄷ. (다)는 겨울철 찬 공기가 바다를 지나면서 형성된 눈구름에 의해 발생하는 경우가 많다.
ㄹ. 우리나라 연 강수량에서 차지하는 비중은 (다)가 (나)보다 높다.

① ㄱ, ㄴ ② ㄴ, ㄷ ③ ㄷ, ㄹ
④ ㄱ, ㄴ, ㄷ ⑤ ㄴ, ㄷ, ㄹ

02 평가원

그래프의 (가)~(다)에 해당하는 자연재해로 옳은 것은? (단, (가)~(다)는 대설, 태풍, 호우 중 하나임.)

〈자연재해 피해액 원인별 비율〉

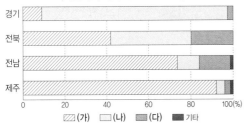

* 2002~2014년의 피해액 합계에 대한 원인별 비율임.
(국민안전처)

	(가)	(나)	(다)		(가)	(나)	(다)
①	대설	호우	태풍	②	태풍	대설	호우
③	태풍	호우	대설	④	호우	대설	태풍
⑤	호우	태풍	대설				

03 수능

다음은 자연재해에 대한 한국 지리 수업 장면이다. 교사의 질문에 옳게 답한 학생을 고른 것은? (단, A~C는 대설, 태풍, 호우 중 하나임.)

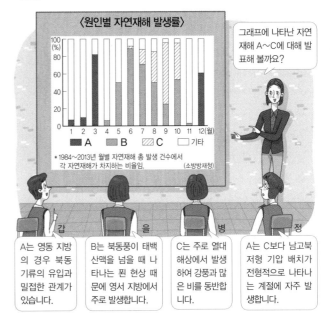

A는 영동 지방의 경우 북동 기류의 유입과 밀접한 관계가 있습니다.

B는 북동풍이 태백산맥을 넘을 때 나타나는 푄 현상 때문에 영서 지방에서 주로 발생합니다.

C는 주로 열대 해상에서 발생하여 강풍과 많은 비를 동반합니다.

A는 C보다 남고북저형 기압 배치가 전형적으로 나타나는 계절에 자주 발생합니다.

① 갑, 을 ② 갑, 병 ③ 을, 병
④ 을, 정 ⑤ 병, 정

04 수능

다음 자료는 (가), (나) 자연재해에 대한 국민 행동 요령을 나타낸 것이다. 이에 대한 설명으로 옳은 것은?

(가)	(나)
• 바람에 날릴 수 있는 입간판 및 위험 시설물 주변에 접근하지 않습니다. • 저지대 및 상습 침수 지역의 주민은 대피합니다. • 농작물을 보호하고 배수로를 점검합니다.	• 집 앞과 골목길에 염화칼슘과 모래를 살포합니다. • 비닐하우스 위에 쌓인 것을 지속적으로 치워 줍니다. • 붕괴가 우려되는 비닐하우스는 받침대를 보강합니다.

① (가)는 북서 계절풍의 영향으로 서해안에서 자주 발생한다.
② (나)는 주로 장마 전선의 정체에 따라 발생한다.
③ (가)는 (나)보다 해일 피해를 유발하는 경우가 많다.
④ 우데기는 (가)를, 대청마루는 (나)를 대비한 시설이다.
⑤ (가)는 중국 내륙의 건조 지역에서, (나)는 열대 해상에서 발원한다.

05 수능

다음 자료의 (가), (나) 기후 현상에 대한 설명으로 옳지 <u>않은</u> 것은?

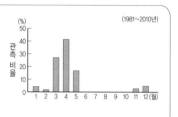

(가)는 중국 내륙의 황투 고원이나 건조 지역의 미세한 모래 먼지가 주로 편서풍을 타고 우리 나라로 이동해 오는 것이다. (가)는 사막화 현상으로 인해 발생 빈도가 증가하는 추세이다.

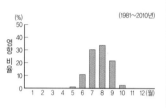

(나)는 해수면 온도가 높은 열대 해상에서 주로 발생하는 열대성 저기압이다. (나)는 진로에 따라 피해 양상이 크게 달라지기 때문에 기상 예보 시스템이 중요하다.

* 관측(영향) 비율 = 월별 관측(영향) 횟수 ÷ 총 관측(영향) 횟수 × 100 (기상청)

① (가)는 가시거리를 짧아지게 하여 교통 장애를 유발하기도 한다.

② (가)는 미세 먼지 농도를 높여 호흡기 질환 발병률을 증가시킨다.

③ (나)는 강풍과 많은 비를 동반하여 풍수해를 일으킨다.

④ (나)는 해일을 발생시켜 해안 저지대의 침수를 유발하기도 한다.

⑤ (가)는 (나)보다 농작물 재배에 큰 피해를 준다.

06 수능

p.063 자료 02

그래프는 24절기의 평균 기온 변화를 나타낸 것이다. (가)에 대한 (나) 시기의 상대적 특성을 그림의 A~E에서 고른 것은?

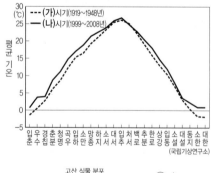

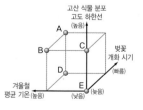

① A
② B
③ C
④ D
⑤ E

07 수능

(가)~(다)에 대한 옳은 설명을 〈보기〉에서 고른 것은? (단, (가)~(다)는 부산, 인천, 제주 중 하나임.)

〈계절별 기온〉

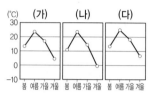

* 1981~2010년의 평년값임.

〈계절별 기온 변화〉

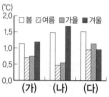

* 1981~2010년의 평년값에서 1931~1960년 평년값을 뺀 값임.

(기상청)

· 보기 ·

ㄱ. (가)는 부산, (나)는 인천이다.

ㄴ. (나)는 (다)보다 무상 일수가 많다.

ㄷ. (가)~(다)의 겨울 기온은 위도가 높을수록 더 크게 상승했다.

ㄹ. 인천은 봄 기온, 제주는 겨울 기온이 가장 크게 상승했다.

① ㄱ, ㄴ
② ㄱ, ㄷ
③ ㄴ, ㄷ
④ ㄴ, ㄹ
⑤ ㄷ, ㄹ

08 평가원

(가), (나) 현상에 대한 설명으로 옳지 <u>않은</u> 것은?

세계의 연평균 기온은 ⎡ (가) ⎤ 현상으로 지난 100여 년간 약 0.7℃ 상승하였으며, 우리나라는 그보다 두 배 이상인 1.7℃ 가량 상승하였다. 특히 서울, 부산 등과 같은 대도시의 도심에서는 ⎡ (나) ⎤ 현상까지 더해져 연평균 기온이 약 3℃ 상승하였다.

〈우리나라의 기온 변화〉

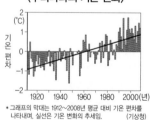

* 그래프의 막대는 1912~2008년 평균 대비 기온 편차를 나타내며, 실선은 기온 변화의 추세임.

〈도시의 기온 분포 모식도〉

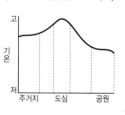

(기상청)

① (가)의 주요 원인은 대기 중 이산화 탄소의 농도 증가이다.

② (가)가 심화되면 고산 식물 분포의 고도 하한선이 높아진다.

③ (나)는 대도시의 열대야 발생 빈도를 높인다.

④ (나)가 발생하면 대기가 안정되어 강수량이 감소한다.

⑤ (나)의 주요 원인은 인공 열의 방출 및 포장 면적 증가이다.

09 교육청

다음은 한국 지리 수업 장면이다. 교사의 질문에 옳게 답한 학생을 고른 것은?

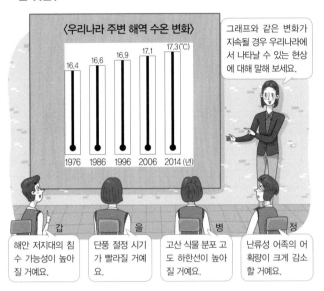

〈우리나라 주변 해역 수온 변화〉

16.4 (1976) 16.6 (1986) 16.9 (1996) 17.1 (2006) 17.3(℃) (2014) (년)

그래프와 같은 변화가 지속될 경우 우리나라에서 나타날 수 있는 현상에 대해 말해 보세요.

갑: 해안 저지대의 침수 가능성이 높아질 거예요.

을: 단풍 절정 시기가 빨라질 거예요.

병: 고산 식물 분포 고도 하한선이 높아질 거예요.

정: 난류성 어족의 어획량이 크게 감소할 거예요.

① 갑, 을 ② 갑, 병 ③ 을, 병
④ 을, 정 ⑤ 병, 정

10 평가원

다음은 기후 단원에 대한 한국 지리 수업 장면이다. 발표 내용이 가장 적절한 학생을 고른 것은?

〈기후 변화 전망〉

구분	결빙 일수 (일)	식물 성장 가능 기간(일)
1981~2010년	21.0	245.2
2021~2040년	13.9	253.7
2041~2070년	8.8	257.3

*식물 성장 가능 기간: 일 평균 기온이 5℃보다 높은 날이 6일 이상 지속된 첫 날부터 일 평균 기온이 5℃ 미만인 날이 6일 이상 지속된 첫 날까지 사이의 연중 일수
(2017)   (기상청)

한반도에 이와 같은 변화가 현실화될 때 예상되는 현상에 대해 발표해 보세요.

갑: 남부 지방에서 난대림의 분포 면적이 확대될 것입니다.

을: 한라산에서 고산 식물의 분포 고도 하한선이 낮아질 것입니다.

병: 대도시 지역의 열대야 발생 일수가 줄어들 것입니다.

정: 내장산에서 단풍이 드는 시기가 빨라질 것입니다.

무: 중부 지방에서 첫 서리의 시작일이 빨라질 것입니다.

① 갑 ② 을 ③ 병 ④ 정 ⑤ 무

11 평가원

다음은 우리나라 도시 기후의 특성에 대한 학습 노트의 일부이다. ㉠~㉢에 대한 옳은 설명만을 〈보기〉에서 있는 대로 고른 것은?

도시에는 주변 농촌과 구별되는 기후 특성이 나타난다. 도시의 중심부는 지표면이 대부분 포장되어 있기 때문에 낮 동안에 태양 복사 에너지를 많이 흡수한다. 빌딩과 지표에 흡수된 복사 에너지는 다시 대기 중으로 방출되어 ㉠ 기온 상승을 유발하고 여름에 ㉡ 열대야 현상을 발생시키기도 한다. 반면 주변 농촌은 포장 면적이 좁고 경작지와 녹지의 면적이 넓어 기온의 상승 폭이 도시에 비해 작다. 일반적으로 ㉢ 도시의 중심부는 주변 농촌이나 교외 지역에 비해 기온이 높고 ㉣ 상대 습도는 낮다.

보기
ㄱ. ㉠의 완화 방안으로는 옥상 녹화와 바람길 조성 사업이 있다.
ㄴ. ㉡의 발생 일수는 점차 증가하는 추세이다.
ㄷ. ㉢과 같은 특징은 겨울철에 비해 여름철에 뚜렷하게 나타난다.
ㄹ. ㉣의 원인은 포장 면적 증가로 인한 빗물의 지표 유출량 증가이다.

① ㄱ, ㄴ ② ㄴ, ㄷ ③ ㄱ, ㄴ, ㄹ
④ ㄱ, ㄷ, ㄹ ⑤ ㄴ, ㄷ, ㄹ

12 평가원

교사의 질문에 대해 적절한 답변을 한 학생을 고른 것은?

도심 환경 개선 사업
• 옥상 정원 만들기 지원 사업
• 도시 숲과 바람길 조성 사업
• 도로 및 주차장 포장 시 투수성이 우수한 재료 지원 사업

이런 사업을 추진함으로써 도심에 나타날 환경 변화에 대해 발표해 볼까요?

갑: 도심과 주변 지역 간의 기온 차가 감소할 것 같아요.

을: 빗물의 지표 유출량이 감소할 것 같아요.

병: 상대 습도가 낮아질 것 같아요.

정: 강수 시 하천이 최고 수위에 도달하는 데 걸리는 시간이 단축될 것 같아요.

① 갑, 을 ② 갑, 병 ③ 을, 병 ④ 을, 정 ⑤ 병, 정

01

다음 자료는 (가), (나) 자연재해에 대한 국민 행동 요령이다. (가), (나) 자연재해에 대한 설명으로 옳은 것은?

(가)	(나)
• 바람에 날릴 수 있는 입간판 및 위험 시설물 주변에 접근하지 않는다. • 상습 침수 지역의 주민은 신속히 대피한다.	• 붕괴가 우려되는 비닐하우스는 받침대를 보강한다. • 골목길에 염화칼슘이나 모래를 뿌린다.

① 우데기는 (가)를 대비한 시설이다.

② (가)는 중국 내륙의 건조 지역에서 발원한다.

③ (나)는 겨울보다 여름에 잘 발생한다.

④ (가)는 (나)보다 해일 피해를 유발하는 경우가 많다.

⑤ (나)는 (가)보다 단시간 내에 발생하는 피해액 규모가 크다.

02 고난도

지도는 세 자연재해의 시·도별 피해액을 나타낸 것이다. (가)~(다) 자연재해로 옳은 것은?

 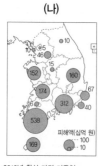 

(가) (나) (다)

* 2007~2016년 누적 피해액이며, 2016년 환산 가격 기준임.

	(가)	(나)	(다)
①	대설	호우	태풍
②	대설	태풍	호우
③	호우	대설	태풍
④	호우	태풍	대설
⑤	태풍	대설	호우

03 고난도

그래프는 세 자연재해에 대한 것이다. A~C에 대한 옳은 설명을 〈보기〉에서 고른 것은? (단, A~C는 대설, 태풍, 호우 중 하나임.)

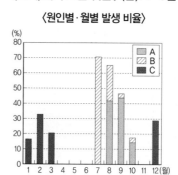 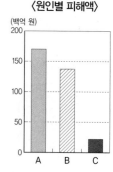

〈원인별·월별 발생 비율〉 〈원인별 피해액〉

* 원인별·월별 발생 비율은 2006~2016년 누적치임.
** 원인별 피해액은 2007~2016년 누적 피해액이며, 2016년 환산 가격 기준임.

┌ 보기 ┐

ㄱ. A는 장마 전선이 오래 정체할 때 잘 발생한다.

ㄴ. B의 피해를 줄이기 위해서는 신속한 제설 작업이 필요하다.

ㄷ. C는 영동 지방의 경우 북동 기류의 유입과 관련 있다.

ㄹ. B는 C보다 우리나라 연 강수량에 큰 영향을 준다.

① ㄱ, ㄴ   ② ㄱ, ㄷ   ③ ㄴ, ㄷ

④ ㄴ, ㄹ   ⑤ ㄷ, ㄹ

04

지도는 두 기후 현상의 이동 경로를 나타낸 것이다. (가), (나) 기후 현상에 대한 설명으로 옳은 것은?

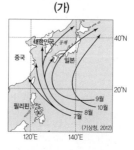 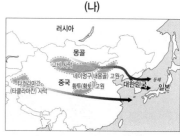

(가) (나)

① (가)는 대기 중 미세 먼지 농도를 높인다.

② (나)에 의해 강풍과 해일 피해가 발생한다.

③ (가), (나)는 이동에 편서풍의 영향을 받는다.

④ (가)는 겨울철, (나)는 여름철에 주로 발생한다.

⑤ 산사태는 (가)보다는 (나)로 인해 주로 발생한다.

05 고난도

다음 글의 A~C에 들어갈 내용으로 옳은 것은?

왼쪽 지도는 1971~2000년, 오른쪽 지도는 2091~2100년
　 A 　 계절의 일수를 나타낸 것이다. 이와 같은 현상이
현실화될 때 춘천에서 진달래 개화 시기는 　 B 　 것이며,
지리산에서 냉대림 분포의 고도 하한선은 　 C 　 것이다.

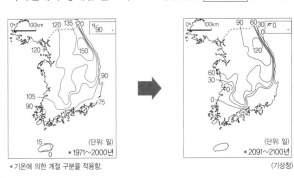

	A	B	C
①	겨울	빨라질	낮아질
②	겨울	빨라질	높아질
③	겨울	늦어질	낮아질
④	여름	늦어질	높아질
⑤	여름	빨라질	높아질

06

다음 글의 ㉠~㉣에 대한 옳은 설명을 〈보기〉에서 고른 것은?

㉠ 우리나라의 식생 분포는 위도와 해발 고도에 따라 분포
상태가 달라진다. 난대림은 남해안과 제주도, 울릉도의 저
지대에 분포하며, 개마고원 일대와 고산 지역에는 ㉡ 냉대림
이 분포한다. 온대림은 고산 지대를 제외한 한반도 전역에
분포한다. 한편, ㉢ 높은 산지에서는 해발 고도에 따라 식생
분포가 달라지며, ㉣ 고산 식물 분포의 고도 하한선은 지역
간에 차이가 나타난다.

·보기·
ㄱ. ㉠ – 기온보다 강수량의 차이가 큰 영향을 준다.
ㄴ. ㉡ – 동백나무, 후박나무가 대표적이다.
ㄷ. ㉢ – '식생의 수직적 분포'라고 한다.
ㄹ. ㉣ – 온난화로 높아지고 있다.

① ㄱ, ㄴ   ② ㄱ, ㄷ   ③ ㄴ, ㄷ
④ ㄴ, ㄹ   ⑤ ㄷ, ㄹ

07

다음 자료는 토양에 대한 스무고개의 일부이다. (가)에 들어갈 내용
으로 가장 적절한 것은?

고개	학생	교사
한 고개	생성 기간이 길어 토양층의 발달이 뚜렷합니까?	예
두 고개	기후와 식생의 성질이 많이 반영되어 있습니까?	아니요
세 고개	철과 알루미늄 성분이 집적되어 있습니까?	예
네 고개	(가)	예
다섯 고개	모암과 토양의 색깔이 비슷합니까?	아니요

① 성대 토양에 해당합니까?
② 강한 산성 물질 때문에 회백색을 띱니까?
③ 석회암 분포 지역에서 관찰할 수 있습니까?
④ 하천에 의해 운반된 유기물이 많이 쌓여 있습니까?
⑤ 농경지로 활용하기 위해서는 염분을 제거해야 합니까?

08 고난도

지도는 A~C 토양의 분포를 나타낸 것이다. 이에 대한 설명으로 옳
은 것은?

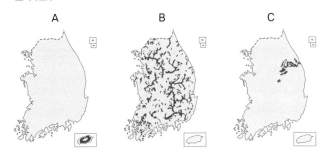

① A는 철분이 많아 붉은색을 띤다.
② B는 유기물이 적어 강한 산성을 띤다.
③ C는 토양 생성 기간이 짧은 미성숙토이다.
④ B는 A보다 기반암의 특성이 많이 반영되어 있다.
⑤ C는 B보다 토양 단면의 발달이 뚜렷하다.

09강 촌락의 변화와 도시 발달 ~ 도시 구조와 대도시권

1단계 기출 자료 분석

자료 01 도시 내부 구조의 특징 이해하기

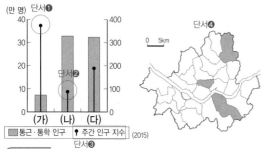

단서 풀이
- 단서 ❶ 세 지역 중 주간 인구 지수가 제일 높다.
- 단서 ❷ 세 지역 중 주간 인구 지수가 제일 낮다.
- 단서 ❸ 주간 인구 지수는 상주인구에 대한 주간 인구의 비율을 말한다.
- 단서 ❹ 지도에 표시된 지역은 중구, 노원구, 강남구이다.

자료 분석
- (가): 주간 인구 지수가 가장 높은 것으로 보아 도심에 위치한 중구이다. 도심은 도시 중심부에 위치하여 접근성이 높고, 지대 및 지가도 높다.
- (나): 주간 인구 지수가 100 이하로 주변 지역에 위치한 노원구이다.
- (다): 부도심이 있는 강남구이다.

이것도 알아둬
도시 내부 구조와 관련된 문제가 출제될 때에는 도심은 중구, 부도심이 포함된 지역은 강남구, 주변 지역은 노원구가 많이 출제된다.

자료 02 도심·주변 지역에 위치한 역과 역 주변의 특징 비교하기

〈출·퇴근 시간대별 승·하차 인원 수〉

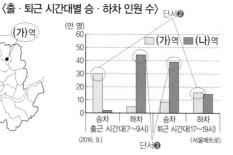

단서 풀이
- 단서 ❶ (가) 역이 있는 곳은 도봉구이고, (나) 역이 있는 곳은 중구이다.
- 단서 ❷ (가) 역은 출근 시간대에는 승차 인원이 하차 인원보다 많고, 퇴근 시간대에는 하차 인원이 승차 인원보다 많다.
- 단서 ❸ (나) 역은 출근 시간대에는 하차 인원이 승차 인원보다 많고, 퇴근 시간대에는 승차 인원이 하차 인원보다 많다.

자료 분석
- (가) 역: 도봉구에 위치해 있고, 출근 시간대에는 승차 인원이 더 많고, 퇴근 시간대에는 하차 인원이 더 많은 것으로 보아 주변 지역에 위치해 있다.
- (나) 역: 중구에 위치해 있고, 출근 시간대에는 하차 인원이 더 많고, 퇴근 시간대에는 승차 인원이 더 많은 것으로 보아 도심에 위치해 있다.

이것도 알아둬
출근 시간대에 하차 인원이 승차 인원보다 많아 유입 인구가 유출 인구보다 많으면 상업 및 업무 기능이 집중되어 있는 도심에 해당하는 구(區)이다.

기출 선지 변형 ○Ⅹ

01 다음 내용이 맞으면 ○, 틀리면 ×를 표기하시오.

1-1. (가)~(다) 지역의 특징

① (가)는 (나)보다 인구 공동화 현상이 뚜렷하다. ○, ×

② (가)는 (다)보다 초등학교 학생 수가 많다. ○, ×

③ (나)는 (가)보다 대기업의 본사 수가 많다. ○, ×

④ (다)는 (나)보다 상업 용지의 평균 지가가 높다. ○, ×

⑤ 주민의 평균 통근 거리는 (가)>(나)>(다) 순으로 멀다. ○, ×

1-2. 도시 내부 구조의 특징

⑥ 도심은 중추 관리 기능, 고급 상가 등의 고차 중심 기능이 입지한다. ○, ×

⑦ 주간 인구 지수는 상주인구 규모에 비해 상업 및 업무 기능이 밀집한 지역에서 낮게 나타난다. ○, ×

⑧ 주변 지역은 도심보다 지대가 낮아 주택·학교·공장 등이 입지해 있다. ○, ×

⑨ 부도심은 도심의 기능을 일부 분담하여 도심의 교통 혼잡과 과밀화를 완화한다. ○, ×

02 다음 내용이 맞으면 ○, 틀리면 ×를 표기하시오.

2-1. 지도에 표시된 (가), (나) 역과 그 주변 지역의 특징

① (가) 역의 승차 인원은 퇴근 시간대보다 출근 시간대에 많다. ○, ×

② 초등학교 학생 수는 (나) 역 주변보다 (가) 역 주변에 많을 것이다. ○, ×

③ 생산자 서비스업체 수는 (나) 역 주변보다 (가) 역 주변에 많을 것이다. ○, ×

2-2. 도심과 주변 지역의 특징 비교

④ 도심은 주변 지역보다 주간 인구 지수가 높다. ○, ×

⑤ 도심은 주변 지역보다 대기업 본사 수가 적다. ○, ×

⑥ 도심은 주변 지역보다 업무 용지의 평균 지가가 높다. ○, ×

⑦ 도심은 주변 지역보다 출근 시간대 순 유출 인구가 많다. ○, ×

기출 자료 분석

자료 03 우리나라의 도시 수와 도시 인구의 변화를 인구 규모별로 파악하기

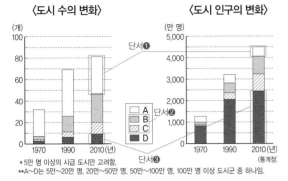

〈도시 수의 변화〉　　　〈도시 인구의 변화〉

단서❶
단서❷
단서❸

*5만 명 이상의 시급 도시만 고려함.
**A~D는 5만~20만 명, 20만~50만 명, 50만~100만 명, 100만 명 이상 도시군 중 하나임.

단서 풀이

• 단서 ❶ A는 도시 수는 가장 많은데, 도시 인구는 가장 적은 도시이므로, 인구 규모 5만~20만 명의 도시군이다.

• 단서 ❷ 2010년 기준 B는 C보다 도시 수는 많지만 도시 인구는 적으므로, B는 20만~50만 명, C는 50만~100만 명의 도시군이다.

• 단서 ❸ D는 도시 수는 가장 적은데, 도시 인구가 가장 많은 도시이므로, 인구 규모 100만 명 이상 도시군이다.

자료 분석

도시의 규모가 클수록 도시 수는 적으므로, A는 5만~20만 명, B는 20만~50만 명, C는 50만~100만 명, D는 100만 명 이상 도시군에 해당한다.

자료 04 대구와 부산의 구(군)별 주간 인구 지수 및 상주인구 비교하기

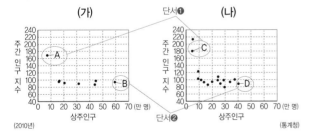

(가)　단서❶　(나)

단서❷

(2010년)　　　　　　　　　　　(통계청)

단서 풀이

• 단서 ❶ A, C는 주간 인구 지수가 100보다 크고, 상주인구가 주간 인구보다 적은 지역이다.

• 단서 ❷ B, D는 주간 인구 지수가 100 미만으로, 상주인구가 주간 인구보다 많은 지역이다.

자료 분석

• A, C: 주간 인구 지수가 100보다 훨씬 크고 상주인구가 적은 지역이므로, 상업 및 업무 기능이 집중되어 있는 도심에 위치한 구이다.

• B, D: 주간 인구 지수가 100 미만이므로, 상주인구가 주간 인구보다 많은 지역이다. 따라서 주변 지역에 위치한 구이다.

• (나)는 (가)보다 구의 수가 상대적으로 많고 해당 인구를 모두 합한 총인구도 많다. 실제로 (가)는 대구, (나)는 부산의 구(군)별 주간 인구 지수와 상주인구를 나타낸 것이다.

이것도 알아둬

주간 인구 지수는 상주인구에 대한 주간 인구의 백분율로, 상주인구 규모에 비해 상업 및 업무 기능이 밀집한 지역에서 높게 나타난다는 것을 알아두자.

기출 선지 변형 O X

03 다음 내용이 맞으면 ○, 틀리면 ×를 표기하시오.

3-1. A~D 도시의 특징

① 전체 도시 인구 중 D의 비중은 꾸준히 증가하였다. ○, ×

② A는 100만 명 이상 도시군, D는 5만~20만 명 도시군에 해당한다. ○, ×

③ 1990년에 비해 2010년에 A의 도시 평균 인구는 증가하였다. ○, ×

④ 1990년 대비 2010년의 각 도시군별 도시 인구 증가율은 C가 가장 높다. ○, ×

⑤ 100만 명 이상 도시군의 도시 인구는 꾸준히 증가하였다. ○, ×

3-2. 도시 수와 도시 인구의 특징

⑥ 도시의 규모가 클수록 도시 수는 적어진다. ○, ×

⑦ 도시 수가 가장 적은 도시가 대체로 도시 인구는 가장 많은 도시에 해당한다. ○, ×

04 다음 내용이 맞으면 ○, 틀리면 ×를 표기하시오.

4-1. (가), (나) 광역시의 특징

① (가)는 (나)보다 평균 구(군) 인구가 많다. ○, ×

② A에서는 통근·통학 유출 인구가 통근·통학 유입 인구보다 많다. ○, ×

③ C의 주간 인구는 상주인구보다 2만 명 이상 많다. ○, ×

④ B는 A보다 주거 기능이 우세하다. ○, ×

⑤ D는 B보다 주간 인구가 많다. ○, ×

4-2. 주간 인구 지수와 상주인구의 특징

⑥ 주간 인구 지수는 상주인구에 대한 주간 인구의 백분율로 구할 수 있다. ○, ×

⑦ 주간 인구 지수가 100보다 크면 주거 기능보다 상업 및 업무 기능 등이 집중되어 있는 곳이다. ○, ×

⑧ 도심은 주변 지역보다 대체로 상주인구가 많은 편이다. ○, ×

IV

기출 자료 분석

자료 05 부산의 구(區)별 특성 차이 파악하기

(단위: 명)

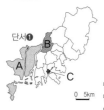

구분	인구		종사자	
	상주인구	통근·통학 순 이동	전체 산업	제조업
단서❷ A	86,505	79,825	114,531	72,339
단서❸ B	294,147	-69,623	56,412	2,401
단서❹ C	43,685	41,683	69,241	1,428

* 통근·통학 순 이동=통근·통학 유입 인구 - 통근·통학 유출 인구

(2014년) (통계청)

단서 풀이
- 단서 ❶ 지도의 A는 강서구, B는 북구, C는 중구이다.
- 단서 ❷ A는 제조업 종사자 수가 많다.
- 단서 ❸ B는 상주인구가 많고, 통근·통학 순 이동이 '음(-)'의 값이다.
- 단서 ❹ C는 상주인구가 적지만, 상주인구 대비 통근·통학 순 이동 인구가 많은 편이다.

자료 분석
- A: 제조업 종사자 수가 많으므로 제조업 기능이 발달한 곳으로, 일자리가 많기 때문에 통근·통학 순 이동도 '양(+)'의 값이다. 실제로 A는 강서구이다.
- B: A, C보다 상주인구가 많고 통근·통학 유입 인구보다 통근·통학 유출 인구가 많은 지역으로, 주거 기능이 발달한 주변 지역(북구)이다.
- C: 상주인구는 적지만 통근·통학 유출 인구보다 통근·통학 유입 인구가 많아 통근·통학 순 이동이 '양(+)'의 값인 지역으로, C는 도심(중구)이다.

자료 06 우리나라의 도시 체계 및 도시 발달 과정 이해하기

〈4대 도시의 인구 비중〉　〈4대 도시 간 인구 이동〉

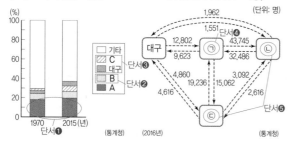

(통계청) (2016년) (통계청)

단서 풀이
- 단서 ❶ A는 1970년과 2015년 모두 인구 규모가 가장 크다.
- 단서 ❷ B는 A 다음으로 인구 규모가 크다.
- 단서 ❸ C는 대구보다 1970~2015년에 인구 증가가 많았다.
- 단서 ❹ ㉠은 네 지역 중에서 인구 이동 규모가 가장 크다.
- 단서 ❺ ㉢은 ㉡보다 대구와의 인구 이동이 많았고, ㉡은 ㉢보다 ㉠과의 인구 이동이 많았다.

자료 분석
- A, B, C: A는 1970년과 2015년 인구 규모가 가장 크므로 서울이고, B는 서울 다음으로 인구 규모가 크므로 부산이다. C는 인구 규모 4대 도시에 들어가고 대구보다 1970~2015년 인구 증가가 많았으므로 인천이다.
- ㉠ 네 지역 중에서 인구 이동 규모가 가장 크므로 서울이다. ㉡ ㉢보다 서울(㉠)과의 인구 이동이 많으므로 인천이다. ㉢ 인천(㉡)보다 대구와의 인구 이동이 많으므로 부산이다.

기출 선지 변형 O X

05 다음 내용이 맞으면 ○, 틀리면 ×를 표기하시오.

5-1. 부산 A~C구(區)의 특징

① A는 B보다 인구 밀도가 높다. ○, ×

② C는 A보다 초등학교 수가 적다. ○, ×

③ C는 B보다 주거 기능이 우세하다. ○, ×

④ 주간 인구는 A가 가장 많다. ○, ×

⑤ 생산자 서비스업 종사자 비중은 C가 가장 높다. ○, ×

5-2. 도심과 주변(외곽) 지역의 특징 비교

⑥ 도심은 주변(외곽) 지역보다 초등학교 학생 수가 많다. ○, ×

⑦ 도심은 주변(외곽) 지역보다 지대 지불 능력이 높은 기능이 입지한다. ○, ×

⑧ 도심은 출근 시간대 유입 인구가 유출 인구보다 많다. ○, ×

⑨ 도심은 주변(외곽) 지역보다 인구 공동화 현상이 뚜렷하게 나타난다. ○, ×

⑩ 도심은 주거 기능이 발달하였고, 주변(외곽) 지역은 상업 및 업무 기능이 발달하였다. ○, ×

06 다음 내용이 맞으면 ○, 틀리면 ×를 표기하시오.

6-1. 그래프에 표시된 인구 규모 4대 도시의 특징

① 1970년, 2015년 모두 종주 도시화 현상이 나타난다. ○, ×

② A는 ㉠, B는 ㉢, C는 ㉡에 해당한다. ○, ×

③ 부산은 대구와의 인구 이동에서 전입 인구가 전출 인구보다 많다. ○, ×

④ 4대 도시 간 인구 이동량은 도시 인구 규모가 클수록 많다. ○, ×

⑤ 인천과 대구는 서울과 부산보다 인구 이동량이 많다. ○, ×

6-2. 인구 규모 4대 도시의 특징

⑥ 도시 간 인구 이동량은 대체로 도시 인구 규모에 비례한다. ○, ×

⑦ 도시 간 인구 이동량은 대체로 도시 간 거리에 비례한다. ○, ×

01 평가원
다음 글의 밑줄 친 ㉠~㉤에 대한 설명으로 옳지 <u>않은</u> 것은?

> 도시는 사람, 자본, 물자의 흐름을 통해 ㉠ 상호 작용하여 ㉡ 계층화된 도시 체계를 형성한다. 우리나라는 수도인 서울과 전통 도시들이 각 지방의 중심을 이루고 있었다. 그러나 1970년대 이후 급속한 산업화, 국토 계획 등의 영향으로 도시 수와 규모가 변화하였는데, 특히 수도권과 남동 임해 지역의 도시 성장이 두드러졌다. 1990년대 이후에는 서울의 과밀화로 인해 ㉢ 위성 도시들이 급속히 성장하였다. 그럼에도 불구하고 서울은 여전히 ㉣ 종주 도시로서의 지위를 유지하고 있다. 최근에는 광역 교통의 발달로 교외화가 더욱 활발해지고 있고, 이와 더불어 쾌적한 환경에 대한 수요 증가 등으로 ㉤ 대도시권이 확대되고 있다.

① ㉠ – 도시의 인구 규모가 클수록 도시 간 상호 작용이 활발하다.
② ㉡ – 상위 계층의 도시는 하위 계층의 도시보다 도시의 기능은 다양하고 도시의 수는 적다.
③ ㉢ – 도시 내부의 주요 교통 결절점에서 도심의 상업 및 업무 기능을 분담·수용하여 형성된다.
④ ㉣ – 인구 규모가 2위인 도시의 인구 규모보다 두 배 이상 큰 수위 도시이다.
⑤ ㉤ – 공간적 범위는 중심 도시로의 통근이 가능한 배후 농촌 지역을 포함한다.

02 평가원 p.071 자료 04
그래프는 서울의 구(區)별 특성을 나타낸 것이다. (가)~(다)에 해당하는 지역을 A~C에서 고른 것은?

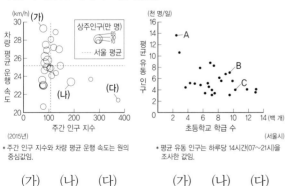

	(가)	(나)	(다)		(가)	(나)	(다)
①	A	B	C	②	A	C	B
③	B	C	A	④	C	A	B
⑤	C	B	A				

03 평가원
그래프는 지도에 표시된 세 지역의 용도별 토지 이용 비중을 나타낸 것이다. (가)~(다) 지역에 대한 추론으로 적절한 것을 〈보기〉에서 고른 것은?

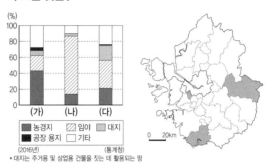

농경지 임야 대지 공장 용지 기타
(2016년) (통계청)
*대지는 주거용 및 상업용 건물을 짓는 데 활용되는 땅

〈보기〉
ㄱ. (가)는 (다)보다 서울로의 통근·통학률이 낮을 것이다.
ㄴ. (나)는 (가)보다 인구 밀도가 낮을 것이다.
ㄷ. (나)는 (가)보다 2차 산업 종사자 비율이 높을 것이다.
ㄹ. (다)는 (나)보다 주택 중 아파트 비율이 낮을 것이다.

① ㄱ, ㄴ ② ㄱ, ㄷ ③ ㄴ, ㄷ
④ ㄴ, ㄹ ⑤ ㄷ, ㄹ

04 수능 p.071 자료 03
그래프는 우리나라의 인구 규모별 도시 수와 도시 인구 비중 변화를 나타낸 것이다. 이에 대한 옳은 분석만을 〈보기〉에서 있는 대로 고른 것은?

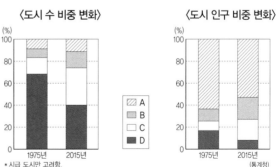

*시급 도시만 고려함.
**A~D는 20만 명 미만, 20만~50만 명, 50만~100만 명, 100만 명 이상 도시군 중 하나임.

〈보기〉
ㄱ. A는 100만 명 이상, D는 20만 명 미만 도시군에 해당한다.
ㄴ. 100만 명 이상 도시군의 도시 인구 비중은 감소하였다.
ㄷ. 20만 명 미만 도시군의 도시 수 비중은 증가하였다.
ㄹ. 도시 인구 비중의 증가 폭은 C 도시군이 가장 크다.

① ㄱ, ㄴ ② ㄱ, ㄷ ③ ㄷ, ㄹ
④ ㄱ, ㄴ, ㄹ ⑤ ㄴ, ㄷ, ㄹ

05 평가원

(가), (나) 지역의 상대적인 특성으로 옳은 것은?

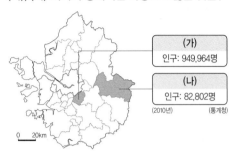

(가)
인구: 949,964명

(나)
인구: 82,802명

(2010년) (통계청)

①
1차 산업 종사자 비율 (고) / 유치원 수 (고) / 주간 인구 지수 (고) / 단위 면적당 상업 시설 수 (고) / (저)

②
1차 산업 종사자 비율 (고) / 유치원 수 (고) / 주간 인구 지수 (고) / 단위 면적당 상업 시설 수 (고) / (저)

③
1차 산업 종사자 비율 (고) / 유치원 수 (고) / 주간 인구 지수 (고) / 단위 면적당 상업 시설 수 (고) / (저)

④
1차 산업 종사자 비율 (고) / 유치원 수 (고) / 주간 인구 지수 (고) / 단위 면적당 상업 시설 수 (고) / (저)

⑤
1차 산업 종사자 비율 (고) / 유치원 수 (고) / 주간 인구 지수 (고) / 단위 면적당 상업 시설 수 (고) / (저)

―― (가)
······ (나)

* (고)는 많음, 높음을 의미함.
(저)는 적음, 낮음을 의미함.

06 수능

그래프는 지도에 표시된 세 지역의 통근·통학 유입 및 유출 인구, 상주인구를 나타낸 것이다. A~C 지역에 대한 설명으로 옳은 것은?

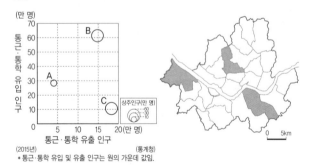

(2015년) (통계청)
* 통근·통학 유입 및 유출 인구는 원의 가운데 값임.

① A는 B보다 인구 밀도가 높다.

② B는 A보다 시가지의 형성 시기가 이르다.

③ C는 A보다 상업지의 평균 지가가 높다.

④ C는 B보다 생산자 서비스업 사업체 수가 많다.

⑤ 주간 인구 지수는 A > B > C 순으로 높다.

07 평가원

(가) 구(區)와 비교한 (나) 구의 상대적 특성을 그림의 A~E에서 고른 것은?

〈대구의 구별 상주인구와 통근·통학 순 유입 인구의 변화〉

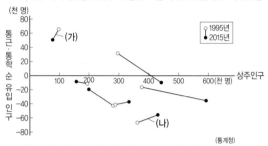

(통계청)

* 통근·통학 순 유입 인구 = 통근·통학 유입 인구 - 통근·통학 유출 인구

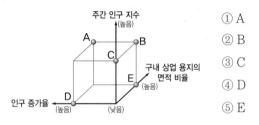

① A
② B
③ C
④ D
⑤ E

08 평가원

p.071 자료 04

그래프는 서울시의 구(區)별 특성을 나타낸 것이다. (가)~(다)에 해당하는 지역을 A~C에서 고른 것은?

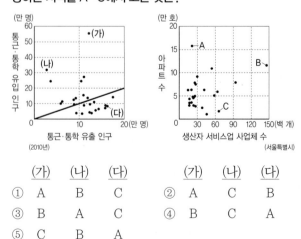

(2010년) (서울특별시)

	(가)	(나)	(다)		(가)	(나)	(다)
①	A	B	C	②	A	C	B
③	B	A	C	④	B	C	A
⑤	C	B	A				

09 수능

다음은 도시 단원에 대한 한국 지리 수업 장면이다. 발표 내용이 옳지 <u>않은</u> 학생을 고른 것은?

① 갑　　② 을　　③ 병　　④ 정　　⑤ 무

11 수능

그래프는 지도에 표시된 네 지역의 인구 변화를 나타낸 것이다. (가)~(라) 지역에 대한 옳은 설명만을 〈보기〉에서 있는 대로 고른 것은?

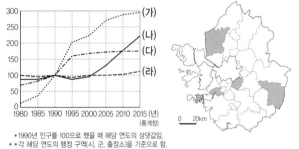

*1990년 인구를 100으로 했을 때 해당 연도의 상댓값임.
* *각 해당 연도의 행정 구역(시, 군, 출장소)을 기준으로 함.

─보기─
ㄱ. (가)는 (라)보다 거주 외국인 수가 많다.
ㄴ. (나)는 (다)보다 지역 내 제조업 종사자 비율이 높다.
ㄷ. (나)는 (라)보다 주택 중 아파트 비율이 높다.
ㄹ. (가)와 (다)에는 수도권 1기 신도시가 위치해 있다.

① ㄱ, ㄷ　　② ㄴ, ㄷ　　③ ㄴ, ㄹ
④ ㄱ, ㄴ, ㄷ　　⑤ ㄱ, ㄴ, ㄹ

10 교육청

다음 자료는 어느 광역시 두 구(區)의 특성을 나타낸 것이다. (가), (나) 구의 특성에 대한 추론으로 옳지 <u>않은</u> 것은?

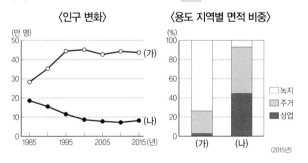

① (가)는 대규모 아파트 단지가 건설되었을 것이다.
② (나)는 인구 공동화 현상이 나타날 것이다.
③ (가)는 (나)보다 초등학생 수가 많을 것이다.
④ (가)는 (나)보다 주간 인구 지수가 높을 것이다.
⑤ (나)는 (가)보다 백화점이 많을 것이다.

12 교육청 　　p.070 자료 01

다음 자료는 서울시 도시 내부의 지가를 나타낸 것이다. A~C 지역에 대한 추론으로 가장 적절한 것은?

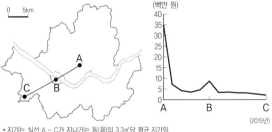

*지가는 실선 A – C가 지나가는 동(洞)의 3.3㎡당 평균 지가임.

① A는 B보다 상주인구가 많을 것이다.
② A는 C보다 출근 시간대에 유출 인구가 많을 것이다.
③ B는 C보다 업무용 건물의 평균 층수가 많을 것이다.
④ C는 A보다 인구 공동화 현상이 뚜렷할 것이다.
⑤ C는 B보다 상점의 평균 임대료가 높을 것이다.

01

다음 글의 ㉠~㉾에 대한 설명으로 옳은 것은?

촌락 주민들은 1차 산업을 중심으로 생활하며 공동체 의식이 도시에 비해 강하다. 촌락은 (㉠)에 따라 농촌, 어촌, 산지촌 등으로 구분하며 주로 자연환경에 기반을 두고 생산 활동을 한다. 한편 벼농사 지역에서는 협동 노동의 필요성이 크기 때문에 많은 가옥이 한곳에 모인 ㉡ 집촌의 형태가 주로 나타나며 동족촌이 나타나기도 한다.

촌락과 도시는 경관과 기능 면에서 서로 다른 특징이 나타나지만, 서로 영향을 주고받는 상호 보완적 관계이다. 촌락은 인구 밀도가 낮고 (㉢) 토지 이용이 나타나지만, 도시는 인구 밀도가 높고 (㉣) 토지 이용이 나타난다. 촌락은 ㉤ 도시에 각종 농수산물을 공급하고 휴식 및 여가 공간을 제공하며, 도시는 촌락에 공산품을 비롯한 재화와 서비스를 제공한다. 최근에는 촌락과 도시의 상호 작용이 더욱 활발해졌으며, 도시화의 영향으로 촌락에도 도시적 생활 양식이 확대되고 있다. 도시와 촌락의 상호 발전을 위해 ㉥ 도농 통합시가 만들어지기도 한다.

① ㉠에는 '가옥의 밀집도'가 들어갈 수 있다.

② ㉡은 산촌보다 경지 이용의 효율성이 높다.

③ ㉢에는 '조방적', ㉣에는 '집약적'이 들어갈 수 있다.

④ 도시와 인접하여 ㉤과 같은 기능을 하는 촌락을 원교 촌락이라고 한다.

⑤ ㉥은 민간 기업이 주도적으로 도시를 개발하려는 목적으로 추진되었다.

02

다음은 도시에 대한 한국 지리 수업 장면이다. 교사의 질문에 대한 답변이 옳은 학생만을 있는 대로 고른 것은?

① 갑, 을
② 갑, 병
③ 을, 병
④ 갑, 을, 정
⑤ 을, 병, 정

03

다음은 촌락에 대한 한국 지리 수업 장면이다. 교사의 질문에 대한 발표 내용이 옳은 학생만을 〈보기〉에서 있는 대로 고른 것은?

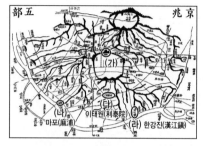

다음 자료는 대동여지도의 한양 부분입니다. 지도를 바탕으로 우리나라 촌락에 대한 조사 계획을 발표해 볼까요?

─ 보기 ─

ㄱ. 갑: (가) 산의 북사면이 남사면보다 일조량이 많아 마을 형성에 유리한 점을 조사하고자 합니다.

ㄴ. 을: (나)와 같이 하천 교통과 관련된 나루터 취락의 형성 및 쇠퇴 원인을 조사하고자 합니다.

ㄷ. 병: (다)를 사례로 도로 교통과 역원 취락의 형성 배경을 조사하고자 합니다.

ㄹ. 정: (라)와 같이 득수(得水) 때문에 강변에 입지한 촌락을 조사하고자 합니다.

① ㄱ, ㄴ
② ㄱ, ㄹ
③ ㄴ, ㄷ
④ ㄱ, ㄷ, ㄹ
⑤ ㄴ, ㄷ, ㄹ

04 고난도

그래프는 인구 규모에 따른 도시 순위 변화를 나타낸 것이다. 이에 대한 설명으로 옳은 것은?

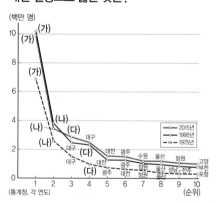

① 종주 도시화 현상은 1995년부터 시작되었다.

② 1975~2015년 (나)의 인구는 지속적으로 증가하였다.

③ 1975~2015년 (다)는 대구보다 인구 증가 폭이 크다.

④ 2015년은 1975년에 비해 (가)와 (나)의 인구 격차가 줄었다.

⑤ 1975년과 2015년 10대 도시에 포함되는 수도권의 도시 수는 같다.

05

그래프는 우리나라의 도시 인구와 도시 수의 변화를 인구 규모별로 나타낸 것이다. 이에 대한 옳은 분석을 〈보기〉에서 고른 것은? (단, A~D는 100만 명 이상, 50만~100만 명, 20만~50만 명, 20만 명 미만 도시군 중 하나임.)

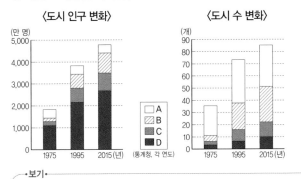

〈도시 인구 변화〉　〈도시 수 변화〉

(통계청, 각 연도)

> ·보기·
> ㄱ. 1995년 도시 인구의 절반 이상이 C에 거주하였다.
> ㄴ. 1995~2015년의 도시 인구 증가는 A가 D보다 적었다.
> ㄷ. 1995~2015년에 C가 B보다 도시 수가 많이 증가하였다.
> ㄹ. 1975~1995년이 1995~2015년보다 도시 거주 인구의 증가 폭이 크다.

① ㄱ, ㄴ　② ㄱ, ㄷ　③ ㄴ, ㄷ　④ ㄴ, ㄹ　⑤ ㄷ, ㄹ

06 〔고난도〕

표는 지도에 표시된 세 지역의 계층별 의료 기관 수를 나타낸 것이다. 이에 대한 옳은 추론만을 〈보기〉에서 있는 대로 고른 것은?(단, A~C는 의원, 병원, 종합 병원 중 하나임.)

(단위: 개)

구분	A	B	C	합계
(가)	56	220	7,948	8,224
(나)	11	41	1,032	1,084
(다)	1	2	68	71

(건강 보험 심사 평가원, 2016)

▲ (가)~(다) 지역의 의료 기관 수

> ·보기·
> ㄱ. (가)는 (나)보다 저차 계층 중심지일 것이다.
> ㄴ. (나)는 (다)보다 중심지 기능의 다양성 정도가 높을 것이다.
> ㄷ. C는 B보다 진료를 위한 주민의 평균 이동 거리가 가까울 것이다.
> ㄹ. (가)는 특별시, (나)와 (다)는 광역시일 것이다.

① ㄱ, ㄴ　②ㄱ, ㄹ　③ ㄴ, ㄷ

④ ㄱ, ㄷ, ㄹ　⑤ ㄴ, ㄷ, ㄹ

07

그래프는 세 권역의 시·군 규모별 인구 비중을 나타낸 것이다. (가)~(다)에 해당하는 권역으로 옳은 것은?

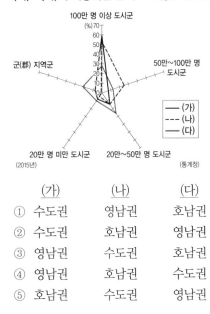

(2015년)　(통계청)

	(가)	(나)	(다)
①	수도권	영남권	호남권
②	수도권	호남권	영남권
③	영남권	수도권	호남권
④	영남권	호남권	수도권
⑤	호남권	수도권	영남권

08

다음은 수행 평가 보고서의 일부이다. (가)에 들어갈 제목으로 가장 적절한 것은?

> 〈수행 평가 보고서〉
>
> 3학년 □반 이름: ○○○
>
> 제목: ＿＿＿＿＿＿＿＿ (가) ＿＿＿＿＿＿＿＿
>
> 서울과 6대 광역시의 도심 지역에 해당하는 중구(광주는 동구)의 주간 인구와 상주인구를 비교하면(2013년 기준), 대전과 울산을 제외하고 주간 인구가 상주인구보다 많다. 서울의 중구는 주간 인구가 상주인구에 비해 약 3.5배, 부산의 중구는 약 2배 많다. 주간 인구와 상주 인구의 격차는 각종 행정의 어려움, 도심 빈곤화, 출퇴근 시 교통 혼잡 등의 문제로 연결된다.
>
>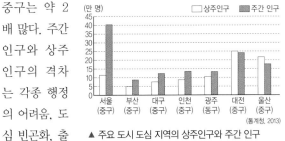
>
> ▲ 주요 도시 도심 지역의 상주인구와 주간 인구
> (통계청, 2013)

① 우리나라 도시의 계층 구조
② 도시 내부 기능 지역의 분화
③ 대도시 도심의 특화 기능 입지
④ 도심 재개발로 나타난 도심의 변화
⑤ 대도시 도심의 인구 공동화 현상과 문제

09

그래프는 지도에 표시된 세 구(區)의 특성을 나타낸 것이다. 이에 대한 설명으로 옳은 것은?

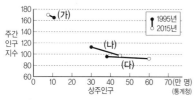

▲ 구별 주간 인구 지수와 상주인구

① (가)는 (나)보다 통근자의 평균 통근 거리가 길다.

② (가)는 (다)보다 퇴근 시간대 순 유입 인구가 많다.

③ (나)는 (가)보다 1995~2015년에 전입 인구가 많다.

④ (나)는 (다)보다 2015년 주간 인구가 많다.

⑤ (다)는 (가)보다 상업 및 업무 기능의 집중도가 높다.

10 고난도

표는 지도에 표시된 네 지역에 대한 내용이다. 이에 대한 추론으로 가장 적절한 것은?

구분	주간 인구 지수	행정동(개)	법정동(개)
(가)	372.8	15	74
(나)	188.0	22	14
(다)	128.1	10	3
(라)	84.7	19	5

* 주간 인구 지수는 2015년, 행정동 및 법정동은 2016년 자료임.
** 주간 인구 지수는 통계청, 행정동 및 법정동은 행정자치부 자료임.

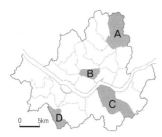

① (가)는 (나)보다 시가지의 형성 시기가 이를 것이다.

② (가)는 (라)보다 초등학교당 학급 수가 많을 것이다.

③ (나)는 (라)보다 생산자 서비스업의 집중도가 낮을 것이다.

④ (다)는 (가)보다 주민의 평균 통근 거리가 가까울 것이다.

⑤ (가)는 A, (나)는 B, (다)는 C, (라)는 D일 것이다.

11

그래프의 (가)~(다)에 해당하는 지역을 지도의 A~C에서 고른 것은?

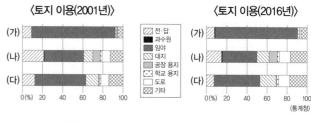

	(가)	(나)	(다)
①	A	B	C
②	A	C	B
③	B	A	C
④	B	C	A
⑤	C	B	A

12

다음 자료는 지도에 표시된 (가) 지역의 변화를 나타낸 것이다. 2001년과 비교한 2014년의 상대적 특성에 대한 추론으로 적절하지 않은 것은?

〈주택 유형별 거주 비중〉

〈주택 현황〉

구분	일반 가구 수 (호)	주택 수 (호)	주택 보급률 (%)
2001년	46,510	48,867	105.1
2014년	83,079	115,295	138.8

(통계청)

① 상주인구가 증가했을 것이다.

② 전업농가 비중이 증가했을 것이다.

③ 3차 산업 종사자 비중이 증가했을 것이다.

④ 서울로의 통근·통학 인구가 증가했을 것이다.

⑤ 단독 주택보다 아파트가 건설이 많았을 것이다.

10강 도시 계획과 재개발 ~ 지역 개발과 공간 불평등

1단계 기출 자료 분석

자료 01 도시 재개발의 특징 파악하기

(가) 대구 중구에서는 원도심 지역을 활성화하기 위하여 중구의 거리, 건축물 등이 지닌 **역사적 특성을 살려** 근대 역사 문화 벨트 **단서❶** 를 조성하였다. 일제 강점기하의 항일 운동 정신을 느끼고 저항의 흔적을 찾아 볼 수 있는 '근대 골목 관광' 프로그램을 진행하여 관광객들에게 역사적 의미를 알리고 있다.

(나) 서울 관악구에서는 2001년부터 ○○지역 재개발 사업을 추진하였다. 이 사업에서는 **달동네 지역을 전면 철거하고 아파트 단서❷ 단지를 신축하는 방식**을 채택하였다. 이 사업이 시행된 결과 주택의 유형만 바뀐 게 아니라 **거주하는 주민들도 대부분 바뀌 단서❸ 었다.**

단서 풀이
· 단서 ❶ 건축물을 철거하고 새 건물을 짓기보다는 역사적 특성을 살려 건축물을 보수하는 형태로 이루어지는 재개발 방식이다.
· 단서 ❷ 기존의 시설을 모두 철거하고 새로운 시설물로 대체하는 재개발 방식이다.
· 단서 ❸ 원거주민의 재정착률이 낮은 재개발 방식이다.

자료 분석
· (가): 역사 · 문화적 가치가 있는 지역에서 건축물을 보수하는 형태로 이루어지는 보존 재개발이다.
· (나): 노후화된 기존의 시설을 모두 철거하고 새로운 시설물로 대체하는 철거(전면) 재개발이다.

이것도 알아둬
철거(전면) 재개발에 비해 보존 재개발은 기존 건물의 활용도가 높고, 투입 자본의 규모가 작으며, 원거주민의 재정착률이 높다.

자료 02 지역 개발 방식의 특징 이해하기

(가)의 사례 지역인 ○○은/는 최근 임해형 신산업 도시 개발 계획을 추 **단서❶** 진하면서 많은 변화가 있어. 대규모 국가 산업 단지와 신항만이 건설될 예정이야. **단서❷**

(나)의 사례 지역인 □□은/는 자연 환경이 잘 보존되어 있어. 주민들은 **단서❸** 친환경 농산물 생산, 천연 염색, 도자기 만들기 등의 체험 프로그램을 운영하여 소득을 올리고 있어. **단서❹**

단서 풀이
· 단서 ❶ 중앙 정부가 주도하는 지역 개발이다.
· 단서 ❷ 지역 개발의 규모가 크다.
· 단서 ❸ 자연환경 보존, 친환경 농산물 생산, 천연 염색 등을 통해 환경친화적 지역 개발임을 알 수 있다.
· 단서 ❹ 지역 주민의 주도로 지역 환경에 맞는 지역 개발이 이루어지고 있다.

자료 분석
· (가): 중앙 정부가 주도하는 하향식 개발 방식이다.
· (나): 지방 정부 또는 지역 주민이 주도하는 상향식 개발 방식이다.

기출 선지 변형 O X

01 다음 내용이 맞으면 ○, 틀리면 ×를 표기하시오.

1-1. (나) 개발 방식에 대한 (가) 개발 방식의 상대적 특징

① 재개발 후 건물 평균 층수가 높다. ○, ×

② 재개발 후 원거주민의 거주 지속 가능성이 높다. ○, ×

③ 투입 자본의 규모가 크다. ○, ×

④ 기존 건물의 활용도가 높다. ○, ×

1-2. 도시 재개발 방법의 특징

⑤ 철거(전면) 재개발은 기존의 시설을 완전히 철거하고 새로운 시설물로 대체하는 방법이다. ○, ×

⑥ 철거(전면) 재개발은 원거주민의 재정착률이 높은 편이다. ○, ×

⑦ 보존 재개발은 역사 · 문화적으로 보존할 가치가 있는 지역의 환경 악화를 예방하고 유지 · 관리하는 방법이다. ○, ×

⑧ 보존 재개발은 철거(전면) 재개발보다 투입 자본의 규모가 크고 기존 건물의 활용도는 낮다. ○, ×

02 다음 내용이 맞으면 ○, 틀리면 ×를 표기하시오.

2-1. (가), (나) 지역 개발 방식의 특징

① (가)는 (나)보다 환경친화적이다. ○, ×

② (가)는 (나)보다 전통문화 자원의 활용도가 높다. ○, ×

③ (가)는 (나)보다 지역 개발의 규모가 크다. ○, ×

④ (나)는 (가)보다 지역 주민의 자발적 참여도가 높다. ○, ×

⑤ (가)는 상향식 개발, (나)는 하향식 개발이다. ○, ×

2-2. 하향식 개발과 상향식 개발의 특징

⑥ 하향식 개발은 개발 주체가 지방 정부 또는 지역 주민이고, 상향식 개발은 개발 주체가 중앙 정부이다. ○, ×

⑦ 성장 거점 개발에서는 하향식 개발 방식을, 균형 개발에서는 상향식 개발 방식을 택한다. ○, ×

⑧ 상향식 개발은 하향식 개발보다 지역 주민의 자발적 참여도가 높고 전통문화 자원의 활용도가 높다. ○, ×

기출 자료 분석

자료 03 수도권과 비수도권 간 지역 격차 이해하기

1) 조사 주제: 수도권과 비수도권 간 격차
2) 조사 내용 및 항목

구분	조사 내용	조사 항목
현황	인구 및 산업의 수도권 집중	(가)
원인	1960년대 이후 하향식 개발 정책 단서❶	(나)
문제점	수도권에서 집적 불이익 발생 단서❷	(다)
해결 노력	수도권 기능의 지방 이전 단서❸	(라)

단서 풀이
- 단서 ❶ 중앙 정부가 주도하여 투자 효과가 큰 지역에 집중 투자하는 성장 거점 개발이다.
- 단서 ❷ 교통 혼잡, 지가 상승, 환경 오염 등이 있다.
- 단서 ❸ 행정 중심 복합 도시 조성과 혁신 도시 및 기업 도시 추진 등이 있다.

자료 분석
수도권은 우리나라 면적의 약 12%에 불과하지만 인구는 약 50%가 밀집해 있어 인구가 집중되어 있다. 또한, 정치, 경제, 교통, 교육, 행정, 문화 기능 등이 집중되어 있다. 이와 같이 여러 가지 기능이 집중됨에 따라 다양한 문제가 나타나고 있다. 한정된 공간에 인구와 기능이 과도하게 집중되면서 주택 부족, 교통 혼잡, 지가 상승, 환경 오염 등의 집적 불이익이 발생하고 있다. 이에 대한 대책으로 서울의 인구와 기능을 주변으로 분산하기 위한 정책과 서울로의 과도한 집중을 억제하는 정책을 실시하고 있다. 또한, 행정 중심 복합 도시 조성과 혁신 도시, 기업 도시 추진 등 수도권 기능의 지방 이전이 이루어지고 있다.

자료 04 우리나라의 국토 종합 (개발) 계획 파악하기

〈국토 종합 (개발) 계획〉 단서❸

구분	제1차 국토 종합 개발 계획 (1972~1981)	제2차 국토 종합 개발 계획 (1982~1991)	제3차 국토 종합 개발 계획 (1992~1999)	제4차 국토 종합 계획 (2001~2020)
개발 방식	거점 개발	광역 개발 단서❷	(가)	
기본 목표	사회 간접 자본 확충 단서❶	인구의 지방 정착 유도	지방 분산형 국토 골격 형성	균형, 녹색, 개방, 통일 국토
개발 전략	(나)	(다)	(라)	개방형 통합 국토축 형성

단서 풀이
- 단서 ❶ 사회 간접 자본에는 고속 국도, 항만, 다목적 댐 등이 있다.
- 단서 ❷ 지방의 주요 도시와 배후 지역을 포함한 지역 생활권을 설정하여 개발하는 방식이다.
- 단서 ❸ 3차와 4차 국토 종합 (개발) 계획에서는 균형 개발을 채택하였다.

자료 분석
- (가): 균형 개발이다.
- (나): 수출 주도형 공업화, 수자원 종합 개발 등이 있다.
- (다): 인구의 지방 분산, 생활 환경 개선 등이 있다.
- (라): 지방 육성과 수도권 집중 억제, 신산업 지대 조성 등이 있다.

기출 선지 변형 O X

03 다음 내용이 맞으면 ○, 틀리면 ×를 표기하시오.

3-1. (가)~(라)에 알맞은 조사 항목 찾기

① (가) – 전국 대비 수도권의 인구 및 지역 내 총생산 비중 ○, ×

② (나) – 지역 주민이 주도하는 지역 개발 정책 사례 ○, ×

③ (다) – 수도권의 지가 및 교통 혼잡 비용 변화 ○, ×

④ (라) – 지역 축제를 활용한 장소 마케팅 사례 ○, ×

3-2. 수도권과 비수도권 간 지역 격차 특징

⑤ 수도권과 비수도권 간의 지역 격차는 1960년대 산업화 이후 성장 위주의 하향식 개발 전략을 추진해 온 결과 지속적으로 심화되었다. ○, ×

⑥ 각종 기능들이 한정된 장소에 지나치게 집중하면 교통 혼잡, 임대료 및 지가 상승 등이 발생하게 되는데, 이러한 현상을 집적 이익이라고 한다. ○, ×

⑦ 지역 격차를 완화하기 위해 여러 가지 기능들을 서울로 집중시키고 있다. ○, ×

04 다음 내용이 맞으면 ○, 틀리면 ×를 표기하시오.

4-1. (가)~(라)에 해당하는 국토 종합 (개발) 계획의 특징

① (가) – 투자 효과가 큰 지역을 선정하여 집중 투자하는 방식이다. ○, ×

② (나) – 고속 국도, 항만, 다목적 댐 등을 건설하여 산업 기반을 조성하였다. ○, ×

③ (다) – 지방의 주요 도시와 배후 지역을 포함한 지역 생활권을 설정하였다. ○, ×

④ (라) – 혁신 도시와 기업 도시를 지정 및 육성하였다. ○, ×

4-2. 우리나라 국토 종합 (개발) 계획의 특징

⑤ 제1차 국토 종합 개발 계획은 거점 개발을 채택하였다. ○, ×

⑥ 제2차 국토 종합 개발 계획은 균형 개발을 채택하였다. ○, ×

⑦ 제3차 국토 종합 개발 계획은 광역 개발을 채택하였다. ○, ×

⑧ 혁신 도시와 기업 도시를 지정 및 육성한 것은 제4차 국토 종합 계획 시기이다. ○, ×

01 교육청
p.079 **자료 01**

(가), (나) 도시 재개발의 상대적 특성을 그림으로 나타낼 때, A, B에 들어갈 항목으로 옳은 것은?

(가)	□□ 마을은 노후 주택과 시가지를 모두 철거하고 새로운 주거 지역을 건립하는 재개발 방식을 채택하였다. 기존의 주거지는 대규모 아파트 단지로 바뀌었으며 도시 기반 시설이 새롭게 들어서면서 예전과 전혀 다른 모습으로 탈바꿈하였다.
(나)	○○ 마을은 주민들의 의사를 적극적으로 반영하는 재개발 방식을 채택하였다. 새로운 주거 시설을 신축하기보다 기존의 낡은 주택을 보수하고 부족한 생활 기반 시설을 보완하는 등 주민들의 생활 환경 개선에 중점을 두어 마을을 재정비하였다.

	A	B
①	투입 자본 규모	원주민의 이주율
②	투입 자본 규모	기존 건물 활용도
③	원주민의 이주율	투입 자본 규모
④	기존 건물 활용도	투입 자본 규모
⑤	기존 건물 활용도	원주민의 이주율

• '고'는 큼(높음), '저'는 작음(낮음)을 의미함.

02 평가원
p.079 **자료 01**

다음은 사이버 학습 장면의 일부이다. 답글이 옳은 학생을 고른 것은?

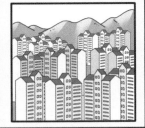

학습 주제: 도시 재개발

☞ 아래 사례에 적용된 도시 재개발 방식의 특징에 대해 답글을 달아 보세요.

도심의 철거민들이 몰려와 1960년대 말 형성된 ○○ 지역 판자촌들이 대대적으로 재개발되어 대규모 아파트 단지로 변모되었다.

답글(4)
└ 갑: 건물의 고층화로 토지 이용의 효율성이 높아져요.
└ 을: 역사·문화적으로 보존이 필요한 지역에서 주로 행해져요.
└ 병: 보존 재개발 방식보다 기존 건물의 활용도가 낮아요.
└ 정: 수복 재개발 방식보다 원거주민들의 재정착률이 높게 나타나요.

① 갑, 을 ② 갑, 병 ③ 을, 병
④ 을, 정 ⑤ 병, 정

03 평가원

다음 글을 통해 파악할 수 있는 지역 개발의 공통적인 방향으로 가장 적절한 것은?

• 이천, 광주, 하남, 여주, 양평 등 경기도 동부권 5개 시·군은 생활 쓰레기의 안정적인 처리를 위해 동부권 광역 자원 회수 시설을 공동으로 건립하였다. 부지는 이천시가 제공하고 처리 시설은 나머지 시·군이 비용을 부담하여 건설하였다. 이 시설은 5개 시·군이 공동으로 위원회를 결성하여 운영 및 관리하고 있다.

• 경남의 산청·함양·하동, 전북의 남원·장수, 전남의 구례·곡성 등 7개 지자체는 지리산을 활용하여 지역 발전을 도모하기 위해 '지리산권 관광 개발 조합'을 만들었다. 이를 통해 지리산권에 산재한 관광 자원과 연계하는 관광 코스를 개발하고, 관광 기반 정비, 관광 상품 개발, 마케팅 및 홍보 등의 사업을 공동으로 추진하고 있다.

① 지역 간 상호 협력을 통한 지역 개발
② 중앙 정부가 주도하는 하향식 지역 개발
③ 지역의 독특한 특성을 활용한 지역 개발
④ 낙후 지역에 우선적으로 투자하는 지역 개발
⑤ 성장 잠재력이 큰 지역에 대한 집중적인 지역 개발

04 평가원
p.079 **자료 01**

(나) 지역과 비교한 (가) 지역 도시 재개발의 상대적 특성을 그림의 A~E에서 고른 것은?

(가)	서울시 □□동 △△ 구역에는 50년 이상 된 주택 150여 채가 서울 성곽 바로 밑 경사지를 따라 들어서 있다. 최근 이 지역에서는 주민들이 모여 서울 성곽과 골목길의 장점을 활용하여 적은 비용으로 마을 경관을 아름답게 가꾸고, 주거 환경도 개선하는 정비 사업을 벌이고 있다.
(나)	서울시 ◇◇동 ○○ 지역에서는 2001년 6월부터 재개발 사업이 시작되었다. 이곳의 재개발은 고층 아파트를 건립하는 방식으로 이루어졌다. 재개발 이후 새로 지어진 아파트에는 기존에 살던 주민 2,529세대 중 220세대만이 살고 있다. 이는 전체 가구의 8.7%에 불과하다.

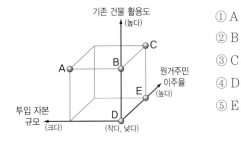

① A
② B
③ C
④ D
⑤ E

05 교육청
p.080 자료 04

다음 자료의 ㄱ~ㄹ에 대한 옳은 설명을 〈보기〉에서 고른 것은?

우리나라 국토 계획

우리나라 국토 계획과 개발 방식에 대해 토론해 봅시다.

㉠ 제1차 국토 종합 개발 계획에서는 ㉡ 성장 가능성이 큰 지역에 집중 투자하는 지역 개발 방식을 채택하였습니다.

㉢ 제3차 국토 종합 개발 계획부터는 형평성을 고려하여 ㉣ 낙후 지역에 우선적으로 투자하는 지역 개발 방식을 채택하였습니다.

· 보기 ·
ㄱ. ㉠의 시행 결과 경부축 중심의 발전이 두드러졌다.
ㄴ. ㉡은 경제적 효율성에 중점을 둔다.
ㄷ. ㉣은 불균형 개발 방식에 속한다.
ㄹ. ㉠은 상향식 개발, ㉢은 하향식 개발로 추진되었다.

① ㄱ, ㄴ   ② ㄱ, ㄷ   ③ ㄴ, ㄷ
④ ㄴ, ㄹ   ⑤ ㄷ, ㄹ

06 교육청
p.080 자료 04

다음은 국토 종합 개발 계획에 관한 대화 내용이다. (가), (나)에 대한 옳은 설명을 〈보기〉에서 고른 것은?

1970년대 (가) 제1차 국토 종합 개발 계획에서는 공업 기반 조성을 위해 고속 도로, 항만 등 사회 기반 시설을 건설하고 남동 임해 지역을 중심으로 공단을 건설한 것이 특징이야.

1990년대 (나) 제3차 국토 종합 개발 계획에서는 신산업 지대 조성과 지방 도시 육성, 국민 생활과 환경 부문의 투자 증대를 주요 정책으로 하고 있어.

· 보기 ·
ㄱ. (가)의 의사 결정 방식은 주로 상향식이다.
ㄴ. (나)의 주요 개발 방식은 균형 개발이다.
ㄷ. (가)는 (나)보다 효율성을 추구하였다.
ㄹ. (가), (나) 모두 생산 환경보다 생활 환경 개선을 우위에 두었다.

① ㄱ, ㄴ   ② ㄱ, ㄷ   ③ ㄴ, ㄷ
④ ㄴ, ㄹ   ⑤ ㄷ, ㄹ

07 교육청
p.080 자료 04

다음 자료는 우리나라의 국토 종합 개발 계획을 나타낸 것이다. ㉠~㉺에 대한 설명으로 옳은 것은?

구분	1차 국토 종합 개발 계획	2차 국토 종합 개발 계획	3차 국토 종합 개발 계획
시행 시기	1972~1981년	1982~1991년	1992~1999년
개발 방식	㉠ 거점 개발	광역 개발	㉡ 균형 개발
개발 전략	㉢ 공업 기반 조성을 위한 대규모 교통망 구축 ⋮	㉣ 국토의 다핵 구조 형성 ⋮	㉺ 수도권 집중 억제와 지방 육성

① ㉠은 주로 상향식 개발 방식으로 추진되었다.
② ㉡은 경제적 효율성보다 지역 간 형평성을 중시한다.
③ ㉢의 일환으로 고속 철도를 건설하였다.
④ ㉣을 위해 혁신 도시와 기업 도시를 육성하였다.
⑤ ㉺을 위해 수도권 공장의 신·증축을 제한하는 제도를 폐지하였다.

08 교육청

지도의 A~C 도시에 대한 옳은 설명을 〈보기〉에서 고른 것은? (단, A~C는 공업 도시, 신도시, 혁신 도시 중 하나임.)

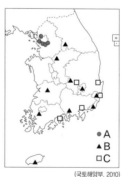

● A
▲ B
□ C

(국토해양부, 2010)

· 보기 ·
ㄱ. A는 서울의 주택 부족을 해결하기 위해 건설되었다.
ㄴ. B는 공공 기관의 이전을 통해 발전을 추구하고 있다.
ㄷ. C는 지역 주민들이 주도하는 개발 방식으로 건설되었다.
ㄹ. A는 C보다 도시의 조성 시기가 이르다.

① ㄱ, ㄴ   ② ㄱ, ㄷ   ③ ㄴ, ㄷ
④ ㄴ, ㄹ   ⑤ ㄷ, ㄹ

09 평가원

p.080 자료 04

다음 자료는 우리나라의 국토 종합 개발 계획을 나타낸 것이다. (가)~(라)에 대한 옳은 설명을 〈보기〉에서 고른 것은?

구분	1차 국토 종합 개발 계획 (1972~1981년)	2차 국토 종합 개발 계획 (1982~1991년)	3차 국토 종합 개발 계획 (1992~1999년)
개발 방식	(가)	광역 개발	(다)
개발 목표	국토 이용 관리의 효율화	(나)	지방 분산형 국토 개발
주요 개발 전략	사회 간접 자본 확충	인구의 지방 분산 유도	(라)

〈보기〉

ㄱ. (가)는 투자 효과가 큰 지역을 선정하여 집중 투자하는 방식이다.

ㄴ. (나)를 달성하기 위해 이 시기에 기업 도시와 혁신 도시를 육성하였다.

ㄷ. (다)는 (가)보다 지역 간 성장의 형평성을 강조한다.

ㄹ. (라)의 일환으로 이 시기에 중화학 공업 육성을 위한 대규모 남동 임해 공업 지역이 조성되었다.

① ㄱ, ㄴ ② ㄱ, ㄷ ③ ㄴ, ㄷ ④ ㄴ, ㄹ ⑤ ㄷ, ㄹ

10 평가원

지도에 나타난 '○○ 도시' 정책에 대한 옳은 설명을 〈보기〉에서 고른 것은?

〈○○ 도시의 분포〉

- 녹색 건강과 건강·생명·관광으로 생동하는 도시
- 첨단 과학 기술과 교통의 허브
- IT·BT 산업의 테크노폴리스
- 교육·학술 산업의 메카 동남권 산업 클러스터 중심
- 농업 생명의 허브
- 인간과 자연이 함께하는 친환경 첨단 에너지 메카
- 하나로 빛나는 초광역 첨단 미래 산업 클러스터
- 대륙과 해양이 만나는 해양 수산·영화·금융의 중심
- 국제 자유 도시를 선도하는 국제 교류·교육 연수 도시
- 남해안 산업 벨트의 중심 거점 (국토교통부)

〈보기〉

ㄱ. 공공 기관 이전과 산·학·연 협력 체계를 통한 지역 발전을 추구한다.

ㄴ. 수도권 집중을 해소하고 낙후된 지방 경제를 활성화하기 위한 정책이다.

ㄷ. 제3차 국토 종합 개발 계획 기간 동안 추진된 성장 거점형 도시 육성 정책이다.

ㄹ. 2차 산업 육성을 위한 산업 용지 공급을 통해 자족적 복합 기능을 갖춘 도시를 육성한다.

① ㄱ, ㄴ ② ㄱ, ㄷ ③ ㄴ, ㄷ ④ ㄴ, ㄹ ⑤ ㄷ, ㄹ

11 교육청

p.079 자료 02

다음 자료가 나타내는 지역 개발 방식에 대한 옳은 설명을 〈보기〉에서 고른 것은?

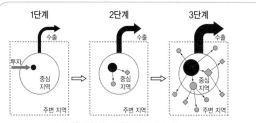

* 도형의 크기와 화살표의 굵기는 규모와 양을 나타냄.

1단계: 중심 지역의 수출 중심 공업에 집중적으로 투자

2단계: 중심 지역에서 수출 중심 공업이 성장하고 이와 연관된 공업과 서비스업이 발달

3단계: 중심 지역의 성장이 주변 지역의 연관된 공업과 서비스업 성장을 유도

〈보기〉

ㄱ. 성장 거점 개발 방식에 해당한다.

ㄴ. 투자의 형평성보다 효율성을 강조한다.

ㄷ. 주로 지방 자치 단체가 주민들의 동의를 얻어 진행한다.

ㄹ. 우리나라의 제3차 국토 종합 개발 계획에서 채택 및 시행되었다.

① ㄱ, ㄴ ② ㄱ, ㄷ ③ ㄴ, ㄷ ④ ㄴ, ㄹ ⑤ ㄷ, ㄹ

12 교육청

p.080 자료 03

다음은 지역 격차에 관한 보고서의 목차이다. ㉠~㉤의 내용으로 적절하지 않은 것은?

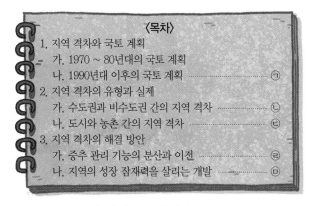

〈목차〉

1. 지역 격차와 국토 계획
   가. 1970 ~ 80년대의 국토 계획
   나. 1990년대 이후의 국토 계획 ················ ㉠
2. 지역 격차의 유형과 실제
   가. 수도권과 비수도권 간의 지역 격차 ········· ㉡
   나. 도시와 농촌 간의 지역 격차 ··············· ㉢
3. 지역 격차의 해결 방안
   가. 중추 관리 기능의 분산과 이전 ············· ㉣
   나. 지역의 성장 잠재력을 살리는 개발 ········· ㉤

① ㉠ – 균형 개발 정책의 도입 배경

② ㉡ – 인구와 기능의 수도권 집중도 증가 추이

③ ㉢ – 도시와 농촌의 가구 평균 소득 비교

④ ㉣ – 수도권 규제 완화에 따른 국토 공간 구조의 변화 전망

⑤ ㉤ – 지역 축제를 활용한 장소 마케팅의 성공 사례

01

다음 교사의 질문에 옳게 답한 학생을 고른 것은?

철거 재개발은 시가지가 형성된 지 오래되어 노후화된 ⊙ 지역의 건물을 철거하여 새로운 시가지로 조성하는 방식을 말한다. ⓒ 보존 재개발은 그대로 내버려 두면 환경이 악화될 염려가 있거나 역사적 문화재로서 가치가 있는 건축물이 많은 지역에서 시행되며, ⓒ 도시 시설을 정비·개선하거나 보존할 건축물을 보수하는 방식이다. (ⓓ)(이)란 기존의 건물과 환경을 최대한 살리면서 노후·불량화의 요인만을 부분적으로 보수하고 정비하는 방식을 말하는데, ⓔ 지역의 변형을 최소화한다.

⊙~ⓔ에 대해 발표해 볼까요?

갑 을 병 정 무

- 갑: ⊙은 자원 낭비를 줄이는 친환경적 방식입니다.
- 을: ⓒ으로 대단위 고층 건물이 들어서게 됩니다.
- 병: ⓒ은 대규모 인구 유입을 목적으로 합니다.
- 정: ⓓ에는 '수복 재개발'이 들어갈 수 있습니다.
- 무: ⓔ으로 원거주민의 이주율이 높아집니다.

① 갑 ② 을 ③ 병 ④ 정 ⑤ 무

02 고난도

다음 글의 밑줄 친 ⊙~ⓔ에 대한 설명으로 옳은 것은?

⊙ 도시 계획이란 도시에 살고 있는 사람들의 주거와 다양한 활동을 합리적으로 배치하기 위해 계획을 수립하고 실천에 옮기는 것을 말한다. 급속한 산업화와 도시화에 따라 발생한 ⓒ 도시 문제를 완화하거나 해소하고 미래에 일어날 수 있는 문제들을 예방하기 위해 종합적으로 ⓒ 도시를 계획할 필요성이 높아졌다.

ⓓ 1960년대 경제 개발 계획 수립 후 도시 기반 시설을 설치하고 시가지 개발 사업을 하기 위해 도시 계획법에 따라 토지를 확보하였다. 1981년에는 각 부문별 계획을 통제하여 도시를 종합적으로 개발하기 위해 ⓔ 도시 기본 계획을 제도화하였다.

① ⊙ − 지역 주민이 직접 주도하는 친환경적 도시 공간 조성이 주요 계획 목적이다.
② ⓒ − 우리나라는 도시화 속도가 느린 편으로 1990년대부터 나타나기 시작하였다.
③ ⓒ − 도시마다, 시기마다 내용이 달라진다.
④ ⓓ − 제1차 국토 종합 개발 계획과 병행하여 수립되었다.
⑤ ⓔ − 1981년부터 5년 단위의 도시 기본 계획을 마련하였다.

03

다음 글의 (가) 지역 변화를 도식화한 것으로 옳은 것은?

(가) 경기도 안양의 덕천 마을은 노후화된 불량 주택 밀집 지역으로 인근의 하천 범람으로 인한 잦은 침수와 철도 소음, 인도가 없는 도로 등으로 안양에서 가장 낙후한 곳으로 꼽혔다. 하지만 이 일대가 재개발되면서 최고 32층 높이의 아파트 38개 동이 들어선 아파트촌으로 변화하였다. 이 지역은 에너지 절약형 주택으로 설계됐으며 단지를 관통하는 그린 카펫과 산책 코스, 7만 평의 생태 공원이 조성되었다.

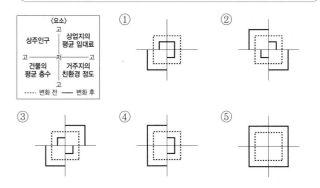

〈요소〉
상주인구 / 상업지의 평균 임대료 / 건물의 평균 층수 / 거주지의 친환경 정도
····· 변화 전 ── 변화 후

① ② ③ ④ ⑤

04

다음 자료는 지도에 표시된 A 지역의 스왓(SWOT) 분석 중 일부이다. ⊙~ⓔ에 대한 설명으로 옳은 것은?

강점(Strength)	약점(Weakness)
• ⊙ 국토 공간 및 광역 교통의 중심부 위치 • 수려한 자연환경 및 다양한 역사·문화 자원 보유	• ⓓ 도시 지역과 촌락 지역의 불균형 심화 • 내륙 입지로 대량 화물의 해안 수송 어려움
기회(Opportunity)	위협(Threat)
• ⓒ 세종시를 중심으로 한 중부권이 국토의 새로운 핵으로 부상 • 국가 중심 정책으로서 ⓒ 도시 재생 사업 활발	• 주변 여건 변화로 주변 도시와 기능 및 역할 보완 필요 • ⓔ 저출산·고령화로 인적 자원 및 도시 활력 감소

(○○시청, 2016)

① ⊙에 위치한 A 지역은 수도권과 전철로 연결되었다.
② ⓒ에는 충청남도 도청이 입지해 있다.
③ ⓒ은 주로 철거 재개발 방식으로 진행된다.
④ ⓓ의 상호 보완적 발전을 위해 도농 통합이 이루어졌다.
⑤ ⓔ으로 유소년층에 대한 노년층의 인구 비율이 낮아진다.

05

(가), (나) 지역 개발 방식에 대한 설명으로 옳지 <u>않은</u> 것은? (단, 균형 개발과 성장 거점 개발만 고려함.)

> 지역 개발 방식에는 선진국에서 주로 채택하는 (가) 개발 방식과 개발 도상국에서 주로 채택하는 (나) 개발 방식이 있다.

① (가)는 낙후된 지역을 우선적으로 개발한다.
② (나)는 우리나라에서 1990년대에 적용되었다.
③ (가)는 (나)보다 개발 과정에 주민의 의사가 많이 반영된다.
④ (나)는 (가)보다 경제적 효율성을 중시한다.
⑤ (가)는 주로 상향식 개발, (나)는 주로 하향식 개발이다.

06

다음 자료의 (가)에 대한 설명으로 옳은 것은?

> 2013년 (가) 에 공기업이 이전하면서 나주시가 변화하고 있다. 특히 2014년 국내 최대 공기업인 한국 전력 공사의 본사가 나주에 자리 잡으면서 광주·전남 (가) 은/는 '나베리아(나주+시베리아)'에서 '나와이(나주+하와이)'로 변신했다. 허허벌판이던 나주 지역은 2년 만에 31층짜리 빌딩이 들어서고 곳곳에 식당이 성업하는 지역으로 변하고 있다.

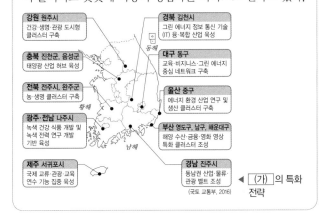

▲ (가)의 특화 전략
(국토 교통부, 2016)

① 제2차 국토 종합 개발 계획 때부터 계획되었다.
② 수도권의 국제 경쟁력을 강화하기 위한 정책으로 등장했다.
③ 대도시 주변에 위치하여 대도시 기능의 일부를 분담한다.
④ 공공 기관 청사 및 이와 관련된 기업, 학교, 연구소 등이 함께 입지하도록 계획되었다.
⑤ 민간 기업이 주도적으로 참여하여 개발하며 특정 산업 중심으로 자급자족형 복합 도시를 추구한다.

07

다음은 학생이 작성한 수행 평가 보고서의 일부이다. ㉠에 들어갈 옳은 답안을 〈보기〉에서 고른 것은?

> ※ 다음 (가), (나) 시기의 개발 특징을 서술하시오.
>
> | (가) | (나) |
> | --- | --- |
> | 〈제1차(1972~1981년)〉 | 〈제3차(1992~1999년)〉 |
> | • 사회 간접 자본 확충
• 대규모 공업 기반 구축
• 수도권·남동 임해 지역에 공업 단지 건설 | • 지방 분산형 국토 골격, 수도권 집중 억제, 낙후 지역 집중 개발
• 통일 대비 남북 간 교류망 확충
• 세계화 및 개방화 대비 |
>
> 답안: ㉠　　　　　　　　　.

〈보기〉
ㄱ. (가) 시기는 성장 가능성이 큰 지역에 집중 투자하는 지역 개발이 이루어졌다.
ㄴ. (가) 시기에 물 자원 종합 개발을 위해 여러 하천에 다목적 댐이 건설되었다.
ㄷ. (나) 시기에 경부 고속 국도가 완공되어 경부축 중심의 지역 성장이 이루어졌다.
ㄹ. (나) 시기에 도시의 무질서한 확장을 제한하기 위해 개발 제한 구역이 처음으로 실시되었다.

① ㄱ, ㄴ   ② ㄱ, ㄷ   ③ ㄴ, ㄷ
④ ㄴ, ㄹ   ⑤ ㄷ, ㄹ

08 고난도

다음 자료에 대한 옳은 설명만을 〈보기〉에서 있는 대로 고른 것은? (단, (가)~(다)는 영남권, 충청권, 호남권 중 하나임.)

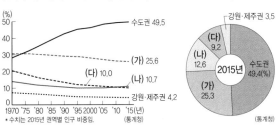

▲ 권역별 인구 비중 변화　　　▲ 권역별 지역 내 총생산 비중

〈보기〉
ㄱ. (가)와 (다)는 인접하여 위치한다.
ㄴ. 수도권과 (가)의 인구 차이는 점차 감소하였다.
ㄷ. 2015년 (다)는 수도권보다 인구 밀도가 낮다.
ㄹ. 2015년 (나)는 (다)보다 1인당 지역 내 총생산이 많다.

① ㄱ, ㄴ   ② ㄷ, ㄹ   ③ ㄱ, ㄴ, ㄷ
④ ㄱ, ㄷ, ㄹ   ⑤ ㄴ, ㄷ, ㄹ

11강 자원의 의미와 자원 문제

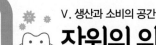

1단계 기출 자료 분석

자료 01 자원의 유형 변화 이해하기

(가) 철강 수요 증가에 따라 국제 거래 가격이 상승하면서 ○○ 광산의 철광석 채굴이 재개되었다. 이는 톤당 80달러였던 국제 철광석 가격이 최근 160달러로 상승하면서 나타난 현상이다.

(나) 태양광은 전력 생산에 시험적으로만 이용되었다. 그러나 기술 개발과 대규모 투자 등으로 발전 비용이 낮아져 태양광을 이용한 전력 생산과 거래가 급격히 증가하고 있다.

단서❶ (가) 철광석, (나) 태양광

자원의 의미 \ 자원 재생 수준	경제적 의미의 자원	기술적 의미의 자원
사용으로 고갈되는 재생 불가능 자원	A	B
재생 수준이 가변적인 자원	C	D
사용량과 무관한 재생 가능 자원	E	F

단서❷, 단서❸

단서 풀이
• 단서 ❶ 철광석은 재생 수준이 가변적인 자원이다. 태양광은 사용량과 무관한 재생 가능 자원이다.
• 단서 ❷ 석유, 석탄 같은 화석 에너지가 대표적이다.
• 단서 ❸ 태양광, 조력, 풍력, 수력 등이 대표적이다.

자료 분석
• (가)의 철광석은 기술적으로 개발하는 것이 가능하지만 경제적 이유로 개발되지 않았으나 철강의 국제 가격이 상승하면서 가격 경쟁력이 높아져 재개발된 사례이다. 철광석은 고철을 재사용 할 수 있기 때문에 재생 수준이 가변적인 자원에 해당한다. 따라서 (가)는 D에서 C로 변화하였다.
• (나)의 태양광은 사용량과 무관한 재생 가능 자원에 해당한다. 과거에 비해 태양광의 발전 비용이 낮아지면서 태양광 발전이 증가하고 있으므로 (나)는 F에서 E로 변화하였다.

자료 02 시·도별 화석 에너지의 소비량 비중 이해하기

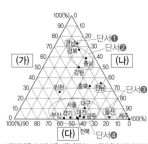

단서 풀이
• 단서 ❶ 경남은 화력 발전량이 많다.
• 단서 ❷ 경북, 충남은 제철 공업이 발달하였다.
• 단서 ❸ 울산과 전남은 정유 및 석유 화학 공업이 발달하였다.
• 단서 ❹ 인구가 많은 대도시는 가정용 연료인 천연가스 소비량이 많다.

* 그래프의 같은 시·도별 석유, 천연가스, 석탄 소비량의 합에서 각 에너지가 차지하는 소비량 비중을 나타낸 것이며, 세종은 제외함. (2013)

자료 분석
• (가)는 경남, 경북, 충남의 소비량 비중이 높은 것으로 보아 석탄이다. 화력 발전소가 많은 경남은 석탄의 소비 비중이 높으며, 경북과 충남은 제철소가 위치해 있어 석탄의 소비 비중이 높다.
• (나)는 울산, 전남의 소비량 비중이 높은 것으로 보아 석유이다. 울산과 전남 여수는 정유 공업과 석유 화학 공업이 발달한 지역이다.
• (다)는 부산, 경기, 서울, 대전, 대구, 광주 같은 대도시에서 소비량 비중이 높은 것으로 보아 천연가스이다. 천연가스는 주로 가정용 연료로 사용되므로 인구가 많은 대도시에서 소비량이 많다.

기출 선지 변형 O X

01 다음 내용이 맞으면 ○, 틀리면 ×를 표기하시오.

① 매장량이 한정되어 있어 언젠가는 고갈되는 자원의 특성을 자원의 편재성이라고 한다. (○, ×)

② 특정 지역에 편중되어 분포하며, 자원 민족주의가 등장하게 된 배경이 된 자원의 특성을 자원의 유한성이라고 한다. (○, ×)

③ 인간의 사용량과 상관없이 지속적으로 공급되거나 순환되는 자원은 비재생 자원 혹은 고갈 자원 등으로 불린다. (○, ×)

④ 인간의 이용 정도에 따라 점차 고갈되며 재생이 거의 불가능하거나 생성 속도가 매우 느린 자원을 재생 불가능 자원이라고 한다. (○, ×)

⑤ 넓은 의미의 자원은 천연자원뿐만 아니라 인적 자원, 문화적 자원 등을 포괄한다. (○, ×)

⑥ 좁은 의미의 자원은 주로 천연자원을 의미한다. (○, ×)

02 다음 내용이 맞으면 ○, 틀리면 ×를 표기하시오.

2-1. 시·도별 화석 에너지의 소비량 비중

① (가) 중 역청탄은 해외에서 전량 수입하고 있다. (○, ×)

② (나)는 서남아시아에서 많은 양이 수입되는 자원이다. (○, ×)

③ (나)는 천연가스와 함께 대부분 발전용으로 이용된다. (○, ×)

④ (가)는 신생대 제3기 배사 구조 지층에 많이 매장되어 있다. (○, ×)

⑤ 우리나라의 1차 에너지 소비량 비중에서 (나)의 비중이 가장 높다. (○, ×)

⑥ (다)는 (가), (나)보다 지구 온난화에 미치는 영향이 큰 자원이다. (○, ×)

2-2. 광물 자원의 분포와 이용

⑦ 철광석은 제철 공업의 원료이며, 대부분 북한에 매장되어 있다. (○, ×)

⑧ 텅스텐은 시멘트 공업의 주요 원료이며, 고생대 조선 누층군에 주로 분포한다. (○, ×)

⑨ 석회석은 강원도 영월군 상동에서 많이 생산되었으나, 값싼 중국산의 수입으로 생산량이 급격히 감소하였다. (○, ×)

기출 자료 분석

자료 03 1차 에너지원의 지역별 생산량 이해하기

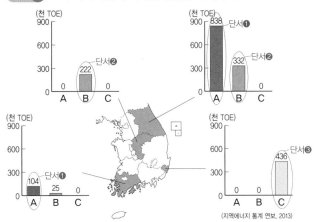

(지역에너지 통계 연보, 2013)

단서 풀이
- 단서 ❶ A는 강원과 전남에서 주로 생산된다.
- 단서 ❷ B는 강원과 충북의 생산량이 많다.
- 단서 ❸ C는 울산에서만 생산된다.

자료 분석 (조건_A ~ C는 수력, 천연가스, 석탄 중 하나임.)
- A는 강원과 전남에서 생산되며 특히 강원의 생산 비중이 높은 것으로 보아 석탄이다.
- B는 한강 수계에 해당하는 강원과 충북의 생산량이 많은 것으로 보아 수력이다.
- C는 다른 지역에서는 생산되지 않고 울산에서만 생산되므로 천연가스이다. 우리나라는 필요한 천연가스의 대부분을 수입하고 있으며 울산 앞바다에 위치한 동해 가스전에서 소량 생산된다.

자료 04 발전 양식의 분포 이해하기

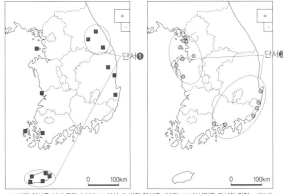

〈A 발전 양식〉 〈B 발전 양식〉

*A 발전 양식은 설비 용량 5,000kW 이상, B 발전 양식은 100만 kW 이상만을 표시한 것임. (2013)

단서 풀이
- 단서 ❶ A 발전 양식은 강원도와 제주도에 많이 분포한다.
- 단서 ❷ B 발전 양식은 수도권, 충청권, 남동 임해 지역에 많이 분포한다.

자료 분석
- 풍력 발전은 풍속이 강한 해안 지역이나 산지 지역이 유리하여 강원도와 제주도의 발전량 비중이 높다. 따라서 A는 풍력 발전이다.
- 화력 발전은 입지 제약이 적어 주요 소비지에 인접해 분포하기 때문에 수도권과 충청권, 남동 임해 지역에 많이 분포한다. 따라서 B는 화력 발전이다.

기출 선지 변형 OX

03 다음 내용이 맞으면 ○, 틀리면 ×를 표기하시오.

3-1. 1차 에너지원의 특징과 지역별 생산량

① A는 재생 불가능한 자원이다.	○, ×
② A는 고생대 평안계 지층에 주로 매장되어 있다.	○, ×
③ 우리나라의 1차 에너지 소비 구조에서 석유 다음으로 소비량이 많은 에너지 자원은 A이다.	○, ×
④ C는 주로 신생대 제3기 지층에 매장되어 있다.	○, ×
⑤ C는 A보다 연소 시 대기 오염 물질의 배출량이 많은 에너지 자원이다.	○, ×

3-2. 1차 에너지원의 특징

⑥ 유량이 풍부하고 낙차가 큰 곳에 입지하기 유리한 발전 양식은 수력이다.	○, ×
⑦ 원자력 발전의 원료인 우라늄은 전량 국내에서 생산된다.	○, ×
⑧ 천연가스는 가정에서 난방용으로 많이 사용된다.	○, ×
⑨ 원자력은 수력보다 상용화된 시기가 빠르다.	○, ×

04 다음 내용이 맞으면 ○, 틀리면 ×를 표기하시오.

① A는 원자력 발전보다 발전량 비중이 낮다.	○, ×
② A는 풍속이 강하고 풍향이 일정해야 하므로 기후의 제약을 많이 받는다.	○, ×
③ A는 발전 시 소음은 크지만 대기 오염 물질과 온실 기체의 배출량은 적다.	○, ×
④ A는 재생 가능한 자원을 이용하는 발전 양식이다.	○, ×
⑤ B는 안전성을 고려하여 소비지로부터 먼 곳에 입지하는 발전 양식으로, 방사능 누출의 위험성이 있다.	○, ×
⑥ B는 발전 시 배출되는 대기 오염 물질과 온실 기체의 양이 적다.	○, ×
⑦ B는 조수 간만의 차를 이용하는 발전 양식이다.	○, ×
⑧ B는 우라늄을 이용하는 발전 양식으로, 발전 시 배출되는 폐기물의 처리가 어렵고 발전소의 입지를 둘러싸고 사회적 갈등이 발생한다.	○, ×

01 평가원

다음은 '자원' 관련 단원의 발표 수업 안내이다. 이를 토대로 작성한 발표 계획으로 가장 적절한 것은?

- 단원 내용 중 발표할 '주제어'를 선정한다.
- 각 주제어에 대한 '개념'을 올바르게 정의한다.
- 각 주제어에 대한 개념을 적절하게 설명할 수 있는 '조사 내용'을 제시한다.

	주제어	개념	조사 내용
①	도시 광산	폐가전제품에 포함된 광물을 추출하여 재활용하는 사업	바람 지도와 일사량 지도에 바탕을 둔 풍력, 태양광 발전소의 입지
②	신·재생 에너지	기존 화석 연료를 변환하거나 재생이 가능한 에너지	석유 파동 이후 안정적인 에너지 확보를 위한 석유 수입국의 다변화
③	자원의 가변성	자원의 매장량이 한정되어 있어 고갈될 수 밖에 없는 특성	상동 텅스텐 광산의 폐광과 폐광된 이후 광산 재가동의 이유
④	자원의 유한성	기술적, 경제적 상황에 따라 자원의 가치가 달라지는 특성	주요 지하자원의 가채 연수 파악 및 대체 자원 개발 현황
⑤	자원의 편재성	자원이 일부 지역이나 국가에 치우쳐 분포하는 특성	지역 간, 국가 간 이동이 많은 자원의 분포 지역 파악

02 수능

p.087 자료 03

그래프는 권역별 1차 에너지 공급 구조를 나타낸 것이다. 이에 대한 설명으로 옳지 않은 것은? (단, (가)~(라)는 수도권, 영남권, 충청권, 호남권 중 하나임.)

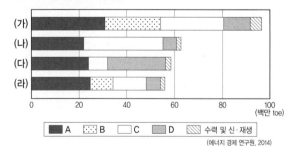

(에너지 경제 연구원, 2014)

① (가)의 주변 해역에서는 D가 생산되고 있다.
② (나)는 충청권, (다)는 수도권이다.
③ A는 C보다 우리나라 1차 에너지 공급에서 차지하는 비중이 높다.
④ C는 D보다 발전 시 대기 오염 물질의 배출량이 많다.
⑤ 우리나라 1차 에너지원별 발전량은 A>B>D>C 순이다.

03 평가원

p.087 자료 03

그래프는 지도에 표시된 세 지역의 1차 에너지원별 공급량을 나타낸 것이다. 이에 대한 설명으로 옳은 것은? (단, A~C는 석유, 원자력, 천연가스 중 하나임.)

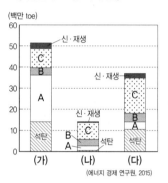 

(에너지 경제 연구원, 2015)

① 1차 에너지원별 공급량에서 석유가 차지하는 지역 내 비중은 부산이 경북보다 높다.
② 1차 에너지원별 공급량에서 원자력이 차지하는 지역 내 비중이 가장 높은 지역은 전남이다.
③ B는 A보다 수송용 연료로 많이 사용된다.
④ B는 C보다 발전 과정에서 발생하는 폐기물을 처리하는 데 비용이 많이 든다.
⑤ C는 A보다 발전 시 대기 오염 물질의 배출량이 많다.

04 수능

p.087 자료 03

그래프는 우리나라에서 생산되는 1차 에너지에 관한 것이다. 이에 대한 설명으로 옳은 것은?

〈1차 에너지의 유형별 생산 비중〉

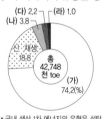

* 국내 생산 1차 에너지의 유형은 석탄, 수력, 신·재생, 원자력, 천연가스임.

〈1차 에너지의 지역별 생산 비중〉

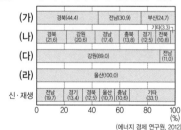

(에너지 경제 연구원, 2012)

① (가)는 주로 내륙 지역에서 생산된다.
② (나)는 (다)보다 에너지 생산 시 대기 오염 물질 배출량이 많다.
③ (라)는 (다)보다 상용화된 시기가 이르다.
④ 1차 에너지의 생산량은 석탄이 수력보다 많다.
⑤ 1차 에너지의 생산량이 가장 많은 지역은 경북이다.

05 평가원

그래프는 에너지원별 소비량과 생산량의 비중 변화를 나타낸 것이다. A~D에 대한 설명으로 옳은 것은?

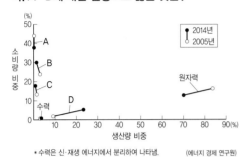

*수력은 신·재생 에너지에서 분리하여 나타냄. (에너지 경제 연구원)

① 국내에서 생산되는 B는 주로 산업용으로 이용된다.

② A는 B보다 전력 생산으로 이용되는 비중이 높다.

③ B는 C보다 연소 시 배출되는 이산화 탄소의 양이 적다.

④ C는 D보다 수입 의존도가 높다.

⑤ 2005년에 비해 2014년에 신·재생 에너지의 소비량은 석탄의 소비량보다 많이 늘었다.

06 수능

p.087 자료 03

그래프의 (가)~(다)는 지도에 표시된 세 지역의 1차 에너지원별 공급량을 나타낸 것이다. 이에 대한 설명으로 옳지 않은 것은? (단, A~C는 석유, 석탄, 천연가스 중 하나임.)

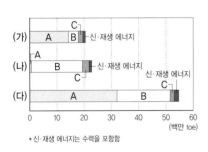

*신·재생 에너지는 수력을 포함함

(에너지 경제 연구원, 2015)

① 경남은 충남보다 1차 에너지원별 공급량에서 석탄이 차지하는 지역 내 비중이 작다.

② A는 제철 공업의 주요 연료로 이용된다.

③ B는 울산의 1차 에너지원별 공급량에서 가장 큰 비중을 차지한다.

④ C는 B보다 가정용으로 이용되는 비중이 크다.

⑤ 발전에 이용되는 1차 에너지의 비중은 A>C>B 순이다.

07 평가원

그래프는 우리나라의 1차 에너지에 관한 것이다. A~E에 대한 설명으로 옳지 않은 것은?

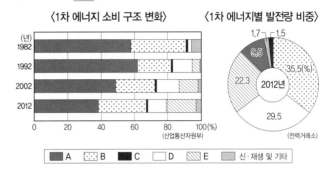

〈1차 에너지 소비 구조 변화〉 (산업통상자원부)

〈1차 에너지별 발전량 비중〉 (전력거래소)

① A는 주로 수송용 및 화학 공업의 원료로 이용된다.

② B의 채굴 비용 상승과 수요 감소 등으로 1980년대 후반 이후 국내의 많은 광산이 폐광되었다.

③ C를 이용한 발전은 대기 오염 물질의 배출은 적지만, 발전소 입지는 제한적이다.

④ D를 이용한 발전소는 다량의 용수 확보가 가능한 해안 인근에 주로 입지한다.

⑤ E는 국내에서 생산되지 않아 전량 수입에 의존한다.

08 평가원

다음 자료에 대한 설명으로 옳은 것은? (단, (가), (나)는 수력, 화력, A~C는 석유, 석탄, 수력 중 하나임.)

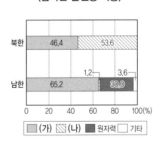
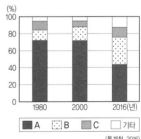

〈남북한 발전량 비중〉

〈북한의 1차 에너지 공급 비중〉

(통계청, 2016)

① (나)는 A를 이용하여 발전한다.

② (나)는 (가)보다 발전 과정에서 대기 오염 물질의 배출량이 많다.

③ A는 남한이 북한보다 자급률이 높다.

④ C는 남한에서 발전용보다 수송용으로 많이 사용된다.

⑤ B를 이용한 발전소는 A를 이용한 발전소보다 대체로 대소비지에 가까이 입지한다.

09 평가원

다음은 답사 후 작성한 보고서의 일부이다. 이를 바탕으로 답사 경로를 지도의 A~E에서 고른 것은?

1일 차	조수 간만의 차를 이용하여 전력을 생산하는 발전소가 있었다. 만 입구의 제방에 수문을 만들고, 밀물 때 바닷물의 흐름을 이용하여 발전기를 돌린다고 했다.
2일 차	고갯길을 한참 오른 버스는 해발 고도 800m 부근의 고원 지대에 멈춰섰다. 주변 고원 지대 여기저기에 엄청난 크기의 발전용 바람개비가 돌아가고 있었다.
3일 차	해안에 거대한 돔형 시설물이 보였다. 발전소에 도착한 후 홍보관에서 발전소 운영에 관한 영상을 시청하였다. 그리고 입지 선정과 방사성 폐기물 처리의 어려움 등 여러 문제점이 있다는 설명을 들었다.

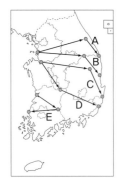

① A
② B
③ C
④ D
⑤ E

10 교육청

지도는 주요 광물 자원의 시·도별 매장량을 나타낸 것이다. A ~ C에 대한 설명으로 옳은 것은? (단, A~C는 고령토, 석회석, 철광석 중 하나임.)

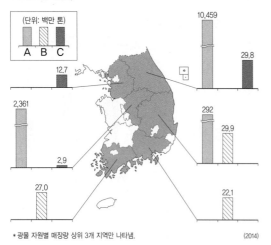

* 광물 자원별 매장량 상위 3개 지역만 나타냄. (2014)

① A는 주로 도자기 및 내화 벽돌의 원료로 이용된다.
② B는 고생대 조선 누층군에 주로 분포한다.
③ C는 비금속 광물 자원이다.
④ A는 C보다 해외 의존도가 낮다.
⑤ A ~ C 중 가채 연수가 가장 긴 것은 C이다.

11 교육청

p.087 자료 03

그래프는 지역별 1차 에너지 소비량 상위 6개 지역의 에너지 소비 현황을 나타낸 것이다. A~D에 대한 설명으로 옳은 것은? (단, A~D는 석유, 석탄, 원자력, 천연가스 중 하나임.)

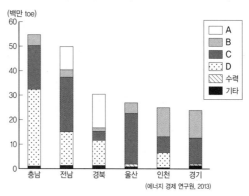

(에너지 경제 연구원, 2013)

① A는 냉동 액화 기술의 발달로 사용량이 증가하였다.
② B는 전량을 해외에서 수입하고 있다.
③ C는 1차 에너지 소비 구조에서 차지하는 비중이 가장 높다.
④ B는 D보다 연소 시 대기 오염 물질 배출량이 많다.
⑤ C는 D보다 화력 발전의 연료로 많이 이용된다.

12 교육청

p.86 자료 02

그래프는 시·도별 화석 에너지의 소비량 비중을 나타낸 것이다. (가)~(다)에 대한 설명으로 옳은 것은?

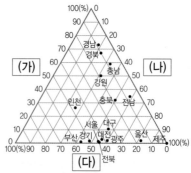

* 그래프의 값은 시·도별 석유, 석탄, 천연가스 소비량의 합에서 각 에너지가 차지하는 소비량 비중을 나타낸 것이며, 세종은 제외함. (2013)

① (가)는 대부분 서남아시아에서 수입한다.
② (나)는 발전용보다 수송용으로 많이 이용된다.
③ (다)는 고생대 평안 누층군에 주로 분포한다.
④ (가)는 (나)보다 1차 에너지 총소비량이 많다.
⑤ (다)는 (가)보다 연소 시 대기 오염 물질 배출량이 많다.

01

그림은 재생 가능성에 따른 자원의 분류를 나타낸 것이다. (가)~(다) 자원에 대한 설명으로 옳은 것은?

① (가)에는 구리, 철광석 등이 있다.

② (나)는 궁극적인 대체 에너지이다.

③ (다)는 화력 발전의 연료로 이용된다.

④ (가)는 (다)보다 자원 이용 시 온실가스 배출량이 많다.

⑤ 우리나라는 (나), (다)의 해외 의존도가 높다.

02 고난도

그래프는 도(道)별 1차 에너지 (가)~(라)의 공급량과 우리나라의 1차 에너지 소비 구조 변화를 나타낸 것이다. 이에 대한 설명으로 옳은 것은? (단, (가)~(라)와 A~D는 석유, 석탄, 원자력, 천연가스 중 하나임.)

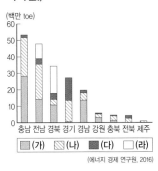
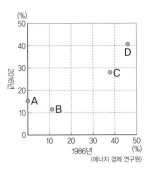

① (가)는 우리나라 1차 에너지 소비 구조에서 차지하는 비중이 1986년보다 2016년이 높다.

② (나)는 (다)보다 상용화된 시기가 늦다.

③ B는 냉동 액화 기술의 발달로 소비량이 급증하였다.

④ C는 A보다 연소 시 대기 오염 물질 배출량이 많다.

⑤ 충남에서 공급되는 에너지 공급량은 D가 C보다 많다.

03

다음 글에 나타난 자원의 가치 변화를 그림의 A~E에서 고른 것은?

> 강원도 ○○ 광업소는 1964년부터 운영되던 탄광으로, 3,000명이 넘는 광부가 2,500여 개의 갱도에서 연간 수십만 톤의 석탄을 생산하던 국내 최대 탄광이었지만, 2001년 10월 폐광되었다. - ○○일보, 2016. 4. 14.-

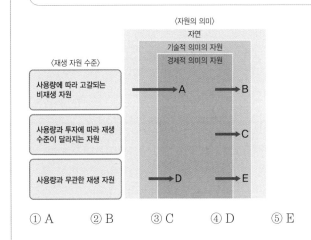

① A ② B ③ C ④ D ⑤ E

04

그래프는 A~C 광물 자원의 지역별 생산 비중을 나타낸 것이다. 이에 대한 설명으로 옳은 것은? (단, A~C는 고령토, 석회석, 철광석 중 하나임.)

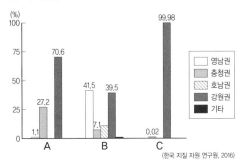

① A는 금속 광물 자원이다.

② B는 시멘트 공업의 원료로 가장 많이 이용된다.

③ C는 국내 수요량의 대부분을 수입에 의존한다.

④ A는 B보다 국내 생산량이 적다.

⑤ C는 A보다 가채 연수가 길다.

05 고난도

그래프의 (가)~(다)에 해당하는 화석 에너지를 A~D에서 고른 것은? (단, (가)~(다)와 A~D는 석유, 석탄, 원자력, 천연가스 중 하나임.)

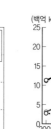
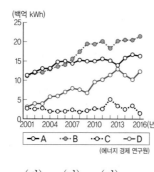

〈(가)~(다) 화석 에너지의 부문별 소비량〉

〈1차 에너지원별 발전량 변화〉

(백만 toe)

* 천연가스는 도시가스만 고려함. (통계청, 2016)

(백억 kWh)

(에너지 경제 연구원)

	(가)	(나)	(다)		(가)	(나)	(다)
①	A	D	B	②	B	A	C
③	B	A	D	④	C	A	B
⑤	C	D	B				

06 고난도

그래프는 (가)~(다) 화석 에너지의 수입량 변화를 나타낸 것이다. 이에 대한 옳은 설명을 〈보기〉에서 고른 것은?

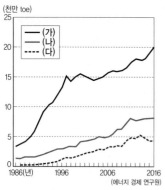

(천만 toe)

(에너지 경제 연구원)

보기

ㄱ. (가)는 고생대 평안 누층군에 주로 분포한다.
ㄴ. (나)는 화력 발전의 연료로 가장 많이 소비된다.
ㄷ. (나)는 (다)보다 최근 가정용 연료로 많이 소비된다.
ㄹ. (다)는 (나)보다 국내 생산량이 적다.

① ㄱ, ㄴ   ② ㄱ, ㄷ   ③ ㄴ, ㄷ
④ ㄴ, ㄹ   ⑤ ㄷ, ㄹ

07

지도는 주요 발전 설비의 분포를 나타낸 것이다. (가)~(다) 발전 방식에 대한 설명으로 옳은 것은?

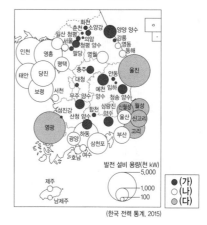

(한국 전력 통계, 2015)

발전 설비 용량(천 kW)
● (가)
○ (나)
● (다)

① (가)는 핵 폐기물 처리에 많은 비용이 든다.
② (나)는 발전 과정에서 온실가스 배출량이 가장 적다.
③ (다)는 우리나라의 총발전량에서 차지하는 비중이 가장 높다.
④ (가)는 (나)보다 발전원의 해외 의존도가 높다.
⑤ (나)는 (가)보다 자연 조건의 제약이 적다.

08

그래프는 도(道)별 신·재생 에너지의 생산량 비중을 나타낸 것이다. 이에 대한 설명으로 옳은 것은? (단, A~D는 수력, 조력, 풍력, 태양광 중 하나임.)

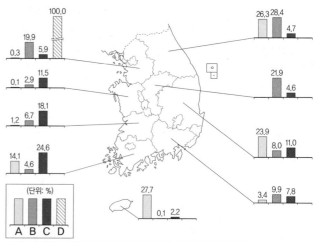

(단위: %)
A B C D

* 수치는 신·재생 에너지원별 전국의 총 공급량 대비 비중이며, 수력에서 양수식은 제외함.
(에너지 경제 연구원, 2016)

① A의 비중은 강원이 제주보다 높다.
② B는 일사량이 풍부한 지역이 발전에 유리하다.
③ C는 조차를 이용하여 에너지를 생산한다.
④ A는 C보다 발전 시 소음 발생량이 많다.
⑤ D는 B보다 계절별 발전량의 차이가 크다.

12강 농업의 변화와 농촌 문제

1단계 기출 자료 분석

자료 01 농촌 지역의 토지 이용 변화 파악하기

〈과거〉─단서❶   〈최근〉─단서❷

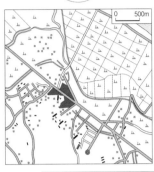 

● 시가지 ▦ 가옥 ■ 아파트 ⊥ 학교 ✛ 병원 ◉ 시·군청

단서 풀이
- 단서 ❶ 논이 많은 전형적인 농촌 지역의 토지 이용이다.
- 단서 ❷ 시가지, 가옥, 아파트가 많이 늘어났다.

자료 분석

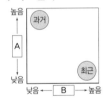

- 과거에 비해 시가지의 면적과 가옥, 아파트의 수가 늘어났다. 반면 논과 같은 경지 면적은 감소하였다. 따라서 상업적 토지 이용이 증가하였고 인구가 증가하였음을 추론할 수 있다.
- A에 들어갈 수치는 과거에 비해 최근 낮아진 수치로 경지율, 전업농 비율, 농업 종사자 비율 등이 해당된다. B에 들어갈 수치는 과거에 비해 최근 높아진 수치로 인구 밀도, 소득원의 다양성 등이 해당된다.

자료 02 시·도별 작물 재배 면적 비중 이해하기

〈시·도별 작물 재배 면적〉

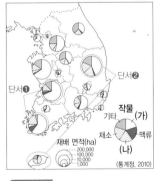

단서 풀이
- 단서 ❶ (가)는 우리나라 거의 모든 시·도 지역에서 가장 많은 재배 면적을 차지하고 있으며, 특히 전라북도와 전라남도에서 재배 면적 비중이 높다.
- 단서 ❷ (나)는 경상북도의 재배 면적이 가장 넓으며, 제주도는 (나)의 재배 면적 비중이 가장 높다.

자료 분석
- 벼는 우리나라의 주곡 작물로 다른 작물에 비해 재배 면적이 넓으며 특히 고온 다습한 기후가 나타나고 평야가 발달한 전라북도, 전라남도, 충청남도의 재배 면적이 넓다. 따라서 우리나라 거의 모든 시·도 지역에서 가장 넓은 재배 면적을 차지하고 있는 (가)는 벼이다.
- (나)는 과수로, 경상북도의 재배 면적이 가장 넓으며 제주도는 (나)의 재배 면적 비중이 가장 높다. 경상북도는 소우지로 일조량이 풍부하여 각종 과수 재배가 활발하다. 제주도는 겨울철 기온이 온화하여 감귤과 같은 과수 재배가 활발하다.

기출 선지 변형 O X

01 다음 내용이 맞으면 ○, 틀리면 ×를 표기하시오.

1-1. 농촌 지역의 토지 이용 변화

① 경지율은 A에 들어가기에 적당한 항목이다. | ○, ×

② 전업농 비율은 A에 들어가기에 적당한 항목이다. | ○, ×

③ 농업 종사자 비율은 B에 들어가기에 적당한 항목이다. | ○, ×

④ 소득원의 다양성은 B에 들어가기에 적당한 항목이다. | ○, ×

1-2. 농촌 지역의 토지 이용

⑤ 교통수단의 발달로 시장과 멀리 떨어진 곳에서 상업적 농업이 가능해졌으며, 원예 농업과 낙농업 지역이 확대되었다. | ○, ×

⑥ 도시 인구의 증가 및 소득 증가로 과일, 채소, 화훼 등의 수요가 감소하였다. | ○, ×

⑦ 기술 발달로 기후적 제약을 극복할 수 있게 되면서 시설 재배가 증가하였고, 이로 인해 토지 이용의 집약도가 증가하였다. | ○, ×

02 다음 내용이 맞으면 ○, 틀리면 ×를 표기하시오.

2-1. (가)~(다) 작물의 특징

① (가)는 식생활 변화와 시장 개방 등으로 재배 면적과 생산량이 증가하고 있다. | ○, ×

② (가)는 (나)보다 재배 면적이 더 넓다. | ○, ×

③ (나)는 주로 시설 재배로 생산되기보다는 노지에서 재배된다. | ○, ×

④ (나)는 (가)보다 영농의 기계화에 유리하다. | ○, ×

2-2. 시·도별 작물 재배

⑤ 벼(쌀)는 우리나라에서 재배 면적이 가장 넓은 작물이다. | ○, ×

⑥ 경상북도에서 생산되는 채소는 타 시·도에 비해 고랭지 농업의 형태로 재배되는 경우가 많다. | ○, ×

⑦ 경기도에서는 타 시·도에 비해 시설 재배를 통해 채소를 재배하는 비중이 높다. | ○, ×

기출 자료 분석

자료 03 지역별 작물 재배 면적과 농가 수 이해하기

〈도별 작물 재배 면적과 농가 수〉

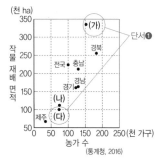

〈(가)~(다)의 작물 재배 면적 비중〉

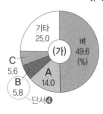 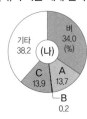 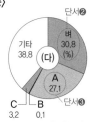

(통계청, 2016)

단서 풀이

- 단서 ❶ (가)는 작물 재배 면적이 가장 넓은 지역이다. (다)는 제주 다음으로 농가 수가 적은 지역이다.
- 단서 ❷ (다)는 벼 재배 면적 비중이 낮다.
- 단서 ❸ A는 (가)~(다) 중 (다)에서 재배 면적 비중이 가장 높다.
- 단서 ❹ B는 (가)~(다) 중 (가)에서 재배 면적 비중이 가장 높다.

자료 분석 (조건_단, (가)~(다)는 강원, 전남, 충북 중 하나이며, A~C는 과수, 맥류, 채소 중 하나임.)

- 전국 도(道) 중에서 작물 재배 면적이 가장 넓으며 도내 벼 재배 면적 비중이 (나), (다)보다 높은 (가)는 전남이다. 기후가 온화하고 평야가 발달한 전남은 벼농사가 발달하였다. (나)와 (다) 중 도내 벼 재배 면적 비중이 높은 (나)는 충북이며, (다)는 강원이다.
- 강원은 산지가 많아 벼 재배 면적 비중이 낮다. (가)~(다) 모두에서 재배 면적 비중이 높으며 특히 강원(다)에서 재배 면적 비중이 높은 A는 채소이다. 강원은 해발 고도가 높은 지역이 많아 여름철이 서늘해 고랭지 농업이 발달하였다.
- 전남(가)에서 재배 면적 비중이 상대적으로 높은 B는 맥류이고, 맥류는 주로 그루갈이로 재배되므로 기후가 온화한 남부 지방을 중심으로 재배된다. 그리고 C는 과수이다.

기출 선지 변형 O X

03 다음 내용이 맞으면 ○, 틀리면 ×를 표기하시오.

3-1. 도별 작물 재배 면적과 농가 수

① (가)는 전남, (나)는 충북, (다)는 강원이다. ○, ×

② (가)는 (다)보다 농가당 작물 재배 면적이 넓다. ○, ×

③ A의 재배 면적 비중은 (가)가 (다)보다 높다. ○, ×

④ B의 도내 재배 면적 비중은 (가)가 (나)보다 높다. ○, ×

⑤ C의 도내 재배 면적 비중은 (나)가 (다)보다 높다. ○, ×

3-2. 농촌 및 농업 구조의 변화

⑥ 우리나라 농촌은 이촌 향도에 따른 청장년층의 유출 문제가 심각하다. ○, ×

⑦ 우리나라 농촌에서는 청장년층의 노동력이 풍부하여 농업을 대부분 인력에 의존하고 있다. ○, ×

⑧ 우리나라 농촌에서는 유소년층의 인구 감소로 초등학교가 통폐합되고 있다. ○, ×

⑨ 산업화와 도시화로 인해 농경지가 주택, 도로, 공장 등으로 전환되면서 경지 면적이 증가하고 있다. ○, ×

⑩ 경지 면적이 감소하는 비율에 비해 농가 수가 감소하는 비율이 더 커서 농가당 경지 면적이 증가하고 있다. ○, ×

⑪ 노동력 부족 등에 따른 휴경지 증가와 그루갈이 감소로 경지 이용률이 증가하고 있다. ○, ×

3-3. 주요 작물의 특징

⑫ 맥류는 벼농사의 그루갈이 작물로 주로 재배된다. ○, ×

⑬ 맥류의 재배 면적 비중은 지속적으로 감소하고 있다. ○, ×

⑭ 식생활의 변화로 쌀의 1인당 소비량이 크게 증가하는 추세이다. ○, ×

⑮ 과일의 1인당 소비량은 증가하고 있다. ○, ×

⑯ 쌀, 맥류, 과일 중 전국 생산량이 가장 많은 작물은 맥류이다. ○, ×

⑰ 쌀, 맥류, 과일 중 전국 재배 면적이 가장 넓은 작물은 쌀이다. ○, ×

01 평가원

그래프에 대한 설명으로 옳은 것은? (단, (가)~(다)는 경북, 전북, 충남 중 하나이며, A~C는 과실, 맥류, 쌀 중 하나임.)

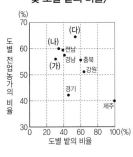
〈도별 전업농가의 비율 및 도별 밭의 비율〉

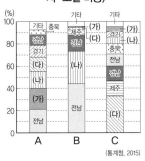
〈A~C 작물 재배 면적의 시·도별 비중〉
(통계청, 2015)

① 경북의 맥류 재배 면적은 전북보다 넓다.

② 전북의 과실 재배 면적은 충북보다 넓다.

③ 경지 면적 중 논의 비율은 전북이 충남보다 높다.

④ 밭의 비율이 가장 낮은 도는 전국에서 쌀의 재배 면적이 가장 넓다.

⑤ 전업농가의 비율이 가장 높은 도는 전국에서 과실 재배 면적이 가장 넓다.

02 평가원

(가)~(다) 작물에 대한 옳은 설명을 〈보기〉에서 고른 것은? (단, (가)~(다)는 과수, 식량 작물, 채소 중 하나임.)

〈작물의 특화 계수 상위 5개 도(道)〉

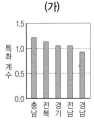
(가)

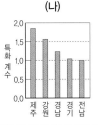
(나)

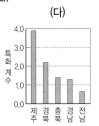
(다)

*특화 계수 = 지역의 경지 이용 면적 중 해당 작물 경지 이용 면적 비율 / 전국의 경지 이용 면적 중 해당 작물 경지 이용 면적 비율 (통계청, 2014)

▶보기◀
ㄱ. (가)의 전국 재배 면적은 감소하는 추세이다.
ㄴ. 제주와 강원에서는 (나)를 주로 시설 재배한다.
ㄷ. (다)의 경지 이용 면적 비율은 경북이 전국보다 높다.
ㄹ. (나)와 (다)를 합한 재배 면적은 (가)보다 넓다.

① ㄱ, ㄴ　　② ㄱ, ㄷ　　③ ㄴ, ㄷ
④ ㄴ, ㄹ　　⑤ ㄷ, ㄹ

03 평가원

그래프는 우리나라 농업의 변화를 나타낸 것이다. 2000년에 대한 2010년의 상대적 특성을 그림의 A~E에서 고른 것은?

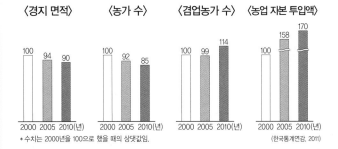
〈경지 면적〉　〈농가 수〉　〈겸업농가 수〉　〈농업 자본 투입액〉
* 수치는 2000년을 100으로 했을 때의 상댓값임. (한국통계연감, 2011)

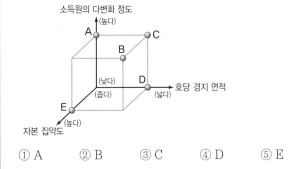

① A　　② B　　③ C　　④ D　　⑤ E

04 교육청

다음 글은 농업 경쟁력 향상 방안에 대한 것이다. 이 글의 제목으로 가장 적절한 것은?

> 최근 농촌에서는 지역 특산물의 인지도를 높이고 경쟁력을 확보하기 위해 농산물 및 가공품에 고유한 상표를 만들어 판매하고 있다. 보성 녹차, 이천 쌀, 횡성 한우 고기, 한산 모시, 순창 전통 고추장, 성주 참외 등이 대표적인 품목이다. 이러한 품목은 일정 요건을 갖춰 등록을 하면 다른 지역에서 해당 명칭을 사용할 수 없으며, 이를 통해 생산자는 수입을 높이고, 소비자는 믿을 수 있는 농산품을 살 수 있다.

① 농업 규모의 확대를 통한 농업 생산성 증대

② 친환경으로 생산하는 고품질 유기농 농산물

③ 지리적 표시제, 지역 브랜드화를 통한 상품의 차별화

④ 고령화 및 노동력 부족 문제를 영농 작업 기계화로 해결

⑤ 농촌 체험과 독특한 농업 경관을 활용한 농가 소득원의 다양화

05 평가원 p.094 자료 03

그래프는 (가), (나) 두 지역의 농업 현황을 나타낸 것이다. (가)와 비교한 (나)의 상대적 특성에 대한 추론으로 적절한 것을 〈보기〉에서 고른 것은?

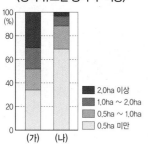

〈경지 규모별 농가 수 비중〉 〈재배 작물별 농가 수 비중〉

- 2.0ha 이상
- 1.0ha ~ 2.0ha
- 0.5ha ~ 1.0ha
- 0.5ha 미만

- 식량 작물
- 채소
- 과수
- 기타

(통계청, 2010)

· 보기 ·

ㄱ. 평균 지가가 높을 것이다.
ㄴ. 겸업농가의 비중이 낮을 것이다.
ㄷ. 농가의 경지 규모가 작을 것이다.
ㄹ. 시설 작물의 재배 비중이 낮을 것이다.

① ㄱ, ㄴ ② ㄱ, ㄷ ③ ㄴ, ㄷ ④ ㄴ, ㄹ ⑤ ㄷ, ㄹ

06 평가원

자료에 대한 설명으로 옳은 것은? (단, A~C는 벼, 과수, 채소 중 하나임.)

〈도별 농가 수 및 겸업농가 비율〉

□ 농가 수 ━●━ 겸업농가 비율

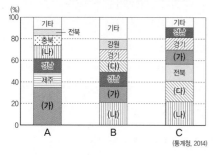

〈A~C 작물 재배 면적의 도별 비중〉

(통계청, 2014)

① 전체 겸업농가는 전업농가보다 많다.
② 농가가 가장 많은 도는 벼 재배 면적이 가장 넓다.
③ 전업농가가 가장 많은 도는 채소 재배 면적이 가장 넓다.
④ 경북의 벼 재배 면적은 충남보다 넓다.
⑤ 전남의 채소 재배 면적은 경남보다 넓다.

07 수능 p.094 자료 03

다음 자료에 대한 설명으로 옳은 것은? (단, (가)~(다)는 강원, 전남, 충북 중 하나이며, A~C는 과수, 맥류, 채소 중 하나임.)

〈도별 작물 재배 면적과 농가 수〉

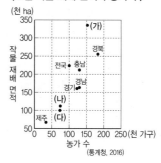

(통계청, 2016)

〈(가)~(다)의 작물 재배 면적 비중〉

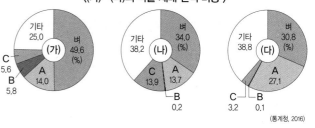

(통계청, 2016)

① (가)는 전남, (나)는 강원이다.
② 농가당 작물 재배 면적은 (다)가 (가)보다 넓다.
③ (가)~(다) 중 채소 재배 면적은 전남이 가장 넓다.
④ 도내 과수 재배 면적 비중은 강원이 충북보다 높다.
⑤ 도내 맥류 재배 면적 비중은 충북이 전남보다 높다.

08 평가원

A~C에 해당하는 농업 관련 지표로 옳은 것은?

지역	A	B	C
경기	13.6	4.8	57.9
경북	16.0	33.4	35.6
전북	8.9	6.1	40.1

(2015, 단위: %) (통계청)

＊겸업농가 비율은 해당 지역 내이고, 과수 재배 면적 비율과 농가 인구 비율은 전국 대비임.

	A	B	C
①	겸업농가 비율	과수 재배 면적 비율	농가 인구 비율
②	과수 재배 면적 비율	겸업농가 비율	농가 인구 비율
③	과수 재배 면적 비율	농가 인구 비율	겸업농가 비율
④	농가 인구 비율	겸업농가 비율	과수 재배 면적 비율
⑤	농가 인구 비율	과수 재배 면적 비율	겸업농가 비율

09 평가원
p.094 자료 03

표의 (가)~(다)에 해당하는 지역을 지도의 A~C에서 고른 것은?

지역	농가 수(호)	전업농가 수(호)	총경지 면적 대비 논 면적 비율(%)
(가)	129,904	54,816	54.9
(나)	104,036	60,150	67.3
(다)	76,436	39,286	40.2

(2014년) (통계청)

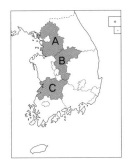

	(가)	(나)	(다)
①	A	B	C
②	A	C	B
③	B	A	C
④	B	C	A
⑤	C	A	B

11 교육청
p.093 자료 02

그래프는 세 작물의 지역별 재배 면적 비중을 나타낸 것이다. (가)~(다) 작물에 대한 옳은 설명을 〈보기〉에서 고른 것은? (단, (가)~(다)는 쌀, 과실, 맥류 중 하나임.)

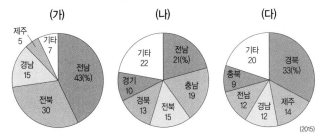

┌─보기─────────────────────────────────┐
ㄱ. (가)는 이천, 여주의 지리적 표시제 상품이다.
ㄴ. (나)는 식생활 변화로 1인당 소비량이 감소하는 추세이다.
ㄷ. (가)는 (나)보다 전국 생산량이 많다.
ㄹ. (나)는 (다)보다 전국 재배 면적이 넓다.
└──────────────────────────────────────┘

① ㄱ, ㄴ ② ㄱ, ㄷ ③ ㄴ, ㄷ
④ ㄴ, ㄹ ⑤ ㄷ, ㄹ

10 수능
p.094 자료 03

(가)~(라) 지역에 대한 옳은 설명을 〈보기〉에서 고른 것은? (단, (가)~(라)는 경기, 강원, 전남, 제주 중 하나임.)

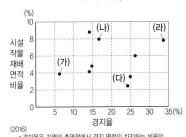
〈도별 경지율 및 시설 작물 재배 면적 비율〉

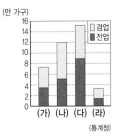
〈(가)~(라) 지역의 농가 수〉

(2016)
* 경지율은 지역의 총면적에서 경지 면적이 차지하는 비율임.
* 시설 작물 재배 면적 비율은 지역 내 경지 면적에서 시설 작물 재배 면적이 차지하는 비율임.

┌─보기─────────────────────────────────┐
ㄱ. (가)는 (라)보다 과실 생산량이 많다.
ㄴ. (나)는 (가)보다 노지 채소 재배 면적이 넓다.
ㄷ. (다)는 (나)보다 쌀 생산량이 많다.
ㄹ. (다)는 (라)보다 경지 면적 중 논 비율이 높다.
└──────────────────────────────────────┘

① ㄱ, ㄴ ② ㄱ, ㄷ ③ ㄴ, ㄷ
④ ㄴ, ㄹ ⑤ ㄷ, ㄹ

12 교육청
p.093 자료 02

지도의 (가)~(다) 지역을 표의 A~C에서 고른 것은?

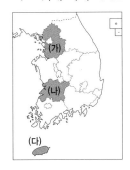

구분 \ 지역	A	B	C
전국에서 차지하는 과실 생산량 비중	하	중	상
지역 내 농가 수 대비 전업농가 비중	중	상	하
전국에서 차지하는 우유 생산량 비중	상	중	하

* '상, 중, 하'는 세 지역 중 순위를 의미함. (2014)

	(가)	(나)	(다)			(가)	(나)	(다)
①	A	B	C		②	A	C	B
③	B	A	C		④	B	C	A
⑤	C	B	A					

01

그래프는 우리나라 농촌의 변화를 나타낸 것이다. 이에 대한 옳은 분석을 〈보기〉에서 고른 것은?

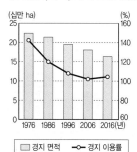
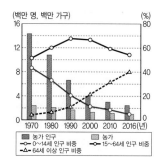

범례: 경지 면적 · 경지 이용률 / 농가 인구 · 농가 · 0~14세 인구 비중 · 15~64세 인구 비중 · 64세 이상 인구 비중

보기

ㄱ. 그루갈이가 증가하고 있다.

ㄴ. 농가당 가구원 수가 감소하였다.

ㄷ. 농가당 경지 면적이 감소하였다.

ㄹ. 농촌 인구의 고령화 현상이 심화되고 있다.

① ㄱ, ㄴ　　② ㄱ, ㄷ　　③ ㄴ, ㄷ

④ ㄴ, ㄹ　　⑤ ㄷ, ㄹ

02

그래프는 작물별 재배 면적 비중의 변화를 나타낸 것이다. (가)~(다) 작물로 옳은 것은?

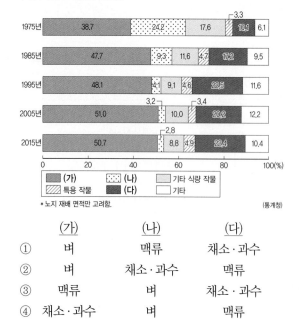

	1975년	1985년	1995년	2005년	2015년
(가)	38.7	47.7	48.1	51.0	50.7
(나)	24.2	9.3	4.1	3.2	2.8
기타 식량 작물	17.6	11.6	9.1	10.0	8.8
특용 작물	3.3	4.7	4.6	3.4	4.9
(다)	10.1	17.2	22.5	20.2	22.4
기타	6.1	9.5	11.6	12.2	10.4

* 노지 재배 면적만 고려함.　　(통계청)

	(가)	(나)	(다)
①	벼	맥류	채소·과수
②	벼	채소·과수	맥류
③	맥류	벼	채소·과수
④	채소·과수	벼	맥류
⑤	채소·과수	맥류	벼

03 고난도

그래프는 지도에 표시된 네 도(道)의 전업 및 겸업농가 수를 나타낸 것이다. (가)~(라) 지역에 대한 설명으로 옳은 것은?

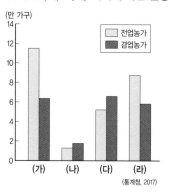

범례: 전업농가 · 겸업농가　　(통계청, 2017)

① 경기는 전남보다 전체 농가 수가 많다.

② 제주는 전남보다 전업농가 비중이 높다.

③ (가)는 (라)보다 전체 경지 면적 대비 논 면적 비중이 높다.

④ (다)는 (가)보다 과수 재배 면적이 넓다.

⑤ (라)는 (나)보다 쌀 생산량이 많다.

04 고난도

그래프는 도(道)별 (가)~(다) 작물의 재배 면적 비중을 나타낸 것이다. 이에 대한 설명으로 옳은 것은? (단, (가)~(다)는 쌀, 맥류, 과수 중 하나임.)

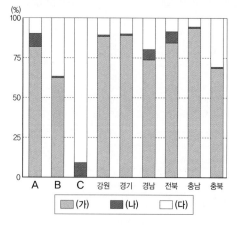

범례: (가) · (나) · (다)
가로축: A · B · C · 강원 · 경기 · 경남 · 전북 · 충남 · 충북

① A는 C보다 맥류의 재배 면적이 좁다.

② C는 B보다 농가 수가 많다.

③ (가)는 (다)보다 최근 1인당 소비량 증가가 많다.

④ (나)는 (가)의 그루갈이 작물로 많이 재배된다.

⑤ (다)는 (가)보다 영농의 기계화에 유리하다.

05 고난도

그래프는 (가)~(라) 지역의 주요 작물별 재배 면적을 나타낸 것이다. (가)~(라) 지역을 지도의 A~D에서 고른 것은?

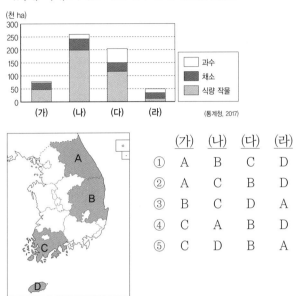

	(가)	(나)	(다)	(라)
①	A	B	C	D
②	A	C	B	D
③	B	C	D	A
④	C	A	B	D
⑤	C	D	B	A

06 고난도

그래프는 도(道)별 농업 특성을 나타낸 것이다. (가)~(라) 지역에 대한 설명으로 옳은 것은? (단, (가)~(라)는 경기, 경북, 제주, 충남 중 하나임.)

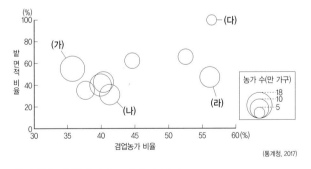

① (가)는 (나)보다 논 면적이 넓다.

② (나)는 (가)보다 전업농가 수가 많다.

③ (다)는 (라)보다 1차 산업 종사자 비중이 높다.

④ (라)는 (다)보다 농가당 경지 면적이 넓다.

⑤ (가)는 경기, (나)는 충남, (다)는 제주, (라)는 경북이다.

07

그래프는 주요 식량 작물별 자급률 변화를 나타낸 것이다. (가)~(다) 작물에 대한 설명으로 옳은 것은? (단, (가)~(다)는 밀, 쌀, 보리 중 하나임.)

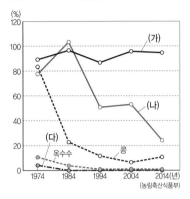

① (가)는 주로 밭에서 재배된다.

② (나)는 우리나라 사람들의 주식으로 이용된다.

③ (다)는 재배 시 고온 다습한 기후 조건을 필요로 한다.

④ (가)는 (나)보다 1인당 연간 소비량이 많다.

⑤ (나)는 (가)보다 전체 재배 면적이 넓다.

08

다음 글의 ⊙~⑩에 대한 설명으로 옳지 않은 것은?

> 우리나라는 산업화 및 도시화 과정에서 ⊙ 농촌의 인구가 감소하고 고령화가 진행되어 농촌의 기반이 약화되었다. 또한 ⓒ 복잡한 유통 구조, 해외 농산물 수입 증가 등으로 농가 소득도 감소하면서 농촌의 거주 환경은 더욱 악화되었다.
> 　　ⓒ　은/는 농산물의 부가 가치를 높이고 상품의 차별화를 통해 경쟁력을 확보할 수 있는 방안 중 하나이다.
> 　　ⓔ　은/는 기후, 지형, 토양 등 특정 지역의 지리적 특성이 반영된 농산물을 그 지역 특산품으로 육성하는 전략이다. 단순히 농산물을 생산하는 시스템에서 벗어나 ⑩ 특화된 농산물을 효율적으로 재배하고 가공과 유통, 체험 관광으로 연결하면 농업의 부가 가치를 더욱 높일 수 있다.

① ⊙을 해결하기 위해 농업의 기계화가 지속적으로 추진되었다.

② ⓒ의 해결 방안에는 로컬 푸드 운동, 농산물 직거래 확대 등이 있다.

③ ⓒ은 농산물 브랜드화, ⓔ은 지리적 표시제이다.

④ ⓔ을 통해 지역 경제 활성화, 농산물의 국제 경쟁력 확보 등의 효과를 얻을 수 있다.

⑤ ⑩으로 농가 소득 중 농업 소득이 차지하는 비중이 점차 증가하고 있다.

13강 공업의 발달과 지역 변화

기출 자료 분석

자료 01 여러 공업의 특징 파악하기

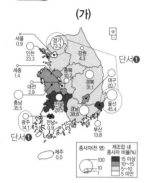

(가)

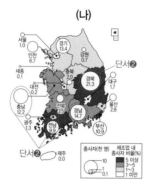

(나)

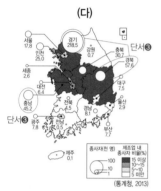

(다)

(통계청, 2013)

단서 풀이

- 단서 ❶ (가)는 경기가 종사자 1위, 울산이 종사자 2위이며 광주에서도 종사자 비율이 높은 제조업이다.
- 단서 ❷ (나)는 경북이 종사자 1위, 경남이 종사자 2위이며 충남과 전남에서도 종사자 비율이 높은 제조업이다.
- 단서 ❸ (다)는 경기가 종사자 1위, 경북이 종사자 2위이며 충남에서도 종사자 비율이 높은 제조업이다.

자료 분석 (조건_단, (가)~(다)는 자동차 및 트레일러, 전자, 철강 중 하나임.)

- (가)는 경기, 울산, 충남의 제조업 종사자 수가 많으며 광주의 종사자 비율이 높으므로 자동차 및 트레일러이다.
- (나)는 경북, 경남, 충남, 전남의 제조업 종사자 수가 많으므로 철강이다. 경북 포항, 전남 광양, 충남 당진에는 대규모 제철소가 있다.
- (다)는 경기, 경북, 충남의 제조업 종사자 수가 많으므로 전자이다. 충남 아산, 경북 구미는 전자 공업이 발달한 대표적인 지역이다.

이것도 알아둬

〈주요 제조업의 시·도별 출하액 비중〉

1차 금속 제조업	• 제철소가 건설되어 있는 경북, 전남, 충남의 출하액 비중이 높음 • 원료의 수입과 제품의 수출에 유리한 해안 지역에 공장 입지
섬유 제품 제조업(의복 제외)	• 경기, 경북, 대구의 출하액 비중이 높음 • 우리나라의 공업화 초기에 대표적인 수출 산업
자동차 및 트레일러 제조업	• 경기, 울산, 충남의 출하액 비중이 높음 • 많은 부품을 필요로 하는 종합 조립 공업 → 관련 공업이 집적되어 있음
코크스·연탄 및 석유 정제품 제조업	• 울산, 전남, 충남의 출하액 비중이 높음 • 원료의 수입과 제품의 수출에 유리한 해안 지역에 입지

기출 선지 변형 O X

01 다음 내용이 맞으면 ○, 틀리면 ×를 표기하시오.

1-1. (가)~(다) 공업의 특징

① (가)는 수많은 부품을 조립하는 조립형 공업이다. ○, ×

② (가)는 첨단 IT 기술이 적용되는 제조업으로 입지 자유형에 속한다. ○, ×

③ (나)의 주요 원료는 고령토와 텅스텐이며, 이들 원료는 전량 국내에서 충당된다. ○, ×

④ (다)는 대표적인 중화학 공업으로, 서남아시아의 페르시아만에서 수입하는 원료를 이용하여 제품을 생산한다. ○, ×

⑤ (다) 공업이 발달한 구미는 과거 노동 집약적인 전자 조립 공업이 발달했으나, 최근에는 반도체 공업과 같은 정보 통신 산업 중심으로 산업 구조가 고도화되고 있다. ○, ×

1-2. 여러 공업의 특징

⑥ 시멘트 공업은 대표적인 원료 지향형 공업이다. ○, ×

⑦ 반도체 공업은 소비자와의 잦은 접촉을 필요로 하는 시장 지향형 공업이다. ○, ×

⑧ 섬유 및 의류 공업은 제품의 부가 가치가 큰 공업으로 입지가 자유롭다. ○, ×

⑨ 출판 및 인쇄 공업은 울산, 여수, 서산에서 발달하였다. ○, ×

1-3. 공업의 이중 구조와 지역적 편재

⑩ 우리나라는 대기업보다 사업체 수 비중이 많은 중소기업이 전체 출하액에서도 대기업보다 더 많은 비중을 차지한다. ○, ×

⑪ 기업의 공간적 분업은 기업이 성장하면서 본사, 연구소, 생산 공장 등이 서로 다른 곳에 입지하는 현상을 말한다. ○, ×

⑫ 공업 구조의 고도화는 공업이 발달하면서 경공업의 비중은 감소하는 반면 중화학 공업과 첨단 산업의 비중이 증가하는 현상을 말한다. ○, ×

⑬ 우리나라는 수도권과 남동 임해 지역에 인구와 공업 기능이 집중해 있다. ○, ×

⑭ 공업의 집적 이익은 공장들이 한곳에 모여 있을 때 원료 구입비 절감, 정보와 기술 공유 등으로 인해 얻는 이익을 말한다. ○, ×

기출 자료 분석

자료 02 재료와 생산품을 통해 본 공업의 특징 이해하기

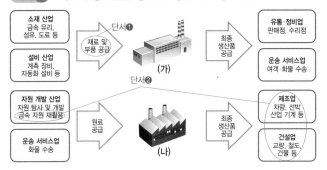

단서 풀이

- 단서 ❶ (가)는 수많은 부품을 조립하는 공업이다.
- 단서 ❷ (나)는 금속 자원이 원료이며, 이 공업의 생산품은 차량, 선박 등의 제조업과 교량, 철도 등의 건설업에 사용되는 기간 산업이다.

자료 분석 (조건_단, 제철, 자동차, 석유 화학 공업만 고려함.)

- (가)는 금속, 유리, 섬유 등 여러 소재와 각종 부품이 생산 과정에 투입되며 최종 생산품은 유통·정비업과 운송 서비스업의 발달을 가져오고 있으므로 자동차 공업이다. 자동차 공업은 많은 부품을 조립하는 공업으로 대표적인 집적 지향형 공업이다.
- (나)는 금속 자원을 재활용하여 원료가 공급되기도 하며, 화물 수송이 발달해야 한다. 그리고 (나)의 최종 생산품은 제조업과 건설업 등에 활용되고 있으므로 제철 공업이다.

자료 03 영·호남 4개 광역시의 제조업별 출하액 비중 비교하기

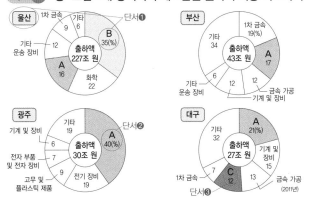

단서 풀이

- 단서 ❶ 울산은 자동차, 조선, 정유, 석유 화학 공업이 발달하였다. B는 울산 외의 다른 광역시에서는 생산이 이루어지지 않는 제조업이다.
- 단서 ❷ 광주는 A의 출하액 비중이 높게 나타난다.
- 단서 ❸ C는 대구에서 출하액 비중이 나타난다.

자료 분석 (단, A~C는 자동차 공업, 정유 공업, 섬유 공업 중 하나임.)

- A는 울산, 부산, 광주, 대구광역시에서 발달하였다. A는 특히 광주에서 비중이 높게 나타난다. 광주는 울산과 달리 다른 공업이 크게 발달하지 않았으나, 자동차 공업이 발달하였으므로 A는 자동차 공업이다.
- B는 울산 외의 다른 광역시에서는 생산이 이루어지지 않는 제조업이다. 울산은 자동차, 조선, 정유, 석유 화학 공업이 발달하였다. 따라서 B는 정유 공업이다.
- C는 대구에서 발달하였으므로 섬유 공업이다.

기출 선지 변형 OX

02 다음 내용이 맞으면 ○, 틀리면 ×를 표기하시오.

2-1. 재료와 생산품을 통해 본 공업의 특징

① (가)는 여수, 울산에서 발달한 석유 화학 공업이다. ○, ×

② (가)는 1960~1970년대에 발달했던 섬유·의류 공업이다. ○, ×

③ (가)는 많은 부품을 필요로 하는 조립형 공업이다. ○, ×

④ (나)는 각종 산업의 소재를 제공하는 기초 소재 공업이다. ○, ×

⑤ (나) 공업에서 최종 생산된 철강은 (가) 공업의 주요 원료로 이용된다. ○, ×

2-2. 각종 공업의 특징

⑥ 석유 화학 공업은 계열화된 공정이 필요하며, 관련 시설들이 집적하는 대표적인 집적 지향형 공업이다. ○, ×

⑦ 출판 및 인쇄 공업은 원료 지향형 공업이다. ○, ×

⑧ 반도체, 컴퓨터 등의 첨단 산업은 소비자와의 잦은 접촉을 필요로 하는 대표적인 시장 지향형 공업이다. ○, ×

03 다음 내용이 맞으면 ○, 틀리면 ×를 표기하시오.

① A 공업은 하나의 생산 라인에서 동일한 차종이 생산되기 때문에 다품종 소량 생산보다는 소품종 대량 생산이 이루어지고 있다. ○, ×

② B 공업은 원료인 원유를 해외에서 수입하기 때문에 울산, 여수 등 주로 해안에 입지하는 경향이 뚜렷하다. ○, ×

③ A와 B 공업은 대표적인 경공업이다. ○, ×

④ A 공업은 C 공업보다 최종 생산품의 무게가 무겁고 부피가 크다. ○, ×

⑤ C 공업은 1960~1970년대 우리나라의 공업화를 주도하였다. ○, ×

⑥ C 공업은 원료 지향형 공업이다. ○, ×

⑦ C 공업은 지식 기술 집약적 산업으로 입지가 자유롭다. ○, ×

⑧ C 공업은 자동차 공업, 조선 공업의 원료가 되는 중간재의 생산 비중이 높다. ○, ×

V

01 평가원

(가)~(다)에 대한 설명으로 옳은 것은? (단, (가)~(다)는 그래프에 제시된 공업 중 하나임.)

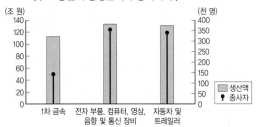

〈주요 공업의 총생산액과 종사자 수〉

〈(가)~(다)의 지역별 생산액 비중〉
(통계청, 2014)

① (가)는 한 가지 원료로 여러 제품을 생산하는 계열화된 공업이다.
② (나)는 최종 제품의 제조 과정에서 주요 원료의 무게와 부피가 감소하는 공업이다.
③ (가)는 (다)보다 총생산액이 적다.
④ (나)는 (다)보다 종사자 1인당 생산액이 적다.
⑤ (나)에서 생산된 제품은 (다)의 주요 재료로 이용된다.

02 평가원

p.100 자료 01

그래프는 지역별 공업 구조를 나타낸 것이다. A~C에 해당하는 지역을 지도의 ㄱ~ㄷ에서 고른 것은? (단, 생산액을 기준으로 상위 3개 업종 이외에는 기타로 처리함.)

(통계청, 2013)

	A	B	C
①	ㄱ	ㄴ	ㄷ
②	ㄱ	ㄷ	ㄴ
③	ㄴ	ㄱ	ㄷ
④	ㄴ	ㄷ	ㄱ
⑤	ㄷ	ㄴ	ㄱ

03 평가원

다음 탐구 주제에 대한 학생의 조사 내용으로 적절한 것을 고른 것은?

학생	탐구 주제	조사 내용
갑	공간적 분업	울산시 석유 화학 공업 성장에 따른 환경 오염 현황
을	공업의 지역적 편중	전국 대비 시·도별 제조업 사업체 수, 종사자 수, 출하액 현황
병	공업의 집적 이익	서울시 의류 제조 업체들 간 지역 내 정보 교환 및 협업 현황
정	공업의 이중 구조	□□기업의 본사, 연구소, 생산 공장 입지 변화

① 갑, 을   ② 갑, 병   ③ 을, 병   ④ 을, 정   ⑤ 병, 정

04 평가원

다음 자료의 (가)~(다)에 해당하는 업종으로 옳은 것은? (단, A~C는 영남 지방의 세 광역시 중 하나임.)

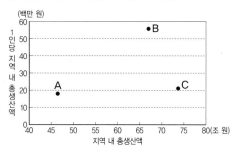

〈지역 내 제조업 부문별 종사자 수 비중〉
(단위: %)

순위	A 부문	A 비중	B 부문	B 비중	C 부문	C 비중
1	(가)	17.0	(가)	29.2	기타 기계 및 장비	14.9
2	(나)	16.4	기타 운송 장비	28.0	(나)	13.0
3	(다)	15.3	화학 물질 및 화학 제품	9.4	(가)	8.7
4	기타 기계 및 장비	13.3	기타 기계 및 장비	5.8	1차 금속	7.9
5	고무 및 플라스틱 제품	8.1	(나)	5.6	고무 및 플라스틱 제품	7.6

(2014년)   (통계청)

* 10인 이상 제조업체만 포함되며, 상위 5순위까지만 표시함.
** 섬유 제품(의복 제외), 금속 가공 제품(기계 및 가구 제외), 화학 물질 및 화학 제품(의약품 제외)

	(가)	(나)	(다)
①	금속 가공 제품	섬유 제품	자동차 및 트레일러
②	금속 가공 제품	자동차 및 트레일러	섬유 제품
③	섬유 제품	자동차 및 트레일러	금속 가공 제품
④	자동차 및 트레일러	섬유 제품	금속 가공 제품
⑤	자동차 및 트레일러	금속 가공 제품	섬유 제품

05 교육청

다음 자료의 (가) 공업에 대한 설명으로 옳은 것은?

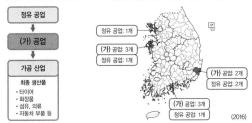

〈(가) 공업의 연계 산업〉　　〈정유 및 (가) 공업의 설비 분포〉

① 대표적인 원료 지향형 공업이다.

② 계열화된 공정이 필요한 집적 지향형 공업이다.

③ 제품의 부가 가치가 큰 공업으로 입지가 자유롭다.

④ 전체 생산비 중 노동비의 비중이 큰 노동 집약적 공업이다.

⑤ 소비자와의 잦은 접촉을 필요로 하는 시장 지향형 공업이다.

06 평가원

p.100 자료 01

(가)~(다) 제조업에 대한 옳은 설명만을 〈보기〉에서 있는 대로 고른 것은? (단, (가)~(다)는 자동차 및 트레일러, 전자, 철강 중 하나임.)

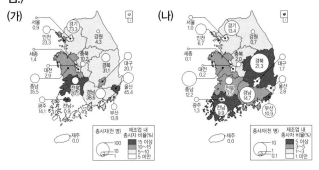

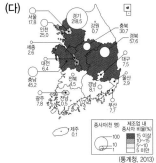

·보기·

ㄱ. (가)는 관련 업체들이 밀집하는 집적 지향형 공업이다.

ㄴ. (나)는 대량의 원료를 수입하는 적환지 지향형 공업이다.

ㄷ. (가)는 (나)에서 생산된 제품을 주요 재료로 이용한다.

ㄹ. (다)는 (나)보다 최종 제품의 무게가 무겁고 부피가 크다.

① ㄱ, ㄴ　　② ㄱ, ㄹ　　③ ㄷ, ㄹ

④ ㄱ, ㄴ, ㄷ　　⑤ ㄴ, ㄷ, ㄹ

07 수능

p.101 자료 03

그래프는 세 지역의 제조업 업종별 생산액 비중을 나타낸 것이다. (가)~(다)에 해당하는 지역을 지도의 A~C에서 고른 것은?

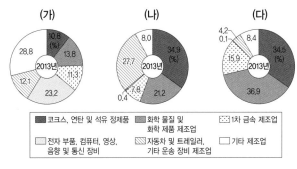

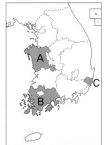

	(가)	(나)	(다)
①	A	B	C
②	A	C	B
③	B	C	A
④	C	A	B
⑤	C	B	A

08 수능

p.101 자료 03

(가), (나) 제조업의 특성에 대한 설명으로 옳은 것은? (단, A~D는 경북, 대구, 울산, 전남 중 하나임.)

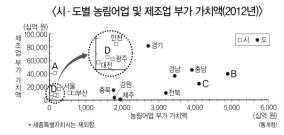

〈시·도별 농림어업 및 제조업 부가 가치액(2012년)〉

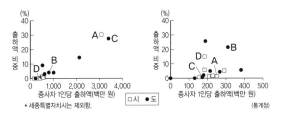

〈시·도별 (가), (나) 제조업 종사자 1인당 출하액 및 출하액 비중(2012년)〉

① (가)는 많은 부품을 필요로 하는 조립형 제조업이다.

② (나)는 원료 산지에 입지하려는 경향이 강하다.

③ (가)는 (나)보다 관련 업종과 집적하려는 경향이 강하다.

④ (가)는 (나)보다 생산비에서 노동비가 차지하는 비중이 크다.

⑤ (가)와 (나)는 모두 1960년대 우리나라 공업화를 주도하였다.

09 수능

그래프는 특별·광역시별 (가), (나) 제조업의 특성을 나타낸 것이다. 이에 대한 옳은 설명을 〈보기〉에서 고른 것은? (단, (가), (나)는 섬유(의복 제외), 자동차 및 트레일러 제조업 중 하나임.)

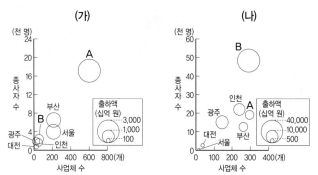

* 사업체 수와 종사자 수는 원의 중심값에 해당하며, 10인 이상 사업체만 고려함. (통계청, 2014)

보기

ㄱ. A는 울산, B는 대구이다.

ㄴ. (가)의 종사자 1인당 출하액은 서울이 부산보다 많다.

ㄷ. (나)의 사업체당 종사자 수는 광주가 가장 많다.

ㄹ. (가)는 (나)보다 우리나라 공업화를 주도한 시기가 이르다.

① ㄱ, ㄴ ② ㄱ, ㄷ ③ ㄴ, ㄷ

④ ㄴ, ㄹ ⑤ ㄷ, ㄹ

10 교육청

표의 (가)~(다) 공업에 대한 설명으로 옳지 않은 것은? (단, (가)~(다)는 1차 금속, 섬유 제품(의복 제외), 화학 물질 및 화학 제품(의약품 제외) 제조업 중 하나임.)

〈주요 공업의 시·도별 에너지 소비량〉

(단위: 천 TOE)

(가)		(나)		(다)	
지역	사용량	지역	사용량	지역	사용량
전남	11,380	전남	4,682	경북	113
경북	9,549	충남	3,847	경기	103
충남	7,006	울산	3,759	대구	64

* 공업별 에너지 소비량 상위 3개 시·도만 나타냄. (2014년)

① (가)는 원료의 해외 의존도가 높은 기초 소재 공업이다.

② (나)는 계열화된 공정이 필요한 집적 지향형 공업이다.

③ (다)는 1960년대 대표적인 수출 주도 산업이었다.

④ (나)는 (다)보다 초기 설비 투자 비용이 적게 든다.

⑤ (다)는 (가)보다 생산비에서 노동비가 차지하는 비중이 높다.

11 평가원

그래프는 7대 도시의 제조업체 규모별 현황에 관한 것이다. 이에 대한 분석으로 옳은 것은?

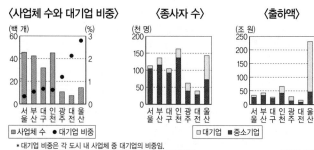

* 대기업 비중은 각 도시 내 사업체 중 대기업의 비중임.
** 중소기업은 종사자 수 10~299명, 대기업은 300명 이상 기업체임. (통계청, 2011)

① 사업체 평균 종사자 수는 서울이 광주보다 많다.

② 중소기업의 종사자 수와 출하액은 대구가 부산보다 많다.

③ 중소기업의 종사자 1인당 출하액은 서울이 울산보다 많다.

④ 7대 도시 중에서 대기업 수가 가장 많은 곳은 서울이다.

⑤ 7대 도시 중에서 종사자 수의 대기업 비중과 출하액의 대기업 비중이 가장 높은 곳은 울산이다.

12 수능

(가)~(다) 제조업의 특성에 대한 설명으로 옳은 것은? (단, (가)~(다)는 자동차 및 트레일러, 전자 부품·컴퓨터·영상·음향 및 통신 장비, 1차 금속 중 하나임.)

〈시·도별 지역 내 총생산과 1인당 지역 내 총생산〉

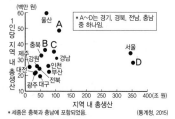

* 세종은 충북과 충남에 포함되었음. (통계청, 2015)

〈A~D의 제조업별 출하액 비중〉

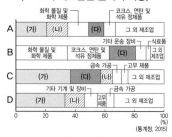

(통계청, 2015)

① (가)는 계열화된 공정이 필요한 집적 지향형 제조업이다.

② (나)는 1970년대 우리나라의 수출 주력 제조업이었다.

③ (다)는 운송비에 비해 부가 가치가 크며 입지가 자유로운 제조업이다.

④ (가)는 (나)보다 최종 제품의 무게가 무겁고 부피가 크다.

⑤ (다)에서 생산된 최종 제품은 (나)의 주요 재료로 이용된다.

01

다음 글의 ⊙~⊚에 대한 설명으로 옳지 않은 것은?

> 우리나라의 공업은 ⊙ 1960년대 초반부터 본격적으로 발달하기 시작하였으며, 1970년대에는 ⓛ 철강, 금속, 기계, 석유 화학 등 자본 집약적 중화학 공업이 크게 성장하였다. 1980년대 이후에는 자동차, 조선 등의 중화학 공업이 국제 경쟁력을 갖추며 성장하였고, 1990년대 이후에는 ⓒ 반도체, 컴퓨터, 신소재, 생명 공학 등 기술 집약적 첨단 산업이 빠르게 성장하였다. 우리나라 공업은 ② 노동 집약적 공업 중심에서 자본 및 기술 집약적 공업 중심으로 전환되었는데, 이 과정에서 ⑩ 국토 발달의 불균형 문제가 나타났다.

① ⊙ – 섬유, 봉제, 신발 등 노동 집약적 경공업이 주로 발달하였다.

② ⓛ – 원료 수입과 제품 수출에 유리한 남동 임해 지역을 중심으로 발달하였다.

③ ⓒ – 고부가 가치 산업으로 입지 자유형 공업에 해당한다.

④ ② – 공업 구조의 고도화와 관련 있다.

⑤ ⑩ – 충청권과 호남권의 제조업 출하액이 크게 증가하면서 나타난 문제이다.

02 고난도

그래프는 지역별 제조업 특성을 나타낸 것이다. A~C 지역으로 옳은 것은?

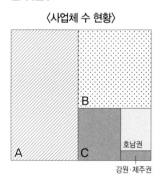
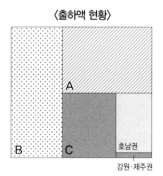

〈사업체 수 현황〉　〈출하액 현황〉

* 제조업 총사업체 수(출하액)에서 지역별 사업체 수(출하액) 비중을 면적 크기로 나타낸 것임.
** 10인 이상 사업체만 고려함.
(통계청, 2016)

	A	B	C
①	수도권	영남권	충청권
②	수도권	충청권	영남권
③	영남권	수도권	충청권
④	영남권	충청권	수도권
⑤	충청권	영남권	수도권

03

그래프는 기업 규모별 사업체 수, 종사자 수, 출하액 비중을 나타낸 것이다. 이를 통해 알 수 있는 우리나라 공업의 문제점과 이를 해결할 수 있는 방안을 〈보기〉에서 있는 대로 고른 것은?

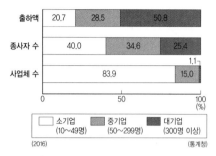

(2016)　(통계청)

> **보기**
>
> ㄱ. 소기업은 대기업보다 사업체 수 대비 종사자 수가 많아 고용 효과가 상대적으로 높다.
>
> ㄴ. 대기업은 소기업보다 종사자 수 대비 출하액이 많아 노동 생산성이 높다.
>
> ㄷ. 대기업과 중소기업 간의 격차가 매우 큰 공업의 이중 구조가 나타나고 있다.
>
> ㄹ. 중소기업의 육성과 지원을 통해 공업 구조를 개선해야 한다.

① ㄱ, ㄴ　② ㄱ, ㄷ　③ ㄷ, ㄹ
④ ㄴ, ㄹ　⑤ ㄴ, ㄷ, ㄹ

04 고난도

그래프는 세 제조업의 출하액 상위 5개 시·도를 나타낸 것이다. (가)~(다) 제조업에 대한 설명으로 옳은 것은? (단, (가)~(다)는 1차 금속, 자동차 및 트레일러, 섬유 제품(의복 제외) 제조업 중 하나임.)

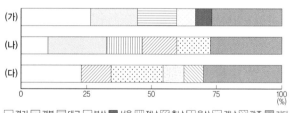

□ 경기　□ 경북　⊟ 대구　□ 부산　■ 서울　⫴ 전남　▨ 충남　▨ 울산　□ 경남　▨ 광주　■ 기타
(통계청, 2016)

① (가)는 중량의 원료를 수입에 의존하는 적환지 지향형 공업이다.

② (나)는 노동 집약적 경공업에 해당한다.

③ (가)는 (나)보다 최종 제품의 무게가 무겁다.

④ (나)는 (가)보다 우리나라 공업화를 주도한 시기가 이르다.

⑤ (나)의 최종 생산품은 (다)의 주요 원료로 이용된다.

05 고난도

지도는 두 제조업의 출하액 상위 5개 지역을 나타낸 것이다. (나)와 비교한 (가)의 상대적 특징을 그림의 A~E에서 고른 것은? (단, (가), (나)는 섬유 제품(의복 제외), 전자 부품 · 컴퓨터 · 영상 · 음향 및 통신 장비 제조업 중 하나임.)

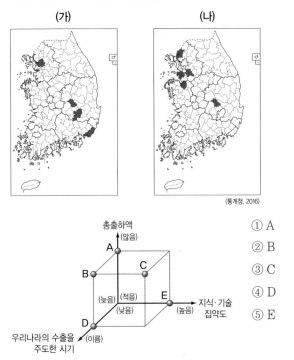

(통계청, 2016)

① A
② B
③ C
④ D
⑤ E

06

그래프는 지도에 표시된 두 지역의 제조업 업종별 출하액 현황을 나타낸 것이다. 이에 대한 설명으로 옳은 것은?

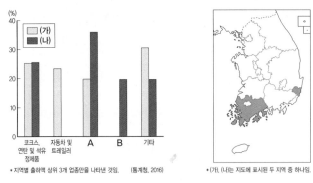

* 지역별 출하액 상위 3개 업종만을 나타낸 것임. (통계청, 2016)
* (가), (나)는 지도에 표시된 두 지역 중 하나임.

① (가)는 (나)보다 2차 산업 종사자 비중이 높다.
② (나)는 (가)보다 1인당 지역 내 총생산이 많다.
③ A는 1차 금속 제조업이다.
④ B는 화학 물질 및 화학 제품 제조업이다.
⑤ A와 B 모두 입지 자유형 공업에 해당한다.

07

다음 글의 (가), (나) 공업 지역을 지도의 A~D에서 고른 것은?

> 풍부한 자본과 노동력, 넓은 소비 시장, 편리한 교통 등 유리한 입지 조건을 바탕으로 공업이 발달한 　(가)　은/는 우리나라 최대의 종합 공업 지역이다. 풍부한 노동력을 바탕으로 전자 조립 · 섬유 공업 등의 경공업이 발달한 　(나)　은/는 최근 업종 첨단화를 통해 재도약 기회를 마련하고 있다.

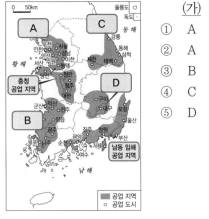

	(가)	(나)
①	A	B
②	A	D
③	B	C
④	C	D
⑤	D	A

08 고난도

그래프는 지도에 표시된 네 지역의 제조업 출하액 1위 업종을 나타낸 것이다. (가)~(라)에 대한 설명으로 옳은 것은?

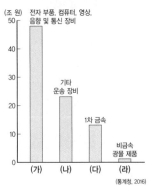

(통계청, 2016)

* (가)~(라)는 지도에 표시된 지역 중 하나임.

① (가)는 (다)보다 원료 수입과 제품 수출에 유리하다.
② (나)는 (가)보다 제조업 출하액이 많다.
③ (라)는 (가)보다 입지 자유형 공업이 발달하였다.
④ (다)와 (라)는 모두 충청권에 위치한다.
⑤ (가)는 남동 임해 공업 지역, (나)는 영남 내륙 공업 지역에 위치한다.

V. 생산과 소비의 공간

14강 서비스업의 변화와 교통·통신의 발달

자료 01 시장의 유형 파악하기

〈평창군 일대 (가) 시장 달력〉

일	월	화	수	목	금	토
				1 미탄장	2 봉평장	3 진부장
4 대화장	5 평창장	6 미탄장	7 봉평장	8 진부장	9 대화장	10 평창장
11 미탄장	12 봉평장	13 진부장	14 대화장	15 평창장	16 미탄장	17 봉평장
⋮						

단서

봉평장 2, 7일 → 진부장 3, 8일

대화장 4, 9일

평창장 5, 10일 → 미탄장 1, 6일

단서 풀이
• 단서 평창군 일대에서 개설되는 (가) 시장은 정기적으로 5일 간격으로 열리는 시장이다.

자료 분석 (조건_단, (가) 시장은 정기 시장, 상설 시장 중 하나임.)
• 평창군 일대의 (가) 시장은 정기 시장이다. 정기 시장은 일정한 간격을 두고 주기적으로 개설되는 시장으로 5일장이 대표적이다.
• 정기 시장: 재화의 도달 범위 내에서 최소 요구치가 확보되지 않아 상인이 이동하면서 열리는 시장으로, 5일장처럼 일정한 간격을 두고 주기적으로 개설되는 시장이다. 최근 교통의 발달과 농촌 인구의 감소로 정기 시장은 많이 쇠퇴하였다.
• 상설 시장: 재화의 도달 범위 내에서 최소 요구치가 확보되어 연중 개설되는 시장으로 인구 증가, 구매력 향상, 교통 발달 등으로 대부분의 정기 시장이 상설 시장으로 전환되었다.

자료 02 백화점과 대형 마트의 매출액과 시·도별 비중 이해하기

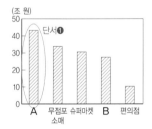

〈소매 업태별 매출액〉

(조 원)

단서❶

A 무점포 소매 / 슈퍼마켓 / B / 편의점

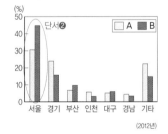

〈A, B 매출액의 시·도별 비중〉

(%)

단서❷ □ A ■ B

서울 경기 부산 인천 대구 경남 기타

(2012년)

단서 풀이
• 단서 ❶ 소매 업태별 매출액은 A가 가장 많다.
• 단서 ❷ B는 서울의 매출액 비중이 가장 높다.

자료 분석 (조건_단, 백화점과 대형 마트만 고려함.)
• 〈소매 업태별 매출액〉 그래프를 보면 A는 B보다 매출액이 많다. 생필품을 대량으로 취급하는 대형 마트는 소매 업체 중 매출액이 가장 많다.
• 〈A, B 매출액의 시·도별 비중〉을 보면 A는 지역별 매출액 비중의 차이가 적은 반면, B는 지역별 매출액 비중의 차이가 크다. 대형 마트는 대부분의 지역에 분포하는 반면 백화점은 모든 지역에 분포하기보다 특정 지역에 분포한다. 따라서 A는 대형 마트, B는 백화점이다.

---

01 다음 내용이 맞으면 ○, 틀리면 ×를 표기하시오.

1-1. 시장의 유형

① 정기 시장은 3일, 5일, 7일처럼 일정한 간격을 두고 주기적으로 열리는 시장이다. ○, ×

② 정기 시장은 재화의 도달 범위 내에서 최소 요구치가 확보되지 않아 상인이 이동하면서 열리는 시장이다. ○, ×

③ 정기 시장은 고급 제품보다는 일상생활에 필요한 생필품의 판매 비중이 높다. ○, ×

1-2. 상업의 입지

④ 최소 요구치의 범위는 중심지 기능이 유지될 수 있는 최소 요구치를 확보할 수 있는 공간 범위를 말한다. ○, ×

⑤ 최소 요구치가 동일할 경우 인구 밀도나 소비자의 구매력이 높을수록 최소 요구치의 범위는 넓어진다. ○, ×

⑥ 재화의 도달 범위는 중심지 기능이 영향을 미치는 최대한의 공간 범위를 말한다. ○, ×

⑦ 재화의 도달 범위는 교통이 발달할수록 축소된다. ○, ×

02 다음 내용이 맞으면 ○, 틀리면 ×를 표기하시오.

2-1. 백화점과 대형 마트의 매출액과 시·도별 비중

① A는 주로 대도시 주변 지역에 분포하며, B는 도심이나 부도심에 분포한다. ○, ×

② 저차 중심지가 고차 중심지보다 업체 수가 많으므로 A가 B보다 업체 수가 많다. ○, ×

③ A는 B보다 고급 소비재의 판매액 비중이 높다. ○, ×

2-2. 대형 마트와 편의점의 특징

④ 편의점은 최근 급성장세를 보이며 업체 수가 가장 많고 매출액도 가장 많다. ○, ×

⑤ 대형 마트는 편의점에 비해 최소 요구치가 크다. ○, ×

⑥ 대형 마트는 편의점보다 소비자의 평균 이동 거리가 길다. ○, ×

⑦ 편의점이 대형 마트보다 재화의 도달 범위가 더 넓다. ○, ×

기출 자료 분석

자료 03 소비자 서비스업과 생산자 서비스업 특징 이해하기

《(가), (나) 서비스업의 시·도별 사업체 수 비중》

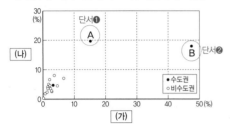

* 전국에서 차지하는 비중을 나타낸 것이며, 전문 서비스업에는 법률, 회계, 광고업 등이 포함됨. (2014년)

단서 풀이
• 단서 ❶ A는 수도권에 속하며, (가)보다 (나)의 비중이 높다.
• 단서 ❷ B는 수도권에 속하며, (나)보다 (가)의 비중이 높다.

자료 분석 (조건_단, (가), (나)는 숙박 및 음식점업, 전문 서비스업 중의 하나임.)

• (가)는 수도권에 해당하는 B 지역에 집중적으로 사업체가 분포하는 것으로 보아 생산자 서비스업인 전문 서비스업에 해당한다. 전문 서비스업 사업체가 가장 많이 집중해 있는 수도권의 B는 서울이다.
• (나)는 수도권에 해당하는 A와 B 지역에 사업체가 가장 많이 분포하며 (가)에 비해서는 특정 지역에 사업체가 집중해 있지 않다. 따라서 (나)는 대표적인 소비자 서비스업인 숙박 및 음식점업이며, 서울(B)보다 숙박 및 음식점업 사업체가 더 많은 A는 경기이다.

자료 04 교통수단별 국내 수송 분담률 비교하기

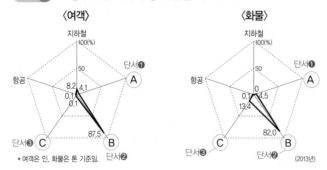

* 여객은 인, 화물은 톤 기준임.

단서 풀이
• 단서 ❶ A는 여객과 화물 수송 분담률 모두에서 3위인 교통수단이다.
• 단서 ❷ B는 여객과 화물 수송 분담률 모두에서 1위인 교통수단이다.
• 단서 ❸ C는 여객보다 화물의 수송 분담률이 더 높다.

자료 분석
• 국내 여객 수송 분담률(인원 기준)은 도로>지하철>철도>항공>해운 순이다. 국내 화물 수송 분담률(톤 기준)은 도로>해운>철도>항공 순이다. 따라서 여객과 화물 수송 분담률이 모두 높은 B는 도로이다. 화물 수송에서 분담률이 도로 다음으로 높은 C는 해운이며, 국내 여객과 화물 수송 분담률이 모두 3위인 A는 철도이다.

기출 선지 변형 ○ X

03 다음 내용이 맞으면 ○, 틀리면 ×를 표기하시오.

① A는 경기, B는 서울이다. ○, ×

② (가)는 전문 서비스업으로, 대표적인 소비자 서비스업에 속한다. ○, ×

③ (가)는 기업 본사의 입지와 높은 관련성을 가지므로 대도시의 도심이나 부도심에 주로 입지한다. ○, ×

④ (나)는 숙박 및 음식점업으로, 생산자 서비스업에 속한다. ○, ×

⑤ (가)는 (나)보다 주로 비수도권 지역인 중소 도시에 집중하는 경향이 크다. ○, ×

⑥ 산업 구조가 고도화되면서 (가)의 사업체 수와 종사자 수 비중이 높아지고 있다. ○, ×

⑦ (가)는 (나)보다 지식 집약적 성격이 강하며 1인당 부가 가치액이 크다. ○, ×

⑧ 사업체당 종사자 수는 (가)가 (나)보다 많다. ○, ×

04 다음 내용이 맞으면 ○, 틀리면 ×를 표기하시오.

4-1. A~C 교통수단의 특징

① A는 지형적 제약이 가장 작은 교통수단이다. ○, ×

② B는 모든 교통수단 중 문전 연결성이 가장 우수하다. ○, ×

③ 기종점 비용은 항공>해운>철도>도로 순이다. 따라서 B는 C보다 기종점 비용이 저렴하다. ○, ×

④ C는 장거리 대량 운송에 유리해 국제 화물 수송의 많은 양을 분담하고 있다. ○, ×

4-2. 운송비 구조와 교통수단별 특성

⑤ 총운송비는 기종점 비용과 주행 비용을 합친 것이다. ○, ×

⑥ 기종점 비용은 주행 거리와 관계없이 일정하며, 보험료, 터미널 유지비, 하역비 등이 포함된다. ○, ×

⑦ 주행 거리가 늘어날수록 단위 거리당 주행 비용은 증가한다. ○, ×

01 평가원
p.107 자료 02

그래프의 (가)~(다) 소매 업태에 대한 옳은 설명을 〈보기〉에서 고른 것은? (단, (가)~(다)는 대형 마트, 무점포 소매업체, 편의점 중 하나임.)

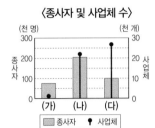

〈종사자 및 사업체 수〉 〈매출액 변화〉

*2010년 매출액은 조사되지 않았음. (통계청, 2014)

─ 보기 ─

ㄱ. 소비자와 판매자 간 대면 접촉 빈도는 (다)가 가장 낮다.

ㄴ. (가)는 (다)보다 판매 제품의 종류가 다양하다.

ㄷ. (나)는 (가)보다 입지의 공간적 제약이 크다.

ㄹ. 2014년에 편의점은 무점포 소매업체보다 종사자당 매출액이 적다.

① ㄱ, ㄴ ② ㄱ, ㄷ ③ ㄴ, ㄷ
④ ㄴ, ㄹ ⑤ ㄷ, ㄹ

02 수능

다음 자료는 국내 소매업의 주요 유형별 현황이다. A~C 유형의 일반적 특성으로 옳은 내용을 〈보기〉에서 고른 것은? (단, A~C는 백화점, 대형 마트, 편의점 중 하나임.)

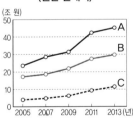

〈연간 판매액〉 〈사업체 수〉

소매업 유형	2005년	2012년
A	307	501
B	79	95
C	9,085	24,559

(대한상공회의소)

─ 보기 ─

ㄱ. A는 B보다 도심에 입지하는 경향이 강하다.

ㄴ. B는 C보다 고가 제품의 판매 비중이 높다.

ㄷ. C는 A보다 자가용 이용 고객의 비율이 높다.

ㄹ. A~C 중 재화의 도달 범위가 가장 좁은 것은 C이다.

① ㄱ, ㄴ ② ㄱ, ㄷ ③ ㄴ, ㄷ
④ ㄴ, ㄹ ⑤ ㄷ, ㄹ

03 수능

다음 자료에 대한 옳은 설명을 〈보기〉에서 고른 것은? (단, A~C, (가)~(다)는 광주, 울산, 인천 중 하나임.)

〈서울과 3개 광역시의 산업별 종사자 비중과 인구 이동〉

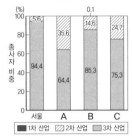

이동자 수(명)		전입 도시		
		서울	(가)	(나)	(다)
전출도시	서울	–	9,216	44,915	5,950
	(가)	10,860	–	2,167	538
	(나)	33,570	1,894	–	1,359
	(다)	6,954	482	1,249	–

(통계청)

─ 보기 ─

ㄱ. A는 (다), B는 (가)에 해당한다.

ㄴ. 인천으로 전입한 인구는 광주가 울산보다 많다.

ㄷ. (가)~(다) 중 서울과 지리적으로 가장 인접한 도시는 (가)이다.

ㄹ. (가)~(다) 중 인구 규모가 가장 큰 도시는 3차 산업의 비중도 가장 높다.

① ㄱ, ㄴ ② ㄱ, ㄷ ③ ㄴ, ㄷ
④ ㄴ, ㄹ ⑤ ㄷ, ㄹ

04 수능
p.107 자료 02

그래프의 (가)~(다) 소매 업태에 대한 설명으로 옳은 것은? (단, (가)~(다)는 무점포 소매업체, 백화점, 편의점 중 하나임.)

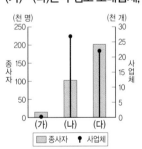

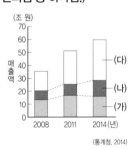

(통계청, 2014)

① (가)는 (나)보다 사업체 간 평균 거리가 멀다.

② (가)는 (다)보다 2008년부터 2014년까지 매출액 증가율이 높다.

③ (나)는 (가)보다 고가 제품의 판매 비중이 높다.

④ (나) 사업체는 (가) 사업체보다 2014년에 전국 대비 특별·광역시에 분포하는 비중이 높다.

⑤ (가)~(다) 중 2014년에 종사자당 매출액은 (다)가 가장 많다.

05 평가원
p.108 자료 04

A~C 교통수단에 대한 옳은 설명을 〈보기〉에서 고른 것은?

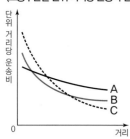
〈교통수단별 단위 거리당 운송비 변화〉

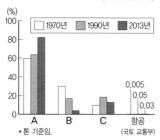
〈교통수단별 국내 화물 수송 분담률 변화〉

─ 보기 ─

ㄱ. A는 B보다 기종점 비용이 높다.

ㄴ. B는 C보다 국내 여객 수송에서 차지하는 비중이 높다.

ㄷ. C는 A보다 주행 비용 증가율이 낮다.

ㄹ. C는 B보다 수송 시 기상 제약을 적게 받는다.

① ㄱ, ㄴ   ② ㄱ, ㄷ   ③ ㄴ, ㄷ

④ ㄴ, ㄹ   ⑤ ㄷ, ㄹ

07 교육청
p.108 자료 04

그래프는 교통수단별 국내 여객 및 화물 수송 분담률을 나타낸 것이다. A~C 교통수단에 대한 상대적 특성을 그림의 ㄱ~ㄷ에서 고른 것은?

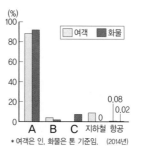

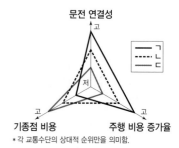

	A	B	C		A	B	C
①	ㄱ	ㄴ	ㄷ	②	ㄱ	ㄷ	ㄴ
③	ㄴ	ㄷ	ㄱ	④	ㄷ	ㄱ	ㄴ
⑤	ㄷ	ㄴ	ㄱ				

06 평가원
p.108 자료 04

다음 자료에 대한 설명으로 옳은 것은?

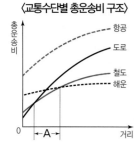
〈교통수단별 총운송비 구조〉

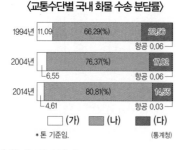
〈교통수단별 국내 화물 수송 분담률〉

① 해운은 (나)에, 철도는 (다)에 해당한다.

② A 구간에서는 (가)의 총운송비가 가장 저렴하다.

③ (다)는 기종점 비용이 가장 저렴하다.

④ (가)는 (나)보다 국내 여객 수송에서 차지하는 비중이 높다.

⑤ (다)는 (가)보다 정시성과 안전성이 우수하다.

08 수능
p.108 자료 04

그래프는 교통수단별 국내 여객 수송 분담률을 나타낸 것이다. A~C의 특성에 대한 설명으로 옳은 것은?

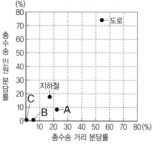

① A는 B보다 기상 조건의 제약을 많이 받는다.

② B는 C보다 평균 운송 속도가 느리다.

③ C는 A보다 국내 화물 수송 분담률이 높다.

④ 기종점 비용은 A>C>B 순으로 높다.

⑤ 주행 비용 증가율은 C>B>A 순으로 높다.

09 평가원

p.108 자료 04

그래프는 (가)~(다) 교통수단별 국내 수송 분담률을 나타낸 것이다. (가)~(다)의 상대적 순위를 A~E에서 옳게 고른 것은? (단, 지하철은 철도에 포함함.)

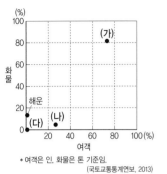
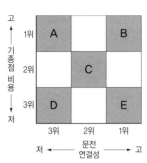

* 여객은 인, 화물은 톤 기준임.
(국토교통통계연보, 2013)

	(가)	(나)	(다)		(가)	(나)	(다)
①	A	C	E	②	B	C	D
③	C	B	D	④	C	E	A
⑤	E	C	A				

10 평가원

(가), (나)는 전국 시·도의 산업 구조를 나타낸 것이다. A, B에 해당하는 지역으로 옳은 것은?

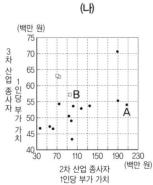

□ 수도권 시·도   ● 비수도권 시·도

* 세종특별자치시는 제외함.
** 부가 가치는 통계청 지역 소득 자료 기준임.
(통계청, 2013)

	A	B		A	B
①	강원	경기	②	울산	경기
③	울산	서울	④	전남	인천
⑤	제주	서울			

11 교육청

그래프는 시·도별 산업 구조 및 지역 내 총생산을 나타낸 것이다. A~C에 해당하는 지역으로 옳은 것은?

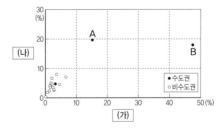

* 산업 구조는 취업자 수 기준이고, 1·2차 산업 비중은 원의 중앙값이며, 세종시는 제외함. (통계청, 2014)

	A	B	C		A	B	C
①	울산	서울	제주	②	울산	경기	전남
③	서울	울산	제주	④	서울	경기	전남
⑤	경기	울산	제주				

12 교육청

p.108 자료 03

그래프는 (가), (나) 서비스업의 시·도별 사업체 수 비중을 나타낸 것이다. 이에 대한 설명으로 옳은 것은? (단, (가), (나)는 숙박 및 음식점업, 전문 서비스업 중의 하나임.)

* 전국에서 차지하는 비중을 나타낸 것이며, 전문 서비스업에는 법률, 회계, 광고업 등이 포함됨. (2014년)

① A는 서울, B는 경기이다.

② (가)는 소비자 서비스업에 속한다.

③ (가)는 (나)보다 대도시에 집중하는 경향이 크다.

④ (나)는 (가)보다 사업체당 종사자 수가 많다.

⑤ (나)는 (가)보다 지식 집약적 성격이 강하다.

01

그래프는 소매 업태별 사업체 수와 매출액 변화를 나타낸 것이다. (가)~(다) 소매 업태로 옳은 것은?

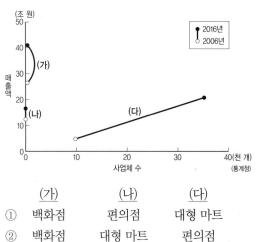

	(가)	(나)	(다)
①	백화점	편의점	대형 마트
②	백화점	대형 마트	편의점
③	편의점	백화점	대형 마트
④	대형 마트	백화점	편의점
⑤	대형 마트	편의점	백화점

02 고난도

다음 지도는 두 소매 업태의 분포를 나타낸 것이다. (가)에 대한 (나) 소매 업태의 상대적 특성에 대한 옳은 설명을 <보기>에서 고른 것은? (단, (가), (나)는 백화점, 편의점 중 하나임.)

┌─ 보기 ─────────────────
ㄱ. 상점 간 평균 거리가 가깝다.
ㄴ. 고가 제품의 판매 비중이 높다.
ㄷ. 소비자의 평균 이용 빈도가 높다.
ㄹ. 상점의 1일 평균 매출액 규모가 크다.
└─────────────────────

① ㄱ, ㄴ   ② ㄱ, ㄷ   ③ ㄴ, ㄷ
④ ㄴ, ㄹ   ⑤ ㄷ, ㄹ

03

표는 (가), (나) 지역의 면적 및 의료 기관 현황을 나타낸 것이다. 이를 통해 추론한 내용으로 가장 적절한 것은? (단, (가), (나)는 고양시, 양평군 중 하나이고, A~C는 의원, 병원, 종합 병원 중 하나임.)

지역	면적(km²)	의료 기관 수(개)		
		A	B	C
(가)	268	5	20	519
(나)	877	–	2	39

(2016년) (통계청)

① (가)는 (나)보다 인구 밀도가 낮다.
② (나)는 (가)보다 3차 산업 종사자 비중이 높다.
③ A는 B보다 의료 기관당 1일 평균 환자 방문 수가 많다.
④ B는 C보다 의료 기관 간의 평균 거리가 가깝다.
⑤ C는 A보다 서비스의 도달 범위가 넓다.

04

그래프는 두 서비스업의 전국 대비 지역별 사업체 수 비중을 나타낸 것이다. (가), (나) 서비스업에 대한 설명으로 옳은 것은? (단, (가), (나)는 전문 서비스업, 소매업(자동차 제외) 중 하나임.)

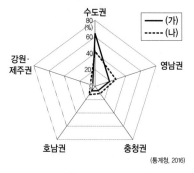

(통계청, 2016)

① (가)는 소비자 서비스업에 해당한다.
② (나)는 소비자보다 기업과의 거래 비중이 높다.
③ (가)는 (나)보다 전국의 사업체 수가 많다.
④ (가)는 (나)보다 정보 획득이 유리한 곳에 입지하려는 경향이 강하다.
⑤ (나)는 (가)보다 수도권 집중도가 높다.

05

그래프는 지역별 2·3차 산업 취업자 비중을 나타낸 것이다. (가)~(라) 지역으로 옳은 것은?

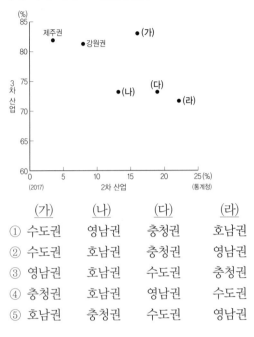

	(가)	(나)	(다)	(라)
①	수도권	영남권	충청권	호남권
②	수도권	호남권	충청권	영남권
③	영남권	호남권	수도권	충청권
④	충청권	호남권	영남권	수도권
⑤	호남권	충청권	수도권	영남권

06 고난도

그래프는 지도에 표시된 네 지역의 부문별 전력 소비 현황을 나타낸 것이다. (가)~(라) 지역에 대한 설명으로 옳은 것은?

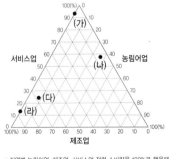

* 지역별 농림어업, 제조업, 서비스업 전력 소비량을 100%로 했을때 부분별 전력 소비 비율을 나타낸 것임. (통계청, 2016)

① (가)는 (나)보다 생산자 서비스업의 집중도가 높다.
② (나)는 (다)보다 쌀 생산량이 많다.
③ (다)는 (라)보다 지역 내 2차 산업 종사자 비중이 높다.
④ (라)는 (가)보다 지역 내 총생산액이 많다.
⑤ (가)는 수도권, (라)는 호남권에 위치한다.

07 고난도

다음은 어느 교통수단에 대해 교사와 학생이 스무고개를 하고 있는 장면이다. (가)에 들어갈 내용으로 옳은 것은? (단, 교통수단은 도로, 철도, 항공, 해운만 고려함.)

	학생	교사
한 고개:	기종점 비용이 가장 비싼가요?	→ 아니요
두 고개:	정시성과 안전성이 가장 우수하나요?	→ 아니요
세 고개:	(가)	→ 예
네 고개:	국내 화물 수송 분담률이 가장 높나요?	→ 예

① 일정한 궤도 위를 운행하나요?
② 장거리 화물 수송에 유리한가요?
③ 국제 여객 수송 분담률이 가장 높나요?
④ 기동성과 문전 연결성이 가장 우수한가요?
⑤ 국가 간 고부가 가치 화물 수송에 적합한가요?

08 고난도

그래프는 교통수단별 국내 여객 및 화물 수송 분담률을 나타낸 것이다. A~E에 대한 설명으로 옳은 것은?

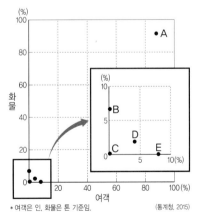

* 여객은 인, 화물은 톤 기준임. (통계청, 2015)

① A는 국제 여객 수송 분담률이 가장 높다.
② A는 B보다 주행 비용 증가율이 낮다.
③ B는 D보다 운행 시 기상 조건의 영향을 작게 받는다.
④ C는 E보다 이용객의 1회당 평균 이동 거리가 멀다.
⑤ D는 A보다 문전 연결성이 우수하다.

VI. 인구 변화와 다문화 공간

15강 인구 분포와 인구 구조의 변화

1단계

기출 자료 분석

자료 01 연령별 인구 구조 이해하기

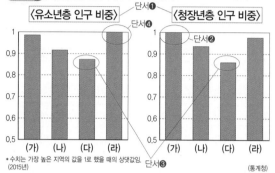

〈유소년층 인구 비중〉　단서❶　〈청장년층 인구 비중〉

단서❹　단서❷

단서❸

* 수치는 가장 높은 지역의 값을 1로 했을 때의 상댓값임.
(2015년)　(통계청)

단서 풀이

- 단서 ❶ 유소년층 인구 비중과 청장년층 인구 비중이 있으므로 노년층 인구 비중도 알 수 있다.
- 단서 ❷ (가)는 네 지역 중 청장년층 인구 비중이 가장 높다.
- 단서 ❸ (다)는 유소년층 인구 비중과 청장년층 인구 비중이 가장 낮으므로 네 지역 중 노년층 인구 비중이 가장 높다.
- 단서 ❹ (라)는 네 지역 중 유소년층 인구 비중이 가장 높다.

자료 분석 (조건_(가)~(라)는 경기, 울산, 전남, 충북 중 하나임.)

- (가): 도시 성장 과정에서 청장년층 인구 유입이 활발하여 2015년 우리나라 시·도 중에서 청장년층 인구 비중이 가장 높은 울산이다.
- (나): 청장년층 인구 비중과 유소년층 인구 비중이 네 지역 중 세 번째로 높은 충북이다.
- (다): 유소년층 인구 비중과 청장년층 인구 비중이 가장 낮아 노년층 인구 비중이 가장 높은 전남이다.
- (라): 유소년층 인구 비중이 가장 높은 경기이다.

자료 02 두 지역의 인구 구조 비교하기

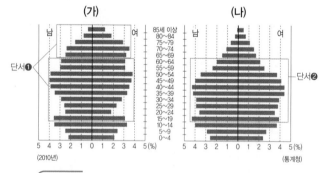

(가)　(나)

남　여　85세 이상 80~84 75~79 70~74 65~69 60~64 55~59 50~54 45~49 40~44 35~39 30~34 25~29 20~24 15~19 10~14 5~9 0~4　남　여

단서❶　단서❷

5 4 3 2 1 0 1 2 3 4 5(%)　5 4 3 2 1 0 1 2 3 4 5(%)
(2010년)　(통계청)

단서 풀이

- 단서 ❶ 청장년층(15~64세) 인구 비중이 낮고, 노년층(65세 이상) 인구 비중이 높다.
- 단서 ❷ 청장년층(15~64세) 인구 비중이 높다.

자료 분석 (조건_(가), (나)는 광주광역시, 전라남도 중 하나임.)

- (가)는 상대적으로 노년층 인구 비중이 높은 전라남도이며, (나)는 청장년층 인구 비중이 높은 광주광역시이다.
- (가)는 (나)보다 노년층 인구 비중이 높고, 유소년층 인구 비중이 낮으므로 중위 연령이 높고, 청장년층 인구 비중이 낮으므로 총 부양비가 높다.

기출 선지 변형 OX

01 다음 내용이 맞으면 ○, 틀리면 ×를 표기하시오.

1-1. (가)~(라) 지역의 인구 구조 특징

① (가)는 청장년층 중심의 인구 유출이 활발했다.　○, ×

② 노년층 인구 비중은 (나) 지역이 가장 높다.　○, ×

③ 총 부양비는 (다)가 가장 높다.　○, ×

④ (다)는 노령화 지수가 가장 높다.　○, ×

⑤ (가)는 (라)보다 유소년 부양비가 높다.　○, ×

⑥ (다)는 (라)보다 노령화 지수가 낮다.　○, ×

1-2. 지역별 인구 특징

⑦ 2015년 기준 울산은 우리나라 시·도 중에서 청장년층 인구 비중이 가장 높다.　○, ×

⑧ 2015년 기준 유소년층 인구 비중이 가장 높은 시·도는 전남이다.　○, ×

⑨ 노년층 인구 비중이 높은 전남은 노년층 인구 비중이 낮은 울산에 비해 대체로 중위 연령이 낮다.　○, ×

02 다음 내용이 맞으면 ○, 틀리면 ×를 표기하시오.

2-1. (가), (나) 두 지역의 인구 특징

① (가)의 노년 부양비는 유소년 부양비보다 낮다.　○, ×

② (나)는 노년층 성비가 유소년층 성비보다 낮다.　○, ×

③ (가)는 (나)에 비해 총 부양비가 낮다.　○, ×

④ (가)는 (나)에 비해 농업 인구의 비율이 높다.　○, ×

2-2. 인구 구조의 특징

⑤ 대체로 노년층 인구가 많고, 유소년층 인구가 적으면 중위 연령이 높다.　○, ×

⑥ 청장년층 인구 비중이 높을수록 총 부양비가 높아진다.　○, ×

⑦ 노년층 인구 비중이 높은 지역은 촌락의 성격이 강하다.　○, ×

기출 자료 분석

자료 03 시·도별 인구 구조 특성 파악하기

〈시·도별 인구 구조〉

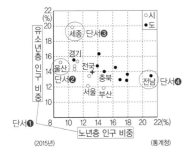

(2015년) (통계청)

단서 풀이

- 단서 ❶ 유소년층 인구 비중, 노년층 인구 비중이 있으므로 청장년층 인구 비중{100−(유소년층 인구 비중+노년층 인구 비중)}도 구할 수 있다.
- 단서 ❷ 울산은 노년층 인구 비중이 가장 낮다.
- 단서 ❸ 세종은 유소년층 인구 비중이 가장 높다.
- 단서 ❹ 전남은 노년층 인구 비중이 가장 높다.

자료 분석

시·도별 인구 구조에서 2015년 기준 유소년층 인구 비중이 가장 높은 지역은 세종이며, 가장 낮은 지역은 부산이다. 또한, 노년층 인구 비중이 가장 높은 지역은 전남이며, 가장 낮은 지역은 울산이다.

이것도 알아둬

시·도별 인구 구조에서 2015년 기준 유소년층 인구 비중이 가장 높은 지역은 세종, 청장년층 인구 비중이 가장 높은 곳은 울산, 노년층 인구 비중이 가장 높은 곳은 전남이라는 것을 알아두자.

자료 04 인구 관련 주요 용어 이해하기

교사: 다음 내용이 의미하는 용어를 〈글자 카드〉에서 찾아 하나씩 빼세요.

- 단위 면적에 분포하는 인구 단서❶
- 가로축은 성별, 세로축은 연령대별 인구나 비율을 표시하여 인구 구조를 나타낸 그래프 단서❷

피	도	밀	구	라	인
비	구	드	인	성	미

교사: 〈글자 카드〉에서 빼고 남은 글자를 모두 활용하여 만들 수 있는 인구 관련 용어에 대해 설명하세요.

학생: _____(가)_____ 입니다.

교사: 예, 맞습니다. 참 잘했습니다.

단서 풀이

- 단서 ❶ 단위 면적에 분포하는 인구는 '인구 밀도'이다.
- 단서 ❷ 가로축은 성별, 세로축은 연령대별 인구나 비율을 표시하여 인구 구조를 나타낸 그래프는 '인구 피라미드'이다.

자료 분석

〈글자 카드〉에서 '인구 밀도'와 '인구 피라미드'를 빼면 '성비'가 남는다. 성비는 여성 100명에 대한 남성의 수를 의미한다. 성비가 100을 넘으면 남초, 100 미만이면 여초 현상이라고 한다.

기출 선지 변형 O X

03 다음 내용이 맞으면 ○, 틀리면 ×를 표기하시오.

① 세종은 총 부양비가 가장 높다. ○, ×

② 전남은 노년 부양비가 가장 낮다. ○, ×

③ 부산은 충북보다 유소년 부양비가 낮다. ○, ×

④ 경기는 울산보다 청장년층 인구 비중이 낮다. ○, ×

⑤ 모든 광역시는 전국보다 노령화 지수가 높다. ○, ×

⑥ 울산은 청장년층 인구 비중이 가장 높다. ○, ×

⑦ 전남은 노년층 인구 비중이 가장 높다. ○, ×

⑧ 전남은 세종보다 중위 연령이 높다. ○, ×

⑨ 충북은 전남보다 총 부양비가 높다. ○, ×

⑩ 총 부양비는 전남이 가장 낮다. ○, ×

⑪ 노령화 지수는 세종이 가장 낮고 전남이 가장 높다. ○, ×

⑫ 전남은 울산보다 촌락의 성격이 강하다. ○, ×

04 다음 내용이 맞으면 ○, 틀리면 ×를 표기하시오.

① 성비는 남성 100명에 대한 여성의 수를 의미한다. ○, ×

② 성비가 100을 넘으면 남초 현상, 100 미만이면 여초 현상이라고 한다. ○, ×

③ 군부대가 많은 지역과 중화학 공업이 발달한 도시는 성비가 높게 나타난다. ○, ×

④ 출생 시에는 성비가 100보다 높고, 노년층으로 갈수록 성비가 낮아지는 경향이 나타난다. ○, ×

⑤ 서비스업이 발달한 도시는 성비가 100을 넘는다. ○, ×

⑥ 촌락은 결혼 적령기 연령층은 성비가 매우 높지만, 고령 여성층의 비중이 높아 전체적인 성비는 낮다. ○, ×

⑦ 단위 면적에 분포하는 인구를 인구 밀도라고 한다. ○, ×

⑧ 울산, 광양, 거제 등에서는 성비가 낮게 나타나고, 서울, 광주 등에서는 성비가 높게 나타난다. ○, ×

01 교육청
p.114 자료 02

그래프는 두 지역의 인구 구조를 나타낸 것이다. (가), (나)에 대한 옳은 설명을 〈보기〉에서 고른 것은? (단, (가), (나)는 시, 군 중 하나임.)

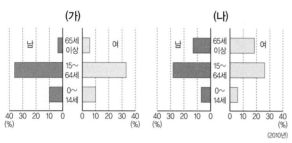

〈보기〉

ㄱ. (가)는 총 부양비가 100 이상이다.

ㄴ. (나)는 노령화 지수가 100 이상이다.

ㄷ. (가)는 (나)보다 1차 산업 종사자 비율이 높다.

ㄹ. (가), (나)는 청장년층 성비가 노년층 성비보다 높다.

① ㄱ, ㄴ   ② ㄱ, ㄷ   ③ ㄴ, ㄷ
④ ㄴ, ㄹ   ⑤ ㄷ, ㄹ

02 교육청

지도의 A~D 지역에 대한 옳은 설명을 〈보기〉에서 고른 것은?

〈인구 증가율(2005~2010)〉   〈65세 이상 인구 비율(2010)〉

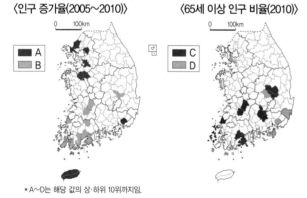

* A~D는 해당 값의 상·하위 10위까지임.

〈보기〉

ㄱ. A는 B보다 농가 인구 비율이 높다.

ㄴ. C는 A보다 총 부양비가 높다.

ㄷ. D는 B보다 청장년층의 인구 비중이 높다.

ㄹ. D는 C보다 중위 연령이 높다.

① ㄱ, ㄴ   ② ㄱ, ㄷ   ③ ㄴ, ㄷ
④ ㄴ, ㄹ   ⑤ ㄷ, ㄹ

03 교육청

지도는 전국 인구 대비 시·도별 현 거주지 출생 인구 및 유입 인구의 비중을 나타낸 것이다. 이에 대한 분석으로 옳은 것은?

■ 현 거주지 출생 인구
■ 유입 인구
(2010)

① 총인구가 가장 많은 곳은 서울이다.

② 부산의 총인구는 광주의 총인구보다 4배 이상 많다.

③ 수도권은 현 거주지 출생 인구가 유입 인구보다 많다.

④ 모든 광역시는 현 거주지 출생 인구가 유입 인구보다 많다.

⑤ 영남 지방의 시·도는 모두 현 거주지 출생 인구가 유입 인구보다 많다.

04 교육청
p.114 자료 01

(가)~(다)에 해당하는 지역을 지도의 A~C에서 고른 것은?

〈인구 밀도〉   〈중위 연령〉   〈청장년층 인구 비중〉

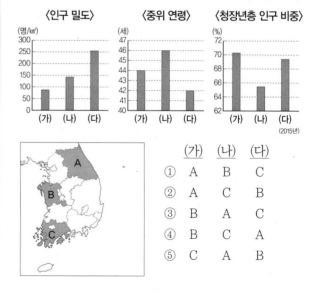

	(가)	(나)	(다)
①	A	B	C
②	A	C	B
③	B	A	C
④	B	C	A
⑤	C	A	B

05 교육청   p.114 자료 01

다음 자료는 (가), (나) 지역의 인구 구조를 나타낸 것이다. (가) 지역과 비교한 (나) 지역의 상대적 특성을 그림의 A~E에서 고른 것은?

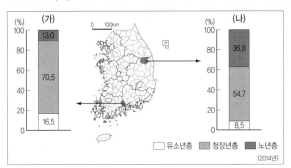

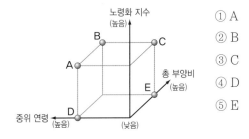

① A
② B
③ C
④ D
⑤ E

06 교육청   p.114 자료 02

그래프는 (가), (나) 지역의 시기별 인구 구조를 나타낸 것이다. 이에 대한 분석으로 옳지 <u>않은</u> 것은?

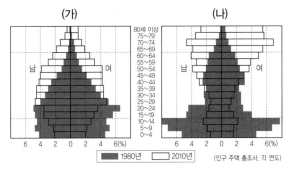

① (가)는 노년층 비율이 2배 이상 증가하였다.
② (나)는 2010년 유소년층에서 남초 현상이 나타난다.
③ (가)는 (나)보다 2010년 노년 부양비가 낮다.
④ (나)는 (가)보다 두 시기 모두 청장년층의 비율이 높다.
⑤ (가), (나)는 모두 중위 연령이 상승하였다.

07 교육청   p.114 자료 02

다음 자료는 두 지역의 인구 피라미드를 나타낸 것이다. (가), (나) 지역에 대한 옳은 설명을 〈보기〉에서 고른 것은?

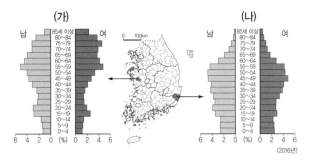

· 보기 ·
ㄱ. (가)는 (나)보다 중위 연령이 높다.
ㄴ. (가)는 (나)보다 유소년층 인구 비율이 높다.
ㄷ. (나)는 (가)보다 총 부양비가 낮다.
ㄹ. (나)는 (가)보다 노령화 지수가 높다.

① ㄱ, ㄴ　　② ㄱ, ㄷ　　③ ㄴ, ㄷ
④ ㄴ, ㄹ　　⑤ ㄷ, ㄹ

08 수능   p.115 자료 03

그래프는 시·도별 유소년층 및 노년층 인구 비율을 나타낸 것이다. 이에 대한 설명으로 옳은 것은? (단, (가)~(라)는 지도에 표시된 지역 중 하나임.)

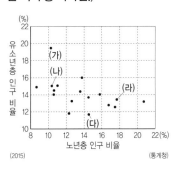

① (나)에는 공공 기관이 이전한 혁신 도시가 위치해 있다.
② (가)는 (다)보다 노령화 지수가 높다.
③ (나)는 (가)보다 유소년층 인구가 많다.
④ (다)는 (라)보다 총 부양비가 높다.
⑤ (다)는 호남권, (라)는 영남권에 해당한다.

09 교육청
p.114 자료 01

그래프는 세 지역의 인구 구조를 나타낸 것이다. (가)~(다) 지역에 대한 옳은 설명을 〈보기〉에서 고른 것은?

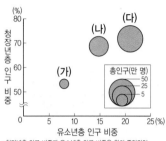

* 청장년층 인구 비중과 유소년층 인구 비중은 원의 중앙값임.
(통계청, 2010)

·보기·

ㄱ. (가)는 노년 부양비가 유소년 부양비보다 높다.

ㄴ. (가)는 (나)보다 노년층 인구가 많다.

ㄷ. (나)는 (다)보다 중위 연령이 높다.

ㄹ. (가)~(다) 모두 총 부양비가 100 이상이다.

① ㄱ, ㄴ　　　② ㄱ, ㄷ　　　③ ㄴ, ㄷ

④ ㄴ, ㄹ　　　⑤ ㄷ, ㄹ

11 평가원
p.114 자료 02

그래프는 (가), (나) 두 지역의 인구 피라미드이다. 이에 대한 설명으로 옳은 것은? (단, (가), (나)는 시·군 규모임.)

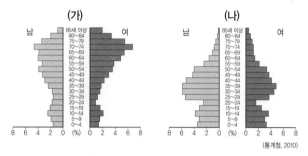

(통계청, 2010)

① (가)는 (나)보다 중위 연령이 낮다.

② (가)는 (나)보다 총 부양비가 낮다.

③ (가)는 (나)보다 성비가 높다.

④ (나)는 (가)보다 노령화 지수가 높다.

⑤ (나)는 (가)보다 생산 가능 인구 비중이 높다.

10 교육청
p.115 자료 04

지도는 어떤 인구 지표의 분포를 나타낸 것이다. (가), (나)의 지표로 옳은 것은?

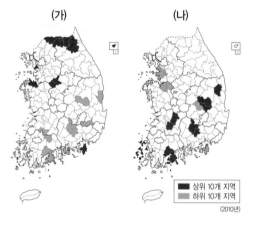

상위 10개 지역
하위 10개 지역
(2010년)

	(가)	(나)
①	성비	중위 연령
②	성비	청장년층 인구 비중
③	중위 연령	성비
④	중위 연령	청장년층 인구 비중
⑤	청장년층 인구 비중	성비

12 수능
p.114 자료 01

그래프는 (가), (나) 지역의 연령층별 인구 변화를 나타낸 것이다. 이에 대한 옳은 설명을 〈보기〉에서 고른 것은? (단, 지역은 시·도 단위임.)

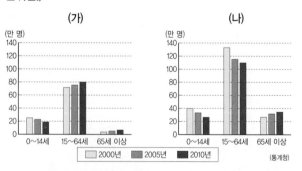

(통계청)

·보기·

ㄱ. (가)는 유소년 부양비가 증가하였다.

ㄴ. (나)는 노년 부양비가 증가하였다.

ㄷ. (가)는 (나)보다 2010년의 노령화 지수가 높다.

ㄹ. (가)는 (나)보다 2010년의 청장년층 인구 비율이 높다.

① ㄱ, ㄴ　　　② ㄱ, ㄷ　　　③ ㄴ, ㄷ

④ ㄴ, ㄹ　　　⑤ ㄷ, ㄹ

01 고난도

다음 자료에 대한 설명으로 옳은 것은? (단, A~C는 (가)~(다) 시기 중 하나임.)

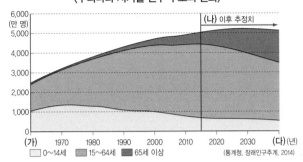

〈우리나라 시기별 인구 구조의 변화〉

(통계청, 장래인구추계, 2014)

〈연령별 인구 구조의 변화〉

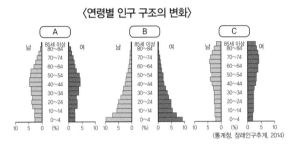

(통계청, 장래인구추계, 2014)

① (가)는 (나)보다 총인구가 많다.

② (나)는 (가)보다 합계 출산율이 높다.

③ (나)는 (다)보다 청장년층의 인구 비중이 높다.

④ 노년층의 인구 비중은 (가)>(나)>(다) 순으로 높다.

⑤ A는 (가), B는 (나), C는 (다) 시기의 인구 피라미드에 해당한다.

02

그래프는 우리나라의 인구 성장을 나타낸 것이다. 이에 대한 설명으로 옳은 것은?

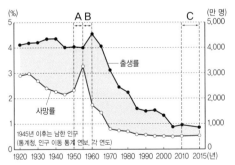

1945년 이후는 남한 인구
(통계청, 인구 이동 통계 연보, 각 연도)

① A 시기는 인구의 증가가 나타났다.

② B 시기는 인구의 자연적 감소가 나타났다.

③ C 시기는 산아 제한 정책이 실시되었다.

④ B 시기는 C 시기보다 총인구가 많았다.

⑤ C 시기는 B 시기보다 노년층의 인구 비중이 낮다.

03

지도는 세 시기의 인구 밀도 분포를 나타낸 것이다. (가)~(다)에 해당하는 지도를 A~C에서 고른 것은? (단, 세 시기는 1940년, 1985년, 2015년 중 하나임.)

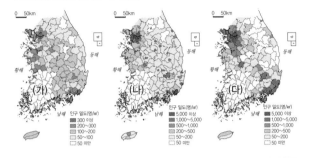

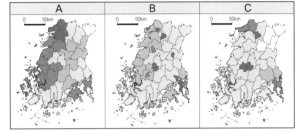

	(가)	(나)	(다)		(가)	(나)	(다)
①	A	B	C	②	A	C	B
③	B	A	C	④	B	C	A
⑤	C	B	A				

04

지도는 우리나라의 인구 이동을 나타낸 것이다. (가) 시기와 비교한 (나) 시기의 상대적 특징을 그림의 A~E에서 고른 것은? (단, (가), (나)는 1980년, 2000년 중 하나임.)

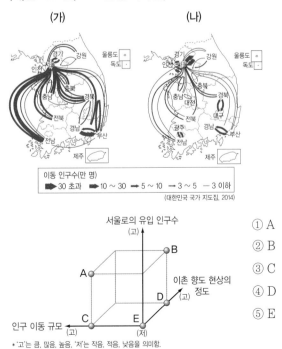

이동 인구수(만 명)
➡ 30 초과 ➡ 10 ~ 30 → 5 ~ 10 → 3 ~ 5 — 3 이하

(대한민국 국가 지도집, 2014)

① A

② B

③ C

④ D

⑤ E

* '고'는 큼, 많음, 높음, '저'는 작음, 적음, 낮음을 의미함.

05

그래프는 두 지역의 인구 자료이다. (가), (나) 지역에 대한 설명으로 옳은 것은? (단, 두 지역은 아산시, 의성군 중 하나임.)

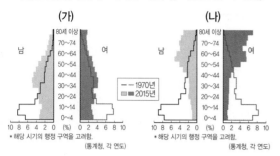

① (가)의 인구 밀도는 1970년이 2015년보다 높다.
② (나)의 초등학교 학급 수는 2015년이 1970년보다 많다.
③ (가)는 (나)보다 1970~2015년에 인구 전입이 활발하였다.
④ (나)는 (가)보다 2015년에 청장년층 인구 비중이 높다.
⑤ (가), (나) 모두 2015년이 1970년보다 유소년층 인구 비중이 높다.

06

지도는 어떤 인구 관련 지표의 분포를 나타낸 것이다. (가), (나)에 해당하는 지표로 옳은 것은? (단, (가), (나)는 각 지역 내에서 차지하는 비중임.)

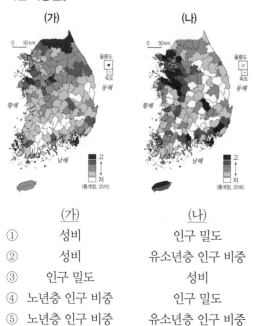

	(가)	(나)
①	성비	인구 밀도
②	성비	유소년층 인구 비중
③	인구 밀도	성비
④	노년층 인구 비중	인구 밀도
⑤	노년층 인구 비중	유소년층 인구 비중

07

그래프는 지도에 표시된 지역의 상대적 특성을 나타낸 것이다. 이에 대한 옳은 설명만을 〈보기〉에서 있는 대로 고른 것은?

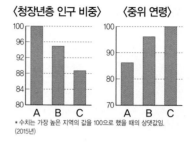

─ 보기 ─
ㄱ. A는 B보다 인구 밀도가 높다.
ㄴ. B는 C보다 성비가 낮다.
ㄷ. C는 A보다 등록 외국인 수가 적다.
ㄹ. (가)는 A, (나)는 B, (다)는 C에 해당한다.

① ㄱ, ㄴ   ② ㄱ, ㄹ   ③ ㄴ, ㄷ
④ ㄱ, ㄷ, ㄹ   ⑤ ㄴ, ㄷ, ㄹ

08 〈고난도〉

그래프는 권역별 인구의 순 이동 변화와 거주 형태별 가구 수를 나타낸 것이다. (가)~(다)에 해당하는 지역을 그래프의 A~C에서 고른 것은? (단, (가)~(다)는 수도권, 영남권, 호남권 중 하나임.)

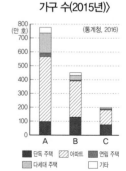

	(가)	(나)	(다)		(가)	(나)	(다)
①	A	B	C	②	A	C	B
③	B	A	C	④	C	A	B
⑤	C	B	A				

 16강 인구 문제와 공간 변화 ~ 외국인 이주와 다문화 공간

1단계 기출 자료 분석

자료 01 연령별 인구 구성 비율의 변화 이해하기

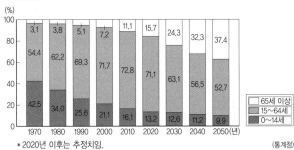

(%)	1970	1980	1990	2000	2010	2020	2030	2040	2050(년)
65세 이상	3.1	3.8	5.1	7.2	11.1	15.7	24.3	32.3	37.4
15~64세	54.4	62.2	69.3	71.7	72.8	71.1	63.1	56.5	52.7
0~14세	42.5	34.0	25.6	21.1	16.1	13.2	12.6	11.2	9.9

* 2020년 이후는 추정치임.   (통계청)

단서❶ 65세 이상
단서❷ 15~64세
단서❸ 0~14세

단서 풀이
• 단서 ❶ 노년층 인구 비중은 지속적으로 증가할 것으로 예상된다.
• 단서 ❷ 청장년층 인구 비중은 증가하다가 감소할 것으로 예상된다.
• 단서 ❸ 유소년층 인구 비중은 지속적으로 감소할 것으로 예상된다.

자료 분석
우리나라의 연령별 인구 구성 비율의 추이를 나타낸 그래프를 살펴보면, 유소년층 인구 비중은 계속 감소하고, 노년층 인구 비중은 계속 증가하고 있음을 알 수 있다.

자료 02 인구 지표 이해하기

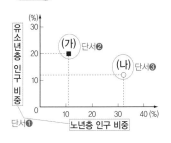 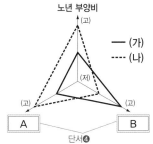

단서 풀이
• 단서 ❶ 유소년층 인구 비중, 청장년층 인구 비중, 노년층 인구 비중의 합은 100%이다. 따라서 셋 중에서 두 연령층의 인구 비중을 알면 나머지 연령층의 인구 비중을 알 수 있다.
• 단서 ❷ (가)는 유소년층 인구 비중이 약 20%, 노년층 인구 비중이 약 11%이다. 따라서 청장년층 인구 비중은 약 69%이다.
• 단서 ❸ (나)는 유소년층 인구 비중이 약 12%, 노년층 인구 비중이 약 32%이다. 따라서 청장년층 인구 비중은 약 56%이다.
• 단서 ❹ A에는 (나)에서 높게 나타나는 인구 지표, B에는 (가)에서 높게 나타나는 인구 지표가 들어가야 한다.

자료 분석
• A: (나)는 (가)보다 유소년층과 청장년층 인구 비중은 낮고, 노년층 인구 비중은 높으므로, A에는 노령화 지수, 총 부양비 등이 들어갈 수 있다.
• B: (가)는 (나)보다 유소년층과 청장년층 인구 비중은 높고, 노년층 인구 비중은 낮으므로, B에는 청장년층 인구 비중, 유소년 부양비 등이 들어갈 수 있다.

이것도 알아둬
유소년층 인구 비중, 청장년층 인구 비중, 노년층 인구 비중 중 두 연령층의 인구 비중을 알면 나머지 연령층의 인구 비중을 구할 수 있음을 알아두자.

기출 선지 변형 O X

01 다음 내용이 맞으면 ○, 틀리면 ×를 표기하시오.

① 2010년에는 노령화 지수가 100 이상이다. ○, ×

② 1980년에 비해 2010년에 총 부양비는 감소하였다. ○, ×

③ 1990년에 비해 2030은 중위 연령이 낮을 것이다. ○, ×

④ 2000년에 비해 2050년에는 노년 부양비가 5배 이상이 될 것이다. ○, ×

⑤ 1970년 이후 유소년층 인구 비중은 계속 감소하는 반면 노년층 인구 비중은 계속 증가 추세에 있다. ○, ×

⑥ 노령화 지수는 계속 낮아지는 추세에 있다. ○, ×

⑦ 2010년 이후 청장년층 인구 비중이 낮아지면서 총 부양비도 낮아질 것이다. ○, ×

02 다음 내용이 맞으면 ○, 틀리면 ×를 표기하시오.

2-1. (가), (나) 지역의 인구 지표 특성

① A에는 노령화 지수 등의 인구 지표가 들어갈 수 있다. ○, ×

② B에는 유소년 부양비 등의 인구 지표가 들어갈 수 있다. ○, ×

③ (가)는 (나)보다 청장년층 인구 비중이 낮다. ○, ×

④ (가)는 (나)보다 총 부양비가 높게 나타난다. ○, ×

2-2. 인구 구조에 따른 지역의 특성

⑤ 노년 부양비는 청장년층의 인구 유출이 활발한 지역에서 뚜렷하게 높다. ○, ×

⑥ 대도시에서 멀리 떨어져 있는 지역은 산업화로부터 소외되어 청장년층의 인구 유출이 활발하다. ○, ×

⑦ 촌락 지역은 노년층 인구 비중이 낮은 편이다. ○, ×

⑧ 2015년 시·도 중 전남의 노년층 인구 비중이 가장 높다. ○, ×

⑨ 노령화 지수가 100보다 크다는 것은 유소년층 인구 비중이 노년층 인구 비중보다 높다는 뜻이다. ○, ×

⑩ 노년층 인구 비중이 높은 지역은 낮은 지역에 비해 대체로 중위 연령이 낮다. ○, ×

기출 자료 분석

자료 03 우리나라의 시·도별 인구 특성 이해하기

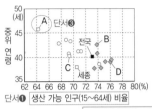
〈시·도별 중위 연령 및 생산 가능 인구 비율〉

〈시·도별 인구 부양비〉

◆ 특별시·광역시 ○ 도(道) ■ 전국 평균
(2014년) (통계청)

단서 풀이
- 단서 ❶ 생산 가능 인구(15~64세) 비율은 청장년층 인구 비율로, D>B>C>A 순으로 높다.
- 단서 ❷ 총 부양비는 ©>©>②>③ 순으로 높다.
- 단서 ❸ A는 우리나라 시·도 중에서 중위 연령이 가장 높고, 생산 가능 인구(15~64세) 비율은 가장 낮다.
- 단서 ❹ ©은 우리나라 시·도 중에서 총 부양비가 가장 높다.

자료 분석 (조건_A~D는 각각 ③~② 중 어느 하나에 해당됨.)
- 생산 가능 인구 비율 즉, 청장년층 인구 비율이 높으면 총 부양비가 낮고, 반대로 생산 가능 인구 비율이 낮으면 총 부양비가 높다. 따라서 A는 ©, B는 ②, C는 ©, D는 ③이다.
- A는 청장년층 인구 비율은 매우 낮고 중위 연령이 높은 것으로 보아 청장년층 중심의 인구 유출이 활발한 지역이라는 것을 알 수 있다.
- ©은 총 부양비가 가장 높으므로 청장년층 인구 비율이 가장 낮다.

이것도 알아둬
총 부양비는 청장년층 인구 비율에 반비례한다는 것을 알아두자.

자료 04 주요 인구 관련 지표의 지역별 분포 이해하기

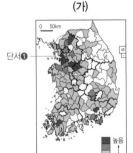
(가)

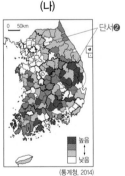
(나)

높음 / 낮음
(통계청, 2014)

단서 풀이
- 단서 ❶ (가)는 주로 수도권 지역에서 수치가 높게 나타난다.
- 단서 ❷ (나)는 도시화된 수도권을 비롯한 광역시에서 수치가 낮은 반면 촌락에서 수치가 높게 나타난다.

자료 분석 (조건_(가), (나)는 등록 외국인 비율, 노령화 지수 중 하나임.)
- (가): 중소기업 공장들이 많은 수도권 서남부 지역에서 높게 나타나므로 등록 외국인 비율이다.
- (나): 촌락에서 높고, 도시에서 낮게 나타나므로 노령화 지수이다.

기출 선지 변형 OX

03 다음 내용이 맞으면 ○, 틀리면 ×를 표기하시오.

3-1. 그래프에 표시된 우리나라 시·도별 인구 특성

① A와 ©은 동일한 지역이다. ○, ×

② B는 D보다 노년층 인구 비율이 높다. ○, ×

③ D의 노령화 지수는 80 이상이다. ○, ×

④ 노년 부양비는 ©이 ③보다 높다. ○, ×

3-2. 인구 부양비

⑤ 유소년 부양비는 '(유소년층 인구÷청장년층 인구)×100'으로 구한다. ○, ×

⑥ 노령화 지수는 '(유소년층 인구÷노년층 인구)×100'으로 구한다. ○, ×

⑦ 총 부양비는 대체로 청장년층 인구 비중에 비례해서 나타난다. ○, ×

⑧ 총 부양비가 100이라는 것은 청장년층 인구 비중이 50%라는 의미이다. ○, ×

04 다음 내용이 맞으면 ○, 틀리면 ×를 표기하시오.

4-1. (가), (나)의 인구 지표 특성

① (가)는 전체적으로 수도권이 높고 태백산맥과 소백산맥이 지나는 곳에서 낮은 값이 나타난다. ○, ×

② (나)는 수도권이 높고 대도시와 멀리 떨어진 지역에서 낮은 값이 나타난다. ○, ×

③ (가)는 등록 외국인 비율, (나)는 성비를 나타낸다. ○, ×

4-2. 여러 가지 인구 지표의 특성

④ 국제결혼율은 도시에서 높게 나타난다. ○, ×

⑤ 등록 외국인 비율은 중소기업 공장들이 많은 수도권 서남부 지역에서 높게 나타난다. ○, ×

⑥ 노령화 지수는 인구 유출이 활발한 촌락에서 낮고, 인구 유입이 활발한 도시에서 높게 나타난다. ○, ×

01 교육청

그래프는 우리나라의 총 부양비와 노령화 지수 변화를 나타낸 것이다. 이에 대한 옳은 설명을 〈보기〉에서 고른 것은?

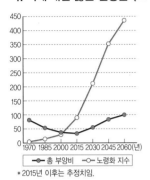

* 2015년 이후는 추정치임.

┌─ 보기 ─────────────────────────────
ㄱ. 1970년 노년층 인구 비중은 20% 이상이다.
ㄴ. 2030년 노년층 인구는 유소년층 인구보다 많다.
ㄷ. 2030년은 2000년보다 중위 연령이 높다.
ㄹ. 1970~2060년 청장년층 인구 비중은 지속적으로 감소한다.
└───────────────────────────────────

① ㄱ, ㄴ   ② ㄱ, ㄷ   ③ ㄴ, ㄷ
④ ㄴ, ㄹ   ⑤ ㄷ, ㄹ

02 교육청   p.121 자료 01

그래프는 우리나라의 인구 부양비 변화 추이를 나타낸 것이다. 이에 대한 추론으로 적절한 것을 〈보기〉에서 고른 것은?

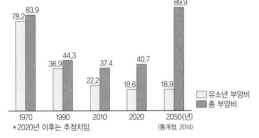

* 2020년 이후는 추정치임.   (통계청, 2014)

┌─ 보기 ─────────────────────────────
ㄱ. 2020년 노령화 지수는 100을 넘을 것이다.
ㄴ. 1970년은 2050년보다 중위 연령이 높을 것이다.
ㄷ. 2050년 노년 부양비는 1970년의 10배가 넘을 것이다.
ㄹ. 청장년층의 인구 비중은 2010년 이후 점차 높아질 것이다.
└───────────────────────────────────

① ㄱ, ㄴ   ② ㄱ, ㄷ   ③ ㄴ, ㄷ
④ ㄴ, ㄹ   ⑤ ㄷ, ㄹ

03 평가원

(가)~(다)에 해당하는 인구 부양비로 옳은 것은? (단, (가)~(다)는 유소년 부양비, 노년 부양비, 총 부양비 중 하나임.)

(가)   (나)

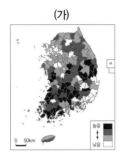   

(다)

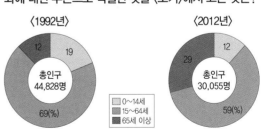

(2010년)   (통계청)

	(가)	(나)	(다)
①	총 부양비	노년 부양비	유소년 부양비
②	총 부양비	유소년 부양비	노년 부양비
③	노년 부양비	총 부양비	유소년 부양비
④	노년 부양비	유소년 부양비	총 부양비
⑤	유소년 부양비	노년 부양비	총 부양비

04 교육청

그래프는 어느 군(郡)의 인구 변화를 나타낸 것이다. 이 지역의 변화에 대한 추론으로 적절한 것을 〈보기〉에서 고른 것은?

〈1992년〉   〈2012년〉

총인구 44,828명   총인구 30,055명

12 19   12
69(%)   29 59(%)

□ 0~14세
□ 15~64세
■ 65세 이상

┌─ 보기 ─────────────────────────────
ㄱ. 중위 연령이 낮아졌을 것이다.
ㄴ. 초등학교의 통·폐합이 이루어졌을 것이다.
ㄷ. 노년층에 대한 부양 부담이 증가했을 것이다.
ㄹ. 생산 기능 입지에 따른 집적 불이익이 심화되었을 것이다.
└───────────────────────────────────

① ㄱ, ㄴ   ② ㄱ, ㄷ   ③ ㄴ, ㄷ
④ ㄴ, ㄹ   ⑤ ㄷ, ㄹ

VI

05 교육청

지도는 (가), (나) 인구 지표의 상위와 하위 5개 지역을 각각 나타낸 것이다. 이에 대한 설명으로 옳은 것은? (단, (가), (나)는 노년 부양비, 유소년 부양비 중 하나임.)

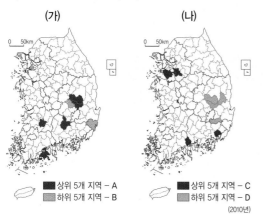

(가)   (나)

상위 5개 지역 - A   상위 5개 지역 - C
하위 5개 지역 - B   하위 5개 지역 - D
                                    (2010년)

① (가)는 유소년 부양비, (나)는 노년 부양비이다.

② A는 B보다 3차 산업 종사자 비율이 높다.

③ B는 D보다 외국인 노동자 수가 많다.

④ C는 A보다 중위 연령이 높다.

⑤ D는 C보다 청장년층 인구 비중이 높다.

06 교육청

지도는 경기도의 두 인구 지표를 시·군별로 나타낸 것이다. (가), (나) 인구 지표로 옳은 것은?

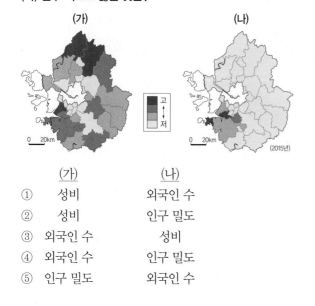

(가)   (나)

고
저

	(가)	(나)
①	성비	외국인 수
②	성비	인구 밀도
③	외국인 수	성비
④	외국인 수	인구 밀도
⑤	인구 밀도	외국인 수

07 평가원

그래프는 지도에 표시된 세 지역의 인구 특성을 나타낸 것이다. (가)~(다) 지역에 대한 설명으로 옳은 것은?

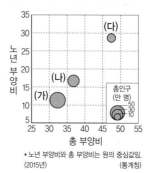

* 노년 부양비와 총 부양비는 원의 중심값임.
(2015년)   (통계청)

① (가)는 (나)보다 유소년층 인구가 적다.

② (나)는 (다)보다 노령화 지수가 높다.

③ (가)는 강원권, (나)는 충청권에 있다.

④ (나)에는 혁신 도시, (다)에는 도청이 위치해 있다.

⑤ 청장년층 인구의 비중은 (다)>(나)>(가) 순으로 높다.

08 교육청

p.122 자료 03

그래프는 우리나라의 전체 읍·면·동별 인구 특성이다. 이에 대한 설명으로 옳은 것은?

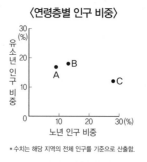
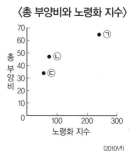

〈연령층별 인구 비중〉   〈총 부양비와 노령화 지수〉

* 수치는 해당 지역의 전체 인구를 기준으로 산출함.
(2010년)

① 도시화 과정에서 C는 인구 유입이 활발하였다.

② 우리나라 총인구에서 차지하는 비중은 B가 A보다 높다.

③ ㉠은 노년 부양비가 유소년 부양비보다 2배 이상 높다.

④ ㉠은 ㉢보다 3차 산업 종사자 비중이 높다.

⑤ B와 ㉡은 읍·면·동 중에서 동에 해당한다.

09 교육청

그래프는 A, B 지역의 인구 부양비 변화를 나타낸 것이다. 이에 대한 옳은 분석을 〈보기〉에서 고른 것은?

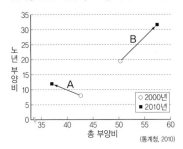

(통계청, 2010)

보기

ㄱ. A는 2010년에 청장년층 인구가 노년층 인구의 10배를 넘지 않는다.

ㄴ. B는 2000년보다 2010년의 유소년 부양비가 증가하였다.

ㄷ. B는 A보다 두 시기 모두 중위 연령이 높다.

ㄹ. B는 A보다 두 시기 모두 청장년층 인구의 비중이 높다.

① ㄱ, ㄴ   ② ㄱ, ㄷ   ③ ㄴ, ㄷ

④ ㄴ, ㄹ   ⑤ ㄷ, ㄹ

10 교육청

p.122 자료 04

지도는 시 · 도별 외국인 근로자 수를 나타낸 것이다. 이에 대한 옳은 분석을 〈보기〉에서 고른 것은?

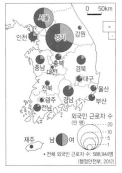

보기

ㄱ. 충남은 경남보다 남성 외국인 근로자 수가 많다.

ㄴ. 수도권의 외국인 근로자 수는 전국의 절반 이상을 차지한다.

ㄷ. 외국인 근로자의 성별 비율 차이가 가장 작은 지역은 서울이다.

ㄹ. 광역시의 경우 항구 도시들보다 내륙 도시들의 외국인 근로자 수가 많다.

① ㄱ, ㄴ   ② ㄱ, ㄷ   ③ ㄴ, ㄷ

④ ㄴ, ㄹ   ⑤ ㄷ, ㄹ

11 교육청

다음 자료에 대한 옳은 분석을 〈보기〉에서 고른 것은?

인구 규모	구분 \ 연도	1980	1990	2000	2010
5~10 만 명	도시 수(개)	6	47	48	39
	노년 인구 비율(%)	6.1	9.0	16.0	23.3
10~50 만 명	도시 수(개)	4	30	41	48
	노년 인구 비율(%)	4.8	8.7	9.0	12.6
50~100 만 명	도시 수(개)	–	–	–	10
	노년 인구 비율(%)	3.0	5.2	5.0	8.6
100만 명 이상	도시 수(개)	–	–	–	9
	노년 인구 비율(%)	2.6	5.9	5.4	9.0

＊ 도시 수는 해당 연도에 노년 인구 비율이 7%를 넘는 도시의 개수임.

＊＊ 노년 인구 비율은 각 인구 규모별 도시의 총인구에서 노년 인구가 차지하는 비율임.

보기

ㄱ. 5~10만 명 도시는 10~50만 명 도시보다 노년 인구 비율이 높다.

ㄴ. 100만 명 이상 도시의 노년 인구 비율은 1990년이 2000년보다 높다.

ㄷ. 50만 명 이상의 도시에서는 1990년부터 고령화 사회에 진입한 도시가 나타났다.

ㄹ. 2010년에 노년 인구 비율이 7%를 넘는 도시 수는 5~10만 명의 도시가 10~50만 명의 도시보다 많다.

① ㄱ, ㄴ   ② ㄱ, ㄷ   ③ ㄴ, ㄷ

④ ㄴ, ㄹ   ⑤ ㄷ, ㄹ

12 교육청

그래프의 (가) 지역과 비교한 (나) 지역의 상대적 특징을 그림의 A~E에서 고른 것은? (단, (가), (나)는 각각 동부(洞部)와 면부(面部) 중 하나임.)

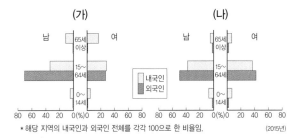

＊ 해당 지역의 내국인과 외국인 전체를 각각 100으로 한 비율임.

(2015년)

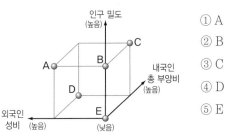

① A
② B
③ C
④ D
⑤ E

01

다음 자료는 우리나라의 시기별 인구 관련 표어이다. (가)~(라) 시기에 대한 설명으로 옳은 것은?

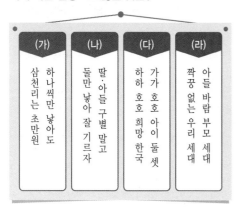

(가)	(나)	(다)	(라)
삼천리는 초만원 하나씩만 낳아도	딸·아들 구별 말고 둘만 낳아 잘 기르자	가가호호 하하호호 희망 한국 아이 둘 셋	짝꿍 없는 우리 세대 아들 바람 부모 세대

① (나) 시기에 고령화 현상을 해결하기 위한 정책이 시작되었다.

② (다) 시기는 출생률을 낮추기 위한 정책이 실시되었다.

③ (라) 시기는 출생아의 성비가 100 이하인 것이 주요 문제였다.

④ (가) 시기는 (다) 시기보다 합계 출산율이 낮다.

⑤ (나) 시기는 (다) 시기보다 유소년층의 인구 비중이 높다.

02

그래프는 연령층별 인구 구성비 변화를 나타낸 것이다. 이에 대한 설명으로 옳은 것은?

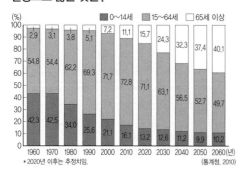

① 1960년의 노령화 지수는 100 이상이다.

② 2010년의 유소년 부양비는 50 이상이다.

③ 총 부양비는 1960년이 2010년보다 낮다.

④ 65세 이상 인구는 1960년이 2010년보다 많다.

⑤ 2060년의 노년 부양비는 1980년의 10배 이상이다

03

다음은 인구 단원에 대한 한국 지리 수업 장면이다. 교사의 질문에 옳게 답한 학생만을 있는 대로 고른 것은?

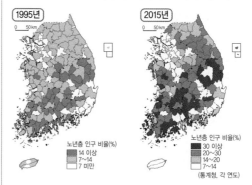

교사: 우리나라 시·군별 노년층의 인구 비율 변화를 보고 알 수 있는 내용에 대해 발표해 볼까요?

갑: 초고령 사회가 된 지역이 증가하였습니다.

을: 수도권은 영남권보다 노년층 인구 비율이 낮습니다.

병: 영남 지방에 위치한 모든 광역시는 노년층 인구 비율이 낮아졌습니다.

정: 노년층 인구 비율은 대체로 촌락 지역보다 도시 지역에서 높게 나타나고 있다.

① 갑, 을   ② 갑, 병   ③ 을, 정

④ 갑, 병, 정   ⑤ 을, 병, 정

04 고난도

그래프는 시·도별 인구 부양비를 나타낸 것이다. 이에 대한 설명으로 옳은 것은? (단, A~D는 지도에 표시된 (가)~(라) 중 하나임.)

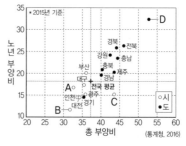

① D의 유소년 부양비는 30 이상이다.

② 청장년층 인구는 A가 C보다 적다.

③ 유소년 부양비는 C가 B보다 높다.

④ 서울은 전남보다 총 부양비가 높다.

⑤ 노년 부양비는 (다)>(라)>(나)>(가) 순으로 높다.

05 고난도

그래프는 시·도의 연령층별 인구 비중을 나타낸 것이다. 이에 대한 설명으로 옳은 것은?

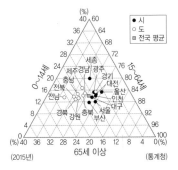

(2015년) (통계청)

① 경북은 초고령 현상이 나타난다.

② 세종의 노령화 지수는 100 이상이다.

③ 경기는 부산보다 노년층 인구가 많다.

④ 총 부양비는 시(市)가 도(道)보다 모두 낮다.

⑤ 유소년 부양비는 울산이 서울보다 2배 이상 높다.

06

다음 자료는 국내 체류 외국인의 특성을 나타낸 것이다. 이에 대한 설명으로 옳은 것은? (단, (가)와 (나), A와 B는 외국인 근로자, 결혼 이민자 중 하나임.)

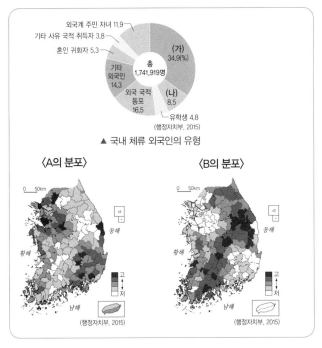

▲ 국내 체류 외국인의 유형

① (가)는 주로 선진국에서 유입되었다.

② (가)는 (나)보다 평균 체류 기간이 길다.

③ (나)는 (가)보다 제조업 종사자 비중이 낮다.

④ A는 B보다 촌락에 거주하는 비중이 높다.

⑤ (가)는 B, (나)는 A에 해당한다.

07

(가), (나)에 해당하는 지역을 지도의 A~D에서 고른 것은?

(가) 우리나라 최초의 이슬람 사원인 ○○ 중앙 성원을 중심으로 이슬람교를 믿는 외국인들이 주로 모인다. 한편 가리봉동은 1992년 한·중 수교가 체결되면서 중국 동포와 중국인들이 유입되어 연변 거리가 형성되었다.

(나) 국내·외를 막론하고 일자리를 찾아 수많은 사람이 이곳에 모여들었다. 특히 산업 단지와 가까운 원곡동은 저렴한 땅값 덕분에 외국인들이 모여들면서 다문화 거리가 형성되었다. 이곳은 '국경 없는 마을'이라고 불린다.

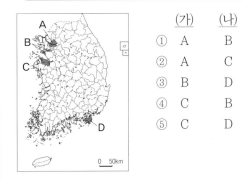

	(가)	(나)
①	A	B
②	A	C
③	B	D
④	C	B
⑤	C	D

08

다음 자료는 두 지역에 거주하는 내국인과 외국인의 인구 특성을 나타낸 것이다. (가), (나) 지역에 대한 설명으로 옳지 <u>않은</u> 것은? (단, (가), (나)는 경상남도, 전라북도 중 하나임.)

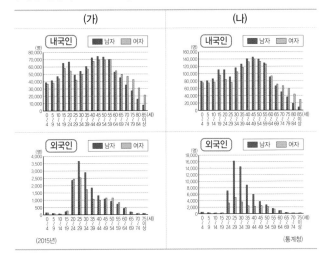

(2015년) (통계청)

① 외국인 주민 수는 (가)가 (나)보다 적다.

② 외국인의 제조업 종사자 수는 (나)가 (가)보다 많다.

③ 외국인의 청장년층 성비는 (나)가 (가)보다 낮다.

④ (가)와 (나) 모두 내국인의 노년층 성비는 100 이하이다.

⑤ (가)는 전라북도, (나)는 경상남도이다.

17강 지역의 의미와 지역 구분 ~ 북한 지역의 특성과 통일 국토의 미래

1단계

기출 자료 분석

자료 01 남북한의 경지 면적과 식량 작물별 생산 비중 파악하기

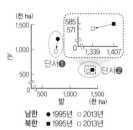
〈경지 면적 변화〉

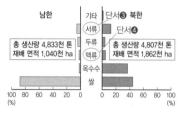
〈식량 작물별 생산 비중〉

남한 ● 1995년 □ 2013년
북한 ■ 1995년 □ 2013년

(통계청, 2013)

단서 풀이
• 단서 ❶ 남한은 논이 밭보다 넓다.
• 단서 ❷ 북한은 밭이 논보다 넓다.
• 단서 ❸ 감자, 고구마 등의 작물을 말한다.
• 단서 ❹ 보리, 밀, 귀리 등의 작물을 말한다.

자료 분석
경지 면적 변화 그래프에서 남한은 북한보다 논 면적이 넓고 밭 면적은 좁으나 논 면적 감소율은 훨씬 더 높다. 식량 작물별 생산 비중을 보면 남한은 쌀의 비중이 압도적으로 높은 반면, 북한은 쌀의 비중이 가장 높지만 옥수수의 비중도 비교적 높다. 또한 총생산량과 재배 면적을 통해 재배 면적당 생산량을 비교해 보면 남한이 북한보다 더 많다.

이것도 알아둬
쌀 생산 비중, 논 면적 감소율, 재배 면적당 생산량은 남한이 북한보다 많으며, 밭 면적 비중, 옥수수 생산량은 북한이 남한보다 많다.

자료 02 북한의 발전소 입지와 1차 에너지 소비 구조 파악하기

〈북한의 주요 발전 설비 용량〉

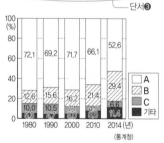
〈북한의 1차 에너지 소비 구조 변화〉

(2012)　(에너지 경제 연구원)　(통계청)

단서 풀이
• 단서 ❶ 전력 소비가 많은 평양과 그 주변 지역에는 주로 화력 발전소가 분포한다.
• 단서 ❷ 하천 중·상류에는 수력 발전소가 분포한다.
• 단서 ❸ 북한의 1차 에너지 소비 비중은 석탄>수력>석유 순으로 높다.

자료 분석
북한은 발전 설비 용량과 발전량 모두 수력>화력 순이며, 원자력은 이용되지 않는다. (가)는 석탄이 많이 분포하는 평남 지향사에 위치해 있고, (나)는 두만강과 압록강 수계 등에 주로 분포한다. 따라서 (가)는 화력 발전, (나)는 수력 발전이다. 북한의 1차 에너지 소비 비중은 석탄>수력>석유 순이다. 따라서 A는 석탄, B는 수력, C는 석유이다.

기출 선지 변형 OX

01 다음 내용이 맞으면 ○, 틀리면 ×를 표기하시오.

① 밭 면적 비중은 남한이 북한보다 높다.   ○, ×

② 쌀 생산 비중은 남한이 북한보다 높다.   ○, ×

③ 옥수수 생산량은 남한이 북한보다 많다.   ○, ×

④ 식량 작물 재배 면적당 생산량은 남한이 북한보다 많다.   ○, ×

⑤ 논 면적 감소율은 남한이 북한보다 높다.   ○, ×

⑥ 북한은 남한에 비해 맥류의 생산 비중이 높다.   ○, ×

⑦ 남한은 북한에 비해 감자, 고구마 등의 서류 생산 비중이 높다.   ○, ×

⑧ 남한은 북한에 비해 경지의 식량 작물 생산성이 높다.   ○, ×

02 다음 내용이 맞으면 ○, 틀리면 ×를 표기하시오.

2-1. 북한의 발전소 입지 특성과 1차 에너지 소비 구조

① 북한에서는 화력 발전에 주로 C를 연료로 이용한다.   ○, ×

② (나)는 두만강과 압록강 수계 등에 주로 분포한다.   ○, ×

③ (가)는 (나)보다 지구 온난화에 미치는 영향이 크다.   ○, ×

④ 북한에서는 A보다 C의 해외 의존도가 높다.   ○, ×

⑤ A, B, C는 모두 재생 자원이다.   ○, ×

⑥ 북한에서 C는 평남 지향사에서 대량 생산된다.   ○, ×

2-2. 남한과 북한의 발전 현황

⑦ 북한에서 원자력 발전소는 냉각수 확보에 유리한 해안에 주로 입지한다.   ○, ×

⑧ 북한은 남한보다 화력 발전의 연료인 석탄의 해외 의존도가 낮다.   ○, ×

⑨ 수력 발전량은 원자력 발전량보다 기후 조건의 영향을 많이 받는다.   ○, ×

⑩ 수력 발전은 화력 발전보다 발전 시 대기 오염 물질의 배출량이 많다.   ○, ×

기출 자료 분석

자료 03 남북한의 산업 구조와 인구 구조 변화 이해하기

〈남북한의 산업 구조 변화〉

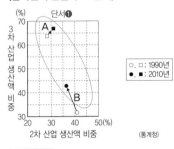

〈남북한의 인구 구조 변화〉

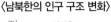
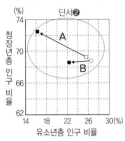

단서 풀이

• 단서 ❶ A는 B에 비해 3차 산업 생산액 비중이 높다.
• 단서 ❷ A는 B보다 청장년층 인구 비율이 높고, 유소년층 인구 비율이 크게 감소하였다.

자료 분석 (조건_단. A, B는 남한 또는 북한임.)

• 남한에서는 산업 구조가 2차 산업에서 3차 산업 중심으로 바뀌어가는 탈공업화 현상이 나타나고 있다. 따라서 1990년과 2010년 모두 3차 산업 생산액 비중이 높은 A가 남한이며, 3차 산업 생산액 비중이 낮은 B가 북한이다.
• A는 B에 비해서 유소년층 인구 비율이 현저하게 감소하였다. 따라서 A가 남한, B가 북한이다.

이것도 알아둬

북한은 1990년대 이후 1차 산업의 비중이 증가하고 2차 산업의 비중이 감소하는 산업 구조의 역행이 나타나기도 하였다. 오늘날은 1차 산업의 비중이 낮고, 2차 산업과 3차 산업의 비중이 높다.

자료 04 북한의 주요 개방 지역과 도시의 특성 파악하기

지역	특징
(가)	• 홍콩식 경제 개발을 추진하여 자본주의 시장 경제 체제 실험 계획 단서❶ • 도로 및 철도 교통의 요지
(나) 단서❷	• 북한의 특별시이며 대표적인 공업 도시 • 갑문 설치 이후 물류 기능 강화
(다)	• 유엔 개발 계획의 지원을 받은 북한 최초의 경제특구 단서❸ • 금융 기반을 갖춘 국제 교류의 거점 구축 및 외자 유치 계획

단서 풀이

• 단서 ❶ 홍콩식 일국양제를 모델로 삼은 지역 → 신의주 특별 행정구
• 단서 ❷ 서해 갑문이 건설된 지역 → 남포특별시
• 단서 ❸ 북한 최초의 경제특구 → 나선 경제특구

자료 분석

• (가): 홍콩식 모델을 채택한 신의주 특별 행정구에 대한 설명이다.
• (나): 평양의 관문 역할을 담당하는 외항으로 서해 갑문이 건설된 남포특별시에 대한 설명이다.
• (다): 1991년에 유엔 개발 계획(UNDP)의 지원을 바탕으로 경제 무역 지대로 조성된 나선 경제특구에 대한 설명이다.

이것도 알아둬

• 나선 경제특구: 북한 최초의 경제특구, 유엔 개발 계획의 지원
• 신의주 특별 행정구: 홍콩식 경제 개발, 대중 교역 창구
• 개성 공업 지구: 남한의 기술과 자본, 북한의 노동력 결합
• 금강산 관광 지구: 남한 기업의 투자, 외국 관광객 유치

기출 선지 변형 OX

03 다음 내용이 맞으면 ○, 틀리면 ×를 표기하시오.

3-1. 남북한의 산업 구조와 인구 구조 변화 이해하기

① 2010년 1차 산업 생산액 비중은 남한이 북한보다 작다. ○, ×

② 1990년, 2010년 모두 북한은 남한보다 3차 산업 생산액 비중이 높다. ○, ×

③ 2010년 남한의 청장년층 인구 비율은 북한보다 높다. ○, ×

3-2. 북한의 산업 구조와 공업 지역 이해하기

④ 북한은 중공업 우선 정책을 꾸준하게 추진해 왔다. ○, ×

⑤ 북한은 군수 공업 위주의 경제 정책으로 인해 경공업의 발달이 저조하여 생활필수품 부족 현상이 나타났다. ○, ×

⑥ 북한 최대의 공업 지역은 평양·남포 공업 지역이다. ○, ×

04 다음 내용이 맞으면 ○, 틀리면 ×를 표기하시오.

4-1. 북한의 주요 개방 지역과 도시의 특성 파악하기

① 도로 및 철도 교통의 요지로, 홍콩식 경제 개발을 추진하는 도시는 (가)이다. ○, ×

② 중국, 러시아 등의 나라가 참여한 두만강 유역 개발 계획이 진행된 지역은 (나)이다. ○, ×

③ 나진과 선봉 일대에 지정된 경제특구 지역은 (다)이다. ○, ×

④ 평양의 관문 역할을 하는 항구 도시로, 조차를 극복하기 위한 특수 항만 시설이 설치된 도시는 (가)이다. ○, ×

4-2. 북한 여러 지역의 특성 파악하기

⑤ 갑문이 설치된 대규모 항구 도시는 남포이다. ○, ×

⑥ 경원선의 종착지로 일제 강점기부터 공업 도시로 성장한 도시는 신의주이다. ○, ×

⑦ 특별 행정구로 지정되었고, 중국과의 주요 무역 통로가 되는 도시는 청진이다. ○, ×

⑧ 남한의 자본 및 기술과 북한의 노동력이 결합된 공업 지구가 형성된 도시는 개성이다. ○, ×

⑨ 금강산은 남한 민간 기업의 투자로 관광 인프라가 구축되었다. ○, ×

VII

01 수능

지도는 (가), (나)월의 평균 기온이 같은 지점을 연결한 등치선도이다. 이에 대한 옳은 설명을 〈보기〉에서 고른 것은? (단, (가), (나)는 1월, 8월 중 하나임.)

(가)   (나)

* 1973~1994년 평년값임.
**(가)의 등치선은 2℃ 간격, (나)의 등치선은 1℃ 간격임.   (기상청)

〈보기〉
ㄱ. (가)에는 남고북저형의 기압 배치가 주로 나타난다.
ㄴ. (가)는 (나)보다 강수량이 적다.
ㄷ. (나)는 (가)보다 대륙성 기단의 영향을 많이 받는다.
ㄹ. (가)에서 (나) 사이의 기간은 (나)에서 (가) 사이의 기간보다 황사 발생 빈도가 높다.

① ㄱ, ㄴ   ② ㄱ, ㄷ   ③ ㄴ, ㄷ
④ ㄴ, ㄹ   ⑤ ㄷ, ㄹ

02 평가원   p.129 자료 03

표는 남한과 북한의 발전 현황을 나타낸 것이다. 이에 대한 설명으로 옳은 것은? (단, A와 B는 남한과 북한 중 하나이며, (가)~(다)는 수력, 원자력, 화력 중 하나임.)

(단위: %)

구분	A		B	
	발전 설비 용량 비중	발전량 비중	발전 설비 용량 비중	발전량 비중
(가)	7.3	1.5	59.2	60.2
(나)	23.3	30.9	0.0	0.0
(다)	69.4	67.6	40.8	39.8
합계	100.0	100.0	100.0	100.0

(2014년)   (통계청)
* 신·재생 에너지 및 기타를 제외한 값을 100으로 환산하여 산출한 것임.

① A는 북한에, B는 남한에 해당한다.
② (나) 발전소는 주로 내륙에 입지한다.
③ (다)의 연료는 북한이 남한보다 해외 의존도가 높다.
④ (가)의 발전량은 (나)보다 기후 조건의 영향을 많이 받는다.
⑤ (가)는 (다)보다 발전 시 대기 오염 물질의 배출량이 많다.

03 수능   p.128 자료 01

그래프는 남북한의 농업 현황을 나타낸 것이다. 남한과 북한의 상대적 특징을 그래프로 나타낼 때, A, B에 들어갈 지표로 옳은 것은?

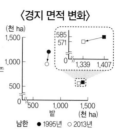   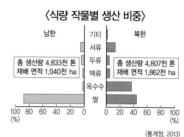

〈경지 면적 변화〉   〈식량 작물별 생산 비중〉

(통계청, 2013)

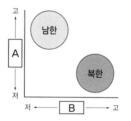

	A	B
①	밭 면적 비중	옥수수 생산량
②	쌀 생산 비중	밭 면적 비중
③	옥수수 생산량	쌀 생산 비중
④	논 면적 감소율	재배 면적당 생산량
⑤	재배 면적당 생산량	논 면적 감소율

04 수능   p.129 자료 03

다음 자료에 대한 옳은 설명을 〈보기〉에서 고른 것은?

〈남한의 교통수단별 국내 수송 분담률〉   〈남북한의 육상 교통로별 비중〉

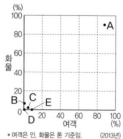

(단위: %)

육상 교통로	남한	북한
(가)	96.2	83.0
(나)	3.2	16.9
(다)	0.6	0.1
계	100.0	100.0

* 도로, 지하철, 철도 길이의 합에서 차지하는 비중을 나타냄.   (통계청)

* 여객은 인, 화물은 톤 기준임.   (2013년)

〈보기〉
ㄱ. A의 여객 수송 분담률은 남한이 북한보다 높다.
ㄴ. B, D는 C, E보다 기상 악화에 따른 운행 제약이 크다.
ㄷ. 북한의 화물 수송 분담률은 (나)를 이용하는 교통수단보다 (가)를 이용하는 교통수단이 높다.
ㄹ. (가)는 A, (나)는 B, (다)는 C가 이용하는 교통로이다.

① ㄱ, ㄴ   ② ㄱ, ㄷ   ③ ㄴ, ㄷ
④ ㄴ, ㄹ   ⑤ ㄷ, ㄹ

05 평가원
p.128 자료 02

다음 자료에 대한 옳은 설명만을 〈보기〉에서 있는 대로 고른 것은?

〈북한의 주요 발전 설비 용량〉 〈북한의 1차 에너지 소비 구조 변화〉

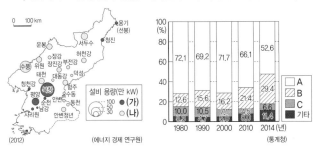

(2012) (에너지 경제 연구원) (통계청)

—보기—

ㄱ. (가)는 A를 연료로 한다.

ㄴ. (나)는 B를 이용한다.

ㄷ. (가)는 (나)보다 대기 오염 물질 배출량이 많다.

ㄹ. 남한에서 A는 C보다 해외 의존도가 높다.

① ㄱ, ㄴ   ② ㄱ, ㄷ   ③ ㄴ, ㄹ

④ ㄱ, ㄴ, ㄷ   ⑤ ㄱ, ㄷ, ㄹ

06 수능
p.129 자료 04

(가)~(다)에서 설명하는 지역을 지도의 A~E에서 고른 것은?

(가)	(나)	(다)
화산 활동으로 형성된 산지이며, 정상부에는 칼데라호가 있음	경원선의 종착지로 일제 강점기부터 공업 도시로 성장함	2002년에 외자 유치 및 교역 확대를 위해 특별 행정구로 지정함

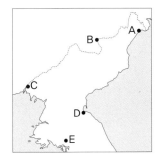

	(가)	(나)	(다)
①	B	A	C
②	B	D	C
③	B	D	E
④	C	D	E
⑤	C	E	A

07 평가원
p.129 자료 03

그래프는 남북한의 산업 구조 및 인구 구조 변화에 대한 것이다. 이에 대한 옳은 설명을 〈보기〉에서 고른 것은? (단, A, B는 남한 또는 북한임.)

〈남북한의 산업 구조 변화〉 〈남북한의 인구 구조 변화〉

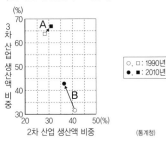 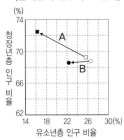

(통계청)

—보기—

ㄱ. 2010년 1차 산업 생산액 비중은 남한이 북한보다 크다.

ㄴ. 1990년 대비 2010년 남북한 모두 1차 산업 생산액 비중은 감소하였다.

ㄷ. 2010년 총부양비는 북한이 남한보다 높다.

ㄹ. 2010년 노령화 지수는 북한이 남한보다 높다.

① ㄱ, ㄴ   ② ㄱ, ㄷ   ③ ㄴ, ㄷ

④ ㄴ, ㄹ   ⑤ ㄷ, ㄹ

08 평가원
p.129 자료 04

다음 자료의 (가)~(다) 지역을 지도의 A~D에서 고른 것은?

지역	특성
(가)	• 홍콩식 경제 개발을 추진하여 자본주의 시장 경제 체제 실험 계획 • 도로 및 철도 교통의 요지
(나)	• 북한의 특별시이며 대표적인 공업 도시 • 갑문 설치 이후 물류 기능 강화
(다)	• 유엔 개발 계획의 지원을 받은 북한 최초의 경제특구 • 금융 기반을 갖춘 국제 교류의 거점 구축 및 외자 유치 계획

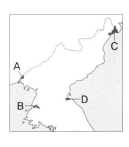

	(가)	(나)	(다)		(가)	(나)	(다)
①	A	B	C	②	A	C	B
③	A	D	B	④	B	C	D
⑤	B	D	A				

01 고난도

(가), (나) 지도에 대한 옳은 설명을 〈보기〉에서 고른 것은?

보기

ㄱ. 한강 유역의 면적은 금강 유역의 면적보다 넓다.

ㄴ. 중부 방언권의 동쪽 경계는 대체로 태백산맥에 위치한다.

ㄷ. 동북 방언권과 서북 방언권의 경계는 주로 백두대간에 위치한다.

ㄹ. 서북 방언권과 중부 방언권의 경계는 대체로 청천강 본류와 일치한다.

① ㄱ, ㄴ ② ㄱ, ㄷ ③ ㄴ, ㄷ ④ ㄴ, ㄹ ⑤ ㄷ, ㄹ

02

(가), (나) 지역 구분에 대한 옳은 설명을 〈보기〉에서 고른 것은?

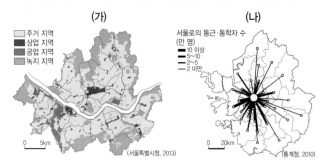

보기

ㄱ. (가)는 토지 이용을 기준으로 구분된 동질 지역 지도이다.

ㄴ. (나)는 중심지와 그 영향을 받는 지역으로 구성된다.

ㄷ. (가) 유형의 사례로 상권, 도시권을, (나) 유형의 사례로 방언권, 문화권을 들 수 있다.

ㄹ. (가)는 (나)보다 장소들 간의 기능적 관계가 중요하다.

① ㄱ, ㄴ ② ㄱ, ㄷ ③ ㄴ, ㄷ ④ ㄴ, ㄹ ⑤ ㄷ, ㄹ

03

다음 글의 밑줄 친 ㉠~㉣에 대한 설명으로 옳지 않은 것은?

지역이란 ㉠ 지리적 특성이 다른 곳과 구별되는 일정한 공간적 범위를 말한다. 지역은 특정한 기준에 의해 구분되며, 다양한 자연환경과 인문 환경으로 구성된다. 하나의 지역은 다른 지역과 구별되는 고유한 특성이 있는데, 이를 ㉡ 지역성이라고 한다. 지역은 크게 ㉢ 동질 지역과 기능 지역으로 구분할 수 있다. 지역은 행정 구역의 경계와 같이 명확하게 선으로 구분되기도 하지만 그 경계가 불분명하며 ㉣ 인접한 두 지역의 특성이 뒤섞여 있는 경우가 많다.

보기

ㄱ. ㉠은 시간의 흐름이나 교통·통신의 발달에 따라 변화하기도 한다.

ㄴ. ㉡은 지역 간의 상호 작용이 활발해지면서 더욱 뚜렷해지고 있다.

ㄷ. ㉢에서 기능 지역은 동질 지역보다 지역 간의 상호 작용을 파악하는 데 유리하다.

ㄹ. ㉣에 해당되는 지역은 평야 지역보다 험준한 산지 지역에서 넓게 나타난다.

① ㄱ, ㄴ ② ㄱ, ㄷ ③ ㄴ, ㄷ ④ ㄴ, ㄹ ⑤ ㄷ, ㄹ

04

지도는 북한의 지역별 농작물 생산량을 나타낸 것이다. (가), (나)의 남한의 시·도별 생산량 비중을 A~C에서 고른 것은?

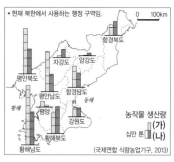

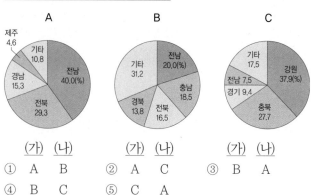

	(가)	(나)
①	A	B
②	A	C
③	B	A
④	B	C
⑤	C	A

05 고난도

북한의 기후에 대한 옳은 설명을 〈보기〉에서 고른 것은?

---보기---

ㄱ. 신의주의 연 강수량은 남포보다 적고 원산보다 많다.

ㄴ. 남포의 기온의 연교차는 원산보다 크고 강계보다 작다.

ㄷ. 원산의 최난월 평균 기온은 성진보다 높고 남포보다 낮다.

ㄹ. (가)에서 1월 평균 기온 등온선은 해안선과 수직으로 나타난다.

① ㄱ, ㄴ   ② ㄱ, ㄷ   ③ ㄴ, ㄷ

④ ㄴ, ㄹ   ⑤ ㄷ, ㄹ

06

다음 중 발표 내용이 옳은 학생을 고른 것은?

① 갑, 을   ② 갑, 병   ③ 을, 병

④ 을, 정   ⑤ 병, 정

07

그래프는 남북한의 에너지에 대한 것이다. 이에 대한 설명으로 옳지 않은 것은?

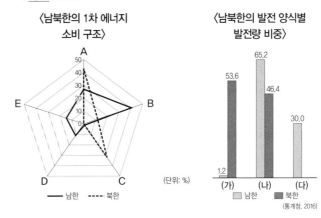

① 북한은 남한보다 C의 생산량이 많다.

② 북한은 남한보다 A의 자급률이 높다.

③ 남한에서 A, B, E는 (나)의 발전에 이용된다.

④ (다)는 (나)보다 발전 과정에서 이산화 탄소 배출량이 많다.

⑤ D는 (다)에 해당되며 발전소는 주로 해안 지역에 입지하고 있다.

08

(가)~(다) 자원에 대한 옳은 설명을 〈보기〉에서 고른 것은? (단, (가)~(다)는 무연탄, 석회석, 철광석 중 하나임.)

〈북한의 지하자원 분포〉 (통일부, 2016)

〈남한과 북한의 지하자원 매장량〉 (단위: 억 톤)

지하자원	남한	북한
(가)	0.4	50
(나)	3.8	45
(다)	127.0	1,000

(2017년, 통계청)

---보기---

ㄱ. (가)의 주요 가공 공장은 남한과 북한 모두 주로 원료 산지에 입지한다.

ㄴ. (나)는 북한의 1차 에너지 소비 구조에서 차지하는 비중이 가장 높다.

ㄷ. (다)는 주로 고생대 바다에서 형성된 지층에 분포한다.

ㄹ. 남한은 (나)의 수입 의존률이 (가)의 수입 의존률보다 높다.

① ㄱ, ㄴ   ② ㄱ, ㄷ   ③ ㄴ, ㄷ   ④ ㄴ, ㄹ   ⑤ ㄷ, ㄹ

VII. 우리나라의 지역 이해

18강 인구와 기능이 집중된 수도권

1단계 기출 자료 분석

자료 01 수도권의 주간 인구 지수와 통근·통학자 수 파악하기

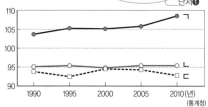

〈수도권 시·도별 주간 인구 지수〉 단서❶

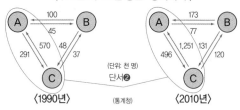

〈수도권 시·도별 통근·통학자 수〉

(단위: 천 명) 단서❷

〈1990년〉 (통계청) 〈2010년〉

단서 풀이

- 단서 ❶ 주간 인구 지수는 '주간 인구/상주인구×100'의 식으로 산출된다. 주간 인구 지수는 상업·업무 기능이 발달하여 통근 유입 인구가 많은 지역에서 높게 나타난다.
- 단서 ❷ 1990년과 2010년 모두 A–C 간 통근·통학 인구가 가장 많으며, A에서 C로의 통근·통학 인구보다 C에서 A로의 통근·통학 인구가 더 많다.

자료 분석

- 〈수도권 시·도별 주간 인구 지수〉

대도시권의 중심 도시는 각종 기능이 밀집해 있어 통근 인구의 유입이 많아 주간 인구 지수가 높다. 반면 대도시권에서 주거 기능을 분담하는 위성 도시는 자족 기능이 부족한 단순 침상 도시(bed town)인 경우가 대부분으로 주간 인구 지수가 낮다. 서울은 각종 기능이 발달하였으므로 경기와 인천에서 서울로의 통근 인구가 많다. 따라서 세 지역 중 주간 인구 지수가 가장 높은 ㄱ이 서울이다. 경기는 서울의 주거 기능을 분담하는 주거 기능 중심의 위성 도시가 발달하여 서울로의 통근·통학자 수가 많아 주간 인구 지수가 낮다. 따라서 세 지역 중 주간 인구 지수가 가장 낮은 ㄷ이 경기이므로, ㄴ은 인천이다.

- 〈수도권 시·도별 통근·통학자 수〉

경기는 주거 기능의 위성 도시가 발달되어 있으며 서울은 각종 기능이 밀집해 있어 경기에서 서울로의 통근·통학자 수가 많다. 따라서 A는 서울, C는 경기이며 B는 인천이다.

이것도 알아둬

〈수도권의 지역 구조 변화〉

교통 발달에 따른 변화	수도권의 광역 교통망 구축 → 통근권의 확대와 거주지의 교외화(신도시 건설로 서울의 인구 감소) → 서울을 중심으로 한 대도시권 형성 및 확대
다핵화로 인한 변화	• 다핵화: 도시나 특정 권역에서 활동의 중심이 되는 핵심 지역이 많아지는 현상 • 인천, 수원 등 서울 주변 도시의 성장으로 인한 공간 구조의 다핵화 • 서울 도심 내 일부 대기업 본사의 강남 이전, 새로운 중심지의 성장 → 다핵화, 분산화

기출 선지 변형 O X

01 다음 내용이 맞으면 ○, 틀리면 ×를 표기하시오.

1-1. 수도권의 인구 이동

① 서울은 각종 기능이 발달되어 있어 경기와 인천에서 서울로 통근하는 사람이 많다. ○, ×

② 서울, 경기, 인천 중 주간 인구 지수가 가장 높은 지역은 경기이다. ○, ×

③ 경기에는 서울의 주거 기능을 분담하는 위성 도시가 발달하였다. ○, ×

④ 교통 발달과 함께 서울의 인구가 경기로 이동하였으며, 이들 중에는 많은 사람들이 서울로 통근한다. ○, ×

1-2. 인구와 산업의 중심지, 수도권

⑤ 수도권은 우리나라의 인구, 산업 및 고용의 집중도가 높은 지역이다. ○, ×

⑥ 수도권은 정치, 경제, 문화 등 여러 가지 측면에서 우리나라의 중심지 역할을 한다. ○, ×

⑦ 수도권의 산업은 1990년대 이후부터 3차 산업의 비중이 줄고, 2차 산업의 비중이 늘어나는 현상이 나타났다. ○, ×

⑧ 2000년대 이후 수도권의 산업은 기술 집약적 첨단 산업 중심으로 빠르게 변화하고 있다. ○, ×

1-3. 서울의 위성 도시

⑨ 서울 주변의 경기도에는 서울의 주거 기능을 담당하는 침상 도시가 발달하였다. ○, ×

⑩ 서울의 주거 기능을 담당하는 위성 도시의 대표적인 사례로는 서울과 인접해 있다는 지리적 장점 때문에 서울 인구의 교외화와 함께 많은 인구가 유입되었고, 이 과정에서 대규모 아파트 단지가 건설된 고양을 들 수 있다. ○, ×

⑪ 수도권에서 외국인 수가 많은 대표적인 지역으로는 과천을 들 수 있다. 과천은 서울에 있던 제조업이 이전하면서 빠르게 성장하였다. ○, ×

⑫ 중위 연령이 높은 지역은 청장년층과 유소년층에 비해 노년층 인구 비중이 높은 지역이다. ○, ×

⑬ 수도권에서 중위 연령이 높은 대표적인 지역으로는 안산을 들 수 있다. ○, ×

기출 자료 분석

자료 **02** 서울, 경기, 인천의 산업 구조 변화 분석하기

〈2·3차 산업 생산액 비중 변화〉

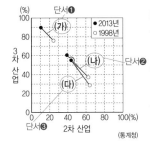

단서 풀이
• 단서 ❶ (가)~(다) 지역 중 3차 산업 생산액 비중이 가장 높다.
• 단서 ❷ 2차 산업 생산액이 1998년 약 62%에서 2013년 약 39%로 감소하였다.
• 단서 ❸ 3차 산업 비중이 1998년 약 29%에서 2013년 약 55%로 증가하였다.

자료 분석
• 2차 산업 비중이 (가)는 약 23%에서 약 10%로 약 13%p 감소하였다. (나)는 약 62%에서 약 39%로 약 23%p 감소하였다. (다)는 약 63%에서 약 42%로 약 21%p 감소하였다. 따라서 세 지역 중 2차 산업 비중이 가장 많이 감소한 지역은 (나)이다.
• (가)는 (나), (다)에 비해 1998년과 2013년 모두 3차 산업 비중이 높다. 따라서 (가)는 서울이다.
• 3차 산업 비중이 (가)는 약 75%에서 약 90%로 약 15%p 증가하였다. (다)는 약 29%에서 약 55%로 약 26%p 증가하였다. 따라서 (다)는 (가)보다 3차 산업 비중의 증가 폭이 크다.
• 수도권에 해당하는 (가), (나), (다) 지역 모두 2차 산업 비중은 감소한 반면 3차 산업 비중이 증가한 것으로 보아 수도권에서 탈공업화 현상이 진행되고 있음을 알 수 있다.

자료 **03** 경기도의 인구 지표 파악하기

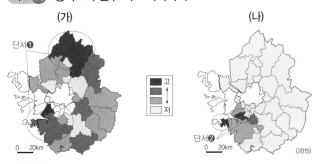

단서 풀이
• 단서 ❶ (가)는 휴전선 부근 지역과 경기도 남서부 공업 발달 지역에서 높게 나타나는 인구 지표이다.
• 단서 ❷ (나)는 경기도 남서부 공업 발달 지역에서 두드러지게 높게 나타나는 인구 지표이다.

자료 분석
• (가)는 군사 주둔 지역인 휴전선 부근과 중화학 공업이 발달한 경기도 남서부 지역에서 높게 나타나는 인구 지표이다. 군사 주둔 지역은 성비가 높게 나타난다. 그리고 중화학 공업이 발달한 곳 역시 성비가 높다. 성비는 여성 100명에 대한 남성의 수를 말한다. 즉, 휴전선과 인접한 연천군과 포천시의 성비가 높으며 공업이 발달한 안산시 역시 성비가 높다.
• (나)는 경기도 안산시에서 높게 나타나는 인구 지표이다. 안산은 공업이 발달한 지역으로 특히 중소기업이 많이 있어 외국인 근로자 수가 많으며, 다문화 거리가 조성되어 있다.

기출 선지 변형 OX

02 다음 내용이 맞으면 ○, 틀리면 ×를 표기하시오.

2-1. 서울, 경기, 인천의 산업 구조 변화

① (가)는 경기에 해당한다.	○, ×
② (나)는 세 지역 중 3차 산업 비중이 가장 많이 증가하였다.	○, ×
③ (다)는 (가)보다 3차 산업 비중의 증가 폭이 크다.	○, ×
④ 2013년에 인천은 경기보다 2차 산업 생산액 비중이 높다.	○, ×
⑤ 최근 수도권에서는 2차 산업이 활발하게 발달하고 있다.	○, ×
⑥ 2차 산업의 비중이 감소하고 3차 산업의 비중이 증가하는 현상을 탈공업화라고 한다.	○, ×

2-2. 서울, 경기, 인천의 산업 구조

⑦ 서울은 경기보다 2차 산업 종사자 비율이 높다.	○, ×
⑧ 1960년대 이후 서울에 있던 각종 공장들이 지가 상승, 환경 오염, 교통 혼잡 등으로 인해 인천, 경기 지역으로의 이전이 활발하였다.	○, ×

03 다음 내용이 맞으면 ○, 틀리면 ×를 표기하시오.

3-1. 경기도의 인구 지표

① 군사 주둔 지역인 휴전선 부근은 성비가 높게 나타난다.	○, ×
② 휴전선에 가까운 연천군과 포천시는 성비가 낮다.	○, ×
③ 안산처럼 중화학 공업이 발달한 지역은 성비가 높다.	○, ×
④ 경기도에서 외국인의 인구 비율이 높은 지역은 생산자 서비스업이 발달한 과천, 성남 등이다.	○, ×

3-2. 수도권의 인구와 도시

⑤ 전국에서 수도권이 차지하는 인구 비율이 지속적으로 낮아지고 있다.	○, ×
⑥ 최근 경기의 인구수가 서울의 인구수보다 많아졌다.	○, ×
⑦ 서울의 위성 도시로 개발된 과천에는 대규모 산업 단지가 조성되어 있다.	○, ×
⑧ 1960년대부터 시작된 산업화, 도시화의 영향으로 수도권에 거주하는 인구 비중이 증가하였다.	○, ×

01 수능
p.135 자료 03

(가)~(다)에 해당하는 지역을 지도의 A~C에서 고른 것은?

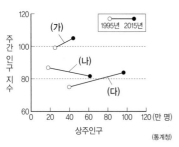
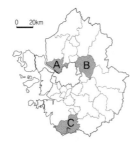

	(가)	(나)	(다)		(가)	(나)	(다)
①	A	B	C	②	B	A	C
③	B	C	A	④	C	A	B
⑤	C	B	A				

03 평가원
p.134 자료 01

(가)의 ㄱ~ㄷ에 해당하는 지역을 (나)의 A~C에서 고른 것은?

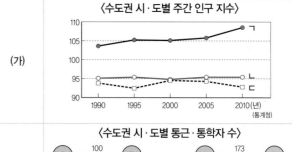
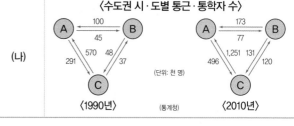

	ㄱ	ㄴ	ㄷ		ㄱ	ㄴ	ㄷ
①	A	B	C	②	A	C	B
③	B	A	C	④	C	A	B
⑤	C	B	A				

02 평가원
p.135 자료 03

(가)~(다)에 해당하는 지역을 지도의 A~C에서 고른 것은?

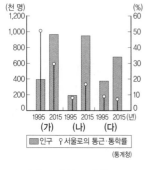
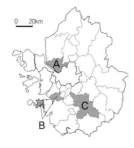

	(가)	(나)	(다)		(가)	(나)	(다)
①	A	B	C	②	A	C	B
③	B	A	C	④	B	C	A
⑤	C	A	B				

04 수능

그래프의 (가)~(다) 지역을 지도의 A~C에서 고른 것은?

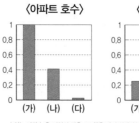
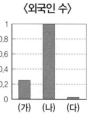
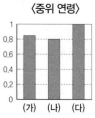

＊수치는 가장 높은 지역의 값을 1로 했을 때의 상댓값임. (통계청, 2015)

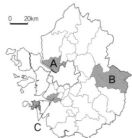

	(가)	(나)	(다)
①	A	B	C
②	A	C	B
③	B	A	C
④	B	C	A
⑤	C	A	B

05 평가원
p.135 자료 03

지도의 A~E 지역에 대한 설명으로 옳지 <u>않은</u> 것은?

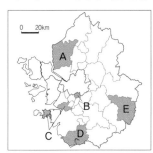

① A는 대북 접경 지역으로 남한과 북한을 연결하는 교통 요충지로서의 역할이 기대되고, 최근 신도시 개발이 이루어지고 있다.

② B는 서울의 위성 도시로 개발되었고, 대규모 산업 단지가 조성되어 제조업 종사자의 비중이 높다.

③ C는 서울의 공업 시설과 인구의 분산을 위해 계획적으로 개발되었고, 외국인 근로자의 유입으로 '국경 없는 마을'이 형성되었다.

④ D는 수도권 남부의 중심 항구 도시로 물류 기능이 발달해 있으며, 경제 자유 구역으로 지정된 곳이 있다.

⑤ E는 하천 주변에 발달한 충적지에서 벼농사가 활발하게 이루어지며, 도자기 축제가 열리는 곳이다.

06 평가원
p.135 자료 02

그래프는 수도권에 속한 시·도의 산업 구조 변화를 나타낸 것이다. 이에 대한 설명으로 옳지 <u>않은</u> 것은?

〈2·3차 산업 생산액 비중 변화〉

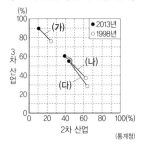

① (가)는 서울에 해당한다.

② (나)는 세 지역 중 2차 산업 비중이 가장 많이 감소하였다.

③ (다)는 (가)보다 3차 산업 비중의 증가 폭이 작다.

④ (가)는 (나), (다)보다 3차 산업 비중이 높다.

⑤ 수도권에서는 탈공업화 현상이 진행되고 있다.

07 수능

(가), (나) 지역의 상대적 특성을 옳게 나타낸 것은?

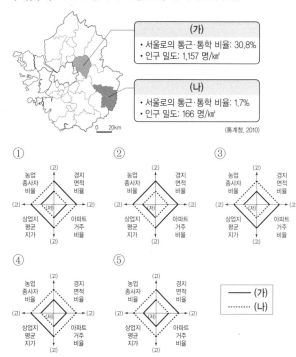

08 평가원

그래프의 (가)~(다)에 해당하는 지역을 그림의 A~C에서 고른 것은? (단, (가)~(다)는 경기, 서울, 인천 중 하나임.)

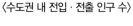

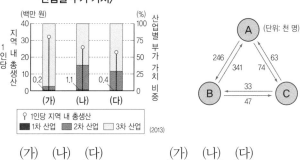

	(가)	(나)	(다)		(가)	(나)	(다)
①	A	B	C	②	A	C	B
③	B	A	C	④	B	C	A
⑤	C	A	B				

01

다음과 같은 정책을 실시하는 목적으로 가장 적절한 것은?

- 기업 도시
- 혁신 도시
- 과밀 부담금 제도
- 수도권 공장 총량 제도

① 수도권의 산업 구조를 첨단 산업 중심으로 재편한다.
② 수도권에 과도한 기능이 집중되어 있는 문제를 해결한다.
③ 수도권 내의 서울, 인천, 경기 간의 지역 격차를 완화한다.
④ 수도권의 산업 구조를 생산자 서비스업 중심으로 고도화한다.
⑤ 수도권에서 제조업 생산액 비중이 낮아지는 현상을 예방한다.

02

그래프는 수도권의 지역별 지식 기반 산업의 종사자 수와 수도권이 전국에서 차지하는 비중을 나타낸 것이다. 이에 대한 옳은 분석을 〈보기〉에서 고른 것은?

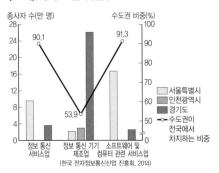

(한국 전자정보통신산업 진흥회, 2014)

보기

ㄱ. 경기는 정보 통신 기기 제조업 종사자 수가 수도권에서 가장 많다.
ㄴ. 서울은 지식 기반 산업에서 서비스업보다 제조업의 종사자 집중도가 높다.
ㄷ. 서울에는 소프트웨어 및 컴퓨터 관련 서비스업 종사자의 50% 이상이 집중되어 있다.
ㄹ. 우리나라는 정보 통신 서비스업 종사자 수가 정보 통신 기기 제조업 종사자 수보다 많다.

① ㄱ, ㄴ   ② ㄱ, ㄷ   ③ ㄴ, ㄷ
④ ㄴ, ㄹ   ⑤ ㄷ, ㄹ

03 고난도

그래프는 수도권의 산업에 대한 것이다. (가)~(다) 지역에 대한 설명으로 옳지 않은 것은?

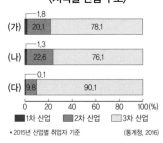

〈지역별 산업 구조〉

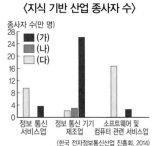

〈지식 기반 산업 종사자 수〉

* 2015년 산업별 취업자 기준   (통계청, 2016)   (한국 전자정보통신산업 진흥회, 2014)

① (가)는 (나)보다 총인구가 많다.
② (가)는 (나)보다 제조업 출하액이 많다.
③ (나)는 (다)보다 생산자 서비스업이 발달하였다.
④ (다)는 (가)보다 우리나라 100대 기업의 본사 수가 많다.
⑤ (다)는 (나)보다 영화관, 공연장 등의 문화 시설이 집중되어 있다.

04

다음 자료는 수도권의 제조업에 대한 것이다. 이에 대한 옳은 설명을 〈보기〉에서 고른 것은?

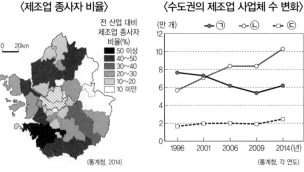

〈제조업 종사자 비율〉 〈수도권의 제조업 사업체 수 변화〉

(통계청, 2014)   (통계청, 각 연도)

보기

ㄱ. ㉠은 서울, ㉡은 경기, ㉢은 인천이다.
ㄴ. 1996~2014년에 수도권의 제조업 사업체 수는 증가하였다.
ㄷ. 수도권에서 제조업 사업체 수의 증가는 서울이 주도하고 있다.
ㄹ. 경기는 동부 지역이 서남부 지역보다 전 산업 대비 제조업 종사자 비율이 높다.

① ㄱ, ㄴ   ② ㄱ, ㄷ   ③ ㄴ, ㄷ
④ ㄴ, ㄹ   ⑤ ㄷ, ㄹ

05

그래프는 수도권 집중도를 나타낸 것이다. (가)~(다) 항목으로 옳은 것은?

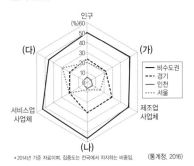

*2014년 기준 자료이며, 집중도는 전국에서 차지하는 비중임. (통계청, 2016)

	(가)	(나)	(다)
①	국내 총생산	제조업 종사자	서비스업 종사자
②	국내 총생산	서비스업 종사자	제조업 종사자
③	제조업 종사자	국내 총생산	서비스업 종사자
④	제조업 종사자	서비스업 종사자	국내 총생산
⑤	서비스업 종사자	국내 총생산	제조업 종사자

06 고난도

다음은 한국 지리 수업의 한 장면이다. 교사의 질문에 대해 옳게 대답한 학생을 고른 것은?

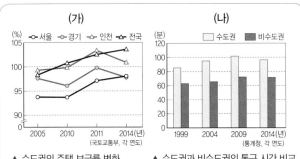

▲ 수도권의 주택 보급률 변화   ▲ 수도권과 비수도권의 통근 시간 비교

교사: 위 그래프는 수도권 문제를 나타낸 것입니다. (가), (나)에 대해 발표해 보세요.

갑: (가)의 주요 원인은 수도권으로의 인구 집중입니다.

을: (가) 문제 해결을 위해서 혁신 도시를 조성하는 정책을 폐지하는 것이 필요합니다.

병: (나)를 통해 수도권의 교통 혼잡 문제 해결이 필요하다는 것을 알 수 있습니다.

정: (나)에 나타난 문제를 해결하기 위해서는 경기도에 주거 기능 중심의 신도시를 건설해야 합니다.

① 갑, 을   ② 갑, 병   ③ 을, 병
④ 을, 정   ⑤ 병, 정

07

그래프는 세 시기 수도권의 산업 구조를 나타낸 것이다. 이에 대한 옳은 설명만을 〈보기〉에서 있는 대로 고른 것은? (단, 세 시기는 1995년, 2005년, 2015년 중 하나임.)

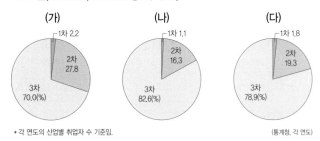

* 각 연도의 산업별 취업자 수 기준임.   (통계청, 각 연도)

┌─ 보기 ─
ㄱ. (가)~(다) 기간에 수도권의 3차 산업 종사자 수는 증가하였다.
ㄴ. (가)~(다) 기간에 수도권의 산업 구조가 고도화되었다.
ㄷ. (가)~(다) 기간에 수도권에서는 탈공업화 현상이 나타났다.
ㄹ. (가) > (나) > (다) 순으로 시기가 이르다.
└─

① ㄱ, ㄴ   ② ㄱ, ㄹ   ③ ㄱ, ㄴ, ㄷ
④ ㄱ, ㄷ, ㄹ   ⑤ ㄴ, ㄷ, ㄹ

08

그래프는 전국 대비 수도권의 집중도를 나타낸 것이다. 이에 대한 옳은 분석만을 〈보기〉에서 있는 대로 고른 것은?

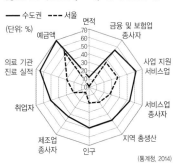

(통계청, 2014)

┌─ 보기 ─
ㄱ. 제조업 종사자 비중은 수도권이 비수도권보다 낮다.
ㄴ. 사업 지원 서비스업은 경기·인천이 서울보다 발달하였다.
ㄷ. 예금액은 서울 집중도가 경기·인천 집중도보다 2배 이상 높다.
ㄹ. 인구 대비 서비스업 종사자 비중은 서울이 경기·인천보다 높다.
└─

① ㄱ, ㄴ   ② ㄱ, ㄹ   ③ ㄱ, ㄴ, ㄷ
④ ㄱ, ㄷ, ㄹ   ⑤ ㄴ, ㄷ, ㄹ

VII

19강 태백산맥으로 나뉘는 강원 지방 ~ 빠르게 성장하는 충청 지방

1단계 기출 자료 분석

자료 01 강원 지방의 지역별 특징 이해하기

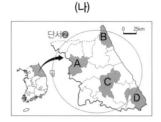

(가)   (나)

단서 풀이
- 단서 ❶ A는 춘천, B는 인제, C는 강릉, D는 태백, E는 원주이다.
- 단서 ❷ A는 춘천, B는 고성, C는 평창, D는 삼척이다.

자료 분석
- (가): A는 강원의 도청 소재지인 춘천, B는 인제, C는 경포호(석호)와 경포대 해수욕장, 정동진 해안 단구가 있는 강릉, D는 석탄 산업이 쇠퇴하면서 생긴 폐광을 관광 자원화하여 활용하고 있는 태백, E는 기업 도시와 혁신 도시, 의료 산업 클러스터가 있는 원주이다.
- (나): A는 수도권과 전철로 연결되고 댐 건설로 형성된 호수가 유명한 춘천, B는 강원도 동해안 최북단에 있는 고성, C는 2018년 동계 올림픽이 열린 평창, D는 사빈과 석회동굴이 있는 삼척이다.

자료 02 강원도의 고랭지 농업 이해하기

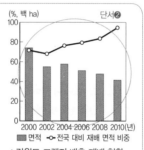

산지 지역에는 ㉠ 해발 고도가 높으면서도 지면 경사가 완만한 지역이 나타난다. 이 지역에서는 ㉡ 고랭지 배추 재배가 활발히 이루어져 왔지만, 고랭지 작물 재배를 위한 ㉢ 경사지 개간으로 토양 침식 문제도 나타나고 있다. 고랭지 배추는 ㉣ 생산량 변동에 따른 가격 변화가 크고 작물 재배 비용도 상승하고 있다. 강원도는 근래 고랭지 배추 재배 면적이 감소하는 경향이 나타났지만 ㉤ 전국에서 차지하는 비중은 오히려 높아졌다.

▲ 강원도 고랭지 배추 재배 현황

단서 풀이
- 단서 ❶ ㉠은 오랜 침식으로 평탄해진 고위 평탄면이다.
- 단서 ❷ 근래 강원도의 고랭지 배추 재배 면적은 감소하는 추세이나 전국에서 차지하는 재배 면적 비중은 높아졌다.

자료 분석
- ㉠: 고위 평탄면은 신생대 경동성 요곡 운동에 의해 평탄면이 융기한 후에 침식을 덜 받아 평탄한 면이 남아 있는 지형이다.
- ㉡: 고위 평탄면은 고도가 높아 여름이 서늘해 고랭지 농업이 활발하다.
- ㉢: 경사지의 토양 유실을 막기 위해 등고선식 경작을 한다.
- ㉣: 배추는 해마다 생산량 변동이 크기 때문에 가격 변동 또한 크다. 이로 인해 재배 농가의 소득이 불안정하다.
- ㉤: 강원도의 고랭지 배추 재배 면적이 감소했음에도 전국에서 차지하는 비중이 증가한 것은 다른 지역의 고랭지 배추 재배 면적이 더 크게 감소했기 때문이다. 따라서 전국의 고랭지 배추 재배 면적은 감소 추세임을 알 수 있다.

기출 선지 변형 O X

01 다음 내용이 맞으면 ○, 틀리면 ×를 표기하시오.

1-1. 강원 지방의 지역별 특징(1)

① (가)의 A에는 강원도의 도청 소재지가 있다.   ○, ×

② (가)의 B에는 카르스트 지형과 밭농사가 발달하였다.   ○, ×

③ (가)의 C는 수도권과 고속 철도로 연결된다.   ○, ×

④ (가)의 D에서는 석호, 사빈, 해안 단구 등이 나타난다.   ○, ×

⑤ (가)의 E는 강원도에서 제조업 생산액이 가장 많다.   ○, ×

1-2. 강원 지방의 지역별 특징(2)

⑥ (나)의 A는 기업 도시와 혁신 도시로 지정되었다.   ○, ×

⑦ (나)의 B는 수도권과 전철로 연결되어 있다.   ○, ×

⑧ (나)의 C는 고위 평탄면이 나타난다.   ○, ×

⑨ (나)의 D에서는 석회동굴을 볼 수 있다.   ○, ×

02 다음 내용이 맞으면 ○, 틀리면 ×를 표기하시오.

2-1. 강원도의 고랭지 농업

① ㉠ – 경동성 요곡 운동의 영향을 받았다.   ○, ×

② ㉡ – 겨울철에 온화한 기후를 활용하여 재배한다.   ○, ×

③ ㉢ – 등고선식 경작으로 피해를 줄일 수 있다.   ○, ×

④ ㉣ – 고랭지 배추 재배 농가의 소득이 안정적이라는 의미이다.   ○, ×

⑤ ㉤ – 전국의 고랭지 배추 재배 면적이 증가하기 때문이다.   ○, ×

2-2. 강원도의 산업

⑥ 강원도는 임업 및 수산업이 발달하였다.   ○, ×

⑦ 강원도는 논농사 위주의 농업이 발달하였다.   ○, ×

⑧ 고위 평탄면에서는 사과, 복숭아 등의 과수 재배가 활발하다.   ○, ×

⑨ 강원도는 남한 제1의 광업 지역이다.   ○, ×

기출 자료 분석

자료 03 충청 지방의 지역별 특징 이해하기

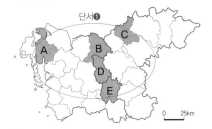

단서❶

〈산업별 종사자 수 비중〉 단서❷ (단위: %)

구분	A	B	C	D	E
제조업	27.6	32.9	54.2	36.1	10.6
공공 행정	4.2	1.8	3.0	(14.8)	4.4
과학 및 기술 서비스업	1.8	2.2	1.3	1.0	단서❸ (6.6)

*산업별 종사자 수 상위 3개 산업만 나타낸 것임. (통계청, 2013)

단서 풀이
• 단서 ❶ A는 서산, B는 천안, C는 음성, D는 세종특별자치시, E는 대전광역시이다.
• 단서 ❷ D는 공공 행정의 종사자 수 비중이 높다.
• 단서 ❸ E는 과학 및 기술 서비스업의 종사자 수 비중이 높다.

자료 분석
• A는 서산으로, 석유 화학 공업이 발달하였다.
• B는 천안으로, 수도권과 전철로 직접 연결되어 있다. 또한 IT, 자동차 산업 등이 발달하면서 인구가 증가하고 있다.
• C는 음성으로, 공공 기관이 이전되는 혁신 도시가 건설되고 있다.
• D는 행정 중심 복합 도시인 세종특별자치시로, 다른 지역보다 공공 행정의 종사자 수 비중이 높다.
• E는 대전광역시로, 첨단 과학 기술과 관련된 대학과 연구소들이 집중된 대덕 연구 단지와 정부 종합 청사가 있다. E는 다른 지역에 비해 과학 및 기술 서비스업의 종사자 수 비중이 높다.

자료 04 충청 지방의 지역별 특징 이해하기

• (가)는 과거 석탄 산업이 발달했던 지역이었으나, 최근에는 관광 산업 중심지로 바뀌었다. 매년 여름에 많은 관광객이 찾는 머드 축제 개최지로 잘 알려져 있다. 단서❶
• (나)는 풍부한 석회암을 바탕으로 시멘트 공업이 발달한 지역이다. 카르스트 지형을 이용한 관광지가 조성되어 있고, 특산물인 마늘을 소재로 한 지역 축제가 열린다. 단서❷

단서 풀이
• 단서 ❶ 충청 지역에서 머드 축제가 열리는 지역이다.
• 단서 ❷ 충청 지역에서 시멘트 공업이 발달하였고, 특산물인 마늘을 이용한 지역 축제가 열리는 지역이다.

자료 분석
• (가): 광산이 폐광되자 이를 석탄 박물관으로 활용하고 있는 충남 보령이다. 보령은 갯벌이 발달하였고, 이를 이용하여 해마다 머드 축제가 열린다.
• (나): 석회암이 풍부해 시멘트 공업이 발달하였으며 특산물인 마늘로 유명한 충북 단양이다. 단양은 고수 동굴과 같은 카르스트 지형을 이용한 관광지가 조성되어 있다.

기출 선지 변형 O X

03 다음 내용이 맞으면 ○, 틀리면 ×를 표기하시오.

3-1. 충청 지방의 지역별 특징(1)

① A는 내륙에 위치한 입지상의 이점으로 석유 화학 공업이 발달한 대전이다. O, ×

② B는 수도권 전철이 직접 연결되고 제조업이 입지하면서 인구가 증가하고 있는 천안이다. O, ×

③ C는 공공 기관 이전을 핵심으로 하는 혁신 도시가 건설되고 있는 서산이다. O, ×

④ D는 첨단 과학 기술과 관련된 대학과 연구소들이 집중된 연구 개발 특구가 있는 음성이다. O, ×

⑤ E는 정부 기관이 이전된 세종특별자치시이다. O, ×

3-2. 충청 지방의 지역별 특징(2)

⑥ 대전은 충청남도의 도청 소재지이다. O, ×

⑦ 세종특별자치시는 행정 및 공공 기관 종사자 비율이 높다. O, ×

⑧ 수도권의 전철 노선은 충청권의 천안, 아산까지 연결되어 있다. O, ×

⑨ 홍성과 예산은 대전광역시보다 인구가 많은 대도시이다. O, ×

⑩ 청주에는 생명 과학 단지와 국제공항이 있다. O, ×

04 다음 내용이 맞으면 ○, 틀리면 ×를 표기하시오.

① 서산은 과거 석탄 산지로 이름난 곳이었으나, 현재는 석탄 산업이 쇠퇴하였다. O, ×

② 보령은 조수 간만의 차이로 인한 사빈이 발달하였다. O, ×

③ 보령은 석탄 박물관과 레일 바이크, 냉풍욕장 등을 관광 자원화하는 등 관광 산업 발달을 위해 노력하고 있다. O, ×

④ 충주는 석유 화학 공업이 발달하였으며, 내포 신도시가 개발되었다. O, ×

⑤ 단양에서 발달한 시멘트 공업은 강원도의 삼척, 동해에서도 발달하였다. O, ×

⑥ 단양과 같이 카르스트 지형이 발달한 지역에서는 지표수가 부족하므로 밭농사가 활발하다. O, ×

VII

01 평가원

그래프는 강원도 (가)~(다) 산업 종사자 수의 시·군별 비중을 순위별로 나타낸 것이다. 이에 해당하는 산업으로 옳은 것은?

(가)

(나)

(다)
(통계청, 2014)

	(가)	(나)	(다)
①	제조업	숙박 및 음식점업	공공 및 기타 행정
②	제조업	공공 및 기타 행정	숙박 및 음식점업
③	숙박 및 음식점업	공공 및 기타 행정	제조업
④	공공 및 기타 행정	제조업	숙박 및 음식점업
⑤	공공 및 기타 행정	숙박 및 음식점업	제조업

02 수능
p.140 자료 01

지도의 A~E 지역 특성을 활용한 탐구 주제로 가장 적절한 것은?

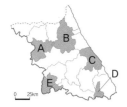

① A – 천연기념물로 지정된 석회동굴을 활용한 지역 홍보 방안

② B – 석탄 산업 쇠퇴 후 폐광의 관광 자원화 현황

③ C – 조력 발전소 건설 이후 해양 생태계의 변화

④ D – 국토 정중앙 테마 공원 조성을 통한 관광객 유치 방안

⑤ E – 기업 도시 조성 현황과 첨단 의료 복합 도시로의 성장 방안

03 평가원

다음 자료는 충청권 (가), (나) 지역의 인구 구조를 나타낸 것이다. (가), (나)의 상대적 특성을 옳게 나타낸 것은?

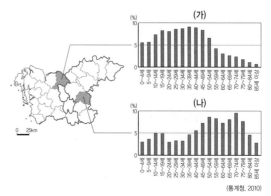
(통계청, 2010)

* (고)는 많음, 높음, 넓음을 의미함.
(저)는 적음, 낮음, 좁음을 의미함.

04 평가원
p.141 자료 03

A~C 지역에 대한 설명으로 옳은 것은?

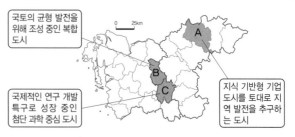

① A는 수도권 전철 노선이 연결된 곳이다.

② B는 충청남도의 도청 소재지이다.

③ C에는 생명 과학 단지와 국제공항이 있다.

④ A는 C보다 총인구가 많다.

⑤ B는 A보다 행정 및 공공 기관 종사자 수가 많다.

05 수능   p.141 자료 03

다음 자료의 (가)~(다)에 해당하는 지역을 지도의 A~C에서 고른 것은?

〈충청 지방 답사 계획서〉

1. 일정: 2016. 12. 5.~12. 7.
2. 답사 주제 및 지역

답사 주제	지역
새로운 도청 입지에 따른 지역 경제 변화	(가)
혁신 도시 지정 후 나타난 토지 이용의 변화	(나)
원료 산지에 입지한 시멘트 공장 주변의 자연환경 변화	(다)

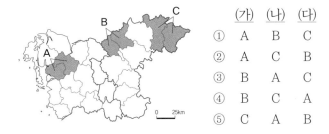

	(가)	(나)	(다)
①	A	B	C
②	A	C	B
③	B	A	C
④	B	C	A
⑤	C	A	B

06 평가원   p.141 자료 03

다음 글의 (가), (나) 지역을 지도의 A~D에서 고른 것은?

(가) 도청 소재지로서 국제공항이 위치하고 고속 철도 노선의 분기점으로 교통 기능이 강화되고 있다. 생명 과학 단지가 입지하여 산업체, 연구소 및 국책 기관이 집적하고 있다.

(나) 천연기념물로 지정된 해안 사구가 위치한 지역이며, 해안 지형과 생태계 보호를 위해 해안 국립공원으로 지정되었다. 해수욕장, 소나무 숲 등을 활용한 여가 공간이 조성되어 관광객이 늘고 있다.

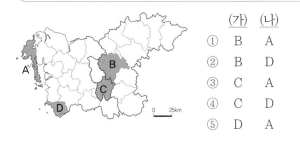

	(가)	(나)
①	B	A
②	B	D
③	C	A
④	C	D
⑤	D	A

07 평가원

다음 자료의 A~C에 해당하는 업종으로 옳은 것은?

〈서산, 당진, 아산의 제조업 비중〉

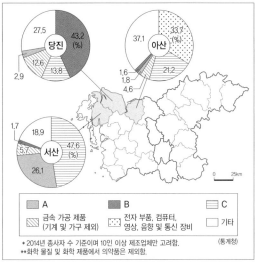

	A	B	C
①	1차 금속	자동차 및 트레일러	화학 물질 및 화학 제품
②	1차 금속	화학 물질 및 화학 제품	자동차 및 트레일러
③	자동차 및 트레일러	화학 물질 및 화학 제품	1차 금속
④	화학 물질 및 화학 제품	1차 금속	자동차 및 트레일러
⑤	화학 물질 및 화학 제품	자동차 및 트레일러	1차 금속

08 수능   p.141 자료 04

다음 글의 (가), (나) 지역을 지도의 A~D에서 고른 것은?

• (가)는 과거 석탄 산업이 발달했던 지역이었으나, 최근에는 관광 산업 중심지로 바뀌었다. 매년 여름에 많은 관광객이 찾는 머드 축제 개최지로 잘 알려져 있다.

• (나)는 풍부한 석회암을 바탕으로 시멘트 공업이 발달한 지역이다. 카르스트 지형을 이용한 관광지가 조성되어 있고, 특산물인 마늘을 소재로 한 지역 축제가 열린다.

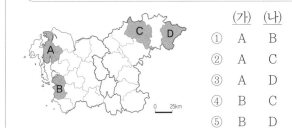

	(가)	(나)
①	A	B
②	A	C
③	A	D
④	B	C
⑤	B	D

01 고난도

지도에 표시된 세 지역의 기후 값이 그래프와 같이 나타날 때 (가)~(다)에 해당하는 지역을 지도의 A~C에서 고른 것은?

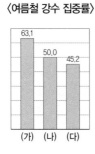
〈연 강수량〉
1391.1 (가) 1898.1 (나) 1464.4 (다)

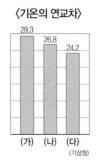
〈여름철 강수 집중률〉
63.1 (가) 50.0 (나) 45.2 (다)

〈기온의 연교차〉
29.3 (가) 26.8 (나) 24.2 (다)
(기상청)

* 1980~2010년의 평년값임.

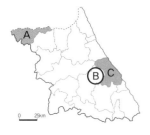

	(가)	(나)	(다)
①	A	B	C
②	A	C	B
③	B	A	C
④	B	C	A
⑤	C	A	B

02

지도는 강원도에서 어느 지표의 시·군별 비중을 나타낸 것이다. (가)~(다) 지도의 지표로 옳은 것은?

(가)
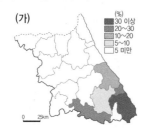
(%) 30 이상 / 20~30 / 10~20 / 5~10 / 5 미만

(나)
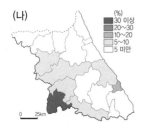
(%) 30 이상 / 20~30 / 10~20 / 5~10 / 5 미만

(다)

(%) 20 이상 / 10~20 / 5~10 / 5 미만

	(가)	(나)	(다)
①	석회석 생산량	제조업 출하액	배추 재배 면적
②	석회석 생산량	배추 재배 면적	제조업 출하액
③	제조업 출하액	석회석 생산량	배추 재배 면적
④	제조업 출하액	배추 재배 면적	석회석 생산량
⑤	배추 재배 면적	석회석 생산량	제조업 출하액

03

다음은 강원도의 지역 특성에 대한 한국 지리 발표 수업 자료이다. (가)~(다) 지역을 지도의 A~C에서 고른 것은?

(가) 강원도청의 소재지가 있는 도시로, 수도권과 전철로 연결되면서 관광객이 증가하였다. 침식 분지 주변에 인공 호수가 많아 안개가 자주 발생한다.

(나) 2018 동계 올림픽의 개최지 중 하나로 대관령이 위치한다. 해발 고도 700m 이상의 고원이 넓게 분포하는데, 이 고원에서는 고랭지 배추 재배와 목축업이 활발하다. 스키장이 있어 겨울철에 이곳을 찾는 이들도 많다.

(다) 1920년대에 대규모 석탄층이 발견되면서 한국 최대의 탄전 지대로 성장하였으나 1980년대 후반 이후 석탄 산업 합리화 정책으로 석탄 생산량이 급감하였다.

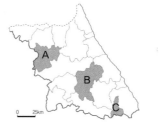

	(가)	(나)	(다)
①	A	B	C
②	A	C	B
③	B	A	C
④	B	C	A
⑤	C	A	B

04

(가), (나) 지도의 제목으로 옳은 것은?

(가)
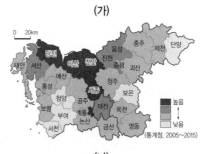
높음 / 낮음
(통계청, 2005~2015)

(나)
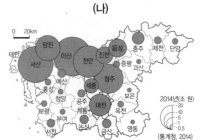
2014년(조 원)
20 / 10 / 5 / 1 / 0.5
(통계청, 2014)

	(가)	(나)
①	인구 증가율	제조업 출하액
②	인구 증가율	지역 내 총생산
③	인구 증가율	농림어업 생산액
④	1차 산업 종사자 비율	제조업 출하액
⑤	1차 산업 종사자 비율	지역 내 총생산

05 고난도

그래프는 세 지역의 제조업 업종별 출하액을 나타낸 것이다. (가)~(다) 지역을 지도의 A~C에서 고른 것은?

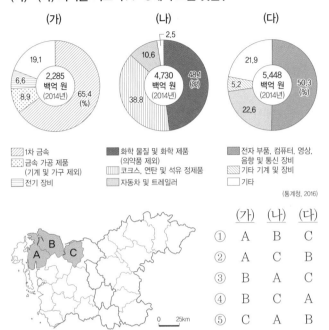

(가) (나) (다)

2,285 백억 원 (2014년) 65.4 (%)
19.1 6.6 8.9

4,730 백억 원 (2014년) 48.1 (%)
2.5 10.6 38.8

5,448 백억 원 (2014년) 50.3 (%)
21.9 5.2 22.6

⬜ 1차 금속
⬜ 금속 가공 제품 (기계 및 가구 제외)
⬜ 전기 장비
⬛ 화학 물질 및 화학 제품 (의약품 제외)
⬜ 코크스, 연탄 및 석유 정제품
⬜ 자동차 및 트레일러
⬜ 전자 부품, 컴퓨터, 영상, 음향 및 통신 장비
⬜ 기타 기계 및 장비
⬜ 기타

(통계청, 2016)

	(가)	(나)	(다)
①	A	B	C
②	A	C	B
③	B	A	C
④	B	C	A
⑤	C	A	B

06

그래프는 세 지역의 상대적 특성을 나타낸 것이다. (가)~(다) 지역을 지도의 A~C에서 고른 것은?

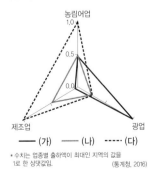

농림어업 1.0 0.5 0.0
제조업 광업

— (가) — (나) ---- (다)

* 수치는 업종별 출하액이 최대인 지역의 값을 1로 한 상댓값임.
(통계청, 2016)

	(가)	(나)	(다)		(가)	(나)	(다)
①	A	B	C	②	A	C	B
③	B	A	C	④	B	C	A
⑤	C	A	B				

07 고난도

그래프는 충청 지방의 도시에 대한 것이다. A~D 도시를 지도의 ㉠~㉣에서 고른 것은?

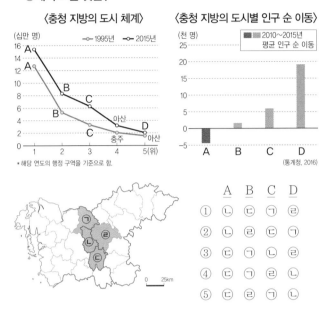

〈충청 지방의 도시 체계〉

(십만 명) 16 14 12 10 8 6 4 2
-○- 1995년 -○- 2015년
A A B C B 아산 C 충주 D 아산
1 2 3 4 5 (위)
* 해당 연도의 행정 구역을 기준으로 함.

〈충청 지방의 도시별 인구 순 이동〉

(천 명) 25 20 15 10 5 0 -5
⬛ 2010~2015년 평균 인구 순 이동
A B C D
(통계청, 2016)

	A	B	C	D
①	㉡	㉢	㉠	㉣
②	㉡	㉢	㉣	㉠
③	㉢	㉠	㉡	㉣
④	㉢	㉡	㉠	㉣
⑤	㉢	㉣	㉠	㉡

08

다음은 충청 지방의 주요 도시에 관한 내용이다. A~D 도시에 대한 옳은 설명을 〈보기〉에서 있는 대로 고른 것은?

B – 한국 가스 안전 공사 등 10여 개의 공공 기관이 이전하면서 성장하고 있음

D – 연구 기반형 기업 도시로 지정됨

A – 충남도청, 도의회 등이 입지함

C – 서울과 과천에 있던 여러 행정 기관의 이전으로 행정 중심 도시로서의 기능을 수행함

·보기·
ㄱ. A에는 충남도청이 대전에 있어 불편했던 점을 해결하기 위해 조성된 신도시가 있다.
ㄴ. B는 수도권의 확대를 통한 서울 대도시권의 경쟁력 강화를 위해 조성한 신도시이다.
ㄷ. C는 국토의 균형 발전과 수도권 기능 분산을 위해 조성하였다.
ㄹ. D는 자족적 복합 기능을 갖춘 도시 건설을 위해 민간 기업의 주도로 기업 도시로 변모하고 있다.

① ㄱ, ㄴ   ② ㄱ, ㄹ   ③ ㄱ, ㄴ, ㄷ
④ ㄱ, ㄷ, ㄹ   ⑤ ㄴ, ㄷ, ㄹ

VII

20강 다양한 산업이 함께 발전하는 호남 지방 ~ 세계적인 관광 중심지 제주특별자치도

1단계 기출 자료 분석

자료 01 호남 지방의 제조업 현황 파악하기

〈도시별 제조업 변화〉

구분		A	B
출하액 (조 원)	1999(년)	4	16
	2009(년)	11	54
종업원 수 (천 명)	1999(년)	12	16
	2009(년)	24	16

단서❷ (통계청)

〈업종별 출하액 비중(2009년)〉

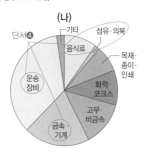

단서 풀이
- 단서 ❶ 지도의 A는 군산, B는 여수이다.
- 단서 ❷ A 지역은 1999~2009년에 종업원 수가 두 배 증가하였다.
- 단서 ❸ (가)는 화학·코크스 공업이 발달하였다.
- 단서 ❹ (나)는 운송 장비와 금속·기계와 같은 중화학 공업과 음식료와 섬유·의복과 같은 경공업이 모두 발달하였다.

자료 분석
- 군산(A)에는 군장 산업 단지가 위치해 있는데, 이곳은 경공업 및 중화학 공업 등 다양한 공업이 발달하였다. 여수(B)는 정유 공업 및 석유 화학 공업이 발달하였다.
- 〈도시별 제조업 변화〉를 보면 군산(A)은 출하액과 종업원 수 모두 증가하였다. 여수(B)는 출하액은 증가하였으나 종업원 수는 변화가 없다. 따라서 A는 B보다 고용 증가율이 높다.
- (가)는 화학·코크스 공업이 발달하였으므로 여수(B)임을 알 수 있다.
- (나)는 운송 장비, 금속·기계와 같은 중화학 공업과 음식료와 섬유·의복과 같은 경공업이 모두 발달한 군산(A)임을 알 수 있다.
- 종업원 1인당 출하액은 출하액을 종업원 수로 나누어 계산한다. 2009년 A의 종업원 1인당 출하액은 11조 원/24천 명이며, B의 종업원 1인당 출하액은 54조 원/16천 명이다. 따라서 종업원 1인당 출하액은 B가 A보다 많다.

기출 선지 변형 OX

01 다음 내용이 맞으면 ○, 틀리면 ×를 표기하시오.

1-1. 호남 지방의 제조업 현황

① A는 (나), B는 (가)의 공업 구조를 가진다. ○, ×

② 1999~2009년에 B는 A보다 고용 증가율이 높다. ○, ×

③ A는 B보다 경공업이 발달하였다. ○, ×

④ 2009년 A는 B보다 종업원 1인당 출하액이 적다. ○, ×

1-2. 호남 지방의 산업

⑤ 호남 지방은 우리나라의 대표적인 농업 지역이다. ○, ×

⑥ 호남 지방은 산업 구조에서 1차 산업이 차지하는 비중이 전국 평균에 비해 낮은 편이다. ○, ×

⑦ 광주는 자동차 공업이 발달하였다. ○, ×

⑧ 광양은 제철 공업이 발달하였다. ○, ×

⑨ 군산은 호남 지방에서 정유 공업과 석유 화학 공업이 가장 발달한 곳이다. ○, ×

⑩ 여수는 자동차 공업, 금속 기계 공업 등이 발달하였다. ○, ×

⑪ 호남 지방에는 정부 지원과 규제 완화로 기업의 투자를 유치하기 위해 지정된 경제 자유 구역이 있다. ○, ×

⑫ 새만금 간척 사업으로 용지를 확보하고, 대중국 교류의 중심지로 부각된 경제 자유 구역은 새만금·군산 경제 자유 구역이다. ○, ×

⑬ 전남 광양·여수·순천, 경남 하동을 중심으로 하는 경제 자유 구역은 광양만권 경제 자유 구역이다. ○, ×

1-3. 호남 지방의 지역별 제조업 발달 특징

⑭ 여수에서 발달한 석유 화학 공업은 원자재의 해외 의존도가 낮다. ○, ×

⑮ 광양에서 발달한 제철 공업의 완제품은 자동차 공업의 원자재로 사용된다. ○, ×

⑯ 광주에서 발달한 자동차 공업은 우리나라의 공업 발달 초기인 1960년대 주력 수출 산업이었다. ○, ×

기출 자료 분석

자료 02 호남 지방의 지역별 특징 이해하기

- [(가)]은/는 바닷물 유입을 막기 위한 금강 하굿둑이 있고, 간척 사업으로 공장 부지가 조성되었다. 이 지역에 완성차 조립 공장이 들어서면서 자동차 공업이 발달하고 있다. 〈단서❶〉
- [(나)]은/는 서해안에서 유일하게 원자력 발전소가 입지한 지역이고, 지역 특산물인 굴비로 유명하다. 이 지역의 법성포에는 굴비 가게가 즐비하여 관광객이 많이 찾고 있다. 〈단서❷〉

단서 풀이

- 단서 ❶ 하굿둑은 감조 하천의 염해를 방지하기 위해 하구에 설치된 구조물이다. 우리나라에는 금강, 영산강, 낙동강에 하굿둑이 설치되어 있다.
- 단서 ❷ 우리나라에는 전남 영광, 경북 울진, 경북 경주, 부산광역시 기장 등에 원자력 발전소가 있다.
- 단서 ❸ A는 전북 군산, B는 전북 부안, C는 전남 영광, D는 전남 무안이다.

자료 분석

- (가)는 전북 군산이다. 하굿둑은 감조 하천의 염해를 방지해 주며 교통로로 활용되기도 한다. 군산은 우리나라 최대의 간척 사업인 새만금 간척 사업이 이루어지는 지역이다. 군산은 지도의 A이다.
- (나)는 전남 영광이다. 영광은 특산물인 굴비가 유명하며 원자력 발전소가 입지해 있다. 영광은 지도의 C이다.

자료 03 영·호남 지방의 제조업 업종별 출하액 비중 파악하기

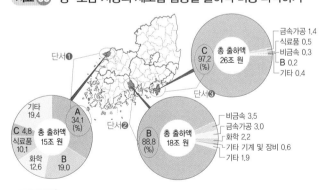

단서 풀이

- 단서 ❶ 지도의 도시는 군산이다. A는 군산에서 출하액 비중이 가장 높은 공업이다.
- 단서 ❷ 지도의 도시는 광양이다. B는 광양에서 출하액 비중이 가장 높은 공업이다.
- 단서 ❸ 지도의 도시는 거제이다. C는 거제에서 출하액 비중이 가장 높은 공업이다.

자료 분석

A는 군산에서 출하액 비중이 높으므로 자동차 및 트레일러 제조업, B는 광양에서 출하액 비중이 높으므로 1차 금속 제조업, C는 거제의 제조업 출하액의 대부분을 차지하므로 기타 운송 장비 제조업이다.

기출 선지 변형 O X

02 다음 내용이 맞으면 ○, 틀리면 ×를 표기하시오.

2-1. 호남 지방의 지역별 특징(1)

① A 지역에는 감조 하천이 위치한다. ○, ×

② 새만금 방조제는 A와 B 지역을 연결한다. ○, ×

③ C 지역은 석유 화학 공업과 제철 공업 등 중화학 공업이 발달하였다. ○, ×

④ D는 전라남도의 도청 소재지이다. ○, ×

2-2. 호남 지방의 지역별 특징(2)

⑤ 보성에는 대규모 제철소가 있다. ○, ×

⑥ 광양에는 람사르 협약에 등록된 습지가 있다. ○, ×

⑦ 영광은 지리적 표시제로 등록된 녹차를 이용한 녹차 축제와 갯벌로 유명한 곳이다. ○, ×

⑧ 무안은 경상 누층군이 분포해 있어 공룡 화석이 많으며 이를 활용해 공룡 엑스포 축제가 열린다. ○, ×

⑨ 목포는 전라남도 도청 소재지이며, 근교 농업이 발달하였다. ○, ×

⑩ 고창에는 감조 하천이 있어 염해를 방지하기 위한 하굿둑이 건설되었다. ○, ×

⑪ 순천은 세계적으로 유명한 갯벌이 발달한 지역이다. ○, ×

03 다음 내용이 맞으면 ○, 틀리면 ×를 표기하시오.

① A는 자동차 공업, 조선 공업의 주요 재료로 쓰이는 기초 소재 공업이다. ○, ×

② A에 사용되는 주요 원료는 원유로, 우리나라에서는 대부분 해외에서 수입한다. ○, ×

③ A는 많은 부품을 필요로 하는 계열화된 조립형 공업이다. ○, ×

④ B는 포항에서도 발달한 공업이다. ○, ×

⑤ C는 제품 생산 공정의 특성상 대도시 인근에 주로 입지한다. ○, ×

⑥ C는 B보다 최종 생산품의 수출 비중이 높다. ○, ×

VII

01 수능

p.147 자료 02

표는 지도에 표시된 네 지역의 답사 일정을 정리한 것이다. (가)에 해당하는 일정으로 가장 적절한 것은? (단, 하루에 한 지역만 답사하며, 각 날짜별 답사 지역은 다른 지역임.)

구분	주요 일정
1일 차	슬로 시티로 지정된 지역에서 전통 한옥 마을 탐방과 한지 박물관 견학
2일 차	벽골제 탐방과 지평선이 보이는 곡창 지대에서 벼농사 문화 체험
3일 차	죽녹원 탐방과 대나무로 만든 다양한 수공업 제품 제작 체험
4일 차	(가)

① 친환경 농업 지역 방문과 나비 축제 체험

② 세계 문화유산으로 지정된 고인돌 유적지 탐방

③ 고추장의 본고장에서 장류를 주제로 한 축제 관람

④ 전통 공예품인 목기로 유명한 지역에서 춘향제 관람

⑤ 지리적 표시제 제1호인 녹차 재배지 방문과 다향제 참여

02 수능

지도의 A~E 지역에 대한 탐구 학습 주제로 가장 적절한 것은?

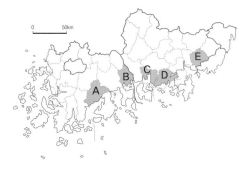

① A – 대규모 제철소 입지에 따른 토지 이용 변화

② B – 람사르 협약에 등록된 연안 습지의 보존 방안

③ C – 하굿둑 건설이 주변 환경에 미치는 영향

④ D – 공룡 발자국 화석을 활용한 장소 마케팅 전략

⑤ E – 혁신 도시 조성에 따른 공공 기관의 이전 현황

03 수능

다음 자료는 온라인 학습 장면의 일부이다. 답글 ㉠~㉣ 중에서 옳은 내용만을 있는 대로 고른 것은?

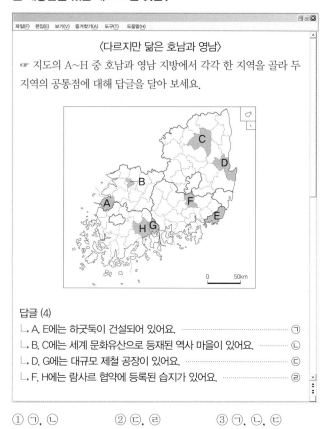

〈다르지만 닮은 호남과 영남〉

☞ 지도의 A~H 중 호남과 영남 지방에서 각각 한 지역을 골라 두 지역의 공통점에 대해 답글을 달아 보세요.

답글 (4)

ㄴ A, E에는 하굿둑이 건설되어 있어요. ─────── ㉠

ㄴ B, C에는 세계 문화유산으로 등재된 역사 마을이 있어요. ─── ㉡

ㄴ D, G에는 대규모 제철 공장이 있어요. ─────── ㉢

ㄴ F, H에는 람사르 협약에 등록된 습지가 있어요. ───── ㉣

① ㉠, ㉡　　　② ㉢, ㉣　　　③ ㉠, ㉡, ㉢

④ ㉠, ㉢, ㉣　　　⑤ ㉡, ㉢, ㉣

04 평가원

A~E의 지역 특성을 고려한 탐구 학습 주제로 적절하지 않은 것은?

① A – 국제 탈춤 페스티벌 개최와 지역 경제 활성화

② B – 정보 통신 산업 중심으로의 산업 구조 고도화

③ C – 유네스코 세계 문화유산으로 지정된 마을의 취락 특성

④ D – 국제 협약에 의해 보존 중인 내륙 습지의 생태계·다양성

⑤ E – 광역시와의 연륙교 건설에 따른 지역 변화

05 평가원
지도의 A~E 지역 특성을 고려한 탐구 학습 주제로 가장 적절한 것은?

① A – 원자력 발전소 입지에 따른 환경 변화
② B – 세계 문화유산 등재에 따른 외국인 관광객 유치 실태
③ C – 람사르 협약에 등록된 습지의 생태적 의의
④ D – 대규모 제철소 건설에 따른 토지 이용 변화
⑤ E – 낙동강 삼각주의 시설 · 원예 농업 실태

06 수능
다음은 영남 및 호남 지방에 대한 수업 장면이다. 발표 내용이 옳지 않은 학생을 고른 것은?

① 갑   ② 을   ③ 병   ④ 정   ⑤ 무

07 평가원
다음 글의 (가), (나) 지역을 지도의 A~D에서 고른 것은?

- (가)는 2018년 동계 올림픽 개최지이다. 풍력 발전이 많이 이루어지며 고랭지 채소 재배가 활발하다.
- (나)는 세계 문화유산으로 등재된 전통 마을이 있으며, 해마다 국제 탈춤 페스티벌이 열리는 지역이다.

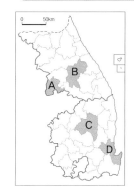

	(가)	(나)
①	A	B
②	A	C
③	B	C
④	B	D
⑤	C	D

08 수능
그래프는 전국 16개 시 · 도의 산업 구조와 지역 내 총생산에 관한 것이다. A~D에 해당하는 지역으로 옳은 것은?

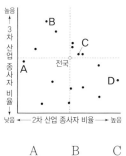
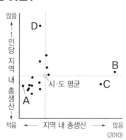

	A	B	C	D
①	제주	서울	경기	울산
②	제주	울산	경기	서울
③	전남	경기	서울	울산
④	전남	경기	울산	서울
⑤	전남	서울	경기	울산

01 고난도

그래프는 영남 지방에 위치한 세 도시의 공업 구조를 나타낸 것이다. (가)~(다)에 해당하는 지역을 지도의 A~C에서 고른 것은?

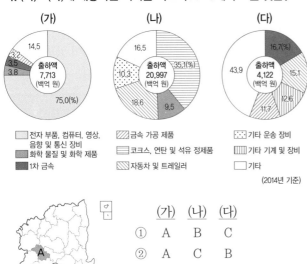

(가) 출하액 7,713 (백억 원) 14.5 3.2 3.5 3.8 75.0(%)

(나) 출하액 20,997 (백억 원) 16.5 35.1(%) 10.3 18.6 9.5

(다) 출하액 4,122 (백억 원) 16.7(%) 43.9 15.1 12.6 11.7

□ 전자 부품, 컴퓨터, 영상, 음향 및 통신 장비
▨ 금속 가공 제품
▥ 기타 운송 장비
■ 화학 물질 및 화학 제품
▤ 코크스, 연탄 및 석유 정제품
▥ 기타 기계 및 장비
■ 1차 금속
▨ 자동차 및 트레일러
□ 기타
(2014년 기준)

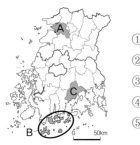

	(가)	(나)	(다)
①	A	B	C
②	A	C	B
③	B	A	C
④	B	C	A
⑤	C	A	B

02

다음 글은 호남 지방에 위치한 세 지역에 대한 것이다. (가)~(다)에 해당하는 지역을 지도의 A~C에서 고른 것은?

(가) 하늘과 땅이 맞닿은 지평선을 바라볼 수 있는 곳에서 축제가 열린다. 이 축제는 농사를 체험하지 못한 세대들에게 수확의 기쁨을 직접 느끼는 귀중한 경험을 안겨 준다.

(나) 전국 최대의 녹차 주산지에서 축제가 열린다. ○○ 차밭을 배경으로 펼쳐지는 축제장에 가면 수많은 차나무가 펼쳐진 풍광을 볼 수 있다.

(다) 푸른 산과 바다, 구들장 논, 돌담장, 슬로 길 등 느림의 풍경이 가득하여 슬로 시티로 지정된 마을이 있다. 이곳의 연안에서는 김 양식도 활발하다.

	(가)	(나)	(다)
①	A	B	C
②	A	C	B
③	B	A	C
④	B	C	A
⑤	C	A	B

03 고난도

지도는 두 시기의 인구 증가율 상위 3개 도시를 나타낸 것이다. (가) 도시군과 비교한 (나) 도시군의 상대적 특징을 그림의 A~E에서 고른 것은? (단, 두 시기는 1975~1990년과 1990~2010년 중 하나임.)

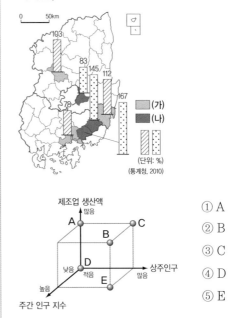

103 83 145 112 78 167
□ (가)
■ (나)
(단위: %)
(통계청, 2010)

제조업 생산액 많음
A
B
C
낮음 D 상주인구 많음
적음 E
높음
주간 인구 지수

① A
② B
③ C
④ D
⑤ E

04

(가)~(다) 지역의 상대적 특징이 그래프와 같이 나타날 때 A~C에 들어갈 항목으로 옳은 것은?

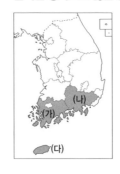

(나) (가) (다)

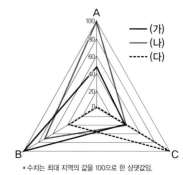

A 100 80 60 40 20 0 B C
— (가)
— (나)
---- (다)
* 수치는 최대 지역의 값을 100으로 한 상댓값임.

	A	B	C
①	밭 면적 비율	제조업 생산액	농림어업 생산액
②	밭 면적 비율	농림어업 생산액	제조업 생산액
③	제조업 생산액	밭 면적 비율	농림어업 생산액
④	제조업 생산액	농림어업 생산액	밭 면적 비율
⑤	농림어업 생산액	밭 면적 비율	제조업 생산액

05

(가)~(다) 지역을 지도의 A~C에서 고른 것은?

(가) 갯벌을 활용한 생태 관광을 특화하면서 관광객이 빠르게 증가하였다.

(나) 간척지에 대규모 공장이 입지하면서 제조업 종사자 수가 빠르게 증가하였다.

(다) 슬로 시티로 지정된 한옥 마을이 있는데, 우리나라의 전통 가옥 양식을 잘 보존하고 있다.

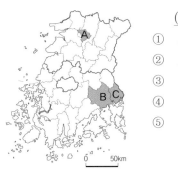

	(가)	(나)	(다)
①	A	B	C
②	A	C	B
③	B	A	C
④	B	C	A
⑤	C	A	B

06

지도의 A~E 도시에 대한 설명으로 옳지 <u>않은</u> 것은?

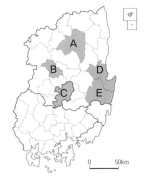

① A - 전통 생활 양식, 탈춤 등 유교 문화와 전통문화가 잘 보존된 하회 마을이 위치한다.

② B - 반도체, 전자·통신 기기 산업의 생산액이 많고 최근 녹색 에너지 분야의 성장을 꾀하고 있다.

③ C - 대기업의 생산 공장이 많아 1인당 지역 내 총생산이 영남 지방의 시·도 중에서 가장 많다.

④ D - 대규모 제철소가 입지하고 있으며 이와 관련된 산업이 도시 성장의 바탕이 되고 있다.

⑤ E - 세계 문화유산으로 등재된 불국사와 석굴암, 양동 마을이 위치한다.

07

(가)~(다) 지역의 상대적 특성을 그림과 같이 나타낼 때 A, B에 들어갈 지표로 옳은 것은?

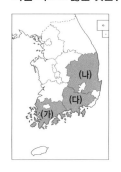

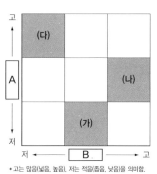

* 고는 많음(넓음, 높음), 저는 적음(좁음, 낮음)을 의미함.

	A	B
①	경지 면적	밭 면적 비율
②	총인구	1차 금속 제조업 출하액
③	총인구	기타 운송 장비 제조업 출하액
④	경지 면적	1차 금속 제조업 출하액
⑤	경지 면적	기타 운송 장비 제조업 출하액

08 고난도

그래프는 영·호남 지방의 두 시기 인구 규모 상위 1~10위 지역을 나타낸 것이다. 이에 대한 옳은 분석만을 〈보기〉에서 있는 대로 고른 것은?

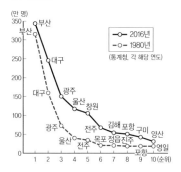

보기

ㄱ. 1980~2016년에 부산 대도시권에 속한 도시의 수가 증가하였다.

ㄴ. 10위 이내의 도시에 영남 지방의 도시 수가 차지하는 비중이 높아졌다.

ㄷ. 10위 이내의 도시에 해안 지역에 위치한 도시의 수가 큰 폭으로 증가하였다.

ㄹ. 1980~2016년에 울산은 영남 지방의 광역시 중에서 인구 증가율이 가장 높다.

① ㄱ, ㄴ   ② ㄱ, ㄷ   ③ ㄷ, ㄹ

④ ㄱ, ㄴ, ㄹ   ⑤ ㄴ, ㄷ, ㄹ

오개념을 바로잡는 친절한 해설

오!

올쏘

고등 한국지리

오개념을 바로잡는 친절한 해설

정답 및 해설

동아출판

all about society 올쏘

고등 **한국지리** 올쏘

정답 및 해설

정답 및 해설

I 국토 인식과 지리 정보

01 강 국토의 위치와 영토 문제

기출 선지 변형 O X

본문 006~007쪽

01 ① × ② × ③ ○ ④ ○ ⑤ × ⑥ ○ ⑦ × ⑧ × ⑨ ○ ⑩ ×

02 ① × ② × ③ × ④ ○ ⑤ ○ ⑥ × ⑦ ○ ⑧ ×

03 ① ○ ② × ③ ○ ④ × ⑤ ○ ⑥ ○ ⑦ ○ ⑧ × ⑨ ×

04 ① ○ ② × ③ × ④ × ⑤ ○ ⑥ × ⑦ ○ ⑧ ○ ⑨ ○ ⑩ ○
⑪ ○ ⑫ ×

01 ① (가)는 우리나라 영토의 최서단인 마안도로 우리나라에서 일몰 시각이 가장 늦는 지역 중 하나이다. 제시된 지역 중 일몰 시각이 가장 이른 곳은 독도이다.

② 우리나라 영토의 최서단(극서)은 마안도(비단섬)(가)이다.

③ 이어도(다)는 한·일 중간 수역에 포함되지 않는다.

④ 우리나라의 표준 경선인 135°E에 태양이 남중하는 시각은 낮 12시이다. 표준시는 동쪽으로 갈수록 빨라지고, 경도 15° 간격마다 약 1시간의 시차가 발생하므로, 127° 30'E에 태양이 남중하는 시각은 30분이더 소요되어 낮 12시 30분이 된다.

⑤ (마)는 독도이다. 제주도, 울릉도, 독도는 영해 설정 시 통상 기선이 적용된다.

⑥ 일출 및 일몰 시각은 동쪽으로 갈수록 이르다. 독도는 우리나라 영토의 최동단에 있으므로, 우리나라에서 일출 시각이 가장 이른 곳 중의 하나이다.

⑦ 마라도에는 종합 해양 과학 기지가 건설되어 있지 않다. 종합 해양 과학 기지가 건설된 대표적인 곳은 이어도이다.

⑧ 마라도는 우리나라 영토의 최남단이다. 우리나라 영토의 최서단(극서)은 마안도(비단섬)이다.

⑨ 우리나라 영토의 최동단은 독도이다.

⑩ 이어도는 우리나라 영토의 최남단인 마라도에서 남서쪽으로 약 149km 떨어진 곳에 위치한 바닷속의 암초이다. 이어도는 섬이 아니기 때문에 우리나라의 영토에 해당되지 않으며 영해도 가지지 않는다. 2003년에 종합 해양 과학 기지가 설치되어 이어도 주변의 해양·기상 관련 자료를 수집하고 있다.

02 ① 독도(가)는 세계 자연 유산으로 지정되지 않았다. 우리나라에서 세계 자연 유산으로 지정된 곳은 제주도의 성산 일출봉, 거문 오름용암동굴계, 한라산이다.

② 마라도(나)는 우리나라 영토의 최남단(극남)에 위치한다.

③ 최후 빙기에는 지금보다 평균 해수면이 약 100m 정도 낮았는데, 이보다 주변 수심이 깊은 울릉도는 육지와 연결되어 있지 않았다.

④ 독도(가)는 마라도(나)보다 동쪽에 위치하여 일출 시각이 이르다.

⑤ 독도(가) – 마라도(나)의 직선거리는 독도(가) – 울릉도(다)의 직선거리보다 멀다. 독도와 가장 가까운 유인도는 울릉도이다.

⑥ 마라도는 섬 전체가 남북으로 긴 타원의 형태를 하고 있다.

⑦ 영해 설정 시 대부분의 동해안, 울릉도, 제주도, 독도 등은 통상 기선을 적용하고, 직선 기선은 섬이 많고 해안선이 복잡한 서·남해안에서 주로 적용되고 있다.

⑧ 독도는 동도와 서도 및 여러 개의 부속 도서로 이루어져 있다. 섬 전체가 남북으로 긴 타원의 형태를 하고 있는 것은 마라도이다.

03 ① 한·중 잠정 조치 수역(A)은 우리나라와 중국이 어업 협정을 체결한 곳으로, 우리나라와 중국을 제외한 제3국의 어선은 허가를 받아야만 조업이 가능하다.

② 배타적 경제 수역(B)은 영해 기선으로부터 200해리까지의 수역 중에서 영해를 제외한 수역이다. 따라서 배타적 경제 수역에는 영해가 포함되지 않는다.

③ 배타적 경제 수역(B)에서는 국제 해양법 관련 규정에 따를 것을 조건으로 외국 선박과 항공기 운항 등의 자유가 보장된다.

④ B는 배타적 경제 수역으로, 배타적 경제 수역의 수직 상공은 영공이 아니다.

⑤ C는 우리나라의 영해에 해당한다.

⑥ 영해(C)의 기선은 통상 기선과 직선 기선으로 구분된다.

⑦ 영해(C)는 기선으로부터 그 바깥쪽 12해리에 이르는 수역이다.

⑧ D는 한·일 중간 수역으로, 우리나라의 독점적 권리가 인정되는 지역이 아니다.

⑨ 우리나라는 중국, 일본과 어업 협정을 체결하여 한·중 잠정 조치 수역(A), 한·일 중간 수역(D)과 같은 배타적 어업 수역을 설정하였다.

04 ① 마라도(가)는 우리나라 영토의 최남단이다.

② 조경 수역이 형성되어 어족 자원이 풍부한 곳은 독도이다. 마라도 주변은 연중 난류가 흐른다.

③ 독도(나)는 우리나라 영토의 최동단이다. 우리나라 영토의 최서단은 마안도(비단섬)이다.

④ 독도(나)는 행정 구역상 경상북도에 속한다.

⑤ 독도(나)는 마라도(가)보다 동쪽에 위치하여 일출, 일몰, 남중 시각이 모두 이르다. 따라서 마라도(가)는 독도(나)보다 일몰 시각이 늦다.

⑥ 마라도(가)는 독도(나)보다 일출 시각이 늦다.

⑦ 독도(나)는 마라도(가)보다 북쪽에 위치하여 최한월 평균 기온이 낮다. 따라서 마라도(가)는 독도(나)보다 최한월 평균 기온이 높다.

⑧ 독도에서 가장 가까운 유인도는 울릉도이고, 마라도에서 가장 가까운 유인도는 가파도이다. 따라서 마라도(가)는 독도(나)보다 가장 가까운 유인도와의 거리가 가깝다.

⑨ 독도는 마라도보다 고위도에 위치해 있으므로, 주변 바다의 연평균 수온이 낮다. 따라서 독도(나)는 마라도(가)보다 주변 바다의 연평균 수온이 낮다.

⑩ 마라도(가)와 독도(나)는 모두 신생대 화산 활동으로 형성되었다.

⑪ 마라도(가)와 독도(나)는 모두 사람이 살고 있는 유인도이다.

⑫ 마라도(가)와 독도(나)에는 종합 해양 과학 기지가 건설되어 있지 않

다. 종합 해양 과학 기지가 건설된 대표적인 곳은 이어도이다.

실전 기출 문제   본문 008~010쪽

01 ⑤   **02** ④   **03** ③   **04** ①   **05** ②   **06** ⑤   **07** ②   **08** ④
09 ⑤   **10** ④   **11** ③   **12** ④

01 독도와 마라도의 위치 및 특징 이해

자료 해설 (가)는 동해 가운데에 있고, 크게 동도와 서도로 이루어졌다는 글을 통해 우리나라 국토의 최동단인 독도임을 알 수 있다. (나)는 국토 최남단에 있는 마라도이다.

선택지 분석

① 오답: 독도 주변은 수심이 깊기 때문에 최후 빙기에도 육지와 연결되지 않았다.
② 오답: 마라도에는 종합 해양 과학 기지가 없다. 종합 해양 과학 기지가 건설되어 있는 대표적인 곳은 이어도이다.
③ 오답: 마라도가 독도보다 정기 여객선의 통항 횟수가 훨씬 많으므로, 일평균 운항 횟수도 많다.
④ 오답: 일출 및 일몰 시각은 동쪽으로 갈수록 이르다. 독도는 국토 최동단에 위치하여 일출 및 일몰 시각이 이르다. 따라서 독도가 마라도보다 일출 시각이 이르다.
❺ 정답: 독도와 마라도는 모두 신생대 화산 활동으로 형성되었다.

02 주요 섬의 수리적 위치 이해

자료 해설 (가)는 위도(33° 06′N)와 섬의 형태를 통해 우리나라 국토의 최남단인 마라도라는 것을 알 수 있다. (나)는 경도(131° 52′E)와 섬의 특징을 통해 우리나라 국토의 최동단인 독도임을 알 수 있다. (다)는 섬의 특징을 통해 남한의 황해 최북단에 위치한 백령도임을 알 수 있다.

선택지 분석

① 오답: 마라도(가)에는 종합 해양 과학 기지가 건설되어 있지 않으며, 종합 해양 과학 기지가 건설된 대표적인 곳은 이어도이다.
② 오답: 독도(나)는 영해 설정 시 통상 기선이 적용된다.
③ 오답: 저위도에 위치한 마라도(가)가 상대적으로 위도가 높은 독도(나)보다 최한월 평균 기온이 높다.
❹ 정답: 황해는 동해보다 수심이 얕고 조수 간만의 차가 크다. 따라서 서해안에 위치한 백령도(다)의 해안이 동해안에 위치한 독도(나)의 해안보다 조수 간만의 차가 크다.
⑤ 오답: 마라도(가)와 독도(나)는 신생대 화산 활동에 의해 형성되었으나, 서해안에 위치한 백령도(다)는 화산 활동에 의해 형성된 화산섬이 아니다. 백령도는 빙하가 녹고 해수면이 상승하면서 만들어진 섬이다.

03 마라도, 이어도, 독도의 특징 이해

자료 해설 마라도는 우리나라 영토의 최남단, 독도는 우리나라 영토의 최동단에 위치해 있다. 이어도는 마라도에서 남서쪽으로 약 149km 떨어진 곳에 위치해 있다. 영해의 기선은 통상 기선과 직선 기선으로 구분된다. 통상 기선은 해안선이 단조롭거나 섬이 해안에서 멀리 떨어져

있는 경우에 적용하고, 직선 기선은 해안선이 복잡하거나 섬이 많은 경우에 적용한다. 따라서 독도는 우리나라 영토 최동단에 있고, 동해에 위치하여 영해 설정 시 통상 기선이 적용된다. 직선 기선은 섬이 많고 해안선이 복잡한 황해와 남해에서 주로 적용되고 있다.

선택지 분석

① 오답: 마라도에는 종합 해양 과학 기지가 없다. 종합 해양 과학 기지가 건설되어 있는 대표적인 곳은 이어도이다.
② 오답: 국토의 최남단에 위치한 섬은 마라도이다.
❸ 정답: 독도는 영해 설정 시 통상 기선이 적용된다.
④ 오답: 일출 시각은 동쪽으로 갈수록 이르다. 독도가 마라도보다 동쪽에 위치해 있다. 따라서 마라도는 독도보다 일출 시각이 늦다.
⑤ 오답: 독도와 마라도는 사람이 살고 있는 유인도이다.

올쏘 만점 노트   마라도, 독도, 이어도의 특징

〈마라도〉
마라도는 우리나라 영토의 최남단이다. 마라도는 화산 활동으로 형성된 섬이지만 경사가 완만하고, 넓은 초원을 이루고 있으며, 사람이 살고 있는 유인도이다. 마라도는 난대성 해양 동식물이 서식하고 주변 경관이 아름다워 천연 보호 구역으로 지정되어 있다.

〈독도〉
독도는 우리나라 영토의 최동단에 있고, 동도와 서도 및 89개의 부속 도서로 구성되어 있다. 신생대 해저에서 분출한 용암이 굳어져 형성된 화산섬이고, 영해 설정 시 통상 기선이 적용된다. 일출 및 일몰 시각은 동쪽으로 갈수록 이르기 때문에 독도는 일출 및 일몰 시각이 이르다. 독도는 희귀 동식물이 서식하고 지질학적 가치가 높아 천연 보호 구역으로 지정되어 있다.

〈이어도〉
이어도는 우리나라 영토의 최남단인 마라도에서 남서쪽으로 약 149km 떨어진 곳에 위치한 바닷속의 암초이다. 이어도는 섬이 아니기 때문에 영해를 가지지 않는다. 2003년에 종합 해양 과학 기지가 건설되어 이어도 주변의 해양·기상 관련 자료를 수집하고 있다.

04 우리나라의 위치 비교

자료 해설 일출 및 일몰 시각은 동쪽으로 갈수록 이르다. A>B>C 순으로 일출 시각이 이르기 때문에 A가 가장 동쪽에 위치하고, C가 가장 서쪽에 위치한다. ㉠은 서해안, ㉡은 동해안, ㉢은 우리나라 영토의 최동단인 독도이다. 따라서 A는 ㉢, B는 ㉡, C는 ㉠에 해당한다.

선택지 분석

❶ 정답: 일출 시각은 동쪽에 위치할수록 빠르기 때문에 A는 ㉢, B는 ㉡, C는 ㉠에 해당한다.
❶ 정답: 우리나라의 시간을 결정하는 표준 경선은 동경 135°이기 때문에 A는 B보다 표준 경선과 가깝다.
ㄷ. 오답: 우리나라 영토의 최동단인 A는 C보다 일몰 시각이 이르다.
ㄹ. 오답: 동해안은 동위도의 서해안보다 기온의 연교차가 작다. 따라서 동해안에 위치한 B는 서해안에 위치한 C보다 기온의 연교차가 작다.

05 간도와 독도의 특성 파악

자료 해설 '지금은 청국의 영토로 되어 있으나 사실은 우리나라 땅', '남으로는 두만강을 격해 함경북도, 동편으로는 노령의 연해주와 경계'라는 글을 통해 (가)는 간도임을 알 수 있다. (나)는 '울릉은 본래 한 섬이라고 하나 여러 도지를 상고하면 두 섬', '대체로 두 섬은 모두 우산국'

이라는 글을 통해 (나)는 독도임을 알 수 있다.

선택지 분석

① 오답: 간도는 토지가 비교적 비옥하고 지세가 평탄하여 벼 재배가 가능하다.

❷ 정답: 독도에서는 통상 기선으로부터 12해리까지를 영해로 설정하고 있다. 따라서 독도 주변 해역의 영해 설정에는 통상 기선이 적용된다.

③ 오답: 독도는 천연 보호 구역으로 지정되어 있다. 세계 자연 유산으로 지정된 곳은 제주도의 일부 지역이다.

④ 오답: 간도는 독도보다 고위도에 위치해 있고 대륙 내부에 있기 때문에 최한월 평균 기온이 낮다.

⑤ 오답: 독도보다 고위도에 위치한 간도가 우리나라 최남단과의 직선거리가 멀다.

올쏘 만점 노트 ｜ 간도

간도는 좁은 범위로는 동간도(두만강 이북)를, 넓은 범위로는 서간도(압록강 이북)를 포함한 남만주 지역을 말한다. 간도는 지하자원이 풍부하고, 넓은 평야에서 잡곡·쌀을 생산한다. 간도는 한국, 중국, 러시아의 접경 지역으로 옌볜 조선족 자치주가 있다. 간도는 동북아시아의 교통·무역 중심지로 발전할 가능성이 있다.

---

06 영해 및 배타적 경제 수역의 특성 이해

자료 해설 A는 우리나라의 배타적 경제 수역에 위치해 있다. 대한 해협에서는 우리나라와 일본이 각각 영해의 범위를 3해리로 설정하고 있는데, B는 우리나라 영해와 일본 영해 밖에 위치해 있다. C는 우리나라의 영해에 위치해 있다.

선택지 분석

① 오답: 배타적 경제 수역의 연안국은 자국의 배타적 경제 수역에서 천연 자원의 탐사, 개발, 보존 및 관리에 관한 주권적 권리, 인공 섬 및 기타 구조물의 설치와 사용, 해양 과학 조사, 해양 환경의 보호와 보전에 관한 관할권을 갖는다. 따라서 A는 우리나라의 배타적 경제 수역이므로, 우리나라 자원 탐사선이 탐사 활동을 할 수 있다.

② 오답: 모든 나라는 다른 나라의 배타적 경제 수역에서 항해 또는 상공 비행의 자유, 해저 전선 또는 관선 부설이 가능하다. 따라서 B에서는 외국 화물선이 항해할 수 있다.

③ 오답: C는 우리나라의 영해이므로 우리나라 해군 함정이 항해할 수 있다.

④ 오답: A는 우리나라의 배타적 경제 수역, C는 우리나라의 영해이므로, A, C에서는 우리나라 어선이 고기잡이를 할 수 있다.

❺ 정답: C는 우리나라의 영해이므로 외국이 인공 섬을 설치할 수 없다.

---

07 우리나라 4극의 특징 이해

자료 해설 (가)는 우리나라의 최동단인 독도, (나)는 최서단인 마안도(비단섬), (다)는 최북단인 유원진, (라)는 최남단인 마라도이다.

선택지 분석

① 오답: (라)는 마안도이다. 종합 해양 과학 기지는 이어도에 건설되어 있다.

❷ 정답: 동쪽에 위치할수록 태양이 남중하는 시각이 이르다. 따라서 독도가 마안도(비단섬)보다 동쪽에 위치하므로 태양이 남중하는 시각이 이르다.

③ 오답: 우리나라의 표준 경선은 동경 135°이다. 마안도는 동경 124°, 유원진은 동경 130°에 위치해 있다. 따라서 우리나라 표준 경선과의 최단 거리는 유원진이 마안도보다 가깝다.

④ 오답: 고위도의 유원진이 저위도의 마라도보다 기온의 연교차가 크다.

⑤ 오답: 독도와 마라도는 모두 영해 설정에 통상 기선이 적용된다.

올쏘 만점 노트 ｜ 우리나라의 4극

구분	위치	지역
극북	북위 43° 00′	함경북도 온성군 유원진 북단
극남	북위 33° 06′	제주특별자치도 서귀포시 마라도 남단
극동	동경 131° 52′	경상북도 울릉군 독도 동단
극서	동경 124° 10′	평안북도 용천군(신도군) 마안도(비단섬) 서단

---

08 우리나라의 영역과 배타적 경제 수역 이해

자료 해설 영역은 주권이 미치는 범위이고, 배타적 경제 수역은 연안국의 경제적 권리가 인정되는 범위이다. 영해(㉠)는 기선에서 12해리까지의 수역으로 연안국이 주권적 권리를 갖는다. 통상 기선(㉡)은 연안의 최저 조위선에 해당하는 선이고, 직선 기선은 영해 기점(주로 최외곽 도서)을 이은 선이다. 해안선이 단조롭거나 섬이 해안에서 멀리 떨어져 있는 경우에는 통상 기선을 적용하므로 동해안 대부분, 제주도, 울릉도, 독도 등에서는 통상 기선을 적용한다. 해안선이 복잡하거나 섬이 많은 경우에는 직선 기선을 적용하므로 서해안(㉢), 남해안, 동해안 일부(영일만, 울산만) 지역에서는 직선 기선을 적용한다. 배타적 경제 수역은 해수면에서 해저까지 연안국의 경제적 권리를 인정하는 수역으로, 연안국은 자원 탐사 및 개발, 어업 활동, 환경 보호, 인공 섬 설치 등의 권리를 갖는다. 따라서 배타적 경제 수역(㉣)에서는 타국 선박의 어로 활동, 해저 자원 탐사 활동 등 경제적 활동이 제한된다.

선택지 분석

ㄱ. 오답: 일본과의 거리가 가까운 대한 해협에서는 외국 선박의 자유로운 항해 보장 등 공해를 확보하기 위해 직선 기선으로부터 3해리가 적용된다.

ㄴ. 정답: 통상 기선은 연안의 최저 조위선에 해당하는 선이다.

ㄷ. 오답: 섬이 많고 해안선이 복잡한 서해안에서는 간척 사업이 이루어지고 있다. 서해안에서는 영해의 기선으로 최외곽 섬들을 이은 직선 기선을 적용한다. 간척 사업은 이 직선 기선의 안쪽에서 이루어지기 때문에 간척 사업을 해도 영해의 기준선이 이동하지 않는다. 따라서 간척 사업을 해도 영해의 범위는 그대로이다.

ㄹ. 정답: 배타적 경제 수역에서는 타국 선박의 통항은 가능하지만, 어로 활동이나 해저 자원 탐사 활동은 제한된다.

올쏘 만점 노트 ｜ 우리나라의 영해와 배타적 경제 수역

- 우리나라의 영해: 기선에서 12해리까지의 수역
  - 통상 기선과 직선 기선: 기선은 영해 설정의 기준선으로, 통상 기선은 최저 조위선, 직선 기선은 가장 바깥쪽 섬들을 직선으로 이은 선임
  - 통상 기선에서 12해리: 대부분의 동해안, 울릉도, 제주도, 독도 등
  - 직선 기선에서 12해리: 서·남해안, 동해안 일부(영일만, 울산만)
  - 직선 기선에서 3해리: 대한 해협의 일정 수역
- 배타적 경제 수역(EEZ)과 어업 수역: 배타적 경제 수역(EEZ)은 영해 기선으로부터 그 바깥쪽 200해리까지의 수역 중 영해를 제외한 수역이다. 배타적 경제 수역 내에서는 연안국이 해양 자원을 탐사·개발·이용·보전·관리할 권리를 가지고 있지만, 다른 국가의 선박과 항공기 등은 자유롭게 운항할 수 있다. 한·중·일이 각각 200해리 배타적 경제 수역을 설정할 경우 중첩되는 부분이 발생한다. 따라서 우리나라는 중국, 일본과 어업 협정을 체결하여 배타적 어업 수역을 설정하였다. 한·일 간에는 한·일 중간 수역, 한·중 간에는 한·중 잠정 조치 수역이라는 어업 협정을 체결하여 배타적 어업 수역을 설정하였다.

09 마라도와 독도의 특징 비교

자료 해설 제시된 자료에서 위치와 면적, 섬의 특징을 통해 각 지역을 유추할 수 있다. (가)는 우리나라 영토의 최남단인 마라도이고, (나)는 우리나라 영토의 최동단인 독도이다.

선택지 분석

ㄱ. 오답: 독도(나)는 우리나라에서 일출 시각이 가장 빠른 곳 중의 하나이다.

ㄴ. 오답: 마라도와 독도는 모두 주민이 거주하고 있는 유인도이다.

ㄷ. 정답: 마라도는 현무암, 독도는 조면암으로 이루어진 화산섬으로, 신생대 제3기 말에서 제4기 초에 걸쳐 발생한 화산 활동의 영향으로 형성되었다.

ㄹ. 정답: 마라도와 독도 모두 영해 설정에 통상 기선이 적용된다.

> **올쏘 만점 노트** **독도와 마라도**
>
> 독도의 인근 해역은 한류와 난류가 만나는 조경 수역을 이루지만, 마라도의 인근 해역은 연중 난류가 흐른다. 또한, 상대적으로 저위도에 위치한 마라도가 독도보다 연평균 기온이 높다. 독도는 천연기념물 제336호, 마라도는 제423호로 지정되어 있다.

10 영해의 범위와 특성 이해

자료 해설 A는 해안선이 복잡하고 섬이 많은 황해에서 직선 기선이 적용된 영해의 범위를 나타낸 것이다. B는 일본과 지리적으로 인접해 있어 공해를 확보하기 위해 직선 기선으로부터 3해리를 적용한 영해의 범위를 나타낸 것이다. C는 해안선이 단순한 동해에서 통상 기선이 적용된 영해의 범위를 나타낸 것이다.

선택지 분석

① 오답: A에 적용된 기선은 직선 기선으로, 직선 기선은 영해 기점(주로 최외곽 도서)을 이은 직선이다. 따라서 A에 적용된 기선(직선 기선)은 섬의 분포를 반영하였다.

② 오답: 대한 해협은 폭이 좁아 우리나라와 일본이 각각 12해리 영해를 설정할 수가 없다. 따라서 B에서는 직선 기선에서 3해리까지를 영해로 설정하였다.

③ 오답: 영해 설정 시 해안선이 단조로운 동해 대부분과 울릉도, 독도, 제주도는 최저 조위선을 기준으로 설정한 통상 기선을 적용한다.

④ 정답: 영해 설정 시 해안선이 복잡한 황해, 남해와 동해 일부 지역(영일만, 울산만)은 최외곽 섬을 직선으로 연결한 직선 기선을 적용한다. 따라서 A와 B의 범위 설정은 모두 직선 기선이 적용되었다.

⑤ 오답: 영해는 연안국의 주권이 미치는 바다이다. 영해에서는 무해 통항권이 적용되므로 타국 상선의 통항은 가능하나, 군용 선박의 통항에 대해서는 연안국이 제한할 수 있다. 따라서 A∼C에서는 원칙적으로 우리나라의 허가 없이 타국의 군함이 운항할 수 없다.

> **올쏘 만점 노트** **우리나라의 영해**
>
> 영해는 연안국의 주권이 미치는 바다로, 기선으로부터 12해리까지의 수역을 말한다. 그러나 대한 해협은 폭이 좁기 때문에 우리나라와 일본이 각각 12해리 영해를 설정할 수 없다. 따라서 대한 해협은 예외적으로 직선 기선에서 3해리만을 영해로 적용하고 있다. 영해에서는 통상적으로 무해 통항권(국제법상 다른 나라의 선박이 연안국의 평화·질서 또는 안전을 해치지 아니하는 한 그 영해를 자유로이 항행할 수 있는 권리)이 적용되므로 타국 상선의 통항은 가능하나, 군용 선박의 통항에 대해서는 연안국이 제한할 수 있다.

11 우리나라의 영해 이해

자료 해설 A. 오답: 황해, 남해, 동해 일부(영일만, 울산만)는 직선 기선에서 12해리까지를, 대부분의 동해, 제주도, 울릉도, 독도는 통상 기선에서 12해리까지를 영해로 설정하였다. 단, 대한 해협은 주변 국가(일본)와 인접하여 직선 기선에서 3해리까지를 영해로 설정하였다.

B. 정답: 통상 기선은 연안의 최저 조위선을 기준으로 한다.

C. 정답: 독도와 마라도는 영해 설정 시 통상 기선을 적용한다.

D. 오답: 울릉도와 제주도는 영해 설정 시 통상 기선으로부터 12해리를 적용하기 때문에 울릉도에서 제주도로 항해를 할 때에는 영해를 벗어나지 않고 이동할 수 없다.

E. 오답: 간척 사업은 직선 기선의 안쪽에서 이루어지기 때문에 간척 사업을 하더라도 직선 기선에는 변화가 없어 영해의 범위는 그대로이다. 한편, 직선 기선의 안쪽에 해당하는 내수는 간척 사업으로 인해 일부 지역이 매립되므로 오히려 범위가 축소된다. 따라서 서해안에서 이루어진 간척 사업으로 영해의 범위가 확대되지는 않는다.

F. 정답: 영해에서는 다른 나라의 어로 활동, 해양 조사 및 측량 활동이 제한된다.

선택지 분석

❸ A∼F 중 B, C, F가 옳은 진술이다. 옳은 진술은 B, C, F이지만, A∼F는 한 번만 지나갈 수 있으므로 옳은 경로는 C → F가 된다. 따라서 (가)에는 C → F가 들어가야 한다.

12 영해와 배타적 경제 수역의 특징 이해

자료 해설 배타적 경제 수역은 영해의 기선으로부터 200해리까지의 수역 중에서 영해를 제외한 수역이다. 그러나 한·중·일이 각각 200해리 배타적 경제 수역을 설정할 경우 중첩되는 부분이 발생한다. 따라서 한·일 간에는 어업 협정을 체결하여 한·일 중간 수역, 한·중 간에는 한·중 잠정 조치 수역이라는 배타적 어업 수역을 설정하였다.

선택지 분석

① 오답: ㉠ – 황해와 남해에서 영해 기선은 최외곽 도서를 연결한 직선 기선이 적용된다.

② 오답: ㉡ – 배타적 경제 수역은 영해의 기선으로부터 그 바깥쪽 200해리까지의 수역 중에서 영해를 제외한 수역이다. 따라서 ㉡에는 '그 바깥쪽 200해리의 선'이 들어갈 수 있다.

③ 오답: ㉢ – 대한 해협은 폭이 좁기 때문에 직선 기선으로부터 3해리까지의 수역이 영해이다.

④ 정답: ㉣ – 우리나라는 러시아가 아니라 일본과 동해에 중간 수역을 두고 있다.

⑤ 오답: ㉤ – 배타적 경제 수역에서의 권리에는 자원 탐사 및 개발, 어업 활동, 인공 구조물의 설치 및 사용에 관한 권리 등이 포함된다.

> **킬러 예상 문제**
>
> 본문 011~012쪽
>
> 01 ② 02 ⑤ 03 ⑤ 04 ③ 05 ⑤ 06 ③ 07 ⑤ 08 ⑤

정답 및 해설

01 우리나라의 위치 특성 이해

자료 해설 수리적 위치는 위도와 경도로 표현되는 위치이며, 지리적 위치는 대륙, 해양, 반도 등 자연적인 지형지물로 표현되는 위치이다.

선택지 분석

❶ 정답: 적도 부근은 열대 기후, 극지방은 한대 기후가 나타나는데, 우리나라는 북반구 중위도(북위 33°~43°)에 위치하여 냉대 및 온대 기후가 나타난다.

ㄴ. 오답: 우리나라는 반도 국가이기 때문에 대륙과 해양 모두 진출하기에 유리하다. 따라서 ㄴ은 지리적 위치와 관련된 특성이다.

❸ 정답: 우리나라는 유라시아 대륙의 동안에 위치해 있어 계절풍의 영향을 받으며, 대륙성 기후가 나타난다.

ㄹ. 오답: 우리나라는 동경 124°~132°에 위치해 있지만 표준 경선은 동경 135°를 사용하기 때문에 영국보다 9시간 빠른 표준시를 사용한다. 따라서 ㄹ은 수리적 위치와 관련된 특성이다.

02 수리적, 지리적, 관계적 위치 파악

자료 해설 수리적 위치와 지리적 위치는 절대적 위치이며, 관계적 위치는 주변 정세에 따라 달라지는 상대적 위치이다. 수리적 위치는 위도와 경도로 표현되는 위치, 지리적 위치는 지형지물로 표현되는 위치, 관계적 위치는 주변 국가와의 관계로 표현되는 위치이다.

선택지 분석

① 오답: 수리적 위치와 지리적 위치는 절대적 위치이다.

② 오답: 지리적 위치는 자연적인 지형지물로 표현되는 위치이다. 우리나라의 지리적 위치는 '유라시아 대륙 동안에 위치한 반도 국가'이다.

③ 오답: 우리나라는 위도상으로 북위 33°~43°에 위치해 있다. 위도가 높아질수록 단위 면적당 일사량이 감소하기 때문에 대체로 연평균 기온이 낮아진다.

④ 오답: 우리나라는 동경 124°~132°에 위치해 있으나, 표준 경선은 동경 135°를 사용한다. 우리나라는 표준시를 정할 때 기준이 되는 영국의 동쪽에 위치해 있어 영국보다 빠른 표준시를 사용한다.

❺ 정답: 지구 위의 한 지점에 대하여 지구의 반대쪽에 있는 지점을 대척점이라고 한다. 북위 38°, 동경 127° 30'의 대척점은 남위 38°, 서경 52° 30'이다. 우리나라의 대척점은 우루과이 남동 해상으로, 이곳은 우리나라와 계절, 낮과 밤이 정반대이다.

올쏘 만점 노트 — 우리나라의 수리적, 지리적, 관계적 위치

수리적 위치	• 위도와 경도로 표현되는 위치 • 냉 · 온대 기후가 나타남 • 영국보다 빠른 표준시를 사용함
지리적 위치	• 자연적인 지형지물로 표현되는 위치 • 대륙성 기후가 나타남 • 계절풍의 영향을 받음
관계적 위치	주변 정세에 따라 달라지는 상대적 위치

03 세계 주요 국가의 시간대 이해

자료 해설 경도 15°마다 1시간의 차이가 나는데, 우리나라의 표준 경선은 동경 135°이다. 제시된 자료에서 서울은 목요일 오전 7시인데, 한라가 여행하고 있는 지역은 서울보다 약 12시간 늦은 수요일 오후 7시이다.

선택지 분석

① 오답: 런던(A)은 서울보다 9시간 늦은 표준시를 사용한다.

② 오답: 앵커리지(B)는 서울보다 18시간 늦은 표준시를 사용한다.

③ 오답: 방콕(C)은 서울보다 2시간 늦은 표준시를 사용한다.

④ 오답: 케이프타운(D)은 서울보다 7시간 늦은 표준시를 사용한다.

❺ 정답: 리우데자네이루(E)는 서울보다 12시간 늦은 표준시를 사용한다.

04 우리나라의 4극 이해

자료 해설 A는 우리나라의 극북, B는 극서, C는 극동, D는 극남이다. 극북은 함경북도 온성군 유원진 북단이며, 극서는 평안북도 용천군(신도군) 마안도(비단섬) 서단, 극동은 경상북도 울릉군 독도 동단, 극남은 제주특별자치도 서귀포시 마라도 남단이다.

선택지 분석

ㄱ. 오답: 우리나라의 표준 경선은 동경 135°로 일본을 지나간다.

❷ 정답: 극서는 행정 구역상 평안북도, 극북은 함경북도에 속한다.

❸ 정답: 독도는 마안도보다 동쪽에 있으므로 일출 및 일몰 시각이 이르다.

ㄹ. 오답: 독도와 마라도는 영해 설정 시 통상 기선을 적용한다. 즉, 독도와 마라도에서 영해의 범위는 통상 기선에서 12해리까지이다.

05 영해와 배타적 경제 수역의 특징 이해

자료 해설 연안국이 주권적 권리를 가지는 영해의 범위는 기선에서 12해리까지의 수역인데, 동해의 대부분은 통상 기선, 황해와 남해에서는 직선 기선에서 12해리까지가 영해이다. 한편 해수면에서 해저까지 연안국의 경제적 권리를 인정하는 수역을 배타적 경제 수역이라고 한다. 배타적 경제 수역의 범위는 영해 기선으로부터 그 바깥쪽 200해리까지의 수역 중에서 영해를 제외한 수역이다.

선택지 분석

① 오답: 한 · 중 잠정 조치 수역은 우리나라의 배타적 경제 수역과 중국의 배타적 경제 수역이 중첩되는 황해에 설정되어 있다.

② 오답: 우리나라의 배타적 경제 수역 내에서는 일본과 중국이 자원 탐사 및 개발을 할 수 없으며, 인공 섬도 설치할 수 없다.

③ 오답: 영공은 영토와 영해의 수직 상공이며, 우리나라 배타적 경제 수역의 수직 상공은 우리나라의 영공이 아니다.

④ 오답: 해안선이 복잡하고 섬이 많은 황해에서 영해의 범위는 직선 기선에서 12해리까지의 수역이다. 직선 기선은 소령도, 서격렬비도 등 영해 기점을 이은 직선이다.

❺ 정답: 대한 해협에서 영해의 범위는 직선 기선에서 3해리까지이다.

올쏘 만점 노트 — 우리나라의 영해

통상 기선에서 12해리	• 연안의 최저 조위선에 해당하는 선으로부터 12해리 • 동해 대부분, 제주도, 울릉도, 독도
직선 기선에서 12해리	• 영해 기점을 이은 직선으로부터 12해리 • 황해, 남해, 동해 일부(영일만, 울산만)
직선 기선에서 3해리	대한 해협

06 독도의 특징 이해

자료 해설 제시된 지도는 독도이다. 독도는 북위 37° 14', 동경 131° 52'에 위치해 있는 화산섬으로 동도 · 서도 및 89개의 부속 도서로 이루어져 있다. 독도는 울릉도, 제주도보다 먼저 형성되었다.

④ 오답: 저위도에 위치한 이어도는 상대적으로 고위도에 위치한 독도보다 최
한월 평균 기온이 높다.

❺ 정답: 이어도는 최고봉이 수심 약 4.6m 아래에 잠겨 있는 수중 암초로 우
리나라의 영토가 아니다.

<table>
<tr><td rowspan="2">올쏘 만점 노트</td><td>독도와 이어도</td></tr>
</table>

독도	• 화산 활동으로 형성된 섬 • 천연 보호 구역(천연기념물 제336호) • 우리나라 영토의 극동
이어도	• 마라도에서 남서쪽으로 149km 떨어져 있음 • 수중 암초로 우리나라의 영토가 아님 • 종합 해양 과학 기지가 건설되어 있음

선택지 분석

ㄱ. 오답: 독도는 행정 구역상 경상북도 울릉군에 속한다.

ㄴ. 정답: 독도는 신생대 해저 화산 활동으로 형성된 화산섬이다.

ㄷ. 정답: 독도는 중요한 생물 서식지이며, 화산 지형이 잘 발달해 있어 천연
보호 구역으로 지정되어 있다.

ㄹ. 오답: 우리나라의 극동에 위치해 있는 독도는 우리나라에서 일출 및 일몰
시각이 가장 이른 지역 중 하나이다.

07 한·일 어업 협정 및 한·중 어업 협정 이해

자료 해설 우리나라와 일본 및 중국이 배타적 경제 수역으로 200해
리를 설정하게 되면 서로 중첩된다. 그래서 우리나라는 일본과 한·일
어업 협정, 중국과 한·중 어업 협정을 체결하였다.

선택지 분석

❺ 정답: (가)는 한·일 어업 협정으로 체결된 한·일 중간 수역, (나)는 한·중
어업 협정으로 체결된 한·중 잠정 조치 수역이다. 지도의 ㉠은 한·중 잠
정 조치 수역, ㉡과 ㉢은 한·일 중간 수역에 해당한다. 한·중 잠정 조치
수역에서는 우리나라와 중국, 한·일 중간 수역에서는 우리나라와 일본이
어업 활동을 할 수 있다.

<table>
<tr><td>올쏘 만점 노트</td><td>우리나라 주변의 어업 협정 수역도</td></tr>
</table>

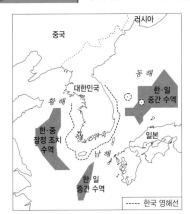

우리나라, 일본, 중국이 각각 200해리 배타적 경제 수역을 설정할 경우 중
첩되는 수역이 발생한다. 따라서 경계를 아직 획정하지 못하고 있으며, 우
선 시급한 어업 문제를 해결하기 위해 별도의 어업 협정을 맺었다. 우리나
라는 일본과 한·일 어업 협정을 체결하여 한·일 중간 수역을 설정하고
공동 권리를 가지도록 하였다. 그리고 중국과는 한·중 어업 협정을 체결
하고 한·중 잠정 조치 수역을 설정하여 이곳에서 공동 조업을 할 수 있도
록 하였다.

08 독도와 이어도의 특징 이해

자료 해설 (가)는 독도, (나)는 이어도이다. 독도는 북위 37° 14′, 동경
131° 52′에 위치해 있으며, 이어도는 북위 32° 07′, 동경 125° 10′에 위치
해 있다.

선택지 분석

① 오답: 독도에서 영해의 범위는 통상 기선에서 12해리까지이다. 반면 황해
와 남해에서 영해의 범위는 직선 기선에서 12해리까지이다.

② 오답: 이어도에는 종합 해양 과학 기지가 건설되어 있다.

③ 오답: 동쪽으로 갈수록 일출 시각이 이르다. 따라서 동쪽에 위치해 있는 독
도가 이어도보다 일출 시각이 이르다.

정답 및 해설 😀

02 ② 국토 인식의 변화 ~ 지리 정보와 지역 조사

기출 선지 변형 OX

본문 013~015쪽

01 ① ○ ② ○ ③ × ④ × ⑤ × ⑥ ○ ⑦ ○ ⑧ ○
02 ① × ② ○ ③ ○ ④ ○ ⑤ × ⑥ ○ ⑦ × ⑧ ×
03 ① × ② ○ ③ ○ ④ ○ ⑤ × ⑥ × ⑦ × ⑧ ○ ⑨ ×
04 ① ○ ② ○ ③ × ④ ○ ⑤ × ⑥ ○ ⑦ ○
05 ① ○ ② × ③ ○ ④ × ⑤ ○ ⑥ ○ ⑦ ○
06 ① ○ ② × ③ ○ ④ × ⑤ × ⑥ ○ ⑦ ○

01 ① 신증동국여지승람(가)은 지역의 건치 연혁, 군명, 형승 등 각 분야를 백과사전식으로 서술하였다.
② 신증동국여지승람(가)은 국가 주도로 국가 통치에 필요한 자료를 수집하여 제작한 관찬 지리지이다.
③ 택리지 (나)는 조선 후기 이중환이 편찬하였다.
④ 택리지의 복거총론에서는 사람이 살 만한 곳인 '가거지(可居地)'의 조건으로 지리, 생리, 인심, 산수를 제시하였다. 이 중 '생리(生利)'는 땅의 비옥도와 물자 교류의 편리성과 관련된 내용으로 경제적으로 유리한 곳을 말한다. 따라서 ㉠의 내용은 생리에 해당하지 않는다.
⑤ 이중환의 택리지는 사람이 살 만한 땅을 의미하는 가거지의 조건으로 지리(地理), 생리(生利), 인심(人心) 산수(山水)를 제시하였다. 신증동국여지승람에는 가거지의 조건이 제시되어 있지 않다.
⑥ 택리지는 조선 후기 실학의 영향으로 제작되었다. 택리지는 지역의 특성을 자연환경과 인문 환경을 종합하여 서술하였고, 지역의 지리적 특성을 인간과 자연의 상호 연관성을 토대로 종합적으로 설명하였다.
⑦ 신증동국여지승람은 조선 전기 국가 통치에 필요한 자료를 수집하여 제작되었다.
⑧ 신증동국여지승람은 조선 전기 국가에서 제작한 관찬 지리지이고, 택리지는 조선 후기 이중환이 편찬한 사찬 지리지이다.

02 ① 목판본으로 제작된 것은 대동여지도이다.
② 대동여지도는 지도표(기호)를 사용하여 좁은 지면에 많은 지리 정보를 수록할 수 있도록 효율적으로 제작되었다.
③ 동국지도는 대동여지도보다 제작 시기가 이르다.
④ 동국지도(가)는 우리나라 최초로 축척의 개념인 백리척을 사용하였다.
⑤ 우리나라 최초로 백리척이 사용된 지도는 동국지도이다.
⑥ 대동여지도는 분첩 절첩식으로 제작되어 휴대와 열람이 편리하였다.
⑦ 동국지도는 조선 후기에 제작되었다. 현존하는 우리나라의 가장 오래된 세계 지도는 혼일강리역대국도지도이다.
⑧ 동국지도와 대동여지도는 조선 후기에 제작되었다.

03 ① A는 단선으로 표현되어 있으므로 수운 교통로로 이용될 수 없는 하천이다.
② C는 읍치에 해당하므로 이곳은 관아가 있는 행정의 중심지라는 것

을 알 수 있다.
③ 대동여지도에서는 10리마다 방점을 찍어 두 지역 간 거리를 파악할 수 있다. B에서 C까지 방점이 2개 찍혀 있으므로 두 지역 간 거리는 10리 이상이다.
④ 분수계는 두 하천의 유역을 나누는 경계이다. E를 기준으로 두 개의 하천이 나뉘어 흐르고 있으므로 E는 하천 유역을 나누는 분수계의 일부이다.
⑤ 대동여지도에서 산줄기는 선의 굵기를 달리하여 산줄기의 특색을 표현하였다. 따라서 E는 D보다 산줄기가 굵게 표시되어 있으므로 E가 D보다 더 큰 규모의 산지이다.
⑥ 대동여지도에는 오늘날의 지도와 같은 정확한 해발 고도는 표시되어 있지 않다. 따라서 E를 통해 산지의 정확한 해발 고도 값을 알 수 없다. 산줄기는 선의 굵기를 달리하여 산줄기의 특색을 표현하였고, 산지를 이어진 산줄기 형태로 표현하여 전통적인 산지 인식 체계를 엿볼 수 있다.
⑦ 대동여지도는 배가 다닐 수 있는 하천은 쌍선으로, 배가 다닐 수 없는 하천은 단선으로 표현하여 수운 체계 이해에 도움을 주었다.
⑧ 대동여지도는 지도표(기호)를 사용하여 좁은 지면에 많은 지리 정보를 수록할 수 있도록 효율적으로 제작되었다.
⑨ 대동여지도는 도로에 10리마다 방점을 찍어 대략적인 거리 계산이 가능하였다.

04 ① 통학권(㉠)은 지역의 유형 중 기능 지역에 해당한다. 기능 지역은 중심지와 그 기능이 영향을 미치는 배후지가 기능적으로 결합된 공간 범위를 말한다. 대표적인 기능 지역에는 통학권, 통근권, 상권 등이 있다.
② 지리 정보는 공간 정보, 속성 정보, 관계 정보로 구분된다. 고등학교별 주소(㉡)는 지리 정보의 유형 중 공간 정보에 해당한다. 공간 정보는 어떤 장소나 현상의 위치 및 형태에 대한 정보이고, 속성 정보는 장소나 현상의 특성에 대한 정보, 관계 정보는 다른 장소나 지역과의 상호 작용 및 관계를 나타내는 정보이다.
③ 설문 및 면담 조사(㉢)는 지리 정보의 수집 방법 중 야외 조사에 해당한다.
④ 동별 통학 인구 비율(㉣)을 통계 지도로 표현할 때는 단계 구분도나 도형 표현도로 표현하는 것이 적절하다.
⑤ 지리 정보의 유형에는 공간 정보, 속성 정보, 관계 정보가 있다. 그 중에서 장소나 현상의 자연적·인문적 특성을 나타내는 정보를 속성 정보라고 한다.
⑥ 유선도는 사람이나 물자, 정보의 이동 방향과 양을 화살표나 선의 방향과 굵기로 표현하는 지도로 인구 이동 등을 표현하기에 적합하다.
⑦ 실내 조사는 지도·문헌·통계 자료 등을 통해 지리 정보를 수집하고, 야외 조사는 조사 지역을 직접 방문하여 관찰, 측정, 면담, 설문, 촬영 등을 통해 지리 정보를 수집한다.

05 ① 〈조건1〉 간선 도로로부터 200m 이내에 입지하는 지역은 B, C, D, E이다.

② 〈조건2〉 공원 중심으로로부터 400m 이내에 입지하는 지역은 A, B, C, D이다.

③ 〈조건3〉 공장 중심으로부터 400m 이상 떨어진 곳에 입지하는 지역은 A, B, C이다.

④ 〈조건4〉 주거 용지에 입지하는 지역은 A, C, D이다.

⑤ 지리 정보 체계(GIS)는 지표 공간의 지리 정보를 수치화하여 컴퓨터에 입력·저장한 후, 사용자의 요구에 따라 분석·처리하는 종합 정보 시스템이다. 지리 정보 체계(GIS)는 복잡한 지리 정보를 컴퓨터를 활용하여 다양한 형태와 크기로 지도화할 수 있다.

⑥ 지리 정보 체계(GIS)는 지리 정보의 수정 및 분석이 용이하여 신속하고 합리적인 공간적 의사 결정이 가능하다.

⑦ 지리 정보 체계(GIS)는 입지 선정, 상권 분석, 도시 계획 및 관리, 자원 탐사, 하천 관리 등에 이용할 수 있다. 특히 다양한 지리 정보를 중첩하여 입지 조건에 부합하는 최적 입지를 선정하는 데 자주 이용된다.

06 ① 항공기나 인공위성을 이용한 원격 탐사를 통해 다양한 지리 정보를 수집할 수 있는데, 이를 통해 특정 장소의 인문적·자연적 특성과 관련된 속성 정보도 파악할 수 있다.

② 실측, 설문 조사는 야외 조사에서 이루어지는 지역 조사의 방법이다. 야외 조사에서는 조사 지역을 직접 방문하여 여러 가지 사항을 관찰, 측정, 면담, 설문 조사 등을 통해 확인한다.

③ 원격 탐사를 이용하면 인간의 접근이 어려운 지역이나 넓은 지역의 지리 정보를 주기적으로 수집할 수 있다.

④ 인공조명의 빛 에너지 양은 경제가 발달할수록 증가한다. 따라서 인공조명의 빛 에너지 양이 많은 A가 인공조명의 빛 에너지 양이 상대적으로 적은 B보다 지리 정보의 수집 시기가 늦다는 것을 알 수 있다.

⑤ 인공위성을 띄우려면 고도의 기술과 많은 자본이 필요하기 때문에 원격 탐사는 정보 수집 능력의 국가 간 격차가 매우 크게 나타난다.

⑥ 원격 탐사는 항공기나 인공위성을 이용하기 때문에 직접 접근하기 어려운 지역의 정보를 수집할 수 있다.

⑦ 원격 탐사는 주기적으로 특정 지역의 정보를 수집할 수 있어 지역의 변화를 파악하는 데 유리하다. 따라서 특정 지역의 토지 이용 변화를 주기적으로 파악할 수 있다.

실전 기출 문제

본문 016~018쪽

01 ① **02** ④ **03** ④ **04** ⑤ **05** ② **06** ④ **07** ① **08** ②

09 ⑤ **10** ① **11** ③ **12** ②

---

01 고문헌의 특징 이해

자료 해설 (가)는 조선 후기 이중환에 의해 제작된 택리지, (나)는 조선 전기 국가 주도로 제작된 신증동국여지승람이다.

선택지 분석

● 정답: 이중환은 택리지에서 가거지의 조건으로 지리, 생리, 인심, 산수의 네 가지 조건을 제시하였다.

ㄴ 정답: 신증동국여지승람은 조선 전기 국가 주도로 제작된 관찬 지리지이다.

ㄷ. 오답: (가)는 조선 후기, (나)는 조선 전기에 제작되었다. 따라서 (가)는 (나)보다 제작 시기가 늦다.

ㄹ. 오답: ㉠의 해남과 강진은 전라남도에 위치하고, ㉡의 단양은 충청북도에 위치한다. 따라서 ㉠은 ㉡보다 저위도에 위치한다.

올쏘 만점 노트   택리지와 신증동국여지승람

〈택리지〉

택리지는 지역의 특성을 자연환경과 인문 환경을 종합하여 서술하였고, 각 지방의 지리적 특성을 인간과 자연의 상호 연관성을 토대로 종합적으로 설명하였다. 가거지, 즉 이상적인 거주지 선정 기준으로 지리, 생리, 인심, 산수의 네 가지 조건을 제시하였다.

• 지리(地理): 풍수지리상의 명당
• 생리(生利): 비옥한 땅, 물자 교류의 편리성 → 경제적으로 유리한 곳
• 인심(人心): 당쟁이 없으며 이웃의 인심이 온순하고 순박한 곳
• 산수(山水): 산과 물이 조화를 이루며 경치가 좋아 풍류를 즐길 수 있는 곳

〈신증동국여지승람〉

신증동국여지승람은 조선 전기 국가에서 제작한 관찬 지리지이며, 연혁, 토지, 성씨, 군명, 형승 등 정해진 항목에 따라 전국의 지역 정보를 백과사전식으로 서술하고 있다.

---

02 관찬 지리지와 사찬 지리지의 특징 이해

자료 해설 (가)의 신증동국여지승람은 조선 전기에 제작한 관찬 지리지이고, (나)의 택리지는 조선 후기에 제작한 사찬 지리지이다.

선택지 분석

① 오답: A는 조령 남쪽에 위치하므로 영남 지방에 속한다. 실제로 A는 경상북도 상주이다.

② 오답: B는 낙동강으로, 낙동강 하구에는 삼각주가 형성되어 있다.

③ 오답: ㉠은 상업 활동과 관련된 내용이므로 가거지의 조건 중 '생리'에 해당한다.

● 정답: (가)는 조선 전기, (나)는 조선 후기에 제작되었다. 따라서 (가)가 (나)보다 제작 시기가 이르다.

⑤ 오답: (가)는 조선 전기 국가가 제작한 관찬 지리지이며, (나)는 조선 후기 개인이 제작한 사찬 지리지이다.

올쏘 만점 노트   관찬 지리지와 사찬 지리지

〈관찬 지리지〉

• 조선 전기에 국가 주도로 국가 통치에 필요한 자료를 수집하여 제작
• 각 지역의 연혁, 토지, 성씨, 인물 등 각 분야를 백과사전식으로 서술
• 예 『세종실록지리지』, 『신증동국여지승람』 등

〈사찬 지리지〉

• 조선 후기에 주로 실학자들에 의해 제작
• 개인의 지리 정보 필요성 증가, 국토를 객관적·실용적으로 파악하려는 실학 발달 등의 영향
• 특정 주제를 설명식으로 기술하는 서술 방식으로 제작
• 예 이중환의 『택리지』, 신경준의 『산수고』 등

03 조선 시대 지리서의 특징 이해

자료 해설 (가)는 관원, 군명, 풍속 등 지역의 특성을 백과사전식으로 나열하고 있으므로 신증동국여지승람이다. (나)는 지역의 특성을 자연 환경과 인문 환경을 종합하여 서술하고 있으므로 택리지이다.

선택지 분석

① 오답: (가)는 조선 전기, (나)는 조선 후기에 제작되었다. 따라서 (가)는 (나) 보다 제작 시기가 이르다.

② 오답: (가)는 관찬 지리지로 국가 주도로 편찬되었고, (나)는 개인(이중환)이 편찬한 사찬 지리지이다.

③ 오답: (가)는 제주도에 대한 내용으로 제주도의 전통 초가(㉠)에는 고팡이 있다. 田자형 가옥 구조로 정주간이 있는 전통 가옥은 관북 지방에서 나타 난다.

❹ 정답: ㉢은 고위 평탄면을 나타낸 것으로, 오늘날 고랭지 농업이 이루어지 고 있다.

⑤ 오답: 제주도는 연 강수량은 많지만 기반암이 주로 절리가 발달한 현무암 이기 때문에 물을 모아 놓기가 어려워 밭농사가 주로 이루어진다. 고위 평 탄면은 해발 고도가 높아 기온이 낮기 때문에 벼농사에 불리하다. 따라서 ㉢은 기반암의 특성, ㉣은 낮은 기온이 주된 원인이다.

04 대동여지도의 이해

자료 해설 조선 시대 후기 김정호가 제작한 대동여지도의 일부분과 지도표가 함께 제시되어 있다. 지도표를 통해 지도에 표시된 지리 정보 를 파악할 수 있다.

선택지 분석

① 오답: 대동여지도는 도로에 10리마다 방점을 찍어 거리를 계산할 수 있게 하였다. A에서 G까지는 방점이 2개 찍혀 있으므로 거리는 약 30리로, 60리 미만이다.

② 오답: B는 지도표를 통해 역참이라는 것을 알 수 있는데, 역참은 교통·통 신 기관이다.

③ 오답: 대동여지도에는 정확한 해발 고도가 표시되어 있지 않다. 따라서 C 의 정확한 해발 고도는 알 수 없다.

④ 오답: D는 단선으로 표시되어 있으므로 배가 다닐 수 없는 하천이다.

❺ 정답: E를 기준으로 두 개의 하천이 나뉘어 흐르므로 E는 하천 유역을 나누 는 분수계의 일부이다. 따라서 E는 D와 F 하천 유역을 나누는 분수계이다.

05 대동여지도의 이해

자료 해설 대동여지도는 산줄기와 하천을 시각적으로 이해하기 쉽 게 표현하였고, 지도표를 사용하여 많은 지리 정보의 위치를 확인하기 쉽도록 제작하였다. 또한, 수운이 가능한 하천은 쌍선으로 표현하였고, 직선으로 표현한 도로에는 10리마다 방점을 찍어 거리를 계산할 수 있 게 하였다. 그러나 오늘날의 지도와 달리 정확한 해발 고도나 토지 이 용 현황에 대한 정보는 표시되어 있지 않다.

선택지 분석

㉠ 정답: 대동여지도는 지도의 위쪽이 북쪽을 나타내므로, 나주의 북쪽에는 금성산이 있고, 남쪽에는 강이 흐르고 있다.

㉡ 오답: 대동여지도에서는 선의 굵기를 달리하여 산줄기의 특색을 표현하였 다. 그러나 해발 고도는 표시되어 있지 않기 때문에 정확한 해발 고도는 알 수 없다.

㉢ 정답: 나주 남쪽을 흐르는 강은 쌍선으로 표시되어 있어 수운이 가능한 하 천임을 알 수 있다. 따라서 나주는 강을 따라 물산을 실어 나를 수 있었다.

㉣ 오답: 밭밭이 있는지 알 수 있는 표시가 없다.

06 대동여지도의 특성 파악

자료 해설 대동여지도는 도로에 10리마다 방점을 찍어 대략적인 거 리 계산이 가능하였고, 배가 다닐 수 있는 하천은 쌍선으로, 배가 다닐 수 없는 하천은 단선으로 표현하여 수운 체계 이해에 도움을 주었다. 대동여지도에서 산줄기는 하천 유역을 나누는 경계가 되며, 목판본으 로 제작되어 지도의 대량 생산이 가능하였다.

선택지 분석

㉠ 정답: 대동여지도의 산줄기는 하천 유역을 나누는 경계가 된다. 따라서 이 를 통해 하천 유역을 파악할 수 있다.

㉡ 정답: 대동여지도에서 쌍선은 배가 다닐 수 있는 하천을, 단선은 배가 다닐 수 없는 하천을 나타낸다. 이를 통해 수운 체계를 보다 쉽게 이해할 수 있다.

ㄷ. 오답: 대동여지도는 도로에 10리마다 방점을 찍어 대략적인 거리 계산이 가능하였다.

㉣ 정답: 대동여지도는 목판본으로 제작되어 대량 인쇄가 가능하였기 때문에 지도의 대량 생산과 보급에 유리하였다.

> **올쏘 만점 노트 | 대동여지도**
>
> • 조선 후기(1861년) 김정호에 의해 제작되었다.
> • 도로에는 10리마다 방점을 찍어 대략적인 거리 계산이 가능하였다.
> • 배가 다닐 수 없는 하천은 단선으로, 배가 다닐 수 있는 하천은 쌍선으로 표현하여 수운 체계 이해에 도움을 주었다.
> • 산줄기는 선의 굵기를 달리하여 산줄기의 특색을 표현하였고 산의 대략 적인 높이를 알 수 있었다. 또한, 산지를 이어진 산줄기 형태로 표현하여 전통적인 산지 인식 체계를 엿볼 수 있다.
> • 지도표(기호)를 사용하여 좁은 지면에 많은 지리 정보를 수록할 수 있도 록 효율적으로 제작되었다.
> • 목판본으로 제작되어 지도의 대량 인쇄가 가능하였다.
> • 분첩 절첩식으로 제작되어 휴대와 열람이 편리하였다.
> • 정확한 해발 고도와 논·밭·과수원 등 토지 이용에 대한 내용은 제시되 어 있지 않다.

07 지리 정보 체계를 활용한 입지 선정 파악

자료 해설 제시된 네 가지 조건을 모두 만족하는 지역을 찾아야 한 다. 〈조건 1〉은 〈거리 정보〉에 있는 IC 위치를 통해 파악할 수 있고, 〈조 건 2〉는 〈거리 정보〉에 있는 역의 위치를 통해 파악할 수 있다. 〈조건 3〉은 〈지가 정보〉를 통해 파악할 수 있고, 〈조건 4〉는 〈해발 고도 정 보〉를 통해 파악할 수 있다. 〈조건 1〉에서는 E가 제외되고, 〈조건 2〉에 서는 B가 제외된다. 〈조건 3〉에서는 D, E가 제외되고, 〈조건 4〉에서는 C, E가 제외된다. 따라서 모든 조건을 만족하는 최적의 입지 지역은 A 이다.

제시된 조건을 통해 A~E 지역의 항목별 적합 여부를 표현하면 다음과 같다.

구분	조건 1	조건 2	조건 3	조건 4
A	○	○	○	○
B	○	×	○	○
C	○	○	○	×
D	○	○	×	○
E	×	○	×	×

❶ 정답: 모든 조건을 만족하는 최적 입지 지역은 A이다.

08 지리 정보 체계의 이용 이해

자료 해설 지리 정보 체계는 지표 공간의 지리 정보를 컴퓨터에 입력·저장한 후 사용자의 요구에 따라 분석·처리하는 종합 정보 시스템이다. 제시된 자료에는 토지 이용, 해발 고도, 토지 소유 현황, 도로망, 편의점 분포 등이 표현되어 있다.

선택지 분석

① 오답: 제시된 자료에 토지 이용이 있으므로, 토지 이용별 면적 비율은 지리 정보 체계를 활용하여 분석할 수 있다.
❷ 정답: 제시된 토지 이용, 해발 고도, 토지 소유 현황, 도로망, 편의점 분포의 지리 정보로 황사에 따른 호흡기 환자 수는 분석할 수 없다.
③ 오답: 제시된 자료에 도로망, 편의점 분포가 있으므로, 도로에 인접한 편의점의 개수는 지리 정보 체계를 활용하여 분석할 수 있다.
④ 오답: 제시된 자료에 도로망 등이 있으므로, 도로상의 두 지점 간 최단 거리는 지리 정보 체계를 활용하여 분석할 수 있다.
⑤ 오답: 제시된 자료에 해발 고도, 토지 소유 현황 등이 있으므로, 해발 고도 100m 미만 지역의 토지 소유 현황은 지리 정보 체계를 활용하여 분석할 수 있다.

09 지리 정보 체계를 활용한 입지 선정 파악

자료 해설 제시된 네 가지 조건을 모두 만족하는 지역을 찾아야 한다. 대형 마트 중심으로부터 반경 3km 이내이고, 공원 중심으로부터 반경 4km 이내이며, 지가 1,500만 원/m² 미만인 곳이고, 상업 용지에만 입지해야 한다.

선택지 분석

제시된 조건을 통해 A~E 지역의 항목별 적합 여부를 표현하면 다음과 같다.

구분	조건 1	조건 2	조건 3	조건 4
A	○	×	○	○
B	×	○	○	×
C	○	○	×	○
D	○	○	○	×
E	○	○	○	○

❺ 정답: 모든 조건을 만족하는 최적 입지 지역은 E이다.

10 통계 지도별 특징 이해

자료 해설 (가) 지역의 연령층별 인구 비율을 표현하기 위해서는 도형 표현도가 적절하며, (나)의 지역 간 인구 이동 규모를 표현하기 위해서는 유선도가 적절하다.

선택지 분석

㉠ 정답: 도형 표현도이다. 도형 표현도는 통계 값을 막대, 원 등 다양한 도형을 이용하여 표현하는 지도이다. 도형 표현도는 도형을 세분화하여 두 가지 지리 정보를 한번에 표현할 수 있다. 따라서 (가) 자료를 표현하기에 가장 적절하다.
㉡ 정답: 유선도이다. 유선도는 사람이나 물자, 정보의 이동 방향과 양을 화살표나 선의 방향과 굵기로 표현하는 지도로, 지역 간 이동 상황을 표현할 때 유리하다. 따라서 (나) 자료를 표현하기에 가장 적절하다.
ㄷ. 오답: 등치선도이다. 등치선도는 비슷한 값이 나타나는 기후 관련 자료를 표현하는 데 주로 이용된다.
ㄹ. 오답: 점묘도(점지도)이다. 점묘도(점지도)는 점 하나의 값을 지정해 주고 통계 값을 표현하는 지도로, 인구 분포도 등을 표현하는 데 적절하다.

올쏘 만점 노트 **통계 지도**

- 단계 구분도: 통계 값을 몇 개의 단계로 나누어 음영이나 색깔 등으로 구분하여 표현하는 지도이다.
- 점묘도(점지도): 점 하나의 값을 지정해 주고 통계 값을 표현하는 지도이다.
- 등치선도: 같은 값을 가진 지점을 선으로 연결하여 표현하는 지도이다. 등치선도는 인접 지역에서 비슷한 값이 나타나는 연평균 기온과 같은 기후 관련 통계 지도나 단풍 시작일 등을 나타나는 데 주로 이용된다.
- 도형 표현도: 통계 값을 원이나 막대 등으로 표현하는 지도로, 두 가지 이상의 통계 값을 한꺼번에 나타내기에 유리하다.
- 유선도: 사람이나 물자, 정보의 이동 방향과 양을 화살표나 선의 방향과 굵기로 표현하는 지도로, 지역 간 이동 상황을 표현할 때 유리하다.

11 최적 입지 선정 분석

자료 해설 후보지에 이웃한 8개 면의 고도가 후보지보다 모두 높으면 입지하지 못한다고 했으므로, A와 D는 후보지가 될 수 없다. 따라서 나머지 B, C, E만 평가 점수의 합을 구해 보면 된다.

선택지 분석

제시된 조건을 통해 B, C, E 지역의 항목별 적합 여부를 표현하면 다음과 같다.

구분	고도 점수	생태 등급 점수	항목 점수의 합
A	1	2	3
B	2	2	4
C	3	2	5
D	2	3	5
E	3	1	4

❸ 정답: 가장 적절한 후보지는 평가 항목 점수의 합이 가장 높은 C 지역이다.

올쏘 만점 노트 **지리 정보 체계(GIS)**

지리 정보 체계(GIS)는 컴퓨터를 이용한 지리 정보 표현 및 분석 체계를 말한다. 지리 정보 체계(GIS)에 활용되는 지리 정보는 대부분 디지털로 변환된 상태로 컴퓨터에 저장되며, 컴퓨터를 이용하여 확대하거나 축소해서 볼 수 있다. 지리 정보 체계(GIS)로 분석한 결과는 사용자가 원하는 다양한 형태로 편집하여 출력할 수 있다. 또한, 지리 정보 체계(GIS)를 활용하면 다양한 지리 정보를 중첩하여 입지 조건에 부합하는 최적 입지를 선정할 수 있다. 주요 활용 방법으로는 지도 중첩을 통해 조건을 만족하는 최적 입지 선정, 최단·최적 경로 검색 등이 있다.

정답 및 해설

12 지리 정보 체계를 이용한 최적 입지 선정 파악

자료 해설 방은 3개 이상이고, 상가 또는 공원 접근성이 양호하며, 가격은 3 이하인 곳으로, 세 가지 조건을 모두 만족하는 후보지 중 역에 가까운 곳을 선택하면 된다.

선택지 분석

제시된 조건을 통해 A~E 지역의 항목별 적합 여부를 표현하면 다음과 같다.

구분	조건 ㄱ	조건 ㄴ	조건 ㄷ
A	○	○	○
B	○	○	○
C	○	×	×
D	×	○	○
E	○	○	×

❷ 정답: 조건 ㄱ~ㄷ을 모두 만족하는 후보지는 A, B 지역이다. 두 지역 중에서 역에 가까운 곳은 B이다. 따라서 ㄱ~ㄹ의 모든 조건을 만족하는 최적 입지 지역은 B이다.

킬러 예상 문제

본문 019~021쪽

01 ③ 02 ④ 03 ② 04 ④ 05 ④ 06 ⑤ 07 ④ 08 ④
09 ⑤ 10 ② 11 ② 12 ④

01 관찰 지리지와 사찬 지리지의 특징 이해

자료 해설 (가)는 택리지, (나)는 신증동국여지승람의 일부이다. 택리지는 이중환이 편찬한 대표적인 사찬 지리지, 신증동국여지승람은 국가 주도로 제작된 관찬 지리지이다.

선택지 분석

① 오답: 택리지는 조선 후기에 편찬된 사찬 지리지이다.
② 오답: 가거지의 조건을 제시한 것은 택리지이다. 이중환은 택리지에서 가거지의 조건으로 지리, 생리, 인심, 산수를 제시하였다.
❸ 정답: 사찬 지리지는 관찬 지리지에 비해 주관적 견해를 많이 담고 있다.
④ 오답: 국가 통치에 필요한 기초 자료가 많이 수록되어 있는 것은 조선 전기에 국가 주도로 제작된 관찬 지리지이다.
⑤ 오답: 택리지는 조선 후기, 신증동국여지승람은 조선 전기에 편찬되었다. 따라서 신증동국여지승람은 택리지를 요약해서 편찬할 수 없다.

올쏘 만점 노트 관찬 지리지와 사찬 지리지

관찬 지리지	• 국가 주도로 제작함 • 국가 통치에 필요한 자료를 수집하여 제작함 • 『세종실록지리지』, 『신증동국여지승람』
사찬 지리지	• 주로 실학자에 의해 제작됨 • 특정 주제를 설명식으로 기술함 • 『택리지』, 『아방강역고』, 『도로고』 등

02 가거지의 조건 파악

자료 해설 이중환은 택리지에서 사람이 살 만한 곳인 가거지의 조건으로 지리, 생리, 인심, 산수를 제시하였다.

선택지 분석

❹ 정답: 가거지의 조건 중 지리는 풍수지리상의 명당을 말하고, 생리는 경제적으로 살기 좋은 곳을 의미한다. 그리고 인심은 당쟁이 없으며 이웃의 인심이 온화하고 순박한 곳을 의미하고, 산수는 산과 물이 조화를 이루며 경치가 좋아 풍류를 즐길 수 있는 곳을 의미한다. 따라서 (가)는 지리, (나)는 생리, (다)는 인심과 관계있다.

03 천하도와 혼일강리역대국도지도의 특징 이해

자료 해설 (가)는 천하도, (나)는 혼일강리역대국도지도이다. 천하도는 조선 중기 이후 민간에서 제작·유통된 관념적인 세계 지도이다. 혼일강리역대국도지도는 조선 전기에 제작된 세계 지도로 아시아, 유럽, 아프리카가 표현되어 있다.

선택지 분석

갑 – 오답: 천하도는 조선 중기 이후, 혼일강리역대국도지도는 조선 전기에 제작된 세계 지도이다. 따라서 천하도(가)는 혼일강리역대국도지도(나)보다 제작 시기가 늦다.
을 – 정답: 천하도에는 도교의 영향으로 상상 속의 지명이나 국가가 많이 표현되어 있다.
병 – 정답: 천하도와 혼일강리역대국도지도의 가운데에는 중국이 표현되어 있다. 이를 통해 중화사상이 나타나고 있음을 알 수 있다.
정 – 오답: 천하도는 개인 주도, 혼일강리역대국도지도는 국가 주도로 제작되었다.

올쏘 만점 노트 혼일강리역대국도지도와 천하도

혼일강리역대국도지도	• 현존하는 우리나라의 가장 오래된 세계 지도 • 조선 전기 국가 주도로 제작됨 • 중화사상이 나타남
천하도	• 조선 중기 이후 민간에서 제작됨 • 도교의 영향으로 상상 속의 지명과 국가가 표현되어 있음 • 중화사상이 나타나고, 천원지방의 세계관('하늘은 둥글고, 땅은 네모나다'라고 보는 세계관)이 반영됨

▲ 혼일강리역대국도지도

▲ 천하도

04 혼일강리역대국도지도의 특징 이해

자료 해설 제시된 자료는 혼일강리역대국도지도에 대한 것이다. 혼일강리역대국도지도는 중국에서 들여온 지도에 우리나라와 일본을 추가하여 제작한 지도로, 현존하는 우리나라의 가장 오래된 세계 지도이다.

선택지 분석

ㄱ. 오답: 목판본으로 제작된 대표적인 지도는 대동여지도이다.
ㄴ. 정답: 혼일강리역대국도지도는 아시아뿐만 아니라 유럽과 아프리카가 표현되어 있다. 그러나 지리상의 발견 시대 이전에 제작되었기 때문에 아메리카와 오세아니아는 표현되어 있지 않다.

ㄷ. 오답: 혼일강리역대국도지도는 개인이 아니라 조선 전기 국가 주도로 제작
된 세계 지도이다.
ㄹ. 정답: 혼일강리역대국도지도의 가운데에는 중국이 그려져 있어 중화사상
이 나타나며, 조선이 상대적으로 크게 그려져 있다.

05 고지도와 고문헌의 특징 이해

자료 해설 ㉠은 관찬 지리지, ㉢은 혼일강리역대국도지도, ㉣은 천
하도이다. 조선 후기에는 실학의 영향으로 과학적이고 정교한 지도가
제작되었으며, 국토를 객관적·실용적으로 파악하려는 사찬 지리지가
제작되었다.

선택지 분석

ㄱ. 오답: 대동지지는 사찬 지리지이다. 세종실록지리지, 신증동국여지승람이
대표적인 관찬 지리지이다.
ㄴ. 정답: 조선 후기에는 실학의 영향으로 국토를 객관적이고, 실용적으로 바
라보는 지리지가 많이 편찬되었다.
ㄷ. 오답: 혼일강리역대국도지도는 지리상의 발견 시대 이전에 제작되었기 때
문에 아메리카 대륙이 표현되어 있지 않다.
ㄹ. 정답: 혼일강리역대국도지도는 국가 주도로, 천하도는 민간 주도로 제작된
세계 지도이다.

06 대동여지도의 특징 이해

자료 해설 대동여지도는 지도표를 활용하여 각종 지리 현상을 좁은
지면에 효과적으로 표현하였다. 관아가 있는 지방 행정 중심지인 읍치,
관원이 공무로 다닐 때 숙식과 교통편을 제공하던 역참, 횃불과 연기로
급한 소식을 전하던 봉수 등이 표현되어 있다.

선택지 분석

① 오답: (가)와 가장 가까운 역참은 북쪽에 있다.
② 오답: A는 창고이다. 관아가 있는 지방 행정 중심지는 읍치이다.
③ 오답: B와 (나) 사이에는 산줄기가 있으므로 B에 떨어진 빗물은 (나)로 흘러
가지 않는다.
④ 오답: 대동여지도의 도로에는 10리마다 방점이 찍혀 있는데, A와 (가) 사이
에는 방점이 2개 있다. 따라서 A와 (가)의 도로상의 거리는 30리 미만이다.
⑤ 정답: 조선 시대 대표적인 교통·통신 시설은 역참이다. 역참은 공공 업무
를 수행하기 위해 설치된 교통·통신 시설이다.

07 대동여지도의 특징 이해

자료 해설 자료는 대동여지도에 대한 것이다. 대동여지도는 실학자
김정호가 각종 전국 지도와 읍 지도 등을 집대성하여 제작한 지도이다.
대동여지도는 분첩 절첩식으로 제작되어 휴대와 열람이 편리하였고,
목판본으로 제작되어 지도의 대량 생산이 가능하였다.

선택지 분석

㉠ 오답: 사람이 살 만한 땅인 가거지는 택리지에 서술되어 있다. 대동여지도
는 가거지와 관계가 없다.
㉡ 정답: 대동여지도는 지도표를 활용하여 여러 가지 지리 정보를 좁은 지면
에 효율적으로 수록하였다.
㉢ 오답: 대동여지도에서 산의 정확한 해발 고도는 파악할 수 없다.
㉣ 정답: 대동여지도는 남북을 120리 간격 22층으로 나누고, 동서를 80리 간
격 19판으로 나누어 제작하였다. 이렇게 분첩 절첩식으로 제작되어 휴대와
열람이 편리하였다.

올쏘 만점 노트 대동여지도의 특징

목판본	대량 제작이 가능함
분첩 절첩식	휴대 및 열람이 편리함
지도표 사용	좁은 지면에 많은 지리 정보를 수록함

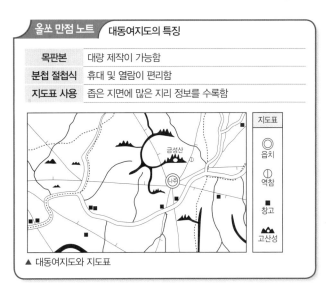

▲ 대동여지도와 지도표

08 국토관의 변화 파악

자료 해설 전통적 국토관, 일제 강점기의 국토관, 산업화 시대의 국
토관, 생태 지향적 국토관에 대한 내용이다. 일제 강점기에는 반도적
숙명론을 강조하는 왜곡된 국토관이 강요되었으며, 산업화 시대에는
국토를 적극적으로 개발하려는 국토관이 강조되었다. 최근에는 지속
가능한 발전 및 삶의 질을 추구하는 생태 지향적 국토관의 중요성이 증
대되고 있다.

선택지 분석

㉠ 정답: 풍수지리 사상의 배경은 대지모 사상이다. 대지모 사상은 '땅이 곧 어
머니'라는 사상으로, 풍수지리 사상은 국토를 만물의 근원이 되는 생명체로
인식한다.
㉡ 정답: 일제 강점기에 일제는 우리 국토를 수탈하기 위해 소극적·부정적
국토관을 강요하였다.
ㄷ. 오답: 산업화 시대의 국토관은 환경 보전보다 경제 성장을 중시하였다.
ㄹ. 정답: 지속 가능한 발전은 미래 세대가 필요로 하는 여건을 훼손하지 않는
수준에서 현 세대의 욕구를 충족시키는 발전으로 생태 지향적 국토관과 관
계가 깊다.

09 전통적 국토관과 지리 정보의 이해

자료 해설 가로 열쇠의 ㉠은 택리지, ㉡은 풍수지리 사상, ㉢은 공간
정보, ㉣은 단계 구분도이다. 그러므로 세로 열쇠 ㉤에 들어갈 내용은
지리 정보 체계이다.

선택지 분석

① 오답: 지역의 특성을 백과사전으로 서술한 것은 관찬 지리지이다. 대표적
인 관찬 지리지에는 세종실록지리지와 신증동국여지승람이 있다.
② 오답: 항공기나 인공위성을 통해 지리 정보를 수집하는 것은 원격 탐사이다.
③ 오답: 분첩 절첩식, 목판본으로 제작된 지도는 대동여지도이다.
④ 오답: 지역에 대한 정보를 수집하여 지역성을 파악하는 활동은 지역 조사
이다.
⑤ 정답: 지리 정보 체계는 다양한 지리 정보를 컴퓨터에 입력·저장한 후 사
용자의 요구에 따라 분석·처리하는 종합 정보 시스템이다.

10 통계 지도 파악

자료 해설 통계 지도에는 점묘도, 등치선도, 단계 구분도, 도형 표현도, 유선도가 있다. 〈보기〉의 ㄱ은 유선도, ㄴ은 등치선도, ㄷ은 점묘도이다.

선택지 분석

❷ 정답: '구별 출퇴근 시간 동안의 인구 이동량'은 유선도로 표현하는 것이 적합하다. 유선도는 지역 간 이동을 화살표의 방향과 굵기로 표현한 통계 지도이다. '구별 상주인구'는 점묘도 또는 도형 표현도로 표현하는 것이 적합하다. 점묘도는 통계 값을 일정한 크기의 점을 찍어 표현한 통계 지도이며, 도형 표현도는 통계 값을 막대, 원 등 도형을 이용하여 표현한 통계 지도이다.

올쏘 만점 노트 통계 지도

점묘도	통계 값을 일정한 크기의 점으로 표현
등치선도	같은 값을 가진 지점을 선으로 연결하여 표현
단계 구분도	통계 값을 몇 단계로 구분하고 음영, 패턴 등을 달리하여 표현
도형 표현도	통계 값을 막대, 원 등의 도형으로 표현
유선도	지역 간 이동을 화살표의 방향과 굵기로 표현

▲ 도형 표현도   ▲ 유선도   ▲ 등치선도   ▲ 점묘도

11 지리 정보 체계를 이용한 최적 입지 선정 파악

자료 해설 평가 항목인 유동 인구와 지가 점수를 통해 영업 지점의 최적 입지를 선정하면 된다.

선택지 분석

각 입지 후보 지역의 평가 항목별 점수는 다음과 같다.

입지 후보 지역	유동 인구 점수	지가 점수	항목 점수의 합
A	3	2	5
B	3	4	7
C	4	3	7
D	2	4	6
E	3	2	5

❷ 정답: B와 C의 평가 항목 합계 점수가 같다. 점수의 합이 동일한 경우 지가가 저렴한 곳에 입지한다고 하였으므로, 가장 적절한 입지 후보 지역은 B이다.

올쏘 만점 노트 중첩 분석

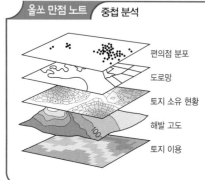

편의점 분포
도로망
토지 소유 현황
해발 고도
토지 이용

서로 다른 정보를 담고 있는 데이터 층을 출력하고 이를 결합하여 분석하는 지리 정보 체계의 작업 과정이다. 지도 중첩을 통해 조건을 만족하는 최적 입지 선정, 최단·최적 경로 검색 등을 할 수 있다.

12 지역 조사의 특징 이해

자료 해설 지역 조사는 조사 주제 및 지역 선정, 실내 조사와 야외 조사를 통한 지리 정보의 수집, 지리 정보의 분석과 보고서 작성 순으로 이루어진다. 갑은 조사 주제 선정, 을은 실내 조사, 병은 야외 조사, 정은 지리 정보의 분석 및 보고서 작성과 관련 있다.

선택지 분석

ㄱ. 오답: 공간 정보는 어떤 장소나 현상의 위치 및 형태에 관한 정보이다. ㉠은 장소나 현상의 인문적·자연적 특성을 나타내는 속성 정보이다.

ㄴ. 정답: 실내 조사와 야외 조사는 지리 정보의 수집 단계에 해당한다. ㉡은 실내 조사, ㉢은 야외 조사에 해당한다.

ㄷ. 오답: 유선도는 지역 간 이동을 화살표의 방향과 굵기로 표현한 통계 지도이다. ㉣은 단계 구분도로 표현하는 것이 가장 적절하다.

ㄹ. 정답: 지역 조사를 할 때 일반적으로 야외 조사(㉢)보다 실내 조사(㉡)를 먼저 실시한다.

올쏘 만점 노트 지리 정보의 유형

공간 정보	어떤 장소나 현상의 위치 및 형태에 대한 정보
속성 정보	장소나 현상의 인문적·자연적 특성을 나타내는 정보
관계 정보	다른 장소나 지역과의 상호 작용 및 관계를 나타내는 정보

II 지형 환경과 인간 생활

03 🕃 한반도의 형성과 산지의 모습

기출 선지 변형 O X

본문 022~024쪽

01 ① ○ ② × ③ ○ ④ × ⑤ ○ ⑥ × ⑦ × ⑧ × ⑨ × ⑩ ○
02 ① ○ ② ○ ③ ○ ④ × ⑤ × ⑥ × ⑦ ×
03 ① ○ ② × ③ ○ ④ × ⑤ × ⑥ × ⑦ × ⑧ ×
04 ① × ② × ③ × ④ ○ ⑤ × ⑥ × ⑦ ○ ⑧ ○ ⑨ ○
05 ① ○ ② × ③ ○ ④ × ⑤ ○ ⑥ ○ ⑦
06 ① × ② ○ ③ ○ ④ × ⑤ × ⑥ ○ ⑦ × ⑧ × ⑨ ×

01 ① 변성암(A)이 기반암인 산지는 대부분 흙산을 이룬다.
② C는 화성암이다. 공룡 발자국 화석은 경상 분지에서 발견되며, 이곳은 주로 퇴적암으로 이루어져 있다.
③ 경상 분지(다)는 중생대 중기부터 말기에 걸쳐 호소에 퇴적물이 넓게 쌓여 형성된 퇴적층으로 이루어져 있다.
④ 갈탄은 신생대 제3기층인 두만 지괴, 길주·명천 지괴 등에 주로 매장되어 있으며, 무연탄은 고생대 말기부터 중생대 초기에 형성된 평안 누층군에 주로 매장되어 있다.
⑤ (가)의 평북·개마 지괴에는 시·원생대에 형성된 변성암(A)이 넓게 분포한다. 따라서 (가)에는 B(퇴적암)보다 A(변성암)가 넓게 분포한다.
⑥ 한반도에서 가장 넓게 분포하는 암석은 변성암이다.
⑦ 화성암 중에서 신생대에 형성된 화산암이 중생대에 관입한 화강암보다 분포 범위가 좁다.
⑧ 용식 작용은 석회암 지대에서 잘 나타난다.
⑨ 한반도의 암석 분포를 살펴보면 화성암이 변성암보다 분포 면적이 좁다. 변성암은 전 국토의 약 42.6%를 차지하며 분포 면적이 가장 넓다.
⑩ 중생대 퇴적암은 육성층인 호소 퇴적층으로 두꺼운 수평층을 이루고 있으며, 경상 분지에 주로 분포한다.

02 ① 우리나라는 국토의 약 70%가 산지로, 산지 비율은 높지만 고도가 낮은 산지가 많은 편이다.
② 해발 고도 2,000m 이상의 산지는 한반도 북동부에 주로 발달한다.
③ 우리나라는 신생대 제3기 경동성 요곡 운동의 영향으로 동쪽은 높고 서쪽은 낮은 동고서저의 경동 지형이 발달하였다.
④ 우리나라는 동고서저의 경동 지형이 발달하여 함경산맥과 태백산맥의 동쪽은 급경사면이며, 서쪽은 완경사면이다.
⑤ 우리나라는 산지 비율은 높지만 고도가 낮은 산지가 많다.
⑥ 우리나라는 동쪽이 높고 서쪽이 낮은 동고서저(東高西低)의 비대칭적 지형 골격이 나타난다. 이로 인해 황해로 흐르는 하천은 길이가 길고 하상의 경사가 완만하며, 동해로 흐르는 하천은 상대적으로 길이가 짧고 하상의 경사가 급하다.
⑦ 중생대의 송림 변동으로 랴오둥 방향, 대보 조산 운동으로 중국 방향의 지질 구조선이 형성되었다.

03 ① 화강암(가)은 지하 깊은 곳에 관입된 마그마가 땅속에서 서서히 굳으면서 형성되었다.
② 화강암(가)은 중생대의 지각 변동 때 관입하였고, 평북·개마 지괴는 시·원생대에 형성되었다.
③ 화산암(나)은 화산 활동으로 형성되었다.
④ 제주도의 화산암(나)은 신생대에 화산 활동으로 형성되었으며, 대보 조산 운동은 중생대 중엽에 일어난 지각 변동이다.
⑤ 침식 분지의 주변 산지를 구성하는 암석은 주로 변성암이다.
⑥ 화강암이 기반암인 산지는 주로 돌산을 이룬다. 중생대 지각 변동 과정에서 형성된 화강암으로 구성된 산지가 풍화 작용을 받으면 침식 작용으로 쉽게 제거될 수 있는 조립질의 풍화 산물이 생성되어 돌산을 이루게 된다. 편마암이 기반암인 산지가 대체로 흙산을 이룬다. 편마암으로 구성된 산지는 풍화 작용을 받으면 미립질의 풍화 산물이 생성되어 흙산을 이루는 경우가 많다.
⑦ 주상 절리는 지표에 분출된 용암이 냉각·수축하는 과정에서 형성되며, 주요 기반암은 화산암이다.
⑧ 북한산의 주요 기반암은 화강암이며, 대부분 중생대에 마그마의 관입으로 형성되었다. 고생대 조선 누층군에 주로 분포하는 암석은 석회암이다.

04 ① (가)는 변성암류이다. 북한산, 설악산의 주요 기반암을 이루고 있는 것은 화강암이다.
② (나)는 해성층으로 석회암이 많이 매장되어 있다. 육성층으로 무연탄이 많이 매장되어 있는 곳은 평안 누층군이다.
③ 동고서저의 경동 지형은 신생대 제3기 경동성 요곡 운동으로 형성되었다.
④ 경상 누층군(라)은 수평 퇴적암층으로, 공룡 발자국 화석이 분포한다.
⑤ 중국 방향의 지질 구조선이 형성된 것은 중생대 중엽에 일어난 대보 조산 운동의 결과이다. 경동성 요곡 운동(마)의 영향으로 함경산맥, 낭림산맥, 태백산맥 등 해발 고도가 높은 1차 산맥이 만들어졌다.
⑥ 경상 분지의 퇴적암은 대체로 호소(육성층)에서 형성되었다.
⑦ 경동성 요곡 운동의 영향으로 동고서저의 경동 지형이 형성되었다.
⑧ 중생대 중엽 대보 조산 운동으로 중국(북동–남서) 방향의 지질 구조선이 형성되었다.
⑨ 고생대 초에는 바다에서 퇴적된 조선 누층군이 형성되었으며, 이곳에는 석회암이 많이 매장되어 있다.

05 ① 해발 고도는 해수면으로부터 측정한다. 빙기 때에는 해수면이 하강했기 때문에 해수면이 상승한 후빙기 때보다 설악산의 해발 고도가 높다.
② 빙기보다 후빙기는 연평균 기온이 높기 때문에 냉대림의 분포 면적이 좁다.
③ 빙기에는 해수면 하강으로 얕은 바다가 육지로 드러나 하천의 길이가 연장되었으나, 후빙기에는 해수면 상승으로 낮은 육지가 바다로 잠겨 하천의 길이가 짧아졌다. 따라서 빙기보다 후빙기에 남해로 유입되는 하천의 길이가 짧다.

④ 빙기 때는 물리적(기계적) 풍화 작용이, 후빙기 때는 화학적 풍화 작용이 상대적으로 활발하였다. 따라서 후빙기에는 물리적 풍화보다 화학적 풍화가 활발하다.

⑤ 빙기에는 후빙기에 비해 기온이 낮아 강수량이 적었으므로 하천의 유량도 적었다.

⑥ 빙기는 지금보다 한랭 건조하였고, 후빙기는 온난 습윤한 기후 환경이 나타난다. 따라서 빙기는 후빙기보다 기온이 낮았다.

⑦ 화학적 풍화 작용은 기온이 높은 시기에 더 활발하므로 후빙기에 더 활발하게 나타난다.

06 ① 1차 산맥은 경동성 요곡 운동의 영향으로 형성되었다. 대보 조산 운동은(㉠)은 중국 방향의 지질 구조선 형성에 영향을 주었다.

② 화강암(㉡)이 산 정상부를 이루는 경우 주로 돌산으로 나타난다.

③ ㉢에서 관입된 암석은 화강암, 주변 암석은 주로 변성암이나 퇴적암이다. 화강암과 변성암 및 퇴적암의 차별 침식 결과로 침식 분지가 형성되었다.

④ 동고서저 지형 형성의 주요 원인은 경동성 요곡 운동이다.

⑤ 갈탄은 주로 신생대 지층에 매장되어 있다.

⑥ 경상 분지는 호소 퇴적층으로 두꺼운 수평층을 이루고 있다. 공룡 발자국 화석은 경상 분지에서 발견되며, 이곳은 주로 퇴적암으로 이루어져 있다. 중생대 후기 불국사 변동으로 경상 분지 곳곳에 마그마가 관입하였다.

⑦ 대보 조산 운동으로 중국(북동 – 남서) 방향의 지질 구조선이 형성되었다. 랴오둥 방향의 지질 구조선이 형성된 시기는 중생대 초 송림 변동 때이다.

⑧ 불국사 변동은 영남 지방 중심의 지각 운동이었다. 북부 지방 중심의 지각 운동이 일어난 시기는 중생대 초 송림 변동 때이다.

⑨ 불국사 변동이 일어난 시기에 불국사 화강암이 관입하였다. 반면, 중생대 중엽 대보 조산 운동이 일어난 시기에 넓은 범위에 걸쳐 대보 화강암이 관입되었다.

실전 기출 문제

본문 025~028쪽

| 01 ④ | 02 ④ | 03 ① | 04 ⑤ | 05 ③ | 06 ⑤ | 07 ① | 08 ② |
| 09 ③ | 10 ① | 11 ④ | 12 ② | 13 ① | 14 ② | 15 ④ | 16 ④ |

01 한반도 지각 운동의 특징 이해

자료 해설 A는 대보 조산 운동, B는 경동성 요곡 운동이다.

선택지 분석

ㄱ. 오답: 대보 조산 운동(A)은 중·남부 지방을 중심으로 일어났다.

ㄴ. 정답: 경동성 요곡 운동(B)의 영향으로 동고서저의 경동 지형이 형성되었다.

ㄷ. 오답: 화강암(㉠)이 기반암인 산지는 주로 돌산을 이룬다.

ㄹ. 정답: 경동성 요곡 운동의 영향으로 태백산맥과 함경산맥(㉡)과 같은 1차 산맥이 만들어졌다.

올쏘 만점 노트   산맥의 분류

• 1차 산맥: 해발 고도가 높고 산지의 연속성이 강함 → 함경산맥, 낭림산맥, 태백산맥 등

• 2차 산맥: 해발 고도가 낮고 산지의 연속성이 약함→ 적유령산맥, 묘향산맥, 멸악산맥, 차령산맥 등

02 우리나라의 암석 특징 파악

자료 해설 (가)의 설악산 울산바위는 중생대에 지하 깊은 곳에서 관입한 마그마가 천천히 식어서 형성된 화강암으로 화성암에 해당한다. (나)의 고성 공룡 발자국 화석은 경상 누층군에 분포한다. 경상 누층군은 중생대에 호소에서 퇴적 작용으로 형성된 대표적인 육성층이다.

선택지 분석

• A: 기존 암석이 열과 압력을 받아 성질이 변화되어 형성된 것은 변성암이다.

• B: 마그마가 식어 굳어져 형성된 것은 화성암이다. 따라서 (가)를 주로 구성하는 암석에 해당한다.

• C: 주어진 조건에서 A~C는 변성암, 화성암, 퇴적암 중 하나라고 했으므로, C는 퇴적암이다. 따라서 (나)를 주로 구성하는 암석에 해당한다.

올쏘 만점 노트   한반도의 암석 분포

우리나라의 암석 분포에서 차지하는 비중은 변성암 > 화성암 > 퇴적암 순으로 높다. 변성암은 시·원생대에 형성되었으며 한반도 암석 중 비중이 가장 높다. 화성암은 중생대 화강암의 비중이 높으며 신생대 화산암도 있다. 퇴적암은 고생대, 중생대, 신생대에 걸쳐 분포한다.

03 한반도의 지각 운동 이해

자료 해설 송림 변동(㉠)은 중생대 트라이아스기에 북부 지방을 중심으로 일어난 지각 운동으로 랴오둥(동북동~서남서) 방향의 지질 구조선을 형성하였다. 대보 조산 운동(㉡)은 중생대 쥐라기에 일어난 대규모 지각 운동으로, 중국(북동~남서) 방향의 지질 구조선을 형성하였다. 이 시기에 넓은 범위에 걸쳐 대보 화강암(㉢)이 관입하였다.

화강암(㉢)이 기반암인 산지는 주로 돌산이 잘 나타나며, 편마암이 기반암인 산지는 주로 흙산이 잘 나타난다. 경동성 요곡 운동(㉣)은 신생대 제3기에 동해안 쪽을 중심축으로 하여 지반이 융기한 비대칭 융기 운동이다. 이로 인해 함경산맥, 태백산맥 등 1차 산맥이 형성되었다. 우리나라는 동고서저의 지형(㉤)이 나타나 두만강을 제외하고 대부분의 큰 하천은 황·남해로 유입된다.

선택지 분석

❶ 정답: 송림 변동은 랴오둥 방향의 지질 구조선을 형성시켰다. 1차 산맥은 신생대 제3기 경동성 요곡 운동에 의해 형성되었다.

② 오답: 대보 조산 운동은 중국 방향의 지질 구조선을 형성시켰다.

③ 오답: 화강암이 기반암으로 이루어진 산지에서는 돌산이 잘 나타난다.

④ 오답: 고위 평탄면과 하안 단구는 경동성 요곡 운동에 의해 형성된 융기 지형이다.

⑤ 오답: 우리나라는 동쪽이 높고 서쪽이 낮은 동고서저 지형의 영향으로 중부 지방의 대하천은 대부분 황해로 흐른다.

올쏘 만점 노트	한반도의 지각 변동

· 중생대의 지각 변동

송림 변동	· 중생대 트라이아스기에 북부 지방을 중심으로 일어난 지각 변동 · 랴오둥(동북동~서남서) 방향의 지질 구조선 형성 · 강남산맥, 묘향산맥 등의 방향에 영향을 미침
대보 조산 운동	· 중생대 쥐라기에 일어난 대규모 지각 변동 · 중국(북동~남서) 방향의 지질 구조선 형성 · 노령산맥, 차령산맥 등의 방향에 영향을 미침 · 대보 화강암 관입
불국사 변동	· 중생대 백악기에 영남 지방을 중심으로 일어난 지각 변동 · 불국사 화강암 관입

· 신생대의 지각 변동

경동성 요곡 운동	· 동해안 쪽을 중심축으로 하여 지반이 융기한 비대칭 융기 운동 · 1차 산맥 형성(함경산맥, 태백산맥 등)
화산 활동	· 신생대 제3기 말에서 제4기에 걸쳐 일어남 · 백두산(칼데라호), 울릉도(종상 화산, 칼데라 분지), 독도(종상 화산), 제주도(화구호, 기생 화산, 용암동굴), 한탄강 일대(용암 대지) 등

04 주요 지질 계통의 특성 이해

자료 해설 ㉠은 호소에서 형성되었으며 공룡 발자국 화석이 있으므로 경상 누층군이다. 중생대에 형성된 경상 누층군은 경상 분지에 주로 분포한다. ㉡은 바다에서 형성되었고 석회암이 많이 분포해 있으므로 조선 누층군이다. 고생대 초기에 형성된 조선 누층군은 옥천 지향사와 평남 지향사에 주로 분포한다.

선택지 분석

① 오답: 무연탄은 고생대 평안 누층군에 많이 매장되어 있다.
② 오답: 용식 작용으로 형성된 동굴은 석회암 지대에 많이 있으며, 석회암은 고생대 초기 조선 누층군에 주로 분포한다.
③ 오답: ㉠의 경상 누층군이 주로 경상 분지에 분포한다.
④ 오답: 주상 절리는 화산 지형이다.
❺ 정답: ㉠은 중생대에 형성된 경상 누층군이고, ㉡은 고생대에 형성된 조선 누층군이다. 따라서 ㉡이 ㉠보다 형성 시기가 이르다.

05 주요 암석의 특징 이해

자료 해설 (가) 신생대에 화산 활동으로 형성된 암석은 현무암으로, 제주도와 철원 용암 대지 등에 분포한다.

(나) 중생대에 마그마의 관입으로 형성된 암석은 화강암으로, 화강암이 기반암인 산지는 오랜 풍화와 침식으로 돌산이 형성된다.

(다) 고생대 바다에서 퇴적된 지층에 분포하는 암석은 석회암으로, 평남 지향사와 옥천 지향사에 분포한다.

(라) 시·원생대 지층에 주로 분포하는 암석은 편마암이다. 편마암은 변성암에 포함되며, 변성암은 높은 열과 압력에 의해 변화된 암석이다.

선택지 분석

· A: 금강산과 같은 돌산의 기반암은 화강암으로, 화강암은 불상과 석탑의 재료로 널리 이용된다. 따라서 (나)와 연결된다.
· B: 표면에 구멍이 많고 검은색을 띠며 제주도에서 돌하르방의 재료로 많이 사용되는 암석은 현무암이다. 따라서 (가)와 연결된다.

· C: 열과 압력을 받아 형성된 줄무늬가 잘 나타나며, 화단 장식용으로 많이 사용되는 암석은 편마암이다. 따라서 (라)와 연결된다.
· D: 흰색 또는 회색을 띠고 생물의 화석이 나타나며, 시멘트 공업의 주요 원료로 사용되는 암석은 석회암이다. 따라서 (다)와 연결된다.

올쏘 만점 노트	우리나라의 주요 암석

· 변성암은 높은 온도와 압력에 의해 변화된 암석으로, 전 국토의 약 42.6%를 차지한다. 변성암 중 줄무늬가 잘 나타나는 대표적인 암석은 편마암과 편암이다.
· 화강암은 주로 중생대에 관입된 마그마가 지하 깊은 곳에서 서서히 굳어 만들어진 암석이다. 우리나라 산지 중에서 기반암이 노출되어 험준한 산세를 이루는 곳은 대부분 화강암 산지이며, 금강산, 설악산, 북한산 등이 대표적인 사례이다. 화강암 산지는 대부분 기반암이 노출된 돌산이 많은 반면, 편마암 산지는 흙산이 많다.
· 석회암은 고생대 초기 조선 누층군에 주로 분포하며, 시멘트 공업의 주요 원료로 이용된다. 석회암 지대에서는 용식 작용으로 형성된 카르스트 지형을 볼 수 있다.
· 현무암은 신생대의 화산 활동으로 형성되었으며 제주도 등에 분포한다.

06 우리나라의 지질 구조와 지각 변동 이해

자료 해설 (가)는 변성암류, (나)는 조선 누층군, (다)는 평안 누층군, (라)는 경상 누층군, (마)는 경동성 요곡 운동이다.

선택지 분석

① 오답: (가)는 주로 편마암으로 구성된 변성암층으로 오랜 시간에 걸쳐 풍화와 침식을 받으면서 흙산이 된 경우가 많다. 지리산, 덕유산은 대표적인 흙산이다.
② 오답: (나)는 조선 누층군이다. 조선 누층군은 고생대 초기 바다 밑에서 쌓인 해성층으로 주로 평남 지향사와 옥천 지향사에 분포한다. 조선 누층군에는 석회암이 분포한다.
③ 오답: (다)는 평안 누층군이다. 평안 누층군은 고생대 말기부터 중생대 초기에 걸쳐 습지의 육상 식물이 퇴적되고 탄화되어 형성되었으며, 무연탄이 분포한다.
④ 오답: (라)는 경상 누층군이다. 중생대 말 경상 분지 일대에는 습지와 호수가 넓게 형성되어 있었는데, 이곳에 쌓인 두꺼운 수평 퇴적암층을 경상 누층군이라고 한다.
❺ 정답: (마) 중국(북동 – 남서) 방향의 지질 구조선은 중생대의 대보 조산 운동에 의해 형성되었다. 경동성 요곡 운동은 신생대 제3기 동해안에 치우친 비대칭 융기 운동으로 동고서저의 경동 지형 발달에 영향을 주었다.

올쏘 만점 노트	한반도 지체 구조의 특징

지질 시대	특징
시·원생대	· 주로 변성암 분포, 매우 안정된 지층 · 분포 지역: 평북·개마 지괴, 경기 지괴, 영남 지괴
고생대	· 조선 누층군(해성층)에는 석회암 분포 · 평안 누층군(육성층)에는 무연탄 분포 · 분포 지역: 평남 지향사, 옥천 지향사
중생대	· 호수와 습지에서 형성된 퇴적암층(육성층) 분포, 일부 지역에서 공룡 발자국 화석이 발견됨 · 분포 지역: 경상 분지
신생대	· 제3기층: 두만 지괴, 길주·명천 지괴, 갈탄이 매장되어 있음 · 제4기층: 암석화되지 않은 퇴적층, 하천 주변과 해안에 분포

07 우리나라의 지형 특성 파악

자료 해설 A는 침식을 많이 받아 낮아진 구릉성 산지이고, B가 속한 산맥은 1차 산맥으로 분류된다. C는 기반암의 차별 침식으로 형성된 침식 분지이고, D가 속한 산맥은 태백산맥이다.

선택지 분석

- ㄱ 정답: A는 오랜 침식으로 고도가 낮아진 구릉성 산지이다.
- ㄴ 정답: B가 속한 산맥은 소백산맥으로, 1차 산맥으로 분류된다.
- ㄷ. 오답: C는 기반암의 차별 침식으로 형성된 침식 분지이다. 용식 작용을 받아 형성되는 지형은 카르스트 지형이다.
- ㄹ. 오답: D가 속한 산맥은 태백산맥이다. 태백산맥의 서사면인 영남 내륙 지역은 대체로 다습한 공기의 유입이 적은 편이다. 한편, 북서풍의 바람받이로 폭설이 자주 내리는 대표적인 지역은 소백산맥의 서사면이다.

올쏘 만점 노트   침식 분지

침식 분지는 차별 침식에 의해서 침식에 약한 화강암 부분은 빨리 침식되고, 주변의 변성암이나 퇴적암 부분은 산지로 남아 형성되거나, 여러 개의 하천이 만나는 부분이 깎여 나가 형성된다. 침식 분지의 화강암은 대부분 중생대에 발생한 지각 변동 때 관입하여 형성된 것이다. 침식 분지는 주로 하천의 중·상류 지역에 많이 분포하며, 침식 분지는 거주에 유리하여 내륙 지방의 중심 도시로 발전한 경우가 많다.

08 한반도의 지질 구조와 지각 변동 이해

자료 해설 고생대 초 해성 퇴적층인 조선 누층군에는 석회석이 분포하고, 고생대 말에서 중생대 초 육성 퇴적층인 평안 누층군에는 무연탄이 많이 분포한다. 중생대 경상 분지는 호소 퇴적층으로 두꺼운 수평층을 이루고 있고, 경상 누층군 일부 지역에서는 공룡 발자국 화석이 분포한다.

중생대 초 송림 변동으로 랴오둥 방향(동북동 – 서남서)의 지질 구조선이 형성되었고, 중생대 중엽 대보 조산 운동으로 중국 방향(북동 – 남서)의 지질 구조선이 형성되었다.

지리산, 덕유산과 같은 흙산의 기반암은 주로 시·원생대에 형성된 편마암이고, 설악산, 북한산 등 돌산의 기반암은 주로 중생대 지각 변동 과정에서 관입된 화강암이다.

선택지 분석

- ① 오답: 석회석과 무연탄은 고생대에 주로 형성되었고, 석회석은 해성층인 조선 누층군에 분포한다.
- ❷ 정답: 경상계층(경상 누층군)은 수평 누층으로 공룡 발자국 화석이 분포한다.
- ③ 오답: 송림 변동(ⓒ)의 영향으로 랴오둥 방향(동북동 – 서남서)의 지질 구조선이 형성되었다. 신생대 제3기 경동성 요곡 운동의 영향으로 동고서저의 경동 지형이 형성되었다.
- ④ 오답: 대보 조산 운동(ⓔ)의 영향으로 중국 방향(북동 – 남서)의 지질 구조선이 형성되었다.
- ⑤ 오답: 화강암(ⓜ)은 설악산, 북한산 등 돌산의 기반암을 이루고 있다.

09 한반도의 지질 구조와 지각 변동 이해

자료 해설 (가)는 변성암류, (나)는 조선 누층군, (다)는 대보 조산 운동, (라)는 경동성 요곡 운동이다.

선택지 분석

- ㉠ 오답: (가)는 시·원생대에 형성된 안정 지괴로 대부분 변성암으로 이루어

졌다. 한반도의 암석 분포를 살펴보면 시·원생대에 형성된 암석이 오랜 시간이 지나면서 성질이 변한 변성암이 가장 넓게 분포한다. 따라서 '(가)는 오래된 안정 지층으로 한반도에 가장 넓게 분포한다.'는 옳은 내용이기 때문에 '예'에 표시가 되어야 한다.

- ㉡ 정답: 조선 누층군은 고생대 초기에 형성된 해성층으로 석회석이 분포한다.
- ㉢ 정답: 대보 조산 운동은 한반도에 있었던 가장 격렬했던 지각 변동 중 하나로 중국 방향(북동–남서)의 지질 구조선 형성에 영향을 끼쳤다.
- ㉣ 오답: 경동성 요곡 운동은 신생대 제3기 동해안에 치우친 비대칭 융기 운동이다. 이로 인해 우리나라는 동고서저의 경동 지형이 형성되었다. 따라서 '(라)의 영향으로 동고서저의 경동 지형이 형성되었다.'는 옳은 내용이기 때문에 '예'에 표시가 되어야 한다.

10 고위 평탄면의 특징 이해

자료 해설 (가)는 고위 평탄면을 나타낸 것이다. 고위 평탄면은 신생대 제3기 경동성 요곡 운동에 의해 융기되어 형성되었고, 해발 고도가 높아 여름철의 서늘한 기후를 이용하여 고랭지 농업이 이루어진다.

선택지 분석

- ㄱ 정답: 고위 평탄면은 해발 고도가 높기 때문에 여름철의 서늘한 기후를 이용하여 고랭지 농업이 이루어지고 있다.
- ㄴ 정답: 고위 평탄면은 오랜 기간 침식을 받아 평탄해진 지형이 신생대 제3기에 경동성 요곡 운동에 의해 융기한 이후에도 해발 고도가 높은 곳에 남아 있는 지형이다.
- ㄷ. 오답: 열하 분출이란 지각의 틈(열하)으로 용암이 흘러나오는 분출 형태이다. 철원에 형성된 용암 대지는 신생대 열하 분출에 의한 것으로, 이는 다량의 현무암질 용암이 열하 분출하면서 용암이 넓게 저지대를 덮어 형성된다.
- ㄹ. 오답: ㄹ은 침식 분지에 대한 설명이다. 침식 분지는 암석의 단단한 정도가 달라 화강암으로 이루어진 중앙부가 빨리 침식되고, 변성암 또는 퇴적암으로 이루어진 주변부는 산지로 남아 형성된 분지이다.

올쏘 만점 노트   고위 평탄면

- 형성: 고위 평탄면은 오랜 침식으로 평탄해진 지형이 경동성 요곡 운동으로 융기한 이후에도 해발 고도가 높은 곳에 남아 있는 지형이다.
- 분포: 대관령 일대, 진안고원 등이 대표적이다.
- 이용: 고위 평탄면은 경사가 완만하고, 해발 고도가 높아 여름철에 서늘하기 때문에 배추, 무 등을 재배하는 고랭지 농업이 많이 이루어진다. 또한, 고위 평탄면은 기온이 낮고 습도가 높아 목초지 조성에 유리하여 목축업도 발달하였다.
- 문제점: 고위 평탄면에 조성된 농경지는 삼림을 제거한 후 개간한 것이기 때문에 여름철에 집중 호우가 내릴 경우 토양 유실이 심하다.

11 우리나라 주요 암석의 특성 이해

자료 해설 산 정상부에 흰색에 가까운 암석이 노출되어 있으므로 돌산을 나타낸 것으로 돌산을 주로 형성하는 기반암은 화강암이다. 산의 정상부가 암석의 노출이 적고 두꺼운 토양층을 이루는 것은 흙산을 나타낸 것으로 흙산을 주로 형성하는 기반암은 편마암이다. 따라서 (가)는 화강암, (나)는 편마암이다.

선택지 분석

- ① 오답: 시·원생대에 변성 작용을 받은 암석은 편마암이다. 화강암은 중생대에 관입한 마그마가 지하 깊은 곳에서 천천히 식어 굳어지면서 형성되었다.
- ② 오답: 마그마의 급속한 냉각에 따라 주상 절리가 형성되는 암석은 현무암이다.

③ 오답: 경상 분지에는 중생대의 퇴적암이 많이 분포한다. 편마암은 평북 · 개마 지괴, 경기 지괴, 영남 지괴 등에 많이 분포한다.

❹ 정답: 편마암과 화강암으로 이루어진 침식 분지에서 주변의 배후 산지를 이루는 것은 풍화와 침식에 강한 변성암인 편마암이며, 분지의 중앙부 저지대를 이루고 있는 것은 풍화와 침식에 약한 화강암인 경우가 많다.

⑤ 오답: (가)는 주로 중생대에 형성되었고, (나)는 시 · 원생대에 형성되었다. 따라서 (나)가 (가)보다 이른 시기에 형성되었다. 그러나 조선 누층군은 고생대 초기에 형성된 해성층이다.

올쏘 만점 노트   돌산과 흙산

구분	돌산	흙산
특징	산의 정상부에 기반암이 많이 노출된 산지로, 식생의 밀도가 낮다.	산의 정상부에 기반암이 풍화된 토양이 주로 나타나는 산지로, 식생 밀도가 두껍다.
기반암	주로 화강암(화성암)	주로 편마암(변성암)
사례	북한산, 금강산, 설악산 등	지리산, 덕유산 등

▲ 돌산(북한산)   ▲ 흙산(지리산)

12 한반도의 암석 분포 특징 이해

자료 해설 (가)는 고생대 얕은 바다에서 형성된 석회암, (나)는 중생대 마그마의 관입으로 형성된 화강암이다.

선택지 분석

㉠ 정답: 석회암은 고생대 초기 조선 누층군에 주로 분포한다.

ㄴ. 오답: 화강암이 기반암인 산지는 대체로 돌산이다.

㉢ 정답: 석회암은 고생대 초기 조선 누층군에 주로 분포하며, 화강암은 주로 중생대에 관입한 마그마가 지하에서 천천히 식어 굳어져 형성된다. 따라서 석회암이 화강암보다 형성 시기가 이르다.

ㄹ. 오답: 석회암은 화강암보다 한반도에서의 분포 범위가 좁다.

13 중생대의 지각 운동 이해

자료 해설 중생대 초에는 송림 변동이 일어나 랴오둥 방향의 지질 구조선이 형성되었다. 중생대 중엽에는 대보 조산 운동이 일어나 중국 방향의 지질 구조선이 형성되었고, 이 시기에 대보 화강암이 관입하였다. 중생대 말에 일어난 불국사 변동은 영남 지방을 중심으로 일어난 지각 운동으로, 이 시기에 불국사 화강암이 관입하였다.

선택지 분석

❶ 정답: 중생대 초기에 발생한 송림 변동은 주로 한반도 북부 지방에 영향을 미쳤는데, 이 시기에 랴오둥(동북동 – 서남서) 방향의 지질 구조선이 형성되었다.

② 오답: 중생대 쥐라기에는 대보 조산 운동이 일어나 한반도의 중 · 남부 지방에 중국(북동 – 남서) 방향의 지질 구조선이 형성되었고, 대규모의 마그마가 관입하여 대보 화강암이 형성되었다. 경동성 요곡 운동은 신생대 제3기에 일어난 비대칭 융기 운동이다.

③ 오답: 시 · 원생대에 형성된 암석은 변성암이다. 변성암이 산지를 형성하는 경우에는 대부분 돌산보다는 흙산을 이룬다. 중생대에 마그마의 관입으로

형성된 화강암으로 이루어진 산지가 오랜 기간 침식 작용을 받아 지표에 드러나면서 형성된 것이 돌산이다.

④ 오답: 용식 작용으로 인한 지형 발달은 고생대의 조선 누층군에 분포하는 석회암이 기반암을 이루고 있는 지역에서 주로 나타난다.

⑤ 오답: 화강암은 침식 분지의 바닥을 이루는 경우가 많고, 침식 분지의 배후 산지를 구성하는 것은 주로 변성암이다.

14 기후 변화에 따른 지형 형성 작용 이해

자료 해설 약 2만 년 전인 (가) 시기는 최종 빙기이고, 약 6천 년 전인 (나)는 후빙기이다.

선택지 분석

① 오답: 동해는 수심이 깊어 빙기(가)에 해수면이 하강해도 바다가 드러나지 않았다. 따라서 빙기에도 울릉도는 섬이었다.

❷ 정답: 후빙기(나)에는 기온이 상승하면서 해수면도 상승하여 서해안에 리아스 해안이 나타났다. 리아스 해안은 해수면이 상승하면서 만, 곶, 섬이 형성되어 해안선의 굴곡이 복잡한 해안이다.

③ 오답: 빙기 때 동해안 중 수심이 얕은 곳은 육지로 변화했으므로, 빙기(가)보다 후빙기(나)에 동해의 면적이 넓다.

④ 오답: 후빙기(나)보다 빙기(가)에 해수면이 하강하면서 설악산의 해발 고도가 더 높았다.

⑤ 오답: 빙기(가)는 지금보다 한랭 건조하고, 식생도 빈약하여 동결과 융해가 반복되면서 암석의 물리적 풍화가 활발하였다. 반면 후빙기(나)에는 기온이 높고 강수량이 많아 화학적 풍화 작용이 활발하였다. 따라서 빙기에는 화학적 풍화 작용보다 물리적 풍화 작용이 활발하였다.

올쏘 만점 노트   빙기와 후빙기의 특징 비교

빙기는 후빙기보다 연평균 기온이 낮았다. 빙기 때는 물리적(기계적) 풍화 작용이, 후빙기 때는 화학적 풍화 작용이 상대적으로 활발하였다. 빙기 때는 해수면이 낮아져 황해에 위치한 섬은 육지와 연결되어 있었다. 빙기에는 기온이 낮아 해수면이 하강하면서 육지 면적이 확대되고, 하천 유로가 연장되었다. 단위 면적당 식생 밀도는 기후가 온난하고 강수량이 많은 후빙기에 높았다. 후빙기에는 기온이 높아지면서 빙하가 녹아 침식 기준면이 되는 해수면이 상승하였다. 이로 인해 육지 면적이 축소되고, 하천 유로가 단축되었다. 하천 하류에서는 침식보다 퇴적이 증가하여 범람원과 같은 충적 지형이 형성되었고 퇴적층이 두꺼워졌다. 또한, 리아스 해안이 형성되었다.

15 최종 빙기와 후빙기의 상대적 특징 이해

자료 해설 (가) 시기는 최종 빙기, (나) 시기는 후빙기에 해당하며 ㉠ 지점은 현재 하천의 하류에 해당한다.

선택지 분석

① 오답: 빙기는 해수면이 하강하기 때문에 해발 고도는 후빙기보다 빙기에 더 높았다.

② 오답: 빙기는 후빙기에 비해 강수량이 적었으므로 하천의 유량도 적었다.

③ 오답: 빙기는 후빙기보다 연평균 기온이 낮았다.

❹ 정답: 빙기에는 해수면이 하강함에 따라 ㉠ 지점은 침식 작용이 우세해지고 상대적으로 퇴적 작용은 줄어들어 하천의 퇴적에 의해 형성되는 충적층의 두께가 얇았다.

⑤ 오답: 화학적 풍화 작용은 기온이 높은 시기에 더 활발하므로 빙기보다 후빙기에 더 활발하게 나타난다. 빙기 때는 물리적(기계적) 풍화 작용이, 후빙기 때는 화학적 풍화 작용이 상대적으로 활발하였다.

16 한반도의 지형 형성 과정 이해

자료 해설 대보 조산 운동(㉠)은 한반도에 있었던 가장 격렬했던 지각 운동 중 하나로 중국 방향(북동 – 남서)의 지질 구조선 형성에 영향을 끼쳤다. 편마암과 화강암으로 이루어진 침식 분지에서 주변의 산지를 이루는 것은 풍화와 침식에 강한 변성암인 편마암(㉡)이며, 분지의 중앙부 저지대(㉢)를 이루고 있는 것은 풍화와 침식에 약한 화강암인 경우가 많다. 우리나라는 신생대 제3기 경동성 요곡 운동(㉣)의 영향으로 동고서저의 경동 지형이 발달하였다. 후빙기에는 기온이 높아지면서 빙하가 녹아 침식 기준면이 되는 해수면이 상승(㉤)하였다.

선택지 분석

① 오답: 중생대 중엽 대보 조산 운동에 의해 중국 방향의 지질 구조선이 형성되었고, 대보 화강암이 관입하였다.

② 오답: 침식 분지의 화강암은 주변 산지의 편마암보다 풍화와 침식에 약하다.

③ 오답: 편마암은 풍화되어 주로 점토질을 이루며, 편마암으로 이루어진 산지는 오랜 시간에 걸쳐 풍화와 침식을 받으면서 흙산이 된 경우가 많다.

❹ 정답: 경동성 요곡 운동에 의해 융기를 받아 형성된 함경산맥, 태백산맥 등은 1차 산맥이다. 2차 산맥은 중생대 지각 운동 이후의 차별 침식으로 형성된 산지로 해발 고도가 낮고 산지의 연속성이 약하다.

⑤ 오답: 해수면 상승으로 만과 곶, 섬 등이 형성되면서 서해안에 리아스 해안이 발달하였다.

킬러 예상 문제

본문 029~031쪽

01 ④ 02 ④ 03 ⑤ 04 ③ 05 ③ 06 ⑤ 07 ② 08 ③

09 ④ 10 ① 11 ③ 12 ②

01 고생대 지층과 중생대 지층의 특징 이해

자료 해설 (가)는 평남 지향사, 옥천 지향사 일대에 주로 분포하는 것으로 보아 고생대 퇴적암이라는 것을 알 수 있다. (나)는 경상 분지 일대에 주로 분포하는 것으로 보아 중생대 퇴적암이라는 것을 알 수 있다.

선택지 분석

❶ 정답: 고생대 퇴적암 중에서 해성 퇴적층인 조선 누층군에는 석회암이 분포한다. 석회암이 빗물이나 지하수에 의해 용식되면 돌리네, 석회동굴 등의 카르스트 지형이 잘 형성된다.

ㄴ. 오답: 고생대 퇴적암 중에서 육성 퇴적층인 평안 누층군에는 무연탄이 매장되어 있다.

❸ 정답: (가)는 고생대에 형성되었고, (나)는 중생대에 형성되었으므로 (가)는 (나)보다 형성된 시기가 이르다.

❹ 정답: 공룡 발자국 화석은 공룡이 번성했던 중생대에 형성된 지층에서 발견된다. 따라서 중생대 퇴적암인 (나)는 고생대 퇴적암인 (가)보다 공룡 발자국 화석이 발견될 가능성이 높다.

> **올쏘 만점 노트** **지체 구조**
>
> • 지괴: 가장 오래되고 안정된 지층
> • 지향사
>   − 조선 누층군: 고생대 초기의 해성층으로 석회암 분포
>   − 평안 누층군: 고생대 후기 ~ 중생대 초기의 육성층으로 무연탄 분포
>   − 경상 누층군: 중생대 거대한 호수(경상 분지)였던 곳으로 공룡 화석 분포

02 한반도의 지질 계통과 주요 지각 변동 파악

자료 해설 시·원생대의 지질 계통인 A는 변성암류이고 고생대 초기의 지질 계통인 B는 조선 누층군이며, 고생대 말기 ~ 중생대 초기의 지질 계통인 C는 평안 누층군이다. 중생대 백악기의 지질 계통인 D는 경상 누층군이다. 중생대 초기에 발생한 지각 변동인 E는 송림 변동이고 중생대 중엽에 발생한 지각 변동인 F는 대보 조산 운동이며, 중생대 말기에 발생한 지각 변동인 G는 불국사 변동이다.

선택지 분석

① 오답: 화강암은 화성암에 해당하므로 변성암류인 A에 분포한다고 볼 수 없다. 화강암은 대부분 중생대에 관입한 마그마가 지하에서 서서히 굳어져 형성되었다.

② 오답: 송림 변동(E)은 랴오둥 방향의 지질 구조선 형성에 영향을 끼쳤고, 대보 조산 운동(F)은 중국 방향의 지질 구조선 형성에 영향을 끼쳤다.

③ 오답: 불국사 변동은 영남 지방을 중심으로 발생한 지각 변동에 해당한다.

❹ 정답: 조선 누층군에는 석회암이 분포하고 평안 누층군에는 무연탄이 분포한다. 따라서 조선 누층군인 B는 평안 누층군인 C보다 석회암이 매장되어 있을 가능성이 높다.

⑤ 오답: A~D 중에서 한반도의 암석 분포에서 차지하는 비중은 변성암류(A)가 가장 높다.

03 한반도의 암석 분포 이해

자료 해설 한반도의 암석 분포에서 가장 높은 비중을 차지하는 ㉡은 변성암이고 변성암 다음으로 비중이 높은 ㉢은 화성암이며, 비중이 가장 낮은 ㉠은 퇴적암이다. A는 중생대의 퇴적암, B는 고생대의 퇴적암, C는 시생대의 변성암, D는 중생대의 화성암에 해당한다.

선택지 분석

① 오답: 고생대의 퇴적암은 주로 평남 지향사, 옥천 지향사에 분포하며, 두만 지괴, 길주·명천 지괴는 신생대의 퇴적암에 해당한다.

② 오답: 갈탄이 많이 매장되어 있는 지층은 신생대의 지층인 두만 지괴, 길주·명천 지괴이다.

③ 오답: 조선 누층군은 고생대 초의 해성 퇴적층이므로 B에 해당한다.

④ 오답: 돌산의 주된 기반암은 중생대의 화강암(D)이고, 흙산의 주된 기반암은 시·원생대의 편마암(변성암)(C)이다.

❺ 정답: ㉠은 퇴적암, ㉡은 변성암, ㉢은 화성암이다.

04 한반도의 주요 지각 변동 이해

자료 해설 ㉠은 송림 변동으로 형성된 지질 구조선의 방향, ㉡은 대보 조산 운동으로 형성된 지질 구조선의 방향, ㉢은 대보 조산 운동으로 관입된 화강암(대보 화강암), ㉣은 2차 산맥의 형성, ㉤은 경동성 요곡 운동에 의한 경동 지형의 형성과 관련된 내용이다.

선택지 분석

① 오답: 송림 변동의 영향으로 랴오둥 방향의 지질 구조선이 형성되었다.

② 오답: 대보 조산 운동의 영향으로 중국 방향의 지질 구조선이 형성되었다.

❸ 정답: 불국사 화강암은 중생대 말에 발생한 불국사 변동에 의해 관입된 마그마가 굳어 형성되었다. 대보 조산 운동의 영향으로 관입된 화강암은 대보 화강암이다.

④ 오답: 지각 변동의 영향으로 형성된 구조선을 따라 풍화와 침식이 이루어져 2차 산맥이 형성되었다.

⑤ 오답: 경동성 요곡 운동의 영향으로 동고서저의 비대칭적인 경동 지형이 형성되었다.

05 한반도의 지체 구조 파악

자료 해설 평북·개마 지괴, 경기 지괴, 영남 지괴가 속한 (가)는 시·원생대의 지층이다. 평남 지향사, 옥천 지향사가 속한 (나)는 고생대의 지층이다. 경상 분지가 속한 (다)는 중생대의 지층이다. 두만 지괴, 길주·명천 지괴가 속한 (라)는 신생대의 지층이다.

선택지 분석

① 오답: 카르스트 지형은 석회암이 분포하는 고생대 지층에서 잘 형성된다.

② 오답: 공룡 관련 화석은 공룡이 번성했던 중생대에 형성된 지층에서 많이 발견된다.

❸ 정답: 갈탄은 두만 지괴, 길주·명천 지괴 등이 있는 (라)에 많이 매장되어 있다.

④ 오답: 시·원생대의 지층인 (가)에는 변성암이 주로 분포하지만, 신생대의 지층인 (라)에는 퇴적암이 주로 분포한다.

⑤ 오답: (가)~(라)의 형성 시기는 (가) 시·원생대 > (나) 고생대 > (다) 중생대 > (라) 신생대 순으로 이르다. 따라서 네 지층 중에서 형성된 시기는 시·원생대의 지층인 (가)가 가장 이르다.

06 빙기와 후빙기의 특징 비교

자료 해설 현재와는 달리 해수면이 낮아 황해 전체가 육지화되어 있고 우리나라와 일본이 육지로 연결되어 있던 (가) 시기는 최종 빙기이다. 현재와 해안선이 거의 비슷한 (나) 시기는 후빙기이다. A는 현재 한강의 하류, B는 한강의 상류에 해당한다.

선택지 분석

① 오답: 최종 빙기는 후빙기보다 평균 기온이 낮아 강수량도 적었다.

② 오답: 후빙기는 최종 빙기보다 평균 기온이 높았으므로 물리적 풍화 작용보다 화학적 풍화 작용이 활발했다. 수분이 얼고 녹으면서 진행되는 물리적 풍화 작용은 후빙기보다 최종 빙기에 더 활발했다.

③ 오답: 최종 빙기는 후빙기보다 해수면이 낮았으므로 B 지점의 해발 고도가 높았다.

④ 오답: 최종 빙기에 한강 하류에 위치한 A 지점은 침식 작용이 우세했으므로 하천 퇴적 지형인 범람원이 넓게 형성되지 않았다.

❺ 정답: 후빙기에 한강 상류에 위치한 B 지점은 강수량이 많아져 유량이 증가하면서 하천의 퇴적 작용보다 침식 작용이 우세했다.

07 빙기와 후빙기의 지형 변화 이해

자료 해설 제시된 그림은 빙기와 후빙기의 하천 상류부와 하류부의 지형 변화를 나타낸 것이다. 산지에 식생이 많고 해수면이 상승한 (가) 시기는 후빙기이다. 산지에 식생이 거의 없고 해수면이 하강한 (나) 시기는 빙기이다.

선택지 분석

❶ 정답: 후빙기에는 강수량이 증가하면서 상류에서는 침식 작용, 하류에서는

퇴적 작용이 활발하였다. 따라서 후빙기에 현재의 한강 하류에서는 침식 작용보다 퇴적 작용이 활발했다.

ㄴ. 오답: 빙기에 현재의 낙동강 하구는 유로 연장으로 하구가 아니었을 뿐만 아니라 퇴적 작용보다 침식 작용이 활발했으므로 하천 퇴적 지형인 삼각주가 형성되어 있었다고 볼 수 없다.

ㄷ. 정답: 후빙기는 빙기보다 평균 기온이 높다.

ㄹ. 오답: 빙기는 후빙기보다 평균 기온이 낮고 강수량도 적었으므로 식생 밀도가 낮다.

올쏘 만점 노트 기후 변화와 지형 발달

구분	빙기	간빙기(후빙기)
기후 변화	한랭 건조	온난 습윤
해수면 변동	하강	상승
침식 기준면	하강	상승
풍화 작용	물리적 풍화 우세	화학적 풍화 우세
하천 상류	퇴적 우세	침식 우세
하천 하류	침식 우세	퇴적 우세

08 돌산과 흙산의 비교

자료 해설 북한산과 금강산이 속한 (가)는 돌산이고, 덕유산과 지리산이 속한 (나)는 흙산이다.

선택지 분석

ㄱ. 오답: 돌산의 주된 기반암은 화강암으로, 화강암이 풍화된 토양은 밝은색을 띠는 경우가 많다. 풍화된 토양이 주로 붉은색을 띠는 암석으로는 석회암이 대표적이다.

ㄴ. 오답: 흙산의 주된 기반암인 편마암은 해성 퇴적층이 아니다. 해성 퇴적층인 고생대 초기의 조선 누층군에는 주로 석회암이 분포한다.

ㄷ. 정답: 돌산의 주된 기반암인 화강암의 형성 시기는 중생대이고, 흙산의 주된 기반암인 편마암의 형성 시기는 시·원생대이다. 따라서 돌산은 흙산보다 주된 기반암의 형성 시기가 늦다.

ㄹ. 정답: 흙산은 산정부가 대부분 흙으로 덮여 있는 반면 돌산은 산정부에 기반암이 그대로 드러나 있는 경우가 많다. 따라서 흙산은 돌산보다 산정부의 식생 밀도가 높다.

올쏘 만점 노트 흙산과 돌산

흙산	• 시·원생대에 형성된 편마암이 오랜 기간 풍화 작용을 받아 형성된 산지 • 대부분의 사면에 토양층이 형성되어 있어 식생 밀도가 높음 • 예 지리산, 덕유산, 소백산 등
돌산	• 중생대에 형성된 화강암이 분포하는 지역에 형성된 산지 • 커다란 암봉을 비롯하여 기반암이 드러나 있는 경우가 많아 식생 밀도가 낮음 • 예 설악산, 북한산, 금강산, 월출산 등

09 우리나라의 산지 특징 이해

자료 해설 (가)는 대표적인 돌산 중 하나인 금강산이고, (나)는 태백산맥이며, (다)는 차령산맥이다. (라)는 소백산맥이고, (마)는 대표적인 흙산 중 하나인 지리산이다.

선택지 분석

① 오답: 돌산인 금강산의 주된 기반암은 중생대의 화강암이고, 흙산인 지리산의 주된 기반암은 시·원생대의 편마암이다.

② 오답: 차령산맥은 2차 산맥에 해당하고, 소백산맥은 1차 산맥에 해당한다.

③ 오답: 돌산인 금강산은 흙산인 지리산보다 산정부에 기반암의 노출 정도가 심하므로 식생 밀도가 낮다.

❹ 정답: 태백산맥은 1차 산맥이고, 차령산맥은 2차 산맥이다. 따라서 태백산맥은 차령산맥보다 해발 고도가 높고 산지의 연속성이 강하다.

⑤ 오답: 태백산맥인 (나)와 소백산맥인 (라)는 백두대간에 속하지만, 차령산맥인 (다)는 백두대간에 속하지 않는다.

10 고위 평탄면의 특징 이해

자료 해설 (가)는 해발 고도가 높고 주변보다 등고선의 간격이 넓은 것으로 보아 고위 평탄면임을 알 수 있다. 또한, 삼척이라는 지명과 지도상의 위치를 통해서도 고위 평탄면이라는 것을 알 수 있다.

선택지 분석

❶ 정답: 지도상의 위치를 보면 (가)는 태백산맥에 위치한다. 따라서 (가)는 백두대간의 일부에 해당한다는 것을 알 수 있다.

❶ 정답: 고위 평탄면은 신생대에 경동성 요곡 운동에 의한 지반 융기의 영향을 받아 형성된 지형이다.

ㄷ. 오답: 지도에 제시된 (가) 일대는 신생대에 화산 활동이 발생했던 지역이 아니다.

ㄹ. 오답: 고위 평탄면은 여름철 기후가 서늘하여 특별한 시설 없이 노지에서도 무, 배추 등의 고랭지 채소 재배가 가능하다. 따라서 고위 평탄면에서 여름에 시설 농업 형태로 채소 재배가 활발하다고 볼 수 없다.

올쏘 만점 노트 고위 평탄면의 이용

▲ 고랭지 채소 재배

▲ 풍력 발전 단지

고위 평탄면은 경사가 완만하고 해발 고도가 높아 여름철 기후가 서늘하다. 이러한 자연환경을 바탕으로 고랭지 채소가 재배되며, 목초 재배에도 유리하여 목장으로 이용되고 있다. 또한, 고위 평탄면은 해발 고도가 높아 풍속이 빠르고 풍향이 비교적 일정하므로 풍력 발전기를 설치하여 전력을 생산하고 있다.

11 고위 평탄면의 특징 이해

자료 해설 (가)는 해발 고도가 높고 주변보다 등고선의 간격이 넓은 것으로 보아 고위 평탄면임을 알 수 있다. 또한 평창군이라는 지명을 통해서도 고위 평탄면이라는 것을 알 수 있다.

선택지 분석

㉠ 오답: 고위 평탄면은 해발 고도가 높아 하천 발달이 미약하므로 충적층이 두껍게 형성되어 있지 않으며 여름철 기후가 서늘하여 벼농사에도 불리하다. 틀린 내용이기 때문에 '아니요'에 표시가 되어야 한다.

㉡ 오답: 고위 평탄면은 해발 고도가 높아 풍속과 풍향이 비교적 일정하므로

풍력 발전소 건설에 유리하다. 옳은 내용이기 때문에 '예'에 표시가 되어야 한다.

㉢ 정답: 고위 평탄면은 해발 고도가 높아 여름철 기후가 서늘하며, 이를 이용하여 고랭지 작물 재배가 가능하다.

㉣ 정답: 고위 평탄면은 풍화와 침식으로 평탄해진 지형이 경동성 요곡 운동으로 융기한 이후에도 평탄한 기복의 흔적을 유지하고 있는 지형이다.

12 돌산과 흙산의 비교

자료 해설 커다란 암봉을 비롯하여 기반암이 드러나 있는 경우가 많고 설악산, 북한산, 월출산 등이 해당하는 (가)는 돌산이다. 대부분의 사면에 토양층이 형성되어 있고 지리산, 덕유산, 소백산 등이 해당하는 (나)는 흙산이다.

선택지 분석

❷ 정답: 돌산인 (가)의 주된 기반암은 중생대의 화강암이고, 흙산인 (나)의 주된 기반암은 시·원생대의 편마암이다. 따라서 흙산인 (나)는 돌산인 (가)보다 주된 기반암의 형성 시기가 이르다. 돌산인 (가)는 산정부에 기반암이 그대로 드러나 있는 경우가 많은 반면 흙산인 (나)는 산정부가 대부분 토양층으로 덮여 있다. 따라서 흙산인 (나)는 돌산인 (가)보다 산정부의 식생 밀도가 높고 토양층의 수분 함유량이 많다. 따라서 그림의 B에 해당한다.

04 강 하천 지형과 해안 지형

기출 선지 변형 O X

01 ① × ② × ③ × ④ ○ ⑤ ○ ⑥ × ⑦ ○ ⑧ ○ ⑨ × ⑩ ○

02 ① ○ ② × ③ ○ ④ × ⑤ × ⑥ × ⑦ ×

03 ① × ② × ③ ○ ④ ○ ⑤ ○ ⑥ ○ ⑦ × ⑧ ×

04 ① ○ ② ○ ③ ○ ④ × ⑤ × ⑥ ○ ⑦ ○ ⑧ × ⑨ ○ ⑩ ×
　　 ⑪ ×

05 ① × ② × ③ ○ ④ × ⑤ × ⑥ ○ ⑦ ○ ⑧ ○ ⑨ ○

06 ① ○ ② ○ ③ × ④ × ⑤ × ⑥ ○ ⑦ × ⑧ ○ ⑨ ×

01 ① A의 기반암은 화강암이다. 지하수의 용식 작용에 의해 형성된 지형은 주로 석회암 지대에서 나타난다.

② D는 등고선 간격이 좁은 것으로 보아 산지의 급경사면이다.

③ A는 화강암으로 중생대에 관입되었다. B는 편마암으로 시·원생대에 형성되었다.

④ 편마암과 화강암으로 이루어진 침식 분지에서 주변의 산지를 이루는 것은 풍화와 침식에 강한 편마암이며, 침식 분지의 중앙부 저지대를 이루고 있는 것은 풍화와 침식에 약한 화강암인 경우가 많다. 따라서 B의 기반암(편마암)은 A의 기반암(화강암)보다 풍화와 침식에 강하다.

⑤ 풍력 발전 단지는 풍속이 강한 곳이 입지에 유리하다. 고위 평탄면은 해발 고도가 높아 풍속이 강한 반면 침식 분지의 저지대는 산으로 둘러싸여 있어 풍속이 약하다. 따라서 고위 평탄면(C)은 침식 분지의 저지대(A)보다 풍력 발전 단지 조성에 유리하다.

⑥ 침식 분지의 중앙부 저지대를 이루고 있는 것은 풍화와 침식에 약한 화강암인 경우가 많다. 침식 분지 주변에는 풍화와 침식에 강한 편마암 부분이 산지를 이루고 있는 경우가 많다.

⑦ 침식 분지는 변성암(편마암)과 화강암의 차별 침식에 의해 형성되는 경우가 많다.

⑧ 침식 분지의 중앙부 저지대를 이루는 기반암은 화강암으로, 화강암은 지하에 마그마가 관입하여 천천히 식으면서 형성되었다.

⑨ 침식 분지는 비옥한 충적층이 있어 벼농사에 유리하여 일찍부터 주거 및 농경 중심지로 발달하였다.

⑩ 침식 분지에서는 밤에 산 정상에서 냉각된 공기가 사면을 따라 분지 바닥에 쌓이면서 상층의 기온보다 지면과 가까운 하층의 기온이 낮게 나타나는 기온 역전 현상이 자주 발생한다. 기온 역전 현상에 의해서 침식 분지에서는 안개가 자주 발생한다.

02 ① 석호는 담수보다는 염도가 높지만 바닷물보다는 염도가 낮다.

② 암석 해안은 파랑 에너지가 집중되는 곶(串)에 주로 발달하고, 사빈은 파랑 에너지가 분산되는 만(灣)에 주로 발달한다.

③ 사빈의 모래 중 바람에 잘 날리는 가벼운 모래가 주로 이동하여 해안 사구가 형성되므로, 사빈은 해안 사구보다 퇴적물의 평균 입자 크기가 크다.

④ 사빈과 사주는 후빙기 해수면 상승 이후에 형성된 해안 퇴적 지형이다.

⑤ 석호는 하천의 퇴적 작용으로 인해 규모가 축소되고 있으며, 육지화되어 농경지로 전환된 곳도 많다.

⑥ 석호는 바닷물의 영향으로 염분이 포함되어 있어 농업용수로 이용하기에 부적합하다.

⑦ 암석 해안에서는 파랑의 침식 작용이 활발하고, 모래 해안에서는 파랑의 퇴적 작용이 활발하다. 따라서 암석 해안은 파랑 에너지가 집중되는 곳(串)에 주로 발달하고, 모래 해안은 파랑 에너지가 분산되는 만(灣)에 주로 발달한다.

03 ① A는 평평한 지형, B는 완경사의 지형이므로 A는 B에 비해 경사가 완만하다.

② A는 논농사, B는 과수원이나 밭농사가 행해지므로 B가 A에 비해 배수가 양호하다.

③ A는 B에 비해 해발 고도가 낮고 하천에 근접해 있는 평야이므로 침수 가능성이 높다.

④ A는 범람원의 배후 습지, B는 선상지의 선앙으로, A, B는 모두 하천의 퇴적 작용으로 형성된 지형이다.

⑤ 배후 습지(A)에서는 주로 논농사가 이루어지고 있다.

⑥ 선상지, 범람원은 모두 하천의 퇴적 작용으로 형성된 지형이다. 선상지는 하천의 계곡 입구에 형성된 부채 모양의 퇴적 지형이다. 선상지는 하천의 중·상류에 발달하고, 범람원은 하천의 중·하류에 발달한다. 따라서 선상지는 범람원에 비해 여름철 홍수 피해의 가능성이 낮으며 퇴적 물질의 평균 입자 크기가 크다.

⑦ 배후 습지는 주로 점토로 구성되어 있어 배수가 불량하다.

⑧ 선상지의 선앙은 선상지의 중앙부로 모래와 자갈이 많이 퇴적되어 배수가 양호하여 하천이 지하로 복류한다. 지표수가 부족하여 수리 시설이 발달하지 않았던 과거에는 밭이나 과수원으로 이용하였다.

04 ① 하천의 하방 침식은 하천의 하류(나)보다 상류(가)에서 활발하게 나타난다.

② A는 구하도로, 과거에 하천이 흐르던 길이었다.

③ B와 하천 사이에는 등고선이 두 개가 있다. 따라서 B는 C보다 인근 하상과의 고도 차가 크다.

④ 하천의 상류에 위치한 C는 하천의 하류에 위치한 E보다 퇴적물의 평균 입자 크기가 크다.

⑤ D는 자연 제방, E는 배후 습지이다. 자연 제방은 모래 등이 퇴적되어 배수가 양호하고 배후 습지는 자연 제방 뒤쪽에 위치하며 주로 점토 등이 퇴적되어 배수가 불량하다. 따라서 D의 토양이 E의 토양보다 배수가 양호하다.

⑥ 자연 제방(D)과 배후 습지(E)는 장기간에 걸쳐 하천의 범람에 의해 운반된 물질이 쌓여 형성된 퇴적 지형이다. 따라서 자연 제방과 배후 습지는 하천의 퇴적 작용으로 형성되었다.

⑦ 모래 등이 퇴적되어 형성된 자연 제방이 점토 등이 퇴적되어 형성된 배후 습지보다 배수가 양호하다.

⑧ 자연 제방은 배후 습지보다 고도가 높다.

⑨ 곡류 하천에서 하천의 유로 변경에 따라 하천의 목 부분이 절단되면서 만들어진 호수를 우각호라고 하는데, 이 호수의 물이 빠지면 구하도

가 된다.

⑩ 감입 곡류 하천은 대하천의 중·상류 지역에 주로 분포하며, 하곡이 깊고 경관이 수려해 관광 자원으로도 많이 이용되고 있다. 반면 하천의 하류에서는 자유 곡류 하천이 발달하였다.

⑪ 범람원은 하천 중·하류 일대에 발달한 하천 퇴적 지형으로, 감입 곡류 하천보다 자유 곡류 하천에서 주로 나타난다.

05 ① 해안 사구(C) 아래에 지하수가 고여 있다.

② 갯벌(A)은 밀물 때는 바닷물에 잠기고 썰물 때는 물 위로 드러나는 지형이다.

③ 사빈(B)은 후빙기에 해수면 상승으로 파랑이나 연안류의 퇴적 작용이 활발해지면서 형성되었다.

④ 사빈은 하천 또는 주변 해안으로부터 공급되어 온 모래가 파랑이나 연안류의 퇴적 작용으로 형성되었다. 사빈은 주로 여름철 해수욕장으로 이용된다.

⑤ 사빈 뒤에 있는 모래 언덕인 해안 사구(C)는 주로 사빈에 있던 모래가 바다로부터 불어오는 바람에 날려 퇴적된 지형이다.

⑥ 해안 사구(C)는 배후 농경지와 마을을 보호하기 위해 방풍림이 조성되어 있는 경우가 많다.

⑦ 갯벌은 주로 점토로 이루어졌고, 사빈은 주로 모래로 이루어져 있다. 따라서 갯벌(A)은 사빈(B)보다 퇴적물 중 점토의 비중이 높다.

⑧ 해안 사구는 주로 사빈에 있던 모래가 바다로부터 불어오는 바람에 날려 퇴적된 지형이므로, 모래의 평균 입자 크기는 사빈(B)이 해안 사구(C)보다 크다.

⑨ 사빈(B)과 해안 사구(C)는 모래 해안에 나타나는 해안 퇴적 지형으로, 파랑 에너지가 분산되는 해안에 잘 발달한다.

06 ① 낙동강(가) 하구에는 삼각주가 발달해 있다.

② 한강(나)은 황해로 유입되는 하천이다.

③ 금강(다) 유역은 주로 충청 지방에 위치한다.

④ 우리나라에서 하굿둑은 금강, 영산강, 낙동강 하구에 건설되어 있으며, 염해 방지와 홍수 조절, 농업 및 생활용수 확보를 위해 건설된다. 한강에는 하굿둑이 건설되어 있지 않다.

⑤ 경동 지형의 영향으로 황·남해로 유입하는 하천은 하천의 유로가 길고 경사가 완만하다. 또한, 유역 면적이 넓고 유량도 많은 편이다.

⑥ 대체로 유로가 긴 하천일수록 유역 면적이 넓다. 따라서 낙동강이 금강보다 유로가 길기 때문에 금강 유역은 낙동강 유역보다 면적이 좁다.

⑦ 우리나라에서 하천의 길이가 가장 긴 것은 낙동강이다.

⑧ 각 하천의 권역별 특징을 바탕으로 물 사용 용도를 파악해 볼 수 있다. 전체적으로 사용량이 많고, 특히 평야가 넓은 금강 권역과 영산강 권역에서 비율이 높은 것은 농업용수이다. 수도권 등 인구 밀집 지역에서 사용량이 많은 것은 생활용수이고, 중화학 공업이 발달한 남동 임해 공업 지역이 위치한 영남권에서 비율이 높은 것은 공업용수이다. 따라서 낙동강은 공업용수 비율이 높고, 금강은 농업용수 비율이 높은 편이다.

⑨ 동해로 유입하는 하천은 분수령인 태백산맥이 동해 쪽으로 치우쳐져 있어서 발원지에서 하구까지의 경사도가 크고, 유로가 짧으므로 하구 부근에 쌓이는 퇴적물의 평균 입자 크기가 크다. 따라서 동해로 유

입하는 하천은 황해로 유입하는 하천에 비해 하천 하구의 퇴적물의 평균 입자 크기가 크다.

실전 기출 문제

본문 035~037쪽

01 ⑤ 02 ③ 03 ⑤ 04 ① 05 ③ 06 ④ 07 ③ 08 ③
09 ② 10 ⑤ 11 ③ 12 ④

01 범람원의 형성과 토지 이용 이해

자료 해설 제시된 그림은 범람원을 나타낸 것으로, (가)는 자연 제방, (나)는 배후 습지에 해당한다. 자연 제방은 주로 모래가 퇴적되어 배수가 양호하여 밭으로 이용되고 취락이 입지한다. 배후 습지의 퇴적물은 주로 점토질로 배수가 불량하여 개간 후 논으로 이용되고 있다.

선택지 분석

① 오답: 자연 제방(가)은 주로 모래가 퇴적되어 점토질로 이루어진 배후 습지(나)보다 배수가 양호하다.

② 오답: 홍수 시 범람한 물은 운반력이 약해지면서 비교적 입자가 큰 모래 등을 하천 양안에 퇴적시켜 자연 제방을 형성한다. 자연 제방의 배후에는 상대적으로 고도가 낮고 점토가 주성분인 배후 습지가 발달한다. 따라서 자연 제방(가)은 배후 습지(나)보다 평균 해발 고도가 높다.

③ 오답: 배후 습지의 퇴적물은 주로 점토질로 되어 있고, 자연 제방의 퇴적물은 주로 모래로 되어 있다. 따라서 배후 습지(나)는 자연 제방(가)보다 퇴적 물질 중 점토질 구성 비율이 높다.

④ 오답: 배수가 양호하고 침수 위험이 적은 자연 제방(가)은 밭과 취락으로 주로 이용되고, 배수가 불량한 배후 습지(나)는 개간 후 주로 논으로 이용되었다.

❺ 정답: 범람원은 홍수 시 범람으로 형성되는 지형이다. 해수면이 상승한 후빙기에는 홍수 시 강물이 바다로 쉽게 유출되지 못해 범람이 잘 일어난다. 따라서 현재 범람원은 후빙기 해수면 상승 이후 하천의 퇴적 작용으로 형성되었다.

02 하천 유역의 특징 파악

자료 해설 유역은 하천으로 빗물이 모여드는 모든 범위를 말하며, 이러한 유역은 분수계로 나뉜다. 따라서 분수계는 서로 다른 하천의 유역을 나누는 경계로, 산의 능선이나 고개가 분수계의 역할을 한다.

선택지 분석

① 오답: 하상계수는 동일 하천에서 최소 유량에 대한 최대 유량의 비율을 말한다. 우리나라는 하계 강수 집중률이 높아 하상계수가 매우 큰 편이지만 댐 건설로 많이 작아졌다. 따라서 댐이 건설되면 하상계수가 작아진다.

② 오답: 지도를 통해 낙동강 유역이 금강 유역보다 면적이 넓다는 것을 알 수 있다.

❸ 정답: 낙동강 하구에는 하천이 공급하는 토사의 양이 조류나 해류에 의해 제거되는 토사의 양보다 많아 삼각주가 발달해 있다.

④ 오답: 우리나라에서 하굿둑은 금강, 영산강, 낙동강에 건설되어 있다. 하굿둑은 염해 방지와 홍수 조절, 농업 및 생활용수 확보를 위해 건설된다.

⑤ 오답: A 유역과 B 유역은 서로 다른 하천에 속해 있다. B 지점에 떨어진 빗물만 금강 유역으로 유입된다.

03 충적 평야의 특징 이해

자료 해설 ㉠은 선상지, ㉡은 범람원, ㉢은 삼각주이다. 선상지(㉠)는 하천의 계곡 입구에 형성된 부채 모양의 퇴적 지형으로, 우리나라는 선상지가 많지 않다. 하천의 범람에 의해 형성된 범람원(㉡)은 자연 제방과 배후 습지로 구성된다. 삼각주(㉢)는 하천 하구에서 유속의 감소로 하천 운반 물질이 퇴적되어 형성된 평야를 말한다. 낙동강 하구에 김해 삼각주가 발달하였는데, 이곳은 토양이 비옥하여 농경지로 이용된다.

선택지 분석

① 오답: ㉠은 선상지이다. 하굿둑은 바닷물이 역류하는 하천의 하구에 건설된다.
② 오답: 범람원은 장기간에 걸쳐 하천의 범람에 의해 운반된 물질이 쌓여 형성된 퇴적 지형이다. 따라서 범람원의 규모는 하천의 상류에서 하류로 갈수록 커진다.
③ 오답: 삼각주는 하천에 의한 토사 공급량이 조류에 의한 토사 제거량보다 많을 때 잘 발달한다.
④ 오답: 자연 제방은 배후 습지보다 고도가 높아 홍수 피해가 적으며, 배수가 양호하여 주로 밭, 과수원, 취락 등으로 이용된다.
❺ 정답: 배후 습지는 자연 제방보다 점토질 구성 비율이 높아 배수가 불량하다.

04 하천 지형의 특성 이해

자료 해설 A는 하안 단구, B는 하천 운반 물질이 퇴적되어 있는 습지, C는 돌리네이다.

선택지 분석

❶ 정답: 하안 단구는 지반의 융기 또는 해수면 변동과 하천의 침식을 받아 형성된 계단 모양의 지형으로, 하천에 의해 운반되던 둥근 자갈이나 모래가 퇴적되어 있다. 둥근 자갈은 물에 의해 둥글게 마모될 경우 형성되며, 둥근 자갈이 발견된다는 것은 하천의 영향을 받았다는 의미이다.
② 오답: B는 하천 운반 물질이 퇴적되어 있는 습지이다. 고위 평탄면은 오랜 풍화와 침식 작용으로 평탄해진 지형이 신생대 때 발생한 융기로 인해 고도가 상승한 뒤에도 평탄한 기복의 흔적을 유지하고 있는 지형이다.
③ 오답: 중생대에 마그마의 관입으로 형성된 암석은 화강암이다. 돌리네는 석회암이 빗물 또는 지하수의 용식 작용을 받아 형성된 지형이다. 석회암은 고생대 초기의 얕은 바다에서 형성된 조선 누층군에 주로 분포하는 암석이다.
④ 오답: 하안 단구는 해발 고도가 높기 때문에 상대적으로 고도가 낮고 하천바로 옆에 위치한 습지보다 ○○강의 범람에 의한 침수 가능성이 낮다.
⑤ 오답: 습지는 배수가 불량하지만, 돌리네는 배수가 양호하여 주로 밭으로 이용된다.

05 산경도와 하천의 특성 이해

자료 해설 A는 한강, B는 한강의 상류 구간, C는 백두대간, D는 낙동강, E는 낙동정맥이다.

선택지 분석

① 오답: 한강의 하구에는 삼각주가 형성되어 있지 않다. 우리나라에서 삼각주가 발달한 대표적인 곳은 낙동강 하구에 형성된 김해 삼각주이다.
② 오답: 한강의 상류 구간에 해당하는 강원도 산간 지역에서는 자유 곡류보다 감입 곡류가 우세하게 나타난다.
③ 정답: 분수계는 하천 유역을 구분하는 경계를 말한다. 주로 산의 능선이나

고개 등이 이에 해당한다. 백두대간은 국토의 큰 뼈대를 이루는 산줄기로 한강 유역과 낙동강 유역의 분수계를 이룬다.
④ 오답: D 하천은 낙동강으로, 낙동강은 남해로 유입한다.
⑤ 오답: 영남 지방과 호남 지방의 경계를 이루는 산줄기는 백두대간이다. 낙동정맥은 영남 지방의 동쪽에 있는 산줄기이다.

> **올쏘 만점 노트** 분수계와 하계망
>
> 하천으로 빗물이 모여드는 범위를 유역이라고 한다. 유역은 분수계로 둘러싸여 있는데, 분수계는 하천 유역을 구분하는 경계를 말한다. 주로 산의 능선이나 고개 등이 이에 해당한다. 하계망은 하나의 본류와 이에 합류하는 수많은 지류로 이루어진 전체적인 수계를 말한다.

06 하천 지형의 이해

자료 해설 (가) 하천은 산지 사이를 곡류하고 있으므로 감입 곡류 하천이다. A는 하천의 공격 사면, B는 습지, C는 구하도, D는 하안 단구이다.

선택지 분석

① 오답: 하천의 공격 사면은 곡류의 바깥쪽으로 대체로 절벽을 이루고 수심이 깊다. 반면 퇴적 사면은 곡류의 안쪽으로 공격 사면에 비해 수심이 얕다. A는 주변의 경사가 급하고 하천 반대쪽은 경사가 완만한 지형이 나타나므로, 하천의 공격 사면에 해당한다.
② 오답: C는 과거 (가) 하천의 유로였던 곳으로 구하도에 해당한다. 따라서 C는 과거에 하천이 흘렀던 곳이다.
③ 오답: 하안 단구인 D는 과거 하천의 바닥이나 범람원이었던 곳으로, 퇴적층에 둥근 자갈이나 모래가 분포한다. 둥근 자갈은 물에 의해 둥글게 마모될 경우 형성되며, 둥근 자갈이 발견된다는 것은 하천의 영향을 받았다는 의미이다.
❹ 정답: D는 하안 단구로 B의 습지보다 해발 고도가 높은 곳에 위치하여 침수 위험이 적으므로 농경지로 이용되고 가옥도 입지해 있다. 따라서 하안 단구는 습지보다 범람에 의한 침수 가능성이 낮다.
⑤ 오답: (가)는 감입 곡류 하천으로, 감입 곡류 하천은 지반 융기의 영향으로 곡류하던 하천이 하방 침식을 계속하면서 만들어진 것이다. 따라서 (가) 하천의 형성에는 지반의 융기가 영향을 미쳤다.

> **올쏘 만점 노트** 하천 중·상류 지역의 지형
>
> • 감입 곡류 하천은 대하천의 중·상류 지역에 주로 분포하며, 하천 주변에는 계단 모양의 평탄지인 하안 단구가 잘 형성된다. 감입 곡류 하천은 하곡이 깊고 경관이 수려해 관광 자원으로도 많이 이용되고 있다.
> • 하안 단구는 과거 넓은 하상(강바닥)이나 범람원이 지반의 융기에 의해 계단 모양의 언덕으로 남게 된 지형이다. 하안 단구에서는 둥근 자갈과 모래가 나타난다. 하안 단구면은 고도가 높아 홍수 시에도 쉽게 침수되지 않으며, 농경지로 이용되거나 취락이 입지한다.

07 서해안과 동해안의 특성 비교

자료 해설 (가)는 해안선이 복잡한 서해안의 일부를 나타낸 것이고, (나)는 비교적 해안선이 단조로운 동해안의 일부를 나타낸 것이다.

선택지 분석

① 오답: 석호는 주로 동해안에 발달한다.
② 오답: 서해안에는 하천의 침식 작용을 받은 골짜기가 후빙기 해수면 상승으로 침수된 리아스 해안이 발달해 있다.
❸ 정답: 서해안은 동해안에 비해 조차가 크고 조류의 작용이 활발하여 갯벌이 발달하였다.

④ 오답: 신생대 경동성 요곡 운동으로 동해안에 치우친 비대칭 융기 운동이 나타났다. 따라서 동해안은 서해안에 비해 신생대 지반 융기의 영향을 크게 받았다.

⑤ 오답: 서해안으로 유입하는 하천은 주로 점토질을, 동해안으로 유입하는 하천은 주로 모래를 공급한다. 따라서 서해안이 동해안보다 해안 퇴적물의 평균 입자 크기가 작다.

08 해안의 특성 파악

자료 해설 동해안은 비교적 단조로운 해안선(㉠)이 나타나는 반면, 서·남해안은 해안선이 복잡하고 섬이 많이 분포한다. 암석 해안(㉡)은 파랑 에너지가 집중되는 곶(串)에서 발달하며, 주요 지형으로는 해식애, 파식대, 해식동굴, 시 아치, 시 스택, 해안 단구 등이 있다. 사빈 해안(㉢)은 파랑 에너지가 분산되는 만(灣)에 주로 발달하며, 하천이나 배후의 산지로부터 공급된 모래가 파랑이나 연안류에 의해 해안을 따라 퇴적된 지형으로, 주로 여름철에 해수욕장으로 이용된다. 서해안에는 갯벌(㉣)이 넓게 발달하였는데, 갯벌은 밀물 때는 바닷물에 잠기고 썰물 때는 물 위로 드러나는 지형으로, 조차가 큰 해안에서 조류의 퇴적 작용으로 발달한다.

선택지 분석

ㄱ. 오답: 산맥과 해안선의 방향이 교차하는 서·남해안은 해안선이 복잡하지만, 동해안은 산맥과 해안선의 방향이 평행하여 해안선이 단조롭다.

ㄴ. 오답: 암석 해안에서는 파랑 에너지가 집중되어 침식 작용이 활발하다.

ㄷ. 정답: 사빈 해안은 파랑과 연안류의 퇴적 작용으로 형성된다.

ㄹ. 정답: 주로 모래로 이루어진 사빈 해안은 주로 점토로 이루어진 갯벌보다 퇴적물의 평균 입자 크기가 크다.

09 암석 해안과 모래 해안의 비교

자료 해설 A는 파랑 에너지가 집중되어 파랑의 침식 작용이 활발한 암석 해안이고, B는 파랑 에너지가 분산되어 파랑의 퇴적 작용이 활발한 모래 해안이다.

선택지 분석

② 정답: 암석 해안은 모래 해안보다 기반암의 노출 정도가 크고 지형 형성 시 파랑 에너지의 세기가 강하게 작용하며, 평균 경사도가 크다. 따라서 모래 해안(B)에 대한 암석 해안(A)의 상대적 특성은 그림의 ㄴ에 해당한다.

올쏘 만점 노트 · 암석 해안과 모래 해안

〈암석 해안〉
암석 해안은 파랑 에너지가 집중되는 곶(串)에서 발달하며, 파랑의 침식 작용을 받아 점차 육지 쪽으로 후퇴한다. 파랑의 작용으로 기반암이 노출된 침식 지형이 발달하였으며, 주요 지형으로는 해식애, 파식대, 해식동굴, 시 아치, 시 스택, 해안 단구 등이 있다.
〈모래 해안〉
모래 해안은 파랑 에너지가 분산되는 만(灣)에서 주로 형성되며, 파랑이나 연안류, 바람에 의한 퇴적 지형이 발달하였다. 주요 지형으로는 사빈, 사주, 해안 사구 등이 있다.

10 해안 지형의 특징 이해

자료 해설 지도의 A는 해안 단구, B는 시 스택, C는 갯벌, D는 사빈, E는 해안 사구이다.

선택지 분석

① 오답: 해안 단구는 과거의 파식대나 해안 퇴적 지형이 지반의 융기나 해수면 변동에 의해 해수면보다 높은 곳에 위치하게 된 계단 모양의 지형으로 지반 융기의 영향을 많이 받은 동해안에서 큰 규모로 나타난다.

② 오답: 시 스택은 해식애가 후퇴하면서 육지에서 분리된 지형이다.

③ 오답: 갯벌은 밀물 때는 바닷물에 잠기고 썰물 때는 물 위로 드러나는 지형으로, 조차가 큰 해안에서 조류의 퇴적 작용으로 형성되는 지형이다.

④ 오답: 사빈은 주로 파랑과 연안류의 퇴적 작용으로 형성된 지형이다.

⑤ 정답: 사빈에 있던 모래가 바람에 날려 해안 사구가 형성되므로, 사빈보다 해안 사구에 있는 퇴적물의 평균 입자 크기가 작다.

11 해안 지형의 특징 파악

자료 해설 A는 파랑의 침식 작용이 활발한 암석 해안, B는 파랑과 연안류에 의한 퇴적 작용으로 형성된 사빈, C는 방조제를 건설한 이후 농경지로 이용하고 있는 간척 평야, D는 조류의 퇴적 작용으로 형성된 갯벌이다.

선택지 분석

① 오답: 암석 해안(A)은 파랑 에너지가 집중되는 곶(串)에서 발달하며, 파랑의 침식 작용이 활발하다.

② 오답: 사빈(B)은 하천이나 배후의 산지로부터 공급된 모래가 파랑과 연안류에 의해 해안을 따라 퇴적된 지형으로, 주로 여름철 해수욕장으로 이용된다.

③ 정답: C의 평야 주변에는 인공 제방이 있고, 논이 나타나 있으므로 간척 사업으로 조성된 농경지임을 알 수 있다. 또한, C의 평야 주변에는 하천이 없으므로 C의 평야는 하천의 퇴적 작용으로 형성된 것이 아니다.

④ 오답: 갯벌(D)은 오염 물질을 정화하는 기능이 있다.

⑤ 오답: 주로 모래로 이루어진 사빈(B)이 주로 점토로 이루어진 갯벌(D)보다 퇴적 물질의 평균 입자 크기가 크다.

12 독도의 해안 지형 이해

자료 해설 독도는 신생대 제3기 해저에서 분출한 용암이 굳어져 형성된 화산섬이다. 자갈 해안(A)은 파랑의 퇴적 작용으로 형성되고, 주상 절리(B)는 화산 활동으로 분출된 용암이 냉각 및 수축되는 과정에서 형성된다. 파식대(C)는 파랑의 침식 작용으로 형성되고, 시 아치(D)는 파랑에 의한 차별 침식으로 형성된다.

선택지 분석

ㄱ. 오답: 자갈 해안은 파랑의 퇴적 작용으로 형성된다. 조류의 퇴적 작용으로 형성되는 지형으로는 갯벌이 있다.

ㄴ. 정답: 주상 절리는 분출된 용암이 냉각·수축되는 과정에서 형성된 다각형 기둥 형태의 절리이다.

ㄷ. 오답: 파식대는 파랑의 침식 작용으로 형성된 평탄한 지형으로, 해식애가 육지 쪽으로 후퇴하면서 점점 넓어진다.

ㄹ. 정답: 시 아치는 해식애의 약한 부분이 집중적으로 침식되어 형성된 해식동굴이 파랑의 침식 작용으로 뚫려 형성된 아치 모양의 지형으로, 파랑에 의한 차별 침식으로 형성되었다.

킬러 예상 문제

01 ④ 02 ⑤ 03 ④ 04 ② 05 ③ 06 ④ 07 ① 08 ⑤
09 ① 10 ① 11 ① 12 ⑤

026 Ⅱ. 지형 환경과 인간 생활

01 하천 상류와 하류의 상대적 특징 비교

자료 해설 (가)는 한강 상류, (나)는 한강 하류에 위치한 지점이다.

선택지 분석

- ㉠ 정답: 한강 하류에 위치한 (나)는 한강 상류에 위치한 (가)보다 평균 유량이 많다.
- ㉡ 정답: 한강 하류에 위치한 (나)는 감조 구간에 속하므로 한강 상류에 위치한 (가)보다 일 수위 변동 폭이 크다.
- ㉢ 정답: 퇴적물은 하천 등에 의해 운반되는 과정에서 모서리가 둥글게 깎이는데, 그 둥근 정도를 원마도라고 한다. 한강 하류에 위치한 (나)는 한강 상류에 위치한 (가)보다 퇴적물이 많이 마모되고 침식되었으므로 원마도가 높다.
- ㄹ. 오답: 한강 하류에 위치한 (나)는 한강 상류에 위치한 (가)보다 퇴적물의 평균 입자 크기가 작다.

올쏘 만점 노트 하천의 상류와 하류의 특징 비교

구분	상류	하류
하천 길이	짧음	긺
하천 폭	좁음	넓음
하천 경사	급경사	완경사
평균 유량	적음	많음
유역 면적	좁음	넓음
원마도	낮음	높음
퇴적물 크기	큼	작음

02 자유 곡류 하천과 범람원의 특성 이해

자료 해설 A, B는 범람원에 해당한다. 논으로 이용되고 있는 A는 범람원의 배후 습지이고, 과수원으로 이용되고 있는 B는 범람원의 자연 제방이다. 평야 위를 흐르는 C는 자유 곡류 하천이다.

선택지 분석

- ① 오답: 자유 곡류 하천은 하방 침식보다 측방 침식이 우세하다.
- ② 오답: 배후 습지는 자연 제방보다 평균 해발 고도가 낮다.
- ③ 오답: 주로 모래가 퇴적되어 있는 자연 제방은 주로 점토가 퇴적되어 있는 배후 습지보다 퇴적물의 평균 입자 크기가 크다.
- ④ 오답: 하천 퇴적 지형인 A, B의 땅을 파보면 둥근 자갈을 발견할 수 있다.
- ❺ 정답: 하천 하류에 위치한 A, B는 최종 빙기 이후에 하천의 퇴적 작용으로 형성되었다.

올쏘 만점 노트 자연 제방과 배후 습지

범람원은 장기간에 걸쳐 하천의 범람에 의해 운반된 물질이 쌓여 형성된 퇴적 지형으로, 자연 제방과 배후 습지로 구성되어 있다.

구분	자연 제방	배후 습지
해발 고도	높음	낮음
주요 구성 물질	모래	점토
배수	양호	불량
전통적인 토지 이용	밭, 과수원, 취락	논
원마도	낮음	높음
퇴적물 크기	큼	작음

03 주요 하천 지형의 특징 이해

자료 해설 A는 하안 단구면, B는 감입 곡류 하천, C는 하천의 퇴적 사면, D는 하천의 공격 사면이다.

선택지 분석

- ㄱ. 오답: 하안 단구면은 주변보다 고도가 높아 홍수 시에 침수 가능성이 낮다.
- ㉡ 정답: 감입 곡류 하천인 B 하천은 산지 사이를 곡류하는 하천으로 측방 침식보다 하방 침식이 활발하다.
- ㄷ. 오답: 퇴적 사면인 C는 공격 사면인 D보다 하천의 수심이 얕다.
- ㉣ 정답: 감입 곡류 하천은 신생대 지각 운동의 영향으로 지반의 융기량이 많았던 대하천 중·상류의 산지 지역에 주로 발달한다. 하안 단구는 하천 주변에 분포하는 계단 모양의 지형으로 과거 하천의 바닥이나 범람원이 지반의 융기 또는 해수면 하강과 하천의 침식을 받아 형성되었다. 따라서 하안 단구면(A)과 감입 곡류 하천(B)은 지반 융기의 영향을 많이 받았다.

04 주요 하천의 특징 파악

자료 해설 (가)는 한강, (나)는 금강, (다)는 낙동강이다. A는 한강 유역에 속한 지점, B는 낙동강 상류 지점, C는 낙동강 하구 지점이다.

선택지 분석

- ① 오답: A는 한강 유역에 속한 지점이므로 A에 떨어진 빗물은 한강인 (가) 하천으로 유입된다.
- ❷ 정답: B는 C보다 상류에 위치하므로 하상의 경사가 급하다.
- ③ 오답: 한강은 금강보다 유역 면적이 넓고 유로가 길기 때문에 하구의 평균 유량이 많다.
- ④ 오답: 지도를 보면 금강은 낙동강보다 유역 면적이 좁다는 것을 알 수 있다.
- ⑤ 오답: 한강 하구에는 하굿둑이 건설되어 있지 않다.

05 선상지와 삼각주의 특징 이해

자료 해설 A는 선상지의 선정, B는 삼각주에 해당한다.

선택지 분석

- ㄱ. 오답: 용천은 선상지의 선단에 발달한다.
- ㄴ. 오답: 삼각주는 조류에 의해 제거되는 토사의 양보다 하천이 공급한 토사의 양이 많은 지역에서 잘 형성된다. 따라서 삼각주는 조차가 작을수록 잘 형성된다.
- ㉢ 정답: 선상지는 하천 상류부에서 발달하는 지형이고, 삼각주는 하구에서 발달하는 지형이다. 따라서 A는 B보다 퇴적물의 평균 입자 크기가 크다.
- ㉣ 정답: 선상지와 삼각주는 모두 하천에 의해 운반된 물질이 퇴적되어 형성된 지형이다.

올쏘 만점 노트 선상지

하천 상류의 경사 급변점에서 하천의 유속 감소에 따라 부채 모양으로 퇴적된 지형이다.
- 선정: 취락 분포, 계곡물을 이용한 소규모 농업 활동
- 선앙: 하천이 복류하여 지표수 부족, 주로 과수원이나 밭으로 이용
- 선단: 용천대가 형성되어 취락이 입지하고 논농사가 이루어짐

06 주요 하천 지형의 특징 이해

자료 해설 A는 범람원의 배후 습지, B는 범람원의 자연 제방, C는 우각호, D는 침식 분지를 둘러싸고 있는 산지, E는 침식 분지의 바닥면이다.

선택지 분석

정답 및 해설

① 오답: 우각호는 과거 하천 유로의 일부였다.

② 오답: 배후 습지는 주로 점토로 이루어져 있고, 자연 제방은 주로 모래로 이루어져 있다. 따라서 배후 습지는 자연 제방보다 퇴적물 중 점토의 비중이 높다.

③ 오답: 기온 역전 현상은 분지의 바닥면인 E에서 자주 발생한다.

❹ 정답: 침식 분지의 바닥면은 주로 화강암으로 풍화와 침식에 약해 쉽게 제거되는 반면, 주변의 편마암은 풍화와 침식에 강해 산지로 남게 되면서 침식 분지가 형성된다. 따라서 분지의 바닥면인 E는 분지를 둘러싸고 있는 산지인 D보다 풍화와 침식에 약하다.

⑤ 오답: 분지의 바닥면인 E의 기반암은 주로 중생대의 화강암이고, 분지를 둘러싸고 있는 산지인 D의 기반암은 주로 시·원생대의 변성암(편마암)이다. 따라서 E는 D보다 기반암의 형성 시기가 늦다.

07 도시 하천 개발로 인한 변화 파악

자료 해설 개발 전에는 자연 하천에 가깝던 도시 하천이 개발 이후에는 직강 공사를 실시하였고 인공 제방을 건설하였으며 둔치는 콘크리트로 포장을 하였다.

선택지 분석

❶ 정답: 포장 면적의 증가로 강수 시 빗물 유출량이 증가하므로 강수 시 최대 유량 도달까지 걸리는 시간이 짧아지고, 직강 공사를 실시하였으므로 평균 유속이 빨라졌다. 인공 제방을 건설하고 둔치를 콘크리트로 포장하였으므로 생물 종의 다양성이 낮아졌다. 따라서 개발 전과 비교한 개발 후의 상대적 특징은 그림의 A에 해당한다.

08 주요 해안 지형의 특징 이해

자료 해설 A는 암석 해안, B는 사빈, C는 갯벌, D는 간척지이다.

선택지 분석

① 오답: 암석 해안에서는 파랑의 퇴적 작용보다 침식 작용이 활발하다.

② 오답: 갯벌은 주로 조류의 퇴적 작용으로 형성된다.

③ 오답: D는 간척지로 갯벌을 간척하여 인위적으로 조성한 것이다.

④ 오답: 주로 모래로 이루어진 B는 주로 점토로 이루어진 C보다 퇴적물의 평균 입자 크기가 크다.

❺ 정답: 갯벌인 C는 사빈인 B보다 생물 종의 다양성이 높고 오염 물질의 정화 능력이 우수하다.

올쏘 만점 노트 — 갯벌 해안의 특징

- 수심이 얕고 조차가 큰 해안, 하천에 의해 토사 공급량이 많은 곳에서 잘 발달한다.
- 우리나라 서·남해안의 갯벌은 규모가 커 세계적인 갯벌 해안을 형성하고 있다.
- 다양한 생물 종의 서식처 역할을 한다.
- 자연 생태 학습장, 양식장 등으로 이용된다.
- 오염 물질의 정화 능력이 탁월하다.

09 주요 해안 지형의 특징 이해

자료 해설 A는 사빈, B는 육계도, C는 파식대, D는 해식애, E는 시 스택이다.

선택지 분석

❶ 정답: 사빈과 같은 해안 퇴적 지형은 파랑 에너지가 집중되는 곳보다 파랑 에너지가 분산되는 만에서 잘 형성된다.

② 오답: 육계도는 사주의 발달로 육지와 연결된 섬으로, 육계도에 연결된 사

주를 육계사주라고 한다.

③ 오답: 해식애가 육지 쪽으로 후퇴하면 파식대의 면적은 점점 넓어진다.

④ 오답: 해식애는 주로 파랑의 침식 작용을 받아 형성된 급경사의 해안 절벽이다.

⑤ 오답: 시 스택은 파랑의 침식 작용으로 주변부가 제거되고 남은 돌기둥이나 작은 섬을 말한다.

올쏘 만점 노트 — 해안 지형

〈해안 퇴적 지형〉

- 사빈: 하천이나 배후의 산지로부터 공급된 모래가 파랑과 연안류에 의해 해안을 따라 퇴적된 지형으로, 주로 해수욕장으로 이용된다.
- 해안 사구: 사빈의 모래가 바람에 의해 육지 쪽으로 이동하여 퇴적된 모래 언덕이다. 따라서 사빈보다 퇴적물의 입자 크기가 작은 편이다.
- 육계도와 육계사주: 육계도는 원래 육지와 떨어진 섬이었으나, 파랑의 퇴적 작용으로 육계사주가 발달하면서 육지와 연결되었다.
- 석호: 석호는 후빙기 해수면 상승으로 형성된 만의 입구에 사주가 발달하여 형성된 호수로 주로 동해안에 발달하였다. 석호는 하천의 퇴적 작용으로 인해 그 크기가 점차 작아지며, 육지화되어 농경지로 전환된 곳도 많다.

〈해안 침식 지형〉

- 해식애: 파랑의 침식 작용을 받아 형성된 절벽이다.
- 해식동굴: 파랑의 침식 작용에 의해 해식애에 형성된 해안 동굴이다.
- 시 아치: 해식동굴이 파랑의 침식 작용으로 뚫려 형성된 아치 모양의 지형이다.
- 시 스택: 파랑의 침식 작용으로 주변부가 제거되고 남은 돌기둥이다.
- 파식대: 파랑의 침식 작용으로 형성된 평탄한 지형이다.
- 해안 단구: 과거의 파식대나 해안 퇴적 지형이 지반의 융기나 해수면 변동에 의해 해수면보다 높은 곳에 위치하게 된 계단 모양의 지형이다.

10 주요 해안 지형의 특징 이해

자료 해설 A는 해수욕장이라는 표현을 통해 사빈임을 알 수 있다. B는 암석 해안, C는 해안 단구면이다.

선택지 분석

㉠ 정답: 해안 단구면은 과거 파식대나 해안 퇴적 지형이었으므로 이곳의 땅을 파보면 둥근 자갈이 발견된다.

㉡ 정답: 해안 단구는 과거의 파식대나 해안 퇴적 지형이 지반의 융기나 해수면 변동에 의해 해수면보다 높은 곳에 위치하게 된 계단 모양의 지형이다. 갯벌은 조차가 큰 곳에서 조류의 퇴적 작용으로 형성되었다. 따라서 동해안의 해안 단구면은 서해안의 갯벌보다 지반 융기의 영향을 많이 받았다.

ㄷ. 오답: 사빈은 기반암이 그대로 노출된 암석 해안보다 평균 경사도가 낮다.

ㄹ. 오답: 암석 해안은 파랑의 침식 작용이 활발하고, 사빈은 파랑의 퇴적 작용이 활발하다.

11 석호와 사주의 특징 이해

자료 해설 (가)는 석호이고, 석호의 전면부를 가로 막고 있는 (나)는

사주이다.

- ㉠ 정답: 석호의 물은 염도가 높아 농업용수로 사용할 수 없다.
- ㉡ 정답: 석호로 유입되는 하천에 의해 운반된 물질이 석호의 바닥에 쌓이면서 석호의 면적은 시간이 흐를수록 점차 축소된다.
- ㉢ 오답: 사주에는 주로 모래가 퇴적되어 있다. 따라서 틀린 내용이기 때문에 '아니요'에 표시가 되어야 한다.
- ㉣ 오답: 석호는 최종 빙기 이후에 해수면 상승으로 만이 형성되고 만의 전면부에 사주가 발달하여 형성된 호수이다. 따라서 틀린 내용이기 때문에 '아니요'에 표시가 되어야 한다.

12 서해안과 동해안의 특징 비교

자료 해설 (가)는 서해안, (나)는 동해안이다.

선택지 분석

① 오답: 동해안은 서해안보다 조차가 작다.
② 오답: 동해안은 서해안보다 조차가 작아 갯벌의 면적이 좁다.
③ 오답: 동해안은 서해안보다 석호가 많다.
④ 오답: 동해안은 서해안보다 해안선이 단조롭고 섬이 적다.
⑤ 정답: 동해안은 서해안보다 경동성 요곡 운동에 따른 지반 융기의 영향을 많이 받았다.

05 강 화산 지형과 카르스트 지형

기출 선지 변형 O X

본문 041~043쪽

01 ① × ② ○ ③ × ④ ○ ⑤ ○ ⑥ ○ ⑦ × ⑧ ×
02 ① ○ ② ○ ③ × ④ × ⑤ ○ ⑥ ○ ⑦ ×
03 ① ○ ② × ③ × ④ ○ ⑤ ○ ⑥ ○ ⑦ × ⑧ ○
04 ① × ② ○ ③ ○ ④ × ⑤ × ⑥ ○ ⑦ ○ ⑧ × ⑨ ×
05 ① ○ ② × ③ × ④ × ⑤ × ⑥ ○ ⑦ × ⑧ × ⑨ × ⑩ ○
06 ① × ② × ③ ○ ④ ○ ⑤ × ⑥ ○ ⑦ ○

01 ① 칼데라 분지에서 재배하는 농작물의 특성을 탐구하기에 적절한 지역은 울릉도이다. 울릉도는 점성이 큰 용암이 분출하여 전체적으로 종상 화산을 이루고 있으며, 화구의 함몰로 형성된 칼데라 분지인 나리 분지가 있다.
② 하천 주변에 발달한 주상 절리의 형성 과정을 탐구하기에 적절한 지역은 철원 일대의 용암 대지이다.
③ 유네스코 세계 자연 유산으로 등재된 배경을 탐구하기에 적절한 지역은 제주도이다. 제주도는 화산 활동으로 형성된 섬으로 특이하고 아름다운 자연 경관이 곳곳에 분포한다. 이러한 점을 인정받아 2007년에 우리나라 최초로 세계 자연 유산에 등재되었다. 제주도에서 세계 자연 유산에 등재된 지역은 한라산 천연 보호 구역, 성산 일출봉, 거문 오름 용암 동굴계이다.
④ 화구호의 계절별 수위 변화를 탐구하기에 적절한 지역은 제주도이다. 한라산 정상에는 백록담이 있는데, 이는 분화구에 물이 고여 형성된 화구호이다.
⑤ 울릉도의 나리 분지는 분화구가 함몰되어 형성된 칼데라 분지이다.
⑥ 칼데라는 마그마가 분출한 이후 분화구 부근이 함몰되어 형성된 커다란 분지로, 규모가 분화구에 비해 크다.
⑦ 유네스코에 의해 우리나라 최초로 세계 자연 유산으로 등재된 곳은 제주도의 성산 일출봉, 한라산, 거문 오름 용암동굴계이다.
⑧ 칼데라호는 칼데라에 물이 고여 형성된다.

02 ① 제주도의 기반암은 주로 신생대에 형성된 화성암으로 현무암이 대부분이며, 카르스트 지형은 석회암 지대에 잘 나타나는데 석회암은 고생대 초기에 형성된 암석이다. 따라서 (가)는 신생대, (나)는 고생대에 형성된 암석이 기반암을 이루고 있다.
② 제주도의 화산 지대는 절리가 잘 생기는 기반암의 특성상 빗물이 지하로 잘 스며들기 때문에 하천 발달이 미약하여 논농사가 어렵다. 석회암 지대는 지표수가 지하로 스며들어 배수가 양호하기 때문에 논농사보다 밭농사가 발달하였다. 따라서 (가), (나)에서는 논농사보다 밭농사가 주로 이루어진다.
③ (가), (나)에서는 기반암의 성질이 많이 반영된 토양이 발달하였는데, (가)는 흑갈색의 현무암 풍화토, (나)는 붉은색의 석회암 풍화토가 발달하였다.
④ (가)는 순상 화산, 기생 화산 등이 나타나는 제주도의 화산 지형이

고, (나)는 돌리네가 나타나는 카르스트 지형이다.

⑤ 화산 지형에서는 흑갈색의 현무암 풍화토가 주로 나타나고, 카르스트 지형에서는 붉은색의 석회암 풍화토가 잘 나타난다.

⑥ 기생 화산은 한라산이 형성된 후 산록부에 소규모로 화산이 분출하여 형성되거나 화산 쇄설물에 의해 작은 화산체가 형성된 것이다.

⑦ 기생 화산은 '오름', '악' 등으로 불리며, 한라산 산록부에 분포한다.

03 ① 제주도의 기반암은 현무암으로, 현무암은 절리가 발달하여 이 절리를 따라 물이 땅속으로 잘 스며들기 때문에 배수가 양호하여 건천이 나타난다. 카르스트 지형이 발달한 석회암 분포 지역도 빗물이 쉽게 땅속으로 스며들기 때문에 건천이 나타난다.

② 기반암이 용식되어 형성된 석회동굴은 (나) 지형이 발달한 지역에서만 나타나는 특징이다.

③ 분화구에 물이 고여 형성된 호수(화구호)가 나타나는 곳은 제주도 한라산의 백록담으로 (가) 지형이 발달한 지역에서만 나타나는 특징이다.

④ 기반암이 풍화되어 주로 검은색의 토양이 나타나는 곳은 제주도로, (가) 지형이 발달한 지역에서만 나타나는 특징이다. (나) 지형이 발달한 석회암 지대에서는 암석이 풍화되고 남은 물질이 산화되어 붉은색의 토양이 나타난다.

⑤ 기생 화산은 소규모 화산 폭발로 형성되었으므로, 해발 고도를 높이는 작용을 했다.

⑥ 돌리네는 석회암이 용식 작용을 받아 형성된 지형이다. 돌리네의 지형은 기반암이 빗물이나 지하수에 녹아 땅이 움푹 꺼져서 형성되었으므로, 해발 고도를 낮추는 작용을 했다.

⑦ 화산 지형은 절리가 잘 발달하여 물이 땅속으로 잘 스며드는 특성으로 인해 배수가 양호하고, 카르스트 지형이 발달한 석회암 분포 지역도 빗물이 쉽게 땅속으로 스며들기 때문에 배수가 양호한 편이다.

⑧ 카르스트 지형은 석회암이 용식 작용을 받아 형성되므로, 기반암이 석회암인 지역에서 발달한다.

04 ① 울릉도는 점성이 큰 용암이 분출하여 전체적으로 종상 화산을 이루고 있다. 따라서 A-B 구간의 경사는 점성이 큰 용암의 분출과 관계 깊다.

② 알봉(㉠)은 칼데라 분지인 나리 분지(㉡) 내에서 2차적인 화산 활동으로 형성된 중앙 화구구이므로, 알봉은 나리 분지보다 나중에 형성되었다.

③ C 지점에 위치한 마을(㉢)은 화구의 함몰로 형성된 칼데라 분지인 나리 분지 내에 있다.

④ 추운 겨울을 대비한 정주간은 관북 지방 전통 가옥의 특징이다. 울릉도는 겨울철에 눈이 많이 내려 전통 가옥에는 우데기와 같은 방설벽이 설치되어 있다.

⑤ 오름이라 불리는 기생 화산이 있는 곳은 제주도이다. 기생 화산은 한라산이 형성된 후 마그마의 분출이나 화산 쇄설물의 퇴적으로 한라산의 산록부에 형성되었다.

⑥ 울릉도는 섬 중앙부에 칼데라 분지인 나리 분지가 있고, 칼데라 분지 내부에서 용암이 분출하여 형성된 중앙 화구구(알봉)가 분포하는 이

중 화산의 형태를 띠고 있다.

⑦ 나리 분지는 화구의 함몰로 형성된 칼데라 분지이다.

⑧ 울릉도는 점성이 큰 조면암질 용암이 분출하여 전체적으로 종상 화산을 이루고 있다.

⑨ 우데기는 울릉도의 전통 가옥에 설치한 방설벽이다. 울릉도는 겨울에 눈이 많이 내린다. 따라서 폭설에 대비한 우데기가 집 둘레에 설치되어 있는 가옥 구조가 나타난다.

05 ① 철원 일대에는 유동성이 큰 용암이 열하(틈새) 분출하여 당시의 하곡이나 분지를 메워 형성된 용암 대지가 있다.

② (가)의 '벌레 먹은 듯한 검은 돌'은 철원 평야의 용암 대지에 분포하는 현무암의 모습을 묘사한 것이다. 오름은 제주도의 기생 화산을 의미한다.

③ 울릉도는 신생대에 분출한 화산섬이다. 우리나라에 분포하는 화강암은 대부분 중생대에 형성되었다. 따라서 울릉도는 화강암으로 이루어진 것이 아니다.

④ 제주도에는 칼데라호가 형성되어 있지 않다. 대표적인 칼데라호는 백두산 천지에 있다.

⑤ (다)의 '산 위에 큰 못'은 한라산의 백록담이다. 화구의 함몰로 형성된 칼데라호는 백두산의 천지이다. 한라산의 백록담은 화구호에 해당한다.

⑥ (다)에 있는 산의 산록부는 한라산의 산록부를 의미하는 것으로 정상부의 급사면을 제외하면 대부분 매우 완만한 경사가 나타난다. 이처럼 산록부가 전체적으로 완사면인 이유는 점성이 작은 현무암질 용암이 분출한 결과이다.

⑦ 점성이 작고 유동성이 큰 용암이 분출하여 형성된 제주도에는 용암동굴이 곳곳에 발달해 있다. 반면 점성이 크고 유동성이 작은 용암이 분출하여 형성된 울릉도에는 용암동굴이 잘 발달되어 있지 않다. 용암동굴은 점성이 작은 용암이 흘러가면서 내부를 흐르는 용암과 지표 부근을 흐르는 용암의 냉각 속도 차이에 의해 형성되기 때문이다.

⑧ 용식 작용은 빗물이나 지하수가 석회암을 화학적으로 용해하는 작용이다. 석회암의 용식 작용으로 형성된 지형은 카르스트 지형이다.

⑨ 한탄강 주변의 철원 일대(가)는 수리 시설을 이용하여 논농사가 이루어지고 있다. 반면, 절리가 발달되어 있는 현무암이 주로 기반암을 이루는 제주도(나)는 지표수가 부족하여 밭농사가 보편적으로 이루어진다.

⑩ (가)는 철원의 용암 대지, (나)는 울릉도, (다)는 제주도의 한라산이다. 세 지형 모두 화산 지형이다.

06 ① 제주도에 분포하는 동굴은 주로 용암동굴이다. 기반암의 용식 작용으로 형성된 동굴은 석회동굴이다.

② B는 소규모로 분출한 기생 화산의 화구이다. 칼데라 지형은 백두산 천지와 울릉도의 나리 분지에서 나타난다. 칼데라호는 백두산의 천지가 대표적이다.

③ C 일대는 매우 완만한 경사가 나타나는 것으로 보아 이 일대는 유동성이 큰 용암이 굳어 형성된 것으로 보인다.

④ 제주도의 기반암은 대부분 현무암으로, 현무암은 지표로 분출한 마그마가 빠르게 식는 과정에서 절리가 잘 발달하였다. 이 절리를 따라서 물이 쉽게 스며들어 투수가 양호하다.

⑤ 제주도는 현무암이 풍화된 흑갈색 토양이 많다. 석회암이 풍화된 붉은색 토양은 주로 카르스트 지형이 발달한 지역에서 나타난다.

⑥ 용암동굴은 점성이 작고, 유동성이 큰 용암이 흘러내릴 때 표층이 냉각되어 굳어진 후에도 안쪽은 용암이 계속 흘러내려 지하에 빈 공간이 생기면서 발달하였다.

⑦ 제주도는 절리가 발달한 현무암이 기반암을 이루기 때문에 지표수가 부족하여 건천이 나타나며, 해안에는 용천대가 발달하였다.

실전 기출 문제

01 ⑤ **02** ② **03** ③ **04** ① **05** ③ **06** ⑤ **07** ① **08** ①

01 화산 지형의 특징 이해

자료 해설 왼쪽 지도는 한탄강 일대의 용암 대지를 나타낸 지형도이고, 오른쪽 지도는 기생 화산이 분포하는 것으로 보아 제주도를 나타낸 지형도이다. A는 용암 대지가 형성되기 이전부터 존재하던 산지, B는 신생대 화산 활동으로 형성된 용암 대지이다. C는 기생 화산인 오름, D는 한라산 순상 화산체의 일부이다.

선택지 분석

① 오답: A는 용암 대지가 형성되기 이전부터 존재하던 산지로, 용암이 분출하여 형성된 화산 지형이 아니다.

② 오답: B의 용암 대지는 기반암이 현무암으로, 종유석과 석순이 발달한 석회동굴이 형성되지 않는다. 석회동굴은 석회암이 기반암인 지역에서 잘 나타난다.

③ 오답: C는 소규모의 용암 분출이나 화산 쇄설물에 의해 형성된 작은 화산체인 기생 화산으로 중앙부의 와지는 분화구이다. 칼데라는 화구의 함몰로 형성된 지형으로 백두산의 천지, 울릉도의 나리 분지가 대표적이다.

④ 오답: 한라산의 기반암은 대부분 현무암으로, 주로 흑갈색의 현무암 풍화토가 분포한다. 석회암이 풍화된 붉은색의 토양이 널리 분포하는 지역은 주로 카르스트 지형이 발달한 곳이다.

❺ 정답: 용암 대지 주변의 산지(A)는 시·원생대의 변성암이나 중생대의 화강암으로 이루어져 있다. 반면 용암 대지(B)는 주로 신생대 화산 활동으로 형성된 현무암으로 이루어져 있다. 따라서 A의 기반암은 B의 기반암보다 형성 시기가 이르다.

02 화산 지형의 이해

자료 해설 지도에 표시된 세 지역의 위치는 철원 용암 대지, 울릉도, 한라산이다. 세 지역 모두 화산 지형이 나타난다. ⑤은 울릉도, ⓒ은 한라산, ⓒ은 백록담, ⓔ은 용암 대지, ⑰은 현무암을 나타낸 것이다.

선택지 분석

① 오답: ⑤ 울릉도는 주로 유동성이 작은 조면암질 용암이 분출하여 형성된 종상 화산이다. 화강암은 중생대에 구조선을 따라 많은 양의 마그마가 관입하여 형성되었다.

❷ 정답: 한라산의 산록부는 주로 현무암질 용암이 분출하여 형성되었다. 이

로 인해 산록부가 전체적으로 완사면을 이루고 있다.

③ 오답: ⓒ 한라산의 정상부에는 화구호인 백록담이 있다. 칼데라호는 백두산 천지가 대표적이다.

④ 오답: ⓔ 용암 대지의 평탄면은 현무암질 용암이 열하 분출하여 당시의 골짜기를 메워 형성된 것이다.

⑤ 오답: ⑰은 철원의 용암 대지에 분포하는 현무암을 나타낸 것이다. 오름은 제주도에서 볼 수 있다.

03 화산 지형과 카르스트 지형의 특징 이해

자료 해설 A와 B(기생 화산)는 신생대 화산 활동으로 형성되었으며, C(돌리네)의 카르스트 지형은 고생대 퇴적암이 기반암을 이룬다.

선택지 분석

ㄱ. 오답: 석회암 지대는 암석이 풍화되고 남은 물질이 산화되어 붉은색 토양이 나타난다. 제주도는 현무암이 풍화된 흑갈색 토양이 많다. 따라서 C가 A보다 붉은색의 간대 토양이 널리 분포한다.

ㄴ. 오답: 용암의 열하 분출에 의해 형성된 것은 용암 대지이다.

❸ 정답: 제주도는 신생대의 화산 활동으로 형성되었다. 카르스트 지형은 석회암이 빗물이나 지하수의 용식 작용을 받아 형성된 지형으로, 석회암은 고생대 초기의 얕은 바다에서 형성된 조선 누층군에 주로 분포하는 퇴적암이다. 따라서 A는 신생대 화성암, C는 고생대 퇴적암이 기반암을 이룬다.

❹ 정답: 제주도 화산 지대의 기반암은 주로 절리가 발달한 현무암이다. 절리를 따라서 빗물이 지하로 잘 스며들기 때문에 하천 발달이 미약하여 논농사가 어렵다. 카르스트 지형이 발달한 석회암 분포 지역도 빗물이 쉽게 땅속으로 스며들기 때문에 배수가 양호하여 논농사보다 밭농사가 발달하였다. 따라서 A와 C에서는 기반암의 특성상 논농사보다 밭농사가 주로 이루어진다.

04 침식 분지와 카르스트 지형 이해

자료 해설 침식 분지는 변성암이나 퇴적암이 화강암을 둘러싸고 있는 지역이나 하천의 합류 지점에 주로 발달하며 암석의 차별 침식 과정에서 형성된다. 카르스트 지형은 석회암이 빗물이나 지하수의 용식 작용을 받아 형성된 지형이다.

선택지 분석

❶ 정답: 기온 역전 현상은 지표 부근의 기온이 상공의 기온보다 낮아지는 현상으로, 골짜기나 분지에서 잘 일어난다. 기온 역전 현상이 나타나면 안개가 자주 발생하는데 안개는 일조량을 감소시킨다. 또한, 기온 역전 현상이 발생한 대기층은 차가운 공기가 아래쪽에 있고, 따뜻한 공기가 위쪽에 있어 지표 부근의 농작물은 냉해를 입기도 한다.

② 오답: 화강암은 중생대에 마그마가 관입하여 형성되었다.

③ 오답: 공룡 발자국 화석은 중생대 경상 누층군에서 주로 발견된다. 카르스트 지형은 석회암 지대에서 나타나는데, 석회암은 고생대 초기의 얕은 바다에서 형성된 조선 누층군에 주로 분포한다.

④ 오답: 석회암은 고생대 초기 누층군에 주로 분포하는 퇴적암이다. 오랜 시간 동안의 변성 작용으로 형성된 암석은 변성암이다.

⑤ 오답: 돌리네는 배수가 양호하여 주로 밭으로 이용된다.

05 화산 지형의 특징 이해

자료 해설 (가)의 백두산 천지는 칼데라호, (나)의 한라산 백록담은 화구호이다. 칼데라호는 화구의 함몰에 의해 형성된 칼데라에 물이 고여 형성된 화산 지형이다. 백두산과 한라산의 화산 지형은 신생대 화산

활동에 의해 형성되었다.

선택지 분석

ㄱ 오답: 백두산 천지(가)는 화구의 함몰로 형성된 칼데라에 물이 고여 만들어진 칼데라호이다. 그러나 한라산 백록담(나)은 화구에 물이 고여 형성된 화구호이다.

ㄴ 정답: 백두산 천지(가)가 한라산 백록담(나)보다 호수의 면적이 넓다.

ㄷ 정답: 백두산과 한라산은 모두 신생대 화산 활동으로 형성되었다.

ㄹ 오답: 백두산 정상부에 있는 천지는 화구의 함몰로 형성된 칼데라에 물이 고여 만들어졌고, 한라산 백록담은 분화구에 물이 고여 형성되었다. 따라서 두 지형 모두 산 정상부가 용식되어 형성된 것이 아니다.

06 제주도 화산 지형의 이해

자료 해설 백록담(㉠)은 화구에 물이 고여 형성된 화구호이고, 현무암(㉡)은 유동성이 큰 용암이다. 오름(㉢)은 용암이나 화산 쇄설물의 소규모 분출에 의해 형성되었고, 주상 절리(㉣)는 용암이 냉각 및 수축되면서 형성되었다.

선택지 분석

㉠ 오답: 한라산 정상에는 백록담이 있는데, 이는 화구에 물이 고여 형성된 화구호이다.

㉡ 오답: ㉡은 현무암이다. 마그마가 지하에서 식어서 형성된 암석은 화강암이다.

㉢ 정답: 기생 화산은 한라산이 형성된 후 용암이나 화산 쇄설물의 소규모 분출에 의해 형성된다. '오름', '악' 등으로 불리며, 한라산 산록부에 분포한다.

㉣ 정답: 주상 절리는 용암이 냉각 및 수축되면서 다각형의 기둥 모양으로 갈라진 지형이다.

07 카르스트 지형과 화산 지형의 특성 이해

자료 해설 A는 돌리네, B는 용암 대지, C는 용암 대지 주변의 산지이다.

선택지 분석

ㄱ 정답: 돌리네(A)는 카르스트 지형으로 석회암 지대에 주로 분포한다. 석회암 지대는 배수가 양호하여 주로 밭농사가 행해진다.

ㄴ 정답: 철원 용암 대지(B)의 기반암은 신생대 용암의 열하 분출로 형성되었다. 열하 분출이란 지각의 틈으로 용암이 흘러나오는 분출 형태이다.

ㄷ 오답: 돌리네(A)에는 대부분 붉은색의 석회암 풍화토가 분포한다. 그러나 화산 지형인 용암 대지(B)에는 주로 흑갈색의 현무암 풍화토가 분포한다.

ㄹ 오답: 용암 대지 주변의 산지(C)는 시·원생대의 변성암이나 중생대의 화강암으로 이루어져 있다. 반면 용암 대지(B)는 주로 신생대의 화산 활동으로 형성된 현무암으로 이루어져 있다. 따라서 C의 기반암은 B의 기반암보다 형성 시기가 이르다.

08 카르스트 지형과 해안 단구의 특징 이해

자료 해설 (가)는 카르스트 지형인 돌리네, (나)는 해안 지형인 해안 단구이다. 카르스트 지형은 석회암이 빗물이나 지하수의 용식 작용을 받아 형성된 지형이다. 돌리네는 석회암의 용식 과정에서 나타나는 움푹 파인 와지로, 석회동굴의 윗부분이 함몰하면서 나타나는 경우가 많다. 해안 단구는 과거의 파식대나 해안 퇴적 지형이 지반의 융기나 해수면 변동에 의해 해수면보다 높은 곳에 위치하게 된 계단 모양의 지형으로 지반 융기의 영향을 많이 받은 동해안에서 큰 규모로 나타난다.

선택지 분석

❶ 정답: (가)는 카르스트 지형인 돌리네이다. 카르스트 지형은 석회암의 용식 작용으로 형성되는데, 석회암은 고생대 바다에서 형성된 암석이다.

② 오답: 석회암 풍화토는 석회암이 용식된 후 남은 철분 등이 산화되어 붉은색을 띤다.

③ 오답: 해안 단구는 화산 활동으로 형성된 지형이 아니다.

④ 오답: 해안 단구는 과거의 파식대나 해안 퇴적 지형이 지반의 융기나 해수면 변동에 의해 해수면보다 높은 곳에 위치하게 된 계단 모양의 지형으로, 고위 평탄면이 아니다.

⑤ 오답: 돌리네는 배수가 양호하여 주로 밭으로 이용된다.

올쏘 만점 노트 | 카르스트 지형

- 형성: 석회암이 빗물이나 지하수의 용식 작용을 받아 형성된 지형
- 분포: 석회암이 분포하는 조선 누층군
- 돌리네: 석회암의 용식 과정에서 나타나는 움푹 파인 와지. 석회동굴의 윗부분이 함몰하면서 나타나는 경우가 많음
- 이용: 석회암 지대는 배수가 양호하기 때문에 주로 밭농사가 이루어짐
- 토양: 석회암 지대는 암석이 풍화되고 남은 물질이 산화되어 붉은색 토양이 나타남

킬러 예상 문제

본문 046~047쪽

01 ③ 02 ③ 03 ⑤ 04 ③ 05 ② 06 ④ 07 ⑤ 08 ④

01 백두산 천지의 특징 이해

자료 해설 (가)는 백두산 천지이다.

선택지 분석

ㄱ. 오답: 백두산 천지의 물은 담수이다.

ㄴ 정답: 백두산 천지는 칼데라호에 해당하므로 화구호에 해당하는 백록담보다 규모가 크고 수심이 깊다.

ㄷ 정답: 백두산 천지는 칼데라에 물이 고여 생긴 호수(칼데라호)이다.

ㄹ. 오답: 백두산 천지는 화산 지형에 해당한다. 기반암이 용식 작용을 받아 형성된 지형은 카르스트 지형이다.

02 우리나라 주요 산지의 특징 이해

자료 해설 A는 백두산, B는 금강산, C는 울릉도의 성인봉, D는 한라산이다.

선택지 분석

① 오답: 백두산의 정상부에는 칼데라호인 천지가 있다.

② 오답: 금강산의 주된 기반암은 중생대의 화강암이고, 울릉도의 주된 기반암은 신생대의 화산암이다. 따라서 금강산은 울릉도보다 주된 기반암의 형성 시기가 이르다.

❸ 정답: 울릉도의 나리 분지는 분화구 부근이 함몰되어 형성된 대규모의 분지(칼데라 분지)이다.

④ 오답: 한라산의 산정부는 급경사, 산록부는 완경사를 이루고 있다.

⑤ 오답: 울릉도와 제주도의 기반암은 지하에 절리가 많고, 토양이 배수가 잘되므로 논농사보다 밭농사가 많이 이루어진다.

03 울릉도의 화산 지형 파악

자료 해설 A는 나리 분지를 둘러싸고 있는 급경사면, B는 알봉, C는 나리 분지이다.

선택지 분석

ㄱ. 오답: 급경사를 이루고 있는 A는 점성이 큰 조면암질 용암이 굳어 형성되었다.

ㄴ. 오답: 붉은색을 띠는 간대 토양은 석회암 지대에 주로 분포한다.

ㄷ 정답: 울릉도는 나리 분지가 형성된 이후에 알봉이 형성된 이중 화산체에 해당한다.

ㄹ 정답: 알봉과 나리 분지는 지하에 절리가 많고, 배수가 잘되는 토양이 나타나므로 논농사보다 밭농사가 많이 이루어진다.

04 용암 대지의 특징 이해

자료 해설 A는 용암 대지, B는 한탄강 일대, C는 용암 대지가 형성되기 이전부터 존재했던 산지이다.

선택지 분석

① 오답: 한탄강 주변 철원 용암 대지에서는 수리 시설을 갖춘 후 논농사가 이루어지고 있다.

② 오답: 용암 대지는 현무암질 용암이 열하 분출하여 형성되었다.

❸ 정답: 한탄강 주변에서는 주상 절리를 관찰할 수 있다.

④ 오답: 용암 대지가 형성되어 있는 철원 일대는 고생대의 해성 퇴적층인 조선 누층군이 발달한 지역이 아니다. 용암 대지 주변의 산지(C)는 시·원생대의 변성암이나 중생대의 화강암으로 이루어져 있다.

⑤ 오답: C는 용암 대지가 형성되기 이전부터 존재했던 산지로 주로 시·원생대나 중생대에 형성되었다. 따라서 C는 신생대에 형성된 용암 대지(A)보다 지형 형성 시기가 이르다.

> **올쏘 만점 노트** 용암 대지
>
> • 형성: 신생대 때 열하 분출로 형성되었다. 열하 분출이란 지각의 틈(열하)으로 용암이 흘러나오는 분출 형태이다. 다량의 현무암질 용암이 열하 분출하면 용암이 넓게 저지대를 덮어 용암 대지를 이룬다.
> • 철원 용암 대지: 하천 주변에는 주상 절리가 발달하였다. 절리가 발달하여 논농사에 불리하지만 객토 작업을 하고 하천의 물을 관개용수로 이용하면서 논농사가 이루어지고 있다.

05 화산 지형과 카르스트 지형의 특징 비교

자료 해설 (가)는 제주도이고, (나)는 밭구덕이라는 지명을 통해 강원도 정선 일대임을 알 수 있다.

선택지 분석

ㄱ. 오답: 제주도의 기반암은 신생대의 화산암이고, 정선 일대의 기반암은 고생대의 석회암이다. 따라서 제주도의 기반암은 정선의 기반암보다 형성 시기가 늦다.

ㄴ 정답: 정선 일대는 제주도보다 경동성 요곡 운동의 영향을 많이 받았다.

ㄷ 정답: 정선 일대는 석회암이 주된 기반암을 이루고 있으므로 기반암이 용식 작용을 받아 형성된 카르스트 지형이 발달해 있다.

ㄹ. 오답: 제주도의 기반암은 주로 절리가 발달한 현무암이고, 정선 일대의 기반암은 주로 석회암이다. 두 지역 모두 배수가 양호하여 논농사보다 밭농사가 발달해 있다.

06 기생 화산(오름)과 돌리네의 특징 비교

자료 해설 A는 제주도의 기생 화산(오름)이고, B는 정선 일대의 돌리네이다.

선택지 분석

④ 정답: 기생 화산(A)은 화산 중턱에 새로운 용암과 화산 쇄설물이 분출하여 형성된 작은 화산이다. 돌리네는 석회암이 빗물이나 지하수의 용식 작용을 받아 형성된 와지이다. ㄴ은 용암 대지, ㄷ은 칼데라 분지의 형성 과정에 대한 설명이다.

07 석회동굴과 용암동굴의 특징 비교

자료 해설 고생대 조선 누층군이 분포하는 강원도 남부에 주로 형성되어 있는 (가)는 석회동굴이고, 제주도 일대에 형성되어 있는 (나)는 용암동굴이다.

선택지 분석

① 오답: 석회동굴의 주된 기반암은 고생대에 형성된 석회암이므로 중생대 퇴적암에 주로 나타나는 공룡 발자국 화석을 발견하기 어렵다.

② 오답: 용암동굴에 대한 설명이다.

③ 오답: 석회동굴에 대한 설명이다.

④ 오답: 화학적 풍화 작용에 의해 형성된 와지는 돌리네이고, 돌리네는 석회동굴 주변에서 볼 수 있다.

❺ 정답: 석회동굴의 주된 기반암은 고생대에 형성된 석회암이고, 용암동굴의 주된 기반암은 신생대에 형성된 화산암이다. 따라서 석회동굴은 용암동굴보다 주된 기반암의 형성 시기가 이르다.

> **올쏘 만점 노트** 석회동굴과 용암동굴의 특징 비교
>
> | 구분 | 석회동굴 | 용암동굴 |
> | --- | --- | --- |
> | 주된 기반암 | 석회암 | 화산암 |
> | 주된 기반암의 형성 시기 | 고생대 | 신생대 |
> | 종유석, 석순, 석주 등의 발달 정도 | 높음 | 낮음 |

08 카르스트 지형의 특징 파악

자료 해설 A의 와지는 돌리네이고, B는 돌리네였으나 채석장으로 이용되면서 지형이 훼손된 현장이다. C는 하천 주변의 절벽이다.

선택지 분석

① 오답: 돌리네는 배수가 잘되므로 주로 밭농사가 이루어진다.

② 오답: 돌리네에 주로 분포하는 석회암 풍화토는 붉은색을 띤다.

③ 오답: B는 화구호가 아니다.

❹ 정답: B의 주된 기반암은 석회암이고, 석회암은 시멘트 공업의 주원료로 이용된다.

⑤ 오답: C의 기반암은 석회암이다. 따라서 화산암이 아니므로 주상 절리를 관찰할 수 없다.

III 기후 환경과 인간 생활

06 강 우리나라의 기후 특성

기출 선지 변형 O X

본문 048~050쪽

01 ① ○ ② ○ ③ × ④ × ⑤ ○ ⑥ × ⑦ × ⑧ × ⑨ ○

02 ① ○ ② ○ ③ × ④ ×

03 ① ○ ② ○ ③ × ④ ○ ⑤ × ⑥ × ⑦ ○ ⑧ ×

04 ① ○ ② ○ ③ ○ ④ ○ ⑤ ○ ⑥ ○ ⑦ × ⑧ ×

05 ① ○ ② ○ ③ × ④ ○ ⑤ × ⑥ ○ ⑦ ×

06 ① ○ ② × ③ ○ ④ ○ ⑤ ○ ⑥ ○ ⑦ ○ ⑧ ○ ⑨ ○

01 ① 대관령 부근은 서리 내린 첫날(나)은 빠르고 서리 내린 마지막 날(가)은 늦기 때문에 무상 기간이 짧다.

② 제주도는 서리 내린 첫날(나)은 늦고, 서리 내린 마지막 날(가)은 빨라서 서리 일수가 적다.

③ 서리 내린 마지막 날(가)은 저위도 지역에서 고위도 지역으로 가면서 늦어진다.

④ 서리 내린 첫날(나)은 고위도 지역에서 저위도 지역으로 가면서 늦어진다.

⑤ 서리 내린 마지막 날(가)에서 서리 내린 첫날(나) 사이의 기간은 서리가 내리지 않는 기간인 무상 기간이다.

⑥ 고위도로 갈수록 서리 내린 마지막 날(가)은 늦고, 서리 내린 첫날(나)은 빨라지므로 무상 기간은 짧아진다.

⑦ 서리 내린 마지막 날(가)에서 서리 내린 첫날(나)까지의 기간은 주로 봄, 여름에 해당한다.

⑧ 서리 내린 첫날(나)에서 서리 내린 마지막 날(가)까지의 기간은 주로 가을, 겨울에 해당한다.

⑨ 서리 내린 첫날(나)에서 서리 내린 마지막 날(가)까지의 기간은 주로 겨울이며, 동일한 위도에서 동해안이 서해안보다 겨울철 평균 기온이 높다.

02 ① (나) 인천보다 (다) 울릉도가 동쪽에 위치해 있으므로 (다) 울릉도는 (나) 인천보다 일출 시각이 이르다.

② (다) 울릉도는 해양의 영향으로 겨울철에 온난한 반면 (라) 장수는 (다) 울릉도보다 저위도에 위치해 있지만 내륙에 위치하며 해발 고도가 높아 (다) 울릉도보다 최한월 평균 기온이 낮다.

③ 최한월 평균 기온이 높을수록 무상 기간은 길어지므로 (다) 울릉도는 (라) 장수보다 무상 기간이 길다.

④ (라) 장수와 (가) 대구는 위도가 비슷하고 내륙에 위치해 있지만 (라) 장수는 해발 고도가 높아 (가) 대구보다 최한월 평균 기온이 낮다.

03 ① (가)는 남풍, 남서풍이 우세하므로 해양성 기단에 해당하는 북태평양 기단의 영향을 강하게 받는 시기이다.

② 강한 일사에 의한 대류성 강수인 소나기는 여름인 (가) 시기에 주로

나타난다.

③ 선풍기, 에어컨과 같은 냉방용 기기의 전력 소비량은 (나) 겨울보다 (가) 여름에 더 많다.

④ 겨울인 (나) 시기에는 난방용 기기의 전력 소비량이 많다.

⑤ 여름인 (가) 시기에는 북태평양 기단에서 불어오는 남동·남서 계절풍이 우세하다.

⑥ 겨울인 (나) 시기에는 시베리아 기단에서 불어오는 북서 계절풍이 우세하다.

⑦ 여름 계절풍이 부는 (가) 시기의 월 강수량이 겨울 계절풍이 부는 (나) 시기보다 더 많다.

⑧ 기온의 지역 차는 여름 계절풍이 부는 (가) 시기보다 겨울 계절풍이 부는 (나) 시기에 더 크게 나타난다.

04 ① A는 부산으로, 다우지인 남해안 지역에 속한다.

② B는 홍천으로, 네 지역(홍천, 문경, 광주, 부산) 중 가장 고위도에 위치하며, 한강 중·상류 일대의 다우지에 속한다.

③ D는 문경으로, 영남 내륙 지방에 속하며 소우지이다.

④ 한강 중·상류 지역은 다우지로, 우리나라에서 하계 강수 집중률이 가장 높은 곳이다.

⑤ 한강 중·상류에 위치한 B(홍천)가 A(부산)보다 연 강수량에 대한 하계 강수량의 비율을 의미하는 하계 강수 집중률이 높다.

⑥ A(부산)와 C(광주)는 위도가 비슷하지만 C(광주)의 8월 평균 기온이 A(부산)보다 더 높다.

⑦ B(홍천)와 D(문경) 중 더 고위도에 위치하는 B(홍천)가 D(문경)보다 최한월 평균 기온이 낮고 기온의 연교차가 크다.

⑧ C(광주)와 D(문경) 중 더 저위도에 위치하는 C(광주)가 D(문경)보다 최한월 평균 기온이 높고 서리가 내리지 않는 기간인 무상 기간이 길다.

05 ① 기온의 연교차가 클수록 대륙도 또한 크게 나타난다. 따라서 A(울릉도)는 C(인천)보다 대륙도가 낮다.

② B는 강릉, D는 대관령으로 해발 고도는 B(강릉)보다 D(대관령)가 더 높다.

③ B(강릉)와 C(인천)의 최난월 평균 기온은 비슷하지만 C(인천)가 B(강릉)보다 기온의 연교차가 크므로 C(인천)가 B(강릉)보다 최한월 평균 기온이 더 낮다.

④ D(대관령)와 A(울릉도)는 비슷한 위도에 위치해 있지만 D(대관령)의 해발 고도가 더 높으므로 A(울릉도)보다 서리가 내리지 않는 기간인 무상 기간이 짧다.

⑤ A~D 중 A(울릉도)의 원의 크기가 가장 크고 다음으로 D(대관령)의 원의 크기가 크다. 따라서 원의 크기는 겨울 강수량을 나타낸 것이다.

⑥ A(울릉도)는 겨울 강수량이 많은 우리나라 최다설지이다.

⑦ D(대관령) 일대는 대륙성 기후의 특성이 나타나 비슷한 위도의 다른 지역에 비해 겨울철 기온이 낮다.

06 ① 우리나라는 여름보다 겨울에 지역 간의 기온 차가 더 크게 나타난다.

② 우리나라는 지역별 최난월 평균 기온의 차가 크지 않은 반면 최한월 평균 기온의 지역 차는 크다.

③ 우리나라는 대체로 남에서 북으로 갈수록 최한월 평균 기온이 낮아져 기온의 연교차가 커진다.

④ 해발 고도가 높은 지역은 대체로 동위도상의 평지에 비해 연평균 기온이 낮다.

⑤ (가)는 1월, (나)는 8월이다.

⑥ B(속초)는 북동 기류가 태백산맥에 부딪치면서 많은 눈이 내리는 다설지로, A(춘천)보다 하계 강수 집중률이 낮다.

⑦ C(대관령)는 B(속초)보다 해발 고도가 높다.

⑧ C(대관령)는 해발 고도가 높아 A(춘천)보다 연평균 기온이 낮다.

⑨ A~C 중 기온의 연교차는 A(춘천)가 가장 크다.

실전 기출 문제

본문 051~053쪽

01 ④　02 ⑤　03 ②　04 ②　05 ③　06 ④　07 ⑤　08 ⑤
09 ③　10 ④　11 ⑤　12 ⑤

01 연 강수량과 기온의 연교차 비교

자료 해설 (가)는 네 지역 중 연 강수량이 가장 적다. (나)는 네 지역 중 기온의 연교차가 가장 작다. (다)는 네 지역 중 연교차가 가장 크다. (라)는 네 지역 중 두 번째로 기온의 연교차가 크다. A는 서울, B는 대전, C는 대구, D는 목포이다.

선택지 분석

❹ 정답: 네 지역 중 연 강수량이 가장 적은 (가)는 대구이다. 대구는 소백 산지 및 태백 산지의 바람그늘 지역에 해당하여 연 강수량이 적다. 서울, 대전, 목포 중 연 강수량이 가장 적은 (나)는 목포이다. 목포는 서해안에 위치한 곳으로 높은 산지가 없어 연 강수량이 적은 편이다. 이와 관련하여 인근의 신안군에서는 천일 제염업이 발달했다. 서울과 대전은 연 강수량이 비슷한데, 두 지역 중 고위도에 위치하여 기온의 연교차가 큰 (다)는 서울이고, 서울보다 기온의 연교차가 작은 (라)는 대전이다. 따라서 (가) – C, (나) – D, (다) – A, (라) – B이다.

올쏘 만점 노트 　기후의 지역 차에 영향을 주는 기후 요인들

위도	• 지구는 둥글기 때문에 저위도 지방은 태양 광선이 거의 수직으로 입사하며, 고위도 지방은 태양 광선이 비스듬히 입사함 → 위도에 따라 단위 면적당 받는 일사량이 달라서 기온의 차이가 발생함
수륙 분포	• 육지와 바다의 배열 상태를 말함 • 육지와 바다의 비열 차이로 인해 육지의 영향을 많이 받는 지역은 기온의 연교차가 크고, 바다의 영향을 많이 받는 지역은 기온의 연교차가 작음
지형	• 바람이 산을 넘을 때 바람받이(풍상) 사면과 바람그늘(풍하) 사면은 기온, 습도, 강수량에서 차이가 남 • 바람그늘(풍하) 사면은 바람받이(풍상) 사면보다 기온이 높고 습도가 낮으며 강수량이 적음
해발 고도	• 일반적으로 해발 고도가 높은 곳은 해발 고도가 낮은 곳보다 기온이 낮음 • 해발 고도 100m 상승 시 기온이 0.5~1℃ 정도 낮아짐

---

02 기후 값을 통해 본 각 지역의 상대적 기후 특징

자료 해설 우리나라의 최한월(1월) 평균 기온은 제주 지역이 가장 높으며, 중강진 일대가 가장 낮다. 또한 동해안이 비슷한 위도의 서해안에 비해서 최한월 평균 기온이 높게 나타나는데, 이는 동해와 황해의 수심의 차이, 차가운 북서풍을 차단하는 산맥 등 지형의 영향을 받기 때문이다. 겨울철 기온이 영하로 떨어지면 지면에 서리가 내리기도 하는데, 서리 일수는 북쪽으로 갈수록 길어진다. 1년 중 서리가 내리지 않는 일수, 즉 무상 일수는 일반적으로 남쪽에서 북쪽으로 갈수록, 해안에서 내륙으로 갈수록 짧아진다.

우리나라의 강수량은 대체로 남쪽에서 북쪽으로 갈수록 줄어들지만, 지형과 풍향에 따라 지역별로 차이가 크다. 제주도 남동 지역, 섬진강을 포함한 남해안 일부 지역, 대관령 부근, 한강 및 청천강 중·상류 지역은 다우지이다. 낙동강 중·상류 지역, 관북 지역, 대동강 하류 지역 등은 소우지이다.

지도에 표시된 지역은 중강진, 평양, 강릉, 군산, 포항이다. A는 연평균 기온이 가장 낮고 연 강수량 또한 가장 적다. 따라서 지도에 표시된 지역 중에서 가장 고위도에 위치하는 중강진이다. B는 A 다음으로 연평균 기온이 낮고 연 강수량이 적다. 따라서 중강진(A) 다음으로 고위도에 위치하며 소우지인 대동강 하류 지역에 속하는 평양이다. C는 E보다 연평균 기온이 낮고 연 강수량이 다소 많다. 따라서 C는 서해안에 위치한 군산이고, 지도에 표시된 지역 중에서 연평균 기온이 가장 높은 E는 포항이다. D는 지도에 표시된 지역 중 연 강수량이 가장 많은 지역이다. 따라서 D는 강릉이다.

선택지 분석

ㄱ. 오답: 중강진(A)은 평양(B)보다 고위도에 위치하므로 무상 기간이 짧다. 무상 기간은 저위도에서 고위도, 해안에서 내륙으로 갈수록 대체로 짧아진다.

ㄴ. 오답: 평양(B)은 동해안에 위치한 강릉(D)보다 하계 강수 집중률이 높다. 강릉의 하계 강수 집중률은 약 45%, 평양은 약 59%이다.

ⓒ 정답: 군산(C)은 포항(E)보다 최한월 평균 기온이 낮다. 동해안에 위치한 포항은 지형과 동해, 난류 등의 영향으로 군산보다 최한월 평균 기온이 높다. 군산의 최한월 평균 기온은 –0.4℃이고, 포항은 1.8℃이다.

ⓔ 정답: 중강진(A)이 강릉(D)보다 고위도 내륙에 위치하므로 기온의 연교차가 크다. 기온의 연교차는 저위도에서 고위도로, 해안에서 내륙으로 갈수록 대체로 커진다.

03 평균 기온과 강수량 비율의 분포 특성

자료 해설 대관령이나 진안고원 등 해발 고도가 높은 지역은 같은 위도의 평지보다 상대적으로 여름 기온이 낮다. 우리나라에서 겨울철 강수량이 많은 지역은 울릉도, 강원도 영동 산간 지역, 소백산맥 서사면 등이다.

A는 서울, B는 대관령, C는 강릉이다. 울릉도는 여름 강수량이 가장 많으며, 그다음 가을, 겨울, 봄 순서로 나타난다. 따라서 (가)는 여름, (나)는 겨울이다.

선택지 분석

❷ 정답: 지도의 A~C 지역의 (가) 여름 평균 기온은 서해안에 가까운 A가 가장 높고, 해발 고도가 높은 B가 가장 낮다. 또한 (나) 겨울 강수량 비율은 동해안에 위치한 C가 가장 높으며, 서해안 가까운 곳에 위치한 A가 가장 낮다.

올쏘 만점 노트 — 강수 분포의 지역 차

다우지	• 습윤한 남서 기류의 바람받이(풍상) 사면 지역 • 제주도와 남해안 일대, 한강 중·상류, 청천강 중·상류 등
소우지	• 상승 기류가 발생하기 어려운 바람그늘(풍하) 사면이나 높은 산지가 없는 평야 지역 • 개마고원, 관북 해안, 대동강 하류, 영남 내륙 지역 등
다설지	• 북서 계절풍 또는 북동 기류의 바람받이(풍상) 사면 • 울릉도, 영동 지방, 태백산맥 서사면, 호남 서해안 및 소백산맥 서사면 등

04 최한월 평균 기온과 기온의 연교차의 지역 차

자료 해설 우리나라의 최한월 평균 기온은 내륙 지역에 비해서는 해안 지역이, 비슷한 위도의 서해안에 비해서는 동해안이 더 높다. 기온의 연교차는 비슷한 위도에서는 해안보다 내륙 지역이 더 크다. 지도의 A는 대관령, B는 강릉, C는 장수, D는 거제이다. (가)는 세 지역 중 기온의 연교차가 가장 크고 최한월 평균 기온이 가장 낮은 대관령(A)이다. (나)는 기온의 연교차가 두 번째로 크고 최한월 평균 기온이 두 번째로 낮은 장수(C)이다. 소백산맥 서사면에 위치한 장수는 겨울 강수 비율이 비교적 높다. (다)는 기온의 연교차가 가장 작고 최한월 평균 기온이 가장 높은 거제(D)이다. 강릉(B)의 기온의 연교차는 24.2℃, 최한월 평균 기온은 0.4℃이다.

선택지 분석

❷ 정답: (가) – A, (나) – C, (다) – D이다.

올쏘 만점 노트 — 우리나라의 기온 특성

기온의 분포	• 연평균 기온은 남에서 북으로 갈수록, 해안에서 내륙으로 갈수록 대체로 낮아짐 • 연평균 기온의 지역 차는 동서보다 남북 차이가 더 큼
기온의 지역 차	• 1월 평균 기온 　– 수륙 분포의 영향으로 해안 지역이 내륙 지역에 비해 기온이 높음 　– 지형과 해양의 영향으로 동해안이 비슷한 위도의 서해안에 비해 기온이 높음 • 8월 평균 기온 　– 1월 평균 기온에 비해 지역 차가 작음 　– 위도가 높아질수록 기온이 낮아지며, 남부 내륙 지역의 기온이 특히 높음

05 기후 요인에 따라 다르게 나타나는 기후 요소의 특징

자료 해설 A는 대관령, B는 강릉, C는 울릉도, D는 대구, E는 제주이다. 동해상에 위치한 울릉도는 겨울 강수량이 많아 상대적으로 여름 강수 집중률이 가장 낮은 지역이며, 지형상 분지의 형태를 띠고 있는 대구는 연 강수량이 적다.

선택지 분석

❸ 정답: (가)는 A~E 지역 중에서 여름 강수 집중률이 가장 낮은 지역이므로 울릉도(C)이다. (나)는 울릉도 다음으로 여름 강수 집중률이 낮은 강릉(B)이다. (다)는 A~E 지역 중에서 연평균 기온이 가장 높고, 기온의 연교차가 가장 작은 제주(E)이다. (라)는 A~E 지역 중에서 연 강수량이 가장 적고, 여름 강수 집중률이 가장 높은 대구(D)이다. (마)는 A~E 지역 중에서 연평균 기온이 가장 낮고, 연교차가 가장 크며, 연 강수량이 가장 많은 대관령(A)이다.

올쏘 만점 노트 — 우리나라의 강수 특징

• 습윤 기후: 연 강수량이 약 1,200~1,300mm로 많은 편임
• 강수의 계절 차가 큼: 여름철에 강수가 집중됨
• 강수의 연 변동이 큼: 기단의 발달, 장마 기간, 태풍의 내습 횟수 및 강도, 집중 호우의 발생 정도가 해에 따라 차이가 큼

06 지역별 연 강수량과 연평균 기온의 차이

자료 해설 ㄱ은 대관령, ㄴ은 안동, ㄷ은 포항, ㄹ은 서귀포이다. 울릉도에 비해 ㄱ, ㄹ은 연 강수량이 많고, ㄴ, ㄷ은 연 강수량이 적다. 또한 울릉도에 비해 ㄱ, ㄴ은 연평균 기온이 낮고, ㄷ, ㄹ은 연평균 기온이 높다. 기후 값의 차이는 울릉도의 값에서 해당 지역을 뺀 것이므로 울릉도보다 값이 크면 음의 값을 갖는다.

연 강수량 차이	울릉도 – ㄱ = –값 울릉도 – ㄴ = +값 울릉도 – ㄷ = +값 울릉도 – ㄹ = –값	연평균 기온 차이	울릉도 – ㄱ = +값 울릉도 – ㄴ = +값 울릉도 – ㄷ = –값 울릉도 – ㄹ = –값

선택지 분석

❹ 정답: ㄱ은 연 강수량 – 값, 연평균 기온 + 값이므로 그림의 D에 해당한다.
ㄴ은 연 강수량 + 값, 연평균 기온 + 값이므로 그림의 B에 해당한다.
ㄷ은 연 강수량 + 값, 연평균 기온 – 값이므로 그림의 A에 해당한다.
ㄹ은 연 강수량 – 값, 연평균 기온 – 값이므로 그림의 C에 해당한다.

07 백령도, 흑산도, 고산의 풍향과 풍속 비교

자료 해설 그래프에서 굵은 직선은 각 풍향별 최대 풍속을 나타낸 것이다. (가)를 보면 북서풍과 북풍 계열의 관측 횟수 백분율이 높으므로 (가)는 시베리아 고기압의 영향을 주로 받는 1월이다. (나)의 흑산도와 고산을 보면 남풍과 남동풍 계열의 관측 횟수 비율이 높으므로 (나)는 북태평양 고기압의 영향을 받는 7월이다.

선택지 분석

① 오답: (가) 시기 세 지점의 풍향별 관측 횟수 백분율을 보면 북풍, 북서풍의 비율이 다른 풍향보다 높음을 알 수 있다.
② 오답: (나)의 백령도에서는 동풍 비율이 10% 정도인데 비해 서풍 비율은 5% 정도이므로 서풍 비율보다 동풍 비율이 더 높다.
③ 오답: (가)는 북풍과 북서풍 계열의 바람 비율이 높은 시기이며, (나)는 남동풍 비율이 높은 시기이다. 우리나라는 계절풍의 영향을 많이 받는 곳으로, 여름철에는 남서·남동풍의 비율이 높고, 겨울철에는 북서풍의 비율이 높게 나타난다. 따라서 (가)는 겨울철에 해당하는 1월, (나)는 여름철에 해당하는 7월의 풍향이다.
④ 오답: 무풍 비율은 그래프의 중심에 기록된 수치를 보고 알 수 있는데, 세 지역 모두 (가)보다 (나)에서 비율이 더 높다.
❺ 정답: 고산은 (가), (나) 시기 모두 최대 풍속이 20m/s를 넘는 풍향이 많아 백령도나 흑산도에 비해 풍속이 빠르다.

올쏘 만점 노트 — 계절풍

의미	계절에 따라 풍향과 성질이 달라지는 바람
특징	• 여름: 북태평양에서 발달한 고기압의 영향으로 고온 다습한 남서 또는 남동풍이 탁월함 → 벼농사, 대청마루 등에 영향 • 겨울: 시베리아에서 발달한 고기압의 영향으로 한랭 건조한 북서풍이 탁월함 → 김장, 온돌 등에 영향

08 인천, 울릉도, 서귀포의 기후 특징

자료 해설 (가)는 서해안에 위치한 인천, (나)는 울릉도, (다)는 제주도의 서귀포이다. 우리나라는 연 강수량의 상당 부분이 여름에 집중하므로 연 강수량이 많은 곳이 여름 강수량이 많으며, 여름 강수 집중률은 한강 중·상류 지역이 높게 나타난다.

선택지 분석

❺ 정답: 서귀포는 세 지역 중 위도가 가장 낮고 해안에 위치하므로 최한월 평균 기온이 가장 높다. 인천과 울릉도는 위도가 비슷하지만 울릉도는 동해에 위치한 섬이므로 서해안에 위치한 인천보다 최한월 평균 기온이 높다. 따라서 최한월 평균 기온은 (다)>(나)>(가) 순으로 높다. 여름 강수량은 다우지인 서귀포가 가장 많고, 인천이 울릉도보다 여름 강수량이 많다. 따라서 여름 강수량은 (다)>(가)>(나) 순으로 많다. 그러므로 (가)는 C, (나)는 B, (다)는 A가 된다.

09 여름과 겨울의 기후 특색 비교

자료 해설 (가)는 일 최고 기온과 일 최저 기온이 0℃ 내외의 분포를 보이므로 1월의 기온 분포를 나타낸 것이고, (나)는 25℃ 내외의 분포를 보이므로 8월의 기온 분포를 나타낸 것이다.

선택지 분석

ㄱ. 오답: (가) 월은 (나) 월보다 일 최고 기온과 일 최저 기온이 모두 낮으므로 평균 기온이 낮다.

ㄴ. 정답: (나) 월은 (가) 월보다 일 최고 기온이 높으므로, 지면이 가열되어 상승 기류가 발생해서 내리는 대류성 강수의 발생 빈도가 높다.

ㄷ. 정답: A 기간에는 대륙 기단의 세력이 강해질 때에는 기온이 내려가고, 대륙 기단의 세력이 약화되면 기온이 상승한다. 이는 대륙 기단인 시베리아 기단의 세력 변동과 관련 있다.

ㄹ. 오답: 열대야는 일 최저 기온이 25℃ 이상일 때를 말하는데, B 기간의 대부분은 일 최저 기온이 25℃ 미만이다.

올쏘 만점 노트 우리나라의 계절별 기후 특징

봄	• 건조한 날씨: 대기가 건조하여 산불의 발생 빈도가 높고, 가뭄이 자주 발생함 • 꽃샘추위: 초봄에 시베리아 기단의 일시적인 확장으로 반짝 추위가 나타남 • 황사 현상: 중국 내륙의 흙먼지가 편서풍을 타고 날아옴 • 높새바람: 늦봄~초여름에 영서 지방으로 고온 건조한 높새바람이 불어옴
장마철	• 장마: 6월 하순을 전후하여 남부 지방부터 시작되고, 7월 하순을 전후하여 한반도 북쪽으로 북상함 • 집중 호우: 장마 전선을 따라 다습한 남서 기류가 유입되면서 발생함
한여름	• 남고북저형의 기압 배치: 북태평양 고기압의 영향을 받아 무더위가 나타남 • 폭염: 고온 다습한 날씨가 지속되면서 열대야가 나타남 • 소나기: 국지적인 지표면의 가열에 의해 발생하는 대류성 강수
가을	• 가을 장마: 북태평양 기단이 약화되면서 북쪽으로 올라가 있던 장마 전선이 다시 남쪽으로 내려와 짧은 기간 비가 내리기도 함 • 청명한 날씨: 이동성 고기압의 영향으로 맑은 날이 많음 → 농작물의 결실과 수확에 유리함
겨울	• 서고동저형의 기압 배치: 시베리아 고기압이 확장하면서 북서풍이 강하게 불어와 한랭 건조함 • 삼한 사온: 시베리아 고기압의 주기적인 강약으로 기온 하강과 상승이 반복됨 • 폭설: 북서 계절풍이나 북동 기류의 바람받이 지역에서 발생

10 서리 일수의 분포

자료 해설 (가)는 이른 날이 2월 1일, 늦은 날은 5월 1일 정도가 되므로 서리 내린 마지막 날에 해당한다. (나)는 이른 날이 10월 11일, 늦은 날은 1월 11일 정도가 되므로 서리 내린 첫날에 해당한다.

선택지 분석

ㄱ. 오답: (가) 서리가 내린 마지막 날에서 (나) 서리가 내린 첫 날까지의 기간은 무상 기간에 해당하며, 무상 기간은 고위도로 갈수록 짧아진다.

ㄴ. 정답: 여름이 포함되는 (가) 서리 내린 마지막 날에서 (나) 서리가 내린 첫 날까지의 기간은 겨울이 포함되는 (나) 서리가 내린 첫 날에서 (가) 서리가 내린 마지막 날까지의 기간보다 강수량이 많다.

ㄷ. 오답: (나) 서리가 내린 첫 날에서 (가) 서리가 내린 마지막 날까지의 기간에는 겨울이 포함되며, 겨울에는 시베리아 기단의 세력이 우세하다. 북태평양 기단의 세력이 우세한 시기는 여름이다.

ㄹ. 정답: (나) 서리가 내린 첫 날에서 (가) 서리가 내린 마지막 날까지의 일수를 서리 일수라고 한다. 동일한 위도에서 동해안은 서해안보다 겨울 평균 기온이 높으므로 서리 일수가 짧다.

올쏘 만점 노트 우리나라 기후에 영향을 미치는 기단

기단	시기	성질	영향
시베리아 기단	겨울 (늦가을~초봄)	한랭 건조	한파, 삼한 사온, 꽃샘추위
오호츠크해 기단	늦봄~초여름	냉량 습윤	높새바람, 여름철 냉해, 장마 전선 형성
북태평양 기단	여름	고온 다습	무더위, 열대야, 장마 전선 형성
적도 기단	여름	고온 다습	태풍

11 연 강수량과 8월 평균 기온의 분포

자료 해설 지도에 표시된 관측 지역은 홍천, 문경, 광주, 부산이다. A와 C는 8월 평균 기온이 B와 D보다 높으므로 상대적으로 저위도에 위치한 곳인데, 연 강수량이 많은 A는 남해안에 위치한 부산이고, C는 광주이다. B는 D보다 연 강수량이 많으므로 홍천이고, D는 영남 내륙 지방에 위치한 문경으로 연 강수량이 가장 적다.

선택지 분석

ㄱ. 오답: 한강 중·상류에 위치한 홍천(B)이 부산(A)보다 하계 강수 집중률이 높다. 홍천의 하계 강수 집중률은 약 61%, 부산의 하계 강수 집중률은 약 51%이다.

ㄴ. 정답: 부산(A)은 연평균 기온이 14.7℃이고, 광주(C)는 13.8℃로, 부산(A)이 광주(C)보다 연평균 기온이 높다.

ㄷ. 정답: 홍천(B)은 문경(D)보다 고위도에 위치해 기온의 연교차가 크다. 기온의 연교차는 저위도에서 고위도로, 해안에서 내륙으로 갈수록 대체로 커진다.

ㄹ. 정답: 광주(C)는 문경(D)보다 저위도에 위치하므로 무상 기간이 길다.

12 기온의 연교차와 최한월 평균 기온의 분포

자료 해설 지도에 표시된 네 지역은 인천, 홍천, 강릉, 울릉도이다. (가)는 기온의 연교차가 약 29.5℃, 최한월 평균 기온은 약 −5.5℃, 최난월 평균 기온은 약 24℃로, 기온의 연교차가 가장 크므로 내륙에 위치한 홍천이다. (나)는 기온의 연교차가 (가) 다음으로 크므로 서해안에 위치한 인천이다. (다)는 (라) 다음으로 최한월 평균 기온이 높으므로

동해안에 위치한 강릉이다. (라)는 기온의 연교차가 가장 작고, 최한월 평균 기온이 가장 높으므로 울릉도이다.

오른쪽 그래프에서 연 강수량이 A>B>C>D 순으로 나타나고, 여름 강수량은 B가 가장 많으며, 겨울 강수량은 C가 가장 많다. 따라서 B는 홍천이고, C는 울릉도이다. A는 D보다 연 강수량과 겨울 강수량이 많으므로 강릉이고, D는 인천이다.

선택지 분석

① 오답: (다)의 강릉은 A, (라)의 울릉도는 C이다.
② 오답: 연 적설량은 울릉도(라)가 홍천(가)보다 많다. 북서 계절풍의 영향으로 울릉도는 겨울에 눈이 많이 내린다.
③ 오답: 여름 강수 집중률은 인천(나)이 강릉(다)보다 높다. 북동 기류의 바람받이 사면에 해당하는 강릉은 상대적으로 인천보다 겨울 강수량이 많다.
④ 오답: (다) 강릉(A)의 최한월 평균 기온은 약 0.4℃, (나) 인천(D)은 약 −2.1℃이다.
❺ 정답: (나) 인천(D)이 (라) 울릉도(C)보다 최난월 평균 기온이 높다. 울릉도는 해양의 영향으로 여름철 기온이 비교적 서늘하다.

올쏘 만점 노트 | 연 강수량의 해에 따른 변동

• 우리나라는 해에 따른 연 강수량의 변동이 큰 편임
• 기단의 발달, 장마 기간, 태풍의 내습 횟수 및 강도, 집중 호우의 발생 정도가 해에 따라 차이가 큼 → 홍수와 가뭄이 자주 발생

킬러 예상 문제

본문 054~055쪽

01 ② 02 ③ 03 ② 04 ⑤ 05 ④ 06 ⑤ 07 ② 08 ②

01 기후 요소와 기후 요인

자료 해설 기후는 어떤 장소에서 오랜 기간에 걸쳐 나타나는 대기 현상의 종합적이고 평균적인 상태를 말한다. 기후는 일정한 장소에서 비교적 짧은 기간에 나타나는 대기의 상태인 날씨와 구별되며, 기후를 파악하기 위해서는 대기 현상을 나타내는 기온, 강수, 바람 등을 분석한 후 종합해야 한다. 기후를 구성하는 것을 기후 요소라 하며, 기후 요소에 영향을 주는 것을 기후 요인이라 한다. 기온, 강수, 바람이 대표적인 기후 요소이며, 지형, 해류, 위도 등이 대표적인 기후 요인이다. 갑과 을은 공통적으로 지형이 기온과 강수량에 미친 영향을 설명하고 있다.

선택지 분석

① 오답: 저위도에 위치한 부산은 고위도에 위치한 강릉보다 연평균 기온이 높다.
❷ 정답: 한라산의 영향으로 서귀포는 제주보다 연 강수량이 많다.
③ 오답: 저위도에 위치한 부산은 고위도에 위치한 서울보다 열대야가 많이 발생한다.

---

④ 오답: 바다의 영향을 많이 받는 울릉도는 인천보다 겨울철 기온이 높다.
⑤ 오답: 군산과 포항은 위도가 비슷하지만, 서해안에 위치한 군산은 동해안에 위치한 포항보다 최한월 평균 기온이 낮다.

올쏘 만점 노트 | 날씨와 기후

날씨	일정한 장소에서 비교적 짧은 기간에 나타나는 대기의 상태
기후	어떤 장소에서 장기간에 걸쳐 나타나는 대기의 평균적이고 종합적인 상태

02 지역별 기후 차이

자료 해설 우리나라의 연평균 기온은 남에서 북으로 갈수록 대체로 낮아지며, 기온의 연교차는 북부와 내륙 지방으로 가면서 커진다. 최난월 평균 기온은 대체로 위도가 높아질수록 낮아진다. 우리나라는 장마 전선과 태풍의 영향으로 여름철에 강수가 집중되며, 강수 분포의 지역 차는 풍향과 지형의 영향을 크게 받는다. 지도에 표시된 A는 인천, B는 강릉, C는 울릉도, D는 군산, E는 포항이다.

선택지 분석

갑 – 정답: 고위도에 위치한 인천(A)은 저위도에 위치한 군산(D)보다 연평균 기온이 낮다.
을 – 정답: 강릉(B)은 바다의 영향을 많이 받는 울릉도(C)보다 최난월 평균 기온이 높다.
병 – 오답: 울릉도(C)는 겨울철에 눈이 많이 내리는 대표적인 다설지이다. 그러므로 인천(A)이 울릉도(C)보다 여름철 강수 집중률이 높다.
정 – 정답: 군산(D)과 포항(E)은 위도가 비슷하지만 서해안에 위치한 군산(D)이 동해안에 위치한 포항(E)보다 기온의 연교차가 크다.

03 우리나라에 영향을 주는 기단

자료 해설 우리나라 기후에 영향을 주는 기단으로는 겨울에 영향을 주는 대륙성 기단인 시베리아 기단과 늦봄 ~ 초여름에 영향을 주는 해양성 기단인 오호츠크해 기단, 여름에 영향을 주는 해양성 기단인 북태평양 기단과 적도 기단이 있다. 우리나라는 이들 기단이 교대로 성장과 쇠퇴를 반복하면서 계절별로 독특한 기후 현상이 나타난다.

(가) 계절은 겨울, (나) 계절은 여름이다. 삼한 사온, 폭설 등이 겨울을 대표하는 기후 현상이며, 열대야, 소나기, 폭염 등이 여름을 대표하는 기후 현상이다. 지도의 A는 시베리아 기단, B는 오호츠크해 기단, C는 북태평양 기단이다.

선택지 분석

❷ 정답: 겨울에는 시베리아 고기압이 확장하면서 북서풍이 강하게 불어와 한랭 건조하다. 또한 시베리아 고기압의 주기적인 강약으로 삼한 사온 현상이 나타난다. 반면 여름에는 북태평양 고기압의 영향으로 무더위가 나타나며, 대류성 강수인 소나기가 내린다. 즉, 겨울에는 시베리아 기단(A), 여름에는 북태평양 기단(C)의 영향을 받는다.

올쏘 만점 노트 | 우리나라의 계절별 특색

봄	꽃샘추위, 황사 현상, 높새바람 등
여름	장마 전선, 폭염 및 열대야 등
가을	맑고 청명한 날씨 등
겨울	삼한 사온, 폭설 등

04 1월과 8월의 평균 기온 분포

자료 해설 (가)의 등치선은 1℃ 간격이고, (나)의 등치선은 2℃ 간격이므로 (가)보다 (나)의 남북 간 기온 차가 더 크다는 것을 알 수 있다. 따라서 (가)는 8월, (나)는 1월의 평균 기온 분포를 나타낸 것이다. 8월보다 1월에 남북 기온 차가 더 크며, 8월에는 해발 고도가 높은 태백 산지 일대의 기온이 주변보다 낮게 나타난다.

선택지 분석

❺ 정답: 8월(가)에 비해 1월(나)은 평균 기온이 낮고 강수량이 적으나 북서풍 계열의 바람 빈도가 높다. 그러므로 8월(가)에 대한 1월(나)의 상대적인 특징은 그림의 E이다.

05 여름과 겨울 강수량

자료 해설 여름에는 남동·남서 계절풍의 바람받이 사면인 남해안 일대에 강수량이 많으며, 태백 산지 일대도 강수량이 많다. 반면, 겨울에 눈이 많이 내리는 대표적인 다설지는 울릉도, 동해안 일대 등이다. 그러므로 (가)는 여름 강수량, (나)는 겨울 강수량이다.

선택지 분석

ㄱ. 오답: 시베리아 기단의 영향을 받는 시기는 겨울(나)이다. 반면 여름(가)에는 북태평양 기단의 영향을 많이 받는다.

ㄴ. 정답: 겨울(나)에는 시베리아 기단이 발달하기 때문에 남풍 계열보다 북서풍 계열의 바람이 탁월하다.

ㄷ. 오답: 여름(가)은 겨울(나)보다 강수량이 많다. 여름에는 장마 전선, 태풍, 습윤한 남서·남동 계절풍의 영향으로 강수량이 많다.

ㄹ. 정답: 열대 저기압인 태풍의 영향을 받는 시기는 주로 7~9월이다.

> **올쏘 만점 노트** 우리나라의 강수 분포
> • 장마 전선과 태풍의 영향으로 여름철에 강수가 집중됨
> • 장마 전선은 한대 기단과 열대 기단의 경계면에서 형성되어 주로 6~7월 사이에 영향을 끼침
> • 주로 7~9월에 우리나라를 통과하는 태풍은 강풍과 집중 호우를 유발하며 이로 인해 피해가 발생하기도 함

06 여름과 겨울의 풍향

자료 해설 중위도에 위치한 우리나라는 연중 편서풍의 영향으로 서풍 계열의 바람이 많이 불어온다. 그리고 대륙과 해양 사이에 위치하고 있어 겨울철과 여름철의 바람의 방향이 거의 반대로 나타나는 계절풍의 영향을 받는다. 겨울철에는 주로 시베리아 지역에서 한랭 건조한 북서풍이 불어오고, 여름철에는 북태평양에서 고온 다습한 남풍 계열의 바람이 불어온다. 우리나라는 여름철보다 겨울철에 대륙과 해양의 평균적인 기압 차가 더 크기 때문에 바람의 세기는 겨울철이 여름철보다 일반적으로 더 강하게 나타난다.

(가)는 1월, (나)는 7월의 풍향을 나타낸 것이다. 1월에는 북서풍이 탁월하게 불고 7월에는 남서 혹은 남동풍이 탁월하게 분다.

선택지 분석

① 오답: 1월(가)에는 서고동저형 기압 배치가 잘 나타나며, 7월(나)에는 남고북저형 기압 배치가 잘 나타난다.

② 오답: 7월(나)에는 대륙성 기단보다 해양성 기단의 영향을 많이 받는다.

③ 오답: 1월(가)보다 7월(나)의 강수량이 더 많다.

④ 오답: 1월(가)보다 7월(나)의 대류성 강수 발생 빈도가 높다. 대표적인 대류성 강수는 소나기이다.

❺ 정답: 7월(나)은 1월(가)보다 평균 기온이 높다.

> **올쏘 만점 노트** 우리나라에 영향을 주는 바람
>
> | 편서풍 | 중위도에서 서쪽에서 동쪽으로 부는 바람 |
> | --- | --- |
> | 계절풍 | • 계절에 따라 풍향이 바뀌는 바람
• 겨울 – 북서 계절풍, 여름 – 남서·남동 계절풍 |
> | 태풍 | • 열대 지방의 바다에서 형성되는 저기압
• 7~9월에 주로 우리나라에 영향 |
> | 높새바람 | • 영서 지방에 부는 고온 건조한 바람
• 오호츠크해 기단의 영향을 받는 늦봄~초여름에 영향 |

07 인천, 대관령, 제주의 기후 특성

자료 해설 지도의 A는 서해안에 위치한 인천, B는 해발 고도가 높은 대관령, C는 저위도에 위치한 제주이다.

선택지 분석

ㄱ. 정답: 연 강수량은 대관령(B)>제주(C)>인천(A) 순으로 많다.

ㄴ. 오답: 겨울 강수량은 제주(C)>대관령(B)>인천(A) 순으로 많다.

ㄷ. 정답: 기온의 연교차는 인천(A)>대관령(B)>제주(C) 순으로 크다.

ㄹ. 오답: 최난월 평균 기온은 제주(C)>인천(A)>대관령(B) 순으로 높다.

08 서울, 울릉도, 거제의 강수 특성

자료 해설 지도의 A는 서울, B는 울릉도, C는 거제이다. 울릉도는 겨울철에 눈이 많이 내리는 대표적인 다설지이며, 거제는 남서·남동 계절풍의 바람받이 사면에 위치한 우리나라의 대표적인 다우지이다.

선택지 분석

❷ 정답: (가)는 거제(C)>서울(A)>울릉도(B) 순으로 크므로 연 강수량, (나)는 서울(A)>거제(C)>울릉도(B) 순으로 크므로 여름 강수량 비중, (다)는 울릉도(B)>거제(C)>서울(A) 순으로 크므로 겨울 강수량을 나타낸 것이다.

07 ④ 기후와 주민 생활

기출 선지 변형 OX

본문 056~057쪽

01 ① × ② ○ ③ ○ ④ × ⑤ ○ ⑥ × ⑦ × ⑧ ○

02 ① × ② ○ ③ × ④ × ⑤ × ⑥ ○ ⑦ ○ ⑧ ×

03 ① × ② × ③ × ④ ○ ⑤ ○ ⑥ × ⑦ ×

04 ① ○ ② × ③ ○ ④ ○ ⑤ ○ ⑥ ○

01 ① A 지역(제주도)보다 B 지역(관북 지방)의 겨울 기온이 더 낮다.

② 1년 동안 서리가 내리지 않는 기간인 무상 일수는 A 지역(제주도)이 B 지역(관북 지방)보다 많다.

③ 결빙 일수는 겨울철이 한랭할수록 많다. 따라서 A 지역(제주도)보다 B 지역(관북 지방)의 결빙 일수가 많다.

④ A 지역(제주도)보다 B 지역(관북 지방)이 고위도에 위치한다.

⑤ 온량 지수는 월평균 기온이 5℃ 이상인 달의 기온에서 식물 생장에 필요한 최저 기온인 5℃를 뺀 값의 합을 말한다.

⑥ 온량 지수는 저위도에서 고위도로 갈수록 낮아지므로 A 지역(제주도)이 B 지역(관북 지방)보다 높다.

⑦ 일 최저 기온이 25℃ 이상인 날을 의미하는 열대야 일수는 A 지역(제주도)이 B 지역(관북 지방)보다 많다.

⑧ 연평균 기온은 저위도에서 고위도로 갈수록 낮아지므로 저위도에 위치한 A 지역(제주도)이 고위도에 위치한 B 지역(관북 지방)보다 연평균 기온이 높다.

02 ① (가) 지역에서는 田자형으로 방을 배치하고, 부엌의 열기를 난방에 활용할 수 있도록 한 시설인 정주간을 설치한 것으로 보아 겨울 기온이 낮은 관북 지방의 전통 가옥 구조이다.

② 겨울 기온이 낮은 (가) 지역(관북 지방)의 전통 가옥에서는 정주간을 볼 수 있다.

③ (가) 지역(관북 지방)의 전통 가옥은 난방 시설이 발달하였다.

④ (가) 지역(관북 지방)의 전통 가옥에서는 넓은 대청마루를 볼 수 없다.

⑤ (가) 지역(관북 지방)에서 볼 수 있는 정주간은 부엌과 방 사이에 벽이 없고 부뚜막과 방바닥이 하나의 평면으로 된 넓은 공간으로 거실과 같은 역할을 한다. 방설벽은 울릉도의 전통 가옥에서 볼 수 있는 우데기를 말한다.

⑥ (나) 지역(제주도)에서는 곡식 저장을 위한 창고인 고팡을 볼 수 있다.

⑦ (나) 지역(제주도)은 (가) 지역(관북 지방)에 비해 최난월 평균 기온이 높다.

⑧ (나) 지역(제주도)은 (가) 지역(관북 지방)에 비해 기온의 연교차가 작다.

03 ① 우리나라는 (가) 축제(보령 머드 축제)가 열리는 시기에 해양성 기단인 북태평양 기단의 영향을 주로 받는다.

② 열대 저기압인 태풍은 주로 7~9월에 우리나라에 영향을 준다. 따라서 (가) 축제(보령 머드 축제)가 열리는 시기에 열대 저기압의 영향을 받는 경우가 많다.

③ 우리나라의 남북 간의 기온 차이는 여름보다 겨울에 더 크다. 따라서 (가) 축제(보령 머드 축제)가 열리는 시기가 (나) 축제(화천 산천어 축제)가 열리는 시기보다 남북 간의 기온 차이가 더 작다.

④ (가) 축제(보령 머드 축제)가 열리는 시기가 (나) 축제(화천 산천어 축제)가 열리는 시기보다 평균 강수량이 많다.

⑤ (가) 축제(보령 머드 축제)가 열리는 시기에는 남동 및 남서 계절풍의 영향을 받아서 고온 다습하고, (나) 축제(화천 산천어 축제)가 열리는 시기에는 북서 계절풍의 영향을 받아서 한랭 건조하다.

⑥ (가) 축제(보령 머드 축제)가 열리는 시기에는 더위를 피해서 피서를 가는 사람들이 많다. 맑고 청명한 날이 많아 단풍놀이를 가는 인파가 많은 계절은 가을이다.

⑦ 불쾌지수가 높아지며 자외선이 강해지는 시기는 (가) 축제(보령 머드 축제)가 열리는 시기이다.

04 ① (가) 현상(기온 역전 현상)이 발생하면 대기의 상태가 안정되면서 대류 현상이 미약해진다. 따라서 지표면 부근의 수증기가 응결하여 안개가 발생하고, 농작물은 냉해를 입을 가능성이 커진다.

② (가) 현상은 기온 역전 현상이다. 습기를 포함한 바람이 산을 타고 올라갈 때는 강수 현상이 발생하며 산을 타고 내려갈 때에는 고온 건조해지는 현상은 푄 현상이다.

③ (가) 현상(기온 역전 현상)은 새벽에 대기 상층부와 하층부의 기온 차이가 커지기 때문에 발생한다.

④ (나) 현상(도시 열섬 현상)을 완화하기 위해서는 옥상 녹화를 통해 녹지를 조성하고 도시 내부의 열이 쉽게 주변 지역으로 방출되도록 바람길을 조성해야 한다.

⑤ (나) 현상(도시 열섬 현상)은 연중 나타나지만, 인공 열의 발생이 많은 겨울철이 여름철보다 더 뚜렷하게 나타난다.

⑥ (나) 현상(도시 열섬 현상)은 도심의 기온이 주변 지역보다 높게 나타나는 현상이다.

실전 기출 문제

본문 058~059쪽

01 ③ **02** ② **03** ④ **04** ② **05** ② **06** ③ **07** ③ **08** ②

01 계절별 기후의 영향을 받은 식생활 특성

자료 해설 우리나라는 전통적으로 신선한 채소를 구하기 어려운 겨울에는 많은 양의 김치를 담그는 김장을 하였다. 따라서 (가)는 겨울이다. 김장을 담그는 시기와 김치의 맛은 지역적으로 차이가 있다. 겨울이 비교적 온화한 남부 지방은 김치가 쉽게 시어지기 때문에 짜고 맵게 담갔으며, 기온이 낮은 북부 지방은 싱겁고 담백하게 담갔다.

계절에 따라 구할 수 있는 음식의 재료가 다르기 때문에 전통 음식도 달라진다. 봄에는 진달래꽃 등을 넣은 화전을 부쳐 먹고, 여름에는 보양을 위해 삼계탕을 먹는다. 가을에는 햅쌀로 만든 송편을 만들어 먹고, 겨울에는 만둣국이나 떡국을 먹는다. 따라서 (나)는 여름이다.

선택지 분석

ㄱ. 오답: (가)는 겨울이므로 주로 대륙성 기단인 시베리아 기단의 영향을 받는다.

ㄴ. 정답: 여름(나)에는 남고북저형의 기압 배치가 주로 나타난다. 이에 비해 겨울(가)에는 시베리아 지역은 차갑게 냉각되면서 강한 고기압이 발달하고 상대적으로 따뜻한 일본 북동부 해상을 중심으로 저기압이 발달하면서 서고동저형 기압 배치가 자주 나타난다.

ㄷ. 정답: 겨울(가)에는 여름(나)보다 평균 풍속이 빠르다. 우리나라는 여름보다 겨울에 대륙과 해양의 평균적인 기압 차가 더 크기 때문에 바람의 세기는 겨울이 여름보다 일반적으로 더 강하게 나타난다.

ㄹ. 오답: 우리나라의 지역 간 기온 차이는 여름(나)보다 겨울(가)에 더욱 크다. 북부 내륙 지방은 대륙의 영향을 받아 빠르게 냉각된 시베리아 기단이 확장하면서 겨울철 평균 기온이 −15℃ 내외까지 떨어지지만, 제주도를 비롯한 남부 지방은 상대적으로 따뜻한 바다와 인접하여 겨울에도 영상의 기온을 유지하는 날이 많다. 겨울은 최한월 평균 기온이 −16~6℃ 정도로 지역에 따라 약 22℃의 차이가 나며, 북부 내륙 지방에 위치한 중강진은 우리나라에서 기온이 가장 낮은 지역이다. 여름은 최난월 평균 기온이 16~27℃ 정도로 지역에 따라 약 11℃의 차이가 난다. 우리나라는 겨울에 지역 간 기온 차이가 크기 때문에 겨울 기온이 낮은 지역일수록 기온의 연교차가 크다. 따라서 기온의 연교차는 남쪽에서 북쪽으로 갈수록 커지고, 같은 위도에서는 해안보다 내륙이, 동해안보다 서해안이 기온의 연교차가 크다.

올쏘 만점 노트 | 기온과 의식주

의복	• 여름: 통풍이 잘되는 삼베, 모시 • 겨울: 보온에 유리한 솜옷
김장	겨울이 따뜻한 남부 지방은 북부 지방에 비해 김장을 늦게 시작하고 김치를 짜게 담금
가옥 구조	• 겨울이 추운 북부 지방은 폐쇄적 구조 • 여름이 더운 남부 지방은 개방적 구조
무상 기간과 서리 일수	저위도일수록 무상 기간이 길고 서리 일수는 적음
봄꽃 개화와 단풍 시기	저위도일수록 봄꽃의 개화 시기가 빠르고 단풍 시기가 늦음

02 기후의 영향을 받은 전통 가옥의 특징

자료 해설 기온은 의식주를 중심으로 한 지역 주민의 생활 양식에 큰 영향을 준다. 우리나라의 기온 특성은 전통 가옥 구조에 영향을 미쳤는데, 무더운 여름을 이겨내기 위해 중부와 남부 지역의 전통 가옥에는 바람이 잘 통하도록 대청마루를 설치하였으며, 지붕과 천장 사이에 공간을 두어 지붕의 열기가 방으로 전달되는 것을 방지하였다. 겨울철 추위에 대비하여 전통 가옥에는 난방 시설인 온돌을 설치하였고, 겨울이 매우 추운 관북 지방에서는 정주간을 두고 방을 두 줄로 배치하여 열 손실을 줄였다.

우리나라의 강수 특성 역시 전통 가옥의 구조와 형태에 영향을 주었다. 눈이 많이 내리는 지역에서는 적설로 가옥이 붕괴되는 것을 막기 위해 지붕의 경사를 급하게 하였다. 폭설이 잦은 울릉도의 전통 가옥에는 우

데기라는 방설벽을 둘러 겨울철 활동 공간을 마련하였다.

(가)는 울릉도의 전통 가옥, (나)는 제주도의 전통 가옥이다. 울릉도 지역은 눈이 많이 내리면 실외 활동이 어렵기 때문에 가옥 내에서 이동과 활동이 이루어질 수 있는 공간을 확보하기 위해 우데기를 설치하였다. 바람의 영향을 많이 받는 제주도에서는 바람과 관련한 독특한 전통 가옥 구조가 나타난다. 제주도에서는 바람의 저항을 줄이기 위해 지붕의 처마를 낮게 하고, 지붕을 줄로 엮어서 강풍의 피해에 대비하였다. 또한 강한 바람으로 인해 비와 눈이 집안으로 들이치는 것을 막기 위해 풍채를 설치하기도 하였다.

선택지 분석

② 정답: 제주도는 최한월 평균 기온이 높고, 연 강수량이 많다. 울릉도는 우리나라의 대표적인 다설지로 겨울 강수량이 많다. 따라서 제주도는 울릉도보다 연 강수량이 많고 최한월 평균 기온이 높고 겨울 강수 집중률은 낮다. 따라서 그림의 B가 이에 해당한다.

올쏘 만점 노트 | 강수와 주민 생활

계절에 따른 강수량 변동	• 계절에 따른 강수량 변동이 심해 홍수와 가뭄이 빈번하게 발생 → 물 관리에 어려움을 겪어 왔음 • 우리 조상들은 일찍부터 곳곳에 저수지, 보 등의 수리 시설을 조성하였음 • 오늘날에는 다목적 댐을 건설 → 각종 용수 공급, 물 자원을 효율적으로 관리
가옥 구조	침수 피해 대비책: 터돋움집, 범람원에는 제방을 쌓았음
강수가 적은 지역	풍부한 일조량 → 천일제염업, 과수 재배 활발
눈이 많이 내리는 지역	• 교통 체증 발생, 실외 활동이 어려워짐 → 일상생활에 불편 발생 • 폭설에 대비하여 울릉도에서는 전통 가옥에 우데기 설치 • 오늘날에는 눈이 많이 내리는 기후 특성을 관광 자원으로 활용 → 눈 축제 개최, 스키장 건설 → 관광객 유치

03 기후와 전통 가옥 구조

자료 해설 우리나라는 여름보다 겨울에 지역에 따른 기온 차가 더 뚜렷하게 나타난다. 기후는 의식주 생활에 영향을 미쳐 지역별로 다양한 문화가 발달하였다. 우리나라의 대부분 지역에서는 겨울철 추위를 이겨 내기 위해 아궁이에 불을 피워 방바닥을 데우는 온돌을 설치하였다. 겨울이 특히 추운 관북 지방은 길고 혹독한 추위를 견디기 위해 방을 두 줄로 배치하여 실내 온기를 유지하였고 정주간을 만들어 활용하였다. 반면 상대적으로 따뜻한 제주 지역은 온돌(구들)이 없는 방도 있었다.

이에 비해 여름철이 무더운 남부 지방의 전통 가옥은 개방적인 구조가 나타난다. 중부와 남부 지역의 전통 가옥에는 바람이 잘 통하고 지면으로부터 습기를 차단하기 위해 대청마루를 설치하였다.

(가)는 관북 지방의 전통 가옥에서 나타나는 정주간, (나)는 중·남부 지방의 전통 가옥에서 나타나는 대청마루에 대한 설명이다.

선택지 분석

① 오답: (가)는 부뚜막을 넓혀 방처럼 사용하는 정주간으로, 겨울철 추위에 대비한 공간이다.

② 오답: (가) 정주간은 겨울철이 한랭한 관북 지방의 전통 가옥에서 나타나는 공간이다.

③ 오답: (나)는 중·남부 지방의 전통 가옥에서 볼 수 있는 대청마루이다. 우데기는 울릉도의 전통 가옥에서 볼 수 있다.

❹ 정답: 중·남부 지방은 여름철이 무더워 방과 방 사이에 대청마루를 두는데, 대청마루는 창문이 크거나 개방되어 있어 통풍이 잘된다.

⑤ 오답: (가) 정주간을 둔 가옥 구조는 방을 두 줄로 배치하는 겹집 구조이며, (나) 대청마루를 둔 가옥 구조는 방을 한 줄로 배치하는 홑집 구조이다. (가)는 폐쇄적이며, (나)는 개방적인 구조이다.

올쏘 만점 노트 관북 지방과 남부 지방의 전통 가옥 구조

관북 지방의 전통 가옥

추운 겨울에 대비하여 폐쇄적인 구조가 나타남

남부 지방의 전통 가옥

여름 무더위에 대비하여 대청마루가 발달한 개방적인 구조가 나타남

04 기후와 전통 가옥 구조

자료 해설 겨울철이 추운 북부 지방에서는 폐쇄적인 가옥 구조가 나타나고, 여름철이 무더운 남부 지방에서는 개방적인 가옥 구조가 나타난다. 관북 지방에는 겨울철 추위에 대비하여 방을 전(田)자형으로 배치하는 등 폐쇄적인 가옥 구조가 나타난다. 정주간은 부엌과 방 사이의 벽이 없는 공간으로, 오늘날의 거실과 같은 용도로 이용되었다.

제주도의 전통 가옥은 집 안에 고팡(곡식 저장 창고)이 있는 독특한 형태인데, 겨울이 온화하여 온돌 같은 난방 시설이 제대로 발달하지 않았고, 부엌의 아궁이는 바깥쪽으로 나 있다. 그리고 지붕의 경사를 완만하게 하고 그 위에 그물망처럼 조밀하게 줄을 엮어 강풍 피해에 대비하였으며, 집 둘레에 돌담을 쌓아 집 안으로 강한 바람이 들어오는 것을 막았다.

A 지역은 전통 가옥 구조에서 방 뒤에 고팡이 존재하고 부엌에서 아궁이가 방 쪽으로 향하지 않은 것으로 보아 겨울철이 온난해 난방의 필요성이 적은 제주도이다. B 지역은 전통 가옥 구조에서 폐쇄적인 겹집 구조가 나타나며 부엌과 방 사이에 정주간이 나타나므로 겨울철이 한랭한 관북 지방이다.

선택지 분석

① 오답: 무상 일수는 1년 동안 서리가 내리지 않는 기간으로, 겨울철이 온난한 제주도(A)가 겨울철이 한랭한 관북 지방(B)보다 많다.

❷ 정답: (가)에 들어갈 수치는 관북 지방(B)에서 높게 나타나며 제주도(A)에서 낮게 나타나는 수치이다. 결빙 일수는 겨울철이 한랭할수록 많다. 따라서 제주도(A)보다 관북 지방(B)이 결빙 일수가 많다.

③ 오답: 온량 지수는 월평균 기온이 5℃ 이상인 달에 대하여 그 달의 기온에서 식물 생장에 필요한 최저 기온인 5℃를 뺀 값의 합을 말한다. 온량 지수는 저위도에서 고위도로 갈수록 낮아진다. 온량 지수는 저위도에 위치한 제주도(A)가 고위도에 위치한 관북 지방(B)보다 높다.

④ 오답: 열대야 일수는 일 최저 기온이 25℃ 이상인 날로, 저위도에 위치한 제주도(A)가 고위도에 위치한 관북 지방(B)보다 많다.

⑤ 오답: 연평균 기온은 저위도에서 고위도로 갈수록 낮아진다. 따라서 저위도에 위치한 제주도(A)가 고위도에 위치한 관북 지방(B)보다 연평균 기온이 높다.

05 기후와 전통 가옥 구조

자료 해설 (가) 지역은 방을 두 줄로 배치한 겹집 구조가 나타나며 부뚜막을 넓혀 방처럼 사용하는 정주간 구조가 나타나므로 겨울철이 한랭한 관북 지방이다. (나) 지역은 부엌 아궁이가 방으로 향해 있지 않으며 온돌을 부분적으로 이용하는 것으로 보아 제주도이다.

선택지 분석

❷ 정답: (가) 관북 지방과 비교한 (나) 제주도의 기후 특성을 그래프에서 찾으면 B이다. 제주도는 저위도에 위치하여 고위도에 위치한 관북 지방보다 최난월 평균 기온이 높으며 기온의 연교차가 작다. 1년 동안 서리가 내리지 않는 기간인 무상 일수는 최한월 평균 기온이 높은 제주도가 관북 지방보다 많다.

06 지역 축제와 기후 및 계절 특성의 관련성

자료 해설 전국 각지에서 개최되는 다양한 지역 축제가 해마다 늘어나고 있다. 문화체육관광부에 따르면 전국의 지역 축제는 생태 자연 축제, 문화 예술 축제, 전통 역사 민속 축제, 지역 특산물 축제, 경연, 산업, 스포츠 축제 등으로 분류할 수 있다. 이 중에서 지역의 독특한 자연환경과 관련된 축제로는 한라산 눈꽃 축제, 대관령 눈 축제, 화천 산천어 축제, 황강 레포츠 축제, 진도 신비의 바닷길 축제, 갯벌 체험 화성포구 축제, 보령 머드 축제, 김제 지평선 축제, 순천만 갈대 축제, 땅끝 해넘이 해맞이 축제 등이 있다.

(가)에 제시된 보령 머드 축제는 여름에, (나)에 제시된 화천 산천어 축제는 겨울에 열린다. 보령 머드 축제를 비롯해 여름에는 주로 해안 지역에서 축제가 열린다. 화천 산천어 축제는 겨울에 한랭한 화천의 눈과 얼음을 이용하는 대표적인 겨울 축제이다. (가)는 여름, (나)는 겨울이다.

선택지 분석

① 오답: 여름(가)에는 해양성 기단인 북태평양 기단의 영향을 받는다. 대륙성 기단인 시베리아 기단의 영향을 받는 계절은 겨울(나)이다.

② 오답: 열대 저기압에 의한 피해는 태풍으로 인한 피해이다. 태풍은 7~9월에 주로 발생한다.

❸ 정답: 우리나라는 여름(가)에는 지역별 기온 차가 작게 나타나지만 겨울(나)에는 지역별 기온 차가 크게 나타난다. 특히 우리나라는 국토가 남북으로 길어 겨울철 남북 간의 기온 차이가 뚜렷하다.

④ 오답: 우리나라는 계절풍으로 인해 여름철에는 고온 다습, 겨울철에는 한랭 건조하다. 따라서 여름(가)이 겨울(나)보다 평균 강수량이 많다.

⑤ 오답: 여름(가)에는 남서 및 남동 계절풍, 겨울(나)에는 북서 계절풍의 영향을 받는다.

07 기후와 계절 특성

자료 해설 (가)는 겨울로, 시베리아 기단의 영향을 받아 한랭 건조한

날씨가 나타난다. (나)는 여름으로, 북태평양 기단의 영향을 받아 고온 다습한 날씨가 나타난다.

선택지 분석

① 오답: 맑고 청명한 날이 많아 농작물의 결실에 유리한 계절은 가을이다.

② 오답: 여름(나)에는 남고북저형의 기압 배치가 자주 나타나며, 겨울(가)에는 서고동저형의 기압 배치가 자주 나타난다.

❸ 정답: 우리나라는 여름(나)보다 겨울(가)에 남북 간의 기온 차이가 크게 나타난다.

④ 오답: 여름(나)은 겨울(가)보다 평균 풍속이 약하며 풍향 또한 일정하지 않다.

⑤ 오답: 겨울(가)은 대륙성 기단인 시베리아 기단의 영향을 받으며, 여름(나)은 해양성 기단인 북태평양 기단의 영향을 받는다.

08 기온 역전 현상과 열섬 현상

자료 해설 일반적으로 해발 고도가 높아질수록 기온이 낮아진다. 그러나 산으로 둘러싸인 분지에서는 차가운 공기가 분지 내에 집적됨으로써 지표면보다 상층부 기온이 더 높아지는 현상이 생기는데, 이를 기온 역전 현상이라고 한다. 도시 열섬 현상이란 교외 지역보다 도시 내부의 기온이 높게 나타나는 현상으로, 도시의 인구 증가, 인공 열 방출, 도로 포장 면적 증가 등으로 인해 발생한다.

(가)는 기온 역전 현상, (나)는 열섬 현상에 대한 설명이다.

선택지 분석

❶ 정답: 기온 역전 현상(가)은 주로 분지 지역에서 밤에 산 정상부의 차가운 공기가 분지 바닥에 쌓이면서 발생한다. 기온 역전 현상이 발생하면 안개가 발생하면서 농작물의 냉해가 발생할 가능성이 크다. 이러한 피해를 줄이기 위해서 바람개비를 설치하여 공기가 잘 순환되도록 한다. 제주도의 녹차밭에는 기온 역전 현상에 의한 냉해를 줄이기 위해 바람개비가 설치되어 있다.

ㄴ. 오답: 밭이랑을 지표면의 경사 방향과 직각이 되도록 만들어 작물을 재배하는 것을 등고선식 경작이라고 한다. 등고선식 경작은 강수 시에 사면에서 발생하는 토양 유실을 방지하기 위한 방법이다.

❸ 정답: 열섬 현상(나)은 인공 열의 발생이 많은 대도시의 내부 기온이 주변 지역보다 높은 현상이다. 열섬 현상을 줄이기 위한 방법으로는 바람길 조성, 녹지 공간 확대 등이 있다.

ㄹ. 오답: 주택 밀집 지역의 하천을 복개하여 도로를 만들게 되면 도시의 홍수 피해가 더욱 커지게 되고, 지표면의 콘크리트와 아스팔트의 면적이 늘어나 열섬 현상이 심화된다.

올쏘 만점 노트 | 기온 역전 현상

특징	• 산으로 둘러싸인 분지에서는 차가운 공기가 분지 내에 집적됨으로써 기온 역전 현상이 나타나기도 함 • 날씨가 맑고 바람이 없는 날 밤에 잘 발생함 • 대기가 안정되어 공기의 이동이 거의 없음 → 오염 물질이 상층으로 확산되지 못하여 대기 오염이 심해지기도 하고, 안개, 스모그 등이 발생하기도 함 • 지표면 가까이에 쌓인 찬 공기 때문에 냉해가 발생할 수 있음

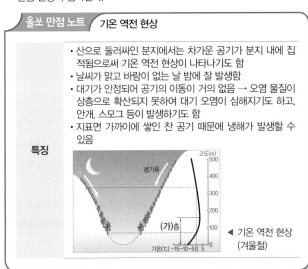

◀ 기온 역전 현상 (겨울철)

올쏘 만점 노트 | 열섬 현상

특징	• 도시 내부의 기온이 주변의 교외 지역보다 높게 나타나는 현상 • 건물·공장·자동차 등에서 발생하는 인공 열, 포장 면적 증가 등이 주요 원인 • 바람길 조성, 건물 옥상 녹화 사업, 하천 복원 등의 대책 필요

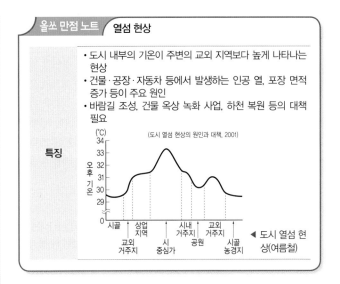

(도시 열섬 현상의 원인과 대책, 2001)

◀ 도시 열섬 현상(여름철)

킬러 예상 문제

본문 060~061쪽

01 ① **02** ① **03** ② **04** ② **05** ② **06** ③ **07** ① **08** ④

01 김장 시기의 지역 차

자료 해설 지역에 따른 기온 차는 여름보다 겨울에 더 뚜렷하다. 우리나라에서는 농작물이 자라기 어려운 겨울철 환경을 극복하기 위해 김장 문화가 발달하였다. 겨울이 추운 북부 지역의 김치는 싱겁고 고춧가루를 적게 사용하는 반면 상대적으로 따뜻한 남부 지역은 김치가 쉽게 시어지므로 짜고 매운 편이다. 또한 김장은 겨울이 오기 직전에 하므로 김장 시기는 북쪽이 이르고 남쪽으로 갈수록 늦다. 그리고 위도가 같은 동해안에 비해 서해안의 김장 시기가 이르다.

선택지 분석

❶ 정답: 서울은 11월 25일 ~ 11월 30일 사이에 김장을 담그며, 강릉은 12월 10일 ~ 12월 15일 사이에 김장을 담근다.

❶ 정답: 수원은 11월 25일 ~ 11월 30일 사이에 김장을 담그며, 광주는 12월 10일~12월 15일 사이에 김장을 담근다.

ㄷ. 오답: 전주는 12월 05일 ~ 12월 10일 사이에 김장을 담그며, 목포는 12월 25일경에 김장을 담근다.

ㄹ. 오답: 김장 시기는 남쪽으로 갈수록 늦어진다.

02 남부 지방과 관북 지방의 전통 가옥 구조

자료 해설 기후는 우리의 의식주 생활에 다양한 형태로 영향을 미쳤다. 기후가 주생활에 미친 영향을 살펴보면 전통 가옥 구조에서 뚜렷하게 나타난다. 각 지역의 가옥은 기후 특성에 따라 조금씩 다른 구조로 발달했는데, 겨울이 춥고 긴 북부 지방으로 갈수록 폐쇄적인 형태를 보이고, 여름이 무덥고 긴 남부 지방으로 갈수록 개방적인 형태를 보인다.

남부 지방에는 여름철 무더위에 대비하여 방을 일(一)자형으로 배치하는 등 개방적인 가옥 구조가 나타난다. 또한 바람이 잘 통하는 대청마루와 툇마루가 있어 여름의 더위를 이겨 내기에 유리하다.

관북 지방에는 겨울철 추위에 대비하여 방을 전(田)자형으로 배치하는 등 폐쇄적인 가옥 구조가 나타난다. 정주간은 부엌과 방 사이에 있는 벽이 없는 공간으로, 부엌에서 발생하는 온기를 활용할 수 있으며 오늘날의 거실과 같은 용도로 이용되었다. 대청마루는 무더운 여름을 나기 위해 바닥과 사이를 띄고 나무판을 깔아 만든 공간이다.

(가)는 대청마루가 넓고, 개방적인 남부 지방의 전통 가옥 구조이다. (나)는 방과 부엌 사이에 정주간이 있으며, 폐쇄적인 겹집 형태가 나타나는 관북 지방의 가옥 구조이다.

선택지 분석

❶ 정답: 정주간은 겨울철 추위에 대비한 공간으로 겹집 구조가 나타나는 관북 지방의 전통 가옥에서 볼 수 있다. 반면 대청마루는 여름철 더위에 대비한 공간으로, 남부 지방의 전통 가옥에서 많이 나타난다.
관북 지방은 남부 지방에 비해 기온의 연교차가 크며, 연평균 기온이 낮다. 또한 관북 지방은 남부 지방에 비해 연 강수량이 적다. 그러므로 남부 지방에 대한 관북 지방의 특징은 그림의 A이다.

올쏘 만점 노트	지역별 전통 가옥 구조의 특색
울릉도	방설 및 방풍의 기능을 하는 우데기
관북 지방	• 방과 부엌 사이의 정주간 • 겹집 구조
남부 지방	넓은 대청마루, 개방적인 가옥 구조
제주도	창고 시설인 고팡

03 울릉도의 전통 가옥 구조

자료 해설 제시된 글은 울릉도에 대한 설명이다. 울릉도는 화산 활동으로 형성된 섬으로, 나리 분지는 울릉도 내 유일한 평지이다.
우리나라에서 울릉도, 영동 지방, 호남 지방은 기단, 바다, 지형의 복합적인 영향으로 강설량이 많은 편이다. 울릉도의 가옥에 나타나는 우데기는 폭설에 대비하여 설치한 방설벽으로, 방과 우데기 사이의 공간(축담)은 겨울철에 이동 및 생활 공간으로 활용되었다.

선택지 분석

① 오답: 정주간은 관북 지방의 전통 가옥에서 볼 수 있다.
❷ 정답: 울릉도의 전통 가옥에는 우데기가 나타난다. 우데기는 방풍 및 방설의 기능을 하며, 우데기가 있어 눈이 많이 오는 겨울에 작업 공간과 통로를 확보할 수 있다.
③ 오답: 대청마루는 남부 지방의 전통 가옥에서 볼 수 있다.
④ 오답: 고팡은 제주도의 전통 가옥에서 볼 수 있다. 고팡은 물건이나 곡물을 보관하는 창고이다.
⑤ 오답: 남부 지방의 전통 가옥 구조는 일(一)자형, 관북 지방의 전통 가옥 구조는 전(田)자형이다.

04 강수와 주민 생활

자료 해설 제시된 글의 '○○'은 강수이다. 우리나라는 지역에 따라 강수 분포가 다양하게 나타난다. 이러한 지역별 강수 분포는 주민 생활에 많은 영향을 주었다. 강수가 많은 지역에서는 침수 피해에 대비하기 위해 터돋움집을 지었고, 범람원에는 제방을 쌓기도 하였다. 강수가 적은 지역에서는 풍부한 일조량을 바탕으로 천일제염업이나 과수 재배가

활발하다.

겨울철에 눈이 많이 내리는 지역에서는 폭설로 인해 교통 체증이 발생하거나 실외 활동이 어려워지는 등 일상생활에 불편이 발생하기도 한다. 눈이 많이 오는 산간 지역에서는 설피와 발구를 활용하여 이동하기도 하였다. 설피는 눈에 빠지거나 미끄러지지 않도록 신발에 덧신는 도구이며, 발구는 눈이 올 때 물건을 운반하기 위해 사용하는 도구이다.

선택지 분석

❶ 정답: 강수량이 적은 소우지에서는 천일제염업이 발달하였다.
ㄴ. 오답: 까대기는 가옥의 벽이나 담에 임시로 볏짚이나 비닐 등을 덧붙여 만드는데, 바람을 막아주는 방풍벽이다.
ㄷ. 정답: 범람의 위험이 있는 하천 주변에는 터돋움집이 나타난다. 터돋움집은 홍수가 자주 발생하는 지역에서 집을 땅 위에 바로 짓지 않고, 흙이나 돌로 땅을 돋운 후 지은 집이다.
ㄹ. 오답: 대청마루는 여름철 더위에 대비한 시설이다. 여름철이 무더운 남부 지방의 전통 가옥에 대청마루가 넓게 나타난다.

05 열대야가 발생하는 계절의 이해

자료 해설 제시된 지도는 열대야 발생 일수를 나타낸 것이다. 일 최저 기온이 25℃ 이상이면 열대야라고 한다.

선택지 분석

① 오답: 대관령 눈꽃 축제는 겨울철에 열린다.
❷ 정답: 열대야 현상이 발생하면 스포츠 음료나 아이스크림이 잘 팔린다.
③ 오답: 열대야 현상이 발생하면 냉방 수요가 급증하여 전력 소비량이 많아진다.
④ 오답: 추운 겨울철에는 기후가 온화한 경상남도 남해로 선수단이 전지훈련을 가기도 한다.
⑤ 오답: 단풍은 기온이 내려가는 가을철에 물든다.

06 도시화 이전과 이후의 환경 변화

자료 해설 (가)는 삼림이 많으며, 하천이 자연 상태로 곡류하고 있다. 반면 (나)는 지표가 아스팔트 등으로 포장되었고 고층 건물이 많으며, 자연 상태로 곡류하던 하천을 일직선으로 흐르게 하였다.

선택지 분석

ㄱ. 오답: 도시화 이전보다 도시화 이후는 기온이 높고, 평균 상대 습도가 낮다.
ㄴ. 정답: 도시화 이전보다 도시화 이후는 열대야 발생 일수가 많다.
ㄷ. 정답: 도시화 이전보다 도시화 이후는 빗물이 땅속으로 잘 스며들지 못하기 때문에 지표 유출량이 많다.
ㄹ. 오답: 하천이 일직선으로 되었기 때문에 하천의 평균 유속이 빨라진다.

07 열섬 현상과 기온 역전 현상

자료 해설 (가)는 열섬 현상, (나)는 기온 역전 현상이다. 열섬 현상은 도시 중심부의 기온이 주변의 교외 지역보다 높게 나타나는 현상을 말한다. 열섬 현상은 건물, 공장, 자동차 등에서 발생하는 인공 열과 아스팔트 등 포장 면적의 증가 등으로 인해 발생한다. 일반적으로 열섬 현상은 여름보다 겨울에, 낮보다 밤에 탁월하게 나타난다. 열섬 현상을 완화시키기 위해서는 바람길 조성, 건물 옥상 녹화 사업, 하천 복원 등이 필요하다. 일반적으로 도시 열섬 현상이 나타나는 곳은 상대 습도와 평균 풍속은 감소하는 데 반해 기온, 강수, 운량은 증가하는 경향을 보

인다. 도시 열섬 현상은 도시가 클수록 잘 나타나며, 같은 도시에서도 낮보다는 새벽에, 여름보다는 겨울에, 날씨가 맑은 날에 뚜렷하게 나타나는 경향이 있다.

기온 역전 현상은 지면의 냉각으로 지표 부근의 기온이 상공의 기온보다 더 낮은 현상을 말한다. 기온 역전 현상은 일교차가 크고 바람이 없는 맑은 날 밤에 내륙 분지에서 자주 발생하며, 안개, 냉해 등이 나타날 가능성이 높다. 또한 도시의 경우 대기 오염 물질이 상층으로 확산되지 못하여 대기 오염이 심화되며 안개와 결합하여 스모그 현상이 발생할 수 있다.

선택지 분석

- ㉳ – 정답: 건물 옥상에 공원을 조성하고, 바람 통로를 확보하면 열섬 현상을 완화시킬 수 있다.
- 을 – 오답: 열섬 현상이 발생하면 대기 오염 문제가 심각해진다.
- ㉵ – 정답: 기온 역전 현상은 지표 부근의 기온이 상층의 기온보다 더 낮은 현상이다.
- 정 – 오답: 열섬 현상과 기온 역전 현상은 낮보다 밤에 잘 나타난다.

08 기온 역전 현상

자료 해설 분지나 산골짜기에서 밤에 산 정상부에서 형성된 차가운 공기가 내려와 지표면에 쌓일 경우 기온 역전 현상이 발생할 수 있다.

선택지 분석

❹ 정답: (가)는 기온 역전 현상, (나)는 안개이다. 기온 역전 현상은 지면의 냉각으로 지표 부근의 기온이 상공의 기온보다 더 낮은 현상이다. 기온 역전 현상이 발생하면 지표면에서의 빠른 온도 변화로 안개가 발생할 수 있으며, 농작물이 냉해를 입을 수 있다.

올쏘 만점 노트	열섬 현상과 기온 역전 현상
열섬 현상	• 도시 내부의 기온이 주변 지역보다 높은 현상 • 원인: 인공 열 발생, 온실 효과 등 • 대책: 녹지 확보, 바람 통로 확보 등
기온 역전 현상	• 지표 부근의 기온이 상공의 기온보다 더 낮은 현상 • 분지 또는 산골짜기에서 잘 발생함

08 ㉢ 기후 변화와 자연재해

기출 선지 변형 O X 본문 062~064쪽

01 ① ○ ② ○ ③ ○ ④ ○ ⑤ × ⑥ × ⑦ ○ ⑧ ○ ⑨ × ⑩ × ⑪ ○ ⑫ ○ ⑬ ×

02 ① × ② ○ ③ × ④ × ⑤ ○ ⑥ × ⑦ × ⑧ × ⑨ ○ ⑩ ○ ⑪ ○ ⑫ × ⑬ ○ ⑭ ○

03 ① × ② × ③ ○ ④ ○ ⑤ × ⑥ ○

04 ① ○ ② ○ ③ × ④ ○ ⑤ ○ ⑥ × ⑦ ○

01 ① (가)는 호남권, 영남권과 같은 남부 지방의 피해액이 많은 것으로 보아 태풍이다.
② (나)는 특히 다습한 남서 기류가 장마 전선에 유입될 때 그 피해가 큰 호우이다.
③ 서해안에 위치한 충남과 호남의 해안 지역에서는 겨울철 한랭한 북서 계절풍이 황해를 지나면서 (다) 폭설이 내린다.
④ 우리나라는 계절풍의 영향으로 하계 강수 집중률이 높다. 따라서 우리나라 연 강수량에서 차지하는 비중은 (나) 호우가 (다) 폭설보다 높다.
⑤ 호흡기 질환자와 노약자의 야외 활동 및 외출 자제, 외출 시 마스크 착용, 외출 후 손 씻기 등은 황사에 대비하는 행동이다.
⑥ 해안 지대 접근 금지, 선박 대피 및 결박, 간판 등의 부착물 고정, 비닐하우스 등의 시설물 피해 주의 등은 태풍에 대비하는 행동이다.
⑦ 수도관 및 보일러의 동파 방지, 온실 농작물 동해 방지, 신체 노출 부위 보온 유의 등은 한파에 대비하는 행동이다.
⑧ 태풍은 여름철에 주로 발생하는 적조 현상을 완화시키기도 한다.
⑨ 이상 고온 현상으로 인한 기상 현상으로, 강수보다 기온으로 인한 자연재해는 폭염이다.
⑩ 동파 피해, 의료비 증가, 교통 장애의 피해가 나타나는 자연재해는 겨울철 한파이다.
⑪ 호남권은 북서 계절풍이 불 때 주로 눈이 내리며 강원권, 특히 영동 지방은 북동 기류가 불 때 주로 눈이 내린다. 따라서 북동 기류가 유입되면 호남권보다 강원권에서 대설이 발생한다.
⑫ 태풍은 강한 바람과 많은 강수를 동반하여 가옥이나 각종 시설 붕괴, 농경지 침수 등의 피해를 가져오며 폭염보다 평균적으로 더 많은 재산과 인명 피해를 유발한다.
⑬ 폭염으로 인해 냉방기 사용 증가에 따른 전기 사용량 급증, 일사병, 열사병으로 인한 노약자들의 건강 이상 등이 발생한다.

02 ① (가) 1월 평균 기온은 특별시인 서울과 광역시인 인천, 대구, 부산의 평균 상승 폭이 그 외 도시의 평균 상승 폭보다 더 크다.
② (가) 1월 평균 기온은 인공 열 발생으로 인한 열섬 현상이 더 뚜렷한 대도시의 평균 상승 폭이 중소 도시보다 더 크다.
③ (나) 8월 평균 기온의 경우 해안 도시인 인천, 강릉, 목포, 부산의 상승 폭이 내륙 도시인 서울, 청주의 평균 상승 폭보다 작다.

정답 및 해설

④ (나) 8월 평균 기온의 경우 수도권에 해당하는 서울, 인천의 평균 상승 폭이 영남권에 해당하는 대구, 부산의 평균 상승 폭보다 크다.

⑤ (나) 8월 평균 기온은 8개 도시가 대체로 기온의 상승 폭이 작은 반면 (가) 1월 평균 기온은 8개 도시가 대체로 기온의 상승 폭이 크다.

⑥ 과거와 현재를 비교했을 때 우리나라의 평균 기온은 전반적으로 상승하였다.

⑦ 과거에 비해 현재는 봄꽃의 개화 시기가 빨라졌을 것이다.

⑧ 과거에 비해 현재는 하천의 결빙 일수가 줄어들었을 것이다.

⑨ 기후 변화로 인해 우리나라의 여름은 길어지고 겨울은 짧아지고 있다.

⑩ 기후 변화로 인해 우리나라는 과거에 비해 0℃ 이하로 내려가는 일수가 줄어들었다.

⑪ 지구 온난화의 주요 원인은 대기 중 이산화탄소의 농도 증가이다.

⑫ 지구 온난화가 심화되면 고산 식물의 분포 고도 하한선은 높아지게 되며, 분포 면적은 축소된다.

⑬ 대기 중의 온실가스가 지구 복사 에너지를 흡수하여 기온이 높게 유지되는 것을 온실 효과라고 한다. 온실 효과는 지구 온난화의 주요 요인이다.

⑭ 산업화 이전에는 자연적 요인이, 산업화 이후에는 인구 증가, 자원의 소비 증가 같은 인위적인 요인이 기후 변화에 많은 영향을 주었다.

03 ① 한반도의 온난화로 인해 연평균 기온이 상승하게 되면 봄꽃의 개화 시기는 빨라지고 단풍이 시작되는 시기는 늦어진다.

② 연평균 기온 상승으로 서리 일수가 감소하면 서리가 내리지 않는 날인 무상 일수는 많아진다.

③ 한반도의 온난화로 평균 기온이 상승하면 결빙 일수는 감소한다.

④ 지구 온난화가 진행되면 여름이 길어지고 겨울이 짧아지므로 봄에 피는 벚꽃, 개나리, 진달래, 철쭉 등의 개화일은 빨라진다.

⑤ 지구 온난화가 진행되면 가을에 피는 국화, 코스모스 등은 상대적으로 여름 기간이 늘어나므로 개화 시기가 늦어진다.

⑥ 지구 온난화의 주요 원인으로는 화석 연료 소비에 따른 대기 중 온실가스의 배출량 증가를 들 수 있다.

04 ① 지구 온난화가 계속되면 여름이 길어지고 겨울이 짧아질 것이기 때문에 기온이 낮아지면서 나타나는 첫 서리의 관측일은 늦어질 것이다.

② 기온이 전반적으로 상승함에 따라 기온이 낮은 조건에서 자생하는 고산 식물은 그 분포의 고도 하한선이 더 높아질 것이다.

③ 평균 기온이 상승하게 되면 농작물 재배 북한계선이 북쪽으로 이동하게 된다.

④ 평균 기온이 상승하면 제주도를 중심으로 재배되는 감귤 재배의 북한계선은 지금보다 더 북쪽으로 이동할 것이다.

⑤ 우리나라의 겨울 기간이 감소하고 우리나라 주변의 해수 온도가 높아질 것이다.

⑥ 여름이 길어지고 겨울이 짧아지면 총어획량 중에서 난류성 어족의 어획량이 차지하는 비중이 높아질 것이다.

⑦ 기온이 상승하면 따뜻한 곳에서 형성되는 상록 활엽수림의 분포 범위는 남부 지방에서 더 넓어질 것이며, 침엽수림의 분포 면적은 축소될 것이다.

실전 기출 문제   본문 065~067쪽

01 ④ **02** ③ **03** ② **04** ③ **05** ⑤ **06** ① **07** ② **08** ④
09 ② **10** ① **11** ③ **12** ①

01 지역별 자연재해 피해액 분석

자료 해설 (가)는 호남권과 영남권에서 피해액이 많으므로 남부 지방에서 상대적으로 피해가 잦은 태풍이다. (나)는 강원권과 수도권에서 피해액이 많으므로 중부 지방에서 상대적으로 피해가 잦은 호우이다. (다)는 강원권, 충청권, 호남권 등 여러 지역에서 피해액이 비교적 골고루 나타나므로 피해 발생 지역의 차이가 작은 대설이다. 대설은 북서풍이 강하게 불 때에는 충청권과 호남권에서 피해를 많이 유발하고, 북동 기류가 강하면 강원도의 영동 지방에서 피해를 많이 유발한다.

선택지 분석

- ㄱ. 정답: 태풍(가)은 강풍과 많은 비를 동반하여 풍수해, 즉 바람과 비의 피해를 유발한다.
- ㄴ. 정답: 호우(나)는 장마 전선이 정체되었을 때 주로 발생한다. 특히, 장마 전선에 다습한 남서 기류가 유입되면 많은 비가 내린다.
- ㄷ. 정답: 대설(다)은 겨울철 찬 공기가 바다를 건너면서 형성된 눈구름에 의해 발생하는 경우가 많다.
- ㄹ. 오답: 연 강수량에서 차지하는 비중은 호우(나)가 대설(다)보다 높다.

02 지역별 자연재해의 피해액 비율

자료 해설 (가)는 제주의 피해가 가장 심하며 전남 등 남해안 지역도 피해가 심하지만 경기에서는 심하지 않다. 이러한 특징을 보이는 자연재해는 태풍이다.

(나)는 경기에서 가장 높은 비율이 나타나므로 호우이다. 한강 중·상류 지역은 여름철 강수 집중률이 높기 때문에 호우 피해가 발생한다.

(다)는 호남 지방인 전북과 전남의 비율이 높은 반면 경기와 제주에서는 비율이 낮다. 이러한 특징을 보이는 자연재해는 대설이다. 한편, 전북과 전남 등에서 대설로 인한 피해가 크게 나타나는 이유는 겨울철 북서 계절풍이 황해를 지나면서 서해안에 많은 눈이 내리기 때문인데, 특히 노령산맥과 소백산맥의 서사면을 따라 대설로 인한 피해가 크게 나타난다.

선택지 분석

❸ 정답: (가)는 태풍, (나)는 호우, (다)는 대설이다.

03 시기별 주요 자연재해의 발생 특징

자료 해설 시기별 발생률을 볼 때 겨울철에 발생률이 높은 A는 대설이다. 여름에서 초가을에 걸쳐 발생률이 대체로 높게 나타나는 B는 호우이다. 한편, 늦여름에서 초가을에 이르기까지 발생률이 높은 C는 태풍이다. 많은 양의 눈이 내리는 대설은 기단, 바다, 지형 등의 원인으로 겨울철에 눈이 많이 내리는 울릉도, 소백산맥 서사면, 강원도 영동 산간 지역에서 피해가 자주 발생한다.

호우는 짧은 시간에 대량으로 내리는 비를 말하며, 여름철에 장마 전선의 영향을 받을 때 많이 발생한다. 호우가 발생하면 저지대의 농경지나 가옥, 도로, 산업 시설 등이 침수되어 인명과 재산상의 피해를 입게 된다.

태풍은 열대성 저기압으로, 우리나라에는 주로 7~9월에 영향을 준다. 태풍은 강풍과 집중 호우를 동반하여 풍수해를 일으키며, 해안이나 섬 지역에서는 해일이 발생하여 피해가 더욱 커지기도 한다.

선택지 분석

갑 – 정답: 대설(A)은 영동 지방에서는 북동 기류가 유입할 때 나타나며, 호남 지방에서는 북서풍에 의해 나타난다.

을 – 오답: 호우(B)는 짧은 시간에 대량으로 내리는 비를 말하며, 주로 장마 전선 등의 영향으로 비가 많이 내리는 여름철에 발생한다. 북동풍이 태백산맥을 넘어 영서 지방에 부는 높새바람은 고온 건조하여 가뭄 피해가 발생한다.

병 – 정답: 태풍(C)은 열대 해상에서 발생한 저기압으로 강풍과 함께 폭우를 동반하는 경우가 많다.

정 – 오답: 남고북저형 기압 배치는 주로 여름철에 나타나며, 대설(A)이 발생하는 겨울철에는 서고동저형 기압 배치가 주로 나타난다.

04 자연재해별 주요 특징

자료 해설 (가)는 바람 피해와 비 피해에 대비한 국민 행동 요령에 대한 내용이므로 태풍이다. (나)는 염화칼슘과 모래 살포 등과 관련된 자연재해이므로 대설이다.

선택지 분석

① 오답: 북서 계절풍의 영향으로 서해안에 자주 나타나는 자연재해는 대설(나)이다.

② 오답: 장마 전선의 정체에 따라 주로 발생하는 자연재해는 호우이다.

❸ 정답: 해일은 바다의 큰 물결이 육지로 갑자기 넘쳐 들어오는 자연 현상으로, 지진, 태풍 등에 의해 발생한다. 따라서 대설(나)보다 태풍(가)이 해일 피해를 유발하는 경우가 많다.

④ 오답: 우데기는 울릉도에서 집 둘레에 설치한 방설, 방풍벽으로, 눈이 많이 내린 겨울철에 집 안의 통로와 작업 공간을 확보하기 위한 것이다. 따라서 우데기는 대설(나)과 관련 있다.

⑤ 오답: 중국 내륙의 건조 지역이 발원지인 자연재해는 황사이고, 열대 해상에서 발원하는 자연재해는 태풍(가)이다.

05 황사와 태풍의 특징

자료 해설 (가)는 중국 내륙의 황토고원이나 건조 지역에서 발생한 미세한 모래 먼지가 주로 편서풍을 타고 우리나라로 이동해 오는 것이므로 황사이고, (나)는 해수면 온도가 높은 열대 해상에서 주로 발생하는 열대성 저기압이므로 태풍이다.

황사는 중국과 몽골 내륙의 사막 등지에서 발생한 모래 먼지가 편서풍

을 타고 우리나라 쪽으로 날아오는 현상이다. 과거에는 주로 봄에 황사가 나타났으나, 최근에는 중국 내 사막화 현상이 확대되어 가을, 겨울에도 나타난다. 황사는 미세 먼지 농도의 증가와 함께 호흡기 질환, 안과 질환 등의 원인이 되기도 한다.

우리나라에 주로 7~9월에 영향을 주는 열대성 저기압인 태풍은 강풍과 집중 호우를 동반하여 풍수해를 일으키며, 해안이나 섬 지역에서는 해일이 발생하여 피해가 더욱 커지기도 한다. 한편, 태풍은 가뭄으로 발생하는 물 부족이나 적조를 해결하는 데 도움을 주고, 저위도와 고위도의 열 교환을 촉진하여 지구의 열평형을 유지하는 긍정적 기능도 한다.

선택지 분석

① 오답: 황사(가)가 나타나면 대기 중 먼지 농도가 증가하여 가시거리가 짧아진다.

② 오답: 황사(가)가 나타나면 미세 먼지 농도가 높아지기 때문에 호흡기 질환 발병률이 증가한다.

③ 오답: 태풍(나)은 강풍과 많은 비를 동반하여 풍수해를 일으킨다.

④ 오답: 태풍(나)은 해일을 발생시켜 해안 저지대의 침수를 유발하기도 한다.

❺ 정답: 태풍(나)은 강한 바람에 의한 비닐하우스 파괴, 낙과 피해 등을 일으키고, 많은 비 때문에 농경지가 침수될 수 있으므로 황사(가)에 비해 농작물 재배에 큰 피해를 초래한다.

올쏘 만점 노트 황사

발생	• 중국 황허강 중류의 황토 지대, 중국 서부의 타커라마간 (타클라마칸) 사막, 몽골의 고비 사막 등지에서 발생 • 상층의 편서풍을 타고 우리나라로 이동
영향	• 호흡기 및 안과 질환의 발병률 증가 • 항공 교통의 장애 • 정밀 기기의 오작동 유발 등
대책	• 발원지에 대한 조림 사업 → 모래의 이동이 방지됨 • 관측 및 예보 시스템 구축

06 지구 온난화에 따른 변화

자료 해설 지구 온난화가 진행되면 여름이 길어지고 겨울이 짧아지므로 봄에 피는 꽃의 개화일은 빨라진다. 한편, 가을에 피는 꽃은 상대적으로 여름 기간이 늘어나므로 개화 시기가 늦어진다.

(나) 시기는 (가) 시기보다 평균 기온이 높다. 이러한 현상은 지구 온난화 현상을 반영한 것이다. 이와 같이 평균 기온이 상승하는 과정에서 여름 기간은 길어지고 겨울 기간이 짧아졌을 뿐 아니라 겨울철의 평균 기온도 높아졌으며, 벚꽃의 개화 시기는 앞당겨졌고, 고산 식물 분포의 고도 하한선은 점점 더 높아졌다. 이러한 특성을 그림에서 찾으면 A이다.

올쏘 만점 노트 기후 변화의 영향

전 지구적 영향	• 평균 기온 상승 → 빙하 감소 → 해수면 상승 • 생태계 변화: 고산 식물의 서식지 축소, 열대 식물의 서식지 확대, 동식물의 서식 환경 급변 → 생물 종 다양성 훼손
우리나라에 미친 영향	• 계절의 변화: 여름은 길어지고 겨울은 짧아짐 • 작물의 변화: 농작물의 재배 북한계선 및 재배 적지 북상 • 식생의 변화: 냉대림 분포 면적 축소, 난대림 분포 면적 확대 • 기타: 병충해 및 열대성 질병의 발생 증가, 태풍의 세력 강화 등

07 부산, 인천, 제주의 기온 변화

자료 해설 지구 온난화로 인해 우리나라의 연평균 기온이 전반적으로 상승하였으며, 특히 인공 열의 발생량이 많은 대도시 지역일수록 기온의 상승 폭이 크다. 또한 계절별 평균 기온의 상승 폭은 겨울이 여름보다 대체로 크다.

〈계절별 기온〉 그래프에서 겨울 평균 기온이 가장 높은 (다)는 제주, 겨울 평균 기온이 가장 낮은 (나)는 인천이며, 나머지 (가)는 부산이다.

선택지 분석

ㄱ 정답: (가)는 겨울 평균 기온이 인천보다 높고 제주보다 낮은 부산이다. (나)는 겨울 평균 기온이 가장 낮은 인천이다.

ㄴ. 오답: 제주(다)가 인천(나)보다 무상 일수가 많다.

ㄷ 정답: 세 도시의 위도는 인천>부산>제주의 순으로 높은데, 계절별 기온 변화 중 겨울 기온 상승 폭을 보면 인천(나)>부산(가)>제주(다)의 순으로 크다.

ㄹ. 오답: 인천(나)은 겨울 기온, 제주(다)는 봄 기온이 가장 크게 상승하였다.

08 기후 변화와 열섬 현상

자료 해설 제시된 자료의 (가)에는 지구 온난화, (나)에는 열섬이 들어간다. 지구 온난화는 땅에서 복사되는 에너지가 온실 기체에 의해 일부 흡수되어 대기의 평균 기온이 상승하는 온실 효과로 인해 발생한다. 온실 효과를 일으키는 온실 기체에는 이산화 탄소, 수증기, 메탄 등이 있다.

도심은 주변 지역보다 자동차 통행이나 냉·난방기 가동 등으로 인해 발생하는 인공 열이 많고, 콘크리트나 아스팔트로 덮여 있어 쉽게 가열되며, 고층 건물이 열 배출을 어렵게 만들어 기온이 높아지는 열섬 현상이 나타난다.

선택지 분석

① 오답: 지구 온난화(가)의 주요 원인으로는 화석 연료 소비에 따른 대기 중 이산화 탄소 배출량 증가를 들 수 있다.

② 오답: 지구 온난화(가)가 심화되면 고산 식물의 분포 고도 하한선은 높아지고, 고산 식물의 분포 면적은 줄어들 것이다.

③ 오답: 열섬(나) 현상으로 기온이 상승하면 열대야 발생 빈도가 높아진다.

④ 정답: 열섬(나) 현상은 대도시 도심의 기온이 주변 또는 교외 지역보다 높게 나타나는 현상이다. 따라서 열섬 현상이 발생하면 도심에 상승 기류가 나타나 대기가 불안정해진다.

⑤ 오답: 열섬(나) 현상의 주요 원인에는 건물, 공장, 자동차 등에서의 인공 열 방출과 포장 면적 증가 등이 있다.

09 우리나라 주변 해역 수온의 변화

자료 해설 우리나라 주변 해역 수온이 지속적으로 상승하였는데, 이는 지구 온난화로 인한 것이다.

선택지 분석

갑 – 정답: 지구 온난화로 평균 기온이 상승하면 해수면이 상승하게 되면서 해안 저지대의 침수 가능성이 높아지게 된다.

을 – 오답: 평균 기온이 상승하면서 단풍이 드는 시기는 늦어지게 된다.

병 – 정답: 지구 온난화로 고산 지대에 분포하는 고산 식물의 서식 환경이 악화되어 고산 식물이 분포하는 해발 고도의 하한선은 높아진다.

정 – 오답: 해수 온도가 상승하면서 오징어와 같은 난류성 어족의 어획량 비중은 증가하는 반면 명태와 같은 한류성 어족의 어획량 비중은 감소하게 된다.

10 지구 온난화에 따른 변화

자료 해설 제시된 자료에 나타난 기후 변화는 결빙 일수가 감소하고, 식물 성장 가능 기간이 증가하고 있다. 이러한 변화는 한반도의 기온 상승으로 인해 나타나는 변화이다.

한반도의 기온 상승은 식생 및 농업 활동에 다양한 영향을 준다. 남해안에서 자라는 난대림의 분포 지역이 북쪽으로 확대되고 있으며, 제주도 한라산에서는 고산 식물 분포의 고도 한계가 높아지고 있다. 한편, 봄꽃의 개화 시기가 빨라지고 있는 반면, 단풍이 드는 시기는 늦어지고 있다. 농업 활동과 관련해서는 노지 작물의 생육 기간이 길어지고 있으며, 농작물 재배 북한계선이 북상하고 있다. 기후 변화는 한반도 주변의 해양 환경에도 영향을 주었다. 우리나라 주변의 바다 수온이 상승하면서 한류성 어족인 명태가 거의 잡히지 않게 된 반면, 난류성 어족인 오징어와 멸치를 잡을 수 있는 해역이 넓어지고 있다.

선택지 분석

갑 – 정답: 한반도의 기온 상승으로 인해 남부 지방에서 난대림 분포 면적이 확대되고 있다.

을 – 오답: 한반도의 기온 상승으로 인해 한라산에서 고산 식물의 분포 고도 하한선이 높아지고 있다.

병 – 오답: 한반도의 기온 상승으로 인해 대도시 지역의 열대야 발생 일수가 늘어나고 있다.

정 – 오답: 한반도의 기온 상승으로 인해 내장산의 단풍 드는 시기가 늦어지고 있다.

무 – 오답: 한반도의 기온 상승으로 인해 중부 지방에서 첫 서리의 시작일이 늦어지고 있다.

11 도시 기후의 원인과 대책

자료 해설 도시는 촌락과 기온, 강수, 바람 등 기후 특성이 다르게 나타나는데, 이를 도시 기후라고 한다. 도시 중심부는 인공 열의 발생이 많아 주변 지역보다 기온이 높은데, 이를 열섬 현상이라고 한다. 도시는 촌락에 비해 평균 풍속이 느리고 상대 습도가 낮다.

선택지 분석

ㄱ 정답: 도시의 열섬 현상을 완화하기 위해서는 옥상 녹화를 통해 녹지를 조성하고 도시 내부의 열이 쉽게 주변 지역으로 방출되도록 바람길을 조성해야 한다.

ㄴ 정답: 도시화가 진행되고 지구 온난화 현상이 심화되면서 열대야 발생 일수는 증가하고 있다.

ㄷ. 오답: 열섬 현상은 연중 나타나지만 인공 열의 발생이 많은 겨울철이 여름철보다 더 뚜렷하게 나타난다.

ㄹ 정답: 도시는 도시화로 인해 지표의 대부분이 아스팔트와 콘크리트로 덮여 있어 강수 시 빗물이 지표로 흡수되기 보다는 하천으로 유출되기 때문에 주변 지역보다 상대 습도가 낮다.

12 도시화와 하천 수위 변화

자료 해설 자료에 제시된 도심 환경 개선 사업은 열섬 현상을 완화하기 위한 대책에 해당한다. 도시는 농촌 지역보다 각종 인공 열의 발생이 많아 농촌 지역에 비해 기온이 높은 열섬 현상이 나타난다.

선택지 분석

ㄱ 정답: 옥상 정원 만들기, 도시 숲 조성은 모두 녹지 면적을 증가시켜 도심

의 기온을 낮추기 위한 것이다. 따라서 도심과 주변 지역의 기온 차는 감소하게 될 것이다.

❸ 정답: 도로 및 주차장 포장 시에 물이 투과하기 좋은 투수성이 우수한 재료를 사용하게 되면 빗물이 지하로 흡수되므로 빗물의 지표 유출량은 감소한다.

병 오답: 투수성이 우수한 재료를 사용하여 포장하게 되면 빗물이 지표로 유출되는 양이 감소하고 대신에 지하로 유입되는 양은 증가하게 되므로 상대 습도는 높아지게 된다.

정 오답: 도로 및 주차장을 투수성이 우수한 재료를 사용하여 포장하게 되면 빗물이 하천으로 유입되는 속도가 느려지게 되고 유입되는 양 또한 감소하게 되면서 강수 시 하천이 최고 수위에 도달하는 데 걸리는 시간은 늦어지게 된다.

킬러 예상 문제

본문 068~069쪽

01 ④　02 ②　03 ⑤　04 ③　05 ②　06 ⑤　07 ③　08 ⑤

01 태풍과 대설

자료 해설　주로 7~9월에 발생하는 태풍은 우리나라를 통과하면서 풍수해를 준다. 태풍이 통과하는 지역의 오른쪽인 위험 반원에 자주 놓이는 남동 해안 지역의 피해가 잦다. 태풍은 강한 바람과 많은 비를 동반하는데, 태풍이 지날 때는 강풍이 불어 해일이 발생할 수 있다. 따라서 태풍의 피해를 줄이려면 정확한 태풍 예보와 체계적인 대비책이 필요하다. 짧은 기간 동안 눈이 많이 내리는 것을 폭설 또는 대설이라고 한다. 폭설이 내리면 산간 마을이 고립되고, 눈이 쌓이면서 비닐하우스, 축사, 건물 등이 붕괴되며, 교통이 마비되어 도로가 혼잡해진다. 이에 폭설이 잦은 지역에서는 제설 장비를 갖추어 폭설에 대비하고 있다. (가)는 태풍, (나)는 대설이다. 태풍은 열대 지방의 바다에서 형성되는 저기압이며, 대설은 짧은 시간 동안 많은 눈이 내리는 현상이다.

선택지 분석

① 오답: 우데기는 울릉도의 전통 가옥 구조에서 볼 수 있는데, 대설(나)에 대비한 시설이다.

② 오답: 태풍(가)은 필리핀 동쪽 해상에서 발생한다. 중국 내륙의 건조 지역에서 발원하는 것은 황사이다.

③ 오답: 태풍(가)은 여름~초가을, 대설(나)은 겨울에 발생한다.

❹ 정답: 태풍(가)은 강한 바람과 많은 비를 동반하기 때문에 풍수해를 일으키며, 해안에서는 해일 피해를 일으키기도 한다.

⑤ 오답: 태풍(가)은 대설(나)보다 단시간 내에 발생하는 피해액 규모가 크다.

올쏘 만점 노트	주요 자연재해
태풍	• 열대 해상에서 발생 • 강한 바람과 폭우를 동반
황사	• 주로 봄철에 발생 • 호흡기 및 안과 질환 발병률 증가
대설	• 영동 지방의 대설은 북동 기류와 관계 있음 • 비닐하우스 및 축사 붕괴 등의 피해 발생

02 시·도별 자연재해 피해액

자료 해설　(가)~(다) 중 (가)의 피해액이 가장 적으며, (가)는 강원, 충북, 전남의 피해액이 많으며 제주는 피해액이 매우 적다. (나)는 전남, 경남, 전북, 제주의 피해액이 많고, (다)는 경기, 강원, 경남의 피해액이 많은 자연재해이다.

선택지 분석

❷ 정답: (가)는 대설, (나)는 태풍, (다)는 호우이다. 대설은 강원, 충북, 전남 등에서 피해액이 많으며, 태풍은 남부 지방인 전남, 경남, 전북, 제주에서 피해액이 많다. 호우는 전국적으로 발생하지만 경기, 강원의 피해액이 많다.

03 자연재해의 원인별·월별 발생 비율

자료 해설　A는 태풍, B는 호우, C는 대설이다. 태풍은 주로 여름~초가을, 호우는 주로 여름, 대설은 겨울에 발생한다. 태풍, 호우, 대설 중 피해액은 태풍이 가장 많으며, 대설이 가장 적다.

선택지 분석

ㄱ. 오답: 장마 전선이 오래 정체할 때 잘 발생하는 것은 호우(B)이다.

ㄴ. 오답: 피해를 줄이기 위해 신속한 제설 작업이 필요한 것은 대설(C)이다.

ㄷ 정답: 영동 지방에 북동 기류가 유입할 때 많은 눈이 내린다.

ㄹ 정답: 호우(B)는 대설(C)보다 우리나라 연 강수량에 큰 영향을 준다.

04 태풍과 황사

자료 해설　(가)는 태풍, (나)는 황사이다. 태풍은 열대 지방의 바다에서 형성되는 열대 저기압이다. 중국 내륙에서 발생한 미세 먼지가 편서풍을 타고 우리나라로 이동하여 황사 현상이 발생한다.

선택지 분석

① 오답: 대기 중 미세 먼지 농도를 높이는 것은 황사(나)이다.

② 오답: 강풍과 해일 피해를 일으키는 것은 태풍(가)이다.

❸ 정답: 태풍과 황사의 이동에 편서풍이 영향을 준다. 태풍이 북위 30° 부근에서 북동진하는 이유는 편서풍 때문이다. 중국 내륙 건조 기후 지역에서 발생한 미세 먼지가 편서풍을 타고 우리나라로 이동하여 황사 현상이 발생한다.

④ 오답: 태풍(가)은 여름~초가을, 황사(나)는 봄에 주로 발생한다.

⑤ 오답: 황사(나)보다 태풍(가)이 산사태를 발생시키는 경우가 많다.

05 온난화와 계절 변화

자료 해설　한반도의 기온이 점점 상승하면서 겨울철이 짧아지고, 여름철이 길어지고 있다. 남부 지방에서 중부 지방으로 갈수록 A 계절 일수가 길어지며, 왼쪽 지도보다 오른쪽 지도에서 A 계절 일수가 짧다. 따라서 A는 겨울이다.

20세기 들어 지구의 기온 상승이 두드러지고 있고, 이에 따라 해수면이 상승하고, 대기와 해류 순환에 변화가 나타나며 지역별 강수량 변동 현상이 심화되고 있다. 우리나라의 평균 기온 역시 상승하고 있으며, 이에 따라 봄꽃의 개화 시기가 빨라지고 가을철 단풍이 드는 시기는 점차 늦어지고 있으며, 겨울이 짧아지고 여름이 길어져 농업 및 어업 환경에 영향을 미치고 있다. 한류성 어종인 명태의 개체 수는 줄고 난류성 어종인 멸치와 오징어의 개체 수는 증가하고 있다. 또한 냉대림의 분포 면적이 축소되고 상대적으로 난대림의 분포 면적이 확대되고 있으며, 고산 식물의 분포 범위가 줄어들어 소멸될 위험성이 높아지고 있다.

❷ 정답: 제시된 자료는 온난화로 한반도의 겨울 계절 일수가 짧아지고 있다는 것을 나타낸 것이다. 온난화로 한반도의 기온이 점점 상승하게 되면 진달래 개화 시기는 빨라지고, 냉대림 분포의 고도 하한선은 높아진다.

06 우리나라의 식생 분포

자료 해설 식생은 기온의 영향을 크게 받는데, 식생의 수평적 분포는 위도, 수직적 분포는 해발 고도와 밀접한 관련이 있다. 남해안과 제주도 및 울릉도의 해안 저지대는 난대림 지대로 동백나무, 후박나무 등의 상록 활엽수가 주로 자란다. 개마고원과 일부 고산 지역은 냉대림 지대로 전나무, 가문비나무 등의 침엽수가 주로 자란다. 냉대림과 난대림 사이의 지역에서는 낙엽 활엽수와 침엽수가 섞인 혼합림이 자란다.

식생의 수평적 분포는 남쪽에서 북쪽으로 가면서 난대림, 온대림, 냉대림의 순서로 나타난다. 식생의 수직적 분포는 제주도의 한라산에서 가장 잘 나타나는데, 저지대에서 고지대로 가면서 난대림, 온대림, 냉대림, 관목대, 고산 식물대가 순서대로 나타난다.

선택지 분석

ㄱ. 오답: 우리나라 식생 분포의 지역 차에 큰 영향을 미치는 것은 기온이다.

ㄴ. 오답: 동백나무, 후박나무는 대표적인 난대림이다.

❸ 정답: 식생의 수평적 분포는 위도에 따른 기온 차이, 식생의 수직적 분포는 해발 고도에 따른 기온 차이와 관계 있다.

❹ 정답: 고산 식물 분포의 고도 하한선은 온난화로 인해 높아지고 있다.

올쏘 만점 노트 **식생 분포**

식생의 수평적 분포	• 원인: 위도에 따른 기온 차이 • 남부 지방에서 북부 지방으로 가면서 난대림 → 온대림 → 냉대림이 나타남
식생의 수직적 분포	• 원인: 해발 고도에 따른 기온 차이 • 제주도 한라산에서 뚜렷하게 나타남

07 석회암 풍화토

자료 해설 (가)에 들어갈 토양은 생성 기간이 길어 토양층 발달이 뚜렷한 성숙토이며, 기후와 식생보다는 모암의 성질이 많이 반영되어 있으며, 철과 알루미늄 성분이 집적되어 있고, 모암과 토양의 색깔이 비슷하지 않은 토양이다. 그러므로 석회암 풍화토이다.

선택지 분석

① 오답: 석회암 풍화토는 간대 토양이다. 간대 토양은 모암의 성질이 많이 반영된 토양이다.

② 오답: 성대 토양 중 회백색토는 강한 산성을 띤다.

❸ 정답: 석회암 풍화토는 석회암이 풍화되어 형성된 붉은색의 토양으로, 강원도 남부와 충청북도 북동부 등에 분포한다.

④ 오답: 하천에 의해 운반된 유기물이 많이 쌓여 있는 토양은 충적토이다.

⑤ 오답: 농경지로 활용하기 위해 염분을 제거해야 하는 토양은 염류토이다.

08 우리나라의 토양 분포

자료 해설 A는 현무암 풍화토, B는 충적토, C는 석회암 풍화토이다. 현무암 풍화토는 제주도와 한탄강 주변, 충적토는 하천 주변, 석회암 풍화토는 강원도 남부와 충청북도 북동부에 분포한다.

선택지 분석

① 오답: 철분이 많아 붉은색을 띠는 것은 석회암 풍화토(C)이다.

② 오답: 유기물이 적어 강한 산성을 띠는 것은 성대 토양인 회백색토이다.

③ 오답: 석회암 풍화토(C)는 성숙토이다. 성숙토는 토양 생성 기간이 길어 토양 단면의 발달이 뚜렷하다.

④ 오답: B는 미성숙토인 충적토이고, A는 간대 토양인 현무암 풍화토이다. 간대 토양은 모암(기반암)의 성질이 많이 반영된 토양이다. 따라서 현무암 풍화토(A)가 충적토(B)보다 기반암의 특성이 많이 반영되어 있다.

❺ 정답: 석회암 풍화토(C)는 성숙토로, 미성숙토인 충적토(B)에 비해 토양 단면의 발달이 뚜렷하다.

올쏘 만점 노트 **토양의 종류**

성숙토	성대 토양	회백색토, 갈색 삼림토, 적색토 등
	간대 토양	석회암 풍화토, 현무암 풍화토 등
미성숙토	충적토, 염류토 등	

09 ② 촌락의 변화와 도시 발달～도시 구조와 대도시권

기출 선지 변형 OX

본문 070~072쪽

01 ① ○ ② × ③ × ④ ○ ⑤ × ⑥ ○ ⑦ × ⑧ ○ ⑨ ○
02 ① ○ ② ○ ③ × ④ ○ ⑤ × ⑥ ○ ⑦ ×
03 ① × ② × ③ ○ ④ ○ ⑤ ○ ⑥ ○ ⑦ ○
04 ① ○ ② × ③ ○ ④ ○ ⑤ × ⑥ ○ ⑦ ○ ⑧ ×
05 ① × ② ○ ③ × ④ × ⑤ ○ ⑥ × ⑦ ○ ⑧ ○ ⑨ ○ ⑩ ×
06 ① ○ ② ○ ③ ○ ④ × ⑤ × ⑥ ○ ⑦ ×

01 ① 도심(가)은 주변 지역(나)보다 인구 공동화 현상이 뚜렷하다. 인구 공동화 현상은 주거 기능의 이심 현상으로 도심의 상주인구 밀도가 낮아져 주·야간 인구 밀도의 차이가 나타나는 현상이다. 따라서 인구 공동화 현상은 상주인구가 적고 주간 인구 지수가 높은 도심에서 뚜렷하게 나타난다.

② 도심(가)은 부도심이 위치한 강남구(다)보다 상주인구가 적으므로 초등학교 학생 수가 적다.

③ 도심은 도시 중심부에 위치하여 접근성이 높고, 지대 및 지가도 높다. 따라서 도심은 주변 지역에 비해 중추 관리 기능이 우세하고 생산자 서비스업 사업체 수가 많다. 그리고 상업 및 업무 기능이 발달하여 상업지의 평균 지가가 높다. 따라서 도심(가)이 주변 지역(나)보다 대기업의 본사 수가 많다.

④ 부도심이 위치한 강남구(다)는 주변 지역(나)보다 상업 용지의 평균 지가가 높다.

⑤ 주변 지역은 주거 기능이 발달하여 주민의 평균 통근 거리가 멀다. 반면, 도심은 상업 및 업무 기능이 발달하여 주민의 평균 통근 거리가 가까운 편이다. 따라서 주민의 평균 통근 거리는 (나)>(다)>(가) 순으로 멀다.

⑥ 도심은 중추 관리 기능과 고급 서비스업 및 상업 등 고차 중심 기능이 입지한다.

⑦ 주간 인구 지수는 주간 인구를 상주인구로 나눈 후 100을 곱하여 계산한 것으로, 상주인구 규모에 비해 상업 및 업무 기능이 밀집하여 주간 인구가 많은 지역에서 높게 나타난다.

⑧ 주변 지역은 도시 외곽에 위치하고, 도심보다 지대가 낮아 주택·학교·공장 등이 입지해 있다.

⑨ 부도심은 도시 내부의 주요 교통 결절점에 형성되며, 도심의 기능을 일부 분담하여 도심의 교통 혼잡과 과밀화를 완화한다.

02 ① 주변 지역에 위치한 (가) 역은 출근 시간대 승차 인원이 퇴근 시간대 승차 인원보다 많다.

② 초등학교 학생 수는 주거 기능이 발달해 상주인구가 많은 주변 지역이 도심보다 많다. 따라서 주변 지역에 위치한 (가) 역 주변이 도심에 위치한 (나) 역 주변보다 초등학교 학생 수가 많다.

③ 생산자 서비스업체 수는 상업 및 업무 기능이 밀집한 도심이 주변 지역보다 많으므로, (나) 역 주변이 (가) 역 주변보다 생산자 서비스업체 수가 많다.

④ 도심은 주변 지역보다 상주인구 대비 주간 인구가 많으므로 주간 인구 지수가 높다.

⑤ 도심은 상업 및 업무 기능이 발달하여 주변 지역보다 대기업 본사 수가 많다.

⑥ 도심은 상업 및 업무 기능이 발달하여 주변 지역보다 업무 용지의 평균 지가가 높다.

⑦ 도심은 상업 및 업무 기능이 집중되어 있어 출근 시간대에 유입 인구가 유출 인구보다 월등히 많다. 따라서 도심은 주변 지역보다 출근 시간대 순 유입 인구가 많다.

03 ① D의 도시 인구는 꾸준히 증가하였으나, 전체 도시 인구 중 D의 비중은 1970년에 비해 2010년에 감소하였다.

② 도시의 규모가 클수록 도시 수는 적으므로, A는 5만~20만 명, D는 100만 명 이상 도시군에 해당한다.

③ 1990년에 비해 2010년 A의 도시 인구는 비슷하지만, 도시 수가 감소하였으므로 도시 평균 인구는 증가하였다.

④ 그래프를 통해 1990년 대비 2010년의 각 도시군별 도시 인구 증가율은 C가 가장 높은 것을 알 수 있다.

⑤ 100만 명 이상 도시군은 D이다. 그래프를 통해 100만 명 이상 도시군의 도시 인구는 꾸준히 증가하였음을 알 수 있다.

⑥ 도시의 규모가 클수록 도시 수는 적어진다.

⑦ 대도시는 소도시에 비해 도시 수는 적고 인구는 많다. 따라서 도시 수가 가장 적은 도시가 대체로 도시 인구는 가장 많은 도시이다.

04 ① 상대적으로 상주인구가 40만 명 이상인 구(군)가 많고 구(군)의 수는 적은 (가)가 (나)보다 평균 구(군) 인구가 많다.

② A는 주간 인구 지수가 약 170으로 높으므로 통근·통학 유입 인구가 통근·통학 유출 인구보다 많다.

③ 주간 인구는 주간 인구 지수에 상주인구를 곱한 후 100으로 나누어 구한다. 따라서 C의 상주인구는 약 5만 명이고, 주간 인구 지수가 약 180이므로 주간 인구는 약 9만 명(180×5÷100)이다. 따라서 주간 인구(약 9만 명)는 상주인구(약 5만 명)보다 2만 명 이상 많다.

④ B는 A보다 상주인구는 많지만 주간 인구 지수가 낮으므로 주거 기능이 우세하다.

⑤ B는 상주인구가 약 60만 명이고, 주간 인구 지수가 약 100이므로 주간 인구는 약 60만 명(60×100÷100)이다. D는 상주인구가 약 40만 명이고, 주간 인구 지수가 약 90이므로 주간 인구는 약 36만 명(40×90÷100)이다. 따라서 주간 인구는 D가 B보다 적다.

⑥ 주간 인구 지수는 '(주간 인구÷상주인구)×100'으로 구한다. 따라서 주간 인구 지수는 상주인구에 대한 주간 인구의 백분율로 구할 수 있다.

⑦ 주간 인구 지수는 상주인구 규모에 비해 상업 및 업무 기능이 밀집한 지역에서 높게 나타난다. 따라서 주간 인구 지수가 100보다 크면 주거 기능보다 상업 및 업무 기능 등이 집중되어 있는 곳이다.

⑧ 도심은 주거 기능의 이심 현상으로 주변 지역보다 대체로 상주인구가 적은 편이다.

05 ① A는 B보다 면적은 넓은데 인구는 적으므로, 인구 밀도가 낮다.
② 상주인구가 많은 A가 C보다 초등학교 수가 많다.
③ 상주인구가 많은 B가 C보다 주거 기능이 우세하다.
④ 주간 인구는 상주인구와 통근·통학 순 이동 인구수의 합으로 알 수 있다. 따라서 주간 인구는 B가 가장 많다.
⑤ C는 상주인구 대비 통근·통학 순 이동 인구수가 많아 주간 인구 지수가 높다. 따라서 C는 업무 기능이 발달한 곳으로, 세 지역 중 생산자 서비스업 종사자 비중이 가장 높다.
⑥ 도심은 주변(외곽) 지역보다 상주인구가 적어 초등학교 학생 수가 적다.
⑦ 도심은 주변(외곽) 지역보다 접근성이 좋으므로 지대 지불 능력이 높은 상업 및 업무 기능이 주로 입지한다.
⑧ 도심은 출근 시간대 유입 인구가 유출 인구보다 많다. 반면 주변(외곽) 지역은 출근 시간대 유출 인구가 유입 인구보다 많다.
⑨ 인구 공동화 현상은 주거 기능의 이심 현상으로 상주인구 밀도가 낮아져 주·야간 인구 밀도의 차이가 나타나는 현상이다. 따라서 인구 공동화 현상은 상주인구가 적고 주간 인구 지수가 높은 도심에서 뚜렷하게 나타난다.
⑩ 도심은 접근성이 좋고 지대가 높아 상업 및 업무 기능이 발달하였고, 주변(외곽) 지역은 주거 기능이 발달하였다.

06 ① 종주 도시화 현상은 수위 도시의 인구가 2위 도시 인구의 두 배 이상인 현상이다. 1970년, 2015년 모두 서울 인구가 부산 인구보다 2배 이상 많으므로 종주 도시화 현상이 나타난다.
② A와 ㉠은 서울, B와 ㉢은 부산, C와 ㉡은 인천에 해당한다.
③ 부산(㉢)은 대구와의 인구 이동에서 전입 인구는 4,860명, 전출 인구는 4,616명으로, 전입 인구가 전출 인구보다 많다.
④ 대체로 도시 간 인구 이동량은 도시 인구 규모에 비례하지만, 4대 도시 간 인구 이동량은 도시 인구 규모에 비례하지 않는다. 2015년 기준 인구 규모에 따른 우리나라 4대 도시의 순위는 서울, 부산, 인천, 대구 순으로 나타난다. 인천은 부산보다 인구 규모가 작지만 부산보다 인구 이동량이 많다.
⑤ 인천과 대구는 서울과 부산보다 인구 규모가 상대적으로 작으므로 서울과 부산보다 인구 이동량이 적다.
⑥ 도시 간 인구 이동량은 대체로 도시 인구 규모에 비례한다.
⑦ 도시 간 인구 이동량은 도시 간 거리에 반비례한다.

실전 기출 문제

본문 073~075쪽

01 ③	02 ⑤	03 ①	04 ④	05 ①	06 ⑤	07 ④	08 ④
09 ②	10 ④	11 ④	12 ③		

01 도시 체계와 우리나라의 도시 성장 이해

자료 해설 수도권은 대표적인 대도시권으로 서울을 중심으로 하는 공간 범위를 말하며, 행정 구역으로는 서울, 경기, 인천을 포함한다. 대도시권의 형성 과정을 살펴보면 급속한 산업화와 도시화로 대도시의 과밀화 현상이 발생하게 되었고, 대도시와 주변 지역 간 교통망 확충으로 거주지와 산업 시설이 주변으로 분산되는 교외화가 진행되었다. 이로 인해 대도시와 주변 위성 도시 및 근교 농촌이 하나의 일일 생활권을 형성하게 되었다.

선택지 분석

① ㉠ 오답: 도시 간 상호 작용은 도시 간 거리가 가까울수록 활발하며, 도시의 인구 규모가 클수록 활발하다.
② ㉡ 오답: 도시 간 상호 작용으로 형성된 계층 질서를 도시 체계라고 하며, 상위 계층의 도시는 하위 계층의 도시보다 도시의 기능이 다양하고 도시의 수는 적다.
③ ㉢ 정답: 도시 내부의 주요 교통 결절점에서 도심의 상업 및 업무 기능을 분담하는 곳을 부도심이라고 한다. 위성 도시는 대도시가 성장하는 과정에서 대도시 기능의 일부를 분담하는 도시로, 대도시와 밀접한 관련을 맺고 있다. 주거 기능이 이전된 고양시와 성남시, 공업 기능이 이전된 안산시 등이 대표적이다.
④ ㉣ 오답: 수위 도시의 인구가 2위 도시의 인구 규모보다 2배 이상 많을 때, 수위 도시를 종주 도시라고 한다.
⑤ ㉤ 오답: 대도시권의 범위는 중심 도시로 통근이 가능한 범위와 대체로 일치한다. 대도시권은 중심 도시인 대도시와 주변의 위성 도시 및 근교 농촌 지역이 기능적으로 통합된 지역 생활권으로, 이는 통근·통학권의 범위와 대체로 일치한다.

02 도시 내부 구조의 이해

자료 해설 (가)는 세 지역 중 주간 인구 지수가 가장 낮고 차량 평균 운행 속도가 빠르므로 주변(외곽) 지역에 해당된다. (다)는 상주인구가 적고 주간 인구 지수가 가장 높으며 차량 운행 속도는 느리므로 도심에 해당된다. (나)는 (가)와 (다)의 중간 값이 나타난다.

선택지 분석

• 도심은 상주인구가 적어 초등학교 학급 수가 적고, 평균 유동 인구는 많으므로 A이다. 따라서 (다)와 연결된다.
• 주변(외곽) 지역은 평균 유동 인구가 적고 초등학교 학급 수는 많으므로 C이다. 따라서 (가)와 연결된다.
• 나머지 B는 (나)와 연결된다. (나)는 주간 인구 지수가 100 이상이고, 초등학교 학급 수도 많으며, 평균 유동 인구도 많은 것으로 보아 부도심이 발달했을 가능성이 높은 지역이다.

03 수도권의 지역별 토지 이용 파악

자료 해설 지도에 표시된 지역은 광명, 평택, 양평이다. 평택은 자동차 공업이 발달하였으므로 공장 용지 비중이 높은 (가)이다. 양평은 세 지역 중 촌락의 특성이 가장 강하므로 대지의 비중이 낮고 임야 비중이 높은 (나)이다. 광명은 서울과 인접해 대지의 비중이 높으므로 (다)이다.

선택지 분석

㉠ 정답: 평택(가)은 서울의 주거 기능을 담당하는 광명(다)보다 서울과의 거리가 멀고, 공업이 발달해 있기 때문에 서울로의 통근·통학률이 낮다.
㉡ 정답: 양평(나)은 평택(가)보다 면적은 넓지만 산지가 많고 농업 활동의 비

중이 높아 인구수가 적으므로 인구 밀도가 낮다.

ㄷ. 오답: 공장 용지 비중이 높은 평택(가)이 양평(나)보다 2차 산업 종사자 비율이 높다.

ㄹ. 오답: 대지 비중이 높은 광명(다)이 양평(나)보다 주택 중 아파트 비율이 높다. 광명은 서울의 주거 기능을 분담하는 도시이기 때문에 주택 중 아파트 비율이 높은 편이다.

04 인구 규모별 도시 수와 도시 인구 비중 파악

자료 해설 A는 도시 수에서 차지하는 비중은 가장 낮으나 도시 인구 비중에서 차지하는 비중은 가장 높으므로, 도시당 인구 규모가 가장 큰 도시군이다. 따라서 A는 100만 명 이상, B는 50만~100만 명, C는 20만~50만 명, D는 20만 명 미만 도시군에 해당한다.

선택지 분석

ㄱ 정답: A는 100만 명 이상, D는 20만 명 미만 도시군에 해당한다.

ㄴ 정답: 100만 명 이상 도시군의 도시 수 비중은 증가하였으나, 도시 인구 비중은 1975년 60% 이상에서 2015년 60% 미만으로 감소하였다.

ㄷ. 오답: 20만 명 미만 도시군인 D는 1975년에 비해 2015년에 도시 수 비중이 감소하였다.

ㄹ 정답: C는 1975년 도시 인구 비중이 약 7%에서 2015년 약 18%로, 10%p 이상 증가하여, 도시 인구 비중의 증가 폭이 가장 크다. 따라서 도시군별 도시 인구 비중의 증가 폭은 20만~50만 명 도시군(C)이 가장 크다.

05 수도권의 지역 특성 파악

자료 해설 지도는 서울을 중심으로 하는 대도시권, 즉 수도권의 범위를 나타내고 있다. (가)는 성남, (나)는 양평이다. 서울에 인접해 있는 성남은 양평에 비해 서울의 직접적인 영향을 더 많이 받는다. 따라서 도시적 성격이 두드러진 성남은 양평에 비해 단위 면적당 상업 시설 수, 유치원 수, 평균 지가 등이 높을 것이다. 이에 비해 양평은 성남에 비해 농업적 경관이 뚜렷하여 1차 산업 종사자 수가 많고, 경지 면적 비율이 높게 나타나며 주간 인구 지수도 높게 나타난다.

선택지 분석

① 정답: 성남은 양평에 비해 서울과의 거리가 가까워 서울로 출퇴근하는 사람이 많으며, 인구수가 많다. 그러므로 성남은 양평에 비해 유치원 수와 단위 면적당 상업 시설 수가 많다. 반면 양평은 성남에 비해 농업이 발달하여 1차 산업 종사자 비율이 높다. 주간 인구 지수는 상주인구 100명당 주간 인구를 나타낸 것으로, 주간 인구가 상주인구에 비해 얼마나 많은가를 나타내는 지수이다. 성남은 서울로 출퇴근하는 사람이 많아 주간 인구 지수는 낮은 편으로, 양평이 성남보다 주간 인구 지수가 높다. 따라서 1차 산업 종사자 비율과 주간 인구 지수는 양평이 높게 나타나고, 유치원 수와 단위 면적당 상업 시설 수는 성남이 높게 나타난다.

06 도시 내부 구조에 따른 지역의 특성 이해

자료 해설 A는 상주인구가 적고 통근·통학 유출 인구에 비해 유입 인구가 훨씬 많으므로 서울의 도심에 해당하는 종로구, B는 상주인구가 많고 통근·통학 유입 인구도 많으므로 부도심이 위치해 있는 강남구, C는 상주인구가 많고 통근·통학 유출 인구가 많으므로 주변 지역인 강서구이다.

선택지 분석

① 오답: 강남구는 종로구보다 면적이 조금 넓지만 상주인구는 약 4배 정도 더 많다. 따라서 강남구가 종로구보다 인구 밀도가 높다.

② 오답: 종로구는 서울의 전통적인 중심지로 시가지의 형성 시기가 이른 반면, 강남구는 1960년대 이후에 개발이 시작된 곳이다.

③ 오답: 종로구는 상업 및 업무 기능이 발달하여 주거 기능이 발달한 강서구보다 상업지의 평균 지가가 높다.

④ 오답: 부도심이 위치한 강남구는 주거 기능이 발달한 강서구보다 생산자 서비스업 사업체 수가 많다.

⑤ 정답: 주간 인구 지수는 '(주간 인구÷상주인구)×100'으로 구할 수 있다. 주간 인구는 '상주인구+통근·통학 유입 인구−통근·통학 유출 인구'로 구할 수 있다. 따라서 세 지역의 주간 인구 지수는 종로구(A)>강남구(B)>강서구(C) 순으로 높다.

07 도시 내부 구조의 이해

자료 해설 (가)는 통근·통학 유출 인구에 비해 통근·통학 유입 인구가 많은 상업 및 업무 지역이며, (나)는 통근·통학 유입 인구에 비해 통근·통학 유출 인구가 많은 주거 지역이다.

선택지 분석

• 주거 지역(나)은 상업 및 업무 지역(가)에 비해 주간 인구 지수가 낮다. → D, E
• 주거 지역(나)은 상업 및 업무 지역(가)에 비해 인구 증가율이 높다. → A, D
• 주거 지역(나)은 상업 및 업무 지역(가)에 비해 구내 상업 용지의 면적 비율이 낮다. → C, D

④ 정답: 따라서 상업 및 업무 지역(가)과 비교한 주거 지역(나)의 상대적 특성은 그림의 D에 해당한다.

> **올쏘 만점 노트** 상업 및 업무 지역과 주거 지역 비교
>
> 상업 및 업무 지역에 비해 주거 지역은 상주인구가 많아 초등학교의 학생 수가 많고, 주민들의 평균 통근 거리가 멀다. 이에 비해 상업 및 업무 지역은 주거 지역에 비해 주간 인구 지수가 높고, 상업지의 평균 지가가 높다. 상업 및 업무 기능이 발달한 도심은 주거 기능이 발달한 지역에 비해 중추 관리 기능이 우세하고 생산자 서비스업 사업체 수가 많다. 또한, 도심은 출근 시간대에 유입 인구가 많아 출퇴근 시간대에 교통 혼잡이 발생한다.

08 도시 내부 구조의 특징 파악

자료 해설 통근·통학 유입 인구는 (가)>(나)>(다) 순으로 많고, 통근·통학 유출 인구는 (다)>(가)>(나) 순으로 많다. 특히 (나)는 통근·통학 유출 인구에 비해 상대적으로 통근·통학 유입 인구가 매우 많고, (다)는 통근·통학 유입 인구에 비해 상대적으로 통근·통학 유출 인구가 많다. 그러므로 (가)는 부도심, (나)는 도심, (다)는 주변 지역에 위치한 구이다.

선택지 분석

④ 정답: 도심(나)은 아파트 수가 가장 적고, 생산자 서비스업 사업체 수가 많으므로 C에 해당한다. 주변 지역(다)은 아파트 수가 가장 많고, 생산자 서비스업 사업체 수가 가장 적으므로 A에 해당한다. 따라서 부도심(가)은 B와 연결된다.

09 도시 내부 구조의 특성 이해

자료 해설 기능별 접근성, 지대의 차이에 따라 도시 내 기능 지역 분화가 일어난다. 지대는 토지 이용을 통해 얻을 수 있는 수익 또는 타인의 토지를 이용하고 지불해야 하는 비용을 말하는데, 접근성이 좋을수록 지대가 높아지는 경향이 있다. 지대 지불 능력이 높은 중심 업무 기능은 도심에, 지대 지불 능력이 낮은 공업 기능과 주거 기능은 주변 지

역에 입지하는 경향이 있다.

선택지 분석

갑 – 오답: 도시 내의 기능 지역 분화는 지역에 따른 접근성, 지대 및 지가의 차이에 따라 발생한다.

을 – 정답: 지대 지불 능력은 도심에서 주거 기능이 상업 기능보다 대체로 낮은 편이다.

병 – 오답: 중심 업무 기능은 중앙 행정 기관이나 대기업의 본사와 같이 도시의 운영과 성장을 위해 중요한 업무를 관리하는 기능을 말한다.

정 – 오답: 이심 현상은 주거·공업 기능 등이 도심에서 주변 지역으로 이동하는 현상을 말한다.

무 – 오답: 인구 공동화 현상은 주거 기능의 이심 현상으로, 도심의 상주인구 밀도가 낮아져 주·야간 인구 밀도의 차이가 나타나는 현상이다.

10 도시 내부 구조의 이해

자료 해설 (가)는 1985년 이후 인구가 큰 폭으로 증가하였다. 또한 녹지 면적이 넓고 상업 지역보다 주거 지역 비중이 매우 높다. 따라서 (가)는 주변 지역에 해당한다. 반면 (나)는 인구가 감소하는 경향이 있고, 상업 지역이 높은 비중을 차지하고 있다. 따라서 (나)는 도심에 해당한다.

선택지 분석

① 오답: 주변 지역(가)은 상주인구가 많고 주거 기능이 발달하여 대규모 아파트 단지가 많은 편이다.

② 오답: 도심(나)은 주거 기능의 이심 현상으로 주변 지역보다 인구 공동화 현상이 뚜렷하다.

③ 오답: 주변 지역(가)은 주거 기능이 발달하여 상주인구가 많으므로 도심(나)보다 초등학생 수가 많다.

④ 정답: 주변 지역(가)은 도심(나)보다 상주인구 대비 주간 인구를 나타낸 주간 인구 지수가 낮게 나타난다.

⑤ 오답: 도심(나)은 주변 지역(가)보다 중추 관리 기능이 우세하고 고급 상가, 전문 서비스업 등 고차 중심 기능이 입지해 있다. 따라서 도심이 주변 지역보다 백화점이 많다.

11 수도권 주요 지역의 변화 이해

자료 해설 지도에 표시된 지역은 파주, 안산, 성남, 여주이다. (가)는 서울의 공업 기능이 분산되면서 1980년대 이후 인구가 꾸준히 증가하고 있는 안산이다. (나)는 수도권 2기 신도시 건설과 제조업 발달로 2000년대 이후 인구가 급증한 파주이다. (다)는 수도권 1기 신도시 건설로 1990년대 초반 인구가 급증한 성남이다. (라)는 인구 변화가 거의 없는 여주로, 이곳은 촌락의 특성이 나타난다.

선택지 분석

ㄱ. 정답: 안산은 반월 국가 산업 단지와 시화 국가 산업 단지가 조성되어 있어 제조업에 종사하는 외국인의 유입이 많은 지역이다.

ㄴ. 정답: 지역 내 제조업 종사자 비율은 LCD 산업 클러스트가 입지한 파주가 성남보다 높다.

ㄷ. 정답: 주택 중 아파트 비율은 2기 신도시가 입지한 파주가 촌락의 특성이 나타나는 여주보다 높다.

ㄹ. 오답: 수도권 1기 신도시에는 중동, 일산, 산본, 평촌, 분당이 있다. 따라서 지도에 표시된 네 지역 중에서 수도권 1기 신도시가 위치해 있는 곳은 성남(분당)이다.

12 도시 내부 구조의 특징 비교

자료 해설 A는 서울의 중심부에 해당하며, 높은 지대를 지불할 수 있는 중추 관리 기능, 고급 상가, 전문 서비스업 등 고차 중심지 기능이 입지한 도심이다. B는 주변 지역보다 지가가 상대적으로 높으므로 교통의 결절점에 위치하여 도심의 기능을 분담하는 부도심이며, C는 지가가 가장 낮은 주거 기능이 발달한 주변 지역이다.

선택지 분석

① 오답: 부도심에 위치한 B가 도심에 위치한 A보다 주거 기능이 밀집해 있어 상주인구가 많다. 따라서 도심(A)은 부도심(B)보다 상주인구가 적다.

② 오답: 상업 및 업무 기능이 집중되어 있는 도심(A)은 출근 시간대 유입 인구가 많다. 따라서 도심(A)은 주변 지역(C)보다 출근 시간대에 유출 인구가 적다.

❸ 정답: 부도심(B)은 주변 지역(C)보다 상업 및 업무 기능이 발달하여 업무용 건물의 평균 층수가 많다.

④ 오답: 인구 공동화 현상은 주거 기능의 이심 현상으로 도심의 상주인구 밀도가 감소하는 현상이다. 따라서 도심(A)은 주변 지역(C)보다 인구 공동화 현상이 뚜렷하다.

⑤ 오답: 주변 지역(C)은 부도심(B)보다 상점의 평균 임대료가 낮다.

> **올쏘 만점 노트** 도심과 주변 지역의 특성 비교
>
> 주간 인구 지수는 상주인구 100명당 주간 인구를 나타낸 것으로, 주간 인구가 상주인구에 비해 얼마나 많은가를 나타내는 지수이다. 따라서 주간 인구 지수는 상주인구 규모에 비해 상업 및 업무 기능이 밀집한 지역에서 높게 나타난다. 따라서 도심은 주변 지역보다 주간 인구 지수가 높다. 또한, 도심은 상업 및 업무 기능이 발달하여 상업지의 평균 지가가 높고 대기업 본사 수가 많다. 반면 주변 지역은 주거 기능이 발달하여 주민의 평균 통근·통학 거리가 멀고, 초등학교 학급 수가 많다.

킬러 예상 문제

본문 076~078쪽

| 01 ③ | 02 ③ | 03 ③ | 04 ③ | 05 ④ | 06 ③ | 07 ③ | 08 ⑤ |
| 09 ③ | 10 ① | 11 ② | 12 ② |

01 촌락의 기능과 도농 교류 이해

자료 해설 촌락과 도시는 상호 보완적 관계이다. 촌락은 도시에 각종 농수산물을 공급하고 휴식 및 여가 공간을 제공하며, 도시는 촌락에 공산품을 비롯한 재화와 서비스를 제공한다. 도농 통합시는 도시와 촌락의 상호 발전을 위해 만들어졌다. 도농 통합시는 생활권이 같은 도시와 농어촌이 하나로 합쳐져 광역 생활권을 갖춘 도시를 말한다.

선택지 분석

① 오답: ㉠은 '기능'에 해당한다. 전통적인 촌락을 기능에 따라 구분하면 농촌, 어촌, 산지촌, 광산촌 등으로 나눌 수 있다. 촌락은 가옥의 밀집도에 따라 집촌(集村)과 산촌(散村)으로 구분할 수 있다.

② 오답: 집촌(ⓒ)은 산촌보다 가옥 간의 거리는 가깝지만 경지와의 평균 거리는 산촌보다 멀다. 반면 산촌은 집촌보다 가옥과 경지가 인접해 있어 효율적인 경지 이용에 유리하다.

❸ 정답: 토지 이용에서 단위 면적당 투입되는 노동과 자본의 크기를 토지 이용의 집약도라고 하는데, 토지 이용의 집약도가 낮은 경우를 조방적 토지 이용이라고 하고, 토지 이용의 집약도가 높은 경우를 집약적 토지 이용이라고 한다. 따라서 촌락은 '조방적' 토지 이용이 나타나고, 도시는 '집약적' 토지 이용이 나타난다.

④ 오답: 도시와 인접하여 도시에 각종 농수산물을 공급(ⓜ)하는 촌락을 근교 촌락이라고 한다. 원교 촌락은 도시와 먼 거리지만 넓은 토지 또는 기후, 지형 등의 특성을 이용하여 상품 작물을 재배한 후, 이를 도시에 공급하는 촌락이다.

⑤ 오답: 도농 통합시는 생활권이 같은 도시와 농어촌이 하나로 합쳐져 광역 생활권을 갖춘 도시를 말한다. 반면, 민간 기업이 주도적으로 도시를 개발하려는 목적으로 추진되는 되는 도시는 기업 도시이다.

02 우리나라의 도시 발달 과정 이해

자료 해설 우리나라의 많은 도시는 하천 유역을 중심으로 발달하였다. 발달 초기에는 정치·행정 기능이 중심이었으나 점차 상업, 공업 등 다양한 기능을 중심으로 발달하게 되었다.

선택지 분석

갑 오답: 우리나라 도시 발달의 시작은 삼국 시대부터이다. 강력한 왕권을 중심으로 중앙 집권적 정치 체제를 확립하면서 왕이 있는 수도와 지방 행정 중심지에 성곽을 축조하였고, 이곳이 정치·경제·행정의 중심지로 성장하게 되었다.

을 정답: 일제 시대에 항만과 내륙 중심지를 연결하는 교통망이 정비되고 철도가 부설되면서 철도역을 중심으로 신의주, 대전 등이 새롭게 도시로 성장하였다.

병 정답: 일제 강점기 한반도를 식량 기지화하려는 일제의 정책에 따라 쌀의 수출항인 군산, 목포 등이 도시로 성장하였다. 일제 강점기 후기에는 병참 기지화 정책으로 중화학 공업과 광업이 발달한 관북 해안 지방의 흥남, 청진, 원산 등이 도시로 성장하였다.

정 오답: 1960년대 이후에는 경제 개발 정책과 공업화로 이촌 향도 현상이 두드러져 서울, 부산, 대구 등 대도시들이 급성장하였고 정책적으로 집중 투자가 이루어진 포항, 울산, 창원 등 남동 임해 공업 도시의 성장 역시 두드러지게 나타났다. 1980년 후반에서 1990년대 이후에는 대도시 주변 지역에 대도시의 일부 기능을 분담하는 도시들이 성장하였다.

03 촌락의 입지 특성 이해

자료 해설 전통적으로 촌락은 풍수적 길지, 생활용수를 쉽게 얻을 수 있는 곳이나 생산 활동을 위해 농경지와 인접한 곳에 발달하였다. 또한 교통이 편리한 곳, 방어에 유리한 곳 등 사회·경제적 조건이 유리한 곳에 발달하였다. 교통 조건을 고려한 취락에는 역참 제도와 관련한 역원 취락, 나루터에 입지한 나루터 취락, 큰 고개 밑에 발달하는 영(嶺) 취락 등이 있다. 배가 접안하는 선착장, 창고, 숙박 시설 등을 갖춘 촌락은 나루터 취락이다. 나루터 취락이었던 곳에는 도(渡), 진(津), 포(浦) 등의 글자가 붙은 지명이 남아 있는 경우가 많다. 노량진, 마포 등은 한강변에 발달했던 나루터 취락이다.

선택지 분석

ㄱ. 오답: 갑 – (가) 산은 북악산으로 남사면이 북사면보다 일조량이 많다. 전통 촌락은 풍수적 길지로의 입지를 선호하였는데, 특히 배산임수 조건을 갖춘 곳이 많았다. 배산임수 촌락은 주로 남사면에 입지하는데, 북쪽에 산이 있어 겨울철 차가운 북서풍을 막아 주고 일조 시간이 길다. 마을은 산지의 남쪽에 위치하고 있으므로 남사면에 입지한다고 볼 수 있다.

ㄴ. 정답: 을 – 마포(나)와 같이 육상 교통과 수상 교통의 결절점에 발달하는 취락은 나루터 취락이다. 배가 접안하는 선착장, 창고, 숙박 시설 등을 갖춘 촌락이다. 나루터 취락이었던 곳에는 도(渡), 진(津), 포(浦) 등의 글자가 붙은 지명이 남아 있는 경우가 많다. 한강의 노량진과 마포, 낙동강의 삼랑진, 영산강의 영산포 등은 나루터 취락이다.

ㄷ. 정답: 병 – 역원 취락은 육상 교통과 관련된 촌락으로, 사회·경제적 조건 중 교통이 촌락의 입지와 형성에 중요한 영향을 끼쳤다. 지명에 역(驛), 원(院) 등이 들어가는 곳은 육상 교통과 관련해 발달한 경우가 많은데, 역삼동, 역곡동 등은 이동하는 관원에게 마필이나 숙식을 제공하던 역이 있었던 지역이며 퇴계원, 조치원 등은 공무 여행자에게 숙식을 제공하는 역할을 담당했던 원이 있었던 지역이다.

ㄹ. 오답: 정 – 한강진(라)은 방어 기능과 관련해 발달한 취락이다. 진(鎭)은 과거 군사 시설이 있었던 곳으로, 국경 지대에 위치한 중강진과 같이 병영촌의 지명에 많이 들어간다. 득수(得水)가 중요한 입지 요인인 경우는 제주도에서 용천대를 따라 해안에 취락이 입지한 경우를 들 수 있다. 한편, 범람원에서는 침수 피해를 줄이기 위해 배수가 양호한 자연 제방에 취락이 주로 입지하므로 피수(避水)가 중요한 입지 요인이다.

04 인구 규모에 따른 도시 순위 변화 파악

자료 해설 그래프는 인구 규모 상위 10대 도시의 인구와 순위 변화를 나타낸 것이다. 우리나라는 서울의 종주 도시화, 광역시의 세력권 확대, 남동 연안 신흥 공업 도시의 급성장, 대도시 주변의 위성 도시 및 신도시의 성장 등으로 도시 체계에 많은 변화가 나타났다. 그래프는 1975년, 1995년, 2015년의 인구 규모로 본 도시 순위의 변화를 나타내고 있다. (가)는 수위 도시인 서울이며, (나)는 부산으로 2위의 순위를 유지하고 있다. (다)는 인천으로 1995~2015년 대구와 순위 변동이 있었다.

선택지 분석

① 오답: 우리나라는 1975년에도 이미 종주 도시화 현상을 보이고 있다.

② 오답: 1975~2015년 동안 부산(나)의 인구는 1975년 약 245만 명에서 1995년 약 381만 명으로 증가하였으나, 2015년에는 약 345만 명으로 인구가 감소하였다. 따라서 부산의 인구는 지속적으로 증가했다고 볼 수 없다.

❸ 정답: 1975~2015년 인천(다)은 약 80만 명에서 약 289만 명으로 증가했고, 대구는 약 131만 명에서 약 247만 명으로 증가했으므로 인천이 대구보다 인구 증가 폭이 크다.

④ 오답: 서울과 부산의 인구 격차는 1975년 약 440만 명, 2015년은 약 645만 명이므로, 2015년은 1975년에 비해 서울(가)과 부산(나)의 인구 격차가 더욱 커졌다.

⑤ 오답: 제시된 그래프에서 수도권에 해당하는 도시는 서울, 인천, 성남, 부천, 수원, 고양이다. 10대 도시에 포함된 수도권의 도시 수는 1975년에는 2개(서울, 인천), 2015년에는 4개(서울, 인천, 수원, 고양)이다.

05 우리나라 도시 인구와 도시 수의 변화 파악

자료 해설 우리나라는 대도시를 중심으로 도시가 성장해 왔다. 그래프는 1975년, 1995년, 2015년의 인구 규모별 도시 인구, 인구 규모별 도시 수를 나타낸 것이다. 도시 인구가 도시 수에 비해 많은 곳이 대도시이고, 도시 인구가 도시 수에 비해 상대적으로 적은 곳은 소도시이다. A는 도시 수는 가장 많지만 인구 규모는 가장 작고, D는 도시 수는 가장 적지만 인구 규모는 가장 크다. 따라서 D는 인구 100만 명 이상 도시군이고, C는 50만~100만 명 도시군, B는 20만~50만 명 도시군, A는 20만 명 미만 도시군에 해당한다.

선택지 분석

ㄱ. 오답: 1995년 전체 도시 거주 인구는 약 3,800만 명 정도인데, 그중 약 2,200만 명이 D(인구 100만 명 이상의 대도시)에 거주한다. 1975년, 1995년, 2015년 모두 전체 도시 인구의 절반 이상이 100만 명 이상 도시군에 거주하였다.

ㄴ. 정답: 1995~2015년의 도시 인구 증가는 A(20만 명 미만 도시군)가 D(100만 명 이상 도시군) 보다 적었다.

ㄷ. 오답: 1995~2015년에 B(20만~50만 명 도시군)가 C(50만~100만 명 도시군)보다 도시 수가 많이 증가하였다.

ㄹ. 정답: 1975~1995년에는 도시 거주 인구의 증가 폭이 약 2,000만 명이고, 1995~2015년에는 도시 거주 인구의 증가 폭이 약 1,000만 명이다. 따라서 1975~1995년은 1995~2015년보다 도시 거주 인구의 증가 폭이 크다.

> **올쏘 만점 노트** **우리나라의 도시 발달**
>
> 우리나라는 서울, 부산, 대구 등 대도시를 중심으로 성장해 왔다. 이에 따라 수도권, 남동 임해 지역 등에 인구 규모가 큰 대도시가 분포한다.
> 최근에는 서울, 부산, 대구 등 대도시가 과밀화됨에 따라 대도시 기능의 일부를 분담하기 위해 새롭게 조성한 도시인 신도시의 성장이 두드러진다. 이에 따라 서울 주변에는 고양, 성남, 용인 등, 부산 주변에는 김해, 양산 등, 대구 주변에는 경산 등의 도시 성장이 두드러진다.

06 고차 중심지와 저차 중심지의 특성 비교

자료 해설 A는 도시 내 수가 가장 적으므로 종합 병원, B는 병원, C는 의원이다. 지도에 표시된 지역은 서울, 대전, 공주이다. 세 도시 중 (가)는 종합 병원, 병원, 의원이 가장 많이 입지한 최고차 중심지이고, (다)는 인구 규모가 가장 작고 종합 병원이 1개, 병원이 2개, 의원이 68개 등 의료 기관이 적게 입지한 최저차 중심지에 해당하며, (나)는 중간적인 특성이 나타나는 곳이다. 따라서 (가)는 서울, (나)는 대전, (다)는 공주이다.

선택지 분석

ㄱ. 오답: 서울(가)은 대전(나)보다 고차 계층 중심지이다.

ㄴ. 정답: 대전(나)은 공주(다)보다 인구가 많고 접근성이 좋으므로 중심지 기능의 다양성 정도가 높다.

ㄷ. 정답: 의원(C)은 병원(B)보다 개수가 많으므로 진료를 위한 주민의 평균 이동 거리가 가까울 것이다.

ㄹ. 오답: 서울(가)은 특별시, 대전(나)은 광역시이다. 공주(다)는 시로 광역시가 아니다.

07 수도권, 영남권, 호남권의 시·군별 인구 비중 파악

자료 해설 세 권역의 시·군 규모별 인구 비중에서 군(郡) 지역군의 인구 비중이 가장 높은 곳은 상대적으로 촌락에 거주하는 인구 비중이 높은 곳이다. 도시화 정도가 높은 지역일수록 총인구에서 군(郡) 지역군의 인구가 차지하는 비중이 낮으므로 수도권은 촌락에 해당하는 군(郡) 지역군의 인구 비중이 낮다. 영남권은 100만 명 이상 도시군이 차지하는 비중이 높은데, 부산, 대구, 울산 등의 대도시가 상대적으로 많기 때문이다. 촌락이 많은 호남권은 수도권 및 영남권보다 군(郡) 지역군의 인구 비중이 높다.

선택지 분석

❸ 정답: (가)는 100만 명 이상 도시군의 인구 비중이 가장 높지만 (나)보다 군(郡) 지역군의 인구 비중이 높으므로 영남권이다. (나)는 (가)와 (다)보다 군(郡) 지역군의 인구 비중이 낮고 (다)보다 100만 명 이상 도시군의 인구 비중이 높으므로 수도권이고, (다)는 20만~50만 명 도시군과 20만 명 미만 도시군, 군(郡) 지역군의 인구 비중이 (가)와 (나)보다 높으므로 호남권이다.

> **올쏘 만점 노트** **권역별 시·군 규모별 인구 비중 현황**
>
> 권역별 시·군 규모별 인구 비중 현황을 보면 인구의 약 50%가 거주하는 수도권은 촌락에 해당하는 군(郡) 지역군의 인구 비중이 낮다. 영남권은 100만 명 이상 도시군이 차지하는 비중이 높은데, 부산, 대구, 울산 등의 대도시가 상대적으로 많기 때문이다. 호남권, 충청권, 강원권, 제주권은 수도권 및 영남권보다 군(郡) 지역군의 인구 비중이 높다. 공업화 정도가 상대적으로 낮고 산지 지형이 많은 강원권과 해안 지역에 도시가 발달한 제주권은 상대적으로 인구 규모가 큰 대도시의 발달이 미약하기 때문이다.

08 도심의 인구 공동화 현상 이해

자료 해설 도시 발달의 초기에는 도심의 상주인구 밀도가 가장 높지만, 도시가 점차 성장하면서 상대적으로 지대 지불 능력이 낮은 주거 기능의 이심 현상이 나타난다. 따라서 도심의 상주인구 밀도는 낮아지고 주변 지역은 주거 용지와 공업 용지로 개발되면서 상주인구 밀도가 높아지게 된다. 그 결과 도심에서는 주간에는 유동 인구가 매우 많으나 야간에는 상주인구가 매우 적은 인구 공동화 현상이 발생한다. 인구 공동화 현상은 각종 행정의 어려움, 도심 빈곤화, 출퇴근 시 교통 혼잡 등의 문제로 연결된다.

선택지 분석

① 오답: 도시 계층이란 도시가 수행하고 있는 기능의 보유 정도, 영향력 등의 차이에 따른 도시 간의 계층 질서를 말한다.

② 오답: 도시 내부 기능 지역의 분화는 도시가 성장하고 기능이 다양해지면서 도시 내부가 기능에 따라 여러 지역으로 나뉘는 현상이다.

③ 오답: 도심은 주변 지역에 비해 접근성, 지가, 지대 등이 모두 높으며, 상업 및 업무 기능이 발달하여 사업체를 대상으로 서비스를 제공하는 생산자 서비스업의 비중이 높다.

④ 오답: 최근 구도심의 쇠퇴를 해결하기 위해 도심 재개발을 통한 도심의 성장을 유도하고 있다.

❺ 정답: 도시가 성장할수록 도심의 인구 공동화 현상이 심화되는 경향이 뚜렷하다.

09 대구의 도시 내부 구조 이해

자료 해설 상주인구에 대한 주간 인구의 백분율인 주간 인구 지수를 통해 지역의 특성을 파악할 수 있다. 대체로 주간 인구 지수가 100 이상이면 주간에 인구가 집중되는 지역으로 업무 지구의 성격이 강하고, 100 미만이면 주거 지역의 특성이 나타난다.

지도에 표시된 지역은 대구의 중구, 북구, 달서구이다. 2015년 기준 (가)는 주간 인구 지수가 약 170인 구(區)로 상업 및 업무 기능이 집중되어 있는 도심에 해당하므로 중구이다. (나)는 1995년 주간 인구 지수가 100 이상인 지역이었는데 2015년에는 100 미만이 되면서 상주인구가 약 14만 명 증가한 구(區)이므로 북구이다. (다)는 1995~2015년 주간 인구 지수가 100 미만이고, 상주인구가 약 22만 명 증가하였다. 따라서 상주인구에 비해 주간 인구가 적은 지역으로 주거 기능이 발달한 주변 지역에 해당하므로 달서구이다.

선택지 분석

① 오답: 상업 및 업무 기능이 발달한 중구(가)는 상대적으로 북구(나)보다 통근자의 평균 통근 거리가 짧다.

② 오답: 중구(가)는 주간 인구 지수가 100 이상, 달서구(다)는 주간 인구 지수가 100 미만인 지역이다. 따라서 중구(가)는 달서구(다)보다 출근 시간대에는 순 유입 인구가 많고, 퇴근 시간대에는 순 유출 인구가 많다.

❸ 정답: 북구(나)는 중구(가)보다 1995~2015년에 상주인구 증가 폭이 크므로 전입 인구가 많다.

④ 오답: 주간 인구는 '주간 인구 지수×상주인구÷100'으로 구할 수 있다. 2015년 북구(나)와 달서구(다)의 주간 인구 지수는 비슷하나, 달서구가 북구보다 상주인구가 많으므로 주간 인구도 많다.

⑤ 오답: 주변 지역인 달서구(다)는 도심인 중구(가)보다 상업 및 업무 기능의 집중도가 낮다.

10 서울의 도시 내부 구조 이해

자료 해설 지도에 표시된 구(區)는 노원구, 중구, 금천구, 강남구이다. 중구는 도심, 강남구는 부도심에 해당한다. 노원구와 금천구는 주변 지역에 해당한다. (가)는 법정동 수가 행정동 수보다 많은데, 이는 전출 인구가 많아 주민 수가 줄어 행정동으로 통폐합되었기 때문이다. 따라서 법정동 수가 행정동 수보다 많은 (가)는 상업 및 업무 기능이 발달한 중구에 해당한다. 법정동 수보다 행정동 수가 많은 (나), (다), (라)는 주거 기능이 발달하였는데, 주간 인구 지수가 가장 높은 (나)는 강남구, 가장 낮은 (라)는 노원구이며, (다)는 금천구이다.

지도의 A는 대단위 아파트 단지가 조성된 노원구로, 상주인구에 비해 주간 인구가 적고 주거 기능이 발달하였다. B는 중구로, 접근성이 가장 높고 상업 및 업무 기능이 발달한 도심에 해당한다. C는 상업 및 업무 기능과 함께 주거 기능도 발달한 강남구이다. D는 금천구로, 경공업 중심지에서 가산 디지털 단지 등 첨단 산업의 입지 지역으로 변화하면서 성장하고 있는 지역이다.

선택지 분석

❶ 정답: 중구(가)는 조선 시대부터 시가지가 형성되었으며, 강남구(나)는 1970년대 강남 개발로 시가지가 형성되었으므로, 중구가 강남구보다 시가지의 형성 시기가 이르다.

② 오답: 중구(가)는 노원구(라)보다 상주인구가 적고 인구 공동화 현상이 나타나므로 초등학교당 학급 수가 적다.

③ 오답: 강남구(나)는 노원구(라)보다 주간 인구 지수가 높으므로 상업 및 업무 기능이 발달하여 생산자 서비스업의 집중도가 높다.

④ 오답: 금천구(다)는 가산 디지털 단지 등 제조업이 발달한 지역이지만 주간 인구 지수가 월등히 높은 중구(가)보다 주민의 평균 통근 거리가 멀다.

⑤ 오답: (가)는 B, (나)는 C, (다)는 D, (라)는 A이다.

올쏘 만점 노트 도시 내부 구조

〈도심〉
• 접근성, 지대, 지가가 모두 높음
• 토지가 집약적으로 이용됨
• 중심 업무 기능과 상업 기능 등이 밀집해 있음
• 인구 공동화 현상 발생, 주간 인구 지수가 높음

〈부도심〉
• 도심과 주변 지역을 연결하는 교통의 결절점에 형성
• 도심의 기능을 일부 분담함

〈중간 지역〉
• 도심과 주변 지역 사이에 위치
• 상업 · 주거 · 공업 기능 등이 혼재해 있음

〈주변 지역〉
• 도시의 변두리에 위치
• 상대적으로 지가와 지대가 낮아 주택, 학교, 공장 등이 입지함

11 대도시권의 공간 구조 파악

자료 해설 2001년과 2016년의 토지 이용을 보면 (가)는 임야의 비중이 높은 지역이고, (나)는 다른 지역에 비해 공장 용지의 비중이 높은 지역, (다)는 다른 지역에 비해 주택 용지로 사용되는 대지의 비중이 높은 지역이다. 지도에 표시된 A는 가평, B는 성남, C는 안산이다.

선택지 분석

❷ 정답: 가평(가)은 서울과의 거리가 멀어 도시화의 영향이 작다. 따라서 다른 지역에 비해 상대적으로 인구가 적어 대지로 이용되는 토지 이용 비중이 매우 낮다. 안산(나)은 서울의 산업 시설 분산을 위해 반월 공단이 조성된 지역으로 다른 지역에 비해 제조업의 비중이 높고 외국인 노동자 수도 많다. 성남(다)은 서울의 인구 분산을 위해 1990년대 조성된 제1기 신도시인 분당이 위치하는 지역으로, 서울과 인접하여 인구가 많기 때문에 대지 면적의 비중이 높다.

올쏘 만점 노트 대도시권

기능적으로 상호 밀접한 관계를 갖는 대도시와 그 주변 지역을 대도시권이라고 한다.

〈대도시권의 공간 구조〉

중심 도시		• 대도시권의 중심 지역 • 도심 · 부도심 등의 발달로 다핵 구조 형성
통근 기능권	교외 지역	• 중심 도시와 연속된 지역 • 주거 · 공업 기능 등의 확대
	대도시 영향권	통근 형태 및 토지 이용 측면에서 중심 도시의 영향을 받음
	배후 농촌 지역	• 중심 도시로의 최대 통근 가능 지역 • 상업적 원예 농업 발달

12 김포시의 지역 변화 이해

자료 해설 지도에 표시된 지역은 경기도의 김포시이다. 주택 유형별 거주 비중을 보면 아파트 거주 비중이 많이 증가했고, 주택 현황을 보면 2001년에 비해 2014년 일반 가구 수는 약 1.8배가 되었다. 김포는 과거 김포평야로 넓은 들을 자랑했던 서울 주변의 근교 농촌 지역이었다. 이후 제2기 신도시로 지정되면서 대단위 아파트 개발 사업으로 대규모의 인구가 유입된 지역이다.

① 오답: 일반 가구 수와 주택 수가 모두 증가했으므로 상주인구도 증가했을 것이다.

❷ 정답: 인구의 유입으로 다양한 직업에 종사하는 사람들이 증가하였고, 서울과의 접근성이 높아져 서울로 통근하는 인구가 증가했을 것이다. 따라서 겸업농가 비중은 증가하고 전업농가 비중은 감소했을 것이다.

③ 오답: 인구 유입으로 다양한 시설이 입지하여 3차 산업 종사자 비중이 증가했을 것이다.

④ 오답: 신도시 개발로 도로가 건설되고 서울에서의 인구 유입이 많아져 서울로의 통근·통학 인구가 증가했을 것이다.

⑤ 오답: 주택 유형별 거주 비중을 보면 단독 주택 거주 비중은 낮아지고 아파트 거주 비중이 높아졌으므로, 단독 주택보다 아파트의 호수 건설이 많았을 것이다.

올쏘 만점 노트 수도권의 시기별 인구 특징

서울의 인구는 1970년 약 550만 명, 2015년 약 990만 명으로 1970년과 비교하여 2015년에 약 1.8배가 되었다. 1970~1980년에는 이촌 향도 현상으로 서울은 40% 이상의 인구 증가율이 나타났지만, 2005~2015년에는 인구 증가율이 낮아졌다. 이를 반영하여 1970~1980년에는 서울과 인접한 시·군에서 인구 증가율이 높았고, 2005~2015년에는 인구가 증가하는 시·군이 서울에서 외곽으로 조금 더 확대된 양상을 보이고 있다. 이는 교통 발달에 따라 서울의 주거 기능이 이전되고 서울로의 통근권이 확대된 것으로, 서울의 거주지 교외화 현상의 영향 때문이다.

10 ② 도시 계획과 재개발 ~ 지역 개발과 공간 불평등

기출 선지 변형 OX 본문 079~080쪽

01 ① × ② ○ ③ × ④ ○ ⑤ ○ ⑥ × ⑦ ○ ⑧ ×
02 ① × ② × ③ ○ ④ ○ ⑤ × ⑥ × ⑦ ○ ⑧ ○
03 ① ○ ② × ③ ○ ④ × ⑤ ○ ⑥ × ⑦ ×
04 ① × ② ○ ③ ○ ④ × ⑤ ○ ⑥ × ⑦ × ⑧ ○

01 ① 보존 재개발은 건축물을 철거하고 새 건물을 짓기보다는 역사적 특성을 살려 건축물을 보수하는 형태로 이루어지는 재개발 방식이다. 따라서 보존 재개발은 아파트 등 고층 건물이 들어서는 철거(전면) 재개발에 비해 재개발 후 건물 평균 층수가 낮다.

② 보존 재개발은 기존의 주거 공간을 철거하지 않고 대부분 그대로 보존하는 개발 방식이므로 철거(전면) 재개발에 비해 원거주민의 재정착률이 높은 편이다. 따라서 보존 재개발은 철거(전면) 재개발에 비해 재개발 후 원거주민의 거주 지속 가능성이 높다.

③ 철거(전면) 재개발은 기존의 시설을 모두 철거하고 새로운 시설물로 대체하는 재개발 방식이다. 따라서 기존 건축물을 보수하는 형태로 이루어지는 보존 재개발은 철거(전면) 재개발에 비해 투입 자본의 규모가 작다.

④ 철거(전면) 재개발은 기존의 시설을 완전히 철거하고 새로운 시설물로 대체하는 방법이고, 보존 재개발은 기존 환경, 건물, 경관을 최대한 활용하는 재개발 방법이다. 따라서 보존 재개발은 철거(전면) 재개발보다 기존 건물의 활용도가 높다.

⑤ 철거(전면) 재개발은 기존의 시설을 완전히 철거하고 새로운 시설물로 대체하는 방법이다.

⑥ 철거(전면) 재개발은 기존의 주거 공간을 철거하고 새로운 시설물로 대체하는 재개발 방식이므로, 원거주민의 재정착률이 낮은 편이다.

⑦ 보존 재개발은 역사·문화적으로 보존할 가치가 있는 지역에서 공간적 특성을 보존하면서 노후화된 건물을 보수하는 형태로 이루어진다.

⑧ 보존 재개발은 철거(전면) 재개발보다 투입 자본의 규모가 작고 기존 건물의 활용도가 높다.

02 ① (나)는 '자연환경 보존', '친환경 농산물 생산', '천연 염색' 등의 내용을 통해 (가)보다 환경친화적임을 알 수 있다. 또한 하향식 개발 (가)은 상향식 개발(나)보다 경제적 효율성을 추구한다. 따라서 상향식 개발이 하향식 개발보다 환경친화적인 개발 방식이다.

② (나)는 '천연 염색', '도자기 만들기' 등의 체험 프로그램을 운영하고 있어 (가)보다 전통문화 자원의 활용도가 높음을 알 수 있다.

③ (가)는 대규모 국가 산업 단지와 신항만이 건설될 예정이므로, (나)보다 지역 개발의 규모가 크다.

④ (나)는 지역 주민이 주도하는 상향식 개발이기 때문에 중앙 정부가 주도하는 하향식 개발(가)보다 지역 주민의 자발적 참여도가 높다.

⑤ (가)는 하향식 개발, (나)는 상향식 개발이다.

⑥ 하향식 개발은 개발 주체가 중앙 정부이고, 상향식 개발은 개발 주체가 지방 정부 또는 지역 주민이다.

⑦ 성장 거점 개발에서는 의사 결정 방식이 신속한 하향식 개발 방식을, 균형 개발에서는 지방 정부 또는 지역 주민이 주도하는 상향식 개발 방식을 주로 택한다.

⑧ 상향식 개발은 지방 정부 또는 지역 주민이 주도하는 개발 방식이므로, 하향식 개발보다 지역 주민의 자발적 참여도가 높고 전통문화 자원의 활용도가 높다.

03 ① '전국 대비 수도권의 인구 및 지역 내 총생산 비중' 내용을 조사하면 인구 및 산업의 수도권 집중 내용을 알 수 있다.

② 하향식 개발 정책은 중앙 정부가 주도하는 지역 개발이며, 상향식 개발 정책은 지역 주민 또는 지방 자치 단체가 주도하는 지역 개발이다. 수도권과 비수도권 간의 지역 격차는 1960년대 산업화 이후 성장 위주의 하향식 개발 전략을 추진해 온 결과 지속적으로 심화되었다.

③ '수도권의 지가 및 교통 혼잡 비용 변화' 내용을 조사하면 수도권에서의 집적 불이익 발생 내용을 알 수 있다.

④ 지역 격차를 완화하기 위해 수도권의 기능 중 일부를 지방으로 이전하고 수도권에서 지방으로 이전하는 기업들에게 세금 감면 및 규제 완화의 혜택을 주는 등 다양한 균형 발전 전략을 통해 수도권의 집중 문제를 해결하고자 노력하고 있다. 장소 마케팅은 특정 장소를 하나의 상품으로 인식하여 지역 경제를 활성화하려는 전략으로, 지역성을 활용한 지역 개발에 많이 이용한다.

⑤ 수도권과 비수도권의 지역 격차는 1960년대 산업화 이후 성장 위주의 하향식 개발 전략을 추진해 온 결과 지속적으로 심화되었다.

⑥ 각종 기능들이 한정된 장소에 지나치게 집중하면 교통 혼잡, 임대료 및 지가 상승 등이 발생하게 되는데, 이러한 현상을 집적 불이익이라고 한다. 한편, 비수도권에서는 경제 침체 및 인구와 자본 유출 현상이 심화되는 문제가 발생하고 있다.

⑦ 행정 및 공업 기능의 지방 분산을 통해 수도권의 집중 문제를 해결하고자 노력하고 있다.

04 ① (가)는 균형 개발이다. 투자 효과가 큰 지역을 선정하여 집중 투자하는 방식은 거점 개발이다. 균형 개발은 낙후 지역에 우선적으로 투자하는 개발 방식이다.

② 제1차 국토 종합 개발 계획 시기에는 고속 국도, 항만, 다목적 댐 등을 건설하여 산업 기반을 조성하였다.

③ 제2차 국토 종합 개발 계획 시기에는 지방의 주요 도시와 배후 지역을 포함한 지역 생활권을 설정하여 개발하는 광역 개발이 주로 이루어졌다.

④ 혁신 도시와 기업 도시를 지정 및 육성한 것은 제4차 국토 종합 계획 시기이다.

⑤ 제1차 국토 종합 개발 계획은 성장 가능성이 높은 지역에 집중 투자하는 거점 개발을 채택하였다.

⑥ 제2차 국토 종합 개발 계획은 광역 개발을 채택하였다.

⑦ 제3차 국토 종합 개발 계획은 낙후 지역에 우선적으로 투자하는 균형 개발을 채택하였다.

⑧ 혁신 도시와 기업 도시를 지정 및 육성한 것은 제4차 국토 종합 계획 시기이다.

실전 기출 문제

본문 081~083쪽

01 ② 02 ② 03 ① 04 ② 05 ① 06 ③ 07 ② 08 ①
09 ② 10 ① 11 ① 12 ④

01 도시 재개발의 특성 비교

자료 해설 (가)는 기존의 낡은 주택을 철거하고 대규모 아파트 단지를 건립하는 방식이며, (나)는 주민들의 의사를 적극 반영하여 낡은 주택을 보수하고 부족한 시설을 보완하는 방식이다. 따라서 (가)는 철거(전면) 재개발, (나)는 수복 재개발 방식을 나타낸 글이다.

선택지 분석

A는 철거(전면) 재개발 방식이 수복 재개발 방식보다 상대적으로 높은 지표가 들어가야 하고, B는 수복 재개발 방식이 철거(전면) 재개발 방식보다 상대적으로 높은 지표가 들어가야 한다.

❷ 정답: 철거(전면) 재개발 방식은 수복 재개발 방식보다 투입 자본 규모가 크고, 원주민의 이주율이 높다. 반면 수복 재개발 방식은 철거(전면) 재개발 방식보다 기존 건물 활용도가 높다.

> **올쏘 만점 노트 도시 재개발의 방법**
>
> • 철거(전면) 재개발: 낙후된 주거 지역을 완전히 철거하고 새로운 시설물로 대체하는 방법이다.
> • 수복 재개발: 기존 건물을 최대한 보존하는 수준에서 필요한 부분만 수리·개조하여 부족한 점을 보완하는 방법이다.
> • 보전 재개발: 역사·문화적으로 보존할 가치가 있는 지역의 환경 악화를 예방하고 유지·관리하는 방법이다.
> • 특징: 철거 재개발을 통해 주거 환경 개선, 녹지 공간 및 공공용지 확보 등 토지 이용의 효율성을 높일 수 있다. 수복 재개발과 보전 재개발은 기존의 건물이나 마을의 골격을 유지하면서 재개발을 추진하는 방식이므로 기존 건물의 활용도가 높고, 대부분의 원거주민이 계속 거주하는 것이 특징이다. 이에 비해 철거 재개발은 개발 과정에서 원거주민의 이주율이 높기 때문에 지역 공동체가 유지되기 어렵다.

02 철거 재개발 방식의 특징 이해

자료 해설 자료에 적용된 도시 재개발 방식은 철거(전면) 재개발이다.

선택지 분석

❷ – 정답: 철거(전면) 재개발은 기존 시설을 완전히 철거하고 새로운 시설로 대체하는 재개발 방식이다. 철거(전면) 재개발이 이루어지면 주로 건물을 고층화하는 개발이 진행되므로 토지 이용의 효율성이 높아진다.

을 – 오답: 역사·문화적으로 보존이 필요한 지역에서 주로 행해지는 도시 재개발 방식은 보존 재개발 방식이다.

⑭ – 정답: 철거(전면) 재개발은 기존의 시설을 완전히 철거하고 새로운 시설물로 대체하는 방법이므로, 보존 재개발보다 기존 건물의 활용도가 낮다.

정 – 오답: 철거(전면) 재개발은 기존의 거주 공간이 철거되므로, 수복 재개발 방식보다 원거주민들의 재정착률이 낮게 나타난다.

03 지역 개발 방식의 특징 이해

자료 해설 제시된 글의 사례 중 위의 글은 경기도 동부권에 위치한 5개 시·군이 광역 자원 회수 시설을 공동으로 건립한 내용이다. 아래의 글은 경남·전북·전남의 7개 지자체가 지리산권 관광 개발 조합을 만들어 공동 사업을 추진한다는 내용이다. 따라서 두 지역 개발의 공통적인 방향은 지역 간 상호 협력을 통한 지역 개발임을 알 수 있다. 바람직한 지역 개발의 방향에는 지역 특성을 살린 지역 개발과 상호 보완적인 지역 개발 등을 들 수 있다. 지역 특성을 살린 지역 개발은 각 지역이 지닌 독특한 특성과 잠재력을 활용한 지역 개발이다. 상호 보완적인 지역 개발은 지역과 지역 간의 협력을 통해 조화를 이루는 지역 개발로, 상호 협력과 보완을 통해 차별화된 경쟁력을 강화할 수 있다.

선택지 분석

❶ 정답: 바람직한 지역 개발 방법으로는 상호 보완적인 지역 개발을 들 수 있다. 상호 보완적인 지역 개발은 지역 간의 협력을 통해 조화를 이루는 개발을 추구하며, 지역 간의 협력을 통한 조화로운 지역 개발은 지역 이기주의를 극복할 수 있다.
② 오답: 중앙 정부가 주도하는 하향식 지역 개발은 성장 거점 개발에서 주로 시행하는 방법이다.
③ 오답: 지역의 독특한 특성을 활용한 지역 개발은 지역의 고유한 자연환경과 인문 환경에 기초한 지역 축제 등을 들 수 있다.
④ 오답: 낙후 지역에 우선적으로 투자하는 지역 개발은 균형 개발 방식이다.
⑤ 오답: 성장 잠재력이 큰 지역에 대한 집중적인 지역 개발은 성장 거점 개발 방식이다.

04 도시 재개발의 특징 비교

자료 해설 (가)는 서울 성곽과 기존의 골목길 등 지역의 장점을 살리면서 주거 환경을 개선하는 보존 재개발 방식이다. (나)는 오래된 주거 지역이 철거(전면) 재개발을 통해 아파트가 중심인 새로운 대규모의 주택 단지가 들어선 것을 나타내고 있다.

철거(전면) 재개발 방식은 다른 재개발에 비해 상대적으로 개발 사업에 투입되는 자본의 규모가 큰 편이다. 보존 재개발과 수복 재개발 방식은 철거(전면) 재개발 방식에 비해 기존 건물의 활용도가 높고 원거주민의 이주율이 낮은 편이다.

선택지 분석

❷ 정답: 철거(전면) 재개발에 비해 보존 재개발은 기존 건물 활용도가 높고 원거주민의 이주율이 낮으며, 투입 자본의 규모가 작은 편이다. 따라서 (나) 지역과 비교한 (가) 지역 도시 재개발의 상대적 특성은 그림의 B와 같다.

> **올쏘 만점 노트** 도시 재개발
>
> 도시 재개발은 오래된 건물이나 주거지의 일부 또는 전부를 철거, 수리, 개조하거나, 낙후된 지역을 새롭게 활성화된 지역으로 변화시키는 사업이다. 도시 재개발의 목적은 토지 이용의 효율성 증진, 도시 미관 개선, 생활 기반 시설의 확충 등을 통해 낙후된 지역의 기능을 재생하거나 새로운 기능으로 전환하는 것이다.

05 우리나라 국토 계획과 개발 방식 파악

자료 해설 제1차 국토 종합 개발 계획(1972~1981년)의 개발 방식은 성장 거점 개발로, 개발 목표는 산업화(공업화), 경제 성장이다. 이 시기에 수도권, 남동 임해 지역(중화학 공업 육성)에 공업 단지 조성되었다. 제3차 국토 종합 개발 계획(1992~1999년)의 개발 방식은 균형 개발로, 개발 목표는 국가 및 지방 경쟁력 강화이다. 이 시기에 지방 육성과 수도권 집중 억제, 신산업 지대 조성, 통합적 고속 교류망 구축 등이 이루어졌다.

선택지 분석

㉠ 정답: 경제적 효율성에 중점을 둔 제1차 국토 종합 개발 계획에서는 거점 지역으로 수도권과 남동 임해 지역을 선정하여 개발을 추진하였다. 그 결과 경부축 중심의 발전이 이루어졌다.
㉡ 정답: 성장 가능성이 큰 지역에 집중 투자하는 지역 개발 방식은 경제적 효율성에 중점을 둔 것이다.
ㄷ. 오답: 제3차 국토 종합 개발 계획은 균형 개발 방식에 속한다.
ㄹ. 오답: 제1차 국토 종합 개발 계획은 하향식 개발, 제3차 국토 종합 개발 계획은 상향식 개발로 추진되었다.

> **올쏘 만점 노트** 지역 개발 방식
>
> | 구분 | 성장 거점 개발 방식 | 균형 개발 방식 |
> | --- | --- | --- |
> | 추진 방식 | 하향식 개발 | 상향식 개발 |
> | 개발 주체 | 중앙 정부 | 지방 정부 또는 지역 주민 |
> | 개발 목표 | • 경제적 효율성 추구
• 경제 성장의 극대화 | • 경제적 형평성 추구
• 지역 간 균형 발전 |
> | 장점 | 자원의 효율적 투자 가능 | • 지역 주민의 기본 수요 충족
• 지역 간 균형 성장
• 지역 주민의 의사 결정 존중 |
> | 단점 | 파급 효과보다 역류 효과가 클 경우 지역 격차가 심화될 수 있음 | 지역 이기주의가 초래될 수 있음 |

06 제1차 국토 종합 개발 계획과 제3차 국토 종합 개발 계획의 특징 이해

자료 해설 제1차 국토 종합 개발 계획(가)은 효율성을 추구한 성장 거점 개발 방식을 채택하였고, 제3차 국토 종합 개발 계획(나)은 형평성을 추구하는 균형 개발 방식을 채택하였다.

선택지 분석

ㄱ. 오답: 제1차 국토 종합 개발 계획에서는 하향식, 제3차 국토 종합 개발 계획에서는 상향식으로 의사 결정 방식이 이루어졌다.
㉡ 정답: (나)의 제3차 국토 종합 개발 계획은 효율성보다 형평성을 추구하는 균형 개발 방식을 도입하였다.
㉢ 정답: (가)의 제1차 국토 종합 개발 계획은 형평성보다 효율성을 추구하였다.
ㄹ. 오답: (가)의 제1차 국토 종합 개발 계획은 생활 환경보다 생산 환경에 중심을 두는 성장 거점 개발 방식을 도입하였고, 제3차 국토 종합 개발 계획은 생산 환경보다 생활 환경 개선을 우위에 두었다.

07 우리나라의 국토 종합 개발 계획 이해

자료 해설 제1차 국토 종합 개발 계획(1972~1981년)의 개발 방식은 거점 개발이다. 이 시기에는 수도권 및 남동 임해 지역에 공업 단지를 조성하고 공업 기반 조성을 위한 대규모 교통망을 구축하였다. 제2차 국토 종합 개발 계획(1982~1991년)의 개발 방식은 광역 개발이다. 이 시기에는 인구의 지방 분산 유도, 국민 복지 향상을 위해 노력하였다. 제3차 국토 종합 개발 계획(1992~1999년)의 개발 방식은 균형 개발이다. 이 시기에는 지방 육성과 수도권 집중 억제, 신산업 지대 조성, 통합적 고속 교류망 구축 등이 이루어졌다.

① 오답: 1차 국토 종합 개발 계획의 개발 방식인 거점 개발은 주로 하향식 개발 방식으로 추진되었다.

❷ 정답: 3차 국토 종합 개발 계획의 개발 방식은 균형 개발로, 균형 개발은 경제적 효율성보다 지역 간 형평성을 중시하는 개발 방식이다.

③ 오답: 1차 국토 종합 개발 계획에 따라 공업 기반 구축을 위해 고속 국도가 건설되었다. 우리나라에서 고속 철도는 2004년에 처음 개통되었다.

④ 오답: 혁신 도시와 기업 도시는 2000년대 이후 육성되었다.

⑤ 오답: 수도권 집중을 억제하기 위해 수도권 공장의 신·증축을 제한하는 제도를 실시하였다.

올쏘 만점 노트 ┃ 우리나라의 국토 종합 (개발) 계획

〈제1차 국토 종합 개발 계획(1972~1981년)〉
• 개발 방식: 성장 거점 개발
• 목표: 산업화(공업화), 경제 성장
• 수도권, 남동 임해 지역(중화학 공업 육성)에 공업 단지 조성
• 사회 간접 자본 확충
• 문제점: 지역 격차 확대, 환경 오염 심화
〈제2차 국토 종합 개발 계획(1982~1991년)〉
• 개발 방식: 광역 개발
• 목표: 지역 간 불균형 해소
• 인구의 지방 분산 유도, 국민 복지 향상, 자연환경 보전
• 생활 환경 개선, 개발 가능성의 전국 확대
• 문제점: 난개발 및 환경 오염, 지역 격차 지속
〈제3차 국토 종합 개발 계획(1992~1999년)〉
• 개발 방식: 균형 개발
• 목표: 국가 및 지방 경쟁력 강화
• 지방 육성과 수도권 집중 억제, 신산업 지대 조성, 통합적 고속 교류망 구축
• 환경 보전, 분산형 개발
• 문제점: 지역 불균형 개선 미흡
〈제4차 국토 종합 수정 계획(2011~2020년)〉
• 경쟁력 있는 통합 국토
• 지속 가능한 친환경 국토
• 품격 있는 매력 국토
• 세계로 향한 열린 국토

---

08 시기별 도시 발달의 특징 이해

자료 해설 A는 1기 신도시, B는 혁신 도시, C는 1970년대 공업 단지 조성을 통해 건설된 공업 도시이다.

선택지 분석

㉠ 정답: A는 1990년대 서울의 주택 부족을 해결하기 위해 조성된 1기 신도시이다. 우리나라의 1기 신도시에는 중동, 일산, 산본, 평촌, 분당이 있다.

㉡ 정답: B는 2000년대에 수도권으로의 집중을 억제하고 지방의 균형 발전을 위해 공공 기관의 지방 이전을 추진한 혁신 도시이다. 혁신 도시는 수도권에 소재하는 공공 기관의 지방 이전을 계기로 지방의 성장 거점 지역에 조성되는 미래형 도시이다. 공공 기관 청사 및 이와 관련된 기업, 학교, 연구소 등이 함께 입지하도록 계획되었다. 혁신 도시에는 원주, 진천·음성, 전주·완주, 김천, 대구(동구), 나주, 진주, 부산(영도구, 남구, 해운대구), 울산(중구), 서귀포가 있다.

ㄷ. 오답: C는 1970년대 공업 단지 조성을 통해 건설된 도시이다. 구미, 포항, 울산, 창원, 여수 등이 대표적인 공업 도시이다.

---

09 우리나라의 국토 종합 개발 계획 이해

자료 해설 (가)는 성장 거점 개발로, 투자 효과가 큰 지역을 선정하여 집중적으로 투자하는 개발 방식이다. (나)의 개발 목표는 지역 간 불균형 해소이다. (다)는 균형 개발로, 지역 간 균형 발전을 추구한다. (라)의 일환으로 통합적 고속 교류망을 구축하고 서해안 신산업 지대를 조성하였다.

선택지 분석

㉠ 정답: (가)는 성장 거점 개발이다. 성장 거점 개발은 투자 효과가 큰 지역을 선정하여 집중 투자하는 방식의 지역 개발이다.

ㄴ. 오답: 기업 도시와 혁신 도시는 제4차 국토 종합 계획 시기인 2000년대에 추진되었다.

㉢ 정답: (다)는 균형 개발이다. 균형 개발(다)은 성장 거점 개발(가)보다 지역 간의 균형 있는 발전을 추구하여 성장의 형평성을 강조하였다.

ㄹ. 오답: 중화학 공업 육성을 위한 대규모 남동 임해 공업 지역이 조성된 시기는 제1차 국토 종합 개발 계획이 추진된 시기이다. (라)에 들어갈 주요 개발 전략에는 지방 육성과 수도권 집중 억제, 신산업 지대 조성, 통합적 고속 교류망 구축, 남북 교류 지역 개발 및 관리 등이 있다.

---

10 혁신 도시의 특징 이해

자료 해설 제시된 지도는 혁신 도시를 나타낸 것으로 수도권에 소재하는 공공 기관을 지방으로 이전하여 각 지방의 성장 거점 지역에 조성하는 도시이다. 혁신 도시 정책의 가장 중요한 사항은 수도권에 지나치게 집중되어 있는 인구와 산업을 지방으로 분산시키기 위해 수도권에 집중되어 있는 공공 기관을 지방으로 이전시켜 국토의 균형 발전을 추구하는 것이다.

선택지 분석

㉠ 정답: 혁신 도시는 지방으로 이전한 공공 기관 및 산·학·연 협력 체계를 통해 혁신을 창출하는 거점 도시를 의미한다.

㉡ 정답: 수도권에 밀집한 공공 기관을 지방으로 이전함으로써 수도권 집중을 해소하고 낙후된 지방 경제를 활성화하기 위한 목적으로 혁신 도시 정책이 추진되고 있다.

ㄷ. 오답: 혁신 도시는 제4차 국토 종합 계획 기간에 추진된 정책이며, 성장 거점형 도시 육성 정책은 제1차 국토 종합 개발 계획 기간 동안에 추진된 정책이다.

ㄹ. 오답: 2차 산업 육성을 위한 정책은 주로 제1차 국토 종합 개발 계획 기간에 추진된 정책이다.

---

11 성장 거점 개발 방식의 이해

자료 해설 1단계에서는 중심 지역의 수출 중심 공업에 집중적인 투자가 이루어지고 있다. 2단계에서는 중심 지역의 수출 중심 공업이 성장하면서 이와 연관된 공업과 서비스업이 발달하고, 3단계에서는 중심 지역의 성장이 주변 지역의 연관된 공업과 서비스업 성장을 유도하는 것을 나타내고 있다. 따라서 제시된 자료는 중심 지역에 집중적으로 투자하는 지역 개발 방식으로, 이는 성장 거점 개발 방식이다.

선택지 분석

❶ 정답: 제시된 지역 개발 방식은 성장 거점 개발 방식이다.

❷ 정답: 성장 거점 개발 방식은 투자의 형평성보다 효율성을 강조한다.

ㄷ. 오답: 주로 지방 자치 단체가 주민들의 동의를 얻어 진행하는 것은 균형 개발 방식이다.

ㄹ. 오답: 우리나라의 제3차 국토 종합 개발 계획에서 채택 및 시행된 것은 균형 개발 방식이다.

12 지역 격차의 이해

자료 해설 1990년대 이후 지방 육성과 수도권 집중 억제를 위한 균형 개발 정책이 도입되었다. 지역 축제를 활용한 장소 마케팅을 통해 지역의 성장 잠재력을 살리고자 하는 노력이 계속되고 있는데, 이는 지역 격차의 해결 방안에 해당한다. 수도권 규제 완화 정책은 중추 관리 기능의 분산보다는 집중을 가져올 가능성이 크다.

선택지 분석

① 오답: 1990년대 이후의 국토 계획은 제3차 국토 종합 개발 계획이 이루어진 시기로, 이 시기에는 균형 개발 정책이 도입되었다.

② 오답: 우리나라의 수도권 집중은 1960년대 산업화 이후 성장 위주의 하향식 개발 전략을 추진해 온 결과 지속적으로 심화되었다. 이로 인해 수도권에서는 집값 상승, 교통 정체, 삶의 질 하락 등의 문제가 나타나고 있으며, 수도권으로의 집중이 심화될수록 다른 지역은 정체하거나 상대적으로 낙후되어 인구 감소와 지역 경제가 침체되는 문제가 발생하고 있다.

③ 오답: 도시와 농촌 간의 지역 격차는 도시와 농촌의 가구 평균 소득 등을 비교하여 알 수 있다.

❹ 정답: 수도권 규제 완화는 중추 관리 기능의 수도권 집중을 심화시킬 수 있다.

⑤ 오답: 지역의 성장 잠재력을 살리기 위한 해결 방안으로 지역의 자연환경과 인문 환경 등을 활용한 지역 축제 등의 장소 마케팅이 이루어지고 있다.

킬러 예상 문제

본문 084~085쪽

01 ④ 02 ③ 03 ⑤ 04 ④ 05 ② 06 ④ 07 ① 08 ④

01 도시 재개발의 특성 이해

자료 해설 도시 재개발은 상대적으로 낡고 토지 이용도가 낮으며 공공시설, 편의 시설 등이 불량한 지역의 환경을 개선하고 토지 이용을 고도화하기 위한 목적으로 시행된다. 도시 재개발 방식은 재개발 방법에 따라 철거(전면) 재개발, 보존 재개발, 수복 재개발로 나눌 수 있다.

선택지 분석

① 오답: 갑 – 지역의 건물을 철거하여 새로운 시가지로 조성하는 철거 재개발 방식은 자원 낭비의 문제점이 발생한다.

② 오답: 을 – 보존 재개발은 역사·문화적으로 보존할 가치가 있는 지역의 환경 악화를 예방하고 유지·관리하는 방식이므로 대단위 고층 건물이 들어서지는 않는다.

③ 오답: 병 – 보존 재개발은 대규모 인구 유입을 목적으로 하지 않는다.

❹ 정답: 정 – 기존의 건물과 환경을 최대한 살리면서 노후·불량화의 요인만을 부분적으로 보수하고 정비하는 방식은 수복 재개발이다.

⑤ 오답: 무 – ⓔ은 새로운 건물을 짓는 것이 아니고 주거 환경을 개선해 나가는 것이므로 원거주민이 재정착할 가능성이 높다. 따라서 원거민의 이주율은 낮은 편이다.

02 도시 계획의 특성 이해

자료 해설 도시 계획은 도시에 거주하는 사람들의 주거 환경을 개선하고 도시의 여러 기능을 합리적으로 배치하기 위한 계획안을 수립하여 시행하는 것을 의미한다. 종합적인 도시 계획을 통해 난개발을 방지하고 도시 경관을 정비할 필요가 있다.

선택지 분석

① 오답: ㉠ – 1981년 도시 계획법이 개정되면서 도시 계획을 수립하는 과정에 공청회와 설문 조사, 열람 등의 시민 참여가 이루어지지만 지역 주민이 주도한다고 볼 수는 없다.

② 오답: ㉡ – 우리나라는 도시화 속도가 빠른 편이며 광복 이후 해외 동포들의 귀환 등으로 도시 인구가 급증하면서 불량 주택 등의 문제가 나타나기 시작했다.

❸ 정답: ㉢ – 우리나라는 도시마다 지리적 위치, 역사적 환경, 경제적 상황, 인구 및 산업 구조 등이 다양하므로 도시 계획의 필요성은 도시마다, 시기마다 달라진다. 다른 국가와 달리 산업화와 도시화를 추진하기 위해서 도시 계획 제도를 도입하였다.

④ 오답: ㉣ – 제1차 국토 종합 개발 계획은 1972년부터 시행되었으므로 시기가 일치하지 않는다.

⑤ 오답: ㉤ – 1981년부터는 20년 단위의 도시 기본 계획을 마련하였다.

올쏘 만점 노트 │ 우리나라 도시 계획 체계

바람직한 도시 환경을 이루기 위해서는 특별시, 광역시, 시, 군 중 인접한 2개 이상 지역에 대한 장기 계획인 광역 도시 계획, 한 도시에 대한 도시 기본 계획, 도시 기본 계획을 구체화하는 도시 관리 계획의 체계(수직적 도시 체계)에서 교통, 토지 이용, 주거, 환경 등에 대한 부문별 계획(수평적 도시 계획), 그리고 건축 행위가 유기적으로 연결되어 운영되어야 한다.

03 철거 재개발 사업 후 지역 변화 파악

자료 해설 도시 재개발의 방법에는 철거 재개발, 보존 재개발, 수복 재개발 등이 있다. 우리나라의 도시 재개발은 1950년대부터 대도시의 불량 주택 재개발 사업을 시행해 왔으나 큰 효과를 거두지 못하였다. 1970년대부터 도시 재개발과 관련된 법령을 제정하였고, 이를 토대로 도시 재개발이 활발하게 이루어지고 있다.

(가) 지역은 노후화된 불량 주택 밀집 지역이 재개발되면서 최고 32층 높이의 아파트 38개 동이 들어선 아파트촌으로 변화하였다. 이 지역은 안양역과 명학역이 인접해 있으며 서울 외곽 순환 고속 도로, 서해안 고속 도로 등을 이용할 수 있기 때문에 인근 도로와의 접근성이 높아졌다. 또한, 지역난방과 태양광 등을 적용한 에너지 절약형 주택으로 설계되었으며 생태 공원 등 친환경 거주 환경이 제공되었다.

(가)는 철거 재개발 사례에 해당하며, 철거 재개발은 기존의 낡은 가옥과 건물을 완전히 철거하고 새로운 건물로 대체하는 방식이다.

⑤ 정답: 주택 밀집 지역에서 고층 아파트 단지가 되었으므로 건물의 평균 층수가 높아지고 상업지의 평균 임대료가 높아졌으며, 상주인구가 증가했을 것이다. 또한 과거에는 시설이 불량한 상태였으나 재개발되면서 신·재생 에너지를 활용한 에너지 절약형 주택, 생태 공원 등이 조성되었으므로 거주지의 친환경 정도도 높아졌다.

04 청주의 도시 계획 이해

자료 해설 지도에 표시된 A 지역은 청주시이다. 청주시는 2012년 주민 투표로 청주시와 청원군의 통합이 결정된 뒤 행정 구역이 분리되어 나타났던 비효율을 해소하고 도시와 농촌 간 균형 발전, 주변 여건 변화 등을 반영하였다. 2014년 청주시와 청원군은 행정 구역을 통합하여 도농 통합시가 되었고, 청주와 청원을 총괄하는 '2030년 청주 도시 기본 계획'을 수립하였는데, 이를 위한 청주시에 대한 스왓(SWOT) 분석을 나타낸 것이다.

선택지 분석

① **오답:** 국토 공간 및 광역 교통의 중심부(㉠)에 위치한 청주(A)는 수도권과 전철로 연결되어 있지 않다.

② **오답:** 2012년 7월 출범한 세종특별자치시(㉡)는 국토의 균형 발전을 위해 조성된 행정 중심 복합 도시로, 국가 균형 발전을 위한 목적으로 건설되었다. 충청남도의 도청은 내포 신도시(홍성·예산)에 입지해 있다.

③ **오답:** 과거의 도시 재개발은 노후한 주택이나 기반 시설을 대규모로 철거하는 방식으로 추진되어 지역 특성을 고려하지 못하였다. 이에 따라 지역의 역사·문화적 자산을 활용하여 특색 있는 도시 재생을 추진할 필요성이 대두되었다. 도시 재생은 산업 구조의 변화, 신도시 및 신시가지 위주의 도시 확장 등의 영향으로 상대적으로 낙후된 기존 도시에 새로운 기능을 부여함으로써 사회·경제·환경적으로 부흥시키는 것을 의미한다. 따라서 도시 재생 사업(㉢)은 철거 재개발 방식과는 거리가 멀다.

❹ **정답:** 도시 지역과 촌락 지역(㉣)의 상호 보완적 발전을 위해 도농 통합이 이루어졌다. 1995년 행정 구역 개편 때 처음으로 만들어졌으며, 대개 군과 시가 합쳐져 통합시로 재편되며, 2014년 통합 청주시가 출범하기까지 56개의 도농 통합시가 만들어졌다. 도농 통합은 농촌과 도시의 상호 보완적 관계를 통해 지역 발전을 이루려는 데 그 목적이 있다.

⑤ **오답:** 저출산·고령화(㉤)로 유소년층 인구 비중은 감소하고 노년층 인구 비중은 증가하여 유소년층 인구에 대한 노년층 인구의 비율인 노령화 지수가 높아지고 있다.

05 균형 개발 방식과 성장 거점 개발 방식 이해

자료 해설 선진국과 개발 도상국을 단서로 지역 개발 방식을 추론할 수 있다. (가)는 선진국에서 주로 채택하는 균형 개발 방식, (나)는 개발 도상국에서 주로 채택하는 성장 거점 개발 방식이다.

균형 개발은 낙후 지역에 우선적으로 투자하므로 지역 간 균형 성장에 도움이 된다. 성장 거점 개발은 투자 효과가 큰 지역을 선정하여 집중 투자하므로 짧은 시간에 개발 효과가 나타난다. 성장 거점 개발은 주로 중앙 정부 주도로 이루어지는 지역 개발로, 지역 주민의 참여도가 낮다는 문제점이 있다. 또한 성장 거점의 파급 효과가 미미하고 역류 효과가 클 경우 지역 격차가 심화될 수 있다는 문제점이 있다. 역류 효과는 주변 지역에서 성장 거점 지역으로 인구, 시설 등이 집중되어 주변 지역의 발전을 저해하는 효과이다.

① **오답:** 균형(가) 개발 방식은 지역 간 형평성을 위해 낙후된 지역을 우선적으로 개발한다.

❷ **정답:** 우리나라에서 성장 거점(나) 개발 방식은 1970년대 제1차 국토 종합 개발 계획에서 적용되었다.

③ **오답:** 균형(가) 개발 방식은 성장 거점(나) 개발 방식보다 개발 과정에 주민의 의사가 많이 반영된다.

④ **오답:** 성장 거점(나) 개발 방식은 균형(가) 개발 방식보다 경제적 효율성을 중시한다. 반면 균형 개발 방식은 경제적 형평성을 중시한다.

⑤ **오답:** 균형(가) 개발 방식은 주로 주민 혹은 지방 자치 단체의 주도로 이루어져 상향식 개발로 진행되며, 성장 거점(나) 개발 방식은 주로 중앙 정부의 주도로 이루어져 하향식 개발로 진행된다.

올쏘 만점 노트 지역 개발 방식

지역 개발을 통해 해당 지역 주민의 삶의 질을 높이는 기반 시설이나 각종 편의 시설 및 주거 환경 개선 사업을 시행하여 지역의 잠재력을 이끌어 낼 수 있다. 지역 개발이 진행되는 과정에서 특정 지역의 개발 효과가 주변 지역으로 확산되어 동반 성장을 가져오는 파급 효과가 나타나기도 하고 주변 지역에서 해당 지역으로 인구와 경제력이 집중되어 주변과의 격차가 더욱 커지는 역류 효과가 발생하기도 한다. 지역 개발 방식에는 선진국에서 주로 채택하는 균형 개발 방식과 개발 도상국에서 주로 채택하는 성장 거점(불균형) 개발 방식이 있다.

구분	불균형 개발 방식 (성장 거점 개발 방식)	균형 개발 방식
추진 방식	주로 하향식 개발	주로 상향식 개발
채택 국가	주로 개발 도상국	주로 선진국
개발 방법	투자 효과가 큰 지역을 선정하여 집중 투자	낙후 지역 우선 개발
개발 목표	경제적 효율성 추구	경제적 형평성 추구
장점	• 자원을 효율적으로 투자할 수 있음	• 지역 주민의 의사가 반영됨 • 지역 간 균형 발전
단점	• 파급 효과보다 역류 효과가 클 경우 지역 격차 심화 • 지역 주민의 참여도 낮음	• 투자의 효율성이 낮음 • 지역 이기주의 초래

06 혁신 도시의 특징 이해

자료 해설 강원 원주, 충북 진천·음성, 경북 김천, 전북 전주·완주 등의 혁신 도시는 수도권에서 각 혁신 도시로 이전한 공공 기관과 지역 내 산·학·연 사이의 네트워크를 통해 혁신을 창출하고 확산하여 지역 발전을 이끄는 지역 거점 도시이다. 정부는 혁신 도시를 건설함으로써 인구 및 기능의 수도권 집중을 완화하고 낙후된 비수도권의 경제를 활성화하여 수도권과 비수도권 간 지역 격차 완화를 도모하고 있다.

① **오답:** 제4차 국토 종합 계획 때부터 지역 균형 개발 정책의 일환으로 혁신 도시와 기업 도시를 조성하였다.

② **오답:** 혁신 도시는 수도권에 소재하는 공공 기관의 지방 이전을 계기로 지방의 성장 거점 지역에 조성되는 미래형 도시로, 인구 및 기능의 수도권 집중을 완화하여 수도권과 비수도권 간의 지역 격차 완화를 도모하고 있다.

③ **오답:** 대도시 주변에 위치하여 대도시 기능의 일부를 분담하는 도시는 위성 도시와 신도시이다.

❹ **정답:** 혁신 도시는 공공 기관 청사 및 이와 관련된 기업, 학교, 연구소 등이 함께 입지하도록 계획되었다.

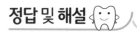

⑤ 오답: 민간 기업이 주도적으로 참여하여 개발하며 특정 산업 중심으로 자급자족형 복합 도시를 추구하는 것은 기업 도시이다.

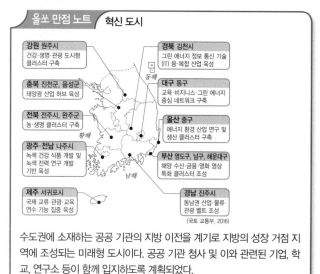

올쏘 만점 노트 | 혁신 도시

강원 원주시 건강·생명·관광 도시형 클러스터 구축	**경북 김천시** 그린 에너지 정보 통신 기술 (IT) 융·복합 산업 육성
충북 진천군, 음성군 태양광 산업 허브 육성	**대구 동구** 교육·비지니스·그린 에너지 중심 네트워크 구축
전북 전주시, 완주군 농·생명 클러스터 구축	**울산 중구** 에너지 환경 산업 연구 및 생산 클러스터 구축
광주·전남 나주시 녹색 건강 식품 개발 및 녹색 전력 연구 개발 기반 육성	**부산 영도구, 남구, 해운대구** 해양 수산·금융·영화 영상 특화 클러스터 조성
제주 서귀포시 국제 교류·관광·교육 연수 기능 집중 육성	**경남 진주시** 동남권 산업 물류· 관광 벨트 조성

(국토 교통부, 2016)

수도권에 소재하는 공공 기관의 지방 이전을 계기로 지방의 성장 거점 지역에 조성되는 미래형 도시이다. 공공 기관 청사 및 이와 관련된 기업, 학교, 연구소 등이 함께 입지하도록 계획되었다.

07 제1차 국토 종합 개발 계획과 제3차 국토 종합 개발 계획의 특징 이해

자료 해설 우리나라는 1972~1981년에 제1차 국토 종합 개발 계획, 1982~1991년에는 제2차 국토 종합 개발 계획, 1992~1999년에는 제3차 국토 종합 개발 계획, 2000~2020년에 제4차 국토 종합 계획을 진행하고 있다. 따라서 시기와 개발 내용을 통해 해당되는 국토 종합 개발 계획을 파악할 수 있다. (가)는 1972~1981년에 진행된 제1차 국토 종합 개발 계획으로 사회 간접 자본 확충, 대규모 공업 기반 구축, 수도권·남동 임해 공업 지역 등 경부축 중심의 발전 등이 주요 내용이다. (나)는 1992~1999년에 진행된 제3차 국토 종합 개발 계획으로 지방 분산형 국토 골격, 수도권 집중 억제, 낙후 지역 집중 개발, 통일 대비 남북 간 교류망 확충, 세계화 및 개방화 대비가 주요 내용이다. 제1차 국토 종합 개발 계획에서는 성장 거점 개발, 제3차 국토 종합 개발 계획에서는 경제적 효율성보다 지역 간 발전의 형평성을 중시한 균형 개발을 채택하였다.

선택지 분석

ㄱ 정답: 제1차 국토 종합 개발 계획은 성장 거점 개발 방식을 채택하였다.
ㄴ 정답: 제1차 국토 종합 개발 계획에서는 수출 주도형 공업화, 댐 건설 등을 통한 물 자원 종합 개발, 사회 간접 자본 확충 등을 주요 정책으로 하였다.
ㄷ. 오답: 제1차 국토 종합 개발 계획 시기에 경부 고속 국도가 완공되었으며, 시행 과정에서 수도권과 남동 연안 지역이 주요 성장 거점으로 선정되면서 경부축을 중심으로 많은 성장이 이루어졌다.
ㄹ. 오답: 우리나라에서 개발 제한 구역이 최초로 설정된 시기는 1971년으로, 제1차 국토 종합 개발 계획이 시작되기 이전이다.

08 우리나라의 권역별 격차 이해

자료 해설 제시된 자료는 권역별 인구 비중 변화와 지역 내 총생산 비중을 나타낸 것이다. 인구는 수도권이 가장 많고 강원·제주권이 가장 적다. 제조업 발달이 미약한 호남권의 인구는 감소 추세이며, 충남

의 서산, 당진 등을 중심으로 제조업이 발달한 충청권의 인구는 증가 추세이다. 전체 권역 중 지역 내 총생산은 수도권이 가장 많고 그다음이 영남권이다. 2015년 권역별 지역 내 총생산에서 수도권이 차지하는 비중은 49.4%, 영남권이 차지하는 비중은 25.3%로 두 지역을 합하면 74.7%에 이른다. 영남권의 임해 지역은 제1차 국토 종합 개발 계획에서 주요 성장 거점으로 지정되었으며, 이로 인해 이 지역에 제조업이 크게 발달하여 지역 내 총생산이 많다. 따라서 (가)는 영남권, (나)는 충청권, (다)는 호남권이다.

선택지 분석

ㄱ 정답: 영남권(가)과 호남권(다)은 소백산맥을 경계로 인접하여 위치한다.
ㄴ. 오답: 권역별 인구를 보면 1970년에는 영남권이 수도권보다 인구가 많았다. 그러나 2015년에는 수도권이 전체 인구의 약 50%를 차지할 정도로 인구가 증가하여 수도권과 영남권의 인구 차이는 점차 커지고 있다.
ㄷ 정답: 2015년 호남권(다)은 수도권보다 면적은 넓은데 인구가 적으므로 인구 밀도가 낮다.
ㄹ 정답: 2015년 충청권(나)은 호남권(다)보다 1인당 지역 내 총생산이 많다. 1인당 지역 내 총생산은 지역 내 총생산 비중을 인구 비중으로 나누어 비교할 수 있다. 호남권과 충청권은 인구 비중은 비슷하지만 지역 내 총생산 비중은 충청권이 호남권보다 높으므로, 1인당 지역 내 총생산은 충청권이 호남권보다 많다.

V 생산과 소비의 공간

11강 자원의 의미와 자원 문제

기출 선지 변형 OX

본문 086~087쪽

01 ① × ② × ③ × ④ ○ ⑤ ○ ⑥ ○

02 ① ○ ② ○ ③ × ④ ○ ⑤ ○ ⑥ × ⑦ ○ ⑧ × ⑨ ×

03 ① ○ ② ○ ③ ○ ④ ○ ⑤ × ⑥ ○ ⑦ × ⑧ ○ ⑨ ×

04 ① ○ ② ○ ③ ○ ④ ○ ⑤ × ⑥ × ⑦ × ⑧ ×

01 ① 매장량이 한정되어 있어 언젠가는 고갈되는 자원의 특성을 자원의 유한성이라고 한다.

② 특정 지역에 편중되어 분포하며, 자원 민족주의가 등장하게 된 배경이 된 자원의 특성을 자원의 편재성이라고 한다.

③ 인간의 사용량과 상관없이 지속적으로 공급되거나 순환되는 자원은 재생 자원 혹은 비고갈 자원 등으로 불린다.

④ 석유, 석탄, 천연가스처럼 인간의 이용 정도에 따라 점차 고갈되며 재생이 거의 불가능하거나 생성 속도가 매우 느린 자원은 재생 불가능 자원이다.

⑤ 넓은 의미의 자원은 천연자원뿐만 아니라 인적 자원, 문화적 자원 등을 포괄한다.

⑥ 좁은 의미의 자원은 주로 천연자원을 의미한다.

02 ① 석탄(가) 중 역청탄은 해외에서 전량 수입하고 있다.

② 석유(나)는 서남아시아에서 많은 양이 수입되는 자원이다.

③ 석유(나)는 발전용보다는 수송용으로 더 많이 이용되고, 천연가스는 주로 가정용으로 이용된다.

④ 석탄(가)은 고생대 지층에 많이 매장되어 있다.

⑤ 1차 에너지 소비량 비중이 가장 높은 자원은 석유(나)이다.

⑥ 천연가스(다)는 석탄(가), 석유(나)보다 지구 온난화에 미치는 영향이 작은 자원이다.

⑦ 철광석은 제철 공업의 원료이며, 대부분 북한에 매장되어 있다.

⑧ 시멘트 공업의 주요 원료이며, 고생대 조선 누층군에 주로 분포하는 자원은 석회석이다.

⑨ 강원도 영월군 상동에서 많이 생산되었으나, 값싼 중국산의 수입으로 생산량이 급격히 감소한 자원은 텅스텐이다.

03 ① A(석탄)는 재생 불가능한 자원이다.

② A(석탄)는 고생대 평안계 지층에 주로 매장되어 있다.

③ 우리나라의 1차 에너지 소비 구조에서 석유 다음으로 소비량이 많은 에너지 자원은 A(석탄)이다.

④ C(천연가스)는 주로 신생대 제3기 지층에 매장되어 있다.

⑤ C(천연가스)는 A(석탄)보다 연소 시 대기 오염 물질의 배출량이 적은 에너지 자원이다.

⑥ 유량이 풍부하고 낙차가 큰 곳에 입지하기 유리한 발전 양식은 수력

이다.

⑦ 우리나라는 원자력 발전의 원료인 우라늄을 전량 수입한다.

⑧ 천연가스는 가정에서 난방용으로 많이 사용된다.

⑨ 원자력은 수력보다 상용화된 시기가 늦다.

04 ① A(풍력 발전)는 원자력 발전보다 발전량 비중이 낮다.

② A(풍력 발전)는 풍속이 강하고 풍향이 일정해야 하므로 기후의 제약을 많이 받는다.

③ A(풍력 발전)는 발전 시 소음은 크지만 대기 오염 물질과 온실 기체의 배출량은 적다.

④ A(풍력 발전)는 재생 가능한 자원을 이용하는 발전 양식이다.

⑤ B는 화력 발전이다. 안전성을 고려하여 소비지로부터 먼 곳에 입지하는 발전 양식은 방사능 누출의 위험성이 있는 원자력 발전이다.

⑥ B(화력 발전)는 발전 시 배출되는 대기 오염 물질과 온실 기체의 양이 많다.

⑦ B는 화력 발전이다. 조수 간만의 차를 이용하는 발전 양식은 조력 발전이다.

⑧ B는 화력 발전이다. 우라늄을 이용하는 발전 양식으로, 발전 시 배출되는 폐기물의 처리가 어렵고 발전소의 입지를 둘러싸고 사회적 갈등이 발생하는 발전 양식은 원자력 발전이다.

실전 기출 문제

본문 088~090쪽

01 ⑤ **02** ⑤ **03** ① **04** ⑤ **05** ④ **06** ① **07** ⑤ **08** ④
09 ① **10** ④ **11** ③ **12** ②

01 자원과 관련된 주요 개념

자료 해설 자원은 자연물 중에서 일상생활과 경제 활동에 쓸모가 있고, 기술적·경제적으로 이용 가능한 것을 말한다. 자원의 특성으로는 가변성, 유한성, 편재성을 들 수 있다. 가변성은 자원을 이용하는 기술·경제·문화적 조건 등에 따라 자원의 가치가 달라진다는 것을 의미한다. 유한성은 대부분의 자원은 매장량이 한정되어 있어 언젠가는 고갈된다는 것을 의미한다. 편재성은 일부 자원이 특정 지역에 편중되어 분포하는 특징을 말한다.

선택지 분석

① **오답:** 바람과 일사량 지도에 바탕을 둔 풍력, 태양광 발전소의 입지는 신·재생 에너지의 주제어와 관련이 있다.

② **오답:** 석유 수입국의 다변화는 안정적인 자원 확보를 위한 대책으로, 신·재생 에너지와는 관련이 적다.

③ **오답:** 자원의 매장량이 한정되어 있어 고갈될 수밖에 없는 자원의 특성은 유한성이다.

④ **오답:** 기술적, 경제적 상황에 따라 자원의 가치가 달라지는 자원의 특성은 가변성이다.

❺ **정답:** 자원의 편재성은 일부 자원이 특정 지역이나 국가에 편중되어 분포하는 것으로, 이를 설명하기 위한 조사 내용에는 '지역 간, 국가 간 이동이 많은 자원의 분포 지역 파악'이 적절하다. 예를 들어 국가 간 이동이 많은

석유는 서남아시아 지역에 주로 분포하는데, 이는 자원의 편재성을 설명하는 사례에 해당한다.

올쏘 만점 노트 | 자원의 특성

- 가변성 : 기술·경제·문화적 조건 등에 따라 자원의 가치가 달라짐

구분	사례
기술적 수준	검은 액체에 불과했던 석유는 내연 기관이 발명되면서 자원으로서의 가치가 상승하였음
경제적 조건	1990년 이후 값싼 중국산 텅스텐의 수입으로 수익성이 악화되어 우리나라의 텅스텐 광산이 폐광됨
문화적 배경	종교와 관습 등의 이유로 이슬람교도는 돼지고기를, 힌두교도는 쇠고기를 먹지 않음

- 유한성: 대부분의 에너지·광물 자원은 매장량이 한정되어 있어 언젠가는 고갈됨
  → 자원의 채굴 가능 기간인 가채 연수를 이용하여 나타냄
- 편재성: 일부 에너지·광물 자원은 특정 지역에 편중되어 분포함
  → 자원 민족주의가 등장하게 된 배경

02 권역별 1차 에너지 공급 구조의 특성

자료 해설 A는 (가)~(라) 권역 모두에서 공급량이 많다. 따라서 A는 우리나라에서 가장 많이 소비되는 1차 에너지 자원인 석유이다.

B는 (가)와 (라) 권역에서만 공급된다. 1차 에너지(석유, 석탄, 원자력, 천연가스, 수력 및 신·재생 에너지) 중에서 원자력은 영남권과 호남권에서만 생산, 공급된다. 따라서 B는 원자력이고, (가), (라)는 각각 영남권과 호남권 중의 한 지역이다. (가)와 (라) 권역 중에서 1차 에너지 공급량이 더 많은 (가)는 공업이 발달한 영남권, (라)는 호남권이다.

C는 (가)와 (나) 권역에서 상대적으로 공급량이 많다. 석탄은 제철 공업이 발달한 영남권(가)과 충청권에서 공급량이 많다. 따라서 C는 석탄이고, (나)는 충청권이다.

D는 (다) 권역에서 공급량이 많다. 천연가스는 가정용 연료로 많이 소비된다. 따라서 인구가 많은 대도시 지역에서 많이 소비된다. 그러므로 D는 천연가스이고, (다)는 수도권이다.

선택지 분석

① 오답: 영남권(가)인 울산 인근 해역에서는 천연가스(D)가 생산되고 있다.
② 오답: (나)는 충청권, (다)는 수도권이다.
③ 오답: 석유(A)는 석탄(C)보다 우리나라 1차 에너지 공급에서 차지하는 비중이 높다.
④ 오답: 석탄(C)은 천연가스(D)보다 발전 시 대기 오염 물질 배출량이 많다.
❺ 정답: 우리나라 1차 에너지원별 발전량 비중은 석탄(C)>원자력(B)>천연가스(D)>석유(A) 순이다.

올쏘 만점 노트 | 지역별 1차 에너지 공급 구조

- 석유: 정유 및 석유 화학 공업이 발달한 울산에서 공급 비중이 높음
- 석탄: 제철 공업이 발달하거나 대규모 화력 발전소가 위치한 경남과 충남에서 공급 비중이 높음
- 천연가스: 가정용으로 많이 소비됨. 인구가 많고 도시가스 공급망이 잘 갖추어진 서울, 경기 등에서 공급 비중이 높음
- 원자력: 원자력 발전소가 위치한 부산, 경북(울진, 경주), 전남(영광), 울산(2016년 12월부터 상업 운전 시작)에서 공급되고 있음

03 지역별 1차 에너지 공급 구조

자료 해설 1차 에너지 공급량이 가장 적은 (나)는 부산이고, 부산에서 공급량이 가장 많은 C는 원자력이다. (가)는 (다)보다 원자력(C)의 공급량이 적고, 1차 에너지의 총공급량은 많으므로 전남이다. (다)는 원자력(C)의 공급량이 가장 많으므로, 울진과 경주 두 곳에 원자력 발전소가 있는 경북이다. 여수를 중심으로 정유 및 석유 화학 공업이 발달한 전남에서 특히 공급량이 많은 A는 석유이다. 세 지역에서 고른 공급량을 보이는 B는 천연가스이다.

선택지 분석

❶ 정답: 부산과 경북의 석유 공급량은 비슷한데, 1차 에너지의 총공급량은 경북(다)이 부산(나)의 두 배가 넘는다. 따라서 1차 에너지원별 공급량에서 석유가 차지하는 지역 내 비중은 부산(나)이 경북(다)보다 높다.
② 오답: 1차 에너지원별 공급량에서 원자력이 차지하는 지역 내 비중은 부산(나)>경북(다)>전남(가) 순으로 높다.
③ 오답: 석유(A)가 천연가스(B)보다 수송용 연료로 더 많이 사용된다.
④ 오답: 원자력(C)은 천연가스(B)보다 발전 과정에서 발생하는 폐기물의 처리가 어렵고 비용이 많이 든다.
⑤ 오답: 원자력(C)은 화석 에너지인 석유(A)에 비해 전력 생산 과정에서 대기 오염 물질의 배출량이 적다.

04 우리나라에서 생산되는 1차 에너지의 특징

자료 해설 (가) 경북, 전남, 부산에서 생산하는 1차 에너지는 원자력이다. 원자력은 전체 1차 에너지 생산의 74.2%에 이를 만큼 비중이 높다. (나) 경북, 강원, 경남, 충북, 경기, 전북 등 여러 지역에서 생산되는 1차 에너지는 수력이다. (다) 강원이 거의 90%에 이를 만큼 생산 비중이 높은 1차 에너지는 석탄이다. (라) 울산에서 100% 생산되는 1차 에너지는 천연가스이다.

선택지 분석

① 오답: 원자력(가)은 많은 냉각수가 필요하기 때문에 발전소가 주로 해안 지역에 입지한다.
② 오답: 에너지 생산 시 대기 오염 물질 배출량이 많은 것은 수력(나)보다 석탄(다)이다. 수력(나)은 물의 자연력에 의해 에너지를 얻는 것이기 때문에 대기 오염 물질의 배출량이 적다.
③ 오답: 천연가스(라)는 석탄(다)보다 상용화된 시기가 훨씬 늦다.
④ 오답: 1차 에너지의 생산 비중은 수력(나)이 3.8%이고, 석탄(다)이 2.2%이므로, 1차 에너지 생산량은 수력(나)이 석탄(다)보다 많다.
❺ 정답: 경북은 우리나라 1차 에너지 총생산에서 차지하는 비중이 74.2%인 원자력(가)의 44.4%를 생산한다. 또한, 경북은 수력(나)에서도 가장 높은 비중을 차지하고 있다. 따라서 1차 에너지 생산량이 가장 많은 지역은 경북이다.

05 에너지원별 소비량과 생산량의 비중 변화

자료 해설 1차 에너지원별 소비량 비중은 석유>석탄>천연가스>원자력>신·재생>수력 순이고, 1차 에너지의 국내 생산 비중은 원자력>신·재생>수력>석탄 순이다.

A는 1차 에너지 소비량 비중이 가장 높으므로 석유이고, 그다음으로 높은 B는 석탄이다. C는 2014년 석유, 석탄 다음으로 소비량 비중이 높으므로 천연가스이고, D는 신·재생 에너지이다. 우리나라의 경우 천연가스가 울산 앞바다에서 소량 생산되고 있다.

06 충남, 울산, 경남의 1차 에너지원별 공급량

자료 해설 1차 에너지 공급량이 가장 많은 (다)는 충남이고, 제철 공업이 발달하였고 대규모 화력 발전소가 위치한 충남에서 공급량이 가장 많은 A는 석탄, 그다음으로 많은 B는 석유이다. (가)는 석탄의 공급 비중이 높으므로 경남이고, (나)는 석유의 공급 비중이 압도적으로 높으므로 정유 공업, 석유 화학 공업이 발달한 울산이다. C는 세 지역 모두 에너지 공급 비중이 상대적으로 낮으므로 천연가스이다.

07 1차 에너지의 특성

자료 해설 1차 에너지 소비 구조의 순서 및 소비량 변화 경향, 1차 에너지원별 발전량에 대한 특징을 토대로 A~E에 해당하는 1차 에너지를 파악한다. 2012년 현재 1차 에너지 소비 비중(신·재생 및 기타 에너지를 제외할 경우)은 석유>석탄>천연가스>원자력>수력 순으로 높고, 1차 에너지원별 발전량 비중(신·재생 및 기타 에너지를 제외할 경우)은 석탄>원자력>천연가스>석유>수력 순으로 높다. 따라서 A는 석유, B는 석탄, C는 수력, D는 원자력, E는 천연가스이다.

08 남북한의 전력 및 1차 에너지 구조

자료 해설 왼쪽 그래프는 남한과 북한의 발전량 비중을 나타낸 것이다. 북한은 높은 산지가 많고 하천의 폭이 좁을 뿐만 아니라 급경사의 사면에서 큰 낙차를 얻을 수 있어 수력 발전에 유리하다. 따라서 북한은 수력>화력 순으로 높고, 남한은 화력>원자력>수력 순으로 높다. 따라서 (가)는 화력 발전이고, (나)는 수력 발전이다. 오른쪽 그래프는 북한의 1차 에너지 공급 비중을 나타낸 것으로, 북한은 석탄>수력>석유 순으로 1차 에너지 공급 비중이 높으므로 A는 석탄, B는 수력, C는 석유이다.

올쏘 만점 노트 전력 생산과 이용

수력 발전	• 입지: 유량이 풍부하고 낙차가 큰 곳(한강, 낙동강, 금강 등의 중·상류 지역) • 장점: 대기 오염 물질 및 온실가스 배출량이 적음 • 단점: 입지가 제한적임, 주요 소비지와 떨어져 있어 송전 비용이 많이 듦, 기후적 제약으로 인해 안정적인 전력 생산이 어려움, 댐 건설로 기후 및 생태계 변화가 발생할 가능성이 큼
화력 발전	• 입지: 자연적 입지 제약이 다른 발전 방식들에 비해 작은 편임, 연료 수입에 유리하고 대소비지와 가까운 지역에 주로 분포(수도권, 충남 서해안, 남동 임해 공업 지역에 집중 분포) • 장점: 발전소 건설 비용이 비교적 적게 듦, 소비지와의 인접도가 높아 송전 비용이 적게 듦 • 단점: 화석 에너지 사용으로 인해 연료 비용이 많이 듦, 대기 오염 물질 및 온실가스 배출량이 많은 편임
원자력 발전	• 입지: 지반이 견고하고 다량의 냉각수를 확보할 수 있는 곳 → 경북 울진과 경주, 부산, 전남 영광 등 • 장점: 소량의 연료(우라늄)로 대용량 발전이 가능함, 발전 시 온실가스 배출량이 적음 • 단점: 발전소 건설 비용이 많이 듦, 발전 후 폐기물 처리 비용이 비쌈, 방사능 유출 및 안전성에 관한 논란이 있음

09 신·재생 에너지의 입지

자료 해설 1일 차 여행지는 조력 발전소가 건설되어 있는 시화 지구이다. 2일 차 여행지는 고위 평탄면이면서 풍력 발전이 이루어지는 대관령이다. 원자력 발전소가 건설된 곳은 전남 영광, 경북 울진·경주, 부산 기장 등인데, 3일 차 여행지는 울진 원자력 발전소이다.

- 정의: 기존 화석 에너지를 변환하여 사용하는 신 에너지와 햇빛·물·지열·강수·생물 유기체 등을 활용하여 에너지를 얻는 재생 에너지로 구분됨
- 특징: 고갈 위험이 낮고 친환경적임, 화석 에너지보다 경제적 효율성은 낮지만 중요성이 점차 커지고 있음
- 분포
  - 태양광: 일사량이 풍부한 지역이 유리 → 함평, 무안, 신안, 진도 등
  - 풍력 : 바람이 많은 해안이나 산지 지역이 유리 → 제주, 대관령, 영덕, 새만금 등
  - 해양 에너지: 조력(조수 간만의 차이 이용 → 시화호 조력 발전소), 조류(바닷물의 빠른 흐름을 이용, 울돌목 시험 조류 발전소), 파력(파랑의 운동 에너지를 이용 → 제주도 시험 파력 발전소)

10 주요 광물 자원의 분포 특징

자료 해설 한반도는 오랜 지질 시대를 거쳐 왔기 때문에 다양한 광물 자원이 매장되어 있지만, 그 양이 적고 품질이 낮아 실제로 이용되는 광물 자원은 적은 편이다. A는 A~C 중 전체 매장량이 가장 많으며 주로 강원도와 충청북도에 매장되어 있으므로 지향사에 주로 분포하는 석회석이다. B는 경상북도, 경상남도, 전라남도 등 주로 남부 지방에 분포하는 고령토이다. C는 주로 강원도에 분포하며 A~C 중 전체 매장량이 가장 적은 것으로 보아 철광석이다. 시멘트 공업의 원료로 이용되는 석회석은 국내 생산량이 많으며, 제철 공업의 원료로 이용되는 철광석은 대부분 수입에 의존한다.

선택지 분석

① 오답: 주로 도자기 및 내화 벽돌의 원료로 이용되는 것은 고령토(B)이다.
② 오답: 고생대 조선 누층군에 주로 분포하는 것은 석회석(A)이다.
③ 오답: 철광석(C)은 금속 자원이며, 석회석(A)과 고령토(B)는 비금속 자원이다.
❹ 정답: 석회석(A)은 우리나라에 풍부하게 매장되어 있어 해외 의존도가 낮은 반면 철광석(C)은 일부 지역에서만 생산되고 있으며, 대부분 수입에 의존하고 있다.
⑤ 오답: A ~ C 중 가채 연수가 가장 긴 것은 석회석(A)이다.

구분	주요 분포	이용 및 특징
철광석	강원도(홍천, 양양)	• 제철 공업의 원료, 대부분 북한에 매장 • 남한에서는 소량 생산되고, 오스트레일리아, 브라질 등지에서 많이 수입
텅스텐	강원도(영월군 상동)	• 특수강 및 합금용 원료 • 과거에는 생산량이 많았으나 값싼 중국산의 수입으로 폐광되었음, 최근에는 재개발이 추진되기도 했음
석회석	강원도(삼척), 충청북도(단양)	• 시멘트 공업의 원료, 제철 공업의 첨가물 • 고생대 조선 누층군에 분포, 가채 연수가 깊
고령토	경상남도(하동, 산청)	도자기 및 내화 벽돌, 화장품의 원료

11 지역별 에너지 소비 구조

자료 해설 원자력 발전소는 경북 울진, 경북 경주, 부산광역시, 전남 영광에 있다. 따라서 전남과 경북에서만 소비되는 A는 원자력이다. B

는 경기, 인천에서 소비량이 많으므로 주로 가정용 연료로 사용되는 천연가스이다. C는 충남, 전남, 울산에서 소비량이 많으므로 석유이다. D는 충남, 전남, 경북의 소비량이 많으므로 석탄이다.

선택지 분석

① 오답: 냉동 액화 기술의 발달로 1990년대 이후 사용량이 급증한 1차 에너지는 천연가스(B)이다.
② 오답: 천연가스(B)는 동해(울산 앞바다) 가스전에서 소량 생산되고 있다.
❸ 정답: 1차 에너지원별 소비량 비중은 석유>석탄>천연가스>원자력 순이다. 따라서 석유(C)는 1차 에너지 소비 구조에서 차지하는 비중이 가장 높다.
④ 오답: 천연가스(B)는 석탄(D)에 비해 연소 시 대기 오염 물질 배출량이 적다.
⑤ 오답: 1차 에너지원별 발전량 비중(신·재생 및 기타를 제외할 경우)은 석탄>원자력>천연가스>석유>수력 순으로 높다. 따라서 석유(C)는 석탄(D)보다 화력 발전의 연료로 적게 이용된다.

12 주요 화석 에너지의 특징

자료 해설 (가)는 경남, 경북, 충남 등에서 소비량 비중이 높은 석탄, (나)는 울산, 전남 등에서 소비량 비중이 높은 석유, (다)는 서울을 비롯한 경기, 부산 등 대도시에서 소비량 비중이 높은 천연가스이다. 석유는 발전용보다 수송용으로 많이 이용된다.

선택지 분석

① 오답: 석탄(가) 중 역청탄은 해외에서 전량 수입하고 있는데, 주로 오스트레일리아 등지에서 수입하고 있다. 대부분 서남아시아에서 수입하는 것은 석유(나)이다.
❷ 정답: 석유(나)는 발전용보다 수송용으로 주로 이용된다. 수송용으로는 석유가 가장 많이 이용되며 석유와 함께 천연가스가 일부 이용된다.
③ 오답: 천연가스(다)는 신생대 지층에 분포한다. 석탄(가) 중 무연탄은 고생대 말~중생대 초에 형성된 육성층인 평안 누층군에 주로 분포한다.
④ 오답: 1차 에너지원별 소비량 비중에서 석유의 비중이 가장 높다. 따라서 석탄(가)은 석유(나)보다 1차 에너지 총소비량이 적다.
⑤ 오답: 천연가스(다)는 석탄(가), 석유(나)와 달리 연소 시 대기 오염 물질 배출량이 적다.

- 석탄 : 탄화 정도에 따라 무연탄, 역청탄, 갈탄 등으로 분류

무연탄	• 주로 고생대 평안 누층군에 분포 • 과거 태백 산지 일대를 중심으로 생산이 활발했음 → 가정용 연료의 소비 구조 변화로 소비량 급감 → 석탄 산업 합리화 정책(1989년) 실시 → 대부분의 탄광 폐쇄 → 현재는 태백, 삼척, 화순 등지에서 소량 채굴되고 있음
역청탄	전량 수입에 의존, 주로 제철 공업 및 화력 발전의 연료로 이용
갈탄	주로 신생대 지층에 분포, 석탄 액화 공업용으로 이용

- 석유
  - 주로 화학 공업의 원료 및 수송용 연료로 이용
  - 수요량의 대부분을 수입에 의존
- 천연가스
  - 동해에서 소량 생산되나 대부분 수입(서남아시아 및 동남아시아 등)에 의존
  - 주로 가정용으로 이용, 발전·수송용 소비량 증가 추세
  - 다른 화석 에너지에 비해 연소 시 대기 오염 물질의 배출량이 적음

01 ④ 02 ④ 03 ② 04 ③ 05 ⑤ 06 ④ 07 ⑤ 08 ④

01 자원의 분류와 특성

자료 해설 자원은 재생 가능성에 따라 재생 불가능한 자원과 재생 가능한 자원으로 분류된다. 재생 불가능한 자원은 비재생 자원, 고갈 자원 등으로 불리며, 재생 가능한 자원은 재생 자원, 순환 자원 등으로 불린다. (가)는 인간의 이용 정도에 따라 점차 고갈되며 재생이 거의 불가능하거나 재생 속도가 매우 느린 비재생 자원으로, 석유, 석탄, 천연가스 등의 화석 연료가 이에 해당한다. (나)는 사용량과 투자 정도에 따라 재생 수준이 달라지는 자원으로 금속 광물에 해당한다. (다)는 인간의 사용량과 상관없이 지속해서 공급되거나 순환되는 자원으로, 태양력, 풍력, 수력 등이 이에 해당한다.

선택지 분석

① 오답: 구리, 철광석 등은 금속 광물로 (나)에 해당한다.

② 오답: 궁극적인 대체 에너지는 인간의 사용량과 상관없이 지속해서 공급되거나 순환되는 재생 자원(다)이다.

③ 오답: 화력 발전의 연료로 이용되는 것은 석탄, 천연가스, 석유 등의 화석 연료로 (가)에 해당한다.

❹ 정답: 화석 연료는 자원 이용 시 온실가스 배출량이 많아서 지구 온난화의 주범으로 불린다.

⑤ 오답: 우리나라에는 다양한 광물 자원이 분포하지만 매장량이 적어 (나)의 대부분을 수입에 의존하고 있다. (다)의 태양력, 풍력, 수력 등의 순환 자원은 국내에서 100% 공급된다.

올쏘 만점 노트 — 자원의 분류

(1) 의미에 따른 분류

구분	분류 기준	주요 예시
좁은 의미의 자원	주로 천연자원을 의미함	• 생물 자원(동물, 식물 등) • 무생물 자원(광물, 에너지 자원 등)
넓은 의미의 자원	천연자원뿐만 아니라 인적 자원, 문화적 자원 등을 포괄함	• 인적 자원(인구, 기술, 노동력 등) • 문화적 자원(언어, 종교, 제도 등)

(2) 재생 가능성에 따른 분류

구분	분류 기준	주요 예시
재생 불가능한 자원	• 인간의 이용 정도에 따라 점차 고갈되며 재생이 거의 불가능하거나 생성 속도가 매우 느린 자원 • 비재생 자원, 고갈 자원 등으로 불림	석유, 석탄, 천연가스 등
재생 가능한 자원	• 인간의 사용량과 상관없이 지속적으로 공급되거나 순환되는 자원 • 재생 자원, 순환 자원 등으로 불림	태양력, 조력, 풍력, 수력 등

02 지역별 에너지 공급 구조 및 우리나라의 에너지 소비 구조 변화

자료 해설 에너지 자원에는 석유, 석탄, 천연가스 등이 있다. 우리나라는 산업이 발달하기 이전에는 신탄(숯과 땔나무)의 소비 비중이 높았으나, 산업이 발달하면서 석탄과 석유의 소비 비중이 증가하였다. 우리나라에 가장 풍부하게 매장되어 있는 에너지 자원은 무연탄으로, 고생대 평안 누층군에 주로 매장되어 있다. 무연탄은 1960년대부터 주요 에너지원으로 이용되었으나, 석유와 천연가스의 소비 증가에 따른 수요

감소와 1989년 정부의 석탄 산업 합리화 정책으로 인해 대부분의 탄광이 폐쇄되어 현재는 생산량이 적다.

석유는 현재 우리나라에서 가장 많이 소비되는 에너지 자원으로, 주로 화학 공업의 원료 및 수송용 연료로 이용된다. 석유는 신생대 지층에 주로 매장되어 있는데, 우리나라는 대부분 수입에 의존하고 있다.

천연가스는 1980년대 말부터 상용화되기 시작하였는데 석탄, 석유보다 연소 시 대기 오염 물질 배출량이 적어 최근 소비량이 빠르게 증가하고 있다. 우리나라는 천연가스 대부분을 수입에 의존하고 있으며, 울산 앞바다의 가스전에서 2004년부터 소량 생산하고 있다.

지역별 1차 에너지 공급 구조를 보면, 정유 및 석유 화학 공업이 발달한 울산광역시, 전라남도 등은 석유의 공급 비중이 높고, 인구가 집중된 수도권은 천연가스의 공급량 비중이 높다.

석탄은 제철 공업이 발달하거나 화력 발전소가 위치한 충청남도, 경상남도, 경상북도 등에서 공급 비중이 높으며, 원자력은 원자력 발전소가 위치한 경상북도(울진, 월성), 전라남도(영광), 부산광역시(고리)에서 공급되고 있다.

충남에서 공급량이 많은 (가)는 화력 발전 및 산업용으로 많이 이용되는 석탄, (나)는 정유 및 석유 화학 공업이 발달한 전남, 충남 등에서 공급량이 많으므로 석유이다. (다)는 인구가 많고 도시가스 공급망이 잘 갖추어진 경기에서 공급량이 많으므로 천연가스, (라)는 전남과 경북에서만 공급되므로 원자력이다.

1차 에너지 소비 구조에서 가장 높은 비중을 차지하는 D는 석유, D 다음으로 소비 비중이 높은 C는 석탄, 1986년~2016년에 에너지 소비 비중이 크게 증가한 A는 천연가스, B는 원자력이다.

선택지 분석

① 오답: 석탄(가)은 우리나라 1차 에너지 소비 구조에서 차지하는 비중이 2016년보다 1986년에 높았다.

② 오답: 천연가스(다)가 석유(나)보다 상용화된 시기가 늦다.

③ 오답: 냉동 액화 기술의 발달로 소비량이 급증한 것은 천연가스(A)이다.

❹ 정답: 석탄(C)은 천연가스(A)보다 연소 시 대기 오염 물질 배출량이 많다.

⑤ 오답: 충남에서 공급되는 에너지 공급량은 석탄(C)이 석유(D)보다 많다.

03 자원의 가변성

자료 해설 석탄은 재생 불가능한 자원에 해당하고, 강원도 ○○ 광업소는 수익성 악화로 폐광되었으므로 이는 경제적 의미의 자원에서 기술적 의미의 자원으로의 변화에 해당한다.

선택지 분석

① 오답: A는 재생 불가능한 자원이 자연 상태에서 경제적 의미의 자원으로 변화한 것으로, 이의 사례로는 검은 액체에 불과했던 석유가 내연 기관이 발명되면서 자원으로 이용되는 것 등이 있다.

❷ 정답: B는 재생 불가능한 자원이 경제적 채산성이 악화되면서 기술적 의미의 자원으로 변화한 것으로, 제시된 사례가 이에 해당한다.

③ 오답: C의 사례로는 우리나라의 텅스텐 광산이 값싼 중국산 텅스텐의 수입으로 폐광된 사례가 있다.

④ 오답: D는 최근 태양광, 풍력 발전 등의 재생 에너지가 기술 발달로 경제적 효율성이 높아지면서 경제적으로 이용되는 것과 관련 있다.

⑤ 오답: E는 특정 지역의 재생 에너지가 채산성 악화로 더 이상 이용되지 않는 것과 관련 있다.

정답 및 해설

04 주요 광물 자원의 분포와 이용

자료 해설 땅속에서 채굴하여 인간이 유용하게 사용할 수 있는 물질을 광물 자원이라고 한다. 광물 자원은 철광석, 텅스텐 등의 금속 광물과 석회석, 고령토 등의 비금속 광물로 구분한다. 한반도는 여러 시기에 형성된 지층들로 구성되어 다양한 광물 자원이 매장되어 있다. 남한의 광물 자원별 매장량은 금속 광물의 비중이 매우 낮고, 석회석, 고령토 등 비금속 광물의 비중이 높다.

금속 광물 중 가장 많이 매장되어 있는 것은 철광석이다. 제철 공업의 주원료로 이용되는 철광석은 양양, 홍천 등 태백 산지에 매장되어 있으나 매장량이 많지 않고 품질이 좋지 못하여 대부분 오스트레일리아, 브라질 등에서 수입하고, 강원, 충북에서 소량 생산된다.

광물 자원 중 생산량이 가장 많은 것은 석회석이다. 석회석은 시멘트의 주원료로 이용되며, 강원, 충북 등지에서 생산된다. 고령토는 내화 벽돌 및 도자기의 주원료로 이용되며, 강원, 경남, 경북 등지에서 생산된다. 내화 벽돌은 내화 점토를 구워서 만든 벽돌로, 불에 잘 견디므로 굴뚝의 안쪽을 쌓는 데 사용한다.

A는 강원권과 충청권에서 생산 비중이 높으므로 석회석, B는 하동, 산청 등이 위치한 영남권에서 생산 비중이 높으므로 고령토, C는 강원권에서 대부분 생산되므로 철광석이다.

선택지 분석

① 오답: 석회석(A)은 비금속 광물에 해당한다.
② 오답: 시멘트 공업의 원료로 이용되는 것은 석회석(A)이다. 고령토(B)는 도자기 및 내화 벽돌, 화장품 등의 원료로 많이 이용된다.
❸ 정답: 국내에서 소비되는 철광석은 대부분 오스트레일리아, 브라질 등에서 수입하고 있다.
④ 오답: 석회석(A)은 고령토(B)보다 국내 생산량이 많다.
⑤ 오답: 가채 연수는 어떤 자원의 가채 매장량을 연간 내수량으로 나눈 값으로, 석회석(A)이 철광석(C)보다 가채 연수가 길다.

올쏘 만점 노트 광물 자원의 분포와 이용

철광석	• 제철 공업의 원료 • 강원도에서 소량 생산 • 대부분을 수입에 의존
석회석	• 시멘트 공업의 원료 • 고생대 조선 누층군에 주로 분포 • 가채 연수가 긺
고령토	• 도자기 및 내화 벽돌, 화장품 등의 원료 • 경상남도(하동, 산청)에 주로 분포

05 주요 에너지 자원의 소비 및 발전량

자료 해설 우리나라의 1차 에너지 소비 비중(신·재생 및 기타 에너지를 제외할 경우)은 석유 > 석탄 > 천연가스 > 원자력 > 수력 순이다. 이에 비해 1차 에너지원별 발전량 비중(신·재생 및 기타 에너지를 제외할 경우)은 석탄 > 원자력 > 천연가스 > 석유 > 수력 순이다.

산업용과 수송용으로 많이 이용되는 (가)는 석유, 가정·상업·공공용으로 많이 이용되는 (나)는 천연가스, 산업용으로 대부분 이용되는 (다)는 석탄이다.

2016년 기준 전력 생산에 가장 많이 이용되는 B는 석탄, 석탄 다음으로 많이 이용되는 A는 원자력, 2001년 이후 전력 생산에 이용되는 양이 크게 증가한 D는 천연가스, 전력 생산에 가장 적게 이용되는 C는 석유이다.

선택지 분석

❺ 정답: (가) 석유는 C, (나) 천연가스는 D, (다) 석탄은 B와 연결된다.

06 화석 에너지의 수입량

자료 해설 화석 에너지 중 수입량이 가장 많은 (가)는 수요량의 대부분을 수입에 의존하는 석유, 석유 다음으로 수입량이 많은 (나)는 석탄, 1986년 이후 수입량이 크게 증가한 (다)는 천연가스이다.

선택지 분석

ㄱ. 오답: 고생대 평안 누층군에 주로 분포하는 것은 석탄(나)이고, 석유(가)는 신생대 제3기 지층에 주로 매장되어 있다.
ㄴ. 정답: 화력 발전의 연료로 가장 많이 소비되는 것은 석탄(나)이다.
ㄷ. 오답: 천연가스(다)가 석탄(나)보다 최근 가정용 연료로 많이 소비된다.
ㄹ. 정답: 천연가스는 동해 가스전에서 소량 생산되나 대부분 수입에 의존하고 있다. 따라서 석탄(나)이 천연가스(다)보다 국내 생산량이 많다.

올쏘 만점 노트 에너지 자원의 분포와 이용

석유		주로 화학 공업의 원료 및 수송용 연료로 이용
석탄	무연탄	• 주로 고생대 평안 누층군에 분포 • 가정용 연료의 소비 구조 변화와 정부 정책(석탄 산업 합리화 정책)으로 소비량 급감
	역청탄	• 제철 공업 및 화력 발전의 연료로 이용 • 전량 수입에 의존
천연가스		• 주로 가정용 및 상업용으로 이용 • 석유, 석탄 같은 다른 화석 에너지보다 연소 시 대기 오염 물질 배출량이 적음

07 발전 양식별 주요 특징

자료 해설 현재 우리나라는 필요한 전력의 대부분을 화력, 원자력, 수력 발전을 통해 생산한다. 이 중에서 발전 설비 및 발전량 비중이 가장 높은 발전 양식은 화력 발전이다. 우라늄을 이용하여 전력을 생산하는 원자력 발전은 발전소 가동률이 높고 발전 단가가 저렴한 편이며, 수력 발전은 한강, 낙동강, 금강 등의 하천 중·상류 지역에서 주로 이루어진다. 발전 방식별 발전량은 화력 > 원자력 > 수력 순이다.

(가)는 한강, 낙동강 등 하천을 따라 주로 분포하므로 수력, (나)는 전력 수요가 많은 수도권, 충남 서해안, 남동 임해 공업 지역 등에 주로 분포하므로 화력, (다)는 영광, 울진, 경주, 부산 등에 분포하므로 원자력이다.

선택지 분석

① 오답: 핵 폐기물 처리에 많은 비용이 발생하는 것은 원자력(다)이다.
② 오답: 화석 연료를 이용하는 화력(나)은 발전 과정에서 온실가스 배출량이 수력, 원자력보다 많다.
③ 오답: 우리나라의 총발전량에서 차지하는 비중이 가장 높은 것은 화력(나)이다.
④ 오답: 재생 에너지를 이용하는 수력(가)이 화석 연료를 이용하는 화력(나)보다 발전원의 해외 의존도가 낮다.
❺ 정답: 화력(나)은 유량이 풍부하고 낙차가 큰 곳에 입지하는 수력(가)보다 자연 조건의 제약이 적다.

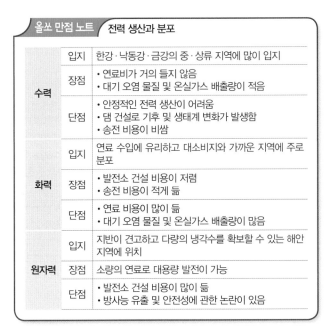

	입지	한강·낙동강·금강의 중·상류 지역에 많이 입지
수력	장점	• 연료비가 거의 들지 않음 • 대기 오염 물질 및 온실가스 배출량이 적음
	단점	• 안정적인 전력 생산이 어려움 • 댐 건설로 기후 및 생태계 변화가 발생함 • 송전 비용이 비쌈
	입지	연료 수입에 유리하고 대소비지와 가까운 지역에 주로 분포
화력	장점	• 발전소 건설 비용이 저렴 • 송전 비용이 적게 듦
	단점	• 연료 비용이 많이 듦 • 대기 오염 물질 및 온실가스 배출량이 많음
	입지	지반이 견고하고 다량의 냉각수를 확보할 수 있는 해안 지역에 위치
원자력	장점	소량의 연료로 대용량 발전이 가능
	단점	• 발전소 건설 비용이 많이 듦 • 방사능 유출 및 안전성에 관한 논란이 있음

08 신·재생 에너지의 지역별 생산과 특징

자료 해설 A는 제주, 강원, 경북의 생산 비중이 높으므로 풍력, B는 강원, 경기, 충북 등 대하천의 중·상류가 위치한 지역에서 생산 비중이 높으므로 수력, C는 일사량이 많은 전남, 전북 등에서 생산 비중이 높으므로 태양광이다. 경기에서 100% 생산되고 있는 D는 조력이다. 우리나라에서 조력 발전은 안산 시화호에서 유일하게 이루어지고 있다.

선택지 분석

① 오답: 풍력(A)의 비중은 제주가 강원보다 높다.
② 오답: 일사량이 풍부한 지역이 발전에 유리한 것은 태양광(C)이다. 수력(B)은 유량이 풍부하고 낙차가 큰 곳이 유리하다.
③ 오답: 조차를 이용하여 에너지를 생산하는 것은 조력(D)이다.
❹ 정답: 풍력(A)은 바람개비의 회전을 이용해 전력을 생산하므로 태양광(C)보다 발전 시 소음 발생량이 많다.
⑤ 오답: 우리나라는 강수가 여름에 집중하므로 수력(B)은 계절별 발전량의 차이가 크게 나타난다. 한편, 조차를 이용하는 조력(D)은 계절별 발전량의 차이가 크지 않다.

올쏘 만점 노트　신·재생 에너지의 분포

풍력	바람이 강하고 일정하게 부는 산지 및 해안 지역
태양광	일사량이 풍부한 지역
조력	밀물과 썰물 때의 수위 차를 이용 → 조차가 큰 지역

12 강 농업의 변화와 농촌 문제

기출 선지 변형 O X

본문 093~094쪽

01 ① ○ ② ○ ③ × ④ ○ ⑤ ○ ⑥ × ⑦ ○
02 ① × ② ○ ③ ○ ④ × ⑤ ○ ⑥ × ⑦ ○
03 ① ○ ② ○ ③ × ④ ○ ⑤ ○ ⑥ ○ ⑦ × ⑧ ○ ⑨ × ⑩ ○
　　⑪ × ⑫ ○ ⑬ ○ ⑭ × ⑮ ○ ⑯ × ⑰ ○

01 ① 경지율은 과거에 비해 최근 낮아졌으므로 A에 들어가기에 적당한 항목이다.
② 전업농 비율은 과거에 비해 최근 낮아졌으므로 A에 들어가기에 적당한 항목이다.
③ 농업 종사자 비율은 과거에 비해 최근 낮아졌으므로 A에 들어가기에 적당한 항목이다.
④ 소득원의 다양성은 과거에 비해 최근 높아졌으므로 B에 들어가기에 적당한 항목이다.
⑤ 교통수단의 발달로 시장과 멀리 떨어진 곳에서 상업적 농업이 가능해졌으며, 원예 농업과 낙농업 지역이 확대되었다.
⑥ 도시 인구의 증가 및 소득 증가로 과일, 채소, 화훼 등의 수요가 증가하였다.
⑦ 기술 발달로 기후적 제약을 극복할 수 있게 되면서 시설 재배가 증가하였고 이로 인해 토지 이용의 집약도도 증가하였다.

02 ① 벼(가)는 식생활 변화와 시장 개방 등으로 재배 면적과 생산량이 감소하고 있다.
② 벼(가)는 과수(나)보다 재배 면적이 더 넓다.
③ 과수(나)는 주로 시설 재배로 생산되기보다는 노지에서 재배된다.
④ 과수(나)는 벼(가)보다 영농의 기계화에 불리하다.
⑤ 벼(쌀)는 우리나라에서 재배 면적이 가장 넓은 작물이다.
⑥ 채소를 타 시·도에 비해 고랭지 농업의 형태로 재배하는 경우가 많은 지역은 강원도이다.
⑦ 경기도에서는 타 시·도에 비해 시설 재배를 통해 채소를 재배하는 비중이 높다.

03 ① (가)는 전남, (나)는 충북, (다)는 강원이다.
② 농가당 작물 재배 면적은 전체 작물 재배 면적을 농가 수로 나눈 값이다. 따라서 전남(가)은 강원(다)보다 농가당 작물 재배 면적이 넓다.
③ 채소(A)의 재배 면적 비중은 강원(다)이 전남(가)보다 높다.
④ 맥류(B)의 도내 재배 면적 비중은 전남(가)이 충북(나)보다 높다.
⑤ 과수(C)의 도내 재배 면적 비중은 충북(나)이 강원(다)보다 높다.
⑥ 우리나라 농촌은 이촌 향도에 따른 청장년층의 유출 문제가 심각하다.
⑦ 우리나라 농촌에서는 청장년층의 노동력이 부족하다.
⑧ 우리나라 농촌에서는 유소년층의 인구 감소로 초등학교가 통폐합되고 있다.

⑨ 산업화와 도시화로 인해 농경지가 주택, 도로, 공장 등으로 전환되면서 경지 면적이 감소하고 있다.

⑩ 경지 면적이 감소하는 비율에 비해 농가 수가 감소하는 비율이 더 커서 농가당 경지 면적이 증가하고 있다.

⑪ 노동력 부족 등에 따른 휴경지 증가와 그루갈이 감소로 경지 이용률이 감소하고 있다.

⑫ 맥류는 벼농사의 그루갈이 작물로 주로 재배된다.

⑬ 맥류의 재배 면적 비중은 지속적으로 감소하고 있다.

⑭ 식생활의 변화로 쌀의 1인당 소비량이 감소하는 추세이다.

⑮ 과일의 1인당 소비량은 증가하고 있다.

⑯ 쌀, 맥류, 과일 중 전국 생산량이 가장 많은 작물은 쌀이다.

⑰ 쌀, 맥류, 과일 중 전국 재배 면적이 가장 넓은 작물은 쌀이다.

실전 기출 문제 본문 095~097쪽

01 ⑤ 02 ② 03 ② 04 ③ 05 ② 06 ⑤ 07 ③ 08 ⑤

09 ② 10 ⑤ 11 ④ 12 ①

01 도(道)별 전업농가와 밭의 비율

자료 해설 산지의 비율이 높은 곳은 상대적으로 밭의 비율이 높고, 평야가 발달한 곳은 상대적으로 논의 비율이 높다. 또한 경북, 제주는 과실의 재배 면적 비중이 높고, 전남, 전북 등은 맥류의 재배 면적 비중이 높다. (가)는 (가)~(다) 세 지역 중 전업농가 비율과 밭의 비율이 가장 낮은 충남이다. 평야가 발달한 충남은 밭의 비율이 낮다. (다)는 (가)~(다) 세 지역 중 밭의 비율이 가장 높으므로 상대적으로 산지의 비율이 높은 경북이다. 경북은 전업농가의 비율도 세 지역 중 가장 높다. 나머지 (나)는 전북이다.

A는 도별 재배 면적 비중의 차이가 다른 작물에 비해 상대적으로 작으므로 제주를 제외한 대부분의 지역에서 많이 재배되는 쌀이다. B는 전남과 전북, 경남 등의 남부 지방에서 주로 재배되므로 맥류이다. 맥류는 주로 쌀의 그루갈이 작물로 재배된다. C는 경북과 제주의 재배 면적 비중이 높으므로 과실이다.

선택지 분석

① 오답: 맥류 재배 면적은 전북이 경북보다 넓다.

② 오답: 과실 재배 면적은 충북이 전북보다 넓다.

③ 오답: 경지 면적 중 밭의 비율은 전북이 충남보다 높다. 따라서 논의 비율은 충남이 전북보다 높다.

④ 오답: 전국에서 밭의 비율이 가장 낮은 도는 충남이다. 그러나 전국에서 쌀의 재배 면적이 가장 넓은 도는 전남이다.

❺ 정답: 전국에서 전업농가의 비율이 가장 높은 도는 경북이다. 경북은 전국에서 과실 재배 면적이 가장 넓다.

02 우리나라의 농작물 재배 특징

자료 해설 충남, 전남, 전북 등의 특화 계수가 높은 (가)는 식량 작물이다. 지표수가 지하로 잘 스며드는 제주, 산지 비율이 높은 강원도 등

밭의 비율이 높은 곳에서 특화 계수가 높은 (나)는 채소이다. 기후가 온화한 제주와 사과 재배가 활발한 경북에서 특화 계수가 높은 (다)는 과수이다.

선택지 분석

❶ 정답: 인구가 급증하고 생활 수준이 향상되면서 식생활이 변화되어 육류와 채소, 과일의 소비가 증가하였다. 이에 따라 쌀과 맥류 등 식량 작물의 재배 면적은 감소하고 있다.

ㄴ. 오답: 제주는 난대형 노지 재배, 강원은 고랭지형 노지 재배 방식으로 채소 재배가 주로 이루어진다. 채소의 시설 재배는 주로 대도시 근교의 농촌 지역에서 행해진다.

❸ 정답: 특화 계수 1의 의미는 해당 작물의 재배 면적 비중이 전국 평균과 같다는 의미이다. 경북의 과수 특화 계수는 2.0보다 조금 높으므로 과수의 경지 이용 면적 비율은 경북이 전국보다 높다.

ㄹ. 오답: 전체 경지 면적에서 차지하는 식량 작물의 재배 면적 비율이 최근 감소 추세이기는 하나, 전체 경지 면적의 절반 이상이 식량 작물 재배지로 이용되고 있어 채소(나)와 과수(다)의 재배 면적 합보다 식량 작물(가)의 재배 면적이 더 넓다.

03 우리나라 농업의 변화

자료 해설 2000년에 비해 2010년 우리나라 농촌의 변화를 보면 경지 면적보다 농가 수가 더 빠르게 감소하였다. 그리고 겸업농가 수와 농업 자본 투입액은 증가하였다.

선택지 분석

❷ 정답: 경지 면적이 감소하였고, 농가 수도 감소하였으나 경지 면적 감소 비율보다 농가 수 감소 비율이 더 크기 때문에 농가 호당 경지 면적은 넓어졌다. 겸업농가 수가 증가한 것으로 보아 소득원이 다변화 되었음을 알 수 있다. 또한 농업 자본 투입액이 더 많아졌으므로 자본 집약도가 높아졌다고 할 수 있다. 이러한 내용은 그림에서 B로 나타난다.

올쏘 만점 노트 · 농촌 및 농업 구조의 변화

구분	변화
농촌 인구의 변화	• 이촌 향도에 따른 청장년층의 유출 → 인구의 사회적 감소 • 노년층 인구 비중 증가 → 노동력 부족 문제와 노동력의 고령화 • 유소년층 인구 감소 → 초등학교의 통폐합
경지의 변화	• 산업화와 도시화로 인해 농경지가 주택, 도로, 공장 등으로 전환 → 경지 면적 감소 • 경지 면적이 감소하는 비율에 비해 농가 수가 감소하는 비율이 더 큼 → 농가당 경지 면적 증가 • 노동력 부족 등에 따른 휴경지 증가와 그루갈이 감소 → 경지 이용률 감소
영농 방식의 변화	• 농업의 노동 생산성 향상: 노동력 부족 문제를 해결하기 위해 영농의 기계화 추진 • 전문적 농업 경영 방식 증가: 영농 조합, 농업 회사 법인, 위탁 영농 회사 증가

04 농업 경쟁력 향상 방안

자료 해설 지리적 표시제란 농산물 및 그 가공품의 특징이 지리적 특성에 기인하는 경우 그 지역의 특산품임을 인증하는 제도이다. 보성 녹차, 이천 쌀, 횡성 한우 고기, 한산 모시, 순창 전통 고추장, 성주 참외 등이 지리적 표시제를 시행하고 있는 대표적인 품목이다.

선택지 분석

① 오답: 농업 생산성을 증대시키기 위해서는 농업 규모의 확대와 기계화가 필요하다.

② 오답: 친환경으로 생산하는 유기농 농산물은 농산물의 경쟁력 강화와 관련 있다.

❸ 정답: 지리적 표시제는 농산물 및 그 가공품의 특징이 지리적 특성에 기인하는 경우 그 지역의 특산품임을 인증하는 제도이다. 우리나라에서는 보성 녹차가 지리적 표시제 1호로 지정되었으며, 이 외에도 다양한 농산물 및 가공품이 지리적 표시제로 지정되어 있다.

④ 오답: 고령화 및 노동력 부족 문제는 촌락의 인구 고령화로 인한 문제이며, 기계화가 해결 방안 중 하나이다.

⑤ 오답: 농촌 체험과 독특한 농업 경관을 활용한 농가 소득원의 다양화는 농촌의 경쟁력을 강화함과 동시에 농가 소득원의 증대를 가져온다.

올쏘 만점 노트 농가 소득 증대 방안

• 농산물 브랜드화
 – 농산물에 상표를 붙여 다른 상품과의 차별화를 꾀하는 것
 – 품질이 높고 안전한 농산물을 생산하여 브랜드화하면 소비자의 신뢰를 얻을 수 있을 뿐만 아니라 수입 농산물과의 경쟁에서도 유리하게 작용함

• 지리적 표시제
 – 농산물 및 그 가공품의 특징이 본질적으로 특정 지역의 지리적 특성에서 기인하는 경우 그 지역에서 생산된 특산품임을 표시하는 제도를 말함
 – 농산물 브랜드화와 지리적 표시제는 농촌의 지역 경제 활성화에 이바지할 뿐만 아니라 우리 고유의 농식품을 세계화하는 데에도 큰 역할을 할 것으로 기대됨

▲ 지리적 표시제

05 지역별 농업 특징

자료 해설 (가)는 경지 규모가 큰 농가가 많고 식량 작물 생산 위주의 농촌이며, (나)는 경지 규모가 작은 농가의 비중이 높고 채소나 과수 재배 농가 수 비중이 비교적 높게 나타나는 농촌이다. 따라서 (나)는 (가)보다 근교 농촌의 특징을 지니고 있다.

선택지 분석

❶ 정답: 근교 농촌은 도시와 가깝기 때문에 땅값이 비싼 편이다.

ㄴ. 오답: 겸업농가의 비중은 도시에 인접한 근교 농촌에서 높다.

❸ 정답: 땅값이 비싼 편인 근교 농촌은 농가당 경지 규모가 비교적 작은 편이다.

ㄹ. 오답: 시설 작물로 재배되는 것은 주로 채소이다. 그러므로 채소 재배 비중이 높은 (나) 지역이 (가) 지역보다 시설 작물의 재배 비중이 높을 것이다.

06 도(道)별 농업 특징과 주요 작물의 재배 면적 비중

자료 해설 A는 제주의 재배 면적 비중이 높은 작물이므로 과수이고, 과수의 재배 면적 비중이 가장 높은 (가)는 경북이다. (나)는 (다)보다 농가 수가 많고 겸업농가 비율이 낮으므로 (나)는 전남, (다)는 충남이다. B는 강원의 재배 면적 비중이 특징적으로 높으므로 채소이고, C는 남서부 평야 지역에 위치한 (나) 전남, (다) 충남, 전북에서 재배 면적 비중이 높으므로 벼이다.

선택지 분석

① 오답: 겸업농가 비율이 50% 이상인 지역은 경기와 제주이고, 다른 지역은 겸업농가 비중이 모두 50% 미만이며, 제주는 농가 수가 가장 적다. 따라서 전체 전업농가가 겸업농가보다 많다.

② 오답: 농가가 가장 많은 도는 (가) 경북인데, 벼(C) 재배 면적이 가장 넓은 도는 (나) 전남이다.

③ 오답: 전업농가가 가장 많은 도는 농가 수가 가장 많고 겸업농가 비율이 가장 낮은 (가) 경북인데, 채소(B) 재배 면적이 가장 넓은 도는 (나) 전남이다.

④ 오답: 벼(C) 재배 면적의 도별 비중을 보면, (다) 충남이 (가) 경북보다 비중이 높으므로 충남이 경북보다 벼 재배 면적이 넓다.

❺ 정답: (나) 전남은 경남보다 채소(B) 재배 면적에서 차지하는 비중이 높으므로 채소 재배 면적이 넓다.

올쏘 만점 노트 도(道)별 주요 작물 재배 면적 비중

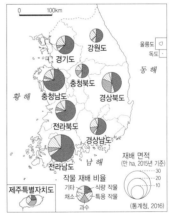

• 쌀
 – 우리나라에서 가장 많이 생산되는 식량 작물
 – 중·남부 지방의 평야 지역에서 주로 재배
 – 다수확 품종이 개발되고 영농 기술이 발달하면서 쌀 수확량이 많이 증가하였음
 – 식생활 구조 변화와 농산물 시장 개방 등으로 쌀의 1인당 소비량과 재배 면적은 감소하였음

• 보리
 – 맥류의 대표적인 작물
 – 주로 벼의 그루갈이 작물로 남부 지방에서 재배됨
 – 최근 수익성 감소와 외국 농산물의 수입 확대로 재배 면적과 생산량이 많이 감소하였음

• 원예 작물
 – 채소, 과일 등의 작물
 – 생산량이 많이 증가 → 식생활 구조 변화에 따른 소비 증가
 – 주로 대도시 주변의 근교 농촌에서 시설 재배를 통해 집약적으로 재배됨
 – 교통 발달로 원교 지역에서도 재배가 늘어나고 있음

정답 및 해설

07 도(道)별 농업 활동의 차이

자료 해설 작물 재배 면적 비중이 가장 높은 (가)는 전남이고, 전남에서 상대적으로 재배 면적 비중이 높은 B는 맥류이다. (나), (다) 중 벼의 재배 면적 비중이 상대적으로 낮은 (다)는 강원이고, (나)는 충북이다. 강원에서 재배 면적 비중이 높은 A는 채소이고, C는 과수이다.

선택지 분석

① 오답: (가)는 전남, (나)는 충북이다. 벼 재배 면적 비중이 상대적으로 낮고 채소 재배 면적 비중이 상대적으로 높은 (다)가 강원이다.

② 오답: 농가당 작물 재배 면적은 전체 재배 면적을 농가 수로 나눈 값이므로 전남(가)이 강원(다)보다 넓다.

❸ 정답: (가)~(다) 중 채소(A) 재배 면적 비중은 전남(가)이 14.0%, 강원(다)이 27.1%이지만, 전체 작물 재배 면적은 전남이 강원보다 세 배 이상 넓으므로, 채소 재배 면적이 가장 넓은 곳은 전남(가)이다.

④ 오답: 도내 과수(C) 재배 면적 비중은 13.9%인 충북(나)이 3.2%인 강원(다)보다 높다.

⑤ 오답: 도내 맥류(B) 재배 면적 비중은 5.8%인 전남(가)이 0.2%인 충북(나)보다 높다.

올쏘 만점 노트 농업의 입지

(1) 자연적 요인: 기후, 지형, 토양 등 → 과거 농업에 큰 영향

기후	• 무상 기간: 작물의 생육 기간에 영향을 끼침 • 최한월 평균 기온: 작물 재배의 북한계에 큰 영향을 끼침 • 기후가 온화한 남부 지방: 그루갈이가 이루어짐
지형	• 하천 주변의 범람원을 중심으로 벼농사 발달 • 한반도 북동부 산지 지역에서는 밭농사, 남서부 평야 지역에서는 벼농사 발달 • 해발 고도가 높고 경사가 완만한 태백 산지 일대에서는 고랭지 농업 발달

(2) 사회적·경제적 요인: 교통, 시장 변동, 기술 발달 등 → 최근 농업에 미치는 영향 증가

교통	• 교통수단의 발달로 시장과 멀리 떨어진 곳에서 상업적 농업이 가능해짐 • 원예 농업과 낙농업 지역 확대
시장	• 도시 인구 증가 및 소득 증대 → 과일, 채소, 화훼 등의 수요 증가 • 농수산물 시장 개방 등 국가 농업 정책의 영향 증가
기술	• 시설 재배 증가 → 기후적 제약 극복 • 토지 이용의 집약도 증가·품종 개량 → 수확량 및 작물의 다양성 증대

---

08 도(道)별 주요 농업 지표의 특징

자료 해설 경북은 A와 B 지표가 가장 높게 나타나는데, B가 A보다 지표 값이 높게 나타난다. C는 서울과 인접한 경기에서 가장 높게 나타나는 지표이고, 경북에서 가장 낮게 나타나는 지표이며, A, B보다 지표 값이 높게 나타난다. 과수 재배 면적 비율과 농가 인구 비율의 경우 전국 대비 비중을 나타낸 것으로, 경북은 전국 대비 과수 재배 면적 비율이 농가 인구 비율보다 높게 나타난다.

선택지 분석

❺ 정답: A는 경북>경기>전북 순으로 높게 나타나는 지표이므로 농가 인구 비율이다. 세 지역 중 경북이 전국 대비 농가 인구 비율이 가장 높고, 총인구가 상대적으로 적은 전북이 가장 낮다. B는 경북>전북>경기 순으로 높게 나타나는 지표이고, C보다는 지표 값이 작으므로 과수 재배 면적 비율

이다. 경북은 전국 대비 과수 재배 면적 비율이 가장 높은 곳이다. C는 수치가 A B보다는 높으므로 해당 지역 내에서 차지하는 비율인 겸업농가 비율인데, 경기가 가장 높게 나타난다. 수도권에 속한 경기는 대도시와 인접한 농업 지역이 많아 겸업농가의 비율이 높게 나타난다.

09 도(道)별 농업 특징

자료 해설 (가)~(다)의 농가 수, 전업농가 수, 총경지 면적 대비 논 면적 비율을 고려하여 A~C 지역 중 해당 지역을 찾는 문제이다. 농가 수는 인구가 많은 경기가 가장 많고 충북이 가장 적다. 겸업농가 수는 농가 수에서 전업농가 수를 빼서 구할 수 있으며, 전업농가 수 자료를 이용하여 겸업농가 비중을 구할 수 있다. 서울과 인접한 경기는 겸업농가 비중이 높다. 총경지 면적 대비 논 면적 비율은 평야가 넓은 곳이 높고 산지가 많은 곳이 낮다. 지도의 A는 경기, B는 충북, C는 전북이다.

선택지 분석

❷ 정답: 경기는 총인구가 많고 대도시인 서울과 인접하여 겸업농가 비중이 높고 밭의 비율도 비교적 높다. 충북은 인구 규모도 작고 산지가 많아 농가 호수가 적으며 총경지 면적 대비 논 면적 비율이 낮다. 전북은 평야가 넓어 논 면적 비율이 높고 대도시와 멀리 떨어져 있어 겸업농가 비중이 낮다. 따라서 (가)는 경기(A), (나)는 전북(C), (다)는 충북(B)이다.

10 도(道)별 농업 특성

자료 해설 (가)는 산지가 많아 경지율이 낮은 강원이고, (나)는 시설 작물 재배 면적과 겸업농가 비율이 높은 경기이다. (다)는 시설 작물 재배 면적 비율이 낮고 전업농가 비율이 높은 전남이고, (라)는 경지율과 시설 작물 재배 면적 비율이 높은 제주이다.

선택지 분석

ㄱ. 오답: 제주(라)는 경북에 이어 과실 생산량이 두 번째로 많다.

ㄴ. 오답: 강원(가)은 고위 평탄면을 중심으로 노지 채소 재배 면적이 넓게 나타난다. 반면 경기(나)는 시설 재배 면적이 넓게 나타난다. 따라서 노지 채소 재배 면적은 강원(가)이 경기(나)보다 넓다.

ㄷ. 정답: 벼농사가 발달한 전남(다)은 전국에서 쌀 생산량이 가장 많다.

ㄹ. 정답: 전남(다)은 밭농사 위주의 제주(라)보다 논의 비율이 높다.

11 지역별 주요 재배 농작물 특성

자료 해설 (가)는 전남과 전북의 재배 면적 비중이 대부분이며, 그 외 경남과 제주에서도 재배하고 있다. 맥류의 한 종류인 보리는 겨울철이 온화한 지역에서 쌀의 그루갈이 작물로 주로 재배된다. (나)는 전남, 충남, 전북의 재배 면적 비중이 높다. 우리나라의 남서부에 해당하는 충남, 전북, 전남은 평야가 발달하였으며 비교적 기온이 높아 쌀 재배 면적이 넓다. (다)는 경북과 제주의 재배 면적 비중이 높다. 경북은 산지가 발달하였으며 소우지이므로 일조량이 풍부해 우리나라에서 과실 생산량이 가장 많으며, 과실 재배 면적 역시 가장 넓다. 제주는 겨울철이 온화해 귤과 같은 난대성 과실 재배가 많다. 따라서 (가)는 맥류, (나)는 쌀, (다)는 과실이다.

선택지 분석

ㄱ. 오답: 벼농사가 발달한 이천, 여주의 지리적 표시제 상품으로 등록된 작물은 쌀(나)이다.

ㄴ. 정답: 식생활 변화로 쌀(나)의 1인당 소비량은 감소하는 추세이다. 맥류(가)의 1인당 소비량도 감소하고 있으며, 과실(다)의 1인당 소비량은 증가하고

있다.

ㄷ. 오답: 쌀, 과실, 맥류 중 전국 생산량이 가장 많은 작물은 쌀(나)이다.

ㄹ 정답: 쌀(나)은 우리나라의 주요 주식 작물로, 전국 재배 면적이 가장 넓다.

12 원예 농업과 낙농업의 발달

자료 해설 (가)는 경기, (나)는 전북, (다)는 제주이다.

선택지 분석

❶ 정답: 경기(가)는 대도시와 인접하여 신선도가 요구되는 채소, 꽃과 같은 원예 농업과 유제품을 생산하는 낙농업이 발달하였다. 따라서 전국에서 차지하는 우유 생산량 비중이 가장 높은 A가 경기(가)이다. 전북은 벼농사가 주로 이루어지는 지역으로, 농업에만 종사하는 전업농의 비중이 높다. 따라서 지역 내 농가 수 대비 전업농가 비중이 가장 높은 B가 전북(나)이다. 제주는 경북과 함께 과실 생산량의 비중이 높다. 제주는 겨울철이 온화해 귤과 같은 난대성 과실 재배에 유리하다. 따라서 전국에서 차지하는 과실 생산량 비중이 가장 높은 C가 제주(다)이다.

킬러 예상 문제

본문 098~099쪽

01 ④ 02 ① 03 ⑤ 04 ④ 05 ② 06 ③ 07 ④ 08 ⑤

01 농촌 및 농업 구조의 변화

자료 해설 산업화와 도시화로 인해 농경지가 주택, 도로, 공장 등으로 전환되면서 경지 면적은 감소하고 있으며, 노동력 부족 등에 따른 휴경지 증가와 그루갈이 감소로 경지 이용률도 감소하는 추세이다. 농가 인구의 변화를 보면 이촌 향도에 따른 청장년층의 유출로 농가 인구와 농가 수가 감소하고 있으며, 노년층 인구 비중은 지속적으로 늘어나고 있다.

선택지 분석

ㄱ. 오답: 경지 이용률이 낮아지고 있으므로 그루갈이는 감소하고 있다. 그루갈이는 종류가 다른 작물을 같은 경지에서 1년 중 다른 시기에 재배하여 수확하는 농법을 말한다.

ㄴ 정답: 농가 인구가 감소하는 비율이 농가 수가 감소하는 비율보다 더 컸으므로 농가당 가구원 수는 감소하였다.

ㄷ. 오답: 경지 면적이 감소하는 비율에 비해 농가 수가 감소하는 비율이 더 높았으므로 농가당 경지 면적은 증가하였다.

ㄹ 정답: 1990년 이후 유소년층과 청장년층 인구 비중은 감소하고 노년층 인구 비중은 증가하여 농촌 인구의 고령화 현상이 심화되고 있다.

올쏘 만점 노트 농촌과 농업 구조의 변화

농촌의 변화

- 농촌 인구 감소 → 노동력 부족 및 고령화
- 경지 변화: 전체 경지 면적 및 경지 이용률 감소, 농가당 경지 면적 증가
- 영농 방식의 변화: 영농의 기계화, 영농 조합, 위탁 영농 회사의 증가

농업 구조의 변화

- 영농의 다각화와 상업화: 식생활 변화 → 상업적 작물 재배 증가
- 시설 농업의 증가: 대도시 근교 지역을 중심으로 확대
- 친환경 농산물 생산 확대

---

02 작물별 재배 면적의 변화

자료 해설 (가)는 1975년 이래 계속 재배 면적 비중이 가장 높은 작물이고, (나)는 1975년 이후 재배 면적이 차지하는 비중이 감소하고 있는 작물이며, (다)는 1975년 대비 2015년 작물의 재배 면적 비중이 2배 이상 증가한 작물이다.

선택지 분석

❶ 정답: (가)는 우리나라에서 재배 면적 비중이 가장 높은 작물이므로 벼이다. (나)는 1975년 재배 면적 비중이 24.2%였는데, 2015년 2.8%로 크게 감소하였으므로 맥류이다. 맥류는 식생활 변화로 인한 소비 감소 및 수익성 악화로 재배 면적과 생산량이 크게 감소하였다. (다)는 다른 작물보다 재배 면적 비중이 크게 증가하였으므로 최근 소득 증대 및 식생활 변화로 소비량이 증가하고 있는 채소·과수이다.

03 지역별 농업 구조

자료 해설 지도에 표시된 지역은 경기, 경북, 전남, 제주이다. (가)는 전업농가와 겸업농가를 합한 총농가 수가 가장 많으므로 경북, (나)는 전업농가 수 대비 겸업농가 수가 많고 전체 농가 수가 가장 적으므로 제주이다. (다)는 (라)보다 전업농가 대비 겸업농가 비중이 높으므로 경기, (라)는 전남이다.

선택지 분석

① 오답: 경기(다)는 전남(라)보다 전체 농가 수가 적다.

② 오답: 제주(나)는 전남(라)보다 전업농가 대비 겸업농가 비중이 높으므로 전체 농가에서 전업농가가 차지하는 비중이 낮다.

③ 오답: 경북(가)은 전남(라)보다 산지의 비율이 높아 전체 경지 면적 대비 논 면적 비중이 낮다.

④ 오답: 경북(가)이 경기(다)보다 과수 재배 면적이 넓다.

❺ 정답: 전남(라)이 제주(나)보다 쌀 생산량이 많다. 제주는 절리가 많은 기반암(현무암)의 영향으로 논이 거의 없어 쌀 생산량이 매우 적다.

04 주요 농산물의 재배 현황

자료 해설 (가)는 C를 제외한 대부분 지역에서 재배 면적 비중이 높으므로 쌀, (나)는 전북과 경남에서 재배 면적 비중이 상대적으로 높게 나타나므로 맥류이고, (다)는 과수이다. A는 (가) 쌀 재배 면적 비중이 매우 높으므로 전남, B는 (다) 과수 재배 면적 비중이 상대적으로 높으므로 경북, C는 (가) 쌀 재배 면적이 거의 없으므로 제주이다.

선택지 분석

① 오답: 전남(A)은 제주(C)보다 맥류(나) 재배 면적 비중이 낮지만, 전체 재배 면적이 넓으므로 맥류의 재배 면적이 넓다.

② 오답: 농가 수는 경북(B)이 제주(C)보다 많다.

③ 오답: 과수(다)가 쌀(가)보다 최근 1인당 소비량 증가가 많다.

❹ 정답: 맥류(나)는 쌀(가)의 그루갈이 작물로 주로 재배된다.

⑤ 오답: 쌀(가)이 과수(다)보다 영농의 기계화에 유리하다.

05 도(道)별 농업 현황

자료 해설 지도의 A는 강원, B는 경북, C는 전남, D는 제주이다. 산지가 발달한 강원은 상대적으로 밭농사가 발달하였으며, 채소의 재배 면적 비중이 높다. 경북은 전남보다 산지가 많아 논 면적이 좁으며 과수 재배 면적이 넓다. 제주는 절리가 많은 기반암(현무암)의 영향으로 논이 거의 없으며, 과수와 채소 재배 면적 비중이 상대적으로 높다.

❷ 정답: (가)와 (라)는 (나), (다)보다 재배 면적이 좁으므로 강원과 제주 중 하나인데, (가)가 (라)보다 식량 작물 재배 면적이 넓으므로 (가)는 강원, (라)는 제주이다. 따라서 (가)는 A, (라)는 D이다.
(나)는 (다)보다 식량 작물 재배 면적이 넓으므로 평야가 발달한 전남이고, (다)는 과수의 재배 면적이 넓으므로 경북이다. 따라서 (나)는 C, (다)는 B이다.

06 도(道)별 농업 현황

자료 해설 (가)는 농가 수가 가장 많고, 밭 면적 비율이 상대적으로 높으며, 전업농가 비율 또한 높으므로 경북이다. (나)는 (다), (라)보다 겸업농가 비율이 낮고, 평야가 발달해 밭 면적 비율 또한 낮으므로 충남이다. (다)는 밭 면적 비율이 높고 농가 수가 적으며 겸업농가 비율이 높으므로 제주이며, (라)는 경기이다.

선택지 분석

① 오답: 경북(가)은 충남(나)보다 밭 면적이 넓고, 논 면적은 평야가 발달한 충남(나)이 경북(가)보다 넓다.
② 오답: 충남(나)은 경북(가)보다 겸업농가 비율이 높고 농가 수는 적으므로, 전업농가 수는 경북(가)이 충남(나)보다 많다.
❸ 정답: 제주(다)는 경기(라)보다 1차 산업 종사자 비중이 높다. 경기는 도(道) 중에서 1차 산업 종사자 비중이 가장 낮다.
④ 오답: 수도권에 위치한 경기(라)는 지가가 높고 인구가 많아 농업이 발달한 제주(다)보다 농가당 경지 면적이 좁다.
⑤ 오답: (가)는 경북, (나)는 충남, (다)는 제주, (라)는 경기이다.

07 주요 농산물의 생산과 소비 변화

자료 해설 식량 자급률이 가장 높은 (가)는 쌀, (나)는 1984년에는 식량 자급률이 가장 높았지만 최근 크게 감소한 보리, (다)는 1974년에 이미 식량 자급률이 가장 낮았던 밀이다.

선택지 분석

① 오답: 쌀(가)은 주로 논에서 재배된다.
② 오답: 우리나라 사람들의 주식으로 이용되는 작물은 쌀(가)이다.
③ 오답: 재배 시 고온 다습한 기후 조건을 필요로 하는 작물은 쌀(가)이고, 밀(다)은 기후 조건의 제약이 쌀보다 작다.
❹ 정답: 우리나라의 주식 작물인 쌀(가)이 보리(나)보다 1인당 연간 소비량이 많다.
⑤ 오답: 우리나라는 식량 작물 중 쌀(가)의 전체 재배 면적이 가장 넓다.

올쏘 만점 노트 주요 농산물의 생산과 소비

쌀(벼)	식생활 변화로 소비 감소
보리	주로 벼의 그루갈이 작물로 재배
과일, 채소	식생활 변화와 소득 증대로 재배 면적 비중 증가

08 우리나라 농업의 문제점과 극복 방안

자료 해설 우리나라 농촌은 복잡한 유통 구조 및 불안정한 농산물 가격, 농산물 수입 개방 등으로 인한 다양한 문제가 나타나고 있으며, 이를 극복하기 위해 여러 가지 노력을 기울이고 있다.

선택지 분석

① 오답: 우리나라 농촌은 인구 감소와 고령화로 인한 노동력 부족 문제를 해

결하기 위해 영농의 기계화를 지속적으로 추진하였다.
② 오답: 농산물의 복잡한 유통 구조를 해결하기 위한 방안에는 로컬 푸드 운동, 농산물 직거래와 전자 상거래 확대 등이 있다.
③ 오답: ⓒ은 농산물의 차별화를 통해 경쟁력을 확보하는 방안 중 하나이므로 농산물 브랜드화이고, ⓔ은 농산물의 특징이 지리적 특성에 기인하는 경우 그 지역의 특산물임을 인증하는 제도이므로 지리적 표시제이다.
④ 오답: ⓔ 지리적 표시제를 통해 지역 경제 활성화 및 농산물의 경쟁력 확보 등의 효과를 얻을 수 있다.
❺ 정답: ⓜ과 같은 노력이 지속적으로 이루어지면 농가 소득 중 농업 외 소득이 차지하는 비중이 늘어나게 된다.

올쏘 만점 노트 농촌 문제의 해결 방안

• 경관 농업
 – 농업 경관 자체가 관광 자원으로 활용되어 소득을 창출하는 농업
 – 유채꽃밭(제주), 청보리밭(고창), 메밀꽃밭(평창) 등이 대표적인 사례
• 농공 단지: 농어촌 지역의 경제 발전을 꾀하고 도시와 농어촌 간의 경제적 격차를 줄이는 것을 목적으로 설치한 공업 단지
• 로컬 푸드 운동: 특정 지역에서 생산한 먹을거리를 가능한 한 그 지역 안에서 소비하는 것을 촉진하는 활동
• 위탁 영농 회사: 일손이 부족한 농가를 대신하여 농사일을 해 주는 농업 회사

올쏘 만점 노트 농업의 문제점과 해결 방안

농업의 문제점
• 농업 생산 기반의 약화(청장년층 인구 감소 및 경지 면적 감소) • 복잡한 유통 구조 • 농약과 화학 비료의 과다 사용으로 인한 환경 오염 • 농산물 시장 개방에 따른 가격 경쟁력 약화

농업 문제의 해결 방안
• 장소 마케팅, 지리적 표시제 등을 통한 농업 생산 기반 강화 • 농산물 유통 구조 정비 등을 통한 유통 구조의 단순화 • 유기 농업 등 친환경 농업 확대 • 농산물 고급화 등을 통한 농업 분야의 경쟁력 강화

13 ② 공업의 발달과 지역 변화

기출 선지 변형 OX

본문 100~101쪽

01 ① ○ ② × ③ × ④ × ⑤ ○ ⑥ ○ ⑦ × ⑧ × ⑨ × ⑩ ×
　　⑪ ○ ⑫ ○ ⑬ ○ ⑭ ○

02 ① × ② × ③ ○ ④ ○ ⑤ ○ ⑥ ○ ⑦ × ⑧ ×

03 ① ○ ② ○ ③ × ④ ○ ⑤ ○ ⑥ × ⑦ × ⑧ ×

---

01 ① (가)는 수많은 부품을 조립하는 조립형 공업인 자동차 및 트레일러 제조업이다. 자동차 및 트레일러 제조업은 많은 부품을 필요로 하는 종합 조립 공업이므로 관련 공업이 집적되어 있다.

② (가)는 수많은 부품을 조립하는 조립형 공업인 자동차 및 트레일러 제조업이므로 집적 지향형 공업이다.

③ (나)는 철강(제철) 공업으로, 주요 원료는 철광석과 역청탄이다. 이들 원료는 거의 대부분 외국으로부터 수입한다. 우리나라에서 철강(제철) 공업은 경북 포항, 전남 광양, 충남 당진에서 발달하였다.

④ (다)는 전자 공업이다. 대표적인 중화학 공업으로, 서남아시아의 페르시아만에서 수입하는 원료를 이용하여 제품을 생산하는 공업은 석유 화학 공업, 정유 공업이다. 우리나라에서 석유 화학 공업, 정유 공업이 발달한 대표적인 도시는 울산, 여수, 서산이다.

⑤ (다) 공업이 발달한 구미는 과거 노동 집약적인 전자 조립 공업이 발달했으나, 최근에는 반도체 공업과 같은 정보 통신 산업 중심으로 산업 구조가 고도화되고 있다.

⑥ 시멘트 공업은 제조 과정에서 부피가 줄어들기 때문에 원료 산지에 입지하는 것이 유리한 대표적인 원료 지향형 공업이다.

⑦ 소비자와의 잦은 접촉을 필요로 하는 시장 지향형 공업에는 인쇄, 액세서리 공업 등이 있다. 이외에도 시장 지향형 공업에는 제조 과정에서 제품의 무게나 부피가 증가하는 가구 공업, 제품이 변질 및 파손되기 쉬운 제빙, 제과 공업 등이 있다. 반도체 공업은 운송비에 비해 부가 가치가 큰 입지 자유형 공업이다.

⑧ 섬유 및 의류 공업은 생산비에서 노동비가 차지하는 비중이 큰 노동 지향형 공업이다. 섬유 및 의류 공업은 1960년대 우리나라의 공업 발달 초기에 발달했던 공업이다. 제품의 부가 가치가 큰 공업으로 입지가 자유로운 입지 자유형 공업으로는 반도체 공업이 있다.

⑨ 출판 및 인쇄 공업은 소비자와의 잦은 접촉이 필요한 시장 지향형 공업이다. 따라서 대소비지인 수도권에서 발달하였다. 울산, 여수, 서산에서 발달한 공업은 석유 화학 공업이다.

⑩ 우리나라는 사업체 수 비중이 작은 대기업이 전체 출하액의 대부분을 차지하며, 사업체 수 비중이 많은 중소기업은 전체 출하액에서 적은 비중을 차지하는 대기업과 중소기업의 불균형이 심하다. 이러한 공업의 이중 구조는 우리나라 공업의 문제점 중 하나이다.

⑪ 기업의 공간적 분업은 기업이 성장하면서 본사, 연구소, 생산 공장 등이 서로 다른 곳에 입지하는 현상을 말한다.

⑫ 공업 구조의 고도화는 공업이 발달하면서 경공업의 비중은 감소하는 반면 중화학 공업과 첨단 산업의 비중이 증가하는 현상을 말한다.

우리나라는 공업이 발달하면서 공업 구조의 고도화가 나타났다. 즉 우리나라는 정부 주도의 수출 지향 정책을 추진하여 짧은 기간 동안 경공업에서 중화학 공업, 첨단 산업으로 공업 구조가 고도화되었다.

⑬ 우리나라는 수도권과 남동 임해 지역에 인구와 공업 기능이 집중해 있다.

⑭ 공업의 집적 이익은 공장들이 한곳에 모여 있을 때 원료 구입비 절감, 정보와 기술 공유 등으로 인해 얻는 이익을 말한다. 집적 이익의 반대되는 개념은 집적 불이익이라고 한다.

---

02 ① (가)는 울산, 아산 등에서 발달한 자동차 공업이다.

② (가)는 많은 부품을 조립하는 공업으로, 대표적인 집적 지향형 공업인 자동차 공업이다.

③ 자동차 공업(가)은 많은 부품을 필요로 하는 조립형 공업이다.

④ 제철 공업(나)은 원료인 철광석의 해외 의존도가 높으며 각종 산업의 소재를 제공하는 기초 소재 공업이다. 제철 공업에 사용되는 철광석은 필요량의 거의 대부분을 해외에서 수입한다.

⑤ 제철 공업(나)에서 최종 생산된 철강은 자동차 공업(가)의 주요 원료로 이용된다.

⑥ 석유 화학 공업은 계열화된 공정이 필요한 공업으로, 관련 공업 시설들이 집적하는 대표적인 집적 지향형 공업이다. 우리나라에서 석유 화학 공업은 울산, 여수, 서산에서 발달하였다.

⑦ 출판 및 인쇄 공업은 소비자와의 잦은 접촉을 필요로 하는 시장 지향형 공업이다.

⑧ 소비자와의 잦은 접촉을 필요로 하는 시장 지향형 공업으로는 가구 공업, 제빙, 제과 공업, 출판 및 인쇄 공업이 있다.

---

03 ① 자동차 공업(A)은 하나의 생산 라인에서 동일한 차종이 생산되기 때문에 다품종 소량 생산보다는 소품종 대량 생산이 주로 이루어지고 있다.

② 정유 공업(B)은 원료인 원유를 해외에서 수입하기 때문에 울산, 여수 등 주로 해안에 입지하는 경향이 뚜렷하다.

③ 자동차 공업(A)과 정유 공업(B)은 대표적인 중화학 공업이다.

④ 자동차 공업(A)은 섬유 공업(C)보다 최종 생산품의 무게가 무겁고 부피가 크다.

⑤ 섬유 공업(C)은 1960~1970년대 우리나라의 공업화를 주도하였던 경공업이다.

⑥ 섬유 공업(C)은 생산비에서 노동력이 차지하는 비중이 높은 노동 지향형 공업이다.

⑦ 섬유 공업(C)은 생산비에서 노동력이 차지하는 비중이 높은 노동 지향형 공업으로, 저렴한 노동력이 풍부한 곳에 입지한다.

⑧ 섬유 공업(C)은 전자 조립 공업과 더불어 생산비에서 노동비가 차지하는 비중이 높은 노동 지향형 공업이다. 자동차 공업, 조선 공업의 원료가 되는 중간재 생산 비중이 높은 공업으로는 제철 공업을 들 수 있다.

정답 및 해설

본문 102~104쪽

실전 기출 문제

| 01 ④ | 02 ④ | 03 ③ | 04 ⑤ | 05 ② | 06 ④ | 07 ② | 08 ③ |
| 09 ④ | 10 ④ | 11 ⑤ | 12 ⑤ |

01 공업별 입지 및 주요 특징

자료 해설 1차 금속 제조업은 전자 부품, 컴퓨터, 영상, 음향 및 통신 장비 제조업과 자동차 및 트레일러 제조업보다 종사자 대비 생산액이 많으므로 노동 생산성이 높다. 경기, 경북, 충남 지역에서 생산액 비중이 높은 (가)는 전자 부품, 컴퓨터, 영상, 음향 및 통신 장비 제조업이다. 경기, 울산, 충남 지역에서 생산액 비중이 높은 (나)는 자동차 및 트레일러 제조업이다. 경북(포항), 충남(당진), 전남(광양) 지역에서 생산액 비중이 높은 (다)는 1차 금속 제조업이다.

선택지 분석

① 오답: 한 가지 원료로 여러 제품을 생산하는 계열화된 공업의 대표적인 사례로는 석유 화학 공업을 들 수 있다. 이처럼 한 가지 원료에서 다양한 제품을 생산하는 계열화된 공업과 조선 공업, 자동차 공업처럼 제품 생산에 많은 부품이 필요한 조립형 공업은 집적 지향형 공업에 속한다.

② 오답: 최종 제품의 생산 과정에서 주요 원료의 무게와 부피가 감소하는 공업은 시멘트 공업과 같은 원료 지향형 공업이다.

③ 오답: 전자 부품, 컴퓨터, 영상, 음향 및 통신 장비 제조업(가)은 1차 금속 제조업(다)보다 총생산액이 많다.

④ 정답: 자동차 및 트레일러 제조업(나)은 1차 금속 제조업(다)보다 종사자 수 대비 생산액 비중이 낮으므로, 종사자 1인당 생산액이 적다.

⑤ 오답: 1차 금속 제조업(다)에서 생산된 제품이 자동차 및 트레일러 제조업(나)의 주요 재료로 이용된다.

02 지역별 공업 구조

자료 해설 ㄱ은 강원, ㄴ은 경북, ㄷ은 전남이다. 화학 제품과 석유 정제품 모두 제품 생산에 주로 석유를 이용하기 때문에 두 공업의 분포 경향은 비슷하다. 쉽게 부패하거나 변질되는 원료를 사용하는 음식료 공업은 원료 산지에 입지하는 원료 지향형 공업이다.

A는 화학 제품, 석유 정제품, 1차 금속의 생산액이 높은 것으로 보아 석유 화학 공업, 정유 공업, 제철 공업이 발달한 지역일 것이다. B는 음식료 공업, 비금속 광물의 생산액이 높은 것으로 보아 1차 산업, 광업이 발달한 지역일 것이다. C는 전자 부품, 1차 금속의 생산액이 높은 것으로 보아 전자 공업, 제철 공업이 발달한 지역일 것이다.

선택지 분석

④ 정답: A는 석유 화학 공업, 정유 공업 등이 발달한 지역의 공업 구조로, 지도의 ㄷ에 해당한다. ㄷ에는 여수를 중심으로 하는 지역에 정유 공장과 석유 화학 산업 단지가 입지해 있다. B는 음식료 공업, 비금속 광물의 비중이 높은 곳의 공업 구조로, 수산물 가공과 관련된 공업과 비금속인 석회석을 원료로 하는 시멘트 공업이 발달한 ㄱ에 해당한다. C는 전자 부품과 1차 금속의 비중이 높은 지역의 공업 구조로, 구미의 전자 공업, 포항의 1차 금속 공업 등을 고려해 보면 ㄴ에 해당한다.

03 우리나라 공업의 특색

자료 해설 우리나라는 정부 주도의 공업화 및 수출 지향 정책으로 빠른 경제 성장을 이루었으나, 수도권과 남동 임해 지역에 공업이 집중

되면서 공업의 지역적 편재로 인한 지역 불균형 문제가 나타났다.

기업 조직이 성장하는 과정에서는 공업 입지가 기능별로 분리되기도 한다. 관리 기능을 하는 본사와 연구 개발 기능을 하는 연구소는 자본 확보 및 정보 수집에 유리한 대도시에 위치하고, 생산 공장은 지가와 임금이 저렴한 지방이나 해외로 이전하는 공간적 분업이 일어난다.

공장들은 'OO 산업 단지', 'OO 공업 지역' 등 일정한 지역에 밀집하여 분포하는 경향이 있다. 이렇게 공장들이 모여서 입지하는 이유는 각각의 공장이 흩어져 분포할 때보다 같은 종류 혹은 다른 종류의 공장이 한 지역에 집중할 때에 많은 이익을 얻을 수 있기 때문이다. 공장들이 한곳에 모여 있으면 노동력과 원료를 공급받기 쉬우며, 원료 및 제품의 수송비를 절감할 수 있다. 또한 전문적인 상권을 형성하여 소비자와의 교류가 촉진되고, 서로에게 필요한 정보를 교환하는 데에도 효과적이다. 이러한 이유로 자동차, 조선, 석유 화학 등 다양한 공업들이 서로 모여 집적 이익을 추구하고 있다. 최근에는 생산을 담당하는 기업뿐만 아니라 연구 개발 기능을 담당하는 대학, 연구소와 각종 지원 기능을 담당하는 기관이 한곳에 모여 정보와 지식을 공유함으로써 집적 이익을 극대화하는 산업 클러스터가 만들어지고 있다.

선택지 분석

갑 – 오답: 공간적 분업은 기업 조직이 성장하면서 서울과 같은 대도시에는 기획·관리 기능을 담당하는 본사와 연구·개발 기능을 담당하는 연구소 등이 입지하고, 생산 공장은 공업 단지가 새롭게 조성되는 지방 또는 해외로 이전하여 입지하는 것을 의미한다.

을 – 정답: 공업의 지역적 편중 현상은 시·도별 제조업 종사자 수, 사업체 수, 출하액 등을 통해 파악할 수 있다.

병 – 정답: 집적 이익이란 공장들이 한 곳에 모여 있을 때 원료 구입비 절감, 정보와 기술 공유 등으로 인해 얻는 이익을 의미한다. 따라서 의류 제조 업체들 간 지역 내 정보 교환과 협업 현황을 통해 집적 이익의 정도를 파악할 수 있다.

정 – 오답: 공업의 이중 구조는 공업 발달 과정에서 적은 수의 대기업이 출하 액의 절반 이상을 차지하고 있는 현상을 의미하므로 이를 파악하기 위해 서는 기업 규모별 사업체 수, 종사자 수, 출하액 비율을 조사해야 한다.

올쏘 만점 노트	우리나라 공업의 변화와 특징
공업 구조의 고도화	노동 집약적 경공업 → 자본 집약적 중화학 공업 → 기술·지식 집약적 첨단 산업
원료의 높은 해외 의존도	• 원료를 수입·가공하여 제품을 수출하는 가공 무역 발달 • 원료 수입과 제품 수출에 유리한 임해 지역에 공업 발달
공업의 이중 구조	• 대기업의 사업체 수 비중은 낮으나 종사자 수 비중과 출하액 비중은 상대적으로 높음 • 대기업과 중소기업 간의 사업체당 종사자 수 및 노동 생산성의 격차가 매우 큼
공업의 지역적 편재	수도권과 영남권을 중심으로 공업 집중 → 국토의 불균형 성장 초래

04 부산, 대구, 울산의 공업 구조

자료 해설 영남 지방에 위치한 광역시는 부산, 대구, 울산이며, 우리나라 시·도 중 1인당 지역 내 총생산액이 가장 많은 곳은 울산이다. 지역 내 총생산액은 대체로 인구 규모에 비례한다. 지역 내 총생산액이

가장 많은 C는 인구 규모가 가장 큰 부산이고, 1인당 지역 내 총생산액이 가장 많은 B는 제조업이 발달한 울산이며, A는 대구이다.

선택지 분석

❺ 정답: (가)는 울산과 대구에서 종사자 수 비중이 가장 높은 업종이므로 자동차 및 트레일러 제조업이고, (다)는 대구에서만 상위 5순위에 들어가고, 울산과 부산은 상위 5순위에 해당하지 않는 업종이므로 섬유 제품 제조업이다. 따라서 (나)는 금속 가공 제품에 해당한다.

올쏘 만점 노트 우리나라 주요 공업 지역의 특징

공업 지역	특징
수도권 공업 지역	• 풍부한 자본과 노동력, 넓은 소비 시장, 편리한 교통, 공업의 오랜 전통 • 우리나라 최대의 종합 공업 지역 → 최근 첨단 산업이 빠르게 발달 • 집적 불이익 발생 → 수도권 남서부, 충청권으로 공업 분산 추진
태백산 공업 지역	• 풍부한 지하자원을 바탕으로 시멘트 공업 등 원료 지향형 공업 발달 • 교통 불편, 소비 시장과의 먼 거리 등으로 인해 공업의 집적도가 낮음
충청 공업 지역	• 편리한 교통, 수도권에 인접한 지리적 위치를 바탕으로 수도권에서 분산되는 공업 입지 • 내륙 지역(대전의 대덕 연구 단지, 청주)을 중심으로 첨단 산업 발달 • 해안 지역을 중심으로 서산(석유 화학), 당진(제철), 아산(자동차) 등에서 중화학 공업 발달
호남 공업 지역	• 중국과의 접근성이 뛰어나 대중국 교역의 거점 지역, 제2의 임해 공업 지역으로의 성장 가능성이 높음 • 광주(자동차 공업, 광(光) 산업)를 중심으로 공업 발달
영남 내륙 공업 지역	• 풍부한 노동력, 경부 축에 속하여 도로·철도 교통 발달 • 과거 노동 집약적 공업(섬유, 전자 조립) → 최근 산업 클러스터를 통한 공업의 첨단화 추진
남동 임해 공업 지역	• 우리나라 최대의 중화학 공업 지역, 원료 수입과 제품 수출에 유리, 정부의 정책적 지원 • 포항·광양(제철), 울산(자동차, 석유 화학, 조선), 거제(조선), 창원(기계), 여수(석유 화학) 등

05 석유 화학 공업의 특징

자료 해설 (가) 공업은 석유 화학 공업이다. 석유 화학 공업은 정유 공업과 연계되어 있어 같은 지역에 입지하는 것이 유리하다. 울산, 여수, 서산에 대규모 장치와 설비를 갖춘 석유 화학 산업 단지가 있다. 대표적인 원료 지향형 공업은 시멘트 공업이다. 부가 가치가 큰 제품을 생산하는 첨단 산업은 대체로 입지가 자유롭다. 소비자와의 잦은 접촉을 필요로 하는 시장 지향형 공업에는 패션 의류, 인쇄 공업 등이 있다. 대표적인 노동 지향형 공업은 섬유 공업이다.

선택지 분석

① 오답: 원료 지향형 공업에 해당하는 것은 시멘트 공업이다.
❷ 정답: 석유 화학 공업은 계열화된 공정이 필요한 공업으로, 관련 공업 시설들이 집적하는 대표적인 집적 지향형 공업이다.
③ 오답: 입지 자유형 공업에 해당하는 공업은 제품의 부가 가치가 큰 반도체 공업이다.
④ 오답: 전체 생산비 중 노동비의 비중이 큰 대표적인 노동 집약적 공업은 섬유 및 의류 공업과 같은 경공업이다.
⑤ 오답: 소비자와의 잦은 접촉을 필요로 하는 대표적 시장 지향형 공업으로는 출판 및 인쇄 공업을 들 수 있다.

06 주요 공업의 시·도별 종사자 수 분포

자료 해설 (가)는 경기, 울산, 충남 등에 종사자 수가 많으므로 자동차 및 트레일러, (나)는 경북에 종사자 수가 많고, 경북, 전남에서 제조업 내 종사자 비율이 높게 나타나므로 철강, (다)는 경기, 경북 등에 종사자 수가 많으므로 전자 공업이다.

선택지 분석

ㄱ 정답: 자동차 및 트레일러 제조업(가)은 제품 생산에 많은 부품이 필요한 조립형 공업으로, 관련 업체들이 밀집하는 집적 지향형 입지 특색을 보인다.
ㄴ 정답: 철강 공업(나)은 원료의 대부분을 해외로부터 수입하므로 적환지 지향형 공업에 해당한다.
ㄷ 정답: 자동차 및 트레일러 제조업(가)은 철강 공업(나)에서 생산된 제품을 주요 재료로 이용한다.
ㄹ. 오답: 전자 공업(다)은 철강 공업(나)보다 최종 제품의 무게가 가볍고 부피가 작다.

올쏘 만점 노트 우리나라 공업의 입지 유형

유형	특징	사례
원료 지향형	제조 과정에서 원료의 무게나 부피가 감소하는 공업	시멘트 공업, 정미 공업
	원료가 쉽게 부패 또는 변질되는 공업	통조림 공업
시장 지향형	제조 과정에서 제품의 무게나 부피가 증가하는 공업	가구 공업
	제품이 변질 및 파손되기 쉬운 공업	제빙 공업, 제과 공업
	소비자와의 잦은 접촉이 필요한 공업	인쇄 공업
적환지 지향형	부피가 크거나 무거운 원료를 해외로부터 수입하는 공업	제철 공업, 정유 공업
노동 지향형	생산비에서 노동비가 차지하는 비중이 큰 공업	섬유 공업, 전자 조립 공업
집적 지향형	한 가지 원료로 여러 제품을 생산하는 계열화된 공업	석유 화학 공업
	제품 생산에 많은 부품이 필요한 조립형 공업	자동차 공업, 조선 공업
입지 자유형	운송비에 비해 부가 가치가 큰 공업	반도체 공업

07 시·도별 공업 구조

자료 해설 (가)~(다)는 지도의 A, B, C, 즉 충남, 전남, 울산의 공업 구조를 나타낸 것이다. (가)는 전자 부품, 컴퓨터, 영상, 음향 및 통신 장비 제조업의 비중이 가장 높으며, 코크스, 연탄 및 석유 정제품 제조업과 화학 물질 및 화학 제품 제조업, 그리고 자동차 및 트레일러, 기타 운송 장비 제조업, 1차 금속 제조업이 비교적 고른 비중을 나타내고 있다. 이는 아산의 전기·전자 공업, 자동차 공업, 서산의 석유 화학 공업, 당진의 철강 공업 등이 발달한 충남(A)의 공업 구조를 나타낸 것이다.
(나)는 코크스, 연탄 및 석유 정제품 제조업과 화학 물질 및 화학 제품 제조업, 그리고 자동차 및 트레일러, 기타 운송 장비 제조업의 비중이 높은 곳이다. 따라서 이는 정유 공업, 석유 화학 공업, 자동차 공업, 조선 공업 등이 발달한 울산(C)의 공업 구조를 나타낸 것이다.
(다)는 코크스, 연탄 및 석유 정제품 제조업과 화학 물질 및 화학 제품 제조업, 그리고 1차 금속 제조업이 발달한 곳이다. 따라서 이는 여수의

정유 및 석유 화학 공업, 광양의 철강 공업이 발달한 전남(B)의 공업 구조를 나타낸 것이다.

선택지 분석

❷ 정답: 충남(A)에서 아산은 전기·전자 공업, 자동차 공업, 서산은 석유 화학 공업, 당진은 철강 공업이 발달하였다. 전남(B)의 경우 여수에서는 코크스, 연탄 및 석유 정제품 제조업과 화학 물질 및 화학 제품 제조업, 광양에서는 1차 금속 제조업이 발달하였다. 울산(C)에서는 정유 공업, 석유 화학 공업, 자동차 공업, 조선 공업 등이 발달하였다.

08 화학 제품 제조업과 섬유 제품 제조업의 특징

자료 해설 경북, 대구, 울산, 전남 중에서 대구와 울산은 광역시, 경북과 전남은 도(道)이다. 광역시는 도(道)보다 농림어업 부가 가치액이 적다. 울산과 대구 중에서는 울산의 제조업 부가 가치액이 많다. 따라서 A는 울산, D는 대구이다. 경북과 전남 중에서 농림어업 부가 가치액과 제조업 부가 가치액은 모두 경북이 전남보다 많다. 따라서 B는 경북, C는 전남이다. (가)는 울산과 전남의 출하액 비중이 높은 제조업이다. 이에 해당하는 것으로 화학 제품 제조업이 있다. (나)는 경북과 대구의 출하액 비중이 높은 제조업이다. 이에 해당하는 것으로 섬유 제품 제조업이 있다.

선택지 분석

① 오답: 많은 부품을 필요로 하는 조립형 제조업의 사례로는 자동차 공업을 들 수 있다.

② 오답: 원료 산지에 입지하려는 경향이 강한 공업의 사례로는 시멘트 공업을 들 수 있다.

❸ 정답: 화학 제품 제조업(가)은 섬유 제품 제조업(나)보다 관련 업종과 집적하려는 경향이 강하다.

④ 오답: 생산비에서 노동비가 차지하는 비중은 섬유 제품 제조업(나)이 화학 제품 제조업(가)보다 크다.

⑤ 오답: 화학 제품 공업(가)을 비롯한 중화학 공업은 1970년대 이후 본격적으로 발달하였다.

09 특별·광역시별 제조업 특성

자료 해설 (가)의 출하액은 A, 서울, 부산 등이 많으며, 종사자 수와 사업체 수도 A, 서울, 부산이 많다. (나)의 출하액은 B, 광주, 인천 등이 많고, 종사자 수는 B, 인천, A, 광주가 많으며 사업체 수는 B, A, 부산, 인천이 많다. 그러므로 (가)는 섬유(의복 제외) 제조업이며, (나)는 자동차 및 트레일러 제조업이다.

선택지 분석

ㄱ. 오답: 특별·광역시 중 섬유(의복 제외) 제조업(가)의 출하액이 가장 많은 곳은 대구이며, 자동차 및 트레일러 제조업(나)의 출하액이 가장 많은 곳은 울산이다. 그러므로 A는 대구, B는 울산이다.

ㄴ. 정답: 서울과 부산의 섬유(의복 제외) 제조업(가)의 출하액은 비슷하지만, 부산이 서울보다 종사자 수가 많다. 그러므로 서울은 부산보다 섬유(의복 제외) 제조업의 종사자 1인당 출하액이 많다.

ㄷ. 오답: 광주보다 울산이 자동차 및 트레일러 제조업(나)의 사업체 수 대비 종사자 수 비율이 높다. 그러므로 자동차 및 트레일러 제조업의 사업체당 종사자 수는 광주가 가장 많지 않다.

ㄹ. 정답: 섬유(의복 제외) 제조업(가)은 1960년대 우리나라 공업화를 주도하였지만, 자동차 및 트레일러 제조업(나)은 1980년대 이후 우리나라 공업화를 주도하였다.

올쏘 만점 노트 │ 우리나라 공업의 발달 과정

시기	특징
근대 이전	• 원료 산지를 중심으로 가내 수공업 형태의 전통 공업 발달 • 통영의 나전칠기, 전주의 한지 등
일제 강점기	• 전기: 경인 지역을 중심으로 소비재 경공업 발달 • 후기: 병참 기지화 정책으로 관북 지방에 군수 산업 중심의 중화학 공업 발달
1960년대	• 섬유, 가발, 신발 제조업 등 노동 집약적 경공업 발달 → 서울과 같이 노동력이 풍부한 대도시를 중심으로 발달
1970년대~ 1980년대	• 제철, 석유 화학, 조선 등 자본·기술 집약적 중화학 공업 발달 → 원료의 수입과 제품의 수출에 유리한 남동 임해 지역을 중심으로 발달
1990년 이후	• 반도체, 컴퓨터 등 기술·지식 집약적 첨단 산업 발달 → 정보와 자본, 고급 인력 등이 풍부한 수도권을 중심으로 발달 • 탈공업화가 진행되고 있으며, 생산 공장의 해외 이전도 나타남

10 주요 공업의 분포

자료 해설 (가)는 전남, 경북, 충남의 에너지 소비량이 많으므로 1차 금속 제조업이다. 전남 광양, 경북 포항, 충남 당진에는 대규모 제철소가 입지해 있다. (나)는 전남, 충남, 울산의 에너지 소비량이 많으므로 화학 물질 및 화학 제품(의약품 제외) 제조업이다. 전남 여수, 충남 서산, 울산은 석유 화학 공업이 발달한 지역이다. (다)는 경북, 경기, 대구의 에너지 사용량이 많으므로 섬유 제품(의복 제외) 제조업이다.

선택지 분석

① 오답: 1차 금속 제조업(가)은 철광석, 역청탄 등 원료의 해외 의존도가 높은 기초 소재 공업이다. 따라서 1차 금속 제조업에 속하는 제철소는 해안 지역인 경북 포항, 전남 광양, 충남 당진에 입지하고 있다.

② 오답: 화학 물질 및 화학 제품 제조업(나)은 계열화된 공정이 필요한 집적 지향형 공업이다. 집적 지향형 공업에는 한 가지 원료에서 다양한 제품을 생산하는 계열화된 공업과 제품 생산에 많은 부품이 필요한 조립형 공업 등이 있다.

③ 오답: 섬유 제품 제조업(다)은 1960년대 대표적인 수출 주도 산업이었다.

❹ 정답: 화학 물질 및 화학 제품 제조업(나)은 섬유 제품 제조업(다)에 비해 초기 설비 투자 비용이 많이 든다.

⑤ 오답: 섬유 제품 제조업(다)은 대표적인 노동 지향형 공업으로, 1차 금속 제조업(가)보다 생산비에서 노동비가 차지하는 비중이 높다.

11 7대 도시의 제조업체 현황

자료 해설 사업체 수와 대기업 비중 그래프를 보면 서울과 인천은 사업체 수는 비슷하지만, 인천이 서울보다 대기업 비중이 높다. 따라서 대기업 수는 서울이 인천보다 적다. 울산은 7대 도시 중 대기업 비중이 가장 높다. 그러나 대기업의 비중과 대기업의 수는 다른 개념이다. 종사자 수 그래프를 보면 중소기업의 종사자 수는 부산이 대구보다 많고, 울산은 7대 도시 중 종사자 수의 대기업 비중이 가장 높다. 출하액 그래프를 보면 중소기업의 출하액은 부산이 대구보다 많고, 울산은 7대 도시 중 출하액의 대기업 비중이 가장 높다. 그리고 울산은 다른 지역에 비해 출하액이 월등히 많다.

선택지 분석

① 오답: 사업체 수와 종사자 수를 비교하면 사업체 평균 종사자 수를 알 수 있는데, 서울은 광주보다 사업체 수 대비 종사자 수가 적다.

② 오답: 대구는 부산보다 중소기업의 종사자 수가 적으며, 출하액도 적다.

③ 오답: 중소기업의 출하액은 울산이 가장 많으며, 중소기업의 종사자 수는 서울이 울산보다 더 많다. 따라서 중소기업의 종사자 1인당 출하액은 서울보다 울산이 더 많다.

④ 오답: 사업체 수가 비슷한 서울과 인천의 대기업 비중을 보면 서울보다 인천이 더 높다. 이는 서울보다 인천에 대기업이 더 많다는 것을 의미한다. 따라서 7대 도시 중 대기업 수가 가장 많은 곳이 서울이라는 진술은 옳지 않다. 대기업 수는 사업체 수에 대기업 비중을 곱하여 구할 수 있다. 서울과 인천의 경우 사업체 수는 비슷한데, 대기업 비중은 인천이 서울보다 높으므로 대기업 수가 가장 많은 곳은 서울이 아니다.

❺ 정답: 제시된 그래프를 보면 울산은 사업체 수는 그리 많은 편이 아니지만 대기업 비중이 가장 높을 뿐만 아니라 종사자 수에서 대기업 비중이 가장 높고 출하액에서도 대기업 비중이 타 도시보다 현저히 높게 나타남을 알 수 있다.

올쏘 만점 노트 우리나라 공업 지역의 변화

구분	변화
공업 지역의 집중과 분산	• 집적 불이익과 분산: 수도권 및 남동 임해 공업 지역(공업 집중에 따른 집적 불이익 발생) → 공업 분산 정책 추진 • 수도권의 변화: 연구 시설이 집중하여 고급 연구 인력 확보에 유리하고 도시 기반 시설이 잘 갖추어진 지역이므로 첨단 산업으로의 전환이 이루어지고 있음 • 공업 분산 정책: 지방 산업 단지 조성, 산업 클러스터 지정 등
기업 규모의 성장에 따른 공간적 분업	• 본사: 기획 및 관리 기능 담당, 자본과 정보 확보에 유리한 대도시에 입지 • 연구소: 연구 개발 기능 담당, 연구 인력 확보에 유리한 대학 및 연구소 밀집 지역에 입지 • 생산 공장: 생산 기능 담당, 상대적으로 노동비가 저렴한 지방이나 개발 도상국에 입지

12 지역별 소득 수준과 제조업

자료 해설 지역 내 총생산이 가장 많은 D는 경기이고, 1인당 지역 내 총생산이 많은 A는 충남이며, 화학 물질 및 화학 제품 공업 등이 발달한 B는 전남이다. 전남에서 발달한 (다)는 1차 금속 제조업이고, 1차 금속 제조업의 출하액 비중이 높은 C는 경북이다. 충남, 경기, 경북에서 출하액 비중이 높은 (가)는 전자 부품·컴퓨터·영상·음향 및 통신 장비 제조업이다. (나)는 자동차 및 트레일러 제조업이다.

선택지 분석

① 오답: 계열화된 공정이 필요한 집적 지향형 제조업은 자동차 및 트레일러 제조업(나)이다.

② 오답: 1970년대 우리나라 수출 주력 제조업은 섬유 제품 제조업이었으며, 자동차의 수출이 본격화된 것은 1980년대 이후이다.

③ 오답: 운송비에 비해 부가 가치가 큰 제조업은 전자 부품·컴퓨터·영상·음향 및 통신 장비 제조업(가)이다.

④ 오답: 자동차 및 트레일러 제조업(나)이 전자 부품·컴퓨터·영상·음향 및 통신 장비 제조업(가)보다 최종 제품의 무게가 무겁고 부피가 크다.

❺ 정답: 1차 금속 제조업(다)에서 생산된 철강 제품은 자동차 및 트레일러 제조업(나)의 주요 재료로 이용된다.

킬러 예상 문제

본문 105~106쪽

01 ⑤　02 ①　03 ⑤　04 ⑤　05 ④　06 ①　07 ②　08 ④

01 공업의 발달 과정과 특징

자료 해설 우리나라의 공업 지역은 정부의 공업 정책에 따라 계획되고 지원이 이루어진 곳에 형성된 경우가 대부분이다. 공업 발달 초기인 1960년대에 발달한 섬유 공업과 식료품 공업 등은 서울과 인천을 연결하는 경인 축과 대구, 부산 등 노동력이 풍부한 대도시 지역에서 성장하였다. 1970년대에는 수출 진흥 정책에 따라 조성된 구미 공업 단지가 대구와 연결되어 거대한 영남 내륙 공업 지역을 형성하였으며, 중화학 공업 육성 정책으로 포항, 울산을 비롯한 남동 임해 지역에 새롭게 중화학 공업 지역이 형성되었다. 이 밖에도 대전, 천안, 서산, 당진을 중심으로 한 충청 공업 지역과 지하자원을 중심으로 한 태백산 공업 지역, 군산과 광주를 중심으로 하는 호남 공업 지역이 있다.

선택지 분석

① 오답: 1960년대에는 저렴한 노동력을 바탕으로 섬유, 가발, 신발 등의 노동 집약적 경공업이 서울, 부산, 대구 등의 대도시를 중심으로 발달하였다.

② 오답: 1970년대에는 정부의 중화학 공업 육성 정책을 통해 철강 공업, 금속 공업, 기계 공업, 석유 화학 공업 등이 발달하였는데, 이들 공업은 원료 수입과 제품 수출에 유리한 남동 임해 지역을 중심으로 발달하였다.

③ 오답: 첨단 산업은 운송비보다 부가 가치가 커서 공업의 입지 유형 중 입지 자유형 공업에 해당한다.

④ 오답: 공업 구조의 고도화는 공업의 중심이 노동 집약적 경공업에서 자본 집약적 중화학 공업, 기술·지식 집약적 첨단 산업으로 변화하는 것을 말한다. 따라서 ㉣은 공업 구조의 고도화와 관련 있다.

❺ 정답: 국토 발달의 불균형 문제는 수도권과 영남권을 중심으로 공업이 집중된 것과 관련 있다.

02 지역별 공업 발달 특색

자료 해설 제조업 사업체 수 현황을 보면 A>B>C 순으로 많고, 출하액은 B>A>C 순으로 많다.

선택지 분석

❶ 정답: 제조업 사업체 수가 가장 많은 A는 풍부한 노동력과 자본 등을 바탕으로 제조업이 성장한 수도권이다. 제조업 출하액이 가장 많은 B는 영남 내륙 공업 지역과 남동 임해 공업 지역이 위치하는 영남권이다. 따라서 C는 충청권이다.

03 공업의 이중 구조

자료 해설 그래프는 대기업과 중소기업 간의 사업체당 종사자 수 및 노동 생산성 격차가 매우 큰 공업의 이중 구조를 보여주고 있다.

우리나라는 노동 집약적 경공업 중심에서 자본 집약적 중화학 공업, 기술·지식 집약적 첨단 산업 중심으로 공업 구조가 고도화되었다. 이와 같은 공업 발달 과정에서 정부 지원이 대기업에 집중되면서 사업체 수와 종사자 수가 적은 대기업이 생산액의 절반 이상을 차지하여 대기업과 중소기업 간의 격차가 심하게 나타나고 있다. 이러한 공업의 이중 구조는 균형적인 경제 성장과 경제의 역동성을 저해하므로 중소기업의 육성을 통해 공업의 이중 구조를 개선해야 한다.

ㄱ. 오답: 소기업은 대기업보다 사업체 수 대비 종사자 수 비중이 낮게 나타난다. 따라서 고용 효과는 대기업이 소기업보다 상대적으로 높다.

ㄴ. 정답: 소기업은 대기업보다 종사자 수 대비 출하액이 적으므로 노동 생산성은 대기업이 소기업보다 높다.

ㄷ. 정답: 그래프는 대기업이 사업체 수 비중은 매우 낮으나 종사자 수 비중과 출하액 비중은 상대적으로 높은 공업의 이중 구조를 보여주고 있다.

ㄹ. 정답: 공업의 이중 구조를 해결하기 위해서는 중소기업의 육성과 지원을 통해 공업 구조를 개선해야 한다.

04 주요 공업의 특성

자료 해설 (가)는 경기, 경북, 대구 등에서 출하액 비중이 높으므로 섬유 제품(의복 제외) 제조업이다. (나)는 경북(포항), 전남(광양), 충남(당진) 등에서 출하액 비중이 높으므로 1차 금속 제조업이다. (다)는 경기, 울산 등에서 출하액 비중이 높으므로 자동차 및 트레일러 제조업이다.

선택지 분석

① 오답: 중량의 원료를 수입에 의존하는 적환지 지향형 공업은 1차 금속 제조업(나)이다.

② 오답: 노동 집약적 경공업은 섬유 제품(의복 제외) 제조업(가)이다.

③ 오답: 중화학 공업인 1차 금속 제조업(나)이 경공업인 섬유 제품(의복 제외) 제조업(가)보다 최종 제품의 무게가 무겁다.

④ 오답: 우리나라의 공업화를 주도한 시기는 섬유 제품(의복 제외)제조업(가)이 가장 이르다. 우리나라에서 공업이 본격적으로 발달하기 시작한 시기는 1960년대 초반이다. 당시 우리나라는 풍부한 저임금 노동력을 바탕으로 섬유, 의복, 신발 등의 노동 집약적 경공업을 육성하여 공업 국가로 성장할 수 있는 발판을 마련하였다. 1970년대에는 항구 도시를 중심으로 중화학 공업이 발달하였고, 1980년대에는 자동차 공업, 조선 공업, 전자 공업 등이 세계 경쟁력을 확보하면서 성장하였다. 1990년대에는 기술 및 지식 집약적 첨단 산업이 성장하였고, 2000년대에 들어서는 정보 기술 관련 산업이 급속히 성장하고 있다.

⑤ 정답: 1차 금속 제조업(나)의 최종 제품인 철강 제품은 자동차 및 트레일러 제조업(다)의 주요 원료로 이용된다.

05 주요 공업의 특성

자료 해설 공업 입지 유형에는 운송비가 최소인 지점에 입지하는 원료 지향형 공업, 시장 지향형 공업, 적환지 지향형 공업이 있고, 노동비가 절감되는 지점에 입지하는 노동 지향형 공업, 집적 이익이 높은 지점에 입지하는 집적 지향형 공업 등이 있다.

시멘트 공업과 같이 제조 과정에서 무게나 부피가 많이 감소하는 공업은 원료 산지에 입지하는 것이 유리하지만, 음료 공업, 가구 공업과 같이 제조 과정에서 무게나 부피가 많이 증가하는 공업은 시장 가까이에 입지하는 것이 유리하다. 정유 공업, 제철 공업과 같이 원료를 수입해야 하는 공업은 대부분 적환지인 항구를 끼고 입지한다.

노동비의 비중이 큰 섬유 공업, 전자 조립 공업은 노동력이 풍부한 곳에 주로 입지한다. 다양한 부품을 조립하는 자동차 공업, 조선 공업 등은 관련 업체들이 집적된 곳에 입지하는 것이 유리하다. 첨단 산업은 운송비의 비중이 작고 부가 가치가 커서 상대적으로 입지가 자유롭지만, 전문 기술 인력과 연구 시설과의 접근성이 중요하기 때문에 대도시

주변에 입지한다.

(가)는 노동력이 풍부한 서울, 안산, 구미, 대구, 부산에서 발달한 제조업이므로 섬유 제품(의복 제외) 제조업이다. (나)는 구미와 아산 및 수도권에 위치한 지역에서 제조업 출하액이 많으므로 전자 부품·컴퓨터·영상·음향 및 통신 장비 제조업이다.

선택지 분석

④ 정답: (가)의 섬유 제품(의복 제외) 제조업은 (나)의 전자 부품·컴퓨터·영상·음향 및 통신 장비 제조업보다 총출하액이 적고, 지식·기술 집약도가 낮으며, 우리나라의 수출을 주도한 시기는 이르다. 이와 같은 특성은 그림의 D에 해당한다.

06 울산과 전남의 공업 구조

자료 해설 지도에 표시된 지역은 울산과 전남이다. (가)는 자동차 및 트레일러 제조업이 (나)에 비해 발달하였으므로 (가)는 울산, (나)는 전남이다. A는 두 지역에서 공통으로 발달한 제조업이고, B는 전남에서만 발달한 제조업이다.

선택지 분석

① 정답: 울산(가)은 전남(나)보다 2차 산업 종사자 비중이 높다.

② 오답: 울산(가)이 전남(나)보다 1인당 지역 내 총생산이 많다.

③ 오답: A는 두 지역에서 공통으로 발달한 제조업이므로 화학 물질 및 화학 제품 제조업이다.

④ 오답: B는 전남에서 특징적으로 발달한 제조업이므로 1차 금속 제조업이다.

⑤ 오답: 화학 물질 및 화학 제품 제조업(A)과 1차 금속 제조업(B)은 모두 적환지 지향형 공업에 해당한다. 적환지 지향 공업은 운송 수단이 바뀌는 지점인 적환지에 입지하는 것이 유리한 공업이다. 자동차·철도에서 배로, 또는 배에서 자동차·철도로 짐이 옮겨지는 항구가 대표적인 적환지에 해당한다. 따라서 정유 공업, 제철 공업과 같이 무게가 많이 나가는 원료를 해외에서 대량으로 수입하거나 제품 대부분을 수출하는 공업은 공장이 적환지인 항구 주변에 입지하는 것이 유리하다.

07 주요 공업 지역의 특징

자료 해설 지도의 A는 수도권 공업 지역, B는 호남 공업 지역, C는 태백산 공업 지역, D는 영남 내륙 공업 지역이다.

수도권 공업 지역은 우리나라 최대의 종합 공업 지역으로 풍부한 자본과 노동력, 넓은 소비 시장 등을 바탕으로 발달하였다. 최근 집적 불이익 현상이 심화되어 주변 지역으로 공업이 분산되고 있다.

태백산 공업 지역은 석회석을 원료로 하는 시멘트 공업 등 원료 지향 공업이 발달하였지만, 다른 공업 지역보다 공업의 집적도가 낮다.

충청 공업 지역은 수도권과 인접해 있고, 육상 교통이 편리하다. 따라서 수도권에서 이전해 온 공업이 증가하면서 중화학 공업과 첨단 산업이 발달하고 있다.

영남 내륙 공업 지역은 과거 풍부한 노동력을 바탕으로 섬유·전자 조립 공업이 발달하였으며, 최근에는 기술 집약적인 첨단 산업 지역으로 변모하고 있다.

호남 공업 지역은 중국과의 교역 증가로 성장하고 있으며, 충청 공업 지역과 함께 공업의 지역적 불균형 문제를 완화하기 위해 조성되었다.

남동 임해 공업 지역은 정부의 정책과 원료 수입 및 제품 수출에 유리

한 조건을 바탕으로 우리나라 최대의 중화학 공업 지역으로 발달하였다. 그러나 최근 남동 임해 공업 지역에서는 과도한 공업 집적으로 집적 불이익이 발생하고 있다.

선택지 분석

❷ 정답: (가)는 풍부한 자본과 노동력, 넓은 소비 시장, 편리한 교통, 공업의 오랜 전통 등을 바탕으로 공업이 발달한 수도권 공업 지역이다. (나)는 풍부한 노동력을 바탕으로 경공업이 발달한 공업 지역이므로 영남 내륙 공업 지역이다. 따라서 (가)는 A, (나)는 D에 해당한다.

08 지역별 공업 발달 특색

자료 해설 지도에 표시된 지역은 당진, 단양, 구미, 거제이다. (가)는 전자 부품·컴퓨터·영상·음향 및 통신 장비 제조업이 발달한 곳이므로 구미, (나)는 선박이 포함된 기타 운송 장비 제조업이 발달한 곳이므로 거제, (다)는 1차 금속 제조업이 발달한 곳이므로 당진, (라)는 시멘트 공업이 포함된 비금속 광물 제품 제조업이 발달한 곳이므로 단양이다.

선택지 분석

① 오답: 구미(가)는 내륙, 당진(다)은 해안에 위치하므로 당진(다)이 구미(가)보다 원료 수입과 제품 수출에 유리하다.
② 오답: 거제(나)는 구미(가)보다 제조업 출하액이 적다.
③ 오답: 단양(라)은 원료 지향형 공업이 발달하였고, 구미(가)는 입지 자유형 공업인 첨단 산업 등이 발달하였다.
❹ 정답: 당진(다)과 단양(라)은 모두 충청권에 위치해 있다.
⑤ 오답: 구미(가)는 영남 내륙 공업 지역, 거제(나)는 남동 임해 공업 지역에 위치한다.

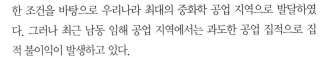

14 ② 서비스업의 변화와 교통·통신의 발달

기출 선지 변형 OX

본문 107~108쪽

01 ① ○ ② ○ ③ ○ ④ ○ ⑤ × ⑥ ○ ⑦ ×
02 ① ○ ② ○ ③ × ④ × ⑤ ○ ⑥ ○ ⑦ ×
03 ① ○ ② × ③ ○ ④ × ⑤ × ⑥ ○ ⑦ ○ ⑧ ○
04 ① × ② ○ ③ ○ ④ ○ ⑤ ○ ⑥ ○ ⑦ ×

01 ① 정기 시장은 3일, 5일, 7일처럼 일정한 간격을 두고 주기적으로 열리는 시장이다.
② 정기 시장은 재화의 도달 범위 내에서 최소 요구치가 확보되지 않아 상인이 이동하면서 열리는 시장이다.
③ 정기 시장은 고급 제품보다는 일상생활에 필요한 생필품의 판매 비중이 높다. 고급 제품의 판매 비중은 백화점이 가장 높다.
④ 최소 요구치의 범위는 중심지 기능이 유지될 수 있는 최소 요구치를 확보할 수 있는 공간 범위를 말한다.
⑤ 최소 요구치가 동일할 경우 해당 지역의 인구 밀도나 소비자의 구매력이 높을수록 최소 요구치의 범위는 좁아진다.
⑥ 재화의 도달 범위는 중심지 기능이 영향을 미치는 최대한의 공간 범위를 말한다.
⑦ 재화의 도달 범위는 교통이 발달할수록 확대된다.

02 ① 대형 마트(A)는 주로 대도시 주변 지역에 분포하며, 백화점(B)은 도심이나 부도심에 분포한다.
② 저차 중심지가 고차 중심지보다 업체 수가 많으므로 대형 마트(A)가 백화점(B)보다 업체 수가 많다.
③ 대형 마트(A)는 백화점(B)보다 생필품의 판매액 비중이 높다. 고급 소비재의 판매액 비중이 높은 것은 백화점(B)이다.
④ 편의점은 최근 급성장세를 보이며 업체 수가 가장 많다. 그러나 매출액이 가장 많은 것은 대형 마트이다.
⑤ 대형 마트는 편의점에 비해 최소 요구치가 크다.
⑥ 대형 마트는 편의점보다 소비자의 평균 이동 거리가 길다.
⑦ 편의점이 대형 마트보다 재화의 도달 범위가 좁다.

03 ① A는 경기, B는 서울이다.
② (가)는 전문 서비스업으로, 대표적인 생산자 서비스업에 속한다.
③ (가)는 기업 본사의 입지와 높은 관련성을 가지므로 대도시의 도심이나 부도심에 주로 입지한다.
④ (나)는 숙박 및 음식점업으로, 소비자 서비스업에 속한다.
⑤ 생산자 서비스업인 (가)는 소비자 서비스업인 (나)보다 주로 수도권의 대도시에 집중하는 경향이 크다.
⑥ 산업 구조가 고도화되면서 생산자 서비스업(가)의 사업체 수와 종사자 수 비중이 높아지고 있다.
⑦ 생산자 서비스업(가)은 소비자 서비스업(나)보다 지식 집약적 성격이 강하며 1인당 부가 가치액이 크다.

⑧ 사업체당 종사자 수는 생산자 서비스업(가)이 소비자 서비스업(나)보다 많다.

04 ① 철도(A)는 지형적 제약이 큰 교통수단이다.
② 도로(B)는 모든 교통수단 중 문전 연결성이 가장 우수하다.
③ 기종점 비용은 항공>해운>철도>도로 순이다. 따라서 도로(B)는 해운(C)보다 기종점 비용이 저렴하다.
④ 해운(C)은 장거리 대량 운송에 유리하므로 국제 화물 수송의 많은 양을 분담하고 있다.
⑤ 총운송비는 기종점 비용과 주행 비용을 합친 것이다.
⑥ 기종점 비용은 주행 거리와 관계없이 일정하며, 보험료, 터미널 유지비, 하역비 등이 포함된다.
⑦ 주행 거리가 늘어날수록 단위 거리당 주행 비용은 감소한다.

---

01 대형 마트, 무점포 소매업체, 편의점의 특성

자료 해설 최근 소비자의 수요가 다양해지면서 대형 마트, 백화점, 대형 복합 쇼핑몰, 편의점 등 전문화된 상업 시설이 발달하고 있다. 자동차 보급률이 증가하고 맞벌이 부부가 늘어나면서 편리한 주차, 저렴한 가격을 기반으로 하는 대형 마트는 도시 내 주거 지역을 중심으로 교외 지역까지 확산되었다. 백화점은 주로 도심이나 부도심에 분포하며, 고급화를 지향하는 다양한 제품을 판매하고 여가 공간도 제공한다. 바쁜 현대인들이 일상생활에 필요한 다양한 제품을 쉽게 구매할 수 있는 편의점은 도시 곳곳에 들어섰다.
또한 교통·통신이 발달함에 따라 시·공간적 제약이 감소하면서 상권이 확대되었을 뿐만 아니라 인터넷 쇼핑몰과 TV 홈 쇼핑 같은 다양하고 새로운 소비 공간들이 나타났다.
(가)는 사업체 수가 가장 적고, 매출액은 가장 많으므로 대형 마트이다. (나)는 종사자 수가 가장 많고, 2006년 대비 2014년 매출액 증가가 가장 많으므로 무점포 소매업체이다. (다)는 사업체 수가 가장 많고, 매출액은 가장 적으므로 편의점이다.

선택지 분석

ㄱ. 오답: 편의점(다)은 대형 마트(가)보다 소비자의 이용 빈도가 높으며, 무점포 소매업(나)은 인터넷 등을 통한 상거래가 이루어지므로 소비자와 판매자 간 대면 접촉 빈도는 편의점(다)이 가장 높다.
ㄴ. 정답: 대형 마트(가)는 편의점(다)보다 판매 제품의 종류가 다양하다.
ㄷ. 오답: 무점포 소매업체(나)는 전자 상거래가 이루어지므로 상점 입지의 공간적 제약이 거의 없고, 대형 마트(가)는 소비자가 많은 곳에 상점이 주로 입지한다. 따라서 상점 입지의 공간적 제약은 대형 마트(가)가 무점포 소매업(나)보다 크다.

ㄹ. 정답: 무점포 소매업체(나)는 인터넷 등을 통한 제품 판매가 이루어지므로 상점 입지의 공간적 제약이 작고, 편의점(나)보다 종사자당 매출액이 많다.

02 백화점, 대형 마트, 편의점의 특성

자료 해설 사업체 수로 보아 가장 적은 B가 백화점이며, 가장 많은 C가 편의점이다. 따라서 A는 대형 마트이다. 연간 판매액은 대형 마트가 가장 많으며, 편의점이 가장 적다. 백화점은 최소 요구치가 크기 때문에 많은 사람들이 접근하기 쉬운 도심, 부도심에 입지하는 경향이 뚜렷하다. 대량으로 제품을 구매하는 대형 마트의 경우 자가용을 이용하는 고객의 비율이 높다.

선택지 분석

ㄱ. 오답: 대형 마트(A)보다 백화점(B)이 접근성이 가장 높은 도심에 입지하려는 경향이 뚜렷하다.
ㄴ. 정답: 백화점(B)은 편의점(C)에 비해 고가의 제품을 주로 판매한다.
ㄷ. 오답: 편의점(C)은 주택 지역이나 상업 지역 등 소비자와 가까운 곳에서 일상용품을 소규모로 판매하는 반면, 대형 마트(A)는 외곽의 교통이 편리한 지역에서 일상용품을 대량으로 판매하기 때문에 자가용을 이용하는 고객의 비율은 대형 마트(A)가 편의점(C)보다 훨씬 더 높다.
ㄹ. 정답: 재화의 도달 범위는 편의점(C)이 가장 좁으며, 백화점(B)이 가장 넓다.

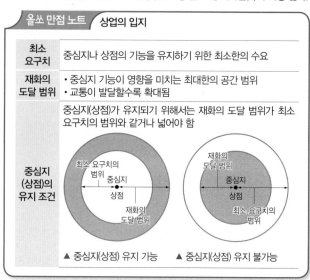

03 지역별 산업 구조와 인구 이동의 특징

자료 해설 2차 산업 종사자 비중이 가장 높은 A는 울산이고, 그다음으로 높은 C는 인천, B는 광주이다. 제조업이 발달한 울산은 시·도 지역 중 지역 내 2차 산업 종사자 비중이 가장 높다.

(나)는 서울과의 인구 이동이 가장 많으므로, 서울과 지리적으로 인접한 인천이고, (다)는 (가)보다 서울과의 인구 이동 규모가 작으므로 울산이며, (가)는 광주이다. 인구 이동 규모는 대체로 인구에 비례하고 지역 간 거리에 반비례한다.

선택지 분석

- ㄱ 정답: 울산은 2차 산업 종사자 비중이 가장 높은 A이고, 인구 이동자 수가 가장 적은 (다)이다. 광주는 2차 산업 종사자 비중이 가장 낮은 B이고, 인구 이동자 수가 인천과 울산의 중간인 (가)이다.
- ㄴ 정답: 인천으로 전입한 인구는 광주(가)가 2,167명이고, 울산(다)이 1,249명이므로 광주가 울산보다 많다.
- ㄷ. 오답: 서울과 지리적으로 가장 인접한 도시는 인천(나)이다.
- ㄹ. 오답: 세 도시 중 인구 규모가 가장 큰 도시는 인천(C)인데, 인천보다 광주(B)가 3차 산업의 비중이 더 높다.

04 소매 업태별 특성

자료 해설 사업체 수가 가장 적은 (가)는 백화점, 2014년 매출액 규모가 가장 큰 (다)는 무점포 소매업체이며, (나)는 편의점이다.

선택지 분석

① 정답: 백화점(가)은 편의점(나)보다 사업체 수가 적다. 따라서 사업체 간 평균 거리가 멀다.
② 오답: 2008년에 백화점(가)과 무점포 소매업체(다)의 매출액은 비슷한 수준이었으나 2014년에 무점포 소매업체(다)의 매출액이 백화점(가)보다 월등히 많아졌으므로, 무점포 소매업체(다)가 백화점(가)보다 2008년부터 2014년까지 매출액 증가율이 높다.
③ 오답: 백화점(가)이 편의점(나)보다 고가 제품의 판매 비중이 높다.
④ 오답: 고차 상점인 백화점(가)이 저차 상점인 편의점(나)보다 2014년에 전국 대비 특별·광역시에 분포하는 비중이 더 높다.
⑤ 오답: 세 유형의 소매 업태 중 2014년에 종사자당 매출액은 백화점(가)이 가장 많다. 종사자당 매출액은 매출액을 종사자 수로 나눈 값으로 파악할 수 있다.

올쏘 만점 노트	상업의 변화
소비자 구매 행태의 변화	• 경제 성장과 소득 수준 향상에 따라 소비량 증가 • 대량 구매 및 품목의 다양화: 여성의 사회 진출 증가, 맞벌이 부부의 증가, 자가용의 보편화, 대형 냉장고의 보급 등으로 인해 대량 구매 및 품목의 다양화가 나타남
정보 통신 매체의 발달	TV 홈 쇼핑, 인터넷 쇼핑 등 전자 상거래의 발달
유통 단계의 감소	정보 통신망의 확충에 따른 전자 상거래의 활성화 → 중간 도매업과 영세 소매업의 약화, 택배업의 발달
상권의 확대	교통 발달에 따른 상품 구매 가능 거리의 증가 → 대형 상업 시설의 성장, 교외 지역에 전문 쇼핑 상점 등장
다양한 쇼핑 공간의 등장	백화점, 대형 마트, 편의점, 대형 복합 쇼핑몰, 직거래 장터 등으로 다양해짐
전통 시장과 골목 상권의 위축과 대응 방안	• 위축 요인: 편의점, 대형 마트 등의 성장 • 대응 방안: 주차 및 편의 시설 확보, 노후 시설 개선, 전통 시장 상품권 판매 등

05 교통수단별 특성

자료 해설 제시된 두 자료를 보면 A는 단위 거리당 운송비의 감소 폭이 작아 단거리에는 유리하나 장거리로 갈수록 운송비가 많이 들어 불리한 교통수단이며, 국내 화물 수송 분담률이 가장 높고 최근까지도 계속 분담률이 높아지고 있는 도로이다. 한편, C는 단위 거리당 운송비의 감소 폭이 가장 커 장거리 수송 시 운송비가 저렴한 교통수단이며, 국내 화물 수송 분담률은 도로에 이어 두 번째로 높은 해운이다. 따라서 B는 철도이다.

선택지 분석

ㄱ. 오답: 도로(A)는 철도(B)보다 기종점 비용은 낮으며 주행 비용의 증가율은 높다.
ㄴ 정답: 철도(B)는 해운(C)보다 화물 수송 분담률은 낮으나, 국내의 여객 수송에서 차지하는 비중은 높다.
ㄷ 정답: 단위 거리당 운송비의 감소 경향으로 보아 주행 비용 증가율은 해운(C)이 도로(A)보다 훨씬 더 낮다.
ㄹ. 오답: 해운(C)은 철도(B)에 비해 바람 등의 기상 상태에 큰 영향을 받는다.

올쏘 만점 노트	교통수단별 특성	
구분	**운송비 구조**	**특성**
도로	• 기종점 비용이 가장 저렴함 • 주행 비용이 철도와 해운보다 비쌈	• 높은 기동성과 문전 연결성 • 지형적 제약이 작음
철도	• 기종점 비용과 주행 비용이 도로와 해운의 중간임 • 중대형, 중·장거리 수송에 유리함	• 정시성과 안전성이 우수함 • 지형적 제약이 큼
해운	• 기종점 비용이 비싸나 주행 비용이 저렴함 • 대량 화물의 장거리 수송에 적합함	• 기상 조건의 제약이 큼 • 화물 수송 분담률이 여객 수송 분담률보다 높음
항공	• 기종점 비용과 주행 비용이 비쌈 • 장거리 여객 수송과 고부가가치 화물 수송에 적합함	• 기상 조건의 제약이 큼 • 신속한 수송에 유리함

06 교통수단별 특성

자료 해설 2014년에 (나), (다) 다음으로 국내 화물 수송 분담률이 높은 (가)는 철도이다. 국내 화물 수송 분담률이 가장 높은 (나)는 도로이고, 도로 다음으로 국내 화물 수송 분담률이 높은 (다)는 해운이다.

선택지 분석

① 오답: 해운은 (다), 철도는 (가)에 해당한다.
② 정답: A 구간에서 총운송비가 가장 저렴한 교통수단은 철도이다. 철도는 그래프의 (가)에 해당한다.
③ 오답: 기종점 비용이 가장 저렴한 교통수단은 도로인 (나)이다.
④ 오답: 도로(나)는 국내 여객 수송에서 차지하는 비중이 가장 높다.
⑤ 오답: 철도(가)는 제시된 교통수단 중에서 정시성과 안전성이 가장 우수하다.

올쏘 만점 노트	교통수단별 국내 및 국제 수송 분담률
• 도로는 국내 여객과 국내 화물 수송에서 가장 큰 비중을 차지하고 있음 • 지하철은 대도시의 교통 문제 해결에 도움을 주고 있음 • 국내 화물 수송의 경우 해운의 비중이 도로 다음으로 높음 • 국제 여객 수송은 항공, 국제 화물 수송은 해운의 비중이 가장 높음	

정답 및 해설

07 교통수단별 국내 여객 및 화물 수송 분담률

자료 해설 '인' 기준일 때 국내 여객 수송 분담률은 도로>지하철>철도 순으로 높고, '톤' 기준일 때 국내 화물 수송 분담률은 도로>해운>철도 순으로 높다. 또한 '인·km' 기준일 때 국내 여객 수송 분담률은 도로>철도>지하철>항공 순으로 높다.

선택지 분석

❶ 정답: '인(톤)' 기준에서 A는 국내 여객 및 화물 수송 분담률이 가장 높으므로 도로이고, B는 도로, 지하철 다음으로 국내 여객 수송 분담률이 높으므로 철도이며, 화물 수송 분담률이 도로 다음으로 높은 C는 해운이다.
출발지에서 도착지까지 직접 연결하는 문전 연결성이 가장 우수한 교통수단은 도로(ㄱ)이다. ㄱ~ㄷ 중 기종점 비용이 가장 높은 ㄷ은 해운이고, ㄴ은 철도이다. 따라서 A는 ㄱ, B는 ㄴ, C는 ㄷ과 연결된다.

08 교통수단별 국내 여객 수송 분담률

자료 해설 A는 철도, B는 항공, C는 해운이다. 상대적으로 단거리에 많이 이용되는 교통수단은 총수송 인원 분담률이 총수송 거리 분담률보다 높다. 도로는 단거리 이동에 많이 이용되는 교통수단이기 때문에 총수송 인원 분담률이 총수송 거리 분담률보다 높다. 장거리 운송에 많이 이용되는 철도, 항공 등은 총수송 거리 분담률이 총수송 인원 분담률보다 뚜렷하게 높다.

선택지 분석

① 오답: 항공(B)이 철도(A)보다 기상 조건의 제약을 많이 받는다.
② 오답: 해운(C)이 항공(B)보다 평균 운송 속도가 느리다. 항공은 신속성이 강점이다.
❸ 정답: 해운(C)은 철도(A)보다 국내 화물 수송 분담률이 높다.
④ 오답: 기종점 비용은 항공(B)>해운(C)>철도(A) 순으로 높다.
⑤ 오답: 주행 비용 증가율은 해운(C)이 철도(A)보다 낮다.

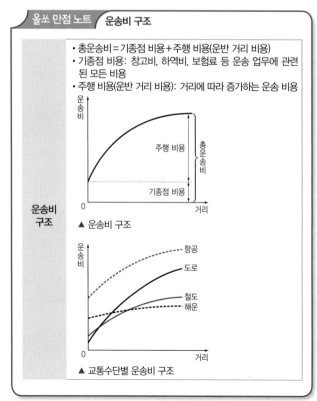

올쏘 만점 노트 운송비 구조

- 총운송비=기종점 비용+주행 비용(운반 거리 비용)
- 기종점 비용: 창고비, 하역비, 보험료 등 운송 업무에 관련된 모든 비용
- 주행 비용(운반 거리 비용): 거리에 따라 증가하는 운송 비용

▲ 운송비 구조

▲ 교통수단별 운송비 구조

09 교통수단별 특성

자료 해설 문전 연결성은 도로가 가장 우수하고 기종점 비용은 항공이 가장 비싸고 도로가 가장 저렴하다. 기종점 비용은 항공>철도>도로 순으로 높고, 문전 연결성은 도로>철도>항공 순으로 우수하다. (가)는 여객과 화물 모두 국내 수송 분담률이 가장 높으므로 도로이다. (나)는 여객 수송 분담률은 도로에 이어 두 번째로 높지만 화물 수송 분담률은 해운보다 낮으므로 철도이다. (다)는 세 교통수단 중 여객과 화물 수송 분담률이 모두 가장 낮으므로 항공이다.

선택지 분석

❺ 정답: (가)는 도로, (나)는 철도, (다)는 항공이다. 기종점 비용은 항공이 가장 비싸고, 그다음이 철도이며, 도로가 가장 저렴하다. 문전 연결성은 도로가 가장 좋으며, 항공이 가장 나쁘다. 따라서 (가)는 E, (나)는 C, (다)는 A에 해당한다.

올쏘 만점 노트 단위 거리당 운송비

- 총운송비를 이동 거리로 나눈 값
- 일반적으로 1km당 운송비를 말함
- 교통수단과 이동 거리에 따라 다르게 나타남
- 운송비 체감 현상: 거리가 멀어지더라도 기종점 비용은 일정하며, 주행 비용은 장거리 할인이 적용되기 때문에 일반적으로 거리가 멀어질수록 단위 거리당 운송비가 감소함

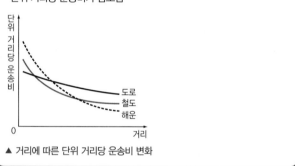

▲ 거리에 따른 단위 거리당 운송비 변화

10 시·도의 산업 구조 특성

자료 해설 (가)는 1인당 지역 내 총생산과 지역 내 총생산 그래프이다. (나)는 3차 산업 종사자 1인당 부가 가치와 2차 산업 종사자 1인당 부가 가치를 나타낸 그래프이다.

선택지 분석

❷ 정답: A는 비수도권 지역으로, 1인당 지역 내 총생산이 가장 많으며, 특히 2차 산업 종사자 1인당 부가 가치가 가장 큰 지역이다. 석유 화학 공업, 정유 공업 등 부가 가치가 매우 큰 공업의 집적이 뚜렷한 울산이 이에 해당한다. B는 수도권 내에서 지역 내 총생산이 두 번째로 많지만 가장 많은 곳과 거의 비슷한 크기이며, 1인당 지역 내 총생산은 가장 많은 지역에 비해 조금 낮은 정도이다. 그러나 B는 수도권 내의 다른 두 지역에 비해 3차 산업 종사자 1인당 부가 가치는 현저히 낮고, 2차 산업 종사자 1인당 부가 가치는 더 많다. 이러한 특징은 고부가 가치 제조업이 많은 경기의 특징이다. 따라서 A는 울산, B는 경기이다. 지역 내 총생산은 시기에 따라 순위가 변동될 수도 있으니 해당 연도를 잘 파악해 둔다.

11 시·도별 산업 구조 및 지역 내 총생산

자료 해설 울산은 대기업 생산 공장이 많이 입지하여 전국에서 1인당 지역 내 총생산(GRDP)이 가장 많다. 하지만 인구가 약 100만 명에

불과하기 때문에 인구가 1,000만 명 내외인 서울에 비해 지역 내 총생산은 많이 적다. 시·도 중에서 인구가 가장 적은 곳은 세종이고 그다음이 제주이다. 두 지역은 인구가 적기 때문에 다른 지역에 비해 지역 내 총생산이 적다.

선택지 분석

❶ 정답: A는 2차 산업 취업자 수 비중이 가장 높고, 1차 산업 취업자 수 비중은 매우 낮으므로 울산, B는 지역 내 총생산이 매우 많고 2차 산업 취업자 수 비중이 비교적 낮은 편이면서 1차 산업 취업자 수 비중은 매우 낮으므로 서울이다. 서울과 경기는 지역 내 총생산이 비슷하지만 2차 산업 및 1차 산업의 취업자 수 비중은 경기가 서울보다 높고, 3차 산업의 취업자 수 비중은 서울이 경기보다 높다. C는 지역 내 총생산이 가장 적고, 2차 산업 취업자 수 비중이 가장 낮으므로 제주이다. 따라서 A는 울산, B는 서울, C는 제주이다.

12 생산자 서비스업과 소비자 서비스업의 특징

자료 해설 (가)는 (나)보다 특정 지역의 비중이 매우 높으므로 (가)는 전문 서비스업, (나)는 숙박 및 음식점업이다. 서비스업은 기본적으로 소비자와의 접근성이 높은 곳에 입지한다. 그런데 기업이 주요 서비스 대상인 생산자 서비스업은 기업 본사가 대도시 도심에 집중되어 있기 때문에 대도시 도심 주변에 입지하는 경향이 뚜렷하다. 개인이 주요 서비스 대상인 소비자 서비스업은 인구가 밀집한 곳에 분포하는 경향이 뚜렷하다. 따라서 생산자 서비스업은 소비자 서비스업보다 대도시 도심에 집중하는 경향이 뚜렷하다.

선택지 분석

① 오답: A는 경기, B는 서울이다.
② 오답: (가)는 전문 서비스업이므로 생산자 서비스업에 속한다.
❸ 정답: 생산자 서비스업인 전문 서비스업(가)은 소비자 서비스업인 숙박 및 음식점업(나)보다 대도시에 집중하는 경향이 뚜렷하다.
④ 오답: 사업체당 종사자 수는 전문 서비스업(가)이 숙박 및 음식점업(나)보다 많다.
⑤ 오답: 전문 서비스업(가)이 숙박 및 음식점업(나)보다 지식 집약적 성격이 강하다.

킬러 예상 문제

본문 112~113쪽

01 ④　02 ②　03 ③　04 ④　05 ②　06 ①　07 ④　08 ④

01 소매 업태별 주요 특성

자료 해설 (가)와 (나)는 (다)보다 사업체 수가 적은데, (가)가 (나)보다 최근 매출액이 많이 증가하였다. (다)는 (가), (나)보다 2006~2016년에 사업체 수의 증가가 많고, 사업체 수 또한 많다. 매출액은 시기에 따라 순위가 변동될 수도 있으니 해당 연도를 잘 파악해 둔다.

선택지 분석

❹ 정답: (가)는 2006~2016년 모두 매출액이 가장 많으므로 대형 마트이다. (나)는 (가), (다)보다 매출액 증가가 적었고 사업체 수는 가장 적으므로 백화점이다. (다)는 2006~2016년 사업체 수의 증가가 가장 많았으므로 최근 그 수가 크게 증가한 편의점이다.

02 백화점과 편의점

자료 해설 (가)는 (나)보다 동일한 지역에서 그 수가 적으므로 백화점, (나)는 백화점보다 상대적으로 최소 요구치가 적은 편의점이다.

선택지 분석

ㄱ. 정답: 편의점은 백화점보다 그 수가 많으므로 상점 간 평균 거리가 가깝다.
ㄴ. 오답: 백화점이 편의점보다 고가 제품의 판매 비중이 높고, 편의점은 일상 생활과 관련된 용품을 주로 판매한다.
ㄷ. 정답: 편의점은 백화점보다 소비자의 평균 이용 빈도가 높다.
ㄹ. 오답: 상점의 1일 평균 매출액 규모는 최소 요구치가 큰 백화점이 편의점보다 크다.

03 도시 체계

자료 해설 (가)는 (나)보다 의료 기관 수가 많으므로 인구가 많은 고양시이고, (나)는 양평군이다. 의료 기관 수에서 그 수가 가장 적은 A는 종합 병원, 그다음으로 수가 많은 B는 병원, 그 수가 가장 많은 C는 의원이다.

선택지 분석

① 오답: 고양시(가)는 양평군(나)보다 면적은 좁지만, 인구는 많으므로 인구 밀도가 높다.
② 오답: 촌락인 양평군(나)은 고양시(가)보다 3차 산업 종사자 비중이 낮다.
❸ 정답: 종합 병원(A)은 병원(B)보다 의료 기관당 1일 평균 환자 방문 수가 많다.
④ 오답: 병원(B)은 의원(C)보다 그 수가 적으므로 의료 기관 간의 평균 거리가 멀다.
⑤ 오답: 의원(C)은 종합 병원(A)보다 동일한 지역에서 그 수가 많으므로 서비스의 도달 범위가 좁다.

04 생산자 서비스업과 소비자 서비스업

자료 해설 서비스업은 수요 주체에 따라 소비자 서비스업과 생산자 서비스업으로 구분된다. 개인 소비자가 이용하는 소비자 서비스업에는 도매 및 소매업, 음식업, 숙박업 등이 있다. 소비자 서비스업은 소비자의 이동 거리를 최소화하고 업체 간 경쟁을 줄이기 위해 서로 일정한 거리를 두고 분산하여 입지하는 경향이 있다. 그러나 특화된 상업 지구와 같이 전문화된 소비자 서비스업은 한곳에 집중하기도 한다.

기업의 생산 활동을 지원하는 생산자 서비스업에는 금융, 법률, 보험, 광고, 부동산 등이 있다. 생산자 서비스업은 기업과의 접근성이 좋고, 정보 획득과 전문 인력 확보에 유리한 대도시에 집적하는 경향이 있다. 생산자 서비스업은 관련 산업의 발달 및 집적을 유도하는 효과가 있어 지역의 고용 창출과 경제 성장에 많은 영향을 미친다. 따라서 최근에는 전체 산업 성장에서 생산자 서비스 부문의 성장이 두드러진다.

(가)는 (나)보다 수도권의 집중도가 높으므로 생산자 서비스업인 전문 서비스업, (나)는 지역별로 인구 규모에 비례해 분포하므로 소비자 서비스업인 소매업(자동차 제외)이다.

선택지 분석

① 오답: 전문 서비스업(가)은 기업의 생산 활동(재화나 서비스의 생산과 유통)을 지원하는 생산자 서비스업에 해당한다.
② 오답: 소매업(자동차 제외)(나)은 개인 소비자가 이용하는 서비스로, 기업보다 소비자와의 거래 비중이 높다.

③ 오답: 전국의 사업체 수는 소매업(자동차 제외)(나)이 전문 서비스업(가)보다 많다.

❹ 정답: 정보 획득이 유리한 대도시의 도심에 입지하려는 경향은 전문 서비스업(가)이 소매업(자동차 제외)(나)보다 강하다.

⑤ 오답: 전문 서비스업(가)이 소매업(자동차 제외)(나)보다 수도권 집중도가 높다.

올쏘 만점 노트 ｜ 수요자 유형에 따른 서비스업의 분류

생산자 서비스업	• 기업의 생산 활동(재화나 서비스의 생산과 유통)을 지원하는 서비스업 • 기업과의 접근성이 높고 관련 정보 획득에 유리한 지역에 집중하려는 경향이 큼 → 주로 대도시의 도심 또는 부도심에 입지
소비자 서비스업	• 개인 소비자가 이용하는 서비스업 • 소비자의 이동 거리를 최소화하기 위해 분산하여 입지하려는 경향이 큼

05 지역별 산업 구조

자료 해설 그래프에서 (가)는 3차 산업, (라)는 2차 산업 취업자 비중이 높다. 한편, 100에서 2차·3차 산업 취업자 비중을 빼면 1차 산업 취업자 비중을 알 수 있다.

선택지 분석

❷ 정답: (가)는 3차 산업 취업자 비중이 가장 높으므로 수도권이고, (라)는 2차 산업 취업자 비중이 가장 높으므로 제조업이 발달한 영남권이다. (나)는 100에서 2차·3차 산업 취업자 비중을 뺀 1차 산업 취업자 비중이 높으므로 농업이 발달한 호남권이고, (다)는 충청권이다.

06 지역별 산업 구조

자료 해설 지도에 표시된 지역은 서울, 전북, 울산, 제주이다. (가)는 지역 내 서비스업의 전력 소비 비중이 가장 높으므로 서울이고, (나)는 제조업 부문의 전력 소비 비중이 낮은 반면 농림어업 부문과 서비스업 부문의 전력 소비 비중이 높으므로 제주이다. (라)는 (다)보다 제조업 부문의 전력 소비 비중이 높으므로 공업이 발달한 울산이고, 농림어업 부문의 전력 소비 비중이 상대적으로 높은 (다)는 전북이다.

선택지 분석

❶ 정답: 서울(가)은 제주(나)보다 금융, 보험, 전문 서비스업 등 생산자 서비스업의 집중도가 높다.

② 오답: 쌀 생산량은 전북(다)이 제주(나)보다 많다. 제주는 절리가 많은 기반암의 영향으로 쌀의 생산량이 매우 적다.

③ 오답: 지역 내 2차 산업 종사자 비중은 울산(라)이 전북(다)보다 높다.

④ 오답: 서울(가)이 울산(라)보다 총인구가 많고, 각종 기능이 집중되어 있으므로 지역 내 총생산이 더 많다.

⑤ 오답: 서울(가)은 수도권, 울산(라)은 영남권에 위치한다.

07 교통수단별 특징

자료 해설 국내 화물 수송 분담률이 가장 높은 교통수단은 도로이고, (가)의 질문에 대한 교사의 답변이 '예'이므로, (가)에는 도로와 관련된 질문이 들어가야 한다.

선택지 분석

① 오답: 일정한 궤도 위를 운행하는 교통수단은 철도이다.

② 오답: 장거리 화물 수송에 유리한 교통수단은 해운이고, 도로는 단거리 여객 및 화물 수송에 주로 이용된다.

③ 오답: 국제 여객 수송 분담률이 가장 높은 교통수단은 항공이다.

❹ 정답: 기동성과 문전 연결성이 가장 우수한 교통수단은 도로이다.

⑤ 오답: 국가 간 고부가 가치 화물 수송에 적합한 교통수단은 항공이다.

08 교통수단별 특성

자료 해설 국내 여객 및 화물 수송 분담률이 가장 높은 A는 도로, 국내 화물 수송 분담률이 도로 다음으로 높은 B는 해운, 국내 여객 및 화물 수송 분담률이 가장 낮은 C는 항공이다. D는 E보다 국내 화물 수송 분담률이 높으므로 철도이고, 도로 다음으로 국내 여객 수송 분담률이 높은 E는 지하철이다.

선택지 분석

① 오답: 국제 여객 수송 분담률이 가장 높은 교통수단은 항공(C)이다.

② 오답: 도로(A)는 해운(B)보다 주행 비용 증가율이 높다.

③ 오답: 해운(B)은 일정한 궤도 위를 운행하는 철도(D)보다 운행 시 기상 조건의 영향을 크게 받는다.

❹ 정답: 항공(C)은 대도시권에서 주로 이용하는 지하철(E)보다 이용객의 1회당 평균 이동 거리가 멀다.

⑤ 오답: 문전 연결성은 도로(A)가 가장 우수하다.

VI 인구 변화와 다문화 공간

15 강 인구 분포와 인구 구조의 변화

기출 선지 변형 O X

본문 114~115쪽

01 ① × ② × ③ ○ ④ ○ ⑤ × ⑥ × ⑦ ○ ⑧ × ⑨ ×

02 ① × ② ○ ③ × ④ ○ ⑤ ○ ⑥ × ⑦ ○

03 ① × ② × ③ ○ ④ ○ ⑤ × ⑥ ○ ⑦ ○ ⑧ ○ ⑨ × ⑩ ×
　　⑪ ○ ⑫ ○

04 ① × ② ○ ③ ○ ④ ○ ⑤ × ⑥ ○ ⑦ ○ ⑧ ×

01 ① (가)는 울산으로, 도시 성장 과정에서 청장년층 중심의 인구 유입이 활발하여 2015년 기준 우리나라 시·도 중에서 청장년층 인구 비중이 가장 높다.

② 제시된 그래프에 유소년층 인구 비중과 청장년층 인구 비중이 있으므로 노년층 인구 비중도 구할 수 있다. 따라서 유소년층 인구 비중과 청장년층 인구 비중이 가장 낮은 (다) 지역이 노년층 인구 비중이 가장 높다.

③ 총 부양비는 대체로 청장년층 인구 비중에 반비례한다. 따라서 청장년층 인구 비중이 가장 낮은 (다)가 총 부양비가 가장 높다.

④ 노령화 지수는 '(노년층 인구÷유소년층 인구)×100'으로 구한다. 따라서 유소년층 인구 비중이 낮고, 노년층 인구 비중이 높은 지역에서 높게 나타난다. 따라서 (다)는 네 지역 중에서 노령화 지수가 가장 높다.

⑤ 유소년 부양비는 '(유소년층 인구÷청장년층 인구)×100'으로 구한다. (가)는 (라)보다 유소년층 인구 비중은 낮고, 청장년층 인구 비중은 높다. 따라서 (가)는 (라)보다 유소년 부양비가 낮다.

⑥ 노령화 지수는 '(노년층 인구÷유소년층 인구)×100'으로 구한다. 그래프에 유소년층 인구 비중과 청장년층 인구 비중이 있으므로 노년층 인구 비중을 구할 수 있다. (다)는 (라)보다 노년층 인구 비중이 높고, 유소년층 인구 비중은 낮으므로, (다)는 (라)보다 노령화 지수가 높다.

⑦ 도시 성장 과정에서 청장년층 중심의 인구 유입이 활발하여 2015년 우리나라 시·도 중에서 청장년층 인구 비중이 가장 높은 지역은 울산이다.

⑧ 2015년 기준 유소년층 인구 비중이 가장 높은 시·도는 세종이다.

⑨ 2015년 기준 우리나라 시·도 중에서 노년층 인구 비중이 가장 높은 지역은 전남이다. 전남은 촌락이 넓게 분포하며 산업화 및 도시화 과정에서 청장년층 중심의 인구 유출이 활발하여 2015년 우리나라 시·도 중에서 청장년층 인구 비중이 가장 낮고 노년층 인구 비중은 가장 높다. 중위 연령은 전체 인구를 연령순으로 일렬로 세웠을 때 가운데에 위치한 사람의 연령이다. 중위 연령은 노년층 인구가 많고, 유소년층 인구가 적을수록 높아진다. 따라서 노년층 인구 비중이 높은 전남은 노년층 인구 비중이 낮은 울산에 비해 대체로 중위 연령이 높다.

02 ① (가)는 65세 이상인 노년 인구가 0~14세인 유소년 인구보다

많기 때문에 노년 부양비가 유소년 부양비보다 높다.

② 성비는 여성 100명에 대한 남성의 수로, 성비가 100을 넘으면 남초, 100 미만이면 여초 현상이라고 한다. (나)는 노년층에서는 여성의 비중이 높고, 유소년층에서는 남성의 비중이 높다. 따라서 (나)는 노년층 성비가 유소년층 성비보다 낮다.

③ 총 부양비는 대체적으로 청장년층 인구 비중과 반비례 관계이다. 따라서 (가)는 (나)보다 청장년층 인구 비중이 낮으므로 총 부양비가 높다.

④ (가)는 (나)에 비해 유소년층과 청장년층 인구 비중은 낮고, 노년층 인구 비중은 높다. 따라서 촌락의 인구 구조 특징이 나타나므로 농업 인구의 비율이 높게 나타난다.

⑤ 중위 연령은 전체 인구를 연령순으로 일렬로 세웠을 때 가운데에 위치한 사람의 연령이다. 따라서 노년층 인구가 많고, 유소년층 인구가 적을수록 중위 연령은 높아진다.

⑥ '총 부양비=유소년 부양비+노년 부양비 → {(유소년층 인구+노년층 인구)÷청장년층 인구}×100'으로 구한다. 따라서 청장년층 인구 비중과 총 부양비는 반비례 관계이므로, 청장년층 인구 비중이 높을수록 총 부양비가 낮아진다.

⑦ 촌락은 청장년층 인구가 유출되어 노년층 인구 비중이 높으며, 이로 인해 중위 연령도 높다. 따라서 노년층 인구 비중이 높은 지역은 대체로 촌락의 성격이 강하게 나타난다.

03 ① 총 부양비는 청장년층 인구 비중과 대체로 반비례 관계에 있다. 따라서 세종은 전남보다 유소년층과 노년층 인구 비중의 합이 적어 청장년층 인구 비중이 높으므로, 세종은 전남보다 총 부양비가 낮다.

② 전남은 다른 시·도보다 노년층 인구 비중이 가장 높고, 청장년층 인구 비중은 가장 낮다. 따라서 전남은 노년 부양비가 가장 높다.

③ 부산과 충북의 노년층 인구 비중은 비슷하지만 부산은 충북보다 유소년층 인구 비중이 낮고, 청장년층 인구 비중은 높다. 따라서 부산은 충북보다 유소년 부양비가 낮다.

④ 울산은 경기보다 유소년층 인구 비중과 노년층 인구 비중의 합이 작으므로 울산이 경기보다 청장년층 인구 비중이 높다.

⑤ 노령화 지수는 '(노년층 인구÷유소년층 인구)×100'으로 구한다. 울산은 전국보다 유소년층 인구 비중은 높고, 노년층 인구 비중은 낮으므로 울산은 전국보다 노령화 지수가 낮다.

⑥ 그래프에 유소년층 인구 비중, 노년층 인구 비중이 있으므로 청장년층 인구 비중{100-(유소년층 인구 비중+노년층 인구 비중)}도 구할 수 있다. 울산은 청장년층 인구 비중이 가장 높다.

⑦ 전남은 노년층 인구 비중이 가장 높다. 2015년 기준 전남은 우리나라 시·도 중에서 노년층 인구 비중이 가장 높다.

⑧ 중위 연령은 전체 인구를 연령순으로 일렬로 세웠을 때 가운데에 위치한 사람의 연령으로, 노년층 인구가 많고, 유소년층 인구가 적을수록 중위 연령은 높아진다. 따라서 전남은 세종보다 노년층 인구 비중은 많고, 유소년층 인구 비중은 적으므로 중위 연령이 높다.

⑨ 충북과 전남은 유소년층 인구 비중은 비슷하나 노년층 인구 비중은 전남이 훨씬 높다. 그러므로 청장년층 인구 비중은 충북이 전남보다 많

다. 청장년층 인구 비중과 총 부양비는 반비례 관계이므로, 청장년층 인구 비중이 높은 충북이 전남보다 총 부양비가 낮다.

⑩ 총 부양비는 청장년층 인구 비중이 가장 높은 울산이 가장 낮다.

⑪ 노령화 지수는 '(노년층 인구÷유소년층 인구)×100'으로 구한다. 따라서 유소년층 인구 비중이 가장 높은 세종이 가장 낮고, 노년층 인구 비중이 가장 높은 전남이 가장 높다.

⑫ 노년층 인구 비중이 높은 전남은 청장년층 인구 비중이 높은 울산보다 촌락의 성격이 강하다.

04 ① 성비는 여성 100명에 대한 남성의 수를 의미한다.

② 성비가 100을 넘으면 남초 현상, 100 미만이면 여초 현상이라고 한다.

③ 군부대가 많은 지역과 중화학 공업이 발달하여 남성 근로자가 많은 도시는 성비가 높게 나타난다.

④ 출생 시에는 성비가 100보다 높고, 노년층으로 갈수록 성비가 낮아지는 경향이 나타난다. 최근에는 남아 선호 사상 약화, 태아 성 감별 금지 등의 영향으로 출생아의 성비 불균형이 완화되고 있다.

⑤ 서비스업이 발달한 도시는 여성 종사자 비중이 높기 때문에 성비가 100 미만이다.

⑥ 촌락은 여성 중심의 청장년층 인구 유출이 높아 결혼 적령기 연령층은 성비가 매우 높지만, 고령 여성층의 비중이 높아 전체적인 성비는 낮다.

⑦ 단위 면적에 분포하는 인구를 인구 밀도라고 한다.

⑧ 울산, 광양, 거제 등 중화학 공업이 발달한 곳은 남성 근로자가 많아 성비가 높게 나타나고, 서울, 광주 등 대도시는 서비스업이 발달하여 여성 종사자가 많기 때문에 성비가 낮게 나타난다.

실전 기출 문제

본문 116~118쪽

01 ④ 02 ③ 03 ⑤ 04 ② 05 ② 06 ④ 07 ② 08 ③
09 ② 10 ① 11 ⑤ 12 ④

---

01 지역별 인구 구조의 특징 이해

자료 해설 (가)는 (나)보다 노년층 인구 비중이 낮고 청장년층 인구 비중이 높으므로 (가)는 시(市), (나)는 군(郡) 지역이다.

선택지 분석

ㄱ. 오답: 총 부양비는 '{(유소년층 인구+노년층 인구)÷청장년층 인구}×100'으로 구한다. (가) 지역은 유소년층 인구 비중과 노년층 인구 비중을 더한 값보다 청장년층 인구 비중이 더 높기 때문에 총 부양비가 100 미만이다. 유소년층 인구 비중 + 청장년층 인구 비중 + 노년층 인구 비중 = 100%이기 때문에 총 부양비가 100이라는 것은 청장년층 인구 비중이 50%라는 의미이다. (가) 지역은 청장년층 인구 비중이 50% 이상이므로 총 부양비는 100 미만이다.

ㄴ. 정답: 노령화 지수는 '(노년층 인구÷유소년층 인구)×100'으로 구한다. 따라서 (나)는 유소년층 인구 비중에 비해 노년층 인구 비중이 높으므로 노령화 지수가 100 이상이다.

ㄷ. 오답: (가)는 청장년층 인구 비중이 높은 시(市) 지역이며, (나)는 노년층 인구 비중이 높은 군(郡) 지역이다. 따라서 1차 산업 종사자 비율은 시 지역인 (가)보다 군 지역인 (나)에서 높게 나타난다.

ㄹ. 정답: 성비는 여성 100명당 남성의 수를 말한다. (가)와 (나)는 청장년층에서는 여자보다 남자의 인구 비중이 높고, 노년층에서는 남자보다 여자의 인구 비중이 높게 나타난다. 따라서 (가), (나)는 노년층 성비가 청장년층 성비보다 낮다.

---

02 도시와 촌락의 인구 특성 이해

자료 해설 산업화로 인한 이촌 향도가 활발해지면서 촌락은 청장년층 인구가 유출되고 도시는 청장년층 인구가 유입되었다. 이로 인해 촌락은 도시보다 청장년층 인구 비중이 낮고, 총 부양비가 높으며, 농가 인구 비율이 높다. 또한, 촌락은 청장년층 인구가 유출되어 노년층의 인구 비율이 높으며, 이로 인해 중위 연령도 높다. 따라서 A는 인구 증가율이 높은 도시이고, B는 인구 증가율이 낮은 촌락이다. C는 65세 이상 인구 비율이 높은 촌락이고, D는 65세 이상 인구 비율이 낮은 도시이다.

선택지 분석

ㄱ. 오답: 도시(A)는 촌락(B)보다 농가 인구 비율이 낮다.

ㄴ. 정답: 대체로 청장년층 인구 비중과 총 부양비는 반비례 관계이다. 촌락(C)은 도시(A)보다 청장년층 인구 비중이 낮으므로, 도시보다 총 부양비가 높은 편이다.

ㄷ. 정답: 도시(D)는 촌락(B)보다 청장년층의 인구 비중이 높다.

ㄹ. 오답: 중위 연령은 전체 인구를 연령순으로 일렬로 세웠을 때 중앙에 위치하는 사람의 연령을 말하며, 대체로 노년층 인구 비중이 높고 유소년층 인구 비중이 낮을수록 중위 연령이 높다. 따라서 도시(D)는 촌락(C)보다 노년층 인구 비중이 낮으므로 중위 연령이 낮다.

---

03 시·도별 인구 특징 이해

자료 해설 수도권은 다양한 기능이 집중되면서 인구가 밀집하여 분포하고 있다. 특히 서울, 경기 지역은 유입 인구가 많으며, 현 거주지 출생 인구도 많은 편이다.

선택지 분석

① 오답: 총인구는 현 거주지 출생 인구 비중과 유입 인구 비중의 합을 통해 비교할 수 있다. 따라서 총인구는 경기가 가장 많다.

② 오답: 부산의 총인구는 전국 인구의 약 7%를 차지하고, 광주의 총인구는 전국 인구의 약 3%를 차지한다. 따라서 부산의 총인구는 광주의 총인구보다 2배 이상 많다.

③ 오답: 수도권은 서울, 경기, 인천을 포함하는 지역으로, 세 지역 모두 현 거주지 출생 인구보다 유입 인구가 많다.

④ 오답: 인천, 대전은 현 거주지 출생 인구가 유입 인구보다 적다.

⑤ 정답: 영남 지방에 위치한 부산, 대구, 울산, 경북, 경남은 모두 현 거주지 출생 인구가 유입 인구보다 많다.

---

04 지역별 인구 특징 이해

자료 해설 지도의 A는 강원, B는 충남, C는 전남이다. 인구 밀도는 최근 인구가 증가하고 있는 충남이 가장 높고, 면적은 넓지만 산지가 많아 인구가 적은 강원이 가장 낮다. 중위 연령은 전남이 가장 높으며, 청장년층 인구 비중은 강원이 가장 높다.

A는 강원, B는 충남, C는 전남으로, 인구 밀도는 B>C>A 순이다. 중위 연령은 전체 인구를 연령순으로 일렬로 세웠을 때 중앙에 위치하는 사람의 연령을 말한다. 노년층 인구가 많고, 유소년층 인구가 적을수록 중위 연령이 높기 때문에 전통 촌락 지역에서 높게 나타난다. 따라서 중위 연령은 C>A>B 순으로 나타난다. 청장년층의 인구 비중은 A>B>C 순이다. 따라서 (가)는 A, (나)는 C, (다)는 B이다.

시·도의 연령층별 인구 비중

시·도의 연령층별 인구 비중을 살펴보면 2015년 기준으로 유소년층 인구 비중은 세종이 가장 높고, 청장년층 인구 비중은 울산이 가장 높으며, 노년층 인구 비중은 전남이 가장 높다.

05 인구 구조의 지역적 차이 분석

자료 해설 (가)는 광양시, (나)는 봉화군의 인구 구조를 나타낸 것이다. (나)는 (가)에 비해 노년층 인구 비중이 높고 청장년층과 유소년층 인구 비중은 낮다.

- 노령화 지수는 '(노년층 인구÷유소년층 인구)×100'으로 구한다. 따라서 노년층 인구 비중이 높고, 유소년층 인구 비중이 낮은 (나) 지역이 (가) 지역보다 노령화 지수가 높다.
- 중위 연령은 전체 인구를 연령순으로 일렬로 세웠을 때 가운데 위치한 사람의 연령이다. 노년층 인구가 많고, 유소년층 인구가 적을수록 중위 연령이 높다. 따라서 (나) 지역이 (가) 지역보다 중위 연령이 높다.
- 총 부양비는 '{(유소년층 인구+노년층 인구)÷청장년층 인구}×100'으로 구한다. 그러므로 총 부양비는 대체로 청장년층 인구 비중에 반비례한다. 따라서 청장년층 인구 비중이 적은 (나) 지역이 (가) 지역보다 총 부양비가 높다.
- ❷ 정답: (가) 지역과 비교한 (나) 지역의 상대적 특성을 살펴보면 노령화 지수가 높고, 총 부양비가 높으며, 중위 연령도 높게 나타난다. 따라서 그림의 B에 해당한다.

06 지역 간 인구 구조의 특성 비교

자료 해설 (가)는 도시, (나)는 촌락의 인구 구조를 나타낸 것으로, 실제로 (가)는 서울, (나)는 전북 임실의 인구 구조이다.

① 오답: (가)는 1980년에 비해 2010년에 노년층(65세 이상) 인구 비율이 2배 이상 증가하였다.
② 오답: 성비는 여성 100명에 대한 남성의 수로, 성비가 100을 넘으면 남초 현상이라고 한다. (나)는 2010년 유소년층(0~14세)에서 여자보다 남자가 많은 남초 현상이 나타난다.
③ 오답: 노년 부양비는 '(65세 이상 인구÷15~64세 인구)×100'으로 구한다. 따라서 2010년 노년 부양비는 청장년층 인구 대비 노년층 인구가 많은 (나)가 (가)보다 높게 나타난다.
❹ 정답: 청장년층은 15~64세의 인구로, 1980년과 2010년 두 시기 모두 (가)가 (나)보다 청장년층의 비율이 높다.
⑤ 오답: 중위 연령은 특정 지역의 인구를 연령순으로 일렬로 세웠을 때 중앙에 위치하는 사람의 연령을 말한다. (가), (나)는 모두 노년층 인구가 증가하여 중위 연령이 상승하였다.

촌락과 도시의 인구 구조 특성 비교

산업화로 인한 이촌 향도 현상이 나타나면서, 촌락은 청장년층 인구가 유출되고 도시는 청장년층 인구가 유입되었다. 따라서 도시는 촌락보다 상대적으로 청장년층 인구 비중이 높고, 촌락은 노년층 인구 비중이 높다. 청장년층 인구 유입이 활발했던 도시는 총 부양비가 낮고, 청장년층 인구 유출이 활발했던 촌락은 총 부양비가 높은 편이다.

07 인구 피라미드 분석

자료 해설 (가)는 청양군, (나)는 울산광역시의 인구 피라미드이다.

◯ 정답: (가)는 (나)보다 유소년층 인구 비율이 낮고, 노년층 인구 비율이 높다. 따라서 (가)는 (나)보다 중위 연령이 높다.
ㄴ. 오답: (가)는 (나)보다 유소년층(0~14세) 인구 비율이 낮다.
◯ 정답: 총 부양비는 '{(유소년층 인구 비율+노년층 인구 비율)÷청장년층 인구 비율}×100'으로 구한다. 그러므로 총 부양비는 청장년층 인구 비율과 대체로 반비례한다. 따라서 청장년층 인구 비율이 높은 (나)는 (가)보다 총 부양비가 낮다.
ㄹ. 오답: 노령화 지수는 '(노년층 인구 비율÷유소년층 인구 비율)×100'으로 구한다. (가)는 유소년층 인구 비율보다 노년층 인구 비율이 높고, (나)는 유소년층 인구 비율보다 노년층 인구 비율이 낮다. 따라서 (나)는 (가)보다 노령화 지수가 낮다.

인구 부양비

- 총 부양비 = 유소년 부양비 + 노년 부양비 → {(유소년층 인구+노년층 인구)÷청장년층 인구}×100
- 유소년 부양비 = (유소년층 인구÷청장년층 인구)×100
- 노년 부양비 = (노년층 인구÷청장년층 인구)×100
- 노령화 지수 = (노년층 인구÷유소년층 인구)×100

08 시·도별 인구 특성 파악

자료 해설 (가)는 유소년층 인구 비율이 가장 높은 곳으로, 우리나라에서 유소년층 인구 비율이 가장 높은 곳은 세종이다. (나)는 네 지역 중 세종에 이어 두 번째로 유소년층 인구 비율이 높고 노년층 인구 비율이 낮으므로 경기이다. (다)는 유소년층 인구 비율이 가장 낮은 곳으로, 우리나라에서 유소년층 인구 비율이 가장 낮은 곳은 부산이다. (라)는 네 지역 중 노년층 인구 비율이 가장 높은 곳이므로 전북이다.

① 오답: 혁신 도시 정책의 가장 중요한 사항은 국토의 균형 발전을 위해서 수도권에 지나치게 집중되어 있는 인구와 산업을 지방으로 분산시키기 위해 수도권에 집중되어 있는 공공 기관을 지방으로 이전시키는 것이다. 따라서 수도권에 해당하는 경기에는 혁신 도시가 위치해 있지 않다.
② 오답: 노령화 지수는 '(노년층 인구÷유소년층 인구)×100'으로 구할 수 있다. 세종은 부산보다 노년층 인구 비율은 낮고, 유소년층 인구 비율은 높다. 따라서 세종이 부산보다 노령화 지수가 낮다.
❸ 정답: 유소년층 인구 비율은 세종이 약 19%, 경기가 약 15%로 세종이 높지만, 총인구는 경기(약 1,200만 명)가 세종(약 20만 명)보다 훨씬 많기 때문에 유소년층 인구는 경기가 세종보다 많다.
④ 오답: 총 부양비는 '{(유소년층 인구+노년층 인구)÷청장년층 인구}×100'

으로 구한다. 부산은 전북보다 유소년층 인구 비율과 노년층 인구 비율이 모두 낮기 때문에 상대적으로 청장년층 인구 비율은 높다. 따라서 총 부양비는 부산이 전북보다 낮다.

⑤ 오답: 부산은 영남권, 전북은 호남권에 해당한다.

09 지역별 인구 구조의 특징 파악

자료 해설 유소년층 인구 비중, 청장년층 인구 비중, 노년층 인구 비중의 합은 100%이다. 따라서 셋 중에서 두 연령층의 인구 비중을 알면 나머지 연령층의 인구 비중을 알 수 있다. 그래프에는 유소년층 인구 비중과 청장년층 인구 비중이 있으므로 100에서 유소년층 인구 비중과 청장년층 인구 비중을 빼면 노년층 인구 비중을 구할 수 있다.

선택지 분석

ㄱ 정답: (가)는 유소년층 인구 비중보다 노년층 인구 비중이 더 높기 때문에 노년 부양비가 유소년 부양비보다 높다.

ㄴ. 오답: (가)는 (나)에 비해 노년층 인구 비중이 2배 이상이지만, 총인구 규모가 (나)의 1/5 정도이므로 노년층 인구는 (나)가 더 많다.

ㄷ 정답: (나)는 (다)보다 유소년층 인구 비중은 낮고, 노년층 인구 비중은 높기 때문에 중위 연령이 높다.

ㄹ. 오답: 유소년층 인구 비중+청장년층 인구 비중+노년층 인구 비중의 합은 100이기 때문에 총 부양비가 100이라는 것은 청장년층 인구 비중이 50%라는 의미이다. 따라서 총 부양비가 100 이상이 되려면 청장년층 인구 비중이 50% 이하여야 한다. 그래프에서 (가)~(다)는 모두 청장년층 인구 비중이 50% 이상이므로 총 부양비는 모두 100 미만이다.

> **올쏘 만점 노트 | 중위 연령**
>
> 전체 인구를 연령순으로 일렬로 세웠을 때 가운데에 위치한 사람의 연령을 말한다. 대체로 노년층 인구가 많고, 유소년층 인구가 적을수록 중위 연령은 높아진다.

10 인구 지표별 분포 특색 파악

자료 해설 (가)는 강원과 경기 북부의 군사 지역, 남성 종사자 비중이 높은 거제와 같은 중화학 공업 도시에서 높게 나타나는 인구 지표이므로 성비이다. (나)는 전통 촌락 지역에서 상대적으로 높게 나타나는 지표이므로 중위 연령이다.

선택지 분석

• 성비는 여성 100명에 대한 남성의 수로, 성비가 100을 넘으면 남초, 100 미만이면 여초 현상이라고 한다. 성비는 중화학 공업이 발달하여 남성 종사자 비중이 높은 거제, 당진 등과 군부대가 많은 강원과 경기 북부의 군사 지역에서 높게 나타난다.

• 중위 연령은 전체 인구를 연령순으로 일렬로 세웠을 때 중앙에 위치하는 사람의 연령을 말한다. 노년층 인구가 많고, 유소년층 인구가 적을수록 중위 연령이 높다. 따라서 전통 촌락 지역에서 높게 나타난다.

• 청장년층 인구 비중이 특히 높은 곳은 이촌 향도 과정에서 인구 전입이 활발했던 곳으로, 시 · 도 중에서도 대도시 지역에서 높게 나타난다.

11 농촌과 도시의 인구 구조 비교

자료 해설 (가)는 65세 이상의 노년층 인구 비중은 높은 반면 0~14세의 유소년층 인구 비중은 낮다. 따라서 (가)는 촌락인 군(郡) 지역이다. (나)는 15~64세의 청장년층 인구 비중이 높다. 따라서 (나)는 시

(市) 지역이다.

선택지 분석

① 오답: 노년층 인구 비중이 높고 유소년층 인구 비중이 낮을수록 중위 연령은 높게 나타난다. (가)는 (나)보다 노년층 인구 비중이 높고 유소년층 인구 비중이 낮으므로 중위 연령이 높다.

② 오답: (가)는 (나)보다 청장년층 인구 비중이 낮다. 청장년층 인구 비중은 총 부양비와 반비례 관계이므로, 군 지역(가)이 시 지역(나)보다 총 부양비가 높다.

③ 오답: 성비는 여성 100명에 대한 남성의 수를 말하는데, (가) 지역은 (나) 지역보다 대체로 여성의 수가 많으므로, (나) 지역보다 (가) 지역의 성비가 더 낮게 나타난다.

④ 오답: 노년층 인구 비중이 높은 (가) 지역의 노령화 지수가 높게 나타난다.

⑤ 정답: 시 지역인 (나)는 군 지역인 (가)보다 청장년층 인구 비중이 높으므로 생산 가능 인구(15~64세) 비중이 높다.

12 주요 지역의 인구 변화 이해

자료 해설 전체 인구는 세 연령층별 인구를 모두 더해서 구할 수 있다. 그래프에서 0~14세는 유소년층, 15~64세는 청장년층, 65세 이상은 노년층을 나타낸다. (가)는 (나)보다 2010년에 전체 인구에 대한 청장년층의 인구 비율이 높다. (나)는 청장년층은 감소하고 노년층은 증가하였으므로 노년 부양비가 증가하였다.

선택지 분석

ㄱ. 오답: 유소년 부양비는 '(유소년층 인구÷청장년층 인구)×100'으로 구할 수 있다. (가)는 2000~2010년에 청장년층 인구는 증가한 반면, 유소년층 인구는 감소하였으므로 유소년 부양비가 감소하였다.

ㄴ 정답: 노년 부양비는 '(노년층 인구÷청장년층 인구)×100'으로 구할 수 있다. (나)는 2000~2010년에 청장년층 인구는 감소한 반면, 노년층 인구는 증가하였으므로 노년 부양비가 증가하였다.

ㄷ. 오답: 노령화 지수는 '(노년층 인구÷유소년층 인구)×100'으로 구할 수 있다. 2010년에 (가)는 유소년층 인구보다 노년층 인구가 매우 적은 반면, (나)는 유소년층 인구보다 노년층 인구가 많기 때문에 (나)가 (가)보다 노령화 지수가 높다.

ㄹ 정답: 청장년층 인구 비율은 청장년층 인구를 각 연령층의 인구를 모두 더한 총인구로 나눈 후 100을 곱하면 된다. 2010년에 (가)의 청장년층 인구 비율은 약 75%이고, (나)의 청장년층 인구 비율은 약 63%이다. 따라서 (가)는 (나)보다 2010년의 청장년층 인구 비율이 높다.

킬러 예상 문제

본문 119~120쪽

01 ③ 02 ① 03 ① 04 ⑤ 05 ③ 06 ② 07 ④ 08 ①

01 우리나라의 연령별 인구 구조의 변화 이해

자료 해설 그래프는 우리나라의 시기별 인구 구조의 변화와 연령별 인구 구조의 변화를 나타내고 있다. (가)는 1960년, (나)는 2015년, (다)는 2040년의 인구 구조를 나타낸 것이다. 한편 연령별 인구 구조의 변화를 나타낸 인구 피라미드 중 A는 청장년층 인구 비중이 유소년층과 노년층 인구 비중에 비해 높은 인구 구조를 나타내고 있다. B는 전형적

인 피라미드형 인구 구조이며, C는 유소년층 인구 비중이 가장 낮고 노년층 인구 비중이 가장 높은 구조이다. 따라서 A는 2015년, B는 1960년, C는 2040년의 인구 피라미드이다.

① 오답: 1960년(가)은 2015년(나)보다 총인구가 적다.
② 오답: 2015년(나)은 1960년(가)보다 합계 출산율이 낮다. 우리나라의 합계 출산율은 낮아지는 경향을 보인다.
❸ 정답: 2015년(나)은 2040년(다)보다 청장년층의 인구 비중이 높다.
④ 오답: 노년층의 인구 비중은 2040년(다)>2015년(나)>1960년(가) 순으로 높다.
⑤ 오답: A는 (나), B는 (가), C는 (다) 시기의 인구 피라미드에 해당한다. 2040년은 출생률과 사망률이 모두 낮은 상태로 유지되므로 노년층 인구 비중이 높고 유소년층 인구 비중이 낮은 인구 구조가 나타날 것으로 예상된다.

02 우리나라의 인구 성장 이해

자료 해설 그래프는 우리나라의 인구 성장을 출생률과 사망률의 변화를 토대로 나타낸 것이다. A 시기는 1950~1955년으로 6·25 전쟁으로 인한 사망률의 증가가 나타난 시기이다. B 시기는 1955~1960년으로 전쟁 후 출산 붐이 일어났던 시기이며, C 시기는 2010~2015년으로 저출산·고령화 문제가 나타난 시기이다.

❶ 정답: 출생률이 사망률보다 높다는 것은 인구가 증가한다는 의미이다. 따라서 A 시기는 인구의 증가가 나타났다.
② 오답: 인구의 자연 증감은 출생자 수에서 사망자 수를 뺀 값이다. B 시기는 출생률이 사망률보다 높으므로 인구의 자연적 증가가 나타났다.
③ 오답: C 시기는 합계 출산율이 대체 출산율보다 낮아 출산 장려 정책을 실시하고 있다. 이와 더불어 저출산을 해결하기 위해 여성의 출산 휴가 및 육아 휴직뿐만 아니라 남성의 육아 휴직 보장 등의 정책을 실시하고 있다.
④ 오답: 우리나라의 총인구는 지속적으로 증가하고 있으므로 B 시기는 C 시기보다 총인구가 적었다.
⑤ 오답: C 시기는 B 시기보다 출생률과 사망률이 낮고, 저출산·고령화 현상이 나타나므로 노년층의 인구 비중이 높다.

올쏘 만점 노트 — 우리나라의 인구 성장

- 조선 시대: 높은 출생률과 높은 사망률 → 다산다사형
- 1920년대: 경제 성장 및 의학의 보급으로 사망률 감소 → 높은 인구 증가율, 다산감사형
- 광복~1960년대: 광복(사회적 증가), 전쟁 후 사회 안정 시기(출산 붐)
- 1960년대 이후: 산아 제한 정책 실시, 여성의 사회 진출 확대 → 출생률 감소, 감산소사형
- 최근: 낮은 출생률과 낮은 사망률, 출산 장려 정책 실시 → 소산소사형

03 남한의 시기별 인구 밀도의 지역 분포 파악

자료 해설 인구 밀도는 단위 면적당 인구로 보통 1km² 당 인구로 표현한다. 인구 밀도는 좁은 면적에 많은 사람이 살고 있는 도시 지역에서 높고, 넓은 면적에 적은 사람이 살고 있는 촌락 지역에서 낮게 나타난다.

❶ 정답: 우리나라의 인구 분포는 산업화가 본격적으로 이루어지기 전인 1960년대 이전에는 기후, 지형, 토양 등 자연적 요인의 영향이 컸다. 이에 따라 남서부 평야 지대는 기후가 온화하고 경지 비율이 높아 인구 밀도가 높았고, 산지가 많은 북동부 지역은 인구 밀도가 낮았다. 1985년에는 도시화가 진행되어 도시가 밀집해 있고 2·3차 산업이 발달한 수도권, 대도시, 남동 임해 지역에 인구 밀도가 높았고, 태백산맥과 소백산맥 등의 산간 지역과 농어촌 지역은 인구 밀도가 낮았다. 1990년대는 교외화가 진행되어 서울, 부산, 대구 등의 대도시 주변으로 도시화가 진행되어 대도시권이 형성되었다. 따라서 첫 번째 지도는 1940년, 두 번째 지도는 1985년, 세 번째 지도는 2015년의 인구 밀도이다.
호남권은 1960년 이전에는 자연환경이 유리하여 농업 및 어업 등이 활발한 평야 지대와 해안 지역에 인구 밀도가 높은 A의 분포가 나타났다. 1985년에는 이촌 향도 현상으로 내륙 지방의 인구가 줄어 인구 밀도가 낮아졌으며 해안의 항구 지역에는 인구 밀도가 상대적으로 높은 B의 분포가 나타났다. 2015년에는 인구 유출이 많아져 광주 등의 대도시와 여수, 광양 등의 공업 도시에만 인구가 집중된 C의 분포가 나타났다.

04 남한의 시기별 인구 이동 특징 이해

자료 해설 인구 이동의 방향과 규모는 시기에 따라 다르게 나타난다. 1970년대와 1980년대는 산업화와 도시화의 영향으로 촌락에서 서울, 부산과 같은 대도시로의 인구 이동이 활발했는데, 이러한 이촌 향도 현상으로 촌락의 노동력 부족, 정주 기반 시설 약화 등의 문제가 나타나기 시작했다. 1990년대부터는 교통 발달에 따라 서울과 부산 주변으로의 인구 이동이 나타났는데, 특히 대도시 주변에 신도시가 건설됨에 따라 대도시의 교외화가 확대되었다. 2000년대 이후에는 교외화와 역도시화 현상이 지역적으로 나타나게 되었다. 지도의 (가)는 1980년, (나)는 2000년이다.

❺ 정답: 지도를 통해 시기별 인구 이동 방향과 규모를 비교해 보면, 2000년은 1980년보다 서울로의 유입 인구수는 적고, 전체 인구 이동 규모도 작음을 알 수 있다. 특히 2000년에는 1980년에 비해 다른 권역에서 수도권으로의 이동은 감소하고 서울과 부산, 대구 등의 대도시 권역 내에서 도시와 도시 간의 이동이 많았다. 이는 교외화 현상과 함께 대도시권에서 대도시의 인구 분산을 위해 신도시가 개발된 영향이라고 볼 수 있다. 또한 2000년에는 1980년보다 촌락에서 도시로의 인구 흐름인 이촌 향도 현상이 낮아졌다. 따라서 1980년에 비해 2000년은 인구 이동 규모가 작고, 서울로의 유입 인구수가 적으며, 이촌 향도 현상의 정도가 낮아졌으므로 그림의 E에 해당한다.

05 아산시와 의성군의 인구 구조 변화 비교

자료 해설 인구 피라미드에서 중간 부분인 청장년층 인구 비중이 높으면 인구 유입이 많은 지역이다. (가)와 (나) 두 지역 모두 1970년에는 유소년층의 인구 비중이 높은 피라미드형 인구 구조가 나타났다. 그러나 2015년 (가)는 다른 연령층에 비해 청장년층의 인구 비중이 높은 인구 구조가 되었고, (나)는 유소년층 인구 비중이 가장 낮고 노년층의 인구 비중이 가장 높은 인구 구조가 되었다. 이에 따라 (가)는 수도권과 가깝고 전자 부품, 컴퓨터, 영상, 음향 및 통신 장비 제조과 자동차 및 트레일러 제조업이 발달한 아산시, (나)는 촌락의 특성이 잘 나타나는 의성군임을 알 수 있다.

정답 및 해설

선택지 분석

① 오답: 아산(가)은 2015년이 1970년보다 인구가 많으므로 인구 밀도는 1970년이 2015년보다 낮다.

② 오답: 의성(나)은 이촌 향도 현상으로 인구 유출이 많았던 지역이다. 따라서 2015년이 1970년보다 총인구가 적고 유소년층 인구 비중도 감소했으므로, 초등학교 학급 수는 1970년이 2015년보다 많다.

❸ 정답: 아산(가)은 의성(나)보다 수도권에 인접하여 서울과의 접근성이 좋고 제조업이 발달하면서 1970~2015년에 인구 전입이 활발하였다.

④ 오답: 의성(나)은 아산(가)보다 2015년에 청장년층 인구 비중이 낮다.

⑤ 오답: 아산(가)과 의성(나) 모두 2015년이 1970년보다 유소년층 인구 비중이 낮다.

06 성비와 유소년층 인구 비중의 지역 분포 파악

자료 해설 제시된 지도는 단계 구분도로, 어떤 인구 지표에 대한 통계 값을 몇 개의 단계로 구분하여 서로 다른 음영을 행정 구역별로 나타낸 것이다. 따라서 지역 분포의 특성을 통해 인구 지표를 파악할 수 있다.

선택지 분석

❷ 정답: (가)는 군인의 비율이 높은 휴전선 부근 지역과 수도권에서 공업이 발달한 안산, 화성 등에서 높게 나타난다. 또한 울산, 거제, 당진 등 중화학 공업이 발달한 지역에서도 높은 경향을 보인다. 그러나 전남의 내륙 등지에서는 수치가 낮은 경향이 나타난다. 휴전선 부근과 중화학 공업이 발달한 지역은 남초 현상이 나타나므로 (가)는 성비이다. 성비는 남성과 여성의 비율로 여성 100명에 대한 남성의 수로 나타낸다.

(나)는 서울, 부산과 같은 대도시의 주변에 위치한 도시 지역에서 수치가 높으며 제조업이 발달한 충청남도 일부 지역에서도 수치가 높다. 이는 교외화 현상과 고용을 위한 인구의 유입이 활발한 지역으로, 청장년층과 유소년층 인구 비중이 상대적으로 높은 지역이다. 따라서 (나)는 유소년층 인구 비중이다.

①, ③, ④, ⑤ 오답: 인구 밀도는 일정 단위 면적에 얼마나 많은 사람들이 살고 있는가를 나타낸 것으로 인구의 과밀 정도를 판단하는 지표이다. 따라서 좁은 면적에 많은 사람들이 살고 있는 도시 지역에서 높고, 넓은 면적에 적은 수의 사람들이 살고 있는 촌락 지역에서 낮다. 특히 서울을 중심으로 한 수도권 지역은 우리나라 최대의 인구 밀집 지역이므로 수치가 매우 높게 나타난다.

노년층 인구 비중은 인구의 청장년층 유출이 많은 촌락 지역에서 높은데 전남, 전북, 경북 일대에서 수치가 높게 나타난다.

07 경기도, 강원도, 전라남도의 인구 특성

자료 해설 지도의 (가)는 경기, (나)는 강원, (다)는 전남이다. 경기(가)는 인구 유입이 활발한 지역으로 교외화에 따른 서울 주변 도시의 성장과 제조업의 발달로 청장년층 인구 비중이 매우 높고 이 때문에 중위 연령도 낮으므로 A에 해당한다. 전남은 촌락이 넓게 분포하는 지역으로, 산업화 및 도시화 과정에서 청장년층 중심의 인구 유출이 활발하여 세 지역 중에서 청장년층 인구 비중이 가장 낮고 노년층 인구 비중은 가장 높다. 따라서 전남(다)은 C에 해당하고, 나머지 강원(나)은 B에 해당한다.

선택지 분석

㉠ 정답: 경기(A)는 강원(B)보다 면적 대비 인구가 많으므로 인구 밀도가 높다.

ㄴ. 오답: 강원(B)은 휴전선 일대에서 남초 현상이 나타나고, 전남(C)은 초고령화 현상이 나타나는 지역이 많아 여초 현상이 두드러진다. 따라서 강원은

전남보다 성비가 높다.

㉢ 정답: 경기(A)는 인구 규모가 커서 다른 지역에 비해 등록 외국인 수도 많다. 특히 안산의 반월 공단 등은 취업을 위한 외국인 근로자가 많으므로, 전남(C)은 경기(A)보다 등록 외국인 수가 적다.

㉣ 정답: 경기(가)는 A, 강원(나)은 B, 전남(다)은 C에 해당한다.

08 수도권, 영남권, 호남권의 인구 변화와 거주 형태 비교

자료 해설 전입자 수에서 전출자 수를 뺀 값을 인구 순 이동이라고 한다. 전입자가 전출자보다 많으면 인구 순 이동이 양(+)의 값을 보이는데, 이를 인구의 순 유입이라고 한다. 반대로 전입자가 전출자보다 적으면 인구 순 이동이 음(−)의 값을 보이는데, 이를 인구의 순 유출이라고 한다.

선택지 분석

❶ 정답: (가)는 1970~2010년 지속적으로 인구 순 유입이 나타나는 지역으로 인구 순 유입 규모가 크다. 2010~2015년에는 인구 순 유출이 나타나는 수도권으로 거주 형태별 가구 수는 A에 해당한다.

(나)는 1970년대 인구 순 유입이 나타났지만, 그 이후 인구 순 유출이 나타나는 지역이므로 영남권에 해당하며 거주 형태별 가구 수는 B에 해당한다.

(다)는 1970~2015년 지속적으로 인구 순 유출이 나타나는 지역으로 촌락 지역이 많아 이촌 향도 현상의 영향이 크게 나타난 지역이다. 최근 인구 순 유출 규모가 감소하고 있는데, 이는 지역의 인구 규모가 크지 않기 때문이다. 따라서 (다)는 호남권이며, 거주 가구가 적은 C에 해당한다.

기출 선지 변형 O X

본문 121~122쪽

01 ① × ② ○ ③ × ④ ○ ⑤ ○ ⑥ × ⑦ ×

02 ① ○ ② ○ ③ × ④ × ⑤ ○ ⑥ ○ ⑦ × ⑧ ○ ⑨ × ⑩ ×

03 ① ○ ② ○ ③ × ④ ○ ⑤ ○ ⑥ × ⑦ × ⑧ ○

04 ① ○ ② × ③ × ④ × ⑤ ○ ⑥ ×

01 ① 노령화 지수는 '(노년층 인구÷유소년층 인구)×100'으로 구한다. 2010년 노령화 지수는 '(11.1÷16.1)×100'으로 약 69이다. 따라서 2010년에는 노령화 지수가 100 미만이다.

② 총 부양비는 '{(유소년층 인구+노년층 인구)÷청장년층 인구}×100'으로 구한다. 1980년 총 부양비는 '{(3.8+34.0)÷62.2}×100'으로 약 61, 2010년 총 부양비는 '{(11.1+16.1)÷72.8}×100'으로 약 37이다. 따라서 1980년에 비해 2010년에 총 부양비는 감소하였다.

③ 1990년에 비해 2030년은 유소년층과 청장년층 인구 비중은 감소하였고, 노년층 인구 비중은 증가하였으므로 중위 연령이 높게 나타난다.

④ 노년 부양비는 '(노년층 인구÷청장년층 인구)×100'으로 구한다. 2000년 노년 부양비는 '(7.2÷71.7)×100'으로 약 10이고, 2050년 노년 부양비는 '(37.4÷52.7)×100'으로 약 71이다. 따라서 2000년에 비해 2050년에는 노년 부양비가 5배 이상 될 것이다.

⑤ 1970년 유소년층 인구 비중은 42.5%였으나 계속 감소하여 2050년에는 9.9%까지 낮아질 전망이다. 반면 노년층 인구 비중은 1970년 3.1%에서 2050년에는 37.4%까지 증가할 전망이다. 따라서 1970년 이후 유소년층 인구 비중은 계속 감소하는 반면 노년층 인구 비중은 계속 증가 추세에 있다. 이를 통해 우리나라의 저출산, 고령화 문제를 살펴볼 수 있다.

⑥ 노령화 지수 '(노년층 인구÷유소년층 인구)×100'으로 구한다. 1970년 이후 유소년층 인구 비중은 계속 감소하는 반면 노년층 인구 비중은 계속 증가 추세에 있다. 따라서 노령화 지수는 계속 높아지는 추세에 있다.

⑦ 2010년 이후 청장년층 인구 비중은 계속 낮아지고 있다. 청장년층 인구 비중은 총 부양비와 반비례 관계이므로 총 부양비는 높아질 것이다.

02 ① A에는 (가)보다 (나)가 높은 인구 지표가 들어가야 한다. 따라서 노령화 지수, 총 부양비 등의 인구 지표가 들어갈 수 있다.

② B에는 (나)보다 (가)가 높은 인구 지표가 들어가야 한다. 따라서 청장년층 인구 비중, 유소년 부양비 등의 인구 지표가 들어갈 수 있다.

③ 제시된 그래프에 유소년층 인구 비중과 노년층 인구 비중이 나와 있으므로, 청장년층 인구 비중도 구할 수 있다. '100−(유소년층 인구 비중+노년층 인구 비중)'으로 계산해 보면, (가)의 청장년층 인구 비중은 약 69%, (나)의 청장년층 인구 비중은 약 56%이다. 따라서 청장년 인구 비중은 (가)가 (나)보다 높다.

④ (가)는 (나)보다 유소년층과 청장년층 인구 비중이 높고, 노년층 인구 비중이 낮다. 총 부양비는 청장년층 인구 비중이 상대적으로 낮은

(나)가 (가)보다 높다. 한편, 노령화 지수는 유소년층 인구 비중에 대한 노년층 인구 비중이 높은 (나)가 (가)보다 높다. 유소년 부양비는 유소년층 인구 비중이 높은 (가)가 (나)보다 높다.

⑤ 노년 부양비는 '(노년층 인구÷청장년층 인구)×100'으로 구할 수 있다. 따라서 노년 부양비는 청장년층의 인구 유출이 활발한 지역에서 뚜렷하게 높다.

⑥ 대도시에서 멀리 떨어져 있는 지역은 산업화로부터 소외되어 일자리를 찾아 대도시로 떠나는 인구가 많고, 대부분 청장년층 중심의 인구 유출이 활발하여 노년층 인구 비중이 높은 편이다.

⑦ 촌락 지역은 청장년층의 인구 유출이 활발한 지역이므로, 노년층 인구 비중이 높은 편이다.

⑧ 2015년 기준 우리나라 시·도 중에서 노년층 인구 비중이 가장 높은 지역은 전남이다.

⑨ 노령화 지수는 '(노년층 인구÷유소년층 인구)×100'으로 구한다. 따라서 노령화 지수가 100보다 크다는 것은 유소년층 인구 비중이 노년층 인구 비중보다 낮다는 뜻이다.

⑩ 중위 연령은 특정 지역의 인구를 연령순으로 일렬로 세웠을 때 중앙에 위치하는 사람의 연령을 말하는 것으로, 노년층 인구 비중이 높고, 유소년층 인구 비중이 낮을수록 높게 나타난다. 따라서 노년층 인구 비중이 높은 지역은 낮은 지역에 비해 대체로 중위 연령이 높다.

03 ① 생산 가능 인구 비율(청장년층 인구 비율)과 총 부양비는 반비례 관계이므로, A와 ⓒ은 동일한 지역을 나타낸 것이다.

② 총 부양비는 유소년 부양비와 노년 부양비를 합한 값이다. B(ⓔ)의 총 부양비는 약 36, 유소년 부양비는 약 16이므로, 노년 부양비는 약 20이다. D(ⓒ)의 총 부양비는 약 31, 유소년 부양비는 약 21이므로, 노년 부양비는 약 10이다. 따라서 B는 D보다 노년층 인구 비율이 높다.

③ 노령화 지수는 유소년층 인구에 대한 노년층 인구의 비율을 통해 구할 수 있다. 따라서 D(ⓒ)의 노령화 지수는 '(10÷21)×100'으로 약 48이다. 그러므로 D의 노령화 지수는 80 이하이다.

④ ⓒ은 총 부양비가 약 44, 유소년 부양비가 약 24이므로, 노년 부양비는 약 20이다. ⓒ은 총 부양비가 약 31, 유소년 부양비가 약 21이므로, 노년 부양비는 약 10이다. 따라서 노년 부양비는 ⓒ이 ⓒ보다 높다.

⑤ 유소년 부양비는 '(유소년층 인구÷청장년층 인구)×100'으로 구한다.

⑥ 노령화 지수는 '(노년층 인구÷유소년층 인구)×100'으로 구한다.

⑦ 총 부양비는 '{(유소년층 인구+노년층 인구)÷청장년층 인구}×100'으로 구한다. 총 부양비는 대체로 청장년층 인구 비중에 반비례해서 나타난다.

⑧ 유소년층 인구 비중+청장년층 인구 비중+노년층 인구 비중=100%이고, 총 부양비는 '{(유소년층 인구+노년층 인구)÷청장년층 인구}×100'으로 구하므로 총 부양비가 100이라는 것은 청장년층 인구 비중이 50%라는 의미이다.

04 ① 등록 외국인 비율(가)은 중소기업 공장들이 많은 수도권 서남부 지역에서 높게 나타난다.

② 노령화 지수(나)는 산업화 과정에서 인구 유출이 활발했던 촌락에서

높고, 인구 유입이 활발했던 도시에서 낮게 나타난다.

③ (가)는 등록 외국인 비율, (나)는 노령화 지수를 나타낸다. 성비는 여성 100명에 대한 남성의 수로, 거제, 당진, 포항 등과 같이 중화학 공업이 발달한 지역과 군사 지역이 많은 휴전선 부근에서 높게 나타나는 경향이 있다.

④ 국제결혼 건수는 등록 외국인의 수가 많은 수도권에서 많지만, 국제결혼율은 인구 대비 국제결혼 비중이 높은 농촌과 같은 촌락에서 높게 나타나는 경향이 있다.

⑤ 등록 외국인 비율은 중소기업 공장들이 많은 수도권 서남부 지역에서 높게 나타난다.

⑥ 노령화 지수는 인구 유출이 활발한 촌락에서 높고, 인구 유입이 활발한 도시에서 낮게 나타난다.

실전 기출 문제

본문 123~125쪽

01 ③ **02** ② **03** ① **04** ③ **05** ③ **06** ① **07** ④ **08** ③
09 ② **10** ③ **11** ① **12** ②

---

01 우리나라의 총 부양비와 노령화 지수의 변화 이해

자료 해설 총 부양비는 2015년까지는 감소하다가 이후에 다시 증가하는 경향이 나타난다. 노령화 지수는 계속 증가 추세에 있다.

선택지 분석

ㄱ. 오답: 총 부양비는 '{(유소년층 인구+노년층 인구)÷청장년층 인구}×100'으로 구한다. 1970년 총 부양비는 약 85이므로, 이는 유소년층 인구와 노년층 인구의 합이 청장년층 인구의 합보다 작다는 것을 의미한다. 실제로 계산을 해 보면 청장년층 인구를 100이라고 했을 때, 유소년층 인구와 노년층 인구의 합이 85라는 의미이므로, 총 인구를 185, 청장년층 인구를 100으로 한다면 청장년층 인구 비중은 '(100÷185)×100'으로 약 54%이다. 따라서 유소년층 인구 비중과 노년층 인구 비중의 합은 약 46%이다. 한편, 1970년 노령화 지수는 약 5인데, 노령화 지수는 '(노년층 인구÷유소년층 인구)×100'으로 구한다. 노령화 지수가 약 5이므로, 노년층 인구는 유소년층 인구의 약 1/20 정도이며, 유소년층 인구 비중과 노년층 인구 비중의 합이 46%였으므로, 1/20은 약 2.3% 정도가 된다. 따라서 1970년 노년층 인구 비중은 20% 미만이다.

ㄴ. 정답: 노령화 지수는 '(노년층 인구÷유소년층 인구)×100'이다. 2030년에 노령화 지수는 200을 초과하므로 노년층 인구는 유소년층 인구의 2배 이상으로 많다.

ㄷ. 정답: 2030년은 2000년보다 총 부양비와 노령화 지수가 높으므로 중위 연령이 높다.

ㄹ. 오답: 청장년층 인구 비중은 총 부양비와 반비례 관계에 있다. 따라서 총 부양비가 2015년까지는 감소하다가 이후에 다시 증가하는 경향이 나타나므로, 청장년층 인구 비중은 2015년까지는 증가하다가 이후에 다시 감소하게 된다.

02 인구 변화 추론

자료 해설 총 부양비는 '유소년 부양비+노년 부양비'로 '{(유소년층 인구+노년층 인구)÷청장년층 인구}×100'으로 구할 수 있다. 그래프에 유소년 부양비와 총 부양비가 있으므로 노년 부양비도 구할 수 있으

며 '총 부양비−유소년 부양비'로 노년 부양비를 구하면 된다.

선택지 분석

ㄱ. 정답: 2020년 유소년 부양비는 18.6, 노년 부양비는 22.1(40.7−18.6)로, 노령화 지수는 '(22.1÷18.6)×100'으로 약 118.80이다. 따라서 노령화 지수는 100을 넘는다.

ㄴ. 오답: 중위 연령은 특정 지역의 인구를 연령순으로 일렬로 세웠을 때 중앙에 위치하는 사람의 연령을 말하는 것으로, 노년층 인구 비중이 높고, 유소년층 인구 비중이 낮을수록 높게 나타난다. 따라서 1970년은 2050년보다 유소년 부양비는 훨씬 높고, 노년 부양비는 훨씬 낮으므로 중위 연령이 낮을 것이다.

ㄷ. 정답: 1970년 노년 부양비는 5.7(83.9−78.2), 2050년 노년 부양비는 71(89.9−18.9)로, 10배가 넘는다.

ㄹ. 오답: 2010년 총 부양비가 37.4에서 2050년 89.9로 크게 증가하고 있다. 총 부양비와 청장년층 인구 비중은 대체로 반비례 관계이므로 2010년 이후 총 부양비가 계속 증가하고 있으므로, 청장년층 인구 비중은 점차 낮아질 것이다.

> **올쏘 만점 노트** 인구 부양비
> - 총 부양비=유소년 부양비+노년 부양비 → {(유소년층 인구+노년층 인구)÷청장년층 인구}×100
> - 유소년 부양비=(유소년층 인구÷청장년층 인구)×100
> - 노년 부양비=(노년층 인구÷청장년층 인구)×100
> - 노령화 지수=(노년층 인구÷유소년층 인구)×100
> - 총 부양비는 대체로 청장년층 인구 비중에 반비례한다.

03 인구 부양비의 지역별 분포 특징 이해

자료 해설 (나)는 서울과 서울 주변의 위성 도시, 남동 임해 공업 지역은 낮고, 촌락 지역에서 높게 나타나므로 노년 부양비이다.

(다)는 서울 주변의 수도권과 대도시의 주변 지역에서 높은 값을 보이므로 유소년 부양비를 나타낸 것이다.

(가)는 (나)의 노년 부양비와 (다)의 유소년 부양비를 합한 총 부양비를 나타낸 것이다.

따라서 (가)는 총 부양비, (나)는 노년 부양비, (다)는 유소년 부양비를 나타낸 지도이다.

선택지 분석

- 지역별 인구 구조의 차이가 나타나는 주요 원인은 산업화로 인한 이촌 향도로 촌락은 청장년층 인구 유출, 도시는 청장년층 인구 유입이 발생했기 때문이다. 이로 인해 도시는 촌락보다 상대적으로 청장년층 인구 비중이 높아 총 부양비가 낮고, 촌락은 총 부양비가 높다.
- 촌락은 도시에 비해 노년층 인구 비중이 높아 노년 부양비가 높으며, 도시는 상대적으로 노년 부양비가 낮게 나타난다.
- 유소년 부양비는 인구 전입이 활발한 대도시 근교 지역에서 높게 나타나는 경향이 뚜렷하고 대도시와 멀리 떨어진 촌락 지역에서 낮게 나타나는 경향이 있다. 대도시 근교 지역은 대체로 서울을 비롯하여 광역시와 같은 대도시의 주변 지역이다.

04 촌락 지역의 인구 변화 이해

자료 해설 그래프에서 유소년층과 청장년층의 인구 비중은 감소하였고, 노년층 인구 비중은 증가하였다. 또한, 총인구도 감소하고 있는 것으로 보아 촌락 지역의 인구 변화를 나타낸 것임을 알 수 있다.

ㄱ. 오답: 중위 연령은 노년층 인구가 많고, 유소년층 인구가 적을수록 높아진다. 제시된 지역은 유소년층 인구 비중이 감소하고 노년층 인구 비중이 증가한 것으로 보아 중위 연령은 높아졌을 것이다.

ㄴ. 정답: 총인구와 유소년층 인구 비중이 감소한 것으로 보아 초등학교의 통·폐합이 이루어졌음을 추론할 수 있다.

ㄷ. 정답: 청장년층 인구 비중은 감소하고 노년층 인구 비중이 증가한 것으로 보아 노년층에 대한 부양 부담이 증가했음을 알 수 있다.

ㄹ. 오답: 제시된 지역은 촌락 지역으로, 생산 기능 입지에 따른 집적 불이익과는 관련이 적다.

> **올쏘 만점 노트** 촌락의 인구 변화
>
> 산업화로 인한 이촌 향도가 활발히 이루어지면서 촌락은 청장년층 인구가 유출되고 도시는 청장년층 인구가 유입되었다. 이로 인해 촌락은 도시보다 청장년층 인구 비중이 낮고, 총 부양비가 높으며, 농가 인구 비율이 높다. 또한 촌락은 청장년층 인구가 유출되어 노년층의 인구 비중이 높으며 이로 인해 중위 연령도 높다. 중위 연령은 대체로 노년층 인구 비중이 높고 유소년층 인구 비중이 낮을수록 높게 나타난다.

05 노년 부양비와 유소년 부양비 파악

자료 해설 (가)는 촌락(A)에서 높고, 도시(B)에서 낮은 노년 부양비이고, (나)는 도시(C)에서 높고, 촌락(D)에서 낮은 유소년 부양비이다.

선택지 분석

① 오답: 촌락은 도시에 비해 노년층 인구 비중이 높아 노년 부양비가 높으며, 도시는 상대적으로 노년 부양비가 낮게 나타난다. 따라서 (가)는 노년 부양비, (나)는 유소년 부양비이다.

② 오답: 촌락(A)은 도시(B)보다 3차 산업 종사자 비율이 낮다.

③ 정답: 외국인 노동자의 대부분은 산업 단지가 많은 대도시와 그 주변 지역에 분포해 있으며, 특히 산업이 발달한 수도권과 남동 임해 공업 지역에 밀집해 있다. 따라서 도시(B)는 촌락(D)보다 외국인 노동자 수가 많다.

④ 오답: 중위 연령은 전체 인구를 연령순으로 일렬로 세웠을 때 중앙에 위치하는 사람의 연령을 말한다. 노년층 인구가 많고, 유소년층 인구가 적을수록 중위 연령이 높기 때문에 전통 촌락 지역에서 높게 나타난다. 따라서 도시(C)는 촌락(A)보다 중위 연령이 낮다.

⑤ 오답: 산업화로 인한 이촌 향도로 촌락은 청장년층 인구 유출, 도시는 청장년층 인구 유입이 발생했기 때문에 도시는 촌락보다 상대적으로 청장년층 인구 비중이 높다. 따라서 촌락(D)은 도시(C)보다 청장년층 인구 비중이 낮다.

> **올쏘 만점 노트** 지역별 인구 구조의 특징과 외국인 노동자의 분포
>
> 〈지역별 인구 구조의 특징〉
> 지역별 인구 구조의 차이가 나타나는 주요 원인은 산업화로 인한 이촌 향도로 촌락은 청장년층 인구 유출, 도시는 청장년층 인구 유입이 발생했기 때문이다. 따라서 도시는 촌락보다 상대적으로 청장년층 인구 비중이 높다.
> 〈외국인 노동자의 분포〉
> 우리나라는 경제 성장에 따른 생산직 근로자의 임금 인상, 저출산·인구 고령화·고학력화 등에 따른 노동력 부족 등이 원인이 되어 외국인 근로자가 유입되기 시작하였는데, 1990년대 초반부터 중국을 비롯한 동남아시아와 남부 아시아로부터 저임금 노동력이 유입되기 시작하였다. 유입되고 있는 외국인은 근로자가 가장 많고, 국제결혼 증가로 결혼 이민자와 그들의 자녀도 증가하고 있다. 외국인 근로자의 대부분은 산업 단지가 많은 대도시와 그 주변 지역에 분포해 있으며, 특히 산업이 발달한 수도권과 남동 임해 공업 지역에 밀집해 있다.

06 주요 인구 지표의 특징 파악

자료 해설 (가)는 휴전선 부근 지역에서 수치가 높게 나타나는 것으로 보아 성비이며, (나)는 공업이 발달한 안산에서 수치가 높게 나타나는 것으로 보아 외국인 수를 나타낸 것이다.

선택지 분석

• 성비는 중화학 공업이 발달하여 남성 종사자 비중이 높은 울산, 광양, 거제 등과 군부대가 많은 강원과 경기 북부의 군사 지역에서 높게 나타난다.

• 서울에 있던 제조업이 이전하면서 제조업이 빠르게 성장한 안산은 외국인 수가 많다.

07 지역별 인구 특성 이해

자료 해설 지도에 표시된 지역은 천안, 원주, 안동이다. (가)는 총인구가 가장 많고, 총 부양비가 가장 낮으므로 천안이다. (다)는 총 부양비와 노년 부양비가 가장 높으므로 안동이고, 나머지 (나)는 원주이다.

선택지 분석

① 오답: '총 부양비 = 노년 부양비+유소년 부양비'이다. 이를 활용하여 유소년 부양비(총 부양비−노년 부양비)를 구하면, (가)와 (나)의 유소년 부양비는 거의 같다. 그러나 (가)가 (나)보다 인구 규모가 크기 때문에 유소년층 인구는 (가)가 (나)보다 많다.

② 오답: 노령화 지수는 '(노년층 인구÷유소년층 인구)×100'으로 구한다. (나)의 노령화 지수는 '(17÷20)×100'으로 약 85이고, (다)의 노령화 지수는 '(29÷19)×100'으로 약 152이다. 따라서 (나)는 (다)보다 노령화 지수가 낮다.

③ 오답: (가)는 천안이므로 충청권, (나)는 원주이므로 강원권에 있다.

④ 정답: 혁신 도시는 수도권에 소재하는 공공 기관의 지방 이전을 계기로 지방의 성장 거점 지역에 조성되는 도시이다. 원주는 기업 도시와 혁신 도시로 지정되어 있고, 경상북도의 도청은 대구에서 안동으로 이전했다.

⑤ 오답: 청장년층 인구의 비중은 총 부양비에 반비례하므로 천안(가)>원주(나)>안동(다) 순으로 높다.

08 우리나라의 지역별 인구 특성 파악

자료 해설 노년 인구 비중이 가장 높은 C와 노령화 지수가 가장 높은 ㉠은 면이다. 노년 인구 비중이 가장 낮은 A와 노령화 지수가 가장 낮은 ㉢은 동이다. 따라서 나머지 ㉡과 B는 읍이다. 따라서 A는 동, B는 읍, C는 면이고, ㉠은 면, ㉡은 읍, ㉢은 동이다.

선택지 분석

① 오답: 도시화 과정에서 촌락은 청장년층 인구 유출, 도시는 청장년층 인구 유입이 발생했다. 따라서 C는 인구 유출이 활발하였다.

② 오답: 우리나라 총인구에서 차지하는 비중은 읍(B)이 동(A)보다 낮다.

③ 정답: 노령화 지수는 '(노년층 인구÷유소년층 인구)×100'으로 구한다. ㉠은 노령화 지수가 200 이상이므로 노년 인구 비중이 유소년 인구 비중보다 2배 이상이라는 것을 알 수 있다. 따라서 ㉠은 노년 부양비가 유소년 부양비보다 2배 이상 높다.

④ 오답: ㉠은 ㉢보다 촌락의 성격이 강하므로 3차 산업 종사자 비중이 낮다.

⑤ 오답: B와 ㉡은 읍·면·동 중에서 읍에 해당한다.

09 지역별 인구 특성 이해

자료 해설 두 시기 모두 B는 A보다 총 부양비가 크고, 노년 부양비

정답 및 해설 🦷

도 크다. 총 부양비와 노년 부양비가 제시되어 있으므로 유소년 부양비(총 부양비−노년 부양비)도 구할 수 있다.

❶ 정답: 노년 부양비는 '(노년층 인구÷청장년층 인구)×100'으로 구한다. 이를 통해 청장년층과 노년층 인구를 비교할 수 있다. A의 2010년 노년 부양비는 약 12로, 이는 청장년층 인구가 100, 노년층 인구가 12일 경우이므로 청장년층 인구가 노년층 인구의 10배를 넘지 않는다.

ㄴ. 오답: 유소년 부양비는 '총 부양비−노년 부양비'로 구할 수 있다. 따라서 B의 유소년 부양비는 2000년(약 30)보다 2010년(약 27)에 감소하였다.

❸ 정답: B는 A보다 두 시기 모두 노년 부양비가 높게 나타나므로, 중위 연령이 높다.

ㄹ. 오답: 총 부양비와 청장년층 인구 비중은 반비례 관계이다. 두 시기 모두 B는 A보다 총 부양비가 크므로, B는 A보다 청장년층 인구의 비중이 낮다.

10 지역별 외국인 근로자의 분포 분석

자료 해설 외국인 근로자의 대부분은 산업 단지가 많은 대도시와 그 주변 지역에 분포해 있으며, 특히 산업이 발달한 수도권과 남동 임해 지역에 밀집해 있다.

ㄱ. 오답: 충남은 경남보다 전체 외국인 근로자 수가 적을 뿐만 아니라 남성 근로자의 비중도 낮다. 따라서 충남은 경남보다 남성 외국인 근로자 수가 적다.

❷ 정답: 수도권인 서울, 경기, 인천의 외국인 근로자 수는 30만 명을 초과하기 때문에 전국에서 절반 이상을 차지한다.

❸ 정답: 외국인 근로자의 성별 비율 차이가 가장 작은 지역은 서울이다.

ㄹ. 오답: 항구 도시인 부산, 인천, 울산의 외국인 근로자 수는 내륙의 대구, 광주, 대전보다 많다.

11 인구 규모별 고령화 수준 분석

자료 해설 자료는 인구 총조사 결과를 토대로 도시 인구 규모별 노년 인구 비율의 변화를 나타낸 것이다. 고령화 사회는 노년 인구 비율이 7~14%인 사회이다.

❶ 정답: 표의 내용을 통해 5~10만 명 도시는 10~50만 명 도시보다 노년 인구 비율이 높음을 알 수 있다. 따라서 5~10만 명 도시는 10~50만 명 도시보다 고령화가 많이 진행되었다.

❷ 정답: 100만 명 이상 도시의 노년 인구 비율은 1990년(5.9%)이 2000년(5.4%)보다 높다.

ㄷ. 오답: 고령화 사회는 노년 인구 비율이 7~14%인 사회이다. 1990년에 50만 명 이상의 도시에서 노년 인구 비율이 7%를 넘는 도시가 없으므로 1990년부터 고령화 사회에 진입한 도시가 나타난 것은 아니다.

ㄹ. 오답: 2010년에 노년 인구 비율이 7%를 넘는 도시 수는 5~10만 명의 도시가 39개, 10~50만 명의 도시가 48개로 5~10만 명의 도시가 10~50만 명 도시보다 도시 수가 적다.

12 도시와 촌락의 인구 특성 파악

자료 해설 (가)는 (나)보다 노년층 인구 비중이 높게 나타나므로 면부(面部)이고, (나)는 동부(洞部)이다.

❷ 정답: 동부(洞部)는 면부(面部)보다 인구 밀도가 높다. 또한, 동부는 면부보다 내국인의 청장년층 인구 비율이 높아 내국인 총 부양비가 낮다. 면부는 외국인 남성 비율이 높게 나타나 성비가 높고, 동부는 상대적으로 외국인 남성 비율에 비해 외국인 여성 비율이 높은 편으로 외국인 성비가 낮다. 따라서 (가) 지역과 비교한 (나) 지역의 상대적 특징은 그림의 B이다.

킬러 예상 문제

본문 **126~127**쪽

01 ⑤ **02** ⑤ **03** ① **04** ③ **05** ③ **06** ③ **07** ① **08** ③

01 시기별 인구 관련 표어와 인구 정책 파악

자료 해설 우리나라의 인구 정책을 살펴보면 1960년대 이후에는 인구의 급격한 증가를 억제하기 위한 정부 주도의 적극적인 산아 제한 정책이 추진되면서 출산율이 빠르게 낮아졌다. 그러나 2000년대 이후 지나친 출산율의 감소로 저출산 문제가 발생하자 정부는 다시 출산 장려 정책으로 전환하게 되었다. 이는 가족계획 표어를 통해서도 잘 나타난다. 1970년대의 '딸·아들 구별 말고 둘만 낳아 잘 기르자', 1980년대의 '하나씩만 낳아도 삼천리는 초만원'은 산아 제한 정책을 나타낸 표어이다. 1990년대의 '아들 바람 부모 세대 짝꿍 없는 우리 세대'는 성비 불균형을 해결하려는 인구 정책을 반영한 것이며, 2000년대에 들어서면서 지나치게 낮은 출생률로 인구 감소가 예상되어 '가가 호호 아이 둘 셋 하하 호호 희망 한국'으로 출산 장려 정책을 펼치고 있다. 따라서 1970년대는 (나), 1980년대는 (가), 1990년대는 (라), 2000년대는 (다)에 해당한다.

① 오답: 1970년대(나)의 인구 정책은 출생률을 낮추기 위한 것이었다.

② 오답: 2000년대(다)는 출생률을 높이기 위한 정책이 실시되었다.

③ 오답: 1990년대(라)의 표어는 여자아이에 비해 남자아이가 많은 성비 불균형이 나타났음을 보여주는 표현이다. 따라서 출생아의 성비가 100 이상인 것이 주요 문제였다. 이 시기에는 성비 불균형의 심각성을 알리고, 이로 인한 문제를 해결하고자 했다.

④ 오답: 1980년대(가)는 2000년대(다)보다 합계 출산율이 높다. 1980년대의 포스터에는 '한 자녀 낳기'를 권장하는 내용이 담겨져 있다. 이러한 인구 정책의 영향으로 출산율이 낮아졌고, 이후 합계 출산율이 대체 출산율보다 낮아져 저출산 현상이 심화되었다.

❺ 정답: 1970년대(나)는 2000년대(다)보다 출생률이 높았기 때문에 유소년층의 인구 비중이 높다.

02 연령층별 인구 구성비 변화 이해

자료 해설 우리나라의 연령층별 인구 구성비 변화를 보면 유소년층 인구 비중은 지속적으로 감소하는 경향을 보이다가 2050년대에는 정체되는 경향이 나타난다. 노년층 인구 비중은 지속적으로 증가하는데, 특히 2020~2040년에 빠르게 증가하는 경향이 나타난다. 이러한 현상이 나타날 것으로 예측되는 주요 원인은 1960년을 전후한 시기에 태어난 출산 붐 세대가 노년층에 진입하기 때문이다. 총 부양비는 청장년층 인구 비중과 반비례 관계이다. 따라서 총 부양비는 2010년대까지 감소하다가 이후 증가하는 경향이 나타날 것으로 예상된다.

① 오답: 노령화 지수는 노년층 인구 비중을 유소년층 인구 비중으로 나눈 후 100을 곱하여 구할 수 있다. 1960년의 유소년층 인구 비중은 42.3%, 노년층 인구 비중은 2.9%이므로, 노령화 지수는 100 미만이다.

② 오답: 유소년 부양비는 유소년층 인구 비중을 청장년층 인구 비중으로 나눈 후 100을 곱하여 구할 수 있다. 2010년 유소년층 인구 비중은 16.1%, 청장년층 인구 비중은 72.8%이므로, 유소년 부양비는 50 미만이다.

③ 오답: 총 부양비는 청장년층 인구 비중과 반비례한다. 청장년층 인구 비중은 1960년에 54.8%이고, 2010년에 72.8%이므로 총 부양비는 1960년이 2010년보다 높다.

④ 오답: 총인구는 1960년이 2010년보다 적고, 65세 이상 인구 비중도 1960년이 2010년보다 낮으므로, 65세 이상 인구는 1960년이 2010년보다 적다.

❺ 정답: 노년 부양비는 노년층 인구 비중을 청장년층 인구 비중으로 나눈 후 100을 곱하여 구할 수 있다. 노년 부양비는 1980년에는 '(3.8÷62.2)×100'으로 약 6.1이고, 2060년에는 '(40.1÷49.7)×100'으로 약 80.7이다. 따라서 2060년의 노년 부양비는 1980년의 10배 이상이다.

03 노년층 인구 비율 분포의 변화 이해

자료 해설 노년층 인구 비율은 총인구에 대한 노년층 인구의 비율을 나타낸다. 1995년 노년층 인구 비율은 경북 및 경남의 내륙 지방과 전라 남·북도의 산지 지역에서 약 14%가 넘었다. 2015년에는 1995년에 노년층 인구 비율이 14% 이상이었던 지역들이 대체로 노년층 인구 비율이 20%를 넘는 초고령 사회가 되었다.

⦿ - 정답: 전체 인구에서 노년층이 차지하는 비율이 20%가 넘는 초고령 사회가 된 지역이 증가하였다.

⦿ - 정답: 두 시기 모두 수도권은 영남권보다 상대적으로 노년층 인구 비율이 낮은 지역이 많고, 영남권은 경북 내륙 산간 지역과 경남 내륙 지역에서 노년층 인구 비율이 높다.

병 - 오답: 영남 지방에 위치한 모든 광역시는 1995년 노년층 인구 비율이 7% 미만이었는데 2015년 대구와 울산은 7% 이상, 부산은 14% 이상으로 높아졌다.

정 - 오답: 노년층 인구 비율은 도시 지역보다 촌락 지역에서 높게 나타나는데, 이는 촌락 지역의 청장년층이 더 나은 일자리와 교육 환경을 찾아 도시 지역으로 이동했기 때문이다.

04 시·도별 인구 부양비 파악

자료 해설 지도의 (가)는 서울, (나)는 세종, (다)는 전남, (라)는 울산이다. 총 부양비는 '{(유소년층 인구 비중+노년층 인구 비중)÷청장년층 인구 비중}×100', 노년 부양비는 '(노년층 인구 비중÷청장년층 인구 비중)×100'으로 구한다. 총 부양비와 노년 부양비를 알면 유소년 부양비를 파악할 수 있다. 그래프에서 D는 총 부양비와 노년 부양비가 가장 높은 전남이다. B는 청장년층 인구 비중이 높아 총 부양비와 노년 부양비가 가장 낮은 울산이다. A와 C는 노년 부양비가 비슷하지만 C는 유소년 부양비가 높아 A보다 총 부양비가 높다. 따라서 C는 유소년층 인구 비중이 매우 높은 세종, A는 서울이다.

① 오답: 전남(D)은 총 부양비가 약 53, 노년 부양비가 약 33이므로 유소년 부양비(총 부양비−노년 부양비)는 약 20으로, 30을 넘지 않는다.

② 오답: 청장년층 인구 비중과 총 부양비는 반비례 관계이다. 청장년층 인구 비중은 총 부양비가 적은 서울(A)이 세종(C)보다 높고, 청장년층 인구도 서울이 세종보다 많다.

❸ 정답: 세종(C)은 유소년 부양비가 약 29(=44−15)이고, 울산(B)은 유소년 부양비가 약 20(=32−12)이다. 따라서 유소년 부양비는 세종(C)이 울산(B)보다 높다.

④ 오답: 서울(A)은 전남(D)보다 총 부양비가 낮다.

⑤ 오답: 지역별 노년 부양비는 전남(다)>서울(가)>세종(나)>울산(라) 순으로 높다.

05 시·도의 연령층별 인구 비중 이해

자료 해설 시·도의 연령층별 인구 비중을 나타낸 그래프에서 전남은 청장년층 인구 비중이 가장 낮고 노년층 인구 비중이 가장 높은 특성을 나타내고 있고, 울산은 청장년층 인구 비중이 높고 노년층 인구 비중이 가장 낮다. 세종은 유소년층 인구 비중이 다른 지역에 비해 훨씬 높다.

① 오답: 초고령 현상은 전체 인구에서 노년층이 차지하는 비중이 20% 이상인 현상으로, 경북의 노년층 인구 비중은 약 18%이므로 초고령 현상이 나타나지 않는다.

② 오답: 노령화 지수는 '(노년층 인구 비중÷유소년층 인구 비중)×100'으로 구할 수 있다. 세종의 유소년층 인구 비중은 약 20%, 노년층 인구 비중은 약 10%로 노령화 지수가 100이 되지 않는다.

❸ 정답: 노년층 인구 비중을 보면 경기는 약 10%, 부산은 약 15%이지만 2015년 기준 경기의 총인구(약 1,248만 명)가 부산(약 345만 명)보다 많으므로 노년층 인구는 경기가 부산보다 많다.

④ 오답: 총 부양비는 청장년층 인구 비중에 반비례한다. 모든 시(市)가 도(道)보다 청장년층 인구 비중이 높은 것은 아니므로 총 부양비도 모두 낮다고 볼 수 없다. 예를 들어 경기는 세종보다 청장년층 인구 비중이 높으므로 총 부양비가 낮다.

⑤ 오답: 유소년 부양비는 유소년층 인구 비중을 청장년층 인구 비중으로 나눈 후 100을 곱하여 구할 수 있다. 울산의 청장년층 인구 비중은 약 76%, 유소년층 인구 비중은 약 15%이며, 서울의 청장년층 인구 비중은 약 76%, 유소년층 인구 비중은 약 12%이다. 따라서 울산의 유소년 부양비는 '(15÷76)×100'으로 약 20이고, 서울의 유소년 부양비는 '(12÷76)×100'으로 약 16이다. 유소년 부양비는 울산이 서울보다 높지만 2배 이상은 아니다.

06 국내 체류 외국인의 특성 이해

자료 해설 우리나라의 소득 수준이 높아지면서 우리나라에서 일자리를 찾는 외국인이 증가하였고 국제결혼도 증가하였다. 국제결혼의 경우 우리나라 남성과 결혼하는 외국인 여성이 우리나라 여성과 결혼하는 외국인 남성보다 많다. (가)는 국내 체류 외국인의 유형 중 비중이 가장 높으므로 외국인 근로자에 해당하고, (나)는 그다음으로 높은 결혼 이민자이다. 지도에서 A는 수도권과 남동 임해 지역에서 분포 비중이 높으므로 외국인 근로자에 해당하고, B는 강원권, 호남권 등의 촌락 지역에서 분포 비중이 높으므로 결혼 이민자에 해당한다. 외국인 근로자는 주로 제조업과 서비스업에 종사하고 있으며 수도권의 집중도가 높다. 이러한 현상이 나타나게 된 원인은 수도권의 서남부 지역을 중심으로 중소기업이 밀집해 있고, 서울에 서비스업이 발달해 있기 때문이다.

선택지 분석

① 오답: 외국인 근로자(가)는 우리나라에서 주로 단순한 일에 종사하는 경우가 많은데, 주로 우리나라보다 소득 수준이 낮은 개발 도상국에서 유입되었다.

② 오답: 외국인 근로자(가)는 결혼 이민자(나)보다 평균 체류 기간이 짧다.

❸ 정답: 결혼 이민자(나)는 외국인 근로자(가)보다 제조업 종사자 비중이 낮다.

④ 오답: 외국인 근로자(A)는 제조업이 발달한 공업 지역에 주로 거주하므로, 결혼 이민자(B)보다 촌락에 거주하는 비중이 낮다.

⑤ 오답: 외국인 근로자(가)는 A, 결혼 이민자(나)는 B에 해당한다.

07 서울과 안산의 외국인 거주 특성 이해

자료 해설 외국인 근로자의 국내 정착과 국제결혼 등 외국인 이주자들이 많아지면서 우리나라는 다문화 사회로 변화하고 있다. 다양한 지역 출신의 외국인이 늘어나면서 우리나라의 문화적 다양성도 증가하고 있는데, 국적·종교 등의 문화적 배경이 유사한 이주자들이 일정한 지역에 모여 공동체를 이루며 생활하기도 한다. 다문화 공간은 이와 같은 이주자 공동체 문화와 우리나라의 문화가 융합되어 독특한 경관을 형성한다. 지도의 A는 서울, B는 안산, C는 당진, D는 거제이다.

선택지 분석

❶ 정답: 이태원에 우리나라 최초의 이슬람 사원이 있다. 가리봉동에는 중국 동포와 중국인들이 유입되면서 연변 거리가 형성되어 중국 동포들이 소통하는 다문화 공간이 조성되었다. 이태원과 가리봉동이 있는 지역은 서울(A)이다. 외국인의 비율이 약 10% 정도를 차지하고 반월·시화 국가 산업 단지 등에 취업을 위한 외국인 근로자의 유입이 많아지면서 다문화 마을 특구로 지정된 지역은 안산(B)이다.

한편, 국내 체류 외국인의 대다수는 서울을 포함한 수도권과 도시 지역에 거주하고 있으며, 공업이 발달한 충청 지방의 당진, 서산 등과 영남 지방의 거제, 창원 등에도 많이 거주하고 있다.

올쏘 만점 노트 **우리나라의 대표적인 다문화 공간**

• 서울 중앙 성원: 우리나라 최초의 이슬람 사원인 서울 중앙 성원을 중심으로 인도네시아, 파키스탄, 나이지리아 등 이슬람교를 믿는 아시아, 아프리카 출신의 외국인들이 주로 모인다.

• 안산 원곡동 국경 없는 마을: 전국에서 외국인 노동자가 가장 많이 거주하는 지역으로 약 50여 개 국가 출신의 외국인을 만날 수 있는 우리나라의 대표적인 다문화 공간이다. 이곳은 다문화 마을 특구로 지정되었고, '국경 없는 마을'이라고도 불린다.

▲ 서울 중앙 성원

▲ 안산 원곡동 국경 없는 마을

08 경상남도와 전라북도의 내국인과 외국인 인구 특성 비교

자료 해설 자료는 경상남도와 전라북도의 내국인과 외국인의 남녀

연령별 인구 분포를 나타낸 것이다. 경상남도는 제조업이 발달하여 외국인이 많이 거주하는데, 이는 주로 일자리를 구하기 위한 경제적 이주에 해당한다. 외국인의 연령 분포는 청장년층 인구 비중이 매우 높으며 청장년층에서 여성보다 남성이 많아 남초 현상이 나타난다.

전라북도는 촌락 지역이 상대적으로 많아 촌락 지역의 고령화 현상에 의한 외국인 노동자의 유입, 결혼 적령기의 극심한 남초 현상을 해결하기 위해 여성의 결혼 이민자가 많은 지역이다. 이 때문에 외국인의 연령 분포는 경상남도와 유사하게 청장년층 인구 비중이 매우 높은데, 경상남도에 비해 청장년층에서 여성이 상대적으로 많은 편이다. 따라서 (가)는 전라북도, (나)는 경상남도에 해당한다.

선택지 분석

① 오답: 외국인 주민 수는 전라북도(가)가 경상남도(나)보다 적다.

② 오답: 외국인의 제조업 종사자 수는 조선, 철강, 제철 등의 제조업이 발달한 경상남도(나)가 전라북도(가)보다 많다.

❸ 정답: 외국인의 청장년층 성비는 남초 현상이 두드러지게 나타나는 경상남도(나)가 전라북도(가)보다 높다.

④ 오답: 전라북도(가)와 경상남도(나) 모두 내국인의 노년층 성비는 여초 현상이 나타나므로 100 이하이다.

⑤ 오답: (가)는 전라북도, (나)는 경상남도이다.

VII 우리나라의 지역 이해

17강 지역의 의미와 지역 구분 ~ 북한 지역의 특성과 통일 국토의 미래

기출 선지 변형 O X

본문 128~129쪽

01 ① × ② ○ ③ × ④ ○ ⑤ ○ ⑥ ○ ⑦ × ⑧ ○

02 ① × ② ○ ③ ○ ④ ○ ⑤ × ⑥ × ⑦ × ⑧ ○ ⑨ ○ ⑩ ×

03 ① ○ ② × ③ ○ ④ ○ ⑤ ○ ⑥ ○

04 ① ○ ② × ③ ○ ④ × ⑤ ○ ⑥ × ⑦ × ⑧ ○ ⑨ ○

01 ① 밭 면적 비중은 북한이 남한보다 높다.

② 쌀 생산 비중은 남한이 북한보다 높다.

③ 옥수수 생산량은 북한이 남한보다 많다.

④ 재배 면적당 생산량은 남한이 북한보다 많다.

⑤ 논 면적 감소율은 남한이 북한보다 높다.

⑥ 북한은 남한에 비해 맥류의 생산 비중이 높다.

⑦ 북한은 남한에 비해 감자, 고구마 등의 서류 생산 비중이 높다.

⑧ 남한은 북한에 비해 경지의 식량 작물 생산성이 높다.

02 ① 북한에서는 화력 발전의 연료로 석탄(A)을 많이 이용한다. C는 석유이다.

② 수력 발전(나)은 두만강과 압록강 수계 등에 주로 분포한다.

③ 화력 발전(가)은 수력 발전(나)보다 지구 온난화에 미치는 영향이 크다.

④ 북한에서는 석탄(A)보다 석유(C)의 해외 의존도가 높다.

⑤ 석탄(A), 수력(B), 석유(C) 중 재생 자원은 수력(B)이다. 석탄(A), 석유(C)는 비재생 자원이다.

⑥ 북한은 석유(C)를 수입에 의존한다.

⑦ 북한에는 원자력 발전소가 건설되어 있지 않다.

⑧ 북한은 남한보다 화력 발전의 연료인 석탄의 해외 의존도가 낮다.

⑨ 수력 발전은 원자력 발전보다 기후 조건의 영향을 많이 받는다.

⑩ 수력 발전은 화력 발전보다 발전 시 대기 오염 물질의 배출량이 적다.

03 ① 2010년 1차 산업 생산액 비중은 남한이 북한보다 작다.

② 1990년, 2010년 모두 남한은 북한보다 3차 산업 생산액 비중이 높다.

③ 2010년 남한의 청장년층 인구 비율은 북한보다 높다.

④ 북한은 중공업 우선 정책을 꾸준하게 추진해 왔다.

⑤ 북한은 군수 공업 위주의 경제 정책으로 인해 경공업의 발달이 저조하여 생활필수품 부족 현상이 나타났다.

⑥ 북한 최대의 공업 지역은 관서 지방에 위치한 평양·남포 공업 지역이다.

04 ① 도로 및 철도 교통의 요지로, 홍콩식 경제 개발을 추진하여 자

본주의 시장 경제 체제를 실험할 계획을 세운 도시는 신의주 특별 행정구(가)이다.

② 우리나라, 중국, 러시아, 일본 등의 나라가 참여한 두만강 유역 개발 계획이 진행된 지역은 나선 경제특구(다)이다. (나)는 남포특별시이다.

③ 두만강 하류에 위치한 나진과 선봉 일대에 지정된 경제특구 지역은 나선 경제특구(다)이다.

④ 평양의 관문 역할을 하는 항구 도시로, 조차를 극복하기 위한 특수 항만 시설이 설치된 도시는 남포특별시(나)이다. (가)는 신의주 특별 행정구이다.

⑤ 서해 갑문이 설치된 대규모 항구 도시는 남포이다.

⑥ 경원선의 종착지로 일제 강점기부터 공업 도시로 성장한 도시는 원산이다.

⑦ 2002년 특별 행정구로 지정되었고, 중국과의 주요 무역 통로가 되는 도시는 신의주이다.

⑧ 남한의 자본 및 기술과 북한의 노동력이 결합한 공업 지구가 형성된 도시는 개성이다.

⑨ 금강산은 2002년 남한의 민간 기업 투자로 관광 인프라가 구축된 곳이다.

실전 기출 문제

본문 130~131쪽

01 ④ **02** ④ **03** ② **04** ① **05** ④ **06** ② **07** ③ **08** ①

01 북부 지방의 기온 분포

자료 해설 북한은 남한보다 위도가 높고 유라시아 대륙에 접해 있어 대륙성 기후의 특징이 뚜렷하게 나타난다. 따라서 남한보다 겨울이 춥고 길며, 여름은 짧고 서늘하여 연평균 기온이 낮고, 기온의 연교차가 크다. 특히, 개마고원의 삼지연 일대는 고위도에 위치하고 해발 고도가 높아 연평균 기온이 낮다.

(가)의 등치선 간격은 2℃이므로 원산과 중강진은 약 12℃의 기온 차이가 난다. (나)의 등치선 간격은 1℃이므로 원산과 중강진은 약 2℃의 기온 차이가 난다. 그러므로 (가)는 1월, (나)는 8월의 기온 분포를 나타낸 것이다.

선택지 분석

ㄱ. 오답: 남고북저형의 기압 배치는 여름, 서고동저형의 기압 배치는 겨울에 주로 나타난다.

ㄴ. 정답: 남동 및 남서 계절풍, 태풍 등의 영향을 받는 8월(나)은 1월(가)보다 강수량이 많다.

ㄷ. 오답: 겨울에는 대륙성 기단, 여름에는 해양성 기단의 영향을 많이 받는다.

ㄹ. 정답: 중국 내륙의 사막에서 발생한 미세 먼지가 편서풍을 타고 우리나라로 이동하는 황사는 주로 봄철에 발생한다. 그러므로 황사는 8월(나)에서 1월(가) 사이보다 1월(가)에서 8월(나) 사이에 발생 빈도가 높다.

올쏘 만점 노트 ─ 북한의 기후

구분	특징
기온	• 대부분 냉대 기후가 나타남 • 기온의 연교차가 큰 대륙성 기후의 특색이 나타남 • 산맥과 바다의 영향으로 동해안은 같은 위도의 서해안보다 겨울철 기온이 높음
강수	• 지형과 풍향의 영향으로 강수량의 지역 차가 큼 • 다우지: 청천강 중·상류 지역, 강원도 동해안 지역 • 소우지: 대동강 하류 지역, 관북 지방

02 남한과 북한의 발전 현황

자료 해설 전력은 화력, 원자력, 수력 등의 방식으로 생산된다. 화력 발전은 석탄, 석유, 천연가스 등의 화석 연료를 연소시켜 전기를 생산한다. 화력 발전소는 건설 비용이 적게 들고 건설 기간이 짧다는 장점이 있으며, 공업 단지나 대도시 등 주요 소비지에 가까이 위치한다. 원자력 발전은 소량의 우라늄으로 대용량의 전력 생산이 가능하지만, 발전소 건설비가 많이 들고, 지반이 단단하고 냉각수 확보가 쉬운 곳에 입지해야 한다는 제약이 있으며, 방사성 폐기물 처리 등의 문제점도 제기되고 있다. 수력 발전은 공해가 적은 에너지라는 장점이 있지만 댐 건설 및 송전 설비에 큰 비용이 든다. 수력 발전은 낙차가 크고 유량이 많은 곳에 입지하는 것이 유리하다.

(나)의 경우 B에서는 발전 설비 용량 비중과 발전량 비중이 0이므로 발전이 이루어지고 있지 않다는 것을 알 수 있다. 따라서 (나)는 원자력이고, B는 원자력 발전이 이루어지지 않는 북한이다. A는 남한이고, 남한에서 발전 설비 용량 비중과 발전량 비중이 가장 높은 (다)는 화력이다. 그리고 남한에서 발전 설비 용량 비중과 발전량 비중이 가장 낮고, 북한에서는 가장 높은 (가)는 수력이다.

선택지 분석

① 오답: A는 남한, B는 북한에 해당한다.
② 오답: 원자력 발전소(나)는 냉각수 확보에 유리한 해안에 주로 입지한다.
③ 오답: 북한은 고생대 평안 누층군이 넓게 분포해 있어 석탄 생산량이 많으며, 이를 화력 발전(다)의 연료로 사용하고 있는 반면, 남한은 화력 발전의 연료인 화석 연료를 수입에 많이 의존하고 있다. 따라서 화력 발전(다)의 연료는 북한이 남한보다 해외 의존도가 낮다.
❹ 정답: 수력(가) 발전소의 가동은 강수량에 따른 유량과 관련이 많으므로 원자력 발전(나)보다 기후 조건의 영향을 많이 받는다.
⑤ 오답: 수력 발전(가)은 화석 연료를 사용하는 화력 발전(다)보다 발전 시 대기 오염 물질의 배출량이 적다.

올쏘 만점 노트 ─ 북한의 전력 생산 구조

구분	특징

수력
발전
	• 수력 발전에 유리 → 높은 산지가 많고 하천의 폭이 좁을 뿐만 아니라 급경사의 사면에서 큰 낙차를 얻을 수 있음
	• 남한보다 수력 발전 비중이 높음
	• 유역 변경식 발전소
	  − 완경사 사면으로 흐르는 하천을 막아 급경사 사면으로 유로를 바꾸어 발전하는 방식
	  − 일제 강점기부터 유역 변경식 발전이 이루어졌음
	  − 장진강 발전소, 부전강 발전소, 허천강 발전소 등

화력 발전	• 비교적 입지가 자유로움 • 전력 수요가 많은 평양 주변에 주로 분포

03 남북한의 농업 특성

자료 해설 북한은 남한보다 경지 면적이 넓지만, 주로 경사지가 많고 추운 기후로 인해 농작물의 생장 가능 기간이 짧아 토지 생산성이 낮다. 북한은 밭의 비율이 경지 면적의 약 2/3를 차지하여 옥수수, 감자, 콩 등 밭작물의 생산량이 많고, 쌀은 주로 관서 지방의 평야 지대와 동해안의 좁은 해안 평야에서 생산된다. 북한은 식량 증산을 위해 다락밭 등을 통해 농경지를 개간하였으나, 오히려 곡물 생산량이 감소하는 결과를 가져왔다.

〈경지 면적 변화〉 그래프에서 남한은 북한보다 논 면적이 넓고 밭 면적은 좁으나 논 면적 감소율은 훨씬 더 높다. 〈식량 작물별 생산 비중〉 그래프를 보면 남한은 쌀의 비중이 압도적으로 높은 반면, 북한은 쌀의 비중이 가장 높지만 옥수수의 비중도 비교적 높은 편이다. 또한 총생산량과 재배 면적을 통해 재배 면적당 생산량을 비교해 보면 남한이 북한보다 더 많다.

그래프에서 A는 남한에서 높게, 북한에서는 낮게 나타나는 지표이고, B는 북한에서 높게, 남한에서는 낮게 나타나는 지표를 의미한다. 답지의 여러 지표 중 A에 들어갈 수 있는 지표는 쌀 생산 비중, 논 면적 감소율, 재배 면적당 생산량이며, B에 들어갈 수 있는 지표는 밭 면적 비중, 옥수수 생산량이다.

선택지 분석

① 오답: 밭 면적 비중은 북한이 높다.
❷ 정답: 쌀 생산 비중은 남한이 높고, 밭 면적 비중은 북한이 높다.
③ 오답: 옥수수 생산량은 북한이 많고, 쌀 생산 비중은 남한이 높다.
④ 오답: 식물 작물별 재배 면적당 생산량은 남한이 많다.
⑤ 오답: 논 면적 감소율은 남한이 높다.

올쏘 만점 노트 ─ 북한의 농업

구분	특징
집단 영농 체제	• 협동 농장을 통한 집단 영농 체제 유지 • 농업 생산성이 낮음
식량난 발생	• 원인: 불리한 기후·지형 조건, 낮은 토지 생산성, 농업 기반 시설 부족, 집단 영농 체제 등 • 대책: 농경지 확보, 비료 생산 확대, 우량 종묘 개발 등

04 남한과 북한의 교통수단별 특성

자료 해설 남한의 화물 수송 분담률은 도로>해운>철도>항공 순이며, 여객 수송 분담률은 도로>지하철>철도>해운 순이다. 그러므로 왼쪽 그래프의 A는 도로, B는 해운, C는 철도, D는 항공, E는 지하철이다. 남한과 북한 모두 육상 교통로의 길이는 도로>철도>지하철 순으로 길다. 그러므로 오른쪽 표의 (가)는 도로, (나)는 철도, (다)는 지하철이다.

선택지 분석

㉠ 정답: 남한은 도로의 여객 수송 분담률이 약 85%이다. 반면, 북한은 철도의 여객 수송 분담률이 약 60%를 차지한다.
㉡ 정답: 해운(B)과 항공(D)은 철도(C)와 지하철(E)에 비해 기상 악화에 따른 운행 제약이 크다.
ㄷ. 오답: 북한은 철도(나)가 화물 수송 분담률의 약 90%를 차지한다.
ㄹ. 오답: (가)는 도로(A), (나)는 철도(C), (다)는 지하철(E)이 이용하는 교통로이다.

현황	• 주요 교통망은 서해안 평야 지대와 동해안을 따라 발달 • 지형의 영향으로 동서 간의 교통로 연결은 미약한 편
특징	• 철도 수송이 주축을 이룸 • 도로 수송, 하천 및 해상 수송은 철도 수송과의 연계를 위한 보조적 역할을 담당 • 국제 철도 노선: 대륙과 연결되어 있는 북한은 육상 교통로로 중국과 러시아를 연결할 수 있어 국제 철도 노선이 발달하였음 • 도로 　– 지형적인 특성으로 경사가 심하고 폭이 협소함 　– 대도시 지역을 제외하면 포장률이 낮은 편임

올쏘 만점 노트　북한의 교통 체계

원산(D)이다. 2002년 외자 유치 및 교역 확대를 위해 특별 행정구로 지정된 곳은 신의주(C)이다. 따라서 (가) – B, (나) – D, (다) – C이다.

05 북한의 주요 발전소 입지 특성과 1차 에너지 소비 구조

자료 해설 북한의 전력 생산 구조는 크게 수력 발전과 화력 발전으로 나눌 수 있다. 북한은 높은 산지가 많고 하천의 폭이 좁을 뿐만 아니라 급경사의 사면에서 큰 낙차를 얻을 수 있어 수력 발전에 유리하다. 이로 인하여 남한보다 북한의 수력 발전 비중이 높다. 특히 함경산맥에서는 내륙 쪽의 완경사 사면으로 흐르는 하천의 상류부를 막아 동해 쪽의 급경사 사면으로 유로를 바꾼 유역 변경식 발전이 일제 강점기부터 이루어졌다. 장진강 발전소, 부전강 발전소, 허천강 발전소 등이 대표적인 유역 변경식 발전소이다. 비교적 입지가 자유로운 화력 발전은 전력 수요가 많은 평양 주변에 주로 분포하고 있다.

남한의 발전량은 화력>원자력>수력 순인 반면에 북한은 수력>화력 순이다. 북한은 높은 산지가 많고 하천의 폭이 좁으며 경사가 급하므로 수력 발전에 유리하여, 전체 전력 생산에서 수력 발전이 차지하는 비중이 가장 높다. 2014년 기준 북한 전체 전력 생산량 중 수력 발전의 비중은 약 60%이다.

전력 소비가 많은 평양과 주변 지역에 주로 입지한 것은 화력 발전소이고, 하천 중·상류에는 수력 발전소가 분포한다. 따라서 (가)는 화력 발전이고, (나)는 수력 발전이다. 북한의 1차 에너지 소비 비중은 석탄(A)>수력(B)>석유(C) 순으로 높다.

선택지 분석

❶ 정답: 화력 발전(가)은 석탄(A)을 주요 연료로 사용한다. 특히 북한은 풍부하게 매장되어 있는 무연탄을 화력 발전의 주 연료로 사용한다.
ㄴ 정답: 수력 발전(나)은 수력(B)을 이용한다.
ㄷ 정답: 석탄, 석유 등의 화석 에너지를 연료로 이용하는 화력 발전(가)은 재생 에너지를 이용하는 수력 발전(나)보다 대기 오염 물질 배출량이 많다.
ㄹ. 오답: 남한에서는 석유(C)를 대부분 수입에 의존하지만, 석탄(A) 중 무연탄은 국내에서 일정량의 생산이 이루어지므로 석유보다는 해외 의존도가 낮다. 하지만 남한은 석탄 중에서 제철 공업과 화력 발전에 대량으로 이용되는 역청탄을 전량 수입하기 때문에 석탄 역시 자급률보다 해외 의존도가 더 높다.

06 북한 주요 지역의 위치와 지역성

자료 해설 지도의 A는 나선, B는 백두산, C는 신의주, D는 원산, E는 개성이다.

선택지 분석

❷ 정답: 화산 활동으로 형성된 산지이며, 정상부에 칼데라호가 있는 곳은 백두산(B)이다. 경원선의 종착지로 일제 강점기부터 공업 도시로 성장한 곳은

07 남북한의 산업 구조와 인구 구조 변화

자료 해설 남한은 북한에 비해 3차 산업 생산액 비중이 높다. 따라서 A는 남한, B는 북한을 나타낸 것이다.

선택지 분석

ㄱ. 오답: 2010년 1차 산업 생산액 비중은 남한은 5% 미만이며, 북한은 약 20% 정도이다.
ㄴ 정답: 1990년 대비 2010년의 1차 산업 생산액 비중은 남한의 경우 1990년 약 8%에서 2010년 5% 미만으로 감소하였으며, 북한의 경우 1990년 25%를 조금 넘는 수준에서 2010년 약 20% 정도로 감소하였다.
ㄷ 정답: 2010년의 총부양비는 청장년층 인구 비율이 낮은 북한이 남한보다 훨씬 더 높다.
ㄹ. 오답: 노령화 지수는 유소년층 인구 비율 대비 노년층 인구 비율로 파악할 수 있는데, 2010년 남한은 [{100−(72+16)}÷16]×100 = 약 75.0이며, 북한은 [{100−(68+22)}÷22]×100 = 약 45.5이므로 남한이 북한보다 노령화 지수가 높다.

올쏘 만점 노트　북한의 인구와 도시 분포

인구	• 북한의 총인구: 남한 인구의 절반 수준인 약 2,466만 명(2014년) • 경제난에 따른 출산율 저하와 영아 사망률 증가 → 1970년대 이후 북한의 인구 증가율은 점차 감소 • 인구의 고령화: 65세 이상 인구 비중은 꾸준히 증가 • 노동력 부족 문제 우려 → 1990년대 이후 출산 장려 정책 추진 • 인구 밀집 지역: 평야가 비교적 넓은 평양을 포함한 평안남·북도에 인구의 40% 이상 거주 • 인구 희박 지역: 산지가 많은 북부 내륙 지방 → 10% 미만의 인구 거주
도시	• 주로 서부 지역과 관북 지역의 좁은 해안 평야를 따라 분포 • 서부 지역: 북한 최대의 도시인 평양을 비롯하여 남포, 개성, 사리원 등이 분포 • 관북 지역: 일제 강점기에 활발한 공업화가 이루어진 지역 → 함흥, 원산, 청진 등의 도시 발달

08 주요 개방 지역과 도시의 특성

자료 해설 (가)는 홍콩식 모델을 채택한 신의주 특별 행정구, (나)는 평양의 관문 역할을 담당하는 외항으로 서해 갑문이 건설된 남포특별시, (다)는 1991년에 유엔 개발 계획(UNDP)의 지원을 바탕으로 경제 무역 지대로 조성된 나선 경제특구에 대한 설명이다. 지도의 A는 신의주, B는 남포, C는 나선, D는 원산이다.

선택지 분석

❶ 정답: (가)는 신의주(A)에 해당한다. 북한은 2002년에 강력한 개혁·개방 의지를 대내외에 표명하기 위해 홍콩식 모델을 채택한 신의주 특별 행정구를 독자적인 입법·행정·사법권과 토지 개발·이용·관리권을 부여하는 개방 지역으로 지정했다. (나)는 남포(B)에 해당한다. 남포는 북한 최대의 공업 지역인 평양·남포 공업 지역의 제2의 도시이며, 평양의 관문 역할을 담당하는 외항으로 서해 갑문이 건설되어 있다. 남포는 나선(나진·선봉)과 함께 특별시로 지정되어 있다. (다)는 나선(C)에 해당한다. 북한은 1991년에 유엔 개발 계획(UNDP)의 지원을 바탕으로 나진·선봉 일대를 경제 무역 지대로 지정했다. 중국, 러시아와의 국경에 위치한 나선 경제특구는 태평양으로 진출하는 관문 역할을 할 것으로 기대되는 개방 지역이다.

17강 지역의 의미와 지역 구분 ~ 북한 지역의 특성과 통일 국토의 미래　**103**

②, ③, ④, ⑤ 오답: 지도의 D는 동해안에 위치한 원산·함흥 공업 지역의 중심 항만 도시인 원산이다.

올쏘 만점 노트　북한의 개방 정책

개방 정책의 배경	• 동유럽의 사회주의 붕괴 → 고립된 경제 체제 • 에너지 부족 및 식량난으로 경제 침체 지속 • 계획 경제 체제의 한계 상황 직면 • 중국, 베트남 등 사회주의 국가의 개방 정책의 영향 • 외국 자본과 기술 도입을 통한 경제 활성화 도모
주요 개방 지역	• 신의주 특별 행정구 　– 홍콩처럼 개발하기 위해 2002년 지정된 독립적인 개방 지역 　– 중국 자본의 투자를 유치하고자 하였으나 2004년 이후 추진이 중단되었음 　– 최근 신의주와 인접한 압록강 하구의 황금평이 개발되면서 신의주가 다시 주목받고 있음 　– 2011년 이후 중단된 상태임 • 나선 경제특구 　– 유엔 개발 계획(UNDP)의 지원을 계기로 1991년 경제특구로 지정되었음 　– 두만강 하류에 위치 　– 중국, 러시아와 지리적으로 인접 　– 외자 유치를 통해 수출 가공 및 금융 기반을 갖춘 국제 교류의 거점으로 조성하려는 계획 • 개성 공업 지구 　– 남한의 기술과 자본, 북한의 노동력을 결합 → 남북 경제 협력을 활성화하는 데 기여하였음 　– 2016년 2월 이후 폐쇄된 상태임 • 금강산 관광 지구 　– 남한 정부와 민간 기업의 노력으로 조성된 지역 　– 2002년 관광 지구로 지정되었음 　– 2008년 이후 우리 국민의 관광이 중단되었음

킬러 예상 문제

본문 132~133쪽

01 ① **02** ① **03** ② **04** ④ **05** ③ **06** ⑤ **07** ④ **08** ③

01 지역 구분 이해

자료 해설 지역이란 지리적 특성이 다른 곳과 구별되는 지표상의 일정한 공간 범위를 의미한다. 지역은 대륙이나 국가와 같은 넓은 범위부터 우리 마을과 같이 상대적으로 좁은 범위에 이르기까지 다양한 규모로 표현될 수 있다. 또한, 하나의 지역은 여러 가지 특징을 동시에 지니고 있어서 다양한 방식으로 구분할 수 있다.

우리나라는 국가 차원에서 하나의 지역이 되기도 하지만, 자연환경과 인문 환경에 따라 여러 지역으로 구분할 수도 있다. 특정 기준에 따라 서로 비슷한 특징이 나타나는 범위를 묶어 보면 우리의 국토 공간을 이해하는 데 도움이 된다. 우리나라는 전통적으로 산줄기, 고개, 하천 등의 자연적 특성을 기준으로 지역을 구분하였다. 산줄기는 교통과 통신이 발달하기 전에 지역 간의 교류를 어렵게 하는 장애물로서 각 지역 특유의 지역성을 형성하는 역할을 하였다.

(가)는 하천 유역권, (나)는 방언권이다. 하천 유역권은 한반도 전체의

주요 하천인 압록강, 대동강, 한강, 금강, 낙동강 등의 유로와 유역을 나타낸 것이다. 방언(사투리)권은 우리나라 전체를 방언을 기준으로 구분한 것이다.

선택지 분석

ㄱ 정답: 유역 면적은 빗물이 하천으로 흘러드는 면적으로, 지도에서는 하천별 점선(분수계)으로 둘러싸인 부분의 면적이다. 서울, 경기 등의 지역을 흐르는 한강이 충청 지방을 흐르는 금강보다 유역 면적이 넓다. 한강의 유역 면적은 약 25,954km², 금강의 유역 면적은 약 9,912km²이다.

ㄴ 정답: 지도에서 태백산맥을 경계로 서쪽은 중부 방언권, 동부는 동남 방언권에 속한다는 것을 파악할 수 있다. 따라서 중부 방언권의 동쪽 경계는 태백산맥에 위치한다.

ㄷ. 오답: 동북 방언권은 주로 함경남·북도, 서북 방언권은 주로 평안남·북도로, 주로 낭림산맥을 경계로 한다. 백두대간은 백두산에서 마천령 산맥, 함경산맥, 태백산맥, 소백산맥을 지나 지리산으로 이어지는 산줄기이다.

ㄹ. 오답: 하천 유역권(가)을 살펴보면, 청천강 본류의 유로는 서북 방언권과 중부 방언권의 경계가 아니다.

02 지역 구분의 유형

자료 해설 지역은 지형, 기후와 같은 자연환경으로 구분하기도 하고, 산업, 종교, 언어와 같은 인문 환경으로 구분하기도 한다. 지역 구분에 있어 가장 일반적으로 사용되는 방법은 동질 지역과 기능 지역으로 구분하는 것이다.

동질 지역은 특정한 지리적 현상이 동일하게 나타나는 공간 범위를 말하는데, 농업 지역, 기후 지역, 문화권 등이 이에 해당한다. 기능 지역은 중심지와 그 기능이 미치는 배후지가 기능적으로 결합한 공간 범위를 말하는데, 상권, 통학권, 통근권, 도시 세력권 등이 이에 해당한다. 기능 지역은 중심에서 기능의 영향이 강하게 나타나고, 주변으로 갈수록 기능의 영향이 점차 줄어든다. 또한, 기능 지역은 중심지와 주변 지역의 공간 관계에 따라 형성되기 때문에 그 범위는 교통과 통신이 발달하면서 변화한다.

자료에서 (가)는 서울의 토지 이용을 나타낸 것으로 동질 지역 구분, (나)는 서울의 통근·통학자 수를 나타낸 것으로 기능 지역 구분이다.

선택지 분석

ㄱ 정답: (가)는 주거 지역, 상업 지역 등 토지 이용을 기준으로 구분된 지도이다. 구분된 하나의 지역, 예를 들어 주거 지역은 주거지라고 하는 지리적 현상이 동일하게 나타나는 공간 범위이다. 따라서 (가)는 동질 지역을 구분한 지도이다.

ㄴ 정답: (나)는 서울로의 통근·통학자 수를 나타낸 것이므로 서울이라고 하는 중심지의 영향을 받는 지역의 범위를 나타낸 것이다. 따라서 (나)는 기능 지역을 구분한 지도이다.

ㄷ. 오답: 동질 지역의 사례로는 기후 지역, 문화권, 농업 지역, 방언권 등을 들 수 있고, 기능 지역의 사례로는 통근권, 통학권, 상권, 도시권 등을 들 수 있다.

ㄹ. 오답: 장소들 간의 기능적 관계, 즉 상호 작용의 관계는 기능 지역이 동질 지역보다 중요하다.

03 지역의 의미와 지역 구분

자료 해설 제시된 글은 지역의 의미, 지역의 구성 요소, 지역의 구분 유형 등을 서술하고 있다.

선택지 분석

❶ 정답: 지역에서 시간의 경과, 교통 발달, 지역 간의 상호 작용 등이 발생하면 그 과정에서 새로운 요소가 부가되고 기존의 요소 중에서 약화되거나 강화되는 것이 나타나기 때문에 변화된다.

ㄴ. 오답: 교통·통신의 발달 및 지역 간 교류가 증가하게 되면 지역 고유의 특성인 지역성이 약화되기 쉽다.

❸ 정답: 기능 지역은 하나의 중심지와 그 영향을 받는 범위를 나타낸 것이므로 지역 간의 상호 작용이 잘 드러난다. 반면 동질 지역은 어떤 특정한 지리적 현상이 동일하게 나타나는 공간 범위를 나타낸 것이므로 기능 지역에 비해 지역 간 상호 작용이 덜 드러난다.

ㄹ. 오답: 점이 지역은 두 지역의 특성이 함께 섞여 나타나는 지역으로, 지역 간의 경계부에 나타난다. 따라서 큰 산맥이 발달하여 지역 간의 상호 작용이 어려운 지역보다 지역 간 교류가 활발한 평야 지역에서 점이 지역이 넓게 나타난다.

04 북한의 농업 특징

자료 해설 북한은 남한에 비해 산지가 많고 평균 해발 고도가 높아 밭농사가 발달하였다. 주요 작물 재배지는 평야가 발달한 서부 지역이다. 북한에서 가장 많이 생산되는 작물은 쌀이고 그다음으로 많이 생산되는 작물은 옥수수이다. 산지가 많고 고도가 높은 지역은 쌀보다 옥수수의 재배가 활발하다. 따라서 (가)는 쌀, (나)는 옥수수이다.

선택지 분석

④ 정답: A는 전남, 전북, 경남 등 겨울철에 비교적 따뜻한 남부 지방에서 대부분 생산되므로 겨울에 논에서 그루갈이 작물로 많이 재배하는 맥류이다. B는 전남, 충남, 전북, 경북 등 전국에서 고르게 재배되고 이들 지역은 전통적으로 벼농사가 발달한 지역이므로 쌀이다.

C는 강원, 충북 등 산지가 넓은 지역에서 생산량 비중이 높으므로 옥수수이다.

05 북한의 기후 특징

자료 해설 북한은 대륙의 영향을 많이 받아 기온의 연교차가 큰 대륙성 기후가 나타난다. 해안의 평야 지역에서 내륙의 산지 지역으로 갈수록 겨울이 춥고 기온의 연교차가 커지며, 지형과 바다의 영향으로 동해안은 서해안보다 겨울 기온이 높다. 북한의 연 강수량은 약 600~1,500mm로 남한보다 적은 편이며, 지형의 영향으로 지역에 따라 강수량의 차이가 크다. 동해안의 원산 일대, 청천강 중·상류 지역은 다우지이고, 대동강 북부 내륙 지역, 관북 해안 지역, 대동강 하류 지역은 소우지이다.

선택지 분석

ㄱ. 오답: 남포는 대동강 하류에 위치하며 지형적 장애가 적어 주변 지역에 비해 연 강수량이 적다. 원산은 북한의 다우지이다. 압록강 하구에 위치하는 신의주의 연 강수량은 남포보다 많고 원산보다 적다.

ㄴ. 정답: 기온의 연교차는 내륙이 크고 해안이 작으며, 해안 중에서는 서해안이 크고 동해안이 작다. 따라서 세 지역의 기온의 연교차는 강계 > 남포 > 원산 순으로 크다.

ㄷ. 정답: 해발 고도가 같다면 여름에 해안보다 내륙의 기온이 높고, 해안 중에서는 서해안이 동해안보다 높다. 같은 해안 지역 중에서는 저위도가 고위도보다 높다. 따라서 세 지역의 최난월 평균 기온은 남포 > 원산 > 성진 순으로 높다.

ㄹ. 오답: 동해안은 산맥이 해안을 따라 분포하고 해안에서 내륙으로 가면서

바다의 영향이 감소하기 때문에 해안선과 등온선이 대체로 평행한 형태로 나타난다.

06 북한의 주요 개방 지역

자료 해설 1990년 사회주의 경제권의 붕괴로 산업 연관 관계가 단절됨에 따라 북한도 대외 경제 개방을 모색하기 시작하였다. 1991년에는 나진·선봉을 경제특구로 지정하고 국제 교류의 거점으로 육성하고자 하였다. 그러나 제도적 기반 부족, 사회 간접 자본의 부족 등으로 외국 자본의 유치가 미미하여 목적을 달성하지 못하였다.

2000년대에는 나진·선봉 경제특구를 비롯하여 신의주, 개성, 금강산을 4대 경제특구로 지정하였다. 신의주 특별 행정구는 중국의 경제 개방 정책을 모방하여 외국 자본을 유치하고 교역을 확대하고자 하였으나 진행되지 못하였다. 개성 공업 지구와 금강산 관광 지구는 남한 자본이 단독 투자·개발하는 형태로 개설되었으나, 현재는 잠정적으로 중단된 상태이다.

북한은 2010년 이후 남북 경제 협력이 위축되자 대중국 개방을 더욱 확대하였고, 2011년 황금평·위화도를 새로운 경제특구로 지정하였으나 추진되지 않고 있다. 최근 북한은 약 20여 개(2015년)의 경제특구와 경제 개발구를 지정하였지만, 국제 관계가 위축되고 국내 시장 개혁이 지체되어 성과를 내지 못하고 있다. 이외에도 개성 공업 지구의 폐쇄, 낙후된 물류 체계, 열악한 기반 시설 등도 외국 자본 유치를 어렵게 하는 원인이다.

북한의 주요 개방 지역으로는 신의주 특별 행정구(㉠), 나선 경제특구(㉡), 개성 공업 지구(㉢), 금강산 관광 지구(㉣)가 있다.

선택지 분석

갑 – 오답: 북한 최초의 개방 지역은 나선 경제특구(㉡)이다. 나선 경제특구는 중국, 러시아와의 인접 지역으로 태평양과 아시아 대륙을 이어주는 관문이라는 이점을 지녔다.

을 – 오답: 홍콩을 모델로 한 독립적인 개방 지역은 신의주 특별 행정구(㉠)이다. 신의주 특별 행정구는 중국과의 접경 지역에 위치하며, 중국과의 무역 통로의 역할을 하고 있다.

병 – 정답: 개성 공업 지구(㉢)에 대한 설명이다. 개성 공업 지구는 남한 수도권과의 접근성이 용이한 개성에 남한의 기업 유치를 목적으로 조성하였다. 남북 교류와 협력에 큰 역할을 하였지만 2018년 현재 중단 상태이다.

정 – 정답: 금강산 관광 지구(㉣)에 대한 설명이다. 금강산 관광 지구는 관광객 유치를 목적으로 조성된 관광특구로 예전에는 남한의 관광객이 많이 방문하였으나, 2018년 현재 중단 상태이다.

07 북한의 에너지 소비 구조

자료 해설 북한의 1차 에너지 소비 구조는 석탄 > 수력 > 석유 순으로 높다. 북한은 남한에 비해 수력의 비중이 매우 높고, 석유가 매우 낮다. 그리고 북한은 천연가스와 원자력 공급량이 없다는 것이 특징이다. 전력 생산에서 북한은 수력이 화력보다 많다. 따라서 A는 석탄, B는 석유, C는 수력, D는 원자력, E는 천연가스이고, (가)는 수력, (나)는 화력, (다)는 원자력이다.

선택지 분석

① 오답: 북한은 남한보다 수력(C)의 생산량이 많다.

② 오답: 북한은 석탄(A)을 자급할 뿐만 아니라 중국에 수출도 한다. 반면 남

한은 많은 양의 석탄을 인도, 오스트레일리아 등지에서 수입한다.

③ 오답: 화력 발전의 연료인 화석 에너지는 석탄(A), 석유(B), 천연가스(E)이다. 남한은 화력 발전에 세 에너지원을 모두 이용한다.

❹ 정답: 원자력 발전(다)은 화력 발전(나)보다 발전 과정에서 이산화 탄소 배출량이 적다.

⑤ 오답: 원자력(D, 다) 발전소는 냉각수를 대량으로 필요로 하기 때문에 냉각수 확보에 유리한 해안 지역에 위치한다.

08 북한의 지하자원 분포 특징

자료 해설 북한은 시·원생대부터 신생대까지 다양한 지층이 분포하여 마그네사이트, 철광석, 석회석, 석탄, 텅스텐 등이 풍부하다. (가)~(다) 중에서 무연탄과 석회석은 고생대 지층에 주로 분포하므로 평안남도에서 생산량이 많고, 철광석은 시·원생대 지층에 주로 매장되어 있으므로 평안북도, 함경도 등지에 매장되어 있다. 남한의 경우 석회석은 매장량이 풍부하지만 석탄과 철광석은 북한에 비해 매장량이 매우 적다. 따라서 (가)는 철광석, (나)는 무연탄, (다)는 석회석이다.

선택지 분석

ㄱ. 오답: 철광석의 가공 공장인 제철소의 경우 남한은 원료인 철광석(가)을 대부분 해외에서 수입하기 때문에 항만에 입지하고 있다.

ㄴ. 정답: 북한의 1차 에너지 소비 구조에서 차지하는 비중은 무연탄(나)이 가장 높다.

ㄷ. 정답: 석회석(다)은 고생대 조선 누층군에 주로 분포하는데, 조선 누층군은 바다에서 형성되었다.

ㄹ. 오답: 남한은 철광석(가)의 대부분을 수입하지만 무연탄(나) 수입량은 철광석보다는 적다. 우리나라에서 가장 많이 수입하는 석탄은 무연탄이 아니라 제철소와 발전소에서 널리 사용되는 역청탄이다.

---

18 ❸ 인구와 기능이 집중된 수도권

기출 선지 변형 O X

본문 134~135쪽

01 ① ○ ② × ③ ○ ④ ○ ⑤ ○ ⑥ ○ ⑦ × ⑧ ○ ⑨ ○ ⑩ ○
⑪ × ⑫ ○ ⑬ ×

02 ① × ② × ③ ○ ④ ○ ⑤ × ⑥ ○ ⑦ × ⑧ ○

03 ① ○ ② × ③ ○ ④ × ⑤ × ⑥ ○ ⑦ × ⑧ ○

01 ① 서울은 각종 기능이 발달되어 있어 경기와 인천에서 서울로 통근하는 사람이 많다.

② 서울, 경기, 인천 중 주간 인구 지수가 가장 높은 지역은 각종 기능이 발달한 서울이다.

③ 경기에는 서울의 주거 기능을 분담하는 고양, 성남 등의 위성 도시가 발달하였다.

④ 교통 발달과 함께 서울의 인구가 경기로 많이 이동하여 경기의 인구가 서울보다 많아졌으며, 이들 중에는 많은 사람들이 서울로 통근한다.

⑤ 수도권은 우리나라의 인구, 산업 및 고용의 집중도가 높은 지역이다.

⑥ 수도권은 정치, 경제, 문화 등 여러 가지 측면에서 우리나라의 중심지 역할을 한다.

⑦ 수도권의 산업은 1990년대부터 3차 산업의 비중이 늘고, 2차 산업의 비중이 줄어드는 탈공업화 현상이 나타났다.

⑧ 2000년대 이후 수도권의 산업은 제조업 중심에서 벗어나 기술 집약적 첨단 산업 중심으로 빠르게 변화하고 있다.

⑨ 서울 주변의 경기도에는 서울의 주거 기능을 담당하는 침상 도시가 발달하였다.

⑩ 서울과 인접해 있다는 지리적 장점 때문에 서울 인구의 교외화와 함께 많은 인구가 유입되었고, 이 과정에서 대규모 아파트 단지가 건설된 고양은 서울의 주거 기능을 분담하는 위성 도시이다.

⑪ 수도권에서 외국인 수가 많은 대표적인 지역은 안산이다. 안산은 서울에 있던 제조업이 이전하면서 빠르게 성장하였다.

⑫ 중위 연령이 높은 지역은 청장년층과 유소년층에 비해 노년층 인구 비중이 높은 지역이다.

⑬ 수도권에서 중위 연령이 높은 대표적인 지역으로는 양평을 들 수 있다.

02 ① (가)는 서울에 해당한다.

② (가), (나), (다) 모두 1998년~2013년에 2차 산업 비중은 감소한 반면 3차 산업 비중은 증가하였다.

③ (다)는 (가)보다 3차 산업 비중의 증가 폭이 크다.

④ 2013년에 인천은 경기보다 2차 산업 생산액 비중이 높다.

⑤ 최근 수도권에서는 2차 산업은 감소하고 3차 산업이 활발하게 발달하고 있다.

⑥ 2차 산업의 비중은 감소하고 3차 산업의 비중이 증가하는 현상을 탈공업화라고 한다.

⑦ 서울은 경기보다 2차 산업 종사자 비율이 낮다.

⑧ 1960년대 이후 서울에 조성되었던 각종 공장들이 지가 상승, 환경 오염, 교통 혼잡 등으로 인해 인천, 경기 지역으로 이전하였다.

03 ① 군사 주둔 지역인 휴전선 부근의 성비는 높게 나타난다.

② 휴전선에 가까운 연천군과 포천시는 여성 100명에 대한 남성의 수인 성비가 높다.

③ 안산처럼 중화학 공업이 발달한 지역은 여성 100명에 대한 남성의 수인 성비가 높다.

④ 경기도에서 외국인의 인구 비율이 높은 지역은 제조업이 발달한 안산 등이다.

⑤ 전국에서 수도권이 차지하는 인구 비율이 지속적으로 높아지고 있다.

⑥ 최근 경기의 인구가 서울의 인구보다 많아졌다.

⑦ 서울의 위성 도시로 개발된 과천은 정부 종합 청사가 있는 행정 도시이다.

⑧ 1960년대부터 시작된 산업화, 도시화의 영향으로 수도권에 거주하는 인구 비중이 지속적으로 증가하였다.

실전 기출 문제

본문 136~137쪽

01 ⑤ **02** ② **03** ① **04** ② **05** ② **06** ③ **07** ③ **08** ③

01 수도권 여러 도시의 인구 특성

자료 해설 A~C는 수도권인 경기도에 위치하는 지역이다. A는 경기도 고양이고, B는 경기도 남양주이다. C는 경기도 남서부에 위치한 평택이다. (가)~(다)는 모두 1995년에 비해서 2015년에 상주인구가 증가하였다. (가)~(다) 중 (가)는 2015년에 주간 인구 지수가 100이 넘으며, (나)는 2015년에 상주인구가 약 60만 명인 반면, (다)는 약 100만 명이다.

선택지 분석

⑤ 정답: 경기도 고양(A)과 경기도 남양주(B)는 서울에 인접하여 서울의 베드 타운 성격을 지닌다. 경기도 남서부에 위치한 평택(C)은 고양이나 남양주에 비해 공업 기능이 발달했다. (가)~(다) 중 (가)는 2015년에 주간 인구 지수가 100이 넘으므로 통근 및 통학 인구가 유입하는 평택이다. (나)와 (다) 중 (나)는 2015년에 상주인구가 약 60만 명인 반면, (다)는 약 100만 명인 것으로 보아 (나)는 남양주, (다)는 고양이다. 고양은 1990년대에 건설된 일산 신도시를 포함하고 있는 도시로 상주인구가 약 100만 명이며, 2015년 현재 우리나라에서 10번째로 인구 규모가 큰 도시이다. 따라서 (가) – C, (나) – B, (다) – A로 연결된다.

02 지역별 인구 규모와 통근·통학률 이해

자료 해설 서울의 주거 기능을 분담하는 위성 도시들은 자족 기능이

약해 서울로의 통근·통학률이 높게 나타나고, 공업 기능을 분담하는 위성 도시들은 상대적으로 지역 내 통근·통학률이 높게 나타난다. A~C는 수도권인 경기도에 위치하는 지역이다. A는 경기도 고양, B는 경기도 안산, C는 경기도 용인이다.

선택지 분석

② 정답: (가)는 1995년과 2015년 모두 세 지역 중에서 인구가 가장 많고 서울로의 통근·통학률이 높은 고양시(A)에 해당한다. 고양시에는 서울의 주택난을 해소하고 인구와 기능을 분산하기 위해 1990년대 초반에 건설된 수도권 1기 신도시(일산)가 있다. 1995년에 비해 2015년에 고양시의 서울로의 통근·통학률이 낮아진 것은 이 지역이 신도시 개발 초기에는 전형적인 침상 도시의 기능을 담당했으나, 근래에는 도시의 자족적 기능이 점차 확대되고 있음을 나타내는 것이다.

(나)는 서울의 거주지 교외화 현상으로 인구가 급증한 용인시(C)에 해당한다. 용인시는 서울과 연결된 고속 국도와 수도권 전철망 등의 교통로가 발달하여 서울로부터 많은 인구가 유입되었으며, 서울로의 통근·통학률 또한 크게 높아졌다.

(다)는 서울의 공업 기능을 분담하기 위해 1980년대 초반에 건설된 안산시(B)에 해당한다. 안산시는 다른 두 지역에 비해 상대적으로 자족적 기능이 높고, 서울로의 통근·통학률이 낮은 편이다.

올쏘 만점 노트 수도권의 과도한 집중과 대책

구분	특징
수도권의 과도한 집중	• 인구 집중: 우리나라 면적의 약 12%에 인구의 50% 정도가 밀집 • 경제력 집중 　– 금융 및 산업 집중 　– 국내 총생산(GDP)의 약 48.9%(2014년) 차지 • 교통 집중: 전국의 교통망이 수도권을 중심으로 연결됨 • 정치, 교육, 행정, 문화 기능 집중: 정부 기관, 대학, 언론 기관, 문화 시설이 집중 • 집중에 따른 문제 　– 한정된 공간에 인구와 기능이 과도하게 집중 　– 주택 부족, 교통 혼잡, 지가 상승, 환경 오염 등의 집적 불이익 발생
대책	• 서울의 인구와 기능을 주변으로 분산하기 위한 각종 정책 실시 • 서울로의 과도한 집중을 억제하는 정책 실시

03 수도권 내의 인구 이동 특성

자료 해설 주간 인구 지수는 '주간 인구/상주인구×100'의 식으로 산출되며, 상업·업무 기능이 발달하여 통근 유입 인구가 많은 지역에서 높게 나타난다. 수도권 내에서 주간 인구 지수는 서울 > 인천 > 경기 순으로 높다.

선택지 분석

① 정답: 업무 기능이 집중된 서울은 경기와 인천으로부터 출근 시에 유입하는 인구가 많아 주간 인구 지수가 가장 높게 나타난다. 경기는 서울의 주거 기능을 분담하는 위성 도시, 신도시 등이 많이 분포하여 수도권에서 주간 인구 지수가 가장 낮다. 인천은 경기에 비해서는 주간 인구 지수가 높은 편이나, 주간 인구 지수가 100 미만으로 나타난다. 따라서 ㄱ은 서울, ㄴ은 인천, ㄷ은 경기이다.

1990년과 2010년 모두 A-C 간 통근·통학 인구가 가장 많으며, A에서 C로의 통근·통학 인구보다 C에서 A로의 통근·통학 인구가 더 많다. 교통 발달과 함께 서울의 인구가 경기로 많이 이동하였으며, 이들 중에는 많은

정답 및 해설

사람들이 서울로 통근하기 때문에 A가 서울이고, C가 경기이다. 따라서 B는 인천이다. 그러므로 ㄱ은 A, ㄴ은 B, ㄷ은 C와 연결된다.

04 수도권의 지역별 특성

자료 해설 (가)~(다) 중 아파트 호수는 (가)>(나)>(다) 순으로 많으며, 외국인 수는 (나)>(가)>(다) 순으로 많다. 그리고 중위 연령은 (다)>(가)>(나) 순으로 높다. 중위 연령은 지역의 전체 인구를 연령 크기 순으로 일렬로 세웠을 때 중앙에 위치하는 사람의 연령이다. 지도의 A는 고양, B는 양평, C는 안산이다.

선택지 분석

❷ 정답: 서울에서 거리가 가장 가까운 고양은 서울의 주거 기능을 담당하는 침상 도시로서의 성격이 강하다. 농업 종사자 수가 많은 양평은 청장년층과 유소년층에 비해 노년층 인구 비중이 높다. 안산은 서울에 집중된 공업 기능을 분산시킬 목적으로 건설된 신도시이다. 서울에 있던 제조업이 이전하면서 제조업이 빠르게 성장한 안산은 외국인 수가 많다. 그러므로 세 지역 중 아파트 호수가 가장 많은 (가)는 고양(A), 외국인 수가 가장 많은 (나)는 안산(C), 중위 연령이 가장 높은 (다)는 양평(B)이다.

올쏘 만점 노트 · 수도권의 산업 변화

구분	특징
수도권의 공업 특징	• 우리나라 최대의 종합 공업 지역 • 편리한 교통, 넓은 소비 시장, 풍부한 노동력과 자본, 우수한 기술력 등 입지 조건이 우수함 • 1980년대~1990년대에는 서울의 제조업 분산 정책으로 인천, 안산 등에 산업 단지 발달 • 1990년대 이후에는 컴퓨터, 반도체 등 첨단 산업 발달
서울의 탈공업화	• 의미: 2차 산업 비중이 감소하고 3차 산업 비중이 증가하는 현상 • 현황 　– 서울의 제조업이 경기나 충청권으로 이전 　– 서울은 지식과 정보가 중요시되는 산업 성장 • 생산자 서비스업의 발달: 기업의 생산 활동을 지원하는 생산자 서비스업 집중
수도권의 지식 기반 산업 성장	• 성장 배경: 고급 기술 인력 풍부, 교통 편리, 연구소 및 정보 통신 시설과 생활 편의 시설 등이 잘 구축되어 있음 → 기술 집약적 산업 입지에 유리 • 서울은 연구 개발, 업무 관리, 사업 지원 등의 지식 기반 서비스업이 집중적으로 분포 • 인천·경기는 정보 통신 기기, 반도체 등의 지식 기반 제조업의 비중이 높음 • 서울과 인천·경기의 공간적 분업이 나타남

05 파주, 과천, 안산, 평택, 여주의 지역성

자료 해설 경기도에는 다양한 기능을 지닌 도시들이 있다. 지도의 A는 파주, B는 과천, C는 안산, D는 평택, E는 여주이다. 경제 자유 구역은 국제화된 기업 환경 및 생활 환경을 조성하여 해외 자본의 유치를 촉진하고, 글로벌 기업 활동의 거점을 육성하는 곳이다. 수도권에는 인천과 평택이 경제 자유 구역으로 지정되었다.

선택지 분석

① 오답: 파주시(A)는 대북 접경 지역이며, 수도권 2기 신도시 중 하나인 운정 신도시가 개발되었다.

❷ 정답: 과천(B)은 서울의 위성 도시로서 행정 기능을 분담하여 정부 과천 청사가 들어선 곳이다. 제조업 종사자 비중이 매우 낮은 편이며, 대규모 산업 단지가 분포하지 않는다.

③ 오답: 안산(C)은 서울의 제조업 기능이 대규모로 이전된 위성 도시로, 일자리를 찾아 유입한 외국인 근로자들이 많이 거주하고 있다.

④ 오답: 평택(D)에는 항만이 조성되어 있어 물류 기능이 발달하였다. 황해 경제 자유 구역은 평택의 포승, 현덕 지구로 구성되어 있다.

⑤ 오답: 여주(E) 일대는 평야 지대에 위치하여 벼농사가 활발한 지역이며, 인근의 이천과 더불어 도자기 산업이 발달하여 도자기 축제가 열리는 곳이다.

올쏘 만점 노트 · 수도권의 지역 구조 변화

구분	특징
수도권의 광역화	수도권의 광역 교통망 구축 → 통근권의 확대와 거주지의 교외화(신도시와 위성 도시 발달로 서울의 인구 감소) → 서울을 중심 도시로 한 대도시권 형성
수도권의 다핵화	• 인천, 수원 등 서울 주변 도시의 성장으로 인한 공간 구조의 다핵화 • 서울 도심의 기능 분산(단핵적 지위 쇠퇴) 및 부도심의 성장 • 서울 도심 내 일부 대기업 본사의 강남 이전, 새로운 중심지의 성장 → 다핵화, 분산화

06 서울, 경기, 인천의 산업 구조 변화

자료 해설 서울은 3차 산업의 비중이 매우 높은데 비해, 인천·경기는 2차 산업의 비중이 상대적으로 높다.

선택지 분석

① 오답: 세 지역 중 1998년과 2013년에 3차 산업 비중이 가장 높은 (가)는 서울에 해당한다.

② 오답: (가)의 2차 산업 비중은 약 13%p(=23-10) 감소하였고, (나)의 2차 산업 비중은 약 23%p(=62-39) 감소하였으며, (다)의 2차 산업 비중은 약 21%p(=63-42) 감소하였다.

❸ 정답: (다)의 3차 산업 비중은 1998년에 약 29%였고, 2013년에 약 55%였으므로, 3차 산업 비중의 증가 폭은 약 26%p이다. (가)의 3차 산업 비중은 1998년에 약 75%였고, 2013년에 약 90%였으므로, 3차 산업 비중의 증가 폭은 약 15%p이다.

④ 오답: (가)는 (나), (다)보다 1998년과 2013년 모두 3차 산업 비중이 높다.

⑤ 오답: 1998년~2013년에 세 지역 모두 2차 산업 비중이 감소한 반면 3차 산업 비중이 증가하였으므로 탈공업화 현상이 진행되었다고 볼 수 있다.

올쏘 만점 노트 · 수도권의 산업 구조

구분	특징
1990년대 이후 수도권의 산업 구조	1차 산업의 비중이 가장 낮고, 3차 산업의 비중이 가장 높음
산업별 비중 변화	• 1·2차 산업의 비중은 감소하고 있는데 반해, 3차 산업의 비중은 꾸준히 증가하고 있음 • 수도권에서는 탈공업화 현상이 나타났음
지역별 산업 구조 특색	• 서울, 인천, 경기 모두 3차 산업의 비중이 가장 높고, 1차 산업의 비중이 가장 낮음 • 특히 서울은 3차 산업의 비중이 매우 높음 • 인천·경기는 2차 산업의 비중이 상대적으로 높은 편임 → 서울의 제조업이 주로 인천·경기로 이전한 결과임

07 서울 대도시권의 공간 구조

자료 해설 (가)는 서울과의 거리가 가까운 남양주, (나)는 수도권 내에서 서울과의 거리가 비교적 먼 여주이다. 서울 대도시권의 교외 지역에 해당하는 남양주는 서울로의 통근·통학률이 높은 반면에 배후 농촌 지역에 해당하는 여주는 서울로의 통근·통학률이 낮다.

선택지 분석

❸ 정답: 서울과 가까울수록 인구 밀도가 높고 도시적 특성이 더 뚜렷한 경향이 나타난다. 따라서 남양주(가)는 여주(나)에 비해 상업지의 평균 지가가 높으며 아파트 거주 비율이 높다. 반면, 농업 종사자 비율과 경지 면적 비율은 여주(나)가 남양주(가)보다 높다.

08 수도권의 지역 특색

자료 해설 서울, 인천, 경기 모두 3차 산업의 비중이 가장 높고, 1차 산업의 비중이 가장 낮다. 특히 서울은 3차 산업의 비중이 매우 높은데 비해 인천·경기는 2차 산업의 비중이 상대적으로 높은 편이다.

선택지 분석

❸ 정답: (가)는 1차 산업의 부가 가치 비중이 가장 낮고, 3차 산업의 부가 가치 비중이 가장 높으므로 서울이고, 2차 산업의 부가 가치 비중이 가장 높은 (나)는 경기이다. 한편, (다)는 1인당 지역 내 총생산이 가장 적고, 경기보다 3차 산업의 부가 가치 비중이 높은 반면, 1차 산업의 부가 가치 비중이 낮으므로 인천이다.

A는 B로부터의 인구 전입이 많으므로 서울의 교외화로 인해 인구가 증가하고 있는 경기이고, B는 서울이다. 한편, C는 서울, 경기보다는 전입, 전출 인구 규모가 작으므로 인천이다. 따라서 (가)는 B, (나)는 A, (다)는 C와 연결된다.

킬러 예상 문제

본문 138~139쪽

01 ②　02 ②　03 ③　04 ①　05 ①　06 ②　07 ③　08 ④

01 수도권 집중 문제 해결 방법

자료 해설 1960년대 이후 국가가 주도한 지역 개발 정책은 수도권의 급속한 성장을 불러왔다. 그러나 수도권이라는 한정된 공간에 인구와 산업 등 각종 기능이 과도하게 집중되면서 주거 환경 악화, 교통 혼잡, 지가 상승, 환경 오염 심화 등의 문제가 발생하였다. 또한 수도권과 비수도권 간의 격차가 심화되면서 지역 간 갈등이 발생하는 등 사회적 비용이 증가하는 문제가 나타나기도 하였다. 한편 수도권 내에서도 여전히 서울에 대한 의존성이 높은 것도 문제점으로 지적되고 있다.

수도권의 과도한 기능 집중으로 인한 문제를 해결하기 위해서 정부는 인구와 각종 기능을 분산하는 정책을 시행하고 있다. 이를 위해 현재 비수도권 지역에 기업 도시나 혁신 도시와 같은 신도시를 조성 중이며, 다양한 지방 도시 육성 정책을 추진하고 있다. 또한 수도권에 제조업이 과도하게 집중되는 것을 억제하기 위해 수도권 공장 총량 제도가 시행되고 있다.

혁신 도시는 수도권에 소재하는 공공 기관의 지방 이전을 계기로 지방의 성장 거점 지역에 조성되는 미래형 도시로 공공 기관 및 이와 관련된 기업, 학교, 연구소 등이 함께 입지하도록 계획되었다. 기업 도시는 민간 기업이 주도하여 개발하는 도시이며, 산업·연구·관광 등의 특정 경제 기능 중심의 자족적 복합 기능을 갖춘 도시이다. 혁신 도시와 기업 도시 모두 수도권과 비수도권과의 격차를 줄이려는 목적이 있다.

과밀 부담금 제도란 인구 집중을 유발하는 업무 및 상업 시설이 들어설 때에 부담금을 부과하는 제도이고, 수도권 공장 총량 제도는 매년 새로 지을 공장 건축 면적을 총량으로 설정하여 이를 초과하는 공장의 건축을 규제하는 제도이다. 이 두 제도는 모두 수도권의 개발을 제한하는 정책에 해당한다.

선택지 분석

① 오답: 수도권의 산업 구조를 첨단 산업 중심으로 재편하려는 것은 수도권 발전 계획에 해당한다.

❷ 정답: 제시된 정책들은 모두 수도권 집중을 줄이고 지방을 육성시키려는 정책에 해당한다.

③ 오답: 수도권 내의 서울, 인천, 경기 간의 지역 격차를 완화하려는 정책이 아니다.

④ 오답: 수도권의 산업 구조를 생산자 서비스업 중심으로 고도화하려는 것과 관련이 없다.

⑤ 오답: 수도권의 공장 건설을 규제하는 것은 수도권의 제조업 생산액 비중이 낮아지는 현상을 심화시킬 수 있다.

02 수도권의 지식 기반 산업 발달

자료 해설 지식 기반 산업은 기술, 정보 등 지적 능력과 아이디어를 이용해 상품과 서비스의 부가 가치를 높이거나 고부가 가치의 지식 서비스를 제공하는 산업이다.

근래에는 우리나라에서 첨단 산업이 발달하면서 연구 개발 및 관련 정보, 고급 기술 인력이 풍부한 수도권에 지식 기반 산업이 집중하고 있으며, 최근에는 충청권으로 확대되는 현상이 나타나고 있다.

지식 기반 산업은 수도권 집중도가 높은데 특히 정보 통신 서비스업과 소프트웨어 및 컴퓨터 관련 서비스업의 경우 90% 이상이 수도권에 집중되어 있다. 그중에서도 서울의 서비스업 집중도가 높다. 수도권에서 상대적으로 서울은 서비스업, 경기와 인천은 제조업이 발달하였는데, 이러한 경향은 지식 기반 산업에서도 잘 나타난다. 수도권에서 서울은 정보 통신 서비스업 종사자 수와 소프트웨어 및 컴퓨터 관련 서비스업 종사자 수가 가장 많은 반면 정보 통신 기기 제조업 종사자 수는 경기는 물론 인천보다도 적다.

선택지 분석

❶ 정답: 수도권에서 정보 통신 기기 제조업 종사자 수는 경기>인천>서울 순으로 많다.

ㄴ. 오답: 서울은 지식 기반 산업의 제조업 부문에서 세 지역 중에서 종사자 수가 가장 적다.

ㄷ. 정답: 지식 기반 산업 종사자 수에서 서비스업 부분은 90% 이상 수도권에 집중되어 있고 그중 2/3 이상이 서울에 집중되어 있다. 따라서 서울에는 소프트웨어 및 컴퓨터 관련 서비스업 종사자의 50% 이상이 집중되어 있다.

ㄹ. 오답: 수도권에서는 정보 통신 기기 제조업 종사자가 정보 통신 서비스업과 소프트웨어 및 컴퓨터 관련 서비스업보다 종사자 수가 많다. 그런데 전국에서 차지하는 비중은 정보 통신 기기 제조업이 낮다. 따라서 우리나라는 정보 통신 서비스업 종사자 수가 정보 통신 기기 제조업 종사자 수보다 적다.

03 수도권의 산업 구조와 지식 기반 산업의 분포 특징

자료 해설 산업 구조가 지식·기술 집약적 산업으로 재편되면서 수도권은 지식 기반 산업의 중심지로 성장하였다. 이는 수도권에 지식과 정보가 집중되어 있고, 고급 연구 인력이 풍부하며, 관련 업체와의 협력이 쉽기 때문이다. 한편 수도권에는 산업 유형에 따른 공간적 분화가 나타나고 있다. 서울에는 연구 개발, 사업 지원 등의 지식 기반 서비스업과 국가의 중추 기능과 기업의 본사 등이 위치하고 있어 생산자 서비스업이 집중적으로 분포한다. 반면 넓은 대지를 필요로 하는 정보 통신 기기, 반도체 등의 지식 기반 제조업은 주로 경기도에 분포한다.

〈지역별 산업 구조〉에서 서울은 경기나 인천보다 1차 산업 비중이 낮고, 3차 산업 비중이 높다. 또한 탈공업화 현상이 뚜렷하여 인천이나 경기에 비해 2차 산업 비중이 낮다. 경기와 인천 중에서 1차 산업 비중은 상대적으로 촌락이 넓게 분포하는 경기가 인천보다 높다.

〈지식 기반 산업 종사자 수〉에서 서울은 정보 통신 서비스업과 소프트웨어 및 컴퓨터 관련 서비스업, 즉 서비스업 부문에서 종사자 수가 많은 반면 경기는 정보 통신 기기 제조업, 즉 제조업 부문에서 종사자 수가 많다. 인천은 상대적으로 제조업 부분이 발달하였지만 경기에 미치지 못한다. 따라서 (가)는 경기, (나)는 인천, (다)는 서울이다.

선택지 분석

① 오답: 수도권에서 총인구는 2016년 기준 경기(가)>서울(다)>인천(나) 순으로 많다.

② 오답: 수도권에서 제조업 출하액은 경기(가)가 인천(나)보다 많다.

❸ 정답: 대도시이고 대기업 본사가 많이 입지하고 있는 서울(다)이 인천(나)보다 생산자 서비스업이 발달하였다.

④ 오답: 우리나라 대기업의 본사는 주로 서울(다)에 입지하고 있다.

⑤ 오답: 전국을 배후지로 하는 서울(다)은 서비스업이 특히 발달하였으며 영화관이나 공연장 등의 문화 시설이 다른 지역에 비해 많다. 최근 문화 산업에 대한 수요가 증가하면서 이를 지역 경제 활성화와 연계하기 위해 문화 산업을 육성하는 지역들이 많아지고 있다. 수도권은 풍부한 자본력과 넓은 소비 시장 등을 바탕으로 한 문화적 기능이 집중해 있다. 특히 서울은 오랜 역사와 전통을 지닌 문화 시설의 상당수가 집중되어 있다. 최근에는 대형 공연장, 전시장, 경기장 및 다양한 문화 시설 등이 서울의 외곽 지역이나 경기도 일대에 입지하는 문화 시설 입지의 공간 구조 변화가 나타나고 있다.

04 수도권의 제조업 특징

자료 해설 수도권은 1960년대 서울을 중심으로 제조업이 발달하기 시작하였고, 1970년대에는 서울의 외곽 지역으로 제조업이 분산되기 시작하였으며, 1980년대부터는 인천과 경기도의 산업 성장이 가속화되었다. 이후 수도권은 탈공업화가 진행되면서 2차 산업 비중이 줄어들고, 생산자 서비스업을 중심으로 3차 산업이 빠르게 성장하였다. 이러한 산업 구조의 고도화로 인해 경기도에는 넓은 공장 부지를 필요로 하는 지식 기반 제조업이, 서울에는 고급 인력의 집적이 필요한 지식 기반 서비스업이 발달하는 공간적 분화가 나타나고 있다.

경기도에서 전 산업 대비 제조업 종사자 비율은 동부권에서 낮고 서남권에서 높은 경향이 뚜렷하다. 〈수도권의 제조업 사업체 수 변화〉 그래프에서 가장 빠르게 증가하여 2014년 현재 제조업 사업체 수가 가장 많은 ⓛ은 경기, 큰 폭으로 감소하였지만 두 번째로 많은 ㉠은 서울, 따라서 ㉢은 인천이다.

선택지 분석

㉠ 정답: ㉠은 서울, ⓛ은 경기, ㉢은 인천이다.

ⓛ 정답: 1996~2014년에 수도권의 제조업 사업체 수는 증가하였다. 1996년

의 경우 세 지역의 제조업 사업체 수의 합은 16만 개 미만이지만 2014년에는 18만 개 이상이다.

ㄷ. 오답: 수도권에서 제조업 사업체 수의 증가는 경기가 주도하고 있다.

ㄹ. 오답: 경기 동부 지역은 서남부 지역보다 전 산업 대비 제조업 종사자 비율이 낮은 편이다.

05 수도권 집중도

자료 해설 수도권은 한양이 조선 시대의 수도로 정해진 이후 현재에 이르기까지 우리나라 정치·경제·문화의 중심지 기능을 수행해 왔으며, 1960년대 이후 산업화 과정에서 경제 기능과 인구가 더욱 수도권에 집중되었다. 수도권은 인구뿐만 아니라 국내 총생산, 서비스업 등 1차 산업을 제외한 대부분의 산업에서 집중도가 높다.

선택지 분석

❶ 정답: 국내 총생산의 경우 경기와 서울이 비슷하고 인천은 이보다 매우 적다. 이는 인구 차이의 영향이 크다. 또한 전국에서 수도권이 차지하는 국내 총생산 비중이 약 50%이므로 비수도권이 차지하는 비중 또한 50% 정도이다. 따라서 (가)는 국내 총생산이다.

제조업 종사자의 경우 수도권에서 경기가 가장 많고 서울이 그다음이며 인천이 가장 적다. 따라서 (나)는 제조업 종사자이다.

서비스업 종사자는 수도권에서 서울이 가장 많고 인천이 가장 적다. 따라서 (다)는 서비스업 종사자이다.

06 수도권의 과밀화 문제

자료 해설 수도권의 주택 보급률(가)은 전국에 비해 낮다. 서울은 주택 보급률이 근래 빠르게 증가하면서 경기와 비슷해졌고 인천은 상대적으로 높다. 경기의 주택 보급률이 낮아진 것은 근래 서울 인구의 교외화로 인한 인구 증가와도 관련이 깊다. 수도권과 비수도권의 통근 시간(나)에서 수도권은 네 시기 모두 비수도권보다 통근 시간이 길다. 이는 서울의 대도시권이 확장되고 교통량이 증가하면서 직장과 주거지 간의 거리가 증가하고 교통량 증가에 따른 교통 혼잡이 심하기 때문이다.

선택지 분석

㉮ – 정답: 수도권의 주택 보급률이 전국 평균보다 낮은 것은 수도권에 인구가 집중된 것이 가장 큰 원인이다.

을 – 오답: 혁신 도시는 수도권에 소재하는 공공 기관의 지방 이전을 계기로 지방의 성장 거점 지역에 조성되는 미래형 도시이다. 이 정책을 지속적으로 실시하면 수도권 집중 현상을 완화시킬 수 있으므로 장기적으로 수도권의 주택 부족 문제 해결에 도움이 된다.

㉲ – 정답: 교통 혼잡 문제를 해결하면 통근 시간이 감소될 수 있다.

정 – 오답: 경기도에 주거 기능을 가진 신도시를 건설하게 되면 서울로 통근하는 주민들이 증가하게 되므로 교통 혼잡이 더욱 심화될 수 있기 때문에 통근 시간이 긴 문제를 오히려 악화시킬 수 있다.

07 수도권의 산업 구조

자료 해설 수도권에서는 탈공업화 현상이 나타나고 있다. (가)~(다) 중에서 (가)는 1차 산업 취업자 수 비중이 가장 높고 3차 산업 취업자 수 비중은 가장 낮으므로 가장 이른 시기인 1995년, (나)는 1차 산업 취업자 수 비중이 가장 낮고 3차 산업 취업자 수 비중이 가장 높으므로 가장 늦은 시기인 2015년, 따라서 (나)는 2005년이다. 2005년은 산업

별 취업자 수 비중에서 1~3차 산업 모두 1995년과 2015년의 중간 정도이다.

선택지 분석

- ㉠ 정답: 우리나라는 수도권뿐만 아니라 대부분의 지역에서 3차 산업의 종사자 수가 증가하고 있다.
- ㉡ 정답: 1995~2015년에 수도권에서는 첨단 산업과 생산자 서비스업이 더욱 발달하는 등 산업 구조가 고도화되었다.
- ㉢ 정답: 1995~2015년에 수도권에서는 2차 산업 취업자 수 비중이 낮아지고 3차 산업 취업자 수 비중이 높아지는 등 탈공업화 현상이 나타났다. 탈공업화란 2차 산업의 비중이 낮아지고 3차 산업의 비중이 높아지는 현상이다.
- ㄹ. 오답: 시기가 이른 것부터 순서대로 나열하면 (가)>(다)>(나) 순이다.

08 수도권 집중도 분석

자료 해설 전국에서 차지하는 수도권의 비중은 예금액, 의료 기관 진료 실적 등에서 특히 높고 제조업 종사자 비중은 상대적으로 낮은 편이다.

선택지 분석

- ㉠ 정답: 제조업 종사자 비중은 수도권이 50% 미만이므로 비수도권의 비중은 50% 이상이다.
- ㄴ. 오답: 그래프에서 경기·인천의 비중은 수도권에서 서울의 비중을 빼서 구할 수 있다. 따라서 사업 지원 서비스업은 서울이 40%에 조금 못 미치는 반면, 경기·인천은 20%를 조금 넘는다.
- ㉢ 정답: 예금액은 서울 집중도가 50% 이상, 경기·인천의 집중도가 20% 미만이므로 서울 집중도가 경기·인천 집중도보다 2배 이상 높다.
- ㉣ 정답: 서울은 경기보다 인구는 적지만 서비스업 종사자 비중이 높으므로 인구 대비 서비스업 종사자 비중은 서울이 경기·인천보다 높다.

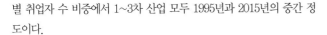

19 강 태백산맥으로 나뉘는 강원 지방 ~ 빠르게 성장하는 충청 지방

기출 선지 변형 O X   본문 140~141쪽

01 ① ○ ② × ③ ○ ④ × ⑤ ○ ⑥ × ⑦ × ⑧ ○ ⑨ ○

02 ① ○ ② × ③ ○ ④ × ⑤ × ⑥ ○ ⑦ × ⑧ × ⑨ ○

03 ① × ② ○ ③ × ④ × ⑤ × ⑥ × ⑦ ○ ⑧ ○ ⑨ × ⑩ ○

04 ① × ② × ③ ○ ④ × ⑤ ○ ⑥ ○

01 ① (가)의 춘천(A)은 강원도의 도청 소재지가 있다.

② (가)의 B는 인제이다. 우리나라에서 카르스트 지형을 쉽게 볼 수 있으며, 밭농사가 발달한 지역은 삼척, 영월, 단양 등이다.

③ (가)의 C는 강릉이다. 강릉은 수도권과 고속 철도로 연결된다.

④ (가)의 D는 태백이다. 석호, 사빈, 해안 단구 등의 지형이 나타나며, 이를 관광 자원으로 활용하고 있는 곳은 동해안에 위치하는 강릉, 속초 등이다.

⑤ (가)의 E는 원주이다. 원주는 강원도에서 제조업 생산액이 가장 많다.

⑥ (나)의 A는 춘천이다. 기업 도시와 혁신 도시가 있으며, 앞으로 첨단 의료 복합 도시로의 성장이 기대되는 곳은 원주이다.

⑦ (나)의 B는 고성이다. 수도권과 전철로 연결되어 있는 곳은 춘천(A)이다.

⑧ (나)의 C는 평창이다. 평창은 눈이 많이 내리는 지역으로 동계 올림픽이 개최된 곳이다.

⑨ (나)의 D는 삼척이다. 삼척에서는 카르스트 지형을 볼 수 있다.

02 ① ㉠ – 고위 평탄면은 경동성 요곡 운동의 영향을 받아 형성된 지형이다.

② ㉡ – 고랭지 배추 재배는 여름철에 비교적 서늘한 기후를 활용하여 재배한다.

③ ㉢ – 등고선식 경작을 통해 토양 침식으로 인한 피해를 줄일 수 있다.

④ ㉣ – 고랭지 배추 재배 농가의 소득이 불안정하다는 의미이다.

⑤ ㉤ – 강원도의 고랭지 배추 재배 면적이 감소하였음에도 전국에서 차지하는 비중이 증가한 것은 다른 지역의 고랭지 배추 재배 면적이 더 크게 감소하여 전국의 고랭지 배추 재배 면적이 감소하였기 때문이다. 따라서 전국의 고랭지 배추 재배 면적은 감소 추세임을 알 수 있다.

⑥ 강원도는 임산 자원과 수산 자원이 풍부하여 임업 및 수산업이 발달하였다.

⑦ 강원도는 지형적 요인으로 밭농사 위주의 농업이 발달하였다.

⑧ 고랭지(고위 평탄면 일대)에서는 배추, 무 등 고랭지 채소 재배가 활발하다.

⑨ 강원도는 풍부한 지하자원을 바탕으로 한 남한 제1의 광업 지역이다.

03 ① A는 해안에 위치한 입지상의 이점으로 석유 화학 공업이 발달

한 서산이다.

② B는 수도권 전철이 직접 연결되고 제조업이 입지하면서 인구가 증가하고 있는 천안이다.

③ C는 공공 기관 이전을 핵심으로 하는 혁신 도시가 건설되고 있는 음성이다.

④ D는 행정 중심 복합 도시가 건설되어 정부 기관이 이전된 세종특별자치시이다.

⑤ E는 첨단 과학 기술과 관련된 대학과 연구소들이 집중된 연구 개발 특구가 있는 대전이다.

⑥ 충청남도의 도청 소재지는 충남 홍성·예산의 내포 신도시이다.

⑦ 행정 중심 복합 도시인 세종특별자치시에는 행정 및 공공 기관 종사자 수가 많다.

⑧ 수도권의 전철 노선은 충청권의 천안, 아산까지 연결되어 있다.

⑨ 홍성과 예산은 대전광역시보다 인구가 적은 도시이다.

⑩ 청주에는 오송 생명 과학 단지와 국제공항이 있다.

04 ① 충청 지방에서 과거 석탄 산지로 이름난 곳이었으나, 현재는 석탄 산업이 쇠퇴한 곳은 보령이다.

② 머드 축제로 유명한 보령에는 조수 간만의 차이로 인한 갯벌이 발달하였다.

③ 석탄 산업이 쇠퇴한 이후 보령에서는 석탄 박물관과 레일 바이크, 냉풍욕장 등을 관광 자원화하는 등 관광 산업을 중심으로 지역 경제 활성화를 위해 노력하고 있다.

④ 충청 지방에서 석유 화학 공업은 서산에서 발달하였으며, 내포 신도시는 충남 홍성과 예산 일대이다.

⑤ 카르스트 지형이 나타나는 단양에서 발달한 시멘트 공업은 카르스트 지형이 발달한 강원도의 삼척, 동해에서도 발달하였다.

⑥ 단양과 같이 카르스트 지형이 발달한 지역에서는 지표수가 부족하므로 주로 밭농사가 이루어진다.

실전 기출 문제

본문 142~143쪽

01 ② **02** ⑤ **03** ① **04** ⑤ **05** ① **06** ① **07** ④ **08** ⑤

01 강원도의 시·군별 특징 이해

자료 해설 (가)는 원주에서 비중이 높은 산업이고, (나)는 춘천의 비중이 높은 산업이다. (다)는 원주, 춘천, 강릉의 비중이 높은 산업이다. 강원도의 도청 소재지는 춘천에 있으나, 강원도에서 인구 및 경제 규모가 가장 큰 도시는 원주이다.

선택지 분석

❷ 정답: (가)는 원주의 종사자 수 비중이 약 33%로 높게 나타나는 산업이므로 제조업이다. 원주는 편리한 교통을 바탕으로 의료 산업 클러스터가 형성되는 등 제조업이 발달하고 있다.

(나)는 강원도 도청이 있는 춘천의 종사자 수 비중이 약 20%로 높게 나타나는 산업이므로 공공 및 기타 행정이다.

(다)는 비교적 인구 규모에 비례해 종사자 수 비중이 나타나므로 숙박 및 음식점업이다. 숙박 및 음식점업은 소비자 서비스업으로, 인구 규모에 비례해 분포하는 특성을 보인다.

올쏘 만점 노트 강원 지방의 지역 특색

구분	특징
범위	• 중부 지방의 동쪽에 위치 • 태백산맥을 경계로 영서 지방과 영동 지방으로 구분
지형 특색	• 영서 지방 – 서쪽으로 갈수록 고도가 낮아지는 완만한 경사면을 이룸 – 산간 지역 곳곳에 해발 고도는 높지만 기복이 작은 고위 평탄면 발달 – 한강의 지류를 따라 침식 분지(춘천, 원주, 홍천 등) 발달 – 하천 중·상류 지역을 중심으로 감입 곡류 하천과 하안 단구 발달 • 영동 지방 – 급경사의 산지 지형, 동해안에 좁은 해안 평야 발달 – 하천의 유로가 짧고 경사가 급함 – 해안에 사빈, 석호, 해안 단구, 해식애, 시 스택 등의 해안 지형 발달 → 관광 자원으로 이용
기후 특색	• 기온 – 내륙에 위치한 영서 지방은 영동 해안 지방보다 기온의 연교차가 큼 – 동해에 접한 영동 지방은 동위도의 영서 지방보다 겨울철 기온이 높음(태백산맥과 동해의 영향) – 해발 고도가 높은 지역은 저지대보다 기온이 낮음 • 강수 – 산지가 많아 지형성 강수가 많음 – 영동 지방은 겨울철에 북동풍의 영향으로 눈이 많이 내림 • 바람: 늦봄~초여름에 오호츠크해 기단의 발달로 영서 지방은 고온 건조한 높새바람의 영향을 받음

02 강원 지방의 지역 특성 이해

자료 해설 A는 춘천, B는 인제, C는 강릉, D는 태백, E는 원주이다.

선택지 분석

① 오답: 천연기념물로 지정된 석회동굴은 카르스트 지형이 발달한 영월, 삼척 등에 있다. 석회암이 거의 분포하지 않는 춘천에는 천연기념물로 지정된 석회동굴이 없다.

② 오답: 석탄 산업 쇠퇴 후 폐광을 관광 자원화한 대표적인 지역은 강원 태백, 충남 보령 등이다. 석탄이 거의 생산되지 않았던 인제에서는 폐광을 관광 자원화하지 않았다.

③ 오답: 조수 간만의 차를 이용한 조력 발전이 있는 곳은 경기도의 시화호이다. 조수 간만의 차가 작은 강릉에는 조력 발전소가 없다.

④ 오답: 국토 정중앙 테마 공원이 조성되어 있는 곳은 강원도 양구이다. 태백은 국토의 정중앙에 위치해 있지 않다.

❺ 정답: 원주는 기업 도시로 지정되어 있으며, 첨단 의료 기기 산업을 21세기 전략 산업으로 선정하여 세계적인 의료 기기 산업 도시로 도약하기 위해 노력하고 있다. 민간 기업이 주도적으로 개발하는 도시를 기업 도시라고

하는데, 강원도 원주, 충청북도 충주, 충청남도 태안 등이 기업 도시로 지정되었다.

강원 지방의 지하자원과 산업

구분	특징
지하자원	• 석회석: 주로 조선 누층군에 매장되어 있음 → 시멘트 공업의 원료로 이용됨 • 무연탄 – 주로 평안 누층군에 매장되어 있음 – 1980년대 후반 석탄 산업 합리화 정책으로 생산량이 급감하였음 • 텅스텐 – 영월군 상동 광산이 대표적임 – 값싼 중국산 텅스텐이 수입되면서 경제성이 악화되어 생산량이 급감하였음
1차 산업	• 임산 자원과 수산 자원 풍부 → 임업 및 수산업이 발달하였음 • 지형적 요인으로 밭작물 중심의 농업이 발달하였음 • 고랭지(고위 평탄면)에서는 여름철에 서늘한 기후를 이용하여 채소 생산이 이루어짐
광업	• 풍부한 지하자원을 바탕으로 한 산업 • 강원도는 남한 제1의 광업 지역 • 석회석, 무연탄, 텅스텐 등의 지하자원이 풍부하게 매장되어 있음 • 에너지 소비 구조의 변화, 지하자원의 생산량 감소, 해외 자원의 수입량 증가로 광업 쇠퇴

03 충청 지방의 도시와 촌락 비교

자료 해설 (가)는 충청남도 천안, (나)는 충청북도 보은이다. 충청 지방의 북부 지역과 경부 축에 위치하는 지역은 수도권과의 접근성이 높아 도시화가 빠르게 진행되고 있으나, 그 외 지역은 대체로 1차 산업의 비중이 높은 촌락의 특성이 나타난다.

선택지 분석

❶ 정답: (가)는 (나)에 비해 청장년층과 유소년층의 구성비가 높으며, (나)는 노년층 구성비가 높다. 이를 고려해 보면 (가)는 도시 지역, (나)는 촌락 지역의 인구 특성이 나타난 것으로 볼 수 있다. 따라서 1차 산업 종사자 비율과 1인당 경지 면적은 촌락 지역에 해당하는 (나)가 (가)보다 수치가 높으며, 상업지의 평균 지가와 유치원 수는 도시 지역에 해당하는 (가)가 (나)보다 수치가 높다.

충청 지방의 지역 특색

구분	특징
범위	• 공간 범위: 대전광역시, 세종특별자치시, 충청북도, 충청남도 • 전통적 지역 구분에서는 호서 지방으로 불렸음
특색	• 수도권과 남부 지방을 이어 주는 위치 → 교통의 요충지로서 접근성이 좋음 • 수도권의 과밀 문제 해소를 위한 수도권 배후지로서의 기능 강화 • 수도권의 기능 분담: 수도권과 밀접한 생활권 형성, 교통로 및 산업 단지를 따라 인구가 빠르게 증가

04 충청 지방 주요 도시의 성장과 변화

자료 해설 충청 지방에는 수도권의 중앙 행정 기능을 분담하기 위해 조성된 세종특별자치시(행정 중심 복합 도시)와 홍성·예산에 조성된

내포 신도시(충남도청 이전), 진천·음성(혁신 도시), 태안(기업 도시), 충주(기업 도시), 대전(대덕 연구 개발 특구), 청주(오송 생명 과학 단지), 아산(자동차 공업), 당진(제철 공업), 서산(석유 화학 공업) 등의 도시가 있다. 지도의 A는 충북 충주시, B는 세종특별자치시, C는 대전광역시이다.

선택지 분석

① 오답: 수도권 전철 노선은 천안, 아산까지 연결되었고, 충주(A)는 연결되지 않았다.
② 오답: 충남도청은 지역 균형 발전을 위해 대전에서 홍성과 예산의 경계 부근에 조성된 내포 신도시로 이전했다.
③ 오답: 생명 과학 단지(오송)와 국제공항이 있는 곳은 청주이다.
④ 오답: 광역시인 대전(C)이 충주(A)보다 총인구가 많다.
⑤ 정답: 행정 중심 복합 도시로 성장하고 있는 세종(B)은 충주(A)보다 행정 및 공공 기관 종사자 수가 많다.

충청 지방의 제조업

구분	특징
발달 요인	• 공장 총량제 등 수도권 집중 억제 정책으로 수도권의 공장 신·증설 규제 • 수도권과 인접하고 교통이 편리하여 수도권 산업의 이전에 유리 • 중국과의 지리적 인접성으로 서해안의 입지 중요성 확대 → 중국과의 교류 거점 기지로 성장
각종 공업의 입지	• 제조업 → 중화학 공업 발달 – 아산: 전자 공업, 자동차 공업 – 당진: 제철 공업 – 서산: 석유 화학 공업, 자동차 공업 • 첨단 산업 – 대전광역시에 위치한 대덕 연구 개발 특구 – 청주에 위치한 오송 생명 과학 단지 등을 중심으로 성장

05 충청 지방의 지역 특성

자료 해설 충남도청은 홍성군과 예산군 경계 일원에 조성된 내포 신도시에 있으며, 충북도청은 청주시에 있다. A는 홍성, 예산, B는 진천, 음성, C는 제천, 단양이다.

선택지 분석

❶ 정답: (가) 지역은 도청이 새로 입지하여 지역 경제가 변하고 있으며, (나) 지역은 혁신 도시로 지정되어 토지 이용이 변하고 있다. (다) 지역은 석회석이 매장되어 있어 시멘트 공업이 발달하였다.
충청 지방의 균형 발전을 위해 홍성과 예산의 경계 부근에 있는 내포 신도시로 충남도청이 이전하였다. 진천·음성은 혁신 도시로 지정되었는데, 혁신 도시는 공공 기관의 입지와 산·학·연·관의 협력을 바탕으로 최적의 혁신 여건과 수준 높은 주거 환경을 갖춘 미래형 도시를 말한다. 제천과 단양에는 석회석이 많이 매장되어 있으며, 석회석을 주요 원료로 하는 시멘트 공업이 발달하였다.

충청 지방의 성장과 변화

• 고속 철도 및 수도권 전철 확대에 따라 성장: 대전, 천안, 아산
• 행정 중심 복합 도시: 세종특별자치시
• 충남도청 이전: 내포 신도시
• 기업 도시: 태안 – 관광 레저형, 충주 – 지식 기반형
• 혁신 도시: 진천·음성

정답 및 해설

06 충청 지방의 지역별 특징

자료 해설 (가)는 청주, (나)는 태안에 대한 설명이다. A는 태안, B는 청주, C는 대전, D는 서천이다.

선택지 분석

❶ 정답: (가)는 청주(B)에 대한 설명이다. 이곳에는 충북도청이 있고, 오송 일대에 고속 철도 노선의 분기점과 생명 과학 단지 등이 있다.

(나)는 태안(A)에 대한 설명이다. 이곳에는 천연기념물로 지정되어 있는 신두리 해안 사구가 있으며, 태안반도를 중심으로 한 태안 해안 국립공원이 있다.

대전(C)은 경부선·호남선 등의 철도와 경부 고속 국도·호남 고속 국도가 분기하는 교통의 요지로, 충청 지방의 중심 도시이다.

서천(D)은 충청남도 남서단에 위치하며, 남쪽으로 금강을 경계로 전라북도 군산시와 마주하고 있다. 이 지역에서 생산되는 한산 모시는 지역 특산물로 유명하다.

07 충청 지방의 지역별 공업 특징

자료 해설 A는 서산에서 비중이 높은 제조업이다. B는 당진에서 비중이 높고, C는 아산, 서산, 당진에서 골고루 비중이 높은 제조업이다.

선택지 분석

❹ 정답: 석유 화학 공업이 발달한 서산이 다른 두 지역보다 종사자 수 비중이 높게 나타나는 A는 화학 물질 및 화학 제품 제조업이다. 대규모 제철소가 위치해 있는 당진에서 종사자 수 비중이 가장 높게 나타나는 B는 1차 금속 제조업이다. 아산에서 전자 부품, 컴퓨터, 영상, 음향 및 통신 장비 제조업 다음으로 종사자 수 비중이 높게 나타나는 C는 자동차 및 트레일러 제조업이다.

08 보령과 단양의 특징

자료 해설 A는 석유 화학 공업이 발달한 서산, B는 보령, C는 기업도시로 알려진 충주, D는 단양이다.

선택지 분석

❺ 정답: 보령(B)은 과거 석탄 산지로 이름난 곳이었으나 현재는 광업이 쇠퇴했으며, 해안의 갯벌을 토대로 한 머드 축제 개최지로 알려져 있다. 그리고 머드 축제 외에도 폐광 시설을 활용한 석탄 박물관과 레일 바이크, 냉풍욕장 등을 관광 자원화하는 등 관광 산업을 중심으로 지역 경제 활성화를 위해 노력하고 있다. 단양(D)은 우리나라에서 카르스트 지형이 발달한 대표적인 지역 중 하나이며, 시멘트 공업이 발달하였다.

킬러 예상 문제

본문 144~145쪽

01 ① 02 ① 03 ① 04 ① 05 ③ 06 ① 07 ⑤ 08 ④

01 영서 지방과 영동 지방의 기후 특징

자료 해설 지도의 세 지역은 철원(A), 대관령(B), 강릉(C)이다. 내륙 지역인 철원은 기온의 연교차가 크고 여름철 강수 집중률이 높으며 최한월 평균 기온이 낮다. 대관령은 해발 고도가 높은 곳에 위치하여 최난월 평균 기온과 최한월 평균 기온 모두 주변 지역에 비해 낮고 겨울에 눈이 많이 내린다. 강릉은 세 지역 중에서 겨울에 가장 따뜻하고 눈이 많이 내린다.

선택지 분석

❶ 정답: (가)는 세 지역 중에서 연 강수량이 가장 적고 여름철 강수 집중률이 높고, 기온의 연교차도 가장 크므로 철원(A)이다.

(나)는 세 지역 중에서 연 강수량이 가장 많고 여름철 강수 집중률이 철원보다는 낮고 (다)보다는 높으며, 기온의 연교차도 철원보다는 작고, (다)보다는 큰 지역이므로 대관령(B)이다.

(다)는 연 강수량이 대관령보다는 작고 철원보다는 많으며, 여름철 강수 집중률과 기온의 연교차가 가장 작으므로 강릉(C)이다.

02 강원도의 시·군별 특징

자료 해설 (가)는 강원 남부 지역인 삼척, 영월, 동해 등지에서 높은 반면 나머지 지역인 영서 지방의 대부분과 영동 지방의 북부 지역에서 낮은 값을 갖는 지표, (나)는 원주에서 매우 높고, 동해, 강릉 등지에서 높은 지표, (다)는 평창, 삼척 등 태백산맥이 위치한 지역에서 높은 지표이다.

선택지 분석

❶ 정답: 강원도에서 석회석 생산량은 강원 남부 지역에서 많다. 강원 남부 지역은 고생대 조선 누층군이 분포하고 이 지층에 석회암이 매장되어 있다. 따라서 (가)는 석회석 생산량이다.

강원도에서 제조업은 원주의 비중이 높고 이외에 시멘트 공업이 발달한 강원 남부 등지에서도 높다. 따라서 (나)는 제조업 출하액이다.

태백산맥은 주변 지역에 비해 해발 고도가 높아 여름철에 서늘하며, 이러한 기후를 이용하여 고랭지 배추 재배가 활발하다. 따라서 평창, 정선, 삼척 등지에서 높은 (다)는 배추 재배 면적이다.

03 강원도 주요 지역의 특징

자료 해설 (가)는 강원도청 소재지, (나)는 대관령이 위치하며 고위 평탄면이 발달한 곳, (다)는 석탄 생산량이 많았던 곳이다.

선택지 분석

❶ 정답: 지도에서 A는 춘천, B는 평창, C는 태백이다. 춘천은 강원도의 도청 소재지로, 근래 수도권과 전철로 연결되었다. 평창은 고위 평탄면이 넓게 분포하며 이곳에서는 목축업, 고랭지 배추 재배가 활발하다. 태백은 과거 석탄 생산량이 많았던 곳이다. 따라서 (가)는 A, (나)는 B, (다)는 C이다.

올쏘 만점 노트 | 강원 지방의 변화

구분	특징
관광 산업	• 풍부한 관광 자원을 바탕으로 관광 산업 육성 • 생태 관광: 북한과의 접경 지역인 비무장 지대(DMZ)를 생태 경관 보전 지역으로 지정 • 휴양 관광: 고원에 스키장, 눈썰매장, 카지노 사업장 등 조성 • 폐광 지역의 관광 산업 육성: 석탄 박물관, 레일 바이크 등과 같이 과거 탄광 시설을 관광 자원으로 활용하여 폐광 지역의 경제 활성화 도모
3대 성장 개발 도시	• 춘천: 바이오 산업 • 원주: 의료 산업 클러스터 • 강릉: 해양·신소재 산업

04 충청 지방의 특징

자료 해설 (가)는 수도권과 인접한 천안, 아산, 당진 등지에서 높은 반면 수도권에서 먼 곳은 낮다. 따라서 이를 통해 수도권의 영향을 크게 받는 항목이라는 것을 알 수 있다. (나)는 아산, 서산, 당진, 천안 등지에서 많은 것으로 보아 제조업과 관련된 항목임을 알 수 있다.

선택지 분석

❶ 정답: (가) 충청 지방은 근래 수도권과 전철로 연결되고 수도권에서 이전하는 공업이 입지하는 등 빠르게 발전하고 있는데, 이에 해당되는 지역은 주로 수도권과 가까운 지역이다. 따라서 수도권과 가까운 천안, 아산, 당진 등지에서 높게 나타나는 항목은 인구 증가율이다. 이 지역은 2·3차 산업이 증가하면서 1차 산업 종사자 비율은 낮아졌다.

(나) 제조업이 발달한 아산, 서산, 천안, 당진 등지에서 높다. 따라서 (나)는 제조업 출하액이다. 지역 내 총생산은 인구 규모가 큰 도시인 대전이 많다.

05 충청남도의 공업 발달

자료 해설 (가)는 1차 금속 제조업의 출하액 비중이 특히 높고, (나)는 화학 물질 및 화학 제품(의약품 제외)과 코크스, 연탄 및 석유 정제품 제조업의 출하액 비중이 높으며, (다)는 전자 부품, 컴퓨터, 영상, 음향 및 통신 장비 제조업의 출하액 비중이 높은 곳이다. 지도에서 A는 서산, B는 당진, C는 아산이다.

선택지 분석

❸ 정답: 충청 지방에서 아산은 전자 부품, 컴퓨터, 영상, 음향 및 통신 장비 제조업의 출하액이 많고, 당진은 1차 금속 제조업, 서산은 화학 물질 및 화학 제품(의약품 제외) 제조업의 출하액 비중이 가장 높다. 따라서 (가)는 당진(B), (나)는 서산(A), (다)는 아산(C)이다.

06 강원, 충북, 충남의 특징

자료 해설 세 지역 중에서 (다)는 농림어업과 제조업의 출하액이 가장 높은 곳, (나)는 (다)보다 농림어업과 제조업 출하액이 낮은 곳, (가)는 광업의 출하액이 가장 높은 곳이다. 지도에서 A는 강원, B는 충북, C는 충남이다.

선택지 분석

❶ 정답: (가)는 강원, 충북, 충남 중에서 광업 출하액이 가장 많으므로 강원(A)이다.

(나)는 세 지역 중에서 (다)보다는 농림어업과 제조업 출하액이 적고, (가)보다는 제조업 출하액이 많으므로 충북(B)이다.

(다)는 강원, 충북, 충남 중에서 농림어업 출하액과 제조업 출하액이 가장 많으므로 충남(C)이다.

07 충청 지방의 도시 특징

자료 해설 충청 지방의 주요 도시는 대전, 청주, 천안 등이고 근래 인구가 빠르게 증가한 도시는 행정 중심 복합 도시로 성장하고 있는 세종특별자치시이다. A, B, C는 1995년과 2015년 모두 충청 지방의 도시 체계에서 1~3위인 도시이다. D는 1995년에는 상위 순위에 들지 못했으나, 2015년에는 5위를 기록한 도시이다.

㉠은 천안, ㉡은 세종, ㉢은 대전, ㉣은 청주이다.

선택지 분석

❺ 정답: A − 충청 지방에서 인구가 가장 많지만 근래 인구 순 이동에서 음의 값을 가지는 도시는 대전(㉢)이다.

B − 충청 지방에서 인구 규모 2위 도시는 충북 청주(㉣)이다.

C − 충청 지방에서 대전, 청주에 이어 인구 규모가 3위이고 근래 인구가 빠르게 증가하는 도시는 수도권과 인접한 천안(㉠)이다.

D − 충청 지방에서 근래 인구가 빠르게 증가하고 있는 도시는 세종(㉡)이다.

08 충청 지방의 발전 노력

자료 해설 A는 내포 신도시가 있는 홍성·예산이고, B는 음성·진천이며, C는 세종, D는 충주이다.

선택지 분석

㉠ 정답: 홍성·예산에 있는 내포 신도시는 충남도청, 도의회, 교육청, 경찰청 등 충청남도의 행정 기능이 이전한 신도시로, 상대적으로 낙후된 충남 서북부 내륙 지역을 발전시킬 것으로 기대된다.

ㄴ. 오답: 음성·진천은 혁신 도시로 지정되었다. 혁신 도시는 수도권에 소재하는 공공 기관의 지방 이전을 계기로 지방의 성장 거점 지역에 조성되는 도시이다.

㉢ 정답: 세종특별자치시는 충청남도 연기군 전체와 공주시 및 충청북도 청원군 일부를 흡수하여 출범하였다. 국토의 균형 발전을 위해 건설되었으며, 남한의 중심부에 위치하고 다양한 광역 교통망을 이용하여 전국 어디든 이동하기에 편리한 곳이기도 하다.

㉣ 정답: 충주는 기업 도시로 지정된 곳이다. 기업 도시는 민간 기업이 주도하여 개발하는 도시이며, 산업·연구·관광 등의 특정 경제 기능 중심의 자족적 복합 기능을 갖춘 도시이다.

20 강 다양한 산업이 함께 발전하는 호남 지방 ~ 세계적인 관광 중심지 제주특별자치도

기출 선지 변형 O X

본문 146~147쪽

01 ① ○ ② × ③ ○ ④ ○ ⑤ ○ ⑥ × ⑦ ○ ⑧ ○ ⑨ × ⑩ ×
⑪ ○ ⑫ ○ ⑬ ○ ⑭ × ⑮ ○ ⑯ ×

02 ① ○ ② ○ ③ × ④ ○ ⑤ × ⑥ ○ ⑦ ○ ⑧ × ⑨ ○ ⑩ ×
⑪ ○

03 ① × ② × ③ ○ ④ ○ ⑤ × ⑥ ○

01 ① 군산(A)은 운송 장비와 금속·기계와 같은 중화학 공업과 음식료와 섬유·의복과 같은 경공업 모두 발달한 (나), 여수(B)는 화학·코크스 공업이 발달한 (가)의 공업 구조를 가진다.
② 군산(A)이 여수(B)보다 고용 증가율이 높다.
③ 군산(A)은 여수(B)보다 경공업이 발달하였다.
④ 2009년 군산(A)은 여수(B)보다 종업원 1인당 출하액이 적다.
⑤ 넓은 평야가 발달한 호남 지방은 우리나라의 대표적인 농업 지역이다.
⑥ 농업이 발달한 호남 지방은 산업 구조에서 1차 산업이 차지하는 비중이 전국 평균에 비해 높은 편이다.
⑦ 광주는 자동차 공업이 발달한 도시이다.
⑧ 광양은 제철 공업이 발달한 도시이다.
⑨ 군산은 운송 장비와 금속·기계와 같은 중화학 공업과 음식료와 섬유·의복 같은 경공업이 모두 발달하였다. 호남 지방에서 정유 공업과 석유 화학 공업이 가장 발달한 곳은 여수이다.
⑩ 군장 산업 단지가 위치해 있으며 자동차 공업, 금속 기계 공업 등이 발달한 곳은 군산이다.
⑪ 호남 지방에는 정부 지원과 규제 완화로 기업의 투자를 유치하기 위해 지정된 경제 자유 구역인 새만금·군산 경제 자유 구역과 광양만권 경제 자유 구역이 있다.
⑫ 새만금 간척 사업으로 용지를 확보하고, 대중국 교류의 중심지로 부각된 경제 자유 구역은 새만금·군산 경제 자유 구역이다.
⑬ 전남 광양·여수·순천, 경남 하동을 중심으로 동북아 물류 중심지를 지향하는 경제 자유 구역은 광양만권 경제 자유 구역이다.
⑭ 여수에서 발달한 석유 화학 공업은 원자재의 해외 의존도가 높다.
⑮ 광양에서 발달한 제철 공업의 완제품은 자동차 공업의 원자재로 사용된다.
⑯ 우리나라의 공업 발달 초기인 1960년대 주력 수출 산업은 섬유, 가발, 신발 등 노동 집약적 경공업이다.

02 ① 전북 군산(A)에는 감조 하천이 위치한다.
② 새만금 방조제는 전북 군산(A)과 전북 부안(B) 사이를 연결한다.
③ 전남 영광(C)은 굴비가 유명하며 원자력 발전소가 입지해 있다. 석유 화학 공업과 제철 공업은 여수, 광양에서 발달하였다.
④ 전남 무안(D)은 전라남도의 도청 소재지이다.

⑤ 호남 지방에서 대규모 제철소가 있는 곳은 광양이다.
⑥ 호남 지방에서 람사르 협약에 등록된 습지가 있는 대표적인 곳은 갯벌이 발달한 순천이다.
⑦ 지리적 표시제로 등록된 녹차를 이용한 녹차 축제와 갯벌로 유명한 곳은 보성이다. 영광은 굴비가 유명하며 원자력 발전소가 입지해 있다.
⑧ 고성은 경상 누층군이 분포해 있어 공룡 화석이 많으며 이를 활용한 축제인 공룡 엑스포 축제가 열린다.
⑨ 전라남도 도청 소재지는 무안이다.
⑩ 호남 지방에서 감조 하천이 있어 염해를 방지하기 위한 하굿둑이 건설된 곳은 금강 하굿둑이 있는 군산과 영산강 하굿둑이 있는 목포이다.
⑪ 순천은 세계적으로 유명한 갯벌이 발달한 지역으로, 람사르 협약에 등록된 습지가 있다.

03 ① A는 자동차 및 트레일러 제조업이다. 자동차 공업, 조선 공업 등의 주요 재료로 쓰이는 기초 소재 공업은 제철 공업이다.
② 자동차 및 트레일러 제조업(A)에 사용되는 철강 제품을 만드는 주요 원료는 철광석과 역청탄으로, 우리나라는 대부분 해외에서 수입한다.
③ 자동차 및 트레일러 제조업(A)은 많은 부품을 필요로 하는 계열화된 조립형 공업이다.
④ 1차 금속 제조업(B)은 포항에서도 발달한 공업이다.
⑤ C는 기타 운송 장비 제조업이다. 제품 생산 공정의 특성상 대도시 인근에 주로 입지하는 공업은 제조 과정에서 제품의 무게나 부피가 증가하는 가구 공업이나 제품이 변질 및 파손되기 쉬운 제빙, 제과 공업 등이다.
⑥ 기타 운송 장비 제조업(C)은 1차 금속 제조업(B)보다 최종 생산품의 수출 비중이 높다.

실전 기출 문제

본문 148~149쪽

01 ⑤ **02** ④ **03** ② **04** ③ **05** ③ **06** ② **07** ③ **08** ①

01 호남 지방의 문화적 자원

자료 해설 1일 차 답사 지역은 한옥 마을과 한지로 널리 알려진 전주, 2일 차는 벽골제와 농경문화 체험으로 유명한 김제, 3일 차는 죽녹원과 죽제품으로 유명한 담양이다. 지도에 표시된 지역 중에서 이들 세 지역을 제외한 4일 차 답사 지역은 보성이다.

선택지 분석
① 오답: 친환경 농업 지역과 나비 축제를 체험할 수 있는 지역은 함평이다.
② 오답: 세계 문화유산으로 지정된 고인돌 유적지가 있는 지역은 고창과 화순이다.
③ 오답: 고추장의 본고장으로 장류 축제가 개최되는 지역은 순창이다.
④ 오답: 목기(木器)와 춘향제로 유명한 지역은 남원이다.
❺ 정답: 보성은 지리적 표시제 제1호인 녹차와 다향제로 널리 알려져 있다.

호남 지방의 특색

구분	특징
범위	• 광주광역시, 전라북도, 전라남도 • 금강의 남쪽, 소백산맥의 서쪽에 위치
자연환경 특색	• 기후 　– 남부 지방에 위치하여 기온이 온화함 　– 서해안 일부를 제외하면 연 강수량이 많은 편임 　– 전북 지역은 강설량이 많은 편임 • 지형 　– 평야 발달 → 벼농사 발달 　– 해안선이 복잡한 리아스 해안 발달 → 양식업, 어업 발달
전통문화의 발달	• 농수산업에 기반한 공동체 문화 발달 → 농악, 민요, 판소리, 풍어제 등 • 민속 마을: 전주 한옥 마을, 순천 낙안 읍성 등 • 지역 축제: 전주 대사습놀이, 보성 다향제, 김제 지평선 축제, 순창 장류 축제, 함평 나비 축제, 무주 반딧불 축제, 남원 춘향제, 강진 청자 축제 등

02 호남·영남 지방 각 지역의 특징

자료 해설 A는 전남 보성, B는 전남 광양, C는 경남 사천, D는 경남 고성, E는 경남 김해이다. 전남 보성은 녹차 산지로 유명한 곳이다. 전남 보성의 녹차는 지리적 표시제 제1호로 등록된 특산물이다. 전남 광양은 제철 공업이 발달한 호남 지방의 대표적인 공업 도시이다. 경남 고성은 공룡 발자국 화석으로 유명하며, 경남 김해는 부산의 위성 도시로, 최근 인구가 증가하고 있다.

선택지 분석

① 오답: 전남과 경남에서 대규모 제철소가 위치하는 곳은 광양이다. 보성은 지역에서 생산되는 녹차를 이용하여 다향제라는 축제를 개최한다. 보성에서 생산되는 녹차는 지리적 표시제 제1호로 등록되었다.

② 오답: 람사르 협약에 등록된 연안 습지로는 순천만 갯벌이 대표적인데, 고흥반도와 여수반도 사이의 순천에 발달하였다.

③ 오답: 하굿둑은 낙동강 하구, 금강 하구, 영산강 하구에 설치되어 있으며, 사천에는 하굿둑이 없다.

❹ 정답: 고성은 중생대 육성층이 수평층을 이루고 있어 공룡 발자국 화석이 많은 곳이기 때문에 이 화석을 활용한 마케팅 전략 수립은 적절한 탐구 학습 주제라고 할 수 있다.

⑤ 오답: 김해는 혁신 도시로 지정된 지역이 아니다. 제시된 지도에서 혁신 도시로 지정된 지역은 전남 나주, 경남 진주 등이다.

호남 지방의 산업

구분	특징
1차 산업	• 넓은 평야를 바탕으로 벼농사 발달 • 어업, 수산 양식업 발달
제조업	• 1970년대~1980년대: 여수의 석유 화학 산업 단지, 광양의 제철소 건설 • 1990년대 이후: 군산 산업 단지, 광주의 자동차 공업 및 광(光) 산업, 영암의 조선 공업
경제 자유 구역	• 정부 지원과 규제 완화로 기업의 투자를 유치하기 위해 지정한 지역 • 새만금·군산 경제 자유 구역: 새만금 간척 사업으로 용지 확보, 대중국 교류의 중심지로 부각 • 광양만권 경제 자유 구역: 전남 광양·여수·순천, 경남 하동을 중심으로 동북아 물류 중심지를 지향

03 호남 및 영남 지방의 지역 특성

자료 해설 A는 전북 고창, B는 전북 전주, C는 경북 안동, D는 경북 포항, E는 부산광역시, F는 경남 창녕, G는 전남 광양, H는 전남 순천이다.

선택지 분석

㉠ 오답: 감조 하천 하구에는 염해 방지 등을 목적으로 하굿둑을 건설하기도 하는데, 금강, 영산강, 낙동강 하구에 하굿둑이 건설되어 있다.

㉡ 오답: 우리나라의 많은 문화재가 유네스코(UNESCO)에 세계 문화유산으로 등재되어 있는데, 서울의 종묘와 창덕궁, 안동의 하회 마을과 경주의 양동 마을, 수원의 화성 등이 대표적이다. 전주의 한옥 마을은 세계 문화유산으로 등재되지 않았다.

㉢ 정답: 제철 공장은 대량의 원료를 해외에서 수입하기 때문에 주로 해안가에 입지하는데, 포항과 광양에 대규모 제철 공장이 입지해 있다.

㉣ 정답: 습지의 보호와 지속 가능한 이용을 위하여 람사르 협약이 체결되었다. 경남 창녕의 우포늪, 전남 순천만·보성 갯벌 등이 람사르 협약에 등록된 습지이다.

호남 지방의 제조업

구분	특징
발달 시기	1970~1980년대에 발달하기 시작
발달 지역	• 광양만을 중심으로 중화학 공업 발달 　– 여수: 석유 화학 산업 단지 조성 　– 광양: 제철소 입지 • 광주: 1990년대 중반 이후 호남 지방의 자동차 공업 중심지로 성장

영남 지방의 지역 특색

구분	특징
범위	부산광역시, 대구광역시, 울산광역시, 경상북도, 경상남도 → 소백산맥의 문경 새재(조령) 남쪽을 가리키며, 대부분의 지역이 낙동강 유역에 속함
자연환경	• 기후 　– 내륙 분지 지역은 연 강수량이 적고 여름철 기온이 높음 　– 거제, 남해 등의 남해안 일대는 연 강수량이 많음 • 지형 　– 태백산맥과 소백산맥으로 둘러싸인 낙동강 중·상류 지역에 분지 분포 　– 낙동강 하구에 삼각주 발달

04 영남 지방의 지역별 주요 특징 이해

자료 해설 A는 경북 안동, B는 경북 구미, C는 경북 영천, D는 경남 창녕, E는 경남 거제이다. 경북 안동은 고택, 서원, 향교 등 풍부한 유교 문화 자원을 보유하고 있어 인기가 많은 관광지이다. 경북 구미는 영남 내륙 지역에 속한 도시로, 과거 풍부한 노동력과 편리한 도로 및 철도 교통을 바탕으로 성장하였다. 경북 영천은 대구, 포항과 가까우며, 최근 공업이 발달하는 추세이다. 경남 창녕은 람사르 습지로 등록된 우포늪이 있는 곳이다. 경남 거제는 우리나라에서 조선 공업이 발달한 대표적인 도시이다.

선택지 분석

① 오답: 안동(A)에서는 국제 탈춤 페스티벌이 개최된다.

② 오답: 구미(B)는 과거 노동 집약적 전자 조립 공업이 발달했는데, 최근 첨단

정답 및 해설 🦷

산업인 정보 통신 산업 중심으로 산업 구조가 고도화되고 있다.

❸ 정답: 유네스코 세계 문화유산으로 지정된 전통 마을로는 안동의 하회 마을과 경주의 양동 마을이 있다. 영천(C)은 대구, 포항 등과 가까운 지리적 이점을 살려 최근 내륙 공업 지역으로 변모하고 있다.

④ 오답: 창녕(D)에는 람사르 협약에 등록된 우포늪이 있다.

⑤ 오답: 거제(E)는 부산과 거가대교로 연결되었고, 두 지역 간 시간 거리가 단축되면서 교류가 늘어났다.

올쏘 만점 노트 — 영남 지방의 산업

구분	특징
농업	• 낙동강 하구의 삼각주를 중심으로 시설 원예 농업이 발달함 • 북부 내륙 지역을 중심으로 사과 등의 과수 재배가 활발함
공업	• 발달 배경 – 수출입에 유리한 항만 발달(부산, 포항, 울산 등) – 풍부한 노동력, 도로 및 철도 교통 발달, 정부의 거점 개발 정책 등 • 특성: 제조업 생산액이 많고, 규모가 큰 기업이 많아 사업체 수 대비 종사자 수가 많음
주요 공업 지역	• 영남 내륙 공업 지역 – 편리한 육상 교통과 풍부한 노동력을 바탕으로 성장 – 대구, 구미 등 • 남동 임해 공업 지역 – 우리나라 최대의 중화학 공업 지역 – 원료 및 제품 수출입에 유리한 항만 발달 – 울산(석유 화학, 자동차, 조선), 포항(제철), 창원(기계), 거제(조선) 등

05 영남 지방의 지역별 주요 특징

자료 해설 A는 경북 안동, B는 경북 구미, C는 경남 창녕, D는 울산 광역시, E는 경남 사천이다.

선택지 분석

① 오답: 안동(A)은 세계 문화유산으로 등재된 하회 마을이 있는 지역이다. 영남 지방에서 원자력 발전소가 입지한 곳은 울진, 경주, 부산 등이다.

② 오답: 구미(B)는 전자 공업이 발달한 도시이다.

❸ 정답: 창녕(C)에 위치한 우포늪은 람사르 협약에 등록된 우리나라의 대표적인 습지로, 그 생태적 가치가 재조명되고 있다.

④ 오답: 울산(D)은 자동차, 조선, 정유, 석유 화학 공업 등이 발달한 도시이다. 대규모 제철소가 입지한 곳은 포항이다.

⑤ 오답: 사천(E)은 낙동강과 직접적인 관련이 없는 곳이다. 낙동강 삼각주의 시설·원예 농업 단지는 김해평야 일대에 나타난다.

올쏘 만점 노트 — 영남 지방의 공업 구조 변화

구분	특징
대구	• 자동차 부품, 금속·기계 공업 등의 비중 증가 • 전통 섬유 공업의 쇠퇴 → 섬유 공업의 첨단화를 통한 고부가 가치 산업화 추구
부산	국제 영화제의 성공 경험을 토대로 영상 산업 특화
구미	정보 통신 산업의 발달
창원	지식 기반 기계 산업으로의 변화 추구

06 영남 및 호남 지방의 지리적 특색

자료 해설 A는 경북 안동, B는 경북 김천, C는 전북 전주, D는 전남

함평, E는 전남 보성이다.

선택지 분석

① 오답: 안동(A)에서는 국제 탈춤 페스티벌이 개최된다.

❷ 정답: 김천(B)에는 유네스코가 지정한 세계 유산이 없다. 지도에 표시된 지역 중 세계 유산이 위치한 곳은 안동(A)이다. 안동의 하회 마을은 유네스코 세계 문화유산으로 등재되어 있다.

③ 오답: 전주(C)의 전통 한옥 마을은 관광지로 이용되고 있다.

④ 오답: 함평(D)에서는 나비 축제가 개최된다.

⑤ 오답: 보성(E)의 녹차는 지리적 표시제에 등록되어 있다.

07 강원도와 경상북도의 지역별 특징

자료 해설 지도의 A는 강원도 원주, B는 강원도 평창, C는 경상북도 안동, D는 경상북도 포항이다.

선택지 분석

❸ 정답: 2018년 동계 올림픽 개최지이고 풍력 발전이 많이 이루어지며, 고랭지 채소 재배가 활발한 (가)는 평창(B)이다.
세계 문화유산으로 등재된 전통 마을이 있으며, 해마다 국제 탈춤 페스티벌이 열리는 (나)는 하회 마을이 위치한 안동(C)이다.
원주(A)는 기업 도시, 혁신 도시로 지정되었고 강원도에서 인구 규모가 가장 큰 지역이다.
포항(D)은 대규모 제철소가 건설되어 있어 1차 금속 제조업이 발달하였으며, 호미곶은 많은 관광객이 찾는 관광지로 유명하다.

올쏘 만점 노트 — 영남 지방의 지역 변화

구분	특징
대도시권의 형성	• 부산, 대구의 성장에 따른 교외화 현상 발생 • 대도시 주변의 위성 도시 발달, 통근권 확대 등
관광·휴양 도시 발달	• 경북 북부 지역의 자연환경과 유교 문화 활용 • 안동 하회 마을 등

08 시·도별 산업 구조와 지역 내 총생산

선택지 분석

❶ 정답: 그래프에서 A는 2차 산업 종사자 비율이 가장 낮고 3차 산업 종사자 비율은 전국 평균에 약간 못 미치는 수준이며, 지역 내 총생산은 네 지역 중에서 가장 적다. 따라서 인구가 다른 시·도에 비해 뚜렷하게 적고 제조업 발달이 미약한 제주가 이에 해당한다. B는 지역 내 총생산이 가장 많고 3차 산업 종사자 비율이 가장 높다. 이러한 점을 고려해 볼 때 B는 서울이다. C는 지역 내 총생산이 두 번째로 높은 경기이다. D는 1인당 지역 내 총생산이 가장 많고, 2차 산업 종사자 비율이 가장 높은 울산이다. 지역 내 총생산은 시기에 따라 순위가 변동될 수도 있으니 해당 연도를 파악해 둔다.

킬러 예상 문제

본문 150~151쪽

01 ①　02 ②　03 ④　04 ④　05 ④　06 ③　07 ②　08 ④

01 영남 지방 주요 도시의 공업 특징

자료 해설 세 지역 중에서 출하액은 (나)>(가)>(다) 순으로 많다. (가)는 전자 부품, 컴퓨터, 영상, 음향 및 통신 장비 제조업의 출하액 비중이 매우 높은 곳이다. (나)는 코크스, 연탄 및 석유 정제품 제조업의

출하액이 많고 이외에 화학 물질 및 화학 제품, 자동차 및 트레일러, 기타 운송 장비 제조업의 출하액 비중이 높은 곳이다. (다)는 1차 금속, 자동차 및 트레일러 제조업 등의 출하액 비중이 비교적 고른 곳이다. 지도에서 A는 구미, B는 울산, C는 부산이다.

선택지 분석

❶ 정답: 지도의 세 지역 중에서 구미는 첨단 산업이 발달한 곳이므로 전자 부품, 컴퓨터, 영상, 음향 및 통신 장비 제조업의 출하액 비중이 높은 곳이다. 따라서 (가)에 해당되는 도시는 구미(A)이다.

세 지역 중에서 공업이 매우 발달한 울산은 석유, 자동차, 조선 공업 등이 발달하였으므로 (나)에 해당되는 도시는 울산(B)이다.

부산은 인구 규모는 울산, 구미보다 많지만 이들 지역에 비해 공업 발달이 미약하므로 출하액이 적다. 따라서 (다)는 부산(C)이다.

02 호남 지방의 지역별 특징

자료 해설 (가)는 지평선 축제가 열리는 곳이므로 평야가 넓게 분포하는 곳, (나)는 녹차 생산이 활발한 곳이므로 겨울에 따뜻한 곳, (다)는 슬로 시티가 위치하며 김 양식이 활발한 곳이다. 지도에서 A는 김제, B는 완도, C는 보성이다.

선택지 분석

❷ 정답: (가) 지평선 축제는 김제(A)에서 열린다.

(나) 녹차 축제는 보성(C)에서 열린다.

(다) 슬로 시티가 있고 김 양식이 활발한 곳은 완도(B)이다.

올쏘 만점 노트 호남 지방의 관광 자원

호남 지방에서는 전통문화, 자연환경 등을 이용하여 다양한 축제가 열리는데, 김제 지평선 축제, 보성 다향제 등이 특히 유명하다.

03 영남 지방 주요 도시의 성장 특징

자료 해설 (가) 도시군은 울산, 구미, 창원으로 1975~1990년에 빠르게 성장하였고, (나) 도시군은 김해, 양산, 경산으로 1990~2010년에 빠르게 성장하였다.

선택지 분석

❹ 정답: (가) 도시군인 울산, 구미, 창원은 모두 제조업이 빠르게 성장하면서 인구가 증가한 도시이고, (나) 도시군인 김해, 양산, 경산은 대도시와 인접한 곳으로 대도시의 인구 교외화 현상으로 빠르게 성장한 곳이다.

제조업 생산액은 공업이 성장하면서 인구가 빠르게 증가한 (가) 도시군이 (나) 도시군보다 많다.

주간 인구 지수는 주간 인구를 상주인구로 나눈 후 100을 곱하여 구한 값이다. 주간 인구 지수가 높다는 것은 지역 내 일자리가 많다는 의미이고 주간 인구 지수가 낮다는 것은 지역 내 일자리가 적어 출근 시간대에 인구 유출이 이루어진다는 의미이다. (가) 도시군은 공업이 발달하여 일자리가 많기 때문에 주간 인구 지수가 높은 반면, (나) 도시군은 대도시의 주거 기능을 분담하기 때문에 일자리가 부족하여 주간 인구 지수가 낮다.

상주인구는 광역시인 울산을 포함하고 있는 (가) 도시군이 (나) 도시군보다 많다.

04 전남, 경남, 제주의 특징

자료 해설 지도에서 (가)는 전남, (나)는 경남, (다)는 제주이다. 그래프에서 A는 경남(나)에서 비율이 특히 높은 항목, B는 전남(가)에서 비율이 특히 높은 항목, C는 제주(다)에서 특히 비율이 높은 항목이다.

선택지 분석

❹ 정답: A는 경남에서 매우 높고 제주에서 매우 낮은 항목이다. 제주는 제조업 발달이 미약하다. 따라서 A 항목은 제조업 생산액이다.

B는 전남에서 특히 높은 항목이다. 전남은 농업이 발달한 지역으로 경남이나 제주에 비해 농림어업 생산액 비중이 높으므로 B 항목은 농림어업 생산액이다.

제주의 기반암인 절리가 발달한 현무암은 물 빠짐이 좋기 때문에 논농사에 불리하다. 그러므로 제주도 경지의 대부분은 밭으로 이용된다. 따라서 나머지 두 지역보다 제주(다)에서 특히 높은 항목인 C는 밭 면적 비율이다.

05 호남 지방 주요 도시의 특징

자료 해설 (가)는 갯벌을 찾는 관광객이 많은 곳, (나)는 갯벌을 간척하여 공장을 건설한 곳, (다)는 한옥 마을이 있는 곳이다. 지도에서 A는 전주, B는 순천, C는 광양이다.

선택지 분석

❹ 정답: (가)는 순천만을 이용한 생태 관광이 발달한 곳으로 지도의 B인 순천이다.

(나)는 간척지에 대규모 공장이 입지한 곳이다. 광양은 갯벌을 매립한 곳에 대규모 제철소가 입지하였다. 지도의 C가 광양이다.

(다)는 한옥 마을이 있는 곳이다. 전주는 한옥이 잘 보존되어 있으며 이곳을 찾는 관광객이 많다. 지도의 A가 전주이다.

06 영남 지방 주요 도시의 특징

자료 해설 지도에서 A는 안동, B는 구미, C는 대구, D는 포항, E는 경주이다. 안동은 조선 시대 고택과 서원이 잘 보존된 전통 마을을 관광 산업과 연계함으로써 발전하고 있으며, 경북도청의 이전으로 인해 행정 기능이 강화되었다.

대구와 함께 영남 내륙 공업 지역의 중심 도시인 구미는 풍부한 노동력과 편리한 교통을 바탕으로 전자 공업이 발달하였다.

대구는 전통적 제조업인 섬유 공업이 쇠퇴하자 패션과 문화 콘텐츠 산업 발전에 주력하고 있다. 최근에는 섬유 공업의 첨단화와 첨단 의료 복합 단지의 유치를 통해 고부가 가치 산업의 비중을 높이고 있으며, 새로 조성되는 국가 산업 단지와 대구 테크노폴리스에 첨단 산업을 위한 기반이 조성되고 있다.

원료의 수입과 제품의 수출에 유리한 남동 해안 지역에 위치하는 포항은 울산, 창원, 거제와 함께 중화학 공업 단지가 많은 남동 임해 공업 지역의 대표적인 공업 도시이다.

신라의 수도였던 경주는 불교와 관련된 유적이 많은 문화 관광 도시이다. 경주에는 유네스코 세계 문화유산으로 등재된 불국사와 석굴암, 경주 역사 유적 지구, 양동 마을 등이 있다.

선택지 분석

① 오답: 안동(A)은 조선 시대 고택과 서원이 잘 보존된 전통 마을인 하회 마을을 관광 산업과 연계시켜 발전을 꾀하고 있다. 하회 마을은 전통 생활 양식, 탈춤 등 유교 문화와 전통문화가 잘 보존되어 있다.

② 오답: 구미(B)는 대구 북쪽에 위치한 도시로 일찍부터 전자 산업이 발달하였고, 오늘날에는 반도체, 전자·통신 기기 산업의 생산액이 많고 녹색 에너지 분야의 성장을 꾀하고 있다.

③ 정답: 대기업의 생산 공장이 많아 1인당 지역 내 총생산이 영남 지방의 시·도 중에서 가장 많은 도시는 울산이다. 대구(C)는 전통적 제조업인 섬유 공업이 쇠퇴하자 패션과 문화 콘텐츠 산업 발전에 주력하고 있다. 하지만 아직 고부가 가치 산업이 일정 수준에는 이르지 못하여 1인당 지역 내 총생산이 그리 높지 않은 편이다.

④ 오답: 포항(D)은 대규모 제철소가 입지하고 있으며 이와 관련된 산업이 도시 성장의 바탕이 되고 있다.

⑤ 오답: 경주(E)는 고분과 사찰, 불탑 등이 세계 문화유산으로 지정된 이후 보문 관광 산업 단지를 중심으로 관광 산업이 더욱 발달하고 있다. 세계 문화유산으로 등재된 경주 역사 지구에는 남산의 불교 미술, 월성 궁궐터, 대릉원 고분군, 황룡사지, 첨성대 등이 포함되어 있다.

07 전남, 경북, 경남의 특징

자료 해설 지도에서 (가)는 전남, (나)는 경북, (다)는 경남이다. 따라서 그래프의 A에는 경남>경북>전남 순으로 높고, B에는 경북>전남>경남 순으로 높은 항목이다.

선택지 분석

❷ 정답: A에는 경남>경북>전남 순으로 높은 항목이 해당된다. 세 지역의 총인구는 경남>경북>전남 순으로 많고, 경지 면적은 전남>경북>경남 순으로 넓다. 따라서 A에 들어갈 항목으로 총인구는 옳고, 경지 면적은 틀리다.

B에는 경북>전남>경남 순으로 높은 항목이 해당된다. 밭 면적 비율은 경북>전남>경남 순으로 높고, 1차 금속 제조업 출하액은 경북>전남>경남 순으로 높다. 기타 운송 장비 제조업 출하액은 경남>전남>경북 순으로 많다. 따라서 B에 들어갈 항목으로 밭 면적 비율과 1차 금속 제조업 출하액이 모두 옳다.

08 영남 지방과 호남 지방의 도시 인구 순위 변화

자료 해설 그래프는 1980년과 2016년 영·호남 지방의 인구 규모에 따른 도시 순위를 10위까지 나타낸 것이다. 전체적으로 10위 이내의 도시는 인구가 증가하였는데, 영·호남 지역의 분포에 차이가 나타난다.

선택지 분석

㉠ 정답: 그래프에서 부산 대도시권에 속하는 도시는 김해, 양산이다. 두 도시 모두 1980년에는 10위 이내 도시에 포함되지 않았다. 근래에 부산의 인구 교외화 현상으로 부산과 인접한 위성 도시인 김해와 양산의 인구 성장 규모가 크다.

㉡ 정답: 1980년에 영남 지방에 속한 도시는 부산, 대구, 울산, 진주, 포항, 영일(군)이다. 2016년에 영남 지방에 속한 도시는 부산, 대구, 울산, 창원, 김해, 포항, 구미, 양산이다. 즉 1980~2016년에 인구 규모 10위 이내의 도시에 영남 지방의 도시 수가 차지하는 비중이 높아졌다. 이는 이 시기에 호남 지방보다 영남 지방의 도시 성장이 두드러졌음을 의미한다.

ㄷ. 오답: 1980년에 해안 지역에 위치하는 도시는 부산, 울산, 목포, 포항, 영일(군)이었으나, 2016년에는 부산, 울산, 창원, 포항으로, 오히려 그 수가 감소하였다.

㉣ 정답: 영남 지방의 광역시는 부산, 대구, 울산이다. 세 도시 중에서 1980~2016년에 울산의 인구 증가율이 가장 높다.

all about society 올쏘

올쏘

고등 한국지리

올쏘

올쏘 사회는 언제나 너 하나면 돼!

동아출판

사회 · 역사 전문서

단한권 한국사
- 단 한 권으로 쉽고 빠르게 수능과 한능.검. 완벽 대비
- 서울대 선배가 뽑은 필수 100개 주제로 구성
- QR 코드로 최신 문제 제공

올쏘 고등 통합사회
올쏘 고등 생활과 윤리 / 사회·문화 / 한국지리
- 전 교과서를 완벽 분석한 내신·수능 대비 기본서
- 출제 빈도가 높은 실전 자료와 선택지 분석
- 무료 온라인 학습 서비스로 자학자습 가능

올쏘 내신강자 고등 통합사회
올쏘 내신강자 고등 생활과 윤리 / 사회·문화 / 한국지
- 빈출 유형을 분석한 내신 대비 문제서
- 개념, 자료, 문제의 연계성을 높여 내신 1등급 완성